了文武官员和营汛台站，分封僧俗领主。承担内地与西藏主要物资运输的茶马古道由此穿越。直至民国，昌都在增强民族团结、巩固祖国边防方面一直发挥着重要作用。

昌都作为西藏第一面五星红旗升起的地方，解放以来经历了执行和维护“十七条协议”、平叛和民主改革、社会主义改造和社会主义建设、改革开放等历史时期，历届地委、行署班子在党中央的亲切关怀下，在区党委、政府的坚强领导下，在对口援昌省市和中央企业的大力帮助下，团结带领各族人民，励精图治，艰苦奋斗，经济建设取得了巨大成就，现代工业从无到有，产业结构不断调整，特色优势产业加快发展，新农村建设扎实推进，以交通为重点的基础设施显著改善，各项事业全面进步，社会局势和谐稳定。2011年地区生产总值完成76.3亿元,同比增长13.8%；固定资产投资62亿元，同比增长6.8%；财政收入3.5亿元，同比增长11.5%；农牧民人均纯收入预计达到4100元，同比增长12%。“十二五”规划开局平稳、态势良好。

2012年是实施“十二五”规划承上启下的关键一年，是迎接党的十八大胜利召开的重要一年，也是昌都各族干部群众脚踏实地落实区党委第八次党代会精神的关键一年，做好今年以及今后几年的工作，对于推进昌都的跨越式发展和长治久安，奋力追赶全区乃至全国的发展步伐具有决定性意义。当前和今后一个时期，全地区工作的指导思想是:认真贯彻落实中央第五次西藏工作座谈会、自治区第八次党代会和全区经济工作会议精神，深入贯彻落实陈全国书记关于做好昌都工作的一系列重要批示指示，坚持走有中国特色、西藏特点的发展路子，紧紧抓牢稳定与发展两件大事和“六个强化”，按照“强工重镇、带动两翼、东西发展、创建基地”的发展思路，快中求快，突出安定和谐、创业富民、同步小康，构建“两大机制”，创建“三个基地”，建设藏东经济强区，构筑稳定铜墙铁壁，确保经济社会跨越式发展，确保国家安全和长治久安，确保各族人民物质文化生活水平不断提高，确保生态环境良好，努力建设团结、民主、富裕、文明、和谐的社会主义新昌都。

西藏自治区党委常委、昌都地委书记罗布顿珠

中共昌都地委副书记、昌都地区行署专员许成仓

经济社会发展的主要预期目标是:2012年，地区生产总值力争达到91.6亿元,到2015年力争达到161亿元,年均增长20%;2012年完成固定资产投资78亿元,到2015年力争达到152亿元，年均增长25%;2012年财政收入4.03亿元,到2015年力争达到6.5亿元，年均增长16%;2012年农牧民人均纯收入4640元,到2015年力争达到6695元，年均增长14%。到“十二五”末，社会更加和谐稳定，经济实力明显增强，民生政策更加普惠，基层基础更加牢固，人民生活水平显著改善，党的建设科学化水平不断提高。

重慶
2012
经济年鉴
CHONGQING ECONOMY
YEAR BOOK

位于北部新区的宾利销售中心

位于北部新区的劳斯莱斯销售中心

位于北部新区的法拉利、玛莎拉蒂销售中心

重庆北部新区

坚定不移走新型工业化道路 努力打造一流的汽车产业示范基地

十年砥砺 新区崛起

北部新区成立11年来，围绕“高新技术产业基地、宜居城市示范区、都市风貌展示区”三大定位，形成了汽车制造、电子信息、仪器仪表、医药器械、软件服务外包五大产业集群，集聚了重庆市20%的高新技术企业、60%的软件企业，集聚了62家世界500强企业，占全重庆1/4。在已建成的10平方公里工业用地上创造了1003亿工业年产值，基本完成了“再造一个重庆工业”的历史任务。

北部新区汽车工业产值已达813亿元，占全区工业总产值的81%，拥有长安福特一二工厂、力帆、上汽依维柯红岩等4个整车厂，福特发动机、变速箱等80余家零部件企业，中国汽研院、车辆检测院等20余家国家级、省级技术中心，已形成集汽车研发、生产、物流、销售、博览于一体的完整产业链。北部新区汽车产值占全市汽车产值的40%，54.7万辆整车产量占全市1/3，52万台轿车产量占全市半壁江山，是重庆汽车产业聚集度最高、产品档次最高、零部件配套最全、研发机构最集中的区域，是福特公司在美国本土以外，全球最大的生产基地。

“十年磨一剑”，北部新区以汽车产业为发展重点，走出了一条新型工业化道路。夯实发展基础，打造一流投资环境。高起点、高标准规划建设城市，累计投资500亿元建设道路管网、能源通讯等基础设施，建设“小政府、大社会、小机构、大服务”的体制机制和“低成本、高效率、零障碍、优政策”的服务模式，以一流软硬环境亲商、安商、富商。突出发展重点，优先安排资

占重庆半壁江山的北部新区汽车产业

源要素。集中土地、能源、资金等资源要素全力扶持汽车产业，以支柱产业支撑城市发展。提升发展质量，培育壮大产业集群。始终按照“高附加值、高技术、高投入、高产出”的原则，科学规划整车、零部件、研发、售后服务的产业布局。

勇当示范 启动未来

未来的北部新区将坚持走新型工业化道路，坚持集中力量发展汽车工业，以提高竞争力为核心，做大零部件配套，扶持自主品牌，建设汽车产业国家新型工业化产业示范基地。加快产能储备。整车与零部件并重，引进与开发并举，重点发展轿车、重型汽车、专用车，加快福特三工厂、发动机、变速箱等重点项目建设。着力高端配套。再引进50家世界500强及国内知名汽车配套企业，大力发展汽车电子、发动机、变速箱、制动、转向等高附加值配套项目。紧盯高端服务。规划、建设50家高水平汽车4S店，提升汽车市场、汽车金融、售后服务、消费文化等后端产业链。营造发展环境。加大政策扶持，完善基础设施，强化要素保障，提高办事效率。力争到2015年，全区实现140万台整车、100万台变速箱、145万台发动机的产能，集聚200家零部件配套及销售服务企业，汽车产业产值冲击2000亿元，为重庆打造中国“汽车名城”做出新的贡献。

自主品牌力帆汽车已实现从单一轿车生产，到SUV等多车型品类的延伸

上汽菲亚特红岩生产的发动机为“北部新区造”重型汽车提供着源源不断的动力

重庆医药（集团）

重庆医药（集团）股份有限公司是重庆市国资委重点骨干子企业，是重庆化医控股（集团）公司的控股子公司。公司前身为1950年成立的中国医药公司西南区公司，1994年改制为股份制企业。2012年3月，通过整合资源，实现科、工、贸一体化格局。截至目前，拥有分、子公司34个，地跨渝、川、黔、赣、鄂等地，员工近10700人（其中专业技术人员近3000名）。

和平物流中心自动化传送带

公司业务涵盖医药研发、生产、纯销、分销、零售、社区终端、医药物流配送，拥有进出口经营许可权，是中央和重庆两级政府药械定点储备单位，是中国三家经营特殊药品的全国性批发企业之一，是国际医药批发商联合会会员单位。公司与3万余家上下游客户保持密切业务关系，经营品规近7万个，产品销至全国30多个省市自治区及印度、瑞士、韩国、美国、日本、欧洲等国家和地区。

公司有中国一流、西部领先的现代医药物流中心，在国内建立了40余个分配送中心，仓储面积达15余万平方米。2011年，公司在已建立的ISO9001：2008质量管理体系基础上，推行融合质量/环境/职业健康安全/社会责任/服务管理等标准为一体的综合管理体系。同时，公司投入巨资开发了商务、物流、供应链、财务、人力资源和办公自动化等管理系统，为公司可持续发展提供支撑。

和平物流中心运输车队

股份有限公司

公司曾荣获亚洲品牌500强、中国品牌价值冠军、全国文明单位、全国企业文化建设先进单位、企业信用评价AAA级信用企业、中国服务业500强、中国医药商业百强企业、国家级征信企业、管理体系创新奖、首届最具影响力重庆知名品牌企业、60年影响重庆经济60企业、重庆市文明单位标兵、重庆市国企贡献奖、重庆最佳诚信企业、重庆市企业管理现代化创新成果奖等荣誉。2011年列中国服务业164位，中国医药商业第七位。公司现有240个商标、142个专利，获得国家知识产权保护。

和平药房门楣

公司坚持打造“股东放心、员工自豪、客户满意、百姓信赖、政府省心”的责任企业，秉承“共赢、诚信、互惠”的经营理念，“立足西南，面向全国，走向世界”，力求在新的起点上，不断提升公司的核心竞争力，实现跨越式发展。

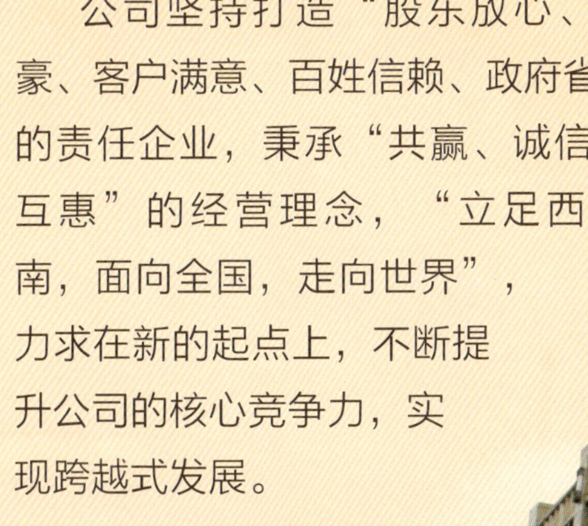

地址：重庆市渝中区大同路1号
法定代表人：龚伟
电话：023-63842684
网址：www.cq-m.com.cn
邮编：400010

重庆市北碚区

北碚区位于缙云山麓、嘉陵江畔，是重庆主城九区之一，是两江新区的重要组成部分，是重庆独具魅力的都市花园、人文福地、宜居之城、两江新秀。全区幅员755平方公里，人口73万，辖5个街道，12个镇。

北温泉

北温泉柏联SPA温泉

北碚山水园林交融、交通方便快捷，是都市花园。城市建成区面积45平方公里。距离重庆国际机场15公里，渝武高速公路、二环高速和中环快速干道贯穿全境， 2013年轻轨6号线通车。自然环

北碚滨江

境优美，依山傍水、山水相连，绵延起伏、气势磅礴。境内有名山—4A级景区缙云山，名江—嘉陵江，名泉—1600多年历史的4A级景区北温泉，名峡—3A级景区金刀峡和嘉陵江小三峡，名花—中国花木之乡静观的素心腊梅，名镇—偏岩古镇和金刚碑古镇，名寺名观—缙云寺、温泉寺、绍龙观、白云观等著名宗教场所，还有柏联全球精品酒店。是全国首批风景名胜区、全国优秀旅游城市和知名的旅游胜地。

北碚历史底蕴深厚、科教文化发达，是人文福地。一千多年前，晚唐诗人李商隐流连北碚，写下了脍炙人口的抒情短章《夜雨寄北》。上世纪二十年代，卢作孚在北碚掀起了乡村建设运动，兴办了民生轮船公司等实体，创造了实业兴乡的“北碚奇迹”，为抗日救亡作出了特殊贡献，被毛泽东主席誉为“四个不能忘记的中国实业家之一”。抗战时期，作为民国政府陪都重庆的主要迁建区，迁至北碚的民国政府中央部级以上单位13个，科研、文化、宣传、教育、新闻机构52个，国立、私立大专院校16所；郭沫若、老舍等3000名流接踵而来，留下了《四世同堂》、《棠棣之花》等传世之作；现有老舍、梁实秋、晏阳

体育休闲健身公园鸟瞰图

北碚滨江

初旧居，张自忠烈士陵园，红楼等人文景观和陪都遗址104处。新中国成立之初，北碚缙云山是中共中央西南局的夏季公署，邓小平、刘伯承、贺龙等开国元勋在这里领导大西南的建设。如今，北碚是重庆科技和教育两大高地。重点综合性大学—西南大学坐落于此，占地9600余亩，有教授450余人、研究生1.5万人、本科生3万人，袁隆平、候光炯、向仲怀等享誉世界的科学家从这里走出，世界第一张家蚕基因图谱在这里绘制。此外，还有高等院校4所、国家大学科技园1个、部属研究所3个、各类科研机构43个、企业工程技术中心20多个、重点学科37个、研究人员万余人。先后被评为全国科技进步先进区、国家科普示范区、全国先进文化区、重庆文明城区。

北碚生态环境优美、生活舒适幸福，是宜居之城。全区森林覆盖率41.7%，城区绿化率45%，人均公共绿地面积25.3平方米，Ⅱ级以上优良空气质量天数常年保持在340天左右。先后获得国家园林城区、国家环境保护模范区、国家生态示范区、森林城市标准化示范区、中国人居环境范例奖等国家级殊荣，并被联合国人居环境署授予“迪拜国际人居环境良好范例奖”。主要疾病发病率大幅低

四联光电

云计算总体鸟瞰图

于全国、全市平均值。2010年全国人口普查，北碚人均期望寿命80.6岁，高于全国6.8岁，高于重庆市3.8岁，高于美国2.4岁，是著名的宜居之城。

北碚后发优势凸显、发展潜力巨大，是两江新秀。国家设立两江新区，北碚发展上升为国家战略。目前，正在积极推进北碚、蔡家、水土、澄江四大城市组团的开发开放，发展潜力巨大，前景广阔。北碚组团重点发展软件开发、文化创意、人文休闲、特色旅游、高品质生态商住等现代服务业，打造集行政办公、金融商贸、科教文化、体育艺术、会议度假为一体的现代都市。蔡家组团重点发展LED、仪器仪表、光电、软件研发、特种功能材料、新一代信息技术产业等高科技产业、战略性新兴产业和高品质生态商住产业，推动城市综合开发，加快城市社区成熟，打造两江新区最具活力的国际高端商务区、两江半岛宜居城。水土组团布局有两江新区高新技术产业园，重点发展电子信息、仪器仪表、光伏产业、生物制药、软件研发及创意产业等“5+X”产业，加快基础开发、

功能开发、形象开发，打造内陆具有强大核心竞争力的高新技术产业基地、临空经济开发区、创新中心和高端人群居住区。澄江组团重点发展以温泉、养生为特色的旅游业和高品质生态商住产业，加快特色温泉和旅游地产开发，建设悦榕庄、睿和鑫等一批五星级酒店，打造集生态湿地、温泉疗养、登山运动等为一体的“都市休闲谷”。

党的十七大以来，北碚区深入贯彻落实科学发展观和胡锦涛总书记“314”总体部署、国发3号文件，全区广大党员和干部群众科学求实，开拓进取，扎实工作，胜利完成了区第十次党代会确定的各项目标任务。综合实力显著增强，发展能级大幅提升，城乡面貌深刻变化，社会事业全面进

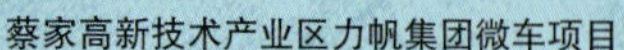

蔡家高新技术产业区力帆集团微车项目

蔡家高新技术产业区力帆集团微车项目

步，人民生活明显改善，人文环境和谐友好，可持续发展能力明显提高，呈现出生机盎然、活力迸发、大有可为的上升态势，展现了光明灿烂的美好前景。2011年，地区生产总值、地方财政收入、可支配财力、税收收入、固定资产投资、规模以上工业总产值、社会消费品零售总额，分别是2006年的3.3倍、7.3倍、5.9倍、4倍、4.8倍、3.8倍、2.8倍；城市居民收入大幅提升，农民收入实现翻倍增长。突出特点：一是产业结构明显优化。形成了以高新技术产业、高品质生态商住产业、特色旅游业为主导的现代产业体系雏形，三次产业协调发展。工业产业由普通传统工业向高新技术产业转变，一些技术、工艺、产品成为全国知名品牌，高新技术产值提高了2.2倍。四联光电占领了世界半导体散热技术的制高点。“骑龙及图、三圣、一生缘”荣获中国驰名商标。中铁建山语城、龙湖紫云台等高品质楼盘加快建设，满足了市民改善型住房需求。特色旅游业实现了特色发展。二是开放平台活力彰显。成功构筑六大发展平台，着力建设蔡家同兴工业园、水土高新园两个千亿级产业园区，为招商引资、增加投资、利用外资增强发展活力和后劲提供了载体和舞台。固定资产投资大幅增加。能源保障度提高，成功开辟第二气源。开放型经济硕果累累，16家世界500强、12家中国500强落户北碚。三是民营经济大幅提升。积极鼓励支持民营经济发展，着力改善服务，加大扶持力度，营造公平竞争环境，民营经济规模不断扩大、效益不断提升。2011年，全区65%的经济贡献率、65%的财税收入、70%的技术创新、78%的就业岗位来自民

两江风韵北碚情

营经济，民营经济已成为北碚经济的重要支撑。四是城市品质不断优化。坚持发展不以牺牲环境为代价的原则，不因为经济发展、产业发展、城市发展、城市人口聚集而导致环境质量下降。城市组团科学布局，城市管理水平不断提高。社会治安好，群众安全感指数高。五是民生事业全面进步。实现充分就业，去年城镇登记失业率2.9%。城乡教育均衡发展，同年龄段学生共享同等教育资源；普通教育质量较好，每年升入普通高校本科以上的超过千人；职业技术教育有声有色，服务经济能力不断增强。医疗卫生事业蓬勃发展，居民看病难、看病贵的现象有所缓解。六是城乡统筹协调发展。加快农村联网公路建设，农村交通得到很大改善，实现村村通客车。保障了农村水、电、气等能源供应。农村产业结构优化调整，积极巩固花木基地，发展观光农业，建设十万亩蔬菜基地，促进了农民增收。

2012年初，北碚区第十一次党代会胜利召开，描绘了未来五年经济社会发展的宏伟蓝图。高举中国特色社会主义伟大旗帜，以邓小平理论和“三个代表”重要思想为指导，深入贯彻落实科学发展观和胡锦涛总书记“314”总体部署，在市委、市政府的坚强领导下，坚持以重庆市第四次党代

美丽乡村–大地渔村

农民新村芳泽居

会精神为统领，围绕把北碚建设成为重庆主城新的重要增长极、国家可持续发展先进示范区和重庆市全面建设小康社会先行区的战略目标，抢抓主城二环快速拓展和两江新区提速建设等重大历史机遇，强力建设北碚、蔡家、水土、澄江四大城市组团，大力发展高新技术产业、高品质生态商住产业、特色旅游业，统筹城乡协调发展，全面发展社会事业，切实保障和改善民生，开拓创新，真抓实干，为完成“科学发展、富民兴渝”的总任务，实现“都市花园、人文福地、宜居之城、两江新秀”美好愿景而努力奋斗。到2016年，地区生产总值、人均GDP、规模以上工业总产值、税收收入、可支配财力、农民人均纯收入在2011年的基础上实现翻番，产业优化升级、科技创新能力、宜居城市建设、城乡一体化水平、社会和谐程度、人民幸福指数在全市领先，比全市提前一年率先实现全面小康社会目标。

重庆市渝北区

——重庆对外

近年来，渝北区坚持以科学发展观为统揽，围绕建设重庆对外开放第一门户，全力推动区域开放开发，经济社会实现协调发展，区域综合实力不断增强，先后获得全国文明城区、国家环境保护模范城区、国家卫生区等40余项国家级殊荣。

强力推进产业集聚，经济发展跃居前茅。围绕建设重庆先进制造业、现代服务业基地，强力推进产业集聚，2011年全区生产总值达到768亿元、是2006年的3.4倍，由全市第四位跃居第一，累计完成固定资产投资2047亿元，连续五年保持全市第一。坚持经济结构战略性调整，积极推进龙石万亿级制造业基地建设，全力推动工业园区加快转型升级，

两路商圈

主导产业集群发展，汽摩制造业主打升级、产量占全市一半，电子信息、装备指导等新兴产业迅速崛起，2011年完成工业总产值1600亿元，总量跃居全市第一，连续五年位列全市工业十强区县榜首。围绕“一线两圈”加快建设重庆商贸大区，深入实施“5个十”工程，积极推动总部金融、文化旅游、航空物流等现代服务业发展，2011年完成社零总额287亿元，驻区金融机构达到240家，存贷款余额分别达到1563亿元和1400亿元，总部企业达到200余家，注册资本超过200亿元。

全市十强工业园区之首——渝北空港工业园区

提速推进开发开放，“第一门户”形象初显。抢抓重庆发展上升为国家战略的契机，主动担当两江新区“主战场”重任，全力推进内陆开放高地建设，五年来累计入驻美国科勒、SM集团等知名企业200余家，利用区外资金817亿元、其中外资40亿美元，完成外贸进出口120亿美元，均居全市首位，开放型经济全市领先。江北机场三期投入运营、四期扩建加快实施，机场北货通道建成投用。两路保税区5.94 平方公里区域围网封关运行，宏碁、仁宝等知名笔电企业当年入驻、当年投产，2011年完成笔记本电脑产量300万台。国际博览中心展馆主体工程基本完工，2012年10月将如期首展；龙兴工业园基础设施建设全面加快，中韩产业园奠基，山鹰直升机制造基地基本建成，格力电器等重点项目全面开工。

加快城市开发建设，宜居水平全市领先。渝北区始终坚持国际化现代化标准，全力推进城市开发建设，2011年末建成区面积达到160万平方公里，常住人口达到138.6万人，成为全市首个“双百”特大型宜居城区。启动并加快推进空港新城建设，五年累计实施重点基础项目50个、完成投资80亿元，重庆中央公园等大批功能性项目全面投入建设；加快两路、龙溪等建成

生态宜居小区

CHONG QING DUI WAI KAI FANG DI YI MEN HU

开放第一门户

区改造提升，新增城市绿地1574万平方米，人均公共绿地面积全市第一。大力开发高品质生态型居住区，累计开工商品房1960万平方米、完成销售2102万平方米，销售面积连续五年位居全市第一。在全市率先开展城区“五乱”整治，率先完成城区道路“全黑化”和城区菜市场标准化改造，创新实施推进“1+8”综合执法，全面实现小区物业星级挂牌管理，城市管理市民满意度全市领先。

加大“三农”投入力度，统筹发展提速推进。围绕建设重庆统筹城乡发展示范区，认真落实惠农支农强农政策，五年来累计完成农村板块投入71亿元，新、改建农村公里1000余公里，形成“五纵五横”骨架网络，镇级公里硬化率、通村道路通畅率均达100%；加快人畜饮水工程建设，切实解决21万人饮水安全问题。大力推进农村居住区和农房风貌整治，建成农民新村19个、巴渝新居7500户，实施危旧房改造4377户、“一池三改”6470户，农村生产生活条件显著改善。依托大都市提速发展现代都市农业，林果、蔬菜、畜禽等特色产业加快发展。大力发展都市休闲旅游，农业园区“西部农谷田园”和乡村“四季歌”成为都市特色旅游品牌。

大湾镇水口村

提升民生发展水平，共建共享幸福渝北。始终坚持发展成果惠及民生，一年一个主题推进民生工程，一批重点社会民生项目相继建成投入，大量关系群众切身利益的热点难点问题得到有效解决，2011年城乡居民收入分别达到21954元和8319元，收入比由2006年的3.19：1缩小到2.64：1。将就业作为民生之本，累计实施就业再就业培训4.3万人次，城镇新增就业13.7万人、农村劳动力转移就业6.1万人、下岗失业人员再就业5万人。全面加强保障性住房建设，创新实施定销商品房，累计开工安置房200万平方米，建成廉租房2.7万平方米、安置房121万平方米、经济适用房459万平方米。高度重视教育发展，累计完成教育投入51亿元，新建渝北中学、松树桥中学等城区学校10所，建成农村标准化学校74所、寄宿制学校38所，西南政法大学、重庆工职院整体入驻。实施免费义务教育和中职教育，高中阶段教育普及率达到99%以上，人均受教育年限增加到9.5年。积极构建城乡一体化的民生保障网，城镇企业职工“五大保险”扩面67.3万人次，城乡居民养老保险中青年人员参保率达到91.4%，城乡医疗保险参保率达到96%，城乡医疗救助“渝北模式”得到世界卫生组织肯定并在发展中国家推广。大力发展老年事业，关爱妇女儿童、残疾人、老年人和特殊困难群体，每年筹资3000万元开展送温暖活动，民生保障水平得到显著提升。

渝北中学

雨后县城一角

全国"绿色崛起"的典型县——武隆

近年来，武隆县强力实施"旅游富民、工业强县"战略，加快建设全市特色经济强县、全国生态县和国际旅游目的地，县域经济取得历史最好成绩，被中央电视台、《人民日报》等媒体誉为"绿色崛起"的典型县。

武隆国家地质公园

鸟瞰天生三硚

芙蓉洞——巨幕飞瀑

——做大一个经济总量。2011年，地区生产总值增速进入全市前10位；一产业增加值增速全市第2位、13个同类考核县第1位；三产业增加值增速全市第3位；工业增加值增速全市第7位；城镇居民可支配收入13个县第1位，增速第3位；农民人均纯收入增速全市第1位；公众安全感指数全市领先；社会治安总体满意度全市第1位。

——打造一个国际精品。2011年接待游客1329万人次，是2006年的10倍，成为名副其实的全国旅游大县。成功申报"喀斯特世界自然遗产"和"国家5A级旅游景区"，成为全国九个拥有两块金字招牌的地区之一；举办中国森林旅游节，成为全国首批"森林旅游示范区"；连续九届成功举办国际山地户外运动公开赛，成为国际山地户外运动第一品牌；成功试演《印象·武隆》大型实景歌会，荣获"2011首届视界大赏年度最佳旅游演出奖"。建成全国一流的仙女山游客接待中心和国际标准的仙女山体育场、民俗赛马场和高山高尔夫球场等；在建、建成四星级以上酒店30家，投入营运12家。全县涉旅从业人员4.1万人、涉旅农户1.2万户，户均增收万元以上。

——取得一个历史突破。把"工业强县"作为实现超常规跨越式发展的核心战略，引领工业突破性发展，成为县域经济的重要支柱。2011年工业投资增速28.5%，居全市前三位。完成园区投资15亿元，建成标准厂房5万平方米，园区入驻企业39家。成功引进四联集团、鼎泰新材、通耀铸锻、爱博纳、罡阳机械、富士电梯等一批大项目。乌江银盘电站、寺院坪风力电站建成投产，白马航电枢纽、浩口电站开工建设，人均装机达2.5千瓦，比全市人均装机高两个千瓦，成为全市清洁能源基地县。

乌江白马枢纽奠基

芙蓉江浩口水电站奠基

罡阳机械生产车间

——展现一个城乡新貌。县城建成区面积拓展到19.96平方公里。"三步走"改造县城中心城区，加快推进中堆坝最美街道建设，把县城打造成为旅游精品城市。仙女山组团完成投资60亿元，建成区面积拓展到9.5平方公里，全市全国最美镇出形象，率先成为全市旅游度假区。完成16个乡镇街道综合整治；建成30个农民新村、2760户巴渝新居，改造9034户危旧房。

——抓好一个增收工程。以"农户万元增收工程"统揽"三农"工作全局，做实高山绿色蔬菜、林禽、林畜、林药（茶）、林果和森林旅游"六篇文章"，形成"特色产业带动型、乡村旅游带动型、产业基地带动型、龙头企业带动型、致富能人带动型"五大增收模式，加快"30万亩蔬菜基地县、100万只草食牲畜养殖基地县、中药材种植基地县、出港蔬菜基地县"建设。带动9万农户实现户户增收7820元以上，其中6万农户率先实现万元增收，农民人均纯收入增速全市最快。

渝湘高速路武隆出口

建成发电的寺院坪风电场

——探索一条致富道路。扎实做好增收致富"大、小、多、少"四篇文章。新增微企560户；新解决3万人饮水不安全问题；投入600万元，实施"肉蛋奶工程"，惠及学生3万余人，新建成塑胶跑道11片；新发放"三权"抵押贷款4270万元；完成转户45693户。强力实施孤残老幼关爱行动。

当前，武隆县按照"中国著名、全球知名"的目标，积极探索一条"五化联动"（即旅游国际化、产业生态化、城市园林化、农村田园化、城乡一体化）、"五园联建"（即休闲旅游公园、生态产业公园、靓丽宜居公园、魅力文化公园、幸福和谐公园）的新路径，加快把县域全境打造成为"经济富裕、山川秀美、社会和谐、人民幸福"的世界级大公园。计划用20年左右时间，分三步走建成"中国武隆公园"。

仙女山大草原

加快建设富裕、文明、和谐新忠县

——忠县2011年工作综述

2011年，忠县坚持以民生为导向的科学发展路径，围绕“主要指标要上去、重点工作出亮点、对外形象大改观”目标，突出抓好城市规建管、工业园区、森林工程、新农村建设“四大战场”，努力缩小“三个差距”，促进共同富裕，有力地推动了全县经济社会又好又快发展。

2011年，地区生产总值同比增长17%，固定资产投资同比增长30.1%，社会消费品零售总额同比增长20.8%，地方财政收入同比增长60%，城镇居民人均可支配收入、农民人均纯收入同比分别增长14.9%、20.1%。

坚持“工业强县、民营富县”，产业加速扩张蝶变

2011年，忠县大力实施“工业强县、民营富县”战略，带动一、三产业发展，推进产业量的扩张、质的提升和转型升级。

在工业特色化方面，抢抓全市打造“江南万亿工业走廊”机遇，规划建设30平方公里的忠县江南工业走廊。启动移民生态工业园核心区建设，与安徽海螺集团签订战略框架协议，建设年产值400亿元的忠县海螺产业园，把忠县打造为海螺集团的川渝区域总部、川渝区域供应总部、西部物流总部。构建起装备制造、新型建材、农副产品加工、能源化医和电子信息、轻纺服装“4+2”集群产业框架，2011年，全县规模以上工业增加值同比增长28%，居同类考核组第三位

在农业现代化方面，按照产业化、现代化、国际化的思路，大力发展现代农业，加快建设国家农业科技园区，促进“农户万元增收”。采取“公司+基地+农户”模式，建成柑橘基地果园24.73万亩、非转基因高蛋白大豆20万亩，出栏肉兔203.6万只，构建起柑橘、大豆、肉兔三大支柱产业，被确定为全国农产品加工创业基地县、全市农业综合开发重点县。2011年农民人均纯收入同比增长20.1%，为近10年来同期最高水平，高于城镇居民人均可支配收入增长率5.2个百分点。

森林石宝寨

忠县呈现出“一江碧水，两岸青山”效果

在三产业优化方面，建成渝东北唯一的3000吨农产品冷链物流系统，新生、乌杨港口码头、周家溪滚装码头和中国柑橘交易市场等重点物流项目建设有序推进。成功引进重庆百货、苏宁电器、永辉超市、德克士、乡村基等名品名店。2011年，全县社会消费品零售总额同比增长20.8%，居同类考核组第一位。

忠县农房改造后效果图

忠县成功创建市级园林城市

打造“洁净小城、品位小城”，优化环境宜居宜业

2011年，该县以“五城同创”为抓手，着力打造“六低”环境。据统计，全年正签招商引资项目172个，其中上亿元项目22个，实际利用内资97.69亿元；对外贸易额2874万美元，同比增长103%。

围绕打造“洁净小城、品位小城”目标，高品质规划水坪新区并启动建设，投资6000万元建设滨江运动公园，投资1650万元建成乐天公园。投入2.2亿元，完成13.4公里城区主干道市容环境综合整治，美化建筑立面10.4万平方米，店招店牌改造工作走在全市前列，成功创建市级森林城市、山水园林城市和文明县城。市容环境综合整治工作受到市政府考核组的高度评价。

按照“震撼力、不落后”的要求，投资4亿元造林1.54万公顷，投资5100万元建成“森林石宝寨”，完成长江两岸森林工程造林8万亩，建设长江两岸柑橘基地5万亩，“一江碧水、两岸橘香”形象初显。

投资9.36亿元建设30米宽10公里长的移民新城大道，新建完成农村公路475公里；乡镇通畅、行政村通达实现“双百”目标，农村公路建设经验被市交委誉为“忠县模式”，并在全市推广。

启动建设忠县游泳馆、体育中心、翠屏山登山步道，新建中小学塑胶运动场26片；全面实行基本药物零利润销售，人均门诊费用下降3%；城镇居民参保率、农村居民参合率分别达95.28%、96.09%，缓解了群众“看病难、看病贵”。

加强社会管理创新，投资1.5亿元建设忠县应急指挥中心，打造“数字忠县”，建立县、乡镇、村三级联动的网格化社会管理平台；坚持以“民生”为导向，健全了“134”信访工作机制，创设了“双网联动”一线工作法，成立了信访维稳联动中心，被誉为“移民大县、信访小县”。建成交巡警平台6个，群众安全感指数达97.16%。

建设“美丽橘乡、幸福农家”

忠县认真贯彻落实市委精神，建设“美丽橘乡、辛福家园”，2011年，共安排60亿元强力推进“10+4”民生工程，逐步投入500亿元落实“共富16条”，努力缩小“三个差距”，促进共同富裕。累计完成“农转城”19580户、62175人，转户人数占任务数的130%，3月份就提前完成了市里的调研目标数，全面完成1.7万多户退宅基地农户的勘丈确权工作，成为全市受理退房退地最早、量房量地最快的区县之一；多方筹资3.18亿元，在全市率先大规模启动兑现退房退地补偿工作，复垦宅基地108.95公顷，实现“地票”交易面积5000亩；组建了“三权”抵押融资担保公司，设立了1000万元的农村产权抵押融资风险补偿专项资金，实现“三权”抵押贷款5552万元，“三权”抵押融资将达20亿元；发展微型企业780户，解决7233人就业，总户数居全市第八位。建立微型企业创业基地4个，使微型企业从“分散式”向“捆绑式”发展；高规格建设农民新村7个，巴渝新居945户，改造危旧房5591户，城乡居民居住差距正在逐步缩小。

未来5年，忠县将以科学发展为主题，以经济建设为中心，以改善民生为重点，坚持“共建、共享、共富”，坚定不移地抓发展，坚定不移地走民生导向的发展之路，坚定不移地实施“工业强县、民营富县”战略，坚定不移地抓项目、抓招商、抓融资，强力推进工业化、城镇化、城乡统筹一体化，做到“一年一变样，三年大变化，五年上台阶”，建设工业高地、品位小城、幸福橘乡。

三峡橘海花果同树

忠县柑橘喜获丰收

喜看丰收兔

酉阳：开启二

县委书记陈勇与群众面对面交流

县委副书记、县长陈文森深入田间地头调研

目标任务：以邓小平理论和“三个代表”重要思想为指导，深入贯彻落实科学发展观，以“科学发展、富民兴酉”为总任务，以新一轮扶贫开发、民族团结进步为统揽，弘扬“开明开放包容、创新创业实干”的新时期酉阳精神，按照“两个持续”、“两个坚持”、“三个攀升”、“一个确保”、“七个着力”的总体要求，全力推进二次创业，力争2017年实现全面建设小康社会目标，到2020年，把酉阳建设成为武陵山区重要经济增长极、国家生态文明示范县、全国统筹城乡扶贫开发示范县、中国酉阳桃源国家生态公园。

桃花源广场夜景

“两个持续”：持续推进思想解放和改革开放。把解放思想作为破解难题、推动工

酉阳桃花源国家5A级旅游景区——伏羲洞

次创业新征程

作的万能钥匙，在不断解放思想中更新观念、创新方法，开创科学发展新局面；把改革开放作为实现科学发展、富民兴酉的根本途径，着力深化改革，扩大开放，努力打造武陵山区开放高地。

“两个坚持”：坚持工业强县、林牧富县、旅游兴县、环境立县“四大战略”，坚持工业化、城镇化、旅游产业化、城乡一体化“四轮驱动”，不动摇、不懈怠、不折腾，走出一条加快推进民族贫困地区脱贫致富的有效路径。

“三个攀升”：努力实现发展速度、发展质量、发展效益同步攀升，调结构、转方式，推动酉阳经济社会科学发展、跨越发展、和谐发展。

“一个确保”：确保把酉阳建设成为工业迅猛发展、农业提速增效、物流便捷通畅、旅游兴旺发达、生态环境良好、具有民族特色的，全国著名、世界有名的优秀旅游城市。

“七个着力”：着力扩大投资规模，拉动经济稳步增长；着力壮大工业经济，提升综合实力；着力发展现代农业，提高农业效益；着力实施旅游开发，打造国际休闲旅游胜地；着力搞活商贸流通，繁荣商贸经济；着力推进城镇建设，增强集聚辐射能力；着力改善民计民生，提高群众幸福指数。

新建成的酉阳体育馆和综合文体中心

连通县城到火车站的钟渤快速通道

万里长江第一园——云阳县滨江公园

云阳县

YUN YANG XIAN

重庆市委副书记、市长黄奇帆，副市长谭栖伟视察工业园区

重庆市政协主席邢元敏，重庆市委常委、统战部部长范照兵视察金田集团

云阳县位于重庆市东北部、三峡库区腹心地带，地处万州、云阳、开县、奉节4个连片百万人口大县（区）的中心。西距重庆主城300公里，万州机场、火车站40公里，东距宜昌260公里。长江黄金水道、沪蓉高速公路、万郑高铁（已规划）横贯县境，万吨级船舶可直抵沪渝。全县幅员面积3649平方公里，人口134万，辖38个乡镇、4个街道办事处。三峡工程移民动迁人口超过17万，综合实物淹没指标占库区的1／8，因移民任务重，效果好，享有“三峡移民看云阳”的美誉。

云阳历史悠久、人杰地灵。公元前314年，秦设朐忍，开建县之始，北周更名为云安县，元改置云阳州，明改设云阳县。曾涌现出扶嘉、李远、程德全、彭聚星、涂凤书等名宦贤士，彭

滨江住宅小区

中国重庆云阳第二届国际登梯节开幕式盛况

重庆市委副书记张轩在弘山川公司观看无极灯产品展示

重庆市副市长凌月明视察市政建设

咏梧、龙潜、赵唯、谭右铭等仁人志士。

云阳物华天宝、资源丰富。粉石英储量5000万吨，品质全国第一；岩盐储量6.7亿吨，居全国第四；种植的油桐、柑橘、佛手、小茴、乌天麻等享誉全国，是有名的“中国桐油之乡”、“山羊板皮基地县”、“生猪生产基地县”和“牛羊大县”；云阳拥有国家4A级景区张飞庙、龙缸国家地质公园、“世界城市中最长的阶梯”登云梯、抗元古军寨磐石城、龙脊岭文化长廊、彭氏宗祠等众多自然人文景观。先后获得“中国优秀旅游城区”、“中国最具幸福感城市”、“国家园林县城”、“国家卫生县城”、“全国文明县城”、“重庆环境保护模范县”等殊荣。

近年来，在市委、市政府的正确领导下，全县上下坚持以科学发展观为指导，大力实施工业立县、农业稳县、旅游活县、开放强县、生态兴县“五大战略”，全县经济社会全面推进、协调发展，2011年工业总产值、增加值、规模以上企业总产值增幅，利用内资增幅，长江两岸绿化，农户增收，城市创建，民生保障等六方面“全市领先”，正在努力由经济弱县向经济强县迈进。

黑木耳丰收在望

国际登梯节摩托车特技表演

风吹草低现牛羊

天下龙缸

重庆市铜梁县

CHONG QING SHI TONG LIANG XIAN

县委书记高必金到企业调研

县长唐川调研新城核心区规划

铜梁县位于重庆市西北部，处于渝西地区中心，与合川、永川、大足、璧山、潼南等区县接壤，是国际主义战士邱少云的故乡和蜚声中外的铜梁龙文化的发祥地。全县幅员面积1343平方公里，全县总人口83.64万人。2011年，铜梁县实现“十二五”经济社会发展良好开局，完成地区生产总值195.64亿元，工业总产值296.4亿元，地方预算内财政收入36.72亿元，全社会固定资产投资200.29亿元，引进县外资金70.67亿元，社会消费品零售总额55.82亿元，城镇居民人均可支配收入2万元，农民人均纯收入8697元。成功创建全国平安宜居示范县、中国宜居宜业典范县、全国生态文明先进县，被农业部明确为“全国蔬菜基地重点县”。

——产业发展新突破，经济发展谱新篇。工业经济强劲发展：园区建设快速推进，铜梁工业园区建成区面积达10平方公里，建成15万平方米标准厂房，入园企业318家，建成投产212家，是全市“百亿级产业园区”之一。抢抓被列为全市笔记本电脑配套产业基地机遇，在工业园区内规划建设6平方公里的电子信息产业园，现已引进电子企业70家，总投资91.2亿元，已投产17家。招商引资效果显著，全年新引进项目92个，实际到位资金70.7亿元。全县规模以上企业达到240家，增加值占整个工业增加值的比重达到60.7%。现代农业加快发展：加大农村土地流转和规模化经营扶持力度，全县农村土地规模经营面积达到32.4万亩，规模经营集中度达到34.1%。黄门风情小镇、侣俸蔬菜大观园、土桥万亩荷花园、南城桂花基地、沙心玫瑰家园等休闲观光农业基地加快建设。蔬菜产业成为农业支柱产业，蔬菜基地累计完成12.3万亩集中成片建设任务，蔬菜产量达到58万吨、产值达到8.28亿元。积极发展生猪生产，建成5个万头生猪绿色养殖小区，规模化养殖率达42%，生猪出栏达到70万头，成为“全国生猪调出大县”。推动农业产业化，新成立9个农业专业合作社，成功创建国家级农业龙头企业1家、市级龙头企业8家，农村专业大户达8500户。大力实施农村人饮安全工程，累计解决45万人饮水安全问题。商贸旅游业繁荣发展：启动建设淮远古韵二期，培育一期，全县知名商家商场不断增多，限额以上商贸企业已达280家，亿元以上商贸企业达到10家。启动物流园区建设，重点发展建筑建材、小商品、冷链物流、仓储等批发物流产业。全面完成城区8个菜市场综合整治和标准化改造。玄天湖温泉旅游度假区正式对外营业。打造“五朵金花”品牌，举办了龙灯文化旅游节、樱桃节、荷花节、桂花节、安居古城江畔文化旅游节，提升了铜梁旅游人气。

工业园区标准厂房

——城乡面貌大改善，发展环境大提升。完善城市规划：抓好城市控制性详规编制和主干道风貌设计，大力推进新城核心区建设。实施“东拓南扩”战略，城区面积达到23平方公里。县城初步形成“大绿化、宽骨架、功能全、形象美”的发展新格局。塑造城市特色：建成“淮远古韵”步行街、全民健身中心、人民公园等标志性建筑，人民医院搬迁、青少年活动中心、恒温游泳馆等项目建设进展顺利。重点围绕“绿、文、水”做文章，实施城市绿化靓化工程，城市绿化覆盖率达到44.8%，人均公园绿地面积达到20.14平方米。县城龙门街、中兴路被市政府命名为“十佳园林市街”，白龙大道、淮远古韵步行街被评为“重庆市最美街区”。推进宜居建设：启动城区污水管网改造和巴川河、淮远河综合治理工程，新建6个镇街垃圾压缩中转站，新增城市公园68亩、社区公园60亩，实现市民出家门500米就能到达1个公园、广场、健身场所的“500米福利计划”。改善镇村面貌：建成场镇公园、广场28个，新建11个镇污水处理厂及配套污水管网，建成9个镇街垃圾压缩中转站。强化生态建设：累计植树造林31.75万亩，建成2个森林生态镇和28个绿色村，森林覆盖率达到41.5%，成功创建市级森林城市。打造畅通枢纽：成渝复线高速公路、三环高速公路铜梁段开工建设。渝遂高速公路铜梁东互通口建设进展顺利，为城市未来发展拓展15平方公里。实施“村道畅通”工程，建成农村水泥公路620公里，新开通农村客运线路25条，在全市除主城外率先实现“村村通水泥公路”目标。

美丽的白龙大道

——明晰未来发展思路，建设富强和谐新铜梁。指导思想：未来五年，铜梁县将高举中国特色社会主义伟大旗帜，以科学发展观为统领，以转变经济发展方式为主线，以改革开放为动力，以改善民生为根本，以党的建设为保证，着力提升发展环境，着力壮大支柱产业，着力推进城乡统筹，在奋力赶超中加快崛起，圆满实现全面小康目标。确定“12345”发展思路：紧紧围绕加快建成富强和谐新铜梁这一目标，始终坚持加快科学发展、促进共同富裕两大主题，大力实施开放带动、产业推动、项目拉动三大战略，加快建设主城产业承接基地、重庆文化教育高地、成渝经济区战略支撑要地、西部宜居宜业福地四大愿景，切实抓好环境提升、要素供给、机制创新、民主法治、党的建设五大保障，融入主城区、建设卫星城、实现新跨越！奋斗目标：到2016年，实现地区生产总值400亿元、工业总产值1000亿元、地方预算内财政收入80亿元、固定资产投资400亿元、社会消费品零售总额140亿元，城镇居民人均可支配收入突破3.8万元、农村居民人均纯收入突破1.8万元。铜梁在西部百强县中的综合实力明显提升。

淮远古韵步行街

大 足 区

区“四大家”授牌揭幕

2011年10月，经国务院批准撤销双桥区、大足县，设立大足区。全区幅员面积1442平方公里（其中双桥经开区133平方公里），辖3个街道办事处、24个镇，总人口103.6万，其中城镇人口33万。

一、2011年发展回顾

（一）综合

2011年，全区地区生产总值达到233.9亿元，三次产业比12.3：58.5：29.2。工业总产值突破500亿元。非农产业比重达到87.7%。地方财政收入50.8亿元，其中税收收入7.7亿元。固定资产投资173.4亿元。金融机构存贷款余额分别为148.9亿元、80亿元。社会消费品零售总额59.9亿元。农民人均纯收入和城镇居民可支配收入分别为8169元、19430元。

（二）工业

全年工业对经济的贡献率达到64%，规模工业占整个工业总产值的比重达到71.5%，全区产值过亿企业超过30户。完成工业投资63.3亿元，占全社会固定资产投资的比重36.5%。工业用电量16.7亿度，比上年（下同）增长30%；工业用

西部最大的轮胎生产基地—双钱轮胎生产基地

气量1900万立方米，增长15%。已形成汽车及零部件、装备制造、现代五金、再生资源、聚光光伏等主导产业。

（三）农业

全年农业总产值达到44亿元，粮食单产、增幅均居全市前列。建成10万亩笋竹、10万亩蔬菜、30万亩优质粮油、60万头瘦肉型猪生产基地，发展10万亩枇

玉滩水库大坝

杷、1.4万亩葡萄、5万亩莲藕特色产业基地。培育国家级、市级农业龙头企业15家，土地规模经营集中度41.5%，被评为全国休闲农业与乡村旅游示范区县，荣获“全国粮食生产先进单位”称号。

（四）旅游

实施了宝顶山景区提档升级、龙水湖国际旅游度假区、海棠香国风情城等70个重点旅游攻坚项目。国际旅游文化节、航空体育旅游节、国际古迹遗址日中国区活动、大足石刻世界巡回展等成功举办。启动了国家级旅游服务标准化工作。接待海内外游客598.1万人次，旅游总收入20亿元。

（五）交通

全区公路有2327.5公里，每万人占有公路24.8公里，公路密度为每百平方公里有公路161.2公里，高出全市平均水平38个百分点。乡镇通畅率、行政村通达率、行政村通畅率均达100%。成渝高速公路复线、重庆三环高速、成渝城际客运专线开工建设，龙铜路、渝隆路、大邮路、中塘路、宝双路等出境跨省公路升级改造全面完成。

（六）商贸流通

注册商标980件，培育马德里国际商标6件、重庆市著名商标10件。实施万村千乡市场化工程，村级日用消费品店和农资店实现“双覆盖”。“家电（汽摩）下乡”、“以旧换新”发放财政补贴7204.6万元。龙水五金市场群成为重庆五个百亿市场之一，西部模具城、重庆新纪元钢材市场、双湖机电物流园、中国西部纸品交易中心等一批专业市场和仓储物流中心加快建设，区域性物流中心架构初步形成。

（七）对外开放

近五年进出口总额累计1.5亿美元。招商引资累计协议投资769亿元，到位资金245.5亿元。交流协作重点有：与保加利亚罗布里奇市结为友好城市，与温州、湖州、绍兴等地建立了战略合作关系。成功举办渝西川东八区县经济协作会，发起成立“成渝直线经济联盟”并召开第一次会议。

（八）城市建设

区域城镇建成区面积43.6平方公里，城镇化率45.5%。城市集中建成区为大足城区（棠香、龙岗）、经开区、龙水镇三块，龙水为国家发展改革试点镇、重庆市小城镇建设示范镇。实施风貌改造和夜景灯饰工程，濑溪河环境整治攻坚成效显著。启动了11个城市森林公园建设，森林覆盖率和城市绿地率分别达到40.5%、43.2%。

森林城市

（九）教育和科学技术

全区共有各类公办法人学校113所，其中完全普通高级中学6所（市级重点高中4所、普通高中2所），国家级重点中等职业学校1所。2011年初升高比例93.5%，高考总上线率84.3%。

推进了国家科技部和市政府合作的五金科技城项目，承担了国家“十一五”（863计划）两个太阳能项目。

（十）文化和卫生

12项市级非物质文化遗产申报成功，被文化部命名为“中国民间文化艺术（石雕）之乡”。举办了石刻国际学术研讨会，启动了“大足学”学科建设。

有医疗卫生机构35个，其中二甲医院三个（区人民医院、区中医院、区妇幼保健院）。现有卫生技术人员2045人，开放床位2913张，年门诊人次130万。现已启动重医附属大足医院（三甲医院）建设。2011年人口自然增长率1.61‰。

（十一）民生和社会保障

城镇登记失业率连续9年控制在4%以内。截止2011年底，发展微型企业1299家、各类市场主体31801个，其中个体工商户26861户。加快推进了公租房、农民新村、巴渝新居、城乡危旧房改造工作。养老保险政策实现全覆盖，医保惠民成效明显，城乡低保应保尽保，2012年将消除绝对贫困。户籍制度改革农转城已超过10万人。

二、2012年发展目标

地区生产总值同比（下同）增长17%以上；工业增加值增长20%；固定资产投资增长25%；社会消费品零售总额增长19%；地方财政收入增长20%；城镇居民人均可支配收入增长15%，农民人均纯收入增长18%。

石柱县城新貌

石柱县 SHUZHU XIAN

5月22日，县委书记郑平在县职教中心调研

2012年5月17日，县长艾东率队参加第十五届中国(重庆)国际投资暨全球采购会

石柱位于渝鄂交界处，地处我国中西结合部，是西南地区向东的重要交通门户之一，又是长江产业带、成渝经济区和武陵山经济协作区三大经济板块的交汇点。建县于唐武德二年（公元619年），全县幅员面积3012平方公里，辖32个乡镇，总人口56万人，其中以土家族为主的少数民族人口占72%，是全市唯一集少数民族自治县、三峡库区淹没县、革命老区县和国家扶贫工作重点县于一体的特殊县份。明末清初石柱曾出现唯一登录中国正史的巾帼英雄秦良玉；是世界经典民歌《太阳出来喜洋洋》和首批中国非物质文化遗产—土家"啰儿调"的发源地；拥有"全国首批历史文化名镇"—西沱古镇。

近年来，石柱加快建设"四高一铁一港"的水陆综合交通体系，沪渝、丰石、沿江、梁黔四条高速公路、沪蓉高速铁路和长江水道六大交通干线在石柱交汇。境内蕴藏有丰富的煤、天然气、铅锌、硅等20多种矿产资源，是"中国黄连之乡"、"中国辣椒之乡"、全国长毛兔第一大县和最大的莼菜基地，也是全国农产品加工创业基地。全县森林覆盖率达到49.6%，是"全国造林绿化百佳县"和"全国绿色小康县"。

沪渝高速公路

2011年，全县地区生产总值同比增长18.1%、达到80.15亿元，工业总产值增长35%、达到75亿元，社会消费品零售总额增长20.8%、达到30.08亿元，农民人均纯收入增长25.5%、达到5981元，城镇居民人均可支配收入增长15.5%、达到16555元，5个指标均超过"十一五"时期的平均增速。全社会固定资产投资增长30.4%、达到107.4亿元，地方财政收入增长42.1%、达到14.63亿元，分别突破了百亿、十亿大关。

未来五年，是我县坚持民生导向、推动科学发展的黄金时期，也是加快城乡统筹的关键时期，更是加快建设渝东枢纽门户和绿色生态经济强县、全面实现小康社会目标的决胜时期。我们将坚持以邓小平理论、"三个代表"重要思想和科学发展观为指导，深入贯彻县第十三次党代会精神，以"421"发展思路统揽政府工作全局，始终坚持发展以民生导向为方向，以改革开放为动力，以转型升级为路径，以跨越赶超为目标，大力实施"生态立县、开放兴县、工业强县、商旅活县"四大战略，努力把石柱建成渝东枢纽门户和绿色生态经济强县，为实现全面小康社会而奋斗！

黄水国家级森林公园

坚持科学发展 谱写富民兴綦新篇章

綦江，作为重庆市最年轻的区之一，承载着期望、肩负着重任，迎来了加快发展的大好机遇。当前及今后一个时期，将全面贯彻落实市第四次党代会精神，坚持稳中求进，促进科学发展，实施“一统三化两转变”发展战略，以工业化为引擎，以城镇化为依托，以农业现代化为基础，推进城乡统筹，切实改善民生，全力打造重庆市能源基地、工业重地、旅游胜地、文化高地和区域性中心城市，加快建设繁荣富强的渝南门户。

在推进工业化上，以工业园区为动力，加快园区平台建设，构建以桥河工业园区、北渡铝产业园、通惠食品工业园区为主，中小微创业基地为辅的“3+X”的园区体系结构；加快新型工业化步伐，大力发展能源、材料、装备制造、化工、食品加工、电子信息等六大特色产业集群，努力打造千亿工业；同时，激发全民创业热情，大力发展民营经济，结合农业发展和小城镇建设，打造“一镇一品”、“一村一品”的中小微企业产业集群。

在推进城市化上，以东部新城为核心，按照经营城市的理念，做大城市规模，为建设渝南区域性中心城市奠定基础。一方面，坚持规划引领，高起点规划城市新区，优化新旧城空间布局，以新城带老城，拉开城市框架。另一方面，坚持项目推动，用活土地资本运作，策划包装优质项目，努力引进战略投资者，积极拓宽融资渠道，加快体育中心、职教中心和南方翻译学院等建设，带动新城全面开发。

綦江-东部新城鸟瞰图

通惠食品园区一期效果图

在推进农业现代化上，以食品工业园区为龙头，发挥綦江农业大区、农业强区的传统优势，发展特色效益农业。壮大园区企业，发展农民专业合作社，延伸产业链条，推进产加销一条龙、农工商一体化；促进土地集中流转，因地制宜培育特色农业示范园，发挥土地集中连片的规模优势，高标准建设渝黔菜篮子直供区、重庆餐饮原辅料基地；结合旅游产业，发展精品农业、观光农业，提高农业综合效益。

在推进城乡统筹发展上，以城镇化、新农村建设和采煤沉陷区综合治理为突破口，深入推进农村集体建设用地复垦、户籍制度、“三权”抵押等改革，促进城乡要素自由流动；实施扶贫攻坚和农民万元增收工程，不断增加农民收入，缩小城乡差距；积极构建城乡文化、就业、卫生等服务体系，大力发展职业技术教育，推动城乡社保、医疗等体制接轨，建立健全城乡一体的新型社会救助体系，推进基本公共服务均衡化，增强统筹城乡发展的“软实力”。

在改善社会民生上，以民生工程为载体，实实在在帮助群众解决面临的困难和问题，切实增进民生福祉。推进就业再就业、扶农助农、饮用水、农村公路建设等十大民心工程，加快群众高度关注的工矿棚户区改造、廉租房、农村危旧房改造、巴渝新居建设、地灾避险搬迁等民生工程进度，大力发展教育、卫生等社会事业，使群众共享新区发展的成果。

创业当有时，新区正春风。綦江将在市委、市政府的正确领导下，紧紧依靠全区广大干部群众，科学谋划、务实创新、勤勉苦干、砥砺奋进，努力在新区的热土上描绘出多姿多彩的壮美画卷，谱写出科学发展的崭新篇章！

古剑山颠（巅）峰鉴山国际高尔夫练习场

綦齿传动公司总装生产线

城口县
CHENGKOUXIAN

重庆市市长黄奇帆调研易地扶贫搬迁及生态移民工作

一、2011年经济发展回顾

2011年，全县人民在县委、县政府的坚强领导下，沉着应对国际金融危机的持续影响，坚持以科学发展观为统领，提速落实“314”总体部署和国发3号文件精神，牢牢抓住实施扩大内需战略、统筹城乡综合配套改革等重大机遇，坚持并不断深化“生态为本、特色为魂、发展为要、民生为重”理念，加快建设新城口，扎实推进“五城联创”，纵深推进“三基地一节点”建设，县域经济在应对各种挑战中保持了良好的发展势头，全面完成了各项经济发展目标。

（一）主要经济指标高位高速增长。地区生产总值37.2亿元，增长19.7%，增速居全市第7位、两翼13县第1位；固定资产投资42.3亿元，增长30.4%，增速居全市第23位、两翼13县第8位；利用内资9.2亿元，增长103.7%，增速居全市第13位、两翼13县第4位；农民人均纯收入达到4576元，增长24.3%，增速居全市第12位、两翼13县第10位。荣获全国双拥模范县和中国绿色名县称号，成功创建重庆市级森林城市。

县委书记裴智将首笔养老保险金发放给居民

县长卢鹏飞调研指导户籍制度改革工作

（二）农业农村经济发展势头强劲。农林特色产业规模集群发展。建成城口县山地鸡市级种鸡场3个，县级种鸡场20个，养殖小区53个，小区农户2500户，饲养量达到800万只，出栏突破500万只。建成以贝母、桔梗为主的中药材种苗基地10个，中药材种植面积达到了17万亩。建成核桃、板栗采穗圃150亩，改优及嫁接核桃、板栗500亩，全县以核桃、板栗为主的干果林面积达到42.5万亩。建成种蜂场2个，中蜂养殖达到8.1万箱，蜂蜜产量达到800吨。生猪饲养量35.49万头，黄牛饲养量3.04万头，山羊饲养量9.05万只。全县粮食播面50.47万亩，比上年增加2.78万亩，总产值10万吨，同比增长10%。全国有机农产品基地建设提速推进。集中力量打造畜禽、中药材、干果三大特色产业，重庆最大的城口山地鸡、中药材、中蜂、干果基地建设成效明显。城口山地鸡、城口老腊肉、鸡鸣茶等农林特色产品产值突破6亿元。城口山地鸡、中蜂2个国家级农业标准

城口山地鸡产业

化示范区建设积极推进。全年共有51个农产品获得国家有机食品（转换）认证，培育国家地理标志商标2件、重庆市名牌农产品2个，农产品“三品一标一名牌”数量位居全市前列。农业龙头带动效应凸显倍增。培育市级农业龙头企业10家、县级农业龙头企业12家。市农投集团投资2亿元“全产业链”开发城口山地鸡，建设城口山地鸡原种场和城口山地鸡加工冷储物流体系；广药集团潘高寿药业公司、渝惠集团、市农产品集团、渝桑林业开发公司、丰科农产开发公司等龙头企业，推进中药材、中蜂、山菌（野）菜等产业发展。已注册农民专业合作社311个，参合农户21975户。发展微型企业181户，贷款扶持512.23万元，带动就业1186人。农业农村改革纵深推进。整合各级涉农投入，兑现到户扶持资金总额达到3483万元。创新农村金融体制，累计发放涉农贷款11.9亿元，农村“三权”抵押融资贷款为全县农户意向融资1.5亿元。在河鱼乡试点全国首创的“农村三权+生物资产”抵押融资委托贷款模式，向101户农户融资277万元。建立村级互助资金协会73个，吸收会员4600余人，协会融资规模达到3000万元。

大巴山国家级自然保护区

（三）工业经济转型发展。工业园区建设快速推进。“一区三组团两拓展”格局初步形成，规划控制面积190.67公顷。工业园区高燕组团锰新材料产业园基础设施建设全面完成，巴山组团钡新材料产业园地灾、控规、可研、环评等通过评审，征地拆迁工作已全面启动，二期3亿元融资有序推进。北京矿冶总院电解金属锰及锰酸锂、锰合金添加剂项目，江苏汉唐集团钡新材料循环经济产业园项目成功签约。大巴山锰钡矿（重庆城口）野外科学观测研究基地项目成功落地，城口钡矿产业绿色发展战略研究科研项目成功启动。全县产值过亿的矿业集团达到6家，规模以上工业企业达到23家，铁合金年生产能力达到30万吨。落后产能逐步淘汰。淘汰6300KVA矿热炉3台，完成金大铁合金公司、来风铁合金公司矿热炉电机系统、进料系统等综合改造，万元GDP能耗控制在市里下达的指标内。

城口县第一届彩叶文化节

（四）商贸旅游持续活跃。秦巴地区商贸物流重要节点建设扎实推进。秦巴地区（城口）山货批发市场启动建设，与重客隆达成入驻协议。建成“万村千乡市场工程”城乡便民店（超市）400个、信息终端36个、商业经营网点3800个。货运、物流、电子商务等业态稳步发展，全年批发零售商品销售总额同比增长26.4%，住宿餐饮业收入同比增长20.3%，连锁经营销售额同比增长49%。重庆重要的生态旅游和红色旅游基地建设全力推进。编制完成《城口县东部片区旅游规划》等旅游规划。城口土法造纸术等5个项目成功晋级市级非物质文化遗产名录，城口漆艺等4个项目入选首批重庆市民间文化艺术之乡，红三十三军指挥部旧址入选市级文物保护名录，钱棍舞展演获得世界记录认证。7个村（点）被确定为全市高山避暑纳凉村，培育大巴山森林人家70户。山神漆器系列产品获科技部新技术新产品博览会金奖，成功入围重庆品牌100强。全年共接待游客38万人次，实现旅游综合收入3501万元，分别同比增长22.6%和25.0%。

（五）基础设施加快建设。交通建设加快推进。“4小时重庆”控制性工程——城（口）万（源）快速公路通道建设序时推进，各标段全线开工，累计完成15亿元投资和70%形象进

城万快速公路通道建设开工典礼

城口县岚天乡高山生态移民新村一角

度。农村公路改扩建和“村通畅”工程加速推进，村畅通率达到28%。太和场二级客运站启动建设。城口至镇坪的出境公路基本建成，至平利、紫阳的出境公路建设前期工作全面启动。开（县）城（口）岚（皋）高速公路进入全市“十二五”规划，安（康）张（家界）铁路途经城口方案已达成部市合作共识，有望在“十二五”开工建设。能源保障能力明显增强。电网建设加快推进，启动110千伏高观变电站、庙坝35千伏变电站、220千伏聚城线路建设，基本形成了以220千伏为中心、110千伏为骨架、35千伏为延伸的供电主网络，供电能力达27.38万千瓦。中坝子水库电站加快建设，龙峡水库全面推进前期工作，全县水电装机容量达到25.4万千瓦。信息化建设步伐加快。农村信息化示范乡镇（街道）建设全面启动，乡镇（街道）信息平台普及率达100%。新建通讯基站32个，新增移动电话10000部。

城口县城旧貌换新颜

（六）城乡面貌明显改观。县域发展环境持续优化。县城“一河两岸三组团”建设纵深推进，茅坪片区、木瓜坝片区等五大新区开发加快推进。大东门隧道实现贯通，县城防洪堤一期、二号拦水坝等市政工程相继竣工。腾宇、天田精品楼盘开发和桃树坝、高坪坎保障房小区加快建设，新开工商品房面积20万平方米，竣工10万平方米。1个市级中心镇和6个县级中心镇建设加快推进，“六改三建一美化”农村环境综合整治试点工作积极推进。城乡环境更加舒适宜居。深入开展交通文明、餐桌文明行动。2人荣获重庆市道德模范称号，10人被评为感动城口十大人物。修齐镇旦坪村成功创建全国文明村镇。大力实施拆墙透绿、大树进城、鲜花上街、细胞创建，新增城市绿地18.3万平方米，县城建成区绿化覆盖率达到45%，人均公园绿地15.7平方米。深入开展城乡环境卫生集中整治行动，严格落实城区市容环境卫生网格化管理。开展城区病媒生物防制和春秋两季“四害”消杀行动，荣获重庆市病媒生物防制先进县称号，3个乡镇成功创建市级卫生乡镇。扎实开展环保“四大行动”，县城空气环境质量优良天数达362天，位居全市第一。县城和乡镇集中式饮用水源地水质达标率100%，城镇生活垃圾无害化处理率和生活污水集中处理率分别达到90.6%和80%。深入开展安全生产基层基础攻坚年活动，全力推进安全生产“四大行动”，打好“四大攻坚仗”，应急管理“一张图”基本形成。安全保障示范工程扎实推进，6个安全社区、7个安全文化示范企业通过市级认证，安全生产形势总体稳定。

（七）民计民生持续改善。全年累计投入18.9亿元用于改善民生。投资1.5亿元开工建设城口初级中学，建成6所中小学“校安工程”，发放资金1365万元救助贫困生2万余人次。建成18个乡镇综合文化站，“广播村村响、电视户户通”工程通过市级验收。县中医院综合楼、复兴街道社区卫生服务中心建成投用，完成7个乡镇卫生院标准化建设。建成二级环山步道、35个农民健身工程和4片塑胶运动场。成功举办重庆市第一届红色运动会，开展周末球赛、小马拉松等群众性赛事，市民体质不断增强。164个村卫生室实现基本药物“零差率”销售。新增城乡就业人员1032人，1405名城镇下岗失业人员和困难群众实现就业再就业。新建廉租房1100套，实物配租720户，租赁补贴505户，低收入群众住房困难得到有效解决。“五大保险”参保人数突破36.5万人，2.6万余名60周岁以上城乡居民月领养老金235万元，646名“4050”灵活就业人员享受养老保险补贴295万元。合理调节收入分配，按政策执行公务员津补贴第二步兑现标准，同步提高事业单位工作人员绩效工资水平，机关事业单位住房公积金缴存比例由7%统一调整到12%。完成12处地灾隐患工程治理，实施避让搬迁379户1537人。落实“54321”结对帮扶机制，全县机关事业干部职工结对帮扶农户8235户。累计投入资金592.8万元，慰问困难群众11万人次。投入资金365万元对困难群众实施动态价格补贴。“四大关爱行动”覆盖全县8779名农村留守儿童、4860名残疾人、6800名空巢老人、五保老人和城市“三无”人员。

多媒体教学

（七）改革开放深入实施。统筹城乡改革积极推进。以符合条件的农民工转户进城为重点，加快农民变市民步伐，全年实现农转城28377人。土地、林地经营权流转加快推进，县城规划区土地储备工作加快实施。投融资体制改革稳步实施。政府性债务风险管控工作扎实推进，融资平台整合加快实施。龙武小额贷款公司运行良好。积极推行农村土地承包经营权、房屋产权、林权“三权”抵押贷款。引进市农业担保公司，构建“政府+银行+担保公司+农业保险+农户”的“五位一体”农业担保贷款模式。招商引资成果丰硕。成功引进江苏汉唐、北京鑫根资本、广东广药集团、广东明阳风电、湖北宜昌润友、重庆农投、重庆商投等为代表的一大批产业带动性强、经济效益好的大项目落户城口，全年签约引进项目18个，合同金额98.2亿元，实际到位资金9.5亿元。合作交流不断深化。积极深化与水利部、山东临沂、市发展改革委扶贫集团、巴南区加大对我县的对口帮扶合作，与万源、巫溪、岚皋、紫阳、平利、镇坪等毗邻县市在交通建设、旅游开发、扶贫开发等领域达成多项合作协议。

大山中的城口新农村

二、发展中存在的问题

一是县域经济总量小，抵御市场风险能力较弱，转变经济发展方式的任务非常繁重；二是统筹城乡区域发展不平衡、不协调、不可持续的问题突出，缩小三个差距的任务非常繁重；三是县城规模拓展和功能开发与跨越发展要求不相适应，打造县域经济中心的任务非常繁重；四是以交通、水利为主的基础设施建设较为薄弱，突破瓶颈制约，夯实发展基础的任务非常繁重；五是社会建设和管理中还存在不少薄弱环节，优化发展环境的任务非常繁重。六是束缚改革开放的思想障碍仍然存在，发展环境有待进一步优化，转变政府职能、提高行政执行力还任重道远。

三、2012年发展目标

2012年城口县经济和社会发展的主要预期目标为：地区生产总值增长19%以上（现价）；工业总产值增长30%以上；固定资产投资增长30%以上；社会消费品零售总额增长18%以上；利用内资增长60%以上；财政一般预算收入增长19%以上；城乡居民收入分别增长13%以上和25%以上。新增市场主体2000户以上，城镇新增就业900人。与一圈的发展差距缩小到2.20∶1；城乡差距缩小到2.78∶1；基尼系数降至0.4左右。人口自然增长率、城镇登记失业率、综合能耗、主要污染物排放等指标控制在市里下达的目标之内。

规划建设中的开（县）城（口）岚高速公路

丰都：开启“科学发展、富民兴丰”新征程

FENG DU KAIQI KEXUEFAZHAN FUMINXINGFENG XINZHENGCHENG

丰都地处重庆版图中心、三峡库区腹地，占据承接“一圈”、联动“两翼”的战略要地。全县认真贯彻党的十八大和市第四次党代会精神，落实“科学发展、富民兴渝”总任务，加快推进新型工业化、新型城镇化、农业现代化和旅游精品化，努力建设三峡库区明珠，实现人民幸福安康。

推进新型工业化，构筑三峡库区工业重镇。以园区建设为基础，打造“一区五园”工业布局，将园区面积由不足1平方公里拓展至10平方公里，建设标准厂房12万平方米，进一步完善大中型企业落户条件。以产业集聚为支撑，着力壮大新型建材、精细化工、轻纺食品3个优势产业，加速发展生物制药、机械电子、新能源三大新兴产业，全力构建“3+3”工业体系。以项目建设为抓手，扶持壮大恒都肉牛领军全国，抓好6万吨蛋氨酸、1000万吨干法水泥项目续建，促进金籁电子、凯迪生物质能电厂全面达产，大力推进玉溪轻纺园差别化纤维项目建设。力争到2016年，全县工业总产值突破600百亿元。

镇江精细化工园全景

推进新型城镇化，建设重庆大都市卫星城。把城镇化作为推动发展的重要引擎，坚持规模速度和功能品质并重。大力实施“北拓东进”，拉开30平方公里的城市骨架，构建“一城两片六组团”格局。建设城市各组团之间的快速通道，提速启动公园、广场等城市要件建设，强力打造50亿级城市综合体。开工建设10平方公里城市副中心，稳步打造高家、社坛、三元、太平等中心镇、重点镇和特色镇；统筹城乡发展，提速交通、水利等基础设施建设，力争通村通畅率实现100%；大力实施户籍制度改革，推进农户有序进城入镇，力争到2016年全县城镇化率提高到50%。

推进农业现代化，建设中国肉牛之都。以肉牛产业为抓手，加快发展特色效益农业。在全国单体规模最大的2万头肉牛育肥场、1万头母牛繁育场实现充分养殖的基础上，合理布局千头、百头养殖场，全线推进20—30头庭院养殖模式。以20万头肉牛屠宰加工厂为基础，加快10万吨牛肉精深加工项目建设。充分发挥中国南方肉牛综合交易市场、肉牛电子交易中心平台作用，进一步拓展国内及香港、中东等地区市场。力争培育肉牛龙头企业100家，实现肉牛饲养、交易和屠宰加工量100万头,加工销售收入100亿元。与此同时，按照“一镇一业，一带一色”思路，因地制宜发展烤烟、红心柚、榨菜、龙眼、花椒、猕猴桃等区域特色产业，带动农民增收致富。力争到2016年，全县农业产业链增加值达到100亿元。

建材园东方希望干法水泥第五条生产线

万头肉牛养殖场

推进旅游精品化，打造国际知名旅游胜地。以创建中国旅游强县为抓手，加快精品景区开发建设。全力推进澜天湖景区建设，打造西南地区一流休闲度假旅游胜地，力争2013年5月对外开放；全面完成名山古建筑升级改造；加快游艇项目和雪玉洞水上娱乐中心建设，打造国内外游客倾心向往的旅游目的地。加大宣传营销力度，启动名山、雪玉洞景区5A级景区创建及世界文化遗产和自然遗产申报。力争到2016年接待游客突破1000万人次，旅游综合收入翻两番。

在加快经济发展的同时，稳步实施民生工程，让广大群众共享改革发展成果。加快“三甲”医院和投资7000万元的龙城小学建设，进一步完善投资1.2亿元的职教基地条件，全面完成县体育馆建设并投入使用。进一步巩固三峡移民成果，稳步开展后续建设，纵深推进扶贫攻坚。启动创建国家卫生县城、国家园林县城等“五城同创”活动，提高群众生活质量，构建和谐稳定、干群连心共建小康社会的良好局面。

澜天湖秋景

千年开州 刘帅故里 灵动水城

QIANNIANKAIZHOU LIUSHUAIGULI LINGDONGSHUICHENG

开县，人杰地灵的历史名城。东汉建安21年建县，迄今已有近1800年历史，开县境内曾有汉丰、清水、巴渠、新浦、西流5个县县治，农耕时代有“金开县”之美誉。唐朝著名诗人韦处厚作开州刺史，写下了轰动京城的《盛山十二景》；清同治年间，开县籍人李宗羲任两江总督；清光绪年间，开县有6名举人参与“公车上书”，由此被誉为“举子之乡”。最为著名的是这块土地上诞生了共和国“一代军神”刘伯承元帅，由此被誉为“帅乡”。

滨湖七位一体景观工程

佛卧金甸

开县，资源丰富的富裕之乡。现探明矿藏24种，已开发利用14种，煤炭资源理论储量2.5亿吨；天然气储量约2650亿立方米，年采输气40亿方以上的川东北天然气项目已经正式开钻。开县有丰富的三色旅游资源，“红色旅游”为刘帅纪念馆及故居，“蓝色旅游”为水域面积相当三个西湖的汉丰湖；“绿色旅游”包括面积36.86平方公里的澎溪河湿地自然保护区，面积近2万公顷的雪宝山国家级森林公园等等。

开县，宜居宜业的西部水城。2011年，城市绿化覆盖率达44%、人均公园绿地达13.1平方米，森林覆盖率达42%，成功创建中国宜居宜业典范县、国家园林县城、重庆市山水园林城市和卫生县城等众多城市品牌，并力争2015年建成重庆最佳宜居城市之一，成功申报中国人居环境奖。现正启动实施国家卫生县城、重庆市环保模范县城和文明县城“三城同创”工作。根据国家定位，将汉丰湖打造成“三峡品牌、中国典范”，我们坚持“多水统筹、综合治理”，突出文化品位、国际视野，编制实施了环汉丰湖“1+8”规划，建成滨湖公园75万平方米，着力将汉丰湖建设成“中国工程湖泊生态典范”。

汉丰湖

核心商圈一角

润江羊绒

开县，前景广阔的投资热土。近年来，开县出台一些列招商引资优惠政策，采取筑巢引凤策略，按照“园城融合”理念和“一区四分园多点”布局，建成工业园区面积8平方公里、标准厂房40万平方米、服务配套用房8万平方米，园区入驻企业已有58家，基本形成能源、建材、食品、轻纺、机械电子五大产业集群，产值超亿元的企业达到28户。2011年，实现地区生产总值199.8亿元，比上年增长18.3%；实现地方财政收入20.05亿元，增长93.7%；实现社会消费品零售总额81.5亿元，增长20%；完成固定资产投资142.3亿元，增长40.6%；城镇居民人均可支配收入达到15911元，增长15.3%；农民人均纯收入达到6323元，增长24.5%，初步实现了经济增长进入全市上游，社会稳定恢复常态的“整体转型”目标。

大德梯田

万州经济技术开发区

2011年10月27日，重庆市市长黄奇帆参加长安跨越15万辆商用车基地竣工暨KY10新品下线仪式

【概况】 万州经济技术开发区（以下简称“万州经开区”）于2010年升格为国家级开发区，目前已与世界上80多个国家和地区建立了经贸关系，初步形成具有较强配套能力和竞争优势的能源建材、特色化工、机械电子、纺织服装、食品药品五大特色产业集群。截至2011年底，万州经开区已形成高峰园、天子园、五桥园、盐化园、新田园“一区五园”的开发建设格局，规划建设用地面积达58.56平方公里。开发拓展面积已达22平方公里，累计完成开发投资60亿元，收储土地4平方公里，入驻企业125个。

【经济发展】 2011年，万州经开区完成固定资产投资50亿元，实际利用外资1.4亿美元。实现规上工业总产值331.7亿元，同比增长40.05%。实现工业企业利润15.8亿元，同比增长16.4%。入库税金8.87亿元，同比增长 113%。完成进出口总额1.6 亿美元，同比增长87.1%。完成全口径财政收入12.29亿元，同比增长128%，首次突破10亿元大关（其中地方财政收入7.1亿元，同比增长151%）。

【融资工作】 2011年，万州经开区在巩固和深化银行贷款的基础上，多管齐下拓展BT融资、金融租赁、中期票据、企业债券、担保等多种融资渠道，全年累计落实融资规模45.65亿元，比上年增长113%（其中BT融资10亿元，新增银行贷款授信24.9亿元）。

【产业发展】 2011年，万州经开区大力推进重点产业项目建设，着力为重庆第二大城市建设提供产业支撑。开工建设大全二期年产3000吨多晶硅、三阳动力20万台发动机、希姆斯年产5000台电梯、昂华科技年产50亿支二三极管等6个产业项目，加快推进长安跨越商用车车身及零部件中心、三雄照明节能灯等4个在建项目，大全250兆瓦硅片一期、肯发科技1.5亿只硬盘驱动架、盐化园热岛中心一期供热部分、科华9兆瓦低温余热发电、奥根科技2000万只光学镜片等14个项目竣工投产，预计达产后可实现产值140亿元，税收5亿元。至2011年底，万州经开区入驻企业达125个，其中，产值过50亿元的企业1个，过30亿元的2个，过10亿元的5个。

2011年12月24日，西部纺织城开工仪式

【招商引资】 2011年，万州经开区紧紧抓住长三角、珠三角、港澳地区和海外地区产业转移契机，多层次、多渠道拓展招商网络，强力实施“大招商、招大商、招名商、招外商”战略，全年累计新签约项目12个（其中协议投资额10亿元以上的6个），协议投资约329亿元，到位资金69.48亿元。2011年新签约的神华神东电力万州港电一体化、重庆西部纺织城、雷士产业园、中国扬业电器等项目，凸现了万州经开区的产业集群效应。

【征地拆迁】 2011年，万州经开区完成土地勘界25平方公里，取得征地批复6.12平方公里。启动征地拆迁面积15.33平方公里，全面铺开了22个村98个村民小组的征地拆迁；全年累计签订安置补偿协议5000余户约1.3万人，拆迁房屋3400多栋，拨付补偿资金7.2亿元，初步完成10平方公里的拆迁补偿。

【规划建设】 2011年，结合万州城市总规、土规重大修改，同步启动并编制完成了《万州经开区总体规划》和各片区控制性详细规划，确定了经开区“一区五园”58.56平方公里规划建设管理范围，基本实现了五桥园、天子园、高峰园、盐化园控规全覆盖。编制完成《万州经济技术开发区“十二五”发展规划》，重点落实了高峰片区30平方公里的产业发展规划、控规及中心城市设计；完成经开大厦概念性方案和万利、玉城、长石板106万平方米还房的设计工作，开工建设公租房、廉租房44.3万平方米，开工建设标准厂房12万平方米（竣工10.1万平方米）。完成上海大道延伸段、百安大道延伸段、工业大道、玉城大桥设计并启动招标工作，完成10.5公里的道路综合整治，边仙大桥建成通车，开工建设万忠路复线（其中A标段基本建成）。启动玉城、长石板、盐化园、石梁、檬子、高峰片区7平方公里的场平整治工程，完成约5平方公里。完成天子园、龙腾园、光电园、化工园等人行道、厂区绿化及疏港大道、化工园景观提升等项目，新栽换植香樟、桂花、杜英等约4900株，各类灌木约16000平方米；完成申明大道35栋房屋8万平方米的立面整治和店招门楣整治及三房大桥立面整治工作，启动9幢五桥立交还房立面整治和灯饰工程。

【安全生产】 2011年，万州经开区在推动大开发、大建设的同时，着力营造安全稳定的发展环境，着力改善和提高环境质量。全年共排查企业987家（次），查出各类安全隐患774处，整改752处，整改率达97.2%，完成大全新能源、苏商港口、恩林电器等14家企业安全主体责任等级评定，并全部达到B级以上，全年未发生较大及以上安全事故。接待来访群众26批次 687人次，排查突出信访问题和不稳定因素33 件，协调处理17件信访突出问题和16起重点矛盾纠纷，实现了“三个下降”、“两个零”的目标，全年未发生重大影响的稳定事件。

2011年6月26日，两江新区援建万州区5万平方米标准厂房开工仪式现场

【环境保护】2011年，万州经开区对入驻企业进行了环评执行率、ISO14000认证、工业污水及固废排放、危险废物处置调查，建立了重点企业环境监察台账。协调处理了雷士照明、兰花太阳能、亿田食品生产废水处理等环保问题。扎实推进高峰拓展区、龙腾园、五桥园、天子园、玉城片区规划环评工作和五桥园污水处理厂、高峰拓展区污水处理厂、化工园区固废处置场的前期准备工作。

【管理服务】 2011年，万州经开区进一步优化管理体制，着力提升服务水平。党工委、管委会正厅（局）级机构获中央编办批准，“一办六局一中心”迅速组建到位。不断完善重庆三峡产业投资有限公司、重庆万州化学工业开发有限公司、重庆市玉罗市政工程有限公司三家直属公司的法人治理体系，形成“行政决策、公司执行”和“小机关、大公司”的运行机制。选举产生了经开区机关党委、经开公司党总支、两新工委，成立了14个基层党支部，新建华歌生物等4个“两新”组织。选举产生了经开区工会工委和12个基层工会组织，帮助东松三雄等3家企业成立了工会组织。积极开展“三进三同”、“结穷亲”、创先争优“一讲二评三公示”等主题活动，直接联系贫困群众81户，开展“三进三同”159人次，发放慰问款物合计11.3万元。认真落实党风廉政建设有关规定，制定和完善了财政预算管理、招商引资财政税收优惠资金管理、中介机构管理等八个管理办法，促进各项工作制度化、规范化、精细化，从制度和管理上有效预防腐败行为的发生。

重庆三峡技术纺织有限公司厂区

巫山：打造山水港湾旅游新城 建设幸福渝东门户

县委书记何平调研农村经济发展工作

县长李春奎调研高速公路建设工作

巫山地处三峡库区腹心，是"渝东门户"，幅员面积2958平方公里，辖24个乡镇、2个街道，总人口63万。是经济小县、资源富县、旅游强县、文化名县、移民大县，也是新一轮国家扶贫工作重点县。

近年来，巫山立足实际县情，坚持发展第一要务不动摇，深入实施"生态立县、产业富县、文化育县、科教兴县、民生稳县"战略，努力把优势资源转化为特色产业，以劳务经济和烤烟、煤炭、生态旅游、园区工业为支撑的"1+4"特色经济不断做大做强做优，经济社会发展成效显著。2011年，实现地区生产总值63.4亿元，同比增长18.5%，其中：第一产业增加值14.17亿元，增长5.4%；第二产业增加值22.56亿元，增长20.8%；第三产业增加值26.67亿元，增长24.2%。按常住人口计算，人均地区生产总值9945元。三次产业对经济增长的贡献率分别为7.3%、34.6%、58.1%，分别拉动经济增长1.4个、6.4个和10.7个百分点。经济发展增速居全市第十、"两翼"区县第三，创历史新高。地方财政收入8.7亿元，增长109%。地方财政一般预算收入5.04亿元，同比增长51.0%。社会消费品零售总额22.04亿元，同比增长19.0%。全社会固定资产投资53.41亿元，同比增长21.7%，其中：建设与改造投资49.97亿元，增长18.5%；房地产开发投资3.44亿元，增长100.7%。城镇居民人均可支配收入15770元，同比增长15.1%；农村居民人均纯收入4867元，同比增长24.0%。以绿色旅游为龙头的第三产业蓬勃发展，增长24.2%，居全市第一；造林面积达27.9万亩，是全市造林面积最多的三个区县之一，森林覆盖率达51%，居全市第三；城镇建设加速推进，交通、水利等基础设施得到较大改善；教育投入占GDP的8%，卫生投入占财政收入的八分之一，县财政对民生的投入达70%，居全市第三；筹资3000万元率先建立大病救助基金，受到各级领导高度肯定和群众的衷心拥护，在全市推广；荣获全国文明县城、市级山水园林城市和市级森林城市等称号。

经济的加快发展，环境的逐步改善，让巫山站在了一个新的起点。开放的巫山正以海纳百川的胸怀，开拓创新的精神，务实高效的作风，全力打造山水港湾旅游新城和国际知名旅游景区，深入推进巴渝魅力美丽乡村建设，致力建设生态工业聚集高地，努力建成幸福渝东门户。

巫山小小三峡

重庆晨龙精密计时有限公司生产车间

巫山县烤烟产业基地

巫山县农业公司标准化规模养鸡场一角

打造智慧城市 服务民生改善

中国移动通信集团重庆有限公司（以下简称重庆移动）以"科学发展 富民兴渝"为行动纲领，深入践行"正德厚生 臻于至善"核心价值观，紧扣"战略转型、改革创新、廉洁健康"三篇文章，乘势而上，开拓进取，不断增强服务意识、质量意识、安全意识、品牌意识、诚信意识，始终致力于城市信息化水平提升与社会民生改善。今年以来，公司继续在重庆市通信发展和公众服务中发挥着主导运营企业的作用，先后荣获重庆市企业集团纳税50强，独立企业纳税50强，通信产业绿色节能先进单位等荣誉称号。

缩小城乡"数字鸿沟" 由重庆移动运营的"12582农信通"以服务"三农"为目标，通过短信、彩信、语音、手机上网、互联网等多种方式，为广大农民朋友提供政策法规、农业科技、市场供求、法律援助、农事气象等信息服务。

重庆移动参加第十届高交会

重庆移动12582农信通法律援助热线

搭建信息化服务平台 "无线城市"是市政府与重庆移动联手打造的信息化门户平台，为政府和市民提供了多种政务、便民信息化应用。五险一金查询、失物招领、预约挂号等应用深受市民欢迎。

物联网助力产业升级 在智能家居、智能交通、金融、特种设备监控、市政管理、城市安防等领域开发了包括物联通、宜居通、车务通、二维码、电梯卫士、等30多项产品及应用。物联网正在逐渐形成门类齐全、布局合理、结构优化的产业体系。

着力净化网络环境 推动实施客户信息安全"金库模式"管理，丰富客户信息安全保护措施；持续开展垃圾信息专项治理工作。做好短信举报平台的客户举报受理和查处工作。加强网间联动治理，遏制垃圾信息泛滥。持续推进网络不良信息治理工作。优化不良信息拨测系统功能，完善网络不良信息客户举报体系，从技术手段、管理流程等方面提升不良信息治理效果。

巫溪县

2011年，全县地区生产总值47.3亿元，是2006年的2.8倍，同比增18.1%，增速排名全市第17位、“两翼”13县第9位。全社会固定资产投资85亿元，是2006年的7.1倍，同比增40.9%，增速排名全市第5位、“两翼”第1位。地方财政一般预算收入4亿元，是2006年的7.1倍，同比增1倍，增速排名全市第2位、“两翼”第1位。社会消费品零售总额16.1亿元，是2006年的2.4倍，同比增19%，增速排名全市第31位、“两翼”第8位。城镇居民可支配收入13236元，是2006年的1.8倍，同比增长15.3%。农民人均纯收入4526元，是2006年的2.2倍，同比增24.1%。粮食总产量21.8万吨，超届期目标2.8万吨。获得“大宁河鸡”等5件国家地理标志证明商标，“巴山绿野”等5件重庆市著名商标，无公害、绿色、有机农产品认证67个。旅游人次135万人，超届期目标110万人次，旅游收入6.5亿元，阴条岭成功晋升国家级自然保护区，宁厂古镇获批国家历史文化名镇，大宁河生态文化长廊获批国家AAAA级景区。一系列成功和进步，使巫溪干部群众增强了脱贫解困的信心，点燃了后发赶超的激情，“创造梦想、创造生活、创造财富”成为全县人民的共同信念，“认穷不认输、落后不落伍、后来敢居上”的拼搏精神成为全县人民的精神动力，“居住在公园里、生活在风景中”的梦想正在逐渐变为现实。

城市建设：新农村建设典范——城厢镇白杨苑

一、城乡面貌变化巨大

完成漫滩路一二期，宁河风情街一期，老城广场改造，城市生态夜景照明，城市道路“白改黑”一二三期工程。建成商业设施16.8万平方米。新建公厕37座。新增停车位2869个。建成逍遥广场等7个广场，新建中轴桥等7座桥梁，安装了交通红绿灯。

拆迁城中村危旧房8万平方米，整治背街小巷34条。完成建筑立面改造15.2万平方米，拆除户外广告9506平方米。城区路灯安装率达99%。人均公园绿地面积达到10平方米，城市道路绿化率达96%，建成区绿化覆盖率达46%，绿地率达41%。城市噪声达标区覆盖率达到91%。城区优良天气率88.7%。城市生活污水集中处理率83.7%，生活垃圾无害化处理率92.8%，干净成为巫溪名片。

渝巫路等六条出境干道全面畅通，建成巫神路一二期工程。新建城市道路21公里。改造通乡公路406公里，实现100%乡镇通畅。新改建通村公路1700公里，实现100%村通达。硬化通村公路600公里。全县公路总里程达3551公里。县城开行公交车和出租车。实现了“三小时巫溪”目标。

完成80个村的农村环境综合整治，建成农民新村55个、集中居民点7个。完成“一池三改”3.2万户。解决37.9万城乡居民饮水安全。农网改造基本完成，实现城乡同网同价。乡镇综合文化站、农家书屋、“广播村村响、电视户户通”实现全覆盖，有线电话、互联网通村率达85%以上。建成农村日用品、农资配送中心2个，新建、改建乡镇日用品超市和农家店365个、农资店309个，安装“农商通”460台，万村千乡信息化平台实现自然村全覆盖。

二、民生条件明显改善

投资2.9亿元，建成廉租房6320套、30.3万平方米，实物配租2130套，解决住房困难群众8577户、2.2万人。投资32.5亿元，建成商品房150万平方米。投资2.1亿元，新建巴渝新居3500户，改造农村危旧房9500户。

新增城镇就业岗位15923个，解决就业15500人。筹措就业资金6200万元，组织就业再就业培训24600人次。发放再就业贷款1.2亿元，带动就业3000人。

投资4.95亿元，新建、改建学校52所，新建校舍14万平方米。资助及减免学杂费3.05亿元。发放助学贷款4381万元，受惠学生7505人次。实施“蛋奶计划”和“爱心午餐”，受益学生5.8万人。普及九年义务教育，高中入学率达88%。

发生巨大变化的北门沟

童婴-红池风光

投资3.5亿元，新建医院业务用房12.2万平方米，建成25个标准化乡镇卫生院，新建村卫生室114个，县人民医院成功创"二甲"。医药卫生体制改革顺利推进，基层医疗机构基药"零差率"销售全面实施。

城镇企业职工基本养老保险参保14121人，支出保险金50404万元。城乡居民社会养老保险参保157620人，支出保险金6310万元。新建、扩建敬老院19所，"五保"老人集中供养2100人，分散供养2948人，发放养老金4500万元。

投入1.86亿元，保障城乡低收入家庭基本生活20万人次。投入1.84亿元，医疗救助15万人次，临时救助30万人次，慰问贫困人口35万人次，重点优抚生活补助2608人，倒房重建3226户、39万平方米，安置灾民11957人。投资4.3亿元，整村脱贫村建设完成36个、启动25个，建成石柱坪山扶贫开发示范区，启动西溪河、南部片区连片扶贫开发，减少贫困人口4万人。

召开多方共治联席会议，让群众参与决策

新建、维修道路防撞护栏510千米，改造危桥4座，新建客运站4个。完成县城四大危岩带等地灾治理，实施搬迁避让1600余人。建筑安全隐患排查率达97%，整改率达80%。查处制贩假冒药品案件188起。群众安全感指数上升到96.6%。组建应急救援队伍358支，处置突发事件2173起。化解信访积案210起。

三、改革创新成效显著

一是推动"三权"制度改革。完成林地确权10.3万户，颁发林权证14.9万本；建立林权交易所，累计流转林地166宗、2.2万亩，林地的使用权、林木的处置权、收益权得到实现和保护。完成农村土地承包经营确权颁证11.3万户、土地房屋确权颁证9.3万户。二是创造性实行特约设计师和开发用地带图带证拍卖制度，统一城市导示系统，规范建筑外立面色彩和材质，提高了设计质量，保证了宁静、灵动的城市特质。三是成立群众工作部，建立民众联络中心、民众服务中心和民意调查中心，将服务群众、依靠群众制度化、长效化；建设"乐和家园"，探索建立了以自治为基础、共治为平台、法治为保障的基层社会治理新机制。四是探索推进片区开发、资金互助、"五进五户"扶贫模式，总结形成了"小规模、大集群、标准化"的山区特色产业发展新路子，扶贫开发成果丰硕。五是集中使用帮扶资金，创新预期借贷模式，争取银行贷款4.7亿元，放大了资金融通总量，提高了资金使用效益。

四、发展信心不断累积

如期实现市级卫生县城、文明县城、山水园林城市和森林城市"四城同创"目标。成功承办全市创卫现场会、用群众工作统揽信访工作现场会、旅游景区建设现场会。建成长江中上游最大马铃薯脱毒种薯基地，成为国家农业综合开发优质粮油基地县、全市优质烤烟重点基地县。成功举办中国重庆首届"巫文化"旅游节和"巫文化"论坛。成为第一个到重庆大剧院演出大型情景剧的区县。2011年居民友好度全市第一。先后获评"2011中国城市管理进步奖"、"2011中国十大社会管理创新奖"、"2011中国改革年度县"，入围第六届"中国地方政府创新奖"，入选清华大学"中国公共管理案例库"。发明专利增幅全市第一。成功申报"重庆市可持续发展实验区"。"五句子山歌"、"巫溪民间故事"、"大宁河刺绣"成功获批为市级非物质文化遗产，荣获"重庆市太极拳之乡"、"重庆市文化艺术之乡"称号。巫溪正由边远封闭走向纵深开放，从籍籍无名逐渐备受关注。

2012年工作目标：地区生产总值增长16%以上，达到55亿元；全社会固定资产投资增长30%，达到110亿元；社会消费品零售总额增长18%，达到19亿元；地方财政一般预算收入增长18%，达到4.7亿元；城镇居民人均可支配收入增长12%，达到14820元；农民人均纯收入增长18%，达到5340元；城镇化率提高到28%以上；森林覆盖率提高到55%以上；人口自然增长率控制在5‰以内；城镇登记失业率控制在5%以内；单位生产总值综合能耗控制在市上下达的指标以内。

村民举手表决，组建乐和互助会

广安—

广安是世纪伟人邓小平的故乡，位于四川省东部，辖广安区、华蓥市、岳池县、武胜县、邻水县，幅员面积6344平方公里，总人口470万。

广安，人杰地灵，是一方举世瞩目的圣土。作为伟人故里，广安的建设发展备受各方关注。胡锦涛、吴邦国、温家宝、贾庆林等40多位党和国家领导人莅临广安视察，对广安发展倾注了大量心血。世界银行行长佐利克等政要到广安参观访问，世界银行、联合国儿童基金会等国际组织和美国、英国、沙特等以各种方式支持广安发展。中央各部委在资金扶持、政策倾斜、生产力布局、项目核准等方面总是尽力给广安以倾斜照顾。可以说，广安已经不仅是本土意义上的广安，也是中国的广安，世界的广安。广安历史悠久，但同时又是一座年轻而充满魅力的城市，1993年7月设立地区，1998年7月撤地设市，已经成功创建中国优秀旅游城市、国家园林城市、国家卫生城市、创建全国文明城市工作先进城市、全国社会治安综合治理优秀地市、省级环保模范城市，目前正在争创全国文明城市。

广安，区位优越，是一方资源富集的沃土。广安地处成渝经济区的腹心地带，是四川省毗邻重庆主城区最近的地级市，属四川省“一轴一区块”，被重庆纳入“一小时经济圈”的经济单元。境内4条高速公路四通八达，到重庆仅需1小时，到成都仅需2.5小时；襄渝铁路贯穿全境，兰渝铁路加快建设；设计能力100万标箱的广安港即将建成，广安正在成为连接重庆、成都、西安、武汉、上海、广州等特大城市的水陆交通重要节点。广安拥有丰富的矿产、旅游、农产品和水能资源，境内已探明的

广安市招商引资局招商热线：0826-2334050
广安经济技术开发区管理委员会招商热线：0826-2966839
广安区招商引资局招商热线：0826-2226121
岳池县招商引资局招商热线：0826-5243137
武胜县招商引资局招商热线：0826-6664313
邻水县招商引资局招商热线：0826-3210719
华蓥市招商引资局招商热线：0826-5011690

GUANGAN

—川渝合作示范区

矿产资源达30多种，原煤储量10亿吨，岩盐储量5800亿吨，天然气储量6000亿立方米，石灰石可开采量300亿吨，石膏矿储量3800万吨。旅游资源得天独厚，被列入全国12个“重点红色旅游区”和30条红色旅游精品线路，邓小平故居、陈列馆和华蓥山游击队遗址被列为全国100个“红色旅游经典景

便捷的交通

广安火车站

中国优秀旅游城市

区”，邓小平故里正在创建5A级旅游景区，“小平故里行、华蓥山上游”成为全国著名旅游品牌。

广安，发展迅猛，是一方激情涌动的热土。建区设市以来，勤劳的广安人民历经了三次艰苦创业，取得了令人瞩目的发展成就。全市生产总值近5年平均增幅达14.3%。大力实施工业强市战略，全面推进产业集群发展，已建成6个工业集中区，其中国家级开发区1个，省级开发区2个，建成面积70余平方公里，能源、建材、农产品加工、机电加工、化工等优势产业迅猛崛起，全市规模以上工业总产值连续3年保持47%以上的增长速度，工业效益增长幅度进入全省前列。积极融入重庆一小

广安火电厂

广安区工业园区

时经济圈，主动承接发达地区产业转移，2009年达到206亿元，2010年达到308.9亿元，2011年达到401.8亿元，三年增长95%。

广安，前景美好，是一方投资兴业的乐土。这里，机遇众多。国家级的广安经济技术开发区地处重庆两路寸滩保税港区的最佳辐射半径内，良好的区位和独特的政策优势为广安发展插上了腾飞的翅膀；成渝经济区区域规划将广安纳入"重庆城市群"，列为四川省唯一的"川渝合作示范区"，广安发展将得到国家、四川省更加强大的支持和重庆更为直接的辐射。这里，政策环境优越。国家将从财税、投融资、产业、土地、通关等方面给予扶持，广安将被列为土地整治示范区、海关特殊监管区域。这里，成本低廉。全市电力装机容量288万千瓦，每年向外输出劳动力120万人左右，水、电、气价格低，有保障。据测算，广安市

广安市渝中区区域合作框架协议签约仪式

渝广经贸合作领导小组第二次联席会议

川渝合作（广安）示范区建设总体方案评审会

综合商务成本约为沿海地区城市的75%，其中劳动力工资水平比沿海地区城市大约低40%。这里，环境宽松。已建成功能齐全、办事高效的政务服务中心，严格实行"一站式"办公，对重点项目各项手续特事特办。广安"亲商、护商、敬商、安商"氛围浓郁，在企业家信心指数评比中，一直名列全省前茅。广安被评为中国2010年EMBA最具投资价值城市。未来几年，我们将以建设川渝合作示范区为总体目标，立足四川，融入重庆，着力创新区域合作体制机制，着力推进重大基础设施对接，着力推进产业合作发展，着力构建合作服务平台，着力转化政治、资源、区位三大优势，推进工业化城镇化农业现代化三化联动，团结全市人民深化三次创业，努力建设成渝经济区的精细化工基地、新能源基地、新材料基地、有色金属加工基地、汽车及汽摩零部件制造基地、特色农产品加工和供应基地、红色旅游基地、重要的交通物流节点和港口城市，领跑环渝腹地区块发展，为川渝区域合作以至国内区域合作提供示范经验，为成渝经济区发展发挥重要推动作用。到2015年，初步建成川东综合交通枢纽，基本形成百万人口、百平方公里的川东渝北中心城市骨架，广安国家经济技术开发区建成千亿园区，人均地区生产总值超过成渝经济区平均水平，成为成渝经济区重要增长极。

国家级开发区-广安经济技术开发区

四川省大竹县

SICHUANSHENG DAZHUXIAN

达州市委书记焦伟侠调研庙坝镇社区党建工作

达州市委副书记、市长何健调研人和新农村建设

大竹县位于四川东部，达州南部，唐武则天久视元年（公元700年）置县，因“竹多竹大”而得名，享有“中国苎麻之乡”、“中国香椿第一县”、“中国醪糟之都”、“中国糯米之乡”美誉。现辖50个乡镇、382个行政村、60个社区，幅员2076平方公里，总人口111万人，是全省首批27个“扩权强县”试点县之一。交通优势明显。地处成渝经济区渝广达发展带，国道318线、210线和包茂、沪蓉高速公路呈“井”字贯穿全境，形成了“半小时达州、1小时重庆、3小时成都”的通达格局。物产资源富集。拥有绿竹50万亩、苎麻30万亩、糯稻20万亩、香椿10万亩，探明原煤储量1.6亿吨、天然气760多亿立方米，是全国百万吨产煤大县之一。旅游资源独特。拥有单井日出水量1.1万吨的百岛湖温泉，五峰山AAA级国家森林公园及“三国故道”、清河古镇、净土寺等自然人文景观。

县委书记、县人大常委会主任许国斌（右）慰问高龄老人

县委副书记、县长何洪波（中）调研五峰山创AAAA景区工作

总投资82亿元的国际物流园区落户大竹

不断加快发展的交通网络

大竹苎麻纺织车间一角

新建成的水土保持工程

乡镇集中供水工程

县经开区入驻企业—四川川环科技有限公司

大竹县人和乡天宝新村聚居点全景

四川省达州市

DA ZHOU SHI

SI CHUAN SHENG

2011年9月23日，省委书记、省人大常委会主任刘奇葆在达州市察看渠江流域洪涝灾情

2011年12月9日，省委副书记、省长蒋巨峰在达州考察并主持召开渠江流域洪灾恢复重建工作会议

达州位于川渝鄂陕四省市结合部，幅员面积1.66万平方公里，总人口686万，辖5县1市1区，是四川省的人口大市、农业大市、工业重镇、交通枢纽和全国闻名的革命老区。

达州历史悠久、人文荟萃。是古巴人文明的发祥地，罗家坝巴人文化遗址，距今有4000多年的历史；革命战争时期，达州是川陕革命根据地的重要组成部分。

达州风光秀美，景色宜人。有国家4A旅游景区2个、3A旅游景区4个，国家级森林公园2个、国家级自然保护区1个、国家级地质公园1个。

达州交通便捷、物流顺畅。襄渝、达成、达万、达巴铁路（在建）在此交汇，达渝、达陕、达万、达巴、南大梁高速公路和国道210、318线纵横交错，空中航线连接北京、上海、广州、深圳等地。

达陕高速公路（达州至普光段）建成通车

达州资源富集，物华天宝。已探明可开发利用资源28种，其中天然气资源量达3.8万亿立方米，探明可开采储量7000亿立方米，是国家天然气开发的重点地区和川气东送工程的起点，天然气净化附产硫磺400万吨/年，达州将成为中国乃至亚洲最大的硫磺生产基地、硫化工工程技术开发基地、硫化工产业发展基地。达州还是全国苎麻、商品粮、生猪生产基地，有中国“苎麻之乡”、“黄花之乡”、“油橄榄之都”、“富硒茶之都”的美称。

达州基础坚实，前景广阔。历经多年发展，已形成以冶金建材业、汽车制造业、通用设备制造业、电气机械及器材制造业、金属制品业为主的机电产业体系，以磷硫化工为依托的新材料产业和电子信息配套产业也在加速发展。目前，达州正加快建设产业园区7个、配套产业园区2个。达州有高等院校和高职院校3所、中职学校38所，在校学生12万人。我市还在加快建设拟投资30亿元的西南职业教育园区，立足于建设川渝鄂陕

国家级自然保护区——万源花萼山

结合部职业教育基地，培育多层次、实用型、高素质人才，为配套重庆产业发展提供强大的人才支撑。

立足新一轮西部大开发和“十二五”发展的历史新起点，市委、市政府确立了“实现科学发展、建设幸福达州”的奋斗目标和“追赶跨越、加快发展”的工作基调，明确了把达州“建成川渝鄂陕结合部区域中心城市”的发展定位和“三化同步、三业并重”的基本思路，以及“产业立市、工业强市、开放活市、科教兴市、文旅靓市”的发展路径，提出了推进“七个加快”的重点任务，努力走在四川建设西部经济发展高地前列。2011年，全市经济在攻坚克难中保持了持续较快增长势头，实现了“两个1000亿”：一是地区生产总值突破1000亿元，达到1011.8亿元，增长15.2%，进入四川“千亿俱乐部”；二是银行存款突破1000亿元，达到1098.8亿元，为建设川渝鄂陕结合部区域中心城市、秦巴地区生产性服务业中心奠定了坚实基础。其他指标也大幅增长，规模以上工业增加值368.7亿元，增长23.7%；固定资产投资657.6亿元，增长23.2%；社会消费品零售总额368.9亿元，增长18.3%；地方公共财政一般预算收入41.2亿元，增长34.5%；城镇居民人均可支配收入和农民人均纯收入分别达14662元、6148元，增长16.1%和20.9%。

2011年11月18日，中国首届新农村文化艺术展演在达州开幕

2011年11月8日达州市第三届农民工技能大赛在市技工学校举行

达州市宣汉县君塘镇洋烈新村

国家AAAA级风景区达县真佛山风景区

秀美万源欢迎您

中共万源市委副书记、市长 吴晓勇

"万源市与重庆市渝中区缔结友好区市"签约仪式

万源保卫战战史陈列馆

八台云海

万源位居四川省东北部，大巴山腹心地带，处于川陕渝三省市结合部，是中国南北气候的分界线和嘉陵江、汉江的分水岭，也是进出川的主要通道。全市辖52个乡镇，幅员面积4065平方公里，总人口60万。

红色万源。1929年，革命先烈李家俊领导了震撼全川的固军坝起义，创建了四川最早的一支革命武装——四川工农红军第一路游击队。1934年，徐向前、李先念、许世友等老一辈无产阶级革命家率领红四方面军，在万源进行了红军战史上"规模最大、时间最长、战斗最艰苦、战绩最辉煌"的"万源保卫战"。胡耀邦同志题写馆名的"万源保卫战战史陈列馆"被列为全国爱国主义教育示范基地、全国100个红色旅游经典景区之一。

宝库万源。万源素有"万宝之源"的美誉。境内天然气、原煤、石膏、石灰石等矿产资源储量丰富。境内植被良好，森林覆盖率近61.3%，有萼贝、皮桔、天麻等中药材达1206种。"巴山雀舌"天然富硒绿茶荣获"中国文化名茶"、"四川十大名茶"等殊誉，万源被国家食品工业协会授予"中国富硒茶都"；世界稀有、中国独有、万源唯有的旧院黑鸡（蛋）获得国家有机食品认证。

胜景万源。万源旅游资源丰富，开发前景广阔，具有秀美的山水风光、神奇的三国传说、纯朴的民俗风情。花萼山国家级自然保护区、大巴山国家级地质公园、黑宝山省级森林公园、国家3A级景区龙潭河、"大巴山第一漂"等生态旅游已成为秦巴地区知名旅游品牌。境内还有荔枝驿道、石冠古寺、观音幽峡、项王溶洞、驮山亭榭、黑宝林海、茶海晨曦、烟霞云雾等风景名胜区。

万源市人民政府领导名单

姓名	职务	姓名	职务
吴晓勇	市委副书记、市长		
王华平	市委常委、常务副市长	邓友江	市委常委、副市长
吴　虹	市政府副市长	李　敏	市政府副市长
陈国斌	市政府副市长	赵　搏	市政府副市长

万源市投资促进局领导名单

姓名	职务	联系方式	
		办公电话	手机
李绍斌	局　长	0818-8629430	13982801216
马鸿元	副局长	0818-8622042	15181837999
张红静	副局长	0818-8730678	13982836917

通达万源。万源是秦巴地区的交通枢纽，自古就是秦巴地区的商贸重镇，襄渝铁路、包茂高速、国道210线、省道302线纵贯全境，有国家二级火车站（万源火车站）。北上西安、南下重庆、西至成都均三小时可达。四通八达的交通优势，已使万源成为秦巴地区川陕渝结合部的人流、物流、信息流中心。

热土万源。万源一贯秉承"你发财，我发展"的理念，全力打造最佳投资环境，充分利用良好发展基础，依托区位、资源优势，围绕"融入成渝、对接沿海"思路，推出一系列符合万源发展实际的扩大对外开放、大力招商引资的政策和举措。美国雪佛龙、中石油、广东元邦等一大批国内外财团纷纷抢滩万源，投资兴业各领风骚。

广交天下朋友，借助外力发展，是万源不变的方针和真诚的愿望。有朋友就有资源，愿合作就有商机。万源将以更加包容的胸襟、更加开明的观念、更加开放的姿态，吸引更多的资金、技术、人才到万源投资兴业，让更多更好的资本驻入万源。

年产60万吨华新（万源）水泥生产线

万源市寨子河水库工程建设动员会

立体交通（包茂高速、210国道、襄渝铁路）

旧院黑鸡（蛋）

万源市全景

邻水经济开发区

四川省委书记、省人大常委会主任刘奇葆在邻水经开区调研

四川省委副书记、省长蒋巨峰在邻水经开区调研

四川省副省长王宁来邻水视察园区

县委书记李隆席在富士康供应商大会上发言

邻水经济开发区位于包茂、沪蓉高速公路交汇的县城南郊，总体规划面积30平方公里，于2006年初启动建设。现辖城南机电园（渝广共建机电园）、磐滩铸造园、轻工产业园、建材产业园4个专业园区和5个村（居）、44个社、12000余人。经过6年的快速发展，建成面积达11.08平方公里，入驻企业113户，建成投产80户，2011年实现产值105亿元。经开区已成为四川省重点发展园区和“双百”园区，成为邻水承接产业转移、促进产业集聚、推动工业强县的主阵地，先后荣获“四川省小企业创业基地”、“全国农产品加工创业基地”、“四川省和谐园区”等称号。

近年来，邻水经开区全力以赴做好重庆文章，主动接受重庆主城区和两江新区的产业转移、功能延伸、要素溢出和文明辐射，着力构筑与重庆无缝对接，推进区域合作，突出集群发展，形成了独具特色的承接产业转移的“邻水模式”。

产城互动打造特色。邻水经开区毗邻县城，与县城共生共荣、融为一体。近年来，我们牢固树立“两化引领、双轮驱动”的理念，把县城扩张与工业园区建设紧密结合起来，按照“工业带动城市扩张，园区促进城市发展”的思路，不断完善规划，力求时间上同步演进、空间上产城一体、功能上合理布局、产业上三产融合，着重发展科技高、无污染、低能耗、高效益的工业项目，形成了“一个园区就是一座城市，城市园区融为一体”的“邻水特色”，推动了工业化和城镇化互动相融、良性发展。

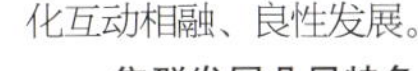
金融快车进经开区合作成果签约仪式

集群发展凸显特色。近年来，我们瞄准打造百亿以上机电产业集群的目标，成功引进培育了隆创动力、劲德兴汽配、圣锦风机、左军机械等65户汽摩配企业，生产产品几乎涵盖了摩托车缸头、缸体、缸盖、油箱、蹄块、曲轴、连杆、活塞、齿轮、消声器、离合器、启动电机、化油器、车架、轮毂、发动机总成、轮胎在内的所有摩托车零配件，已经形成了一条完整的产业链。此外，经开区生产的汽车零配件还有发动机缸体、缸盖、曲轴、活塞、油箱、启动电机、电机、风机等，产业链条也不断延伸。2011年经开区机电及装备制造业实现产值近50亿元。2012年摩托车总装项目迈出了突破性的一步，在今年4月28日第一台“邻水造”利爵摩托正式下线的基础上，又成功引进了启源、鼎豪、嘉逸皇冠等3户摩托车总装企业，全部投产后可年产摩托车60万台以上。

渝邻共建彰显特色。邻水和重庆，山水相连，交通相接，人缘相亲，文化相近，经济相通，是四川距重庆主城区最近的县。县城至重庆主城区90公里、重庆江北机场75公里、重庆寸滩保税港80公里，具有极强的经济共融性、资源共享性、产业共生性和市场共通性。近年来，我们按照“服务重庆、承载辐射、发展产业、建立基地”的要求，纵深推进渝邻合作。每年定期举办渝邻经贸合作恳谈会、在渝老乡座谈会、“渝邻合作桥”对接会、“川渝部分区县友好商会合作峰会”等活动，极大提升了邻水在川渝区域的影响力。与重庆市经信委、发改委、国资委、渝中区、大渡口区、渝北区等建立了友好关系，有效推动了对渝招商工作，劲德兴汽配、天圣药业、启源摩托等一大批重庆企业落户邻水，经开区70%以上的企业来自重庆，80%以上的企业为重庆配套。今年3月邻水作为四川唯一的一个县应邀参加了富士康供应商大会暨重庆投资环境推介会，县委书记李隆席在会上作了推介发言。渝广经贸合作领导小组第三次联席会和重庆—广安共建产业园区座谈会在邻水举行，渝广共建机电园正式落户邻水。

渝广经贸合作领导小组第三次联席会

资源集约突出特色。近年来，我们牢固树立“工业向园区集中,企业向产业集群,要素向工业集聚”的思想，着力引进与园区产业特色相配套，产业层次高、科技含量高、投资强度高、产出效益高的项目入驻，规定每个项目固定资产投资不少于3000万元，投资强度不低于150万元/亩，单位土地销售收入不低于180万元/亩，亩平税收不低于5万元。并制定专门激励政策鼓励企业建设多层厂房，两层以上奖励50元/平米，三层以上奖励80元/平米，推动土地资源集约、节约、高效利用。先后培育了劲德兴汽配、圣锦风机、隆创动力、新动脉汽配、天坤模具等一大批为海尔、富士康、惠普、百利通等世界500强和长安、力帆、渝安、格力等国内知名企业配套的企业，安装了世纪一流品牌“温泽”三坐标检测机、中国第一品牌“天锻”液压机，亚洲最大的贯流风叶生产线、国内一流的汽车发动机缸盖生产线、西部地区最先进的陶瓷生产线、西南地区最大的药用胶囊生产线等。园区拥有自主知识产权的产品达20余种，专利100余个，现经开区单位土地投资强度达到162万元/亩，单位土地销售收入达到197万元/亩。

重庆——广安共建产业园区座谈会

优质服务体现特色。坚持把软环境建设作为加快园区发展的切入点。大力开展效能园区建设，成立了经开区企业服务中心、便民服务中心、司法服务中心、党群活动中心等四个中心和经开区派出所，为企业实行全程代办，“保姆式”服务，实现了企业办事不出园区。大力开展金融快车进园区活动，缓解了企业融资难。推行县级领导联系重点企业和项目制度，对重大项目实行“一个项目、一个领导、一个协调办事机构”的“三个一”服务机制，确保项目“保障性开工、无障碍性施工”，全力推进项目早开工、快建设、早投产。四川省生产力促进中心邻水分中心、邻水经济开发区生产力促进中心、四川省科技成果转化区域服务平台邻水平台等公共服务平台规范运行，四川省汽车摩托车配件检测中心邻水检测站即将动工建设。

四川自贡
SICHUAN ZIGONG

沿滩新城组团一期规划面积5平方公里，规划人口5-7万人，是自贡特大城市架构下向南发展和沿滩区着力打造的一个城市新区。沿滩新城地处自贡主城区东南面，内宜高速公路以东，呈三角形布局。北面为板仓干道，与高新技术产业园一路之隔，南面为S305省道，与卧龙湖自然生态区连成一片，西面为内宜高速公路和南湖生态城，东面与沿滩城区遥相呼应。

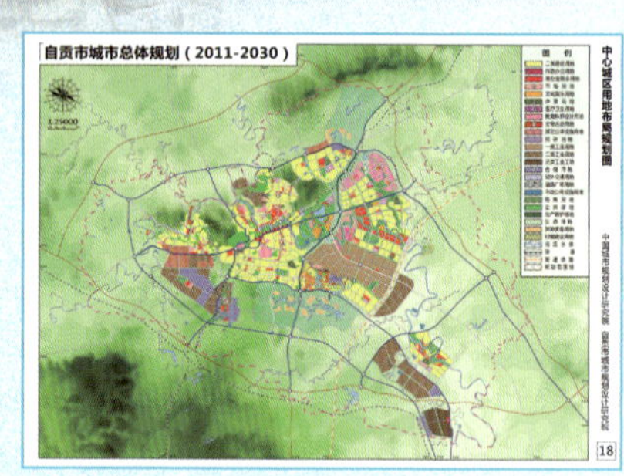

沿滩新城以构建川南最佳人居环境为造城理念，以建设“国际乐居公园城”为造城目标，以“山水园林城、生态休闲城、产业聚集城、文化特色城”为造城特点。

在规划建设上，沿滩新城坚持“高起点、高标准、创精品”，在国内一流城市规划机构上海同济大学第一轮规划的基础上，又邀请世界知名景观设计公司新加坡山鼎国际进行优化和提升。采取“一心两轴、七片区”整体规划布局，在宜居的基础上考虑人们精神生活质量和幸福感，充分体现“乐居”理念。“一心”指龙湖及其周边休闲中心；“两轴”指时代大道和锦城大道两条城市发展主轴线和景观休闲轴；“七片区”指龙湖以西的两居住片区，龙湖以东的休闲文化区、湖东居住区、科研文教区、锦城居住区和城东居住区为结构布局。道路骨架采取“一横两纵”布局，“一横”指时代大道；“两纵”指板南大道、锦城大道，形成了完善、快速、便捷的现代化道路网，加强了新城区对外交通设施与周边道路系统的衔接，提高了城市交通的综合效率。

岱山公园鸟瞰图

沿滩新城恒大绿洲小区实景图

在景观布局上，沿滩新城以“一湖一院五公园”的布局方式展现自然美景和人文景观。“一湖”指以龙湖为中心的特色景观区域，生态植被覆盖率达30%以上，占地700亩、水域面积486亩，形成了三级水面两级瀑布的美丽景观，营造了“亲水近绿”的居住生活空间和景观生态环境，是整个绿化系统的景观核心面、灵魂和亮点；“一院”指王家大院，保护和开发王氏故居，以历史文化背景为主题，打造新城特色文化风景；“五公园”指龙湖山水生态公园、盐商文化主题公园、岱山生态公园、城市森林主题公园、运动休闲主题公园。

龙湖山水生态公园：占地约700亩，水域面积486亩，绿地200余亩，蓄水200万立方米，平均水深15米，最深处达30余米，水岸线蜿蜒曲折全长5公里，湖上建设两桥两坝，形成三级水面、二级瀑布之山水生态美景。

盐商文化主题公园：以王家大院为文化核心点，配以生态绿地，以其独有的自贡盐商博物馆文化特质及盐商文化街、盐商美食街，打造具有浓郁盐商文化和盐运文化色彩，占地100多亩的城市文化主题公园。

城市森林公园：以西城边缘500多亩高速公路绿化隔离林带为依托，打造城市森林主题公园，形成城市中难得一见的“城中森林幽

龙湖景观实景图

沿滩新城

YANTAN XINCHENG

径”景观群落，寻觅内心宁静之乐园。

运动休闲主题公园：环绕龙湖修建5公里步行道，结合二级大坝西侧广场，配置运动健身及室内、外运动设施，整体构成运动休闲主题公园，兼有城市逃生功能广场，集晨练、散步、体育运动等功能于一体。

岱山生态文化主题公园：总占地45亩（3000m2），功能定位为润肺、养心、益智、健身，旨在通过营造绿化和植被的自然景观将公园打造成为供游人休憩赏玩的天然氧吧，起到润肺、养心的作用；将二十四节气、猜灯谜、挂春联等传统文化、民风民俗蕴含其间，让人感受深厚的人文内涵和起到益智的作用；在公园内步道上或行或跑，起到健身的作用。

2006年4月，沿滩新城基础设施开工建设。截至目前，沿滩新城累计完成固定资产把投资约23亿，已完成了7个批次5700亩建设用地报批工作，其中完成4300余亩农用地转征用，已出让土地1074亩，形成了一期3平方公里约7000米道路骨架，建成两桥两坝一闸，一期景观建设完成，龙湖主湖区全面蓄水。成功引进恒大地产集团、四川远达集团、重庆嘉发集团、自贡创兴集团入驻开发，开发面积达110万平方米，一批高品质住宅小区龙湖郡、恒大绿洲、龙湖森林等相继建设，面积达50万平方米，沿滩新城建成区面积达2平方公里，聚集人口约20000人，基本完善了学校、医院、市场、超市等公共服务配套，一座充满生机和活力的乐居宜游兴业之城逐渐兴起。

沿滩新城一期鸟瞰图

沿滩新城二期鸟瞰图

按照自贡十二五时期，“东拓西调、南优北控”的大城市空间发展战略以及市委市政府构建成渝经济区西南部区域中心城市和“两化”互动、“三化”联动、产城一体，“以南湖片区、沿滩新城为主体，加快南部新城拓展”的重大决策，沿滩新城将继续以打造川南最佳人居休闲环境为总体目标，向南拓展城市空间，连片谋划卧龙湖旅游度假区，以精品意识加快推动国家级生态文化旅游及高品质居住组团打造，将沿滩新城区建设从一个城市片区项目跨越发展成为自贡市的一个城市组团建设项目，对自贡建设“双百”城市注入强大动力。

龙湖二期景观效果图

王家大院及盐都部落古城形态效果图

时代大道夜景效果图

成渝新星——

2012年8月四川省人大常委会主任、省委书记刘奇葆视察安居"两化互动"

2012年3月，四川省委副书记、省长蒋巨峰调研安居承接产业转移

安居区是国务院2003年12月18日批准设立的县级行政区，位于四川盆地中部、遂宁市西南，地处成渝经济区腹心，与重庆市潼南县毗邻，是进入成都经济圈的东部"门户"通道，是成都经济圈与川东地区及重庆联系的中枢。全区辖21个乡镇，幅员面积1258平方公里，总人口81.23万人。

近年来，安居区以"两化"互动和城乡统筹为抓手，抢抓西部大开发纵深推进，成渝经济区加速发展，遂宁经济强势崛起等黄金机遇，加快融入成渝两地及遂宁城区，努力实现安居在成渝经济区的快速崛起。遂宁机场迁建项目立项报告顺利通过国务院常务会议审定，遂内高速、遂资高速、遂安大道等道路陆续通车，打造"八纵四横"内循环，建设成渝经济圈内的"次级交通枢纽城"逐步变成现实。与2007年相比，安居区地方生产总值等23项指标翻了一番，固定资产投资等16项指标翻了两番，二、三产业比重提高了17个百分点，全省县域经济综合评价排位上升了23位。

重庆考察机电企业

2012年重庆投资说明会

在"工业强区"的战略主导下，安居区将区位、交通、和资源优势转化成发展优势。按照"产业集中、聚集发展、合理布局"的总体要求和"一园一主业、产城一体"的基本原则，高标准编制了东城22平方公里工业集中发展区规划和北城10平方公里通用航空产业园区规划。

东城工业集中发展区布局于国道318线和遂内高速公路之间，努力建设汽摩机械产业园、天然气化工产业园、电子信息产业园、服装纺织产业园、生物食品产业园等五大园区，重点发展汽摩制造、天然气化工、高档服装等产业；北城通用航空产业园布局于遂安快捷通道（机场干道）和遂资高速公路之间，依托遂宁机场迁建，主要发展飞机组装、零部件制造、航空培训等产业。目前，安居区已形成"两区六园"工业发展格局，正努力打造西部地区重要的汽摩机械配套产业基地、天然气精细化工基地、通用航空产业基地。

汽摩制造产业，主要发展汽摩零部件及整车生产和节能环保装备制造业等产业链，现已入驻企业20余家。以海特汽车、君格机械、力扬电池为依托，重点发展汽车整车及零部件生产、太阳能蓄电池、汽车挡风玻璃等项目。

遂宁市安居区

天然气化工产业，以发展循环型和生态型的化工产业为目标，充分发挥天然气和盐卤资源原产地优势，加快推进天赋军安、宏邑化工等项目，打造特色鲜明、环境优美、健康舒适的生态化工工业园区。

通用航空产业，园区规划面积10平方公里，定位为国内高度市场化的通用航空产业特色园区，主要发展通用航空制造、教育培训、飞机维修、配套服务等产业。

安居区还积极打造电子信息、服装纺织和生物食品产业。电子信息产业主要发展电脑配套产品、新型元器件、汽车电子电器、电子专用材料等；服装纺织产业主要发展精细精纺、高精高密、高档服装等；生物食品产业主要发展海椒产业链、花生产业链、肉食品产业链等。安居区按照“3+3”产业发展思路，正铺就出一条新型工业化道路。

“融入遂宁，对接成渝，主攻重庆”。围绕打造“现代产业承接新高地”的目标，安居区进一步优化了招商引资政策，出台了创新招商项目落地机制；打造专业队伍，拓展招商平台，推行科学招商、专业招商和小分队招商。突出的区位优势、良好的发展环境吸引了一大批投资项目落户安居：投资40亿元的海特汽车、投资15亿元的中小企业产业园、投资10亿元的乾宏纺织、投资8亿元的君格机械、投资3亿元的锦丽纺织、投资1.2亿元的力扬电池工业……在安居工业集中发展区入驻企业中，承接重庆地区产业转移的企业占60%以上。

海特汽车产业园

乾宏纺织

君格机械车间

力扬电池车间

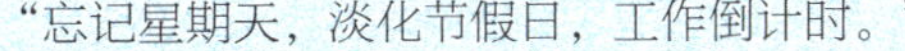

“忘记星期天，淡化节假日，工作倒计时。”为进一步服务客商，安居区积极推进党务政务“六项公开”和“项目秘书”制度，转变干部作风，优化服务环境。企业一旦签约入驻，立即启动“项目秘书”制度，对重点项目实行“一个项目、一名领导、一名科级干部、一名专职人员，一套方案、一套政策”的“六个一”制度，为项目建设提供全程“保姆式”服务。安居区要求专职人员每天到项目建设现场办公，第一时间了解项目进展情况及存在问题，及时向项目秘书反馈并协调解决；联系项目县级领导每周现场办公，督促项目建设。此外，通过设立中小企业发展基金、定期开展银企对接、积极向上争取土地指标等多项举措，帮助企业化解融资难题，破解要素瓶颈制约。

当前，安居区这颗成渝新星正阔步前行，“现代产业承接新高地、生态田园城市新典范、绿色经济发展试验区”正加快变成现实。

贵州省

桐梓重庆工业园一期标准厂房

全力支持国酒茅台做强做大，2011年茅台酒产量达2.8万千升，产值达200亿元，“茅台”品牌被尊为国家名片。茅台酒包装车间

遵义古称播州，1997年撤地设市，全市国土面积30762平方公里，辖3区2市10县（红花岗区、汇川区、新蒲新区、仁怀市、赤水市、遵义县、桐梓县、绥阳县、习水县、湄潭县、凤冈县、余庆县、正安县、道真自治县、务川自治县），人口750万。境内资源富集，文化灿烂，气候宜人，生态良好，具有明显的区域比较优势和巨大的发展潜力。

红色圣地。1935年1月中央红军到达遵义，召开了举世闻名的“遵义会议”，在极端危急的时刻挽救了党，挽救了红军，挽救了中国革命，使遵义成为全国景仰的红色革命圣地。强渡乌江、娄山关大捷，以红军的英雄壮举写下了光辉的历史；“四渡赤水”出奇制胜，书写了长征历史上最为光彩神奇的篇章。

交通便捷。遵义地处云贵高原东北部和长江上游，是成渝和黔中两大经济区之间的重要节点城市，也是连接重庆和贵阳两大城市的区域发展中心，能够很好地承接长江上游和重庆、长三角、珠三角的辐射带动，投资洼地和产业高地效应明显。乌江、赤水河航道可直通长江，遵义机场近期通航，境内高速公路、高等级公路网络日臻完善，渝黔快速铁路即将抓紧建设，届时遵义到重庆只需40分钟，到贵阳30分钟，经贵广快速铁路到达广州4个小时左右，遵义作为西南地区承接南北、连接东西、通江达海的重要交通枢纽地位将进一步凸显。

资源富集。遵义矿产资源富集，已探明的矿产有60多种，锰、铝、硫铁矿、硅石、镍、铜、钼优势矿产储量大、资源禀赋好、开采价值高；电力资源开发水火并举，是我国重要的能源基地。农业基础较好，素有“黔北粮仓”之称，主要农产品产量占贵州全省1/3到1/4，为全国四大优质烟区和辣椒主产区。工业门类齐全，名酒名烟名茶、新材料、制造业、能源、化工、制药等“六大基地”已具规模，工业园区建设如火如

烤烟制种基地

凤冈缫丝厂

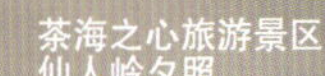

茶，已成为世界最大的酱香型白酒生产基地，全国第一、世界第二的钢丝绳生产基地，全国海绵钛全流程工艺生产基地和全国最大的锰合金生产基地。服务业方兴未艾，传统服务业和现代服务业交融并进，产业结构日渐优化。

生态旅游。遵义因拥有“一栋楼、一瓶酒”和中国丹霞等不可复制的世界级品牌，成为世界自然遗产地、红色旅游和自然风光旅游目的地。300多处自然生态、人文景观星罗棋布、交相辉映。中心城区依山傍水，钟灵毓秀，是典型的山水园林城市。区域内属亚热带高原湿润季风气候，全年空气清新，雨量充沛，气候宜人，夏无酷暑，冬无严寒，年平均气温15.1℃，是避暑纳凉的绝佳之地。全市森林覆盖率48.6%，是长江上游的重要生态屏障。

文化创新。遵义开化较早，是全国首批24个历史文化名城之一。遵义自东汉尹珍先生首开汉西南地区文化教育先河以来，历史文化源远流长，长征文化光辉灿烂，国酒文化远播五洲，民族民间文化多姿多彩，杂技文化蜚声中外，非物质文化璀灿夺目，巴蜀文化影响深远，成就了交融荟萃、开放兼容的黔北文化。抗战时期，被誉为“东方剑桥”的浙江大学“文军西征”，为遵义输入了崇尚科学、民主、创新的新文化，培育了遵义人民淳朴友善的民风、勤劳勇敢的品格和独立创新的精神。改革开放以来，创新成果不断涌现，“四在农家”创新了社会主义新农村建设的道路，“四民社区”夯实了城市基层管理基础，“计划生育奖励扶助政策”推动了社会管理方式的创新，“服务型党组织创建”探索了新时期加强党的基层组织建设的新模式。全市经济加速发展，社会和谐稳定，一个文明、开放、和谐、美丽的革命老区正加速崛起在黔北大地。

遵义市政府领导名单

王秉清	市委副书记、市人民政府市长
曾永涛	市委常委、市人民政府常务副市长
余　泠	市委常委、市人民政府副市长
李莲娜	市人民政府副市长
刘兴万	市人民政府副市长
田　刚	市人民政府副市长
敖　鸿	市人民政府副市长
王祖彬	市人民政府副市长
徐光华	市人民政府秘书长

遵义市招商引资部门领导名单

罗仕军	市投资促进局局长
洪　英	市投资促进局副局长
杨秀强	市投资促进局副局长
马应谋	市投资促进局办公室主任

赤水大瀑布

画壁天然

2011年乡村旅游节

贵州金中正房地产

贵州金中正房地产开发有限责任公司董事长 徐显贵

贵州金中正房地产开发有限责任公司，成立于二〇一〇年五月十七日，注册资金一千万（人民币），公司法人代表徐显贵。

公司成立以来，着手的第一个建设项目就是仁怀市"金汇苑"小区，规划拟建地下一层，地上三十三层，共六万余平方米。这个项目是旧城改建项目，得到商业用地及相关合法手续后自己组织拆迁、安置，结合国家相关政策自己赔付补偿过度。整个项目健康有序的顺利推进，未给仁怀市委市政府添麻烦。从二〇一一年三月十一日动手拆迁工作至现在，在仁怀市委、市政府、建设行政主管部门及相关部门领导的关心、重视、大力支持、帮助下，公司排除项目建设运行中的种种困难，地面上形象进度已进入十二层，目前已注入投资资金五千多万（人民币），现工程进度正朝着良好方向前向推进。

仁怀"金汇苑"这个项目的运作模式，是公司大胆开拓的仁怀房开企业的新型开发模式：公司自己组建群工部，做被拆迁户的拆迁、还房、安置、补偿、过渡等方方面面的工作，自己组织拆迁队伍拆迁，整个拆迁工作搞了近六十天；能顺利完成拆迁工作，公司花了不少的精力、人力和财力；它开了仁怀旧城改建项目之先河，它的主要特点是：①给仁怀市委市政府减去了拆迁工

开发有限责任公司

作和安置工作的难难度，减少了赔付补偿过度中的纠纷；②减去了市委、市政府为旧城改造而设立的各种机构以及人力物力配备；③增创了国家的税收和地方财政收入；④改善了城市人居环境、给城市规划建设格局增加了靓点；⑤有力地推动了仁怀市城市建设的快速发展；⑥相应的解决了部分农民工不外出就业问题，带动了其他小型产业的发展。就以上几点而言，纵是在项目建设运着中遇到多大困难和麻烦，我们都认为值得：因为公司为仁怀市的城市建设发展做出了一点微薄的贡献。

公司才刚刚起步，人力较缺乏、财力较微薄，经验很不足，但这只是暂时的；今后公司一定要努力向那些先进企业大企业学习，坚持开拓精神、与时俱进、遵纪守法、加强公司管理的自身建设，多打造精品项目回报于社会，走“质量求生存、诚信助发展”的道路，我们相信：公司一定会发展壮大起来。为祖国的建设事业多做贡献，为家乡父老乡亲争光。

建设中的“金汇苑”小区

贵州省桐梓（重庆）工业园

一、概况

历史悠久——20万年岩灰洞的火种，“桐梓人”点亮了这一方的文明，孕育了优秀的史前文化、夜郎文化、长征文化、抗战文化和现代文化，神奇而古老的土地，承载着桐梓人千百年来生生不息奋斗足迹……

区位明显——桐梓地处贵州北大门、黔北边陲，与重庆市接壤，素有“川黔锁钥”、“黔北门户”之称，是黔中经济区、成渝经济区的“桥头堡”和“传接带”。

交通便捷——桐梓（重庆）工业园位于桐梓县楚米镇，距县城7公里、贵阳市195公里、重庆市巴南收费站150公里，境内有201国道、川黔铁路、兰海高速公路和即将动工修建黔渝快速铁路，四条交通主动脉，呈南北向纵贯园区，凉风垭、元田坝两个铁路货运站年吞吐量累计在150万吨以上。

贵州省委书记在桐梓（重庆）工业园调研

2012年4月8日，重庆市委副书记、市长黄奇帆在桐梓（重庆）工业园视察

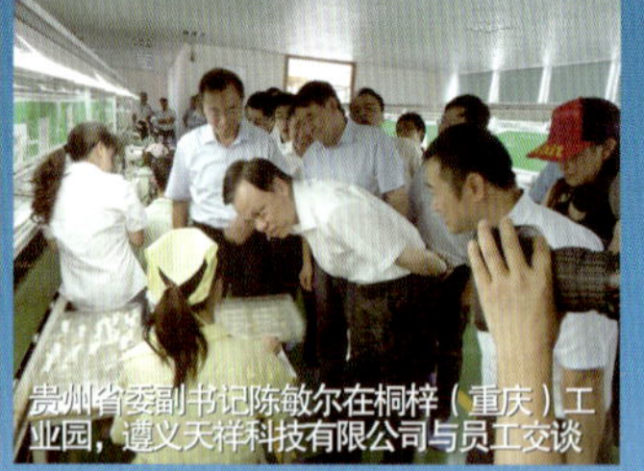

贵州省委副书记陈敏尔在桐梓（重庆）工业园，遵义天祥科技有限公司与员工交谈

资源丰富——桐梓是全国100个重点产煤县之一，储量66.7亿吨，可开采47.78亿吨，是重庆市的2倍以上。以煤炭为主的黄铁矿、菱铁矿、大理石、方解石等矿产资源达29种之多；桐梓气候优势明显，年平均气温在15度左右，正在开发的8大高端旅游组团将成为重庆、乃至全国各地休闲、娱乐、避暑的胜地；桐梓幅员辽阔，3220平方公里土地的孕育了勤劳勇敢的71万娄山儿女。

二、桐梓（重庆）工业园发展规划

桐梓（重庆）工业园是“十二五”时期贵州融入重庆的标志性、示范性园区，更是桐梓融入重庆、对接重庆万亿级产业发展的新建园区。园区规划面积6平方公里，按照“2+1”的发展模式（IT产业园、汽摩产业园+钛深加工产业园），产业定位为电子信息、新材料、装备制造三大产业集群，重点打造笔记本电脑零部件、摩托车汽车总装、汽摩零部件制造、钛及钛加工等产品。

IT产业园规划面积2平方公里，规划投资60亿元，重点建设100万平方米标准厂房，20万平方米职工公租房、7万平方米高管公寓、2.6万平方米综合大楼和2.5万平方米产业孵化器大楼等基础设施。到2015年，入驻企业达100家以上，实现工业产值200亿元以上，利税34亿元以上，解决就业人数3万人以上。

汽摩产业园规划面积2平方公里，规划投资40亿元，重点建设50万平方米标准厂房，5万平方米职工公租房、2万平方米高管公寓等基础设施。到2015年，入驻企业达50家以上，年产100万辆摩托车、50万辆三轮整车、5万辆出口型皮卡车及汽摩零部件，实现工业产值100亿元以上，利税20亿元以上，解决就业人数1万人以上。

钛深加工产业园规划面积0.3平方公里，规划投资10亿元，重点建设钛合金产品，实现工业产值30亿元以上，利税5亿元以上。

三、桐梓（重庆）工业园推进情况

桐梓（重庆）工业园IT产业园，已累计完成投资13亿元，完成20万平方米标准化厂房、3万平方米职工公租房、2.46公里物流通道、2.1公里园区主干道及路网管线、绿化亮化等配套基础设施建设。即将完工3万平方米产业孵化器、28层综合服务大楼。已启动建设第三期20万平方米标准化厂房、10万平方米蓝领公寓及职工宿舍。签订投资协议15个，协议资金22亿元，入驻企业12家（含2家台资企业），到位资金3.5亿元。正在洽谈企业35家（其中出口加工型企业16家），预计到2012年年底，桐梓重庆工业园标准化厂房面积将超过50万平方米，入驻企业累计可达30余家。

桐梓（重庆）工业园汽摩产业园，突出抓好重庆民营企业家投资40亿元的汽摩产业园（一期用地300亩，投资10亿元以上，建设技术中心、总装流水线、检测流水线、部装生产线等配套工程，形成年产两轮摩托车30万辆、三轮摩托车15万辆、摩托车发动机50万台、摩托车车架100万支的生产能力）。到目前为止，已完成投资1.7亿元，新建标准厂房10000平方米，2012年9月20日，第一台摩托车正式下线。

桐梓（重庆）工业园自2011年3月破土动工以来，先后有中共中央办公厅主任、时任省委书记栗战书，省委书记赵克志、省委副书记陈敏尔、省委常委宣传部长喻红秋、副省长黄康生、副省长孙国强、市委书记廖少华、市长王秉清，重庆市委副书记、市长黄奇帆，农工委书记刘光磊等多位领导亲临桐梓（重庆）工业园检查指导，给园区开发建设、招商引资注入了新的发展活力。

四、“六个一”为入驻企业服好务

成立一个窗口，即成立为入园企业办理生产经营和开工建设手续的服务窗口。

打造一个平台，即成立创办园区网站和园区简报，通过网站和简报提高入园企业知名度，把园区企业推向社会，把社会客商引进园区。

成立一支队伍，即成立无偿为企业提供厂区规划和绿化等方面的设计、施工服务的专业队伍。

建立一项制度，即园区干部包项目（企业）至少每星期走访企业一次，征求企业意见、收集企业需求，为企业排忧解难。

建立一个职工培训中心，即成立与中职、高职院校联合创办工业园区职业培训中心，为企业定向培养和输送各类人才，解决企业用人难问题。

发放一张跟踪服务卡，即发放写有为企业服务的内容、承办人、完成时间和服务质量进行全程跟踪记录，提高服务企业的质量和效率。

五、“四措并举”推进标准厂房建设

一是引导企业自建。坚持“谁投资、谁建设、谁受益”的原则，引导落户企业按照园区规划、结合企业需求投资建设标准厂房。

二是尝试工业地产投资。划出部分地块、标准厂房和基础设施项目，针对工业地产进行招商，充分利用工业地产商的资金、技术等优势建设标准厂房，充分考虑业主的投资建设利益，对于落户园区的生产企业首先引导、推荐入驻工业地产商建设的标准厂房和综合办公大楼。

三是采取BT模式建设。园区道路、标准厂房、职工住房等基础设施建设吸引众多企业投资和社会资金参与建设。

四是政府投资。在早期建设中，先由政府直接投入资金建设园区部分基础设施和样板厂房，推动形成园区建设由依靠政府投入向自我滚动发展的良性循环局面。

桐梓（重庆）工业园IT产业园鸟瞰图

重庆市经济和信息化委员会

CHONGQINGSHI JINGJIHEXINXIHUA WEIYUANHUI

2012中国（重庆）国际云计算博览会开幕典礼

2012年8月20日，重庆市推进新型工业化大会在市委礼堂举行

重庆工业是重庆经济的重要支撑，是中国重要的汽车摩托车产业基地、仪器仪表基地、天然气化工基地、医药工业基地、铝加工基地。近年来，重庆坚持实施“大投资、大支柱、大基地、大企业、大项目”发展战略，现已基本形成以电子信息、汽摩产业、装备制造、石油天然气化工、材料、能源、轻纺等“6+1”产业为主导的产业体系和以“1+2+4+41”（即1个国家级新区，2个综合保税区，4个国家级经济开发区，41个特色工业园区）工业园区为载体的集聚区产业发展平台体系。2011年，完成工业销售产值1.4万亿元，工业增加值4690亿元，占重庆地区生产总值的46.9%，比2005年提高13.3个百分点，对经济贡献率为60.4%；规模以上工业增加值增长22.7%，连续两年全国第1位。到2015年，重庆将做大做强“6+1”支柱产业，销售产值达到3万亿元。一是信息产业，已形成两江、西永、茶园三大核心产业园。2011年实现销售产值2016亿元，增长85.5%，2015年将建成亿台级全球最大笔记本电脑生产研发基地和国家重要的电子信息产业基地，销售产值超过10000亿元；二是汽摩产业，现为重庆第一支柱产业。2011年实现销售产值3500亿元，增长12.9%，2015年将建成中国汽车名城和摩托车之都，实现销售产值6000亿元；三是装备制造业， 2011年实现销售产值2000亿元，增长26.8%，2015年将建成国家重要的现代装备制造业基地，实现销售产值4000亿元；四是石油天然气化工产业，目前形成了以长寿天然气化工、万州盐气化工、涪陵精细化工为主的园区布局，2011年实现销售产值902亿元，增长18%，2015年将建成长江上游石油天然气化工研发生产基地，实现销售产值2500亿元；五是材料产业，2011年实现销售产值2013亿元，增长36%，2015年将建成西部精品钢材基地、中国铝加工之都、国家轻金属示范基地、国家新材料研发基地、长江上游绿色建材产品基地，实现销售产值3000亿元；六是能源产业，2011年实现销售产值1100亿元，增长18.3%，2015年将实现销售产值1500亿元；七是轻纺产业，2011年实现销售产值2000亿元，增长20%，2015年将建成中国西部地区最大的家电、造纸生产基地和时尚服装之都，实现销售产值3000亿元。

2011年9月，“渝新欧”五国六方联席会议在重庆召开

2012年9月13日，全国工业企业技术改造工作会在渝举行

巩固提高整治成果 创新加强市政管理
2011年市容环境综合整治取得明显成效

重庆市市政管理委员会

2011年是近年来市容环境综合整治投入最多、力度最强、效果最好的一年。市政系统上心尽心、苦干实干，各区县全面发力、奋勇争先，各部门通力协作、合力攻坚，市容市貌靓丽“蝶变”，为推进“宜居重庆”建设作出积极贡献。

一是市政设施功能日趋完善。全市改造城市道路1850万平方米，城区主次干道黑化率达94%，道路平整度、舒适度大幅提升，设施容貌焕然一新。全市建成人行过街设施70座，检测结构设施221座，新增停车位7.2万个。地下排水管网安全运行，有效防止城市内涝灾害发生。

二是环卫管理水平有效提升。全面推行环卫作业精细化，城区道路机扫率达80%，环卫保洁水平明显提升。公厕改造成效明显，新改建公厕530座。全市新改建压缩式垃圾中转站59座，城镇生活垃圾无害化处理率达81%。主城区餐厨垃圾单日收运处理量突破1100吨，处理量和处理技术全国第一。主城创建40个扬尘控制示范街道，为提前实现蓝天目标做出应有贡献。

市市政委主任王元楷在组织召开人行道改造现场会

提档升级后的人行道与店招牌相得益彰

三是广告整治力度前所未有。主城区店招牌整治达标门店10.1万个，达标率95%，拆除LED游走字幕广告7200块2.4万平方米，小区广告整治纵深推进。远郊区县户外广告整治取得积极进展，拆除数量达到97%，店招牌规范整治完成71.5%。

四是城市夜景灯饰独具特色。消灭“无灯区”工作取得积极进展，新改建路灯2.8万余盏。主城按“整体策划、统一设计、全面提档升级”的要求，新改建重点灯饰项目254个，对10座跨江大桥的灯饰进行全面改造提升，“两江四岸”重要区域的灯饰建设成效明显，初步形成独具山城、江城特色的城市夜景。

五是城管执法改革成效明显。各区县市政行政执法队伍开展执法创新60余项，会同市公安局就市政执法中存在的尖锐矛盾和突出问题进行深入调研并初步形成共识和解决方案；施工企业扬尘控制约谈机制得到全面推广；有的区县设立城市管理服务站；一些区县对占道经营的疏堵结合管理形式进行有益探索；部分区县开展执法队员换位体验活动。与上年相比，全市执法纠纷总量和市民投诉总量实现双下降。

六是背街小巷整治大得民心。按照“相对集中、连线成片”原则，全面开展主城区背街小巷环境整治，形成“市政主抓、街镇主推、社区主力、群众主动”的整治局面。全年共整治背街小巷630条，200万市民直接受益。主城各区整治力度空前，北部新区万年路、渝北临港、江北嘉陵三村、渝中华一坡和嘉西村、南岸古楼等社区整治特色明显，起到引领示范作用。综合整治后的背街小巷路平、街净、灯亮、水畅，居民房产大幅增值。

新建的高档次公厕让市民更加“方便”

整治后的车行道和涂装后的附属设施精美协调

七是城市水务管理安全优质。供水水质监管能力建设进一步加强，全市供水水质综合合格率达到98%以上。全市新改建排水管网1083公里，城镇污水处理率达到71%。全年整治主城沿江排污口60个，污水处理厂污泥无害化处置和资源化利用工作推进顺利。

八是管理机制创新长效惠民。市政系统创新考核机制动真碰硬，引导区县重心下沉、加大投入，为市容环境综合整治提供坚强的组织保障和财力保障。主城区实现数字城管全覆盖，有效提升了快速发现问题和处置问题的能力。坚持月度新闻发布会制度，开通“重庆市政手机报”和“12319在线论坛”，开展“市政开放日”、“媒体市政行”以及“八进”等活动，强化了新闻媒体、市民群众和政府部门的良性互动。坚持“把百姓诉求当成领导批示办”的工作理念，全面畅通民意表达渠道，积极应对处置网络舆情，构建起市民反应、部门响应、系统回应的城市管理快速处理体系。

整治后的老旧社区焕然一新

靓丽的大桥夜景灯饰独具魅力

重庆市城市照明管理局

CHONGQINGSHI CHENGSHIZHAOMING GUANLIJU

市照明局授牌仪式

局领导慰问夜间施工职工

重庆市城市照明管理局始建于1921年，其前身为重庆路灯管理所。几经演变，2007年经重庆市政府批准更名为重庆市城市照明管理局，隶属于重庆市市政管理委员会，主要担负着重庆主城区部分市管道路、街巷、住宅区、桥梁、隧道、公共绿地和建筑物等功能照明、景观照明的规划设计、工程建设、维护管理、行政执法，以及全市各区县照明工作的行业指导工作。拥有市政维护甲级和城市夜景灯饰壹级资质，是重庆市唯一一家取得城市道路照明专业承包贰级资质的单位，也是全国照明协会十家副理事长单位之一。2006年通过了质量、环境、职业健康安全一体化认证，能承担10KV及以下的输、配、变电工程及各类照明工程。

目前，重庆市城市照明管理局共直接管理主城区部分市管道路的路灯、景观灯饰约16.5万盏，有八个职能科室和十个基层维护管理单位，有在职职工257人。其中高级专业技术人才8人，中级专业技术人才23人，助理级专业技术人才31人，持证一线电工93人，液压车操作及驾驶人员93人。施工机具配有高空液压车、载重吊车、高低空专项作业车及工作用车78台；配备有激光测高测距仪、灯杆厚度检测仪，以及用于快速侦测线路故障的FCL-2006A检测仪等先进设备。依托互联网建成的重庆城市照明数字化管理平台，不受时间、地点、空间限制，对照明设施实现了统一控制、数据采集、数据分析、数据处理、故障监测、自动报警、实时画面监控。

市照明局中层干部在廉政教育基地接受教育

鹅公岩大桥夜景灯饰

在数十载的发展历程中,重庆市城市照明管理局以连续作战、敢打硬仗、施工文明、技术过硬而著称。重庆直辖后，在确保城市功能照明质量，为市民营造安全舒适的夜间出行环境的同时，还为主城“光彩工程”做出了积极贡献，完成了主城区部分特大型桥梁夜景灯饰提档升级等重点项目建设。2006年12月被评为全国建设系统党风廉政建设先进集体，2007年6月被评为重庆直辖十年精神文明创建工作先进单位，2007年12月被建设部、人事部评为全国建设系统“先进单位”，2011年9月被重庆市精神文明建设办公室授予重庆市市级文明单位标兵。

日常维护，恢复断线

快拆快建，支持旧城改造

随着时代的进步与发展，重庆市城市照明管理局将继续坚持以服务民生为导向，按照“精细化、规范化、专业化、标准化”的要求，创新思路，应对挑战，克服困难，紧跟城市发展步伐，为实现“路灯亮、灯杆净、设施齐、夜景美”的工作目标，为重庆城市照明事业的持续健康发展做出更大贡献。

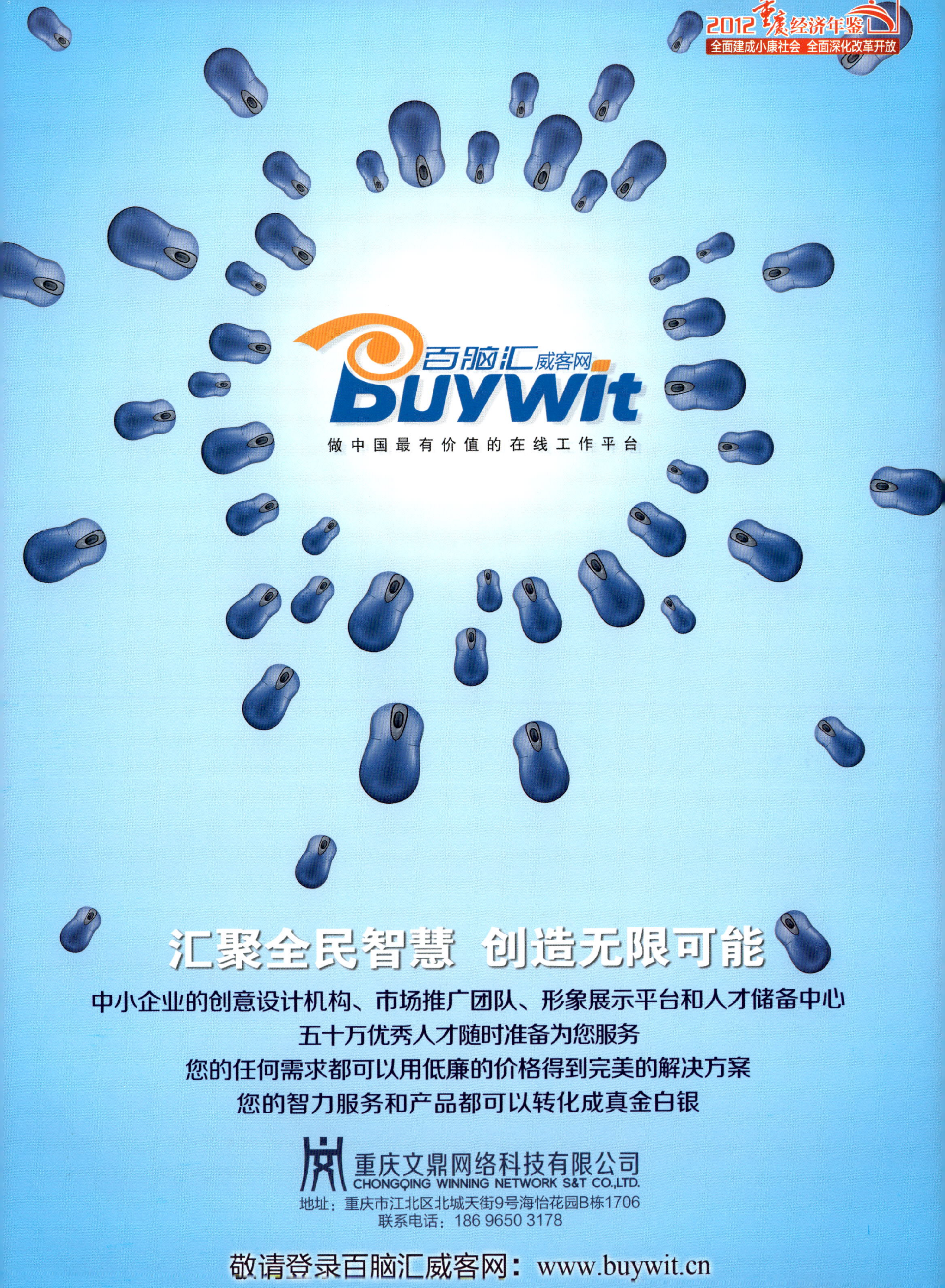
百脑汇威客网
Buywit
做中国最有价值的在线工作平台
汇聚全民智慧 创造无限可能
中小企业的创意设计机构、市场推广团队、形象展示平台和人才储备中心
五十万优秀人才随时准备为您服务
您的任何需求都可以用低廉的价格得到完美的解决方案
您的智力服务和产品都可以转化成真金白银
重庆文鼎网络科技有限公司
CHONGQING WINNING NETWORK S&T CO.,LTD.
地址：重庆市江北区北城天街9号海怡花园B栋1706
联系电话：186 9650 3178
敬请登录百脑汇威客网：www.buywit.cn

重

2011年，重庆市体育战线紧紧围绕全民健身，打造体育之城这一主题，创新思维、更新观念，把握重点、突破难点，为“十二五”开了一个好头，被国家体育总局授予了“2011年全民健身工作突出成绩奖”。

主要指标跃上新台阶

2011年重庆市国民体质抽样合格率达到92.6%，超过全国平均水平3.7个百分点，在全国的排位由22位上升到第7位。各级各类群体赛事活动达到2534次，其中规模以上的赛事活动达到1215次，分别比上年增长234次和488次，走在了全国的前列。培养社会体育指导员5137名，累计达到25704名。在第26届世界大学生夏季运动会上夺得7金1铜，在第十四届世界游泳锦标赛上夺得金牌，在“七城会”上夺得2金2银1铜，在第二届全国智力运动会上夺得2金5银1铜，实现了历史性的突破。体育彩票销售量达到14.6亿元，比上年增长44%，增幅在全国领先。人均体育场地面积达到1平方米，比上年增长0.1平方米。区县开工建设体育场6个、体育馆5个、游泳池8个，总投资达到17.4亿元。

全民健身获得新发展

全民健身设施和服务体系建设加快推进。全年新建农民体育健身工程750个，累计建成5350个，覆盖了60%以上的行政村；新建乡镇体育健身广场50个，累计建成164个；新资助命名全民健身登山步道20条，累计建成142条；新建社区健身路径工程110个，累计建成888个；新建雪炭工程4个，累计建成25个；新创建国家级全民健身中心2个，累计创建17个。建成文体中心户1240个，新建国民体质监测站10个。大型群体赛事活动量增质升。使其分别成为了国家级和地区级的赛事，带动了区县、行业系统、协会举办丰富多彩的全民健身活动。

竞技体育实现新突破

2011年，我市运动员在各级各类比赛中，共获得奖牌150枚，其中金牌56枚、银牌47枚、铜牌47枚，金牌数创历史新高。特别是在世界大学生运动会、“七城会”等综合性运动会和射击世界杯分站赛、游泳世锦赛、拳击亚洲杯、羽毛球大奖赛系列赛等国际比赛中取得了优异成绩。全年有3名运动员获得“国际级运动健将”称号，16名运动员获得“运动健将”称号。重庆足球队以2011年中国足球乙级联赛亚军的身份提前一轮打进了中甲联赛，实现冲甲目标,创造了当年组队、当年升级的奇迹。积极承办国际国内赛事。2011年共承办了37项国际国内赛事，其中国际赛事4项，国内赛事33项。特别是

2011年全国新年群众登高健身活动在重庆九龙坡白市驿登山步道举行

2011年重庆马拉松赛万人参与。图为比赛起跑仪式

中国重庆武隆国际山地户外运动公开赛已成为顶级赛事

重庆足球俱乐部以2011年中国足球乙级联赛亚军的身份提前一轮打进了中甲联赛

体　育　局

2011年"健康重庆"职工跳绳比赛在人民广场举行

"健康重庆"2011年全市公开水域游泳比赛在永川区卫星湖举行

射击运动员王涛（中）获世锦赛男子10米气步枪团体冠军

运动员施廷懋在2011年上海游泳世锦赛及深圳世界大学生运动会等重大国际比赛中多次获得跳水冠军，为祖国、为重庆争得了荣誉

首次承办了围棋世锦赛，成为我市近年来承办的第一项世锦赛，满足了广大体育爱好者欣赏高水平体育竞赛的需求。"走出去、请进来"战略进一步实施。2011年我市共引进和聘请了24名高水平教练员,同时选派了19名高水平运动员到国家队训练，并选派了4名教练员和2名运动员到国外训练。举办教练员培训班16期，顺利完成"千名球类教练员培训计划"。运动员文化教育有序推进，在训运动员实现义务教育全覆盖，市级运动员高中、中专阶段在读349人，大专以上在读277人。

后备人才培养开创新局面

通过深化"体教结合"，使全市体育后备人才的训练规模达到15000人;修订印发了《重庆市青少年运动员注册暂行管理办法》和重庆市重点区县体校、青少年体育俱乐部、体育传统项目学校、后备人才单训基地认定及管理办法;首次实行后备人才注册制度;尝试通过市队校办和将文化成绩作为参加青少年锦标赛报名条件等方式，推进运动员文化教育工作;成功创建24个国家级青少年体育俱乐部、2所国家级体育传统项目学校和1个国家级青少年体育活动户外营地，总量分别达到136个、8所和3个。

体育产业迈出新步伐

起草了《关于加快发展体育产业的实施意见》;办理体育经营备案和体育经营许可证27家、年检24家；办理民办非企业申请7家、年检23家，进一步壮大了体育产业市场。依托市体育行业职业技能鉴定站积极开展职鉴工作，先后举办游泳救生员、健身教练国家职业资格培训班7期，共培训和鉴定体育从业人员420名。体育彩票销售量达到14.6亿元，实现了销售业绩和公益形象双丰收。

体育基础设施建设取得新进展

市竞技训练中心一期建设基本完成，进入设备采购和安装阶段；大田湾体育馆改造工程完工，大田湾体育场改造工程方案进入评审阶段；市射击射箭中心已完成施工招投标；武隆仙女山国家级青少年户外营地完成总规设计、征地、环评等；市运动学校迁建项目启动征地等前期工作；完成了市奥体中心综合馆总体设计及招商工作。区县"一场一馆一池"提速推进。累计建成区县体育场28个、体育馆33个、游泳池24个；在建体育场10个、体育馆9个、游泳池14个。"一场一馆一池"完全达标的区县增加至15个。

重庆高新二十年

华硕电脑与市政府签约在高新区布局建设中国第二营运总部

市政府副市长童小平视察高新区金凤电子信息产业园

市政府副市长凌月明视察高新区主干道综合改造

重庆高新技术产业开发区于1991年3月经国务院批准成立，是首批5个国家综合改革试点开发区和重庆唯一的高新技术产业开发区，先后被评为全国先进高新区、国家级软件产业基地、国家生物产业基地、高技术服务基地和科技兴贸创新基地，西南地区首个“国家高新技术产业标准化示范区”，重庆首批“人才特区”。20年来，重庆高新区始终坚持以科学发展观为指导，科技创新环境不断改善，科技创新能力不断提高，高新技术产业蓬勃发展，辐射带动能力明显增强，被誉为重庆经济增长的火车头、技术创新的发动机、城市建设的引领者，为国家火炬计划的实施和重庆市经济社会持续健康快速发展做出了突出贡献。

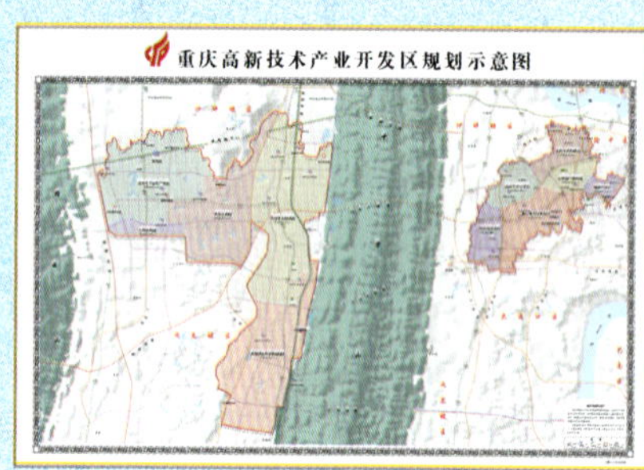

高新区规划发展示意图

高新区石桥铺IT数码港改造提升效果图

2010年10月，重庆高新区管理体制和发展空间调整，党工委、管委会重新组建，开发建设范围调整为主城中梁山以东石桥铺、二郎片区20平方公里，和中梁山以西金凤、含谷、白市驿组团50平方公里，开启了“三次创业”新征程。一年多来，高新区按照“五年西部领先，十年全国一流”的发展目标要求，坚持“高起点规划、高标准建设、高品质发展”，以创新引领转型发展，以项目支撑开发建设，以机制保障高

开拓创新再向前

效运转，大力推进东区“腾笼换鸟、提升品质”、西区“筑巢引凤、招大做强”，确保经济发展实现平稳过渡、稳中有升，“三次创业”实现良好开局。2011年，高新区核心区实现地区生产总值216.9亿元，同比增长21.2%；工业总产值337.2亿元，同比增长41.7%；社会消费品零售总额138.6亿元，同比增长33.2%；全社会固定资产投资110.4亿元，同比增长120.7%。成功引进华硕电脑中国第二营运总部、国家质检中心基地等一批重大项目落户；培育发展石桥铺商圈跻身百亿级商圈，格力电器（重庆）公司跻身百亿级企业，梅安森科技公司在创业板上市。

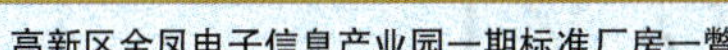

高新区金凤电子信息产业园一期标准厂房一瞥

高新区电子信息、生物医药投资项目集中签约仪式

“十二五”期间，重庆高新区将坚持差异化和可持续发展原则，按照“创新驱动、转型发展、包容增长、城乡一体”的思路，积极对接国家和重庆市战略性新兴产业发展规划，真抓实干，稳中求进，东区提档次，西区强基础，全面拉开大开发、大建设格局。重点打造以电子信息为支柱产业，高端装备制造、生物医药、高技术服务为优势产业，现代物流、文化科技、节能环保、新能源、新材料等其他产业同步发展的“1+3+X”产业体系。力争到2015年，高新区实现工业总产值突破1500亿元，营业总收入突破2000亿元，建成西部领先、跻身国家高新区一流序列的“自主创新战略高地，新兴产业核心载体，科学发展示范窗口”。

国家质检中心基地项目签约仪式

梅安森股份公司上市仪式

重庆经济技术开发区

CHONGQINGSHI JINGJIJISHUKAIFAQU

童小平副市长为重庆经开区管委会揭牌

重庆经济技术开发区（简称经开区）于1993年经国务院批准设立，是中国西部地区最早设立的国家级经开区，规划面积9.6平方公里，位于重庆市南岸区。2000年重庆市委、市政府决定成立北部新区，并成立经开园。2001年经开区管委会入驻北部新区经开园，经开区由此形成一区两园格局，其中，北园4.6平方公里位于北部新区，南园5.0平方公里位于南岸区，发展重心由南向北转移，并在北部新区设置了83.7平方公里的拓展区。

2010年8月，重庆市委、市政府将重庆经开区委托由南岸区管理。2010年10月，经开区新一届领导班子和职能部门全部到位，成功举行了揭牌仪式，经开区从此迈开新一轮发展步伐。

经开区王俊书记（前排左十）陪同童小平副市长（左十三）参观经开区规划沙盘

微软重庆经开区企业服务云上线启动仪式

经市委、市政府同意，按照“三不变两确保”原则，平稳顺利地完成了老区发展改革、城市规划建设、城市管理、工业、商贸、人力社保、外经外贸、社会事务等各项工作的移交和接管。“三次创业”的重庆经开区，以科学发展观为引领，以“三为主两致力一促进”方针为指导，以经济建设为中心，以改革开放为动力，大力实施“12345”发展战略，加快发展方式转变，构建现代产业体系，推进经开区率先、优质、跨越发展。**围绕1个目标**。围绕将经开区建设成为“西部领先、全国一流、国际知名”的经济技术开发区的总体目标，到“十二五”末实现投产、在建和招商项目产值2000亿元，其中实际投产项目产值1000亿元。**立足2大定位**。立足“高新技术产业基地、内陆港口开放基地”两大定位，打造西部地区重要增长极的增长极、长江上游地区经济中心的高端产业集聚地。**做强3大产业**。做强高端装备制造业、现代信息技术产业和现代服务业三大主导产业，重点发展船舶、机床、微型电脑、手机、物联网、仓储物流、总部经济等二级产业。**完成4项任务**。到“十二五”末，新区可建设范围内土地整治基本完成，基础设施配套趋于完善，招商引资取得显著成效，现代产业体系初步形成。**推进5区建设**。1年打基础、3年上台阶、5年见成效、10年全面建成，把经开区建设成为内陆开放城市的先导之区、高端产业之区、临港生态之区、创业成才之区、安康幸福之区。

管委会谭丹副主任(左一)考察重点项目现场

万盛龙鳞石海芦花湖

打造“三区一城”，创建特色经开区
——重庆市万盛经济技术开发区

重庆市万盛经济技术开发区地处渝南黔北，1955年因矿设立行政区，2011年10月国务院批准重庆行政区划调整，设立万盛经济技术开发区。万盛经开区幅员面积566平方公里，辖8镇2街，总人口27万，是西部地区幅员面积最大的经济技术开发区，也是国家资源转型试点城市、中国优秀旅游城市和中国定向运动训练基地。

区位优势明显。万盛经开区位于重庆“一小时经济圈”内，距重庆主城68公里，离江北机场、寸滩保税港仅1小时车程。干道交通便捷，境内三万南铁路、綦万高速、南万高速、万梨公路等路网纵横交错，是重庆向南出海的重要交通节点。

万盛孝子河夜景

人文底蕴深厚。境内有苗族、回族等近20个少数民族，民族民俗文化丰富；古夜郎文化源远流长；红苗风情耀眼巴渝。享有“中国羽毛球之乡”美誉，孕育了世界冠军张亚雯、亚军皮红艳等大批羽坛骄子。中华遗韵“金桥吹打”远近闻名，被纳入国家级非物质文化遗产。

资源禀赋独特。辖区煤炭、石灰石、白云石、石英砂等矿产资源储量丰富，是西南地区重要的冶金基地。拥有离重庆主城最近、面积最大的高山生态旅游资源，山、水、林、瀑、峡、洞俱全，“中国最古老石林”——龙鳞石海、“中国最美养生峡谷”——黑山谷，成功创建国家AAAAA级风景区和国家地质公园。

国电（重庆）恒泰万盛电厂

产业基础良好。作为重庆的老工业基地，产业积淀深厚，传统产业优化升级，新兴产业加速集聚，朝阳产业蓬勃发展，初步形成了煤电化、新材料、装备制造、生物制药、电子信息等五大现代产业支柱，汇聚了多家世界500强、中国500强知名企业。

政策优势叠加。享有国家级开发区各类优惠政策，垂直叠加西部大开发、统筹城乡综合配套改革、国家资源型城市转型、老工业基地改造等四大优惠政策，平面整合重庆两江新区、保税港区等全市8大开发区的各项政策，是政策的洼地、投资的热土、发展的高地。

千帆竞发，百舸争流。今天的万盛经开区正以崭新的面貌，积极抢抓机遇，深入贯彻落实科学发展观，全面落实市第四次党代会精神，以“转型发展、富民兴区”为主线，大力实施“三区一城五大任务”，即“315”发展战略（三区：把万盛建设成为国家资源型城市转型示范区、西部地区特色经开区、国家旅游度假区；一城：把万盛打造成为全国知名旅游城市；五大任务：振兴工业、繁荣城市、做强旅游、提升农业、改善民生），积极推进工业化、城镇化和农业现代化，深化城乡统筹改革，着力发展实体经济，努力建设经济发达、城市繁荣、社会和谐、人民幸福的新型经济技术开发区。

黑山谷栈道

万盛龙鳞石海石扇

蝶变中的万盛城区——新万盛

重庆长寿经济

一、长寿经开区概况

长寿经济技术开发区于2010年11月经国务院批准升格为国家级经济技术开发区，规划控制面积78.25平方公里，主要发展天然气化工、石油化工、新材料、冶金钢铁、装备制造五大产业集群。开发建设过程中以科学发展观为统领，秉承“五个一体化”开发理念，践行新型工业化发展之路，9年励精图治，累计开发面积达34平方公里，完成固定资产投资991亿元，其中基础设施投资104亿元，产业项目投资887亿元；引进企业219户，协议引资总额1940亿元，其中包括世界500强企业17户、跨国公司28户、上市公司38户；先后荣获全国循环经济试点园区、国家化工新材料高新技术产业化基地、重庆市首批知识产权试点园区、中国钢产业示范基地等称号，实现了超常规跨越式发展。

二、长寿经开区2011年发展回顾

2011年，长寿经开区实现了历史跨越。四大经济指标均列重庆市四个国家级开发区之首：一是实现工业产值580亿元，增长33%；二是新增合同引资487亿元，增长44%；三是实际利用外资4亿美元，增长60%；四是完成固定资产投资207亿元，增长12.5%。

绿色的生态园区

经开区在腾飞

（一）重大项目快速推进。全年实施重大项目44个，总投资192.8亿元。快速推进产业项目建设。重庆市“一号工程”MDI一体化项目顺利开工建设，已累计完成投资49亿元，2011年共计签订了设计、采购和施工等合同200余个，合同金额超过60亿元，制造周期在15个月以上的长周期设备的订货全部完成，现场强夯及临时水、电、排污等公用工程准备工作全面完成，巴斯夫公司已完成土地招拍挂、初步设计审查和工程详细设计等前期工作，所有项目按二级计划进度推进顺利，能确保实现2014年10月MDI一体化项目商业运行的总体目标。新重钢650万吨产能建成投产，从2007年5月奠基到2011年9月一期全面投产，仅用1580天，创造了大型联合钢铁企业建设奇迹。小康汽车100万台发动机项目、正新橡胶子午线轮胎一期工程、85万吨/年甲醇项目、2×5万吨/年粗苯精制项目、云天化研发中心等一大批重大项目建成投产；快速推进公用工程项目建设。建成江南钢城循环经济区路网，为新重钢2015年建成“双千亿企业集团”奠定了基础；建成移民生态工业园主干道，确保具备了招商新形象。

（二）规划管理水平提高。秉承“五个一体化”发展理念，以国际视野、国家级开发区的新要求，对经开区拟规划控制的约80平方公里范围进行了全新详细研究，完成了经开区城市总规局部修改和土地利用总体规划修编，整合了晏家、江南、八颗三个组团控制性详细规划，产业、公辅设施和生态隔离带布局进一步优化，为实现经开区封闭管理和建设安全环保示范型开发区提供了规划保障，提高了承载大项目的能力，为建成国际知名重化工园区、国内一流国家级开发区绘就了新蓝图。

（三）对外开放水平提升。用开放的胸怀与世界500强等龙头企业拥抱。储备了一大批项目，形成了3750亿元项目群；引进了一大批项目，新加坡金鹰集团投资200亿元亚太纸业项目、世界500强德国拜耳科技投资13亿元组合料和复合料项目、市能投集团投资60亿元己二酸项目等项目成功入驻，新增世界500强企业1户，200亿级项目1个，50亿级项目1个；洽谈了一大批项目，川维合资项目取得实质性进展；追踪了一大批项目，正全力追踪涂料行业世界名列第一的阿克苏·诺贝尔项目、泰博等46个总投资637亿元的重点项目。

（四）安全环保体系加快建设。完成晏家河应急拦截闸门和企业级事故污水应急处理池建设，形成可靠的四级事故污水风险防范体系。完成所有排污口和重大危险源视频监控系统安装，建成了安全环保监控预警体系。完成联动报警系统建设，形成了应急救援联动指挥体系。设置了19套应急疏散风向标、5个应急集合点和疏散通道，启动了消防特勤二站建设前期工作，建成了应急救援资源保障体系，为建成最安全、最环保开发区提供了保障。

（五）服务企业水平更优化。深入开展服务提升年活动，为企业提供优质高效服务。筹资6.5亿元提升三片区公用工程服务，建成道路14公里，110KV、35KV输变电站各1座，敷设水管15公里、天然气管10公里、蒸汽管廊2.5公里，确保17户新建成投产企业的需要。争取用地指标11425亩，完成土地征迁7000亩，土地整治2000亩，满足了MDI一体化等一大批项目建设需要；创新服务制度，建立了在建

夜色新重钢

技术开发区

企业、投产企业联席会制度，会商解决企业实际困难和问题230余件，确保了企业生产运营和项目建设顺利推进。强化运行调度，建立了投产企业用能档案库，协调天然气11.3亿方，电54亿度，水1183万吨，煤485万吨，蒸汽82万吨，确保了投产企业的基本用能需要。

三、2012年工作目标及重点工作

2012年是经开区加快建设内陆开放高地桥头堡的关键之年，将坚持"五个一体化"发展理念，以国际化的眼光、开放的胸襟、拼搏的精神、创新的锐气、团结的气度、清廉的定力推动开发区提升发展品质、加快发展速度、转变发展方式。

主要目标：实现工业产值670亿元，新产品值200亿元，工业增加值189亿元，完成固定资产投资200亿元，新增合同引资300亿元，实际利用外资6亿美元，实现税收15亿元，进出口总额超过7亿美元，整治土地4500亩。

云天化夜景

（一）以重大项目为总抓手，推动经开区大提速。全力推进重庆市"一号工程"MDI一体化项目建设，完成投资80亿元，确保土建部分全面开工，完成厂区道路、地下设施建设和管线敷设，为2014年实现商业运行奠定坚实基础；全力推进重钢二期工程建设，确保4月建成投产；全力促进亚太纸业项目开工建设；加快三片区公用工程建设进度；做好MDI铁路专用线和江南钢城物流码头等合资项目建设，确保铁路专用线2013年建成投用和钢城码头吞吐能力达到250万吨/年。

（二）以产业招商为总方针，实现产业大集聚。重点围绕川维、巴斯夫、化医、重钢等龙头企业和天然气化工、冶金、机电装备等主导产业，加强世界500强、跨国公司引进力度。全力促成川维、英国BP投资70亿元发展BDO、醋酸一体化项目、投资20亿元发展新型环保制冷剂和聚四氟乙烯项目，确保天然气化工产业集群再有新突破；以MDI项目为龙头，强力追踪投资20亿元聚氨酯下游项目、世界名列第一阿克苏·诺贝尔涂料项目、世界名列第三美国PPG涂料项目、总投资60亿元的台湾中石化集团32万吨/年己内酰胺及其下游等项目，奠定国家级化工新材料产业基地坚实地位；以重钢为龙头，引进重钢投资150亿元350万吨/年熔融还原炼铁、150万吨/年长材、200万吨/年冷轧薄板项目、机电集团投资60亿元城市矿产基地项目，充分发挥龙头带动作用；推进石油化工产业集群，全力推进中石油1000万吨/年炼油、100万吨/年乙烯项目，力争早日开工建设。五是以云天化研发中心、川维化工研究院为依托，寻求新兴产业集群，确保引进新兴产业龙头项目5个，为建设科技创新型园区增添动力。

（三）以完善要素保障体系为总要务，确保各项效益目标大提升。千方百计完成土地储备5100亩，完成整治4500亩，确保满足已入驻项目和即将签约项目建设需要；千方百计采取银行融资、发行债券、BT等多种方式筹资43亿元，加快建设公用工程设施；实行领导片区包干负责制，以联席会为纽带形成合力推进，确保新增投产企业20户；建设人才特区，引进各类高级专业技术人才100名，为开发区转型升级和企业做大做强提供人力资源保障；强化"煤、电、油、运、气、汽"等生产要素调控和调度，协调天然气14.6亿方，电59亿度，满足企业达产用能需要；大力发展循环经济，转变发展方式，推进上下游产业链，实现水、电、气、汽、热联供，企业生产内部工艺之间能源梯级利用和物料循环利用。

玻璃纤维电子布6生产车间

重钢长寿新区1780热连轧板带生产线

（四）以健全安全环保管理体系为总纲领，推进和谐经开区建设大迈步。完善风险防控体系，加快推进消防特勤二站和应急救援中心建设，增强应急响应指挥效率和事故应急处置能力；加快推进中法水务污水处理技术升级改造，实现污水排放标准从COD100mg/L提高至60mg/L，确保污水处理标准走在全国前列；编制经开区管委会级和企业级应急救援预案，有效提升事故应急救援能力；建立健全机构，筹备成立经开区安监局、环保局，为依法加强安全、环保监管工作提供组织保障和建成全国安全环保示范型开发区奠定基础。

新区办公楼

重庆朝阳气体有限公司（以下简称朝阳公司）是重庆钢铁（集团）有限责任公司（控股）和重庆钢铁（香港）有限公司及重庆钢铁集团朵力房地产股份有限公司合资组建的中外合资企业，于1993年9月20日经重庆市人民政府外经贸渝资（1993）0494号文件批准成立。朝阳公司属高新技术生产经营企业，企业注册资本12553万元，2011年资产总值91789万元，实现工业总产值97239万元，销售收入68057万元，利润5841万元。

朝阳公司原系重庆钢铁（集团）有限责任公司氧气厂，组建于1987年（1993年12月～1999年3月与法国液化空气有限公司合资经营），至今已有二十五年生产历史。公司2011年有大型制氧机组五台套，全液体空分1台套，制氢机组两台套，液化装置两台套，生产能力为氧气、氮气各101000 m^3/h，氢气64 m^3/h，液态气体300 kL/d；有多套气瓶充装设备，瓶装气生产能力达100万瓶/年；配置管网调压球罐1000m^3八台、400m^3六台和650m^3一台；配备大型超低温液体贮槽17台，液体贮存总能力7150 kl；建有顾客供气服务站32个；拥有49辆以低温槽车为主的化学危险品运输车辆，液体运输能力25万吨/年。

朝阳公司主要产品有医用氧（含家用便携式瓶装医用氧），工业级和高纯超高纯的氧、氮、氩、氢、氦，工业二氧化碳，各类混合气体以及液态氧、氮、氩，并为客户提供全方位气体解决方案。产品除管道输送保证重钢集团钢铁生产用气外，还以大量优质的气、液态产品供给重庆及西南地区400多家大中型冶金、机械、汽摩、化工、电子、医疗、科研等企事业单位使用，是重庆地区规模最大、品种最多、实力最强的专业气体公司。

长寿制气基地

建桥制气基地厂区

与客户现场环境和谐共存的供气外站

朝阳司拥有一支高素质、高效率、专业化的精英团队，2011年朝阳公司设13部2室，员工356人，其中大专以上学历192人，专业技术人员107人，其中高级技术人员11人，中级专业技术人员28人，分布在管理、工艺、机械、电气、仪表、化学分析、市场开发、产品销售和售后服务等岗位上。

在多年的发展中，朝阳公司始终坚持经济效益与社会责任并重，科学发展、创新发展、和谐发展，把“无形产品，无限追求”作为企业核心价值观，坚持和倡导“把困难留给自己，把方便让给客户”的服务理念，以规范化的生产管理，一流的产品质量和高品质的售前、售中、售后服务赢得了广大合作伙伴的认可和称赞。

朝阳公司分别于2000年通过ISO9001质量体系认证、2004年通过ISO14001环境体系认证、2006年取得药品GMP证书，至今各体系均持续有效运行。公司连续多年被评为重庆市高新技术企业、重庆市环境友好企业、重庆市质量效益型企业、重庆市安全标准化企业、重庆市安全生产先进集体、重庆市用户满意企业、重庆市最佳诚信企业、重庆市级文明单位，2011年公司又荣获全国机械冶金建材系统工会工作先进集体、重庆市厂务公开民主管理先进单位、重庆市安全文化建设示范企业、重庆市安全生产A级企业、重庆制造业企业100强、最具影响力的重庆知名品牌企业、重钢集团2009～2011年度先进集体等荣誉，重庆市著名商标“朝阳气体”已成为重庆的一张“气体名片”，公司产品多次荣获“重庆市名牌产品”称号。

高素质的营销服务和技术支持团队

完善可靠的安全生产实时管理体系

现代化的生产设备和完备的配套储运能力

根据重钢环保搬迁和朝阳公司发展的需要，朝阳公司于2009年在重庆长寿江南镇重钢新区建成投运1套35000 m^3/h制氧机组，2010年完成1套18000m^3/h制氧机组的搬迁，2011年建成投运1套30000m^3/h制氧机组，2012年将完成第二套18000m^3/h制氧机组的搬迁；2010年开始在重庆大渡口区建桥工业园C区新建一个制气基地，即新建1套4000Nm^3/h全液体装置，1套60m^3/h制氢机组，然后迁建现有瓶装气充装线、液体贮槽、医用氧充装专属区、氢气生产及充装专属区、晨曦验瓶中心、销售、研发中心等，并预留一套6000Nm^3/h全液体空分装置，4000Nm^3/h全液体装置于2011年顺利建成投产，目前长寿和建桥两个制气基地已初具规模，朝阳公司踏上了新一轮发展之路，公司将进一步加快改革创新步伐，以“建设资源节约、环境友好、客户信赖、高效和谐的中国一流工业气体制造与销售企业”为目标，走内涵式发展道路，做大做强气体产业，为重钢集团公司实现“十二五”战略目标添砖加瓦，为经济和社会发展作出更大贡献。

无形产品，无限追求，拥抱朝阳，拥有未来

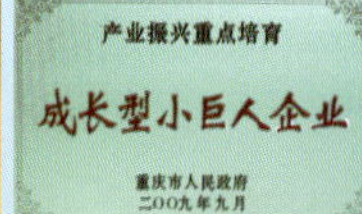

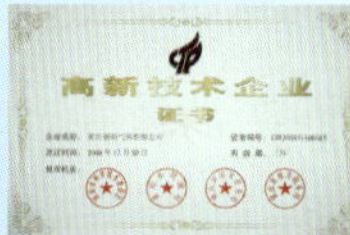

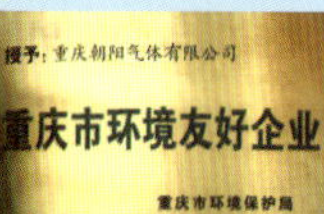

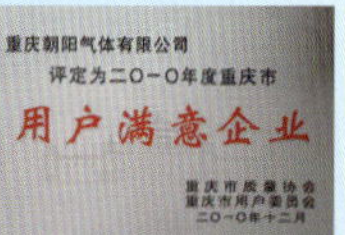

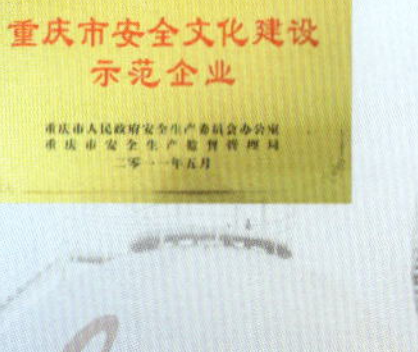

大型储罐林立

重庆朝阳气体有限公司地址：重庆市大渡口区重庆建桥工业园C区石林大道8号
邮编：401325 联系电话：023-68845104，023-68423824，8008076626 传真：68429551
重庆朝阳气体有限公司长寿分公司地址： 重庆市晏家工业园区长寿区江南钢城
邮编：401258 联系电话:023-68873575，023-68873574

庆铃汽车(集团)有限公司

庆铃汽车（集团）有限公司是由中方控股、海外上市的核心企业庆铃汽车股份有限公司及14个子公司、分厂和1个技术中心，共计16个企业组成的企业集团。生产世界先进水平的日本五十铃轻、中、重型全系列商用车（即1.5吨–15吨载货车及40吨拖头）及功率从95马力–300马力的柴油、汽油发动机。

集团总资产126亿元，净资产98亿元。拥有从模具设计制造，毛坯、零部件及总成制造到车辆装配的完整工艺制造链，建成带开发功能的商用车制造体系。

集团的核心企业——庆铃汽车股份有限公司，成立于1985年，由庆铃集团与日本五十铃公司合资设立，是重庆市改革开放后成立的第一家中外合资企业， 1994年在香港上市发行H股；1997年赴境外发行可转换债券。

庆铃产品面向国内、海外两个市场的高端主流客户。国内市场：一是重点行业主流客户：如石油、邮政、通讯、金融、电力、烟草等；二是高附加值的改装车客户；三是范围广泛的各类其它用户：如市政、环卫、消防、冷藏、机场服务等。海外市场：主要客户为日本、欧美等地的若干知名跨国公司。

在全国汽车企业中，庆铃的人均劳动生产率、人均销售额、人均利润均名列前茅；1999年至2001年，连续三年获“全国质量效益型企业”和“全国质量效益型先进企业特别奖”；2010年荣获“中国卡车10强”并居第5位；荣获“重庆市首届市长质量管理奖”；连续18年被评为“重庆工业企业50强”，其中八年居首位。

庆铃生产的五十铃系列轻、中、重型商用车

庆铃汽车(集团)有限公司　　日本ISUZU品牌汽车在中国唯一制造商

● 地址：中国重庆九龙坡区中梁山协兴村1号
● 电话：(023)65262233　● 传真：(023)68830397　● 网址：//www.qingling.com.cn

重庆商社（集团）

新世纪百货世纪新都

商社电器解放碑商场

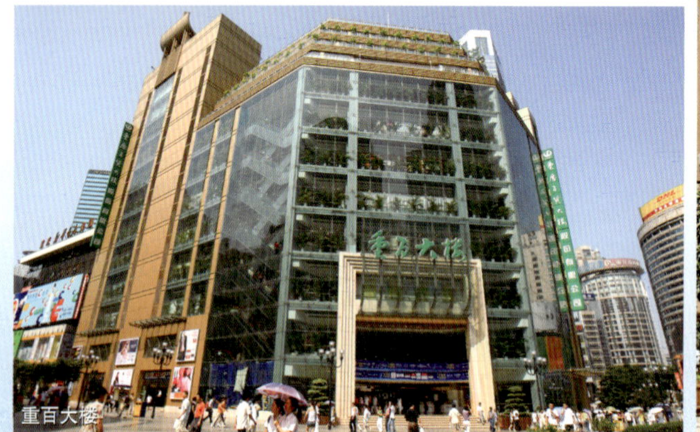
重百大楼

重庆商社（集团）有限公司成立于1996年，是中国西部最大的商贸流通集团，国家重点培育的大型流通企业之一。连续11年跻身中国企业500强，位列2012中国企业500强第238名，中国连锁百强第6位。曾荣获“中国商业名牌企业”、“全国五一劳动奖状”、“重庆市最佳诚信企业”等荣誉称号。

商社集团在重庆市委、市政府及市国资委领导下，经过十余年发展，形成了以零售、批发为主营业务，致力于百货、超市、电器、汽贸、化工、进出口和商业地

有限公司 chongqing shangshe

产等多业态开发的经营格局，业态涉及综合商场、连锁超市、便利店、专业店等，培育了新世纪百货、重庆百货、商社电器、商社汽贸、商社化工等企业品牌。2010年，商社集团成功实现核心主业上市，集团所属上市公司“重庆百货”，规模效益位居百货类零售上市公司前列。2011年商社集团实现销售收入突破478亿元，实现税利15.6亿元。截止2011年底，集团拥有职工9.7万人，总资产168亿元，网点325个，网点面积156万平方米。预计2012年全年销售收入突破550亿元。

商社汽贸人和保时捷中心

商社汇·巴南购物中心

商社集团将坚持“发展商社，服务社会”宗旨，立足重庆，拓展西部，走向全国，致力打造千亿现代新商社，成为长江上游地区最具核心竞争力的中国一流商贸流通企业。

地址：重庆市渝中区青年路18号
法定代表人：刘伟力
电话/传真：023-63819888/63819788
网址：http://www.cgtg.com.cn
邮编：400010

重庆商社化工有限公司

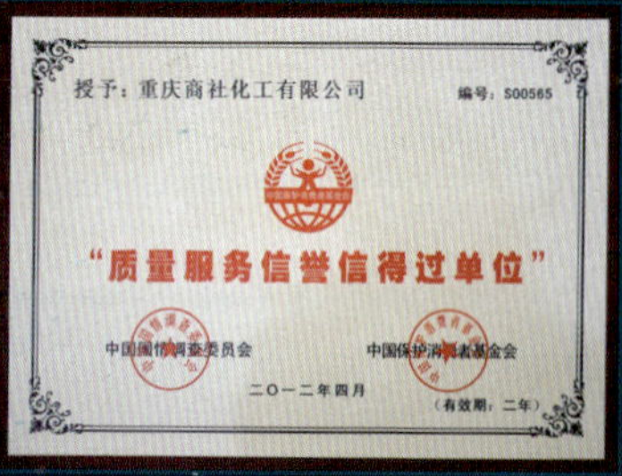

董事长张亚谋先生

重庆商社化工有限公司（以下简称重庆商社化工）于2004年1月正式成立，是专业批发经营化工生产资料的大型流通企业，隶属重庆商社集团，具有独立法人资格。重庆商社集团成立于1996年，是中国西部最大的商贸流通集团，国家重点培育的大型流通企业之一，2010年在上海证券所上市。连续11年跻身中国企业500强，位列2012中国企业500强第238位，中国服务业企业500强第76位。

重庆商社化工组建以来获得多项荣誉，其中2011年荣获重庆市精神文明建设委员会颁发的“文明单位”、重庆市国资委颁发的“五个好党委”，2012年1月荣获重庆市国资委授予的“国企贡献奖”称号、3月第二次荣获中国橡胶工业协会“诚

俄罗斯客商来访　与泰国国家石油保持良好关系

马来西亚外贸促进中心来访

信橡胶贸易商”称号、4月荣获中国保护消费者基金会“质量服务信誉信得过单位”、“最具影响力诚信品牌单位”、11月荣获“金典奖——中国商贸流通业最具影响力十佳明星企业”、“金典奖——中国AAA级重质量守信用企业”等称号。重庆商社化工因发展迅速，成效果显著，曾多次被《中国化工报》、《重庆晨报》、《重庆商报》等媒体报道。

重庆商社化工是专业批发经营化工生产资料的大型批发企业。公司注册资本7000万元人民币，总资产达25亿元人民币。2011年公司销售总额73.6亿元人民币，其中进出口贸易额占85%以上，销售规模在国内同行业中位居前列。预计2012年销售总额将达100亿元人民币。

重庆商社化工经营范围包括橡胶、石油化工、轻工化工等产品。尤其在天然橡胶和合成橡胶的经营上实力雄厚，优势明显。

重庆商社化工于2005年通过ISO9001：2000质量管理体系认证，2009年顺利通过新版ISO9001：2008质量管理体系认证，公司内部采用ERP系统管理。公司是中国橡胶工业协会、中国五交化商业协会、全国十城市化工联合体成员单位。

重庆商社化工有限公司目前在北京、天津、上海，广州、沈阳、西安、银川、兰州、成都、昆明、贵阳、海口，深圳、青岛、厦门、满洲里、绥芬河、鄂尔多斯、衡水、常州、海宁等城市和口岸设有经营网点或业务联系机构。公司经营商品主要采购自国内外大型企业，具有独特的货源和市场优势。境外产品主要来自北美、北欧、中东、中亚及东南亚等国，国内产品主要来自于中石油、中石化及国内大型农垦企业等。近年来已取得境内外多家大型石化企业产品的经营权和代理权，与法国道达尔、美国固特异、俄罗斯天然气工业、泰国国家石油、日本伊藤忠等世界五百强企业建立了合作关系，借此形成明显的货源优势。

重庆商社化工坚持以市场为导向，以改革促发展的方针，贯彻“务实为本，创新为魂，奉献为荣，和谐为贵”的企业准则，坚持“勤奋坚韧，追求更高”的企业精神，突出专业和品牌特色，充分发挥既有优势，逐步将业务范围扩大到东南亚和中亚地区，力争在“十二五”期间销售总额达到600亿元。

员工运动会　健身街舞比赛

营销拓展培训

稳中求进 突破创新、开启重盐发展新征程

重庆市盐业（集团）有限公司董事长、总经理 陈逸根

2011年，重盐集团在市国资委和化医集团的正确领导下，牢牢把握科学发展主题，转变发展方式，调整产业布局，加强投资合作，优化资源配置，强化资金管控，夯实渠道网络，巩固拓展市场，实现了平稳较快发展，确保了国有资产的保值增值，推动了重庆盐业整体经营管理业绩再创新高。

一是商贸流通蓬勃发展，规模质量显著提升。通过不断深化改革、优化结构、强化服务、开拓市场，客户满意度明显提升，经营规模不断壮大，规模效益日益显现。重盐商贸流通板块全年实现销售收入25.86亿元，同比增长56.35%，人均销售额超过250万元。二是工业板块负重前行，项目建设稳步推进。合川盐化全年产盐51.5万吨，销盐54.58万吨，实现销售收入2.48亿元；中盐长寿盐化一期20万吨/年液体盐采输项目进展顺利，已向外供卤1.2万吨；云阳盐化60万吨/年真空制盐移民搬迁技改项目全面开工建设，预计2012年12月可建成投产；飞亚公司推出养士多鲜味真鸡精等3项新产品，实现销售收入4.83亿元；天厨天雁1万吨/年豆瓣酱加工项目全面建成，实现销售收入4604万元；云阳金谷三峡库区1200万只/年土鸡分割及深加工项目通过可研评审，获得国家发改委和地方专项资金补助，并提前启动市场，实现销售收入247万元。三是立足市场布局产业，投资并购有进有退。投资组建重庆宝金贸易有限公司，实现销售收入1.64亿元；与贵州盐业集团公司共同出资成立渝黔经贸公司，实现盐商品调销2.81万吨，非盐商品销

党建及经济建设分析会

售5900万元；积极筹备启动零售业态经营，投资1.76亿元，购置4处商业房产，总面积1.47万平方米；经市国资委批复同意，公开转让持有的辣妹子公司50%股权及哈菊公司49%股权，取得投资溢价收入915万元。四是强化管理规范运行，狠抓安全保证质量。成立产业发展专业委员会，优化职能处室设置，坚持合规经营，强化食品安全管理，防范经营风险，实现全年无工亡，无重大火灾，无负主要责任的重大交通和重大环境污染事故，无重大治安刑事案件和群体上访事件的目标。五是依法治盐保证供应，履职尽责树立形象。在2011年3月16日至18日发生的食盐抢购风潮中，生产企业24小时三班倒满负荷运转，运销企业不计成本实行24小时配送，保证了市场有效供应，迅速平息了抢盐风潮。同时，积极参与城乡统筹发展，助推农业产业化，增加农民收入；热心社会公益，捐资助学，扶贫济困，切实履行社会责任。六是加强党建熔炼团队，以人为本和谐发展。深入推进创先争优，抓好党风廉政建设，坚持人才强企，深化企业文化建设，凝聚精气神，打造软实力。

2011年，重盐集团实现收入33.62亿元，较上年增长42.58%；实现利润7239万元，较上年增长3.30%；资产总额34.74亿元，较上年增长12.87%。集团公司荣获“全国文明单位”、“重庆市级文明单位标兵”、“全国五一劳动奖状”、“中国质量信用企业”、“重庆市食品安全示范企业”、“中国服务业企业500强”、“重庆企业100强”、“重庆食品行业十强企业”等荣誉称号。

中国盐业协会董志华理事长（左一）授予重盐集团“全国盐业改革发展标兵”

与贵盐签约

云阳盐化、土鸡深加工项目开工典礼

重大IMBA留学生在重盐集团实习期间参观各生产企业

2012年重庆市盐业工作会

2010年度立功竞赛表彰大会

创建全国文明单位检查验收汇报会

大渡口厂区

CPIC FIBERGLASS 重庆国际复合材料有限公司

中国工业大奖

CPIC巴西玻璃纤维公司成立仪式

重庆国际复合材料有限公司(简称CPIC)是由云南云天化股份有限公司、凯雷投资集团和沙特阿曼提公司等共同投资组建的中外合资企业，主要生产无碱玻璃纤维系列产品，是我国三大玻纤生产基地之一。

CPIC现在重庆大渡口区和长寿区共有三个玻纤生产基地，在巴西拥有一家全资子公司（CPIC巴西玻璃纤维有限公司）。2010年，公司新建成两条生产线，到2010年底，公司共建有11条玻纤生产线，年生产能力突破50万吨。

2010年，CPIC连续被重庆市人民政府评为“重庆工业50强企业”、“重庆市发展开放型经济先进单位”、“纳税五十强”；被中国建筑材料联合会评为“靠新出强优秀企业”。CPIC品牌连续被重庆市人民政府评为“2010-2011重庆市出口知名品牌”。CPIC的ECS301CI、ECG75产品获“重庆名牌产品”称号；ECS305、经编多轴向织物、超细电子级玻璃纤维D450、高性能细型电子纱E225、环氧轴油管道用直接纱468T、ER10VC喷射纱、ECS3014B短切纤维、LFRT-PP用直接纱ER4305PM、PBT用短切纱ECS303W、超细电子级玻璃纤维D900获“重庆市重点新产品”称号；耐汽车冷冻液的增强尼龙用短切纤维ECS301HP、高性能超细电子级玻璃纤维D450获“国家重点新产品”称号。

捻线车间

产品

2011年3月， CPIC承担的《超细纱电子级玻璃纤维关键技术的开发及产业化》项目经过三年多的研究和努力，突破了多项关键技术，打通了“超细电子纱—薄型电子布—薄型覆铜板（CCL）”产业链的关键核心技术，顺利通过国家科技部的验收并获得高度评价。2011年4月，CPIC“工程塑料用高性能玻璃纤维短切纱”项目荣获第二届中国工业大奖表彰奖，成为中国玻璃纤维行业唯一的获奖项目。

未来几年，CPIC将不断夯实基础，提升管理，加大力度延伸产业链，形成更为合理的产品结构，全面提升企业的核心竞争力。

研发中心

电话：023-68157859 68157868
传真：023-68157883
网址：http://www.cpicfiber.com

重庆保安集团有限责任公司

重庆保安集团有限责任公司是一家大型国有企业，主要担负着为金融单位和客户提供货币、有价证券、金银珠宝、文物、艺术品及其他贵重物资的武装守护押运；为客户提供门卫、巡逻、守护、随身护卫和安全检查、安全咨询、安全技术防范、安全风险评估或犬防、区域秩序维护；保安从业人员的教育、培训、考试；销售保安服装、保安器材；保安咨询等业务。

重庆保安集团董事长高正超在挂牌仪式上致辞

重庆保安集团董事长高正超（左5）、总经理钟少勇（左6）、党委书记李兵（左3）与高管人员、独立董事合影

一、创新社会管理，发挥辅警作用

重庆保安集团是公安机关一支重要的辅警力量。自成立以来，始终坚持"安全至上、诚信服务、优质高效"的服务理念，在维护社会治安秩序，确保客户单位安全等方面成效显著。近年来，重庆保安集团在维护当地社会治安秩序，积极发挥辅警作用的过程中，协助公安机关抓获各种犯罪嫌疑人205人，配合公安机关处置突发事件125起，提供各类破案线索503条，化解各类纠纷1132起，防止各种危险违禁物品进入目标区域3万余次，见义勇为16起，扑灭火灾30起，抢险救灾5起，多次挡获客户单位被盗物资，挽回经济损失2800万余元。为重庆地区经济发展和社会稳定做出了贡献，受到了重庆市委、市政府和市公安局以及人民群众的一致好评。2011年9月，被公安部、全国总工会、共青团中央授予"全国先进保安服务公司"称号，先后被当地政府授予"五一劳动奖状"、"综合治理先进集体"、"青年文明号"、"就业再就业先进单位"、"重庆再就业重点企业"、"重庆纳税先进单位"、上海世博会"青年突击队"等荣誉称号。

威武的武装押运队伍

二、拓展业务市场，提高经济效益

在市公安局党委的领导下，在市政府相关部门的监管指导下，在社会各界的大力支持下，在集团公司全体员工的辛勤工作下，重庆保安集团走集约化、多元化、科技化、正规化、规范化、法制化的发展道路。到2011年底，重庆保安集团为全市2万多个党政机关、银行、证券、轨道、机场、通讯、大型商场、工厂、社区等客户单位提供武装守押、安全护卫等服务；完成了80余场大型经济文化体育等勤务安保工作，赢得了社会效益和经济效益双丰收。

三、加强"两化"建设，打造一流队伍

为了打造一支思想好、作风硬、纪律严、业务精的高素质保安队伍，重庆保安集团全面加强"队伍正规化、勤务规范化"建设。一方面，建立健全各类规章制度，先后制定了公司章程、董事会制度、总经理办公会议事规则、财务管理办法等30余个规章制度，基本实现了用制度管人管事，使企业走上了健康发展的轨道；另一方面，抓好队伍教育管理，在公司开展了"忠于职守、爱岗敬业、严守纪律、确保稳定"为主题的系列专题教育活动；加强法制教育、职业道德和时事政策等日常教育。强化了保安队员的大局意识和全局观念，做到了服务态度好，服务质量高，服务安全高效。

重庆保安集团2012年工作会议

参加安检的保安队员

伴随着国际国内经济的高速发展，重庆保安集团顺应形势，抓住机遇，解放思想，更新观念，与时俱进，锐意改革，优化资源配置，拓展业务市场，逐步建立起了"统一人事管理、统一财务管理、统一运营管理"的现代企业经营管理模式，重庆保安集团的未来一定会更加辉煌。

重庆农村商业银行

CHONGQING RURAL COMMERCIAL BANK

董事长刘建忠在我行手机金融产品发布会上致辞

行长谢远胜（右二）实地察看企业生产经营情况

2011年，重庆农村商业银行深入贯彻落实科学发展观，开拓创新，锐意进取，围绕“形象提升、内控提升”扎实推进各项中心工作，经营管理迈上新台阶，服务城乡取得新成效，改革发展实现新跨越。

各项业务较快发展，综合实力持续增强。借上市东风促发展升级，综合实力名列全国农商行前茅。总资产3450亿元，较年初增加594亿元，居全市银行业第一、全国法人银行第21位、全球第385位；存款余额2450亿元，较年初增加395亿元，总量增量均居全市第一；贷款余额1443亿元，不良贷款率降至1.45%以内；拨备覆盖率259%，比年初提高86个百分点。资本充足率15%，保持较高水平。净利润增幅37%，实现税收20.5亿元，跻身中国企业效益200佳。

支农责任有力践行，服务民生卓有成效。牢记服务“三农”职责和地方金融机构使命，全力支撑城乡统筹发展和金融中心建设。切实履行好“三权”抵押贷款主办行职责，发放“三权”和农户小额贷款36亿元。积极助推“两翼”农户万元增收，贷款余额达270亿元，大力支持我市户籍制度改革和农村土地复垦，已向19个区县复垦项目授信135亿元，贷款余额23亿元。涉农贷款余额达603亿元，居全市第一，其中农户贷款占全市的70%以上。创新设立210个农村便民自助服务终端，覆盖撤乡并镇街道及行政村，让农民“足不出村”即可享受便捷的金融服务。大力支持中小微企业发展，中小企业贷款余额达620亿元，居全市第一，特别是小企业贷款余额达261亿元，增幅31%，其中微企开户数占全市的80%以上，发放微企贷款1.3亿元。同时，围绕服务重庆开发开放，加大对支柱产业、优势行业、重点项目的支持。努力践行社会责任，积极奉献社会、回馈民生，做好对口扶贫和慰问帮扶，全年各类公益捐赠投入近500万元。

重庆金融博览会上我行展出手机银行等金融产品

支持农业产业化龙头企业丰都肉牛发展

自主创新增强活力，“走出去”取得实质进展。自主创新拓宽电子渠道，于2011年9月与中国银联、HTC（台湾宏达国际）、上海方付通、重庆通卡联合研发推出NFC SD银联标准手机金融产品，融合自助银行、近场支付、远程支付、电子钱包等功能，改变了传统手机银行模式，手机银行用户数突破16万，累计交易127亿元。长远布局拓展服务网络，在成功发起设立江苏张家港华信、四川大竹隆源、云南大理海东3家村镇银行的基础上，加快“走出去”步伐，筹建云南曲靖分行规划获得银监会批准，同时，批量组建村镇银行的步伐进一步加快。

支持中小企业志成机械公司做大做强

内控管理成效明显，企业团队加速成长。围绕上市要求和发展需要，完善公司治理机制，完成董、监事会换届选举，推进新资本协议试点，集中授权中心上线，有效控制政府融资平台、房地产贷款等风险。落实“人才强行”战略，引进专业人才，招聘大学生，培养管理人员和业务骨干，队伍结构不断优化。深入开展创先争优、巡回宣讲等活动，组织建设进一步加强。实施人文关怀、心理疏导、扶贫济困和慰问帮扶，企业文化深入人心，进一步夯实了发展基础。

FORTE复地®

以人为蓝图

复地集团20年创墅修为 南北别墅问鼎重庆

20年，17大城市，20余高端别墅修为，复地集团，以别墅专家之名蜚声在外。2011年，南山千亩别墅大城【复地·山与城】，锋芒展露，业绩骄人；2012年，两江新区，回兴千亩浪漫风情别墅大城【复地·花屿城】，即将问世，再显别墅锋芒！今日，南北交辉，双城汇聚。复地集团，以两大双千亩别墅大城之名，颠覆重庆高端居意全新想象。

17城市20余别墅项目，携累累硕果来到重庆

复地集团，作为中国顶端别墅开发者，素有“城市别墅专家”之称。20年别墅开发修为，开发足迹覆盖全国17城，尤其在高端别墅的规划设计上见解独到，能在保持地块原貌的基础上，将原生态地貌与建筑完美结合，让建筑与地面形成和谐统一的整体。

这一独创别墅开发技法引领行业风尚标杆，获得愈来愈多同侪的赞誉与认同。迄今，复地集团在全国开发的别墅项目有：帕缇欧香苑（上海）、金石湾（上海）、首府（北京）、湾流汇（北京）、温莎堡（天津）、朗香（南京）、雍湖湾（成都）、山与城（重庆）、花屿城（重庆）……一系列别墅产品，展现了复地的经验与实力。

▶复地山与城

千亩森林墅，南山最高居意的回归

2011年，复地联袂渝开发对南山进行高端别墅开发，在充分考量不破坏南山山脉机理，并与南山自然风景相融合的前提下，从风格、品质、景观等方面对传统别墅实现全面颠覆，打造出山与城“溪院别墅、宽院别墅、坡院别墅”3大系列专利别墅产品，晋献重庆高端别墅市场。

同时，山与城的产品细节打造也颇为市场称道：全石材整体立面、千余株同纬度全冠移植名贵大树、5.5万m^2观澜道生态公园、2.5万m^2仙女洞高尔夫公园、800m蜿蜒中央水系主题景观……众多围绕生活打造的居住细节，将别墅的本质演绎得淋漓尽致，更成为重庆层峰人士一致选择山与城的首肯原因。

复地·山与城会所实景图

▶复地花屿城

两江新区 法式浪漫鲜花小镇

复地·花屿城别墅效果图

依托别墅的成功经验，2012年复地集团于重庆之北打造“法式，纯千亩别墅大城”——复地花屿城。该项目位于两江新区核心，似上海古北。区域紧邻机场、保税港、火车站，坐拥西南政法大学、川外、华人当代美术馆等学院配套，可口可乐、微软、惠普、通用电气、福特、雷诺等国际、国内外名企云集，轻轨三号线、九号线、十号线汇集于此，无论是交通、生活、配套、出行皆成熟，为区域财智阶层不二的首选府邸。

复地花屿城，置身三大城市公园环抱（约10531亩环山森林公园、约80亩黄桷坪南侧公园，约120亩黄桷坪北侧公园）围合，还原旧金山九曲花街以及法国吉维尼小镇为蓝本打造法式浪漫小镇。项目独特的三级台地地貌，可享周边无界视野和稀缺城市公园资源。

复地花屿城属“创新别墅新品类”产品，打造出“购得起的奢侈品”。花香独墅产权套内面积约240-328m^2，花园主力面积段约60-296m^2，花锦叠墅产权套内面积约117-253m^2，花园主力面积段约50-232m^2，让居者在此享受美妙生活的同时，更能感受到诗意的旖旎。

T.023-62659888

中国·重庆·南山 www.fdsyc.com

T.67197888/67197666

重庆·两江新区·回兴黄桷坪体育公园旁

复地山与城：106D房地证2010字第00136号 整合推广：Creative·DO 主创广告

重庆泰山电

重庆泰山电缆有限公司是中国电线电缆行业大型骨干企业和高新技术企业，成立于1998年，隶属中国电力技术装备集团。是电网、电源、铁路、市政、通信、石油化工、矿山等领域及北京奥运、上海世博、三峡输电等重点工程的优秀供应商。先后荣获"全国用户满意企业"、"全国守合同重信用单位"、"中国电子信息百强企业"、"全国再就业先进企业"、"全国质量信誉AAA企业"等称号。

德国TROESTER超高压U型VCV立式交联生产线

框式绞线机组

公司坚持以科技创新引领企业发展的理念，拥有专业的电缆科研机构和技术中心以及高素质的专业技术研发人员，致力于电线电缆尖端产品的研发和制造。已形成1000kV及以下特高压、高压、中低压及环保、智能、特种用途等电线电缆产品共五大类、四百个品种、上万个型号规格。先后荣获"全国用户满意产品"、"产品质量国家免检"等称号。其中，750kV扩径型钢芯铝绞线及ACSR720/50高强度钢芯铝绞线填补了国内空白，制造水平国际领先；1000kV特高压钢芯铝绞线、900mm2大容量钢芯铝绞线等产品应用于国家电网公司特高压电网示范工程；220kV高压交联聚乙烯绝缘电缆代表中国高压电缆产品出口国际市场。

公司拥有国内领先的生产和检测设备，关键设备均从国外引进，其中，超高压立式交联电缆生产线从德国特乐斯特（TROESTER）公司全套引进；局部放电检测设备从瑞士哈弗莱集团全套引进；其它如84盘框式绞线机组、4米盘式成缆机组、一步法硅烷交联生产线、铝护套挤铝机组、铜大拉机组等从法国、德国、英国引进。

公司在国内建立了25个销售办事处，为电力、通讯、交通、石化等行业提供优质服务；在全球市场，与澳洲、亚洲、南美洲、非洲的16个国家和地区建立了业务往来。

重庆泰山公司秉承"信为本、质为先"的服务理念，追求"仁极其尽，业精至止"的企业精神，致力于打造世界知名电线电缆供应商，竭诚为客户提供安全、高效、环保、优质的输配电产品。

部分大型工程

奥运水立方

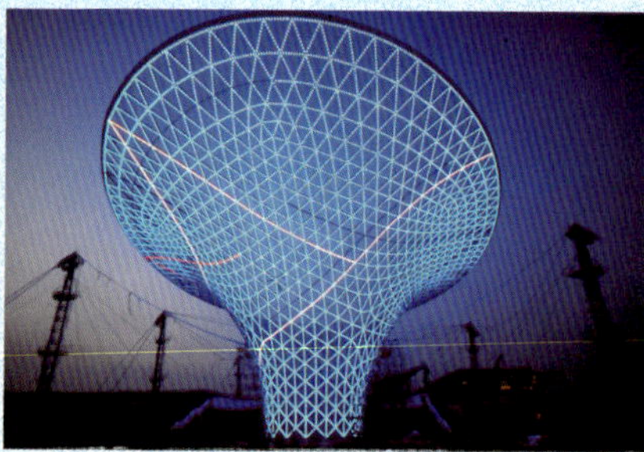
上海世博轴

重庆轻轨

东海大桥

北京地铁

奥运水立方

惠 通 建

兴龙大道

兴龙大道是永川新城向东拓展的标志性景观，全长3200米，宽100米，北起成渝高速永川新站，南至城市一环路，是气势恢宏、绿树成荫、四季芬芳的森林景观大道，连接“古典浪漫”神女湖、“大气灵动”兴龙湖、“生态宜业”凤凰湖，大道绿化景观中镶嵌500多块大型奇石，国内著名书法家题刻其上、熠熠生辉，森林美景和文化景观相得益彰，享有“一条玉带通南北，三颗翡翠竞风流”的美誉，2010年被评为“重庆最美大道”。

人民大道

人民大道是永川新城西起人民广场、东至兴龙湖公园、与兴龙大道交互辉映的景观大道，全长1172米，宽55米，高大银杏和桂花等珍贵树木林立，绿草如茵，鲜花盛开，两侧城市建筑群大气精美，生态美景和城市建筑有机相融，洋溢着现代气息和时尚之美，2011年被评为“重庆最美街道”。

娃哈哈®

杭州娃哈哈集团有限公司

HANG ZHOU WAHAHA GROUP CO;LTD.

辉煌25周年

董事长兼总经理：宗庆后

杭州娃哈哈集团有限公司创建于1987年，在创始人宗庆后的领导下，现已发展成为中国最大的饮料生产企业，产量位居世界前列，在全国29个省市自治区建有60个基地、160余家子公司，拥有员工3万名、总资产320多亿元。

25年来，娃哈哈通过产品技术创新、营销创新，一直保持健康快速发展势头，年均增长超60%。2011年实现营业收入679亿元、利税123亿，上缴税金54亿元，连续第14年登上中国饮料行业榜首。

娃哈哈超越同行的科研开发能力、世界领先的自动化生产设备、厂商一家的市场销售网络、家喻户晓的品牌优势锻造了企业的核心竞争力，所有这些使娃哈哈成为目前中国饮料行业最具有活力、实力及发展潜力的企业。

重庆烟草工业有限责任公司

重庆烟草工业有限责任公司是1998年11月在原重庆烟厂、涪陵烟厂联合，巫山烟厂实行三峡工程淹没企业破产试点的基础上建立的现代企业。2004年11月，遵照国家烟草专卖局“深化改革、推动重组、走向联合、共同发展”的基本任务，根据重庆市政府整合卷烟工业资源、提升卷烟产业水平的原则要求，按照川渝中烟工业有限责任公司调整企业组织结构的实施意见，重组黔江烟厂，实现了全市卷烟工业资源的统一配置和一体经营。

重庆烟草工业有限责任公司现为川渝中烟工业有限责任公司全资子公司，实行“一个法人、三点生产”的管理体制和运行模式，内设重庆、涪陵、黔江3个分厂和13个职能部门。公司现有资产66.7亿元，所有者权益35.6亿元，年创税利84亿元以上，主要生产娇子品牌天子、龙凤呈祥等规格产品。

2011年，重庆烟草工业有限责任公司紧紧围绕川渝中烟娇子品牌“126” 发展目标以及重烟工业“十二五”效益倍增计划，积极整合要素资源，大力激发创新活力，切实强化组织保证，突出抓好队伍建设，全面完成了年度任务目标，实现了“十二五”发展良好开局。全年生产卷烟103.2万箱，同比增长3%；销售卷烟101.7万箱，增长3.7%；完成工业总产值115.7亿元，工业增加值96亿元，分别增长19%、28%；实现销售收入113亿元，增长19.4%；实现税利总额84.8亿元，增长25.5%，其中利润15.3亿元，税金69.5亿元，入库税金72.1亿元，分别增长32.9%、24%、23.1%。公司连续数年位居重庆工业50强前茅，是重庆市纳税大户，获得过全国五一劳动奖状、全国精神文明建设先进单位、全国模范职工之家、全国质量效益型特别奖企业等荣誉称号，为行业发展和地方建设作出了积极的贡献。

勇立潮头 敢为人先

重庆中环建设有限公司发展纪实

ZHONGHUAN JIANSHE

重庆中环建设有限公司始建于1953年2月，至今已风雨兼程58年。其间企业几经变革，曾名西南煤炭基建二处、煤炭工业部第五十四工程处、四川煤矿建设第五工程处、重庆煤矿建设第五工程处。

重庆市市长黄奇帆亲自为公司颁发全国五一劳动奖状

1958年来，尤其是跨越新世纪以来，中环公司紧紧抓住煤炭行业复苏、西部大开发和重庆直辖历史机遇，以“二次创业”为平台，高瞻远瞩制定“立足川渝，辐射全国，以市场为依托，主攻三大板块即公路、铁路、水利水电大断面隧道（洞），抢占三大市场即各类煤矿、市政、房屋建筑”的战略思想，践行“干一项工程、树一座丰碑、创一流品牌、塑一方信誉、拓一方市场”的施工理念，以项目开发为龙头，以项目管理为手段，奋战在日益激烈的建筑领域，一步一个脚印、一年一个台阶，走上了充满希望之路、谱写了一首首气吞山河的壮歌、斩获了一个个骄人的战绩。彭德怀元帅、朱镕基总理、中纪委副书记曹庆泽等老一辈党和国家领导曾亲历企业施工现场视察或题词勉励，企业曾荣获全国万米水平处、全国优胜工程处、全国优秀施工企业、重庆市文明单位、重庆市模范职工之家、重庆市文明单位标兵、重庆市五一劳动奖状、全国五一劳动奖状、中国建筑100强等殊荣。

目前企业拥有矿山工程施工总承包一级，市政公用工程施工总承包壹级，隧道工程专业承包壹级，水工隧洞工程专业承包壹级，房屋建筑工程施工总承包贰级，公路工程施工总承包贰级，水利水电工程施工总承包贰级等资质，拥有在册职工1590人，其中各专业技术人员350多人、各类技师200余人、一级项目经理32人，拥有注册资金20088.87万元，各类型设备900多台（套），拥有先进的管理和科学发展理念，年项目开发10亿元以上，年施工能力达10亿元以上。

2011中国中小企业成长力100强评选活动，董事长母元标荣获“优秀企业家”称号

中环公司承建的重庆市嘉华大桥北延伸段洪恩寺隧道

目前，中环公司正以“千里为重”更上一层楼的眼光着力于未来的发展；以“广大为庆”的胸怀迎接市场激烈的竞争；以“士心为志”的豪迈“立足川渝、面向全国、多元发展、做大做强”，创造公司美好前景。

重庆市祥瑞实业

团区委领导与祥瑞集团董事长孔祥麟交流两新团建工作

祥瑞集团拥军活动看望高炮团

重庆市祥瑞实业（集团）有限公司于2006年7月，由重庆市万州区祥瑞商贸有限公司（成立于2002年2月）变更而来。公司现有职工250余人，常年农民工1000余人。拥有各类专业工程技术人员100余人。集团公司注册资本金10628万元，现有资产8亿元。集房地产开发；建筑施工；百货、日杂、五金、交电、建材销售；农业开发；物业管理；竹木制品加工、销售等经营活动为一体。集团公司旗下有重庆市祥瑞实业集团房地产开发有限公司、重庆繁祥建筑工程有限公司、重庆市万州区渠上源商贸有限公司、重庆市万州区天仙湖物业管理有限公司、重庆市万州区盛祥农业开发有限公司、重庆大正竹木制品有限公司。2005年6月成立了工会组织；2007年4月建立党支部，2011年12改建为党委；2009年10月成立共青团组织。

法定代表人孔祥麟，高级工程师；重庆市祥瑞实业(集团)有限公司董事长、重庆市祥瑞实业集团房地产开发有限公司董事长。多年从事建筑、商贸、开发行业，具有丰富的管理能力和实践经验。当选为重庆市万州区第三、四届人民代表、重庆市第三届人民代表、万州区工商联副主席、万州区光彩事业促进会副会长、万州区房地产业协会副会长。被评为万州区“十大创业明星”、重庆市新经济社会组织“优秀党建之友”、重庆市“人大代表在行动主题活动先进个人”、重庆市万州区第三届优秀中国特色社会主义事业建设者、万州区2011年十佳“爱心企业家之星”。

为狮子村捐赠物品

公司坚持“团结进取、务实创新”的企业精神，严格遵循“诚信为本、质量第一、回报社会”的宗旨，公司得到了跨跃式的发展，荣获万州区中小企业“二十强”、万州区“非公有制经济重点企业”、“非公有制明星企业”、万州区房地产企业“献爱心”先进企业、万州区“先进基层党组织”、万州区“模范职工之家”、“工人先锋号”、“青年文明号”、2010年度万州区平安建设暨社会治安综合治理工作优秀单位；重庆市“两新”组织党建工作示范党组织、重庆市民营企业“五十强”、重庆市第七届“房地产开发企业五十强”、重庆市首届“同心奖·十大共富责任民企”、重庆市五一巾帼标兵岗、重庆市优秀“两新”团组织、重庆市中小企业发展奖、重庆市房地产开发行业2010年度企业社会信用“AAA-级信用等级企业”等奖励和殊荣，赢得了广大消费者和老百姓的信任和喜爱，得到了上级领导和行业主管部门的褒奖，从而为企业向更高层次的发展夯实了坚实的基础。

近年来先后成功推出了祥瑞·滨湖花园、祥瑞·蓝天锦园、祥瑞·东方大厦、祥瑞·锦程佳、祥瑞·天湖美郡等多个高品质居住小区项目，

被三峡都市报社和万州区房地产业协会评为2010年老百姓最喜爱的“宜居万州、热捧楼盘”。其中祥瑞·蓝天锦园被万州区房地产管理局授予“万州区物业管理优秀住宅小区”，祥瑞·东方大厦被授予“万州区物业管理示范大厦”。累计完成房地产开发、移民房屋建设和建筑工程项目总建筑面积达100余万平方米，总投资8亿元；物业管理服务小区面积30万平方米、约2000户7000余人；解决了200多位移民、下岗工人和失业人员的就业问题；全员实现社会养老保险；已上交国家税费1亿多元。常年

（集团）有限公司

孔祥麟同志先进事迹介绍

孔祥麟同志现任重庆市祥瑞实业集团有限公司董事长。主要事迹如下：

一、孔祥麟同志以非凡的胆略、拼搏奋进的精神、务实创新的干劲，于2002年2月创办祥瑞实业集团企业。在发展实践中，他坚持党的领导不动摇，自觉遵守党和国家的方针政策，坚持改革开放，锐意创新，践行科学发展观，保持企业持续发展,做到为国家作贡献逐年增长。企业连续两届被重庆市政府评为“五十强民营企业”，孔祥麟同志被评为万州区的十大创业明星，被选举为万州区人大代表和重庆市人大代表。

二、坚信跟党走，依法办企业。从2002年开始创办企业以来，一直坚持党的领导，按照区委、区政府的指示办。到2007年，企业有了党员5人，他就要求建立企业党支部。三年来在企业中发展新党员21名，加上企业聘用退休人员中的4名党员，共有30名党员，党支部升格为党总支，被重庆和万州评为先进党组织。同时，企业还建立了工会组织和共青团委。企业党政工团齐抓共管，“永远跟党走，奉献每一天”已在员工中形成良好共识。

三、几年来开发房产面积60多万平方米，缴纳各种税费 5080.4万元，是一个诚信、依法、有社会责任的企业。在企业中，有250名员工，常年农民工1000多人。在册员工“五险”基本做到全覆盖（含退休、国企下岗）。

四、用实际行动扶贫济困，帮助贫困大学生，赞助社会公益事业，资助弱势群体和国防建设等，三年来企业共拿出资金1140万元，为社会和群众做了许多好事实事。

孔祥麟代表与时俱进，坚持科学发展观，做到人民代表为人民，坚信自己的事业是美好的事业，以开拓、正直、实干、奉献的作风，努力创新、争做一流，计划用三年左右时间，投资8亿元，将储备的300多亩土地全面开发出来，为把万州建成为重庆第二大城市作出更大的新贡献。

解决农民工务工人员近1000余人，已长期资助贫困学生20名，公益修路、回报社会、捐资助学、扶贫、济困1300多万元。

目前公司储备土地600亩，在建和将要建设的工程项目有祥瑞·滨湖花园二期、祥瑞·天湖美郡、祥瑞·北滨水岸、五桥香炉山项目。开发建筑面积100多万平方米，计划投资30亿元。

参加绿色万州公益植树活动

爱心助学—图为董事长孔祥麟接受贫困大学生赠送的锦旗

面对国家宏观调控对房地产业的影响和挑战，祥瑞人在新的历史发展阶段，坚持以邓小平理论和“三个代表”重要思想为指导，深入学习胡锦涛总书记“七一”重要讲话，贯彻落实科学发展观，以党的十七大和十七届五中、六中全会、重庆市委三届十次全会，区委四届一次全委会精神为动力，在区委、区政府的正确领导及各职能部门大力支持下，沿着全面建设小康社会、发展中国特色社会主义的道路，以“团结进取、务实创新、以人为本、共享荣耀”的企业精神和理念，努力开拓、诚信经营、与时俱进，盘强盘大，为加快把万州建成重庆第二大城市作出新贡献。

热忱欢迎各界人士和新老朋友携手并进，共创辉煌！

公司董事长：孔祥麟

地址：重庆市万州区天龙路111号祥瑞集团　　电话（传真）：023-58323038　邮编：404000　邮箱xrsygroup@126.com

从整合重组到

CHONGQING LIANGSHIJITUAN

重

2012年10月23日，中共中央政治局常委、全国政协主席贾庆林接见集团董事长、党委书记胡君烈

2012年8月24日，市长黄奇帆调研重庆粮食集团九龙坡食用油厂

重庆粮食集团是由重庆市人民政府出资，将全市370多家国有粮食企业通过资产重组整合而成的国有大型粮食企业集团，于2008年2月正式挂牌成立。作为市政府粮食宏观调控的主要载体，以民生为本，确保军需民供，确保粮食安全，确保社会稳定，是重庆粮食集团的历史使命和社会责任。

重庆粮食集团是集粮食购销、仓储保管、物流加工、地产运作、境内外基地建设和投资贸易于一体的长江中上游地区最大的粮食产业化龙头企业。现有子公司42家，遍及重庆、北京、广东、江苏、湖北、河南等省市和巴西、加拿大、阿根廷等国家，现有先进工艺设备的大米、面粉、油脂、食品加工企业60余家，具有强大的粮食、食品加工生产能力，拥有总容量600万吨的大型粮库集群和油罐集群，自建一批粮油专用铁路线和江海大中型专用码头，形成较为完善的粮食加工、贸易物流体系。2011年粮油经营总量660多万吨。集团先后荣获2009—2012年“中国服务业企业500强”、第二届“中国百佳粮油企业”、“中国十佳粮油集团”、“60年影响重庆经济60企业”、“重庆市为国建功立业功勋企业”、2009—2012“重庆企业100强”、2010 —2011“重庆服务业企业50

2012年10月27日，重庆粮食集团承办2012重点粮油企业集团峰会

振兴跨越
庆粮食集团

2012年3月29日，国家粮食局局长任正晓、重庆市人民政府副市长刘学普为重庆国家粮食交易中心授牌

强”、2012重庆服务业企业100强等称号。企业法人代表胡君烈当选为中国粮食行业协会副会长、重庆粮油行业协会会长，先后荣获“全国粮食系统劳动模范”、“全国粮食行业优秀企业家”、“中国十佳粮油创业风云人物”、“2011年中国粮食经济年度人物”、“60年影响重庆经济60企业及60人”、“2009年十大重庆经济年度创新人物”、“第二届重庆杰出企业家”、“健康重庆·幸福民生食品行业功勋人物”等荣誉称号。

重庆粮食集团以贯彻落实十八大和市第四次党代会精神为契机，加快“十百千亿级”大企业集团建设步伐，实施十大发展战略，坚持“以食为天、品质优先”核心价值观，以“关注民生，保障粮食安全”为经营宗旨，以雄厚的仓储设施、发达的物流通道、健全的市场网络为基础，以“红蜻蜓”食用油、“人和”大米、“仁吉”面粉三大品牌为引擎，以土地资产、国际贸易为助推器，坚定不移实施“走出去”发展战略，积极参与国际粮油市场竞争，以国际视野谋划发展大格局，突出大项目、大企业、大基地、大支柱，大力建设优质大豆基地、畜牧基地和优质粮油基地，打造三大产业链条，形成三大企业集群，建成千亿级企业。

2012年11月16-18日，重庆粮食集团与市乒乓球协会成功主办第九届“红蜻蜓·重庆杯”乒乓球比赛

渝北老窖
渝派浓香典范
地藏酒王
稀为贵，酒藏而尊
百年渝北老窖
打造中国地藏白酒领袖品牌
以创新“原浆定制年份酒”模式，全程透明可靠
渝北老窖
酒
◎保真——生态原浆古法地藏 ◎保险——赔付基金保险公证
◎保值——年份陈酒价值飙升 ◎保障——百年老厂实力雄厚
业兴实业集团重庆酒业有限公司 地址:重庆市渝北区古路镇 地藏热线:023-86005999 地藏网址:www.cqyxsy.net

晋裕高粱穗商标
最早注册于1924年
中国白酒业第一枚注册商标

山西杏花村
山西杏花村晋

晋裕公司造酒厂旧址始建于1932年

1936年晋裕公司第十八次股东大会留影

百年晋裕 汾祖清宗：山西杏花村晋裕杨德龄酒业有限公司位于千年古镇、清香型白酒祖庭杏花村，前身晋裕汾酒公司始创于1919年，是中国第一个白酒股份制企业，是清香型白酒标准酿造工艺“七个必须”的制定者，是汾酒走向世界的开拓者，是杏花村汾酒厂的奠基者；晋裕公司创始人、掌舵人杨德龄是荣获1915年巴拿马万国博览会一等金质大奖章的杏花村高粱汾酒的酿造者；晋裕高粱穗商标最早注册于1924年，是中国第一枚白酒注册商标，现为晋裕公司拥有并用于公司所有产品。

公司现生产高粱穗牌晋裕、晋裕老白清、晋裕1919三大系列30余个品种的白酒、保健酒、配制酒，所有产品均采用传统工艺、纯粮酿造，不勾兑食用酒精、香精酸酯；酿酒所用之水“其味如醴，河东桑落不足比其甘馨，禄裕梨春不足方其清冽。”；所有生产环节与包装容器均不接触和使用塑料制品。

2011年高粱穗晋裕汾酒拍出79万元高价；2012年高粱穗晋裕酒被选定为首届世界晋商大会唯一纪念用酒。

2011年12月18日山西典藏名酒拍卖会上
一坛三斤装高粱穗晋裕汾酒拍出79万元高价

2011年8月18日高粱穗晋裕酒选定为
首届世界晋商大会唯一指定纪念用酒

核心经营理念：“振兴国酒、品优价廉，信誉至上、优质为本，决不以劣货欺世盗名。”——晋裕古训。

产品品质评价：“经世界化学医学名家确实化验，共称品质纯粹、香味郁馥，酒精虽多（酒精度虽高）确于卫生有益”——1915年巴拿马赛会评语。

晋裕公司 最早成立于1919年——中国第一个白酒股份制企业

百年晋裕·汾祖清宗

酒业股份有限公司
裕杨德龄酒业有限公司

晋裕公司总经理杨德龄
所酿杏花村高粱汾酒获1915年
巴拿马万国博览会唯一金质大奖章

晋裕高粱穗商标
最早注册于1924年
中国白酒业第一枚注册商标

创新营销模式：销售分级奖励，消费集合返利；金额自动到账，提现自主操作；无条件加价回购（加价率10~17%/年），收藏与理财兼得。

DNA数据防伪：防伪技术由公司自主研发，技术水准居国际领先地位；公司任一单元产品都具有唯一的产品DNA身份信息，彻底杜绝产品假冒问题。

电子信息综合应用：自主开发展示企业历史文化的公司网站www.jinyu1919.com、销售公司产品的晋裕酒业电子商务购物平台sc.jinyu1919.com、促进产品销售的异业联盟电子商务网站晋裕帮帮网ww.885.so和晋裕酒业智能管理兑奖系统。

投资设立股份公司：发起成立山西杏花村酒业股份有限公司，是山西杏花村酒业股份有限公司的发起人股东和控股股东，股份公司首次注册资本6000万元。

股份公司经营方针：兼承百年晋裕古训，传承六千年酿酒技艺；继承晋商诚信品质，延续晋商扎实做事风格，用五年时间打造一个资产规模50亿、营销收入50亿，市值超100亿的上市公司，努力进入全国白酒企业十五强，做到杏花村白酒产业三分天下有其一。

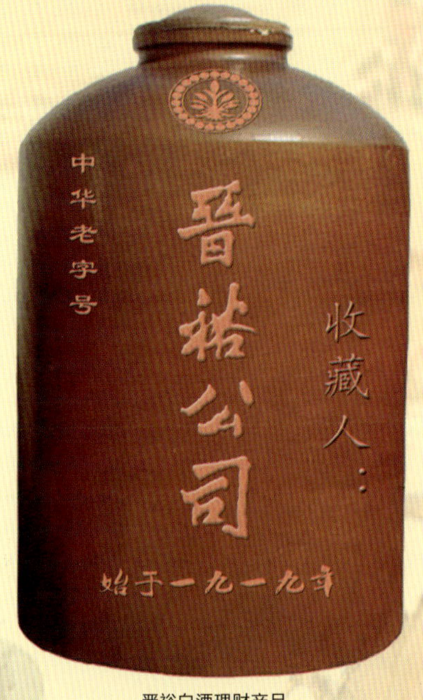

晋裕白酒理财产品
陶缸洞藏自然老熟原酒
加价回购、年加价率10%-17%

金融机构战略合作：与光大银行合作共同发售白酒理财产品，发行晋裕光大银企联名卡，开展经销商贴息融资（100万~5000万）。

晋裕光大存贷合一联名卡

公司地址：山西省汾阳市杏花村
公司网址：www.jinyu1919.com
公司电话：4000-444-519

 晋裕高粱穗商标 最早注册于1924年——中国白酒业第一枚注册商标

重庆市地产集团

CHONGQINGSHIDICHANJITUAN

地产集团承建的公租房陈家桥学府悦园项目开工仪式

地产集团领导为首批入住公租房的市民搬家

2011年以来，重庆市地产集团认真贯彻落实科学发展观，坚决执行市委市政府的决策部署，在市国资委的领导下，坚持“让有限土地焕发无限生机与活力”的理念，围绕用好用活土地资源，着力创新土地运作模式和投融资模式，切实发挥了“土地储备主渠道、土地市场调节器、城市建设生力军”的功能作用。在面临土地市场疲软、融资难度加大等困难的情况下，集团领导班子坚决贯彻执行市委市政府制定的各项方针政策，及时研判形势、主动出击，带领全体员工团结协作、克难奋进，以保障土地出让和公租房建设为战略重点，做好融资、建设工作，以解决历史遗留问题为抓手，推进各项基础工作向精细化、品质化发展。

截止2012年9月，集团资产总额近900亿元，控制性土地储备面积15万亩，累计向市场提供土地4万亩。2011年，公租房建设成绩突出，在全市公开摇号配租的82240套房屋中，集团提供的房屋占总数的71%，达到54525套，实现了率先开工、率先交房、入住率最高的“三个第一”，受到各级领导的充分肯定和海内外各界的高度关注。工程项目建设稳步推进，“612”工程荣获中国建筑工程鲁班奖，嘉悦大桥项目荣获重庆市市政工程金杯奖，国泰艺术中心荣获西部地区第一个“金钢杯”中国优质钢结构金奖、市“三峡杯”优质结构奖和我市第一个“绿色工地”称号。

重庆科技馆荣获中国土木工程詹天佑奖

重庆嘉悦大桥荣获重庆市市政工程金杯奖

国泰艺术中心荣获“三峡杯”优质结构奖、西部地区第一个“金钢杯”中国优质钢结构金奖

重庆平伟科技（集团）有限公司

重庆平伟科技（集团）有限公司，成立于1996年，经过十余年不懈的努力，在求实、创新、团结、进取的企业精神感召下，公司已发展成为“汽车、家电零部件（塑胶、冲压、模具）”，“电子元器件”，“汽车销售”三大产业，是一家具一定规模的现代化企业集团。

“汽车、家电零部件（塑胶、冲压、模具）”产业：该产业已发展为 “汽车、家电塑胶零部件”、“汽车、家电冲压零部件”，“冲压模具”三大版块，其技术力量雄厚，集研发、设计、生产为一体。目前已是长安福特、长安公司、长安铃木、重庆力帆和重庆海尔的核心供应商。

“电子元器件”产业：重庆平伟实业股份有限公司，地处重庆市梁平工业园区，是一家集研发、制造、销售为一体的专业生产半导体器件及光电应用产品的公司。

“汽车销售”产业：重庆金菱汽车（集团）有限公司，是集汽车整车销售、配件供应和维修服务、信息反馈为一体的专业化汽车销售服务集团公司。

公司致力于引进公司所需的各类专业人才，结合员工个性化特质为员工创造和提供适合其发展的职业生涯发展空间，努力营造一个“待遇留人、事业留人、情感留人”的人力资源大环境。

公司秉承“创造无限，机会无限”的经营理念，与长安福特、长安公司、长安铃木、重庆海尔等国内知名企业建立了良好的供应关系，与科研院、所建立长期、紧密的技术合作关系，通过不懈努力和先进制造技术的应用，已实现平伟集团产业的跨越式发展。

西南证券股份有限公司

SOUTHWEST SECURITIES CO.,LTD.

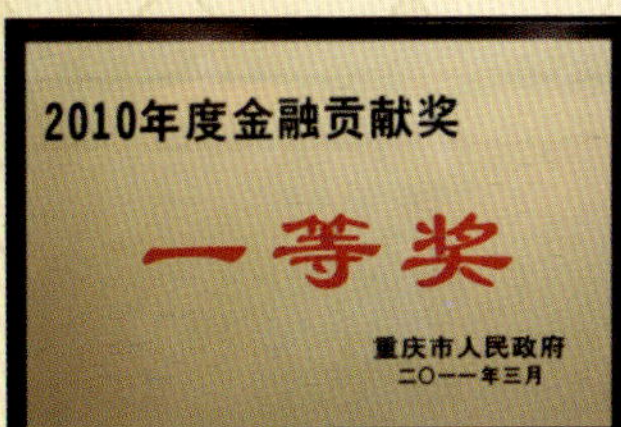

西南证券股份有限公司成立于1999年，注册资本23.23亿元，是唯一一家注册地在重庆的全国综合性证券公司，经营范围包括：证券经纪、证券承销保荐及财务顾问、证券自营、资产管理、融资融券、证券投资基金代销。2009年2月26日，西南证券在上海证券交易所挂牌上市，成为中国第九家上市证券公司，是重庆第一家A股上市金融机构。公司现有员工近2300名，41家营业网点遍布国内19个经济中心城市，在北京、上海、深圳、成都、重庆、南京6地设有投资银行业务部，并于2010年设立了从事直接投资业务的全资控股子公司——西证股权投资有限公司，注册资本4亿元。

近年来，在重庆市委、市政府和国资委、金融办、证监局等相关部门的大力支持下，在公司董事会、党委和经营班子的正确领导下，依托资本市场的高速扩张和重庆区域经济的快速发展，公司按照“超常规、跨越式发展”战略规划，稳健经营、存蓄力量、积极进取，成功晋升A类券商行列。三年间，西南证券先后完成改革重组、借壳上市、增发融资、收购基金股权等战略举措，逐步形成了具备自身特色的大型综合性券商业务版图，初步实现了超常规跨越式的发展。

西南证券在经营管理过程中，恪守“专业、稳健、创新、求精”的经营理念，依法合规经营，严格控制风险，积极挖掘资源应对市场变化，在业务上精耕细作，在管理上严格规范，以市场为方向，以改革促转型，在巩固提升传统业务的基础上有效拓展创新业务的发展空间，取得了较好经营业绩。截止2011年底，西南证券总资产177.68亿元，净资产98.99亿元，净资本77.26亿元；2009-2011年间，累计实现利润总额26.53亿元，净利润20.75亿元。与此同时，西南证券赢得了多项荣誉称号：

- 连续三年被评为“重庆市金融贡献奖一等奖”；
- 连续三年被评为“重庆市国企贡献奖—先进集体”；
- 投资银行获得“最佳并购投行”、“最佳再融资投行”、“最佳并购项目主办人”、“中国十大最佳投资银行”“优秀保荐机构奖”、“年度最具潜力保荐团队”、“最快进步团队奖”等荣誉称号；
- 经纪业务荣获“最佳网上交易平台”、“中国最佳成长性证券经纪商”、“中国最佳客户服务证券公司”、“最佳投顾服务券商”等荣誉称号；
- 借助现代信息技术实施的“生产系统同城双中心解决模式”成为2011年行业自主专业评价最具推广价值的项目之一；且该成果还荣获第十八届全国企业管理现代化创新成果最高奖项一等奖，开创了国内证券期货行业在这一国家级奖项中获得一等奖的先河，是企业科学管理的成功典范。

此外，作为重庆市属国有重点企业，西南证券积极承担社会责任，在重庆地区三年累计上缴税费近八亿元，被重庆市政府评为纳税五十强企业；累计捐赠逾千万元，被重庆市人民政府评为十大慈善企业，为社会健康发展做出了积极贡献。

龙洲大道 巴南的“香榭丽舍”

龙洲大道

有人说过，一条街，可以定义一座城市。如果香榭丽舍大街定义了巴黎，龙洲大道则定义了巴南。

在刚刚落幕的2011“海选重庆最美街道”的评选活动中，龙洲大道成功入选全市“最美大道10强”。

“整条大道十分宽敞，街边两旁的景观休闲空间，与周边的高楼大厦有机融合，凸显出现代都市的时尚气息。”36岁的李扬曾在美国有过多年的求学、工作经历，去年回国，目前定居龙洲湾。此次得知龙洲大道入选“最美”，她感言，“曾经见到过法国巴黎、美国华盛顿的大道，在我看来，龙洲大道比起这些街道也都不逊色，它完全称得上是巴南的‘香榭丽舍大街’啊！”

回眸历史：唤起淳朴民风中的激情记忆

“一船快慢既不得不靠鼓声，故每当两船竞赛到激烈时，鼓声如雷鸣，加上两岸人呐喊助威，便使人想起梁红玉老鹳河时水战擂鼓，牛皋水擒杨么时也是水战擂鼓。”这是沈从文先生《边城》中对端午划龙船的描述。其实，像这样的场景，在老一代巴南人的心中都或多或少地保存着。

龙洲大道东靠铜锣山脉西临长江，江面开阔，水流平缓，当地居民喜好赛龙舟，时常在节庆日举办大型的龙舟赛。直至上世纪80年代初，因为长江航运频繁而改变，龙舟赛才逐渐被取消。为了纪念这一传统民俗，这条于2004年正式动工开建的城市大道，相关部门特根据“龙舟”谐音，命其名为“龙洲大道”。

“以前这里基本上就是一片荒坡。”家住龙洲大道附近的老居民李祥贵说，2005年，工程总投资约为2.8亿元的龙洲大道建成通车，成为巴南区最宽敞的城市主干道。

如今，虽然划龙舟的习俗正渐行渐远，但作为传统民俗文化的重头戏，它早已通过各种方式镶嵌在巴南人的记忆深处。

站在高处远眺这条城市“大动脉”，其恰如一艘巨型龙舟在激流中勇进。不管是精心设计，还是机缘巧合，龙舟，这一淳朴民风却以这种独特的形式得到了更广泛的沿袭，每一个巴南人都带着历史的共同记忆，行走在如今宽畅而美丽的龙洲大道上。

瞩目今朝：全市第一条“第四代滨江路”

2006年，我市提出了新一代滨江路的规划建设模式———第四代滨江路，那么，何谓“第四代滨江路”？具备怎样的条件才能得此美名？

“‘第四代滨江路’要具有良好的开敞空间；同时注重考虑重庆山城、江城特色，对滨水景观进一步优化，加强山、水之间的联系；此外，滨江沿线的绿化带走廊也是必不可少。”重庆交通大学相关专家介绍说。

龙洲大道以其独特的亲水优势和宽阔的人行绿化廊道，成为我市第一条“第四代滨江路”，成为展示巴南新城高速发展的又一新地标。

“龙洲大道全长5062米、宽44米，双向6车道，纵贯整个龙洲湾新区，是连接鱼洞和李家沱两城区的城市主轴线。”据巴南区政府相关负责人介绍，按照“第四代滨江路”的理念，在设计之初便对龙洲大道滨江区域的建筑容积率、建筑高度等进行了严格的控制，特别突出了景观休闲功能。

如今的龙洲大道犹如一条玉带，同时将浓郁的古都特色与现代都市气息串联在一起。古井牌坊、巴渝浮雕、五大公园等等，成为这条玉带上熠熠生辉的明珠。

街道路面十分平坦，车辆来往尘土不扬。路道旁以高大常绿乔木和色彩各异的景观花木为主要景观绿化，香味纯正的桂花树和广玉兰为行道树，像护路卫士排列成行，整齐美观；同时高低配搭红花槐、红枫等，错落有致，构成了一条“绿色长廊”。

“大道宽敞又平坦，道路沿线是公园，草儿青青如丝毯，绿树成行花满园。”国家级非物质文化遗产木洞山歌的传承人、67岁的喻良华，自编的歌词是对龙洲大道这条“绿色长廊”最好的注解。

展望未来：影响着巴南城市发展格局

如果说城市的理想总在改变中实现，那么巴南新城的改变就从龙洲大道开始。

作为巴南城市建设的“点睛之笔”——龙洲大道，是在“第四代滨江路”理念指导下打造出的巴南城市魅力街区，是巴南龙洲湾新区核心组成部分，使得它一诞生就成为长江上游时尚魅力街区，并逐渐成为巴南新城一张全新的城市名片。

古井牌坊

巴渝浮雕

龙洲大道的整体打造顺应了巴南城市发展的需求，它承载着一种文化及精神，吸引了人们的高度关注，大批游客、投资者纷至沓来，为之驻足。龙洲大道，正带给人们迥异与昨日的时尚、文化、开放的都市休闲生活体验。

当下，漫步在龙洲大道，车水马龙的街头、人群汇聚的商业街、赏心悦目的景致，令人目不暇接。

“龙洲大道入选‘最美’，是对今后巴南新城建设的一种鞭策。”巴南区市政园林管理局相关负责人表示，将进一步加快城市基础设施建设，打造一批如龙洲大道、“南重庆第一街”——龙洲湾商街的亮点工程，充分发挥区域经济发展的辐射、带动作用。

“鸟语花香满巴南，半城江水半城林。”龙洲大道，这颗镶嵌在巴南江畔的璀璨明珠，如今正以前所未有的速度成就一座城市的繁华！

昆仑金融租赁有限责任公司

重庆市委副书记、市长黄奇帆与公司董事长杨信

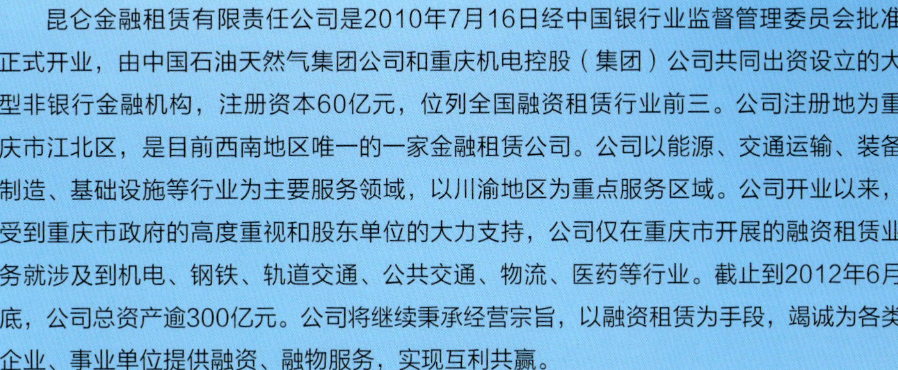

昆仑金融租赁有限责任公司是2010年7月16日经中国银行业监督管理委员会批准正式开业，由中国石油天然气集团公司和重庆机电控股（集团）公司共同出资设立的大型非银行金融机构，注册资本60亿元，位列全国融资租赁行业前三。公司注册地为重庆市江北区，是目前西南地区唯一的一家金融租赁公司。公司以能源、交通运输、装备制造、基础设施等行业为主要服务领域，以川渝地区为重点服务区域。公司开业以来，受到重庆市政府的高度重视和股东单位的大力支持，公司仅在重庆市开展的融资租赁业务就涉及到机电、钢铁、轨道交通、公共交通、物流、医药等行业。截止到2012年6月底，公司总资产逾300亿元。公司将继续秉承经营宗旨，以融资租赁为手段，竭诚为各类企业、事业单位提供融资、融物服务，实现互利共赢。

公司主要产品简介

公司以融资租赁为主要服务手段，为客户量体裁衣、提供完善的金融解决方案。基本业务模式有：

1.直接租赁

产品定义

由承租人选择需要购买的设备及其供应商，在公司认可承租人的选择后，双方签订融资租赁合同。公司按照采购合同约定支付货款，并将取得的设备租赁给承租人占有、使用。租期结束，公司以名义价格将设备所有权转让给承租人。

产品功能

◎拓宽承租人融资渠道，节约银行授信资源

◎分担承租人一次性全额购置大型设备的资金压力

◎承租人可获得全额的长期融资，期限和租金偿还方式比较灵活，有利于承租人现金流管理

2.售后回租

产品定义

承租人将其已有设备等固定资产以公允价值出售予公司，再以融资租赁方式租回原有设备使用，在不影响正常生产的情况下获得了所需资金。承租人在全额清偿租金后重新获得资产所有权。

产品功能

◎盘活存量资产，不影响承租人对资产的占有和使用

◎快捷的资金融通方式，获得比抵押贷款更高比例的资金，增强资产的流动性

2011年度金融贡献奖

一等奖

重庆市人民政府

二〇一二年二月

3.厂商租赁

产品定义

公司与大型设备制造企业结成战略合作关系，通过融资租赁方式为购买设备的终端客户提供设备融资租赁服务，促进制造企业产品销售，解决双方的资金瓶颈。

产品功能

◎将金融租赁产品嵌入大型设备制造企业的营销体系，增加营销手段，提高营销水平和销售业绩，并发挥在资产及残值管理方面的优势

◎为大型设备制造商的终端客户提供融资租赁服务，减轻终端客户一次性购买设备的资金压力，帮助大型设备制造商缩短交易周期，减少应收账款、提高资金周转率

重庆巴月庄实业有限公司

董事长：蒋志国

重庆巴月庄实业有限公司成立于2010年11月，具有独立法人资格，是一家以房地产开发为主兼营其他综合项目开发的有限责任公司。公司现有各级管理干部20余人，其中涉及工程技术、开发建设和招商引资等重要部门的人员均系具备高级专业理论水平和技术业务素养的专业性人才。

注册资本：5000万元

注册地址：重庆市双桥区星湖路三号

营业期限：无

经营范围：房地产开发、货物及技术进出口、仓储服务、销售汽车及零部件、橡胶制品、普通机械设备、建筑材料矿产品、建筑设备租赁等。

重庆巴月庄实业有限公司自成立以来 ，锐意改革，勇于创新，积极引进现代管理制度，不断提升企业的整体素质。重庆巴月庄实业有限公司在旅游地产施工建设方面具有强大的优势，可以在完成短期高强度的施工条件下，达到旅游地产强调的高质量的建筑品质。同时，公司积累了丰富的行业内外的优秀资源，致力于在旅游地产等相关领域创造辉煌的业绩。

重庆东田实业有限公司

重庆东田实业有限公司（下称东田公司）是一家以房地产开发为主兼营其他综合项目开发的有限责任公司。公司地处重庆市江北区港城工业园区内，拥有优越的现代化办公环境。公司现有各级管理人员30余人，本科以上学历的占总人数的90%，其中涉及工程技术，开发建设和招商引资等重要部门的人员均系高级专业理论水平和技术业务素养的专业型人才。在此基础上，东田公司根据企业自身特点和发展规划，建立了一套完整、高效和科学的管理体制，形成了领导者决策能力强，管理人员精干务实，执行人员效率高的现代企业办事风格，并以此为东田公司实现跨越式战略发展打下坚实的基础。

东田自公司成立以来，锐意改革，勇于创新，积极引进现代管理制度，不断提升企业的整体素质，在竞争激烈的房地产开发市场中，从小到大，由弱变强。2009年，为进一步促进企业发展，增强企业开发竞争实力，东田公司与实力雄厚拥有房屋建筑施工总承包一级资质的重庆市第十建设有限公司一起携手并进，通过企业深化改革，使东田公司成为重庆为数不多的集地产开发、建筑施工与营销于一体的综合性企业。

目前，东田公司凭借自身的雄厚实力斥资几个亿进军重庆市极具发展前景的港城工业园区，进行“东田中小企业科技孵化园（基地）”的项目开发。该项目处于重庆市路、海、空交通的便利核心地带，身处主城紧临CBD,独有的水陆空立体交通网络，依靠政府政策保驾护航，前瞻规划及人性设计，加之原生态的园林设计，彰显出工业园的时尚与大气。东田中小企业科技孵化园（基地）共占地100212㎡（合150.2亩），规划建设130000㎡国际标准厂房群，38000㎡产业科技孵化研发大楼，65000㎡一栋高管宿舍楼和三栋生活宿舍楼。整个“科技孵化园区”强调“以人为本”的设计理念，在科学地处理好人与建筑、人与环境、人与交通、人与空间协调布局基础上，重视各功能上的自然与和谐。项目预计分阶段于2010年3月一期工程竣工、2014年全面完成，届时基地的单位产出强度将达到每亩近5000万元，可接纳8000~10000人就业，为港区产业和众多商家投资者提供了绝佳的投资置业机会。我们相信，“孵化园区”必将为每一个入驻企业搭建起属于自己的发展空间和平台。

重庆东田实业有限公司始终奉行“感恩、合作、团结、发展”的企业文化理念，在新世纪的期待与发展中，将在不断壮大中提升更高的理念追求。专业的开发、专业的管理，高效而多元化的服务，东田公司的心永远和客户一起跳动。励精图治的东田人，将全力以赴，为重庆的城市化建设与发展继续谱写华彩的篇章！

重庆第十建设有限公司

重庆第十建设有限公司始创于80年代，前身为国营重庆市第十建筑工程公司，于2002年经过企业深化改革，资产重组后成立重庆第十建设有限公司。公司拥有房屋建筑施工总承包壹级资质，装饰装修、土石方工程一级资质，市政、钢结构、机电设备安装二级资质，公路、水利水电施工总承包叁级资质，消防设施、地基与基础、建筑幕墙、金属门窗、管道等工程专业承包叁级资质。

公司具备较强的经营管理和技术实力，有各类专业技术职称和经营管理人员618人，其中具有高、中级工程类技术职称218人，一、二级建造师48人。公司注册资金8018万元，拥有先进的大、中型工程机械设备及专业施工检测设备200多台（套），具有年施工生产能力30亿元以上，施工面积300万平方米以上的综合能力。

公司通过了ISO9001:2000/ISO14001:2004/OHSAS18001质量、环境、职业健康安全一体化管理体系，工程质量一次交验合格率和合同履率均为100％，公司连续五年评为重庆市“守合同重信用”企业，连续三年被重庆市、区建筑协会评为“先进企业”，荣获重庆市“AAA”诚信建筑施工企业，中国建协安全分会“AAA”级安全文明标准化诚信工地，中国建协工程项目管理委员会“工程项目管理优秀成果奖”，中国建筑业联合会“2010年度全国工程建设优秀施工企业”，“2010年度全国工程建设安全生产先进单位”，中国建筑业企业联合会“2011中国建筑业技术质量双优企业”，“中国建筑业AAA资信品牌企业”，“中国绿色施工先进企业”，巴月庄万商会馆一期工程，荣获2011全国施工行业安全文明示范工地。

公司重组以来，优质、快速地完成了一批大、中型工程项目，其中：重庆恒通·御景天都住宅小区（一、二期）30层建筑面积21万平方米，东田中小企业科技孵化园1#2#3#4#5#6#厂房建筑面积14万平方米、科技孵化楼24层、建筑面积4万平方米、职工公寓建筑面积6.5万平方米，获重庆市2010年度“建筑安全文明工地”；江津富侨大酒店建筑面积11万平方米，获重庆市2009年度“文明工地”；重庆星河?奥韵A、B、C栋28层建筑面积9.5万平方米，桃园丽景住宅楼28层建筑面积8万平方米，江津加州国际花园建筑面积9万平方米，总商会大厦28层建筑面积3.6万平方米；万科?渝园联排独栋别墅建筑面积6万平方米，凤凰湾一期内独栋及花园洋房8.3万平方米，学府大道69#高尚住宅小区(独栋别墅）建筑面积2.6万平方米；泸州轻工业园区二期廉租房8.6万平方米，西永安置区二期安置房6.5万平方米；铁马集团专用汽车搬迁建设一期项目钢结构厂房建筑面积6.6万平方米，重庆“万虎牌”摩托车生产项目钢结构厂房建筑面积为5万平方米，爱华机电钢结构厂房建筑面积3.5万平方米，获重庆市2009年度“文明工地”；重庆星乔实业有限公司三期厂房扩建工程钢结构厂房建筑面积为1.2万平方米（30米跨）；御景天水土石方工程300万立方米，凤凰湾土石方工程150万立方米，曦城项目土石方工程200万立方米；变电站土石方、道路及其边坡支护土石方工程100万立方米；内江新尚数码广场外立面装饰装修1200万元；天奇花园住宅小区建筑面积5万平方米为国家“九五”科技攻关项目，并受到政府和专家的好评，该项目获重庆市“巴渝杯”建设工程奖，涪陵南门金街项目6.9万平方米，获重庆市2010年度“建筑安全文明工地”“三峡杯”优质结构，获重庆市“巴渝杯”建设工程奖。

公司本着“建名牌工程、做百年企业”的企业理念，以“从严务实、创新发展”的精神，以先进的设备和科学的现代化管理体系，铸造精品工程回报社会。

新的世纪，新的征程，愿与各界朋友携手共进，共创新重庆的明天。

重 庆 市 中 科

中科控股公司董事长黄一峰

重庆市中科控股有限公司是一家投资综合性控股集团公司。主要涉及工程建设、投资、生态农业、金融和商贸等领域，下辖建设集团、展禾农业、渝涪投资，及其他金融、商贸产业控股、参股子公司十余家。

近年来， 中科集团在董事长黄一峰的带领下，整合资源，实施“1+4”战略，在具有“中科特色”的发展之路上铸就了骄人的成绩。企业总资产已达80亿元，员工2000余人，解决农民工就业20000余人。自2008年实施“五年三跨、挺近百亿”战略以来，分别完成产值30亿元、50亿元、80亿元，2012年将突破100亿元，年均增长30%以上。在“扎根重庆、辐射全国”长远规划和战略方针指导下，中科已经形成了以重庆为中心，以成都、无锡、北京、福州为基点，辐射西南、华东、华北、华南的庞大经营网络。控股公司下辖建设集团的工程项目覆盖北京、天津、江苏、四川、贵州、福建、陕西等17个省（市）及重庆主城区和周边区县。

重庆市副市长张鸣寄语中科控股成立——“扬帆起航 大有作为”

凭借卓越的创新表现，公司获得多项发明类专利，并连续多年荣获省、部、市等各级政府和金融机构授予的“先进企业”、

控股有限公司

中科集团热心社会公益，支持鼓励青年就业创业，投资1000万元，创立中科基金。公司荣获共青团中央"青年就业创业见习基地"

"诚信企业"、"质量服务信誉AAA级企业"和"AAA级信用客户"等称号，位列中国民营500强第398位，中国建筑业100强第27位，重庆企业百强第32位。2012年，被重庆市政府评为民营企业50强第8位。

"人的价值大于物的价值，团队价值大于个人价值，社会价值大于企业价值"是中科集团的核心价值观，"让员工满意、让客户满意、让社会满意"是中科集团的首要责任。中科十分注重企业文化建设。不断完善内部管理，时刻不忘产业报国的社会责任和构建和谐社会的历史使命，积极支持和参与基层教育事业发展、社会主义新农村建设、抗震救灾、就业创业工作，以及爱心回报社会等公益活动，累计捐款捐物4000余万元。

展望未来，中科集团将进一步抢抓机遇、乘势而上、破浪前行，为实现"和谐、创新、责任、榜样"企业愿景，产值超200亿元的宏伟目标而努力奋斗！

践行科学发展观　开创和谐新局面

——《重庆经济年鉴》(2012年卷)序

黄奇帆

历史总是由若干瞬间组合而成。翻开这本《2012重庆经济年鉴》,呈现出过去一年3300万巴渝儿女共度时艰、奋力拼搏的一些精彩片段。这些片段组成了一幅“科学发展,富民兴渝”的新画卷。

这一年,重庆经济迈上了新台阶。在复杂严峻的国内外经济形势下,全市经济增速跃居全国第一,经济总量突破万亿大关,实现了“十二五”开门红。同时,工业、外资、进出口、航空口岸货运量、市场主体数量等指标增速全国第一,投资、消费、财政、城乡居民收入等增幅全国领先。这表明,重庆不是某个单项的突破,而是多点支撑,是均衡、协调、可持续的发展。

这一年,内陆开放高地基本建成。全方位、宽领域、多渠道利用外资格局已经形成,实际利用外资四年涨十倍,跻身全国第一梯队。进出口总额四年翻两番,海外投资走在全国前列。以两江新区、两个保税区为龙头的开放平台发挥功能,“渝新欧”欧亚大陆桥以及江海联运、铁海联运、航空货运共同组成的国际贸易大通道,使重庆一举由开放末梢转变为开放前沿。经由重庆转口的外地货运量占到重庆通关量的1/3,口岸高地基本形成。

这一年,民生导向的改革创新扎实推进。以农民工为主体的户籍制度改革开全国先河,打通了农民工进城落户的制度通道。公租房建设得到中央肯定并向全国推广,率先开展房产税改革试点,建立起“低端有保障、中端有市场、高端有约束”的房地产市场调控体系。大力扶持发展微型企业，推动微型企业进入国家企业目录。在农村“三权”确权到户基础上，量化集体与承包者的分配比例，增加了农民的财产性收入。

回望过去这一年，在历届市委、市政府打下的坚实基础上，我们以“314”总体部署为总纲，改革开放为动力，民生幸福为追求，全面推进经济建设、政治建设、文化建设、社会建设和生态文明建设，在推进城市化、工业化和城乡统筹一体化中，践行科学发展要求，顺应人民群众期待，走过了一个坚实、辉煌的年轮。在党的十八大、市第四次党代会精神的指引下，全市上下继续努力，奋勇争先，必将开创科学发展、富民兴渝的新局面。

二〇一二年十二月

目　　录

·第一编　重要经济文献·

·第二编　专题研究·

·第三编　经济与社会发展综述·

·第四编　部门经济运行与管理·

·第五编　产业状况·

第一产业

·第六编 开发区与园区建设·

·第七编　区县经济·

·第八编 附 录·

Contents

Part I Important Economic Literatures

Part II Special Subjects Research

Part III Overview Economic & Social Development

Part IV Operation and Management of Economy

Part V Industry Situation

Primary Industry

Secondary Industry

Tertiary Industry

Part VI The Construction of Development Zones and Industrial Parks

Part VII Regional Districts

Urban Economic Circle within One Hour

North Eastern Area of Chongqing

South Eastern Area of Chongqing

Part Ⅷ Appendix

前环衬

卷首跨页

目录前扉页

全面建成小康社会　全面深化改革开放

和谐重庆
建设成就图片
集锦

内插彩页

努力构筑和谐重庆 全面建成小康社会

“名优企事业”上榜单位集锦

和谐重庆建设成就图片集锦

第一编

重要经济文献

2012 年重庆市人民政府工作报告(摘要)

——2012 年 1 月 8 日在重庆市第三届人民代表大会第五次会议上

黄奇帆

各位代表:

我代表市人民政府向大会报告工作，请予审议,并请各位政协委员提出意见。

一、2011 年工作回顾

过去一年,在党中央、国务院和中共重庆市委的坚强领导下，全市各族人民以邓小平理论和“三个代表”重要思想为指导,认真贯彻科学发展观,提速落实“314”总体部署和国发 3 号文件,加快转变经济发展方式,圆满完成市三届人大四次会议确定的各项年度任务,实现了“十二五”的良好开局。

——主要发展指标好中加快。初步统计,全市生产总值接近 1 万亿元，比上年增长 16.5%,增幅跃居全国第一。地方财政收入达到 2908.8 亿元,增长 46.1%。商品销售额突破 1 万亿元,增长 30%；社会消费品零售总额达到 3400 亿元,增长 18.5%。固定资产投资完成 7600 亿元,增长 29.5%。工业总产值达到 1.38 万亿元，增长 26.2%,企业利润突破 500 亿元。市属国有企业资产达到 1.5 万亿元。各类市场主体增加到 113 万户,增长 23%。重庆的发展,进一步呈现出中央要求的“加快”、“率先”之势。

——内陆开放高地基本形成。实际利用外资突破 100 亿美元,增长 75%。新增海外投资项目 50 亿美元。进出口总额达到 292.2 亿美元,翻了一番多。重庆港成为内陆首个中欧安全智能贸易试点口岸，外地货物经由重庆转口的货运量占比达到 32%,国际航空货运量翻了两番多。加工贸易离岸结算平台基本形成，结算额达到 2011 亿元,形成税收 45 亿元。开放的重庆,正以更大的气魄和力度广聚国内外资源。

——民生改革取得重大突破。以农民工为主体的户籍制度改革开全国先河，平稳有序转户 322 万人。累计开建公租房 2871 万平方米,配租 11 万套,规模、进度和配套水平全国领先。创办微型企业 5 万户，带动 40 万人就业。“两翼”农户户均累计增收 7900 元。城乡居民收入分别增长 15.5%和 22%,达到 20250 元和 6438 元。城乡差距缩小到 3.15:1,“圈翼” 人均 GDP 差距缩小到 2.17:1,全市基尼系数降至 0.421。今天的重庆,正在成为全市人民共建共享的幸福家园。

一年来,我们主要做了八个方面的工作:

(一)采取组合举措调控经济运行。面对复杂多变的国内外经济形势，我们积极贯彻中央宏观调控政策,加强资金融通、能源保障、土地配置、税费减免、物价运行等“五个调控”,着力打造低融资成本、低要素成本、低土地房产成本、低税费成本、低物流成本的“五低”发展环境,把握了服务经济和保障民生的主动权。在银根抽紧情况下,通过银行信贷、非银行金融机构融资、外资利用、央企信托等渠道,新增社会融资 4000 多亿元,保障了资金供需平衡。安排 12 亿元财政资金,补贴外购电和电煤储备,全年基本避免了拉闸限电。通过争取国家计划与市场挖潜相结合的办法，满足了重点项目和民生工程的用地需求。全面落实国家结构性减税、西部大开发 15%企业所得税率和重点产业市级财税扶持政策,为各类企业减税让利 265 亿元。在全国率先推出降低农产品生产流通税费、打造安全食品生产链等措施，建立了最低生活保障标准与经济发展水平和物价上涨“双联动”机制。全年居民消费价格上涨 5.3%，为全国较低省市之一。

(二)大力度推进产业结构调整。抓住新一轮全球电子信息产业重组机遇，创新内陆加工贸易模式,形成了以惠普、宏碁、华硕、思科等品牌商为龙头的“4 6 400”产业集群,电子信息产业产值占比提高到20%。“重庆造”笔记本电脑产量突破2500万台,全球最大的笔电生产基地基本成型。引进中国国际电子商务中心、太平洋电信等战略项目，亚洲最大的云计算产业基地启动实施。长安百万台中高档车、北汽银翔乘用车等整车项目提速推进，长安福特百万台发动机和变速器、正新和韩泰轮胎等零部件项目加快实施,为汽车产业做大做强奠定了坚实基础。巴斯夫等化工项目开工，重钢环保搬迁项目投产、老厂区关闭转型,传统优势产业改造实现重大跨越。启动工业研发千亿投入计划,科技风险投资基金规模超过65亿元,15项重大科技示范工程全面推进,中科院重庆研究院开工建设,发明专利授权量增长70%。大兴质量强市,制造业质量竞争力指数居全国前列。实施第六批环境污染安全隐患重点企业搬迁，淘汰了一批落后产能,关闭了一批高能耗、高排放企业,单位生产总值能耗下降3.8%，主要污染物排放量进一步降低。

现代服务业加快发展。提速建设长江上游地区金融中心,金融业增加值占比达到7%。银行、证券、保险类金融机构加速集聚,银行资本回报率全国领先,不良贷款率降至0.7%。非银行金融机构发展到398家，融通能力超过1000亿元。联交所等七大要素市场健康发展,交易额累计超过3000亿元。惠普亚太结算中心运行良好,宏碁、华硕第二营运总部和贝宝、阿里巴巴、佳杰科技等结算平台启动运营。加快商贸物流中心和消费之都建设,以“三基地四港区”为载体的西部物流中心拉开骨架,形成百亿级商圈6个、百亿级市场12个。精品旅游景区提档升级,整体营销力度加大,旅游总收入增长38%,重庆首次入选“世界十大旅游目的地”。

(三)优化城市功能开发。新修订的城乡总体规划获国务院批准,两江新区、主城二环范围内21个大型聚居区和两江四岸等重点片区规划基本完成。江北国际机场复合型枢纽功能进一步提升,旅客吞吐量达到1900万人次。内河航运港加快建设,集装箱码头通过能力达到240万标箱,货物吞吐量突破1亿吨。稳步实施兰渝等11个铁路项目。新的1000公里高速公路项目全面开工,成渝复线等15个在建项目扎实推进,国省道通行能力大幅提高。实施“畅通主城行动计划”，轨道交通通车里程由19公里增加到75公里,主次干道全部完成油化改造,畅通水平处在全国大城市前列。全市新增造林504万亩,森林覆盖率达到39%,主城建成区绿化覆盖率达到41.5%,荣获生态中国城市奖。国家森林城市创建通过专家组验收，国家生态园林城市、环境保护模范城市创建攻坚取得重大进展,主城空气质量优良天数达到324天。成功举办第八届中国国际园林博览会，参展规模和水平创历届之最。累计拆迁主城危旧房1324万平方米,改造城中村61个,均超额完成三年计划任务。主城干道环境综合改造圆满收官,完成630条背街小巷环境整治，一大批老旧街区焕然一新。新增广场20个、65万平方米,为市民休闲健身提供了更多去处。加快郊区区县城市拓展改造,整治小区61个,改造主干道160公里,综合服务功能日趋完善。新增全国文明城区、文明县城6个。

(四)加速扩大内陆开放。推进国际贸易大通道建设，实现渝新欧国际货运班列常态化开行和多国海关“一卡通”,开通渝沪江海联运、渝深铁海联运,新增9条国际航空货运航线,内陆首个保税航油仓库建成投用，重庆跃升为内陆开放的桥头堡。全方位、宽领域、多渠道利用外资,在渝世界500强企业超过200家,外资经济比重提高到24%。面向国内市场和重庆需求,策划实施了矿产资源、粮食安全、资源加工、装备技术、园区开发等一系列海外投资项目。轻纺集团收购德国萨固密集团，重钢收购澳矿项目开工建设,粮食集团巴西大豆种植基地投产回运,整合利用全球资源取得了突破性进展。外贸结构显著优化,笔记本电脑成为第一大出口产品,离岸服务外包执行额翻了两番。两江新区开发开放气势磅礴,完成"七通一平"51平方公里,建设标准厂房及楼宇700万平方米,金融城、会展城、空港园等功能板块快速形成,全国各类品牌集聚的汽车生产基地和内外商集聚的云计算基地初步成型。两路寸滩保税港区提前四年全面封关运行,西永综合保税区产能大规模释放,入驻企业全部投产。重庆经开区、高新区开启第三次创业新征程,万州、长寿经开区开发加速推进,各类园区日益呈现出大开放大发展的良好态势。

(五)以改革创新保障和改善民生。实施以农民工为主体的户籍制度改革,保障了转户居民就业、住房、养老、医疗、教育等权益和待遇,促进了城乡资源优化配置,加快了城市化进程,在全国产生积极影响。健全市场供给与政府保障并举的"双轨制"住房供应体系,实行"低端有保障、中端有市场、高端有约束"调控,大规模建设公租房,率先开展房产税改革试点,主城房价在全国35个重点监测城市中始终保持中低位。不断增强国有企业活力和控制力、影响力,市属国有集团完成投融资1000多亿元,强力支撑了重大基础设施建设和公共服务,国有资本收益的15%上缴财政用于民生。出台实施资本金补助、贷款融通、税收优惠等扶持政策,鼓励大中专毕业生、返乡农民工、下岗失业人员等创办微型企业,激发了广大市民的创业热情。合理调节收入分配,调整城镇职工社保缴费基数上下限,公务员津补贴第三步方案落实到位,在全国率先兑现了事业单位绩效工资。多渠道增加农民财产性收入。在农村"三权"确权到户基础上,明确所有权和使用权都是财产权,分离量化了农村集体土地所有权和使用权权益。累计交易地票8.9万亩,农民直接获得增值收益124亿元。建成农民新村519个、巴渝新居5.2万户,改造农村危旧房12万户,农房品质明显改善。组建了30亿元资本金的兴农融资担保公司,"三权"抵押贷款达到180亿元。发展农村新型股份合作社817个,建立起农民按股份分享经营收益的体制机制。

(六)统筹城乡区域协调发展。全市财政用于"三农"的支出584亿元,增长40%。全年生产粮食1127万吨、蔬菜1440万吨、出栏生猪2050万头,"菜篮子"工程保障水平全国领先。完成城区菜市场标准化改造453个,建成规范化乡镇农贸市场436个,在全国各大城市设立营销网点940个,较好地解决了农产品"卖难"、"买贵"问题。新建、改建农村公路8000公里,行政村通畅率达到65%。启动"十二五"千亿水利投资计划,21座大中型水库加快建设,500座病险水库除险加固和33处城市堤防工程稳步推进,解决了218万人饮水安全问题。在全国率先实施贫困区县脱贫摘帽计划,实现450个贫困村整村脱贫,减少贫困人口29万人。把振兴区县摆在更加突出的战略位置,市对区县各项补助增长34.7%。健全"一圈"对口帮扶"两翼"机制,启动市属国有企业第二轮50亿元融资计划,帮扶区县工业园区建设,"两翼"地区经济增速继续快于全市平均水平。依法设立綦江区、大足区。全面落实加快六大区域性中心城市发展的政策措施,加大区县重点项目建设和公共服务保障力度,各区县形成了你追我赶、竞相发展的良好态势。

三峡后续工作规划启动实施。建立3000多亿元的项目储备库,首期申报项目通过审查,后续项目前期工作扎实推进。启动15个现代农业和8个城镇移民安置小区困难帮扶试点。开展移民资金总结算和财务总决算,迎接总审计和总验收,为后续规划实施创造了良好条件。加强三峡水库175米试验性蓄水安全监测与防范,成功预报和处置了一批地质灾害险情。三峡库区水环境质量总体保持稳定。

(七)全面推进社会建设和管理创新。实施培训、输送、回引工程,建立重点产业招工用工储备制度,城镇新增就业55万人。实现城乡养老、医疗保险制度全覆盖,"五险合一"管理体制初步形成。在全国率先建立孤儿基本生活费发放制度，市儿童爱心庄园建成投用。节日送温暖活动惠及220万城乡困难群众。

先进文化繁荣发展。持续实施“三个百亿”投入计划，夯实了市、区县和乡镇三级文化主阵地。市川剧艺术中心、中国民主党派历史陈列馆建成投用。区县文化馆、图书馆实现全覆盖，影剧院覆盖面达到85%。乡镇综合文化站、街道文化中心、村文化室、农家书屋、广播村村响和电视户户通基本实现全覆盖。一批文艺作品荣获国家大奖。初步建立起财政支持和市场运作的文化促进机制，基本完成经营性文化单位转企改制，带动文化产业增加值增长30%。各类教育加快发展。全面实施学前教育三年行动计划。义务教育阶段学校标准化率达到70%。在西部地区率先普及高中阶段教育。职业教育在校生规模达到72万人。普通高校发展到67所，高等教育毛入学率提高到32%。中小学生营养促进工程惠及300万人，资助各级各类学生400多万人。新建和改扩建农村寄宿制学校370所，留守儿童得到全面关爱和照顾。卫生和体育行动计划深入实施。成功创建2所区县三甲医院，乡镇卫生院、社区卫生服务中心标准化率超过70%。在全国率先将基本药物制度覆盖到村卫生室，全面开展基层医疗卫生机构综合改革。药品交易所发挥出抑制药价虚高、规范流通秩序功能，药品交易价格平均下降28%。人均体育场地面积增加到1平方米，长跑、跳绳、游泳、登山等健身活动蓬勃开展，国民体质抽样合格率提高到92.6%。社会更趋和谐稳定。强化食品安全监管，在全国率先实施食品生产经营企业安全责任连带追究，依法查处了违规企业。安全生产基层基础攻坚活动成效明显，重特大事故防控有力，事故死亡人数减少7.6%。以群众工作统揽信访工作，实现干部大下访常态化，创新信访维稳联动机制，信访总量持续减少。一体化大综治格局更加完善。建成交巡警平台500个，实行校园警务、阳光政法新机制，组建公共安全技术专家委员会，数字化应急联动防控体系日趋完善。以消防为主体的综合应急抢险能力建设得到加强，经验在全国推广。纵深推进严打整治行动，刑事发案率继续下降，群众安全感指数达到96.51%。

（八）加快建设法治政府。提请市人大常委会审议地方性法规草案9件，制定政府规章16件。办结人大代表建议和政协提案2858件。在全国率先完成事业单位清理规范和分类工作，全面推行全员聘用和公开招聘制。加快机关后勤服务社会化改革，在市级机关开展了“四清四定”。减少和调整审批事项111项，向区县下放行政管理权限44项。全面实现区县、部门行政审批在线监管，行政透明度排名全国领先。38个市级部门制定实施行政处罚裁量基准。组建市工程建设招投标交易中心和区县公共资源交易平台，规范了公共资源配置权。专项治理领导干部插手干预工程建设、基层违规执法、侵占惠民资金等问题，依法查处了一批违纪违法案件。广泛开展创先争优活动，深入实施“三项活动”、“三项制度”，扎实推进“三万计划”，党群干群关系进一步密切。

各位代表！在历届市委、市政府打下的坚实基础上，我们全面推进经济建设、政治建设、文化建设、社会建设和生态文明建设，探索出一条民生导向、共富发展的新路子。这条路子，概括起来就是：以“314”总体部署为总纲，改革开放为动力，民生幸福为追求，在推进城市化、工业化和城乡统筹一体化中，加快发展，实现经济增长与民生改善的良性循环、又好又快与公平正义的有机统一。这条路子，符合科学发展观要求，顺应人民群众期待，具有鲜明的时代特征、重庆特点和民生特性，已经并将继续展示出强大的生命力。

各位代表！过去一年，重庆能够走出新路子、创造新业绩，是党中央、国务院深切关怀的结果，是市委统揽全局的结果，是全市人民开拓奋进的结果。在此，我代表市人民政府，向奉献智慧和力量的全市各族人民，致以崇高的敬意！向大力支持我们工作的人大代表、政协委员和各民主党派、工商联、各人民团体、无党派人士，驻渝部队、武警官兵和公安民警，中央国家机关、兄弟省区市和社会各界，以及港澳台同胞、广大侨胞和海内外朋友，表示衷心的感谢！

二、2012 年工作目标要求

今年，我们将迎来党的十八大和市第四次党代会。做好全年各项工作，意义十分重大。

当前，宏观环境总体上十分严峻复杂，保持良好发展势头，面临一系列困难和挑战：一是经济下行压力明显加大。世界经济复苏的不稳定性不确定性上升，主要发达国家债务和失业等问题缠身，国际市场陷入低迷，保护主义倾向更加突出，贸易摩擦日益加剧，国际国内市场竞争更趋激烈。去年四季度以来，国内经济方面工业生产、企业利润和税收出现局部下滑，不少企业生产经营出现困难，外部形势不容乐观。二是资金调度压力不小。发达国家再工业化造成外资回流，一些新兴经济体对外资的吸引力逐步增强，增大了我们利用外资的难度。随着"十二五"规划项目大批上马，加之原材料、能源和劳动力价格持续上升，社会资金需求量大增。国内通胀压力仍然存在，资金供给仍处于趋紧状态，中小企业融资困难。三是资源能源供给和环境承载力约束加剧。我市电力装机总量与经济社会发展需求差距明显，天然气供应依然紧张，成品油储备和调度仍有"短板"。经济快速发展与土地供应、节能减排、生态环境的矛盾进一步凸显，转变发展方式迫在眉睫。四是科技进步对转型发展支撑乏力。全社会研发投入明显不足，发明专利和知名品牌不多，创新主体、创新成果和创新人才难以满足转型升级需求。五是社会建设和管理中还有不少薄弱环节。征地拆迁、房屋改造、就业社保、收入分配、教育文化、医疗服务、食品药品安全等方面还存在不少矛盾和问题。社会诚信体系亟待完善，道德教育亟待加强。六是一些政府部门及其工作人员为企业、为群众服务的主动性不强，办事效率不高，"吃拿卡要"和损害群众利益的行为时有发生，甚至滥用权力、贪污腐败。我们要充分认识形势的复杂性和严峻性，进一步增强忧患意识和风险意识，加强战略谋划，提高应对能力，有效化解风险，绝不错失黄金发展期，绝不辜负中央的重托和人民的期待。

逆境长精神，创新得先机。我们也要看到，经济全球化深入发展的趋势不会逆转，世界科技日新月异的脚步不会放慢，国际市场大融合、生产要素大重组和产业布局大调整的态势不会改变，特别是当前国际要素资源配置成本相对较低，有利于我们利用好国际国内两种资源、两个市场。我国经济稳中求进，宏观经济政策更加注重针对性、灵活性、前瞻性，更加注重扩大内需，更加注重实体经济发展，更加注重民生建设。西部大开发渐入佳境，重庆已步入科学、健康发展的快车道，政策效应加速释放，基础条件明显改善，产业发展上档升级，企业活力显著增强，全市上下创新求变的愿望十分迫切，各行各业奋勇争先的劲头非常饱满。我们完全有能力把重庆的事情办得更好，不断开创科学发展、和谐发展的新局面。

今年政府工作的总体要求是：高举中国特色社会主义伟大旗帜，深入贯彻科学发展观，继续处理好促增长、调结构、控通胀的关系，加快转变经济发展方式，着力扩大内需，着力发展实体经济，着力深化改革开放，着力保障和改善民生，同步提升经济增长质量和市民幸福指数，以优异成绩迎接党的十八大和市第四次党代会胜利召开。

综合考虑各种因素，今年经济社会发展主要预期目标是：全市生产总值增长 13.5%左右。财政一般预算收入增长 15%。社会消费品零售总额和固定资产投资均增长 18%。实际利用外资和海外投资分别保持在 100 亿美元、50 亿美元以上，进出口总额增长 50%。单位生产总值能耗下降 3.5%，二氧化碳和主要污染物排放量削减率达到国家约束性要求。居民消费价格涨幅控制在 4%左右。新增市场主体 17 万户，城镇新增就业 60 万人。城镇居民人均可支配收入、农村居民人均纯收入分别增长 13%和 18%。城乡差距缩小到 3:1 左右，"圈翼" 人均 GDP 差距缩小到2.15:1左右,基尼系数降至0.4左右。

实际工作中,我们必须坚持改革开放创新,切实做到“五个更加注重”:

——更加注重前瞻调控、优化发展。要主动适应国际国内形势的新变化,以前瞻思维破解资源能源瓶颈,以开放眼光推动经济结构战略性调整,千方百计强调度、增投入、活消费、促转型,扩大有效供给,壮大实体经济,努力实现更长周期、更富内涵、更好质量的发展。

——更加注重城乡一体、区域协调。要遵循城乡总体规划,在构建大都市连绵带、增强国家中心城市辐射带动力的过程中,推进区域性中心城市功能开发,活跃区县经济,加快小城镇和新农村建设,促进城乡共发展共繁荣。

——更加注重改革创新、扩大开放。要充分发挥统筹城乡综合配套改革试验区先行先试作用,着力建设内陆开放高地,通过扩大开放加快做大“蛋糕”,通过深化改革合理切分“蛋糕”,通过不断创新扫除前进道路上的一切障碍。

——更加注重创新驱动、内生增长。科教引领发展,人才决定未来。要全面落实科技、教育、人才规划纲要,加快建设长江上游科技创新中心、西部教育高地、文化高地和人才高地,推动经济增长向依靠科技进步、劳动者素质提高和管理创新转变,不断提升重庆核心竞争力。

——更加注重以人为本、共建共享。社会和谐是百姓之福,公平正义也是生产力。要坚持民生为重,加大财政投入,促进社会公平正义,引导各类市场主体和社会力量共同发力,形成多方推动发展、共享发展成果的生动局面。

三、2012年的主要工作

(一)保持经济平稳较快增长

用好用活中央积极的财政政策和稳健的货币政策,建立健全“五低成本”政策体系。全面落实结构性减税政策,扩大西部大开发15%企业所得税率政策适用领域。针对企业流动资金和社保缴费、物流补贴、家电汽摩下乡等,适时推出新一轮提振举措,有效激活实体经济。

强化资金调度平衡,确保社会融资增量不低于4500亿元。跟进宏观经济政策,积极争取信贷定向支持,新增银行贷款2500亿元。发挥资本市场和非银行金融机构融资功能,通过债券、融资券、信托、小额贷款、担保、私募基金、风险投资基金、金融租赁等渠道,新增融资800亿元。加大招商引资力度,扩大海外直接融资规模,引进外资折合人民币650亿元。深化与国家部委、中央企业和区域合作,力争引进各类资金550亿元。优化资金投向,重点保障“十大工业项目”、“十大城市片区开发项目”和“八大基础设施项目”,强力支撑经济持续增长。

加强能源调度和项目建设。稳定市内煤炭生产,加强与川、黔、宁、陕等省区能源合作,推进万州、涪陵煤炭储运基地和市外煤电基地建设,抓好港口中转煤调度,确保电煤储备300万吨。强化外购电调度,争取增加三峡电入渝份额,利用市外闲置机组发电增供重庆,做好电力需求侧管理,保障民生、重点工程和重点企业用电。围绕“十二五”末电力装机翻番的目标,加快万州神华、合川二期、奉节、石柱、习水二郎电厂等1000万千瓦电源项目建设,做好新的1000万千瓦电源项目前期工作。推动新疆至重庆、雅安至重庆特高压输变电工程建设,改造城乡电网。加大天然气供应协调力度,保供80亿立方米。搞好页岩气、煤层气勘探开发利用。加强成品油调控,应急储备达到50万吨。

做好人力资源保障工作。就业培训与配套服务并举,调整增量与用好存量并重,努力吸引外出务工人员和周边劳动力在渝就业。加强人力资源调控,建立跨区域劳务资源调度平台,加快区县预备基地建设,保障战略性新兴产业和重点企业用工需求。

优化房地产市场调控。新开工公租房1350万平方米,配租10万套。加强公租房小区综合配套,提高社区管理服务水平,方便群众生活。落实首套住房和改善性住房的优惠政策,满足群众自住性和改善性住房需求。综合运用规划控制、土地供应、信贷税收等手段,确保房地产市场平稳健康运行，房价增幅不超过城镇居民可支配收入增幅。

着力扩大消费需求。继续加大对改善民生、扩大消费的财政性支出，增加对城镇低收入群体和农民的补贴，落实好带薪休假制度，提高居民消费能力。执行车船税最低税额标准，扩大汽车金融公司消费信贷。提升家政物业、医疗保健、文化娱乐、休闲旅游等服务消费，发展网络购物等新兴消费业态。落实产品质量安全责任制，强化市场监管和服务，开展肉菜流通追溯体系建设试点，坚决打击商业欺诈、制假售假行为，营造便利、安全、放心的消费环境。

保持价格总水平基本稳定。继续把控制食品价格过快上涨作为稳定物价的重点，加强粮、油、肉、菜等生活必需品市场供应的监测预警，完善政府储备及商业储备体系，提高储备和应急保供能力。抓好重要商品产运销衔接，严格执行农产品生产流通税费减免政策，降低流通成本。加强食品、药品价格和医疗、教育、通信等服务收费的监督检查。严厉查处发布虚假信息、囤积居奇、价格操纵、恶意炒作等违法行为，正确引导社会预期。

(二)加快产业结构优化升级

围绕"十二五"末形成电子信息、现代装备制造、传统优势工业三个"万亿板块"，继续抓好大投资、大基地、大支柱，重点推进"十大工业项目"，做大做强"6 1"支柱产业。全面实施"云端计划"，突出龙头项目和零部件配套，力争高性能集成电路、液晶面板、硬盘等项目取得实质性突破，笔记本电脑产量超过5000万台，形成3000万台彩色打印机基地和30万台服务器云计算产业规模，为建成全球重要的信息产业基地奠定决定性基础。以长安为龙头，齐聚上汽、一汽、二汽、北汽四大国内汽车集团和庆铃、红岩两大商用车集团，发展上千家零部件配套企业，构建"1 6 1000"产业集群，建设产值超6000亿元的汽车生产基地。以数控机床、固定翼小型机和直升机、轨道交通装备、大功率风电设备为重点，建设十个百亿级现代装备产业基地。延伸异氰酸酯、蛋氨酸等产业链，积极发展煤化工，建设内陆重要的综合性化工基地。加强矿源保障能力建设，推进熔融炼铁等项目，建设千万吨精品钢材基地和中国铝加工之都。强化前期研发和品牌营销，扩大轻纺、食品产业市场份额。着力培育西永、两路寸滩、鱼嘴复盛等重点板块，加快形成5个千亿级园区和30个百亿级企业。

推动服务业提质增量。做大做强银行、证券和保险业，高标准建设金融核心区。支持来渝设立金融总部和功能性中心，推动地方金融机构跨区域发展。规范发展非银行金融机构，帮助解决中小企业融资难题。完善各类交易所功能，扩大经营规模和辐射面。拓展加工贸易离岸结算、电子商务国际结算和人民币境外互换结算。加强金融监管，支持金融机构产品和服务创新，在更好地服务实体经济的同时，实现更大的发展。加快建设长江上游地区商贸中心和购物、会展、美食之都，启动建设西永、礼嘉、茶园、龙盛、陶家五大新商圈，抓好朝天门市场迁建、双福西部贸易城等重大项目。继续推进万村千乡、直销菜店、早餐示范、农户科学储粮等惠民工程。建设一批全国性物流枢纽和重要节点，发展多式联运和第三方物流。积极发展研发设计、咨询评估、中介服务、商务会展等专业服务业。强化整体营销，建设精品景区，创建"世界温泉之都"，大力发展都市旅游、工业旅游、生态旅游和游艇经济，加快建设国际知名旅游目的地。

加强节能减排和环境保护工作。健全行政管控和市场调节的互动机制，严格目标责任和管理，完成节能减排年度任务。推广先进技术和节能产品，构建节能环保型产业体系。继续实施环境污染安全隐患企业环保搬迁，推进资源型企业兼并重组，坚决淘汰落后产能。加强工业园区、重点企业循环经济示范，规划建设一批低碳产业园区。全面推行清洁生产，加强粉尘、噪声、废气、烟气综合治理。推进公共建筑节能改造。完善城镇污水处理管网配套，新增和扩建一批城镇生活垃圾处理设施。大力开展农村生活垃圾和污水治理，完善垃圾收运体系。抓好小流域环境整治,有效防治农业面源污染。深入开展合同能源管理和排污权交易,利用市场化手段挖掘节能减排潜力。搞好森林管护,探索碳汇交易。弘扬生态文化,倡导绿色消费,促进人与自然和谐共生。

(三)推动城市拓展和功能开发

按照国家中心城市定位,加快建设千万人口、千平方公里特大都市,实施主城二环大型聚居区规划,同步推进产业布局、交通市政、商贸流通、公共服务与人口集聚。加快朝天门片区、江北嘴中央商务区、化龙桥片区、钓鱼嘴半岛和老重钢片区、九龙半岛片区、西永组团核心区、龙洲湾滨江片区、龙兴复盛片区、悦来会展中心和中央公园片区、礼嘉片区等十大城市片区开发,形成高品质商务集聚区。优化城市滨江、依山地带,建设一批森林景观带,新增一批公园、广场和精品雕塑,提升夜景灯饰水平。优化区县中心城区、工业园区、重要节点的规划设计和开发,实行错位发展和特色发展,避免同质化。强化中心城镇规划引导、产业支撑、功能配套和环境整治,加快建设500个现代化小城镇。培育特色风貌街区,保护好历史文化名镇,彰显巴渝文化内涵和韵味。

加快“三港两枢纽”建设。着力推进江北国际机场第三跑道及东航站区建设,增开一批国际直达航线。建设主城果园、涪陵龙头山、万州新田等重点港口,整治乌江航道,大力发展专业化、标准化、大型化船舶运力。推进火车北站扩建和沙坪坝火车站综合改造,加快渝黔新线、兰渝、渝利、渝万城际等铁路建设,力争南涪铁路、遂渝二线建成通车。加快奉节至巫溪、涪陵经丰都至石柱等高速公路和城口至万源等快速干道建设,打通江津至合江出口通道,推进国省道大中修改造。实施直连传输光缆工程和西部数据中心联通工程,确保云计算基地数据进得来、出得去。

示范创建、环境改造和精细化管理并举,提升城市宜居度。成功创建国家森林城市,全面完成国家生态园林城市和环境保护模范城市创建目标任务。巩固和扩大城市环境综合改造成果,推进郊区区县城主干道综合改造,持续开展违法建设专项整治,统筹建设城市地下管网共同沟,解决市民过街难、停车难、如厕难问题,努力做到树多、路平、街净、宜行。深入实施“畅通主城行动计划”,建成一批桥梁隧道、快速干道、换乘枢纽和停车楼,轨道交通通车里程超过140公里。提高交通管理智能化水平,减少周期性堵点。扩大主城二环以内公交覆盖面,推进轨道交通与地面公交一体化,实施公交限时免费换乘。提升城市数字化管理水平,加快市政管理规范化、标准化,完善市容环境监督考评机制。

(四)振兴发展区县经济

深化实施“一圈两翼”战略,完善和兑现加快区县发展的若干政策措施,增强区县统筹发展能力,把各区县培育成为实力较强、特色突出、联动发展的“小老虎”。

强化区县产业支撑。依托六大区域性中心城市和万州、长寿、万盛、双桥等重点开发区,大力发展成长性好、带动力强的产业集群,尽快形成若干经济板块。以长江沿线工业园区为支点,加快建设江南万亿工业走廊。推动“一圈”工业园区集群化发展,建设产业转移承接示范区。发挥市属国有企业融资担保作用,加快“两翼”工业园区标准厂房建设,因地制宜发展农林产品、资源深加工和先进制造业。支持资源型城市加快转型。支持郊区区县城建设特色商圈和特色街区,形成一批次级物流基地,推动特色旅游和边贸经济发展。

支持区县完善城镇功能、突破要素瓶颈。整合各类专项资金,帮助区县进一步完善交通市政、商贸物流、科教文化、卫生体育等公共设施,鼓励有条件的区县建设区域性、专业性公共服务中心。帮助区县解决规划、土地、能源、融资等问题,逐步取消市级以上重大项目建设资金的区县配套。加强区县融资平台管理,保持合理的负债水平,有效防范风险。支持渝中区开展国家服务业综合改革试点和沙坪坝区建设国家创新型试点城区。

增强贫困地区和贫困人口自我发展能力。全面贯彻新十年农村扶贫开发纲要，动态确定农村扶贫对象，推进农村低保与扶贫开发有效衔接，实行到户帮扶。实施新一轮生态移民和扶贫移民，加快整村脱贫与连片开发，开展武陵山区扶贫攻坚试点，扎实做好渝东北山区扶贫开发，实现涪陵区、黔江区脱贫摘帽。

(五)毫不放松地做好"三农"和库区工作

夯实农业基础，加大强农惠农政策支持力度，健全农业社会化服务体系。以增收保供为核心，以农业科技进步为支撑，大力发展现代农业。加快建设粮油、生猪、柑橘、蔬菜、生态鱼、土鸡、牛羊、中药材等百亿级产业链，发展现代烟草农业，全面完成"两翼"农户万元增收任务。推进农工商一体化、产加销一条龙，壮大一批龙头企业和专业合作组织。深化"农商对接"、"农超对接"，加快"两翼"区县农产品交易市场建设，实现规范化乡镇农贸市场和"农商通"信息机全覆盖。切实保护耕地，开展整村、整镇土地整治，提高耕地质量和产出水平。抓好农村闲置建设用地复垦，扩大耕地资源来源。加大农村危旧房改造力度，建设农民新村和巴渝新居，塑造农村新风貌。加快农村公路建设，建成一批农村客运站和招呼站，完善农村客运网络，推进城乡交通一体化。加快农村清洁能源、商贸流通、医院学校、文化体育、村邮站等设施标准化，改善农村生产生活条件。

掀起水利建设新高潮。建成投用大足玉滩水库，加快建设金佛山大型水库和"泽渝"工程，继续推进大中型灌区和小型农田水利重点县建设，抓好城镇防洪、高效节水灌溉、中小河流治理和病险水库除险加固，提升水资源保障和蓄引能力。加快水利改革试点，建立水利稳定投入长效机制，优化水价形成机制。全面完成全国农村水电增效扩容改造试点。加强水源保护，扩大饮水安全覆盖面，努力让城乡居民都喝上放心水。

切实做好三峡后续工作。编制和启动后续工作实施规划，积极争取国家更多的投资计划，利用后续项目撬动社会投入，扩大招商引资和对口支援成效。支持库区发展特色工业、特色农业和特色旅游，加快职业教育和技能培训试验区建设，完善城镇移民安置小区配套设施，促进移民安稳致富。继续做好库岸沿线矿山关闭、地质灾害监测与防范、重点城镇建成区规划控制，整治消落区环境。推进生态屏障区建设，绿化长江库岸130万亩。

(六)深化统筹城乡综合配套改革

以有效增加农民财产性收入为核心，畅通城乡人口、土地、资金等要素一体化配置的制度通道。健全地票交易制度，全面推行地票价款直拨。完善农村"三权"权益评估、抵押登记、风险补偿、财政贴息等配套政策，抵押贷款力争实现300亿元。加快农民新村配套建设，开展农民集中居住区房屋和转户居民退出房屋交易试点，提升农房市场价值。全面清理农村集体资产，在集体经济组织及其成员中量化确股，发展农村新型股份合作社300个。建立健全农民工户籍制度改革长效机制，落实好转户居民权益保障，实现转户常态化。

推动国有企业改革发展。加快国有企业资本、组织、产业、运营结构改革，深化管资产与管人、管事相统一的国资管理体制。推动国有企业面向海内外市场的优化布局，面向全球先进水平的改造升级，面向公众监督的整体上市，全面提升发展质量。充分发挥国有企业在产业结构调整中的带动作用，在经济调节中的杠杆作用，在履行社会责任中的表率作用，确保国有资本收益的30%用于民生。

落实鼓励和引导民间投资新36条，大力发展非公有制经济。创新融资服务，搭建银企合作平台，新增中小微企业融资1000亿元。发挥资本金补助、贷款融通、税收优惠、规费减免等政策效应，搭建中小微企业公共服务平台，开展创业就业培训，推进与龙头企业的合作，建设一批孵化基地和工业楼宇，鼓励支持全民创业。新增微型企业3万户、个体工商户11万户以上。

强化收入分配调节。坚持和完善以按劳分

配为主体、多种分配方式并存的分配制度，合理调节政府、企业、居民的分配比例，力争居民收入占比提高到45%。完善职工工资正常增长和支付保障机制，做到工资增长与劳动生产率、企业利润、高管薪酬“三挂钩”。健全最低工资标准动态调整机制。推行企业工资集体协商，稳步提高一线职工工资水平。加强税收调节，完善个人所得税征收方式，深化房产税改革试点，积极争取相关税收改革试点，减轻小微企业和中低收入者税负，有效调节过高收入。保持一般预算的75%用于区县基层、50%以上用于民生，健全转移支付制度。鼓励慈善捐赠，规范善款使用，在全社会形成扶弱济困的良好风气。

（七）拓展内陆开放广度和深度

按照国家赋予的五大战略定位，改革先试、开放先行、创新先发，推动两江新区全面发力，提速建设内陆金融、科技、贸易、服务和产业高地。加快龙盛、水土、空港三大工业区产业集聚，增强江北嘴、礼嘉、悦来三大新城区集聚辐射功能，形成大开放、大产业、大枢纽、大商务功能集聚的强劲态势。基本建成汽车、笔记本电脑、云计算三大国际产业基地，加快培育航空、轨道交通、新能源新光源、高端装备等新兴产业基地，金融中心、创新中心、总部基地全面展示新形象。壮大离岸金融结算规模，争取限额离岸免税零售试点，设立汽车整车进口口岸、高科技成果交易市场，成为内陆最具活力的开发开放区。

提升大口岸、大通道功能，加快建设内陆口岸高地。完善两路寸滩保税港区和西永综合保税区功能，建设智能口岸，提高通关效率。发展保税物流、加工贸易和服务贸易，建设货物集散分拨中心和进口商品专业市场。支持符合条件的企业设立出口监管仓库和保税仓库。优化渝新欧运行平台和通关流程，支持中国—比利时绿色列车通道项目，切实降低物流成本。加密渝沪、渝深“五定”班列（轮）。开辟面向东南亚的贸易大通道，打通连接东盟的物流关节点，实现渝昆缅（越）国际铁路集装箱试运行。

促进外资、外经、外贸、外包四轮驱动。健全重大招商引资项目协调机制，引导外资投向战略性新兴产业、先进制造业、生产性服务业和现代农业。积极争取国家相关政策，围绕国内紧缺的资源、装备、品牌和先进技术，推动企业开展海外投资和战略并购。建立海外投资引导基金，抓好海外在建项目，扩大境外资源要素互利合作。推动加工贸易、一般贸易、服务贸易三管齐下，提速建设加工贸易重点承接地、国家服务外包和电子商务示范城市。增加先进技术装备、关键零部件和短缺原材料进口，建立欧洲进口商品集散中心。扩大教育、科技、文化、卫生等领域的对外交流合作，发挥外事、外宣、侨务工作在扩大开放中的积极作用。

加强区域交流与互利合作。扩大渝港、渝澳经贸往来。建设两岸经济合作先行示范区，推进海峡两岸经济合作框架协议先行先试，保持利用台资的领先优势。加强与长三角、珠三角、环渤海地区的呼应，实现产业互动、资源互利、市场共享。推进与周边省区的全面合作，做实川渝合作示范区、渝黔合作汽摩产业园和电子产业园，促进区域互动协调发展。

（八）强化科技创新和人才队伍建设

全面实施“创新11条”，推动科技深度融入经济社会发展主战场。深化科技管理体制改革，完善以企业为主体、市场为导向、产学研相结合的技术创新体系，着力解决技术创新四面出击、产学研合作体内循环、研发人员分心错位等突出问题。开展科技成果评价改革试点，完善科技奖励机制，优化科技资源配置，促进高等院校、研究机构和科技人员以多种形式与企业合作。

依托科技创新抢占产业制高点。围绕“2 10”战略性新兴产业，加快实施一批重大科技专项，聚焦突破新一代信息终端、高性能集成电路、云计算、物联网、节能及新能源汽车等关键核心技术，重点支持电动汽车、新型智能终端、高端机电装备等新产品研发生产，攻克一批节能减排、生态环保、公共安全等民生科技难题。支持国家级重点实验室、工程技术研究中心和企业技术中心建设，引进培育一批独立研发公司，组建国际产学研联盟和成果中试基地。启动国家质检基地建设。实施重大科技示范工程,加快科技成果孵化和产业化。

加大科技投入力度。全面实施工业研发千亿投入计划，力争全社会研发投入占生产总值的比重提高到1.5%。引导创新要素向企业集聚,鼓励企业增加研发投入,更新设备、改进工艺、研发新品,加快装备数控化改造。推动科技和金融深度融合,完善政府科技投入机制,扩大风险投资基金规模，引导社会资金投向高新技术企业和创新项目。

强化知识产权保护。加快创建知识产权保护模范城市和内陆技术标准高地,推进科技、标准、流程同步示范,促进专利、版权、标准、驰名商标和地理标志大幅增长。鼓励知识产权参股和质押融资,激发全社会创新创造活力。

深入实施人才发展规划。突出抓好“六百三万”重点人才专项,依托重大项目和优势产业,支持院士专家工作站建设，培养和引进一批创新团队、领军人才。坚持人才以用为本方针,开展人才重大政策改革试验，加快两江新区人才特区建设,创新人才发现、流动配置、激励保障机制,落实人才奖励政策,营造人才辈出、人尽其才、才尽其用的制度环境。

(九)促进基本公共服务均等化

实施更加积极的就业政策，大力发展劳动密集型产业、服务业和中小微型企业,努力满足大中专毕业生、返乡农民工等群体的就业需求。推进创业型城市和充分就业社区建设。扩大就业援助,开发更多的公益性岗位。加快国家级人力资源服务基地建设，实现基层就业社保服务平台全覆盖。构建和谐劳动关系,及时妥善处理劳动争议,完善职工权益保障机制,让劳动者更加体面地工作和生活。

健全社会保障体系。做好城镇企业退休人员基本养老金调整工作。实现医疗保险市级统筹,提高合作医疗保险筹资标准和报销水平。推动商业保险参与社会保障体系建设。以信息化推动社保服务规范化,加快城乡养老、医疗保险转移接续。健全社会救助、社会福利和灾民生活救助体系，推进残疾人社会保障和服务体系建设,完善孤儿生活保障机制。深入实施空巢老人关爱行动,加快敬老院、社会福利中心和社区养老平台建设,鼓励和规范发展社会化养老服务。

坚持教育优先发展，保持财政教育经费支出占生产总值的比重在4%以上。加快公益性、普惠性学前教育体系建设，学前三年教育毛入园率达到75%。加快推进区县域内义务教育均衡发展，改造城乡薄弱学校，办好一批农村初中。深化高中新课程改革,建设一批优质高中和特色高中。加强职教基础能力和实训基地建设,办好国家示范职业学校。推进高校重点学科、重点实验室、重点课程和创新团队建设,稳步扩大高等教育规模,高等教育毛入学率达到35%。发展特殊教育和民族教育。加强继续教育和社区教育,构建终身教育体系。以减负提质为抓手,促进学生全面发展。扩大农村寄宿制学校和中小学生营养促进工程覆盖面，全面实行中职免费教育,完善家庭困难学生资助体系,保障城乡孩子都能顺利完成学业。建立民办学校合理回报机制，培育民办教育品牌。加强平安校园建设,严格落实校车安全规定,强化学校食堂食品安全监管,保障学生人身安全。

同步发展文化事业和文化产业。传承发扬红岩精神和三峡移民精神,培育重庆城市精神。深入开展道德教育实践和群众性精神文明创建活动,发展志愿服务,营造良好的社会风尚。建成国泰艺术中心、自然博物馆等大型公共文化设施,加快区县文化场馆建设,探索建立公共文化资源共享机制。实现乡镇街道文化基础设施全覆盖,培育农村文化中心户,基本建成“城镇15分钟”、“农村半小时”文化服务圈。大力发展影视动漫、出版发行、演艺娱乐等文化产业,加快实施广播电视和新闻出版、文艺院团、两江影城等重点项目，培育一批实力雄厚的文化骨干企业。深化经营性文化事业单位转企改制,支持发展区县综合性演艺公司。实施政府购买、项目补贴等激励政策,鼓励多出精品、多出人才。进一步加强国家历史文化名城保护和挖掘，加大文化遗产保护力度，完成革命遗址、抗战遗址、统战文化遗址抢救保护，修缮一批古寺、教堂和会馆，传承巴渝历史文化。繁荣发展哲学社会科学。加强新闻媒体建设和管理，培育健康向上的网络文化。有效开展普法和科普教育。做好档案、文史和地方志工作。

推动医疗卫生事业改革发展。加快三甲医院创建，推进重医金山医院二期和附二院江南分院、市中医院二期、儿童医院北部分院、涪陵中心医院扩建等重大医疗卫生项目，实现所有乡镇卫生院和社区卫生服务中心标准化。增强村卫生室网底功能，推进乡村卫生一体化管理，健全医疗卫生服务体系。巩固和完善基本药物制度，扩大药品交易所交易品种，进一步降低群众用药支出。健全基层医疗卫生机构运行机制。推进公立医院改革试点。加快落实基本公共卫生服务项目，有效预防和应对重大疾病及突发公共卫生事件。壮大全科医生和乡村医生队伍。支持中医药事业，促进中西医共同发展。加强医德医风建设，构建和谐医患关系。稳定低生育水平，提高出生人口素质，促进人口长期均衡发展。

着力建设体育之城。实施体育基础设施建设、全民健身服务、竞技体育优势项目、后备人才培养和体育产业发展“五大行动”，广泛开展各类赛事活动。办好第四届全市运动会和第二届全民健身运动会，全面启动第五届全国体育大会场馆改扩建和备战工作。

(十)加强社会管理和创新

构建社会管理综合治理新机制，将一体化大综治职能由社会治安向社会管理全面延伸。夯实社会管理基层基础，充实社区管理队伍，健全服务网络。推进村(居)务公开和民主管理，促进社区管理与居住小区融合，提高管理服务水平。建立覆盖全部实有人口的动态服务管理体系。加强对特殊人群的教育、救助和帮扶。进一步落实“三项制度”，实现群众工作和社会管理到户到人。

完善群众权益协调和保障机制。推行重大事项社会稳定风险评估制度。深入开展社会矛盾纠纷排查，坚持干部大下访，及时回应群众诉求，基本化解现有信访积案，妥善处置群体性矛盾。强化大调解机制建设，健全行业性、专业性调解组织，促进人民调解、行政调解、司法调解联动。完善信访救济、司法救助和法律援助制度。支持工会、妇联、共青团等人民团体开展工作，更好地联系和服务群众。认真贯彻党的民族宗教政策，促进民族团结进步，依法管理宗教事务。

保障公共安全。加强社会治安防控体系建设，有效打击刑事犯罪。深入实施“百镇千村平安示范工程”，完善交巡警、校警等创新机制，推行阳光政法，建设雷锋式政法队伍。巩固安全生产基层基础，严厉打击非法违法生产经营建设行为，强化对煤矿、非煤矿山、特种设备等重点高危行业的监管，推进消防安全“防火墙工程”和道路交通“生命工程”，有效防范重特大事故，促进安全生产持续稳定。加强应急救援队伍和管理体系建设，完善市、区县、镇街三级应急平台，加快建设三峡库区综合应急救援中心，开工建设国家应急物资综合储备库，建成一批应急避难场所。加强气象预报、地震监测、防灾减灾等能力建设。加快食品药品安全示范区建设，创新监管体制，强化技术支撑，开展专项整治，保障群众吃得放心、用药安全。

坚持军民融合式发展，支持国防和驻渝部队现代化建设。推进城乡退役士兵安置制度改革。深化全民国防教育，提高国防动员能力，加强人民防空建设，巩固军政军民团结的大好局面。

四、切实加强政府自身建设

我们要全面履行政府职能，创新管理方式，扎实推进法治政府和服务型政府建设，努力把重庆建成行政效能高、社会秩序好、发展环境优的城市。

第一，转变职能，不断提高科学发展能力。改善经济调节和市场监管，综合运用规划、产业政策和财税、价格等手段，推动产业结构调整和经济发展方式转变，为市场主体提供良好的发展环境。更加注重加强社会管理和公共服务，增强发展的协调性和惠民的公平性。基本完成行政类和经营类事业单位改革，加快公益类事业单位改革，着力提高公共服务能力。更加重视基层建设，支持基层创造性开展工作，推动基层更好地为民办事。大兴效能革命，完善绩效评估，加强行政问责，促使政府工作人员勤勉尽责、永不懈怠，干出经得起实践、人民和历史检验的新业绩。

第二，规范行为，不断提升依法行政能力。自觉接受人大及其常委会的法律监督和工作监督、政协的民主监督，主动接受公众监督和媒体监督。健全政务公开机制，推行网络政务，切实保障人民群众知情权、参与权、表达权和监督权。完善重大决策程序、听证、风险评估和责任追究机制，努力做到政府决策与群众“面对面”、为民办事“实打实”、有错必纠“硬碰硬”。推进内陆开放、统筹城乡等重点领域的地方立法，提高行政规章质量。以投资、社会事业和非行政许可审批为重点，进一步清理、减少和调整行政审批事项。规范区县行政服务中心运行，推行服务质量公开承诺制和亲切服务。开展相对集中行政复议权改革。推进综合行政执法，严格执法程序，公正文明执法，坚决纠正违规执法、简单粗暴执法等问题。完善社会征信系统，加强政务诚信体系建设，提高政府公信力。

第三，改进作风，不断增强为民谋利能力。建设学习型政府，加强理论武装和专业知识培训，有序组织公务员到市外和基层一线挂职锻炼，切实提高公务员素质和能力。大兴调查研究之风，虚心拜群众为师，深入基层问政、问需、问计，使各项政策措施更加符合重庆实际、符合群众利益。改进工作作风和会风文风，精简会议、论坛和文件，严格控制评比达标、表彰庆典等活动，把更多精力放在研究问题、化解矛盾上，把有限资源和财力用在发展经济、改善民生上。深入开展“三项活动”，倾情为群众排忧解难，倾力帮扶群众致富奔小康。

第四，干净干事，不断增强拒腐防变能力。政府工作人员要始终牢记“两个务必”，既要干事，又要干净。严格执行廉洁从政各项规定，自觉过好权力关、交友关、礼品关、家庭关、退休关。坚持勤俭节约，严格控制会议和公务接待经费支出，保持公务购车用车、出国(境)经费等支出零增长。加强审计监督和行政监察，严查各类失职渎职和侵害群众利益的问题。加强重点领域反腐制度建设，严格实行重大项目行政审批、资金运作、施工操作相互隔离，从源头上防治腐败。高度重视人民群众投诉举报，坚决查处违纪违法案件，绝不让腐败分子逃脱党纪国法的严惩，绝不让腐败行为干扰发展大局。

各位代表！时代赋予重任，奋斗铸就辉煌。改革开放创新，我们已经迈开大步。共建共享共富，我们正行进在路上。让我们紧密团结在以胡锦涛同志为总书记的党中央周围，在中共重庆市委的领导下，朝着“314”总体部署指向的目标奋勇前进，不断夺取全面建设小康社会的新胜利！

关于重庆市2011年国民经济和社会发展计划执行情况及2012年计划草案的报告(摘要)

——2012年1月8日在重庆市第三届人民代表大会第五次会议上

重庆市发展和改革委员会 杨庆育

各位代表：

受市人民政府委托，现将2011年国民经济和社会发展计划执行情况及2012年计划草案的报告提请大会审查，并请各位政协委员提出意见。

一、2011年国民经济和社会发展计划执行情况

2011年，全市认真贯彻宏观调控政策，提速落实"314"总体部署，以科学发展为主题，以加快转变发展方式为主线，着力调整结构、深化改革、扩大开放、致力共富，经济社会发展取得全面进步。市三届人大四次会议批准的25项预期目标实现24项(表1)，居民消费价格指数受国际国内价格上涨影响未实现目标，但低于全国水平。

"十二五"规划良好开局。在全国经济回调、物价上涨环境下，重庆经济取得显著成绩。地区生产总值接近1万亿元，增长16.5%，工业增加值、实际利用外资、进出口总值、航空口岸货运量分别增长22.5%、75%、125%、11倍，增速均居全国第1；工业利润、投资、消费、地方财政一般预算收入、城镇居民人均可支配收入、农村居民人均纯收入分别增长22%、29.5%、18.5%、46.2%、15.5%、22%，均居全国前列。重点建设项目开工80个，完工50个，40个前期工作取得突破。

产业结构显著优化。一是"整机+配套"产业集群实现新突破。已形成汽车及零部件、摩托车及零部件、内燃机及相关装备等3个产值超500亿元、本地配套率超50%的产业集群。二是电子信息产业成为新支柱。笔记本电脑形成"4+6+400"产业集群，本地配套率超过40%，产量突破2500万台。中国(重庆)国际离岸云计算试验区积极推进。三是金融中心建设取得新成效。金融业增加值占地区生产总值比重达7%，新增银行12家、银行总数西部第1，4家企业上市，跨境人民币结算增长6.9倍。四是"三都"建设取得新进展。商品销售总额过1万亿元，增长30%，其中批发额增长38%，对周边地区商贸辐射增强。建成中华美食街11条，重庆美食街25条。"六大精品景区"建设再掀高潮，长江三峡国际旅游节等节庆活动有声有色，旅游总收入增长38%。举办各类展览活动453个，会展业直接收入增长30%以上。五是农业持续增产增收。粮食产量1127万吨，蔬菜产量1440万吨，农业增加值增长5%。

内陆开放高地基本形成。一是"1+2+4+N"开放平台加快建设。两江新区大开放大开发打下坚实基础，江北嘴金融城、悦来会展城、礼嘉国际商贸城等重点工程顺利推进。两路寸滩保税港区封关运行，西永综合保税区笔记本电脑基地加快建设，4个国家级开发区引资成效突出，区县产业园区发展强劲，重庆沿江承接产业转移示范区获批。二是开放大通道建设重大突破。"渝新欧"国际铁路联运大通道开通，重庆港成为全国第三个中欧"安智贸"试点港，渝沪和渝深集装箱"五定"班列运行。主城区国家级物流枢纽建设稳步推进。三是利用外资迈上新台阶。累计落户世界500强超过200家，居中西部第

表 1 2011 年国民经济和社会发展主要预期目标实现情况

	指标		计划目标	预计实现	
				增速	总量
经济发展	1.地区生产总值（亿元）		13.5%	16.5%	近 1 万 10000
	#工业		20%	22.5%	4700
	2.社会消费品零售总额（亿元）		18%	18.5%	3400
	3.全社会固定资产投资（亿元）		18%	29.5%	7600
	4.进出口总值（亿元）		70%	135%	292.2
	5.实际利用外资（亿美元）		30%	75%	超过 100
	6.区域合作引资（亿美元）		25%	80%	4440
	7.城镇化率	常住人口口径	55%	55%	
		户籍人口口径	37%	39%	
	8.非公有制经济增加值占地区生产总值比重		63%	63%	
	9.研究开发经费支出占地区生产总值比重		1.4%	1.4%	
	10.金融业增加值占地区生产总值比重		7%	7%	
	11.战略性新兴产业增加值占地区生产总值比重		13%	13%	
	12.地方财政一般预算收入（亿元）		15%	46.2%	1488.2
资源环境	13.单位地区生产总值能耗降低		–3.8%	–3.8%	
	14.单位地区生产总值二氧化碳排放降低		–4%	–4%	
	15.主要污染物排放总量减少		–1.5%	–1.5%	
	16.主城区空气质量优良天数		>311 天	324 天	
	17.森林覆盖率		39%	39%	
社会民生	18.地方财政一般预算支出民生占比		>50%	>50%	
	19.城镇居民人均可支配收入（元）		13.5%	15.5%	20250
	20.农村居民人均纯收入（元）		18%	22%	6438
	21.城镇登记失业率		≤4%		3.5%
	22.城镇新增就业		30 万人		50 万人
	23.居民消费价格指数		4%左右		5.3%
	24.城乡养老保险参保率		65%		83%
	25.医疗保险参保覆盖率		92%		95%

1。实际利用外资超过 100 亿美元。四是“走出去”步伐加快。重钢集团开发西澳洲磁铁矿、轻纺集团收购德国萨固密等亮点纷呈，境外投资 50 亿美元。五是国内合作积极推进。渝黔共建重庆遵义 IT 产业园，共推 1000 亿级煤电化产业合作。渝洽会、“台湾周”等吸引八方客商。

统筹城乡改革示范全国。国发〔2009〕3 号文件效应持续显现，“12+7” 重大政策全面落实，145 项任务总体突破，新签部市合作协议 12 个，累计 81 个。户籍制度改革，出台 37 个配套文件，累计转户 322 万人。住房制度改革，公租房新开工 1571 万平方米，居全国首位，累计 11 万户入住；开征房产税，科学调控房地产市场。土地制度改革，率先全国完成农地确权颁证，土交所累计交易地票 8.9 万亩，发放农村“三权”抵押贷款 180 亿元。示范点建设，确定 20 个统筹城乡改革集中示范点，一点一示范，带动作用明显。国企改革，市属国有企业在调整结构、扩大开放、改善民生中担当骨干,资产总额1.5万亿元。非公有制经济快速发展,增加值增长18.5%,占地区生产总值63%。

共同富裕之路迈出坚实步伐。一是以创业带动就业取得明显实效。建立小企业创业基地129个,累计发展微型企业5万户,解决就业40万人。二是收入分配调节明显见效。城镇居民人均可支配收入、农民人均纯收入分别达到20250元、6438元，提高企业189万退休人员养老待遇，养老金月均接近1600元。城乡居民合作医疗保险财政补贴人均年增80元达200元。提高城乡低保、城市"三无"、农村"五保"保障标准。城乡居民养老保险参保率83%。三是区域差距明显缩小。出台加快江津、合川、永川发展决定,"两翼"发展明显加快,"圈翼"人均GDP差距由2.23:1缩小为2.17:1。四是公共服务均等化明显进步。中小学标准化覆盖率65%。开工中小学校舍安全工程400万平方米,启动薄弱学校治理、农村初中改造二期工程。完成乡镇综合文化站和文化信息共享工程建设。"城镇15分钟文化圈"和"农村半小时文化圈"加快建设。新建和改建农村公路8000公里,乡镇通客车率100%。

要素保障有力。在全国信贷收紧情况下,新增贷款2300亿元。新增建设用地指标200平方公里,占全国1/20。银盘、草街等水电项目投产,新增发电装机容量114万千瓦。开工华能两江燃机、合川二期、石柱电厂、工业园区百万千瓦热电联产、百万千瓦可再生能源发电等装机达1088万千瓦的重大电源项目,基本形成开工、前期、储备项目三个"千万千瓦"电力建设战略格局。三峡电年送渝从"十一五"期间每年20亿度增加到40亿度。建立12亿元财政专项资金支持电煤储备,保障电力供给。成品油供应平衡,全年储备25万吨。开工南川金佛山水库和4座中型水库,解决218万人饮水安全问题。

2011年国内外经济形势纷繁复杂，成绩来之不易,饱含着国家的大力支持,凝聚着全市上下的艰苦努力。一年来,我们克服项目审批、要素制约、市场变化等重重困难,化解诸多不利因素。面对国际金融危机影响加深,外需减弱的严峻局面,积极开拓海外市场,进出口快速增长。面对全球产业过剩,战略性新兴产业还未成型,大力优化产业结构,电子信息产业强势成长。面对宏观调控政策收紧，努力增强投资对经济增长的支撑作用，小南海水电站等一批重点项目前期工作取得重大突破，巴斯夫MDI项目三上国务院会议最终获批。面对资源供给的严重制约,未雨绸缪、多方协调,煤、电、油、运基本满足企业生产和群众生活需要,用地指标保障有力,资金供给充足。

2012年经济社会发展面临若干挑战。一是缩小城乡差距任务仍然艰巨。"十二五"规划城乡收入差距由2010年的3.3:1缩小到2015年的2.5:1,年均缩小0.22,2011年仅缩小0.15,且农民增收部分来自农产品价格上涨和闲置资源开发利用,后四年完成缩差任务较重。二是能源形势依然紧张。预计2012年最大电力缺口超过400万千瓦,必须提前谋划应对措施。三是劳动力供应结构性短缺。劳动密集型产业快速发展,部分区县出现用工短缺，部分企业用工流失率较大。四是环境约束加剧。我市正处于工业化加快发展阶段,产业快速发展与减排矛盾突出。五是需求协调拉动经济增长的基础尚不牢固。近几年投资增长较快，对经济增长的贡献率超过70%。消费快速增长面临诸多不确定因素,城乡居民为满足刚性消费而节省开支，国家部分刺激消费政策退出，房地产市场调控使居住类消费低位运行。世界经济衰退呈长期化趋势,外需增长空间受到挤压。

二、"十二五"规划2012年预期目标

2012年,世界经济形势十分严峻复杂,国内经济政策总基调"稳中求进",我市发展基础和环境良好,有望保持平稳较快增长。对接"十二五"规划纲要,体现加快落实"314"总体部署,提出34项预期目标(表2)。

--经济增长:GDP增长13.5%左右,比"十二五"规划高1个百分点,比2008-2010年预期

目标分别高1.5、1.5和0.5个百分点，与2011年一致。

一是固定资产投资增长18%。比"十二五"规划高8个百分点，与2009-2011年预期目标持平，总量9000亿元，比2011年新增1400亿元，其中基础设施投资3000亿元，新增520亿元；工业投资3000亿元，新增500亿元；房地产和民生工程等投资3000亿元，新增380亿元。由于投资基数大、增速已经较高，加之扩张性财政政策退出，投资增速必然回调。

二是社会消费品零售总额增长18%。比"十二五"规划高2个百分点，与2010年、2011年预期目标持平。我市民生导向、共富发展道路越走越宽，居民收入进一步增加，消费能力进一步提升，金融中心和"三都"建设提档升级，辐射周边能力增强，都将有力支撑消费保持较高增长。2008-2011年实际分别增长25.5%、15.5%、18.5%和18.5%，今年计划留有余地。

三是进出口总值增长50%。与"十二五"规划持平。随着内陆开放高地建设提速，开放平台日臻完善，笔记本电脑产能加快释放，进出口预期新增150亿美元。考虑到外部需求有所减弱，目标不宜再提高。

——结构质量：加快建设笔记本电脑基地、长江上游金融中心，战略性新兴产业增加值、金融业增加值占地区生产总值比重分别达到16.5%和8%。更加注重破解城乡二元结构，引导农民转户进城，户籍人口城镇化率达到41%。

——资源环境：做好节能减排工作，单位地区生产总值能耗降低3.5%左右，森林覆盖率达到40%。

——社会民生：城镇居民人均可支配收入、农民人均纯收入分别增长13%和18%。保持重要商品供给平衡，加强价格调控，居民消费价格指数上涨控制在4%左右。

三、"十二五"规划2012年重点建设任务

牢牢扭住重点项目建设不放松，着力优化投资结构，提高投资效益，构建基础设施网络、基本公共服务、现代产业三大体系，增强对投资增长的带动作用。抓好年度10大工业项目、8大基础设施项目和主城10大片区建设。

专栏1:10大工业项目

1.20纳米12英寸集成电路：力争2012年落户并开工，总投资40亿美元，2013年投产。

2.液晶面板生产线：力争2012年落户并开工，总投资20亿美元，实现50%笔电面板重庆造。

3.硬盘：力争2012年落户并开工，总投资近10亿美元，实现电脑核心部件突破。

4.3000万台打印机：2012年3月份启动，上半年建成。

5.30万台服务器：总投资约70亿元，力争2012年配套基础设施基本具备并开工，建成后预计年新增销售收入80亿元。

6.熔融炼铁：重钢拟与韩国浦项成立合资公司，总投资150亿元，引进世界最先进的非高炉炼铁技术，建成后将形成300万吨钢产能。

7.MDI(二苯基甲烷二异氰酸酯)：是聚氨酯的核心原料，聚氨酯广泛用于汽车、建材、轻工等领域。德国巴斯夫公司与重庆化医集团合作，总投资350亿元，采用循环经济模式建设40万吨/年MDI及配套项目。

8.100万辆汽车及200万台发动机：指长安汽车城整车及发动机项目，总投资180亿元，到2015年形成100万辆整车及200万台发动机生产能力，实现产值1500亿元，直接提供就业岗位4.6万个，带动相关就业32万人。

9.飞机制造：与世界知名直升机公司合作，投入4000万欧元，形成50-100架直升机产能。

10.千万千瓦电站：总装机容量1088万千瓦，总投资605亿元，包括华能两江燃机、习水二郎电厂、煤电一体化安稳电厂扩建工程、百万千瓦热电联产、百万千瓦可再生能源发电等项目，"十二五"期间陆续建成投产，年新增发电量500亿千瓦时。

表 2 2012 年国民经济和社会发展主要预期目标

	指标名称		单位	“十二五”规划目标	2012 年预期目标	
					总量	增速（%）
经济增长	1.地区生产总值		亿元	15000	12000	13.5
	2.人均生产总值		元	50000	39500	
	3.工业总产值		亿元	25000	18000	25
	4.固定资产投资		亿元	〔45000〕	〔16600〕	18
	5.社会消费品零售总额		亿元	6000	4000	18
	6.进出口总值		亿美元	1000	440	50
	7.实际利用外资		亿美元	〔500〕	〔200〕	
	8.区域合作引资		亿元	〔18000〕	〔10000〕	25
结构质量	9.城镇化率	常住人口口径	%	60	57	
		非农户籍口径	%	50	41	
	10.非农产业增加值比重		%	95	93	
	11.金融业增加值比重		%	10	8	
	12.战略性新兴产业增加值比重		%	25	16.5	
	13.地方财政一般预算收入		亿元	–	1710	15
	14.单位地区生产总值生产安全事故死亡率		人/亿元	0.1	0.18	
	15.研发经费支出占地区生产总值比重		%	2.2	1.5	
	16.发明专利授权数		件/年	4000	2400	
资源环境	17.人口自然增长率		‰	＜5.5	5	
	18.三峡库区长江干流水质		类	总体Ⅱ	总体Ⅱ	
	19.主城区空气环境质量满足Ⅱ级天数		天	＞311	＞311	
	20.单位地区生产总值能耗降低		%	〔16〕	〔7.17〕	
	21.单位地区生产总值二氧化碳排放降低		%	〔17〕	〔7.55〕	
	22.单位工业增加值用水量降低		%	〔25〕	〔14.1〕	
	23.主要污染物排放总量减少	化学需氧量	%	〔7.2〕	〔2.96〕	
		二氧化硫		〔7.1〕	〔3.51〕	
	24.耕地保有量		万公顷	220.85	221.33	
	#基本农田保护面积		万公顷	183.33	183.33	
	25.工业固体废弃物综合利用率		%	80	＞80	
	26.森林覆盖率		%	45	40	
社会民生	27.城镇居民人均可支配收入		元	31000	22880	13
	28.农村居民人均纯收入		元	12000	7600	18
	29.九年义务教育巩固率		%	95	95	
	30.居民消费价格指数		%	–	4 左右	
	31.公租房面积		万平米	〔4000〕	〔4000〕	
	32.城乡养老保险参保率		%	80	85	
	33.城乡医疗保险参保率		%	95	95	
	34.城镇登记失业率		%	＜3	3.3	

注：1.〔〕为规划期累计数；单位地区生产总值能耗降低、单位地区生产总值二氧化碳排放降低、单位工业增加值用水量降低、主要污染物排放总量减少目标以国家下达数为准。

2.投资统计口径，“十二五”规划目标为 50 万元以上口径，2011–2012 年累计完成数为 500 万元以上口径。

专栏2:8大基础设施项目

1. 江北机场第三跑道和东航站区：总投资260亿元，“十二五”建成投用。相关配套项目投资200亿元。

2.1158公里铁路:2011年全部开工，境内总投资1138亿元,2012年投资160亿元。

3.68公里轨道:2012年竣工，完成投资180亿元,营运里程累计达到143公里。

4.1000公里高速公路:2011年全部启动，总投资985亿元,2012年投资210亿元。

5.果园港:2012年部分主体工程竣工，形成200万标箱吞吐能力。

6.电网:2012年投资150亿元，建成投用长寿500千伏，渝北礼嘉、涪陵龙桥220千伏等一批输变电工程项目,启动新疆-重庆、雅安-重庆特高压电网。

7. 通信枢纽：中国移动等投资陆地光缆建设,打通经新疆至欧洲的国际数据高速大通道。

8.大中型水利工程:“十二五”投资1000亿元,2012年完成200亿元。

专栏3:10大城市片区开发项目

1.朝天门片区:占地0.11平方公里，建筑规模82万平方米,总投资210亿元。

2.江北嘴中央商务区:占地5平方公里，建筑规模980万平方米,总投资400亿元。

3、化龙桥片区:占地1.28平方公里，建筑规模360万平方米,总投资300亿元。

4.钓鱼嘴半岛和老重钢片区:占地24.4平方公里,建筑规模3511万平方米,总投资2155亿元。

5.九龙半岛片区:占地5.59平方公里，建筑规模941万平方米,总投资400亿元。

6.西永组团核心区(L地块):占地7.42平方公里,建筑规模1200万平方米,总投资500亿元。

7.龙洲湾滨江片区:占地15平方公里，建筑规模1150万平方米,总投资650亿元。

8.龙兴复盛片区:占地178平方公里，建筑规模1000万平方米,总投资3000亿元。

9.悦来会展中心片区和中央公园片区:悦来会展中心片区占地18.67平方公里，建筑规模1100万平方米,总投资1000亿元。中央公园片区占地1.53平方公里，建筑规模11万平方米，总投资46亿元。

10.礼嘉片区:占地7.8平方公里,建筑规模8100万平方米,总投资350亿元。

(一)加快建设国家重要先进制造业基地和西部现代服务业高地

一是壮大提升传统优势产业。汽摩产业,完工力帆10万辆整车、银翔10万辆整车、嘉陵整体搬迁及技改等项目,开工长安铃木二工厂、上汽通用五菱乘用车及发动机、潍柴乘用车等项目，加快推进中国汽车研究院汽车研发与测试基地、长安鱼嘴基地、福特发动机及变速箱等项目，做好福特三工厂及研发中心等项目前期工作。装备制造业,完工赛力盟电机、重庆变压器等项目,开工通用大螺杆压缩机、江北机械厂、巴南水轮机厂搬迁等项目，加快推进机床集团及起重机厂搬迁、重齿公司1.5兆瓦风电齿轮、四联蔡家仪器仪表基地、耐德环保装备等项目。化工产业,完工化医大甲醛等项目,开工川维三期、华峰己二酸二期、建峰PTMEG、蓬威石化PTA技改扩能等项目，加快推进巴斯夫MDI一体化、东方希望PVC一体化等项目,继续推进炼化一体化项目前期工作。材料产业,完工新格再生铝、戴卡捷力轮毂等项目,开工15万吨镁合金、建工工业园綦江园区等项目,加快推进中铝萨帕新型铝材、天泰铝业大板锭扩能、博赛铝产业链等项目，做好重钢浦项FINEX等项目前期工作。轻纺产业,完工九龙及理文造纸二期等项目,开工万州西部轻纺城、巴南轻工产业基地等项目,加快推进海尔重庆工业园、格力电器西南制冷产业基地、合川轻纺工业园、黔江桐乡丝绸工业园等项目。

二是加快发展战略性新兴产业。全面实施“2+10”产业集群建设方案。夯实笔记本电脑基地产业基础,推动宏碁、富士康等整机生产企业继续扩大生产,新引进配套企业200家,累计达到600家以上，大力推进液晶面板、硬盘、3000

万台打印机等计算机核心零部件及外设项目，力争本地配套率超过80%。建设离岸数据处理中心，积极推进两江新区30万台服务器云计算中心、江津云计算产业园、车联网、物联网、智能环保、智能家居等项目。加快培育发展十大产业集群，力争三星芯片、欧直直升机、华大基因等项目落户，加快新能源汽车研发及产业化示范，大力推进8英寸芯片、LED产业基地、生物产业园、超声无创医疗产业基地、高清编解码芯片、电子商务平台等项目建设。加强燃煤烟气净化国家地方联合工程研究中心、混合动力乘用车国家地方联合工程实验室等重大创新平台建设，大幅提升战略性新兴产业整体水平。

三是大力发展现代服务业。金融业，新增银行、证券、保险机构20家以上、小额贷款公司20家、融资性担保公司20家，推进一批企业上市，加速结算中心建设。开工五一路金融中心等项目，加快推进解放碑金融街、江北嘴金融城等项目。加快设立贵金属交易所、城市矿产交易所、文化产权交易所等要素市场，争取汽车金融公司获批开业。商贸物流业，加快"三基地四港区"国家级物流枢纽规划与建设，完工团结村物流园区货运枢纽、荣昌畜牧产品交易市场等项目，开工双福国际农产品批发物流市场、重庆车谷、三峡农产品综合批发市场等项目，加快推进朝天门国际商贸城、永川港桥物流园、秀山(武陵)现代物流园区等项目规划与建设。提高"渝新欧"国际大通道运行效率，力争国际货机每周50班，"渝-昆-缅(越)"国际铁路集装箱试运行。做好渝中区国家级服务业综合改革试点。

(二)实施一批重大民生工程

一是扩大就业创业。加快建设市区两级就业市场、创业指导中心，推进返乡创业示范区县、特色园区和创业孵化基地建设，培育新的就业增长点。二是优先发展教育。稳步扩大高校规模，建设一批特色高中，办好一批农村初中，新建、改扩建幼儿园440所，鼓励支持城市幼儿园民办和高等职业技术教育。增加城镇接收进城农民工子女就读学校数量，深入推进"蛋奶工程"和"爱心午餐"，实现中职教育免费全覆盖，培养照顾好110万农村留守儿童。三是健全社会保障。新建一批县福利服务中心、乡镇敬老院、社区托老所，大力支持县级医院建设，开展重大疾病医疗救助试点，促进城乡养老、医疗保险无缝衔接，稳妥解决社保遗留问题。四是大力发展文化事业和文化产业。挖掘文化资源，打造文化精品，做好历史文化与工业遗产保护，推动文化大发展大繁荣。五是加快建设健康重庆。推进区县体育场馆改造，开展群众体育活动，实现公立医院改革试点全覆盖。六是初步建成全国安全保障型城市示范区。

专栏4:社会民生重点项目

教育:开工交通大学双福校区二期、资源与环境保护职业学院、五一高级技工学校新校区等项目。

文化:完工国泰艺术中心、重庆出版传媒创意中心、自然博物馆、群众艺术馆、国际博览中心等项目，加快推进十大书城、国际马戏城、现代印刷包装基地、解放碑时尚文化城、两江国际影视基地、新闻传媒中心、国家数字出版基地等项目。

卫生、体育:完工市中医院迁建二期、重医附一院金山医院医疗综合大楼、乡镇卫生院和社区卫生服务中心标准化建设等项目，开工市肿瘤医院改扩建二期、重医附二院江南医院等项目，加快推进市儿童医疗中心、市妇幼保健院迁建等项目。完工市射击射箭中心一期等项目，开工市体育运动学校、重庆西城公园等项目，加快推进沙坪坝区体育中心等项目。

(三)加快建设内陆开放高地

一是提速建设两江新区。以引进战略性重大项目为突破口，积极打造汽车、云计算、航空、轨道交通等十大产业基地，集中力量推进城市建设，初步形成国家级新区形象。二是加快建设两路寸滩保税港区。争取获批动植物进口、整车进口和废旧金属进口等口岸，打造内陆口岸高地。三是积极打造国家服务外包基地及国家电子商务示范城市，力争离岸服务外包进入全国

10强。四是帮助企业"走出去",重点推进一批海外并购项目。五是加强区域合作。科学承接产业转移,落实好省际战略合作,加强与贵州等省资源开发利用合作,支持周边地市实施"融入重庆"战略。

专栏5:内陆开放重大项目

开放平台:开工空港综合配套区基础设施、空港功能区保税贸易配套服务中心等项目,加快推进万州经开区、长寿经开区基础设施建设,高新区信息产业基地等项目。

招商引资:重点引进汽车整车及板材、汽摩零部件制造、工程机械制造、甲醇制烯烃、西部数据业务中心、生物制药等项目。

"走出去":重点推进埃塞俄比亚重庆工业园和一批海外并购项目,继续推进重钢集团开发西澳磁铁矿、粮食集团境外优质粮油基地建设等项目。

(四)促进统筹协调发展

一是着力培育国家中心城市。加快外环大型功能区建设,完善6个区域性中心城市功能,增强辐射带动作用,分层次指导500个现代化小城镇和国家级历史文化古镇的规划建设。二是加快三峡库区后续发展。完成15个现代农业和8个城镇移民安置小区困难帮扶试点项目建设。三是着力建设社会主义新农村。全面推进粮食稳产增产行动,总产量1100万吨以上,加快建设蔬菜保供体系,产量1450万吨,稳量提质发展生猪,建设库区生态渔场。进一步完善基础设施,新建和改建农村公路8000公里。四是加大扶贫开发力度。编制实施武陵山、大巴山扶贫攻坚规划,出台支持贫困区县发展政策,实现涪陵、黔江脱贫摘帽。扶贫移民和生态移民10万人以上。五是努力建设"两型"社会。完成森林工程建设任务500万亩,其中长江两岸森林工程130万亩。研究两江四岸综合整治。主要污染物排放总量完成国家下达目标。长江、嘉陵江、乌江干流重庆段水质保持稳定,完成主城区14条、三峡库区7条次级河流综合整治,加快建设沿江城镇污水垃圾处理设施。深入推进低碳经济试点和碳排放权交易试点,开展低碳产品认证,规划建设低碳产业园。

专栏6:统筹协调发展重大项目

新农村建设:完工贫困乡村旅游、光大城市生态奶业、青花椒种植及深加工产业化等项目,开工雨润工业园、渝北肉鸭产业化工程等项目,加快推进长寿现代农业示范基地、忠县国家农业科技园、重庆花木世界、黄瓜山乡村旅游区基础设施等项目。

环境保护:完工次级河流生活污染治理、巴南区界石垃圾二次转运站、江北唐家沱污水处理厂三期扩建等项目,开工万州垃圾焚烧发电厂、江北黑石子餐厨垃圾处理厂扩建等项目,加快推进大渡口垃圾焚烧炉产业化等项目。

(五)完善现代化综合基础设施体系

一是加强重大交通基础设施建设。加快推进一批重大项目建设,新增铁路营运里程77公里、城市轨道通车里程68公里、港口集装箱年通过能力300万标箱。铁路,力争完工遂渝二线,确保南涪铁路等项目竣工,开工渝黔新线、三南铁路、重庆北站扩建、沙坪坝站综合改建等项目,加快推进渝万、兰渝、渝利、成渝客专、渝涪二线等项目,做好渝怀二线涪陵-怀化段、黔张常铁路、郑万铁路、重庆西站综合交通枢纽等项目前期工作。高速公路,开工秀山-松桃重庆段等项目,加快推进江津-合江二期、奉节-巫山二期、三环高速、沿江高速、成渝高速复线、奉节-巫溪、达州-万州-利川等项目。航空,加快推进江北机场第三跑道及东航站区前期工作,确保项目可行性研究报告获批。港航,完工乌江河口-白马航道整治工程等项目,加快推进果园港二期、万州新田港、涪陵龙头港等项目。轨道交通,完工一号线沙坪坝-大学城段、三号线二塘-鱼洞段、六号线五里店-礼嘉-悦来会展中心段,开工三号线北延伸段、五号线一期歇台子-金渝路段、环线重庆大学-奥体中心段等项目,加快建设二号线南延伸段、六号线二期等项目,推进城市快速路,加快建设城口-万源等快速干道,打通区域间断头路。

二是加快构建能源保障体系。推进三个“千万千瓦”电源战略布局,水电、火电、热电联产建设规模分别达到150万千瓦、786万千瓦、152万千瓦。水电,完工盖下坝、渡口坝等项目,开工小南海电站等项目。火电,加快推进石柱电厂、合川电厂扩建等项目,争取奉节电厂、贵州习水二郎电厂尽快获批;做好九龙电厂环保迁建、重庆电厂环保迁建、陕西安康电厂、江津油溪电厂、神华万州电厂等项目前期工作。加快推进万州盐气工业园、白涛化工园、龙桥工业园、巴斯夫MDI一体化项目配套热岛中心等热电联产项目。新能源,加快推进奉节茅草坝、金凤山,石柱狮子坪、玉龙、大堡梁等一批风电项目和丰都、彭水生物质发电项目。煤炭,加快推进涪陵龙头港、渝北洛碛等市级储煤基地建设,支持国有重点煤炭企业实施安全改造。着力稳定川煤、贵煤、云煤供应,积极拓展宁煤、陕煤、疆煤、秦皇岛煤入渝。石油、天然气,完工重庆-綦江成品油管道工程等项目,开工天然气LNG应急储备等项目,加快推进相国寺地下储气库、中卫-贵阳天然气联络线重庆段、中石油四川盆地重庆地区油气滚动勘探开发、都市区天然气外环管网及区域性中心城市输气干线工程等项目。

三是强化水资源保障能力。抓好重大水利工程建设,发挥已建成水利工程效益,全面推进水利改革试点。水库,完工大足玉滩大型水库、“泽渝”一期中型水库等项目,开工4座“泽渝”二期中型水库,加快推进金佛山大型水库等项目,做好观景口大型水库等项目前期工作。防洪工程,完工60处以上中小河流治理项目,400座重点和150座一般小(2)型病险水库除险加固。开工8处城市堤防工程和50处以上中小河流治理项目。农田灌溉,全面推进19个小型农田水利重点县和8个大型灌区建设,新增3-5个小型农田水利重点县,新开工2处中型灌区,新增有效灌溉面积30万亩,保障人畜饮水安全。

四是提升通讯能力。完善通讯基础设施,加快建设重庆经新疆至欧洲的国际数据高速通信大通道,逐步将重庆打造成为内陆通信枢纽。

(六)做好调控加强保障

一是加强能源保障。力争外购电煤830万吨、电量200亿千瓦时,保供天然气80亿立方米,储备成品油50万吨。继续实施农网改造升级工程。二是打造“五低”环境。切实降低税费、物流成本、要素成本、土地房产成本、融资成本,改善投资环境。研究主城外环及全部高速公路收费调整方案。三是抓好土地调控。调整建设用地分配方案,加大建设用地储备,确保重点基础设施、重大产业和民生工程项目用地需求。四是加大招商引资力度。着力抓好电子、石化、汽车三个千亿级大项目,推动炼油厂项目早日落地。五是做好重点项目安排。力争完工60个、开工60个、前期工作突破40个、招商签约40个,完成投资2600亿元。六是合理布局建设项目。资源、基础设施和产业项目向两江新区、“两翼”倾斜。七是加强资金调度。积极争取中央资金,统筹调度地方财政资金,努力增加信贷规模,强化企业自筹,加大金融体系直接融资和其他渠道融资力度。

四、“十二五”规划2012年统筹城乡改革任务

加快推进重点领域和关键环节改革,基本形成大城市带大农村发展的良性机制、规范有序的土地流转及利用制度,落实和完善农民工有序迁居城镇的政策制度,全面完成统筹城乡改革第一阶段目标。

(一)推进城乡要素合理配置

一是形成户籍改革长效机制。建立户籍改革制度性转移通道,确保农村宅基地退地、补偿、利用流程的正常运转,切实维护转户居民就业、医疗、子女教育等合法权益,实现转户50万人。二是深化地票制度改革。将经营性用地以地票配给指标的规定覆盖全市,实行地票价款直拨,探索地票电子化交易。建立地票交易示范点。三是推进农村金融服务改革。扩大农村“三权”抵押规模,融资300亿元以上。扩大农业保险试点范围和品种,稳步发展村镇银行、小额贷款公司和涉农担保公司。完善农村金融风险防

范和处置机制。四是完善农村商贸流通体系。培育面向农村、农民的龙头商贸企业，大力发展农村新型专业合作社和股份合作社。鼓励和支持邮政、供销社等国有和民营企业发展农村物流。加大农村商贸基础设施投入，引导农村商业网点标准化、信息化改造。五是加快农村产权制度改革。推进农村集体资产股份化改革试点，出台农村集体资产处置办法，稳妥开展农村房屋交易试点。

（二）加强收入分配调节

一是建立工资正常增长和支付保障机制。探索工资增长与劳动生产率、企业利润、高管薪酬“三挂钩”机制，逐步缩小工资差距。对市属国有企业工资总额实行预算管理，将职工工资增长纳入企业业绩考核内容。二是完善个人所得税征收。强化对高收入者相对集中行业和人群的征收监控，对残疾、孤老人员等弱势群体减征80%的个人所得税，对农村土地承包经营权流转所得不征收个人所得税。三是减轻企业税负。对小型微利企业、微型企业、安置残疾人员企业给予税收优惠。四是减轻普通劳动者税负。农业生产者销售的农产品免征增值税，生态、扶贫和避灾移民的政府安置房免征契税，实行新的车船税征收标准。五是大力发展非公有制经济。推进“1221”新一轮中小企业成长工程，新创建一批市级小企业创业基地、都市工业园（楼宇）等，新发展微型企业3万户，解决就业30万人以上。六是深化住房制度改革。健全“双轨制”住房保障体系，争取出台公租房管理地方性法规，建立健全公租房建设长效机制。加快保障性安居工程建设，开工公租房1350万平方米。继续加强房地产市场调控，确保房地产业持续健康发展。深入开展房产税试点。引导企业向21个大型聚居区和区域性中心城市拓展。

（三）进一步完善“圈翼”协调发展机制

一是优化转移支付制度。加大对区县转移支付力度，缩小“圈翼”人均财力差距。完善并统一专项补助政策，建立补助正常增长机制，加大对贫困区县脱贫摘帽和资源枯竭城市的补助力度。二是创新“圈翼”对口帮扶机制。“一圈”对“两翼”的帮扶总量中资金占比不低于90%。建立完善帮扶资金用作园区建设、基础设施建设以及扶贫开发等项目融资担保或补充还款的新机制，推进“两翼”区县工业园区50亿元再融资落实到位。三是全面完成“两翼”农户万元增收任务。

（四）推动集中示范点建设

积极推进与国家开发银行重庆分行的统筹城乡金融合作，撬动更多资源加大对20个集中示范点的支持，实施好集中示范点建设项目年度任务，形成可供示范借鉴的各具特色的统筹城乡改革路径。

专栏 7:2012 年公租房项目单位:万平方米

项目名称	开工年度	建筑规模	其中住房		2011 年完成情况	2012 年进度要求
			套数	面积		
1.地产鸳鸯	2010	113.5	17876	95.5	大部分进入主体施工	工程完工
2.地产大竹林	2010	123.2	20868	101.8	大部分进入主体施工	工程完工
3.地产华岩	2010	123.3	18104	89.8	大部分进入主体施工	工程完工
4.城投西永	2010	147.3	24458	130.6	工程完工	交房入住
5.城投蔡家	2010	106.9	17000	86.5	工程完工	交房入住
6.城投茶园	2010	203.8	34000	156.7	全部进入主体施工	工程完工
7.西永园区	2010	182	30200	153	大部分进入主体施工	工程完工
8.空港望月	2010	43	7650	38.2	除 3 栋楼房外，其余已完工	交房入住
9.远郊区县	2010	255	50000	251	全部进入主体施工	工程完工
10.地产钓鱼嘴	2011	68.5	9946	46.6	正在平场	全部进入主体施工
11.地产木耳	2011	180.9	30570	143.5	正在平场	全部进入主体施工
12.地产金凤	2011	60	10200	51	正在征地	全部进入主体施工
13.城投西彭	2011	71.7	10960	55.3	全部进入主体施工	工程完工
14.城投龙洲湾	2011	140.4	17455	100.6	完成大部分基础施工	工程完工
15.城投陶家	2011	103.7	11552	74.5	正在平场	所有楼房封顶
16.城投界石	2011	85.8	12000	61.2	正在征地拆迁	所有楼房封顶
17.两江集团	2011	398	64976	306	全部进入基础施工	所有楼房封顶
18.西永园区	2011	115	17800	99	完成平场	部分楼房封顶
19.空港揽月	2011	60	12000	48	完成征地拆迁	大部分楼房封顶
20.远郊区县	2011	310	60000	305	部分进入主体施工	大部分楼房封顶
21.大学城、两江工业园区、城投歇马等	2012	1350	未定	未定	完成选点	开工

专栏8:统筹城乡集中示范点建设

区 县	集中示范点范围	重点改革领域	2012年主要任务
1．涪陵区	义和镇、蔺市镇	城市资源下乡	探索建立城市资源下乡保障机制及“三权”抵押试点。
2．永川区	黄瓜山镇		
3．九龙坡区	白市驿镇、西彭镇	乡村规划	编制乡村规划，依托国土整治项目，改善农村生产、生活条件。
4．江北区	五宝镇		
5．江津区	现代农业园区	现代农业产业化	开发现代农业多种功能，探索转让、入股等多种流转方式和以社、村为单位的土地整体流转模式。
6．南川区	生态农业示范区		
7．巴南区	石龙镇、天星寺镇	农村集体土地股权化	探索农村集体土地股份化改造路径，壮大集体经济组织。
8．北碚区	静观镇		
9．大足区	龙水镇、智凤镇	农民专业合作社	探索专业合作社与土地经营权结合的新模式，引导农户以农村土地经营权入股专业合作社。
10．石柱县	黄水镇		
11．万州区	分水镇、武陵镇	农民集中居住	探索农民集中居住模式和农村社区建设管理新模式。
12．璧山县	大路镇		
13．梁平县	金带镇	农村资金互助社	以设立农村资金互助社为突破口，建立多层次农村资金融通体制。
14．潼南县	太安镇		
15．渝北区	洛碛镇	乡村环境综合整治	开展农村环境综合整治，实施农房整治工程，探索乡村旅游发展特色模式。
16．长寿区	长寿湖镇		
17．合川区	三庙镇、草街镇	农民创业	探索鼓励农民创业的新机制，搭建创业平台，扶持创业项目，培训新型农民。
18．垫江县	高安镇		
19．黔江区	濯水镇	基本公共服务标准化	探索促进城乡公共服务均等化的体制机制，扩大基本公共服务覆盖面。
20．大渡口区	跳蹬镇		

关于重庆市2011年财政预算执行情况和2012年财政预算草案的报告(摘要)

——2012年1月8日在重庆市第三届人民代表大会第五次会议上

重庆市财政局 刘伟

各位代表:

受市人民政府委托,现将重庆市2011年财政预算执行情况和2012年财政预算草案的报告提请大会审查,并请各位政协委员提出意见。

一、2011年预算执行情况

2011年,在市委的领导和市人大的监督下,全市财政深入贯彻科学发展观,围绕提速落实"314"总体部署和国发3号文件,发挥财政职能,坚持依法理财,圆满完成了市三届人大四次会议批准的预算任务,保障了重大决策部署的落实到位,促进了全市经济社会的加快发展,为"十二五"良好开局提供了有力支撑。

(一)全市财政收支执行情况

市三届人大四次会议批准2011年全市地方财政收入预算2100亿元,完成2908.8亿元,增长46.1%。其中,一般预算(含国资经营预算,下同)收入完成1488.2亿元,增长46.2%;基金预算收入完成1420.6亿元,增长46.1%。

全市地方财政收入2908.8亿元,加中央补助、上年结转等1843.4亿元,减上解中央21.5亿元后,全市支出预算由年初2614亿元变动为4730.7亿元,实际完成3961.7亿元,增长44.2%。其中,一般预算支出完成2573.5亿元,增长45.5%;基金预算支出完成1388.2亿元,增长42%。当年收支平衡。

(二)市级财政收支执行情况

一般预算。市三届人大四次会议批准2011年市级收入预算459.5亿元,完成618.9亿元,增长43.4%。经市三届人大常委会第二十四次会议批准支出预算调整为529.6亿元,加执行中增加的中央补助等转移性收入642.1亿元、当年超收159.4亿元、上年结转264.9亿元,减执行中增加补助区县等转移性支出394.4亿元,支出预算变动为1201.6亿元,实际完成919.8亿元,增长46.8%。

基金预算。经三届人大四次会议批准2011年市级收入预算535亿元,经市三届人大常委会第二十四次会议批准调整为543.3亿元,完成889.1亿元,增长66.8%。支出预算423.3亿元,加执行中增加的中央补助等转移性收入46.4亿元、当年超收345.8亿元、上年结转77.4亿元,减执行中增加补助区县等转移性支出36.1亿元,支出预算变动为856.8亿元,实际完成721.6亿元,增长44.6%。

一般预算超收159.4亿元,市三届人大常委会第二十五次会议已审定分配33亿元。余下126.4亿元中,税收超收27.6亿元拟用于微型企业、收入分配改革、教育、社保、卫生、文化、安全等民生支出,以及电子信息产业发展、园区建设等;非税超收98.8亿元拟用于城市建设、支持企业发展和购买污水处理服务等。基金超收345.8亿元,拟用于基础设施建设、国有重点企业资本金补充和征地成本补偿等。

(三)预算执行特点

第一,增长持续高位,收入规模再上台阶。2011年,在经济转型升级、对外开放提速的进程中,全市经济发展动力进一步增强,综合效益显现。全社会固定资产投资增长29.5%,进出口总额增长125%,社会消费品零售总额增长18.5%,

拉动地区生产总值增长16.5%，有力支撑了全市财政收入持续高位增长。

总量再创新高。全市一般预算收入1488.2亿元，连续24个月增长超过40%，提前2个月完成全年预算任务，全年增幅高于全国平均水平，财政总体实力迈上新台阶，保障能力进一步增强。

税收支撑有力。一般预算收入中，税收收入881亿元，增长41.7%，增幅居全国第2位，收入质量进一步提高。营业税、企业所得税、土地增值税、耕地占用税、契税增长40%以上，五个税种增收209.6亿元，对税收增收贡献超过80%。房地产业、建筑业和制造业增收185亿元，对税收增收贡献超过70%。

区县增长强劲。"一圈"、渝东北和渝东南一般预算收入分别增长47.8%、55.2%和40%，其中税收收入分别增长43.3%、47.7%和41.5%。区县一般预算收入增幅高于市级4.8个百分点，18个区县超过全市平均水平，区县间协调性不断增强。

财政收入高位增长，得益于全市经济加快发展、持续向好，也与征管加强、政策调整等因素相关。房地产行业税收专项检查和跨年清算入库、提高土地增值税预征率和征收率、取消契税减半优惠，拉动税收增长8.2个百分点；两江新区建设提速、扩城战略提升土地价值、笔记本电脑等新兴产业效益显现，拉动税收增长3.7个百分点；统一内外资企业城建税政策、天然气资源税由从量征收改为从价征收，拉动税收增长1.1个百分点。上述因素对增收贡献为13个百分点，全年税收收入常态增长28.7%，与经济增长水平相协调。

第二，多予少取并举，推动经济跨越发展。正确处理财政与经济的关系，积极对接国家宏观调控政策，综合运用财政政策、资金，加强和改善对经济运行的调节，有力促进了全市经济持续、快速增长。

优化财税环境。落实西部大开发政策等减轻税负150亿元。出口退税65亿元促进汽摩、机电等特色优势产品扩大外销。兑现50亿元财政补助推动重点产业发展。清理市级扶持政策。取消行政事业性收费31项。通过落实税费扶持政策，为实体经济发展营造低税率、广优惠的财税环境。

支持对外开放。围绕两江新区、保税港区、开发区发展定位，分类设计财税政策，注入资本金和兑现补贴135.2亿元，加快开发建设，推动完善功能。安排58.3亿元，落实铁路、机场建设征地拆迁资金和地方配套资本金，兑现港口航运货物补贴，促进渝新欧铁路运输和铁海联运，支持开辟中东、欧洲等国际航线，打通对外通道。安排5.2亿元，支持企业投资矿产、农业和承接海外工程等，奖励商品出口，补助信用担保和融资担保，推动企业"走出去"。

加快结构调整。围绕品牌商、代工商、零部件企业产业集群打造，量身定做物流、出口、订单等扶持政策，支持重大项目"落地"，加快笔记本电脑产业发展。安排19.6亿元，支持重钢环保搬迁、千亿汽车城打造，推动机电、化工等传统优势产业改造升级。安排7.1亿元，兑现金融落户奖励政策，加速集聚金融机构，支持打造区域金融中心。设立1亿元专项资金，推动物流业一体化、标准化建设，打造西部物流中心和国家物流枢纽城市。筹集3亿元，支持旅游产业整体营销、提档升级。筹集9.8亿元，加快城乡商贸流通体系和购物、会展、美食之都建设。安排16.6亿元，淘汰落后产能，加快节能技改，支持清洁生产，减少主要污染物排放量。

保障平稳运行。积极应对，新设立12亿元财政专项，补助电煤储备和外购电，避免拉闸限电，满足群众生活和企业生产用电需求。安排22亿元，补助成品油储备，增加城市公交、农村客运等燃油补贴，切实减轻群众出行负担。安排8.2亿元，增加粮食、食用油等物资储备，稳定主要农产品价格。筹集4.2亿元，支持服务平台建设，提供项目、融资、技术、人才等服务，打造特色产业集群，扶持中小企业发展。安排1.8亿元，支持企业应急救援保障体系及安全生产"双基"

建设。

第三,保法定重基础,社会事业统筹兼顾。坚持公共财政方向,优先保障法定支出,注重社会事业投入,统筹兼顾、综合平衡,农业、教育、科技、文化、卫生等支出均达到法定增长要求,城乡基本公共服务均等化水平进一步提高。

全市“三农”支出584亿元,增长40%。财政水利投入64.1亿元,增长44%,推进骨干水源工程、小型农田水利设施建设,实施农村饮水安全工程、病险水库除险加固,开展中小河流治理、山洪地质灾害防治,有效保障了群众生产生活用水,有力提升了防汛抗洪能力。统筹35.3亿元,重点支持粮食、蔬菜、柑橘、畜禽、林果和渔业等产业发展,助推“两翼”农户万元增收。落实5.7亿元,注资兴农担保公司,补助农村新型股份合作社,建立“三权”抵押融资风险补偿金。安排31.9亿元,推进农业综合开发,落实种粮农民粮食直补等惠农政策。筹集47.9亿元,推进农村公路、巴渝新居和农民新村建设,对村级公益事业实行“一事一议”财政奖补。落实扶贫资金14.2亿元,增长21.4%,推进整村脱贫、移民搬迁和贫困村村级互助金试点。政策和资金的落实,增加了农民收入,改善了农村生产生活条件。

全市教育支出318.5亿元,增长32.5%,财政性教育支出占地区生产总值的比例保持4%,其中市级教育经费占市级经常性财政收入比例达到23.5%。投入33亿元,提高农村学校生均公用经费标准,完善义务教育经费保障机制。安排27.7亿元,实施校舍安全工程,推进薄弱学校改造,改善城乡中小学校条件。落实11.2亿元,推进“爱心午餐”、“蛋奶计划”,关爱农村留守儿童。安排6.8亿元,启动幼儿园改扩建,缓解“入园难”。安排25亿元,提高市属公办本科、高职院校生均财政拨款标准,推动化解高校债务,支持职业教育、民办教育发展及学生社会实践活动。投入21.8亿元,建立覆盖学前、中小学、中职和大学的教育助学体系。政策和资金的落实,保障了贫困家庭学生学习生活,推动了城乡教育均衡发展。

全市科技支出24.2亿元,增长35.2%,其中,市级应研资金支出5.2亿元,投入达到了《重庆市科技创新促进条例》有关规定的要求。落实2.4亿元,壮大科技风险投资引导基金规模,做实科技担保公司资本金。兑现奖励政策2亿元,支持高新技术企业发展,推进技术创新和科技成果转化。落实扶持政策,推动中科院重庆研究院落户。加大资金投入,支持知识产权保护模范城市建设。支持公益类科研院所改善条件,推动实施科技富民强县和科普惠农兴村计划。政策和资金的落实,提升了科技创新能力,支撑了经济加快发展。

全市文化体育支出30.8亿元,增长28.3%。安排2.4亿元,加快社区文化设施建设,完善基层公共文化服务体系,建立公共文化服务机构运行保障机制。增加演出场次补贴,鼓励精品创作,提高演职人员待遇,推动文艺院团改制和文化体制改革。在博物馆、纪念馆免费开放的基础上,推动美术馆、文化馆、公共图书馆和乡镇文化站、街道文化中心向社会公众免费开放。安排1.6亿元,支持公益广告建设和重庆卫视改版。大力支持文物保护、人文社科研究和文化产业发展。安排2.9亿元,加快农民健身广场、社区健身路径、登山步道等体育设施建设,培养体育人才,支持参加第七届全国城市运动会、第九届少数民族运动会和“十二运”备战。政策和资金的落实,丰富了群众文化体育生活,推动了文化发展繁荣。

全市卫生支出142.3亿元,增长50%。筹集52.8亿元,将城乡居民医疗保险补助标准从120元提高到200元。落实12.8亿元,把基本公共卫生服务财政补助标准从15元提高到25元,免费向城乡居民提供儿童计划免疫、健康档案等20项公共卫生服务。安排6.7亿元,实现基层医疗卫生机构基本药物制度全覆盖。筹集1.1亿元,支持乡镇、社区医疗机构实施标准化改造。安排2.8亿元,继续实行计划生育奖励扶助。筹集3.5亿元,开展食品安全综合治理,支持建立全程监控的食品质量安全监管机制。出台财税扶持政策，支持食品行业发展，维护群众饮食安全。政策和资金的落实，加快了医药卫生体制改革，缓解了群众“看病难、看病贵”。

第四，资金落实到位，重大决策保障有力。进一步解放理财思想，更加主动作为，多渠道筹措资金，合理安排支出，各项重大决策部署的投入均得以保障和落实。

继续推进公租房建设。财政投入128亿元，争取融资203亿元，加快公租房建设，改善中低收入者住房条件。在全国率先开展个人住房房产税改革试点，调整土地增值税和契税征管政策，落实主城区首套按揭房补助，促进房地产市场健康发展。

大力扶持微型企业发展。继续加大投入，筹措12亿元直接补助资本金，扶持新创办4万户微型企业。完善配套政策，积极跟进设计税费优惠、贷款贴息、风险补偿、创业培训、政府采购等配套政策，让微型企业办得起、可存活、能发展。

推动城乡居民养老保险提前实现全覆盖。筹集36.7亿元，养老保险覆盖城乡居民，360万60岁以上老人领取养老待遇。筹集32亿元，提高企业退休人员、农转非及超龄人员养老金。安排16.2亿元，完善节假日送温暖长效机制，支持市儿童福利机构“爱心庄园”开办运行。

支持重大基础设施和公益项目建设，提升城市品质。统筹175亿元，加快高速公路、城市快速通道、轻轨建设，支持优先发展城市公交。安排8.8亿元，全面推进主干道建筑立面改造和40个住宅小区整治。筹集35.2亿元，推进长江两岸绿化造林、天然林保护和实施森林生态效益补偿，推动次级河流治理和园博园、城市公园建设，支持创建国家森林城市、生态园林城市和环保模范城市。筹集7.9亿元，完善校园安保长效机制，加快阳光政法系统和应急联动防控体系数字化工程建设，提高群众安全感。

坚持财力向区县、“两翼”和基层倾斜，推动区域协调发展。全年市对区县各项补助总额达到1053.3亿元，增长34.7%。其中，财力性补助366.8亿元，专项补助686.5亿元。通过加大财力性转移支付，完善县级基本财力保障机制，增强6个区域性中心城市辐射能力，推进生态功能区和资源枯竭城市转型发展，提升31个远郊区县社会服务功能，支持112个市级中心镇、重点镇建设。全市一般预算的75%以上用于区县，区县最低人均财力超过7万元，为区县推进重大民生项目提供了财力支撑。

发挥财政分配调节作用，促进缩小收入差距。安排45.9亿元，提高城乡低保、农村“五保”、城市“三无”和重点优抚对象保障水平，支持建立社会救助标准与经济和物价挂钩的“双联动”机制。落实31亿元，保障教育、卫生等单位绩效工资及时足额发放。规范机关单位津补贴，推进事业单位分类改革。

各位代表，过去一年，面对落实重大决策部署对资金筹措的要求，面对有限财力与各方需求不断增长的平衡矛盾，面对宏观调控带来的信贷紧缩，坚持以前瞻的思维应对挑战、以宽广的视野配置资源、以科学的方法平衡资金，锐意进取，攻坚克难，有力保障了全市经济社会发展的财政资金需求。一方面，多方筹资，统筹平衡。加大整合力度，集中使用财力。提前调度资金，保障国有集团和区县重点项目建设。合理统筹收入，实施年度间滚动平衡。充分发挥财政政策、资金的引导作用，积极争取信贷资金、社会资金支持重大项目建设。加强财政与国资的协作互动，推动重大基础设施和公益项目建设。全年民生支出1418亿元，占一般预算55.1%。另一方面，严格管理，提升绩效。依法接受人大监督和社会监督。认真落实审计整改措施。优化支出定额，滚动项目预算，统筹结转结余，提高预算约束力和支出均衡性。开展家电下乡、技能培训、中职教育、廉租住房等财政惠民资金使用情况的专项检查。认真落实厉行节约有关规定，在市级党政机关开展“四清四定”，加强事业单位资产管理，控制“三公”经费预算追加。推进预算公开，提高财政资金分配使用透明度。

各位代表，近年来，政府财政工作坚持依法征收与涵养财源并举，扶持经济与改善民生并重，保障重点与压缩一般统筹，规范管理与提高绩效兼顾，探索出了一条体现民生导向、共富发展要求的科学理财之路，促进了全市经济社会持续快速发展。但是，要清醒看到，2011年一般预算增收中也有政策性、一次性及预算外收入纳入预算管理等因素，基金收入中搬迁安置、土地整治等成本性收入占比超过六成。与此同时，在财政运行中还存在一些困难和问题：收入结构有待优化，收支矛盾依然突出，一些区县和部门论坛、会议较多，专项资金使用仍存在浪费，债务潜在风险不容忽视。对此应高度关注并切实加以解决。

二、2012年预算草案

按照国务院《关于编制2012年中央预算和地方预算的通知》及全市经济工作会议精神，2012年预算编制的指导思想是：坚持以科学发展观为指导，认真贯彻落实积极财政政策，按照民生导向、共富发展要求，更加注重扶持经济发展，更加注重保障改善民生，更加注重保障完成内陆开放主体任务，依法理财，统筹兼顾，加强管理，提高绩效，促进全市经济社会持续快速健康发展。2012年预算拟作如下安排：

（一）全市财政收支预算草案

一般预算。收入拟安排1710亿元，增长15%。加中央补助收入减上解中央支出后，可供当年安排的财力为2413亿元。支出相应安排2413亿元。

基金预算。收入拟安排1420亿元，支出相应安排1420亿元。

（二）市级财政收支预算草案

一般预算。收入拟安排693.2亿元，同比增长15%，其中，税收收入391.4亿元，非税收入301.8亿元。加转移性收入743.3亿元，减上解中央22.8亿元和补助区县755.8亿元后，本级支出拟安排657.9亿元，增长22.5%。其中：一般公共服务支出39.6亿元，增长12.8%；公共安全支出38.9亿元，增长21.1%；教育支出61.2亿元，增长30.1%；科学技术支出9亿元，增长28.6%；文化体育支出8.2亿元，增长22.4%；社会保障和就业支出96.7亿元，增长19.6%；医疗卫生支出12.4亿元，增长23.1%；节能环保支出23.6亿元，增长15.2%；城乡社区和国土资源等事务支出106.8亿元，增长14.9%；农林水事务支出23.6亿元，增长23.2%；交通运输支出72.7亿元，增长23.4%；工业商业金融等事务支出57.9亿元，增长17.4%；保障性住房和扶持政策等重点支出100.3亿元，增长31.2%；预备费7亿元，占当年一般预算支出的1.1%。上述支出预算确保了农业、教育、科技、文化、卫生及社会保障、政法维稳等法定和重点支出需要。

基金预算。收入拟安排889.1亿元。扣除补助区县土地出让金150亿元后，本级支出拟安排739.1亿元，其中：城乡社区和国土资源等事务支出711.2亿元，交通运输支出等27.9亿元。

（三）支出安排重点

安排377亿元促进经济持续增长。主要是继续落实西部大开发税收优惠政策和两江新区、保税港区、开发区、特色园区财税扶持政策，打造低税费投资环境，提升内陆开放水平；支持壮大电子信息等战略性新兴产业，扶持物流、会展、金融、旅游等现代服务业，推动汽摩等传统优势产业升级；大力支持发展微型企业，缓解中小企业融资难题；兑现家电（摩托车）下乡财政补贴，推动城乡商贸流通体系建设；落实农资综合直补等惠农补贴，支持农业综合开发，发展蔬菜、柑橘、畜禽等现代农业，推动“两翼”农户万元增收；支持电煤、天然气、粮油等重要物资储备，保障市场供应及物价基本稳定；加大科技投入，增强自主创新能力；鼓励重点项目节能技改、污染企业环保搬迁，加快淘汰落后产能。

安排682亿元推动重大项目建设。主要是加快高速公路、铁路、轻轨和机场建设，打造西部交通枢纽；支持桥梁、换乘枢纽、公交场站等市政基础设施建设，优化主城及外环线网；推进公租房、巴渝新居、农民新村建设和农村危房改造，开展城市环境综合治理和农村环境连片整治；加强生态环境保护，支持“创模”；加大水利投入,支持农田水利设施、人饮安全工程和骨干水源等建设,推进中小河流治理、小型病险水库除险加固和山洪灾害防治；开工建设城区生活垃圾中转站和餐厨垃圾收运系统，继续支持改善农村基础设施。

安排217亿元发展教育文体事业。主要是保持财政性教育经费支出达到地区生产总值的4%；奖补区县实施农村留守儿童及贫困学生营养计划;支持农村薄弱学校改善办学条件;巩固校园安保机制;提高义务教育经费保障水平;保障义务教育学校教师绩效工资及时足额发放；加大对学前教育、高等教育、中职教育和民办教育的投入;健全学前教育、中职家庭经济困难学生资助体系；进一步完善城乡公共文化服务体系;健全基层文化机构运行保障机制;继续推进文艺院团改制和文化体制改革；支持文化产业发展、文艺精品创作、文物保护和人文社科研究;加快文化、体育公益设施建设;支持群众体育、竞技体育发展。

安排286亿元健全社会保障体系。主要是巩固城乡居民社会养老保险全覆盖成果；继续提高企业退休人员基本养老金；推动落实更加积极的就业政策,支持信息产业等招工;提高城乡居民合作医疗财政补助标准，完善基本药物制度，支持实施基本公共卫生服务和重大疾病防治，推进以县级医院为重点的公立医院改革试点,推动化解基层医疗卫生机构债务;实行育龄人员免费孕检,提高人口素质;提高城乡居民最低生活保障标准,完善孤儿、残疾人、流浪乞讨人员社会救助体系；继续支持开展节假日送温暖活动,关心城乡困难群众生产生活。

安排590亿元支持区县加快发展。主要是加大转移支付力度，提高区县最低人均财力水平;实行分类扶持,促进“一圈两翼”协调发展;支持启动三峡后续工作实施规划，加快库区经济社会发展;加大对民族地区支持力度,促进经济社会提速发展；落实远郊区县社会事业发展专项资金,增强综合承载能力;支持区域性中心城市完善功能，加大生态功能区及资源枯竭城市补助力度；大力扶持贫困区县，推动脱贫摘帽;继续补助市级中心镇、重点镇建设。

安排142亿元加强社会服务管理。主要是保障党政机关、立法监督机构和民主党派、人民团体正常运转、履行职责;支持政法机关装备、信息化和消防安保、灾害应急救援建设,增强社会应急管理能力;加大刑事案件侦破和反恐、维稳、处突等经费投入,提高治安管理水平;补助人民调解、法律援助和司法救助,推动疑难信访问题化解和大综治格局建设；保障食品药品安全执法,维护群众饮食用药安全;支持城市社区服务站建设,强化农村村级组织服务功能,拓展基层阵地和群众活动场所；完善行政事业单位工资制度。坚持有保有控和厉行节约,严格控制一般性支出。

各位代表,做好今年财政工作,对重庆实现“加快”、“率先”，具有重要意义。财政将围绕全市重大决策部署,科学谋划,主动服务,扎实工作,圆满完成全年财政预算任务,为重庆经济社会发展作出新的更大贡献!

三峡(重庆)库区移民工作报告(摘要)

——2012年1月8日在重庆市第三届人民代表大会第五次会议上

重庆市移民局 王显刚

各位代表:

受市人民政府委托,现将三峡(重庆)库区移民工作报告提请市三届人大五次会议审议,并请各位政协委员提出意见。

一、2011年移民工作回顾

2011年既是"十二五"规划开局年,也是三峡后续工作启动年。过去的一年,在中共重庆市委的领导下,在市人大、市政协的监督指导下,库区各地深入践行科学发展观,全面贯彻"314"总体部署,认真落实国务院、三峡建委的决策部署,统筹推进库区移民安稳致富、经济社会发展、生态环境建设与保护、和谐库区建设,三峡后续工作顺利启动。

(一)移民"四总"工作进展顺利

以保证国家总审计和总验收结论优良为目标,按照不简化程序、不突破政策、不违反规定、不拖延时间、不激化矛盾的原则,制定"四总"工作时间表、路线图和任务书,全面完成三峡移民工程项目资金总结算;清理、核对1985年以来下达的移民资金计划,全面梳理、整改历年国家审计、移民稽察提出的问题,切实抓好移民资金财务总决算,编制上报《长江三峡工程重庆库区移民资金财务总决算报告》。全力以赴、积极配合国家审计署开展三峡移民工程总决算审计,做好国家三峡工程竣工总验收相关准备。

(二)三峡后续工作准备充分

2011年5月18日国务院批准实施《三峡后续工作总体规划》,规划年限为2011年至2020年,规划投资总额1238亿元,重点解决移民安稳致富、库区生态环境建设与保护、库区地质灾害防治等重大问题。确定"1236"总体思路,统领三峡后续工作。开展三峡后续工作管理体制运行机制、资金管理、生态环境建设与保护、生态屏障区人口转移、地质灾害防治等9个配套政策调研。按项目总投资与规划资金3:1比例建立3000多亿元的三峡后续工作项目储备库,重点解决移民搬迁安置遗留问题、建设生态屏障区、配套完善沿江城集镇环保设施、建设生态工业园、改善库区交通网络、建立完善移民社会保障体系、综合整治消落区、发展库区社会事业、地质灾害防治、建立三峡水库运行管理体系等10个方面的问题。编报年度资金计划70亿元,主要用于安排移民民生、安全隐患、生态环境建设与保护项目。

(三)库区经济持续向好

持续开展对口支援和招商引资,成功举办第八届全国对口支援三峡重庆库区经贸洽谈会,全年签约经济合作项目165个,直接利用内资1351亿元、外资22.3亿美元。库区产业发展基金项目建成投产815个,累计实现新增产值1861亿元,新增利税161亿元,产值收入比去年增加30%,累计新增就业岗位13.2万个,解决移民就业3.8万人。一大批重点大型工业企业入驻库区并放量投产,为库区工业高速度、高产出、高质量发展提供了重要支撑。8个重点移民区县承接产业转移项目72个,建设标准厂房72.1万平方米,新增就业岗位2.2万个。库区旅游持续向好,预计全年接待游客7809.1万人次,同比增长45.3%。预计2011年8个重点移民区县完成地区生产总值1800亿元,实现工业增加值870亿元,地方财政收入200亿元,同比分别增长18%、26%、81%。

(四)移民增收致富有序推进

稳步实施移民后期扶持扶助，兑现农村移民后期扶持直补资金1.5亿元，累计兑现10亿元，惠及农村移民35万余人；发放城镇移民困难扶助资金2亿元，累计发放6亿元，惠及80%的城镇移民。安排三峡水库库区基金2.49亿元，累计安排8.7亿元完成库区和移民安置区基础设施及移民生产生活条件改善项目1560个。建成移民柑橘果园2万亩，累计建成12万亩，可带动近6万果农发展致富。实施移民农户万元增收工程，落实帮扶资金1.6亿元。建设库区职业教育和技能培训试验区，有序推进移民子女就读高职院校和移民稳定性就业，全年免费培训移民群众7万人，新增城乡移民就业3万人，预计库区城镇调查失业率由2010年的7.66%下降到7.16%。预计农村移民人均纯收入7080元，城镇移民人均可支配收入11000元，同比分别增长20%、20%。

(五)库区生态安全得到有效维护

加快实施"绿化长江·重庆行动"，完成长江绿化造林130万亩。涪陵、万州、云阳三个现代苗圃基地建设进展顺利，为绿化长江培植种苗1800万株。强化消落区管理，开展消落区综合治理联合执法检查，《重庆市三峡水库消落区管理暂行办法》已进入立法程序。积极探索消落区生物措施治理新途径，开县渠口镇消落区饲料桑种植和忠县石宝寨景区消落区植被恢复等科研项目取得阶段性成果。加大库区生活污水和生活垃圾处理力度，城市生活污水集中处理率和生活垃圾无害化处理率分别达到83%和94%。有序推进澎溪河、御临河等8条次级河流综合整治，清理长江干支流漂浮物23万吨。长江、嘉陵江、乌江重庆段23个断面水质满足Ⅱ类标准。17个生态环境建设与保护试点示范项目取得初步成效。加强三峡水库175米试验性蓄水安全监测与防范，成功预报和处置了巫山龚家坊崩塌、望霞危岩、神女溪青石村滑坡、曲尺乡塔坪滑坡、云阳县182库岸和万州塘角村滑坡等重大地质灾害险情，搬迁避让138户615人，实现库区"无人员伤亡、无疫情发生、无重大财产损失"的目标。

(六)库区社会总体稳定

进一步完善移民信访诉求表达机制、矛盾纠纷排查调处机制、信访稳定信息沟通分析机制、处置移民群体性突发事件预案机制。启动移民信访问题较为集中的8个移民安置小区困难帮扶和15个现代农业项目建设。突出外迁移民回流稳控，建立移民信访稳定风险评估机制，设立解决移民特殊疑难信访问题专项资金。持续开展"三进三同"、"结穷亲"、"大下访"、"大调研"、"人民好公仆"教育实践和"争创移民零上访镇街、争当移民信赖的先进单位、争做移民信任的先进个人"的创先争优活动，妥善化解94件影响移民稳定的老案积案。完善库区乡镇文化基础设施，建成376个乡镇文化站、59个街道文化中心。举办10场三峡移民创业致富先进典型巡回报告会，大力弘扬三峡移民精神，引导移民创业兴业。

各位代表，完成三峡移民"稳得住、逐步能致富"的目标任重道远。当前，三峡移民和库区发展仍有一些突出问题和困难亟待研究解决。一是移民搬迁安置遗留问题解决难度较大，潜在的不稳定因素较多；二是部分后靠农村移民耕地资源不足，农业生产能力较落后，生活仍然较困难；三是库区二、三产业发展相对滞后，竞争力弱；四是部分移民受教育水平偏低，就业能力较差，难以适应市场化和产业调整升级的要求；五是库区基础设施和公共服务设施功能不完善，标准偏低，不能适应经济社会发展的需要；六是库区生态环境脆弱，地质灾害防治任务依然十分艰巨。这些问题，都需要在今后工作中逐步解决。

二、2012年移民工作安排

2012年是三峡后续工作正式实施年。总体思路是：认真贯彻落实国务院第155次常务会、三峡建委第十七次全体会议和市委三届九次全委会精神，科学编制三峡后续工作实施规划，制定出台相关配套政策；以解决移民搬迁安置遗留问题、培育打造支柱产业和扩大移民稳定就业为重点,促进移民安稳致富;以"绿化长江·重庆行动"、水污染防治和库区地质安全为核心,提高库区生态环境质量,实现三峡后续工作项目实施效益最大化。主要目标是:争取国家下达三峡后续工作投资计划100亿元,招商引资到位500亿元,培训移民群众7万人,库区地区生产总值增长13.5%,城镇居民人均可支配收入、农村居民人均纯收入分别增长13%和18%。重点做好七项工作:

(一)配合完成移民总审计总验收

组织专门班子配合国家审计署完成移民工程总决算审计,及时整改审计提出的问题,国家移民档案专项验收和总验收达到合格标准。

(二)全力推进三峡后续工作

以批准的三峡后续工作总体规划为依据,以"滚动编制,分年实施"为原则,以移民安稳致富、生态环境建设与保护、地质灾害防治、综合管理能力建设为重点,注重三峡后续工作规划与"十二五"规划相结合,编制完成重庆市三峡后续工作实施规划。争取国家下达三峡后续工作投资计划,有序实施一批三峡后续工作项目。

(三)促进移民逐步共富

加快生态产业园建设和产业结构调整,进一步完善以交通和水利为重点的库区基础设施,指导和支持库区因地制宜发展清洁能源、石油天然气化工、机械制造、纺织服装、绿色食品深加工等特色工业,加快长江三峡重点旅游景区和特色旅游的发掘开发,深化对口支援及招商引资。加快推进库区职业教育和技能培训试验区建设,加大移民就业培训、就业帮扶和创业扶持力度,完善政府购买服务、提供公益性岗位机制,提高移民自我发展能力。继续推动柑橘、蔬菜、中药材、茶叶和特色养殖等库区优势产业发展,加大现代农业建设力度,促进移民农户万元增收。全面实施城集镇移民安置小区困难帮扶,提升人气商气,改善小区环境,完善公共服务设施。常态推进移民后期扶持扶助,管好用好三峡水库库区基金,切实提高移民社会保障水平,着力改善移民群众生产生活条件。

(四)加强库区生态环境建设与保护

积极推进"绿化长江·重庆行动",完成长江绿化造林130万亩,全面完成涪陵区、万州区、云阳县育苗基地建设,渝北区、云阳县、武隆县提前完成绿化长江任务。加大水污染防治力度,抓好工业点源、船舶流动源和农业面源污染治理,发挥好已建成污水、垃圾处理设施的作用。继续做好库岸沿线矿山关闭、地质灾害安全监测与防范、重点县城建成区规划控制。加大次级河流综合整治力度,着力解决支流"水华"等影响水质的突出问题。切实做好库区水域漂浮物清理和消落区保洁工作。加强消落区管理,力争出台《重庆市三峡水库消落区管理暂行办法》,有序推进消落区综合整治项目。加强三峡水库175米试验性蓄水安全监测与防范,实施库区地质灾害治理和移民安置区高切坡防护,保障库区群众生命财产安全。继续争取国家制定长江三峡水库管理条例,实现依法治库。

(五)加强三峡移民文化建设

积极探索移民文化建设的新途径和新方法,加强移民文化能力建设,支持建设移民安置社区文化室,建成万州三峡移民纪念馆,推动涪陵白鹤梁水下题刻申遗工作,加大库区文物发掘保护力度。激励和引导库区群众自强不息、艰苦创业,提升库区干部群众精气神。

(六)维护库区社会稳定

继续深入开展"三进三同"、"结穷亲"、"干部下访群众"等活动,重点研究解决库区移民群众生产生活特殊困难、生态屏障区人口转移、农村移民淹没土地新增补偿投资安排等可能引发的不稳定问题,基本化解移民信访老案积案。进一步健全移民信访稳定风险评估机制和信访稳定工作网络,畅通信访渠道,坚持依法信访,妥善处置群体性突发事件,限时督办重大问题,维护库区移民群众根本利益。

(七)加强干部队伍建设

继续弘扬三峡移民精神,实施思想领先工程和移民先锋工程。密切联系群众,大兴调查研究之风。着力打造三峡后续工作廉政工程,切实加强移民党风廉政建设，教育库区各级干部无私奉献,正派为人,干净做事,以工作实绩取信于民。

各位代表，三峡库区已全面进入三峡后续工作的新阶段。我们将开拓创新,锐意进取,努力建设经济繁荣昌盛、人民安居乐业、生态环境优良的和谐稳定新库区。

第二编
专题研究

重庆市现代化小城镇建设相关问题研究

市政协城环委、重庆社会科学院 陈悦 朱莉芬

小城镇是农村的政治、经济、文化、教育、科技以及信息交流中心，它是城市经济向农村渗透和农村生产力在一定区域集聚的结果。加快小城镇建设是我市统筹城乡发展,有效解决“三农”问题的需要,对于开启农村消费市场、拉动全市经济发展,推动我市工业化、城镇化进程,率先在西部地区实现全面小康目标具有重要意义。为此,重庆市政协设立了《重庆市现代化小城镇建设研究》作为今年的重点调研课题,并由市政协城环委牵头,会同重庆社会科学院、九三学社重庆市委以及重庆市城乡建委、规划局、国土局、环保局等相关部门组成联合调研组,对市内外小城镇建设情况进行为期4个月的实地考察,召集相关部门了解情况,召开全市专家会议进行论证，在此基础上形成了9个专题研究报告和一个综合报告。

一、重庆市现代化小城镇建设的现状

重庆市集大城市、大农村、大山区、大库区于一体，城乡区域差异很大，二元结构较为明显，统筹城乡建设和推进城镇化的任务繁重而艰巨。直辖以来,重庆市大力推进村镇建设,先后创新发展出示范镇、中心镇、巴渝新居、农民新村等村镇建设样本和经验，探索出了一条大城市带动大农村，工农互济、城乡共荣的新路子,城乡面貌发生了明显的变化。重庆现有596个建制镇、237个乡、177个街道办事处,其中:中国历史文化名镇16个,全国特色景观旅游名镇7个,全国特色景观旅游名村2个;中国特色镇旅游新干线示范试点镇23个；市级中心镇116个。重庆市城镇化率已由直辖之初的31%提高到2011年的55%，高于全国年均增长水平,基本构建成“主城、区域中心城市和远郊区县城、中心镇和小城镇”城镇集群。一些小城镇已成为名副其实的区县域副中心和重要“增长极”,带动了周边乡镇和农村的快速发展，小城镇在重庆市城镇化体系中发挥着越来越重要的作用。

(一)重庆市小城镇的特色初步形成

经过直辖以来的发展，重庆市目前已初步形成了三类小城镇:

1.产业支撑型小城镇

产业支撑型小城镇是以现代工业为支撑的小城镇,如沙坪坝区的西永(微电子)、九龙坡的西彭(铝加工)、北碚的水土(高新技术)、长寿的晏家(化工)等。这类小城镇有现代产业园区作支撑,规划科学,基础设施配套齐全,建设发展速度快,增长潜力大,具有现代化城镇的基本特征,也是重庆市发展现代化小城镇的重点。

2.生活消费型小城镇

生活消费型小城镇是一种传统的小城镇,以镇乡行政中心为基础，逐渐聚集人口和基本的商业设施,形成一定规模的城镇。这类小城镇是我市小城镇的主体部分,城区规模不大,人口不多,基本上没有现代产业支撑,以生活消费为主体,发展扩张的速度较慢,其基础设施相对落后,环境设施缺乏,生态环境现状不容乐观。

3.休闲旅游型小城镇

休闲旅游型小城镇属于历史文化积演厚重、具有独特的景观风貌的城镇,如历史文化名镇,特色景观旅游名镇等。由于这类小城镇多为历史遗产,街区面积不大,街道窄小,街区古旧,甚至破败,基本上没有配套的环境保护设施,加之大力发展休闲旅游业,人口聚集速度快,生活污染源增多,环境保护压力更大。

（二）小城镇建设用地瓶颈有所缓解，用地效益明显提高

重庆人多地少，人均耕地面积1.1亩，不足全国人均耕地面积的80%，土地资源非常珍贵。近年来，重庆市因地制宜、开拓创新，用活用好土地政策，努力扩大小城镇建设用地增量、盘活存量，促进了小城镇发展。

1.用地总量有所增加

据土地利用现状调查成果，2005年至2010年，全市城乡建设用地面积由4648平方公里增长到4980平方公里，年均增长66平方公里。其中，城镇用地由629平方公里增加到1030平方公里，年均增长80平方公里。

2.用地结构有所改善

城镇用地占全市建设用地的比例由2005年的13.5%上升到2010年的20.7%，农村居民点用地占比由77.7%下降到71.9%。

3.土地利用效益明显提高

"十一五"期间，全市每公顷建设用地二、三产业增加值从45.81万元增加到97.71万元，增长113.3%；亿元固定资产投资新增占地5.05公顷降至2.84公顷，降低了43.8%。

（三）小城镇基础设施建设不断完善

近年来，各地小城镇加快建设发展速度，不断完善基础设施建设，以充分发挥公共服务设施的功能。在整合有利资源的基础上，重点在旧城改造、城镇内外通道建设、整治改造市政排污管道、广场修建、城镇风貌改造、人行道建设、行道树种植、交巡警平台设置等方面加快推进小城镇的建设步伐。城镇化快速推进，城镇建成区规模不断增大，城镇体系逐渐形成，取得了可喜的成绩。

二、重庆市现代化小城镇建设评价及问题分析

（一）重庆市现代化小城镇建设评价

近年来，重庆紧紧抓住西部大开发、"314"总体部署特别是城乡统筹综合配套改革等机遇，大力推进小城镇建设，全市小城镇发展取得了长足进步，逐渐形成了多种比较成熟的小城镇类型，并不断建立和完善具有特色的小城镇体系。小城镇在全市城镇体系中占有越来越重要的地位，在全市经济社会发展中发挥的作用也越来越明显。

但是，由于经济社会发展中各种矛盾交织，小城镇的现代化推进速度缓慢。重庆人多地少，人口与土地资源的矛盾、工业发展空间与市场狭窄空间的矛盾突出；传统社会结构剧烈变迁，农村社会功能再造相对滞后，潜在社会危机不容忽视；小城镇建设涉及用地、拆迁、融资、就业、居住、环境、治安等系列难题，有的地方回避矛盾甚至舍难求易。有的小城镇在建设过程中过分偏重追求某一方面或几方面的目标，忽视了基础性和整体性建设目标的实现。因此，在建设现代化小城镇的进程中，都不可避免地存在一些突出的问题，需要各级地方政府部门引起足够重视，并进行科学调研，围绕现代化小城镇建设的科学评价体系，不断去努力和完善。

（二）存在的主要问题分析

重庆市小城镇建设发展不平衡，随着市场经济的深入和小城镇经济社会的发展，传统的小城镇管理体制、发展模式已经不适应新形势下小城镇发展的需要，还存在一些需要研究解决的困难和问题，突出表现在以下方面：

1.小城镇经济基础薄弱，城镇发育程度不高

根据对重庆小城镇的实地调研分析，各地小城镇发展不平衡，经济发展基础整体薄弱，不同区县小城镇之间经济基础差距非常突出，同时，区县内部中心镇与其他小城镇之间的经济基础差异也非常明显。

从重庆市城镇化的进程来看，由于对城镇化的错误理解，建立起来的小城镇许多是"政府推动型"的。在这种错误倾向指导下建立起来的缺乏经济内容支撑的"空壳城镇"，没有支柱产业，其建设资金自然严重短缺。近年来，小城镇建设虽被提升到关系农村"三化"大战略的高度不断升温，但是小城镇建设投入不足的矛盾仍然十分突出，远未形成稳定、健全、有序的投资机制。自行降低规划标准、小城镇功能不配套、不健全、

"半拉子"工程等就成为必然结果，城镇发育程度不高。

2.小城镇空心化严重，人口空心化和产业空心化同时并存

一是人口空心化严重，青壮年劳动力大量流出小城镇。

劳动力是生产力中最活跃的因素，劳动力的数量和质量会对社会财富的生产和积累起着重大的作用。根据统计(见表2)，2010年我市的农村剩余劳动力依然大部分向东部转移，我市吸引的农村劳动力只占农村剩余劳动力的28%，而这28%的劳动力中的绝大部分都转移到了本市的发达经济圈，留在小城镇的劳动力占比极少。

表2 2010年重庆市农村劳动力转移地区分布表 单位:万,%

地区	都市发达经济圈		渝西经济走廊		三峡生态经济区		合计	
	数量	比重	数量	比重	数量	比重	数量	比重
本市	68.37	0.88	97.12	0.33	84.61	0.16	252.28	0.28
东部	5.439	0.07	117.7	0.40	364.88	0.69	486.5	0.54
中部	1.56	0.02	26.49	0.09	47.59	0.09	81.09	0.09
西部	2.33	0.03	52.974	0.18	26.44	0.05	82	0.09
合计	77.7	1.00	294.3	1.00	528.8	1.00	901	1.00

二是集聚度低，未能形成带动力强的支柱产业。

产业布局散乱，企业间关联度低，总体未能形成带动力强的支柱产业；各地产业结构趋同，缺乏特色，要素集聚度低，尤其是三峡库区，城镇和企业被动迁建，产业空虚化问题突出。

尽管直辖以来，重庆小城镇发展取得了很大成就，但是长期的"城乡二元化"发展模式，导致重庆小城镇产业发展受到诸多因素的制约，产业支撑功能发挥不足，如合川区的23个镇中，除三汇、清平、土场等少数镇外，其余镇大部分为农业镇，无二、三产业支撑。同时，农产品科技含量不高，难以获得较高的经济附加值，难以形成产业优势。

3.基础设施欠账仍较大

由于当前缺乏建设资金，大多数镇乡仍然沿用传统的城市建设体制，对部分投资大包大揽，不能在最基本的公用设施方面加大投入，从而导致了基础设施不配套，功能不完善，工程质量低劣等现象，导致建设质量不高，项目使用寿命短，反复翻修建设成本高、浪费大，一定程度上影响了小城镇的发展和功能的完善。这在当前较多区县的小城镇都是比较突出的问题，如巴南区、璧山县、合川区等。大多数小城镇基础设施不配套，通讯、供水供电供气、污水垃圾处理、防灾减灾、公共绿地等基础设施建设滞后，"五个一"、"六个有"远未实现；"4小时重庆"还在建设中，等级公路比重仅为68%，其中二级以上公路仅占9%，主城以外还有8个区县城区未开行公交车，国省道对乡镇的覆盖率较低，仍有35%的乡镇未通国省道。

同时，由于原有村镇建设规划没有很好地与当地的土地利用规划、产业布局规划等事关经济社会发展大局和周边村庄的规划有机衔接、协调统一，造成规划统筹整合难，基础设施建而不管，脏、乱、差现象仍较普遍。因此，当前重庆小城镇基础设施建设有待大力规范和完善，以适应现代化小城镇建设的需要。

4.小城镇风貌缺乏特色，对文化传承与乡村景观保护不够

重庆小城镇建设进程中，绝大多数小城镇片面追求建设速度与扩大建设规模，一些盲目开发建设、一味追求经济增长的小城镇较少结合自身环境、整体形态和历史积淀来维护和塑造城镇形象，"千城一面"等现象日益凸显，城镇风貌特色日益消失。在对城镇风貌规划与建设

中不太注重打造自己的特色,千人一面,缺乏特色,如道路两边房屋都统一打造成单一的格局和风貌,没有突出独特的历史地域文化丰富的内涵,在较大的经济投入下,一定程度上改变了城镇的建筑环境整体性,但是在差异化发展上停步不前。部分小城镇开发建设过度,对文化传承与乡村景观保护不够,自然景观资源大量被破坏,城镇建设缺乏特色和人文关怀。

5.资源配置不合理,小城镇建设用地紧张

部分区县对小城镇在城镇化体系中的重要作用认识不够,"重城轻乡"的意识还根深蒂固,对小城镇的重视和支持不够。按国务院批准的至2020年城乡总体规划,部分区县小城镇发展空间不足。

小城镇建设用地难是全国性问题,加之我市处在快速发展阶段,以及大城市、大农村、大山区和少数民族地区并存的特殊市情,加剧了小城镇建设用地困难。其主要问题:

一是土地政策运用不够充分。

在面对小城镇用地需求时,许多地方一味向市里要用地指标,对统筹城乡土地管理政策运用不够,对城乡建设用地增减挂钩和地票政策重视、推进力度不够,统筹城乡改革效应难以充分发挥;部分地方避重就轻,不愿广泛宣传、深入动员,不愿认真细致做群众工作;部分地方遇到建设项目急于求成,"未批先用"、"边批边用"等违法违规用地现象时有发生。2011年,全市立案查处土地违法案件1686件,向纪检监察机关移送建议问责141人(其中处级干部73人),向公安司法机关移送建议追究刑事责任31人(其中已获实刑11人)。

二是用地结构有待优化。

从城乡分布看,城乡建设用地配置不合理,在城镇建设用地紧张的同时,农村集体建设用地闲置现象普遍存在;从城镇分布看,各级城镇用地分配不均,我市新增建设用地指标主要保障了主城规划区、市级以上重点建设项目和工业园区用地,即使在区县域城镇体系中,建设用地指标也主要用于区县政府所在镇等中心镇,一般乡镇分配较少;从土地用途看,居住用地比例较高,公共服务设施用地偏少,以主城为例,人均公共设施用地面积约9平方米,不仅低于东中西部主要城市的人均水平,也低于13平方米的全国人均指标。

三是节约集约利用水平亟待提高。

城镇作为复杂的社会经济系统,在快速城镇化过程中人口、土地、产业、文化、生态等要素间的不尽协调使得土地服务城镇的综合效应难以充分发挥。同时,部分地方不顾自身实际和发展可能,一味做大城镇规划,在建设过程中"摊大饼"式粗放发展。2011年,从实际审批用地看,我市亿元GDP耗地160亩,在全国排名第24位,耗地量远高于北京(16.1亩)、天津(62.2亩)水平,甚至比四川(125.1亩)、陕西(134.4亩)高。此外,土地"批而未供、供而未用"现象较为严重。2007-2011年,我市建设用地批后供地率为53.0%,虽高于全国48%的平均水平,但仍有相当比例未及时征地或供地,影响了土地资源效益的发挥。

6.资金投入不足

一是财政投入小城镇建设资金总量不足,覆盖面小。

近年来市级财政补助资金主要投向为中心镇、示范镇等,其他一般小城镇几乎没有安排专项补助资金。由于大部分小城镇主要依赖政策性投入,建设资金缺口较大,直接影响了小城镇基础设施建设速度和质量。另外,区县政府对小城镇财政支持力度不够。由于市、区县两级政府自身承担的城市建设任务十分繁重,人力、财力、物力有限,把主要精力都放在主城或县城建设上,对小城镇建设难以顾及。加之我国财政体制的原因,乡镇上交的资金支配权在县里,难以用于小城镇的建设和发展,这使小城镇建设成了无源之水,无本之木,城市建设与小城镇建设的差距越来越大,小城镇的吸引力难以加强。税收、工商、供电等一些经济效益较好的企业或部门全部收归市、县垂直管理。"七站八所"掌握的大量预算外资金难以统一调度使用,小城镇基础设施维护费用明显不足,更不用说发展后劲。

二是融资方式单一，缺乏完善的投融资平台，未能有效引导社会资本投入到小城镇建设中。

随着城镇化的加速推进,仅靠农民的投入、土地出让、政府政策性收费等资金渠道来建设小城镇,既不能满足小城镇建设的资金需求,也有违市场规律。国内已有不少城市在拓宽融资平台方面做了有益的尝试并取得了不错的效果:成都市在2007年将财政资金作为资本金成立了小城镇投资有限公司，大力引导和集聚信贷资金和社会资金投入成都市小城镇建设;北京市于2012年6月份设立了北京市小城镇发展基金，首试用股权基金方式解决小城镇建设资金瓶颈问题。而我市至此为止尚未建立专门面向小城镇建设的投融资平台，未能有效地引导社会资本投入城镇建设。

7.盲目开发,特色景观及生态环境破坏严重

由于盲目开发，小城镇特色景观和人文景观破坏严重，目前有的小城镇交通道路穿越而过,生活垃圾随意堆放,污水直接排入河流,又没有专门的环保机构,生态环境建设滞后。就目前而言，我市的大多数小城镇面临的生态环境保护压力比较大,存在诸多环境问题,主要表现在:

一是污染源日益增多，环境保护压力不断加大。

随着城镇化进程的不断加速，小城镇的规模会逐渐扩大,聚集的人口会越来越多,诸如工业污染物、城镇居民的生活污染物以及商贸设施产生的污染物都将随之增多，会给不断发展的小城镇造成更大的环境压力。

二是治理设施缺乏，环境污染得不到有效治理。

除少数以现代产业为支撑的小城镇在建设之初就已考虑到诸如污水处理、垃圾填埋等环境污染治理设施配套外，生活消费型和休闲旅游型小城镇大数目前没有规划建设环境污染治理设施,即使有诸如生态湿地污水处理设施,也难以满足城镇发展扩容的需要，生活污染比较突出,生态环境现状不容乐观。

三是环境设施容量不足,运行压力大。

近年来少部分城镇已规划建设了诸如污水处理厂等环境治理设施,但是设计其容量偏小,难以满足城镇发展扩容的需要;同时,主体设施及主干管网能够配套，但次级污水搜集管网建设困难,不能有效地搜集污水,解决污染问题。再者,设施虽然建好,但运行成本高,保证设施的有效运行难度较大。

8.管理体制不顺,“重建轻管”现象日益突出

我市部分小城镇已建公共设施由于管护责任不落实,缺乏后续投入和维护管理,导致许多公共设施老化失修严重,难以发挥效益。大多数设施没有建立有效的管理体制，更没有形成良性永续利用的运行机制,导致重复建设,造成资源浪费。

一是小城镇管理体制滞后于城镇经济社会发展的客观需要。

小城镇管理体制构筑是否科学,决定于小城镇政府管辖幅度和管理层次是否匹配。重庆市大城市带大农村的“二元”经济结构,经济发展不平衡,小城镇所管辖的土地面积、人口数量和行政村等方面存在着不平衡性和差异性。如人口方面,江津区的白沙镇、大足区龙水镇、九龙坡区的西彭镇等,都超过10万,镇区人口超过5万;而巫山、城口等地有些镇总人口仅万人,城镇人口仅千人,差距十分悬殊。但是,小城镇管理体制的构筑却相差无几。这种管理体制,一方面导致部分小城镇行政建制与其规模不相适应。有的小城镇人口达10多万，财政收入超亿元,但由于还是镇的建制,给镇区的规划和建设、环境保护、经济管理、社会服务、行政管理、法制建设等各个方面带来极大制约。另一方面,也使得一些较小的城镇在行政管理体制上普遍缺乏组织社会经济发展的基础,以致造成应该管的事情没有人管，不该管的事情却设了很多主管机构。

二是管理体制不顺。

小城镇存在着“条块分割,多头管理”的现象,一些问题条上“管得着,看不见”,而块上“看得见,管不了”。由于条块分割,镇政府与县政府权力交叉,县政府部门设在镇的大量派出机构切割了镇政府的权利,妨碍了小城镇的统一管理。在利益主体日益多元化而法制又不健全的情况下,有利的事争着干,无利可图的事都不愿干,其结果只能是条块之间推诿扯皮。

三是行政效率低下。

小城镇作为政府的基层组织,理应在本辖区内的综合管理、服务群众方面发挥政府职能,但由于机构设置、人员配备、基础设施等方面不足,使其只能行使部分职能,造成执法政出多门、相互配合不够和整体成效不高的现状。此外,工作人员在年龄、文化知识、专业结构上的不合理,也在很大程度上制约着小城镇政府管理和服务功能的发挥。另一方面,城镇政企不分、政事不分,也导致了行政效率不高。

四是行政区划与城镇发展不相适应。

由于建制镇主要以行政职能来划分地域,造成城镇空间布局不合理。虽然不少地区城镇密集,呈带状发展,镇与镇间仅有几公里距离,有的甚至已连成一片,但是由于分属不同城镇,规划建设各自为政,基础设施和公共设施的重复投资、重复建设就成为必然。

五是建制镇设置标准偏低。

目前,国家规定的建制镇设置标准为乡政府驻地非农业人口在2000人以上或占全乡总人口10%以上。实际执行过程中,一些落后地区的镇甚至还达不到这一标准。因标准偏低,使得我市建制镇数量增长很快。不少建制镇并非由上一级中心城镇的功能扩散发展起来,所属农村人口转移和产业的集聚仍然比较有限,相当一部分建制镇的设置只是行政建制意义上的升级。城镇规模偏小,降低了其在金融、信息、技术等方面的服务水平,制约了生产要素市场的发育与完善,使小城镇在人才、资金的引进,产品技术的更新,产业升级等方面都受到很大的限制,影响了小城镇集聚辐射功能的提高,进而削弱了其对区域经济社会发展应有的拉动力、整合力。

六是财政管理体制不健全。

一方面财权与事权划分不对称。镇级政府作为小城镇建设的直接责任者,却缺乏应有的权力和手段。据调查,镇政府部门中,有权“挣钱”的部门(工商、财税、交通、城建、国土等)都归上级所有,无权需“花钱”的部门(如计生、教育、卫生、农技)却留在了镇政府。镇政府作为最基层的一级政府,职能支离破碎,难以承担推进农村城镇化的重任。

另一方面小城镇缺乏独立、稳定的收入来源。小城镇虽有一些派出机构,但这些机构主要承担其上级部门和政府创收的任务,小城镇本身缺乏独立、稳定的收入来源,仅靠上级财政转移支付维持运转。个别城镇由于转移支付难以满足其财政职能的需要,设立名目繁多的税费泛滥。城镇政府尤其是镇级政府财力非常匮乏,仅为“吃饭财政”。

七是公共管理功能严重滞后。

小城镇政府管理机构、职能、权限等依然承袭农村管理的旧模式,对城镇基础设施和配套建设、环境保护、社区管理、工商、金融、信息、服务等产业的培育与管理都十分陌生,管理队伍素质、人才、技术、经验等严重缺乏,无法适应日新月异的现代化小城镇发展的客观需要。

三、重庆市现代化小城镇建设的对策建议

根据小城镇建设现状与存在的问题,结合十八大有关精神,提出以下对策建议:

(一)实施小城镇建设“分类发展战略”,引导村镇人口适度向市级中心镇集中

按照区位、资源条件和现有基础,对现有小城镇进行适当拆并,对小城镇的功能、规模进行分类指导。一是对位于城市群地区和大城市周边的小城镇,鼓励经济发展和人口集聚,具有城市副中心功能,有条件发展为小城市,人口规模应超过10万人。二是对拥有特定资源的小城镇,鼓励依托优势资源向特色鲜明、功能独特、环境优美的方向发展,形成特色产业,人口规模

应达到或超过5万人。三是对位于农产品主产区和重点生态功能区的小城镇，支持其健全公共服务职能，形成一定区域的公共服务中心，向乡镇、场方向发展，人口规模适当降低。

（二）统筹城乡产业发展，因地制宜选择产业发展方向，集中优势资源，延长产业链，吸纳就业人口

充分借助智力资源，对区域中心城市和小城镇产业发展战略进行整体策划、研究。以劳动密集型产业为主体，统筹各区域中心城市与区域内镇、乡、村产业的空间布局与产业链关系，按照小城镇区位、环境、资源特征确定小城镇产业发展方向，并配套相应的基础设施以及服务体系。对于农业资源丰富的小城镇，应依托优势农副产品，以农业产业化、农副产品深加工为主业，同时发展农业体验式旅游，延长产业链；对于生态环境资源和民俗文化资源丰富的小城镇，应依托资源特色发展乡村观光、休闲度假旅游，开发、生产特色旅游产品；对于区位优势明显，有一定边贸基础的小城镇，应加强仓储、物流配送以及专业市场建设，进一步完善商贸物流产业链，增强边贸竞争力。

（三）保护与传承相结合，塑造"风格鲜明"的特色小城镇

一是充分利用重庆复杂的地理环境，着力构筑立体的层次分明的环境景观，突出山地风貌特征；二是充分利用农田、池塘、沟渠、森林等环境，着力构筑风光秀美的田园景观，突出乡村风貌特征；三是充分挖掘内涵丰富的人文资源，传承和利用好老祖宗留下的宝贵遗产，切实保护和恢复具有代表性的典型建筑，突出古镇风貌特征，提升小城镇的知名度和吸引力。

（四）调整小城镇土地配置方式，用好城乡统筹试验区政策，保障小城镇建设用地需要

一是加快和完善小城镇建设规划编制，与经济社会发展规划、土地利用规划、生态环保规划有机结合，保证规划建设用地落到实处；与镇域现代农业发展、新农村建设及现代农村社区建设规划纵向拉通，进行镇、村空间整合，引导农村社区向小城镇适当集中，统筹使用城乡土地资源和公共设施，避免重复建设与资源浪费。二是合理调控城镇建设用地规模、布局和供应节奏，优先保障重大基础设施和民生项目用地需求。合理分配用地指标，保证小城镇发展应有的空间。积极通过"地票"、城乡建设用地增减挂钩等改革试点，挖掘城镇建设用地潜力。三是依托土交所，建立和发展农村建设用地股权交易和实物交易市场，将农村闲置的部分建设用地以不征不转的方式，就地作为小城镇、乡场镇、农村新型社区、公共服务设施、二、三产业发展等建设用地，进行挂牌交易，让农村集体建设用地直接参与小城镇建设，让村集体和村民共享城镇化的成果，并成为吸引城市资本下乡的核心要素。

（五）重点示范、分阶段、非均衡推进小城镇建设，用好有限资金，提高小城镇基础设施投入效率

鉴于我市大部分小城镇人口规模偏小，建立完善的基础设施的成本-效率会很低，因此在现阶段应选择发展基础较好的小城镇优先发展，形成集聚与带动效应。建议优先建设4个市级重点示范镇、16个中国历史文化名镇、7个全国特色景观旅游名镇，为全市小城镇建设提供可资借鉴的样板；以现有116个市级中心镇为载体，大力推进"561工程"建设，完善基础设施，提升公共服务能力；因地制宜建设其他小城镇，有计划、分阶段持续推进小城镇建设，形成各具特色的小城镇建设格局。

（六）深化小城镇投融资体制改革，"政府主导"与"市场机制"相结合，搭建平台，突破资金瓶颈

一是进一步增加财政投入的额度和覆盖范围，对小城镇符合条件的产业、社会事业和基础设施建设项目，优先列入各级政府的重点工程，采取"以奖代补"的方式支持其建设发展。二是将用于小城镇的财政投入注资，成立专门面向小城镇建设和三农的投资公司或房地产开发公司，通过发行小城镇建设股权和债券，吸引金融

资本和社会资本投入。三是通过信贷和税收优惠，按照谁投资谁受益的原则鼓励外商、集体、个人参与小城镇水电通讯、医院学校等项目建设。四是小城镇建设维护税、基础设施配套费和土地出让费全部由城镇政府统一掌握，用于修建道路、供水排污、公共照明、环境治理等公共基础设施。五是设立小城镇建设信贷担保基金，通过贷款贴息，鼓励农村集体以土地为资本参与小城镇建设，并以此为抵押向银行贷款。

（七）实施小城镇环境治理规划，加强小城镇建设中的生态环境保护

一是多方筹措资金，全面实施小城镇环境治理规划，切实保障《重庆市城镇污水处理及再生利用设施建设"十二·五"规划》和《重庆市城镇生活垃圾处理设施建设"十二·五"规划》中提出的新建和扩建城镇污水处理厂、污泥处置项目、再生水利用设施、污水处理厂升级改造工程等规划项目的如期建设完成及投入运行。二是科学规划设计小城镇环境污染治理工程，保证工程建成投入使用后不至于造成二次污染，且有利于在城镇扩容后有足够的空间进行扩建增容、使处理后的污染物真正能够实现达标排放、并得到有效控制和处理。三是增加后续投入，保证环境治理设施正常运行。四是以产业园区为中心，集中规划建设环境治理设施，为园区内的排污企业服务，同时也增强园区的吸引力。五是展开综合治理，保障现代化小城镇的良好生态环境。

（八）强化机构建设，提升小城镇管理权限，实行规、建、管集中综合执法

一是扩大镇级管理权限，按照"权随责走、财随事转、人随事走"的原则，将经济管理权限、城镇建设管理权限、社会管理和公共服务权限、财力支配权限、人事和机构管理权限下沉各镇，调动镇级谋划发展的积极性，增强镇级发展动力。二是按分税制改革的要求，明确县、镇两级财政收入分成办法，建立和完善镇级财政管理体制，设立镇级金库，严格预决算制度，实行收支两条线管理。三是设立小城镇综合管理办公室，专职从事小城镇规划建设管理工作，整合执法力量和执法权力，对违法建设、环境卫生、扰乱市场经营等实行集中执法。四是进一步发挥重庆村镇建设与发展研究会的功能，协助市城乡建设行政主管部门，积极参与政策研究与制定、修订工作，充分发挥研究会信息面宽、智力层次高、专业人才齐备的优势，建立小城镇建设专家小组，深入开展巴渝建筑风格与小城镇风貌保护建设研究，对小城镇建设规划、风貌控制规划以及产业发展提供智力支持。

重庆城乡居民社会保障状况调查

重庆社会科学院 罗伟 蒲奇军

社会保障是国家为了保障社会安全和经济发展而依法建立的，在公民由于年老、疾病、伤残、失业、灾害、战争等原因而生活发生困难的情况下，由国家和社会通过国民收入再分配，提供物质帮助，以维持公民一定生活水平或质量的制度。它包括社会保险、社会救助、社会福利、社会优抚等内容。社会保险是社会保障体系中最核心的部分。在我国，社会保险主要包含五大险种，即养老保险、医疗保险、失业保险、生育保险和工伤保险。

自1993年建立职工保险制度以来，尤其是经过近年来的大力推进，我国社会保障体系建设成效显著。在统筹城乡改革发展的总体战略框架下，重庆市于2009年推出了城乡居民养老保险，并逐步合并原新型农村合作医疗和城镇居民合作医疗保险，建立了城乡统筹的城乡居民合作医疗保险制度。2011年又实施了"五险统一管理"，由此初步建立起了统筹城乡的社会保险制度，并初步实现了社会保障制度的全覆盖。

总体来说，重庆这些年来在统筹城乡的制度建设推进速度上是比较快的，但在中国，又常会出现制度要求和实际发展差距较大的现象，重庆也不例外。本文即根据重庆第三期妇女社会地位调查的相关数据，对2000-2010年的十年间重庆妇女社会保障状况进行分析研究。通过分析，我们希望找出制度设计目标和现实发展的差距，为推动社会保障的统筹发展探索方向。

本文主要从城乡和性别两个维度进行分析。城乡维度。重庆具有典型的城乡二元结构特征，受制度建设和经济社会发展因素影响，城乡居民的社会保障状况差异是比较大的，因此有必要对区分城乡进行分析。性别维度。基于女性生理特点以及担负生育后代这一人类传承的特殊任务，相对男性而言，她们在家庭、就业以及整个社会生活中都承担着更大的压力和挑战。同时在一个男性仍然强势并占据主导地位的现实社会中，女性作为相对弱势的特殊群体，理应在具有再分配、再调节功能的社会保障体系中得到更多地关照和重视。

一、享有社会保障基本情况及变化与性别差异

(一)养老保障

近年来，在城镇职工养老保险制度基础上，重庆先后推出了一系列养老保险制度的改革方案，如《重庆市2007年12月31日以前被征地农转非人员基本养老保险试行办法》、《重庆市2008年1月1日以后新征地农转非人员基本养老保险试行办法》、《曾在我市城镇用人单位工作未参加基本养老保险超过法定退休年龄人员养老保险若干问题的实施意见》、《重庆市城乡居民社会养老保险试点实施意见》，通过这一系列制度建设，解决了特殊群体的遗留问题和非单位劳动者的参保问题，将城镇没有养老保障的老年人和农村居民纳入了覆盖范围，一步到位实行农村养老保险基金市级统筹管理。在统筹城乡发展的架构下，重庆城乡居民养老保险政策坚持"人人享有基本生活保障"的原则，统筹考虑城乡居民的养老保险，在全国率先实现了低保障水平下的养老保险制度全覆盖。

1. 重庆居民享有养老保障比例高于全国平均水平，尤其是农村居民

本次调查显示，2010年，61.8%的重庆女性享有养老保障，其中城镇女性为79.4%，农村女

性为43.0%。城市女性拥有养老保障的比例高出男性4.4个百分点，农村的女性则比男性低6.3个百分点。对比全国数据，重庆城市居民享有养老保险的比重与全国水平差不多，其中女性还高出6.1个百分点。而在农村，重庆农村女性享有养老保险的比重比全国平均水平高出11.9个百分点，农村男性更高出16.6个百分点，重庆农村两性人口享有养老保障的比重均大大高出全国平均水平。农村居民养老保险制度覆盖从2009年才开始，现实发展状况充分表明制度建设对居民社会保障状况的影响力非常大，在建立和完善社会保障体系过程中，尤其需要制度先行。

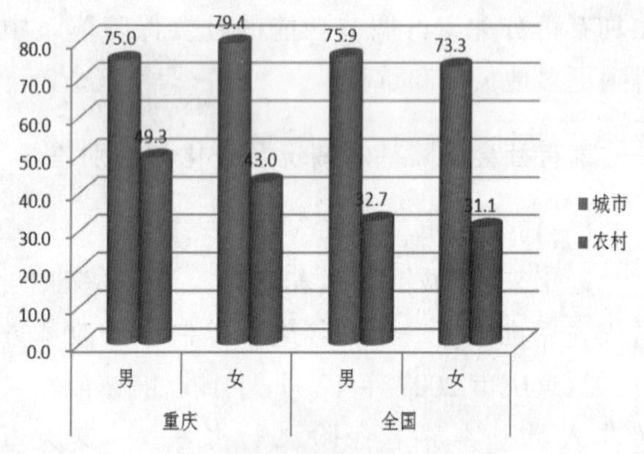

图一 分城乡、性别养老保障

2.经济条件成为限制居民参保的首要原因，居民参保意识也有待提高

针对城乡居民中没有参加养老保险的原因调查发现，重庆城乡居民没有参加养老保障的原因是多种多样的。最主要有“自己没钱上”(42.1%)、“自己不需要”(19.1%)、“本地没有开展城乡居民养老保险”(16.1%)，三者合计接近8成。可见经济状况是居民没有参加养老保障的最主要原因。同时，调查中有8.8%的人表示是由于缺乏相关信息而没有参加养老保险，这反映出在社会保障的信息传递和宣传普及上还有许多需要改进的地方。另有6.0%的人则反映是单位没有为其给缴纳养老保险。社会保障作为强制性法规，执行力度还有待加强。此外，有近3%的人表示，自己没有参加养老保险是由于对相关制度缺乏信心，这种心理应该引起相关部门的关注。

分性别比较，女性相较于男性有更多人是由于经济原因而未能享有社会保障，尤其是乡村女性。总体上，女性“自己没钱上”社会养老保险的比例高出男性8.4个百分点，其中农村女性高出男性9个百分点，城市女性高出男性6.9个百分点。城市中因单位不为其购买养老保险的情况比较严重，有11.4%的女性表示是“单位没给上”，可见，在城市应进一步加强劳动与社会保障的行政执法，以保障妇女职工的合法权益。在农村中，因“本地没开展城乡居民养老保障”的原因则限制了20.4%的农村女性享有养老保障。因此，采取有力措施尤其是必要的扶持政策措施，加大农村养老保险的覆盖面，是重庆建立统筹城乡社会保障制度的一个重点。

表1 没有养老保障的主要原因

	城市			农村			总计		
	男	女	合计	男	女	合计	男	女	合计
单位没给上	12.9	11.4	12.2	5.8	1.1	3.4	8.0	3.9	6.0
自己没钱上	37.9	44.8	41.0	38.0	47.0	42.5	38.0	46.4	42.1
自己不需要	22.6	18.1	20.5	20.7	16.5	18.6	21.3	16.9	19.1
对相关制度缺乏信心	2.4	6.7	4.4	2.5	2.2	2.3	2.5	3.4	2.9
本地没开展城乡居民养老保险	6.5	2.9	4.8	21.0	20.4	20.7	16.5	15.6	16.1
转移接续存在问题	1.6	3.8	2.6	0.4	0.7	0.5	0.8	1.6	1.1
缺乏相关信息	12.9	6.7	10.0	8.7	7.9	8.3	10.0	7.6	8.8
没想过这个问题	0.0	1.0	0.4	0.0	1.1	0.5	0.0	1.0	0.5
其他	3.2	4.8	3.9	2.9	3.2	3.1	3.0	3.6	3.3

(1)本次调查是在常住人口中进行,有部分常住人口没有本市户籍,重庆现行保障制度仍是按行政区划设计的,因此不覆盖这部分人口。

(2)在重庆,农村社会养老保险和城镇居民养老保险已经统一为城乡居民养老保险,此处分析时仍然按照调查问卷中的提法作出分析,以待将来可以与其他省市发展状况进行比较分析。

3.城乡居民养老保险覆盖面大,亟需提升其待遇水平

目前,我国的养老保险制度主要由三种方式构成,即:城镇职工基本养老保险、农村社会养老保险、城镇居民养老保险。城市居民以城镇职工基本养老保险为主,以城镇居民养老保险为辅,享受机关事业单位离退休待遇的也比较多;农村居民主要由农村社会养老保险覆盖。目前城乡居民养老保险的保障水平还不能对居民的老年生活提供有效保障,而城乡综合有超过3成的人是由城乡居民养老保险覆盖,如何提高其保险待遇水平是亟需解决的重大问题,也是一个难度非常大的题。

分城乡看,城市两性居民间享受保障类型差异比较显著,重庆享受城镇居民养老保险的女性比男性高7.7个百分点;享受机关事业单位养老保险的女性比男性低4.5个百分点。享受养老保险类型与个体职业直接相关,以上城市两性享受养老保险类型差异表明,城市女性的非正规就业和在机关事业单位就业的比例不仅低于男性,而且存在明显的差距,女性的职业地位仍有待提高。乡村中86.2%的女性享受的是农村社会养老保险,比男性高10个百分点,表明重庆在农村社会养老保险制度的制度建设上取得了明显成效。但同时,农村女性享受农村社会养老保险的比例高于男性而享受城镇职工基本养老保险低于男性,也折射出农村女性在进城数量和就业结构上与男性仍有较大差距的现状。

4.居民社会养老观念有待加强,部分居民忽视养老问题应引起重视

未来养老方式选择,是劳动者个体对自身当前就业状况、对自己未来发展的预期以及对社会未来发展预判的综合结果。本次调查中的"您将来打算/目前主要靠什么养老?"这一问题是一个多选题,可同时选择两个给定选项。综合两个选项答案,除了"以房/地养老"和"商业保险"选择的人比较少以外,其他各个选项都有较高比例的人选择。综合看,城乡女性选择"家人供养方式"的比例均远远超过男性,表明重庆女性对家庭养老的作用相比男性更加依赖和看重。

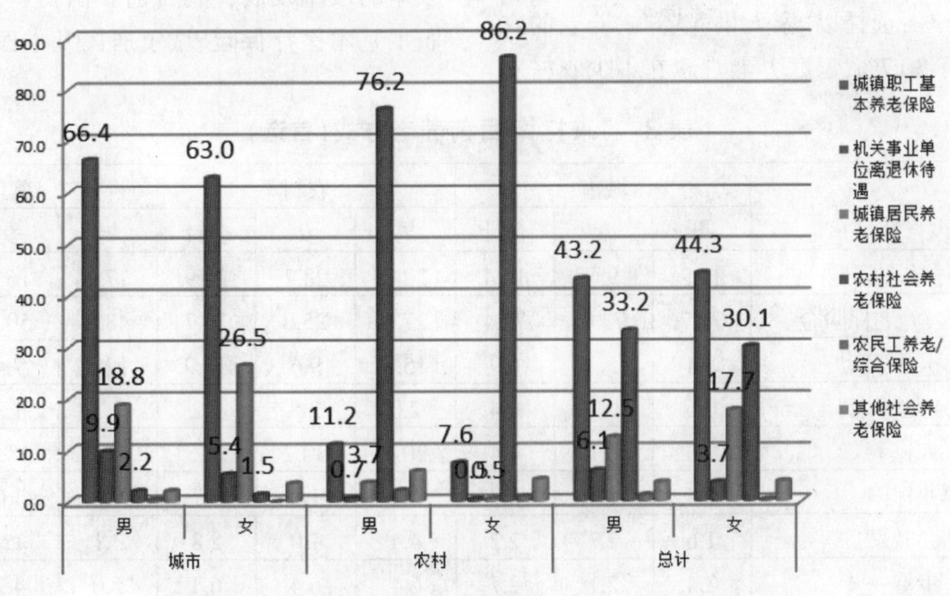

图二 分城乡、性别享有的社会养老保障类型

表 2 将来打算/目前养老方式(综合)

	城市		农村	
	男	女	男	女
没想过这个问题	15.0	11.4	26.7	26.7
离退休金/养老保险金	76.0	77.1	37.4	36.7
个人积蓄/劳动	42.8	39.5	33.8	26.4
以房/地养老	1.7	2.8	3.7	4.2
家人供养	17.4	25.5	38.7	48.3
商业保险	2.4	2.6	2.4	2.4
社会救助	4.8	4.4	7.9	4.8
走一步看一步	24.6	19.8	32.7	36.3

从首选的养老方式上看，调查发现，重庆50.1%的女性表示“将来打算/目前主要靠”“离退休金/养老保险金”养老，只有半数左右，这表明目前重庆女性的社会化养老观念并不强，主要是农村女性。家人供养仍然是女性观念或现实中重要的养老方式，有18.0%的女性表示将以此方式养老。此外本次调查中还发现一个值得重视的问题，有合计27.7%的女性在回答“您将来打算/目前主要靠什么养老？”时表示“没想过这个问题”、“个人积蓄/劳动”或“走一步看一步”，即有近三成的女性对未来的老年生活保障问题没有做认真考虑和谋划。分城乡看，73.0%的城镇女性选择以“离退休金/养老保险金”养老，农村只有25.6%；选择以“家人供养”方式养老的农村女性则有30.7%，家庭养老观念在不少农村女性中仍然根深蒂固。

对比城乡养老保险制度构建和发展过程，城镇职工基本养老保险制度建立较早，于1993年正式建立，而城镇居民养老保险和农村社会养老保险则在2009年才开始推行。尽管城乡居民养老保险近年来在重庆全市迅速推广，实现了制度的全覆盖，但在参保人群的覆盖上还有一个逐步扩面的过程。调查显示，有20%以上的农村居民反映“本地没有开展城乡居民养老保险”。分析发现，制度建设仍是影响居民养老保险方式选择最重要的原因，其次是经济承担能力，此外对社会保障意义和相关知识的宣传推广也是重要的影响因素之一。

(二)医疗保障

医疗保障制度是一个国家或地区按照保险原则为解决居民防病治病问题而筹集、分配和使用医疗保险基金的制度。在我国，现代意义上的社会医疗保险制度建立于1998年，主要由三部分组成：全民保健制度，城市社会医疗保险制度和农村建康保险制度。具体来说，它是一个以全民保健为基础、以公费和劳保医疗为主体、以合作医疗和其他形式的医疗保障为补充的多层次的社会医疗保障体系。基本医疗保险制度是社会医疗保障体系的核心和主要的部分。经过多年的改革发展，到目前我国初步形成了城镇职工基本医疗保险、城镇居民基本医疗保险、新

表 3 将来打算/目前养老方式(首选)

	城市			农村			总计		
	男	女	合计	男	女	合计	男	女	合计
没想过这个问题	11.2	9.6	10.4	22.7	23.2	22.9	17.2	16.1	16.7
离退休金/养老保险金	71.7	73.0	72.4	27.6	25.6	26.7	48.8	50.1	49.4
个人积蓄/劳动	8.4	5.4	6.9	15.8	9.6	12.9	12.3	7.4	9.9
以房/地养老	0.6	0.2	0.4	2.0	2.5	2.2	1.3	1.3	1.3
家人供养	2.6	6.1	4.4	20.4	30.7	25.3	11.9	18.0	14.9
商业保险	0.4	1.0	0.7	0.4	1.0	0.7	0.4	1.0	0.7
社会救助	1.6	2.7	2.2	4.4	1.0	2.8	3.1	1.9	2.5
走一步看一步	3.4	2.1	2.7	6.4	6.4	6.4	5.0	4.2	4.6
其他（请注明）	0.0	0.0	0.0	0.2	0.0	0.1	0.1	0.0	0.0

型农村合作医疗保险和城乡医疗救助制度共同构成的基本医疗保险体系。医疗保障制度事关每一个国民的健康与生活，疾病是对个人生命周期产生决定性影响的一个最重要的因素，在医疗成本急剧上升的今天，“有钱看病”和“病有所医”是民众最为关心的社会焦点问题之一。我国是一个拥有13亿人口的大国，推进基本医疗保障制度尽快覆盖全体城乡居民，对维护社会稳定与社会和谐具有重要意义，同时也是一项任务重、难度大的社会工程。

2007年，重庆市发布了《重庆市人民政府关于开展城乡居民合作医疗保险试点的指导意见》，在农村合作医疗基础上推出城乡居民合作医疗，解决了大量社会成员长期游离于医疗保障系统之外的问题，医疗保障也实现了制度全覆盖。2011年，又制订了《重庆市城镇职工医疗保险市级统筹办法和重庆市城乡居民合作医疗保险市级统筹办法》，对医保市级统筹进行了规划。规划要求城镇职工医疗保险在2011年底前，将非市级统筹区的27个区县(自治县)在参保范围、基金管理、待遇水平、就医管理、信息系统、药品和医疗服务项目目录等方面，调整为与市级统筹区一致；在2012年6月30日前，实现城镇职工医疗保险全市统筹联网；立即启动城乡居民合作医疗保险市级统筹准备工作，在2012年年底前，全市执行统一的居民医保政策，实现待遇水平、就医管理、基金管理、信息系统和管理体制的统一。重庆在医疗保障制度的改革和制度建设上全面提速。

1.超过九成居民享有医疗保障，高于全国平均水平，尤其是城市居民

调查显示，2010年，重庆有93.1%的女性拥有医疗保障，其中城市女性为91.2%，农村女性为95.1%，农村拥有医疗保障的女性比城市女性还高出3.9个百分点。城乡两性享有医疗保障的比例几乎没有差异。与全国比较，农村女性与全国水平相当，城市女性比全国平均水平高了3.6个百分点，男性比全国平均水平也高3.2个百分点。

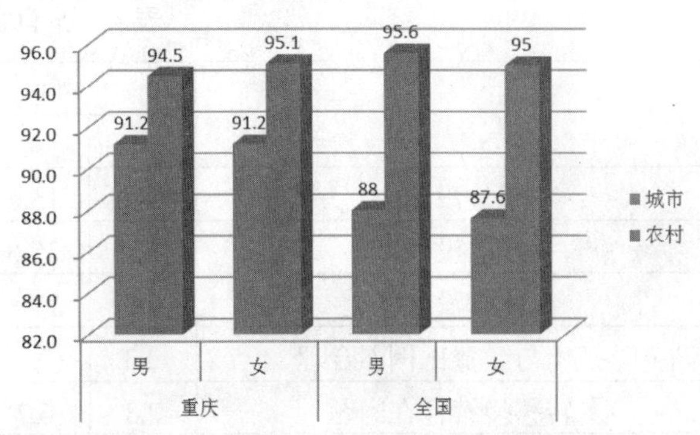

图三 分城乡、性别医疗保障

2.经济原因是限制居民参保首要因素，居民参保意识仍有待提高，制度执行力度仍有待加强

没有医疗保障的人反映出的原因多种多样，男女两性反映出的原因区别不显著。经济原因仍然居首位，有33.3%的女性表示“自己没钱上”。2010年，重庆市参加城乡居民医疗保险的居民最低缴费标准为30元，困难群体参保还有补助(补助后个人缴费仅10元)。调查中反映出有超过3成人是受经济原因影响未参保，这个现象值得关注。另一个需要关注的问题是有21.7%的女性认为“身体好没必要上”，比男性高6.6个百分点，尤其是农村女性，达到了29.2%。城市女性中有15.6%反映是“单位没给上”，与养老保障上的情况表现出很强的一致性。社会保障是法律规定的国家强制性保障制度，因此，政府有关部门进一步加强对相关单位切实履行社会保障应尽义务的执法监管。此外，缺乏相关信息仍然对居民参保有重要的影响，制度推出后的宣传工作仍有待加强。

3.新制度的建立和推广让超过七成居民受益

总体上和分城乡看，在享有医疗保障上性别差异也不显著。总体上，农村合作医疗覆盖了最多的人口，有52.0%的女性表示自己享有新型农村合作医疗，其次是城镇职工基本医疗保险(25.7%)，第三是城镇居民基本医疗保险(20.0%)2。城镇居民基本医疗保险和新型农村合作医疗制度的建立和推广，唤起了长期游离于以城镇职工基本医疗保险为主的医疗保障制

表 4 没有医疗保障的原因

	城市			农村			总计		
	男	女	合计	男	女	合计	男	女	合计
单位没给上	18.6	15.6	17.0	3.3	0.0	1.9	12.3	10.1	11.3
自己没钱上	27.9	35.6	31.8	46.7	29.2	38.9	35.6	33.3	34.5
身体好没必要上	9.3	17.8	13.6	23.3	29.2	25.9	15.1	21.7	18.3
报销与缴费比例不合理	2.3	0.0	1.1	6.7	4.2	5.6	4.1	1.4	2.8
转移接续存在问题	2.3	6.7	4.5	3.3	8.3	5.6	2.7	7.2	4.9
本地没有开展城乡居民医疗保险	0.0	4.4	2.3	0.0	4.2	1.9	0.0	4.3	2.1
缺乏相关信息	30.2	11.1	20.5	16.7	12.5	14.8	24.7	11.6	18.3
其他	9.3	8.9	9.1	0.0	12.5	5.6	5.5	10.1	7.7

度之外的大量社会成员的参保积极性，继而踊跃参保。调查表明有高达 94.8%的农村女性和 38.1%的城市女性因此而受益，城乡居民都对这项制度给予了高度评价。本次调查显示，公费医疗/劳保医疗、农民工综合保险和其他社会医疗保险的覆盖人群很小。为了推进医疗保障体系的制度并轨和城乡统筹，消除原有制度体系的碎片化弊端，重庆市应该进一步加快几大主流医疗保障类别的制度并轨，提高统筹层次。

(三)工伤保险

工伤保险，是劳动者在工作中或在规定的特殊情况下，遭受意外伤害或患职业病导致暂时或永久丧失劳动能力以及死亡时，劳动者或其遗属从国家和社会获得物质帮助的一种社会保险制度。中国在 20 世纪 80 年代末开始对工伤保险进行改革。1996 年出台了《企业职工工伤保险试行办法》，开始在部分地区建立工伤保险制度；2003 年国务院通过了《工伤保险条例》并于 2004 年 1 月 1 日正式实施。《工伤保险条例》对工伤保险的适用范围、工伤保险基金、工伤保险的认定、工伤保险待遇、劳动能力鉴定等都做了详细规定。与此同时，全国各省都制定了相应的实施办法，使《条例》有了可操作性。

工伤保险是社会保险中开展最早，在世界范围内实施国家和地区最多的险种。在市场经济条件下，为了保证公平竞争，化解竞争风险，维护社会稳定，必须建立包含工伤保险在内的完善的社会保险体系。因此国家强制推行工伤保险制度，以保障因工作遭受事故伤害或者患职业病的职工获得医疗救治和经济补偿，促进工伤预防和职业康复，分散用人单位的工伤风险。我国工伤保险制度改革的目标，就是要建立

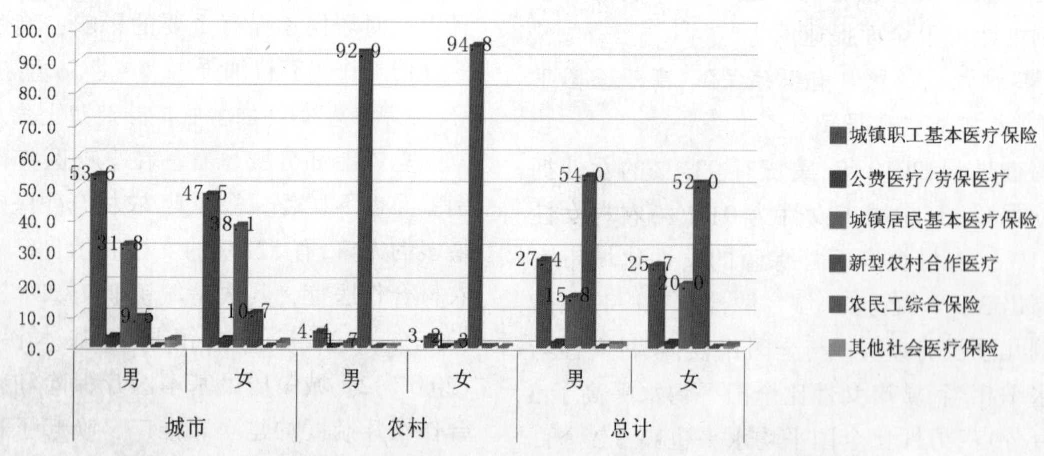

图四 分城乡、性别享受医疗保障类型

起一个适应市场经济体制要求的、覆盖城乡所有用人单位和职工的、工伤保险与事故预防、职业康复相结合的完善的工伤保险制度。也就是要逐步建立起一张覆盖所有劳动者的“职业安全网”。

1.居民遭遇工伤事故机率高,全社会劳动安全保障水平需要重视

在本次调查中,5.7%的女性表示在工作/劳动中受到过事故伤害或职业病伤害，其中城市女性为6.9%,农村女性为4.4%。与男性比较,女性受到职业伤害的比例要低很多，男性受到伤害的比例分别是11.2%、11.5%和10.9%,性别差异比较显著。有如此高比例的居民工作中受到伤害，反映出我市劳动者的劳动安全没能得到很好的保障,劳动环境需要改善,提升全社会劳动安全保障水平,减少劳动伤害。

2.居民享受工伤保障待遇比例低,尤其是女性,制度执行力度亟需加强

受到伤害后,只有29.4%的女性享受了工伤保险待遇,其中城市女性为38.2%,农村女性为11.8%,农村女性能享受工伤保险待遇的比例非常之低。与男性比较,女性虽然受到职业伤害的比例相对较小，但受到伤害后享受工伤保险待遇的比例也要小很多。农村女性享有工伤保险的只有男性的一半，城市女性则比男性低18.4个百分点。工伤保险作为一项强制性制度,政策目标应该是全覆盖,而实际覆盖率却如此之低,反映出制度执行力度亟需加强。

(四)失业保险

失业保险是国家通过立法强制实行的,由社会集中建立基金，对由于非本人原因暂时失业而失去生活来源的劳动者，在重新寻找新工作的期间，向他们提供物质帮助以保障其基本生活的一种社会保险制度。失业保险是社会保障体系的重要组成部分，也是社会保险的主要项目或主要险种之一。在市场经济条件下,就业市场千变万化、竞争激烈,失业是经济运行中不可避免的一种社会现象。为了保障失业者的基本生活和维护社会稳定，必须有一套有效的社会安全机制，失业保险制度就是国家通过立法保障失业者基本权益的一种制度安排。由于种种历史和现实原因，女性从总体上在职场竞争中相较于男性仍处于比较明显的劣势。这不仅表现为女性在求职过程、岗位分配、职业位阶和劳动报酬等诸多方面与男性相比常常居于不利地位，而且在就业稳定性上女性也明显不如男性,失业保障对女性更具有现实意义。本次调查显示,总体上有20.2%的女性表示自己有过失业经历,而男性总体上为17.4%。两性差异在城市就业者中表现得更为明显，在城市就业人员中有30.9%的女性表示有过失业经历，男性则为25.7%。

1.制度设计覆盖面低,执行力度严重不足

勿容讳言,在社会保险体系的五大险种中,失业保险的覆盖面是比较低的，目前其制度覆盖范围还局限于城镇企业事业单位及其职工。建立城乡统一的劳动力市场，尤其是推进统筹城乡改革发展,必然要求打破城乡和户籍界限,为所有就业相对稳定的劳动者抵御失业风险提供制度保障。本次调查显示,不仅失业保险的总体覆盖面比较低，而且对女性这一职场弱势群体的覆盖和保护力度更小。调查发现重庆只有15.9%的女性享有失业保险,其中城市20.0%、农村4.6%。女性能享受失业保险的比例与男性相比有较大的差距,失业保险的性别差异显著,同期男性总体享有失业保险的比例为21.0%,比女性总体高4.1个百分点。其中城市享有失业保险的男性为26.2%,比城市女性高6.2个百分点。

2.居民权利意识不足,针对性的社会救助政策施行绩效有待提高

在中国向市场经济全面转轨过程中，政府和社会对失业现象一直都非常重视。除了建立起相应的失业保险制度外，政府还不断出台了一整套帮助失业人员尽快重新就业的政策措施。包括提供免费就业指导和咨询服务、免费职业技能培训、政府相关机构的职业介绍服务等等。但本次调查发现,女性在失业期间享受失业保险和救助的实际情况不尽人意。调查中只有

11.4%的女性表示失业期间领取了失业保险金，其中城市 13.8%、农村 2.3%，与女性拥有失业保险的平均水平有不小的差距。部分即使享有失业保险的人也不了解自己失业后应享有什么权益、能得到哪些保障，社会似乎并没有建立起主动发现和帮助失业群体这样一种完善的机制。调查中列举的其他一些失业帮扶项目和待遇，调查对象反映享受过的比例也都不高，这是一个值得有关部门高度重视的问题。

(五)生育保险

表 5 失业期间享受待遇

	总计		城市		农村	
	男	女	男	女	男	女
领取失业保险金	12.8	11.4	18.1	13.8	0	2.3
免费就业指导和咨询服务	16.7	15.8	18.9	16.3	11.3	14.0
免费职业技能培训	18.9	14.3	22.8	16.3	9.4	7.0
政府相关机构的职业介绍服务	20.0	10.3	22.0	9.4	15.1	14.0

生育保险是国家通过立法，在怀孕和分娩的妇女劳动者暂时中断劳动时，由国家和社会提供医疗服务、生育津贴和产假的一种社会保险制度。生育保险的宗旨在于通过向职业妇女提供生育津贴、医疗服务和产假，帮助他们恢复劳动能力，重返工作岗位。怀孕期间的工资待遇、生育医疗待遇和产假是女职工生育保险的主要内容，我国法律规定，女职工在法定产假期间应获得百分之百的原工资待遇。

我国从 1994 年开始实行生育社会保险。根据劳动部《企业职工生育保险试行办法》规定，参加生育保险社会统筹的用人单位，应向当地社会保险经办机构缴纳生育保险费；生育保险费的缴费比例由当地人民政府根据计划内生育女职工的生育津贴、生育医疗费支出情况等确定，最高不得超过工资总额的 1%，职工个人不缴费。参保单位女职工生育或流产后，其生育津贴和生育医疗费由生育保险基金支付。生育津贴按照本企业上年度职工月平均工资计发；生育医疗费包括女职工生育或流产的检查费、接生费、手术费、住院费和药费(超出规定的医疗服务费和药费由职工个人负担) 以及女职工生育出院后，因生育引起疾病的医疗费。

1.政策设计覆盖面低，执行力度有待加强

本次调查显示，重庆妇女享有生育社会保险的实际情况并不理想。在对非农单位就业者 3(在业和曾经在业的非农产业从业人员)享受生育保障情况的分析表明，各类单位为女性购买生育保险的比例是比较低的，尤其是农村户口女性尤其低。调查对象中有高达 66.4%的女性其分娩费用全部自费，只有 19.7%的享受过全部免费/报销。不同户口性质差异很显著，90.0%的农村女性分娩费用全部自理，城市女性为 58.7%。

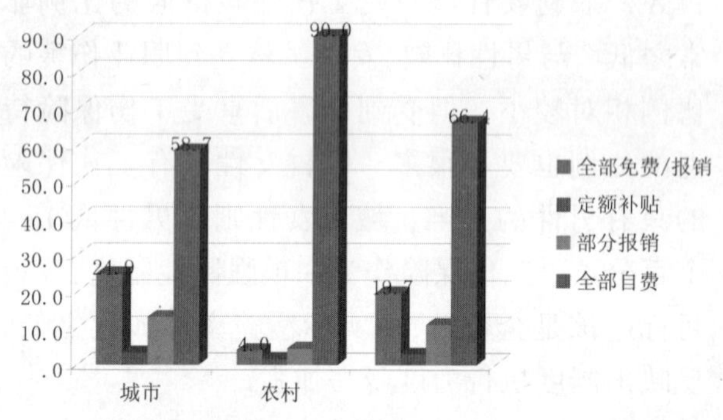

图五　分娩费用负担

2.产假期间收入保障不理想

调查表明，重庆有 40.3%的女性在产假期间能获得与产前差不多的收入，另有 25.9%能得到基本工资，两者合计为 66.2%，比 2000 年上升了 2.6 个百分点，比全国低 7.4 个百分点。产假期间没有收入的比例也很高，达到 26.7%。不同户口性质的女性差异很大，城市户口女性与产前差不多或有基本工资的达到 73.8%，农村女性只有 33.3%。

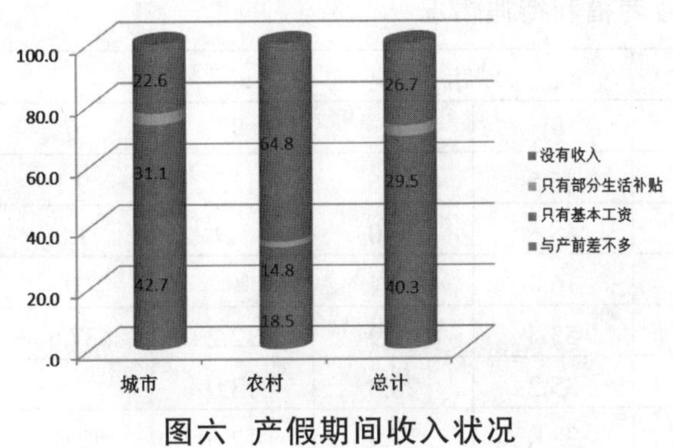

图六 产假期间收入状况

3.法定产假天数缩水较大

调查还显示，重庆女性享受产假的平均天数为69.69天，与国家90天的规定有较大差距。只有37.9%的女性假期在90天以上，有45.8%的女性产假不到60天。35岁以下女性的平均产假天数也只有81.4天，在90天以上的只有56.1%。同时，丈夫带薪陪护假天数为6.08天。

(六)社会福利

社会福利是广义的社会保障制度的组成部分。相对于规范的社会保险而言，由于社会福利的产品、对象、功能或目标等属性往往不确定、不清晰和不恒定，经常根据特定的社会状况和社会矛盾而处于变化之中，因此在不同国家的理解和界定差别很大，很难给出一个精准的定义。从语义上讲，"福利"是一个与人的生活幸福相联系的概念，但什么是生活幸福则是一个"仁者见仁、智者见智"的个人心理感受极强的事，不同人的主观评价甚至可能天渊之别。在我国，一般将社会福利理解为：国家依法为所有公民普遍提供旨在保证一定生活水平和尽可能提高生活质量的资金和服务的社会保障制度。社会福利制度具有一些普遍认同特点：一是功利性，即任何一项社会福利计划都是以化解或缓和某种突出的社会矛盾为目标；二是普遍性，即社会福利是向所有公民提供的；三是一维性，即公民不需要为按立法和政策规定而应该享受的社会福利付费。此外，在整个社会保障体系中，社会福利制度是相比社会保险而言更高一层次的社会保险制度。社会福利的终极目标并不是保障公民的基本生活，而是在国家财力允许的情况下，为国民进一步提高生活质量而提供的普惠性的津贴或服务。

1.两性之间、城乡之间在福利待遇的享有上仍存在明显差距

本次调查中列举了一系列的福利待遇，结果显示，目前有固定单位的职业女性表示能享受到的福利待遇分别为：比例最高的是工作餐/餐补（含包吃）为40.9%，其次是带薪年假为35.2%，另有超过20%的享有住房公积金、班车/交通补贴和取暖补贴。在各项福利中，只有"子女入托入园补贴或支持"的女性高于男性，而其他各项福利中，女性能享受的比例都低于男性，有的差异还比较大。如住房公积金相差8.2个百分点、取暖补贴相差9个百分点。分城乡看，城乡女性间享有福利待遇的差距也非常之大。在各项补贴中，农村女性只有工作餐/餐补（含包吃）享受的比例高一点，达到37.5%，与城市女性差距相对小一些；而带薪年假和班车/交通补贴的差距有9%左右，其他几项则有2%左右。

2.福利覆盖面缩小

与2000年比较，女性享有带薪年假的比例下降了12.5个百分点，享有福利房/经济适用房等住房福利的下降了27.8个百分点。

(七)商业保险

社会保险与商业保险之间虽有许多区别，但在功能上，两者都具有防范社会风险的巨大作用和化解社会风险的有效机制。社会保险是多层次社会保障体系的主体，商业保险则可作为对社会保险的有益补充，因此商业保险也是多层次社会保障体系的一个组成部分。

随着经济社会发展，居民的保障意识显著增强，受多种因素，尤其是政府提供的社会保障制度保障水平不足影响，居民通过商业保险获取保障的比例大大增加，女性的增长程度更大于男性。重庆女性购买养老性质的商业保险和医疗健康保险的比例分别为10.1%和12.0%，比2000年上升了5.4和10.2个百分点。城市和农村女性购买医疗商业险的比例均有较大幅度上

表6 目前有单位的在业者福利待遇情况

	总计		城市		农村	
	男	女	男	女	男	女
带薪年假	36.3	35.2	45.5	42.6	13.1	9.1
住房公积金	36.8	28.6	48.3	36.0	5.9	1.8
福利房/经济适用房等住房福利	11.8	9.6	16.4	12.4	0	0
工作餐/餐补（含包吃）	47.0	40.9	53.3	41.9	32.2	37.5
班车/交通补贴	28.6	23.7	35.2	28.0	13.0	8.9
取暖补贴	31.0	22.0	38.0	27.9	12.6	2.0
子女医药报销/补贴	4.0	3.6	5.2	4.1	1.2	2.1
子女入托入园补贴或支持	1.8	3.3	2.6	3.6	0	2.3

升，但购买养老商业险的比例只有城市女性有所上升。这表明农村女性对生病等近期发生概率较高的风险更为看重，而对养老等远期风险的重视程度明显不够。

表7 购买商业险情况

		总计		城市		农村	
		男	女	男	女	男	女
养老性质保险	2010	8.3	10.1	11.8	16.4	5.0	3.3
	2000	7.2	4.7	14.3	12.6	6.1	3.4
医疗健康保险	2010	11.4	12.0	17.0	18.0	6.3	5.6
	2000	2.1	1.8	6.8	8.7	1.4	0.7

重庆市人口城市化思路分析

重庆社会科学院 柯昌波

中国城市经济社会快速发展使得大量的农村劳动力纷纷向城市转移，争取更多的就业机会和更高的工资水平，由此形成了中国人口城市化严重滞后工业发展、城乡差距显著扩大、农村发展停滞的局面。重庆已有750万左右农村劳动力人口脱离农村进入城市非农产业并长期就业，按照合理分配国民收入，城乡地区、人口协同发展的需要，750万劳动力及其240万供养人口应该进入城市户籍，实现人口城市化。在体制改革方面，重庆城乡统筹综合配套改革重点以农民工为突破口推进人口城市化，但是因为综合配套改革的制度安排秩序偏差，虽然城市启动的与农民工户籍、子女教育、就业、医疗、保障住房等相关政策，形成了城市对农村转移劳动力的包容制度体系，但在农村的所有政策均包容长期进城农村转移劳动力及其总供养人口，由此导致农民工及其供养人口户籍进城的意愿减弱，重庆人口城市化改革进入困境。重庆城乡统筹综合配套改革中人口城市化改革显化了当前理论研究的缺陷，出现诸多困难与问题。本文的研究目的就是要识别重庆人口城市化中的战略必要性，提出人口城市化的系统动力架构和紧急逆转人口城市化的基本思路，为重庆人口城市化探索有效路径。

一、重庆人口城市化改革的必要性

（一）重庆人口城市化改革是重庆城市和谐发展的需要

建设和谐社会，实现公平正义的法制社会和共同富裕是中国未来社会的发展目标。重庆的城市发展已经离不开农村转移劳动力，但是过往城市只把他们看成劳动要素，不承认农村转移劳动力及其供养人口的城市居民身份并给予他们理应享受的城市公民待遇，让城市中出现一个庞大的贫民阶层。

据重庆调查，2010年，有51.76%的民工其居住面积在10平方米以下，5平方米以下的也占到总人数的15.53%，大部分农民工与人合租或住工棚、宿舍，占总人数的63.84%，自己买房住的也只有7.44%；问及在城市工作幸福情况是选择一般的人则达到57.61%，有14.40%的人认为不幸福或很不幸福；近8成民工子女留守农村；农民工个人在城里，夫妻分居占被调查者31.48%，带子女一起进城的占到36.94%，父母随行的仅占17.28%。新生代农民工犯罪有个体事件向群体事件发展的趋势，“打工苦，打工累，不如混混黑社会”的黑白颠倒价值观蔓延；80后、90后城市社会保障和救助缺失、城乡文化冲突，常年被边缘化带来的道德畸形、贫富差距带来的心理失衡，市民歧视与都市诱惑，城市潜在极不和谐因素。

因此，农村转移劳动力及其供养人口城市化是城市和谐发展的需要。

（二）重庆人口城市化改革是“三农”发展的需要

改革开放以来，60%的农村劳动力逐步转出农村；联产承包责任30年不变改为长期不变，31岁以下的农村人口有40%左右没有土地；1980年联产承包责任人已有50%死亡或超过劳动年龄；农村转移劳动力60%在农村改造宅基地同时空置；农村人口在公共用地严重不足的情况下人均占有150~180平方米建设用地（城市人口人均占地90~100平方米）；转移劳动力长期撂荒耕地；留守老人儿童粗放经营土地也享受粮食种植补贴；转移劳动力国民经济贡献在城市，但是他们及其供养人口的社会福利保障责任全在农村；农村劳动力平均年龄已经达到66岁......,这些现状严重影响“三农”发展。只有通过城市化，并重点推进农民工及其总供养人口城市化,才能解开“三农”发展死结。

1. 让农民工及其总供养人口的国民收入再分配责任转向城市,减轻农村社会负担

农民工的国民经济贡献在城市，但是财政分配和户籍的捆绑制度，让农民工及其总供养人口的医疗、养老、教育、公共基础设施等配置的责任全部落在农村，形成城市财政多收少支的巨大顺差和农村财政少收多支的巨大逆差并存的不合理格局。然农民工进城,就是让城市承担他们及总供养人口的再分配责任，解除农村财政不合理负担，让留守农村的人口享受自己创造的国民财富。

2. 让农民工及其总供养人口退出宅基地和耕地,让农村经济重新获得发展资源

农民工宅基地大量空置，退出宅基地一方面可以使农村发展获得巨量建设用地资源,为农村建设与开发准备条件，另一方面大大减少农民工因为建设空置房形成的资金占用。农民工占有耕地有撂荒耕地,形成巨大浪费,农民工退出耕地，则加大农村留守居民的资源人均拥有。

3. 建立农业规模化经营和农村场经济体制改革环境和条件

通过农村转移劳动力及其供养人口城市化,将他们占有的资源回归农村经济市场,减少他们因建设空置住宅带来的资金浪费，为农村市场经济体制改革和社会资本进入农村重组农村资源建立环境和条件。

(三)重庆人口城市化改革是农村转移劳动力及其供养人口自身发展需要

农村转移劳动力在城市长期就业以后,应该享受诸多基本权利，实现个人生产及再生产(老人及子女)发展。

1. 人口城市化改革是农村转移劳动力及其供养人口基本公民权利

农民工在城市从事就业，也就是对城市的国民经济(财政税收)长期贡献。按照国民经济分配的基本政策，农民工及其供养人口在城市参与再分配(享受社会福利与保障,享受所有公共服务)是基本权利。

2. 人口城市化改革是在农村转移劳动力及其供养人口城市享受政治权利需要

转移人口虽然生活在城市，但他们被排除在城市政治生活之外,没有组织、结社、选举和被选举等政治权利,缺乏表达自己利益的渠道。因此，转移劳动力要求通过城市化赋予他们在城市享有宪法和法律所有权利。

二、国外城市化模式研究

国内学者在引入西方城市化理论的同时，也意识到，即使是西方发达资本主义国家之间实现城市化的方式和路径也存在差异。对此一些学者对世界不同国家城市化的发展模式进行了研究。

研究基本上都把落脚点放到了对中国城市化的启示作用上，试图通过借鉴国外城市化的经验、教训寻找适合中国国情的城市化道路。

透过他们的研究,我们可以对英国、美国、日本、韩国、巴西等国城市化的发展状况和特征有比较清晰的认识和了解。美国日本城市化与工业化同步且相互推动、比较协调也都是以非均衡、集中发展模式为主;而两国在城市化与农业农村的关系、城市化的动力模式和政府的干预程度上有明显的不同。从城市化发展的历史轨迹上分析，都市区化已成为美国区域发展和城市化进程的主流组织模式，是推动美国经济繁荣和提高其核心竞争力的“发动机”;日本的城市化是先集中后分散但总体上又相对集中的城市化模式,政府在其中扮演了很重要的角色。韩国的城市化也是以大城市优先发展为特点的非均衡发展，日本与韩国的城市化模式有许多共同之处。还有学者从英国整治“城市病”的历史入手,对英国城市化模式的演变过程进行研究。而在发展中国家中,巴西属于过度城市化模式，城市化水平虽然相当高，但是与工业化发展不

适应,由此产生许多城市问题。

通过对国外城市化模式的研究，认为世界各国无论是发达国家还是发展中国家，城市化发展各有特点,不能机械照搬其他国家的经验，甚至强制推行某种模式。借鉴世界城市化模式的成功经验和失败教训，中国城市化应遵循不以牺牲农业为代价、城市化与工业化和经济发展同步、集中型城市化与分散型城市化相协调、市场配置资源与政府合理有效的宏观调控相结合等基本原则。

因此，结合重庆城乡统筹综合配套改革成果,形成了人口城市化经验与教训,认真研究总结,可以探索出人口城市化的思路,为重庆乃至全国人口城市化提供参考。

三、重庆人口城市化基本思路

重庆人口城市化的总体思路应该是，促进农民工及其总供养人口市民化,消除“农民工”这个概念下人群，同时构建农民工进城与返乡的各项保障制度的双向流转通道，实现人口城市化、城乡统筹、“三农”协同发展。当务之急是要厘清中国城乡二元制度体系内容，解析制度之间的关联关系，快速推进农民工市民化综合配套制度改革，继而全面实施农村综合配套体制改革,最终实现城乡一体化目标。

(一)在城市方面

主要推进农民工进城子女入学、进城农民工老人的医疗、养老保障优惠政策,农民工进城后的养老保障和医疗保障制度，重点针对农民工的保障性住房(经济适用房、廉租房、公租房、限价房制度)体系建设、与之配套保障性住房建设管理制度和土地制度建设。旨在解决农民工进城后的农村享受的住房福利得到有效续接；满足农民工在城市“居者有其屋”的财产需求；确认农民工进城以后的养老保障；根本解决农民工子女入学问题;落实农民工在城市的工伤、医疗保障;实现农民工失业救助。

(二)在农村方面

配套推进联产承包责任考核制度，推进农村土地有效利用；建立农民工联产承包责任退出机制;建立返乡农民工承包准入机制;推进农村承包责任60岁退休制度建设。并配套推进农村养老保障制度建设；提高农村医疗保障制度建设水平;推进农村保障性住房,包括廉租房、公租房、经济适用房(居民新村)建设;健全农民工农村宅基地改造审核审批制度；进行农村保障性住房的土地国有化征用制度，推进农村规划和建设制度改革，确保农村保障性住房科学管理;推进农村产权制度改革,实现农村市场化经济体制建设；以农村保障性住房土地国有化为突破口,开放农村建设市场。旨在解决农民工撂荒土地问题盘活农村土地资源；退却农村土地养老功能和六十岁以上的就业保障功能;解决农民工进城的在住房、就业方面的顾忌;实现农村土地的资本价值，提高农民工积蓄的经济价值,为农村获得发展准备条件;推进农村集体资产清理，为下一步农村集体经济产权制度做好改革准备，较少农民工在农村建设空置房形成资金、土地浪费。

(三)城乡对接方面

一是大胆探索以农村建设用地国有化征用和划拨回农村的制度，保证农村有足够的国有土地资源撬动农村保障性住房建设，也让农村保障性住房与城市保障性住房管理上对接;通过农村保障性住房制度改革，逐步推进农村住房市场的开放与开发。二是推进城乡社会保障对接制度；三是推进省级行政区内农民工城乡户籍流动制度。

第三编

经济与社会发展综述

2011 年重庆经济社会发展情况

重庆市发展和改革委员会 王丽丽

一、2011 年经济社会发展情况

2011 年,重庆市深入贯彻科学发展观,提速落实“314”总体部署和国发 3 号文件,加快转变经济发展方式,实现“十二五”良好开局。

(一)经济保持平稳较快增长

经济实力显著提升。全年实现地区生产总值 10011 亿元,增长 16.4%,增速居全国第一;人均地区生产总值 34500 元,增长 15.2%。

“三驾马车”动力强劲。固定资产投资 7632 亿元、增长 30%,社会消费品零售总额 3488 亿元、增长 18.7%,进出口 292 亿美元、增长 1.4 倍。

发展质量明显改善。地方财政一般预算收入 1488 亿元、增长 46.2%,规模以上工业总产值突破 1.2 万亿元、增长 28.2%,规上工业实现利润 558 亿元、增长 28.1%,非公有制经济增加值突破 6000 亿元、增长 19.3%、占全市生产总值的 61.7%。

发展协调性持续增强。“一圈”与“两翼”人均地区生产总值比值由 2010 年的 2.21:1 缩小为 2.16:1;城镇居民人均可支配收入 20250 元、增长 15.5%,农村居民人均纯收入 6480 元、增长 22.8%,城乡居民收入比由 2010 年的 3.32:1 缩小到 3.12:1。

(二)现代产业体系建设取得初步成效

支柱产业势头良好。汽车产业,形成以长安为龙头,上汽、一汽、二汽、北汽、庆铃、红岩为主的“1+6”布局,汽车产量 172 万辆、居全国第 4,摩托车产量 880 万辆、连续 9 年全国第 1。电子信息产业,宏碁等品牌商、纬创等代工商、华科等零部件厂商落户,笔电产量 2500 万台;引进中国国际电子商务中心、太平洋电信等项目,亚洲最大的云计算产业基地启动实施。化工业,巴斯夫 MDI 一体化项目开工,长寿、涪陵、万州三大化工基地加快建设。装备制造业,轨道交通、数控机床等重大装备制造加快发展。材料产业,百年老重钢向 650 万吨现代化钢厂迈进,铝加工之都、绿色建材产品基地加快建设。

金融中心加快推进。实现金融业增加值 704.7 亿元,占地区生产总值 7%,不良贷款率降至 0.7%。重庆金融资产交易所正式运营,两江金融公司挂牌成立,惠普亚太结算中心运行良好。

商贸旅游稳步发展。消费之都,建成城市核心商圈 30 个,百亿级商圈 6 个,百亿级市场 12 个。会展之都,会展业直接收入 43.6 亿元、增长 72.1%,拉动消费 360 亿元、增长 68.7%。美食之都,建成市级美食街(城)25 条、中华美食街(城)11 条。精品旅游景区提档升级,国内出游人数 2.2 亿人次,国内旅游收入 1203 亿元,分别增长 37.3%、38.5%。

(三)内陆开放型经济体系开始形成

开放平台健康发展。两江新区建设起步,“一心两城多组团”新城体系加速搭建,金融城、会展城、空港园等功能板块快速形成。两路寸滩保税港区提前四年全面封关运行,西永综合保税区入驻企业全部投产。重庆经开区、高新区开启第三次创业新征程,万州、长寿经开区开发加速推进。

国际贸易大通道正常运行。实现“渝新欧”国际货运班列常态化开行和多国海关“一卡通”,重庆港成为全国第三个中欧“安智贸”试点港,开通渝沪江海联运、渝深铁海联运,内陆首个保税航油仓库建成投用。

内外经贸成效显著。实际利用外资 106 亿美元、增长 66.1 %,实际利用内资 4920 亿元、增长86.5%。在渝世界500强超过200家。

"走出去"取得新进展。轻纺集团收购德国萨固密集团,重钢收购澳矿项目开工建设,粮食集团巴西大豆种植基地投产回运，境外投资超过60亿美元。

(四)综合配套改革取得较大进展

户籍改革,出台37个户改配套文件,年底累计转户322万人，非农户籍人口比重达38.4%。住房改革，公租房新开工1621万平方米,摇号配租8.2万户,开征房产税。土地制度改革，完成农地确权颁证，土交所累计交易地票8.9万亩、178亿元,发放农村"三权"抵押贷款180亿元。专项改革,确定20个统筹城乡改革集中示范点，启动渝中区国家服务业综合改革试点,深化国企改革。

(五)"三农"及库区发展整体向好

"三农"平稳较快发展。农业实现增加值845亿元，增长5.1%。生产粮食1127万吨、蔬菜1408万吨、油料47万吨、出栏生猪2021万头。新建、改建乡村道路5100公里,行政村公路通达率达到100%。建成巴渝新居5.2万户，改造农村危旧房12万户。新开工金佛山大型水库、4座中型水库,21座在建中型水库加快建设,解决了近220万人饮水安全问题。异地扶贫搬迁4.9万人,生态移民搬迁4.8万人,贫困人口脱贫33万人。

三峡后续工作有序推进。三峡库区累计兑现农村移民后期扶持直补资金10亿元,惠及农村移民35万余人;累计发放城镇移民困难扶助资金6亿元,惠及80%的城镇移民;累计完成库区和移民安置区基础设施及移民生产生活条件改善项目1560个。三峡后续工作规划启动实施,建立3000多亿元的项目储备库。

(六)社会事业加快发展

就业创业进一步增强。建立小企业创业基地129个,累计发展微型企业5万户,解决就业40万人。继续扩大职业技能培训规模,全市职业技能培训人数达214万人次,增长53.7%。城镇新增就业55万人。

社会保障体系不断健全。提高企业189万退休人员养老待遇，月均养老金接近1600元。城乡居民合作医疗保险财政补贴人均年增80元达200元。建立社会救助保障标准与经济发展水平和物价上涨"双联动"机制,提高城市"三无"、农村"五保"保障标准。

基本公共服务均等化有所进步。义务教育阶段学校标准化率达到70%，新建和改扩建农村寄宿制学校370所。加快创建区县三甲医院,乡镇卫生院、社区卫生服务中心覆盖率分别达100%、95%，全面开展基层医疗卫生机构综合改革。

(七)城市功能日益完善

轨道交通一号线朝沙段、三号线一期通车,总运营里程75公里,在建123公里。稳步实施兰渝等11个铁路项目,启动新1000公里高速公路建设,高速公路通车里程1861公里。江北国际机场旅客吞吐量达到1930万人次、增长20.3%。新造绿化林地面积24.5万公顷,森林覆盖率达到39%,主城区环境空气质量满足优良天数324天,国家森林城市创建通过专家组验收。

(八)"两型社会"建设成效初显

节能减排效果明显,全年化学需氧量减排2.16%，氨氮减排1.61%，二氧化硫减排3.63%。三峡库区水环境质量总体保持稳定,"三江"干流8个国控断面水质均满足Ⅲ类标准。加快推进主城区14条次级河流综合整治,大幅超额完成市政府确定的整治目标。推进低碳园区、低碳社区建设,推动国家绿色低碳小城镇试点示范工作。

同时,经济社会发展中仍存在一些问题。一是能源形势依然紧张,预计2012年最大电力缺口超过400万千瓦，天然气缺口在10亿立方左右。二是劳动力供应结构性短缺,部分区县出现用工不足,部分企业用工流失率较大。三是环境约束加剧,我市正处于工业化加快发展阶段,产业快速发展与减排矛盾突出。四是需求协调拉动经济增长的基础尚不牢固，消费快速增长面临诸多不确定因素，世界经济衰退呈长期化趋势，外需增长空间受到挤压。

二、2012年发展思路

2012年，将继续坚持以科学发展为主题，以转变发展方式为主线，着力扩大内需、发展实体经济、深化改革开放、保障和改善民生，实现经济又好又快发展。主要调控目标：GDP增长13.5%左右，财政一般预算收入增长15%，投资、社零、进出口分别增长18%、18%、50%，城乡居民收入分别增长13%、18%，居民消费价格涨幅控制在4%左右。重点抓好以下工作：

完善内陆开放型经济体系。全力打造两江新区，加快龙盛、水土、空港产业集聚，国家级新区形象初步形成。建设内陆口岸高地，争取获批动植物进口口岸、整车进口口岸等，优化"渝新欧"运行平台，实现渝昆缅(越)国际铁路集装箱试运行。帮助企业"走出去"，扩大对外投资规模。扩大港澳台经贸往来，加强与沿海省市、周边省份的战略合作。

调整优化产业结构。电子信息业，力争高性能集成电路等项目取得突破，笔记本电脑产量超过5000万台。汽车业，发展上千家零部件配套企业，构建"1+6+1000"产业集群，建设产值超6000亿元的汽车生产基地。装备制造业，以数控机床、固定翼小型机等为重点，建设十个百亿级现代装备产业基地。化工业，延伸异氰酸酯、蛋氨酸等产业链，建设内陆重要的综合性化工基地。材料业，推进熔融炼铁等项目，建设千万吨精品钢材基地和中国铝加工之都。金融业，新增银行、证券、保险机构20家以上、小额贷款公司20家、融资性担保公司20家，推进重庆银行等企业上市，加快设立贵金属交易所等要素市场。商贸物流业，启动建设西永、礼嘉等五大新商圈，抓好朝天门市场迁建等重大项目，建设一批全国性物流枢纽和重要节点。

深化综合配套改革。建立户籍改革制度性转移通道，实现转户常态化。开工公租房1350万平方米，出台公租房管理地方性法规。健全地票交易制度，全面推行地票价款直拨，农村"三权"抵押贷款实现300亿元。出台支持民营经济发展系列文件，大力发展非公有制经济。启动武陵山片区扶贫攻坚试点。

加快城市拓展和功能开发。加快朝天门片区、江北嘴中央商务区等十大城市片区开发。成功创建国家森林城市。推进江北国际机场第三跑道及东航站区建设，建设主城果园、涪陵龙头山、万州新田等重点港口。加快渝黔新线等铁路建设，力争南涪铁路等建成通车。加快奉节至巫溪、涪陵经丰都至石柱等高速公路和城口至万源等快速干道建设。实施"畅通主城行动计划"，轨道交通通车里程超过140公里。

推动"三农"上新台阶。加快建设粮油、生猪、蔬菜等百亿级产业链。加大农村危旧房改造力度，建设农民新村和巴渝新居。完善农村客运网络，加快农村清洁能源、商贸流通、医院、学校等设施标准化。完工大足玉滩大型水库等项目，加快推进在建"泽渝"中型水库二期建设，提升水资源保障和蓄引能力。

促进基本公共服务均等化。扩大就业创业，建设返乡创业示范区县、特色园区和创业孵化基地。优先发展教育，确保财政性教育投入占GDP4%，全面实施学前教育三年行动计划，稳步扩大高校规模，实现中职教育免费全覆盖。健全社会保障体系，提高合作医疗保险筹资标准和报销水平，开展重大疾病医疗救助试点。完善医疗卫生服务，加快三甲医院创建，完善基本药物制度，健全基层医疗卫生机构运行机制。繁荣发展文化，完工三峡科技馆、自然博物馆新馆等项目，大力发展文化产业。

2011年重庆市国有资产监督管理概述

重庆市国有资产监督管理委员会 龚枚

2011年，重庆市国有企业立足内需全球配置资源，对标先进深化改革调整，转变方式加速发展赶超，推动主要经营指标再创新高。

一、2011年运行状况

（一）发展势头好中加快

重庆市属国有重点企业全年新增资产2575亿元，总资产突破1.5万亿元，达到1.52万亿元。实现经营利润和存量资产增值收益417亿元，同口径增长19.1%。三大板块中，“八大投”投资额首破1000亿元，金融企业利润首破100亿元，工商企业营业收入首破2000亿元。中央和外地在渝企业总资产增长13%，达到3566亿元。实现营业收入3474亿元，增长14%。实现利润162亿元，增长12%。区县所属企业总资产增长39.7%，达到5991亿元。实现营业收入350亿元，增长27.2%。实现利润31亿元，增长22.7%。

2011年，重庆市国有企业实现多个点位的领先赶超。商社集团、建工集团、机电集团、重钢集团、化医集团、能源集团、轻纺集团、太极集团上榜中国企业500强。庆铃集团商用车产销量连续五年位列五十铃海外第一。建工集团一年斩获三个“鲁班奖”，开全国先河。四联集团坐上全球大尺寸蓝宝石衬底技术标委会主席单位交椅。重庆农商行综合经营实力跃居全国农商行之首，资产规模跨进全球银行500强，跻身亚洲银行60强。重庆银行达到现有评级最高级别，实现市域网点全覆盖。西南证券连续3年评级提升，晋级A类券商。重庆国托信托存续规模突破500亿元，利润创历史新高。三峡银行主要指标增幅连续四年排名全市法人银行第一。三峡担保、进出口担保双获全国担保业最高评级。重庆药交所首创药品电子挂牌交易方式，引领全国药品流通体制改革。重庆农畜所挤进全国重点建设市场。兴农担保成立且已覆盖25个区县，掀开破解中国农村金融难题的大幕。水务集团污水处理领先全国。保税港公司推动两路寸滩保税港区提前四年封关运行。对外经贸集团资产和营收双破百亿。港务物流集团解决了困扰港口几十年的铁路运输瓶颈问题。重咨集团综合实力闯进全国综合性咨询单位前三甲。长安汽车成为西部首家千亿产值企业，自主品牌产销连续三年位居全国第一。西南铝代表世界铝加工最高水平的中厚板生产线全面投产。川维厂成为国内第一、世界第二的醋酸乙烯、聚乙烯酸生产商。邮政公司邮政业务增幅全国第一。重庆机场跨进全国十强。

（二）缩差共富担当中坚

重庆市国资系统缩差共富“十大工程”全面启动，形成了国企担当民生责任的多条功能作用链。通过提供就业岗位，投资建设公租房，推动农村“三权”融资，形成了帮助农民多方式进城发展的功能作用链。全年国企净增就业岗位4.3万个，发放“三权”贷款107亿元，新开工公租房821万平方米、提供房源近10万套。通过专项补贴微企资本金，开展产业或股权合作，提供金融支持，形成了帮助微企创业，带动非公经济发展的功能作用链。市属国有重点企业上缴收益282亿元，帮助非公企业融资1238亿元，与13.2万个中小微企业形成了产业链，市属国有重点企业中的非公资本比重达到42%。通过打造发展硬环境，搭建园区平台，推进招商引资，打通国际物流通道，形成了推动全市开放发展的功能作用链。由地产集团、城投集团等投资承建的机场路扩建、江北机场T2A航站楼、612和803工程、悦来水厂等重大基础设施项目投用，高速公路新开工1000公里，轨道交通运营里程增加2.5倍。西永微电园公司、保税港公司、江北嘴公司，强力支撑重庆市IT产业、金融业发展和开放高地建设，西永微电园、保税港区形成了"5+6+400"的全球最大笔电产业集群，江北嘴已引入20余家区域性金融总部。通过帮助"两翼"区县工业园融资，整体承建、管理园区或布局产业，选派经营人才挂职区县帮助园区招商，形成了助推区县产业发展的功能作用链。第一轮融资50亿元帮助建立的区县园区已发挥作用，解决就业29万个，新增工业产值1260亿元、税收63亿元。启动实施了第二轮融资50亿元帮扶区县园区建设工程。市属国有重点企业在区县建成项目36个，实现营收308亿元，上缴税金12亿元；在建项目71个，计划投资403亿元。通过农投集团、商社集团、高速集团等，推进农民土地作价入股组建农业企业，实施"集团+农户+合作社"和整村连片开发，推动"农商对接"、"农超对接"，开展农畜产品远期交易，开辟物流"绿色通道"，形成了稳定农产品收购价、市场价的功能作用链，并实现有效供应。

(三)扩大开放加速前行

市属国有重点企业股权引进外资实到11.39亿美元。协议投资连续两年超过30亿美元。实际对外投资占全市63%。重钢澳矿实现开工建设，粮食集团境外基地首批50万吨优质大豆运回国内，5年后可达1000万吨/年，基地规模可达512万亩，相当于为重庆增加1/6的优质耕地。轻纺集团收购全球第四大汽车密封条企业德国萨固密集团，获6项世界先进技术，年增销售收入30亿元，创中国对德国的最大产业并购纪录。交运集团主导，开通渝新欧国际铁路联运大通道，一举改变过去内陆进出口全部依靠沿海口岸的格局，使重庆市成为直通欧洲新的货物集散地和中欧、亚欧贸易的桥头堡。机电集团依托收购的英国PTG项目，已建立海外创新、营销、研发中心，回投重庆的PCL螺杆机床加工基地已启动实施。四联集团收购的加拿大蓝宝石、法国汤姆逊研发团队等项目落户重庆，并用近60%的股份引入新创建、德胜等其他经济主体，实现蓝宝石及LED产业一期投产，二期开工。

(四)调整转型换档提速

以大项目带动大产业，大重组带动大调整，新产业、新技术、新工艺推动转变发展方式，国有企业进入升级转型加速期。重钢集团老厂关闭，新区和西昌铁矿、靖江物流基地一期建成投产。化医集团MDI一体化项目正式开工。庆铃集团6项整车技改扩能项目合拢，产能扩至12万台。能源集团2×66万千瓦安稳电厂二期、年吞吐能力3000万吨洛碛储煤基地开工。机电集团联手渝富集团、对外经贸集团，组建全国第二大直升机产投公司。商业集团朝天门商贸城开工，双福国际农贸城主体工程基础设施完工。民生公司推动船型大型化、标准化，新增运力2.2万吨。珞璜电厂形成重庆地区首套大型烟气脱硝装置。城投集团新能源项目进入市场推广阶段。交通开投着手打造全国最大的电动客车基地。对外经贸集团获得西部首家、国家商务部近10年唯一批准的冻鸡产品进口资质。电信公司增长主力由话音业务转为移动3G、有线宽带和信息化应用。船舶公司建立国内唯一的海上风电工程研究中心。重组旅投集团，实现旅游资源整合、管理体制调整和交旅集团托管。重组水务资产，推动全市进入"大水务"时代。重组悦来公司，推动国际博览中心、悦来会展城初见形象。重组站场集团，成立交通枢纽集团。组建金融后援服务中心、兴农担保集团、电煤储运集团等，进一步完善了国资布局。

(五)改革创新给力发展

坚持把整体上市作为国企深度转换机制的重要路径，中汽院上市获中国证监会批准，重庆银行、川仪股份、民生轮船、建工股份、燃气股份进入中国证监会发审程序，粮食集团、轻纺集团、化医集团、交运集团、西永公司等取得重大进展或阶段性成果。自主创新再结硕果，轨道集团承编的《城市轨道桥梁设计规范》被国家住建部列为国家标准。水务集团“SFG-I型非金属链板式刮泥机”产品性能达到国际先进水平。重钢集团三峰环境获全国唯一“国家环境保护垃圾焚烧处理与资源化工程技术中心”牌子。机电集团双级高温风机填补国内空白。能源集团全球首套瓦斯抽放钻机远程控制系统试制成功。西南证券、医药股份管理创新成果获国家级一等奖。2011年,市属国有重点企业新建国家级技术中心2个,新增有效专利381项、中国驰名商标5个。投融资创新成效显著,“八大投”退出平台类企业工作基本完成。市属国有重点企业实现融资额1875亿元,其中引进公积金和保险、社保资金实现零突破,达到105亿元。

(六)系统合力显著增强

获得中国银监会批准,庆铃集团、渝富集团、农商行联手挺进汽车金融行业,化医集团财务公司获准全牌照经营,机电集团获准申请组建企业财务公司。四联集团、进出口担保率先组建重庆市首家国有小贷公司,走出一条服务产业链上4000多家中小微企业的低利率、低风险、国企民企共盈的小贷模式,已在企业集团推广。机电集团、对外经贸集团、交运集团、建工集团等一大批集团自主联合,市场化运作,实现外贸进出口、物流配送、建筑施工等多个领域的互补合作。渝富集团为金融和工商企业注资51亿元,推动国企改革发展的杠杆功能进一步发挥。市属国有重点企业与中央和外地在渝企业、区县所属企业的合作力度进一步加大,资源共享机制进一步完善,监管合力进一步增强。

(七)领军团队加速成长

联合清华大学在全国首创实施企业领军人才培养项目。依托厦门大学、重庆大学、武汉大学等知名高校,基本完成市属国有重点企业高管的EMBA培训。国资系统通过短训、选训等方式,培训中高管人才1.1万人次。国有企业班子结构进一步优化,39户企业集团班子进行了调整充实,提拔了46人。面向市级部门、区县和人才市场,引入高管18名。市属国有重点企业领导平均年龄降至50.3岁,研究生以上学历学位人员达到154人,占比47%。

二、发展中存在的问题

(一)国有企业经营环境面临重大挑战

全球经济陷入低迷,以美国“再工业化”为代表的各国经济政策加速调整,能源和资源竞争将更加激烈,贸易保护主义倾向将更加突出,国有企业的国际化进程必将一定程度受阻。国内经济进入深度调整期,面临稳增长、防通胀等多重压力,面临宏观政策从宽、从紧的两难选择,货币政策视经济运行情况适时微调、预调,国有企业面临预判和应变能力的“大考”,面临资金吃紧、成本上升、利润空间收窄、经营风险增大等多重挑战。

(二)国有企业改革和经济布局有待深入推进

重庆国有资产布局及结构的战略性调整还任重道远,国企改革发展仍处于攻坚阶段,厂办大集体、单双解人员、“壳”公司、社会职能移交等一些深层次历史遗留问题仍未得到彻底解决。区县逐步建立健全国资监管机构,推动国有资产营运效率不断提高,但由于区县国有经济主要布局在社会服务业、房地产业等领域,市场竞争力和盈利能力不强的现状仍未得到根本改观。

(三)国有企业整体实力需要快速大力提升

国有资产的整体营运效率仍不高,经济效益增长基础还比较薄弱,企业应对经济周期和市场风险的能力还不强,发展对资本投入等经营要素的依赖度还较大,内生发展动力尚待进一步提高等问题还较突出。

三、2012年发展目标

(一)着力推进“工业强市”

以跟踪落实中央企业与重庆市的签约项目为重点,引领成央企集群。推动市属国有企业打造多层次的产业集群。以蓝宝石/LED、垃圾焚烧发电等为重点,打造1-2个全球性的产业集群;以智能控制及自动化仪器仪表、商用车、机械装备及汽车零部件等为重点,打造3~5个全国性的产业集群；以轨道交通装备、天然气化工、精细化工、食品工业、客车、船舶、发动机、风电、建筑安装、通用航空/直升机等为重点，打造10个以上的区域性产业集群。以此带动实体经济发展，形成新的布局比例，即，工商服务企业40%、地方金融企业30%、城市基础设施建设企业30%。进一步加大力度，帮助“两翼”区县特色工业园区的建设。

（二）全面深化国企改革

加大整体上市力度，力争实现川仪股份、燃气股份、民生轮船、建工股份等四户企业国内上市，医药股份实现H股上市。全面启动解决国企历史遗留问题综合改革试验，力争用两年左右时间，彻底解决社会职能移交、单双解人员、大小集体、幼职成教教辅人员等遗留问题。深化与非公经济的战略合作。

（三）继续扩大对外开放

“引进来”方面，在引资金、人才、管理的同时，力争在引进集团总部或区域性、功能性总部，引进研发机构、产业链和价值链高端环节，引进先进技术、战略性原材料上实现新突破。“走出去”方面，推动粮食集团海外优质粮油基地建设和重钢澳矿开发按进度实施，在海外资源、先进技术并购上有新的斩获，走通“走出去”并购、“走回来”弥补产业不足、提升产业级次、带动多种经济发展的循环。

（四）提升国企创新能力

推动工业企业从做产品向做市场转变，从卖产品向卖品牌转变，从产品供应向服务承包转变，从工厂生产向物联网转变，从引进技术向消化吸收再创新转变，从制造商向集成经营商、总承包商、总服务商和总渠道商转变，实现集群化、内涵化、高端化发展。推动金融企业的业态创新。努力提高中间业务的比重、网点布局的辐射度和品牌、平台、通道的影响力，以业务创新铸就“百年老店”。推动城市基础设施企业的转型和模式创新。坚持“公共性目标、市场化运作”的管理方式，积极探索政府回购、购买服务、贴息等融资经营路径，走出投资与经营、融资与投资、国内与国际市场并重发展的新路子。推动商贸物流企业由传统运输企业向现代综合物流企业转型，着力发展三方物流和综合物流配送，保护和挖掘老字号和知名商标的潜能，走出技术型、文化型、品牌型的商贸物流发展新路子。五要推动监管体制创新。巩固和完善经营性资产的一体化管理体制，推进国资监管的地方性立法。加强国有资本经营预算管理，加大“放水养鱼”力度。严格遵循企业规律，强化企业的市场主体地位。推进“大国资、一盘棋”体系建设，加强对区县国资和在渝央企的指导服务。

（五）发挥国企特殊功能

以更大力度、集中更多精力，帮助政府推动公租房、农村“三权”抵押融资、中小微企业发展和贫困区县发展等民生工作。采取特别措施，全力抓好安全稳定。组织好100万国有企业职工、718个基层党委、22万名共产党员，成为全市落实“314”总体部署的坚强堡垒。进一步加强和改进国有企业党的建设。

2011 年重庆市经济社会热点问题扫描

重庆市人民政府研究室　冯仁勇

一、2011 年经济发展回顾

2011 年以来，面对复杂严峻的国内外经济形势，全市认真贯彻中央积极稳健、审慎灵活的宏观经济政策，围绕民生抓改革，围绕开放抓发展，保持了经济高位平稳运行。全年地区生产总值突破万亿大关，增长 16.4%。经济增速在全国的排位，由 2008 年第五、2009 年第三、2010 年第二，2011 年上升到第一位。五大经济指标的增速也位居全国第一：一是工业增加值增长 22.5%，达到 4700 亿元。二是实际利用外资总额增长 58%，达到 105 亿美元。三是进出口总额增长 1.4 倍，达到 300 亿美元。四是航空口岸货运量增长 5 倍，国际货运航线翻了两番多。五是市场主体数量增长 24%，突破 110 万户，标志着经济繁荣，全社会创业大潮正在兴起，创富激情正在充分涌流。

此外，还有六个重要指标也在全国领先。一是规上工业利润增长 22%。二是固定资产投资增长 29.5%。三是社零总额增长 18.5%。四是地方财政收入增长 43%，其中税收增长 45%。五是城乡居民收入分别增长 14%和 19%。六是本外币存贷款余额增速均超过 20%，存贷比超过 80%。在全国信贷增速放缓的背景下，反衬出重庆市信贷的高速增长。

重庆良好的发展势头，源自于五个方面的工作推动：

第一，抓好了五个调控。全市全面贯彻落实中央稳经济、调结构、控通胀的宏观调控政策，同时，又针对重庆经济运行中面临的困难和压力，抓好调度。一是在落实新增银行贷款 2300 亿的同时，通过非银行金融机构融资、外资引进、央企信托等渠道融资 1700 多亿，在全国银根抽紧的大背景下，新增资金融通总量超过 4000 亿元，实现了社会融通资金需求的基本平衡。二是安排 12 亿元财政专项资金补贴外购电和电煤储备，在严重缺电的情况下实现了最有效的保障。三是争取计划用地指标 30 万亩，地票挖潜 5.3 万亩，基本满足了民生工程和重点项目的用地需求。四是从生产、流通、储备、销售全程加强物价调控，全年 CPI 上涨幅度都处在全国处于较低的水平。五是通过降低农产品流通税费、实施重点产业物流补贴等措施，降低物流成本。同时，落实国家结构性减税的政策。推动了低融资成本、低要素成本、低土地房产成本、低物流成本、低税费成本，“五低”环境的打造。

第二，推动了产业体系的上档升级。全市工业销售值、商品销售总额和金融资产形成了“3 个一万多亿” 的规模。由于加工贸易的模式创新，重庆两年走完了沿海十年的发展之路，形成了“4+6+400”的电子信息产业集群。“4”就是惠普、宏碁、华硕、思科 4 个世界级的笔电、通信设备的品牌商；“6”就是富士康、英业达、广达等 6 大代工企业，“400” 就是 400 多家零部件配套企业。笔电产量 2011 年达到 2500 万台，一年涨了十几倍。我们争取国家支持，创新离岸数据管理，开建亚洲最大的云计算产业基地。通过“云端计划”的实施，电子信息产业正在成为重庆工业第一支柱。重钢环保搬迁全部完成，老厂区熄火关停，一期 650 万吨产能项目投产。目前，全市工业已形成电子信息、汽车装备制造、传统优势工业三大板块齐头并进之势。长江上游金融中心加快形成，金融业增加值占比达到 7%，名列全国第三。目前全国仅有香港和重庆两个人民币离岸结算中心。同时，全市小贷、私募、信托等“七小类”非银行金融机构蓬勃发展，非银行金融机构发展到384家，融通能力超过1000亿元。农村土地交易所、药品交易所等七大要素市场交易活跃，已形成对区域资源要素配置的强大影响力。

第三，着力打造内陆开放高地。全方位、宽领域、多渠道利用外资格局已经形成，实际利用外资4年涨10倍，规模占全国的1/15、中西部总和的1/4，跻身于全国第一梯队。进出口总额从74亿美元增长到300亿美元，4年翻两番。海外投资2010年50亿美元，2011年又新增60亿美元，走在了全国前列。全市还形成了"两条腿"走出去的格局，民企、国企各占一半。开放平台方面，以两江新区为龙头，带动2个保税区、4个国家级开发区以及41个区县园区。"渝新欧"欧亚大陆桥以及江海联运、铁海联运、航空货运共同组成的国际贸易大通道，使重庆一举由开放末梢转变为开放前沿。重庆成为内陆首个中欧"安智贸"试点港口，实现多国海关"一卡通"。尤为可喜的是，外地经由重庆转口的货运量占到重庆通关量的32%。三年前这一数据几乎为零，甚至重庆自己的进出口一半以上也不在重庆报关。比如重钢每年进口500万吨铁矿石，三年前都在上海报关，再作为内贸货运到重庆。现在，重庆所有的进出口，连同外地很多的进出口，都到重庆报关，原因就是重庆有保税区、航空口岸、铁路口岸、航运口岸作为支撑，口岸高地的地位得以形成，作用得以发挥。

第四，按照民生导向推进改革创新。市委全委会连续两年专题研究民生，相继推出"民生十条"、"共富十二条"，围绕民生导向发展进行改革攻坚。以农民工为主体的户籍制度改革开全国先河，打通了农民工进城落户的制度通道，一年多转户320万人，户籍人口城镇化率提高了8个百分点，增幅超过直辖以来过去13年的总和，转户规模和分布基本符合预期，并且平稳有序。公租房累计开建2870万平方米，配租了11万套，得到了中央的肯定并向全国推广。率先开展房产税改革试点，严格土地增值税的征管，并通过土地调控、财税调控、金融调控、市场调节等手段，有效管控了建设、投资、土地供给的总体规模，平衡了市场供求，使得主城房价涨幅始终保持在全国35个重点监测城市的最低水平。微企方面，实施"1+3+3"的政策措施，扶持发展微型企业近5万户，带动40万人就业。2011年6月，国家根据重庆发展微企的实践，在企业目录中增加了一个"微型企业"。推进农村集体产权改革，明确所有权和使用权都是财产权，在"三权"确权到户基础上，量化集体与承包者的分配比例，增加了农民的财产性收入。组建了30亿元资本金的兴农融资担保公司，"三权"抵押贷款超过100亿元。发展农村新型股份合作社660个。扎实推进收入分配制度改革，按每年社平工资的30%动态调整最低工资标准；为应对物价上涨对困难群众生活造成的压力，实行低保标准"双联动"；着力缩小远郊区县与主城公务员的工资、津补贴标准差距，"两翼"调高到人均2.2万，"渝西"调高到2.5万，主城保持不动。由于企事业单位工资比照公务员工资这条"基线"，所以这也使全市的工资差距缩小。这些民生改革的重大措施，推动"缩差共富"立竿见影。据初步统计，全市城乡居民收入差距由去年的3.3:1缩小到3.17:1，"圈翼"人均GDP差距由2.2:1缩小到2.15:1，基尼系数由0.438降至0.42。民生导向发展、缩差共富改革在全国产生了积极影响。

第五，大力推进城市建设和管理。两江新区、主城二环21个大型聚居区和"两江四岸"重点片区规划建设，拉开了千平方公里、千万人口规模的国家中心城市框架。江北机场第二跑道投用、第三跑道年内开建，旅客吞吐能力近2000万人次；港口集装箱通过能力达到270万标箱，货物吞吐量超过1亿吨；铁路营运里程超过1300公里，11条铁路加快建设；"二环八射"2000公里高速公路建成投用，新的1000公里全面启动，"三港两枢纽"功能开始显现。轨道交通运营总里程增加2.5倍，改造城市主干道750万平方米，城市更加通畅。完成危旧房改造1300万平方米、城中村改造61个、主干道环境综合改造

189公里，城市更加宜居。三年新增造林1700万亩，创建国家森林城市通过专家组验收，成为全国首个省级“国家森林城市”，成功举办第八届中国国际园林博览会，参展规模和水平为历届之最，重庆形象得到有力提升。

二、发展中存在的问题

国际金融危机以来，国内外经济形势发生了深刻变化，很多深层次矛盾和问题凸显出来，世界经济复苏的不稳定性、不确定性上升。重庆处于发展战略机遇期，仍然遇到不少挑战，比如发展基础薄弱，经济总量偏小，产业结构不优，还需不断完善，特别是服务业的占比需要进一步提高。

三、2012年经济发展目标

2012年全市经济工作的总体要求是：高举中国特色社会主义伟大旗帜，深入贯彻科学发展观，坚持走民生导向、共富发展路子，继续处理好促增长、调结构、控通胀的关系，加快转变经济发展方式，着力扩大内需，着力发展实体经济，着力深化改革开放，着力保障和改善民生，同步提升经济增长质量和市民幸福指数，以优异成绩迎接党的十八大和市第四次党代会胜利召开。

2012年全市经济工作的预期目标，可以归纳为“七个增长、两个保持、一个控制、三个缩小”。“七个增长”：地区生产总值增长13.5%以上；社零总额和固定资产投资均增长18%；进出口增长50%；地方财政收入增长15%以上；城乡居民收入分别增长13%和18%。“两个保持”：实际利用外资保持在100亿美元以上；对外投资规模保持在50亿美元左右。“一个控制”：CPI涨幅控制在4%左右。“三个缩小”：城乡、区域差距缩小到3:1和2.15:1，基尼系数缩小为0.4左右。

第四编

部门经济运行与管理

质量技术监督

重庆市质量技术监督局 刘建军

2011年，全市质量技术监督工作紧紧围绕重庆经济社会发展大局，忠诚履职，克难奋进，创新突破，切实发挥质监职能作用，全力助推全市经济社会又好又快发展。

一、2011年主要工作开展情况

一年来，全市质监系统积极抢抓机遇促发展，严格履职保安全，优化服务惠民生，提升能力强基础，圆满完成了年度各项任务，取得了显著成效，实现了“十二五”发展良好开局。具体表现在：

(一)质量强市战略更加凸显

围绕助推全市科学发展、质量发展，着力推动质量强市上升成为全市发展战略。一是主动服务政府决策。深入开展调研论证，建立企业网上调查平台，在全市4758家工业企业开展质量大调查，认真编写质量强市调研报告、工业企业质量状况调查报告、全市总体质量状况分析报告和区县质量竞争力测评报告，精心草拟实施质量强市战略、技术标准战略和加强计量工作的三个《意见》，周密筹备全市实施质量强市战略动员大会，为各级政府决策发挥了重要的参谋作用。二是积极推动新一轮部市合作。经过广泛协商、充分协调，市政府与国家质检总局重新签订新一轮合作备忘录，争取国家质检总局将支持重庆内陆开放示范区建设、国际贸易大通道建设、现代产业基地建设、安全保障型城市建设等纳入重点合作内容，进一步强化了重庆加快发展的政策支撑。三是完善工作推进机制。争取市政府将特种设备安全纳入《安全保障型城市发展规划》，发布《重庆市商品条码管理办法》，争取市政府督查室对实施技术标准战略进行专项考核，与市发改委、公安局、旅游局以及11个区县政府新签订了战略合作协议，基本形成了区县、部门联动协作的良性工作格局。四是浓厚质量工作氛围。精心组织开展实施质量强市战略、技术标准战略、质量月、食品安全综合整治等主题宣传，举办了“我心中的质量”少儿绘画比赛，开展了“食品检测实验室开放日”、“质监邀您查质量”、“计量技术机构开放日”、“质监邀您看企业，食品安全大家行”、“全市实验室互学互访”等专题活动，浓厚了全社会重视质量、关心质量的良好氛围。

(二)服务科学发展卓有成效

围绕促进经济结构转型升级这一中心，不断提升工作有效性，全力助推经济社会又好又快发展。一是着力夯实质量基础。充分发挥市长质量管理奖和名牌产品评价的激励导向作用，全面构建“重庆造”品牌体系，新评选市长质量管理奖企业4家，重庆名牌产品195个、知名产品37个，引导493家企业导入卓越绩效管理模式。强力推进“质量强基”工程和“质量赶超”行动，指导7356家企业建立质量安全信用档案，加强产品质量管理，全市工业产品质量总体合格率达到91.85%，再创新高，2011年全国制造业质量竞争力指数连续第六年位居全国前列、西部第一。二是服务城乡统筹发展。完善了笔记本电脑标准信息服务平台，开发了技术性贸易壁垒预警平台，在全市40个镇乡、149个园区开展质量兴镇、质量兴园试点；创新开展标准服务产业和民生“三进三创”活动，全市实施标准化项目550项，争取国家级项目4个，批准市级项目35个，6个国家级标准化项目通过国家验收，开展各类标准制修订400项，其中国际标准4项，国家标准、行业标准48个，制定地方标准44项，形成了一批具有全国话语权的“重庆标准”。三是积极服务节能减排。承担了联合国发展计划署《低碳产品标准制定及认证研究》、中国清洁发展机制基金《重庆市低碳产品评价技术规范研制》和《重庆市企业碳排放测量报告与核查制度研究》等项目,牵头对《合成氨系统产品单位能耗限额》等7项地方标准进行了制修订,与经信委、水利局、市政委联合发布了2011年《重庆市第一批工业产品用水定额》和《重庆市部分城市经营及生活用水定额》;严格电煤、燃油、液化石油气等能源产品质量抽查和能效标识产品监督检测,在23个区县推广应用特种设备节能新技术,对全市水泥建材行业17家重点耗能企业开展了能源计量评价,有效服务了全市节能减排。

(三)质量安全监管有力有效

牢固树立"打好主动仗才能打胜仗"的工作理念,不断完善监管机制,加大监管力度,全年立案查处各类违法案件4718起,查获假冒伪劣货值金额3.85亿元,移送公安机关案件101起,全市没有发生系统性、区域性重大质量安全事件,市质量技术监督我局被市政府评为安全生产工作先进集体。一是强化风险监测。对食用植物油等12类重点食品以及胶粘剂、油漆涂料、农药等15种工业产品开展了重点监测,全年开展工业产品质量监督抽查25757批次,食品监督抽查13303批次。建立了质量安全风险预警分析例会制度和舆情监控机制,全年组织各类风险分析研判37次,根据监测结果及时细化完善了7大类应急预案,组织开展专项执法17项,成功阻击了含塑化剂食品、含三聚氰胺饲料乳粉对我市的冲击。深入开展特种设备安全隐患排查整治,全年排查特种设备单位6588家次,下达监察指令1882条,重大事故隐患整治率达到100%,对3642只报废气瓶进行了集中销毁,有效预防了较大以上安全事故的发生。二是强力实施食品和特种设备安全综合整治。积极推行网格化监管,扎实开展生产加工环节食品安全综合整治,圆满完成了"四个一批"12个100%目标,破解了泡凤爪使用乙酸、海带丝添加苯甲酸钠、使用过期啤酒瓶等行业性问题,对制售伪劣豆瓣酱案和问题花椒案移送和通报公安机关,被公安部确定为全国严打食品药品犯罪十大典型案例。主动开展为期三个月的贯彻市政府"三管齐下"落地行动,组织开展保持必备条件专项检查,出动执法人员10914人次,检查食品生产单位4342家次,核准小作坊276家,发现违法违规食品生产单位343家,立案查处违法案件207件,移送公安机关涉罪案件6件,连坐追责企业32家,食品监督抽查合格率达到90.02%,高于全国平均水平2.5个百分点。深入推进特种设备安全标准化管理"五创"达标试点,组织611家重点企业开展落实主体责任行动,针对国内其它地方接连出现的电梯问题,及时组织开展以电梯"三严三保"为重点的特种设备百日安全督查整改专项行动,全市万台设备死亡率0.47,远低于市控指标。三是创新监管制度机制。以食品安全综合整治为契机,健全完善了落实食品生产加工企业主体责任、监管责任46条措施,制定出台了小作坊监督管理制度,在市级部门率先出台落实"连坐制"具体规定;深化特种设备分级分类监管和"黑名单"管理,在各省市率先制定了《特种设备安全管理准则》地方标准;强化部门联动协作,在巩固深化与工商部门无缝合作的同时,加强与公安机关的紧密协作,推进与食药监、卫生、农委等相关部门的信息共享和联动协作,与市政府应急办及6个市级部门、2个区联合成功开展了长江客运索道应急救援演练。

(四)惠民行动扎实推进

认真按照"民生十条"和"共富十二条"的要求,充分发挥职能作用保障民生权益。一是严格监管涉及老百姓健康安全和切身利益的重点产品。联合公安交管部门、消防部门加强机动车安检机构和消防产品监管,跟踪抽查建筑钢材、烟花爆竹等10种易出质量问题的产品1778批次,抽查水泥、化肥等重要生产生活资料2923批次,其中,钢材抽查合格率达到84.65%、同比上升19.27个百分点。二是充分运用计量和认证认可手段惠民生。组织开展煤矿等行业安全防护类计量器具专项检查，全市没有发生涉及计量器具的煤矿安全事故；严格加油(气)机、出租车计价器计量监管，组织全市312家大型商场、超市和餐饮企业开展诚信计量公开承诺，对54580台集贸市场衡器进行了免费检定。创新认证认可监管模式，建立实验室评审互查机制，实施实验室分级评价，组织开展实验室资质认定专项检查和有机产品执法检查，启动忠县柑橘GAP良好农业规范认证等9个认证特色项目建设，严格机动车制动软管、电线电缆、儿童玩具等强制性认证产品证后监管，对314件认证认可领域违法案件进行了立案查处。三是精心组织实施民生实事项目。累计改造老旧电梯153台，创建“诚信计量集贸市场”90家，超额完成了市委、市政府下达的“改造100台老旧电梯”和“建设50家诚信计量集贸市场”两项民生实事项目任务。主动服务微型企业发展，免收微型企业组织机构代码办证费600万元。四是认真开展质量维权。加强“12365”投诉举报中心建设，出台食品生产加工违法行为和电梯维保举报奖励办法，及时处理市长信箱、局长信箱投诉举报，全年受理质量举报、质量申诉、业务咨询17865件。针对群众反应的突出问题，开展了公租房建材、装修材料和机动车轮胎等专项执法检查，发布质量公告55期，有力地引导了群众消费，保障了民生权益。

(五)技术支撑显著增强

坚持不懈加强技术能力建设，充分发挥技术执法优势，提升了对产业发展的支撑能力。一是国家质检基地项目建设取得重大进展。成功获得国家质检总局的整体批复，市政府成立了项目建设领导小组，已落实建设用地1000亩，取得规划选址意见、环评报告，提请市政府审定了规划方案。笔记本电脑检测中心、汽车强检试验场、标准科技馆等子项目建设已先期启动。二是深化技术机构改革。圆满完成了事业单位分类改革和市计量质检院内设机构设置调整工作，将三个区域检测中心划归市计量质检院，落实了市纤检所、市质监培训中心、市摩检中心、重庆认证中心的更名，促进了检测资源整合，拓展了技术机构的发展空间。三是检测科研和装备能力建设得到有效加强。国家消防及阻燃产品质检中心和衡器、电能表、称重传感器、称重显示器等4个国家型式实验室获得国家质检总局批准，成功申报国家级科研项目3个、省部级科研项目9个，获得总局和市科技进步奖6项，阻燃材料及制品阻燃性能现场快速检测方法在全国推广；积极推进检测机构能力建设达标工作，67%的专业实现一年达标；加大检测装备投入，成功争取国家发改委、财政部食品检测装备建设专项经费3020万元，超过京津沪三个直辖市的总和；争取总局技改技装项目10个，全年组织采购设备1.03亿元。与中国标准化研究院、中国特检院建立了整体合作关系，市计量质检院成功申报博士后流动(工作)站，引进博士研究生7名、硕士研究生28名，市特检中心取得锅炉能效测试资质和车用CNG气瓶型式试验、设计文件鉴定资质，填补了西部空白。四是大力提升信息化监管水平。行政许可业务管理系统和特种设备安全监管等12个应用系统成功通过专家验收，CNG气瓶电子标签系统实现全市封闭试运行，10386台新安装电梯推广应用了电梯安全运行监控系统，实现了运行状态实时监测。

(六)质监形象持续提升

一年来，全市质监系统以“队伍建设和人才引进突破年”为载体，创新开展创先争优和“人民好公仆”教育实践活动，全面深化精益管理，不断提高干部职工队伍的履职能力水平，质监形象得到有效提升。一是坚持严格公正执法。规范了全系统行政处罚裁量实施办法，对2009年以来的执法案件进行了回头看，组织开展了解决基层执法单位违规执法问题专项行动，及时制止、纠正基层执法单位不当行为。二是加强质监文化建设。大力推进特色文化示范单位建设，精心筹办“我们的队伍向太阳”文艺汇演；坚持正确的舆论导向，与重庆电视台、重庆日报等主流媒体联合开设宣传专栏，刊发各类稿件2617篇，有效应对新闻舆情，及时回应舆论监督和社会关切，舆论引导力明显提升。三是加强领导班子和干部队伍建设。创新干部教育管理，建成了网上学习教育平台，实行学分制管理，推进干部“精一懂二会三”；与市工商局互派干部挂职任职，选派41名领导干部赴武汉大学进行专题培训，联合重庆大学等高校开展研究生学历教育，在职人员研究生比例达到12.4%、居西部第一。全系统有5个单位、41名干部受到国家人力社保部、国家质检总局、市委、市政府和市直机关工委的表彰。四是深化精益管理。全面推行流程优化、持续改善项目制度和行政许可网上办理，加强工作督导，严格廉政巡查和效能监察，从严查处各种不作为、乱作为、慢作为行为，工业产品生产许可办结效率同比提高11.4%，计量行政许可效率提高27.8%，特种设备行政许可效率提高63.3%，监督检验工作效率提高28%，行政审批平均办结比法定时间缩短4.8天，技术机构检验平均用时比法定要求缩短4.2天，得到了服务对象的广泛好评。

二、2012年工作重点

2012年，全市质监工作将坚持以服务科学发展为主题，以助推经济增长质量和市民幸福指数提升为主线，以加快建设法治、科技、和谐、廉洁“四个质监”为着力点，坚持不懈促发展，从严监管保安全，主动作为惠民生，改革创新强质监，努力加快“西部领先，全国一流”质监局建设步伐。

（一）强力推进质量强市和技术标准战略，提升服务转型发展有效性

一是抓好《质量发展纲要》宣传贯彻。认真组织学习宣传，精心研究提出我市贯彻实施意见。以学习宣贯《纲要》为契机，抓好市政府关于实施质量强市战略、技术标准战略和加强计量工作等三个《意见》的深化落实，进一步优化技术标准战略推进机制和考核的针对性，争取由市政府督查室对实施质量强市战略进行专项考核；深化区县质量竞争力指数测评，探索建立品牌价值评价体系，开展重点服务业顾客满意度调查试点，积极争取市统计局将区县质量竞争力指数、服务业顾客满意度指数纳入全市国民经济和社会发展统计指标体系。二是健全技术支撑体系。围绕健全“6+1”支柱产业公共检测服务平台全覆盖，健全完善计量量传体系，强力推进国家质检基地建设，加大全市支柱产业主导产品认证审查和型式检验相关资质争取力度。以实施战略性新兴产业标准化引领工程、传统产业标准化提升工程、服务业标准化示范工程、农业标准化增收工程、公共服务标准化惠民工程和标准化强基工程等“六大重点工程”为抓手，进一步完善一、二、三产业及社会事业领域标准体系，精选和锁定示范项目，挂牌打造国家级和市级精品项目，引导示范单位向新兴产业、新兴领域和民生导向转移，推进内陆技术标准高地建设。三是深入推进品牌战略。服务两江新区开发开放，全力争取总局支持北部新区知名品牌示范区建设，认真组织年度市长质量管理奖评选和重庆名牌产品评价，培育一批质量管理典型和外贸优秀企业，建立卓越绩效孵化基地，精心抓好标准化示范企业培育，充分发挥优势企业、品牌企业的引领作用，引导传统优势工业企业严格采用先进标准组织生产，帮助新兴产业企业将自主知识产权转化为国家标准和行业标准，建立倒逼机制，积极应对国外技术性贸易措施。深化“质量强基”工程和“质量赶超”行动，以特色工业园区为重点，组织开展工业产品质量安全示范园区建设，帮助企业提高产品质量，助推江南“万亿工业走廊”打造和区县特色产业发展。四是助推现代服务业发展。全力推进全市“六大精品景区”旅游服务标准化建设取得阶段性成效，积极推动服务标准化向酒店管理、金融和物流服务、市政管理公共标识等领域延伸，促进生产性服务业和生活性服务业发展提速、比重提高、水平提升，完善重庆国家中心城市配套服务功能；加强文化核心技术、关键技术和共性技术的标准制定，增强文化产业的核心竞争力，推进全市文化产业发展。五是有效服务

节能减排。加快建立能源计量数据监测、能源计量与节能产品检测、能源技术服务三大平台,帮扶建设一批低碳工业园区，扶持一批循环经济试点企业;抓好联合国发展计划署《低碳产品标准制定及认证研究》课题攻关,加大能效标识产品监管整治力度,开展锅炉节能安全“双达标”和节水计量、低碳计量行动,开展200家重点耗能工业企业能源计量评价。围绕创建环保模范城市,加强电煤、成品油质量监管,争取国家认监委在重庆布局节能认证机构，开展节能产品和能源管理体系认证。

(二)严格产品质量安全监管,提升服务安全发展有效性

一是完善监管模式。运用食品安全综合整治和技能矩阵建设成果,整合监管力量,全面落实网格化监管。认真落实全市安全生产电视电话会议和总局要求，深化特种设备安全标准化“五创”达标活动,规范食品生产单位分级分类监管,推进工业产品生产企业差异化监管,加快安全管理标准化建设。二是完善监管制度机制。进一步完善重点产品监管目录，加强重点监管产品企业基础信息系统建设;逐项细化落实食品安全监管46条措施，全面完成食品生产单位保持必备条件专项检查，严格年度审验,凡不能持续保持获证条件的单位,一律吊销生产许可。督促企业建立产品质量安全控制关键岗位责任制,在重点行业和企业逐步推行质量工程师持证上岗,年内所有在产乳制品企业要全部建立首席质量官制度。进一步落实监管责任，严格安全事故约谈区县局负责人制度,争取所有区县政府将产品质量安全纳入对乡镇、街道的目标考核。三是深化专项整治。加强与公安、工商等部门的紧密协作,精心组织开展“质检利剑行动”,严格食品生产加工违法行为“连坐制”,深化食品安全“四个一”工程,从严打击、严查彻办产品质量安全违法案件。完善监督抽查动态调整机制，用好监督抽查结果，适时开展重点产品、重点企业、重点行业、重点区域集中整治。加强重点行业、重点场所特种设备安全监管，开展气瓶充装站和检验站、特殊场所电梯专项整治,严格隐患整改“五落实”和重大隐患挂牌督办制度,坚决杜绝较大以上安全责任事故发生。四是加强应急管理和风险监测。积极推进产品质量风险监测协作网建设,加快建设市局应急管理指挥平台,进一步规范业务处室、技术机构风险信息和舆情信息管理办法,推进风险监测常态化。严格风险分析研判例会制度,试行专家咨询制度,适时完善应急预案,开展应急演练。五是加快质量诚信建设。深入开展质量月、世界标准日等群众性质量活动,积极探索推进中小学质量素质教育。制作生产加工环节食品安全警示教育专题片,定期组织企业集中观看;继续推行食品生产加工企业公开担保制度，定期组织人大代表、政协委员、媒体和群众代表听取担保企业法人代表述职。以组织机构代码作为唯一实名制身份识别信息,加快建立全市重点产品生产企业质量信用档案,并逐步向所有工业产品生产许可证企业和3C认证企业拓展；加大质量信用评价结果应用和失信惩戒力度,定期向经信、商务、工商、银行等部门通报企业质量信用情况,建立质量失信“黑名单”并向社会公布。

(三)综合运用质监职能手段,提升惠民帮企有效性

一是从严打假治劣。以食品、公租房建材、农资、家电下乡产品等与老百姓生产生活关系密切的产品为重点,加大抽查力度,严打假冒伪劣,积极营造放心消费环境,引导老百姓扩大消费需求。确保全年完成工业产品质量监督抽查2万批次、食品及相关产品监督抽查1万批次以上,严格后处理工作督查考核,对抽检不合格的产品确保100%实施规范后处理。严查烟花爆竹、学生奶、校服、学校絮用纤维制品等产品质量,督促校车生产企业严格按标准组织生产、机动车安检机构严格按标准开展检测，服务校车安全。加强质量维权,探索建立“双打”长效机制,抓好安全知识、辨假识假知识和简易检测知识宣传,提高“12365”投诉举报办理效率和办理

质量。二是深化计量惠民和认证"双促"活动。加强加油(气)机、出租车计价器、民用"三表"、医用计量器具等强检计量器具监管,继续抓好诚信计量集贸市场创建,开展日用消费品过度包装专项检查,对集贸市场固定摊位计价秤进行免费检定,组织100家医院、100家眼镜店开展诚信计量承诺。建立认证认可部门联席会议制度,严格认证认可实验室资质和强制性认证产品生产企业证后监管,组织法定产品质检机构开展"质量提升"活动,加强有机产品风险监测,保障认证产品质量安全。三是促进农民增收致富。抓好农业标准化增收工程,统筹推进农业标准化示范区与地理标志产品保护示范区建设,打造农业技术示范和推广平台,助推重庆柑橘、派森百果汁、城口山地鸡、"石柱红"辣椒等农业特色品牌规模化发展,培育形成一批具有核心竞争力的龙头企业,带动农民增收致富。四是加大对微型企业的帮扶力度。开辟行政审批"绿色通道",对微型企业实行优先受理、优先审核、优先办结"三优先"措施,继续免费办理微型企业组织机构代码证,适时举办法律法规、管理制度免费培训,选择一批与质监职能紧密相关、有发展潜力的微型企业开展定点帮扶。五是继续抓好老旧电梯改造。积极争取区县政府和市级相关部门的支持,力争三年内解决全市老旧电梯问题。

(四)抓好"四个质监强基年"活动,提升自身建设发展有效性

一是打造法治质监,突出依法行政,规范执法,认真贯彻落实"民主法治十五条",不断健全重大行政决策机制,完善质监政策法规体系,提高执法队伍法律素养,严格规范行政执法行为,不断强化公平公正的执法形象。二是打造科技质监,围绕满足行政执法和服务经济发展的需要,努力建设权威的技术机构,培养权威的专家人才,推出权威的科研成果,出具权威的检测数据,形成权威的信息化系统,不断增强技术支撑保障能力,强化技术执法的权威形象。三是打造和谐质监,突出干部职工队伍和质监特色文化建设,不断提振干部职工精气神,增强质监凝聚力、向心力和战斗力,不断强化敢于胜利、争创一流的质监铁军形象。四是打造廉洁质监,按照标本兼治、综合治理、惩防并举、注重预防的要求,深入推进党风廉政建设和反腐败工作,不断强化质监为民的清廉形象。

安全生产

重庆市安监局 谢云凯

2011年,全市上下坚持科学发展、安全发展理念,认真贯彻落实中央和市委、市政府关于安全生产工作的一系列决策部署,围绕建设平安重庆和安全保障型城市总体目标,强力实施"基层基础攻坚年"主题活动,着力打好落实企业主体责任、提升政府监管能力、防控重特大事故、提升安全保障能力等"四个攻坚仗",推动全市安全生产工作再上新台阶。

一、2011年安全生产形势

2011年全市安全生产形势持续稳定好转,体现为"两个下降、一个有力、一个向好":"两个下降"是事故总量和较大事故大幅下降,共发生各类事故1444起、死亡1656人,同比分别下降8.4%、7.6%;发生较大事故40起、死亡149人,同比分别下降11.1%、11.8%。"一个有力"是重点行业领域事故防控有力,道路交通、煤矿、非煤矿山事故起数同比分别下降8.9%、22.8%、29.2%,死亡人数同比分别下降9.6%、22.4%、27.6%;冶金、农机2个行业实现"零死亡",水上交通连续102个月、道路交通连续56个月杜绝重特大事故;所有重点行业领域事故死亡人数

均在控制指标范围内。“一个向好”是绝大多数区县形势持续向好，万盛、合川等39个区县事故死亡人数同比下降和持平，占区县总数的95.1%；黔江、忠县等24个区县未发生较大事故，占区县总数的58.5%；所有区县死亡人数均在年度控制指标范围内。

二、2011年安全生产工作情况

2011年，全市安全生产工作紧密围绕平安重庆和安全保障型城市建设总体目标，强力实施“基层基础攻坚年”各项工作，在夯基础、抓排查、促整改、打非法、压事故等方面作了大量工作，全市安全生产工作取得新进展，主要体现在“六个方面”。

(一)强化党政齐抓共管，安全生产各项工作扎实推进

市委市政府领导多次亲自主持召开安全生产工作专题会，要求居安思危、未雨绸缪，强化检查督查，严防“一丑遮百俊”。市委、市政府及安委会先后组织召开36次全市性安全生产工作会议，研究部署、检查督促“基层基础攻坚年”工作。奇帆市长和市政府所有副市长，按照“一岗双责”要求，带队深入一线检查督查安全生产。全市各级各部门坚决贯彻落实市委、市政府一系列工作部署要求，在深入学习、深刻领会、深化认识、求真务实上下功夫、谋实招，完善思路，明确目标，突出重点，严明责任，狠抓落实，为确保全市安全生产形势持续稳定好转奠定了坚实基础。

(二)着力治根治本，落实企业主体责任行动强力推进

在全市2万余家企业、12个行业领域开展落实企业安全生产主体责任行动，评估定级企业18655家。其中，第一批覆盖煤矿、非煤矿山、危化、建筑、交通运输等9个重点行业领域，完成评估定级11147家，A、B级企业占87%，整改升级9406家，占84%，落实整改资金5.02亿元；第二批拓展到机械加工、建材、纺织等个行业领域9385家企业，已完成评估定级7622家，占81%。涪陵、九龙坡、长寿等区县和天原化工、云天化、萌特建材等企业推进有力，典型示范效应明显。全面建章建制，实施分级监管，强化激励约束，实行“黑名单”制度，使企业真正重视安全生产。企业安全标准化建设同步推进，全市高危行业企业100%达标，其中：一级安全质量标准化煤矿矿井150个、二级430个、三级164个，非煤矿山1534家，危险化学品生产企业267家，烟花爆竹生产经营企业91家，工贸企业110家。其他行业80%以上达标。

(三)延伸基层行业，政府安全监管能力全面提升

在综合安全监管能力建设上，各区县建立健全了执法大队、应急中心和职业健康安全监管等机构，126个重点乡镇成立执法中队，九龙坡、荣昌、开县等区县在村居规范设立安监站；全市安监队伍达7088人，平均每个区县28人、乡镇6.8人，部分村居配备安全专干；投入9478万元(累计投入3.8亿元)配备执法车1175辆、应急指挥车249辆、办公用品11461套、应急设备3350件、检测仪器1663套，全面完成三年规划装备配备任务；投入1亿元新建市应急救援指挥中心大楼；投入1.6亿元新建19个区县应急办公大楼。在重点行业监管能力建设上，强力推进交通、建筑、特种设备、工贸、市政、水利、教育等九大行业，市、区县两级新增安监机构151个、人员编制2046个。其中，28个产煤区县全部设立煤管局，在岗657人；261个乡镇设立煤管办，在岗930人。装备配备按每个单位不少于20万元的标准，已配备车辆353台、笔记本电脑410台、打印机281个、照像机412个等装备，预计投入近2.4个亿。在体制机制上，出台规范属地管理、委托执法等政策，所有乡镇规范建立安全监管12项制度、12本台帐；坚持从优待安，落实每月300~500元安监岗位津贴和保险、救助、抚恤三项人平100万元意外救助金；把安监岗位作为后备干部锻炼岗位，提拔重用一大批安监干部，率先实施尽职免责。

（四）依靠科技产业，安全保障能力有效提升

市政府印发《重庆市安全保障型城市发展规划》，实施6大重点工程、24个项目，总投资255亿元。道路交通新安装防撞护栏1000公里，累计达10000公里；GPS终端监控设备完成20000辆营运车辆安装，危险品运输车辆100%安装；营运驾驶人安全信用信息系统投入使用；增设高速公路执法服务站7个、固定测速装置40套，配置多功能远程视频执法车48辆。水上交通投入4000万元改造短途客船411艘；改造危桥50座、渡改桥11座、渡口100个、客渡船44艘，拆解老旧船舶305艘；安装船舶防撞自动识别系统(AIS)终端415台，水上监控系统完成升级改造。煤矿高瓦斯矿井、突出矿井全部建立抽采系统，瓦斯联网监控面达100%；100个示范矿井"六大系统"建设除紧急避险系统外，其余全部完成；A、B级安全等级煤矿达78%。建筑施工安全信用信息系统投入使用，重点建筑工地100%现场电子监控。非煤地下矿山174家主扇机械通风率、露天采石场机械铲装率达100%，露天采石场分台阶开采达80%以上，适合中深孔爆破企业推广达87%以上，35家尾矿库完成在线监测系统建设。危险化学品改造加油站58座，近70%危化企业建立视频监控系统。烟花爆竹42家生产企业完成70条无人兑装药机械化生产线建设，11家生产企业、37家经营企业建成全覆盖全天候视频监控系统。消防新建12个消防站，新购置消防车83辆，78米和101米登高车各1辆，定购消防警务直升机3架。特种设备安装电梯安全监测系统10386台，更新改造老旧电梯153台。学校建立校园三级视频监控系统，完成视频监控建设学校6656所，安装校园镜头50392个。同时，组建"164"模式的安全生产专业应急救援队伍，应急救援指挥平台视频系统初步建成，开展应急演练507次；中国西部安全应急产业园区建设顺利推进，启动安全产业研发、科研成果转化、培训实训基地和安全产业园区建设，中国西部安全应急产业园区第一期投入60亿元，征地5000亩，建成20万平方米标准厂房和130万平方米"七通一平"产业用地，首批15个集团总部和防撞护栏、校车、垃圾焚烧车等28户项目入驻。

（五）立足防范事故，"四大行动"持续推进

深化"安全生产月"等宣传活动，开展"安全社区"、"文明交通行动"、"平安农机"、"平安校园"、"职业健康规范化企业"创建，认证市级安全社区200个、安全文化示范企业80个，完成职业危害申报企业6000余家，创建职业健康规范化企业220家。大力实施"安监素质大提升"工程，举办安全监管人员、企业负责人、管理人员、师资培训班328期、培训39830人，举办特种作业人员培训班165期、培训23000人，举办各类考试4248场、考试各类人员19.2万人，积极探索安全监管人员资格化、专业化、职业化试点；长寿化工园区建立全市危险化学品安全培训基地，常年开展安全培训。深入推进大排查，全年共排查一般隐患31.56万个，整治率98.2%；重大隐患110个，整治率60.9%；挂牌督办33个，落实整改资金6813万元。深入推进百日安全大督查大整治，各重点行业领域结合实际，有针对性地开展诸如道路交通的摩托车、"三超一疲劳"、酒驾专项整治；煤矿的水害、瓦斯治理和"剿非治违"专项行动；建筑施工的在建轨道交通、公租房工程和建筑外立面整治工程专项整治；消防的巴渝风暴、百日攻坚、清剿火患专项整治等成效显著。其中，对34座锰矿山、16座尾矿库、88个地下矿山开展安全隐患专项整治，投入治理经费1.3亿元，全市非煤矿山安全隐患治理资金共4.57亿元，地下矿山停产整顿11个、关闭7座；排查危化品和烟花爆竹从业单位7712家，排查安全隐患16335个，整改16248个，投入整改资金7423.29万元；排查各类道路运输企业7620家、车辆125000余辆、客运站场291个，排查隐患42342处，15家道路运输企业被进入黑名单；查处道路交通违法行为378.75万起，暂扣驾驶证37619本，吊销驾驶证2569

本,拘留8438人;深化石油、天然气、冶金、建材、农机、水利、电力、学校、特种设备等专项整治;加大监察执法力度,突出事前预防性执法,推动事后处罚向事前预防转变,被动应付向主动防范转变,增强事故防范能力。

(六)坚持"四个一律",打非治违取得明显成效

按照"四个一律"要求,重点打击煤矿、非煤矿山、交通运输、建筑施工、危险化学品、烟花爆竹、民爆物品、冶金等行业领域的非法生产经营建设行为。其中,对无证、证照不全或过期的、关闭取缔后死灰复燃、违反建设项目"三同时"规定、非法用工和无证上岗、拒不执行监管监察指令和抗拒执法的行为进行重点打击。同时,进一步强化区县、乡镇政府打非责任,加大联合执法力度,落实强硬措施,始终保持高压态势,敢于逗硬、绝不手软。全市共取缔非法生产建设单位318家,没收违法所得562.5万元,实施行政处罚1.05亿元(事前处罚4900万元、占47%),查处各类事故153起(瞒报事故12起),党纪、政纪处分18人,追究刑事责任3人。其中煤矿行业停产整顿63矿次,立案调查177起,行政处罚罚款335.11万元,关闭156处,没收煤炭430吨及相关设备设施、拘留20人次;检查非煤矿山1944个,处罚564.6万元,责令停产整顿11个、关闭小矿山43座;停产整顿危化、烟花爆竹企业59家,关闭9家;道路交通查处非法营运车辆9278台,打击涉恶团伙3个、一般团伙23个,逮捕60人,行政拘留927人,劳动教养34人,取保候审113人,监视居住21人;建筑施工立案39起,罚款33万元,暂扣企业安全生产许可证29家,停止12家施工企业投标资格,责令10家监理企业停业整顿,吊销40个资格证书;消防督促整改火灾隐患6万余处,临时查封4500余处,罚款3400余万元,责令"三停"1800余家,拘留近500人;特种设备立案查处违法单位248家,查处非法制造、安装、使用设备284台(套),实施行政处罚154件,维护了法律尊严和安全生产秩序。

三、2011年安全生产中存在的问题

一是事故总量依然偏大,较大事故和重特大涉险事故高发,重大事故出现反弹。共发生各类事故1444起,平均每天4起。其中,较大事故40起、重大事故1起、重特大涉险事故25起。二是安全生产问题依然突出。部分重点行业和地方监管措施疲软,责任落实层层衰减;安全监管点多、面广、线长,监管队伍力量不足、素质不高,安全投入不到位;打非治违手段不多、力度不够,非法违法生产经营建设行为屡禁不止;科技兴安措施应用不够,安全保障能力仍然滞后,隐患治理整顿不及时、不彻底;全民安全意识不强。三是安全生产工作要求更高。安全生产与经济社会发展和人民群众期待还有较大差距,推动科学发展、安全发展还面临不少困难和问题。

四、2012年安全生产工作思路及重点

2012年全市安全生产工作总体要求:深入贯彻落实党中央、国务院和市委、市政府关于安全生产工作的一系列决策部署,牢固树立安全发展、科学发展理念,以开展安全生产"基层基础巩固年"工作为主线,着力提升安全监管监察、企业安全管理、科技成果应用、安全隐患整治、全民风险防范等五个方面能力,不断巩固基层基础建设、落实企业主体责任、高危行业安全保障、重特大事故防控、安全文化建设等五个方面成效,努力推动全市安全生产形势持续稳定好转。主要目标:各类安全事故死亡人数比2011年下降2.5%,较大事故控制在45次以内,重特大事故控制在2次以内,重特大涉险事故起数同比下降5%,初步建成安全保障型城市。围绕上述思路目标,重点要抓好"五项"工作:

(一)提升安全监管监察能力,巩固安全生产基层基础建设成果

一是继续加强综合安全监管能力建设。强化市、区两级安全综合监管部门监察执法、职业安全健康、工贸行业、宣传教育等机构队伍;规范乡镇安监办设置,所有村居设立安监站,配齐

安全专干；居民小组明确安全信息员。强化万盛、双桥、万州、北部新区等经济技术开发区安全工作，单独下达控制指标、实施目标考核，强化工作部署、检查和指导。二是加快推进重点行业监管能力建设。完成市、区县两级机构、队伍、装备建设，逐步向农机、渔业、旅游等行业领域延伸。三是继续实施“素质提升工程”。对全市区县、乡镇政府分管领导和区县安监局长、乡镇安监办主任轮训一遍。分行业开展执法人员技能培训，确保执法人员100%持证上岗。加快建立安全监管人员资格准入制度和能力评价体系。四是严格监察执法。充分发挥安全生产联席会议作用，形成监管合力，加强日常执法、重点执法和跟踪执法。进一步规范委托执法。认真落实事故查处跟踪督办、警示通报、诫勉约谈和现场分析制度，严格按照“四不放过”原则查处事故。

（二）提升企业安全管理能力，巩固落实企业安全生产主体责任成果

一是持续深化企业主体责任行动。坚持边评边查、边整边改，推动企业上档升级。年底前重点行业A、B级企业达85%以上。进一步完善评估标准，行动拓宽到所有工矿商贸企业。按照A级抓巩固、B级抓提升、C级限期整改、D级挂牌督办要求，督促企业规范生产经营行为。切实加强全员、全方位、全过程精细化管理。强化中央在渝和市属重点企业属地管理。二是全面推进企业安全标准化建设。结合国家要求和行业实际，完善标准体系、细化措施。在持续巩固、动态达标基础上，将冶金、建材、机械加工和各类小企业纳入安全标准化建设范畴。加强班组安全管理，组织开展岗位认证达标、专业达标和企业达标，持续巩固达标成果，实现全面达标、本质达标和动态达标。三是健全完善激励约束和“黑名单”制度，将企业主体责任评定级别、企业安全标准化评定等级向社会公开，作为企业信用评级、实施激励约束的重要参考依据。

（三）提升科技成果应用能力，巩固高危行业安全保障能力成果

一是大力推广先进实用技术和装备。道路交通新安装道路防护栏1000公里以上，配备新安标校车1000辆；健全客运驾驶人安全信用信息系统；道路运输专用车辆和9座以上客运车辆安装GPS定位装置并接入监控平台；长途客运班车和卧铺客车推广安装3G车载远程摄像监控系统。水上交通继续推广船舶防撞自动识别系统和船载GPS终端安装，实施渡改桥工程，推进“放心船、平安渡”建设。煤矿和非煤地下矿山100%完成“五大”系统建设，加快建设紧急避险系统。危化和烟花爆竹所有生产经营场所建立现场电子监测监控系统，危化强制推行集散控制、紧急停车、安全连锁系统。建筑施工加快实施适时电子监控，健全施工企业、从业人员安全信息系统。消防建成卫星通信、短波通信等应急通信网，购置必需的消防车、消防警务直升机、登高车等装备。二是着力构建安全生产投融资体系。建立超前投入、主动保障机制，加大安全专项资金投入。督促企业安全费用提取使用，全面实施工伤保险、责任保险和风险抵押金制度。三是加强应急救援工作。加快推进综合应急救援队伍建设，小型企业与有资质专业救援队伍签订协议。同时，加快发展中国西部安全产业基地。

（四）提升安全隐患整治能力，巩固安全生产重特大事故防控成果

一是继续深化安全隐患排查整改。对排查出的隐患要严格实施登记管理，落实“五定责任制”，重大隐患挂牌督办，健全完善隐患整改评价制度，重大危险源实施动态全程监控。二是继续深化道路交通、煤矿、建设、非煤矿山、危化、烟花爆竹、消防、特种设备、冶金、铁路、职业卫生等重点行业领域安全专项整治。同时，继续加强水上交通、农机、水利、电力、机械、民航、旅游、学校等行业领域专项整治。三是严厉打击非法生产经营建设行为。在煤矿、非煤矿山、交通运输、建筑施工、危险化学品、烟花爆竹、民爆物品、冶金等行业领域深入开展“打非治违”专项行动。突出重点地区、重点行业，加强动态监控，强化责任落实，确保“打非”责任落实到县乡两

级政府、关闭措施落实到现场、惩处手段落实到实际控制人。

(五)提升全民风险防范能力,巩固安全文化建设成果

一是提升从业人员安全素质。加快建设安全技术职业学院和考试考核基地,善校企合作办学、对口单招、订单式培养等办学机制。继续实施全员安全培训工程,分行业、分层次对企业主要负责人、安全管理人员和特种作业人员开展安全管理和操作技能培训;其他人员必须经安全培训合格后方可上岗。二是提升全民安全意识。充分利用电视、互联网、报纸、广播等媒体,深入开展安全知识进学校、进社区、进企业、进家庭、进机关、进宾馆、进工地、进窗口、进商场、进景区等"十进"活动,加强宣传教育,普及安全常识。坚持和完善安全生产群众举报奖励制度,加快"12350"投诉举报平台建设,形成全社会共同关注的良好氛围。三是大力加强安全社区建设。推进实施各类安全促进项目,创建市级安全社区100个、国家安全社区5个。

人力资源和社会保障

重庆市人力资源和社会保障局 赵凤阳

一、2011年工作回顾

2011年,在人力资源社会保障部的帮助指导下,在重庆市委、市政府的坚强领导下,在相关部门的支持配合下,重庆人力社保系统深入贯彻落实全国人力社保工作会和市委三届七次、八次、九次全委会精神,围绕中心、服务大局,坚持"民生为本、人才优先"的工作主线,保用工、促就业,建机制、强保障,优环境、兴人才,全面完成了年度目标任务,实现了"十二五"良好开局。

(一)实施积极就业政策,加强重点产业用工保障,就业局势保持稳定

一是就业目标任务超额完成。2011年,重庆城镇新增就业55万人,城镇登记失业人员就业25.5万人,就业困难人员就业10万人,分别为年度计划的183.3%、159.4%和166.7%。12月底,全市城镇登记失业率为3.5%,比年度目标低0.5个百分点。二是重点产业用工得到保障。开展"重点产业人力资源保障年"活动,实施"输送、回引、外引"工程,制定落实招工政策,建立应急用工储备制度,深化与云、贵、湘、鄂等省劳务合作,开展"点对点"招聘服务,共协助重点企业招工7.7万人,基本满足了企业用工需求。三是创业带动就业取得新进展。加快创业型城市建设,新建市级创业孵化基地22个,孵化企业654户,带动5773人就业。新发放小额担保贷款33亿元。启动实施"泛海扬帆—大学生创业行动",落实300万元资助103个创业项目。四是重点群体就业保持稳定。帮助13.1万应届高校毕业生实现就业,就业率达到91%。建立大学生带薪实习工作机制,全年提供对接岗位3.2万个。建成大学生见习基地598家,解决1.1万名大学生见习。新开发公益性岗位托底安置就业困难人员2万人。创建"充分就业社区"1967个、"充分就业村"4331个,分别占社区和村总数的85.2%和50.3%。开展大规模宣传和招聘活动,回引38.5万农民工返乡创业就业。确保了322万户籍制度改革转户居民就业基本稳定。五是职业技能培训得到加强。采取"定单、定向、定位"方式加强职业技能培训,全市技校在校生规模达到12.4万人,毕业生双证率和就业率均保持在99%以上。加强技能鉴定机构管理,对163家职业技能鉴定机构进行了评估考核。六是公共就业服务体系逐步完善。基层就业工作平台已延伸到所有镇街、100%的社区和63.7%的行政村,覆盖率居全国前列。人力资源市场信息已延伸

到所有镇街、社区和85%的村。开通了"重庆就业网",就业公共服务网络化步伐加快推进。

(二)贯彻实施社会保险法,大力推进扩面征缴,城乡社会保障迈出了历史性步伐

一是深入宣传实施社保法。组织40个区县数万人开展了内容丰富、形式多样的宣传培训活动,清理文件1500件,废止、失效49件,修订15件,为社保法顺利实施奠定了基础。二是社保制度进一步完善。出台了城镇职工医保和城乡居民合作医疗保险市级统筹办法,在全国率先实现五险省级统筹。城乡居民社会养老保险已于4月实现全市全覆盖。配套出台户籍制度改革社保实施办法,转户居民参加城乡养老保险、医疗保险分别达到180万人、259万人,参保率78.3%和89.9%。建立领取失业保险金人员参加城镇职工基本医疗保险制度,惠及2.8万失业人员。三是社保扩面征缴任务超额完成。开展"社会保险扩面年"活动,采取"五险合一"、"一票征收",调整缴费基数上下限,整合经办职能组建新的市社保局等措施,大力推进参保扩面。截至12月底,全市养老、医疗、失业、工伤和生育保险参保人数分别达到1773万、3141万、269万、337万和215万。城乡养老、医疗保险参保率分别达到85%、95%。社保基金总收入651亿元,比2010年增长37%,总支出508亿元,累计结余549亿元。四是社保待遇稳步提高。连续7年提高企业退休人员养老待遇,2011年月人均养老金水平已接近1600元。城乡居民养老保险基础养老金为每人每月80元,比国家标准高25元。城乡居民合作医疗保险财政补贴由每人每年120元提高到200元。五是历史遗留问题逐步解决。出台了国有企业部分困难下岗分流人员基本养老保险和医疗保险缴费补贴政策,惠及近10万人。出台未参保超龄人员基本养老保险遗留问题处理意见,惠及30万人。老工伤人员全部纳入工伤保险统筹管理。六是基金监管进一步加强。开展"资金监管强化年"活动,重点对养老保险基金、医疗保险基金、就业专项资金和技校学生资助资金等四项资金、侵占惠民资金突出问题、经办机构内控制度等进行专项检查,完善监管体系,有效维护了基金安全。

(三)大力实施人才项目,切实优化人才环境,人才队伍建设取得新进展

一是公务员队伍建设得到加强。编制实施党政人才队伍建设中长期规划。大力推行面向基层公开考录公务员制度,市级及区县机关公招中具有两年以上基层工作经历的职位已达80%。组织市级机关445个职位、区县800个职位进行了公开遴选。在重庆市工商局、质监局、药监局等3个部门开展了公务员跨部门轮岗交流试点。开展争做人民满意公务员活动,评选表彰"重庆市人民好公仆"150名。公务员职业道德培训实现全覆盖。针对性地集中调训公务员3.3万人次。组织开展党政机关"四清四定"工作,取得了显著的阶段性成效。二是专业技术人才队伍建设取得新成效。编制实施专业技术人才队伍建设中长期规划。新增市级博士后科研工作站18个,招收博士后176人。实施专业技术人才知识更新工程,培养紧缺人才800余人。开展公需科目网络培训,培训23万人。市人事培训中心被列为首批国家级专业技术人员继续教育基地。开展了第三届重庆市杰出(优秀)专业技术人才评选表彰工作。三是技能人才队伍建设进一步加强。制定实施高技能人才队伍建设规划。完成了3所国办重点技校与企业技校的整合,建立了以重庆工业技师学院为龙头的渝西地区技工教育联合体。重庆五一高级技工学校被列为首批国家级高技能人才培训基地。开展了第三届农民工职业技能大赛,选拔中高级技能人才1000余名。制定出台了重庆市技能大师工作室管理办法。全年新增高技能人才5万人。四是引才引智工作取得新突破。推进实施"千名优秀人才引进计划"、"赴港澳引进紧缺人才活动"等引才专项,引进紧缺人才2048人,其中院士2名、国家"千人计划"人选11名、博士298名。实施引智项目73个,聘请国(境)外专家6200人次。选派1226人赴国(境)外参加培训。落实引进高层次人才优惠政策,共兑现安家补

助、岗位津贴2540万元。五是统筹城乡人才开发深入推进。实施农村乡镇人才队伍建设计划，为乡镇基层选派大学生4705名，为艰苦边远乡镇定向培养紧缺专业大学生340名。推进“万名专业技术人才支农支教支医计划”，为基层选派“三支”人员10031名。

(四)创新政策制度，激发人才潜能，人事制度改革深入推进

一是公务员管理制度进一步完善。制定出台了公务员公开遴选、先进模范休假疗养、表彰对象考察等管理制度。与“一讲二评三公示”相结合，完善了公务员年度考核办法。开展了累计9年考核优秀并作出重大贡献的491名公务员记二等功工作。对申报的318项表彰项目，未予审批219项。二是事业单位人事制度改革取得新成效。研究制定了深化事业单位人事制度改革的实施意见，出台事业单位工作人员转岗办法和机关工勤人员管理办法。事业单位岗位设置工作全面完成。公开招聘管理进一步规范，全市公开招聘1.6万人。乡镇卫生院临聘人员择优招聘工作稳妥推进，共招聘7127人。三是职称制度改革扎实推进。出台了特殊人才高级专业技术资格认定实施细则等制度。制定实施专技人员职业道德建设八项制度，共评审专业技术人员职务任职资格近2万人，职称评审宏观调控和质量得到加强。四是技能人才评价工作得到加强。共有32万人通过职业技能鉴定取得证书，其中农民工6.8万人。开展职业技能鉴定机构质量评估，撤销了13家机构。职业技能鉴定信息化建设加快推进。五是军转安置任务全面完成。采取考试考核与双向选择相结合的办法，妥善安置638名计划分配军转干部。加强管理服务，完成了292名自主择业军转干部安置任务。开展了军转干部知识更新培训。为1.67万名企业军转干部增加了生活困难补贴，企业军转干部总体稳定。

(五)加强制度设计，注重统筹协调，工资收入分配制度改革稳步推进

一是公务员工资制度进一步完善。兑现了市级机关第三步规范津补贴，退休干部补贴比例由62.5%提高到了70%。统一了区县津补贴3个类区的控制标准，区县间差距由第二步的3.1倍缩小至1.5倍。调整了法院、检察院办案人员岗位津贴、审计人员工作补贴、纪检监察办案人员补贴标准。调整了艰苦边远地区津贴标准，惠及16万人。二是事业单位实施绩效工资工作稳慎推进。10万其他事业单位退休人员补贴于2月底基本兑现到位，5月底完成了区县方案的审批。开展了义务教育学校、公共卫生与基层医疗卫生事业单位实施绩效工作的检查指导。结合第三步规范公务员津补贴，同步同幅调整了事业单位绩效工资水平和离退休补贴标准。三是企业工资调控管理进一步加强。建立企业职工最低工资正常增长机制，最低工资一档的执行标准比上年增长了28%。发布了2011年企业工资指导线和人力资源市场322个工种工资指导价位。对1007户企业18万名职工收入状况进行了薪酬调查，为完善企业工资宏观调控政策奠定了基础。

(六)完善争议调处机制，加强劳动监察执法，劳动关系总体和谐稳定

一是劳动关系得到广泛关注。贯彻全国构建和谐劳动关系暨先进表彰会议精神，筹备召开了全市构建和谐劳动关系先进表彰暨经验交流电视电话会，印发了新时期构建和谐劳动关系的意见，全社会关心、支持、参与构建和谐劳动关系的格局正在逐步形成。二是劳动保障监察执法得到加强。组织专项执法检查7次，检查单位2.3万户，涉及劳动者131.3万人，责令补发工资和退赔费用6125万元。劳动保障监察“两网化”试点工作在全国率先通过验收。完成了镇街举报投诉站组建工作。三是劳动争议调解仲裁得到加强。共处理争议案件4.18万件，结案4.13万件，结案率达98.9%。全面完成了区县劳动人事争议仲裁院组建工作。已在镇街、社区、工业园区建立调解组织400余个。四是群众工作统揽信访工作取得新进展。在市级部门率先成立群众工作机构，建立信访维稳联动机制，加大积案和矛盾纠纷调处力度，全年受理群众来信1819件、来访3544人次，妥善处理群体类集

访105件次,维护了社会和谐稳定。

(七)加强统筹规划,注重资源整合,基层基础建设迈上新台阶

一是信息化建设加快推进。"金保工程"二期可研报告在全国率先通过评审。在全国率先启动社保卡加载金融功能工作,超额完成了累计发卡400万张任务。启动了城乡居民养老和医疗保险信息系统建设。二是服务平台建设迈出新步伐。中国重庆人力资源服务产业园于2011年11月20日顺利开工。完成了120个镇街就业社保平台标准化建设。社保业务经办程序进一步优化。三是基层工作队伍建设取得新进展。已为乡镇就业社保机构选派高校毕业生841名。培训区县人力社保局长40人、乡镇工作人员280人。四是基础工作扎实推进。完成了全市社会保障体系和人力资源开发第十二个五年规划编制工作。劳动保障监察条例等立法工作顺利推进,执法监督得到加强。安全完成了125项43.5万人次人事考试工作。系统"创先争优"、"优质服务窗口"等创建活动扎实推进。同时,人力社保规划财务、信息宣传、机关党建、纪检监察、干部队伍建设、离退休人员管理服务等工作都取得了明显成效,有力保障和促进了人力社保中心工作、重点任务的完成。

二、面临的困难和挑战

一是随着我市产业结构的调整,就业结构性矛盾更加突出,部分行业"招工难"和部分群体"就业难"并存,高技能人才短缺。二是随着各领域改革的纵深推进和人民生活水平的提高,城乡社会保障水平有待提升,不同群体之间的待遇水平差异有待进一步调适。三是随着人力社保事业的快速发展,信息不兼容、制度碎片化、机构小散弱等问题日渐突出,基层基础建设亟待加强。

三、2012年工作重点

2012年是"十二五"规划全面实施的重要一年,重点抓好九个方面的工作:一是实施就业优先战略,努力保障重点产业用工和市民充分就业。全年城镇新增就业60万人,城镇登记失业人员就业18万人,就业困难人员就业8万人,城镇登记失业率控制在3.3%以内。全力确保重点产业用工。抓好重点群体就业。继续把高校毕业生摆在就业工作的首位,大力回引农民工返乡就业。着力提升劳动者技能,推动创业带动就业。加强公共就业和人才服务体系建设。加快推进劳动力市场和人才市场整合。二是深入落实社保政策制度,着力提高城乡社会保障水平。大力推进参保扩面。进一步完善社保制度。加快推进医保市级统筹,6月底前完成职工医保市级统筹,12月底前完成城乡居民医保市级统筹。稳步提高社保待遇水平。落实审计整改措施,加强社保基金监管。提高经办管理服务水平。三是加强分类指导,加快专业技术人才和技能人才队伍建设。加强专业技术和技能人才队伍建设,大力发展职业技术教育,推进职称制度改革,建立学历文凭与职业资格证书互通"立交桥",统筹城乡人才开发。四是完善管理制度,加强公务员队伍建设。加强公务员能力和作风建设,完善公务员制度,规范考核奖惩。五是坚持走出去和引进来相结合,加大人才智力引进力度。大力引才引智,提升国(境)外培训质量,深化国际人才交流合作。六是坚持与时俱进,不断深化人事制度改革。完善事业单位公开招聘制度,加强事业单位岗位管理,全面完成2012年军转安置任务,切实做好企业军转干部解困和稳定工作。七是完善政策机制,加快推进工资收入分配制度改革。完善公务员工资制度,完善事业单位收入分配制度,加强企业工资分配的指导控制。八是坚持严管重处,着力构建和谐稳定劳动关系。加强劳动关系协调,加大劳动保障监察执法力度,加强劳动人事争议调处。九是加强组织协调,加快推进基层基础建设。加快信息化建设,推进基层服务平台建设,加强基层工作人员队伍建设,加强基础管理工作。

国土资源和房屋管理

重庆市国土资源和房屋管理局 陈克勋

一、2011年发展回顾

(一)积极主动服务,保障发展取得新成绩

一是切实保障经济发展建设用地需求。着力推动土地利用总体规划修编，同步基本完成了乡镇土地利用总体规划数据库建库工作。全年审批新增用地再创新高，占全国审批总量的1/18,确保了高速公路、铁路、保障性住房、民生事业和重大产业用地需求。二是积极参与内陆开放高地建设,有力支撑了公共财政增长。在全国土地出让普遍低迷的情况下，科学把握土地出让的节奏、规模和时序,实现土地出让逆势上扬;引进外资31.26亿美元,占全市引进外资的1/3强。三是矿产资源保障程度得到明显提高。投入地质矿产勘查资金3亿元,重点实施了铁、铝整装勘查等重要矿产勘查项目307项，新探明1.9亿吨煤炭、11.5亿吨岩盐等一批资源储量。率先开展了页岩气前期调查,配合设立了3个页岩气探矿权，页岩气勘探项目取得突破性进展。大力实施矿产资源勘查开发"走出去"战略,进一步提升矿产资源保障能力。四是实现房地产业健康发展。认真落实国家房地产调控政策,积极完善"低端有保障、中端有市场、高端有约束""三端"调控举措。加强调控和监管,促进商品住房供销总量平衡、供应结构合理、市场秩序良好，个人住房信息系统建设取得阶段性成果。全年主城区商品住房建筑面积均价6390元/平方米，双职工家庭房价收入比控制在6.5以内。房地产市场运行总体平稳,新建商品住房价格指数在全国35个重点城市和70个大中城市的排位居处于低位,得到国家有关部委的充分肯定。

(二)锐意创新,统筹城乡综合配套相关改革取得新突破

一是公租房建设和管理成效明显。在全国率先实践公租房制度,实现全市公租房建设总量、争取中央资金、配租数量、入住数量等多项指标均居全国第一,初步构建了"市场+保障"的"双轨制"住房供应体系。累计开工建设2871万平方米,占三年建设4000万平方米的72%,占全国两年公租房建设总量的14%。强化公租房小区的商贸、公交、学校、医院、市政等配套设施建设,实施社区化管理服务,入住群众总体满意,租金缴交率99.5%以上。二是地票制度进一步完善,效果逐渐显现。出台了地票价款直拨、地票价款分配标准细化等文件,完善并落实了地票收益全部用于"三农"的分配政策,切实维护了"三农"权益。地票交易市场日益活跃。全年交易地票5.29万亩、价款129.18亿元,累计交易地票8.86万亩、175.38亿元,开展地票质押3100亩,质押贷款4.1亿元。三是积极参与了户籍制度、房产税和农村"三权"抵押改革。牵头搭建了户改农村土地退出的资金和监管平台,筹集62亿元市级户改周转资金,已受理3.2万户转户居民退地申请,已拨付区县27.7亿元。参与房产税制度设计,引导合理的住房消费,征收房产税1亿元,对高端住房市场的调节作用初步显现。实施新一轮农村土地房屋确权发证。集体土地所有权发证全面完成；宅基地使用权和农村居民住房所有权证发证覆盖率97.1%，规范推进农村房屋抵押融资试点工作,实现融资19.8亿元。

(三)切实关注民生,促进民生改善取得新成果

一是全力参与了宜居城市建设。全面完成主城区危旧房拆迁任务,累计拆迁1218万平方米,16万户居民户均面积增加58%。完成城中村改造范围内集体土地征收，实际拆除量932.3万平方米,实施安置2.96万人,分别超原计划28%、23%。

累计投入63.8亿元，完成40个旧住宅小区和主干道建筑立面整治1841万平方米，是计划目标的3倍多,实现四年任务三年超额完成,打造出了一批传统风貌展示区,房屋整治后普遍增值5-10万。二是着力解决城镇中低收入群众的住房困难。全市配租公租房11万套,惠及民众近30万人,加上廉租房、危旧房、棚户区和城中村改造安置等,累计解决80多万户中低收入家庭的住房困难,惠及200多万人,住有所居加速实现。三是大力支持了新农村建设。通过农村土地整治、三峡库区移土培肥、新增耕地指标收购和地票交易等方式,引导近200多亿元城市资金反哺"三农",有力地支持了巴渝新居建设、农村危旧房改造和农业产业基地建设,促进了农业增产、农民增收。土地整治新增耕地23万亩，耕地占补平衡考核排名全国前三。四是切实维护了群众的合法权益和生命财产安全。完善征地补偿安置制度,累计办理征地农转非人员基本养老保险135万人,实现"应保尽保"。全年完成"红层找水"打井2.85万口,岩溶找水示范工程取得重大突破,解决约22万分散农户的饮水困难。上调住房公积金缴存基数,缴存比例提高到12%,进一步增强公积金支持购房的功能。坚持工程治理、群测群防和搬迁避让相结合,实现了175米蓄水库区地质灾害"零伤亡"。

二、发展中存在的问题

一是全市建设用地需求居高不下,而国家从严从紧控制用地指标，土地供需平衡压力增加。二是原材料需求上升，资源结构性矛盾突出,实现资源自给保障难度大。三是受全国房地产市场大势影响,保持房地产健康发展难度较大。四是全市特别是三峡库区地质灾害防治形势依然严峻,征地、国有土地上房屋征收等引发的群众上访现象还时有发生,安全稳定工作压力较大。

三、2012年发展目标

(一)深入实施保发展保红线"双保工程"

按照"争取增量、盘活存量、用好流量、协调联动"的建设用地指标管理模式,努力保障经济社会发展用地。大力实施节约优先战略,强化土地利用监管与考核,提升用地效率。着重推进高标准基本农田建设、整村、整镇土地整治和农村闲置建设用地复垦,切实保护耕地资源。

(二)加大统筹城乡土地管理改革力度

全面总结地票改革经验，配合国土资源部提出示范推广意见。进一步完善地票交易、使用等程序,严格落实净收益直补"三农"政策,力争全年地票交易5万亩以上，筹措支农资金100亿元以上。稳妥开展"三权"抵押试点,探索农民集中居住区房屋和转户居民退出房屋交易试点,大幅增加农民财产性收入。

(三)强力推进以公租房为重点的住房保障工程

全年开工建设保障性住房和棚户区改造住房34.39万套,竣工17.84万套。其中,新开工公租房1350万平方米、23万套，全面实现3年建设4000万平方米公租房目标。全年配租公租房10万套，解决群众居住困难。加快配套设施建设,推进社区化管理,做到居住方便、群众满意。

(四)积极稳妥实施房地产调控

继续落实国家房地产调控政策,加强房地产形势研判和监测,重点把握供求平衡、土地价格、税收调控、金融杠杆、双轨配置"五个关键",支持首次购房和改善性住房消费,确保房地产市场不大起大落,保持房地产业总体平稳健康运行。

(五)加强矿产资源勘查开发管理

全面完成矿产资源利用现状调查，加强铁矿、铝土矿、锰矿、铅锌矿、页岩气等重点矿产资源勘查开发，完成三峡库区长江干流库岸沿线175米水位线至第一山脊线范围内的矿山关闭工作，大力实施矿产资源勘探开发" 走出去"战略,进一步提升矿产资源开发利用水平。

(六)强化地质灾害防治工作

进一步落实地质灾害防治共同责任机制，健全和巩固地质灾害群测群防体系，加大重点区域地质灾害治理力度，扩大地质灾害危险区域搬迁避让范围，重点做好三峡库区地质灾害防治,保障群众生命财产安全。

城乡建设

市城乡建委 邹隆军

一、房地产业

2011年，完成房地产开发投资2015.09亿元，同比增长24.4%，为年度目标任务1500亿元的134.34%。全市房地产业完成投资排名前十位区县(见表1)。

表1 2011年全市房地产业完成投资排名前十位区县 (单位:亿元)

序号	1	2	3	4	5	6	7	8	9	10
区县	江北区	渝北区	沙坪坝区	南岸区	九龙坡区	渝中区	巴南区	北碚区	长寿区	大渡口区
投资额	251.18	226.65	176.41	174.73	162.88	115.73	105.53	76.55	66.79	57.53

房地产开发投资占全社会固定资产投资7631.80亿元的26.4%，房地产完成开发投资与全社会固定资产投资比较(见图一)。

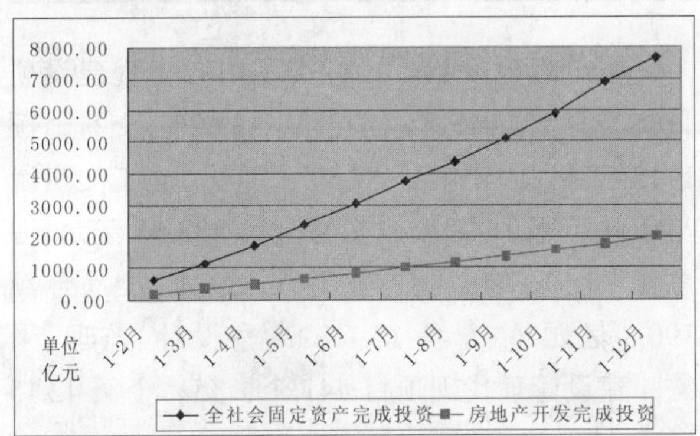

图一 2011年房地产完成开发投资与全社会固定资产投资比较

房地产业实现增加值396.28亿元，同比增长5.5%，拉动经济增长0.2个百分点，对地区生产总值(GDP)的贡献率为1.1%。

全市商品房施工面积20397.24万平方米，同比增长19.0%；商品房竣工面积3424.33万平方米，同比增长30.4%，2011年与2010年同期商品房竣工面积比较(见图二)。商品房新开工面积6824.36万平方米，同比增长8.1%。2011年与2010年同期商品房新开工面积比较(见表2)。

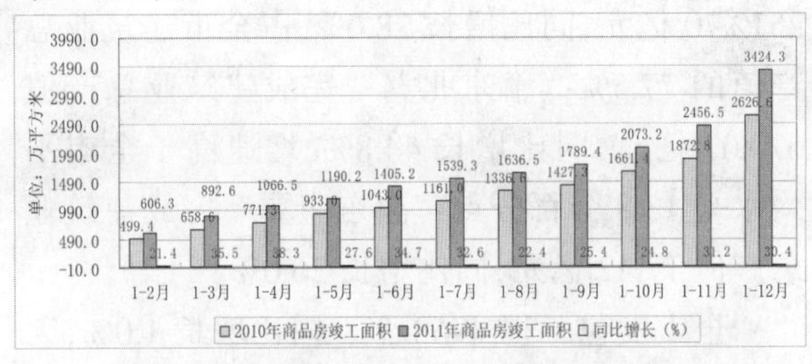

图二 2011年与2010年同期商品房竣工面积比较

表2 2011年与2010年同期商品房新开工面积比较 (单位:万平方米)

指标 时间	1-2月	1-3月	1-4月	1-5月	1-6月	1-7月	1-8月	1-9月	1-10月	1-11月	1-12月
2011年	1477.44	2094.39	2343.04	2731.71	3665.33	4131.26	4496.70	5055.04	5519.51	6052.79	6824.36
2010年	833.88	1137.09	1519.55	1958.12	2851.75	3176.22	3760.88	4243.02	4791.28	5350.28	6312.64
同比增长(%)	77.2	84.2	54.2	39.5	28.5	30.1	21.3	19.1	15.2	13.1	8.1

全市商品房销售面积4533.50万平方米,同比增长5.1%,实现销售额2146.09亿元,同比增长16.2%。其中住宅销售面积4063.42万平方米,同比增长1.9%。

房地产开发企业新成立578家，截至12月底，全市房地产企业增至3365家。市外来渝房地产开发企业404家,占企业总数的12%。中国500强企业在渝设立23家房地产开发企业,世界500强企业在渝设立3家房地产开发企业。

重庆“五十强”房地产开发企业完成投资415.1亿元，占全市的20.6%；竣工面积482.83万平方米,占全市的14.1%;新开工面积634.67万平方米,占全市的9.3%,销售面积743.5万平方米,占全市的16.4%。

以上数据表明，我市房地产行业进入稳步发展的阶段，完成投资和商品房施工面积稳定增长;商品房竣工面积增长幅度较大;商品房新开工面积同比增长8.1%、增幅比2010年下降了57.4%;商品房销售面积增长幅度不大。国家一系列宏观调控政策的影响已进一步显现。

二、建筑业

2011年,全市完成建筑业总产值3320.19亿元,同比增长31.0%,占年度目标任务2900亿元的114.49%。1-12月全市完成建筑业总产值排名前十位区县(见表3)。

表3 1-12月全市完成建筑业总产值排名前十位区县 (单位:亿元)

排名	1	2	3	4	5	6	7	8	9	10
区县	渝北区	万州区	九龙坡区	渝中区	涪陵区	沙坪坝区	南岸区	永川区	江北区	巴南区
总产值	470.19	284.43	283.56	234.64	221.72	177.37	135.04	128.63	125.98	111.56

实现建筑业增加值852.34亿元，同比增长19.6%，对地区生产总值（GDP）的贡献率为10.0%,拉动经济增长1.6个百分点。

“一小时经济圈”共完成建筑业总产值2572.70亿元,同比增长28.0%,占全市建筑业总产值的77.5%;“渝东北翼”完成建筑业总产值670.07亿元,同比增长44.8%,增速高于全市平均水平13.8个百分点;“渝东南翼”完成建筑业总产值77.42亿元,同比增长26.0%。

全市发包工程4968个、同比增长1.0%,工程造价1428.3亿元、同比增长48.1%。其中公开招标工程2510个,工程造价569.4亿元,占比分别为50.52%和39.87%;邀请招标766个,工程造价173.6亿元,占比分别为15.42%和12.15%;直接发包1692个,工程造价685.3亿元,分别占比34.06%和47.98%。其中市管项目发包工程257个(公开招标工程147个,邀请招标工程34个，直接发包工程76个)，工程造价287.73亿元。全市国有资金发包工程3305个，工程造价784.03亿元。

市工程建设招标投标交易中心工程建设项目交易总数2143个、同比增长39.2%,交易金额1115.51亿,同比增长67.5%。其中,施工类房屋与市政工程1543个，交易金额882.56亿元、占总额79.1%;施工类专业工程159个,交易金额190.8亿元、占总额17.1%;勘察设计、监理、采购、建设管理代理项目441个，交易金额42.15亿元、占总额3.8%。

全市新开工项目3761个，同比下降12.02%;新开工面积9174万平方米,同比增长15.16%;建安造价1373亿元,同比增长46.14%。

新增建筑企业408家，全市建筑企业6680家,其中施工总承包企业1813家,专业承包企业2948家,劳务分包企业1919家。

共1158家(次)本市企业出渝参与投标,中标工程814个，总造价223亿元，总建筑面积1948万平方米;共544家市外企业入渝。全市建筑业输出农村富余劳动力161万人，其中本市90万人,市外71万人。全市从事建筑劳务人员128万人,其中本市农民工90万人,本市非农民工26万人,市外入渝农民工12万人。全市净输出农民工59万人。

全市建设工程质量总体处于受控状态,未发生较大以上质量事故。全市建筑安全生产形势基本稳定,房屋建筑和市政基础设施工程发生安全责任事故18起,死亡20人,杜绝发较大及以上生产安全事故。截止12月底,主城区空气质量达到优良以上共计324天,同比多13天。

以上数据表明,建筑业总产值、增加值保持较快增长势头,"一小时经济圈"、"渝东南翼"稳定增长,"渝东北翼" 增速最高、增速高于全市13.8个百分点,"一小时经济圈" 的总量仍占主导地位;市工程建设招标投标交易中心工程项目入场交易个数与去年同期相比增长39.2%,交易金额较大幅度增长、同比增长67.5%;房屋建筑和市政基础设施的建设工程质量总体处于受控状态、安全生产形势基本稳定,建筑行业健康发展。全年我市建筑业与投资保持协调增长、平稳发展势头。

三、勘察设计业

2011年,全市勘察设计单位完成营业收入246.6亿元,同比增长29.8%。26家本地企业出渝承揽勘察设计业务,办理了出渝手续,合同金额为2.72亿元。

全市共有工程勘察设计单位516家,其中具有勘察资质单位141家(甲级24家,乙级49家,丙级44家,劳务24家),具有设计单位资质375家(甲级91家,乙级170家,丙级114家)。施工图审查机构32家,其中一类17家,二类15家。共受理入渝备案登记申请234件,同比增加了28%,审核通过154件,同比减少16%。全行业从业人员总计2.5万人,其中高级职称5648人,中级职称8178人。行业专业技术人员共1.7万人,取得勘察设计注册师资格人员3457人,实际注册人员数2967人,占专业技术人员总数的17%,同比增长8.6%。

全市完成工程初步设计审批2297项(房屋建筑工程1984项、同比增长4.6%,市政基础设施313项、同比下降18.1%),总投资2827亿元、同比增长17.4%。其中,主城区完成建设工程初步设计审批913项(房屋建筑工程722项、同比增长10.3%,市政基础设施191项、同比减少20.5%),总投资2028.4亿元、同比增长14.8%。

全市施工图审查备案共计2543项、同比减少18.2%,总投资2473.8亿元、同比增长36.0%。建筑工程施工图审查2248项、同比减少12.8%,总建筑面积9092.6万平方米、同比增长14.4%。市政工程施工图审查295项、同比减少80.7%,投资289亿元、同比增长0.3%。主城区审查项目1069项,投资额1517.6亿元、同比增长7.5%;主城区外项目1474项、同比增长18.6%,投资956.2亿元、同比增长20.1%。

四、城镇化建设

2011年,各远郊区县共实施社会事业发展专项资金项目(简称"3000万元项目")97个;项目总投资97.3亿元;完成投资31亿元,占总投资的31.9%,占年度计划投资的103%,完工项目达30个。2008—2011年,共实施项目197个,总投资150.3亿元,累计完成投资119.1亿元,占总投资的79.2%;完工项目130个,占项目总数的66%。"几大件"全部配齐的远郊区县达22个,比2007年增加17个。

30个远郊区县整治旧居住小区共66个,占地面积114.5万平方米,建筑面积268.9万平方米,涉及3.2万户,人口约12万人。整治完成投资4.7亿元,改造建筑外立面679栋、106万平方米,整治绿化14.5万平方米,补植各种苗木13万株,翻修人行道20.6万平方米,改造或新建小区道路41.5公里,拆除违法建筑2.9万平方米,规整架空线缆22.2公里,清理户外广告、规范店招店牌2590块,增加居民健身、休闲场所等设施7万平方米。

各远郊区县完成主干道环境综合改造83段165公里,累计完成投资31亿元。其中架空线下地136.7公里(其中强电75.6公里,弱电60.7公里);建筑立面整治房屋3808栋、686.8万平方米；市政环卫设施改造人行道铺装162.2万平方米；园林绿化整治补植各种苗木145.3万株、绿化面积138.1万平方米；广告、店招整治规范44989块。

截至12月底，全市启动农民新村建设609个，开工建设巴渝新居61679户，启动改造农村危旧房126170户（D级危房改造52063户），分别占年度计划的121.80%、123.36%、121.43%（104.13%）；竣工农民新村519个，巴渝新居5.2万户，完成改造农村危旧房12万户（D级危房5.1万户），分别占年度计划的103.80%、104.00%、115.50%（102.00%）。

五、宜居工程

2011年，全市累计完成投资3087.3亿元，占年度计划的121%，其中主城区1874.1亿元，远郊区县城区993.2亿元，集镇村庄220亿元。

主城区：完成城中村房屋拆迁334万平方米，占年度计划的101%，实施住房安置6803人，占年度计划5677人的120%。居住区综合整治已完成旧住宅小区整治40个，完成房屋立面整治895万平方米，占年度计划的121%。新增公园绿地面积1425.69万平方米，占年度任务的379%。主城区城市雕塑建设继续稳步推进。重大重点主题雕塑中完成7个。18个一般主题雕塑，12个主题已完成，6个主题正在制作实施阶段。2011年，雕塑建设累计投入资金近6000万元。

远郊区县：新增公园绿地4855.2万平方米，占年度任务的839%。全市已解决饮水安全人口为217.66万人。

六、畅通工程

2011年，畅通重庆交通基础设施建设七个方面，涉及项目147项，计划完成总投资575.06亿元。2011年实际完成投资586.86亿元，占年度计划的102.1%。

主城城市道路建设：2011年计划完成投资100.9亿元，实际完成102.2亿元，占年度计划的101.3%。2011年新改扩建道路总长209.3公里，立交21座。其中，续建双碑大桥、一纵线学堂堡立交-中心站立交段等45项、道路122.2公里、立交13座；新开工三横线东段（通江大道至绕城高速）、空港东路北延段等40项、道路87.1公里、立交8座；竣工机场路拓宽改造、嘉华大桥南延段等32项、道路48.1公里、立交11座。

轨道交通建设：2011年计划完成投资160亿元，实际完成163亿元，占年度计划的101.9%。2011年，新建成通车一号线一期工程（小什字至沙坪坝）和三号线全线（二塘至江北机场），新建成通车里程55.6公里，通车里程从19公里增加到75公里，居中西部地区第一，全国第六，日客运量突破70万人次。一号线二期工程（沙坪坝至大学城）全面进行土建施工，控制性节点工程中梁山隧道已贯通。二号线延伸段工程（新山村至鱼洞）土建全面施工，高架区间施工总体完成82%。三号线南延伸段工程（二塘至鱼洞）全线车站均已开展主体结构施工，高架区间总体施工完成92%。六号线一期工程（五里店至礼嘉），五里店至礼嘉已实现洞通，五里店至大竹林车场右线已轨通，左线已完成50%铺轨施工。六号线二期工程（茶园至上新街、礼嘉至北碚）区间隧道已掘进16公里。六号线支线工程（礼嘉至悦来会展中心）全线贯通，已进场铺轨和装修。

公交站场及换乘枢纽建设：2011年计划完成投资9.09亿元，实际完成9.48亿元，占年度计划的104.3%。

高速公路建设：2011年计划完成投资144.86亿元，实际完成145.53亿元，占年度计划的100.5%。

港口航道建设：2011年计划完成投资27.59亿元，实际完成27.65亿元，占年度计划的100.2%。

铁路建设：2011年计划完成投资132.62亿元，实际完成139亿元，占年度计划的104.8%。

航空设施建设：2011年计划推进江北机场第三跑道及东航站区、巫山机场的前期工作，暂不计算投资量。江北机场三期第三跑道即东航站楼项目征地和拆迁安置、管线及道路改移等前期工作已经启动，控制性工程及试验段如期顺利开工建设。巫山机场项目正在结合通用航空规划开展项目可行性论证工作。

重庆园林

重庆市园林局 王吉华

一、城市森林工程与创建国家生态园林城市

2011年市园林局在科学发展观统领下，根据市委市政府的统一部署，切实抓紧抓好了城市森林工程建设和创建国家生态园林城市工作。一年来，仅主城区就启动城市园林绿化和创建国家生态园林城市建设项目330个，完成186个。全市城市森林工程投入资金约168亿元(主城区投入资金约83亿元)；新增城市绿地面积9030.57万平方米（主城新增2612.95万平方米)。截止2011年底，全市建成区绿化覆盖率已达到40.18%，绿地率达到37.43%，人均公园绿地面积为17.87平方米。

(一)全力推进城市森林工程

1.2月26日召开“主城区城市森林工程暨创建国家生态园林城市春季战役动员工作会”，3月4日召开远郊区县“重庆森林工程建设春季战役工作会”，7月26日召开“2011年全市城市森林工程秋季战役工作会”，10月9日召开“主城区秋季战役推进工作会”，理清思路、下达任务。

2.印发《主城区城市森林工程和创建国家生态园林城市2011年实施方案》、《2011年森林工程建设任务分解》、《远郊区县2011年城市森林工程和城市园林绿化工作指导意见》统筹安排、分配责任；加大业务交流与培训，如主城区城市干道绿化修剪现场交流工作会，全市园林绿化领导干部培训班等，提高技术人员业务水平；加强对远郊区县创建工作的指导力度，指导、推荐璧山县、开县成功创建国家园林县城，指导忠县、潼南、武隆、秀山成功创建市级山水园林城市；全市共有28个“园林式单位”、31个“园林式小区”、23条“园林式市街”和9个“园林城镇(乡)”通过了市政府考核组验收。

(二)国家生态园林城市创建成效显著

1.创建指标完成情况。国家生态园林城市共74项指标，其中54项硬指标，截至年底我市均已达标；20项规范指标，其中统计指标7项，已收集到位，7项达标；13项科研指标，已经启动科研课题研究，预计2012年6月底前全部完成并达到验收要求。同时启动了创建国家生态园林城市申报技术片和申报资料汇编的资料收集工作，力争2012年9月前完成申报资料收集、整理、印刷等工作，11月前完成申报工作。

2. 城市干道绿化建设。2011年主城区建设了一批城市干道绿化，通过栽大乔木增绿量，丰富植物品种，增加植物层次，增加植物花色，新形成了一批城市生态景观林荫道。如新建210机场路景观大道，江北区铁山坪西侧林荫道，九龙坡袁茄路景观道，北碚缙泉路景观道，两江新区两江大道等一批城市干道绿化，打造形成了城市绿色骨架通廊，改善了城市面貌。

3.城市公园绿化建设。将2011年定义为“全市公园建设年”，今年全市新建城市公园71个，其中主城区新建公园20个，新增公园绿地1425.69万平方米，远郊区县新增城市公园绿地面积4855.20平方米。新建的城市公园增加了城市绿量，改善了生态空间，提供了休闲场所，提升了城市品质。

4. 社区公园绿化建设。全市新增社区公园117个，其中主城新建79个，远郊区县新增38个，还有部分拆违建绿靓点工程。实现了老百姓

出门见绿,让园林绿化惠民千万家。

5.城市生态林和绿化靓点建设。新建城市生态林项目19个，建成绿地约169.93万平方米。如建成大渡口区石盘生态林，江北区复盛立交生态林、鱼嘴立交生态林,九龙坡区马家沟水库生态林,渝北区新塘溪河生态林,北部新区金兴大道陡溪立交生态林，生态林的建设增加了城市绿量。

6.两江四岸消落带绿化建设。继续完善提升朝天门段滨江消落带、江北嘴段滨江消落带、石门段滨江消落带等3个示范点建设。示范点经过连续2年的夏季洪水和三峡库区冬季175m蓄水的考验,建成了约13万平方米的滨水绿化湿地,为解决消落带问题提供了技术支持,为两江四岸生态修复提供了样板。

(三)四大民心工程

1. 全年计划全市新增城市公园绿地550万平方米。实际新增6280.89万平方米。

2. 计划主城区建成城市生态林100万平方米。实际完成169.93万平方米。

3.计划主城区新建5个城市大公园。实际已新建公园20个(含郊野公园),如大渡口区爱情公园;江北区体育公园、爱心庄园;沙坪坝区土主健身公园；北部新区山顶总部城市生态公园和战斗公园等;完成续建、改扩建公园17个,如沙坪坝区金科廊桥水乡二期、南岸区涂山湖公园、大渡口区中华美德公园、巴南区含笑公园等。

4.计划主城区新建30个社区公园。实际已完成拆危建绿与社区公园建设79个。如:江北区石虎公园、南岸区二外社区公园、北碚区庙嘴社区公园;渝北区荷塘路小游园等都各具特色。

二、园林绿化工作

(一)全市园林绿化建设与管理

1. 技术指导。一是加强古树名木的保护工作。开展了对铜梁县、九龙坡区、璧山县、巴南区等现有的古树名木进行复壮和病虫害防治指导12次；二是加强对区县园林绿化技术指导和服务。在全年的春秋季战役期间对39个区、县现场技术指导120次,对20个区县申报的30个项目进行了评审，加强了对区县的园林绿化指导力度;三是抗旱保苗,成效显著。2011年我市出现罕见的高温干旱天气,且持续时间较长,来势较猛，对我市园林植物安全越夏造成较大影响和危害。为保护已有园林绿化成果,高温天气期间,我市共出动洒水车5.6万余车次,出动工人约10万人次,总用水量(含绿地喷灌系统、人工浇水)为96万余吨。

2.科技支撑。一是发挥科技创新平台技术支撑作用,服务全市园林绿化工作。完成21个项目的立项和13个项目成果鉴定，加强了42项在研项目的实施情况监督检查和指导协调。二是加快风景园林规范标准编制步伐，逐步形成我市风景园林标准规范体系。重点组织了《重庆市节约型园林建设技术导则》等6项地方标准规范的编制。三是紧抓重点项目，力争取得实效。重点指导了创建国家生态园林城市和森林工程科技支撑重大专项；在市委市府的高度重视下,“重庆三峡库区消落带植被恢复及自然演替研究示范项目”已顺利通过国务院三峡办评审;“污水污泥园林资源化利用技术”已由市政府确定为“创模”中污泥处置项目两大核心技术之一,是进行资源化循环利用的可靠途径。四是充分发挥学会协会平台作用，促进科技发展和交流。以学会为平台,组织学术交流,开展科普宣传,编辑出刊《重庆园林》,做好了风景园林师的考评等工作;以协会为纽带,开展了园林绿化企业诚信管理、重庆市园林工程“茶花杯”的评选、重庆市盆景艺术大师的首次评定等工作。2011年,风景园林学会和园林行业协会,再次评为全市先进社团组织。五是加大宣传力度,提升科普工作水平。积极推荐和组织园博园申报市级科普基地,并获得成功;以科普基地为平台组织参加重庆市科技活动周等100余次科普文化活动,开展科普宣传120余次,接受咨询15000余人次。六是拓宽科技交流渠道,推动园林科技服务区县。全年共开展各类科技服务50余次,多种形式发布和交流园林科技信息3000余条，为政府决策提供参考意见，发挥有力的科技支撑作用。

3.活动开展。为搞好市街综合整治，打造城市景观，对主城各区元旦、春节、五一、七一、国庆和园博园开幕期间节日鲜花摆放和市街养护情况进行了技术指导和检查，2011年全市共计摆放鲜花7227余万盆，(其中主城区共摆放、栽植鲜花4333万盆（株））。组织开展城市义务植树活动，在市、区(县)领导的认真组织和带头参与下，全年共义务植树1196万余株。

(二)巩固园林绿化成果

1.加大依法履职力度

(1) 全面开展了城市园林绿化行政执法工作。一是完善全市执法体系，全市41个区县均成立了园林执法专业机构，全市共有园林执法专兼职人员1400余人。二是加强执法队伍建设，启动了全市园林执法规范化创建活动，要求各区县园林执法部门在执法主体、执法人员管理、制度建设、执法程序、执法文书和执法监督等方面继续加以规范。三是狠抓执法培训教育，根据《重庆市人民政府办公厅关于加强全市行政执法人员培训的通知》要求从2009年以来，共举办了8期1400余名园林执法人员参加培训并通过考试，圆满完成了全市园林执法人员换证培训工作。四是开展执法专项行动。组织开展了拆迁开发区域树木保护专项行动，各区县园林执法部门加强城市园林绿化管理，切实保护城市生态资源。全市共受理涉绿违法案件438件，其中占用城市绿地或改变城市绿地性质93件、砍伐移植修剪城市树木283件、建设项目配套绿地指标不足21件、毁损大树古树5件、其他36件。立案143件，处罚109件。

(2) 核定竣工城市建设项目配套绿地指标85件(含分期验收)。办理移植、砍伐城市树木，临时占用、占用城市园林绿地手续104件(其中办理重点和市政工程项目85件，移植城市树木1.2万余株，临时占用城市绿地1.7万余㎡，永久占用城市绿地7.5万余㎡)，收取城市绿化补偿费4项计14万余元。

(3)严格执行“五大环节并联审批”程序，依法做好并联审批工作。到12月12日为止，共完成建设项目配套绿地审查946件次，其中建设项目配套绿地方案设计580个，建设项目配套绿地初步设计366个。审批项目方案设计总用地面积约26.01km2，总绿地面积约7.83平方公里，平均绿地率30.1%。

2.加强行政执法工作

(1)抽调专业技术人员组成市街巡查小组，对主城各区的市街大树养护情况和市街绿化进行巡查，通过科学的方法对树木生长情况进行鉴别，督促各区及时清理死树、长势差的树木；要求适时进行更换，进一步提升城市干道景观。同时针对市街树木的生长条件、管护情况等，提出具体可行的管护技术办法，保证成活率。全年共发布《城市森林工程建设专报》26期。

(2)加强城市主干道综合整治工作。逐步由主干道到背街小巷进行延伸，使城市园林景观更加具有纵深感和立体感。一是补植、清理地被植物60余万平方米，清理绿地中垃圾6200余吨；二是加强管理，坚持每天冲洗主干道行道树，对178条干道行道树进行了修剪，特别是清理小叶榕气生根、枯枝；三是打造了一批城市干道绿化，改善了城市面貌。四是重点打造节点景观，使城市景观更加丰富，如上清寺转盘、大坪交通岛、210机场出入口等，增植大树、点景树，形成城市新的靓点。

3.规范园林绿化市场。一是依法监督，规范管理，园林绿化工程招投标监管到位，修订完善了《重庆市园林绿化工程招标投标交易监督管理实施细则》，规范园林绿化工程招投标监督管理，监督了22个项目的园林绿化工程招投标；二是健全了园林绿化施工资质及监理资质管理制度，形成了成渝资质备案合作机制。起草《川渝园林绿化企业备案合作备忘录》，启动了重庆市城市园林绿化工程监理企业资质认定工作，首批认定了9家园林绿化工程监理企业，修订完善《重庆市园林绿化资质管理办法》等，覆盖园林设计、施工、监理、养护、外地入渝备案的园林资质管理办法在市法制办立项。市外园林绿化企业入渝登记备案的共40家,办理入渝单项施工备案183项。三是通过政策扶持、行业引导、管理服务、培育园林花卉苗木市场。四是加强了园林企业人才档案管理,指导风景园林交流服务中心开展园林企业人事档案托管,对全市2250名中高级专业技术人事档案进行了分类管理。五是信息公开及诚信系统建设全面启动,完成了诚信系统的开发调试,将与工商局进行数据交换同步,与工商局联合行文,征集企业诚信信息。

(三)公园建设和管理

2011年公园管理工作以规范化管理为主线,并逐步向精细化目标迈进。全年公园共接待游客4844万人次,收入12963万元,比去年同比增长24.6%、17.2%。景点改造72处,12.9公顷;开展各类科普文化活动120余次;繁殖动物41种477支(尾),其中斑马首次繁殖成功并成活,大熊猫继2007年后,历时4年,再次成功繁殖1对双胞胎。此外,华南虎、黄猩猩、非洲狮等珍稀动物也相继成功繁殖,繁殖种类较去年增长1倍,极大丰富了展出内容;全年无安全责任事故。

1.重要景点改造和新建。主城区公园全年共有72处景点12.7公顷的公园绿地面积得到改造和提升,累计投入改造资金达4950余万元。栽植乔木5500株,灌木470000株,制作盆景630盆,生产鲜花53万盆。南山植物园改造了月季园、高山杜鹃区。动物园改造了驯兽场、猴馆、虎山、职工运动场、儿童科普活动中心。平顶山公园全面实施公园优化提升,包括新建、改建2000米的景观健身步道,提升中心片区约90亩的植物景点,新建盆景园和苗圃基地等7项工程。华岩公园实施了七步荷塘景区提档升级改造,对28亩荷塘进行了翻塘和清淤,修建了小广场、观光步道,维修安装木栈道、安全护栏。大渡口公园在原南门拆迁地上建成了7000平方米的奇石园。枇杷山公园对红星亭及夜景灯饰、周边片区进行景观改造。沙坪公园启动了原鸽岛、悉尼歌剧院、许愿池、憩园、公园道路、前区广场等片区的改造,并对草坪安装智能喷灌系统等等。

2.规范化达标公园创建。平顶山公园、华岩公园、铜梁人民公园、云阳滨江公园共4个公园创建成为重庆市规范化管理一级达标公园。巴南老街公园、开县月潭公园、涪陵堡子城公园、永川望城公园、潼南大佛寺景区公园、秀山滨江公园、云阳飞龙公园、云阳云顶公园、武隆桃花山公园、璧山南河公园、忠县忠州公园、巫山圣泉公园共12个公园创建成为重庆市规范化管理二级达标公园。

3.公园文化活动。全年公园开展文化娱乐及科普活动120余次。如:由花卉园承办的重庆市第19届春花展历时1个月,展出名优花卉100余个品种,30余万盆(株),展出期间累计接待游客100万余人次。华岩公园承办的"第二届重庆华岩龙门阵荷花旅游节"历时3个月,在公园内主要景点区域布置了100余个品种6000多盆荷花。南山植物园举办"春之花生态旅游季——樱花节",入园游客量与往年同期相比增加了上万人。鹅岭公园承办了由市园林局、市风景园林学会、市摄影家协会主办的"美丽公园、美好家园"摄影展,从征集的两千余幅作品中选出150幅图片作品展览。鸿恩寺公园全年利用重大节日举办了亚太文化艺术节、赏桂花、兰鑫画院开幕仪式等12个有影响的公园文化活动。

(四)风景名胜区建设和管理

1.总体规划。

(1)2011年,重庆市有国家级和市级风景名胜区36处,面积4936.47平方公里,占市域面积5.99%。其中,国家级风景名胜区6处,2417.72平方公里,占市域面积2.94%;市级风景名胜区30处,2518.75平方公里,占市域面积3.05%。

(2)组织编制、修编和审查长江三峡、缙云山、长寿湖、东温泉、大足石刻等风景名胜区总体规划。全市4个国家级风景名胜区总体规划已经国务院批准,22个市级风景名胜区总体规划已经市政府批准。

2.遗产保护。6月27日,市园林局会同武隆县委县政府开展了武隆自然遗产保护日集中宣传日活动。开展了联合国教科文组织对武隆世界自然遗产地第二轮报告评估的相关工作。

3.景区建设。钓鱼城景区完成护国寺维修工程、抗战遗址碑刻保护工程、始关门、宋街及善堂院落民居维修及环境整治工程和护国寺石刻艺术陈列展示工程。四面山风景区龙潭湖游客接待中心和游客换乘中心主体工程和道路已完成,望乡台危岩应急抢险治理工程已竣工,栈道已投入使用。黑山—石林风景区龙鳞石海景区提升改造,形成了景区八大主题,并完善了基础设施和游览项目建设。芙蓉江风景区完成了道路建设、水土保持工程。定明山—运河风景区大佛百年"穿金"完成60%,实施杨闇公烈士旧居修复布展工程。东温泉风景区实施滨河步游道和东温泉镇绿化工程。黄水风景区建设了千野草场生态旅游项目和万胜坝太阳湖水上娱乐项目,推进了油草河景区步游道建设。金佛山、红池坝、巴岳山—西温泉、歌乐山、缙云山等风景区完成了观景亭台、步游道、标识标牌和环卫设施的建设。全市风景名胜区共接待游客1713.5万人次,实现总收入17.62亿元,其中门票收入2.98亿元。

三、成功举办第八届园博会

2011年,重庆市园林局全力推进重庆园博园建设,第八届园博会招展、宣传、开幕式及展期活动筹备工作,圆满完成重庆园博园建设,确保第八届园博会成功开幕。

(一)全面完成园博园建设

重庆园博园建设是第八届园博会筹办工作的核心任务,包括基础设施、主要建筑、园林景观和展园建设,以及园区周边环境整治等工程内容。8月底完成土建工程,9月中旬完成园林景观工程和展园建设,9月底完成主要建筑装修,10月上旬全面完成重庆园博园建设

1.基础设施。基础设施建设主要包括道路、桥梁、隧道、综合管网、灯饰、座椅、垃圾箱、标识标牌等。建成12.8公里的主要道路,总长510.5米的7座桥梁和398米的3条隧道。建成东入口、主入口、主展馆、巴渝园等区域供气管网和相关设施。建设园区主干道、景区内步游道及主展馆、巴渝园、龙景书院、重云塔等主要景点灯饰。安装座椅2854个、垃圾箱575个,设置指示牌、导游牌和景区、展园解说牌、警示牌以及大树说明牌等标识标牌1882个,设置电话亭、临时售货亭、直饮水点等设施一批。

2.主要建筑。主要建筑包括主展馆、巴渝园、重云塔、龙景书院、大坝廊桥以及40余个亭、廊、榭等,先后进行基础开挖、主体建设、木结构制作及安装、屋面施工、地面铺装、油漆施工等工程和装修。建成具有古典园林和巴渝风格的6层主展馆、10栋院落的巴渝园、7层重云塔、6栋建筑的龙景书院。建成主入口、东入口牌坊、广场、门禁系统和9.3公里围墙、围网。建成东入口地下和主入口地下、地面约1100个车位的停车场。建成露天剧场、快餐厅、售票房、服务用房、园区厕所及生化池和雕塑。

建设龙景湖水库大坝(长245.8米,高30.8米)基础、主体结构、消力梯和消力池、阀门室和观测墩等,在建设同期进行库底清淤,3月中旬龙景湖开始蓄水。水位达305米(景观水面800亩)。

3.园林景观。园林景观包括主干道、主要景点26个标段和滨湖淹没区、高切坡和护坡绿化建设,共栽植银杏、桂花、香樟、黄桷树等乔木142种16.96万余株,灌木123种637.28万余株,草花及地被110种136.76万平方米。建成25.2公里健身步道,以及云顶、卧龙石、候鸟湿地、枫香秋停、东篱村寨、悠园、湿地花溪、环湖路等14个景区和主展馆、巴渝园等26个景点景观。建成主展馆高切坡立体绿化和园区1.5万平方米护坡绿化。

在云顶景区建成同心园,在现代园区建成先辈林、星光林,在东入口景区建成共产党员先锋林。

4.城市展园。本届园博会共有国内外134个城市、单位和个人参加室外建园,其中国内城市83个、港澳台3个、国外城市30个、国外机构2个、国外设计师2个、市长国际经济顾问团1个、重庆市园林企业13个。全市40个区县和两江新区、北部新区主要以出资认建、承办展览等方式参展。共建成127个展园,并于9月底完工。

5.园区及周边环境整治。先后完成高压线、天然气管网迁改、污水截流、主展馆高切坡治理及周边环境整治等工程。高压线迁改包括平移220KV礼翠线和110KV云茅线、新建220KV思礼线,以及部分线路拆除和10KV兴赵线下地工程,分别于8月底和9月上旬完成。天然气管道迁改全长约5.4公里(包括园内和园外两部分),管道迁改7月10日碰口,次日供气。建设6.6公里污水截流管道,园内部分5月结束,园外部分9月结束。主展馆高切坡治理6月完成。主展馆对面高边坡绿化8月完工。9月完成东入口区大边坡治理和绿化景观建设。10月完成园区外黄茅坪东路3处高边坡整治景观绿化。

(二)第八届园博会活动筹备工作

第八届园博会活动筹备包括会前及开幕、会中、闭幕期间四个阶段的内容。

1.制订活动方案。制订了第八届园博会活动总体方案和各项活动组织实施方案,7月12日经市政府常务会议审议通过,7月15日印发各区县政府、市政府各部门和有关单位,指导活动的筹备工作。

7月19日,市政府召开第八届园博会活动筹备工作动员大会,就开幕式及展会活动筹备工作进行动员和部署。要求有关区县、市级有关部门按照方案确定的责任、内容和时间要求,制订具体工作方案,细化分工,明确责任领导,确定工作人员,明确工作措施、实施步骤。指挥部建立活动筹备工作联席会议和信息反馈制度。每个责任单位由1名分管领导和1名处级干部负责筹备工作的沟通联络。

2.筹备室内展览。室内展览主要包括参展城市成就展、重庆市园林绿化巡礼展、森林和宜居重庆展、园林绿化新技术、新材料、新设备展(简称园林绿化三新展)、插花、盆景、赏石、书画及摄影展(简称园林五项展)、李岚清篆刻及素描、巴渝古镇-何智亚摄影、武陵文化和渝北民俗风情展,分别在主展馆、巴渝园、龙景书院、现代园区艺术广场等地展出。58个单位参加室内展。园林五项展展出插花作品117件、盆景110件、赏石171件、书画169幅、摄影150幅,园林绿化三新展展出新技术或产品约1万件。展出李岚清篆刻印章122枚、素描55幅,巴渝古镇-何智亚摄影作品45幅。展出武陵文化实物2000余件,渝北民俗风情实物3000余件。

3.筹备开幕活动。根据第八届园博会活动总体安排,开幕活动主要包括重庆市欢迎宴会、开幕式、游览园博园、主题峰会、市领导会见国外参展城市市长和宴请国外参展城市代表、观看文艺晚会、参观重庆市科学发展成果等七大项。与有关部门、单位积极协调,制订总体方案和各单项活动工作方案,并进行汇总、完善。

4.营造展会氛围。组织招募和培训志愿者、选拔形象大使暨2011年重庆小姐,筹备开幕式文艺晚会、城市活动日、区县活动周以及各种节庆活动。会同团市委在各高校招募品学兼优并有语言特长的学生志愿者700名,并组织集中培训。通过多轮竞选,选出形象、气质俱佳和具备园博会知识的第八届园博会形象大使暨2011重庆小姐30名。

会同市群众艺术馆在欢迎宴会演出,组织1000余人在主入口广场及园内12个主要景点进行开幕式暖场演出。在重庆大剧院举办以“相约重庆,共享园博”为主题的文艺晚会。拟订展会期间区县文化活动周实施方案,陆续组织我市28个区县和6个专业院团在园博园露天剧场轮流展演。

5.组织评奖活动。会同中国城市建设研究院拟订第八届园博会展览评奖办法,确定了评奖范围、原则、奖项设置、实施步骤,成立评奖委员会,确定评审专家,组织进行室外造园艺术、插花、盆景、赏石、书画、摄影等6个专项评审,在开幕前进行了客观、科学的评审,评出了相应奖项。

(三)第八届园博会圆满开幕

第八届园博会于11月19日上午10:00时在重庆园博园隆重开幕。中共中央政治局常委、国务院副总理李克强向大会发来贺信。全国人大常委会副委员长、民进中央主席严隽琪,全国政协副主席、台盟中央主席林文漪,全国政协常委、港澳台侨委员会主任陈云林,全国人大常委、民进中央副主席王佐书,全国人大常委、致公党中央副主席严以新,建设部部长姜伟新、副部长仇保兴,市政府市长黄奇帆,市人大常委会主任陈光国,市政协主席邢元敏,国家有关部委和行业协会有关领导及各省、自治区、直辖市和83个国内参展城市领导,香港、澳门特别行政区、台湾地区代表,30个国外参展城市、参展机构代表,世界500强企业代表及重庆市委、市人大常委会、市政府、市政协办公厅相关人员,市级各部门、各区县、园博园参建单位、部队、学生、社区居民、市园林局直属单位代表共3810人参加开幕式。

(四)第八届园博会主题峰会顺利召开

第八届园博会主题峰会以"公共空间·绿色环境·宜居城市"为主题,在中国住房和城乡建设部和重庆市人民政府共同的指导和中国市长协会、中国风景园林学会、中国公园协会的协助下,于园博会开幕式当日下午成功举行,住房和城乡建设部副部长仇保兴,重庆市人民政府市长黄奇帆等出席会议,并分别致辞和演讲。共有来自国内外120余个城市的领导和代表、各省(自治区、直辖市)建设厅或园林主管部门领导、国内外知名专家学者、市各区县园林主管部门领导等共计600余人参会,本次峰会采用传统的主旨演讲和互动交流相结合的形式,促进了更多国内外知名专家和国内外大中型城市领导直接参与了大会交流。

(五)成立重庆园博园管理处

园博园管理处按照要求,迅速组建起内设机构、配齐工作人员,建立安保、票务、财务、绿化及其维护与环卫、设备管理、经营、水库、游乐等管理体系,并在开幕前夕做好安保、物管、环卫、门票印制和销售、导游人员培训、电瓶车和游船运行等各项准备。

园博园开园至12月31日,游人总量110.6万人,先后接待全国人大常委会、全国政协有关领导,国家部委办有关领导,省、自治区、直辖市及其有关城市领导共4500人次,其中省部级以上领导52人次。

环境保护

重庆市环境保护局办公室 王林

一、2011年发展回顾

2011年,环保工作认真落实"十二五"环境保护"12358"工作思路,坚持环保为民和服务科学发展,以创建国家环保模范城市、总量减排和三峡库区水环境保护为重点,较好地完成年度目标任务,在全市经济社会快速发展的同时,环境质量持续改善,实现了"十二五"良好开局。全年主城区空气质量满足优良的天数达到324天,比2006年多37天,在全国47个重点城市排名上升9位;空气中可吸入颗粒物年均浓度首次达到国家二级标准,二氧化硫和二氧化氮浓度大幅度下降。三峡库区水质总体保持稳定,在全国七大水系河流中处于最好水平。城市集中饮用水源地水质连续4年100%达标。与2006年相比,主要次级河流满足水域功能要求的断面比例从72.1%提高到86.4%;全市噪声达标区覆盖率从37.5%提高到73.7%,森林覆盖率从

32%提高到39%，城市建成区绿化覆盖率从22.9%提高到41.5%。

(一)创模攻坚取得重大进展

创模规划的2740项工程项目，完成2520项,26项考核指标已达标或基本达标。主城14条次级河流有12条基本达到创模要求。创模区域基本实现镇级污水处理、垃圾收运全覆盖。创建工作群众知晓率达到90.1%。通过创模攻坚，实现了“环境质量上台阶、基础设施上台阶、环境管理上台阶”的目标，打造了一大批亮点工程,昔日的臭水沟、污水塘,已成为市民休闲娱乐的好去处。涪陵、永川、大渡口、沙坪坝新建成市级环保模范区，全市累计建成各级环保模范区15个。

(二)总量减排开局良好

市政府印发了总量减排综合性工作方案、“十二五”总量控制规划和实施意见,召开节能减排领导小组会议。进一步完善减排工作机制,结构减排不断强化,工程减排同步推进,畜禽养殖、机动车总量减排逐步规范,水泥、火电行业烟气脱硝有序推进，污染减排设施稳定运行。2011年，在我市多项经济指标增速全国第一的情况下,总量减排工作取得较好成绩。除氮氧化物排放量上升外,二氧化硫、化学需氧量和氨氮排放量分别下降3.58%、2.18%和1.58%,四项指标任务完成情况好于全国平均水平，在西南地区处于领先地位。

(三)环境综合整治不断深化

继渝中之后,江北、北碚、渝北和北部新区建成区相继整体创建为无煤区。完成14家污染企业环保搬迁,重钢老厂、东华特钢全部关停。完成465家油烟污染整治，主城区工况法检测机动车35万辆。纳入《三峡库区水污染防治规划》(修订本)的工业污染治理项目已基本完成,三峡库区7条次级河流有6条实现达标。修订“宁静行动”方案,开展道路声屏障建设和隔声窗改造,新建39平方公里噪声达标区,全市声环境质量不断改善。

(四)生态建设与农村环境保护取得积极成效

国家森林城市建设通过专家组验收，生态园林城市取得重大进展。争取国家生态转移支付资金21.14亿元，加强重点生态功能区保护。环保部在我市召开全国农村环境连片整治现场会,从资源整合、项目管理、长效机制建设等方面总结、推广我市示范经验。

(五)突出环境问题整治成效明显

重拳整治重金属污染，全市取缔关闭存在环境和健康风险的重金属企业60家,停产整治48家。秀山电解锰及锰矿企业整治取得显著成效。圆满完成日本福岛核电事故应急监测。妥善处置18起一般环境污染事件。

环境保护其他工作取得新的成绩。《重庆市生态建设和环境保护“十二五”规划》已由市政府印发。渝北区、万州区法院环保法庭正式挂牌。创先争优、人民好公仆教育实践活动效果明显，全市环保系统服务经济社会发展的水平进一步提升，市环保局在全市十大窗口单位政风行风评议中位列第二。

二、2012年发展目标

2012年的工作目标是:主城创模整体达到国家考核要求;全面完成国家下达的年度总量减排任务;主城空气质量满足优良天数稳定达311天以上，三项主要污染物年均浓度达标;“三江”干流重庆段水质保持稳定,全市城区公共集中式饮用水源地水质稳定达标;主城区域环境噪声和交通干线噪声平均值分别控制在55和68分贝以内;全市森林覆盖率达到40%;辐射环境质量保持稳定;全市城市生活污水处理率达到88%(城镇72%)，垃圾处置率达到97%(城镇85%),工业固体废物处置利用率达90%以上。其中，主城区城市污水处理率达95%以上，生活垃圾无害化处理率达97%以上,重点工业企业主要污染物排放实现稳定达标,工业、医疗危险废物和放射性废物依法安全处置。

工商行政管理

重庆市工商行政管理局 王震宇

一、2011年发展回顾

2011年,全市工商系统紧紧围绕市委、市政府中心工作,以敢为、能为、有为的“三为”精神,深入谋划和推进十大重点工作,服务经济社会发展成效显著,实现“十二五”良好开局。

4月16日,李源潮部长亲临重庆工商视察,并充分肯定了重庆工商创先争优和非公党建工作。黄奇帆市长对全市工商系统两次作出重要讲话,并出席工商系统工作会议,赋予重庆工商全新职能定位。全年,市四大家领导和国家工商总局领导先后67次对工商工作给予肯定性批示。

(一)发展微型企业5万户,解决就业40万人

全年新发展微型企业40491户,解决就业31.65万人,累计发展微企50955户,解决就业40.62万人。深化“1+3+3”扶持体系,开展人大代表、政协委员助推微企活动,实施千户微企重点帮扶工程,建立微企特色孵化园、创业基地65个。建立了国内首个微企发展网站和创业平台网,成立了市及区县微企协会,促进微企抱团发展。微企发展工作受到全国瞩目,并纳入国家“十二五”规划,上升为国家战略。

(二)大力发展市场主体,市场主体数量突破110万

市工商局敢于打破条条框框,先后出台了支持市场主体发展的38条、文化产业发展的22条、企业改制上市的21条和中介服务业健康发展的24条意见,大大激发了创业热情。全市各类市场主体达113.36万户(内资企业26.51万户、外资企业4694户、个体户85.01万户、农民专业合作社1.37万户),比2010年末增长23.17%,增速全国领先。内资市场主体注册资本(金)总额首次突破万亿元大关,达10324.44亿元;外资企业注册资本达257.32亿美元,投资总额达451.97亿美元。

(三)深入实施商标战略,驰名商标数量增长35%

全市新增14件中国驰名商标,增幅达35%,总数达54件,位居西部第二;新增地理标志51件,超过历年总和,总量达87件,在全国位居第四,直辖市第一;新增有效注册商标1.9万件,同比增长35.8%,总量达7.2万件。全市商标专用权保护成效明显,世界500强美国喜达屋、日本本田、法国香奈儿等知名企业专程来渝致谢。

(四)加大执法办案力度,工商执法权威充分彰显

紧扣民生热点,敢于向垄断企业“亮剑”、向强势企业“叫板”。组织开展“打假治霸反欺诈”等专项执法行动,重拳出击查办了沃尔玛超市销售过期板鸭和假冒“绿色猪肉”等关系民生大要案件。责令沃尔玛在渝12家门店停业整顿15天,引起国内外广泛关注,得到了市四大家领导的充分肯定。沃尔玛全球副总裁专程来渝就假冒“绿色猪肉”事件向重庆消费者道歉。海外媒体和中央电视台《焦点访谈》、网络媒体等进行了多次报道。

(五)帮促“两翼”农户万元增收,服务城乡统筹成效明显

积极探索发展农村新型股份合作社,及时启动登记试点工作。深入推进“商标富农”,农产品商标达10387件。强化“经纪活农”,新认定农村经纪人“三站”60个,新培训农村经纪执业人员19003人次,帮扶农民工创业、就业15305人次。深化“合同帮农”,指导签定土地承包经营权和林权流转合同32.86万份,合同金额11.7亿元。

(六)强化流通环节食品安全监管,食品安全整治成效显著

食品安全长效监管机制进一步完善，初步建成食品安全可追溯机制,食品批发、零售经营者的“一单通”使用率达100%和92.41%。强化食品流通经营条件现场核查、食品安全主体责任监督和规范化监管，推动食品行业自律的创新经验被总局在全系统推介。加大食品安全专项整治力度,收缴不合格食品366吨,查处食品违法案件1727件。

(七)提升消费维权水平,挽回消费者损失九千余万元

深入推进12315“五进”(进商场、超市、市场、企业、景区),建立消费维权服务站1339个,联合建立西南首家“通讯产品消费争议咨询检测中心”，在全市小学组织开展了食品安全消费教育“九个一”系列活动。全年受理消费者咨询、申诉和举报14.41万件。查处侵害消费者权益案件986件,为消费者挽回经济损失5078.89万元。

(八)创新市场监管机制,多项创新经验在全国推广

全面实施巡查体制改革,巡查市场主体110余万户，无照经营等各类违法经营行为得到有效遏制。推动企业信用信息在工程建设招投标、旅游行业、招商引资等领域的运用的做法,受到奇帆市长、监察部马馼部长、总局周伯华局长的高度肯定,并被新华社内参刊发,重庆经验在全国工商系统推广。媒体广告监管成效排名全国前三,中西部第一。牵头推进店招站牌整治,完成整治10万块。电子商务监管模式和经验引起国内外高度关注，在全国率先探索对自然人网店经营者的建档管理和“一网四平台”建设等经验被总局向全国推介,国家工商总局、德国消费者政策研究所组成的调研组认为重庆的经验为建立覆盖全国的电子商务信用体系提供了参考和借鉴。

(九)深入推进非公党建工作,非公党组织作用充分发挥

自工商部门开展非公党建工作以来，全系统狠抓组织建设、数据建库、宣传引导、帮扶帮建等关键环节,非公党建覆盖面不断扩大,录入党建信息3000万余条，指导新建党组织2393个，新发展党员1075名，新培养入党积极分子5109名,打造党建示范点266个。重庆工商“三位一体”抓机关党建、系统党建和非公党建,围绕非公抓党建,抓好党建促发展的做法得到了李源潮部长的高度评价,并要求“工商系统抓非公党建要抓出经验,抓出成效,全覆盖,能管住”。

(十)扎实开展创先争优,强化干部队伍建设工作

深入开展创先争优，推动“一讲二评三公示”活动规范化、科学化、长效化,成为了抓好队伍管理的“尚方宝剑”、激励干事创业的“无形钢鞭”、加强党建工作的重要“抓手”。树立了创先争优的品牌,多次得到李源潮部长的肯定。85%的区县工商部门被当地党委作为“一讲二评三公示”示范点。全面加强全系统思想政治工作，有力推动了干部队伍建设工作。

二、2012年发展目标

(一)大力培育发展市场主体,抓好“企业重庆”建设

不断完善政策扶持体系，全力培育各类市场主体，力争2012年实现市场主体净增长17.5万户以上,总数达到130万户。力争新发展电子商务经营主体2万户、市场中介组织1万户。积极服务市场主体融资,大力培育农村经济组织,全年新发展农民专业合作社1600户,其中农村新型股份合作社1000户。培育发展农村经纪人,新培训农村经纪执业人员1.5万人。创新市场主体服务机制。推进登记窗口标准化建设,加大市场主体登记信息分析和信用信息公示力度,引导投资者科学选择投资领域,调整经济结构,优化产业布局。

(二)重点抓好微型企业扶持工作,全面提升发展质量

进一步抓好微型企业发展工作，在确保完成新发展3万户、带动25万人就业目标的同

时，把提高微型企业的存活率和成长率作为明年工作的重中之重，有针对性地做好后续帮扶，做到数质并举、协调发展，进一步完善“1+3+3”政策体系，健全微型企业融资体系。要继续发挥好微型企业协会的作用，促进行业自律，加强自身管理。要按照“三不”要求(不空壳、不抽逃、不投机)，强化微型企业的日常监管，确保微型企业健康有序发展。

(三)深入实施商标战略，打造西部品牌高地

2012年要新增注册商标1.2万件，新推荐申报驰名商标12件，新申报地理标志12件，新认定著名商标120件。一是进一步提升全社会商标品牌意识。继续强化商标培训和宣传，支持企业运用商标战略做大做强。二是继续做好商标富农工作。深入推进“两翼”地区“一区县一地标”计划，实现“两翼”地区地理标志注册率达到100%。三是强化著名商标认定工作，建立健全著名商标认定配套制度。四是加大商标监管保护力度，全面推行商标印制企业巡查监管和商标代理机构信用监管，着力构建商标长效监管机制，积极创建知识产权保护模范城市。

(四)强化“主业”意识，进一步加大执法办案力度

进一步加大案件查办力度，继续深入开展“打假治霸反欺诈”专项行动，以查处垄断、食品违法、公用企业限制竞争、传销、涉网案件等为重点，组织查办一批关系民生、严重扰乱市场秩序的大要案件。加快案件指挥调度中心建设，提高监管执法效能。进一步提升办案质量，加大案件核审力度，继续推行大要案件法制机构提前介入核审工作制度。进一步提升执法水平，全面开展执法办案岗位练兵比武活动，强化效能建设。

(五)加强监管创新，筑牢食品安全防线

加强监管创新、强化主体自律、探索长效机制。围绕监管难点开展专项整治，坚决遏制食品安全违法行为。加大对敏感食品、高风险食品的检测力度，防止出现系统性、区域性食品安全风险。深入推进食品经营者自律体系建设，继续开展食品安全主体责任项目确认工作，开展经营条件达标活动，实施主体责任工作规范。积极探索信用分级分类监管，建立食品经营者的信用积分，引入社会评价机制，激励守信守法经营。

(六)全面加强巡查监管，维护良好的市场经济秩序

加强高危行业监管。大力查处无照经营。加大对电子图标的使用推广，落实网上巡查制度，建立与网络交易平台商的监管互动机制。深入开展诚信市场创建活动，大力规范广告市场秩序，确保市、区县两级媒体广告总违法率控制在1.5%以内，其中市级媒体广告违法率控制在1%以内。强化合同监管，依法查处在合同格式条款中侵害消费者合法权益的行为。积极建立市场中介组织诚信档案和信用公示制度。

(七)全力提升消费维权水平，切实保护消费者合法权益

强化流通领域商品质量监管，积极推进商品准入制度建设，完善商品质量监测、进货查验、不合格商品退市、商品质量追溯等监管制度。深化“红盾护农”行动，保护农民消费者合法权益。进一步加强服务领域消费维权，强化12315工作平台建设。拓展12315中心指挥调度和分析应用功能。扩大12315“五进”覆盖面，探索建立消费维权行政指导，努力把消费纠纷化解在源头。深入开展消费教育和消费引导。深化消费教育进校园活动，打破餐饮服务行业收取开瓶费等行业潜规则，实现消费维权社会监督日常化。

(八)加强企业信用体系建设，优化社会信用环境

联合征信成员单位增加到70个，征集整合企业信用信息扩展到2000万条。加强企业信用信息的分析，深化企业信用信息应用。探索企业信用信息在政府采购、农村土地交易、药品采购等领域招投标活动中的应用，加大在工程建设招投标领域运用的力度，推动在食品安全、微型企业中运用信用信息，增加企业失信成本。推动信用服务市场发展。逐步推动企业信息数据商品化、社会化。加快行业信用体系建设，建立行

业信用信息档案。加强企业信用分类监管。完善信用分类标准,推进数据质量建设。

(九)加强法治工商建设,提高依法行政水平

积极参与地方立法工作。扎实推进《重庆市促进微型企业发展办法》、《重庆市市场中介组织管理办法》等立法工作和《重庆市查处无照经营行为条例》修订工作。加强执法监督,强化对行政处罚裁量权行使等重点环节的监督制约,健全完善疑难复议案件集体讨论和听证制度,认真贯彻实施《行政强制法》,加强对行政强制措施的监督和规范。继续深化行政指导,探索建立行政指导项目推进制度,研究确定第二批行政指导项目及配套示范文本。加强法制业务指导,探索推行法制员委派制度,案件指导制度,不断提高依法行政能力和水平。

(十)大力加强基层党的建设,为圆满完成任务提供坚强的组织保障

进一步加强和改进党建工作,力争新建非公经济党组织2000个,新发展党员5000名,培养入党积极分子15000名,新建县级以上非公党建示范点500个,党组织和党的工作覆盖率有明显提升。二是坚持不懈抓好创先争优,扎实开展"人民好公仆"和"三亮三比三评"活动。三是强化思想政治工作,建立经常性思想教育的新机制。四是切实加强基层基础建设,选好配强工商所长,加强对基层基础建设的财务支持和政策帮扶。五是不断加强党风廉政建设。认真落实党风廉政建设责任制,深入开展党性党风党纪教育、理想信念教育和廉洁从政教育,提高反腐倡廉的能力。

重庆国税

重庆市国税局 田野

2011年全市国税总收入完成725亿元,同比增长19.0%,增收115.9亿元。其中国税部门组织收入660.9亿元,增长17.1%,增收96.6亿元;海关代征税款63.6亿元,增长43.5%,增收19.3亿元。地方级收入完成160.9亿元,增长25%,增收31.6亿元;市级收入77.3亿元,增长25%,增收15.3亿元。

一、税收特点

一是经济运行质量良好,企业经营效益稳步提高,企业所得税增长迅速。共入库203.5亿元,增长56.5%,增幅排全国第6位。其中,非居民企业所得税入库28.2亿元,收入规模排全国第6位,反映了我市内陆开放高地建设取得明显成效。

二是产业体系上档升级,重点行业和企业税收贡献明显。汽车、金融、电子设备、商业、烟草5个重点行业入库国税收入348.9亿元,占全市国税收入的52.8%,增长10.4%;年纳税千万元以上的792户企业入库国税收入445亿元,占全市国税收入的67.3%,增长18.1%。笔记本电脑产业集群逐步形成,惠普入库国税收入30.9亿元,同比增长39.3%。

三是"两翼"国税收入增长迅速。"一小时经济圈"的国税收入增长了15.9%,渝东北地区的国税收入增长了29.5%,渝东南地区的国税收入增长了23.1%。

四是坚持组织收入原则,国税收入质量进一步提升。应收尽收,全市国税系统46个征收单位中,36个单位实现了当年无新欠,13个单位连续3年无新欠;应退尽退,办理出口退税65.2亿元,增长42.1%;应抵尽抵,增值税固定资产进项税额抵扣39.2亿元,增长41.8%。

二、依法治税

进一步规范税收执法行为。坚持内外并举、重在治内,认真清理税收规范性文件,积极推行依法行政考核试点,建立健全税务行政处罚裁量权基准制度,统一了税务行政处罚的执法标准和尺度,明确了行政处罚裁量的程序规则,强化了行政处罚裁量行为的监督。加强税收执法督查和执法疑点信息核查,扎实开展"解决基层执法单位违规执法突出问题专项行动",税务部门严格遵从税法促进了纳税人税法遵从度的提高。

不断改善税收法治环境。全系统查补税款13.4亿元,加收滞纳金0.3亿元,罚款0.6亿元;查办案件966件,其中涉及税款100万元以上的大要案件30余起。重点围绕房地产领域开展了税收专项整治,查补税款8.1亿元;积极与公安、地税等职能部门共同开展打击发票违法犯罪活动,公安部多次给予了通报表扬;探索实施跨地区稽查,强化稽查独立办案职能,形成了以管助查、以查促管的良性机制。特别是慎用行政处罚,采取约谈、辅导等方式引导纳税人自觉遵从税法,自查补税11.8亿元,占了稽查查补收入的72%。

三、服务发展

不折不扣落实好各项税收政策。认真执行西部大开发、资源综合利用、高新技术产业等优惠政策,为各类纳税人减免税90亿元,增长12.8%。充分发挥惠民生、缩差共富的职能作用,及时落实调整增值税起征点政策,免征全市近30万个体双定户的增值税,年减免税收达5亿元;与财政、地税联合向市政府报送促进缩差共富的财税政策建议,与工商、地税共同出台扶持微型企业发展的征管措施,为3万纳税人办理了微型企业税务登记。

四、税收征管

加强重点税源管理,汽车、金融、电子设备、商业、烟草5个重点行业入库国税收入348.9亿元,占全市国税收入的52.8%,增长10.4%;年纳税千万元以上的792户企业入库国税收入445亿元,占全市国税收入的67.3%,增长18.1%。加强税种管理,对年纳增值税2千万元以上的工业企业开展了分行业的经济税收分析;企业所得税入库203.5亿元,增长56.5%,占税收总量的比重由2010年23.1%增至30.8%;成功征收碳排放量指标交易、股权转让、海外代付业务等非居民税收,非居民企业所得税入库28.2亿元,收入规模排全国第6位;推进了反避税防控体系建设,反避税对税收增收的贡献达1.28亿元。一些区县局结合当地实际,积极探索专业化管理的路子,取得了良好成效。

以信息化基础建设为保障,强化信息系统日常监控和运行维护,完成总局金税三期广域网项目省网项目试点任务,综合征管软件获总局健康检查五星级标准认定。以解决征纳双方信息不对称问题为重点,进一步巩固了与地税、工商、银行、质监、海关等部门的信息共享机制。以对涉税信息的采集、分析、应用为主线,制定电子税收数据管理办法,切实加强了数据质量管理。

五、队伍建设

丰富党建工作的时代特色,以税务文化建设为主线,统筹开展创先争优活动,激发了干部队伍干事创业的精气神。分级分类开展教育培训,大力提升干部职工政治、业务、文化、身心"四个素质"。深入推进党风廉政建设,以科所长以上干部严重违纪违法案件受到查处并被曝光、严重损害纳税人权益问题受到查处并被曝光、国税人员酒后驾驶公车受到处罚三项"一票否决"指标丰富党风廉政建设责任书内容;通过基本配齐区县局纪检组长,在10人以上区县稽查局配备专职纪检监察员,在直属单位设置纪检监察机构,完善了反腐倡廉工作机制;以内控机制建设为重点大力推进惩防体系建设,初步建立全体干部职工参与,权责明晰、分权制衡、流程制约、风险管理、全程监控的,具有内生制约力的管理机制,为干部队伍注入了活力。市局机关连续4届被评为党建工作先进单位,成为全市基层党建示范点;36个区县局被当地党委评为基层党建示范点;3个单位被评为重庆市首批青春倡廉示范岗。在2011年全国文明单位评选中,市局机关和8个区县局被中央文明委新命名为全国文明单位,2008年命名的4个全国文明单位全部通过复查验收。在市政府对10个行政执法部门开展的政风行风评议中,全市国税系统综合评议位列10个被评议部门第一位,全市40个区县国税局有20个单位名列当地第一。

重庆地税

重庆市地方税务局 张照舒

一、2011年发展状况

(一)税费规模突破1000亿,税收增幅全国第一

2011年全市地方税费收入实现两大历史性突破。一是税费收入规模达到1281.66亿元,首次突破1000亿元,年净增收403.24亿元。其中,税收收入突破800亿元,总量达到819.78亿元,税收规模先后超过黑龙江、云南、湖南,在全国地税系统列18位。全年累计征收社会保险费429.39亿元,同比增长41.88%。二是地方税收增幅首次列全国首位,同比增长46.74%,比全国和西部地税系统增幅分别高出18.25个百分点和13.23个百分点。

(二)认真落实缩差共富要求,税收惠民力度空前

全面贯彻落实新个人所得税法,使全市120万工薪收入者和33万户个体工商户、承包承租经营户受益,其中70万工薪收入纳税人不再缴税;将营业税起征点由5000元提高到政策上限20,000元,全市个体工商户和微型企业户均减免税5100元,7.85万户不再缴税;全额减免公租房建成后经营期间的相关税收;对个人购买普通住房和农民首次购房等减免契税14.8亿元;认真落实主城区危旧房拆迁安置税收优惠,免征营业税2.4亿元;加大弱势群体税收帮扶力度,对农村土地承包经营权流转所得、生态和扶贫移民、残疾孤老人员的个人所得免征或减征相关税收;调低全市出租车驾驶员个人所得税标准,降低税负44%;大力扶持微型企业发展,实行核定征收方式,并比照个体工商户适用营业税起征点,降低微型企业发展税负;全力加强社会保险扩面征收工作。基本养老保险参保单位和参保人数分别增长36.5%和27.9%,城乡养老保险参保率达到85%;认真做好被征地农转非人员养老保险费征管工作,全年累计征收95.4亿元,比2010年增长近一倍。

(三)税收政策张弛有度,调控职能较好发挥

一是认真落实结构性减税要求,加大重点发展区域和战略新兴产业税收扶持力度,全年减免各项税收44.79亿元,其中贯彻落实新一轮西部大开发税收优惠政策,对4174户符合条件的纳税人减免企业所得税17.5亿元,减免户数及金额均为历史最高水平。二是对房地产市场采取一系列行之有效的组合调控措施。及时上调重庆市房地产开发企业土地增值税预征率,加大土地增值税预征、核定征收和清算管理力度,全年土地增值税入库61.47亿元,同比增长106.29%。开展房地产开发领域税收专项检查,共对3628个房地产开发项目、1916户所得税征管企业组织了税收自查,自查补缴2010年及以前年度税收33.59亿元。三是以政策调整为契机,营造公平合理的税收环境。严格执行统一内外资企业税负的相关规定,全年对外资企业和

外籍个人征收城建税7.4亿，教育费附加3.3亿。认真落实天然气资源税从价计征办法，增加资源产地的利益补偿，全市资源税收入增长59.38%。在全国率先开征个人住房房产税，先行先试取得突破。全年共对2797套存量房征税，占应征2825套的99.01%。个人住房房产税的顺利开征，对遏制重庆市住房价格过快上涨、抑制高档住房消费起到了积极作用。

(四)完善社保征缴模式，扩面征收成效显著

对"五大保险"实施统一登记、统一基数、统一征缴和统一稽核的征缴模式，简化参保及申报程序，方便用人单位参保和缴费，提高了征缴质量和效率。创新票证管理，统一使用税收票证征收社保费。大力清缴欠费，全年共催缴欠费10.78亿元。加大扩面征收工作力度，基本养老保险参保单位和参保人数分别增长36.51%和27.94%。

(五)稳步推进征管改革，征管质效大幅提升

加强征管模式创新，在划分税源规模、行业、种类的基础上，推进税源专业化管理改革试点。加强重点税种管理，全年征收营业税343.92亿元，增加收入逾百亿，征收企业所得税83.42亿元，增幅创五年来新高，征收个人所得税86.95亿元，高收入者税收监管有效加强。加强征管方法创新，以契税征管为龙头，推进房地产税收一体化管理，强化重点税源税收征管状况监控分析和纳税评估，全年契税入库76.32亿元，同比增长46.68%。首次引入税务中介机构参与土地增值税清算工作，清算成效明显。加强征管科技创新，利用移动通信、物联网技术成功研发网络开票机，以此为基础启动重庆市范围最大、影响最深的地方税收发票综合改革工作，实现以票控税向信息管税的深刻转变。2011年，全市地税系统人均税费征收额达到2200万元，税费征收成本下降至1.26%，居于全国领先水平。

(六)创新税收服务举措，深受纳税人好评

全面加强税收宣传工作。围绕个人住房房产税、个人所得税法修改、社会保险法颁布实施等热点难点问题，通过12366热线和地税网站提供咨询上百万次，印发宣传资料80万份，有效促进了税费征管和税收优惠政策的落实。建立健全纳税服务工作机制，开展办税服务厅星级评定，推进办税服务场所规范化建设，通过整合窗口设置，优化业务流程，不断提升办税服务质量和效率。深化纳税人之家和纳税人网络学校建设，在维护纳税人权益、加强政策培训辅导、促进交流互动方面发挥了重要作用。加强网站建设，开通地税手机网站，搭建征纳沟通新平台，市地税局网站连续两年被评为"中国政府网站领先奖"。在长寿区试点建设全市第一个24小时自助办税厅，为各区县地税局开发建设51套自助办税系统，实现了自助申报、自助缴纳、自助打印完税证明。试点电子征管档案管理，减少纸质资料报送，减轻纳税人负担。结合"人民好公仆"教育实践活动，深入开展明察暗访，及时解决办税服务领域存在的问题，工作作风持续改进。全市地税系统40个区县局在当地的政风行风评议中名列前茅，12个区县局获得当地行评第一名。

(七)加强干部队伍建设，文明创建再结硕果

以思想政治建设、党风廉政建设为重点，大力加强和改进系统作风建设，对照锦涛总书记"七一"重要讲话中指出的"四个危险"深入查找作风问题，切实加以整改，确保全市地税系统干部职工在繁重的工作任务面前顾全大局、步调一致。以激发活力、创新管理为重点，建立健全征期领导值班等工作制度，促进了作风转变。以提升干部业务技能为核心，大力推进干部教育培训方式创新，在全国地税系统和市级部门率先建成干部网络教育学院，大力推行远程教育，干部业务技能显著提升。以激发内动力为目的，大力推进干部考核机制创新，把创先争优活动与单位和干部的年度考核有机结合，定期开展"一讲二评三公示"，基层党建工作走在全市前列。深化精神文明创建，2011年，市地税局荣获全国"五五"普法先进集体，连续第3次被命名为全国文明单位，机关党委被评为"重庆市先进基层党组织"、"市直机关党建工作标兵单位"，

全市地税系统获得全国模范职工之家、全国青年文明号等国家级荣誉 41 项,获得文明单位标兵、巾帼文明岗等市级荣誉 248 项。

二、发展中存在的问题

一是不规范执法行为仍然存在，依法行政的意识和能力有待增强，防范和降低执法风险的任务还比较艰巨。

二是税收调控作用有待进一步发挥，服务发展的能力有待提升。

三是税收征管仍然存在薄弱环节，纳税评估和税源监控水平有待进一步提高，税收征管模式需要不断完善。

四是业务骨干和高层次人才较为缺乏,一些干部的工作作风有待进一步改进。

三、2012 年发展目标

根据市三届人大五次会议和全市经济工作会议确定的全市 GDP 和财政收入的预期目标，2012 年全市地税工作的主要目标是：税费总收入确保增长 20%以上,其中,税收收入确保突破 1000 亿元。围绕上述目标,2012 年工作重点突出“五个加强”:一是加强税收征管保增长;二是加强税收减负促发展；三是加强征纳沟通增和谐;四是加强依法行政优环境;五是加强队伍建设求突破。

重庆交通

重庆市交通委员会 席长城

一、2011 年发展回顾

2011 年,面对着银行信贷紧缩、建设成本攀高、土地批复困难等不利因素影响,在市委、市政府的坚强领导下，全市交通系统广大干部职工科学应对、开拓进取,圆满完成了全年各项建设目标任务,顺利实现了“十二五”良好开局,有力支撑了全市缩差共富战略实施。

(一)“十二五”交通发展规划编制完成并有序实施,340 亿元的年度投资计划超额完成

科学完善交通规划体系,编制《公路水路交通运输“十二五”发展规划》并获得市政府单独批复,“十二五”高速公路建设、国省道改造、水运发展、交通信息化、主城区公共交通发展等 10 余个专项规划编制完成。全力争取“十二五”支持政策落地生效，加强与交通运输部的汇报衔接,地方高速公路建设、国省道规模调整、枢纽港建设等一大批事关重庆长远发展的重大项目被纳入支持范围，交通运输部补助额度大幅增加,全年补助资金超过 80 亿元,为“十一五”年均补助的 2 倍以上;同时,争取市级财政资金 45 亿元支持,保障了交通投资和建设的顺利推进。全年实际完成交通固定资产投资 380 亿元,同比增长 5.3%，为年计划 340 亿元的 111.7%,实现了投资规模不减、发展速度不缓。其中,公路运输业完成 343 亿元,为年计划的 110.6%;水上运输业完成 37 亿元,为年计划的 123.1%。

(二)建设资金和土地供应保障有力,高速公路在建规模超过 1000 公里

成功推进高速集团政府性投融资平台退出工作，以资金存款优势等综合举措加强与银行合作。创新多元化融资思路,继续采取 BOT+EPC 模式,加大招商引资力度,铜梁至合川、南川至道真等项目成功引进中交建集团等大型央企参与,吸引资金 150 亿元。强化用地保障,继续实施区县“大包干”征地拆迁政策,争取市政府先期安排专用指标，保证了高速公路项目建设顺利推进。铜梁至永川、梁平至忠县等 7 个项目 350 公里顺利实现开工,成渝复线、主城至涪陵、南川至涪陵、涪陵至丰都、丰都至石柱、万盛至

南川等15个在建项目736公里进展平稳，全市高速公路在建项目总里程达到1086公里,为到2015年再建成1000公里高速公路奠定了坚实基础。按照市委要求,精心实施高速公路公益广告工程,在服务区、收费站广场等区域安装公益广告1800余块,做到了全路网实施、全范围覆盖，高速公路已成为宣传市委、市政府重大决策、展示重庆形象的主阵地。

(三)路网整体通行服务能力上档升级,全国干线公路大检查排名大幅跃升

加快地方干线公路建设，城万快速通道等重点项目进展有序,国省道升级改造和大中修投入大幅增加，完成国省道提档升级项目11个233公里、路面大中修项目60个1317公里。集全行业之力迎接全国干线公路大检查,开展标志标线、道班房等附属设施规范化建设,深化路域环境综合整治,全市干线公路路况和整体形象全面提升,“国检”综合得分排名由五年前的全国第27位升至第12位、列西部第二,是全国进步最快的省市。认真开展收费公路清理整顿,除高速公路外,全市无任何公路收费,重庆成为全国取消普通公路收费最彻底的省市之一。

(四)服务统筹城乡发展成效明显,交通富农惠农力度继续加大

在完成农村公路“双百”目标基础上,争取市政府沿用“十一五”模式,再贷款50亿元用于“十二五”农村公路建设。提高农村公路建设补助标准,扎实推进市级示范工程建设,全年共新建改建农村公路8643公里,其中行政村通畅工程6543公里、乡镇联网公路2100公里,解决了437个行政村通畅问题,全市行政村通畅率达到65%。大力发展农村客运,新改建乡镇客运站90个、招呼站1035个,新增梁平、綦江等6个城乡客运一体化试点区县，新解决5个乡镇和800个行政村不通客车问题，全市乡镇和行政村客车通达率分别达到100%、82%,农村群众出行难问题逐步解决,有力助推了“两翼”农户万元增收和城乡差距缩小。

(五)长江上游航运中心建设强势推进,水运迈上“双亿吨”新台阶

牢牢抓住国务院出台《关于进一步加快长江等内河水运发展的意见》(国发〔2011〕2号)的有利机遇,争取各方支持。市政府调整充实水运发展协调领导小组，召开协调领导小组第二次会议和全市水运发展动员大会,下发《关于进一步加快重庆水运发展的意见》,出台了“市级财政保障的水运发展资金从每年2亿元提高到5亿元”、“通过航交所平台完成的航运业务收入实行免征营业税”等8条分量重、措施实的支持政策。嘉陵江草街航电枢纽主体工程如期完工、渠化航道180公里，乌江白马至河口航道整治工程开工建设;寸滩三期主体工程完工,万州新田等重点港口建设积极推进，主城果园港二期及扩建工程取得阶段性成果。全年新增港口货物和集装箱通过能力1400万吨、40万标箱,分别达到1.4亿吨、240万标箱。做实做强重庆航运交易所,船舶、货运、航运、人才交流等信息平台建成投用,已吸引20余家航运、金融等机构进驻交易大厅,300多家企业注册交易，完成交易额17.2亿元，以航交所为载体的水运服务体系正逐步形成。水运指标继续快速增长,水上货运量、港口吞吐量分别达到1.16亿吨、1.14亿吨,双双突破亿吨大关,水运辐射力和影响力明显增强。

(六)交通配套服务设施不断完善,交通公共服务能力持续增强

完成“安保工程”1830公里，改造危桥126座、渡口150个,渡改桥23座,411艘短途客船改造启动实施，新安装GPS终端车辆1.5万辆、船舶486艘，道路运输营运车辆安全管理系统基本建成,交通运行安全性和可靠性稳步提高。加快建设站场基础设施,茶园、鱼洞、西永3个综合换乘枢纽实现开工,四公里、两路换乘枢纽建设顺利,外河坪、重棉等5个公交站场建成投用，市民换乘更加高效。完善出行服务基础设施,出租汽车失物招领中心建成投用,长途客车联网售票系统在主城区一级汽车站先期运行,

市民出行更加便捷。同时,继续深入实施“通道绿化工程”,新增绿化道路6400公里、绿化面积4万亩,路域行车环境显著改善。

二、发展中存在的问题

一是路网不完善,等级公路比重较低,“圈翼”发展不均衡、互联共通性不强,农村公路通畅水平低;二是高速公路重点项目大多位于地形复杂的山区,技术要求高、工程成本大、经营效益差,工程施工和资金筹集的难度大;三是航道通行能力不高,专业化、规模化港口不足等问题仍较突出。

三、2012年发展目标

2012年,是重庆交通实施“十二五”规划承上启下的关键之年,按照“适度超前”原则,全市计划完成公路水路交通固定资产投资400亿元,圆满完成“畅通重庆”建设阶段性任务。一是建成奉节至巫溪高速公路和城口至万源快速通道,全面实现“4小时重庆、8小时周边”,并加快新的1000公里高速公路建设。二是实施普通国省道升级改造200公里,大中修工程1000公里,进一步改善国省干线通行状况。三是建设农村公路8000公里,新解决800个行政村通油路或水泥路的问题,使行政村通畅率达到75%、通客车率达到85%。四是提速长江上游航运中心建设,完成嘉陵江草街至河口段航道整治三期工程,使全市具备四级及以上通航条件的航道里程达到1400公里以上;初步建成主城果园二期等现代化港口,港口货物和集装箱吞吐能力分别达到1.45亿吨、300万标箱。五是夯实行业安全基层基础,实施“安保工程”1000公里,改造渡口150个、改造危桥50座、渡改桥15座,新建高速公路省际执法服务站6个。六是推进公交站场建设,建成4个综合换乘枢纽、15个公交站场和6个公租房首末站,确保公交进场率达到60%以上。

市政管理

重庆市市政管理委员会 谭在全

一、2011年市政管理工作回顾

2011年是近年来市容环境综合整治投入最多、力度最强、效果最好的一年。全市上下全面发力、奋勇争先,各部门通力协作、合力攻坚,市容市貌靓丽“蝶变”,社会各界广泛称赞,“三个提前”(市民提前受益、企业提前增值、外资提前进入)效应彰显。

一是市政设施整治规模空前。全市改造城市道路1850万平方米(车行道1133万平方米、人行道717万平方米),城区主次干道黑化率达94%,道路平整度、舒适度大幅提升,设施容貌焕然一新。沙坪坝、渝北、九龙坡、南川、万州、长寿、綦江、潼南、垫江、秀山、开县、忠县、奉节等区县改造量较大。全市建成人行过街设施70座,检测结构设施221座,新增停车位7.2万个,全面完成主城区14个路段隔声屏建设任务。地下排水管网安全运行,有效防止了城市内涝灾害发生。

二是环境卫生管理精细高效。全面推行环卫作业精细化,城区道路机扫率达80%,环卫保洁水平明显提升。北碚、巴南、永川、南川、荣昌、璧山、梁平、石柱、巫溪、城口等区县环卫保洁水平较高。新改建公厕530座,南岸、巴南、合川、大足、武隆等区县公厕改造成效明显。万州、涪陵、丰都、云阳、奉节、巫山等库区沿江区县水域清漂始终保持“江清岸洁”。全市新改建压缩式垃圾中转站59座,城镇生活垃圾无害化处理率达81%。主城区餐厨垃圾单日收运处理量突破1100吨,处理量和处理技术全国第一,为让中央电视台、新华社进行了专题报道。主城区全面完成40个扬尘控制示范街道创建任务,为提前实现主城蓝天目标任务做出应有贡献。

三是广告店招整治全国领先。主城区店招牌整治达标门店10.1万个,达标率95%,拆除LED游走字幕广告7200块2.4万平方米,基本消除视觉污染,小区广告整治纵深推进。江北、北碚、渝北、北部新区等整治效果尤为明显。远郊区县户外广告整治取得积极进展,拆除数量达到97%,多数区县户外广告整治拆除任务已基本完成,店招牌规范整治完成71.5%。永川、大足、綦江、铜梁、酉阳、彭水等区县店招牌整治彰显地域特色,涪陵、江津、黔江、荣昌、忠县、丰都等区县店招牌整治注重与店面、立面整治同步推进。重庆已成为全国广告店招整治效果最好的城市之一。

四是城市夜景灯饰独具特色。消灭"无灯区"工作取得积极进展,新改建主次干道、背街小巷、"城中村"以及城乡结合部等区域的路灯2.8万余盏,沙坪坝、大渡口、渝北、江津、永川、潼南、万盛、双桥等区县消灭"无灯区"工作力度较大。主城区按"整体策划、统一设计、全面提档升级"的要求,新改建重点灯饰项目254个,对10座跨江大桥的灯饰进行全面改造提升,渝中、江北、南岸等区在"两江四岸"重要区域的灯饰建设成效明显,形成独具山城、江城特色的城市夜景。万州、黔江、璧山、开县、武隆、巫山、石柱等区县夜景灯饰各具特色。

五是城管执法改革成效明显。全市各区县市政行政执法队伍开展执法创新60余项,会同市公安局就市政执法中存在的尖锐矛盾和突出问题进行了深入调研并初步形成共识和解决方案。施工企业扬尘控制约谈机制得到了全面推广。渝中、合川、九龙坡、綦江等区县设立了城市管理服务站;江北、沙坪坝、九龙坡、潼南对占道经营的疏堵结合管理形式进行了有益探索;荣昌、云阳等区县开展执法队员换位体验活动。与上年相比,全市执法纠纷总量下降了35%,市民投诉总量下降了42%。

六是背街小巷整治大得民心。按照"相对集中、连线成片"原则,全面开展主城区背街小巷环境整治,形成了"市政主抓、街镇主推、社区主力、群众主动"的整治局面。全年共整治背街小巷630条,投入资金近30亿元,200万市民直接受益。主城各区整治力度空前,北部新区万年路、渝北临港、江北嘉陵三村、渝中华一坡和嘉陵三村、南岸古楼、大渡口新一等社区整治特色明显,起到引领示范作用。综合整治后的背街小巷"路平、街净、灯亮、水畅",居民房产大幅增值。远郊区县也积极跟进,整治范围不断扩大,深受广大市民称赞。

七是城市水务管理安全优质。供水水质监管能力建设进一步加强,输配水管网改造力度进一步加大,全市供水水质综合合格率达到98%以上。全市新改建排水管网1083公里,城镇污水处理率达到71%,涪陵、长寿、永川、潼南、巫溪、云阳、酉阳、秀山等区县排水管网建设改造推进有力。全年整治主城沿江排污口60个,污水处理厂污泥无害化处置和资源化利用工作推进顺利。

八是市政城乡统筹迈出新步。把市容环境综合整治工作由主城区向其他区县和中心镇延伸,九龙坡、北碚、荣昌、璧山、铜梁、大足等区县先行先试,加大对乡镇市政建设的投入,不断完善城乡生活垃圾收运和处理体系,加强市政基础设施建设,启动乡镇市政执法工作,推进市政基本公共服务城乡均等化工作有了良好起步。

九是管理机制创新长效惠民。市政系统创新考核机制动真碰硬,引导区县重心下沉、加大投入,为市容环境综合整治提供了坚强的组织保障和财力保障。数字城管建设积极推进,完成普查面积705平方公里,主城区实现数字城管全覆盖,有效提升了快速发现问题和处置问题的能力。坚持月度新闻发布会制度,开通"重庆市政手机报"和"12319在线论坛",开展"市政开放日"、"媒体市政行"以及"八进"等活动,强化了新闻媒体、市民群众和政府部门的良性互动。坚持“把百姓诉求当成领导批示办”的工作理念,全面畅通民意表达渠道,积极应对处置网络舆情,构建起市民反应、部门响应、系统回应的城市管理快速处理体系。

十是规费征收取得较大突破。全年共征收城市生活垃圾处置费2.82亿元，同比增长9.7%。城市污水处理费征收突破7亿元大关,同比增长13%。路桥通行费共收取18.3亿元,同比增长26.5%。“三费”征收全面超额完成年度任务。

二、市政管理中存在的问题

城市管理重心下沉的基层基础工作不够坚实,系统整体合力还有待进一步增强;城市管理的信息化、现代化水平仍然较低，及时发现问题、快速解决问题的能力还有待进一步提高;市政管理的监管手段缺失，存在市政环卫项目规划、建设和管理的脱节现象,以及社会产权单位随意开挖市政设施现象；市政基本公共服务的城乡一体化还任重道远，远郊区县特别是绝大多数乡镇的市容环境综合整治还不适应城乡统筹发展的需要。

三、2012年市政管理主要任务

2012年,全市将按照“领先中西部、比肩京津沪”的奋斗目标,坚持以民生为导向,把百姓诉求、领导要求当作市政系统的不懈追求,不断强化“精心、精细、精品”意识,切实做到巩固提高抓亮点、深化延伸见成效、精细维护上档次、创新管理出经验，推动市政管理工作再上新台阶。

一是连线成片打造精品示范区域。全年整治城市道路814万平方米，创建各类示范街区250条以上。主城区新改建灯饰项目160个,并逐步向“两江四岸”上下游延伸。巩固户外广告整治成果,店招店牌、小区广告和游走字幕广告整治全面完成。力争把10座跨江大桥、80条主要路段打造成为功能完善、路平街净、灯亮水畅、清爽美观,最能体现重庆城市管理水平的标杆路。

二是全面提升市容环卫管理水平。加强日常环卫作业,环卫保洁实行全天候、无缝隙、精细化管理,确保市容环境长期保持干净整洁。餐厨垃圾集中收运处理量每天达到1720吨以上,新改建公厕500座，全市城区旱厕改造全面完成。库区水域清漂确保“江清岸洁常态化、安全事故零发生”。切实提高环卫工人待遇,做到生活有保障、工作有尊严。

三是深入推进背街小巷环境整治。按照“完善基础设施,优化居住环境,保护历史风貌,提升城市形象”要求,推动背街小巷整治工作向其他区县和中心镇延伸。主城各区全面完成背街小巷整治任务，其他区县城区背街小巷整治完成50%以上，把背街小巷打造成代表重庆城市形象的“新名片”。

四是强力推进“法治市政”建设。按照市委“民主法治建设十五条”的要求,以专业技能大培训、规范执法大练兵、“十佳队员”大评选为抓手,建设权限合法、程序正当、言行规范、监管有力的文明执法队伍,充分发挥市政执法保平安、促和谐的重要作用，不断提升执法水平和队伍整体形象。

五是标本兼治解决市民投诉问题。继续强化“把市民投诉当领导批示办”的工作理念,妥善处理好市民投诉、领导交办、媒体曝光的热点难点问题,完善快速响应、快速分办、快速整改的投诉处理机制,让市民投诉更方便、多方监督更到位、部门互动更流畅,进一步提升市政部门的公共服务窗口形象。

六是统筹推进市政服务城乡均等。大力推进全市管网建设改造,全市完成排水管网改造建设817公里。以村镇容貌和环境卫生为重点,明确管理责任,规范户外广告,科学配置市政环卫设施,尽快建成“村收集、镇运输、区县处理”的生活垃圾治理体系,重点抓好一批环境整治示范乡镇,努力扩大市容环境综合整治覆盖面。

重庆水利

重庆市水利局 任春霞

一、2011 年发展回顾

2011 年，全市争取到位市级以上水利水电投资 71.9 亿元，同比增 8.6%。完成各类水利水电投资 152 亿元，同比增 60%。截至 2011 年底，全市已建成各类水库 2852 座，总库容 79.1 亿立方米。其中：大型水库 10 座(电力部门管理的发电水库占 9 座)，总库容 42.8 亿立方米；中型水库 73 座，总库容 19.1 亿立方米；小型水库 2769 座，总库容 19.2 亿立方米。全市水利工程年设计供水能力达到 43.2 亿立方米，全年水利工程供水量达到 25.9 亿立方米。新增有效灌面 19.6 千公顷，因建设占地等原因减少有效灌面 11.9 千公顷，有效灌溉面积累计达到 692.9 千公顷；旱涝保收面积占到 349.6 千公顷；全年有效实际灌溉面积 459.6 千公顷。新增节水灌溉面积 13.2 千公顷，累计达到 163.5 千公顷。

(一)贯彻中央一号文件

市委、市政府召开全市水利工作会议、中小水电开发专题会议，及时印发《关于进一步加快水利改革发展的决定》，明确了重庆水利发展方向、目标、任务、重点和措施。相关市级部门制定贯彻落实方案，市水利局编制完成全市水利发展“十二五”规划。各区县先后召开水利工作会议，37 个区县出台了加快水利改革发展的意见，全市形成了兴水治水的新热潮。

以贯彻中央一号文件为契机，大力争取中央支持。全年争取中央水利投资 58 亿元，同比增长 41.5%，比全国水利总投资增幅高出 23 个百分点。争取到提前安排 2012 年的中央资金 11 亿元，启动病险水库除险加固和中小河流治理项目建设。将重庆市列为全国水利改革试点的 4 个省市和农村水电增效扩容改造全面试点的 2 个省市之一，目前水利改革试点方案已获水利部和市政府批复，并联合印发实施。小农水重点县累计达 29 个，覆盖比例 76%，高出全国平均水平近 30 个百分点，居第一。将 18 个区县纳入全国“十二五”水电新农村电气化县。重点项目前期工作加快推进，4 座中型水库和 2 处引水工程的可研通过长江委审核，为水利建设全面提速奠定了基础。

(二)水利规划及前期工作

完成水利发展“十二五”规划编制，有序推进 13 条市管河流流域综合规划，积极跟踪西南五省重点水源工程近期建设规划以及中小河流治理、中小型病险水库除险加固、山洪灾害防治、易灾地区生态环境综合治理等专项规划的审批工作，加快构建以综合规划为基础、专业规划为重点，区域规划与流域规划相结合的水利规划体系。按照“论证一批、推进一批、储备一批、开工一批、见效一批”的要求，编制完成 2011 年水利建设项目前期工作指导性计划和完成投资指导性计划，以大中型水库、农村饮水安全、中小河流治理、城镇防洪、水土保持、小水电、信息化建设等项目为重点，建立完善前期工作和完成投资台账管理制度，继续实行责任到人、按月考核、双月通报，加快推进 8 大类、400 余个、匡算总投资 350 亿元项目前期工作，为争资立项奠定坚实基础。

(三)民生水利建设

重点水利工程建设。玉滩、蒋家沟等 8 座大中型水库下闸蓄水，新增库容近 3 亿立方米。孙家口、鱼栏咀等 6 座中型水库通过验收，龙岗等 4 座中型水库开工建设，32 座骨干水源工程建设全面完成年度任务。开工建设城市堤防 3 处、竣工验收 9 处，建成达标堤防 26 公里，68 个乡镇堤防完工。45 处中小河流治理项目开工建设并完工 25 处。

饮水安全工程建设。兴建城乡饮水安全工程2800处，解决了220万城乡居民的饮水安全问题,其中包括60万农村师生。加强水质监测，启动饮用水源地保护项目试点，确保人民群众喝上"放心水"、"安全水"。

农田水利基本建设。第一、二批20个小农水重点县基本完成建设任务，第三批9个重点县和"五小水利"项目全面开工建设。大中型灌区和高效节灌项目建设顺利推进，新增有效灌面25万亩、旱涝保收面积13万亩。小农水项目促进了农作物增产、农民增收。

水生态环境建设。在全国率先开展以饮用水水源保护为重点的水资源涵养保护与水生态修复工程建设。治理水土流失面积550平方公里,完成水系绿化和长江水利林17万亩。按照"大干大支持"和"谁积极,支持谁"原则,及时调整农村水电增效扩容改造方案，全市434座电站完成初步设计和机电设备采购，近300座电站开工建设。启动建设17个水电新农村电气化项目和10个小水电代燃料项目,有效解决了山区群众的用电问题,实现代燃料户2.05万户,保护各类林地25万亩。

病险水库除险加固。完成430余座重点小(2)型病险除险加固前期工作和4座水闸的安全鉴定与初步设计工作。整治验收了国家新一轮规划的44座重点小(1)型病险水库,比中央要求提前一年实现整治销号,恢复蓄水0.3亿立方米，恢复和改善灌面15.5万亩，保护了下游32.9万亩耕地、23.4万人民群众的生命财产安全。

(四)防汛抗旱

2011年我市总体洪旱形势是:"伏旱偏重，局部暴雨频繁,旱涝交替,旱重于涝"。其主要特点是:一是旱涝交替,洪旱并行。汛期发生旱情基本与2006年大旱相当的夏伏连旱,同时迎战嘉陵江近30年来最大洪水,加之东北部局部暴雨洪灾,防汛抗旱同时进行。二是过境洪水量级大。"9.20"嘉陵江洪水中,嘉陵江流域出口控制站北碚站最高水位达199.3m，相应流量36300m3/s,超保证水位0.3m,涨幅达到20.5m,为1981年以来的最大洪水。三是局部地区暴雨洪灾，总体损失相对较小。受局部强降雨影响(如石柱马武日雨量最大值达277.1mm),主汛期部分区县局部受灾严重，群众财产和水利工程损毁较多，因中小河流河水陡涨和山洪灾害导致人员死亡和失踪10余人;"9.20"嘉陵江过境洪水由于提前准备部署充分，转移受威胁群众18万余人,未造成人员伤亡。因洪灾死亡和失踪人数比2010年减少51人,全市直接经济总损失为38.9亿元,比2010年减少近20亿元,比多年均值减少近10亿元。

同时,2011年我市先后遭受冬干春旱和夏伏连旱，旱情总体严重。3月14日春旱达到高峰,3月25日农作物旱情解除;4月下旬开始出现严重夏伏连旱,9月5日达到高峰,10月8日农作物旱情解除,人畜饮水困难大部缓和,西南旱情严重地区部分城乡供水依然紧张。2011年全市旱情总体严重,略次于2006年大旱,但旱灾损失相对较轻。据统计,全年干旱累计农作物受旱面积408.5万亩,其中成灾324.5万亩,绝收26.7万亩;104.2万人、57.4万头大牲畜临时饮水困难;因旱粮食减产61.2万吨,其它经济作物损失5.7亿元，其它行业直接经济总损失19.9亿元,全市因旱灾造成直接经济总损失38.4亿元。9月5日伏旱高峰时，全市有32个区县318.42万亩农作物受旱,其中重旱94.4万亩、干枯26.5万亩;82.2万人、39.8万头大牲畜临时饮水困难。

(五)水利改革

投融资体制改革。整合市水投、水务集团，设立水务资产经营公司。充分利用市政府赋予市水投集团的土地储备、"只征不转"等优惠政策,发挥其融资平台功效,多渠道筹集水利建设资金46.9亿元。

水利工程管理体制和原水水价改革。把落实水管"两费"和水价核批、执行情况,同水利工程维修养护经费、大中型水库生态养鱼补助和新增水利投入挂钩。建立已成水利工程科学管理体制和良性运行机制,促进工程管理规范化、制度化和现代化。

二、2012年发展目标

2012年，全市力争完成各类水利水电投资200亿元。

——加快骨干水源工程建设，玉滩水库建成投用，金佛山水库加快建设，完成观景口水库前期工作，启动藻度水库前期工作，“泽渝”工程竣工5座、开工4座，力争启动铜梁提水工程建设。

——加快饮水安全工程建设，建成75处集镇供水工程，完成120万农村居民自来水改造，解决200万人的饮水安全问题，其中力争6月底前全面完成规划内1341万人的饮水安全任务。

——加快防洪保安工程建设，新开工8处城市堤防和50处中小河流治理项目，建成60处中小河流治理项目，完成550座小(2)型病险水库除险加固。上半年完成中央防汛抗旱物资重庆仓库建设，并投入使用。

——加快农田水利建设，全面推进29个小农水重点县和8个大型灌区建设，争取新增3~5个小型农田水利重点县，新开工2个中型灌区，新增有效灌面30万亩。

——加快水保工程建设，治理水土流失500平方公里，建成水系绿化和长江水利林15万亩，新增农村水电装机21万千瓦，改造装机40万千瓦。

——加快水利信息化建设，全面提升水资源管理、依法治水、防汛抗旱应急处置能力和水利信息化科技水平。完成30个区县山洪灾害防治非工程措施建设。

重庆外贸

重庆市外经贸委 刘渝川

一、2011年发展回顾

(一)开放型经济总体发展情况

2011年，重庆市贯彻落实科学发展观，积极应对国际市场外需减弱、美欧需求疲软、主权债务危机蔓延、市场竞争加剧、要素成本上升、贸易保护主义抬头等影响，加快转变外贸发展方式，提高利用外资水平，克艰攻难，奋力拼搏，大干快上，再创佳绩，开放型经济实现了新跨越，站在了新起点。全年进出口总值为292.2亿美元，同比增长135.1%。其中，出口198.4亿美元，同比增长164.9%；进口93.8亿美元，同比增长89.9%。全年新批外商直接投资新批项目326个，合同外资135.21亿美元，实际使用外资105.29亿美元；项目数、合同外资、实际使用外资同比分别增长40.52%、116.03%、65.98%。全年协议对外投资60.3亿美元，新核准境外企业（机构)57个，总投资共14.1亿美元，同比上升45%；实际投资4.2亿美元，同比上升5%。加上1.3亿美元内保外贷额，全市实际投资额为5.5亿美元。新签对外承包工程、劳务合作、设计咨询项目93个，合同额67494万美元，同比下降17.2%，营业额44517万美元，同比下降1.2%。新派往国外10032人，同比下降17%，目前在国外人数为23171人，同比下降9.6%。

成功举办第14届“渝洽会”。中国第十四届中国(重庆)国际投资暨国际全球采购会有106家世界500强企业、1072家跨国公司、5600名境外客商、5800余家企业、16万人次、47个省、区、市组团参会参展，项目签约金额达5881亿元。有437家采购商、4100多家供货商参加采购洽谈；获“中国十大政府主导型展会”、“中国会展之星”品牌展会奖。大会期间举办的“重庆市领导与日本企业恳谈会”、“2011(重庆)国际物流与国际贸易高峰论坛"等近10场论坛经贸研讨活动和20多场投资推介和对接洽谈活动。

举办市长国际经济顾问团会议。新增顾问10位,顾问总数达到33位。本届年会长安福特、拉法基、爱立信、五十铃等4家顾问公司均有新项目落户重庆,签约金额20亿美元。围绕"城市信息化与信息产业——全球化背景下云端智能城市发展"为主题展开讨论,提出促进信息化与工业化、城市化相融合举措。

推进"茧丝绸"民生工程。在"十百千万"优质蚕茧工程、蚕桑资源综合利用、桑蚕保险、良种补贴以及市场行情的有力推动下,蚕农户均蚕桑收入突破3500元。全年发种54万张,同比增长5.7%;产茧1.85万吨,同比增长5.9%;蚕茧综合均价27元/公斤,同比增长17.9%;蚕农蚕桑收入7.4亿元,同比增长39.6%,其中蚕农售茧收入5亿元,综合利用收入2.4亿元;蚕农户均蚕桑收入3627元,同比增长43.7%。

推进区域国际物流中心建设。开通水水中转库区直达上海五定班轮,国际物流量达到660万吨,国际集装箱35.2万标箱,重庆港水路货运量和港口货物吞吐量双双破亿,首次跻身内河亿吨大港,重庆机场国际货运增长300%,国际货邮总量和增幅全国第一,新增备案国际货运代理企业超过100家。重庆口岸外地货物中转量超过三分之一,过货贸易近100亿美元。举办"中亚区域经济合作暨国际物流能力建设论坛",成功加入中亚货代协会。引进香港世界葡萄酒中心项目落户保税港区;促成与日本近铁物流合资合作;上港集团(香港)公司顺利增资寸滩港。

建设国际电子商务示范城市。由市发展改革委、市外经贸委等9部门协同配合,申创国家电子商务示范城市,11月16日成为首批国家电子商务示范城市。举办"聚焦西部·渝台电子商务发展与合作论坛",组织"诚商网国际采购洽谈会"、"阿里巴巴国际采购洽谈会",签订贸易协议3700万美元,组织线上虚拟平台与线下实体活动对接活动。诚商网累计会员910家,阿里巴巴累计会员980家,网上成交额30.24亿美元,占进出口额的14.2%。举办国际电子商务知识与技能培训班10期,545家企业的685名外贸经理及业务人员参加培训。

推进国际发展援助合作。澳大利亚的荣昌县远觉镇奶牛小区沼气工程建设项目、日本利民工程彭水县朗溪乡中日友好卫生院建设项目等竣工,签约巫溪县中岗乡人畜饮水建设项目等项目。申报了巴南区双河口镇卫生院医疗设备援助等项目。国际援助覆盖涉及40个区县的60多个乡镇村饮水、村小危房改造、村级道路改危、医疗条件改善等领域,惠及10万以上贫困村民。中加农民工职业卫生与安全项目受益1959000人。举办"中法生态园区合作洽谈会暨第四届中欧投资贸易对接会",扩大低碳生态城市能源规划、绿色建筑技术以及可再生能源应用、人居建筑技术和理念等交流。

加强外经贸涉外公共服务。继续实施"人才强商"战略,安排44个培训项目合计88个培训班(次),安排资金230万元,举办开放型经济能力提升工程、外贸孵化器、企业国际电子商务应用技能、服务外包、"走出去"等培训课程,共有6000多人次参加了培训。完善行政服务大厅内部管理措施,加快电子行政审批监督系统建设,畅通绿色审批通道,现有37项外经贸行政和办事项目做到了办事流程公开、结果公开,共计办理41299件,办结率100%,差错率为零。

建设中国服务外包示范城市建设。服务贸易总额为61亿美元,同比增长74%;其中出口17亿美元,同比增长31%;进口44亿美元,同比增长110%;逆差27亿美元。直接离岸服务外包协议金额6.0亿美元,同比增长76%;执行金额4.2亿美元,同比增长320%。1—12月,累计引进技术合同331份,合同金额34.8亿美元,同比增长69.34%。信息技术外包(ITO)约占全部业务的40%,业务流程外包(BPO)约占40%,知识流程外包(KPO)约占20%。

(二)进出口贸易情况

1. 进出口贸易总体情况。2011年重庆市进出口跨越式发展。外贸进出口总值为292.2亿美元,同比增长135.1%。其中,出口198.4亿美元,同比增长164.9%;进口93.8亿美元,同比增长89.9%。重庆是全国外贸总额和出口总额唯一翻番的省市,外贸总值首次位列西部第二。外贸总额增和出口增幅分别连续6个月和5个月保持全国第一。进出口排位由全国第23位上到第17位。出口依存度由6.7%提升到12.8%,出口对GDP贡献率由23.4%提升到2011年的31.4%。

2.加快外贸发展方式转变。基本建成以集运集拼、区域配送为核心,覆盖一般贸易、国际中转、采购分销、"一日游"等多种业务类型辐射西部的保税物流聚集地。保税物流进出口30.4亿美元,增长7倍,占比10.4%;内陆"垂直整合"加工贸易初现成效,加工贸易进出口69.1亿美元,增长335.6%,增幅列全国第一,占比23.6%;一般贸易进出口192.6亿美元,增长83.6%,占比65.9%。

3.加快培育外贸经营主体。外资、民营成主力军,国有企业占比大幅回落。随着笔电产品的量产出口和我市保税物流功能、税收优惠政策吸引境内外企业及个人来渝发展外贸业务,带动我市产品出口,全年我市外资企业和民营企业外贸迅速增长,进出口分别达134.3亿和132.8亿美元,增长180.8%和143.6%,占全市外贸总额的46.0%和45.4%,占比提高7.6和1.7个百分点;国有企业进出口25.1亿美元,同比增长13.1%,占比8.6%,回落9.2个百分点。

4.出口商品结构进一步优化。实施笔电和传统产品"双驱动"战略,推进汽车零部件出口和科技兴贸创新两个国家级基地与10大市级出口基地和11个加工贸易产业转移示范园建设。笔电产品进出口85.7亿美元,增长超过8倍,其中出口电脑1574万台,同比增长超过10倍;传统产品进出口206.5亿美元,增长75.6%。其中摩托车出口居全国第一,汽车出口增幅跃居全国第二,通机出口首次跃上10亿美元台阶,风机出口实现零的突破。轻工和纺织产品分别出口12.8亿和8.9亿美元,增长191.3%和229.5%。高于整体增幅26.4和64.6个百分点。大宗资源性商品进口增长36.7%,铁矿砂、对二甲苯、大豆、棉花、橡胶、硫磺进口价格分别上涨28.7%、47.3%、21.5%、50%、29.8%和53.9%。

5.出口市场结构加快调整。采取境外办展、到新兴市场参展、支持传统产品优势企业建立境外营销服务网络等措施,加强国际市场开拓。六大洲进出口全面增长,其中对欧美发达市场保持快速增长,对欧盟和北美分别实现进出口62.5亿美元和44.3亿美元,同比分别增长162.2%和140.6%。新兴市场实现外贸总额89.1亿美元,同比增长196.2%,其中东盟市场实现45.9亿美元,超过美国和日韩成为我第二大贸易伙伴。

6.加快外贸区域布局调整。两江新区、两路寸滩保税港区、西永综合保税区和四个国家级开发区进出口164亿美元,同比增长256.1%,占外贸总额的56.1%,同比提升19.2个百分点。其中两江新区进出口71.3亿美元,增长77.8%;西永综合保税区进出口69.6亿美元,两路寸滩保税港区进出口11.8亿美元,增长518.4%;南岸、九龙坡、万州和长寿四个国家开发区合计进出口11.3亿美元,增长2倍。主城九区进出口218.8亿美元,占全市74.9%。六大区域性城市进出口35.7亿美元,占全市12.2%。其余23个区县实现进出口37.7亿美元,占全市12.9%。

2011年度出口三十强企业是:全球物流(重庆)有限公司、长安福特马自达汽车有限公司、重庆钢铁股份有限公司、重庆市蓬威石化有限责任公司、重庆对外经贸集团、重庆市中基进出口有限公司、重庆长安铃木汽车有限公司、重庆飞力达供应链管理有限公司、鸿富锦精密电子(重庆)有限公司、玖龙纸业(重庆)有限公司、重庆新涪食品有限公司、达丰(重庆)电脑有限公司、重庆红蜻蜓油脂有限责任公司、西部航空有限责任公司、重庆长安汽车股份有限公司、重庆美联国际物流有限公司、新普科技(重庆)有限公司、重庆四联技术进出口有限公司、重庆横河川仪有限公司、富骏精密电子(重庆)有限公司、中石化国际事业重庆有限公司、重庆剑涛铝业有限公司、重庆普润石化有限公司、重庆商社化工有限公司、重庆理文造纸有限公司、惠普(重庆)有限公司、重庆康明斯发动机有限公司、重庆新宁物流有限公司、浦项(重庆)汽车配件制造有限公司、正新橡胶(重庆)有限公司、重庆国际复合材料有限公司、重庆普乐菲进出口有限公司

(三)外商直接投资情况

1. 外商直接投资大幅增长。2011年重庆市外商直接投资新批项目326个,合同外资135.21亿美元,实际使用外资105.29亿美元;项目数、合同外资、实际使用外资同比分别增长40.52%、116.03%、65.98%。截至2010年12月底,全市历年累计批准外商投资企业5273家,合同外资金额391.19亿美元,实际使用外资295.96亿美元。累计203家500强企业入驻重庆。

2.区县(自治县)利用外资规模扩大。2011年主城九区实到外资55.91亿美元,占全市比重为53.10%。完成排序分别是江北区(11.58亿美元)、渝中区(10.07亿美元)、巴南区(5.73亿美元)、沙坪坝区(5.57亿美元)、渝北区(5.53亿美元)、南岸区(4.77亿美元)、北碚区(4.35亿美元)、大渡口区(4.35亿美元)、九龙坡区(3.96亿美元)。2011年六个中心城市实到外资8.26亿美元,占全市比重为7.84%。完成排序分别是永川区(2.30亿美元)、江津区(2.24亿美元)、合川区(1.53亿美元)、万州区(1.46亿美元)、涪陵区(0.62亿美元)、黔江区(0.11亿美元)。

3. 来渝投资国家地区数量增加。2011年有

表1 2011年外商投资分方式情况表　单位:万美元

投资方式	项目数	合同外资	实际利用外资
合资企业	95	377374.5138	240454.0231
合作企业	3	15441	5565
外资企业	225	870021.8221	698264.2516
外商投资股份制企业	1	4841	32330
合作开发	0	11679	3580
其它	2	72755	72755
总计	326	1352112.336	1052948.275

表2 2011年外商投资合同外资区县分布情况

地　区	合同外资	地　区	合同外资
北部新区	195471.6	潼南县	3100
渝中区	167742.5	武隆县	2609.1
长寿区	94147.313	大足县	2570.13
渝北区	93944	铜梁县	2404
江北区	92791	奉节县	1826
巴南区	54473.155	綦江县	1634.4
大渡口区	54239.915	荣昌县	1556
九龙坡区	51732.567	黔江土家族苗族自治县	1409.97
南岸区	42398.514	忠县	957
永川区	38779	秀山土家族苗族自治县	651.49
北碚区	32447.683	双桥区	607

（续）

地 区	合同外资	地 区	合同外资
沙坪坝区	26149	云阳县	431.85
合川区	24827.823	丰都县	410
江津区	15717.331	巫溪县	306
璧山县	15453.5	梁平县	263.5
万州区	13817	垫江县	200
开县	12179	彭水苗族土家族自治县	151.88
涪陵区	9625	万盛区	150
南川区	9404	酉阳土家族苗族自治县	93
石柱土家族自治县	3510	城口县	10

表3 2011年外商投资分国别/地区情况表

地 区	实到外资	地 区	实到外资
北部新区	164142.09	奉节县	1837.2768
江北区	115820.5479	潼南县	1600
渝中区	100697.3617	铜梁县	1522.14
巴南区	57324.9898	綦江县	1285.00444
沙坪坝区	55713.9944	黔江土家族苗族自治县	1053.97
渝北区	55263.3229	云阳县	673.85
南岸区	47665.07	双桥区	625.97
长寿区	45657.33	万盛区	623.0037
大渡口区	43532.6046	忠县	448.5081
北碚区	43453.0448	巫溪县	285.7123
九龙坡区	39558.13	城口县	150
永川区	22971.2481	巫山县	250
江津区	22360.33	丰都县	210
南川区	15739	梁平县	208.5
合川区	15313.8236	垫江县	200.053
万州区	14562.34	酉阳土家族苗族自治县	180.3251
开县	11978.9916	秀山土家族苗族自治县	156.49
璧山县	7243.328	石柱土家族自治县	150
涪陵区	6217.7205	武隆县	150
大足县	2380.47	彭水苗族土家族自治县	71.88
荣昌县	1873.923		

41个国家（地区）的外商来渝投资。合同外资金额列前三位的分别是香港、新加坡和美国。实际使用外资列前三位的国家（地区）分别是：香港、新加坡和开曼群岛，其到位资金总额占全市总额的80.29%。亚洲地区来渝设立企业221家，合同外资104.94亿美元，实际使用外资85.20亿美

元，合同外资、实际使用外资所占比重分别为77.61%、80.92%。主要发达经济体中，美国外商来渝设立企业9家，吸收合同外资57736万美元，实际使用外资30509万美元，合同外资、实际使用外资所占比重分别为4.27%、2.90%。日本外商来渝设立企业4家，合同外资5155万美元，实际使用外资6207万美元，合同外资、实际使用外资所占比重分别为0.38%、0.59%。欧洲国家外商来渝设立企业25家，合同外资73996万美元，实际使用外资38891万美元，合同外资、实际使用外资所占比重分别为5.54%、3.69%。

4. 利用外资产业结构加快调整。2011年重

表4 2011年外商投资分国别/地区情况表 单位：万美元

国别(地区)	实际投资	占比	国别(地区)	实际投资	占比
亚洲	852053	80.92%	意大利	16	0.00%
香港	619304	58.82%	卢森堡	13200	1.25%
印度尼西亚		0.00%	荷兰		0.00%
伊朗	16	0.00%	奥地利	1049	0.10%
伊拉克	15	0.00%	瑞士	473	0.04%
日本	6207	0.59%	瑞典	1342	0.13%
澳门	269	0.03%	阿塞拜疆		0.00%
马来西亚	350	0.03%	拉丁美洲	65673	6.24%
巴基斯坦	12	0.00%	巴哈马	3688	0.35%
菲律宾		0.00%	巴巴多斯	800	0.08%
沙特阿拉伯		0.00%	开曼群岛	31539	3.00%
新加坡	194567	18.48%	英属维尔京群岛	29646	2.82%
韩国	14062	1.34%	北美洲	33126	3.15%
叙利亚		0.00%	加拿大	885	0.08%
泰国		0.00%	美国	30509	2.90%
台湾省	17229	1.64%	百慕大	1732	0.16%
非洲	10406	0.99%	大洋洲	4151	0.39%
毛里求斯	9925	0.94%	澳大利亚	18	0.00%
塞舌尔	481	0.05%	萨摩亚	2417	0.23%
欧洲	38891	3.69%	西萨摩亚	1541	0.15%
比利时		0.00%	其它太平洋岛屿	175	0.02%
丹麦	2	0.00%	大洋洲其他		0.00%
英国	5919	0.56%	股权投资公司投资		0.00%
德意志联邦共和国	12685	1.20%	投资性公司投资	48646	4.62%
法国	4205	0.40%	总计	1052949	100.00%

庆市第一、二、三产业合同外资分别为169857万美元、511201万美元、823954万美元，所占比重分别为12.56%、37.81%、60.94%。实际使用外资第一、二、三产业分别为2938.19万美元、356204万美元、693806.5万美元，所占比重分别为0.28%、33.83%、65.89%。合同外资主要属于制造业、房地产业比重分别为34.78%、25.00%；实际使用外资主要来源于房地产业、制造业比重分别为29.13%、32.39%。

（四）国际经济技术合作情况

1.对外工程承包规模扩大。对外承包工程业务新签合同额6.7亿美元。完成营业额43738万

表 5 2011 年外商投资分行业情况表

行业名称	项目数	行业名称	项目数
第一产业	12	住宿和餐饮业	14
农、林、牧、渔业	12	金融业	3
第二产业	139	房地产业	13
采矿业	0	租赁和商务服务业	72
制造业	131	科学研究、技术服务和地质勘查业	4
电力、燃气及水的生产和供应业	5	水利、环境和公共设施管理业	4
建筑业	3	居民服务和其他服务业	8
第三产业	175	教育	1
交通运输、仓储和邮政业	7	文化、体育和娱乐业	1
信息传输、计算机服务和软件业	12	公共管理和社会组织	0
批发和零售业	36	总计	326

美元,同比上升 12%。新签合同额在 5000 万美元以上的项目 3 个，合同总额总计 4.4 亿美元，占新签合同总额的 66%。新签合同额在 1000 万美元以上的项目 9 个，合同总额总计 5.6 亿美元,占新签合同总额的 84%。新签合同额位居前十位的国家(地区)分别为:加纳、越南、乌干达、马来西亚、尼日利亚、土耳其、利比里亚、斯里兰卡、坦桑尼亚、巴西。

2.外派劳务服务加快发展。对外劳务合作派出劳务 10032。其中，承包工程项下派出劳务 1148 人,劳务合作项下派出 8884 人。12 月末在外各类劳务人员 23171 人。派出劳务人员分布的主要国家(地区)为:新加坡、安哥拉、日本、泰国、利比亚、阿联酋、蒙古、俄罗斯、马来西亚、越南等。外派各类劳务人员数量前十位的区县依次为:渝中区、江北区、铜梁县、江津区、荣昌县、潼南县、九龙坡区、永川区、沙坪坝区、綦江县。

3.企业境外投资取得新进展。对外协议投资新签项目 67 个,60.3 亿美元，完成了 50 亿美元协议投资目标;新核准境外企业(机构)57 个,总投资 14.1 亿美元,同比上升 45%;实际投资 4.2 亿美元,同比上升 5%。加上 1.3 亿美元内保外贷额,实际投资额为 5.5 亿美元。在新核准的境外企业(机构)中,新批境外企业 29 个,新增股本投资 60421 万美元;增资境外企业 11 个,增资金额 80686 万美元;变更境外企业 14 个;新批境外机构 3 个。总投资前十位的国家(地区)依次是:英属维尔京群岛、香港、巴西、柬埔寨、荷兰、新西兰、英国、加拿大、埃塞俄比亚、美国。

二、发展中存在的问题和矛盾

开放型经济的发展的基础尚不牢固，开放规模和质量还有待进一步提高；外资项目增长后劲不足,重大项目储备少;出口订单下降,出口产品还需优化升级;实际对外投资增长乏力;区县开放能力仍不平衡，渝东北地区和渝东南地区开放型经济发展水平相对滞后；国际化程度较低,科技创新能力不强,熟悉国际经贸规则惯例高端人才缺乏，开放型经济机制体制有待创新完善。

三、2012 年发展主要目标

紧紧围绕“314”总体部署建设，加快实施“1336”开放战略。整合资源,建立机制,高位求进,创新发展。力争创办“四外”企业主体 1 万家;力争实际外资 130 亿美元;进出口增长 50%,力争 500 亿美元;协议对外投资 60 亿美元,实际投资 10 亿美元;离岸外包 10 亿美元,新增就业人数 10 万人,建成内陆开放高地,建设国际化大都市，以优异成绩迎接党的十八大和市第四次党代会胜利召开。

重庆海关

重庆市海关 张媛媛

一、2011 年发展回顾

2011 年,在市委、市政府的关心支持下,在市级相关部门的帮助配合下,重庆市关认真贯彻落实中央领导对海关工作"把好国门、做好服务、防好风险、带好队伍"的总体要求,全力支持重庆内陆开放高地建设,各项工作继续保持了又好又快的发展势头。全年共受理进出口报关单 29.8 万份,同比增长 148.9%;监管进出口货物 667.8 万吨,同比增长 12.4%;实现海关税收净入库 78.4 亿元,同比增长 39.8%。各项业务指标总体达到海关总署考核标准,关区总体监管质效达到历史最佳水平。全年未发生一起不廉洁事情,政风行风建设满意率保持在 100%,队伍整体风正气顺、昂扬向上。

(一)服务重庆外贸发展有新作为

深化区域通关,实行分类通关,创新"预结关+转关"、关区"区港融合、区区联动"通关模式和"分批送货、集中申报"等监管方式,跨关区"数据直转、分段监管"便捷转关,投资开发 TCS2.0 集成通系统等措施,有效地帮助内陆地区企业解决了进出口通关效率低、成本高的问题,有力地促进了重庆外贸的发展。

(二)推进署市合作开启新篇章

自 2008 年 6 月起,三年来海关总署与重庆市政府签署署市合作备忘录中涉及海关工作的 22 个具体事项,在重庆海关的全力支持和主动推动下已全部落实完成。面对新的发展形势,我关又积极推动了新一轮署市合作,于 2011 年 9 月 18 日,海关总署与市政府签署了《共同推进重庆内陆开放高地建设合作备忘录》,重庆成为署市第二轮全面合作最先签约的省市。

(三)支持对外开放平台建设取得新成效

一直以来,对于进出口企业的各种海关需求,重庆海关都是竭尽全力的帮助协调。尤其是"两区"从申请到封关运行,时间最短,速度最快,而且仅一年内就形成了上百亿美元进出口。2011 年 12 月 14 日两路寸滩保税港区二期顺利通过正式验收,其口岸物流、保税物流、保税加工以及商品展示等各项功能正逐步得以发挥和完善。同时,海关还主动克服机构编制未获批、政策法规和工作条件不配套等困难,积极应对西永综合保税区"先有企业后有区"的实际,千方百计确保企业生产、通关、出口不受影响,进一步增强了惠普及其代工企业增加订单、加快投产的信心和决心。另外,主动到两江新区宣传保税港区的功能优势和海关税收政策,帮助招商引资,支持发展保税物流和保税加工。通过协调海关总署,积极帮助两江新区解决企业经营单位代码转换和外贸统计数据单列问题,并从 2011 年 11 月份开始对外发布两江新区贸易统计数据,大力支持了两江新区的发展。

(四)推动国际经贸大通道建设实现新突破

积极争取海关总署和上海、深圳、乌鲁木齐等海关的支持和帮助,先后促成开通了重庆至上海"五定"快班轮、渝深铁海联运、渝欧空中货运航线、渝新欧货运班列,帮助 TNT 公司顺利解决进出口货物串飞问题,推动重庆港成为继深圳、上海港之后,中欧安全贸易航线在内陆地区的首个试点口岸。全方位实现了重庆海关验放、沿海口岸海关放行、相关国家海关互认的通关模式,使重庆成为真正意义上的西部内陆口岸。

(五)促进贸易便利化采取新举措

随着"两区"建成,重庆进出口业务迅猛增长,但人力资源远远无法满足业务的需求。我关采取"5+2"、"白加黑"的加班模式,积极应对企业上量;采用"分送集报"、"担保放行"、"24 小时预约通关"等便利通关措施,确保企业通关顺利;开通"12360"海关统一服务热线,设立专门服务窗口及"关长接待日",不断提升服务质量,兑现服务承诺。

一年来，重庆市关工作得到了海关总署领导的高度评价和认可，于广洲署长给予了“很有特点、很有特色、很有思路、很有办法”的肯定；重庆市关作为5个直属海关之一在全国海关关长会议上进行了经验交流，是中西部唯一交流发言的海关。

二、2012年重庆海关工作展望

为认真贯彻落实全国海关关长会议精神，围绕重庆市政府提出的开放高地核心价值功能的五个方面，2012年，重庆关将坚持以科学发展观为指导，围绕“十二五”主题主线，全面贯彻海关总署的决策部署和全市“两会”精神，深入践行“四好”总体要求，统筹推进服务开放高地建设、业务建设、队伍建设、反腐倡廉建设、综合保障等各项工作，继续在促进内陆开放中推进重庆海关科学发展。

(一)统筹推进服务开放高地建设各项工作

以内陆开放为载体，成立推进内陆开放工作小组，全面落实新的署市合作协议；进一步发挥两个海关特殊监管区域的功能优势，支持以IT产业为重点的加工贸易梯度转移和转型升级；进一步支持重庆国际贸易大通道建设，加强与沿海沿边及国际海关间的合作，推动渝新欧国际货运班列常态化，“中比绿色列车通道项目”启动，以及渝昆缅越国际铁路集装箱试运行；进一步完善“预结关+转关”、“区港融合、区区联动”通关作业模式，深化跨关区特殊区域间货物便捷转关试点工作，进一步落实贸易便利化各项措施，改进监管和服务，帮助企业减负增效，鼓励企业走出去、引进来；进一步服务两江新区开发开放，支持国际电子商务、云计算、国际服务外包、国际会展等新兴产业。进一步发挥海关统计分析和进出口监测预警职能，及时为地方开放型经济发展和领导决策建言献策。年内，将重点围绕支持完成全年进出口目标任务开展工作。

(二)统筹推进业务建设各项工作

以提高监管质量效率作为立足之本，深化区域通关、分类通关、“三查合一”,无纸化通关等各项业务改革；整合各类资源，实施运输工具、舱单、监管场所、查验为支撑的“四位一体”物流监控体系，落实“由企及物”监管理念，强化风险管理和后续稽查；完善综合治税长效机制，依法文明征管，提高税收征管水平；深入开展反走私综合治理，推动建设诚信体系，维护正常的进出口贸易秩序，不断加强反走私能力建设，打击各类走私违法活动；加强进出境环节反恐、维稳、防颠覆、防渗透、“扫黄打非”等工作，切实完善行邮监管；加快推进化验中心、监控指挥中心建设。

(三)统筹推进队伍建设各项工作

以准军事化纪律部队建设为抓手，积极践行社会主义核心价值观，开展争做“好公民、好关员、好党员、好领导”活动和“做人、做事、做官”教育活动以及“就业、职业、事业”大讨论；认真总结和规范干部选任、培训、交流、考勤、考核和表彰奖励等工作，坚持德才兼备、以德为先的用人标准，群众认可的用人导向，奖勤罚懒、奖优罚劣的管理导向，“走出去”和“请进来”、岗位练兵和技能比武活动的成才导向；提前谋划，做好公务员考入工作和新关员教育培养及管理工作；深入开展创先争优、文明创建工作，抓好对照“四好”总体要求和在荣誉面前找差距活动，争创群众满意窗口、优质服务品牌和优秀服务标兵；广泛开展“五个一”活动，推进海关文化建设；加强基层基础建设，强化机关对基层的服务。

(四)统筹推进反腐倡廉建设各项工作

以守住不发生区域性和系统性风险为底线，将防范三大风险作为长期任务，深入开展反腐倡廉教育，严格执行《廉政准则》,完善配套制度，筑牢拒腐防变的思想防线；深化内控机制建设，完善以“三查”机制为主，管理审计和派驻巡察为辅的监督体系，落实好党风廉政建设工作例会等制度；有效整合监督资源，运用“制度+科技”手段，提高风险防控能力；继续抓好惩治和预防渎职侵权违法犯罪工作，落实“一案双查”,做好案件查办工作。

城乡规划

重庆市规划局 岳雷

一、2011 年发展回顾

2011 年，城乡规划工作以构建国家中心城市为主线，以总体规划修改为抓手，以规划改革创新为动力，全面提高城乡规划水平，优化提升城市环境品质，为"十二五"良好开局和全市科学发展提供了有力的规划支撑。

（一）高效率高水平完成总体规划修改及一系列规划编制和报批工作

2010 年 6 月底，市政府决定正式开展《重庆市城乡总体规划（2007-2020 年）》修改工作。2011 年 10 月 15 日，国务院以国函〔2011〕123 号文件正式批复我市总体规划，前后历时不到 16 个月，完成了常规四年左右的工作，成为《城乡规划法》实施以来第一个按法定程序开展并获国务院批准的总体规划修改，其时间效率和审批模式成为全国示范。新总规首次明确重庆作为国家中心城市的发展目标和城市职能，实现了国家中心城市定位的法定化。优化了"一主十副"、层级合理、相互拱卫的城市中心体系，并同步提升了城市支撑发展体系。新总规规划城市规模 1188 平方公里、1200 万人。

（二）精心组织完成二环时代大型聚居区规划

用一年半的时间，邀请国际国内 60 多个高水平规划设计机构，深化完成 21 个大型聚居区的规划方案征集工作，规划范围 400 平方公里，人口 500 万人。规划因地制宜确定各聚居区的功能定位和特色，统筹居住、产业、服务、交通基础设施等融合布局，科学构建城市新区发展空间。规划聚居区居住与产业分布相结合，确保 80%的人口"职住平衡"；以公共交通为导向，优化聚居区内轨道及干道系统布局；同步规划配套教育、医疗和市政公用设施。

（三）以滨水岸线为核心的大江大山和历史文化特色得以彰显

深化提升并形成 9 个方面的两江四岸总体发展策略规划。完成中央公园片区、礼嘉、九龙半岛、寸滩片区、唐家沱片区等重点地区城市设计，邀请国际规划大师担纲悦来生态城规划设计。完成巴南、大渡口、江北等 9 段滨江地区景观优化规划。完成滨江观景眺望与休闲活动场所规划，规划并实施 10 个重点滨江观景平台。做好依山就势景观规划，分类提出主城"四山"和城中山地利用规划策略。深入挖掘并积极做好城市历史文脉传承，编制完成《抗战遗址保护规划》等一系列专项规划。完成 3 个历史文化名镇规划。推动江北三洞桥等 12 个传统风貌区规划深化和实施。在 2011 年 10 月国家部委历史文化名城名镇名村保护工作检查中受到好评。举办重庆风格专家研讨会，倡导推进重庆地方传统建筑文化的发展和创新，探索推出一批优秀规划成果。

（四）着力做好重要地区重大项目的规划服务保障工作

完成两江新区总体规划及数十个专项规划，保障云计算基地、离岸数据处理中心、直升机制造基地等重大项目规划落地。优化西永综保区规划，做好两路寸滩保税港区规划调整。编制完成经开区、高新区总体规划。重点跟踪服务江北嘴、悦来、龙盛等重大功能区的规划实施。积极推动朝天门市场搬迁、白市驿机场搬迁、江北国际机场改扩建，以及团结村集装箱中心站规划工作。指导完成国际博览中心、爱心庄园等一批重大功能性项目规划实施，支持做好公安政法系统政权建设规划服务。主动协调服务主城一批供水工程、变电站项目以及 20 余座加油加气站等市政基础设施建设。启动充电站规划，开展污水处理厂加盖规划研究。高效做好规划管理服务，主城区核发用地规划许可面积6992公顷;核发工程规划许可总建筑面积7834万平方米。核发规划竣工确认书总建筑面积3265万平方米。

(五)突出公共交通引导城市空间合理拓展

深化主城区综合交通体系规划，优化主城次干道和支路的网络体系，提高城市道路的系统畅通水平。开展了14个组团交通专项规划，主动组织开展空港综合交通枢纽规划、上清寺地区综合交通规划、渝遂路与高九路连通规划、内环线扩宽规划、人和地区交通优化规划等一批交通改善规划。深化完善主城、组团、片区各层级交通规划成果。优化轨道线网调整规划，开展轨道线网中期和远景规划落地工作。指导完成渝中区步行、北部新区步行和自行车交通系统全国示范项目，获得建设部充分肯定。大力推进交通综合信息平台建设。

(六)推出一批公共民生规划系列成果

深化广场和公园项目规划和实施方案组织，精心指导北部新区两江幸福广场、渝中区国泰广场、南岸区茶园中心广场等一批重点广场方案深化及实施。高起点完成中央公园规划设计。积极做好公租房规划选址和方案设计，同步配套完善公共服务及市政基础设施。快速完成危旧房、城中村改造地块规划修改和安置房落地实施。形成气象台站空间管制规划、邮政设施规划、泄洪通道规划等系列与民生密切相关的专项规划。

(七)统筹城乡规划迈出新步伐

加强区域性中心城市总体规划编制工作，万州总体规划获市政府批复，涪陵总体规划通过市政府常务会审议，黔江总体规划正在深化方案，江津、合川、永川总体规划已开展前期工作。研究体制机制创新，帮助区县组织建立首席规划师制度，为29个远郊区县分别精心选配一名高水平规划专家担任首席规划师，加强对远郊区县重要规划以及重大项目的规划指导。新启动了10个区县的14个重要地区规划设计项目。指导做好大足石刻艺术馆、万州三峡科技馆等120余个重要公共项目建筑设计。创新开展区县“三个一”亮点工程，推动区县规划建设好一个居住小区、一个重要公共建筑、一个公园或广场，提升区县城风貌品质。以点带面选取30个重点特色镇加大规划指导。建成全市乡村规划建设基本信息数据库。指导完成522个农民新村规划。

(八)规划依法行政再上新台阶

市政府常务会审议通过并出台新的政府规章《重庆市城市规划管理技术规定》。制定《农村村民住宅建设规划管理办法》、《临时建设工程规划管理办法》等规范性文件。开展建设部课题山地城乡规划标准体系研究，并形成初步成果，成功申报规划测绘行业科技进步奖。深入推进规划批后监察管理和违法建设整治，严格落实“严控新增、消化存量”的要求，主城区拆除违法建筑204万平方米，创建无违法建筑居住示范小区、社区近2000万平方米。建设完成城市三维数字规划管理系统，实现建设项目三维仿真辅助审批管理的目标。扩大规划公示，完成规划展览馆更新任务，全年对150余个规划和建筑方案进行社会公示，积极引导规划公众参与。

(九)测绘地理信息事业持续快速发展

初步建成全市现代测绘基准体系。主城区1:2000比例尺数字化地图实现全覆盖。主城区及18个区县建成区高分辨率影像覆盖7050平方公里。建成主城区建筑物地理信息数据库系统，涵盖约550平方公里20余万栋建筑物综合信息。完成全市“一镇(乡)一图”工程。出台《重庆市地理信息公共服务管理办法》。编制出台全市测绘地理信息“十二五”专项规划。建成政务地理信息平台二期工程，并在22个政府部门实现共建共享。组织完成“数字永川”、“数字长寿”地理空间框架试点工程，并获得“全国数字城市示范区”称号。启动“数字黔江”工程。编制《三峡库区地图集》。成功推动酉阳、彭水等县纳入国家基础测绘补助项目。开展重庆市地理国情监测工程和天地图·重庆试点工程。在全国省级测绘地理信息行政主管部门贯彻落实科学发展观2011年度考评中，市规划局被评为优秀单位。

二、2012年城乡规划目标

2012年全市城乡规划工作的总体思路是：全面深化实施新修订的城乡总体规划，完善提升国家中心城市功能和环境品质，着力彰显大江大山开放人文的城市特色，深入推进规划改革创新和民主法制建设，以规划科学化服务全市经济社会科学发展，以优异成绩迎接党的十八大和市第四次党代会召开！重点抓好八项工作。

（一）抓好深化总体规划的重大专项规划

制定事关国家中心城市发展目标、内涵、特色的有关规划行动计划，筹划和预留重大事件用地，开展重大设施预先规划。在总体规划确定的人口规模和建设用地规模框架基础上，做好9个行政区分区规划和21个组团规划，细化开发单元人口总量和开发指标。做好绿地系统规划和绿地整合规划。深入研究城市次干道和支路道路网络系统优化专项规划。完善各类市政基础设施规划。优化完善文化、教育、医疗卫生等重大公共服务设施布局规划。

（二）优化控制性详细规划制度及体系

优化控制性详细规划管理制度，实施分类和分级管理。探索形成刚柔并济、灵活高效的控制性详细规划管理制度。协调控制性详细规划单元调整与整体规划的关系，建立小区域控制性详细规划调整平衡机制，同步完成规划成果优化体系。

（三）抓好重大项目规划实施工作

完善龙盛、礼嘉、水土等重点开发区域重点项目园区的规划。优化做好中央公园、蔡家中心广场等公园广场及周边地区的规划设计工作。做好公租房项目的规划服务。加快推进江北嘴、朝天门、重钢、钓鱼嘴、西永等重点片区项目规划。高水平组织超高层项目规划设计，加快构建规划城市眺望系统和视线通廊。深化“不塞车”交通规划研究。加快推进主城综合交通信息平台开发和试点运行。协调做好骨干水源、垃圾处理厂、公厕等基础设施项目规划选址。

（四）塑造大江大山城市特色风貌

抓好滨水岸线城市设计实施，配合做好两江交汇地区风貌建设试验段相关规划，配合各区开展滨江地区风貌和环境整治研究。做好两江四岸重大项目和滨江路景观设计。借鉴发达国家和地区经验，继续深入研究合理利用山城优势，突出做好山坡地的规划，彰显山地城市特色。形成一批能够体现山地城市风貌的山坡地居住和公共建设项目。推进12片传统风貌街区，以及4片传统川东民居风貌新区实施工作。做好16个国家历史文化名镇保护规划的管理。积极申报中国历史文化名村。继续推广重庆建筑风格，提升重庆整体城市风貌特色。

（五）加强区县规划指导

指导万州、涪陵科学实施新总体规划；帮助黔江优化总体规划方案，指导江津、合川、永川尽快启动城市总体规划的重大修改工作。稳步推进大足、綦江等区县城市总体规划修改。完成已启动的10个区县14个重要地区规划设计编制工作。推进完善区县首席规划师制度，提高区县规划设计水平和批后管理水平。帮助区县做好山水文章，出台滨水空间规划指导意见，推出一批优秀公共项目规划设计成果。重点选取一批特色镇、村加强规划和重大项目指导，以点带面提高全市小城镇和乡村规划水平。做好农民新村规划，积极探索乡村规划编制技术和方法。

（六）提升规划科学化水平

加大规划专家咨询论证、规划公开展示、重大规划和规划修改项目公示力度，促进规划公众参与，提高规划民主决策水平。大力做好《重庆市城市规划管理技术规定》宣讲培训，加强规划指导和监督管理。完善立法工作计划，深化山地城乡规划标准体系研究，丰富课题成果。继续开展违法建筑专项整治，积极推广无违社区、小区创建工作。清理违法建筑存量，提出分类处置办法。建立健全违法建筑巡查监管网络体系。加强远郊区县规划监察执法指导和监督。建立规划管理基础数据体系，做好各类数据收集、整理、分析工作。加大三维仿真规划管理系统在一般项目审批中的应用。推广完善规划监察执法信息系统。加强重大规划多维度深度解读，提高规划的社会理解度、认同度。

(七)推动测绘地理信息健康发展

大力推动现代测绘体系的应用，加速地理信息产业发展。推进全市1:5000比例尺地图测绘等重点工程。完成主城区地下空间普查及数据库建设。全面完成重庆市地理信息公共服务平台升级工作，完善"天地图?重庆"地理信息平台。完成"数字黔江"地理空间框架建设。推进地理国情监测工程。完成地理信息应急装备体系建设。继续推出一批精品地图产品。

食品药品监督管理

市食品药品监督管理局 王盈

一、食品药品安全监管

(一)食品药品安全百日综合整治行动

按照市里的统一部署，紧紧依靠各区县党委、政府，组织全系统干部职工对全市所有食品药品生产经营单位开展拉网式排查和突击检查，整治期间，近50,000家餐饮单位做出承诺，48,000余家餐饮单位执行食品添加剂备案、公示和"五专"管理制度；所有保健食品生产企业签订质量安全承诺，印制30000份《保健食品经营承诺书》，督促经营单位签订并张贴公示，通告全市保健食品经营企业严格执行索证索票制度并实施监督检查；所有相关药品生产企业100%执行加贴或加印警示标识制度。对23,000多家企业、近5万名从业人员开展了专题培训。累计立案查处案件1148起，责令企业停产957家，移送公安机关案件57起，有力地维护了全市人民饮食用药安全，得到了市委、市政府的好评和人民群众的认可。

(二)小餐饮食品安全整规试点

作为全国4个小餐饮食品安全整规试点城市之一，重点选定20个区县采取分类整规、分段推进、综合整治和产业扶持相结合的方式进行整顿规范。努力争取各方支持，为小餐饮经营户争取到食品行业税费优惠、市场摊位费减免、经营条件改善现金补助等政策，提高经营者参与整规的积极性。现全市4万多户小餐饮中已办证、转行经营或取缔的共有2.854万户，占66.46%。其中取得了餐饮服务许可证2.3万户，取得餐饮服务临时许可证2000户，转行经营940户，取缔2600户。另有约14400户小餐饮正在进行整改。我市的小餐饮整规工作经验被国家局向全国推广，2012年度全国餐饮服务食品安全工作会在我市召开并现场参观铜梁县小餐饮整治工作。

(三)药品安全专项整治行动

进一步落实药品安全属地监管责任，严厉打击非药品冒充药品、利用互联网销售假药和虚假违法药品广告等行为。全年，对全市12500多家零售药店、435家药品批发企业、6000多家基层医疗卫生机构和民营医疗机构，进行了拉网式全覆盖监督检查。查处涉嫌非药品冒充药品品种350个，以非药品冒充药品的经营企业2家，立案查处非药品冒充药品案件47件。对发布违法广告公告5期对29个品种的违法广告予以曝光，对7个产品采取暂停销售的强制措施。据监测显示，我市市级媒体虚假违法药品广告率已从2009年初的4.71%降至0.25%；主要媒体药品广告的严重违法率连续五个月保持了零记录。在全国各媒体发布严重违法广告次数及排名中，连续8个月保持在第30位左右。群众对安全用药满意度达到95%。国家六部委在检查验收中，对我市实行的目标考核、责任追究、评价试点等做法及取得的成效给予了高度评价。

(四)基本药物质量监管

全市32家基本药物生产企业和400多家经营企业全部纳入电子监管，实现了基本药物质量可追溯。对546个品规的基本药物工艺和处方进行核查。对我市在产的98个品种268个批次基本药物进行了全覆盖抽检，合格率达100%。全市未发生一起基本药物质量事故，为深化医改、完善基本药物制度提供了重要保障。

(五)保健食品监管

在保健食品法律法规尚不完善的情况下，大胆创新，开展生产经营条件审查。对通过保健食品生产经营条件审查的，发放通知书并予以公示；同时，主动沟通，解决在国务院保健食品监督管理条例实施前关于企业登记注册保健食品生产、销售等经营范围的问题，服务了企业正常生产经营。2011年，我局网站公示了8个批次共6091家通过审查的保健食品经营单位名单。

(六)专项整治

大力开展非法生产添加非食用物质和滥用食品添加剂、保健食品、化妆品、中药制剂及中药饮片、特殊药品等专项整治，着力解决人民群众反映强烈的突出问题，全年共查处案件2600余起，移送司法机关案件91起，维护了全市人民饮食用药安全。

(七)药品抽验

2011年我市药品监督抽验6120批次，除中药材及饮片外，不合格率为1.4%。完成基本药物检验288个品种2299批，不合格率为0.95%。

(八)食品抽验

2011年我市制定了《重庆市2011年餐饮服务食品安全监督抽检实施方案》，共计抽检20个品种，抽取3944件样品，其中合格样品3610件，不合格样品共计334件，总合格率为91.53%。

(九)保健食品、化妆品抽验

2011年保健食品日常监督抽验619批，化妆品日常监督抽验384批，保健食品化妆品专项监督抽验200余批。我市生产经营的减肥、改善睡眠以及缓解体力疲劳等6大类功能的保健食品和护肤类、祛斑类等15类国产进口化妆品开展保健食品风险检测批次330批，化妆品检测批次150批。

二、食品药品监管能力建设

(一)基础设施设备建设

全年共争取财政支持2.87亿元，比上年增长33%。餐饮食品、保健食品、化妆品抽验经费列入市财政常年预算。投入4550万元装备餐饮食品快检设备564套、不良反应监测用车47辆、执法车20台及餐饮、保化检验检测设备。经市政府批准，公开招标的125万元统一装备了全系统执法人员执法服装。市食品药品监管综合大楼建设项目顺利启动。

(二)干部队伍建设

全年调整充实25个基层单位领导班子，交流提拔领导干部26名，建立起150余人的后备干部队伍。公招遴选一线监管干部139名。新招录人员中，食品药品、法律等相关专业人员超过95%，全日制本科及以上学历占99.8%。集中开展了井冈山、国家局高级研修院新提拔领导干部培训班、领导干部赴德培训班，举办餐饮食品、保化品、GMP等6期专题培训，全年共1000余人次接受了各类培训。

(三)技术监督能力提升

新组建永川、黔江2个片区药检所，万州、涪陵药检所迁建工程有序推进，片区药检所建设纳入重庆市“十二五”规划项目，已落实首期建设资金768万元。市药检所正式更名为市食品药品检验所，增加食品、保健食品和化妆品检验职能。截至年底，市食品药品检验所已完成食品168项、保健食品118项、化妆品54项的国家实验室认可复评审和扩项评审。与重庆大学、重庆邮电大学联合筹建了市医疗器械质量与安全控制研究中心，与市科学技术研究院开展了建设区域性医疗器械检测中心的合作。

三、食品药品产业发展

(一)助推举措出台

围绕当好"助推手",开展了以"科学监管、助推发展"为主题的7个课题调研,形成了《科学监管促进产业发展的思路和措施》、《关于助推重庆药品交易所健康发展的意见》等,进一步明确了推动产业发展的指导思想、总体思路、目标任务和具体举措。

(二)服务环境优化

把38项行政许可项目优化整合为23.5项,执法项目统一确定为181项,并全部对外公开。对服务窗口实行全程监控,对许可时限等实施网络监管和亮红灯制度,让市民轻松享受便民服务。开通"民情民意"网上投诉专栏和公开投诉电话,设立受理中心,实行一门受理。制定出台《行政处罚裁量权实施基准》,规范基层单位执法行为。群众对基层执法单位的投诉率下降53%,工作满意度达98.5%。

(三)药交所发展提速

为重庆药交所开通药品经营行政许可绿色通道,搭建药品购销无缝链接的电子挂牌交易平台,确保了药交所平稳运行。积极引导企业进场交易,目前已有400余家本市药品生产、经营企业成为药交所的会员单位。截至年底,重庆药交所注册会员近5500家,成交40万笔交易,成交金额达50亿元,医院药品采购价格降幅达28%。

(四)产业升级转型

认真落实市政府出台的餐饮食品安全"连坐制"的有关规定,协助餐饮企业加强农副产品供应基地建设,打造农餐对接产业链。跟踪服务解决华兰生物批准文号转移问题,人血白蛋白的正式投产,将有效缓解我市血液制品市场供需矛盾,并带来新的经济增长点。帮助三帆制药、西部制药、华鼎制药等完成资产重组,推动产业上档升级。支持海扶、金山等企业新产品的研发与申报,确保了我市医疗器械研发在超声聚焦、微电子技术等领域的领先地位。2011年全市医药工业生产总值达250亿元,比上年增长23%。

重庆审计

重庆市审计局 冉晓艳

2011年,重庆市及各区县(自治县)共有国家审计机关41个,审计人员1241名。全市审计机关共审计(审计调查)单位2736个,促进财政增收节支173亿元,移送案件线索80件,涉及金额7.6亿元。提交审计报告和信息2964篇,被审计署和各级党委、政府批示采用1560篇,提出审计建议6500多条,向社会公告了2010年度市级预算执行和其他财政收支审计工作报告,对口支援四川省崇州市灾后恢复重建跟踪审计等审计结果,推动建立健全规章制度300多项,较好地服务了全市经济社会发展大局。

一、财政预算执行审计

2011年,全市预算执行和其他财政收支审计工作,坚持以维护财经秩序、促进依法行政、改善经济调控、推进廉政建设、促进科学发展为宗旨,以推进落实"314"总体部署为目标,紧紧围绕市委、市政府工作中心,组织实施了市级预算执行、市级部门预算、区县财政决算、重点专项资金和政府投资项目审计。审计结果表明,全市各级各部门认真实施积极财政政策,圆满完成人大批准的预算;积极筹措财政资金,保障重大决策贯彻落实;优化财政支出结构,着力保障和改善民生;深化财政体制改革,初步形成公共财政框架。但仍存在一些问题。在审计市级预算管理情况方面发现的主要问题有:年初预算编制不够科学,基本支出预算标准偏低,部门普遍存在基本支出挤占项目支出问题;少数部门单位非税收入解缴不及时；部分专项资金安排拨付不够规范；少数企业少缴税款及不符合缓税条件的企业延期纳税等。在审计市级部门预算执行情况方面发现的主要问题有：部分单位挤占挪用项目资金；少数单位存在违规收费；少数单位未严格执行财务管理制度等。在审计区县(自治县)财政决算情况方面发现的主要问题有：部分区县应征未征、违规减免、应缴未缴及虚列财政资金；部分区县挤占挪用专项资金；少数区县部分学校、机关违规集资；个别区县违规出借财政资金、无预算拨款等。

市三届人大常委会第二十五次会议审议了《关于2011年度市级预算执行和其他财政收支审计工作报告》，对审计工作报告中涉及的问题提出整改要求，市政府对此高度重视，责成相关市级部门和区县(自治县)政府限期整改，及时上报整改情况，安排市审计局会同市监察局对审计报告反映的部分区县财政决算重点问题整改情况进行专项督查。相关市级部门和区县(自治县)政府认真进行了整改。市财政局多次进行专题研究，采取措施积极整改，对少数部门单位非税收入解缴不及时的问题，已督促全额解缴财政；对年初预算编制不够完善、基本支出预算标准偏低、部门普遍存在基本支出挤占项目支出的问题，结合部门实际和“四清四定”工作，采取优化分类分档、适当调整标准、完善单项定额等措施，在2012年部门预算编制中优化公用经费定额标准，调整部门支出结构。市地税局高度重视，认真研究提出具体整改意见，已督促企业缴纳全部税款并将加大缓税审批的监管力度，加强对税收代征委托单位的监督管理。相关部门采取措施，严格执行相关法规，加强预算执行管理，对挤占挪用项目资金用于基本经费支出或办公楼等建设，无预算、超预算、擅自调整项目支出的问题，通过归还原资金渠道等方式整改；对违规收费和未按规定上缴非税收入的问题，已按审计决定上缴财政；部门已规范票据使用行为；对未严格执行财务管理制度的问题，已制定或修订完善了财务管理办法，采取加强票据审核、完善报销手续、补充相关资料等措施进行整改。

2011年，根据审计署统一部署，市审计局组织40个区县审计局452名审计人员对全市区县政府性债务进行了审计，共计审计债务单位2697个，涉及8个债务年度，逐笔核实债务数十万条，全面摸清了区县政府性债务总体情况，为规范地方政府举债行为，防范和化解潜在风险，维护财政资金安全发挥了积极作用。

二、国有企业审计

2011年，全市审计机关坚持“摸家底、揭隐患、促发展”的国有企业审计思路，以服务国有企业发展为己任，将企业资产负债损益审计与经济责任审计、专项审计调查相结合，增强审计时效性，不断提高国有企业审计水平。重点关注国有企业资产、负债、损益的真实性，国有企业改制、重组的合规性，企业资本运作及投资行为的效益性、风险性，企业分配的公平性，以及国有企业负责人履职行为的规范性。重点查处重大违法违规、会计信息失真、资产质量差、重大决策失误等问题，促进国有资产保值增值和企业可持续发展。共对67户国有企业和3家金融机构进行了审计，查出账外经营及账外资产1.6亿元，虚报或隐瞒转移收入7.7亿元，损失浪费1.8亿元，促进企业加强经营管理，防范金融风险，维护资产安全，提高运行效益。

三、国家建设项目审计

2011年，全市审计机关认真贯彻执行《重庆市国家建设项目审计办法》，坚持重大项目必审制度，以提高项目资金使用效益为目标，以工程、财务、管理、效益、质量审计为内容，以工程造价审计为重点，加大对交通建设等重大投资项目的审计力度。全年对交通建设、城市基础设施、资源环境、灾后重建4大类投资项目进行了审计，审计单位1577个，涉及工程投资547亿元，审减投资42.5亿元，揭示虚增工程造价、多计项目成本、招投标执行不严格、损失浪费等问题。在常规性审计的基础上，加大建设管理、合同执行、质量安全审计力度，注重发现大要案件线索，分析揭示建设项目的共性问题，向司法、纪检监察机关移送处理事项17件，提出审计建议2800多条，建设性作用发挥明显。圆满完成灾后重建审计任务，实施的崇州市灾后恢复重建跟踪审计被审计署评为表彰项目。

四、资源环保审计和审计调查

2011年，全市审计机关按照《审计署关于加强资源环境审计工作的意见》要求，从政策、资金、项目、管理方面开展审计，严肃揭露和查处违反资源利用和环境保护政策的重大违法违规问题，揭示和反映涉及人民群众身体健康和环境安全的问题，保障资源环境安全，增强经济发展后劲，推动生态文明建设。组织了开展森林工程、工业污染治理、淘汰落后产能、矿产资源资金等专项审计和审计调查，查出损失浪费1.2亿元，提出审计建议270多条。在森林工程资金审计调查中，统筹全市审计力量，全面摸清了3年来森林工程资金的筹集、管理使用和建设任务完成情况，提出完善政策和加强管理的建议。在三峡库区重点工业污染治理资金、全市工业行业淘汰落后产能审计调查中，关注项目资金管理、实施进度及实施效果，揭示部分项目未按时完成、资金管理不规范等问题，相关单位积极采纳审计建议，全面整改审计问题，促进了环保措施的有效落实，推动了生态环境的改善。

五、民生资金审计和审计调查

2011年，全市审计机关坚持围绕中心、服务大局的方针，关注民生问题，组织开展公租房、廉租房、危旧房、养老保险基金、中职助学金、校舍安全工程资金等民生资金的审计和审计调查，查出违规改变资金用途4.8亿元，审计后挽回损失2.5亿元，提出审计建议800多条。在全市新建廉租房建设项目审计调查中，坚持“五审”并举，强化行业指导，揭示挤占挪用资金、项目进展滞后等问题。在主城危旧房改造项目审计中，重点关注危旧改计划完成、安置房税费返还、资金筹集管理使用、拆迁土地利用和拆迁成本，全面核实了3年来主城区危旧房改造工作情况。在养老保险基金审计调查中，创新审计组织模式，充分运用信息比对技术手段，揭示参保人重复参保、冒领养老金、企业选择性参保等问题。在全市中职助学金审计调查中，关注资金筹集、分配、拨付、管理情况，促进教育惠民政策落实，推动中职教育健康发展。

六、经济责任审计

2011年，全市审计机关按照“全面推进、突出重点、健全制度、规范管理、提高质量、深化发展”的思路，认真贯彻执行《党政主要领导和国有企业领导人员经济责任审计规定》，以揭示问题、规范管理、促进科学发展为审计目标，以科学发展观的贯彻情况、国家重大政策措施的执行情况、政府重大投资项目建设管理和政府债务负担以及农业、环保、社保、医疗、教育等民生问题为审计监督重点，控制审计数量，规范审计行为，努力提高经济责任审计成效。积极探索创新经济责任审计方法，加强制度化和规范化管理，大力开展计算机审计，把经济责任审计与财政决算审计、专项资金审计相结合，审计与审计调查相结合，关注领导干部政绩的真实性、任期负债的合理性、投资的风险性以及群众利益、资源环境保护等问题，客观公正地评价领导干部履行经济责任情况，为各级党政科学评价干部业绩，加强干部管理提供了重要参考。全年对415名党政领导干部、50名事业单位领导人员、38名国有企业领导人员经济责任履行情况进行了审计，查出违规金额44亿元，向司法、纪检监察机关移送处理31人，提出审计建议1100多条，促进领导干部贯彻落实科学发展观，切实履行经济责任。

七、内部审计

2011年末，全市各部门、各企事业单位（包括中央在渝单位）设内部审计机构1993个，其中专职机构603个;配备内部审计人员6748人,其中专职审计人员2238人。2011年,全市各级内部审计机构共完成审计项目3.26万个,查出损失浪费金额8323万元,增加效益6.9亿元,提出的建议和意见被采纳14684条,移送纪检监察机关和有关主管部门建议给予党纪政纪处分的9人。

检验检疫

重庆出入境检验检疫局 彭莺

2011年,重庆检验检疫局共检验检疫出入境货物53116批,货值53.93亿美元。其中,出境44373批,货值40.94亿美元,进境8743批,货值13亿美元,发现不合格出入境货物108批,货值3802.04万美元。检疫集装箱23.29万箱、飞机4639架次、进出境邮件163214件。查验出入境人员443911人次。实施健康检查15870人次,艾滋病监测14144人次,预防接种20100人次,发现病例7686例,其中法定监测传染病36例,截获禁止进境物400批次,在货物和集装箱及木质包装检疫查验中,截获入境有害生物92种类次、164种次。

一、签证管理

2011年,重庆检验检疫局全年共签发检验检疫证书证单72130份,其中证书6471份,证单65659份。签发普惠制产地证书10075份,签证金额84168.81万美元,区域优惠产地证4963份,签证金额38594万美元,一般产地证6685份,签证金额39961.14万美元。接受自理报检单位备案登记的外贸企业680家,通过报检员注册74人。目前,共受理4000余家外贸企业的自理报检单位备案登记,代理报检单位注册登记20家,报检员注册700人。2011年组织1次报检员资格统一考试,共1054名报检员报考,35人取得报检员资格证。

全面推广电子报检,电子报检率全面达到100%。

二、出境检验检疫及管理

重庆检验检疫局全年检验检疫动植物及其产品、食品、纺织品、轻工品、化矿产品、金属产品、机电产品等出境货物44373批,货值40.94亿美元。其中不合格产品44批,货值351.50万

表1 出入境检验检疫报检单位出口报检批次前十位

名次	单位名称	批次(批)	货值(美元)
1	重庆银翔摩托车(集团)有限公司	3287	293049654
2	力帆实业(集团)股份有限公司	2881	196919786
3	重庆隆鑫机车有限公司	2198	236064874
4	重庆金田鞋业有限公司	1662	46277200
5	重庆航天巴山摩托车制造有限公司	1565	241382415
6	重庆双庆产业集团有限公司	1476	71472915
7	重庆鑫源摩托车股份有限公司	1135	147447215
8	重庆宗申机车工业制造有限公司	1063	123928431
9	群康科技(重庆)有限公司	1026	164199667
10	新马制衣(重庆)有限公司	963	53506610

表2 出入境检验检疫报检单位出口报检货值前十位

名次	单位名称	批次(批)	货值(美元)
1	重庆银翔摩托车(集团)有限公司	3287	293049654
2	重庆力帆乘用车有限公司	460	280279763
3	重庆航天巴山摩托车制造有限公司	1565	241382415
4	重庆隆鑫机车有限公司	2198	236064874
5	力帆实业(集团)股份有限公司	2881	196919786
6	群康科技(重庆)有限公司	1026	164199667
7	重庆鑫源摩托车股份有限公司	1135	147447215
8	重庆建设·雅马哈摩托车有限公司	907	130643351
9	重庆宗申机车工业制造有限公司	1063	123928431
10	上汽菲亚特红岩动力总成有限公司	296	122845184

表3 出入境检验检疫报检单位进口报检批次前十位

名次	单位名称	批次(批)	货值(美元)
1	重庆三方报关有限公司	2006	148150064.8
2	重庆太平洋国际货物运输代理有限公司	1333	119079611.5
3	重庆外贸报关行	1080	114898683.5
4	民生国际货物运输代理有限公司	729	211000896.9
5	中国检验认证集团重庆有限公司	616	136597296
6	中国外运重庆有限公司	523	45378777.17
7	重庆安捷国际运输代理有限公司	511	72276232.01
8	重庆平尚进出口贸易有限公司	279	24325863
9	重庆通达报关服务有限公司	250	13297299
10	玖龙纸业(重庆)有限公司	241	77712857

表4 出入境检验检疫报检单位进口报检货值前十位

名次	单位名称	批次(批)	货值(美元)
1	民生国际货物运输代理有限公司	729	211000896.9
2	重庆三方报关有限公司	2006	148150064.8
3	中国检验认证集团重庆有限公司	616	136597296
4	重庆太平洋国际货物运输代理有限公司	1333	119079611.5
5	重庆外贸报关行	1080	114898683.5
6	玖龙纸业(重庆)有限公司	241	77712857
7	重庆安捷国际运输代理有限公司	511	72276232.01
8	重庆美联国际仓储运输(集团)有限公司	55	71156406
9	重庆长安汽车股份有限公司	33	64282848.4
10	中国外运重庆有限公司	523	45378777.17

美元，不合格原因主要为品质规格和包装不符合要求。检验检疫出境集装箱161312箱，检疫出境飞机2235架（次）。查验口岸出境人员229001人次。实施传染病监测，监测体检出境人员13540人次，艾滋病监测12168人次，发现艾滋病感染、乙肝病毒携带者等监测性病例6684例，预防接种20090人次。

机电轻工、化矿、服装产品等为重庆出口大宗商品。重庆检验检疫局2011年全年共检验出口机电成套产品及散件共28937批，货值301988.2万美元，主要出口国是阿根廷、缅甸、伊朗、俄罗斯、巴西、尼日利亚、巴基斯坦、美国等，产品一次检验合格率高，产品质量比较稳定，未发现重大质量问题，未出现国外退货情况。检验出口摩托车整车、发动机及散件21407批，货值219142.4万美元，主要出口国是阿根廷、缅甸、尼日利亚、巴西、墨西哥、秘鲁等，出口国多达100多个国家和地区。出口摩托车产品多以中小排量、中低档次为主，质量稳定。检验出口全地形车1018批，56896辆，货值5717万美元，主要出口国是阿根廷、墨西哥、土耳其、德国等。2011年重庆地区出口全地形车检验批次不合格率为0.39%，退运批次率为0.09%。其中一次检验不合格4批，411辆，货值63.02万美元；国外退运2批，114辆，货值12.34万美元，出口目的地为俄罗斯。不合格原因主要是Y型全地形车限速功能不符合要求，标贴不符合要求。出口退运主要原因是：车辆状态与合同附件要求不一致，企业出口报检时未提供合同附件；车辆状态与合同附件要求不一致，企业出口报检时未提供合同附件，且部分发动机漏油、运行噪声大。从总的检验情况来看，重庆地区出口全地形车产品一次检验合格率高，产品质量较稳定，没有出现系统性、区域性的质量问题。检验出口汽车及成套散件共835批，货值36564.5万美元，51607辆（套），产品类型主要为轿车。批次、货值和汽车辆（套）数分别较2010年增加36.9%、67.5%和67.3%。主要出口地区是独联体国家、中东、南美、非洲等，产品的质量比较稳定，未出现国外退货及索赔情况。

检验出口金属材料及其制品182批，重量1.26万吨，货值4072.26万美元，其中一次检验不合格12批，批次不合格率为6.59%，涉及商品重量710.4吨，货值143.2万美元，不合格原因主要有品质不合格和标识、规格不合格等。主要出口商品包括电解金属锰粉/片/锭、无缝不锈钢管、电线电缆、钢制无缝气瓶、低温液体储槽等。其中锰产品64批，7439吨，货值2724.6万美元。主要出口国为日本、美国、俄罗斯、蒙古、澳大利亚等41个国家和地区。

检验出口鞋类产品2461批，9350.30千双，货值8074.95万美元。与2010年相比批次、数量和货值分别增长了1.48%、10.52%和45.56%。对出口鞋类产品化学安全项目实行周期检测，实验室检测批次21批。未检出不合格。主要出口国为美国、中国香港、英国、印度等国家和地区。

检验各类出口服装1447批，815.08万件（套），货值7503.34万美元。重庆出口服装主要输往欧盟、美国、澳大利亚、亚洲和非洲。总体质量水平较好，一次性检验合格率达到99.72%，检出不合格产品4批，不合格原因主要是：服装面料的PH值过高，童装工艺设计缺陷，服装缝制质量不良和成衣尺寸未达到设计要求。在生产厂家对产品进行处理，再次检测合格后，准予出口。

检验出口轮胎1326批，4528063条，货值3705万美元。贸易国别涉及五大洲110个国家和地区。无一批次因质量原因导致的不合格和国外退货。主要出口产品为客货车子午线轮胎和摩托车轮胎等。其中，客货车子午线轮胎出口138批次，货值2010美元，摩托车轮胎出口1158批次，货值1689美元。全年根据SN/T1636.2-2005对辖区内轮胎产品送实验室进行安全性能周期检测8批，均检测合格。

检验出口玩具169批，2543.15万套，货值987.82万美元，批次、数量和货值分别较2010增长了40.8%、62.7%和77.4%。产品主要出口到欧盟、美国、大洋洲等国家和地区。未检出不合格。检验出口一次性使用卫生用品67批、1436.83吨、货值475.95万美元。产品包括婴儿尿裤、卫生巾和卫生纸。产品主要出口至加纳、阿联酋、毛里塔尼亚、俄罗斯、南非、冈比亚、尼日利亚、以色列等国家和地区。未检出不合格。检验出口丝类商品823批,411.02吨。其中生丝528批,321.27吨,平均等级3A32;双宫丝295批,89.75吨,平均等级为双特级07。全年办理换证凭单通关单37票,88.75吨,448.47万美元,主要输往印度、韩国。2011年重庆生丝平均等级3A32较去年3A44下降0.12个等级,主要检验项目中洁净项目、总差项目、二度变化项目定级比例上升。

检验出口日用陶瓷产品220批,1602.73吨,货值365.48万美元。与2010年相比,批次、重量和货值分别减少批55.67%、56.44%和53.25%,延续了近年来重庆日用陶瓷出口量持续下降的趋势。对出口日用陶瓷的铅、镉溶出量指标实行周期检测,分6批次共抽取了6种样品送实验室检测,检测结果全部合格。主要出口国为美国、意大利、法国、新加坡等。检验出口食品添加剂46批,761.18吨,货值236.5646万美元,主要为出口国家是印尼、菲律宾,巴基斯坦及印度,总体质量比较稳定,未出现国外退货、退运的情况。

实施出口埃塞俄比亚商品装运前检验117批次,货值906.68万美元。其中,一次检验不合格产品1批,占总批次、总货值的0.85%、0.14%。实施出口埃及的商品装运前检验324批,货值2375.57万美元。其中,一次检出不合格产品6批,占总批次、总货值的1.85%、1.32%。检验检疫援外物资11批,检验货值53.28万美元。受援国主要为坦桑尼亚、马拉维、安哥拉、缅甸、厄瓜多尔、老挝、利比里亚、乌干达、利比亚和柬埔寨等欠发达国家和地区。援外项目主要集中在基础设施建设、农业合作、文化教育、紧急援助等方面。援外物资主要为机电产品、轻工产品、化工制品和植物产品等多种产品,未检出不合格。

三、进境检验检疫及管理

重庆检验检疫局全年检验检疫动植物及产品、食品、纺织品、轻工品、矿产品、金属及制品、化工品、机电产品等进境货物8743批,货值13亿美元。其中不合格产品64批,货值3450.54万美元,不合格原因主要为品质规格、数重量不符合要求。检验检疫入境集装箱71513箱,检疫入境飞机2404架(次)。查验入境人员214910人次,实施监测体检2330人次,艾滋病监测1976人次,发现1002例病例。

加强进境旧机电商品检验监管,规范检验监管方式和流程,2011年重新修订和补充了涉及进口旧机电产品的作业指导书:《进口旧机电产品备案作业指导书》、《进口旧机电产品到货检验监管作业指导书》。2011年度,重庆口岸检验进口旧机电产品22批,7163台/套,货值342.43万美元。主要是机械设备、电器电子产品和仪器仪表。主要进口国家和地区是欧盟、中国台湾、日本。进口旧机电产品的质量状况总体上比较稳定,到货检验发现的主要问题是安全标识不全、缺少中文警告标志、缺少安全防护装置、部分带电部件裸露在外、工作电压规格不符合国家标准以及操纵台上的操作指示未使用中文、易产生歧义等。在进口旧机电产品后续监管过程中基本上没有发现涉及安全、卫生、环保、商业欺诈和以旧充新等违反我国进口旧机电产品检验监管相关规定的现象。

进境货物中机械及设备产品为检验检疫大宗商品。2011年,完成进口成套设备检验424批,检验货值33852.98万美元。进口成套设备涉及多个行业,主要有机械制造行业、电子信息行业、石油化工行业等,主要来自日本、欧盟、美国、中国台湾/香港等;不合格18批(批次不合格率4.25%),涉及不合格金额4570.72万美元(金额不合格率13.50%)。其中,对外索赔10批,索赔金额126.31万美元。完成进口医疗器械检验534批,检验货值10677.61万美元,主要为X射线应用设备(包括各类CT、ECT等)、MRI、直线加速器、超声波诊断仪、内窥镜等;主要来自美国、日本、德国等;主要制造商为GE、西门子和飞利浦等公司;检出不合格16批(批次不合格率3%),涉及不合格金额116.88万美元(金额不合格率1.1%)。其中,对外索赔9批,索赔金额

38.96万美元。进口成套设备和医疗设备质量情况总体稳定,不合格项目主要是品质缺陷、数重量短缺、损坏或残损、性能不符合要求,规格数量不符合同规定要求及存在电气安全隐患等。未发现进口医疗器械入境验证不合格、进口废旧医疗器械情况。

检验进口金属材料及其制品999批,7.84万吨,货值7842.8万美元,一次检验不合格3批,批次不合格率为0.30%,涉及商品重量13.97吨,货值14.9万美元,不合格原因为屈服强度偏低。主要包括各类钢板、不锈钢板、镀锡钢卷(板)、钢丝绳、轴承钢、铁管、模具钢、铝管、铝片等66种商品。其中进口量最多的为钢板,全面共进口724批,重量5.91万吨,货值5925万美元。主要进口国为韩国、日本、澳大利亚、德国等15个国家和地区。

检验检疫进境澳羊毛67批,1414.781吨(以洗净率计),货值2354.9万美元,为一等品,进境品质检验符合率100%。后续检疫监管进境羊毛71批、原毛重量2509吨,4176.2万美元。检验检疫进口棉花36批,49025包,1.10万吨,货值3658.84万美元。主要来自美国、澳大利亚、印度、乌兹别克斯坦等国家。进口棉花的品级、长度指标都有一定程度的提高,合格率分别达到98.59%和99.68%。

检验检疫进口木制品及木家具191批,货值555.7万美元。进口国主要为美国、加拿大、巴西等。进口木制品主要包括板材、人造板、木家具、木梁、绝缘螺杆、原木等,无检验不合格情况。

进口废物原料检疫。重庆地处我国内陆腹地,为进口废纸指定口岸,经检验检疫的进口废物原料仅为废纸一类。2011年,共检验检疫进口废纸462批,264253.49吨,货值7221.56万美元,主要来自美国、荷兰、意大利、西班牙等国家,其中检出不合格4批,批次不合格率为0.87%,原因为检疫不合格,无环保项目和数重量不合格情况发生。

在进境集装箱检验检疫中,对69810标箱进境集装箱实施了卫生除害处理,同比增长62.18%。检出携带疫情及有毒有害物质等不合格集装箱625标箱,较2010年提高161.51%,检出率1.79%。从来自美国、德国、意大利等国家的进境集装箱中截获有害生物有71种类、224种次。其中淡带皮蠹、钩角隐食甲、黄褐棍腿天牛、栎红天牛、材小蠹属、粪金龟、黑菌虫、铺道蚁、咖啡豆象、谷蚁形甲和赤材小蠹10个种类为重庆口岸首次截获记录。赤材小蠹为我国入境检疫性有害生物。

[口岸直通放行]2012年6月15日,重庆检验检疫局与沪、粤、深、桂、滇、新六个口岸检验检疫局签订《直通放行合作备忘录》,重庆口岸通关效率进一步提升,投资环境进一步优化。

邮政监管

重庆市邮政局　周寅垠

一、2011年发展回顾

2011年,重庆市邮政管理局认真落实科学发展观,努力宣传贯彻新《邮政法》,根据国家邮政局工作部署,结合重庆实际,认真履行普遍服务监督及保障职能;加强市场监管、规范经营秩序,提升行业服务水平;强化政府服务、提高工作效能,努力开创行业发展新局面。

全市邮政业业务总量达到25.91亿元,同比增长28.5%,邮政业业务收入达到24.73亿元,同比增长28.8%,规模以上快递企业业务量为4068.3万件,同比增长43.8%,快递企业业务收入达到7.68亿元,同比增长27.5%;未发生重特大邮政通信安全事故;机要通信失密丢失率为零,实现质量十九年全红;全市邮政普遍服务用户满意度达到88.3分。

(一)编制“十二五”规划

成立了邮政业“十二五”规划编制工作领导小组及办公室,并成立了编制项目组。形成草案上报后,得到了市委、市政府高度重视,明确将快递服务相关内容纳入市《国民经济和社会发展第十二个五年规划纲要》。9月,经市政府同意,市邮政管理局和市发展改革委联合印发了《重庆市国民经济和社会发展第十二个五年规划邮政业专项规划》,该《规划》是重庆市“十二五”规划的重要组成部分。目前,正着力抓好规划的宣传贯彻工作。

(二)配合开展省级以下邮政监管体制改革调研

按照国务院领导同志的批示精神,11月16日—18日,中央编办、财政部、交通运输部、国家邮政局等中央有关部门组成的深化省以下邮政监管体制改革联合调研组一行莅临重庆开展调研工作。在市委市政府的高度重视及相关部门的鼎力支持和配合下,调研组较好地完成了工作任务,重庆的筹备等工作得到了调研组及国家邮政局的肯定。

(三)补建空白乡镇局所

2011年,在市发展改革委和区县政府等有关部门的大力支持下,补建工作进展顺利。截至2011年年底,在建24个,已完成建设3个,且市发展改革委已于年底前将我市114个空白乡镇邮政局所补建项目的中央补助1824万元及市级补助1680万元,全部拨付给市邮政公司,有力保障了补建工作有序的开展。

(四)推进村邮户箱工作

一是继续推进村邮站建设工作。协助市财政局评审中心开展2010年建设村邮站的评审工作。积极助推了2011年村邮站建设纳入市宜居重庆建设计划的工作。落实了市财政局拨付的村邮站建设补贴资金,截至年底,市邮政管理局已将补助资金433.787万元全额拨付市邮政公司。积极与市发展改革委、财政局共同制定村邮站建设方案,并上报市政府,10月市政府办公厅以渝办发〔2011〕308号文件向各区县(自治县)政府转发《重庆市村邮站建设工程实施方案》。村邮站建设纳入了市委三届九次全会决定中。截至目前,已有万州、沙坪坝、荣昌等区县出台了村邮站建设文件。万州区政府将村邮站人员纳入公益性岗位。

二是深入开展信报箱建设工作。积极协调重庆公租房管理局,规范公租房信报箱设置。其中检查了“民心家园”公租房信报箱建设情况,对该小区安装的不符合标准的信报箱进行了通报,发出了撤除整改通知。在市建委的支持下,组织信报箱建设专项检查组对主城9区新建21处住宅项目开展实地检查工作,共计实施监督检查63人次。在21个住宅项目中,安装住宅信报箱的有15个,占项目总数的71.4%;住宅总户数为16827户,其中已安装住宅信报箱的住宅户数为13376户,信报箱安装率为79.49%。在住宅信报箱设置规格上,有10个住宅项目为国标,占安装住宅信报箱项目总数的66.67%;有9147个住宅信报箱为国标,占已安装住宅信报箱总数的68.38%。安装信报箱的15个项目,目前均已全部通邮。

(五)严格依法行政

全力推进地方性法规修改工作。把推动邮政地方立法作为贯彻实施《邮政法》的重要工作之一,加强与市政府法制办、市人大财经委、法制委、法工委等部门的联系,组织开展调研、考察和论证工作,充分发挥邮政企业和快递企业的积极性,广泛听取各方面意见,制订了《重庆市邮政条例》修改方案,年底,该方案已经列入市政府和市人大常委会2012年立法计划(审议项目)。

普遍服务综合检查。全年对永川、荣昌、璧山、黔江、酉阳、彭水等6个区县(自治县)邮政局开展了两次贯彻《邮政法》邮政普遍服务综合监督检查。对检查发现的问题,向市邮政公司发出检查情况通报及整改意见书,同时上报国家邮政局。12月,国家邮政局组成联合检查组,对我市两个区开展邮政普遍服务综合监督检查。全年市邮政管理局共检查了全市22个区县邮政局和88个邮政局(所),口头交换意见43次,提出53项整改意见。

快递服务综合检查。市邮政管理局行政执法队员从2011年2月至12月共计出动检查236天,检查快递企业302家,出检人数累计达944人次,发出《责令限期整改通知书》7份,《安全隐患整改通知书》17份,对违法经营的八家企业和个人作出了行政处罚,共计罚款人民币37000元整。有效地规范和稳定了重庆寄递市场的生产经营秩序。

社会监督工作。全年全市45名邮政普遍服务和特殊服务特邀社会监督员对30个区县,525个网点开展了监督检查,实施社会监督714人次,走访单位、个人用户828人次,递交监督报告461份,反映邮政服务问题52个,提出各类意见建议30条,发挥了社会监督的重要作用。

(六)加强安全监管

加强行业安全监管,落实邮政业突发事件应急预案。上半年发生了申通主城区、圆通万州、汇通石柱3起扣件案件,市邮政管理局及时启动了突发事件应急预案三级响应,会同邮路安全监管成员单位对3起案件进行了妥善处理,保障了寄递渠道的畅通和安全;依法对当事人做出了行政处罚,并协调相关部门,对突发事件进行了快速果断的处置,积极维护了行业稳定。

严防毒品通过寄递渠道流通。按照国家邮政局和重庆市禁毒委员会《关于印发2011年全市禁毒工作要点的通知》要求,市邮政管理局加大对利用邮政渠道进行贩毒的形势分析,积极完善工作机制,全力配合有关部门严厉打击利用邮政渠道进行贩毒的违法犯罪行为,要求各快递企业严防严控,将收寄验视工作放在首位。由于措施得力,今年尚未发生一起通过邮路寄递毒品的案件。

(七)开展"扫黄打非"

一是多次发文要求快递企业高度重视非法刊物的查缴工作,一律不得承运各种非法出版物。二是加大对邮政报刊收订和三峡报刊亭的检查力度,重点抓好对主城报刊亭的日常例行检查和抽查工作。三是要求寄递服务企业加大收寄验视力度,有情况及时汇报,坚决杜绝非法出版物、音像制品、文化衫等进入邮政流通渠道。

(八)加促行业人才队伍建设

一是全年共分四次集中组织了全市快递业务员职业技能鉴定培训和考试,合格率达75%。二是积极与相关院校联系,传达快递专业人才培养工作要求,大力宣传院校开展"双证书"等制度的必要性,目前已与重庆邮电大学、重庆邮电大学移通学院、重庆教育学院达成共识。三是作为国家局的试点省市启动了中级快递业务员职鉴考试,目前该项工作进展顺利。

二、2012年发展目标

2012年,市邮政管理局将按照全市经济工作会议的部署要求,把全市邮政业"十二五"发展规划的各项任务落实到年度工作中去,努力保持全市邮政业良好的发展势头。

(一)做好两个《规划》的宣传贯彻落实工作

《邮政业发展"十二五"规划》和《重庆市国民经济和社会发展第十二个五年规划邮政业专项规划》都已正式发布实施,为做好两个《规划》的宣传贯彻落实工作,一是制定规划分解的各项目标任务,召开规划的宣贯暨培训会议,对规划贯彻实施工作进行重点部署。二是通过多种渠道开展规划的宣传和解读活动,加强规划的社会宣传。三是加强和市发展改革委等相关部门的协作配合,力争在2012年前完成对重庆快递园区论证、规划、选址、立项等工作,并争取在年内开工建设。

(二)加快构建邮政普遍服务体系

一是加快构建邮政公共服务平台。积极支持邮政企业打造面向全社会的综合服务平台,服务民生。着力完善局所业务功能,争取在所有邮政局所开办法律规定的全部四项邮政普遍服务业务。支持邮政企业发展金融、保险、政务和公共事务代理代办业务,积极发展农村邮政物流。推动村邮站与村级公共服务平台的有机结合，将村邮站建设成为邮政服务“三农”的前沿阵地。

二是推进五大工程。一要推进乡乡设所工程。争取在2012年全面完成我市空白乡镇邮政局所补建工作任务。做好补建局所验收和运营的衔接工作，将投入运营的补建局所纳入监管范围。争取相关部门政策支持，在补建局所开办邮政储蓄、邮政速递物流、邮政保险等代理代办业务。二要推进村村建站工程。进一步督促市邮政公司及所属区县邮政局加快村邮站建设进度，确保完成2012年完成建设任务。建立健全村邮站运营长效机制，制定《村邮站建设和管理办法》，积极争取人力社保、财政等部门支持，将村邮站人员纳入公益性岗位管理。三要推进户户设箱工程。实施好《住宅设计规范》、《住宅信报箱工程技术规范》和《住宅信报箱》国家标准，切实履行好验收职责。四要推进城乡局所改造工程。鼓励推动邮政企业实施好邮政局所标准化、电子化改造工程；实施好机要安全标准化改造及信息系统建设工程，提升机要通信保密安全防范能力和服务能力。五要推进邮政服务进社区工程。将万州区设立社区邮政服务网点和将社区邮政服务网点工作岗位认定为公益性岗位的做法在全市推广，充分发挥邮政网点服务社会、服务民生的综合服务平台功能。

三是完善邮政普遍服务投资建设机制和财政补贴机制。探索建立城市地区和农村地区邮政设施建设机制；开展与普遍服务基金相关的资料收集、规范制定等相关工作；进一步支持邮政企业更好履行邮政普遍服务和特殊服务义务，积极协调市政府有关部门，争取减免邮政通信车辆高速公路通行费、主城区路桥通行年费。

四是夯实邮政普遍服务法规、制度。配合国家邮政局制定和出台《邮政基础设施管理办法》、《城镇居民信报箱设置监督管理办法》、《无法投递又无法退回邮件管理暂行办法》、《邮件寄递服务规范》、《交通不便的边远地区邮政普遍服务标准》、《邮政机要通信服务规范》等一系列法规、政策、文件。

五是强化邮政普遍服务监督检查。认真开展对邮政企业履行普遍服务义务的监督检查；开展好《邮政法》贯彻实施、信报箱设置和机要通信保密安全与关键制度落实情况的专项检查；做好邮政营业场所撤销和停限办普遍服务的行政审批；开展邮件时限检测和满意度调查；做好邮票发行监管工作及“壬辰年”、“中国共产党十八大召开”等重大题材纪特邮票发行销售服务的监督检查。加强与邮政企业的沟通，及时反馈社会监督情况，督促企业整改落实。

(三)加快转型升级步伐

一是全面提高服务质量。一要结合重庆大城市大农村，地理东西长，南北窄的特点，制定出三个级别的快递服务时限，对主城九区全面实现到港快件12小时派送完毕，对重庆西部和中部地区实现到港快件24小时派送完毕，对重庆东部和东南部地区实现到港快件36小时派送完毕；二要发挥好龙头企业的引领作用，鼓励有条件的企业使用先进的自动分拣设备，提高分拣处理质量，提高快件上网跟踪查询率，减少用户投诉；三要加强政府监管体系建设，制定我市《快递服务标准》实施意见，重庆快递协会要加快行业自律公约的修订和完善，把我市快递服务用户满意度从2011年的62分提高到65分以上，满足经济社会发展和人民群众的用邮需求。四要加强重大节假日等业务高峰时段邮件、快件的疏运组织协调和服务督导，制定我市快递售后服务指导意见，规范快件丢失、损毁后的理赔程序和基本理赔要求。

二是积极推动结构调整，扶持快递企业做大做强。优化行业发展环境，积极鼓励企业创新运行机制，加强企业之间的网络联合，力争实现渝东北和渝东南部分偏远区县快递网络全辐射、全覆盖，推动功能整合和服务延伸，融入产业链、服务链和供应链。加强与重庆网络供应商的联系与沟通协调，促进全市邮政业与电子商务、制造业协调发展。加强与重庆机场的联系，开通快递绿色通道，力争顺丰速运的直航货机在重庆落地，提升我市快递传递时限。实施好快递企业分等分级管理，重点扶持我市10家网络型快递企业加快兼并重组步伐，逐步使网络性快递企业全面实现直营，提高网络规模效益。鼓励外部资金进入和重点企业上市融资，加快发展拥有知名品牌的大型企业。支持有条件的企业走出去，开拓国际市场。促进行业向网络化、规模化、信息化、标准化和品牌化发展。

三是进一步强化安全监管。进一步修订完善《重庆市邮路安全管理办法》，会同重庆市公安局制定邮政、快递企业《治安管理办法》，依法处理快递企业之间压件、扣件行为，保护消费者的合法权益。充分发挥市县两级邮路安全监管办公室的作用，加强收寄验视制度的落实，结合利用邮政渠道寄递违禁物品和反动宣传品的案例，深入开展违禁品寄递方式的态势分析，抓住查堵关键环节，同时做好对运输环节的监控，切断各类违禁品的流通渠道。有效实现情报信息在发现线索中的先导作用，突出监管重点，确保实时监管有的放矢。

四是切实做好旺季服务保障工作。建立健全快递业务旺季服务保障应急机制，提高旺季服务的应变能力。督导企业贯彻落实业务旺季工作安排，建立责任落实制度。指导企业按照旺季生产业务量变化情况，认真谋划、周密安排、科学调度，保证服务质量和安全。建立和快递企业对接沟通机制，畅通快递企业与政府与快递协会的信息沟通渠道，进一步落实政府与企业的信息通报制度。加强对快递企业的监督管理，对经营许可期内违法停止经营的企业，坚决依法进行查处。快递协会要加强协调，帮助企业解决旺季生产中遇到的困难和问题，做好服务工作。

(四)加强依法行政能力建设

以“六五”普法为契机加快推进依法行政能力建设。一是加强学习，提高认识。通过引导、教育和监督，不断强化依法行政的意识。二是严格行政执法。杜绝实体性违法，按程序办事，熟悉证据链条构建。三是加强行政执法监督。自觉接受社会监督，重视并充分发挥社会舆论监督的作用，畅通群众举报投诉渠道，保障人民群众的监督权利。四是强化行政问责。要严格执行领导干部问责制度，对违法决策、行政不作为或者乱作为，损害国家利益、公共利益和公民合法权益，造成严重社会影响甚至引发群体性事件的，要依法严肃追究相关领导人员责任。

(五)职业技能鉴定工作

一是完成证书打印和发放工作。2011年全市共有1772人(初级1702人，中级70人)通过职鉴考试，我局将积极组织人员完成证书的打印和发放工作。二是大力推进快递职业教育和培训工作。鼓励和引导相关院校将中级(高级)快递业务员教材纳入教程中，并做好在校学生的培训和鉴定工作。三是加强考评员队伍建设。将积极选派业务骨干参加国家邮政局组织的考评员培训班，并通过再培训的方式，扩大考评员队伍，保障职鉴考试需求。

中小企业乡镇企业

重庆市中小企业乡镇企业局 石少林

2011年，市中小企业局在市委、市政府的正确领导下，认真学习实践科学发展观，不断优化发展环境，提高指导服务水平，全市中小企业乡镇企业继续保持了健康快速发展势头。

一、2011年发展回顾

(一)企业发展环境得到进一步优化

一是认真贯彻落实国发〔2009〕3号、国务院国发〔2009〕36号、国发〔2010〕13号、渝府发

〔2010〕105号等文件精神和国务院促进小微企业发展的金融、财税政策措施。二是利用重庆卫视与重庆日报等主流媒体广泛宣传国家和我市促进三类经济发展的政策法规，营造了良好的舆论氛围。同时，通过组织专项督查、结合办理两会建议提案等形式加大了对有关政策措施执行情况的督查。三是充分发挥市政府民营企业维权投诉中心的作用，加大维权投诉案件办理力度，较好地维护了企业与职工的合法权益。

（二）加强载体建设拓展企业发展空间

一是加快了都市工业建设步伐，新创建市级都市工业园（楼宇）6个，累计达到100个，都市工业销售收入达到960亿元，上缴税金达25亿元，利润40亿元。二是小企业创业基地建设得到了较大发展，新创市级小企业创业基地15个，超额完成了市委市政府"民心工程"新建10个的任务，全市市级小企业创业基地累计达129个，新增入驻企业500户，累计达到5500户，新增就业岗位1.7万个，累计解决就业30万人，全市小企业创业基地企业实现营业收入700亿元。三是产业集群发展上了新的台阶。完成了对认定的重庆市中小企业特色产业集群的复查工作，对其中符合条件的5个中小企业特色产业集群继续保留称号，使我市级中小企业特色产业基地累计达到27个。四是服务体系建设取得新的突破，完成服务平台总体方案编制，着力构建"市级综合服务平台+区县窗口服务平台+产业集聚区窗口服务平台"的"三位一体"的中小企业网络化服务体系模式。完成市级中小企业公共服务、综合服务平台和区县、重点产业集群窗口服务平台50个的建设工作，实现互联互通。新认定市级中小企业重点服务机构5个，累计达到56户，推荐了2批15个重点服务机构（平台）41项服务产品。

（三）融资服务缓解企业融资困难

一是引导和支持担保机构为中小企业融资服务。全年担保发生额500多亿元，比去年266.6亿元增加233.4亿元，增长87.5%，累计担保额达到1319.7亿元。二是携手商业银行开展银政金融合作。继续推进中小企业"金融服务计划"的实施，与交通银行签订了三年内为中小企业提供授信金额50亿元的战略合作协议，与招商银行签订了3-5年内为全市中小企业贷款余额达到100亿元人民币以上的战略合作协议。三是积极搭建融资服务平台。积极指导中小企业实体融资超市开展融资工作，为中小企业乡镇企业贷款超过30亿元。开通了中小企业网上融资超市，为企业融资提供了快捷的信息服务。扎实推进融资服务"两翼行"、"区县行"活动，开展银、企、保对接活动，为企业融资近20亿元。

（四）推动科技创新增强企业竞争实力

一是鼓励企业开发新产品，提高科技成果转化率。积极争取国家资金对技术创新项目的支持，组织申报国家科技部科技型中小企业技术创新项目220项，申报国家工信部提升企业素质类项目20项，安排市中小企业发展资金扶持技术创新项目52项，极大的调动了企业转方式，促创新的积极性，进一步增强了企业的核心竞争力。二是加强知识产权工作，增强知识产权保护意识。与市知识产权局联合，争取我市被国家工信部认定为首批中小企业知识产权战略推进工程实施单位；认定了九龙坡摩托车园区、涪陵工业园区、大渡口建桥工业园区和大足工业园区为我市中小企业知识产权战略推进工程首批实施单位；全市知识产权试点企业达到142家，全市"三类经济"专利等知识产权保护意识明显增强。三是实施品牌战略，稳步推进质量标准工作。坚持以质量为主线，大力加强质量宏观管理，深入实施名牌战略，积极推行卓越绩效管理模式，加强质量管理宣传，不断提高企业产品质量总体水平。引导企业参与国家标准、行业标准、企业标准的制定，促使企业在行业当中处于领先地位。

（五）扩大对外开放，招商投资不断提速

一是积极搭建"走出去"服务平台，先后与市外经贸委、市工商联、市贸促会等联合举办了9场"重庆中小企业赴国外投资项目对接、推介、研讨会"，促成力帆、南方、宗申等民营企业、中小企业对外投资取得实效。二是"引进来"，招商引资取得实效。全力协办好"2011 全国知名民营企业重庆行"活动,签约项目 59 个,投资金额 1078.12 亿元,首次突破千亿大关。三是办展会,企业形象得到提升。积极引导和组织企业参加各类形式的展会和贸洽会,开拓国际国内市场,展示重庆中小企业形象和创新成果。组织了 39 家企业亮相"中博会",获展位 42 个,重庆康万佳中药饮片有限公司等 6 家企业抓住商机达成合作、销售金额 2 亿元;组织了 4 家企业参加全国农产品加工投资贸易洽谈会,展示重庆农产品加工水平和产品,江津区韩氏酱园厂生产的"瓦缸"牌酱油获优质产品奖。

(六)实施人才培育工程提升了企业经营管理水平

通过实施中小企业银河培训工程、学历培训、专业技术人才知识更新工程、中小企业管理咨询服务等,积极帮助中小企业提高经营管理者、专业技术人才等人员的素质和经营管理水平,改善经营管理,逐步形成一批管理科学、经营规范、成长性良好的示范企业。举办国家中小企业银河培训工程创业培训 10 期,培训创业人员 1269 人,培训工程经营管理人员 87 人;培训农转城人员 533 人;职业技能鉴定 326 人;"阳光工程"培训 280 人;"卓越管理"大讲堂活动培训 700 人;与市人事局培训中心、市农广校等联合办班培训 3526 人次。举办中小企业技术创新培训班 10 期,培训知识产权管理人员、信息化管理人员、IT 企业信息化人员 2100 余人。

2011 年,全市非公有制经济实现增加值 6175.01 亿元,增长 19.31%,占全市 GDP 的比重为 61.7%,新增从业人员 54 万人,达到 856 万人。中小企业实现增加值 3520.42 亿元,增长 17.62%,占全市 GDP 的比重为 35.2%,新增从业人员 33 万人,达到 484 万人。乡镇企业增加值达到 1728.04 亿元,增长 12.84%,占全市 GDP 的比重为 20.1%,新增从业人员 6 万人,达到 241 万人。

二、发展中存在的问题

产业结构调整压力较大,发展资金紧缺,企业结构性用工难问题日益凸显,用地难问题较为突出、资源环境约束趋紧、服务体系亟需改进和完善。

三、2012 年发展目标

2012 年,全市非公有制经济增加值达到 7300 亿元左右,增长 16.5%以上,占全市 GDP 的比重比 2011 年提高 1 个百分点左右,新增从业人员 50 万人左右,达到 900 万人左右。

中小微企业(新标准)增加值达到 4100 亿元左右,增长 15%左右;占全市 GDP 的比重比 2011 年提高 0.5 个百分点左右,新增从业人员 40 万人左右,达到 520 万人左右。

乡镇企业增加值达到 1950 亿元左右,增长 13%左右,新增从业人员 5 万人左右,达到 247 万人左右。

卫生工作

重庆市卫生局 肖莉丽 潘建波

一、卫生事业发展综述

截至 2011 年底,重庆市(不含村卫生室)有卫生机构 7076 个,其中医院 433 家、社区卫生服务机构 468 个、卫生院 974 所、采供血机构 11 个、妇幼保健机构 42 家、疾病预防控制机构 43 个、卫生监督机构 42 个。全市有病床床位 11.56 万张,平均每千人有病床 3.47 张;卫生人员 17.11 万人,其中平均每千人口拥有卫生技术人员 3.61 人、有执业(助理)医师 1.49 人、有注册护士 1.28 人。

全市人均期望寿命监测数据为 76.77 岁(比

2010年增加0.27岁)，孕产妇死亡率从2010年的22.95/10万下降到21.61/10万,婴儿死亡率从2010年的7.55‰下降到6.44‰,5岁以下儿童死亡率从2010年的10.83下降到9.59‰，儿童保健和孕产妇保健覆盖率分别达到87.62%和95.44%。

(一)公共卫生服务均等化全市基本公共卫生服务补助标准达到年人均25元，沙坪坝区、渝中区等部分区县年人均补助标准提高至30元以上。免费向全市城乡居民提供基本公共卫生服务内容达11类41项,传染病管理、预防接种、健康教育等项目不断巩固提高,卫生监督协管项目有序推进,农村居民、特殊群体和困难群体得到重点保障，全市城乡居民建档率达77.42%,其中电子建档率达57.31%;孕产妇、0~6岁儿童和65岁以上老年人健康管理人数分别达28.26万、187.27万和265.98万；高血压和2型糖尿病规范化管理人数分别达129.39万和37.12万；重性精神病患者管理人数6.22万人；完成“两癌”检查64万人,免费补服叶酸24万人,孕产妇住院分娩补助19万人;免费治疗结核病人2.4万人,实施贫困白内障患者复明手术1.88万人，免费救治和应急处置重性精神疾病患者3205人。

(二)基本药物制度全市所有政府举办的基层医疗卫生机构、村卫生室全面推行基本药物制度,提前一年实现基本药物制度全覆盖。出台了《重庆市基本药物采购实施办法(试行)》、《重庆市基本药物电子交易细则》，实现基本药物、非基本药物和医疗器械在重庆药品交易所全面挂牌交易,交易量突破50亿元,药品采购价下降30%。基本药物制度实施后,与2010年比,全年政府办基层医疗卫生机构门诊人次增长2.03%;住院人次增长3.2%;药品收入在业务收入中占比下降0.52个百分点；次均门诊药品费用降幅达5.47%；药品累计让利10.78亿元,为患者人均节约25.52元。

(三)公立医院改革继续推进江北区公立医院综合改革，新增11个区县15家公立医院开展医院人事分配制度、临床路径管理、成本核算和补偿机制、单病种付费等10项改革,深化内部管理改革,推广惠民便民措施,提高公立医院服务效率。选定了7个县开展县级医院综合改革试点前期准备工作。在黔江区、梁平县实施临床路径管理、单病种付费试点,得到中央领导的充分肯定。探索民营医疗机构健康发展的政策措施,由市政府下发《重庆市关于进一步鼓励和引导社会资本举办医疗机构的实施意见》,推进多元化办医格局。

(四)卫生信息化建设推进信息化建设,为三甲医院和35个区县医院建立以电子病历为核心的临床信息系统,优化医院服务流程,提高工作效率和管理水平。为6家偏远地区县级医院建立远程医疗系统,构建“以大带小”工作模式,促进主城优质卫生资源辐射农村边远地区。全面启动卫生信息化“网底”建设,为1000个基层医疗机构配备信息软件，为90%的村卫生室配备电脑等信息化设备，满足村卫生室基本公共卫生服务、基本诊疗、新农合门诊统筹、健康档案建档等工作需要。

二、公共卫生保障

(一)疾病预防与控制进一步健全传染病监测网络,2011年全市报告无甲类法定管理传染病，报告乙丙类传染病28种137700例，死亡530例，甲乙类传染病发病率与2010年基本持平，其中手足口病等重点传染病发病数下降6.1%,无霍乱、人禽流感病例报告。加强免疫规划,示范接种门诊累计达171个,71.05%的接种单位通过国家终审,15个区县在国家平台建立乡级接种门诊用户档案,全市“四苗”全程接种率达98.47%,乙肝、乙脑、流脑疫苗接种率分别为98.67%、97.51%、96.66%，开展两轮脊灰疫苗强化免疫接种率达98%以上,2009年~2011年三年项目工作规划乙肝疫苗补种完成率达99.34%,麻疹发病率较2010年下降10.5%,加大艾滋病防控力度,全市累计干预暗娼、男男性行为21.87万人次；美沙酮维持治疗在治人数1.5

万人,核心指标位列全国前三位;抗病毒治疗完成病人随访率99.6%,CD4检测比例达84.4%。加强结核病防治,积极探索构建“三位一体”新型结核病防治服务模式,顺利完成中央转移支付、全球基金、中盖等结核病项目任务,全市耐药结核病治疗费用的医保报销比例提高到90%,最高限额提高到每人每年5万元。加强慢性病防控,成功创建国家级慢性病综合防控示范区3个、省级慢性病综合防控示范区4个,创建全民健康生活方式示范单元106个、打造支持性环境110个。开展儿童口腔疾病综合防治,实施口腔检查9.49万人、窝沟封闭5.51万人、专项健康教育45万余人次。全市33个区县136个街道、934个社区开展了城区公共环境四害专业化防制。共创建灭鼠、灭蟑螂、灭蝇先进城区各7个,在食品生产经营单位中评选出“重庆市除四害示范单位”18个。

(二) 卫生监督执法规划建设34个区县卫生监督业务用房6.6万平方米,总投资1.48亿元。分配中央资金3800万,为各区县统一购置卫生监督执法车、快检车75辆,同时各级卫生监督机构自筹经费500余万元,加强执法能力建设。2011年11月,市卫生局卫生监督所挂牌更名为市卫生局卫生监督局,全市各区县卫生监督机构共有正处级1个、副处级8个、正科级16个,人员编制2442人,占辖区人口比例由2010年的万分之0.475,上升到2011年的万分之0.75。开展“卫监飓风”专项监督检查行动,监督检查相关单位10712家,行政处罚388家,罚款84.7万余元。开展打击无证行医监督检查7019次、非法采供血监督检查79次,共查处违法违规行为1934户次,取缔或吊证1641户。开展全市食品安全专项整治行动、严厉打击食品非法添加和滥用食品添加剂专项行动,组织有关食品检验机构开展食品安全风险监测工作,发布了火锅毛肚等7个地方标准。全市无重大食品药品安全事故发生。

(三)卫生应急处置推进卫生应急指挥决策系统建设,覆盖全市所有区县卫生局和市级医疗卫生单位,基本实现卫生应急处置工作辅助决策的智能化、数据传输的信息化。加强卫生应急队伍装备建设,投入721万元,建立首支国家级卫生应急队伍;投入900余万元,为18家市级医疗机构配置监护型救护车,改善了应急医疗救援条件。提高应急处置能力,组织现场应急演练3次、应急技能比赛1次。有效实施雨雪冰冻、高温干旱及暴雨洪涝等自然灾害的卫生应急处置,圆满完成24起重大事故灾难紧急医学救援。2011年全市报告各类突发公共卫生事件83起,其中一般事件78起,较大事件5起,与上年同期相比,事件数减少46.45%,发病数减少49.26%,死亡数减少41.67%。

三、农村与社区卫生

实施乡镇卫生院标准化建设项目180个、村卫生室标准化国债建设项目700个,乡镇卫生院标准化率达66.48%。全面推进财务一体化、资产一体化、人员一体化三种形式的紧密型乡村卫生服务一体化管理模式,村级卫生服务质量显著改善。继续实施“万名医师支援农村卫生工程”,全市三级医院派出115人对口支援县医院,举行专题讲座740次、教学查房829次,开展新技术、新项目113项,手术示教2581例,疑难死亡病例讨论610例,门诊诊病21880人次,义诊巡诊7523人次,帮助受援医院进一步提升专业技术水平。加强基层人才队伍建设,累计轮训农村基层卫生人员2.9万余人次,占总数的53%。出台《关于进一步加强乡村医生队伍建设的意见》,从建立健全村卫生室制度、加强村医和村卫生室管理、健全村卫生室运行保障机制等方面加强乡村医生队伍建设。稳步实施农村改水改厕工作,全市农村无害化卫生厕所普及率达58.53%,在西部排名第二;农村饮用水的水质卫生监测网络体系覆盖20个区县。

2011年,全市投入5970万元,实施社区卫生建设项目25个,竣工10个,建设规模达4.4万平方米,社区卫生服务中心标准化率达81%。向各区县提供信息化平台建设标准和补助资金

1000余万元，全面启动社区卫生信息系统平台建设。累计创建国家级示范中心4家，国家级社区卫生培训基地3个，市级示范中心13家，有效推动社区卫生服务机构内涵建设。开展全市第一届“我身边的社区卫生服务”主题演讲比赛，征集了20余件宣传作品参展，其中黔江区作品获得卫生部摄影比赛三等奖，沙坪坝区征文获得优秀征文奖。

四、妇幼保健

完成2001~2010年“两纲”监测评估和2011–2020年新“两规”的编制。投入8150万元，深入开展县级妇幼保健机构等级创建工作，成功创建二级甲等妇幼保健机构4个。推广新生儿窒息复苏、儿童疾病综合管理等适宜技术，圆满完成卫生部爱婴医院复评估预试验任务。加强新生儿遗传代谢病筛查管理，全年筛查新生儿17.35万例，筛查率达59%。继续实施住院分娩孕产妇和婴幼儿保险工作，全年出生缺陷儿治疗赔付261例，补助治疗费用338.17万元。加强预防艾滋病、梅毒和乙肝母婴传播工作，开展孕产妇免费艾滋病筛查6.13万例、梅毒筛查5.74万例、乙肝筛查5.87万例。

五、医疗管理

开展“医疗质量万里行”活动，制定《重庆市医疗质量控制中心管理办法(试行)》，先后设置31个市级医疗质量控制中心，审核上报8家医疗机构开展肝、肾、心脏器官移植试点。争取国家资金1000万，加强5个急救分中心建设，市内急救半径3~5公里，平均反应时间小于5分钟，抢救成功率在95%以上。在全市二级以上医院全面启动“优质护理服务示范工程”，患者满意度达95%以上，全市有1个单位、10个病房和10名个人获得卫生部表彰。开展抗菌药物临床应用专项整治行动，各级医疗机构抗菌药物使用金额、药品占比均明显下降，其中市级医院抗菌药物使用金额平均降幅达15.6%，区县医院达4.02%。推进医疗纠纷第三方调解和医疗责任保险工作，市政府印发了《重庆市医疗纠纷处置办法》，实现医疗纠纷调解制度38区县全覆盖，共调解各类医疗纠纷896件，占医疗纠纷总数的70%，调解成功率达96.7%，重(特)大医疗纠纷较2010年同期下降28%。以学科建设工程和等级医院创建为推手提升医疗服务能力，24所三甲创建医院已开工22所，其中成功创建三甲医院2所，全市有26个区县级医院达到二甲以上水平；新增国家临床重点专科9项，全市累计达13项，获项目补助资金6400万元；新增医学重点学科建设3项、特色专科建设31项。大力推进自愿无偿献血工作，全年接受自愿无偿献血26.7万人次、采血量86.53吨、供血量158.68吨，分别较2010年增长4.7%、4.1%和8.6%。深入开展“三好一满意”活动、“弘扬白求恩精神，做人民健康卫士”等系列创先争优活动，实施便民惠民措施，首批命名白求恩精神示范医院15家，全市医疗纠纷、投诉分别比上年下降12.3%和14.5%。中国社科院发布的《公共服务蓝皮书》显示，重庆医疗卫生群众满意度在全国主要38个城市中位居第一。

六、中医事业

深入推进中医医院管理年活动，制定了《重庆市三级中医院评审细则》，加强中医医院内涵建设，依法开展行业准入管理。国家“十一五”重点专科通过验收14个，创建全国综合医院中医药工作示范单位2个、全国社区中医药工作先进单位2个。在基层医疗机构全面推行中医药适宜技术。评选出新一批市级名中医，26名国家级师承高徒顺利出师。举办了首届“国医名师大讲堂”。加强中医医院文化建设，全市有3家单位、5名个人获得全国中医药文化先进单位和先进个人称号。

七、医学教育科研与合作交流

成功引进国家“千人计划”领军人才及其团队。开展基层卫生技术人员大轮训4万余人次，组织基层住院医师、全科医师、农村订单定向培训和卫生骨干进修1700余人。获得国家级科研项目近400个,三等以上国家科技奖7项,市级二等以上科技奖11项。新增国家临床重点专科8个,超过历史总和。恢复启动与泰国卫生部精神卫生司的技术交流项目。组织高层代表团赴加拿大和美国梅奥诊所、霍普金斯医院等世界知名医疗机构考察学习管理、运营先进经验。推进“德中医疗技术交流项目”等项目,加强培养高水平医疗卫生人才。

重庆烟草

重庆市烟草专卖局 李瑜

一、烟草专卖管理

2011年全市各级专卖管理部门坚持国家烟草专卖制度,认真贯彻落实国家烟草专卖局和重庆市烟草专卖局决策部署,紧紧围绕内部监管、打假打私、市场监管和基层建设四项任务,创新思路,求真务实,较好完成各项工作,取得显著成效。

(一)打假破网

坚持主动出击,以“打源头、端窝点、破网络、抓主犯”为重点,深入开展卷烟打假,成效显著。全年共查办案件1.5万余起,查获假烟6000件、烟机27台(套)。一是破网质量不断提升。全年破网42起,其中国家局级网络案件27起;破网单位接连增加,全市共有27家单位破获了网络,其中巫溪、秀山、彭水、垫江等单位首次破获假烟网络;破网影响接连扩大,全年刑拘213人,逮捕160人,均比去年增加了3成,其中,稽查总队“2.02”、涪陵“10.30”网络案件被公安部、国家烟草专卖局列为部级督办案件。二是指挥作用不断增强。稽查总队积极发挥打假破网指挥中心作用,全年共自办国家局级网络3起,与区县局联办网络4起,指挥协调区县局办理网络20起,下发稽查指令62个,组织破网行动10起,较好地完成全年任务。三是协作机制不断巩固。全年积极深化与公安、司法部门协作,一方面及时推动两高司法解释会议纪要出台,为卷烟打假提供了更深层面的政策保障;另一方面积极加强多警种配合,尤其是新成立的打假总队,经不到3个月时间的配合,已累计查获假烟400余件,案值近千万元,批捕30余人,有效发挥了该部门在卷烟打假中的拳头作用。

(二)内部监管

一是狠抓制度建设。以贯彻落实国家烟草专卖局新工作规范为契机,认真制定实施细则,建立质量考核评价标准,促使内管运行模式更加科学完善。二是狠抓重点环节监管。一方面针对烟叶欠收的实际情况,大力开展烟叶收购秩序检查,收购期间共查处烟叶300吨,案值400万元,批捕30余人,确保了收购秩序平稳顺利。另一方面针对卷烟薄弱环节进行监管,及时优化调整内管信息预警指标,加强对“重点客户”和“重点品牌”关注,更加突出监管时效。三是狠抓案件查处。积极查处互联网反映强压客户违规销售卷烟行为,采取有力措施,及时挽回社会负面影响。

(三)市场监管

各区县局基本建立起一套“有制度、有流程、有标准、有考核”,“覆盖城乡、监管高效、符合实际、便捷适用”的终端市场监管体系,市场监管能力和水平得到提升。持续开展“铁路沿线、名烟名酒店、娱乐服务场所”三项整治,并采取按类区下达任务,量化考核的方式,切实调动基层专卖局工作积极性,确保了整治效果。全年铁路沿线查获各类违规卷烟2万余条;清理名烟名酒店511家,取缔72家;清理娱乐场所

5000余家,查获违规卷烟近万条。在娱乐服务场所整治中,重点对全市大型酒店进行清查,既维护了消费者合法利益,又树立了窗口行业良好服务形象,得到社会普遍认可。

(四)基层建设

一是队伍建设取得突破。选派四名选手参加全国烟草行业第一届专卖技能大赛,获得团体第三名,个人全部进入前30强,被授予"全国技术能手"称号,是全国唯一全部选手获奖的单位,取得了历史性突破。二是教育培训取得成效。全年开展了稽查骨干、行政执法、内部监管等层次多样的教育培训工作,尤其是在备战第一届省二类专卖管理技能大赛中,开展了扎实有效的培训,使参赛选手成绩在较短时间内迅速提升,达到预期目标,队伍素质得到提升。三是法制建设取得进步。继续开展"两个案卷"实地评查工作,切实推动各区县局基础管理上水平,全年未发生一起行政败诉案件;加强制度建设,严格规范行政处罚自由裁量权和按"行政强制法"要求及时调整专卖行政执法程序,法制建设取得新成效,逐步提升了专卖队伍依法行政水平。四是基层创优取得实效。全市专卖局均达到基层创优标准,验收合格率100%。同时,全年共改建和新建专销基层网点30余个,基层员工办公环境持续改善。

二、烟叶种植业

重庆是全国烟叶生产的主产区之一,烤烟种植规模居全国第7位,白肋烟种植规模居全国第2位。全市烟叶生产主要分布在三峡库区和渝东南少数民族地区,是全市五大特色农业产业之一。市烟草专卖局坚持以现代烟草农业建设为载体,以烟叶基础设施建设为重要突破口,千方百计促进烟农增收、降低烟农劳动强度,支持社会主义新农村建设,为实施农户万元增收和全市统筹城乡发展作出应有的贡献。

2011年围绕"保规模、强基础、上水平"的烟叶工作中心,积极应对农资价格较快上涨和烟区劳力加速流失的双重冲击,努力克服自然灾害的不利影响,进一步创新工作思路,强化措施落实,有力推动了烟叶生产各项工作顺利开展。全市12个种烟区县37737户烟农,签订合同面积60.3万亩,累计收购烤烟140.23万担、同比增加21.14万担,收购白肋烟7.38万担、增加0.41万担。其中,烤烟上等烟比例51.28%,提高9.28个百分点;下等烟比例15.19%,降低3.13个百分点;均价16.62元/公斤,提高18%。

(一)生产布局进一步优化

市局(公司)和各产区单位积极争取各级党政领导支持,着力优化调整布局,果断将烟叶产区由13个调整为12个,取消秀山县烟叶生产计划并实现平稳过渡。推进适度规模种植,重点发展40—120亩种植专业户,积极培育120亩以上家庭农场。2011年全市户际规模达到17.8亩,高于全国平均水平,同比增长69.5%;40亩以上烟农种植面积占全市总面积的29.4%。规模效益逐步显现,以青壮年为主的职业烟农队伍不断壮大。

(二)标准化生产成效明显

按照"关口前移、标准先导"的基本思路,争早抓主动,扎实推进预整地、育苗、移栽等七个阶段排序考核,积极开展烟叶结构优化试点,有力推动烟叶生产水平持续提升。其中,移栽环节全面推行"3515"分离式移栽,基本做到了一个种植单元3天、同一海拔区域5天、一个区县15天移栽结束,移栽周期较以往缩短10天以上,全市亩平移栽株数达1082株,烟叶田间整齐度明显提升;收购环节创造性实施"分炕堆放、分房分级、分部位预检、分部位收购"的"四分法"烟叶收购新模式,等级质量和纯度明显改善。

(三)科技兴烟呈现新亮点。深化校企合作,与西南大学联合成立重庆烟草科学研究所,定位为"烟叶人才的培训基地、重大专项的研究基地、成果转化的示范基地"。投入2200万元,围绕"中间香型特色优质烟叶项目",重点在土壤改良、病虫害防治、科学烘烤等方面加大科技攻关力度;与上海烟草集团在黔江石家联合开发特色优质烟叶,顺利通过国家烟草专卖局中期验收并获得好评;制定重庆烟叶"三段六步"烘烤工艺，重点加大装烟密度，并在关键温度点延长烘烤时间，全力推进提质增香烘烤。举办全市首届烟叶烘烤技能竞赛，竞赛结果表明，运用新工艺烘烤的烟叶淀粉含量明显降低，其中云烟系列降至4.5%以内，K326降至3%左右。

(四)基础设施建设有新举措

全面推行统一建设标准、招标程序、工程监理、项目审计、档案管理"五个统一"的工作机制，认真开展"回头看"专项检查，严格规范基础设施建设。积极争取地方党政支持，每年按烟叶税收10%计提烟叶生产基础设施管护基金；并与相关部门建立联动机制，争取到电力公司投入9000余万元及时完成密集烤房电力配套。全年建成水池1.4万立方米，建设沟渠88.21千米，铺设管网23.9千米，修建烟田机耕路225.5千米，购置农机具605台，建成工场化育苗大棚155座，新建卧式密集烤房8985座、热源外置式烤房2145座、白肋烟晾房650座。

(五)基地单元建设有新突破

以原料供应基地化为目标，按照"工业主导、商业主体、科研主力"的基本思路，在扎实推进彭水桑柘、巫山河梁、武隆巷口和黔江石家4个国家局基地单元建设的同时，全市及时启动酉阳苍岭、奉节太和等8个市局基地单元建设。重点推进专业化服务体系建设，全市注册成立12个综合性服务合作社，设置专业化服务队172个，覆盖机耕、育苗、植保、烘烤、分级等5个生产环节，全市专业化育苗100%，专业化机耕77.6%。黔江水市基地单元顺利通过国家烟草专卖局验收并通报表扬；巫山河梁基地单元建设成效显著，特别是烟叶质量和基层站管理，得到了国家烟草专卖局领导高度评价。

三、烟草工业

重庆烟草工业由卷烟制造和烟叶复烤加工两部分组成。其中卷烟制造企业为重庆烟草工业有限责任公司，拥有重庆分厂、涪陵分厂、黔江分厂等3个生产点；烟叶复烤加工企业包括金益烟草有限责任公司(位于彭水县)和万兴烟叶有限责任公司(位于万州区)。2003年全国烟草工商管理体制分开后，重庆卷烟制造工业划归川渝中烟工业有限责任公司管理，烟叶复烤加工企业仍由市烟草专卖局管理。

(一)卷烟制造

重庆烟草工业有限责任公司2011年生产卷烟103.2万箱(每箱5万支，下同)、销售卷烟101.7万箱，同比分别增长3%、3.7%。完成工业总产值115.7亿元、工业增加值94亿元、销售收入113亿元，分别增长18.8%、25.1%、19.4%；实现税利总额84.8亿元，增长25.5%。单箱卷烟调拨价格11115元，增长15.1%。多元化产业完成工业总产值12.8亿元、工业增加值3.3亿元，分别增长25.7%、23.6%；实现销售收入14亿元，增长14.5%；实现税利2.2亿元，增长23.3%。

2011年，重庆烟草工业有限责任公司在国家烟草专卖局和市委市政府的关心支持以及川渝中烟工业有限责任公司的正确领导下，紧紧围绕"卷烟上水平"战略任务和娇子品牌"126"发展目标，大力整合要素资源，广泛激发创新活力，全面强化组织保证，突出抓好队伍建设，开创了经营规模扩大、整体素质提高、规范水平提升、社会贡献增加、企业和谐稳定的良好局面，主要经济技术指标再次大幅刷新历史记录，顺利实现了公司"十二五"发展高点起步的良好开局。

一是生产计划增加，产销发展协调。通过多方努力，公司新增3万箱卷烟生产计划，产销规模达到103.2万箱，为实施"十二五"规划的目标规模迈出了关键的第一步。产销结构大幅提升，一类烟销售4.2万箱、二类烟销售5.8万箱、三类烟销售56.6万箱，分别增长24.6%、27.9%、60.7%，一二三类烟在总销量中的占比由上年的44%上升到65.5%。娇子品牌中的软包黄天子、龙凤魅力朝、硬包龙凤呈祥等产品增势强劲，为拉升结构发挥了突出作用。

二是技术创新提速，投资强度加大。坚持把培育娇子品牌的重点放在产品维护的技术保障上，积极配合川渝中烟工业有限责任公司技术中心推动产品开发改造，及时组织放样试制，全面加强产品生产过程控制和工序质量监督，产品质量指标稳定受控，超额完成了规定目标。技术研究大步推进，形成了一批工艺创新和设备创新成果，申报了4项工艺专利技术。基建技改积极推进，投入资金3.29亿元，比上年增长28.5%，完成了一批在线改造项目；涪陵分厂易地技改项目完成基础设计和场平工作，正在进行强夯整理，主厂房建设即将招标实施；黔江分厂易地技改方案通过川渝中烟工业有限责任公司初步审查；烟叶中心库建设申报工作纳入议事日程。信息化硬件建设和资源利用有了新的进步。

三是管理升级拉动，规范水平提高。主动适应行业产业升级、企业规模扩大的要求，围绕管理提档升级，积极导入卓越绩效管理先进理念和基本方法，融合精细管理优秀成果，制定了为期5年的绩效管理规划和年度工作计划，开展了相关培训和初步诊断，启动了制度体系建设。坚持在对标中细化管理、改善指标、推动优秀卷烟工厂和优秀管理部门创建工作，三个分厂都有新的进展，涪陵分厂创建试点成效显著，川渝中烟工业有限责任公司已向国家烟草专卖局提出验收申请，部门的创优工作取得新的成果。积极梳理管理关系，优化了专卖内管职能布局，成立了“两项工作”领导机构和“三项工作”管理委员会，开展了全面审计、预算审计等专项工作，配合完成了国家烟草专卖局组织的行业审计试点调研。深入开展预算管理、定额考核、成本控制、内部审计工作，专卖内管规范运行，安全形势继续巩固，企业管理和内部调控进一步深化、细化、具体化。

四是组织建设加强，保障作用突出。深入开展创先争优活动，扎实推进“一讲二评三公示”，丰富了组织活动，促进了组织发展，党员和党组织在企业运行发展中发挥了突出作用。加强党风廉政建设和纪检监察工作，在分厂建立了纪检监察工作机构，发布了党务公开实施方案，建立了办事公开、民主管理制度，强化了廉政建设和各种监督。加强群团组织建设，加大民主管理力度，切实维护职工群众合法权益。组织开展“讲责任、讲奉献、讲纪律”教育活动，继续建设“四个更要”工作作风；坚持开展“两个至上”主题实践活动，按时启动“娇子精博”服务品牌建设；大力弘扬川渝中烟工业有限责任公司“激情文化”，持续提升企业“科学发展、和谐运行”的价值追求，企业文化建设得到新的丰富和加强。

五是职工敬业爱岗，企业和谐稳定。结合企业实际，制定“十二五”发展规划，干部职工的信心更加坚定。继续深化队伍建设，积极开展人才培养和技能培训，进一步统一了思想、提升了能力；启用并交流了一批管理人员和专业技术人才，企业发展人气持续提升。加强用工分配管理，依托企业发展和制度调节，优化分配关系，改善福利待遇，加强退休人员和离岗待退人员管理服务工作。深入开展思想教育，强化思想引导，注重人文关怀，真心诚意对待和解答职工诉求，优化作业班次，减少加班延时，促进了思想统一、团队和谐，干部职工安居乐业。

(二)复烤加工

重庆烟叶复烤加工企业有重庆金益烟草有限责任公司(简称金益公司)和重庆万兴烟叶有限责任公司(简称万兴公司)2户。

金益公司

公司地处彭水县，是由中国烟草总公司重庆市公司、江苏中烟工业公司和重庆烟草工业有限责任公司共同投资组建，股本金1.36亿元。公司占地面积约200亩。建筑面积8.4万平方米，其中仓储面积4.8万平方米，烟叶整选场0.86万平方米。截至2011年末，公司资产总额2.33亿元，其中固定资产原值2.64亿元，固定资产净值1亿元。所有者权益2.20亿元，银行贷款余额为零，资产负债率为5.57%。公司拥有国内较先进的麦克它维奇打叶、普洛克特复烤、菲思本型预压打包等3万吨生产线配套设备，采用集散控制系统，生产自动化水平较高，同时配备有布拉本德、赫尔森烘箱、TM710红外线水份仪等质量在线检测仪器，采用柔性打叶、低温慢烤片烟工艺技术，加工质量稳定，采用静电除尘+

涡轮增压湍流除尘脱硫装置，节能减排成效显著。

2011年，金益公司紧紧围绕重庆烟草商业"十二五"发展规划和公司"十二五"发展思路，坚持"强化基础，严格规范，提升活力"的中心任务，按照"巩固管理基础，确保稳定发展"的工作思路，冷静地分析了公司所面临的形势，突出抓好"标准化建设、绩效管理、现场管理和TPM管理、预算管理、团队建设"等重点工作，进一步夯实管理基础。全年完成原烟加工3.555万吨，产出成品2.32万吨；结算收入10144.21万元，实现税利2772.78万元，其中利润1084.96万元；产品质量稳定，客户满意度达99.5%。

万兴公司

公司位于万州区，由中国烟草总公司重庆市公司、湖南中烟工业公司和重庆烟草工业有限责任公司共同出资组建的股份制企业，注册资本金1.2亿元。主要从事烟叶(烤烟、白肋烟)的加工及出口备货，是国家烟草专卖局和重庆市烟草专卖局重点扶持的三峡库区移民迁建技改企业。公司占地面积约7.4万平方米，仓库面积约5.2万平方米，整选用地约0.72万平方米。公司主要工艺设备为仿马克他维奇型打叶线、普洛克特型复烤线和高多丽型预压打包线，拥有先进完备的检测设备，建立了三级质量监督检测站，具备检测烟叶各项理化指标的能力，产品加工质量达到或超过行业标准。

2011年，万兴公司深入贯彻落实科学发展观，紧紧围绕建设"严格规范、富有效率、充满活力"的总体要求，保目标，强基础，上水平，全面完成全年各项生产任务，为"十二五"开局之年打下了坚实基础。全年加工原烟2.045万吨(其中烤烟1.815万吨、白肋烟0.23万吨)，较去年同期减少1.693万吨，下降45.45%；产出成品12975.94吨，较去年同期减少11013.84吨，下降45.91%。实现销售收入8112万元，比去年同期增加1170万元，增长16.85%；上缴税金1447万元，比去年同期增加243万元，增长20.18%；实现利润80万元。保持了"重庆市精神文明标兵单位"，"重庆市级爱国卫生先进单位"、"重庆市园林式绿化单位"、市级"模范职工之家"荣誉称号。

四、烟草商业

重庆市卷烟商业实行母分公司管理体制，市公司下属销售分公司、烟叶分公司、物流分公司3个专业分公司和38个区域分公司，以及1个多元化企业投资管理公司。在国家烟草专卖局和市委、市政府的正确领导下，全年围绕"提高运行质量，夯实管理基础"的经济运行工作主题，凝心聚力，创新发展，主要经济指标再创历史最好水平。"两烟"销售收入首次突破200亿元大关，达到204.5亿元，同比增长18.5%；实现税利49.7亿元，增长23.4%。年末所有者权益76.6亿元，12月末资产负债率20.71%，同比减少2.16个百分点。多元产业稳步发展，产业结构不断优化，房地产开发初见成效，卷烟连锁经营势头良好，全年实现税利2647万元。全年销售卷烟106.8万箱；平均单箱销售收入(不含税)107万元，增长17.6%。

(一)知名品牌加快发展

围绕国家烟草专卖局"532"、"461"知名品牌发展目标，通过优化品牌布局、强化工商协同、深化精准营销等措施，促进了知名品牌培育较快发展。全年销售一二三类全国重点骨干品牌60.5万箱、增长33.4%，销量比重首次突破50%，达到56.6%；其中娇子(天子)系列增幅高达85.8%，实现工业、商业、政府"三满意"。销售低焦油卷烟1.9万箱，增长40.9%。

(二)电子商务加快推进

大力推进网上订货工作，稳妥开展数字电视订货，全市网上订货客户数为10万户(其中数字电视订货客户达到500户)，占比为91.1%，成功率达到99%，网上结算客户比达99.6%。进一步拓展工商网上配货范围，工商网上配货单位达到4家。制订《重庆烟草网络营销实施意见》、开发了集"决策支持子系统、工商协同子系统、批零协同子系统"为一体的网络营销信息管理平台。"工商零"三位一体面向消费者的现代

营销体系建设迈出新步

(三)市场调控有序高效

围绕"市场需求基本满足、零售客户有所选择、零售价格保持稳定、社会库存基本合理、供求关系稍紧平衡"目标;健全与完善分层的市场信息监测与分析体系,定期开展市场调研,注重信息采集;充分发挥需求预测对货源组织的指导作用,不断提高市场响应速度和效率;精确制定投放策略,合理调控投放节奏,充分发挥货源自动分配系统功能,实现在总量和品牌上的科学投放,保持了市场供求基本平衡。

(四)服务客户水平明显提升

坚持以客户为中心,巩固客我关系。科学有效组织货源,订单满足率不断提高。在全市推行零售客户服务"百千万"行动,加强经营指导,解决客户实际困难。与工商银行协商推出牡丹·烟草卡,为客户提供一定标准的免息授信额度,有效缓解卷烟零售客户尤其是中小客户经营资金周转不足的困难。坚持"阳光供货",公开货源信息,取消"批条烟",规范集团采购渠道和价格,对紧俏品牌实行公平分配。

(五)物流运行平稳顺畅

物流分公司分拣包装作业速度268.62万支/小时,同比提高5.7%;按设备设定标准计算,设备有效作业率为132.11%,同比提高19.4%。直接送货件烟耗油量为0.09升/万支,同比下降3.04%;直接送货车辆装载率和接力送货车辆装载率分别为111.77%和96.4%,同比分别提高6.78%和0.94%。GIS技术应用标准已经上升为重庆市地方标准,物流定额技术规范在全国烟草行业推广,《重庆烟草物流未来十年发展规划》通过国家烟草专卖局审批并获好评。

重庆民防

重庆市民防办 卢芳

2011年,全市民防系统在市委、市政府、重庆警备区的正确领导下,在上级人防部门的具体指导下,坚持以科学发展观为统领,深入贯彻落实全国第六次、成都军区第四次人防会议精神,大力推进民防建设融入经济社会发展体系,整体建设水平有了较大提高。全市完成民防建设总投资15.5亿元,批建防空地下室面积比上年增长38.4%;竣工验收防空地下室面积比上年增长46.9%;收取易地建设费9.1亿元,比上年增长29.2%;民防工程平战结合开发实现产值近13亿元,解决就业2.6万人次;民防疏散基地安置能力达到65万人;接待纳凉避暑群众143万人次;16万名中学生接受防空知识教育,实现了"十二五"建设的开门红。

一、指挥通信

一是防空袭方案修订取得阶段性成果。已完成市级基本方案、行动方案、保障方案,九龙坡、沙坪坝、万州、永川、江津、荣昌等30个区县已完成全案。二是指挥平台建设迈出较大步伐。市政府办公厅转发了我办与市应急办《关于共建共用区县政府应急(人防)指挥平台指导意见》,并召开现场推进会,各区县积极响应,黔江、沙坪坝、江津、垫江、忠县等14个区县已启动相关工作。三是通信警报网络进一步完善。基本建成覆盖主城及区域性中心城市的固定和机动卫星通信系统,短波通信实现区县全覆盖,指挥通信网络初步形成了光纤、电缆、短波、超短波、移动和卫星通信"六网一体"的格局。警报建设步伐加快,鸣响率达100%,城区覆盖面达90%。四是疏散基地建设进展迅速。渝中、江北、九龙坡、巴南、渝北、北碚、綦江等区县大力开展"百镇千村民防疏散基地"建设,全市新建成疏散基地50个,新增安置能力50余万人。永川、江津、涪陵等地已启动多功能民防疏散基地建设工作。

二、应急管理

一是应急管理机制不断完善。建立突发事件趋势分析会商制度，制定应急指挥通信保障系列规定，确保各项工作有章可循，应急管理工作更加规范。二是训练力度持续增强。大抓训练体系建设，完成《重庆市人民防空训练实施纲要》的起草、评审和论证。举办涉及卫星、电台、警报等10余期民防通信技术培训班。组织市区两级指挥所联动训练、野外应急指挥通信等各类训练近200次，参训人员近3000人次。首次组织民防应急指挥通信保障跨区域联动拉练，横跨云、贵、川三省，行程2000余公里。三是重大演习活动效果明显。今年6月，组织了全市人民防空（防灾）人口疏散实兵演练，各区县、500多个部门单位、3.3万余人参演，制定各项预案400多个，培训人员1500人次，出动车辆600多台次。此次演练是我市有史以来规模最大、涉及人员最多、参演实兵最多、最接近实战的防空防灾人口疏散实兵演练。由于各级政府组织严密，达到了安全高效的预期效果。同时，积极参与成都军区国动委第六次会议联合演习，圆满完成指挥通信保障任务，受到观摩领导一致好评。四是基层应急能力有效提高。启动"两防一体化"社区建设，建成北碚华光社区等示范社区近20个；推进群防组织组训工作，共整组5个专业分队1万人，组织训练达2万人次，并开展了全市人防专业队伍规范化建设观摩交流推广活动。

三、工程建设

一是坚持规划先行。启动新一轮全市人防工程建设规划修编，完成《重庆市人防工程建设总体规划》初稿，渝中区编制完成地下空间与人防工程建设控制性详细规划并通过评审。二是"结建"工作成效显著。市政府办公厅出台的《关于规范防空地下室建设和防空地下室易地建设费征管工作的意见》，有力地指导了各区县规范"结建"工作，越权减免等问题得到极大改善，万州、黔江、涪陵、永川、綦江、垫江等区县"结建"收费增幅明显，绝大部分区县创了历史新高。三是公共工程建设稳步推进。大渡口区九宫庙人防工程竣工并投入商业使用，渝北区骝马山人防工程、渝中区081工程进展顺利，巴南区巴县大道、大渡口区锦霞街、开县开州大道三个引资工程有序推进。四是安全管理扎实有效。健全和落实安全工作责任制，强化日常监督检查，开展了施工图设计实地检查、防护设备产品专项质量检测。同时，对多个民防地下商场进行排危改造和消防整改，全系统继续保持安全无责任事故的良好态势。

四、平战结合

一是不断提高纳凉送爽工作水平。投入1200余万元，对35个人防工程纳凉点进行升级改造；全力将纳凉点打造成为党和国家方针政策及民防法律法规的宣传阵地，市民盛夏开展文娱活动的示范阵地，构建和谐、宜居重庆的重要阵地。在纳凉点组织开展丰富多彩的文化娱乐活动，配合重庆警备区到纳凉点开展亲民爱民活动，全年开展各类文化演出200余场次，得到人民群众的广泛称赞。重庆警备区朱和平司令员、市政府凌月明副市长等领导亲临现场视察，并给予充分肯定。市政协邢元敏主席用"三个没想到"进行了高度评价，她说："一是没想到人防工程建得那么好，管理得那么好，利用得那么好；二是没想到民防部门平战结合得那么好，防用结合得那么好，军民结合得那么好；三是没想到民防部门为群众服务得那么好，为社会服务得那么好"。二是加大民防工程开发利用力度。完成3个公共工程的整体招租，新增就业岗位2000个；结合住宅小区防空地下室建设，新增停车位6000个。

五、法制建设

一是不断完善政策法规体系。市政府、警备区在全国率先出台了《关于加快推进民防建设融入经济社会发展体系的若干意见》(渝府发〔2011〕63号),涪陵、渝中、九龙坡、沙坪坝、渝北、大足、梁平、丰都、奉节、垫江等区县认真贯彻落实,不少区县迅速出台具体实施意见。同时,在防护工程审批建设、指挥平台建设、行政执法等方面制定了相应的配套政策。二是着力维护政策法规严肃性。由市人大牵头市法制办、监察局等部门组成执法调研组,对南川区开展执法调研检查,较好地促进了区县民防工作。市人防监察队开展防空警报建设专项执法检查,规范和促进了警报设施的建设管理;同时,努力拓展执法范围,全年核查各类建设项目1800多个,新立案查处项目13个,追收易地建设费6500多万元。

六、宣传教育

一是重要活动声势浩大。为认真贯彻全国第六次、成都军区第四次人防会议精神,市政府于8月5日在市委小礼堂组织召开全市民防工作会议,市委副书记张轩、重庆警备区司令员朱和平少将、市人大常委会副主任王洪华等领导接见与会代表,并作重要讲话。各区县政府、军事机关负责人,全市民防系统干部职工,专业队伍骨干等500余名代表参加会议,极大地提高了民防的社会影响力。二是宣传教育全面深入。制订《全市民防宣传教育五年规划纲要》,重新组织编印《民防知识》中学教材、《民防应急手册》和《关注民防、防空防灾、平安生活》宣传报。全市310余所中学培训学生16万余人,培训教学、教研人员500余人次;30余所党校培训党政干部学员近6000名。深入开展民防知识进社区活动,充分利用"防灾减灾日"、"重庆大轰炸纪念日"、"法制宣传日"等重大活动,普及法律法规、防空防灾减灾救灾知识,接受教育的市民达20余万人。新建成的市民防宣教中心运行良好,全年共接待机关、企事业单位职工与学生、社区居民500批次,共9万余人,成为民防宣教的又一重要窗口。

第五编
产业状况

第一产业

农业机械化

重庆市农委农机综合处 傅锐

一、2011 年发展回顾

2011 年是重庆农机事业发展极不平凡的一年。一年来，在市委农工委、市农委的坚强领导下，全市各级农机主管部门认真贯彻落实市委市政府决策部署，迎难而上，奋勇拼搏，克难攻坚，扎实推进，圆满完成各项年度目标任务，农机化发展形势好于预期，实现了“十二五”农机化的良好开局。

——农机化综合水平持续增长。2011 年全市农机总动力达到 1100 万千瓦，同比提高 40 万千瓦，耕种收综合机械化水平达到 30%以上，同比增长 4 个百分点。

——农机装备总量稳中有升。2011 年全市共推广各类补贴机具 186829 台(套)，其中：推广微耕机 114875 台，完成年度目标任务 191%，比上年增长 31%；推广插秧机 1786 台，推广收获机械 3154 台(套)，其它机具 67014 台(套)，与上年基本持平。

——农机生产作业扩面增效。全年完成机耕面积 2704 万亩，较上年增长 12%，完成水稻机插秧面积 170 万亩。全市水稻机收作业再创历史新高，共完成作业面积 350 万亩，机收粮食总量达 157.5 万吨，机收率达 34.1%，较上年增长 6.1%，为农民节本增收约 8 亿元。

——农机工业行业兴旺繁荣。微耕机制造产销两旺，突破百万台大关，占到了国内市场份额的 70%以上，年出口量超过 15 万台，成为我市继摩托车、通用汽油机产品之后，又一“拳头”出口机电产品。小型收割机、小型电动(机动)插秧机、玉米收割机、油菜免耕直播机等机具的研发制造，势头正劲，成果初显。重庆农机工业行业已逐步成为全市机械制造行业新的投资热点和经济增长点。

——农机安全监管有力有效。农机监理“三率”工作在全国处于领先水平，拖拉机上牌率达 97.2%，检验率达 78%，驾驶人持证率达 96.2%，农机安全生产事故控制在市政府下达的考核指标以内。农机产品质量共接受投诉案件 11 起，均按相关规定进行了及时处理，为农民群众挽回经济损失近 15 万元。

——竞相发展格局基本形成。从农机推广看，绝大多数区县农机推广量都有一定程度地增长，一些区县推广量甚至达到同比翻番增长，在推广领域呈现出你追我赶的可喜态势。从农机作业看，有的区县结合粮油万亩高产示范片创建，开始实施水稻全程机械化整村推进工程；有的区县水稻机收水平已经达到了 91.5%；有的区县通过打破界线、田坎放平等方法，为机械化作业建立了适应的客观条件；有的区县总结出了“购置一台农机，实现万元增收”、“三机促三增，种田有钱存”(机耕机插机收，增产增收增效)的经验，积极向农户推广。从夯实基础看，部分区县认真贯彻落实国务院 22 号和市政府 40 号文件精神，分别以政府名义出台了配套实施意见，基层农机化工作政策环境进一步优化。从服务组织看，部分农机专业合作社建设特点突出、善经营、会管理、有效益、带动强，在全市很有示范借鉴意义。

二、发展中存在的问题

一是整体水平较低，与全国平均水平差距较大。二是个别区县对农机化的重要作用和地位认识不到位，基层农机管理、推广机构设置不规范、工作力量薄弱。三是由于油料供应比较紧张，且价格较高，农机作业成本上涨。四是农机装备结构性矛盾突出，农机社会化服务程度较低。五是农机安全监管装备严重滞后，安全生产隐患不容忽视。六是农机化投入长期不足,机耕道、农机停放场(库、棚)建设问题逐步突显。七是少数农机干部在执行购机补贴政策过程中违法违规操作,受到了严肃查处,给农机化发展带来了负面影响。

三、2012 年发展目标

2012 年的工作目标是,全年计划推广补贴农机具 20 万台套以上;完成机械化耕作面积 2700 万亩以上,建立水稻机插秧核心示范片 40 万亩,示范带动机插秧面积 170 万亩以上,水稻机收面积 350 万亩以上;油菜种植和收获机械化、特色经济作物机械化、畜禽水产养殖机械化、农产品初加工机械化、设施农业等有新的发展;农机安全生产事故严格控制在市政府考核指标以内,继续保持趋稳向好的态势;力争全市农机总动力达到 1150 万千瓦以上,耕种收综合机械化水平同比提高 3 个百分点以上,农机化整体水平由初级阶段向中级阶段大步迈进。

农村扶贫开发

重庆市扶贫开发办公室　李耀邦

一、2011 年发展回顾

2011 年,全市扶贫开发工作按照民生为本、着眼发展、瞄准对象、连片开发的原则,以贫困农村基础设施建设、产业发展、扶贫移民、培训转移、创业就业和社会帮扶为工作重点,以整村脱贫为抓手,围绕“两翼”农户万元增收,集中力量发展贫困村乡村休闲旅游,努力拓展社会扶贫领域,扶贫开发取得显著成效,全面超额完成了年度目标任务。全年共投入财政扶贫资金 14.2 亿元,社会扶贫资金 25 亿元,信贷扶贫资金 20 亿元,实现了 450 个贫困村整村脱贫,完成了易地扶贫搬迁 8.9 万人,新建及改扩建乡村公路 5100 公里,解决了 21 万人安全饮水,完成劳动力就业培训 10 万人,实现 2 万人转移就业,5000 人创业。减少贫困人口 33 万人,扶贫开发工作重点区县农民人均达 5284 元,较好地促进了贫困地区经济、社会事业全面发展,农村社会和谐稳定,人民群众幸福指数不断提高。

(一)成功实现绩效考评三连冠

重庆市扶贫办再获国务院扶贫开发领导小组全国财政扶贫资金绩效考评一等奖,实现绩效考评“三连冠”。

(二)全力实施整村脱贫

截至 2011 年,全市共计启动实施了 1116 个贫困村的整村脱贫,首批启动的 266 个贫困村已通过检查验收,并兑现了每个村 50 万元的将被资金。第二批启动的 450 个贫困村完成自查工作,平均每个村投入 950 万元以上。同时,新启动了 450 个贫困村整村脱贫。试点了南川区木凉乡、酉阳县宜居乡整乡脱贫,较好地促进了贫困片区连片开发、连片脱贫。

(三)大力推进扶贫产业

一是成功培育扶贫旅游产业。今年整合扶贫资金 3 亿元,在 17 个重点区县的 100 个贫困村、6000 个贫困户中试点,新增床位 10 万个,整合带动床位 30 万个,共用 2 个月左右时间,组织了 100 万人次下乡避暑休闲,促进农民增收 10 亿元,户均增收 1.5 万元,完成了试点农户万元增收的目标任务。力争用 3 年左右的时间,在贫困地区培育成规模连片、成熟壮大的扶贫旅游产业。二是大力实施万元增收工程。安排产业发展专项资金 1.3 亿元,小额信贷贴息资金 1910 万元,以“万元增收带动整村脱贫、整村脱贫促进万元增收”为抓手,采取有力措施培育“十大”扶贫骨干产业。

(四)移民搬迁效果良好

安排财政扶贫资金1.5亿元，整合以工代赈、巩固退耕还林成果资金3.36亿元,充分利用国土整治、户籍制度改革等政策措施,扩大贫困村整村搬迁范围，提高特别困难农户的补助标准，鼓励不宜人居的高山峡谷居住户实行自愿搬迁,全力实现8.9万人移民搬进,完成14个村整村搬迁,按照"民生10条"给扶贫部门的任务,提前一年完成了38万人移民搬迁任务。

(五)大扶贫格局基本形成

中央定点扶贫单位支持重庆资金5个多亿,市级扶贫集团对口支持重点县3亿多元,圈翼帮扶资金达到4.2亿元,各区县自己的组织的扶贫集团支持贫困村、贫困户资金达9亿多元,东西扶贫协作山东14个市对口支持14个重点县财政资金4250万元,基金会、老促会、扶贫开发协会三个社团全年募集资金4000多万元,全市党员干部结穷亲达3亿多元，全年社会扶贫总资金达25个亿。招商引资总签约达700多亿,仅"渝洽会"签约资金492亿元,签约项目80多个,到位资金18.2亿元。

(六)两项制度衔接走在全国前列

研究制定了扶贫到户扶持政策。进一步落实产业、科技、社保、金融、基础设施、互助资金、培训、扶贫移民、到户贷款等9项到户到人政策,在武隆、忠县等县开展试点,采取合作、入股和种畜、种苗补贴等方式,兑现每个贫困户2000元到户扶持资金,支持贫困农户自我发展,自我积累。做好信息化扶贫,实现扶贫网络覆盖到村。

(七)片区开发顺利推进

重庆有12个重点区县进入了国家集中连片特殊困难地区。武陵山片区的规划已经完成,秦巴山片区规划即将完成。

二、2012发展目标

(一)完成六大目标

一是勇夺绩效考评四连冠；二是实现扶贫资金过百亿,其中财政扶贫资金15亿,社会扶贫资金20亿,信贷扶贫资金20亿,招商引资到位资金50亿;三是脱贫30万人,消灭绝对贫困人口;四是完成450个贫困村整村脱贫;五是完成扶贫和生态移民搬迁10万人;六是完成培训转移就业10万人。

(二)实现两个片区良好开局

充分运用国家对14个特困连片区域的优惠政策和三峡库区后扶政策,按照跨区域设计、跨行业整合思路,编制好重庆武陵山片区、秦巴山片区2个扶贫开发规划，启动2个片区的扶贫开发试点工作。放大中央对片区开发的政策,建立片区区域发展政策体系。

(三)抓好五个典型示范

一是乡村旅游示范片。每县一个建立一个乡村旅游示范片，选择做得好的1-3个示范片给予支持。二是建立产业扶贫示范带。三是就业创业脱贫致富示范工程。把户改、地票、公租户、转移就业等结合起来，在万州试点就业创业脱贫致富示范工程。四是返乡农民工微企农民示范园。与原来区县的返乡农民创业示范园结合起来,利用微型企业政策,办好个微型企业农民示范园。五是大学生村官创业示范村。在开县建立大学生村官创业示范村亮点，带动其他区县大学生村官创业示范村发展。

农业综合开发

重庆市农业综合开发办公室 陈 科

一、2011年发展回顾

2011年是"十二五"时期的开局之年,全市农业综合开发工作在市委、市政府的正确领导下,以科学发展观为指导,认真贯彻落实"314"总体部署、国发〔2009〕3号文件精神,积极开展创先争优活动，紧紧围绕全市农业农村经济社会发展大局，发挥农业综合开发优势，努力为全市保障粮食安全、农副产品供给和发展现代农业贡献了力量。全年农业综合开发投入财政资金7.74亿元，同比增长14.68%，其中中央财政资金4.96亿元，同比增长15.48%，吸引各类社会资金、金融资本30亿元。全年立项实施土地治理项目103个，治理面积51.78万亩，其中建设高标准农田12.15万亩；立项实施产业化经营项目108个；集中使用科技推广费项目41个，部门项目61个。

(一)夯实农业农村基础设施

2011年，全市农业综合开发土地治理项目投入财政资金56581万元，改造治理土地面积51.78万亩。其中，投入财政资金26890万元，改造中低产田23万亩；投入财政资金14338万元，完成生态综合治理15.27万亩；投入财政资金14553万元，建设高标准农田12.15万亩；投入财政资金800万元，建设中型灌区节水配套项目1个；投入财政资金800万元，修复自然灾害损毁项目。加强了以农田水利为重点的农业基础设施建设，进一步改善了农业生产条件和农村生态环境，切实提高了农业综合生产能力，特别是粮食生产能力，保障了全市主要农产品持续稳定供给、优质安全供给，有力推进了农业增效，农民增收。全市农业综合开发土地治理项目区年可新增灌溉面积11.75万亩，改善灌溉面积14.11万亩，新增粮食生产能力6487.9万公斤，新增种植业总产值6.78亿元，项目区农民收入增加总额2.71亿元，受益农民人均增收180元以上。

(二)打造优势特色产业基地

围绕全市农业产业发展布局，坚持基地建设与产业发展相结合，继续打造粮油、柑橘、蔬菜、中药材、猕猴桃、金银花等优势特色产业基地。全年在南川、大足等区县新建优质粮油基地12万亩，在长江沿线柑橘带新建标准化柑橘基地6.5万亩，在潼南、璧山、铜梁、武隆等蔬菜核心基地县和中心城镇新建蔬菜基地7.4万亩。在其他产业优势基地县发展茶叶、猕猴桃、中药材等特色产业基地4万亩。

(三)扶持龙头企业和专业合作社

2011年，全市农业综合开产业化经营项目，以壮大龙头企业和农民专业合作社、促进农民持续增收为目标，投入财政资金6518万元，实施产业化经营项目108个，其中，财政补助项目54个，补助资金3312万元，贴息项目54个，贴息资金3206万元。加大了对农民专业合作社的扶持力度，财政补助项目中专业合作社项目达40个，占补助项目的74%。龙头企业发展迅速，构建了粮油产业、柑橘产业、蔬菜产业、畜禽产业、花卉苗木产业、茶叶产业、花椒产业、蚕丝绸产业等企业集群，市级农业综合开发重点龙头企业达到252家。建成了粮油、蔬菜、柑橘、榨菜、中药材、生猪等生产基地，正逐步成为布局相对集中、区域特色明显的优势产业聚集区，有力推进了我市农业产业化进程。

(四)开展农业科技示范推广

2011年，全市安排市级集中使用科技推广项目41个，投入财政资金1350万元，加大了农业科技投入，加快了农业科技成果转化，提高了农业科技含量和农民素质。重点推广以粮油、柑橘、蔬菜等主导产业和中药材、茶叶、猕猴桃等地方特色产业新品种新技术为主要内容，综合实施作物栽培、科学施肥、土壤改良、病虫害防治、无公害蔬菜生产等，有效提高了农民对科技的承接能力。同时，采取项目专家评审制，提高了科技推广项目水平，加快推动了农业综合开发项目区由传统农业向现代农业转变。

(五)助推“两翼”农户万元增收

2011年，农业综合开发坚持项目资金进一步向“两翼”地区倾斜，全年投入“两翼”地区财政资金达到25128万元，实施土地治理项目48个，扶持龙头企业和专业合作社27个，土地治理项目和产业化经营项目在“两翼”地区实现了全覆盖，“两翼”区县农业综合开发财政资金均突破了1000万元大关。市农综办加强了“两翼”区县示范点的建设工作，每个示范点整合投入资金100万元，积极组织龙头企业进“两翼”，带动约7.5万户农户增收。

(六)加强项目资金监管

2011年，市农综办坚持并进一步完善农业综合开发财政资金“因素法分配、公开化竞争、制度化管理、多层次监管”等重大核心制度，有效地促进了支农惠民资金“分配公开透明、管理规范有序、使用安全高效”。一是因素法分配。坚持并完善“重庆市农业综合开发项目财政资金因素分配法”，按照基础资源因素和工作质量因素两大类的相应权重进行综合计分，科学分配农业综合开发财政资金，充分体现“公平、公正、公开”和“奖优罚劣”的原则。二是公开化竞争。农业综合开发财政增量资金全部实行竞争立项，以专家评审制为竞争立项的决策机制，竞争范围覆盖了农业综合开发“土地治理项目、产业化经营项目、市级集中科技推广项目和外资项目”等全部项目，全年评审各类农业综合开发项目242个，较好地解决了项目资金分配上的“人为”因素，项目如何安排，资金分配多少，均迈入了制度化轨道。三是制度化管理。以农业综合开发“四制”为核心和基础，坚持并完善了农业综合开发项目工程招投标制、工程建设监理制、资金和项目管理公示制、财政资金县级报账制、项目专家评审制、工程竣工决算审计制等制度体系，编印了《重庆市农业综合开发制度汇编》。四是多层次监管。坚持农综部门管项目，财政部门管资金的相互制约体制，建立了“业务部门主管+国家农发办综合检查+纪检监察监管+专业人员监理+农民群众监督+中介审计监查+社会舆论监督”的监控体系，有效地防止和克服了“重资金争取、轻项目建设”、“重用轻管”和“重建轻管”等问题。

(七)创新开发体制机制

2011年，市农综办继续推进农业综合开发机制创新。一是继续深入探索项目实施主体。全年安排由农民专业合作社直接实施土地治理项目5个，种粮大户直接实施土地治理项目4个，为推进“先建后补”、加强项目有机结合、促进产业发展创造有利条件。二是扩大高标准农田建设范围。全市实施高标准农田示范工程的区县达到8个，新增示范区县3个，逐步将中低产田改造纳入高标准农田建设项目，2009年开始实施高标准农田示范工程以来，累计建设面积已达23万亩。三是开展农业综合开发与相关支农资金整合试点。以实施农业综合开发项目为平台，整合项目区内国土、水利、农业、林业、扶贫等各类支农资金，按照“渠道不乱、用途不变、优势互补、各记其功、形成合力”的原则，促进了农村基础设施整体改善。四是创新和完善项目验收检查方法。在区县级自我验收的基础上，委托中介机构对项目资金进行前期检查，再进行市级集中验收，推行钻孔取样检测办法，加大了资金财务检查的追踪力度、区县级验收情况的考核力度、项目工程质量的核查力度、农民群众满意度的测评力度和检查结果的奖惩力度。

二、发展中存在的问题

全市大部分农业基础设施依旧脆弱，有限的财政资金投入与全市大范围农业基础设施建设之间的矛盾仍然是现阶段农业综合开发的主要矛盾，农业综合开发龙头企业规模小，竞争力不强，与农民之间的利益联结不够紧密，农民科技文化素质较低，引进和应用新品种、新技术的能力薄弱，农民筹资投劳意识不强，农业综合开发工作还需继续开拓创新，农业综合开发任务任重而道远。

三、2012年发展目标

2012年，全市农业综合开发将紧紧围绕全市农业农村经济发展大局，按照“将重庆市农业综合开发项目区打造成为全国山地农业综合开发的示范区、西部现代农业发展的先行区”的总体目标要求，以提高农业综合生产能力和促进农民增产增收为主线，以建设高标准农田和优质特色产业基地为开发重点，着力推进粮食生产能力建设，大力发展优质特色产业，扶持农民专业合作社，推进“两翼”农户万元增收，为保障国家粮食安全，为全市缩小三个差距，促进共同富裕贡献力量。

一是财政资金投入。2012 年全市各类农业综合开发财政资金投入达到 9 亿元以上。

二是高标准农田建设。2012 年全市高标准农田实施区县达到 10 个，新建高标准农田 12 万亩以上。

三是配套建设产业基地。2012 年全市农业综合开发配套建设产业基地 50 万亩,其中蔬菜基地 5 万亩,柑橘基地 4 万亩。

四是配套打造示范园区。择优选择 10 个重点现代农业园区，拟投入项目资金 2 亿元以上进行集中打造。

五是扶持龙头企业和专业合作社。2012 年农业综合开发扶持龙头企业 86 家,农民专业合作社 58 家,投入财政资金 8371 万元,吸引金融资金 10 亿元。

六是助推“两翼”农户万元增收。投入“两翼”地区农业综合开发财政资金达到 3 亿元以上,继续推进百家龙头进“两翼”行动,有力促进“两翼”农户万元增收工程圆满告捷。

林业

重庆市林业局　谭挺锋

一、2011 年发展回顾

2011 年,在市委、市政府的正确领导下,我市林业工作以森林工程建设为主线,全面推进城乡绿化一体化,呈现出林地面积、森林面积、森林覆盖率和林木蓄积量“四增长”的良好态势。全年完成森林工程建设任务 510.8 万亩,种植各类苗木 3.42 亿株,投资 145.7 亿元。全市森林覆盖率达到 39%,森林面积达到 4821 万亩,活立木蓄积量达到 1.5 亿立方米。创建国家森林城市成功通过国家专家组验收。重庆获得全国“生态中国城市奖”和“森林之都”商标注册申报权。

(一)创建国家森林城市通过验收

以创建国家森林城市为统揽，以森林六大工程为载体，坚持广泛发动，全民参与植树造林,坚持上下结合,共建共享绿色环境。在城区突出打造具有“山水”特色的近自然城市森林。城区种植 10 公分以上大苗 630 万株。新建各类公园、小游园 880 多个,新建广场 164 个。建城周森林屏障 52.1 万亩。316 条城市干道、节点绿化升级,一些路段还建成 10–20 米林带。全市建成区绿化覆盖率达到 41.5%，建成区绿地率 38.3%,人均公园面积 14.3 平方米。实施通道绿化 2 万公里,其中“二环八射”高速公路绿化近 2000 公里,9500 公里国省道基本实现了有行道树。围绕乌江、嘉陵江、大宁河以及区县绕城河等重要水源地,加大水系绿化力度。

积极开展“创市级森林城市 建森林重庆我参与”市民进森林、宣传进机关、教育进学校等“十进”活动。开展了“市级森林城市”等“1+7”创建活动。组织参加了在大连举行的第八届中国城市森林论坛。11 月 25–30 日,关注森林活动组委会国家专家组对全市整体创建国家森林城市进行考察验收,38 项考核指标全部达标,其中 10 多项指标远超国家标准,成功通过验收。

(二)长江两岸造林绿化全力推进

绿化长江上升为国家战略，长江生态屏障建设被列为全国林业“十二五”重大生态屏障建设予以实施。突出长江绿化重点,结合示范打造亮点,全力推进长江屏障区建设。按照“交通方便,视线良好,全新造林,一流标准”要求,全面打造 40 个示范片。全年共完成造林绿化面积 130 万亩。同时,在库区 17 个区县 175 米库岸线到第一层山脊,提前实施 25 度以上坡耕地退耕还林 31 万亩,已完成 18 万亩。注重生态与产业同步推进，因地制宜共建产业基地 60 万亩,为库区产业发展、农民安稳致富走出了一条新路子。

（三）林业产业发展促进农民增收

以农村森林工程为抓手，绿荒山、建基地，兴林富民。坚持生态、产业两手抓，人工造林与飞播造林相结合，绿化荒山100多万亩，突出高速公路两侧可视范围及已落实林权的荒山绿化。新发展速丰林及各类经济林540万亩，产业链不断延伸。江津花椒、奉节脐橙、梁平笋竹、秀山金银花、黔江桑药、巫溪和城口的干果、北碚金槐和红豆杉，成为致富一方的骨干产业。全年实现林业总产值300亿元，人均林业收入达到600元。升级改造森林旅游精品，开展“百万市民进森林”等活动促进了森林旅游，旅游人数突破4500万人次，旅游收入超过20亿元。培育林下产业基地600万亩，林下产值达到70亿元。进一步加大苗木建设的力度，建成上千亩的苗圃基地32个，其中5000亩以上的特大型苗圃6个。全市在圃苗木达到16亿株，苗木总产值达到116亿元。

（四）集体林权制度改革不断深化

全面完成集体林权主体改革，深化配套改革。20个区县建立了林权管理服务中心。涪陵建成了全市第一个标准的区域性林权交易所。全市林地流转面积376万亩，流转金额近7亿元。林权抵押贷款成效显著，超过82亿元。林业合作组织发展迅猛，超过1000个，参加农户36万户，经营林地面积达到153万亩。南川、梁平、丰都、石柱等8个区县成为全国首批林业专业合作社示范区县。林木采伐管理进一步放宽，森林保险试点得以推开。积极探索林地使用权和林木所有权“两权分离”管理模式。开展森林景观资源流转。农民自发造林、合作造林面积超过200万亩。

（五）森林资源保护管理切实有效

立足以“防火、防虫、防侵占”“三防”为主体，采取多种有效措施，加强天然林保护、湿地、自然保护区等保护和建设，切实保护好森林资源。首次开展森林消防直升机护航和灭火作业工作，完成历时63天的航空护林任务，实现了卫星监测、飞机护航、地面扑救“三位一体”的森林资源防控体系。全年共发生森林火灾162起，森林火灾受害率为0.09‰，其中，一般森林火灾115起，较大森林火灾47起，无重大森林火灾和重大人员伤亡事故发生。与同样遭受高温伏旱的2006年相比，过火面积减少58.8%，受害森林面积减少55.45%。狠抓松材线虫病防控，松材线虫病疫情得到有效除治。主要林业有害生物发生面积416万亩，森林病害发生30万亩，虫害发生281万亩，鼠（兔）害发生105万亩，林业有害生物成灾率仅为0.06‰。坚持依法保护林地和依法限额采伐，严格林地林权管理，严格执行“十二五”征占用林地定额制度，抓好森林资源监测工作，切实保护林地“绿线”。办理各类林业案件4440起，侦破查处4395起，有效遏制了破坏森林资源的行为。

落实重点公益林和一般公益林管护面积4311万亩，完成率为100%。签订管护责任书7408份，签订管护合同15630份，落实管护人员15630人。明确了天保工程二期的目标任务、配套政策和资金。加强自然保护区基础设施、保护能力和生态能力建设，加强湿地保护与恢复、野生动物与珍稀濒危物种救护与繁育、疫源疫病监测等防控工作。晋升2个湿地公园为国家级公园，新建2个县级湿地自然保护区。全市林业自然保护区增加到52个、1036万亩。

（六）科技与立法助推林业可持续发展

狠抓林业科技创新和科技推广，先进适用技术推广率超过55%，良种使用率达到53%。完成森林碳汇交易制度设计研究及首批交易项目储备。推进国家科技示范县建设，涌现出了梁平、荣昌、黔江、北碚等科技兴林典型区县。扎实推进实用技术培训和科技特派员工作，派出市级林业科技特派员200多名。狠抓科技平台建设，开展森林空气负离子监测，建成43个监测点进行日测日报。加大立法进程，市人大常委会审议通过并正式实施《重庆市森林防火条例》。开展《重庆市林业有害生物防治管理办法》、《重庆市湿地保护条例》等立法调研前期工作。

(七)生态文化建设蓬勃开展

以纪念建党90周年、辛亥革命100周年、全民义务植树运动30周年，大规模开展群众性义务植树活动。在主城区建18个纪念林、纪念树种植点，满足5000余市民"寄情于树，铭志于林"的生态文化建设需求。全市有2500多万人次参加了春秋两季义务植树活动，种树超过1亿余株。

以森林公园、湿地公园、森林生态自然保护区、湿地自然保护区、风景名胜区和古树名木保护点建设为重点，增强生态文化内涵，提升了人文气息，建成国家和市级森林公园73个，自然保护区45个，生态科普基地5个，古树名木保护点超过10000个。打造森林生态镇100个、绿色村庄2000个。缙云山自然保护区被中国生态文化协会授予为"国家生态文明教育基地"。永川黄瓜山村和茶竹村、渝北梨园村、南岸凉风村等4个行政村被评为"全国生态文化村"。

二、发展中存在的问题

一是造林难度大。37个区县属石漠化发生区，还有相当部分难造林、难利用地，造林地立地条件差，造林成本高。二是管护压力大。我市冬季雨雪冰冻不适合小叶榕等树种的生长；夏季高温伏旱不利于小苗的生长。同时，森林防火形势严峻，松材线虫病等林业有害生物防治压力大。三是林分质量不高。全市森林以针叶林多、纯林多、中幼林多，森林的综合效能发挥有待提高。四是林业体制机制不够完善。森林生态效益补偿机制不健全，林权流转制度不完善，林业基层基础工作比较薄弱，科技应用水平不高。

三、2012年发展目标

2012年是"十二五"规划承上启下之年，是全市林业发展的关键之年。在市委、市政府的坚强领导下，在国家林业局的指导下，以六大森林工程建设为主线，坚持加快发展、注重"量"的积累与巩固成果、注重"质"的提升并重，坚持林业改革、林农增收、环境改善并重，确保森林工程建设第一阶段目标全面完成。2012年完成森林工程建设任务500万亩，其中长江两岸绿化130万亩，荒山绿化100万亩。森林覆盖率达到40%，实现林业总产值400亿元，林农人均林业收入达到700元。

畜牧业

重庆市农委 向品居

一、2011年发展回顾

2011年，全市各级畜牧部门积极应对复杂局面，紧扣"保供、提质、治污、增收"的工作要求，认真落实各项扶持政策，努力化解生产波动、成本上涨等不利影响，实现了畜牧业增长增效、畜产品提质提量、重庆国家现代畜牧业示范区建设纵深推进的优异成果，出色完成了全年目标任务，实现了重庆"十二五"畜牧业开门红。

(一)主要成绩

——畜产品保供能力增强。2011年，全市生猪出栏2020.9万头、存栏1540.6万头，同比分别增长0.5%、-1.1%；牛出栏51.9万头、存栏124.5万头，同比分别增长5.7%、-2.8%；山羊出栏202.6万只、存栏176.6万头，同比分别增长5.9%、5.0%；家禽出栏2.09亿只、存栏1.16亿只，同比分别增长6.0%、6.8%；兔出栏3870.1万只、存栏1529.1万只，同比分别增长28.4%、30.9%；奶牛存栏2.93万头，同比增长10.2%；蜜蜂保有68.2万群，同比增长11.8%。全市肉类总产量达到196.3万吨，比上年同期增长2.0%。猪肉产量148.6万吨，增长0.7%；牛肉产量6.7万吨，增长6.9%；羊肉产量2.6万吨，增长6.6%；禽肉产量32.6万吨，增长5.3%；兔肉产量5.1万吨,增长13.9%;禽蛋产量37.4万吨,增长0.5%;牛奶产量8.0万吨,增长0.3%;蜂蜜产量1.2万吨,增长3.9%。全市畜牧业总产值425.3亿元,增长2.5%;占农业总产值33.6%。在主城二环内全面禁止养殖,而市场需求反而大增的前提下,保持了畜牧业持续增长,肉蛋奶供应充足。在全国36个大中城市调查中重庆猪肉价格最低,有力保障了城乡居民"菜篮子"产品消费。

——示范区建设成效显著。荣昌核心区畜牧新市场已建成开业,并成功举办第五届中国畜牧科技论坛及第七届畜科"三新"博览会,回良玉副总理专门发来贺电;合川、黔江、长寿先行区各具持色,快速推进;丰都已建成中国肉牛之乡并成功举办第六届牛业大会,开县已成为全国肉兔强县并成功举办亚洲兔业大会,南川、彭水的中蜂、种蜂,梁平、酉阳肉鸭、麻鸭,城口、巫溪的山地鸡、宁河鸡,秀山、黔江的土鸡,云阳、大足的山羊,垫江的肉鹅,壁山的肉鸡,石柱的毛兔,潼南的生猪,涪陵的黑猪等,亮点纷呈;重庆农畜产品交易所交易总额突破50亿元、业务拓展到全国28个省区市,荣昌分中心交割仔猪40万头。

——生产方式加快转变。累计建成各类畜禽规模化养殖场6.2万个,标准化示范场102个,生猪、奶牛、肉牛、肉羊、蛋鸡、肉鸡规模化率分别达到46%、77%、32%、35%、77%和78%。已建成畜禽良种繁育企业75家,大型养殖企业32家,屠宰加工企业173家,市级以上畜牧龙头企业103家(国家级7家),畜产品加工企业800余家。

——林下养殖迅猛发展。在万元增收工程的推动下,"两翼"地区的牛、羊、禽业迅猛发展。2011年"两翼"地区出栏牛45万头、羊180万只、家禽8000万只。

——畜禽保险稳步推进。在22个区县实施了生猪保险,在黔江、丰都、云阳等区县开展了能繁母牛、肉牛、山羊、土鸡等险种保险试点,部分区县还展开了种禽、蛋禽、种兔和肉兔等险种保险。

——融资难题正在破冰。全市组建市级农业担保公司1个,区县级农业担保公司20多个,累计为畜牧业担保贷款25亿元;新建了小额贷款公司77家,发放畜牧业贷款50多亿元。畜牧业融资难题正在破解。

——饲料工业健康发展。全市工业饲料总产量201万吨,增长15.9%。饲料质量抽检合格率为96.15%,创历史新高,同比提高2个百分点。饲料企业数量减、产量增,产业集中度不断提高。

——畜产品质量稳步提升。生鲜乳抗生素残留、违禁添加物监测合格率连续九年达到100%,全年累计抽检尿样等1.24万批次,"瘦肉精"监测合格率100%。累计建成无公害畜产品产地233个,无公害畜产品187个,绿色食品21个,有机食品13个,地理标志畜产品4个。

(二)主要措施

——多措并举,稳定生产保供给。一是落实政策促发展。落实了生猪养殖调出大县奖励、能繁母猪补贴、标准化示范创建、生猪、奶牛良种补贴、能繁母猪保险、龙头企业扶持、养殖场改扩建、"菜篮子"工程等扶持政策资金5.19亿元,有效促进了畜牧产业快速发展。二是扎实创建作示范。在33个区县实施生猪标准化养殖场改扩建;组织召开了标准化养殖现场会,开展了"科技下乡村"、"服务进场户"等活动。三是完善良繁固基础。实施了生猪遗传改良计划,培育69、隆生等一批原种猪场,开展了性能测定,稳步推进联合育种;召开了全市种畜禽监督管理工作会,制发了《种畜禽生产经营许可管理办法》;对国家和地方重点畜禽遗传资源保护和开发利用进行补贴,实施濒危和重点畜禽遗传资源动态监测。

——部门联动,严打严管保安全。一是开展了"瘦肉精"专项整治行动。全市共出动2.6万人次,检查饲料企业455家,饲料经销商7627家、养殖场3.5万个、贩运户4816个,定点屠宰场994个,检查覆盖率达100%,发现并责令整改198起,查处问题72起,立案13起。二是开展了饲料产品和违禁添加物专项监测。全市共抽检饲料企业210家,三聚氰胺、"瘦肉精"等违禁添加物监测合格率均达100%。三是开展了饲料及饲料添加剂安全监管。严把饲料生产行政许可准入关，严厉打击无证生产、经营和使用假劣饲料行为，取缔不合格企业6家，整治重点区域172个。四是开展畜产品例行抽检和监督检查。共抽检38个农贸贸市场、8个屠宰场1102批次样品，合格率达99.83%。五是开展了生鲜乳质量安全监管。及时应对生鲜乳皮革水解蛋白风波，严厉打击生鲜乳添加非食用物质行为；对22个奶站及运奶车辆抽检，质量全部合格；加强学生饮用奶质量安全监管，学生奶推广至38个区县、5196所学校、247万学生，未发生饮用奶安全事故。

——谋划全局，健全规章强基础。一是编制印发了《重庆市"十二五"畜牧业发展专项规划》，加强了对畜牧业发展的科学指导。二是制发了《奶牛标准化养殖场建设规程》、《中蜂原生态蜜生产技术规范》等8个地方标准，有效确保了产业规范发展。三是组织6个检查组，集中对全市38个区县2007—2010年期间实施的畜牧项目和惠民资金监管情况进行了专项检查，查处滞留畜牧补助资金6126万元，5人因触犯刑律被移送司法机关。

二、发展中存在的问题

一是主城禁养，各区县养殖用地更加困难；二是饲料普遍涨价，成本增加，养殖效益及利润双减；三是城镇化人口快速增长，肉蛋奶消费需求倍增，保畜产品自给的压力更大；四是养殖粪污纳入减排考核，养殖环保困难重重；五是畜产质量要求更高，安全监管难度更大。加之疫病及诸多不确定因素越来越多，重庆肉蛋奶生产已步入资源和环境双约束时期，成本和风险双高涨时期，质量和安全高敏感、高关注时期。稳定和发展重庆畜牧业的任务十分艰巨。

三、2012年发展目标

（一）目标任务

全年生猪出栏稳定在2000万头以上、肉牛56万头、山羊230万只、家禽2.3亿只、肉兔3900万只，存栏奶牛3.0万头，蜜蜂70万群；肉、蛋、奶类、蜂蜜产量分别达到200万吨、40万吨、9万吨和1.5万吨；工业饲料产量210万吨；实现畜牧业产值430亿元。

（二）重点工作

1. 做实国家现代畜牧业示范区和万元增收工程。一是稳步推进国家现代畜牧业示范区建设。按照"1135"的总体规划，全力推进荣昌核心区、黔江先行区、合川加工示范区、长寿现代牧业科技园区和潼南种养结合生态畜牧园区建设进程。积极支持拓展区县形成一县一特色。二是加快实施"两翼"农户万元增收工程。以发展林下养鸡、养鸭、养鹅、养蜂为重点，全力推进"两翼"万元农户增收工程。

2.做大生猪和草食牲畜两大产业。一是重点发展生猪主导产业。落实好各项政策措施，防止价格大涨后出现大落，保持产业稳定发展。全面落实好能繁母猪补贴、生猪标准化养殖场建设、生猪调出大县奖励和畜牧良种补贴等扶持政策；强化监测预警，完善调控预案，时发布预警信息，防止价格出现大的波动。二是扶持发展草食牲畜特色产业。争取出台新的扶持政策，大力推进草食牲畜规模养殖；鼓励建设畜牧专业合作经济组织，增强应对市场风险的能力。

3.做靓畜禽种业高地及标准化规模养殖。一是加快发展现代畜禽种业。深入实施生猪遗传改良计划，规范种猪性能测定，提升种猪生产水平和供种能力。支持畜禽良种场建设，开展管理和技术培训。规范种畜禽生产经营许可证发放秩序和准入制度，完善种畜禽管理网络平台。加大地方畜禽遗传资源保护力度，完善资源保护场、保护区、冷冻库等保种机制。二是大力推进标准化示范创建。推进中等规模场的改造和提升，加强对已授牌示范场的跟踪监管，宣传推介一批示范场。组织开展畜牧业用地、饲草料、融资、保险、环保调研，探索并力争出台相应政策措施。

4.做细"瘦肉精"和生鲜乳专项整治。一是保持高压态势，坚决打击违法添加"瘦肉精"行为。继续开展饲料和养殖环节"瘦肉精"专项整治，确保工作力度不减,严打态势不松。建立健全监督举报制度和责任追究制度。二是加强全面监管,牢牢抓住乳品质量安全这条生命线。继续抓好生鲜乳专项整治,加大生鲜乳收购、运输环节的抽检力度,扩大抽检范围,增加抽检频次,严厉打击违禁添加行为。进一步加强生鲜乳收购站监管,组织实施奶站进货查验、监督检测、异地抽检、从重处罚、信用档案及黑名单制度,确保不出现质量安全问题。

5.做好饲料新条例的宣传贯彻。今年5月1日,新修订的《饲料和饲料添加剂管理条例》将颁布实施。新条例明确了相关主体的饲料质量安全责任,加大了对违法违规行为的处罚力度。采取多种形式做好新条例及其配套规章的宣贯工作,做到深入人心,家喻户晓。支持发展大型饲料企业集团,淘汰落后产能的小企业。

6.做强能力建设和技术服务。一是提高项目监管能力。提高项目监管能力,加大项目监管力度,探索建立项目资金监管的长效机制。项目申报阳光透明,切实落实公开公示制度,严格审核把关和严格责任追究,强化事前监管和风险点防控,确保项目资金规范管理,安全运行。二是加强推广能力建设。完善基层畜牧技术推广体系,增配人工授精等品种改良设施设备;三是提高技术服务水平。开展优良特色畜禽新品种的培育和养殖技术集成研究,力争在畜禽产品质量快速检测、环保型饲料添加剂研制、牧草收获贮存加工存技术、畜禽粪污综合利用技术等取得突破,推动畜牧业向高产、优质、高效、生态、安全的现代畜牧业转变。

渔 业

重庆市农委渔业发展处 妙晓东

一、2011年发展回顾

全市水产品总产量达到32万吨,同比增长13.5%;渔(农)民人均纯收入达到8160元,同比增加26.3%,高出我市农民人均纯收入26.7%;淡水产品自给率达到64%,同比提高8%,渔业综合生产能力和保供增收能力大幅提高,实现跨越式发展。

(一)“双保计划”深入实施,渔业健康化和规模化程度明显提高

按照市政府《关于加快渔业发展的会议纪要(2009—237)》的部署和要求,采取挖潜力、扩面积、推技术三大措施,继续实施了以“保供给、保增收”为目标的“双保计划”。完成500亩以上旧塘改造项目13个,建设规模在千亩以上的商品鱼基地15个,创建部、市级健康养殖示范基地12个,其中,创建部级健康养殖示范场9个,接近前五年创建数量的总和。建成池塘"吨鱼万元"健康养殖示范片1.6万亩,其中实施"鱼菜共生"示范项目5000亩,亩均增收1500元。在14个区县推广“稻鳅双千”项目5.2万亩,生产泥鳅水花10亿多尾,培育规格鳅苗2亿多尾,成功探索了稻鳅(虾、蟹、蛙)、藕鳅等种养模式。与市财政局联合制定并发布了《重庆市山坪塘养殖技术规范》和《重庆市水库生态渔业技术规范》,将其作为相关技术指导和项目验收的标准。据统计,今年全市改造旧塘5.1万亩,新开挖池塘3.7万亩,推广健康养殖技术20万亩,其中推广"鱼菜共生"技术1.7万亩,池塘新增水产品3万吨以上,30亩以上的规模池塘养殖面积20万亩,占池塘养殖总面积的32%。

(二)三峡库区天然生态渔场建设全面启动,“水下经济”开拓取得实质性进展

一是全力推进“五大工程”。资源增殖工程:全年放流水生生物8000多万尾;水域牧场工程:市农投集团投资近1200余万元,建成位于

忠县的两大水域牧场，完成万州襄渡河水域牧场及开县小江河(澎溪河)水域牧场建设的前期工作;湿地渔业工程:完成开县汉丰湖湿地渔业示范工程项目可行性研究、初步设计等前期工作;质量品牌工程:忠县水域牧场鲢、鳙鱼的绿色、有机认证进入审批程序,产品及环境检测已经达标;人才培训工程:按照"阳光工程"的运作模式培训3万多人次。二是精心培育"两大体系"。苗种繁育体系:投入4500万元,全面启动15个水产良种场建设,其中8个良种场已竣工;技术支撑体系:建成增殖放流及渔业环境监测中心站1个、监测点5个;使用新的放流标记技术,圆满完成首次大规模增殖放流标记任务。同时,成功争取三峡集团公司出资3000万元建设大宁河增殖放流工程示范区,协调市移民局出资5000万元在三峡库区进行增殖放流活动。

(三)特色和品牌渔业发展势头良好,渔业经济效益显著提升

一是投入力度迅速增强。通过招商或自主方式,吸引北京北欧玛生物科技有限公司(中法合资)、云南阿穆尔鲟鱼养殖有限公司、重庆市三剑园林工程有限公司等市内外9家各投资上千万的企业进军我市渔业行业,从事特色和品牌渔业发展,实际年度投资总额超亿元,计划总投资超过3亿元。二是区域布局逐步形成。主城郊区的观赏鱼,渝西地区的生态甲鱼、乌鳢等,渝东北地区的胭脂鱼、裂腹鱼、大闸蟹等,渝东南地区的大鲵、鲟鱼、蛙类等特色品种养殖优势凸显,产业布局初步形成。三是品牌战略加速推进。"三品一标"认证品种新增35个,万州大闸蟹、恒韵生态甲鱼、长寿湖有机鱼、巫溪洋鱼等品牌正逐步发展壮大。据统计,全市观赏鱼年产量达到7000万尾,同比增长40%,仿生态大鲵苗种年供给能力达5万尾,是2010年的2.5倍,特色渔业亩均利润超过万元。

(四)产业体系构建和支撑保障能力建设不断加强,渔业现代化在探索中初现端倪

一是积极推进产业体系构建。初步构建起了产、供、销较为完整的现代渔业产业体系,形成了以池塘为重点的一批商品鱼生产基地,以国家和市级原、良种场为核心的的水产原、良种供应体系,以通威、正大等大型饲料企业为支撑的渔用饲料供应体系和以龙头企业、专业合作社为纽带、以运输大户为主体、以批零市场为平台的流通销售体系。渔业经济总产值突破70亿元,达到73亿元,其中渔业产值47.5亿元,渔业二、三产业产值25.5亿元,同比增幅分别达38.8%、31.6%和54.5%。二是不断强化支撑保障能力建设。21个区县完成渔业养殖水域滩涂规划,完成目标任务的81%,养殖证发证率达到71.3%;实施亲本换代2.4万公斤;招标采购大型分析仪器2台,增配原子吸收分光光度计、酶标仪等检测设备10套;新建县级水生动物疫病防治站5个;基本完成渔港选址工作,规划小型渔港67个、群众渔港154个;26个区县渔政机构纳入参公管理,5个区县已经上报,渔政参公率有望达到84%。

(五)"三大安全"管理逐步规范,平安渔业建设力度不断加大

一是狠抓水产品质量管理。出台《重庆市产地水产品质量安全监督抽查工作规范》,实行水产品质量安全承诺制,开展百日整治行动,启动市级水产品质量安全监督抽查,地产水产品质量安全抽检各级各批次均达100%。二是狠抓渔船安全管理。落实四级责任制,与473个乡镇签定了渔船安全监管委托书;加强隐患整治,排查渔船安全隐患596项,整改率100%,销毁涉及非法捕捞的"三无"船舶62艘;实行渔业船舶检验证书、登记证书和捕捞许可证书等三证合一,换证率100%;启动"重庆渔民生命之光工程",为全市6000艘渔船安装防碰撞灯光信号设备;开展渔船安全应急救援演练;全面推进渔业互助保险,全市共办理7036人次参保手续,收取保费49万余元,办理5人死亡和2人伤残理赔手续,赔付金额25.5万元,参保率达到69.6%;出台《重庆市渔业船舶安全管理黑名单制度》和《重庆市渔业船舶水上安全突发事件应急预案》,圆满完成了市政府下达的渔船安全管理目标任务。三是狠抓渔业资源管理。出台《重庆市

农业委员会关于加强捕捞渔船控制指标管理的通知》和《重庆市农业委员会关于加强捕捞渔船管理的通知》等2个制度性文件；开展"雷霆行动"等专项整治行动；探索实施跨界联合执法行动；组织涉渔工程环评15个，涉及生态补偿资金4500万元；长江上游鱼类保护区调整工作获得了国务院的正式批准，大大促进了小南海水电枢纽工程的建设步伐，市农委被市政府表彰为小南海水电工程前期工作先进单位。严格执行禁渔管理制度，出动渔政执法人员2万多人次、执法车(船)1600余辆(艘)次，查处违规渔船80余艘次，没收"三无"船舶10余艘，行政处罚60余人次，罚款8万元，刑事处罚6人次，有力打击了破坏渔业资源的违法行为。

(六)信息宣传工作得到加强，渔业舆论环境逐步优化

一是加大了向“中国渔业政务网”报送信息的力度，去年，我市在“中国渔业政务网”上的信息积分在全国62个报送单位中首次升至第13位，被农业部渔业局评为2010—2011年度全国渔业政务信息与宣传工作优秀组织单位。二是对“重庆渔业信息网”进行了升级改版，进行了板块细化调整、服务功能添置、版面形象创新等工作。三是制作出版了《跨越发展中的重庆渔业》画册，收集整理图片200多幅，集中直观地展示了“十一五”以来我市渔业发展的历程和成效。

(七)投入水平明显提高，渔业发展动力趋于增强

以财政性资金为引导，社会性资金为主体，渔业发展投入规模不断升级，投入来源不断拓展。2011年全市投入的涉渔财政性资金达到1.6亿元，社会性资金达到4.2亿元，均实现同比翻番。投入渠道从单一的渔业生产发展项目资金拓展到农户万元增收工程、农村新型股份合作社项目、三峡后扶、“三权抵押”、“联合担保”以及国有企业资金等。

二、发展中存在的问题

我市的渔业产业体系还不够完善，支撑保障能力还不够强，渔业综合生产能力和保供增收能力有待进一步提高。尤其是依然落后的渔业基础条件，总体能力偏低的渔业从业人员，无法根本消除的市场和自然风险，很大程度上制约着我市渔业快速发展的步伐。

三、2012年发展目标

坚持贯彻全市农业、农村工作会议和全国渔业工作会议精神，把今年确定为我市渔业发展的巩固提高年，以巩固提高为原则，以保供增收为中心，以增量提质为目标，积极构建现代渔业产业体系和支撑保障体系，努力推动现代渔业建设取得积极成效。力争实现水产品产量36万吨，渔民人均纯收入9400元，同比增幅分别达到12.5%和15.2%，产地水产品质量抽检合格率不低于98%，渔业安全形势保持稳定。为此，要坚持不懈地实施“双保计划”，坚定不移地推进三峡库区生态渔场建设，锲而不舍地抓好水产品质量安全，持之以恒地做好资源养护工作，全力以赴地扭转渔船安全被动局面，扎扎实实地做好行业管理工作。

第二产业

重庆工业经济发展综述

重庆市经济与信息化委员会　刘富钊

一、2011年发展回顾

(一)工业经济运行情况

2011年,工业经济运行总体态势良好,产销基本平衡,全市实现工业销售值1.39万亿元,增长27.5%;工业增加值4690亿元,增长22.2%,占GDP比重46.9%。其中,规上工业实现销售产值1.2万亿元,同比增长28.2%;工业增加值3524亿元,增长22.7%,增速在全国继续保持第一位;完成工业投资2680亿元,增长20%。

全市汽车产量250万辆,增长16%,其中市内172万辆,增长6.7%;生产摩托车1030万辆,市内880万辆,增长3.5%;钢材948万吨,增长32.6%;铝材134万吨,增长20.5%;水泥4935万吨,增长16.4%;微型计算机2548万台。

全市用电量累计717亿千瓦时,增长15.5%,其中,工业用电量475亿千瓦时,增长12.7%。原煤产量4465万吨,增长2.4%。全市电煤采购2174万吨(含市级储煤集团),增长43.8%。天然气消费量62.8亿立方米,增长9.4%。货运发送量9.3亿吨,增长14.4%,其中:水路1.13亿吨,增长16.6%;公路7.94亿吨,增长14.3%;铁路0.2亿吨,下降4%;集装箱吞吐量72.6万标箱,增长14.9%。

1.规模工业总量上新台阶。2011年,规模以上工业销售产值突破1.2万亿元,增长28.2%,从全国第23位上升到第22位,实现直辖以来的首次"升位"。全年全市工业投资2608亿元,增长20%,其中,计划总投资500万元以上项目完成投资2531亿元,同比增长33.4%,占全社会固定资产投资的33.2%。

2.规模工业增速领跑全国。2011年,规模工业增加值增长22.7%,比全国快8.8个百分点,继续领跑全国。主要行业中,电子通信行业增长最快,销售产值增速达到2.7倍,远高于全国15.9%的增幅,行业新增销售产值604亿元,占全市规模以上工业增量的22.8%;专用设备、电器机械、黑色金属冶炼、非金属矿物制品、农副食品加工、服装鞋帽、橡胶制品等行业增幅均在30%以上,远远高于全国同行业增幅;汽车产销量在需求萎缩的情况下,增长6.7%,高于全国3.4个百分点。

3.重点产品保持快速增长。2011年,重点监测的57个工业产品中,有19个产品产量增幅超过30%,其中,全市生产笔记本电脑2407万台,增长25.4倍,产能快速释放。此外,平板玻璃、氧化铝、数控成型机床、改装汽车、冰箱、空调、热水器、显示器等产品全年销售产值增长超过50%;显示器、热水器、电冰箱、平板玻璃、氧化铝等产品产量成倍增长。

4.外向型经济活力增强。2011年,在笔记本电脑项目的强力带动下,规模以上外商及港澳台资工业企业实现销售产值2713.7亿元,增长41.3%,增速高于全市平均13.1个百分点。2011年规模以上工业企业实现出口交货值928.4亿元,增长136.2%,全国平均水平仅16.6%。涉及出口的23个行业中有18个保持增长,有6个增幅高于50%,其中,通信电子、造纸、专用设备成倍增长。表现最为典型的是以笔记本电脑为主的通信电子行业,出口交货值470.3亿元,增长13倍,占全市工业产品出口交货值的比重达到50.7%。

5.经济效益持续提升。全市规模以上工业实现主营业务收入1.16万亿元,增长34.3%;利润558亿元,增长28.1%;工业经济效益综合指数达到257.7%,比上年提高27.4个百分点;全员劳动生产率24.4元/人,增长20.5%;资产总计达到9247亿元,增长17.4%。各行业中,交通运输设备制造业仍是创造效益的大户，预计全年实现利润172亿元，增长21%，占全市总量的30.8%；烟草、农副产品、化工、医药、水泥、通用设备、专用设备、电器机械等12个行业利润超过10亿元,22个行业利润增长超过30%。

6.区县工业竞相发展。各区县均将工业作为支撑发展的第一引擎,你追我赶的氛围浓厚,部分区县纷纷出台扶持政策，竞相赶超发展的态势喜人。2011年,全市40个区县规模工业销售销售产值均达10亿元以上;21个区县规模工业销售销售产值过100亿元,比2010年多2个;渝北区突破1500亿元大关;40个区县规模工业销售销售产值均保持增长。"一圈两翼"协调发展,两翼地区17个区县规模以上企业工业实现销售销售产值1336亿元,增长35%,比一圈增速快7.6个百分点。

7.企业规模不断提高。2011年重钢、西南铝、力帆、小康等企业集团通过大规模的技改扩能,实现了企业规模的大幅提升;鸿富锦、达丰等笔电企业通过产能的快速释放，充分发挥出规模效益。2011年规模以上企业4793户,比年初增加235户；预计全年以工业为主的年收入过10亿元的企业达到150户;百亿企业达到24户(长安股份、长安福特、长安铃木、电力、重钢、西南铝、机电、化医、轻纺、能投、重烟、力帆、隆鑫、船舶、庆铃、渝安、宗申、博赛、鸿富锦、达丰、海尔、格力、蓬威、万达),比上年新增6户(鸿富锦、达丰、海尔、格力、蓬威、万达)。

8. 运行保障机制逐步完善。2011年成立了重庆市电力电煤保障工作领导小组，市财政安排了12亿元煤电补助资金,为电力电煤保障起到关键性的作用。2011年,全市用电量717亿千瓦时,增长15.5%,其中主网外购电量146亿千瓦时，增长16%，在全国普遍拉闸限电的情况下,我市成功实现迎峰度夏"不拉闸"。"宁煤入渝"由每天一列增加为两列,全市主力电厂电煤采购2047万吨,增长35.5%;电煤储备达到337万吨,能满足2个月发电用煤需求。全市天然气供应62.8亿立方米,增长9.4%,其中,中石化供应12.4亿立方米,同比增长49.9%,初步形成以中石油、中石化为主供气源的双气源格局;与此同时,创新建立国际物流运行保障机制,国际航空货运航线从无到有,达到13条,货运航班每周已达到32班，直达全球36个分拨点。"渝新欧"国际铁路大通道实现常态化,开行17列,9月份实现一周双班,降低物流成本18%。同时,吸引了周边及上海、武汉等东中部地区产品向重庆集结、转运。重庆从内陆城市一跃成为面向欧洲的桥头堡。

(二)发展工业经济大举措

1.围绕转型升级需要,快速构建"1小时内采购到80%零部件"战略产业集群。一是积极对接国家工业转型升级规划、重庆国民经济和社会发展规划纲要,认真编制工业转型升级规划,"1+16+24+4"规划进展顺利,1个总体规划已由市政府正式发布,16个行业规划、24个专项规划基本完成,4个区域规划完成论证。二是加快产业集群化发展，用2年时间完成沿海地区花十年时间才能完成的"5+6+400"世界级电脑产业集群构建,加强笔电企业的订单协调,整机基地单月产量突破400万台，全年产量达到2500万台。重庆"无中生有"发展加工贸易,把"不可能的事情变成了可能"。与此同时,其它整机产业集群同步推进。其中,汽车、内燃机产业配套化率分别达到65%、75%。产业集群培育了22个百亿级企业,比上年新增4个。三是加快"1+2+4+41"工业开发区特色化、差异化发展,形成西永、两江、茶园三大电子基地,长寿、万州、涪陵三大化工基地,两江、江津、渝北三大装备基地,建成25个百亿级园区,其中,空港、江津、九龙、同兴、花溪、璧山、西彭等7个特色园区跨入500亿级园区行列,工业集中度达75%。四是稳步实施拓展扩区,完成11个园区拓展审核,审核面积70平方公里,积极开展覆盖规划控制范围的地灾评估、区域环评等基础工作。

2.围绕融入全球经济大循环需要,创新建设工业品出项物流战略通道，使重庆一跃成为开放前沿。一是在世界的平台上代表国家进行"五国六方”协调,破解数十个难题,实现“渝新欧”常态化运行,打通了中国通向欧洲的战略通道,物流成本降低18%,做成了沿海地区多年来想做、努力去做但没有做成的事情。二是开通国际货运航线,实现从无到有,并迅速增至每周30班,创中西部国际出口货量增幅、货运航空公司数量、国际货运航线数量、国际货运航班频率四项第一,全年国际出口货运航班577架次,航空货运量6万吨,增长6倍。三是推动“渝深欧”和“渝沪美”铁海联运通道常态开行,重庆成为内陆首个中欧“安智贸”试点港口,实现多国海关“一卡通”。重庆面向全球铁海空立体货运战略通道“横空出世”,一跃成为国际物流运输的“桥头堡”,为内陆城市的对外开放树立了标杆和典范,全年货运量达到9.3亿吨,外地经重庆转口的货运量占到重庆通关量的32%。

3.围绕保民生、保重点要求,未雨绸缪,强化运行调度,确保经济社会快速发展、和谐稳定。一是坚决贯彻落实市政府“12条”保电措施,跑煤、跑电、跑车皮,在全国普遍拉闸限电,重庆市电力硬缺口300万千瓦的情况下,成功实现迎峰度夏“不拉闸”。二是千方百计增加外购电,全年购电146亿度,增长16%,确保用电720亿度需求,增长15%。三是加大电煤储备,目前储备量达到340万吨,可以满足2个月需求,高于国家标准平均水平1个半月。四是努力协调中石油、中石化,天然气供应超60亿立方米,增长10%,基本保证了经济社会发展需要。万州、开县、巫山、石柱、奉节、彭水、北碚等区县按进度完成电煤任务,为经济运行提供了有力保障。经济运行调度给全市人民交了一份合格满意的答卷,受到国家发改委、工信部点名表扬。

4.围绕“引进一批、开工一批、投产一批、达产一批、扩产一批”要求,强化投资机制建设。一是着力实施“十大工程”、“双百计划”,分别完成投资172亿元、726亿元(共占工业投资35%),确保全市完成工业投资2600亿元,增长30%以上,全国排位从2008年的27位升至20位(较去年提升1位,超过广西);材料、汽摩、化医、轻纺、装备行业是全市工业投资的主力军,分别占投资总额的24%、18%、18%、17%、16%。二是积极争取中央财政资金支持,全年获得中央资金3亿元以上。三是成功引进千亿级、年产3000万台全球最大打印成像产业项目。四是推动百亿级巴斯夫MDI项目、浦项重钢FINEX项目、蓬威石化PTA技改扩能项目等60个项目开工建设。五是推动长安100万台中高档车、铃木50万台发动机、北汽银翔乘用车等整车和零部件等50余个项目加快建设。六是推动重钢环保搬迁一期650万吨产能项目、长安汽车CB系列发动机项目、新兴丰能风力发电机齿轮等60余个项目竣工投产。全市8个区县(长寿、万州、永川、涪陵、渝北、江津、璧山、北碚)工业投资超过百亿;6个区县(南岸、秀山、武隆、合川、九龙坡、石柱)投资增幅70%以上。

5.围绕“两化融合”的要求,推动制造模式向智能化、网络化、服务化转变,提升工业产品质量和水平。一是实施信息技术应用示范工程,国家级“两化融合”示范项目4个,市级33个。二是加快发展支撑“两化融合”的信息网络、技术和产品,重庆市自主研发的多功能生产过程信息化系统在30多个企业成功实施和应用。三是实施重大装备数控化工程,高技术制造业增长122%,高全国100个百分点,增速全国第一。工业主要装备水平与国际先进水平差距缩短为5-10年,大中型企业装备数控化率达62%,装备水平国内领先企业达80%(其中国际领先企业超过20%),工业产品合格率91%,比2005年提高10个百分点,其中汽车、电子器件、电信终端产品等30余个产品抽检合格率达100%。四是强化质量管理,制造质量竞争力指数85%,高于全国3.5个百分点,高西部4.7个百分点,居全国第七、西部第一。

6.围绕节约能源、降低能源消耗、减少污染物排放的要求,推动工业可持续发展。一是狠抓节能降耗,实施“十大”节能工程,推广先进节能技术和产品,强化重点用能企业管理,预计万元GDP能耗下降3.8%。二是推进工业环境保护,完成主城企业环保搬迁22户，超额完成搬迁14户的任务。三是加快淘汰落后产能，建立淘汰落后产能奖励资金1:1比例地方配套机制，完成国家下达淘汰焦炭220万吨、铁合金5万吨、铜冶炼0.1万吨、铅冶炼4.5万吨、水泥460万吨、平板玻璃130万重量箱、造纸19万吨、印染1500万米、小火电8.05万千瓦的任务。四是大力发展循环经济，永川港桥工业园国家级"城市矿产"示范基地建设、璧山工业园低碳园区试点、长寿经开区国家级循环经济试点园区工作快速推进。五是加强工业固废综合利用，利用率预计为81%，居全国前列。六是加快发展节能服务产业，国家备案的节能服务公司达到23家，市节能技术服务中心成为西南地区唯一的第三方节能量审核机构。区县能耗持续下降，万元工业增加值能耗下降20%以上的区县有5个，分别是沙坪坝、潼南、铜梁、璧山、秀山；降幅在10%-20%的区县10个，分别是北碚、巴南、巫山、巫溪、大足、荣昌、梁平、九龙坡、万州、涪陵。

（三）工业经济运行特征

1.规模工业破万亿，全国排名首次"升位"。全市工业实现销售产值1.4万亿元，成为西部第五个总量过万亿省市。规上工业实现销售产值1.2万亿元，从全国第23位上升到第22位，实现直辖以来的首次"升位"。区县工业快速崛起，全市38个区县规模工业销售产值全部跃上10亿元台阶，19个区县超过100亿元，渝北、沙坪坝、九龙坡、涪陵、南岸、长寿、江津、北碚、巴南、江北、永川等11个区县超过500亿元；渝北、沙坪坝突破1000亿大关。

2.工业增速全国第一，发展进入"快车道"。规模工业增加值增长22.6%，高于全国8.7个百分点，继续领跑全国。电子通信行业增长最快，达到2.9倍，远高于全国20.8%的增幅，占全市规模工业新增产出的20%；专用设备、电器机械、黑色金属冶炼、非金属矿物制品、农副食品加工、造纸、服装鞋帽等行业增幅在30%以上，远远高于全国同行业增幅。汽车在需求萎缩的情况下，增长9.1%，高于全国7.1个百分点，产量全国第二、西部第一。区县工业协调发展，全市38个区县规模工业销售产值增速均在15%以上，26个区县高于全市平均28.4%，24个区县增长30%以上，云阳、沙坪坝、开县、奉节、巫山等5个区县工业增长40%以上，最快增速85%。

3.重点产品世界领先，重点企业支撑作用明显。博赛集团铝矾土熟料产量世界第一，棕刚玉产量世界第二。名列全国市场占有率第一的主要工业产品有：西南铝的铝制易拉罐制罐料和高精板带箔、华浩冶炼的有色金属粉末、招商局铝业制药铝罐材料和手机电池铝材以及重钢造船板。重点工业企业长安股份、惠普、富士康、广达、川渝中烟工业、重庆烟草、轻纺控股、重庆电力、能投集团公司、重庆钢铁、化医控股、机电控股、小康汽车等企业为工业增长做出重大贡献。

4. 企业研发投入破百亿，创新能力显著提高。引进宏碁智能终端全球研发中心，实现国际知名企业在渝设立研发总部"零"突破。新增国家级企业技术中心1家，累计18家，数量居西部第二；新增市级企业技术中心37家，企业技术中心累计达到242家。企业R&D经费支出突破100亿元，增长25%，企业研发投入强度保持在0.85%，稳居西部前列；企业专利授权数将突破8000件，增长30%。航天用高品质特殊不锈钢、核电用高温合金、混合动力汽车动力总成控制系统、车联网等高技术项目实现重大突破。规上工业新产品产值突破3500亿元，新产品产值率31%，对规上工业增长的贡献率达到35.5%。江北、大渡口、沙坪坝、潼南、北碚、渝中区6个区县研发投入强度超过1%。

5.实际利用外资40亿美元，增速全国第一。2011年落户世界500强工业企业10家，累计达到138家，数量中西部第一，占全市的70%。外商投资工业项目189个，实际利用外资40亿美元，占全市总量40%；增长1.4倍，增速全国第一，创造了十年来最好成绩。外资规上企业销售产值增长53%，增速中西部第一。区县开放水平显著提高，17个区县工业利用外资超过千万美元，5个区县(沙坪坝、长寿、江北、万州、江津)超过1亿美元,最高达到9.5亿美元。

6.利润突破500亿元,工业效益大幅提升。启动实施企业管理创新工程,企业整体营业费用仅上涨3%,比全国平均低27个百分点。规上工业实现利润500亿元,增长22%,利润率达到4.2%,特别是引进加工贸易的两端环节——研发和结算中心,电子行业利润率达到9.6%,比全国平均水平约高6.6个百分点。工业经济效益综合指数247.2%,提高25.4个百分点;企业亏损面10.4%,降低0.6个百分点;全员劳动生产率23.5万元/人·年,增长22.3%。交通运输设备制造业实现利润150亿元,增长4%,占全市30%;烟草、农副产品、化工、医药、水泥、通用设备、专用设备、电器机械等10个行业利润超过10亿元,18个行业利润增长超过30%。38个区县中,綦江、南川、黔江、丰都、酉阳、垫江、忠县等区县工业利润大幅提升。

7.工业引领发展,支撑作用明显。工业快速增长支撑推动GDP增速第一次领跑全国。工业就业人数达到249万人,增长17%,为"缩差共富"提高就业率。工业税收占全市一般预算收入近一半,特别是加工贸易结算中心上缴税收超过40亿元,集研发、制造、结算于一体的"微笑曲线"独在山城绽放。工业外资为全市外资引进贡献40%,以笔电为主的IT产品出港货量占全部国际出港货运量86%,渝新欧等国际贸易大通道因笔电产业而取得重大突破。

二、2012年发展目标

2012全市工业和信息化工作的总体任务是"稳增长、调结构、促转型"。

2012主要预期目标是:工业总产值确保1.7万亿元,增长21%;增加值5400亿元,增长17%。其中,规模以上工业销售产值1.5万亿元,增长22%;增加值4300亿元,增长18%。工业投资3000亿元,增长20%。工业利润600亿元,净增100亿元,增长20%。实到外资40亿美元。工业研究与试验经费支出150亿元,增长50%,占工业销售收入比重为0.9%。万元GDP能耗下降3.5%。

各主要支柱产业的预期目标是:电子信息产业实现销售值3200亿元,增长60%;汽摩产业3800亿元,增长13.5%;装备产业2500亿元,增长25%;化医产业1500亿元,增长31%;冶金产业1500亿元,增长18%;建材产业900亿元,增长28%;轻纺产业2500亿元,增长28%;能源工业1100亿元,增长10%。

企业改革

重庆市经济和信息化委员会 刘富钊

2011年是"十二五"开局之年,围绕全市工业经济工作,继续深化工业企业改革,努力化解改革遗留问题,积极探索企业管理创新工作,促进企业降本增效。开展了涉及中央在渝企业改革,指导区县与集体企业改革、解决国企改革遗留问题、分离企业办社会职能、配合落实职工社保与补贴相关事项、促进企业降本增效、加强对直管单位的服务帮助与资产监督等工作。

一、有序推进中央在渝和区县企业改革

1. 启动中央在渝国有企业职教幼职退休教师待遇补贴工作。对全市70多户央企涉及的157所职教幼教和近4000名相关人员情况进行调查摸底;参与制定涉及中央在渝企业退休教辅人员的补助政策,制定出台《关于妥善解决国有企业职教幼教退休教师待遇问题的通知》,组织召开专题培训班,安排落实国有企业职教幼教退休教师身份确认、工资测算等工作;接待来访群众,认真宣传解释政策,维护社会稳定。

2. 开展中央在渝企业厂办大集体改革调研工作。为贯彻《关于在全国范围内开展厂办大集

体改革工作的指导意见》,对全市中央在渝国企业的涉及150余户厂办大集体和3.6万余人,采取入企调研,印发调查表和召开工作座谈会等方式,了解中央在渝企业厂办大集体现状,收集厂办大集体改革工作面临的问题和困难,为出台全市的贯彻实施意见提供决策依据。

3.指导区县改革工作。重点指导帮助万盛、秀山、巴南等区县和部分集体单位实施改制与破产。指导6户国有企业依法破产、8户国有企业解决破产遗留问题,安置职工1000余人、9户集体企业改革工作。

4.解决企业改革重点遗留问题。通过调研、协调、和专项报告等各种方式,积极推动市政府和各部门分门别类逐个解决国企改革遗留问题。组织对全市1998年前破产的工业企业进行调研,完成全市近2万人、14个区县、80多户1998年前改制破产企业的遗留问题调查,提出解决意见,并专题报告市政府;解决原重庆印染厂、原重庆针织厂破产后职工安置遗留的问题;落实全市工业企业部分下岗分流人员养老保险及医疗保险补贴;组织实施市能投集团代管四户关停煤矿移交属地管理。

5.参与制定企业改革文件。多次参与《关于进一步做好国有企业部门困难下岗分流人员基本养老保险和基本医疗保险缴费补贴工作的通知》和《解决我市用人单位未参保超过法定退休年龄人员基本养老保险有关遗留问题的通知》的修改论证工作;积极参与全市农村集体资产处置和企业破产改制遗留问题的调研。

6.推进企业兼并重组。按照《国务院关于促进企业兼并重组的意见》,召集市级有关部门、有关区县、有关行业主管部门和部分重点企业研讨,起草《重庆市工业促进企业兼并重组的实施意见》(讨论稿);按照工信部要求,对涉及阻碍企业兼并重组、妨碍企业公平竞争的规章和规范性文件进行了认真清理,消除制约企业兼并重组的制度障碍;组织召开重庆市企业兼并重组工作经验交流会,传达全国企业兼并重组工作经验交流会议精神。

二、顺利推进分离企业办社会职能

2011年,重点对环保搬迁、破产、特困改制以及重大招商引资等企业水电气剥离进行协调支持,全年完成14个企业水电气剥离,涉及7879户职工住户,其中:水3家企业,涉及3192户职工住户;电2家企业,涉及963户职工住户;气2家企业,涉及1622户职工住户。

三、探索企业管理创新工作

1.积积指导企业探索创新管理的有效途径,启动降本增效工作。2011年,每月出台成本效益分析简报,按月分析全市规模工业企业经济成本效益、主要特点和存在的问题等情况;开展重点企业监测分析工作,深入剖析企业成本费用上升原因,研究采取应对措施;召开企业控制成本经验交流会,对典型企业成本效益情况进行剖析。

2.加强企业班组建设。为贯彻全国班组建设工作会议精神、切实加强新形势下的班组建设,与市总工会、市国资委、市工商联等部门联合出台《关于加强班组建设的意见》(渝工发〔2011〕23号),并召开视频工作会,积极推进全市企业班组建设,指导企业建设“学习型、创新型、效益型、和谐型”五型班组,提高职工整体素质和企业竞争力。

3. 指导企业协会落实构建和谐劳动关系工作。积极落实我市“政府、企业与个人”三方协调劳动关系工作机制,在各区县经信委落实设立市企业联合会工作联络处,有效推动建立和谐劳动关系工作。

四、进一步加强直管单位财务资产管理工作

加强对市经济信息委各直管单位的财务资产管理工作,印发《重庆市经济和信息化委员会进一步加强委直属单位财务资产管理的意见》(试行)。委托谛威与普华会计师事务所完成了委属12个事业单位2010年度财务收支的审计工作,并对市审计局在审计中发现的问题进行

整改；开展委属事业单位“小金库”专项治理的复查、公务用车全面清理和自查自纠、“解决领导干部插手干预工程建设的突出问题专项行动”清理整改和对外投资举办经济实体情况清查等工作；组织开展重庆市纺织质检中心撤销清算工作，帮助机械技校、工业技校、轻工业校等单位协调解决资金、财务方面的问题。

汽车、摩托车工业

重庆市经济和信息化委员会　刘富钊

一、2011 年发展回顾

2011 年是“十二五”规划开局之年，也是重庆市汽车发展不平凡的一年，受国际金融危机和欧债危机影响，汽车工业又受到国家宏观调控等、政策的影响，全国汽车市场处于调整之年。重庆市汽车工业不但受到外部市场大冲击，又遭遇部分生产要素不足而影响生产，加上企业 2010 年基数较高，汽车工业经济运行一度十分严峻。重庆市经济和信息化委员会按照科学发展观要求，委领导亲自带队，对重庆市汽车企业进行大走访，会同企业共同制定应对方案，亲自组织调度指挥，加大为企业服务，帮助企业解决了一系列生产中所面临的问题。由于应对措施得当，重庆市汽车工业继续保持着高于全国的增长，完成了年初制定的生产目标，为重庆市工业发展作出了应有的贡献。

（一）主要指标完成情况

1.主要经济指标

重庆市汽车工业共完成工业总产值 4038 亿元，规模以上(2000 万以上)企业完成工业产值 3788 亿元，同比增长 13.3%。其中：本重庆市内规模以上企业完成工业产值 3367 亿元，同比增长 16.9%，比 2010 年净增 500 亿元，占重庆市工业比重为 31.56%。

2.主要产品产销情况

汽车

1-12 月，重庆市企业(含投资重庆市内外分支机构)累计产销汽车 248.2 万辆和 245.3 万辆，同比增长 1.1%和 0.4%。销量全国占比 13.48%，比 2010 年全国汽车市场份额增加 1.3 个百分点。其中：本重庆市内(不含投资重庆市内外分支机构)产销 176.2 万辆和 172.6 万辆，同比增长 9.2%和 6.7%，分别高于全国 8.38 个百分点和 4.25 个百分点。

1-12 月，全国产销汽车 1841.19 万辆和 1850.51 万辆，同比增长 0.84%和 2.45%。

摩托车

1-12 月，重庆市摩托车(含投资重庆市内外分支机构) 累计产销 1029.7 万辆和 1009 万辆，同比增长 2.4%和 3.0%。销量全国占比 38.13%，比 2010 年全国摩托车市场份额增长了 2.8 个百分点。其中：重庆市内(不含投资重庆市内外分支机构)产销 879.59 万辆和 862 万辆，同比增长 4.6%和 5.6%。

零部件

1-12 月，汽摩零部件规模以上完成工业总产值 1474 亿元，同比增长 22.3%，其中，汽车零部件完成工业总产值 881.3，同比增长 26.4%；摩托车零部件完成工业总产值 592.6，同比增长 16.7%。

（二）2011 年重庆市汽车工业骨干企业完成情况

1.汽车整车

(1).长安股份公司：产销 43.99 万辆和 45.9 万辆，同比下降 15.6%和 20.5%，完成工业总产值 284.36 亿元，同比增长 4.5%。

(2)长安福特公司：产销 41.95 万辆和 41.86 万辆，同比增长 3.0%和 1.7%，完成工业总产值 459.68 亿元，同比增长 7.5%。

(3) 长安铃木公司产销21.99万辆和22万辆,同比增长9.9%和10%,完成工业总产值128亿元,同比增长12.9%。

(4) 长安跨越公司:产销3.5万辆和3.2万辆,同比下降17.8%和30.2%,完成工业总产值12.67亿元,同比增长9.5%。

(5)庆铃集团公司:产销94万辆和94万辆,同比增长43.5%和44.6%,完成工业总产值139.5亿元,同比增长33.5%。

(6)力帆乘用车公司:产销10万辆和10万辆,同比增长68.2%和68.2%,完成工业总产值71.1亿元,同比增长56.2%。

(7)渝安集团公司:产销39.99万辆和39.65万辆,同比增长24.6%和23.7%,完成工业总产值110亿元,同比下降3.2%。

2.摩托车整车

(1)嘉陵集团:产销101万辆和100万辆,同比下降7.1%和6.5%,完成工业总产值38.4亿元,同比下降2.1%。

(2)建设集团:产销135.29万辆和135.37万辆,同比下降12%和12.2%,完成工业总产值68.34亿元,同比下降1%。

(3)宗申集团:产销141万辆和142万辆,同比增长3.4%和3.2%,完成工业总产值125.6亿元,同比增长11.3%。

(4)力帆集团:产销175.49万辆和174.76万辆,同比增长2.1%和1.4%,完成工业总产值132.77亿元,同比增长6.5%。

(5) 隆鑫集团:产销185万辆和182.45万辆,同比增长3.4%和1.5%,完成工业总产值113.5亿元,同比增长7.6%。

(三)运行特点

1.汽车产销增幅高于全国,但增速放缓,创10年新低

2011年重庆市全口径产销汽车同比增长1.1%和0.4%,重庆市内汽车产销同比增长9.2%和6.7%,高于全国8.38个百分点和4.25个百分点。重庆汽车工业受宏观调控、金融政策趋紧、汽车下乡等优惠政策取消等不利影响,经历了连续10年高速增长之后,汽车产销增速在2011年回落基本符合预期,由于采取应对措施得当,增速回落速度低于全国,2011年重庆汽车产销量在全国各省市排名由第四位升至第二位。

2.产品结构调整力度加大,产值增速高于产量增速

2011年重庆市汽车企业为适应市场变化,加大了附加值较高的轿车产量,适当降低附加值较低的微车生产,取得明显成效。当年轿车增速15.1%高于全部汽车增速的14个百分点,汽车整车产值同比增长13%,为重庆市工业作了重要贡献。

3.摩托车产销保持较高水平,产销量比2010年微增

自2010年7月摩托车行业实施国Ⅲ标准以来,由于成本增大价格增加,摩托车行业产销下滑影响产量下降,进入2011年摩托车行业依然处于国Ⅱ转国Ⅲ的缓慢恢复期,加上电动助力车等替代品带来冲击,国内市场表现低迷,需求下降,在国内不景气的情况下,我们两手抓,一是抓重庆市企业加大国际市场的开拓力度,千方百计扩大出口。2011年摩托车出口超600万辆,有效支撑了重庆摩托车行业产销规模,2011年重庆市摩托车产销同比增长2.4%和3%,高于全国1.2个百分点和1.6个百分点,继续保持全球最大的摩托车生产基地。二是抓摩托车结构调整上档升级,提高单车赢利能力,产值和利润继续保持增长。

4.作为全国汽车出口基地建设已经形成

2011年,由于国内市场需求萎缩,企业加大了出口力度,汽车整车出口量达到12万辆,同比增长56.82%,在全国排位从第7名升至第2名.力帆轿车已被越南选定为城市出租车车型之一,同时在非洲国家选定为政府官员用车。重庆自主品牌轿车在中东、非洲等国受到了越来越多的欢迎,力帆乘用车由于受到产能影响,目前处于供不应求状况。

5.零部件工业继续保持高速增长

重庆市经济和信息化委员会认真贯彻市领

导指示，加大重庆市重庆市内整车配套能力不断提高。同时，按零部件制造保重庆市内，开拓全球配套工作思路推进，国内外配套量增长，从而使重庆市零部件工业继续保持26.57%高速增长，重庆市内整车配套率已达68%。零部件企业不仅为重庆市内及全国整车配套，同时加大出口，提高企业知名度，2011年零部件出口交货值59.1亿元，同比增长30.19%，其中：汽车零部件19.3亿元，同比增长51.41%，产品远销欧美、日本等发达国家，重庆制造开始向重庆创造转变。

6.全行业经济效益保持增长

汽车、摩托车产销保持增长，虽然受钢材、燃料、动力价格上涨、劳动力成本上升等影响，但由于全行业加大了结构产品调整、附加值较高的轿车生产，行业信息效益仍取得明显成效，利润显著增长。重庆市汽车工业实现利税285亿元，同比增长7.41%；实现利润170亿元，同比增长15.95%，其中：汽车整车实现利税139.6亿元，同比增长0.64%；实现利润65.5亿元，同比增长14.79%；摩托车整车实现利税15.25亿元，同比增长13.05%；实现利润8.9亿元，同比增长20.46%；汽摩零部件实现利税127.9亿元，同比增长15.6%；实现利润93.6亿元，同比增长17%。

二、2012年发展目标

2012年由于欧债危机继续发展，各国都加大了贸易保护措施，特别是伊朗受到国际制裁，重庆市汽摩产品出口将受到影响，加上国内实施宏观调控政策没有改变，这对重庆市汽车产业保增长存在不小压力，2012年重庆市汽车工业预计低开高走，2012年增幅预计略高于2011年。

2012年汽车工业重庆市内规模以工业总产值达到3922亿元，同比增长16.5%；重庆市内汽车产量200万辆，同比增长13.5%，重庆市内摩托车产量950万辆，同比增长8%；零部件工业总产值达到1800亿元，同比增长22.1%。

重庆市汽车产量290万辆，同比增长16.8%，其中：重庆市内完成200万辆，同比增长13.5%，汽车整车产值1950亿元，同比增长15.3%。

重庆市摩托车产量1100万辆，同比增长6.8%，其中：重庆市内完成950万辆，同比增长8%，摩托车整车产值650亿元，同比增长18.4%。

重庆电力

重庆市发展和改革委员会 张戈

一、重庆电力

2011年，全市电力发展在市委、市政府的坚强领导下，克服了多重因素的影响，在机制创新、项目建设、保障供给等方面取得重大突破，实现了“十二五”良好开局，是重庆直辖15年以来电力工作成效最显著的一年，为全市经济持续发展和社会和谐稳定提供了有力保障。

(一)电力供需矛盾依然存在

2011年，我市电力需求快速增长，全市全社会用电量717亿千瓦时，同比增长14.5%，其中，第一产业用电量1.82亿千瓦时，同比增长29.9%；第二产业用电量493.6亿千瓦时，同比增长13%；第三产业用电量102.3亿千瓦，同比增长17.1%；居民生活用电量119.3亿千瓦时，同比增长18.1%。统调电网最大电力负荷1188万千瓦，同比增长15.9%，扣除限电后，统调电网最大电力负荷需求为1260万千瓦，同比增长23%，全市全社会最大负荷达到1360万千瓦。受电力需求增长较快、装机不足、来水偏枯等因素的影响，全年共限电87天，累计限电8.46亿千瓦时。全市装机容量达到1296万千瓦，同比增长 11.1%。全市发电设备平均利用小时数为 4368 小时,同比增加 243 小时。全年购市外最大电力 406 万千瓦,同比增长 34.4%;购市外电量 145.8 亿千瓦时,同比增长 15.9%。

(二)形成三个"千万千瓦"电力建设战略格局

针对全市电力需求延续高速增长,电力供需平衡难度增大的形势,市政府印发了《加快推进全市电源建设的意见》,提出了抓紧实施一批市内燃煤发电项目建设,加快推进与周边合作的电源项目,积极推进大型水电项目建设,充分挖掘中小水电开发潜力,有序推进工业园区热电联产项目,积极推进可再生能源建设,开展天然气发电前期工作等七大工作任务;明确了重大项目规划指导,促进水电流域整体开发,扶持可再生能源健康发展,责任分工及财税政策等四个方面的保障措施。按照《意见》精神,全市积极推进重大电源项目建设,形成三个"千万千瓦"电力建设战略格局,在重庆电力发展史上前所未有。其中,开工建设"千万千瓦"电源项目,总投资 605 亿元;推进前期工作"千万千瓦"电源项目,总投资 588 亿元;策划储备"千万千瓦"电源项目,总投资 930 亿元。随着这一批项目陆续建成投产,将大大提高我市中长期电力保障水平。

(三)全面推进全市中小水电建设发展

市政府召开加快中小水电建设专题会议,提出全面加快中小水电建设的思路、目标,首创鼓励水电发展的三部制电价机制,并配套征地、税收等优惠政策措施。组织完成全市在建和规划的 1000 千瓦及以上中小水电项目摸底调查工作,细化电价、税收、征地政策,提出"十二五"开发目标考核任务,形成电价调整方案和水电开发优惠政策。认真梳理水电基本建设流程,制定了《关于进一步明确水电工程基本建设管理程序的通知》,清理全市 324 条河流,明确了 66 条市级管理河流,规范了分段规划、有序开发的程序。

(四)电源建设项目取得突破性进展

2011 年全市新增发电装机容量 130 万千瓦,总装机容量达到 1296 万千瓦。一批大中型水电项目相继投产,新投水电装机容量 105 万千瓦,其中,乌江银盘水电站、嘉陵江草街航电枢纽工程和金家坝水电站均投产发电。协调确定白马航电枢纽工程船闸尺度和航道等级,解决了制约前期工作的主要障碍;綦江抽水蓄能电站通过预可研审查;全面启动长江小南海水电站项目可研工作。重点火电项目建设顺利推进,合川电厂扩建工程、石柱电厂共 136 万千瓦取得核准正式开工建设,奉节电厂、习水二郎电厂共 384 万千瓦获得国家能源局同意开展前期工作。两江新区云计算中心热电冷三联供天然气发电项目开工建设,有力支撑两江新区云计算产业发展。和神华集团签订万州发电项目合作协议,支持库区电力发展。

(五)电网建设进展顺利

2011 年全市完成电网建设与专项改造工程投资 105 亿元。新开工 110 千伏及以上线路 500 公里,变电容量 226 万千伏安;建成投产 110 千伏及以上线路 995 公里,变电容量 800 万千伏安。锦屏-苏南±800 千伏特高压直流工程推进顺利,预计 12 月底全线架通。四公里变电站、八柱变电站等 9 座 220 千伏变电站建成投产;黄桷坪变电站、华新街变电站等 16 座 110 千伏变电站竣工投运。农网改造升级工程 33 个项目全部开工建设。

(六)争取三峡电等外部电力保障工作成效显著

经过坚持不懈地努力,国家已将重庆正式纳入"十二五"三峡电分配方案,年送电量从"十一五"临时送电 20 亿千瓦时基础上再增加 20 亿千瓦时,达到 40 亿千瓦时,并根据我市冬季电力保障矛盾更加突出,再次调整送电方案增加枯水期送渝电量。川电送渝也取得突破,外购电力由计划的 115 万千瓦增加到 260 万千瓦,有力增强了"迎峰度夏"电力保障能力。

二、当前电力发展面临的挑战

一是电力需求长期持续高增长。2011 年全市全社会用电量增长14.5%，根据全市"十二五"规划，我市国民生产总值年均增长12.5%，城镇化率达到60%，在充分考虑节能减排和经济发展方式的转变情景下，预计"十二五"后四年全市用电量年均增长将维持10%左右，到2015年将超过1000亿千瓦时。二是对外依存度不断提高。2011年市政府安排12亿元用于增强全市电力和电煤保障供应，外购电量145.8亿千瓦时，外购煤炭1100万吨。"十二五"全市新增能源需求大部分需从市外调入，能源对外依存度将接近50%。

三、2012年发展目标

2012年，我市电力工作将围绕加快推进电源建设为中心，以推进三个"千万千瓦"电力战略为抓手，扎实推进重大电源项目建设，提升全市电力能源保障水平和可持续发展能力。切实推进合川电厂二期、石柱电厂、两江燃机建设进度。争取国家核准奉节电厂、习水二郎电厂。加快陕西安康电厂、安稳电厂二期、九龙电厂环保迁建、神华万州电厂、长江小南海、乌江白马枢纽、綦江抽水蓄能电站、重庆电厂环保迁建、江津油溪电厂、万盛电厂二期等项目前期工作，争取陕西安康电厂、安稳电厂二期、九龙电厂环保迁建、神华万州电厂、长江小南海、綦江抽水蓄能电站等项目取得国家路条。做好流域规划和资源整合，加快一批中小型水电站建设。积极推进石柱、万盛、奉节等区县风电场和丰都、彭水等生物质发电项目建设。按照国家产业政策，规范推进热电联产项目建设。继续完善500千伏骨干网架，加快110及220千伏输配电网建设。用好用足三峡送渝40亿千瓦时电量指标和四川水电送渝260万千瓦电力。

化学工业

重庆市经济和信息化委员会　刘富钊

一、2011年发展回顾

2011年重庆市化工有规模(2000万元)以上工业企业298家，其中：国有企业14家，集体企业3家，股份制企业22家，外商、港澳台投资企业26家，其他有限责任公司67家，私营企业166家。资产总额847亿元，从业人员10.2万人。产品涉及化学矿山、化学肥料、化学农药、基础化学原料、涂料、颜料、染料、化学试剂、催化剂及助剂、粘合剂、炸药及火工产品、信息化学品、塑料、合成橡胶、合成纤维、橡胶制品、化工设备制造等17个大类。

(一)发展概况

2011年，重庆化工在市场需求的影响和产能逐渐释放以及生产要素改善的推动下，继续保持良好的强劲的发展势头，主要经济指标全面超过预期目标，工业总产值首次突破千亿，达到1081.9亿元，生产总量创历史新高。在排位上2011年重庆化工工业总产值在全国排18位(与去年相同)，占全国化工的1.3%，全国化工增长33.9%；全国31个省市化工同比全部增长，重庆增幅排第10位(比去年下降1位)，在西部排3位(与去年相同)，排西部前2名的是：四川、内蒙古，西部12个省市化工同比全部增长，重庆增幅排第6位(比去年下降3位)。

2011年全市规模以上化工企业主要经济指标完成情况：完成工业总产值901.6亿元，比2010年增长40%；完成销售产值882.8亿元，比2010年增长39.7%；完成新产品产值313.1亿元，比2010年增长26.6%；完成出口交货值17.4亿元，比2010年增长19%；产销率为97.9%，比2010年减少0.2个百分点；实现主营业务收入848.3亿元，比2010年增长37.3%；实现利税总额62.2亿元，比2010年增长29.7%(其中：实现

表1 2011年重庆市化工行业主要产品产量

产品名称	单位	产量	产品名称	单位	产量
硫酸 (折100%)	万吨	168.7	精甲醇	万吨	72.2
浓硝酸(折100%)	万吨	3.8	涂料	万吨	14.6
盐酸(含量31%以上)	万吨	7.2	合成橡胶	万吨	2.7
烧碱(折100%)	万吨	28.5	轮胎外胎	万条	2503
纯碱	万吨	113.6	冰醋酸	万吨	41.2
化学肥料(折100%)	万吨	169.5	化学农药(折100%)	万吨	0.7
氮肥(折100%)	万吨	104.6	合成氨	万吨	152.2
磷肥(折100%)	万吨	64.7			

利润总额44.3亿元,比2010年增长49.8%);完成工业增加值288.8亿元,比2010年增长41.3%。

规模以上化工企业实现主营业务收入848.3亿元,比2010年增长37.3%。按行业类别分:基础化学原料制造业220.1亿元,比2010年增长26.5%,占化工行业的25.9%;化学肥料制造业167.6亿元,比2010年增长36.1%,占化工行业的19.8%;化学农药制造业13.6亿元,比2010年增长81.4%,占化工行业的1.6%;涂料颜料染料制造业37.9亿元,比2010年增长18.8%,占化工行业的4.5%;合成材料制造业81.4亿元,比2010年增长57.3%,占化工行业的9.6%;专用化学产品制造业151.1亿元,比2010年增长57.4%,占化工行业的17.8%;化学纤维制造业6.5亿元,比2010年增长40.6%,占化工行业的0.8%;橡胶制品业106.6亿元,比2010年增长57.3%,占化工行业的12.6%;其它制造业48.9亿元,比2010年下降1.3%,占化工行业的7.5%。

化工行业重点统计的18种产品,全年比2010年增长13种,下降5种。增长幅度大的有:初级形态的塑料(完成2.7万吨、增长50.7%),轮胎外胎(完成2503万条、增长44.1%),精甲醇(完成72.2万吨、增长38.4%)等;下降的是盐酸(完成7.2万吨、下降34.5%)。

(二)经济运行情况及特点

1.生产总量突破千亿、全年各月呈现出逐月递增的态势

2011年重庆化工工业总产值首次突破千亿,达到1081.9亿元。其中规模以上化工企业完成工业总产值901.6亿元,比2010年增长40%,超过全国化工增长6个百分点。九个行业中类工业总产值比2010年增长量大的有:专用化学用品制造业完成158亿元,比2010年增加55.9亿元,增长54.8%,占化工增量的21.7%;合成材料制造业完成119.4亿元,比2010年增加54.3亿元,增长83.5%,占化工增量的21.7%;基础化学原料制造业完成227.7亿元,比2010年增加53.3亿元,增长30.5%,占化工增量的20.7%;橡胶制品业完成120.4亿元,比2010年增加47.3亿元,增长64.7%。

重庆化工单月生产总量由年初的40几亿增加到12月92.8亿元,特别是9月以来连续四个月超过80亿。

2.新产品在高位上快速增长

2011年我市规模以上化工企业新产品生产在2010年比2009年增长60%的基础上又增长26.6%。全年完成新产品产值313.1亿元,比2010年增长26.6%。从分行业类别看,比2010年增量大的是:合成材料制造业完成110.8亿元,比2010年增加52.3亿元,增长89.2%;基础化学原料制造业完成113.2亿元、比2010年增加23.2亿元,增长25.7%;橡胶制品制造业完成

19亿元、比2010年增加7.7亿元，增长68.1%。

3. 重点企业是重庆化工规模的支撑和增长的主力

我市34户重点化工企业2011年完成工业总产值583.5亿元（占重庆化工的64.7%），比2010年增加174.1亿元，增长42.5%高于化工行业2.5个百分点。

4.行业经济效益整体大幅度提高

2011年实现利润总额44.2亿元，比2010年增加14.7亿元，增长49.8%。从分行业类别看9个行业中类中6个增长、3个下降，比2010年增加量大的有：化学肥料制造业实现利润总额10.7亿元、比2010年增加6.6亿元、增长160.3%；基础化学原料制造业实现利润总额6.1亿元、比2010年增加3.3亿元、增长121.7%；合成材料制造业实现利润总额5.6亿元、比2010年增加3亿元，增长115.8%。

5.投资强劲仍是拉动产业增长的重要动力。

2011年化工行业完成投资284亿元，比2010年增长45.6%，高于全市25.6个百分点。今年建成投产和调试正常了一批项目。重庆大全新能源有限公司多晶硅产能扩大；重庆市蓬威石化有限责任公司设备磨合日趋正常，产能逐渐释放；四川维尼纶厂新区建成投产；重庆紫光天化蛋氨酸有限责任公司经过试车磨合，产能充分发挥；云天化第二条生产线投产等成为重庆化工发展的重要动力。

6.行业集中度显著提高

重点培育重特大型企业，提高行业发展集中度。通过扶持重点企业，狠抓重特大型企业提速发展，效果明显。

百亿级企业达到2户，60亿级企业达到1户，50亿级企业达到1户，40亿级企业达到2户，30亿级企业达到1户，20亿级企业达到4户，10亿级企业达到8户。这19户企业占整个行业企业户数仅为6.4%，但完成的总产值却占到全行业的64.7%，行业发展的集中度显著提高，规模效应进一步显现。

（三）生产总量前10名情况

区县前10名情况：2010年重庆37个有化工企业的区县，按工业总产值由大到小排序，全年区县排前10名完成情况如下：

1.涪陵区11户企业，完成工业总产值201.8亿元、比2010年增长44.7%、占行业比重22.5%，主营业务收入160亿元、比2010年增长40.7%，利润总额7.7亿元、比2010年增长85.3%，资产总计181.9亿元、比2010年增长8.6%。

2.万州区19户企业，完成工业总产值144.1亿元、比2010年增长41%、占行业比重16%，主营业务收入136.9亿元、比2010年增长49.9%，利润总额8.8亿元、比2010年增长28.7%，资产总计98.9亿元、比2010年增长39.1%。

3.长寿区23户企业，完成工业总产值103.1亿元、比2010年增长33.4%、占行业比重11.5%，主营业务收入108.3亿元、比2010年增长34.4%，利润总额3.1亿元、比2010年增长311.3%，资产总计206.6亿元、比2010年增长1.8%。

4.南岸区19户企业，完成工业总产值57.7亿元、比2010年增长93.7%、占行业比重6.4%，主营业务收入55.7亿元、比2010年增长90.8%，利润总额2亿元、比2010年增长41.9%，资产总计25.7亿元、比2010年增长21%。

5. 九龙坡区13户企业，完成工业总产值43.2亿元、比2010年增长9.6%、占行业比重4.8%，主营业务收入46.5亿元、比2010年增长8%，利润总额1.2亿元、比2010年下降15.8%，资产总计27.5亿元、比2010年增长5.3%。

6.江津区16户企业，完成工业总产值36.4亿元、比2010年增长23.1%、占行业比重4.1%，主营业务收入40.3亿元、比2010年增长21.6%，利润总额4.9亿元、比2010年增长80.5%，资产总计34.6亿元、比2010年增长13.2%。

7.永川区25户企业，完成工业总产值29.5亿元、比2010年增长47.9%、占行业比重3.3%，主营业务收入27.9亿元、与2010年持平，利润总额2.1亿元、比2010年增长11.1%,资产总计25.8亿元、比2010年增长9.7%。

8. 双桥区4户企业，完成工业总产值27.6亿元、比2010年增长45.3%、占行业比重3.1%,主营业务收入25.6亿元、比2010年增长42.4%，利润总额亏损253万元、2010年亏损2248万元，资产总计27亿元、比2010年增长26.3%。

9. 垫江县6户企业，完成工业总产值23.8亿元、比2010年增长29.1%、占行业比重2.6%,主营业务收入20.6亿元、比2010年增长26.7%，利润总额1.5亿元、比2010年增长35.6%,资产总计14亿元、比2010年增长12%。

10.南川区3户企业,完成工业总产值23.1亿元、比2010年增长3.2%、占行业比重2.6%,主营业务收入20.4亿元、比2010年增长18.5%，利润总额1.1亿元、比2010年增长36.8%，资产总计14.6亿元、比2010年增长18.4%。

二、发展中存在的问题

(一)生产总量和企业规模较小

重庆化学工业目前已初步形成了以长寿化工园区、涪陵化肥工业基地、万州盐气化工基地三大化工板块为主,特色化工产业区为辅相对集中的基本格局。尽管重庆化工近年来快速发展,但生产总量和企业规模还较小,2011年重庆化学工业总产值仅占全国化学工业的1.3%，比2010年提高0.1个百分点。在全国排名18位,在西部地区排第3位。重庆化工生产企业普遍规模较小，2011年中国化工企业100强排行榜中没有重庆企业,近几年来虽有较大改善但生产总量、规模、产业集中度、竞争力有待进一步提高和增强。

(二)产品结构有待进一步调整优化

表现在高附加值、精细化工产品的比重不高,高消耗、粗加工、低附加值的中低端产品比重较大。缺乏高、精、专、特、细等高附加值、高端化工产品。需结合我市化学工业“十二五”规划的实施进一步调整、优化产品结构,及时进行产品结构调整和技术升级。大力引进和开发环境影响小、技术含量高、结构合理附加值高的产品。

(三)中小企业融资困难

由于不断收紧的信贷，使企业融资难度增大,融资成本增加。特别是一些中小企业,在生产成本快速上升推动下，流动资金缺口越来越大,出现了生产经营上的困难。

(四)技术创新能力不强

技术创新和科研开发投入不足，高端化工产品生产技术和大型成套技术装备主要依赖进口,缺乏具有自主知识产权的核心技术。以企业为主体的自主创新能力不强，产品技术水平偏低。多数企业应用现代技术改造传统产业的步伐不快,产品技术含量不高,老产品与低附加值产品居多。

(五)资源和环保仍是行业发展的瓶颈

随着化工行业的快速发展，资源供需矛盾日趋突出,特别是石油、天然气、煤炭等既是化工行业的生产原料,又是行业的燃料、动力。重庆是天然气化工的重要生产基地，部分企业主要原料天然气受到供应不足的限制，导致企业生产负荷不高,开停车次数较多,对经济效益造成一定影响。同时化工行业又是高污染行业,节能减排、三废治理是该行业的重中之重。因此,资源和环保仍是行业发展的瓶颈。

三、2012年发展预测

进入2011年以来,世界经济总体上保持了复苏态势,但面临诸多复杂因素,中东北非局势动荡不安，日本地震和海啸导致日本经济陷入负增长。欧洲主权债务危机愈演愈烈,美国经济放缓明显，大宗商品价格上涨引发新兴经济体通胀压力增大，都为世界经济增长带来了新的不确定性,行业经济运行的内外环境更趋复杂。我国石油和化工行业经济运行仍将保持平稳健康态势,但增速将会逐步放慢。增长适度放缓是转变发展方式的必然，更是结构调整的需要。2012年预计我市化工行业将继续保持20%以上的发展速度。

医药工业

重庆市经济和信息化委员会 刘富钊

一、发展回顾

2011年重庆市医药工业有规模(2000万元)以上工业企业112家,其中:化学药品原药制造24家、化学药品制剂制造13家、中药饮片加工10家、中成药制造22家、兽用药品制造14家、生物和生化药品制造13家、卫生材料及医药用品制造3家、制药专用设备制造2家、医疗仪器设备及器械制造11家。行业资产总额313.9亿元,从业人员3.6万人。

2011年全市医药工业继续保持较快发展,主要经济指标比2010年均保持两位数增长。规模以上医药工业企业全年完成工业总产值239.9亿元,比2010年增长26.6%;完成新产品产值73.2亿元,比2010年增长18.6%;完成利税总额27.7亿元,比2010年增长17%;完成出口交货值13.5亿元,比2010年增长19.4%;完成销售收入224.2亿元,比2010年增长27%;利润总额18.5亿元,比2010年增长19.8%。医药工业主要产品产量:化学药品原药0.8万吨,比2010年增长15.7%;中成药6.7万吨,比2010年增长16%。

2011年规模以上医药工业企业实现销售收入224.2亿元,比2010年增长27%。其中:化学药品原药制造41.8亿元,比2010年下降0.3%,占医药工业的18.6%;化学药品制剂制造41.8亿元,比2010年增长36.6%,占医药工业的18.6%;中药饮片加工9.5亿元,比2010年增长27.7%,占医药工业的4.2%;中成药制造82.2亿元,比2010年增长34.3%,占医药工业的36.7%;兽用药品制造21.2亿元,比2010年增长52.6%,占医药工业的9.5%;生物和生化药品制造10.5亿元,比2010年增长40.9%,占医药工业的4.7%;卫生材料及医药用品制造2.1亿元,比2010年增长67.4%,占医药工业的0.9%;制药专用设备制造1.6亿元,比2010年下降15.7%,占医药工业的0.7%;医疗仪器设备及器械制造13.5亿元,比2010年增长25%,占医药工业的6%。

二、经济运行情况及特点

1.生产总量继续保持较快增长

2011年全市规模以上医药工业企业完成工业总产值239.9亿元,比2010年增加50.4亿元,增长26.6%。工业总产值由年初1月份的15.6亿元增加到12月份的30亿元,呈现出逐步递增态势。其中:中成药比2010年增加24.4亿元,增长37.6%,占全市医药工业增长量的48.4%;化学药品制剂比2010年增加10.4亿元,增长31.4%,占全市医药工业增长量的20.6%。中成药和化学药品制剂成为增长的主力,占增量的69%。

2.生产同比增长的企业户数占比高

2011年在能源供应和信贷形势趋紧等制约因素影响下全市112户规模以上医药工业企业2011年生产比2010年增长的有88户、占78.6%;下降的有24户、占21.4%。我市大部分医药工业企业生产同比增长。

3.产销衔接较好

2011年全市规模以上医药工业企业生产继续保持较快增长,生产总量增长了26.6%,产销率仍比2010年提高了1.5个百分点。9个行业中类的产销率有6个同比提高。产销衔接较好,产销基本平衡。

4.重点企业是发展的重要支撑

我市16户规模以上重点优势医药工业生

产企业占全市112户规模以上医药工业企业的14.3%;2011年完成工业总产值132.5亿元,占全市医药工业完成工业总产值239.9亿元的55.2%。在重庆医药工业的发展中起到了重要支撑作用。

5.行业经济效益持续向好

在国家宏观政策调控、药品价格下降、生产企业盈利空间变窄的情况下，我市规模以上医药工业经济效益继续保持增长势头,2011年实现利税总额27.6亿元,比2010年增加3.9亿元,增长17%；实现利润18.46亿元，比2010增加3.05亿元,比上年增长19.8%。从分行业类别看：除化学药品原药下降外，其余8个行业中类均保持增长。

6.投资仍为拉动产业增长的重要动力

2011年重庆规模以上医药工业企业完成固定资产投资55亿元,同比增长了65%。固定资产投资仍为拉动产业增长的重要动力，但投资拉动的幅度有所改变，我市医药工业正在逐步摆脱过度依赖投资拉动，走向内生动力增强的健康发展之路。

三、区县总量前10名情况

2011年重庆33个有医药工业企业的区县，按工业总产值由大到小排序，全年区县排前10名完成情况如下：

(1)涪陵区有4户企业,工业总产值39.6亿元、比2010年增长22.5%、占重庆医药工业的16.5%,主营业务收入34.1亿元、比2010年增长13.8%,利润总额1亿元、比2010年增长59.3%,资产总计65.1亿元、比2010年增长13.1%。

(2)垫江县有2户企业,工业总产值26.9亿元、比2010年增长55.1%、占重庆医药工业的11.2%,主营业务收入26.6亿元、比2010年增长56.3%，利润总额1.1亿元、比2010年增长23.3%，资产总计12.8亿元、比2010年增长38.8%。

(3)荣昌县有16户企业,工业总产值24亿元、比2010年增长155.4%、占重庆医药工业的10%,主营业务收入23.9亿元、比2010年增长156.4%，利润总额2.6亿元、比2010年增长348%，资产总计11.1亿元、比2010年增长100.3%。

(4)渝北区有7户企业,工业总产值23.7亿元、比2010年增长19.2%、占重庆医药工业的9.9%,主营业务收入22.8亿元、比2010年增长21.4%,利润总额3.2亿元、比2010年增长23%,资产总计40.6亿元、比2010年增长57.1%。

(5)万州区有8户企业,工业总产值15.6亿元、比2010年增长18.9%、占重庆医药工业的6.5%,主营业务收入14.4亿元、比2010年增长21.1%，利润总额0.6亿元、比2010年增长31.1%,资产总计11亿元、比2010年下降0.7%。

(6)江北区有3户企业,工业总产值14.2亿元、比2010年增长9.4%、占重庆医药工业的5.9%，主营业务收入12亿元、比2010年下降0.8%，利润总额1.5亿元、比2010年下降53.7%，资产总计37.8亿元、比2010年增长89.9%。

(7)南岸区有5户企业,工业总产值14.2亿元、比2010年下降22.2%、占重庆医药工业的5.9%,主营业务收入12.4亿元、比2010年下降19.6%，利润总额1.1亿元、比2010年下降15.6%，资产总计29.4亿元、比2010年增长40.8%。

(8)长寿区有7户企业,工业总产值11.8亿元、比2010年下降8.7%、占重庆医药工业的4.9%,主营业务收入10.1亿元、比2010年下降11.9%，利润总额2.1亿元、比2010年下降10.9%，资产总计27.9亿元、比2010年增长123.9%。

(9)沙坪坝区有3户企业,工业总产值11.7亿元、比2010年增长2.9%、占重庆医药工业的4.9%,主营业务收入11.1亿元、比2010年增长13.9%，利润总额0.6亿元、比2010年下降1.7%，资产总计17.3亿元、比2010年增长25.5%。

(10)合川区有9户企业，工业总产值10.3

亿元、比2010年增长45.3%、占重庆医药工业的4.3%，主营业务收入10亿元、比2010年增长44%，利润总额1.4亿元、比2010年增长75.6%，资产总计10.3亿元、比2010年增长219.8%。

四、重庆在全国和西部医药排位情况

2011年重庆医药工业总产值在全国排22位(比去年降低2位)，占全国的1.4%，全国医药增长28.5%。全国31个省市医药同比增长，重庆增幅排第17位(比去年上升13位)。在西部排6位(比去年降低2位)，排西部前5名的是：四川、陕西、内蒙古、广西、贵州；西部12个省市医药同比增长，重庆增幅排第8位（比去年上升3位)。

煤炭工业

重庆市煤炭工业管理局 龚世平

2011年是我国实施"十二五"规划目标的开局之年，在市委、市政府的正确领导下，我市煤炭经济运行态势保持稳定发展，安全生产形势再创历史最好水平，全市煤炭生产经营总值达到249.69亿元，同比上涨11.22%。

一、煤炭资源状况

截至2011年底，全市煤炭资源累计探明储量35亿吨，保有储量27亿吨。全市现有煤矿生产矿井占用煤炭可采储量15.87亿吨，其中，国有重点煤矿可采储量为8.79亿吨，按现有生产能力，可开采约50年；乡镇煤矿可采储量7.08亿吨，按现有生产能力，可开采约20年。

煤炭资源按煤种分，无烟煤、炼焦烟煤、一般烟煤分别占40%,40%、20%。

重庆煤炭资源贫乏，探明煤炭资源总量不到全国的0.1%，煤层地质条件复杂，不仅开采难度大，开采成本高，而且瓦斯、煤尘、水害、自然发火、顶板等灾害严重。

二、矿井基本情况

截至2011年底，全市有合法矿井747个，其中生产矿井713个，新建矿井34个。全市713个生产矿井核定年生产能力4531万吨。其中国有重点煤矿35个，核定年生产能力1643万吨；国有地方煤矿11个，核定年生产能力68万吨；乡镇煤矿667个，核定年生产能力2820万吨。按生产规模分，713个生产矿井中，大型矿井2个，核定年生产能力310万吨；中型矿井27个，核定年生产能力1120万吨；小型矿井684个，核定年生产能力3101万吨。全市国有重点煤矿平均产能47万吨/年，地方国有和乡镇煤矿平均产能4万

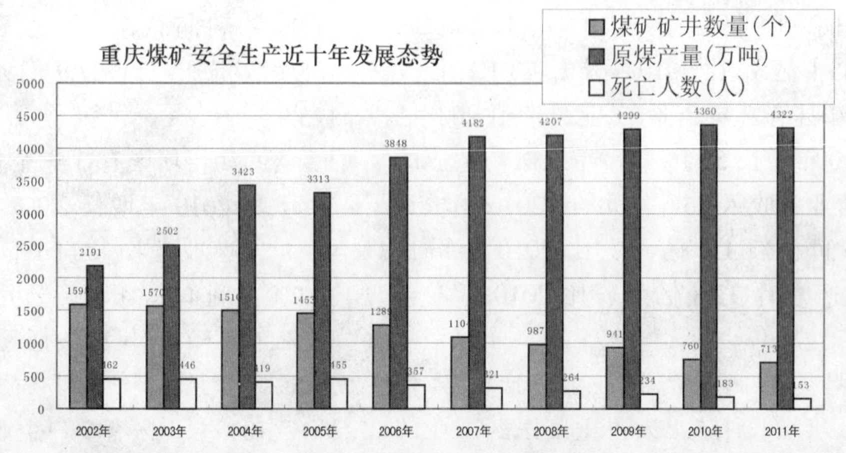

吨/年。

2011年末,全市713个生产矿井中,煤与瓦斯突出矿井88个,高瓦斯矿井109个,低瓦斯矿井516个。

三、2011年煤炭工业经济运行概况

1.原煤产量

2011年全市原煤产量4321.11万吨,同比减少38.19万吨,下降0.88%。其中,国有重点煤矿生产原煤1366.08万吨,同比增加53.71万吨,上升4.09%;地方国有煤矿生产原煤47.81万吨,同比减少12.56万吨,下降20.81%;乡镇煤矿生产原煤2908.03万吨,同比减少79.07万吨,下降2.64%。2011年煤炭市场总体上需求旺盛,国有重点煤矿原煤稳定增产,但区县煤矿的原煤产量比去年同期下降,其原因一是自去年我市大量关闭小煤矿后,很多保留和整合的区县煤矿正处于改扩建期间,停产施工使原煤产量减少;二是今年上半年恢复向煤炭企业征收调节基金政策影响了乡镇煤矿生产积极性;三是新建储煤基地和主要用煤企业向市外购买煤炭量大幅增加,有效缓解本市煤炭需求紧张局面;四是四季度以来钢铁、建材、化工等产业发展增速放缓,能源需求下降,加之产煤大县奉节"剿非治违"专项整顿,使全市乡镇原煤产量减少。

国有重点煤矿、地方国有煤矿和乡镇煤矿原煤产量分别占全市原煤产量的32%、1%、67%。(2004年为27%、8%、65%)。国有重点煤矿的产能在全市煤矿中的比重逐年增大;地方国有煤矿因被国有大矿兼并,煤矿数量减少,产量大幅下降;乡镇煤矿通过关闭和整合,小煤矿已基本消失,年产3万吨及以上煤矿的产量已占乡镇煤矿总产量的97%(2004年为48%)。

2011年全市国有重点煤矿生产洗精煤422万吨,同比增加111万吨,上升35.69%。

2.商品煤销售量

2011年全市销售商品煤4013万吨,同比增加53万吨,上升1.34%。其中国有重点煤矿销量1062万吨,同比增加144万吨,上升15.69%;区县煤矿销量2951万吨,同比减少91万吨,下降2.99%。

随着我市工业化、城市化建设快速发展,全市对煤炭需求每年呈百分之十增长。2011年全市煤炭消耗约4900万吨,其中发电消耗煤炭约2100万吨。为满足市内煤炭需求,近年来,我市外购煤炭逐年增加。2011年我市从贵州、四川、宁夏、云南等地购入原煤约1850万吨,同比增长35%。由于近年全市煤炭产能维持4300万吨左右。今后,全市经济发展对煤炭需求增加将更多依靠从外省调入煤炭。

3.商品煤价格

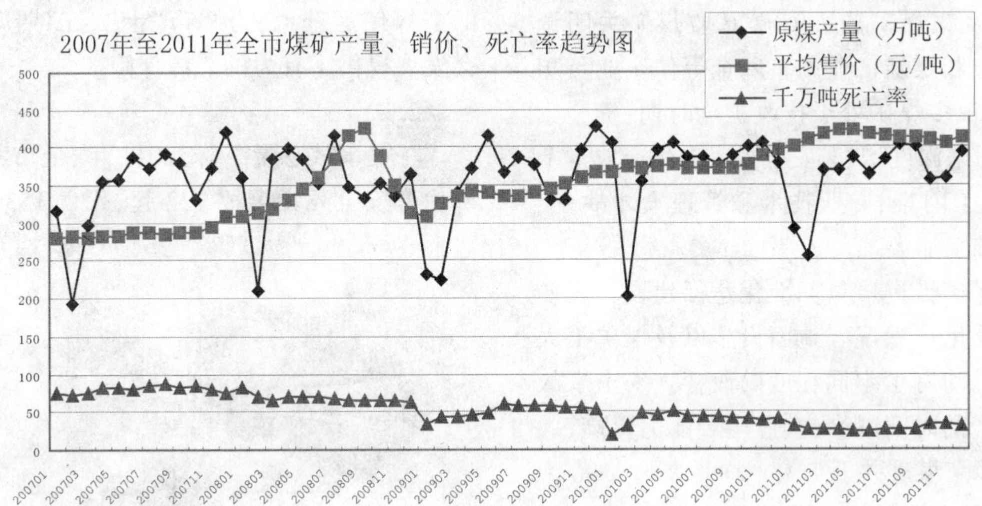

2011年煤炭市场总体稳定，全年煤炭价格呈现稳中有升的走势。我市近年国民经济快速发展,为保障全市能源需求,今年开始实施储煤保障措施,组建煤炭储运集团,加大市外煤炭采购力度,新建的储煤基地能力达200万吨。煤炭的高库存量不仅极大的缓解了煤炭紧张局势，也平抑了市内煤炭价格，全年煤价没出现大起大落的局面,到年底,全年累计商品煤平均价格420元/吨,同比上涨25元/吨,上升6.33%。

4.煤炭库存量

截至12月31日，全市煤矿煤炭库存为49万吨,主力电厂库存211万吨,能投集团煤炭基地库存126万吨,以上合计386万吨(不包括其它车场码头的煤炭库存量)，同比增加220万吨,上升132%。由于新建了百万吨级储煤基地,使煤炭库存大幅度增加。

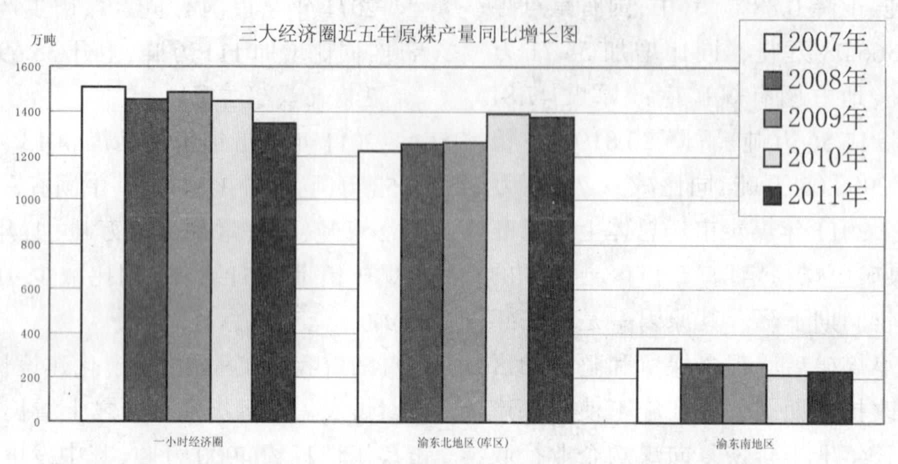

下半年以来国民经济增速减缓，全市能源需求有所下降，煤炭高库存缓解了冬季电煤紧张局面。

5.企业效益和职工收入

我市煤矿因地质条件差,煤炭资源匮乏,煤层薄,开采困难,产能不高,机械化水平低,抗灾能力弱,企业效益低下。近几年我市煤炭行业加大力度推进小煤矿关闭工作和煤矿资源资产整合的建设,乡镇煤矿购买资源,征收煤矿关闭调节互助基金和煤炭产业调整基金等使企业负担偏重,加上很多煤矿处于技改扩能时期,资金紧张。随着开采深度增加,安全投入和生产成本上升,煤矿招工困难,专业技术和管理人才缺乏,企业经营难度加大。

随着煤矿推进质量标准化达标建设，煤矿企业的安全生产状况、地面设施以及煤矿工人的工作环境均有了不同程度的改善。安全事故减少使停产的时间减少,企业生产能力提高,效益得到保障。煤矿井下工人平均月收入3500元左右,比上年有所增加。

四、2011年煤炭工业主要成绩

1.能源保障能力大大提高

2011年国家发改委，国家能源局将重庆能源保障上升为国家战略，采取了增加三峡电入渝量等措施，同时我市加强了与神华集团以及周边能源丰富的省份的能源战略合作，增人煤炭入渝量,成立电煤储运集团,建立百万吨以上的电煤储运基地,为我市“十二五”期间经济社会发展提供了有力的能源保障。

2.安全生产状况继续好转

一是事故总量下降,2011年,全市共发生煤矿生产安全死亡事故122起,死亡153人,同比

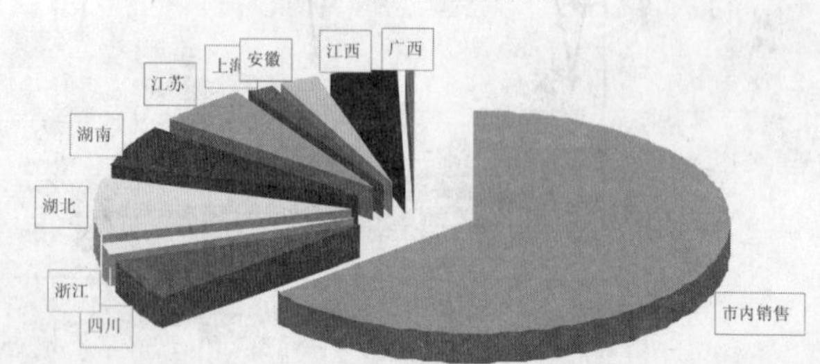

减少21起、30人,下降15%和16%。万州、彭水、璧山、丰都、云阳、忠县、城口等7个区县,以及30个市属煤矿和622个乡镇煤矿全年没有发生死亡事故。鱼田堡煤矿、宏能公司等47个年产6万吨以上煤矿安全生产周期超过1000天。二是较大事故减少,全年发生较大事故6起,比年初确定的奋斗目标少1起。三是百万吨死亡率降低,全市煤矿百万吨死亡率3.54,同比下降15%。其中国有重点煤矿百万吨死亡率为1.39,比去年同期下降33%,区县煤矿百万吨死亡率为4.53,比去年同期下降12%。

3.落实企业主体责任再上台阶

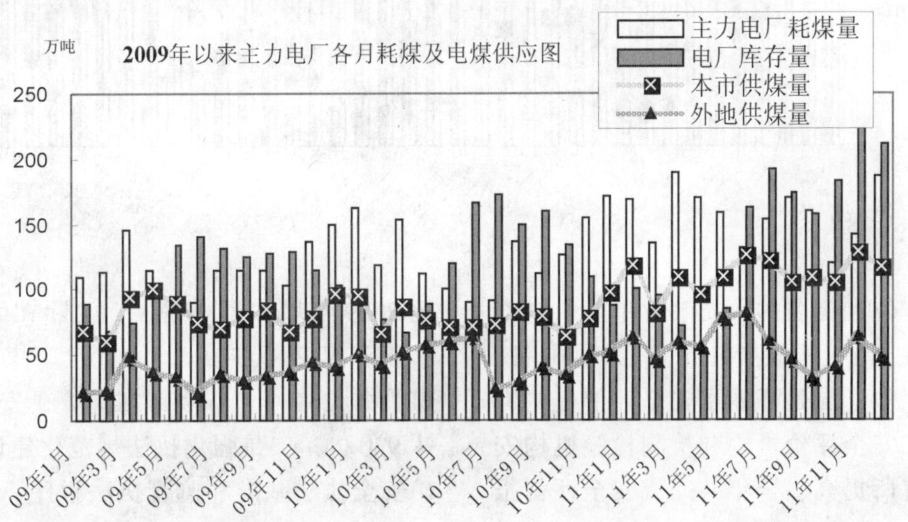

一是扎实开展“六个一百”示范矿井建设,出台实施意见,开展督导工作,全市建设示范矿井228个,落实主体责任和“六大系统”建设示范矿井验收合格分别达到102个,质量标准化建设、采煤方法和支护方式改革、“五长五队”和班组建设、地面标准化示范矿井验收合格分别达到100个。在示范矿井建设过程中,共投入2.9亿元,完成各类整改6895项。二是落实煤矿企业主体责任全面推进,全市747个煤矿已完成安全等级评定709个,其中,A级191个,B级466个,共占参评煤矿的93%,参评煤矿全部开展了“回头看”和整改提升工作,通过整改升级,有52个B级矿升为A级。煤矿安全投入力度加大,全年共投入安全资金10亿元,安全生产条件进一步改善。加大检查、考核、执法力度,领导干部带班下井得到了较好落实。三是全面落实安全质量标准化“五级联创”工作机制,推进矿井达标。经验收,达到市一级标准矿井150个,二级355个,三级167个。四是全力推进采煤方法和支护方式改革,采煤机械化程度和掘进装载机械化程度有所提高。

4.煤炭行业管理稳步推进

一是贯彻落实市政府规范整合技改工作部署,联合市级有关部门出台了建设项目管理规定,完善了建设施工、工程质量监督等配套措施,规范建设项目设计和评审。二是牵头组织国土、公安、监察、工商等10个市级部门组成市政府督查组,对奉节县开展为期3个月的“剿非治违”专项行动进行督查,督促奉节县切实开展大宣教、大清理、大剿灭、大规范,专项行动共炸毁非法井口521处,非法开采得到初步遏制。同时,还对南川、巫山、巫溪、石柱、涪陵等5个区县“打非”工作进行重点督导,有力地支持了合法煤矿依法生产。三是贯彻落实市政府电煤保障会议精神和市领导批示,深入开展电煤生产和保障调研。全年完成电煤供应量2174万吨,同比增长43.8%,市能投集团和万州、开县、奉节、巫山等区县提前完成电煤供应任务。

5.科技支撑体系进一步壮大

一是重庆煤矿安全技术中心等5家新成立

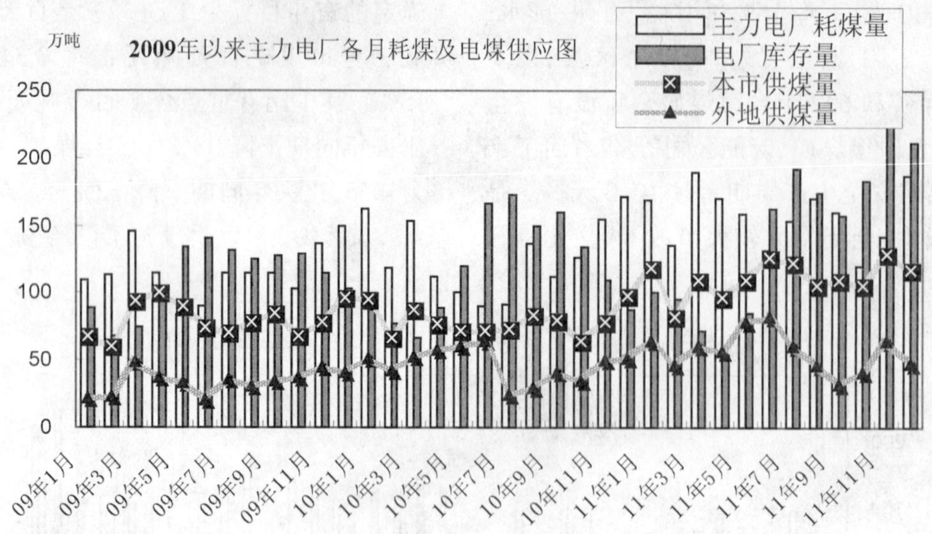

的央属事业单位和更名的市属事业单位，全部完成了登记注册、机构设置和调整、人员配备、建章建制等工作。二是开展了安全评价机构专项整治，煤矿安全评价机构和检测检验机构安全服务水平有所提高，全年共完成安全评价报告246份，检测检验在用设备1309台，完成瓦斯等级鉴定报告688份。三是各级培训机构完成"三项岗位人员"培训2.4万余人次，各类专项培训1055人次，"31331"培训工程提前完成，共培训区县监管部门负责人、区县及乡镇两级监管人员889人次，矿长3073人次，区队长3063人次，班组长9684人次。

6.监管监察执法能力稳步提高

一是监管体系建设实现了历史性突破，全市28个产煤区县全部设立了煤管局，其中独立运行的12个，区县监管部门共核定编制802人，比2009年增加了270人，实际在编757人，61个年产煤20万吨以上的重点产煤乡镇设立了煤管办，261个产煤乡镇在岗煤矿安全监管人数达930人。二是强化执法规范化建设，实施了煤矿安全执法基准和监管执法程序。三是制定和实施了执法监督办法，开展执法监督检查，及时发现和纠正执法瑕疵106项，首次使用了执法监督文书。四是强化事故责任追究和群众举报查处，2010年6起较大事故全部批复结案，2011年事故结案105起，追究事故责任人67人。五是强化党风廉政建设，突出源头防腐，重点强化反腐倡廉宣传教育和落实领导干部"一岗双责"，开展警示教育，不断完善监管监察执法工作机制，强化监督约束。实行廉政监督反馈卡制度，拓展了廉洁执法监督的渠道，开展了电子监察和"教育、规范、整治"专项行动。

冶金工业

重庆市经济和信息化委员会 刘富钊

重庆冶金材料工业由黑色金属材料工业和有色金属材料工业两部分组成。拥有炼铁、炼钢、轧钢、耐火材料、焦炭、金属制品、功能材料、粉末冶金、磁性材料、电解铝、电解铜、电解镍、电解锰、铝加工、铜加工等生产工艺技术，常年生产2000多个品种的冶金产品。通过"十一五"期间的建设和发展，钢铁材料工业已形成年产生铁700万吨、普钢及特殊钢750万吨、钢材700万吨、铁合金40万吨、焦炭300万吨、金属制品6万吨的生产能力。有色金属材料工业已形成年产10种有色金属18万吨,铝材80万吨,铜材1.5万吨,有色金属粉末2万吨,电解金属锰30万吨,氧化铝150万吨,镁合金压铸件500万件。

重庆钢铁工业在全国同行业中所占份额0.9%。重庆有色金属工业共有大中型企业84户,按生产类型划分,加工企业78户、冶炼企业6户。加工企业资产占总资产的66.25%、冶炼企业资产占总资产的33.75%,主体企业有西南铝业(集团)公司、重庆冶炼(集团)公司、重庆涪陵东升铝业股份有限公司、天泰铝业有限公司和重庆博赛矿业(集团)公司等企业。

重庆冶金工业增速位居全国同行业第三,钢材产量突破千万吨,粗钢产量突破600万吨,西南铝经营绩效大幅攀升,主要经济技术指标刷新历史记录:商品产量同比增长12%,营业收入同比增长28%,产销率、货款回收率实现100%,利税3.25亿元,创汇1.4亿美元,销售收入及利润均突破历史最好水平。

2011年,全市冶金冶金行业完成工业总产值1285.47亿元,同比增长29.51%;工业增加值286.37亿元,同比增长23.63%;销售收入1242.82亿元,同比增长38.20%;实现利润15.60亿元,同比下降35.88%;新产品产值316.24亿元,同比增长18.89%;出口交货值19.91亿元,同比下降5.60%。全年生产粗钢628.11万吨,同比增长30.98%;钢材1074.12万吨,同比增长48.91%;生铁559.36万吨,同比增长25.41%;焦炭397万吨,同比增长21.29%。生产十种有色金属34.22万吨,同比增长24.89%;原铝(电解铝)22.78万吨,同比增长41.93%;氧化铝41.27万吨,同比增长146.54%;铝材111万吨,同比增长17.57%;铜材6.34万吨,同比增长28.08%;铝合金及再生铝55.51万吨,同比增长23.80%。

一、产业结构调整取得辉煌成效

1. 重钢大渡口老区钢铁主业生产线全部关停。9月22日上午9:55,重钢集团大渡口老区的最后一条生产线——型钢厂棒材轧机轧完最后一根钢,着重钢老区钢铁主业生产线全部关停,标志着具有120年历史的重钢完成了历史性转折,进入了一个全新的发展阶段。

2.重钢环保搬迁一期工程全面建成投产,重钢长寿新区已建成650万吨钢的生产能力。主体设备包括4×60孔6m焦炉,2500m3高炉3座,210t转炉3座,以及2700mm中板轧机、1780mm热连轧机和4100mm宽厚板轧机等3条主力轧机生产线。自2007年5月17日奠基以来,环保搬迁全体参建将士发扬“克难奉献、创新争先”的搬迁精神,书写了国内冶金建设史上同类工程建设奇迹,创造了被业内广泛认同和赞誉的“重钢速度”。而今,一个长江上游钢材精品生产基地和中国最大的船舶用钢生产基地,一座技术装备先进、资源配置合理、环保节能高效、产品竞争力强的现代钢铁企业—新重钢,已傲然屹立在重庆长寿长江之滨。

3. 世界先进水平的双机架铝板带冷连轧生产线建成投产。6月28日,西南铝业集团有限责任公司投资建设的国内首条具有世界先进水平的双机架铝板带冷连轧生产线建成投产。该生产线主要设备包括德国西马克公司和ABB公司联合制造的2000mm双机架冷连轧生产线,西门子公司制造的2000mm单机架冷轧机以及高速切边机和铝卷材立体平面智能化物流管理系统等,具有25万吨/年的高精铝板带产能。可满足国内日益增长的罐料、瓶盖料、CTP印刷版基、交通车辆铝板、电子电器铝板等高精铝板带市场需求。双机架铝板带冷连轧生产线建成投产在中国铝加工发展历史上具有重大意义。

4.4300mm铝合金厚板生产线竣工投产。11月11日,西南铝业集团有限责任公司4300mm铝合金厚板生产线竣工投产。这条专业化铝合金厚板生产线,投资超过10亿元,主要有4300mm铝合金厚板轧机和12000吨拉伸机等大型现代化铝加工装备。4300mm铝合金厚板生产线可生产厚250mm、宽3800mm、长18000mm的大规格铝合金厚板,可满足航空、航天及国防军工的需要,从而使我国成为继美、日、德、俄之后又一个能够生产大规格铝合金厚板的国家。冷连轧生产线和厚板生产线两大生产线竣工投产，构建了西南铝以国家需要为己任和可持续发展的战略发展模式。

5.具有世界先进水平的铝加工企业奠基 11月 11 日,中铝萨帕特种铝材(重庆)有限公司奠基，这是由中国铝业股份有限公司与瑞典萨帕铝业集团合资建立的一家集铝合金挤压与后续深加工为一体的具有世界先进水平的铝加工企业,合资项目总投资超过 6 亿元,主要设备为 1 台 120MN 挤压机及 CNC 精密加工装备,计划于 2013 年初投产，生产规模为年产 2 万吨铝合金结构型材及车辆模块。该公司采用最新的挤压、热处理、摩擦搅拌焊接和机械加工技术。Sunlight 认为，该项目的建设为加快中国铝加工技术进步与加速拓展海外高端铝型材市场具有十分重要的意义。

6. 博赛集团销售收入突破 100 亿元。12 月 29 日晚，博赛集团销售收入突破 100 亿元庆典在重庆洲际大酒店举行，圭亚那合作共和国总理海因兹夫妇、加纳驻华使馆公使阿加瑞、重庆市长黄奇帆出席。博赛集团销售收入首次突破 100 亿元大关,成为主城区外唯一一家跻身“百亿俱乐部”的区县民营企业。博赛集团积极扩大生产经营规模,不断调整产业结构,完善铝工业产业链,如期实现“百亿博赛”目标,全年超额完成目标任务,同比增长 30%以上。目前,博赛生产的高铝熟料和棕刚玉产销量稳居中国第一、世界第一,现已跻身中国制造业 500 强、中国民企 500 强、中国有色金属企业 50 强、重庆工业企业前 20 强、重庆民企前 10 强。

7.锰工业装备大型化。电解金属锰和锰铁合金工业硅工业经过调整，主要生产设备实现大型化和标准化。

电解设备大型化。电解金属锰最大规模生产线 1 万吨/年,电解槽为大槽(88~100 块板/槽)小板(板顶尺寸 500×666mm,新型电解槽采用焊接电解槽、树脂浇注电解槽。锰铁合金冶炼电炉容量大功率电弧炉达到 25000kvA 及以上。

化合设备大型化。目前使用化合槽窖大型化,为 300~400m3,大型化合槽热量集中,化合温度提高,可相应提高侵取淬。

压滤设备大型化。新建压滤杨为 350~500 m^3 高压隔膜压滤机,含水量由 35%降至 25%,大大提高了锰金属回收率,降低了生产线成本,减轻了对环境的污染。

磨矿设备大型化、智能化。立磨采用 HC1700、HC2000 磨粉机,惩治大、耗能你、噪音小、免压生产,可实现车间无尘作业。

8.重庆镁产业园开建。綦江区已启动重庆镁产业科技园区建设。用镁合金材料做笔记本电脑、生产汽车摩托车，打造一个集低碳技术研发、高端产品推广等为一体的镁产业科技园区,实现投入 200 亿元,并在“十二五”期间实现 500 亿元产值。“十二五”期间,园区将形成“焦炭—原镁冶炼—镁合金压铸及型材”的循环产业链,重点发展原镁冶炼、镁合金板带材、镁合金笔记本电脑外壳和镁合金汽摩配件。它将以镁合金 IT 配件、镁合金汽摩配件,以及现代装备制造业镁合金配件、镁合金板带型材等为主要内容,开展关键技术研发及高端成果推广，并最终实现产业、基地和科技的有机融合。

二、技术创新发展实现新突破

1.钢铁工业建设自主技术创新成果突出。重钢新区建设拥有自主知识产权 43 项,引领冶金制造流程革新的铁-钢界面“一罐制”和 RH 干式真空技术创新应用成效十分突出,其中 210t RH 真空精炼项目首次在国内应用了机械真空泵进行真空处理,“重钢首次将机械泵应用于 RH 精炼工艺” 荣获 2011 年中国冶金科学技术一等奖、被评为 2011 年世界钢铁工业十大技术要闻位列第 5;这是重钢技术首次站上世界钢铁工业技术舞台的前沿。该装置目前在长寿新区生产运行效果明显，优于相同规格的蒸汽喷射泵系统的工艺指标。例如,脱氢率达 63.5%、极限脱碳能力为 10ppm、运行成本(包括电能、氮气和补偿冷却水)较蒸汽喷射泵系统低7.74元/t钢。由重钢自主研究、设计、开发并实施的机械真空泵与蒸汽喷射泵的最大区别在于驱动能源，前者采用电能，而后者则采用蒸汽。两者相比，机械真空泵具备以下主要优势：一是能耗、水耗和运行成本大大减少。由于不用蒸汽，水耗降低80%以上。同时采用滤尘系统，使粉尘浓度降至5mg/m3以下。将一套每年工作8000h 100-150t的VD/VOD系统的机械真空泵系统与同样规格的蒸汽喷射泵真空精炼装置相比，可节约化石燃料(以天然气为例)680万Nm^3/a，减少CO_2排放1.3万t/a。二是由于能源介质由较难保证完全稳定的蒸汽改为电能，其运行不再受蒸汽压力、温度的制约，因而操作更简便，生产更稳定，而且维护更容易。启动和运行更灵活、可靠，依靠处理模型可做到“一键式”操作。

矿业钒钛资源综合利用研究项目启动；“国家环境保护垃圾焚烧处理与资源化工程技术中心”落户重钢；重庆钢铁研究研所公司成功研制出“天宫一号”、“神州八号”和长征二号运载火箭等航空航天新材料。

2.西南铝荣获国家“火炬计划重点高新技术企业”。多年来，西南铝一直坚持“科技兴企”的战略，致力于推动行业技术创新和产业升级。西南铝高度重视并认真组织开展以军工产品为代表的新产品研制工作，提升了科技创新能力，增强了军工保障能力。因在高新技术上的卓越成就，获得国家科技部2011年度国家“火炬计划重点高新技术企业”。“西南铝”获得“中国驰名商标。

3.重庆成功试制专用铝锂合金撑起国产大飞机“身躯”。西南铝成功试制出国产“大飞机”项目专用的第三代新型铝锂合金，该项目不仅填补国内生产空白，还为“大飞机”加速实现国产化奠定了坚实的材料基础。至此“大飞机”项目所需的两种合金牌号均在西南铝试制成功。“大飞机”项目专用的第三代新型铝锂合金化学成分特殊，铸造成型难度极大，试制过程具有极高的安全风险，且该产品本轮试制铸锭等零部件涉及到多个合金牌号和规格，制作工艺复杂。对此，西南铝对产品制作工艺方案进行反复论证，对工具设备和原辅材料进行充分准备后，克服了岁末年初能源限供的压力，顺利推进产品生产并成功完成试制。

4. 研发出航空航天材料口西南铝和重庆钢铁研究所为“天宫一号”、“神州八号”和长征二号运载火箭等重点型号提供了多种型号关键铝材和磁性材料，从而打破了国外在航空航天用铝合金材料领域的技术垄断，填补了我国在相关材料制造领域的空白。

5.高性能测温材料及应用技术得到提升。高性能测温材料及应用技术重点实验室获得中国机械工业联合会立项。中国机械工业联合会以[2011]第200号文件批复了重庆材料研究院“机械工业高性能测温材料及应用技术重点实验室的建设方案”，标志着重庆高性能测温材料及应用技术重点实验室建设获得机械工业重点实验室立项。机械工业重点实验室是为加强我国机械工业前瞻性、公益性和基础共性技术研究，提高机械工业技术创新能力，凝聚、培养产业技术创新人才，开展国际技术交流与合作的重要平台，是国家自主创新体系和机械工业技术创新体系的重要组成部分。测温材料及应用技术是本所在国内独树一帜的优势专业，该实验室的批准立项，对于推进重庆测温材料重点实验室建设，巩固该领域的技术优势，进一步扩大国内外影响具有重要意义。

三、低碳经济成果显著

2011年有色金属工业万元工业增加值能耗同比下降2.7%，全行业主要产品单位能耗大幅度下降，部分主要产品的技术经济指标接近或达到世界先进水平。

1.淘汰落后产能取得显著成效。淘汰炼钢产能300万吨，炼铁产能290万吨。

2.低碳循环经济国内一流。钢铁工业吨钢综合能耗同比下降13.53%，吨钢耗水同比下降21%，吨钢占地面积0.53平方米，万元工业增加值能耗下降25%以上，综合能耗下降16.4%，耗水量下降76.6%，每年回收、转化能源209.62万吨标煤，排放总量下降50%以上，炼铁高炉将按照可喷吹废塑料、废橡胶设计，预计年可销纳废旧塑料、废橡胶8万吨，社会废钢90万吨，厂区绿化用地率达到20%以上，各项指标都达到国内先进水平。

3.电解铝节能技术达到国际先进水平。由中国有色金属工业协会组织“穿孔阳极电解技术扩大应用”成果通过鉴定。该项成果由重庆天泰铝业有限公司和中南工业大学重庆科技学院等单位完成。成果属于首次发明。经工业性实验,电流效率达到91.447%，工艺直流电耗达到12442千瓦时/吨铝，比原系列降低1112千瓦时/吨铝，节能达10%左右，技术达到国际先进水平。重庆天泰铝业有限公司已与河南永登铝业公司签定在180KA和250KA两个系列应用的技术转让合同。此项技术的全面推广可为我国电解铝行业带来巨大的节能效益。

4.铝液热直供产生经济效益。围绕天泰铝业6万吨电解铝液热直供建立产业链。铝液热直供既可省去电解铝企业铸锭工序减少能量消耗和材料损耗，减少生产环节，节约生产成本，还可减少下游企业熔铸环节及因此带来的能量消耗和材料损耗，再度减少生产环节，降低生产成本，是铝加工产业走可持续发展道路的有效途径。以天泰铝业6万吨电解铝产能基本实现铝液热直供，仅下游企业减少熔铸环节，每年可为国家减少1800万度电耗，为企业节约电费1170万元/年。铝液热直供还可为下游企业减少设备投资，以及再度熔铸带来的人力成本、材料损耗、污染排放等，早戴卡捷力和江达轮圈汽车铝合金轮毂项目入驻天泰周边，再次彰显了与天泰铝业实现铝液热直供的铝加工产业链优势。

5.电解铜粉节能技术国内首创。重庆华浩冶炼有限公司铜及铜基粉末二期生产线于6月建成投入试生产。一、二期年生产能力8000吨，标志着国内目前最大最先进的电解铜粉生产线通过华浩的自主创新获得成功，跻身国内乃至亚洲有色粉末行业的前列。“电解铜粉废液的处理方法及其应用”和“黄铜复合粉及其制备方法”2项获得国家发明专利，50项专利申请全部获得受理。“铜及铜基粉末技术改造”生产线改造项目，采用新型玻璃钢筋树脂砼电解槽取代小型PVC电解槽，真空抽滤工艺及新一代大型钢带还原炉，新型密闭圆盘振动筛粉机及收尘设备等新工艺、新技术、新装备实现节能减排，实现较低的电流密度(1500A/m2)和电解温度(40-60℃)，提高金属回收率，大幅度提高生产效率，降低劳动强度，改善操作环境，该工艺已成为国内领先水平。

6. 运营转型初见成效，基础管理进一步加强。西南铝通过诊断、设计，以及改善措施的落实和强化，生产效率、综合成品率、能耗等一些关键绩效指标明显改善，累计完成改善活动2085项，实现收益2353万元。按照运营转型理念，从制度建设、措施细化、保证监督等各个环节强化基础管理，管理流程更加规范，工作质量和管理效率得到提高，执行力进一步加强。突出“效益优先”和“市场导向”，创新经济责任制考核评价体系，推行“劳效吨”模式，加强全面质量管理，强化工艺纪律，提高了综合成品率，减少了金属投入。大力开展“违章行为综合治理年”活动，强化安全生产标准化建设，确保了安全生产。不断强化内部控制，经营风险得到有效防范。西南铝加强应收账款监管，从源头上控制风险，确保了货款的及时回收。强化资金管理，多渠道规避融资、汇率、利率风险，全年减少利息支出700万元，减少汇兑损失1130万元。千方百计把金属占用控制在合理水平。

7.氧化铝生产实现循环经济。中铝重庆公司80万吨氧化铝项目2010年投产，采用的地下采矿、选矿脱硫串联法生产工艺，在国内外独一无二，是我国氧化铝生产技术的一大创新，是循环经济、节能减排、清洁生产的示范项目。氧化铝总回收率近90%，为同类企业最高水平。项目矿石单耗为1.8吨，节约资源世界领先。选矿脱硫，年可回收硫精矿3万余吨，世界上第一条铝土矿脱硫生产线。回转窑烧结拜耳法系统废弃的赤泥，进一步提取氧化铝，建成国内第一条烧结赤泥生产线。

8.再生铝环境效益明显。与原铝相比，每生产1吨再生铝，可节约95%的能源，节约用水10.5吨、少用固体材料11吨、少排放二氧化碳0.8吨、少排放二氧化硫等有害气体0.06吨，具有重大的节能、环保和经济优势。“十一五”期间，我市建成新格、顺博、剑涛等多家拥有先进技术和装备水平的再生铝企业，2010年产量达到23万吨，与原生铝相比减排二氧化碳18.4万吨。

四、产品结构进一步优化调整

1.产品实现门类齐全。以创建长江上游精品钢材基地为目标，产品结构上实现上档升级。产品品种已覆盖汽车、石油、轻工家电、建筑、船舶制造、机械制造、军工等行业等，品种市场覆盖面广、区域市场空间大。优质船板产能超过300万吨，建成中国第一大的船板生产基地；全面发展碳素结构钢、特殊钢、合金结构钢、高速工具钢、弹簧钢、易切钢、阀门钢、型材、钢丝绳、棒线材、无缝钢管、电解铝、电解铜、电解铅、电解镍、电解金属锰、铝加工材、铜加工材、镁合金加工材、有色金属粉末、铝电解用炭素制品和有色金属制品、铁基粉末冶金制品、金属功能材料、磁性材料制品。

2.光伏产业从无到有。重庆从国外引进的多晶硅生产技术和设备，采用全自动、全流程、全循环的工艺，制造电子级、太阳能级高纯多晶硅产品，生产过程能耗低、绿色环保，各项技术指标达到国际先进水平。建成大全新能源有限公司3000吨多晶硅产能，万州兰花太阳能电力股份公司1000吨单晶硅和6500万片切片产能。大全新能源有限公司可提供采用最先进技术、且稳定可靠的太阳能上游产品。

3.镁材料产业迅猛发展。以国家镁合金材料工程技术研究中心、重庆市科学技术研究院和重庆盛镁镁业有限公司等单位，引进了先进的镁合金劳和炉、半连续铸造、挤压、压铸、板带等生产线，形成了镁合金生产、镁合金半连续铸造、镁合金压铸、镁合金挤压、镁合金板带等完整的镁合金产业链，可为3C、汽车、轨道交通工具、军工、航天航空、电动工具、通用机械、照明设备等多个领域提供镁合金系列产品达数十种，其中镁压铸件、镁挤压材及镁合金板带件等是拳头产品，最终构建镁产品深加工及应用的科技产业链。

4.铝产业集群逐步形成。西彭工业园区按照“工业成就城市，城市助推工业”的理念，实现工业与城市同步发展。先后被国家部委认定为国家新型工业化示范基地、国家铝加工高新技术产业化基地、国家火炬计划轻合金特色产业基地、国家加工贸易梯度转移重点承接地示范园区，总规划面积65平方公里，近期可开发面积30平方公里，以发展航空航天、交通运输、装备制造、建筑建材、电子电器、包装印刷等深加工为重点，产业门类齐全，区位优势明显，配套基础完备。园区已形成了“大工业、大市场、大物流”的发展格局，实现工业总产值350.1亿元，实现工业增加值73.2亿元，完成全社会固定资产投资30.9亿元，出口13.6亿元。跃居市级园区排名第七。

五、开放型经济成效明显

1.博赛集团牢牢把握国家支持鼓励民营企业“走出去”发展、重庆打造内陆开放高地等系列利好政策，大胆实施“走出去”发展战略。2006年底，博赛以6000万美元收购南美洲圭亚那合作共和国欧迈矿业公司70%股权，一举成为重庆当时最大一笔海外投资，获得约2亿吨全球独一无二的高铝低铁铝矿资源，占领了40%的国际高铝熟料市场份额，产销量稳居世界第一。经过五年多时间卓有成效的经营管理，博赛圭亚那公司已在当地站稳了脚跟，不仅扭转了该公司多年来的亏损局面，每年还实现数千万美元利润，仅三年时间便收回了整个投资，当年6000万美元的投资现已增值十倍达到6亿美元。2009年底，博赛审时度势，再次投资3000万美元成功收购全球矿业巨头力拓旗下西非加纳铝矿公司80%的股权。经勘探,该铝矿公司拥有全球最好的高铝低硅铝矿资源约1亿吨以上。经过两年多时间的运作整合,该矿各项工作开展有条不紊,生产经营渐入佳境。除以上两个项目收购金额达9000万美元外,博赛集团这几年还陆续对以上两个项目额外增资约6000万美元,用于技改和增加流资。截至2011年底,博赛已完成海外投资1.5亿美元,通过"走出去"发展,既开发利用了国外优质矿产资源,又发展壮大了企业,占领了国际市场,几年一个台阶,实现了跨越式发展。

2.重钢控股澳大利亚伊斯坦鑫铁矿山"走出去"的资源战略。12月2日,重钢总投资近30亿美元的澳大利亚西澳洲伊斯坦鑫磁矿山正式宣布开工,这标志着重庆市最大海外投资项目进入实质性建设阶段。该矿投产后,重钢所需的铁矿石原料50%以上将实现自给,据估算,每吨铁矿石成本最多可以节省120美元。澳大利亚伊斯坦鑫山磁铁矿项目开发建设项目该项目获得国家和重庆市资金补贴1690.6万元。按照国家商务部、国家财政部《关于对外经济技术合作专项资金申请补贴》的文件和重庆市外经贸委、财政局的《重庆市对外投资合作专项资金资助管理办法》文件精神,其中:国家下拨的783.6万元、重庆市下拨的907万元,缓解了资金压力,降低了重钢矿投收购该项目的成本。

3.重钢靖江物流基地一期工程投产12月19日,重钢靖江物流基地三峰港务码头建成投产。该基地位于江苏省靖江市新港园区焦港东侧,距上海吴淞口121.6公里,营运项目包括港口物流和钢材加工配送。该物流基地一期项目总投资13.7亿元,占地约600亩,建有7个码头泊位、7个料场和配套设施,年吞吐量近1000万吨,可实现年钢材加工配送量50万吨、年销售收入50亿元。在异地建物流基地加大原料储备,将帮助重钢有效应对铁矿石等原料的价格波动,减少运输成本。当前,进口铁矿石原料的运输成本一直是困扰国内钢企的难题。今后,重钢从澳大利亚、巴西、南非等地采购的铁矿石,将通过在靖江物流基地存放,然后走水路运抵重庆。

重庆盐业

重庆市盐业局 黄科

一、2010年发展回顾

2011年,重盐集团在重庆市国资委和重庆化医集团的领导下,牢牢把握科学发展主题,冷静分析企业外部环境和内部条件,沉着应对宏观政策调控和市场风险,转变发展方式,调整产业布局,加强投资合作,优化资源配置,强化资金管控,夯实渠道网络,巩固拓展市场,实现了平稳较快发展,确保了国有资产的保值增值,推动了重庆盐业整体经营管理业绩再创新高。2011年,重盐集团实现收入33.62亿元,较上年增长42.58%;实现利润7239万元,较上年增长3.30%;资产总额达到34.74亿元。集团公司荣获"全国文明单位"、"重庆市级文明单位标兵"、"全国五一劳动奖状"、"重庆国企贡献奖"、"中国质量信用企业"、"重庆市食品安全示范企业"、"中国服务业企业500强"、"中国轻工业制盐行业十强"、"重庆企业100强"、"重庆服务业企业100强"、"重庆食品行业十强企业"等荣誉称号。

(一)是商贸流通蓬勃发展,规模质量显著提升

2011年,重盐商贸流通板块各单位不断深化改革、优化结构、强化服务、开拓市场,网络建

设持续推进,经济规模不断壮大,客户满意度明显提升,规模效益日益显现。商贸流通板块全年实现销售收入25.86亿元,同比增长56.35%,其中非盐销售收入同比增长5.12亿元,增幅63.76%,人均销售额超过250万元。

(二)是工业板块负重前行,项目建设稳步推进

合川盐化60万吨/年真空制盐技改项目建成投产,全年产盐51.5万吨、销盐54.58万吨;中盐长寿盐化20万吨/年液体盐采输项目已完成取水、钻井、输卤管线安装、生产区和办公区土建等工程建设,向映天辉氯碱公司供卤1.2万吨;云阳盐化项目60万吨/年真空制盐移民搬迁技改项目已进入全面开工建设阶段,预计2012年12月将建成投产;飞亚公司6万吨/年味精迁建技改项目投产后,巩固拓展市场,加大产品研发投入,推出养士多鲜味真鸡精等3项新产品,全年实现销售收入4.8亿元;天厨天雁1万吨/年豆瓣酱加工项目全面建成,调料全自动灌装线等3项技改顺利完工,推出金钩豆瓣等6项新产品,全年实现销售收入4604万元。

(三)是立足市场布局产业,投资并购有进有退

2011年4月,与贵州盐业集团签订战略合作协议,成立贵州渝黔盐业经贸有限公司,至年底实现销售收入7562万元。以万州拟兴建煤炭物流园区为契机,借助宝俊商贸公司的优势,共同投资成立主营煤炭经销的重庆宝金贸易有限公司,半年实现销售收入1.64亿元。针对合资企业哈菊公司和辣妹子公司在宏观环境中遇到的多种不利因素的影响,为及时规避投资损失,优化资源配置,经市国资委批复同意,对持有的辣妹子公司50%股权、哈菊公司49%股权,通过市联交所公开转让,取得投资溢价收入915万元。

(四)是强化管理规范运行,狠抓安全保证质量

为加强对三大产业板块的领导,提高工作效率,集团总部由分管领导亲自挂帅成立食品调料工业发展委员会、制盐工业发展委员会、商贸流通发展委员会和科技开发委员会,并对部分处室设置和职能进行优化调整。坚持合规经营,狠抓食品安全管理,成立食品安全委员会,制定完善各项规章制度,规范“一单通”的使用,全面推行ISO9001:2008质量管理体系、TnPM管理体系、QFE质量、食品安全、环境一体化管理体系和QS质量安全标准,确保产品质量安全。强化内部管控,防范经营风险,突出投资成本控制,加强工程建设项目结算审计,狠抓安全环保工作,确保一方平安。

(五)是依法治盐保证供应,履职尽责树立形象

市盐务局坚持依法治盐,加强行业监管,维护盐业市场秩序,全年共查获违法盐产品54.8吨、违法运盐集装箱车2辆。在2011年3月16日至18日发生的食盐抢购风潮中,重盐集团第一时间迅速启动应急预案,生产企业24小时三班倒满负荷运转,运销企业不计成本实行24小时配送,有力保证食盐市场供应,迅速平息抢盐风潮,维护了社会的稳定。此外,重盐集团认真履行社会责任,积极参与城乡统筹发展,以工促农以城带乡,助推农业产业发展,捐资捐物40余万元,奉献爱心回报社会。

(六)是加强党建熔炼团队,以人为本和谐发展

重盐集团围绕党建总体部署和“固本强基”战略要求,加强企业党建工作,规范推行“一讲二评三公示”,深入推进创先争优工作;深化企业干部人事制度改革,加大干部交流调整力度,完善“双向进入、交叉任职”领导体制;坚持人才强企的策略,组建技术创新中心;大力倡导企业核心价值观,深化企业文化建设打造企业软实力。

二、发展中存在的问题

一是工业板块仍处于发展起步阶段,科技开发、技术管理水平不高,产品结构不优,市场拓展能力不强,企业市场竞争能力及经济效益有待提升;二是商贸流通板块经营管理有待加

强，网络建设仍需夯实，仓储物流配送管理水平有待提升，网络渠道价值有待进一步发掘；三是产业发展项目资金需求较大，集团筹资能力、资金使用效率有待提高；四是集团整体管控能力还不能完全适应企业快速发展的需要，合资企业干部员工的文化价值观整合、贯彻规范化管理、提升企业基础管理素质的任务还较繁重和急迫；五是盐业体制市场化改革引而待发，部分员工思想波动，埋怨畏难情绪、观望依赖思想有所抬头，少数干部职工仍然存在抱残守缺的保守思想，缺乏市场经济意识和危机意识。

三、2012年发展目标

(一)指导思想

2012年是重盐集团实施“十二五”规划，打造“百亿重盐”承上启下的关键之年，要充分估计形势的严峻性和复杂性，切实把握好有利条件和机遇，做好应对困难和挑战的准备。要始终坚持科学发展的理念，认真学习贯彻中央经济工作会议和我市经济工作会议精神，继续坚持市场化转型的改革发展方向，深化“连锁网络+卓越服务”商业模式再造，强化市场营销，推进科技进步、自主创新，推动产业结构、产品结构优化升级，强化集团化、系统化管控，全面提升企业经营质效、盈利水平，以高昂的斗志，扎实的工作，稳中求进，突破创新，开启重盐发展的新征程。

(二)经济运行目标

实现销售收入40亿元，实现利润8000万元。

(三)工作任务及主要措施

一是坚持市场导向，求进创新，做强做大做优商贸流通产业；

二是坚持创新驱动，多管齐下，夯实制盐及食品调料产业发展基石；

三是坚持科学论证，效益优先，积极稳妥推进项目建设；

四是抓好资金筹措，加快周转，稳定集团资金链；

五是抓好品牌建设，争创名牌，增加企业无形资产价值；

六是抓好内部管控，完善制度，规范公司治理机制；

七是抓好文化建设，反腐倡廉，促进和谐文明发展。

国防科技工业

重庆市经济和信息化委员会　刘富钊

2011年，全市国防科技工业面对复杂多变的国内外经济形势和企业传统产业转型升级的繁重任务，紧紧围绕“十二五”纲要，深入践行科学发展观，攻坚克难，锐意进取，不断开拓创新，实现了整体经济的平稳运行。

一、经济平稳运行，环比大幅增长

12月份，全市国防科技工业实现工业增加值29亿元，同比增长23.3%，环比提高40.2%；完成工业总产值238亿元，同比增长53.9%；环比提高79.9%；实现主营业务收入164亿元，同比增长43.9%，环比提高21.6%；完成出口交货值4.9亿元，同比增长50.4%；新产品率达到75.5%。当月各项指标大幅飚升，经济总量创新高。

2011年，全市国防科技工业实现工业增加值258亿元，同比增长1.6%；完成工业总产值1473亿元，同比基本持平；实现主营业务收入1541亿元，同比增长2.8%，出口完成交货值51亿元，同比增长28.3%，工业品产销率99.2%，同比提高2个百分点。

2011年，全市国防科技工业经受了全球经济下滑、传统产业转型升级、支柱产品汽摩市场持续低迷等严峻考验，大力调整和优化产业结构，强化市场开拓，保持了经济的平稳增长。如果剔除汽车全行业进行理性回调和摩托车行业优化升级的影响，全市国防科技工业仍表现出较快增长，主要经济指标仍保持在较高增幅水平上。

二、抓市场促销售，产销均衡发展

全市国防科技工业大力拓展市场，强化销售，实现了产销平衡，合理发展。当年工业品产销率达到99.2%，高于全市规上企业平均水平。企业压库销售，产成品资金同比下降7.7个百分点。汽车、摩托车、铁路货车、船舶产品、燃气表等主要工业品都实现销大于产，其中汽车、摩托车产品销售率达到100.1%和99.6%，同比提高0.6和0.1个百分点，期末库存数量同比下降3.9%和2.6%，长安、嘉陵、铁马、红宇、长江电工、北奔、跃进、金美等企业产品销售情况良好，产销率最高达到116%。

三、军工船舶增长势头良好

军工船舶依靠科学发展和技术创新，奋进超越，加快结构调整，加

速产品升级换代，不断做大产业规模，形成新的产业格局，助推经济快速发展。2011年工业增加值、工业总产值和主营业务收入三项指标同比增长19.6%、14.1%和22.6%，完成利税总额6.9亿元，同比增长1.3倍；利润总额由同期亏损转为较好盈利。主要产品轨道车辆、特种船舶和船舶配件、大型齿轮箱及风电设备等快速增长，最高增幅达到92%。重齿、海装风电、长征重工、川东船舶、华渝等企业表现最佳，主要经济指标大幅增长，尤其是重齿公司，主营业务收入完成50.3亿元，同比增长20.3%，成为军工船舶首户收入超过50亿元的企业。

四、转变经营管理方式，提高企业经济效益

全市国防科技工业加快传统产业结构的优化升级，实施企业管理创新工程，改善了企业经营状况，经济效益明显提高。全年完成利润总额64.7亿元，同比增长18%，利润率达到4.2%。盈利企业34户，实现利润66.3亿元，同比增长20.9%，亏损企业3户，亏损额度下降46.7%。汽车板块贡献最大，长安股份公司利润突破50亿元，同比增长6.6%。除长安股份公司外，利润完成超过亿元的企业有7户，同比增加3户，分别是青山、长安工业、重齿、红宇、铁马、建设工业、望江等。嘉陵特种、大江、长江电工、长征重工、长风等5户企业利润成倍增长，嘉陵特种公司最高，增长18倍。

轻纺工业

重庆市经济和信息化委员会 刘富钊

一、发展概况

2011年是“十二五”规划的第一年，重庆轻纺工业保持了较为稳健的发展态势，取得了健康发展的新成绩。2011年重庆轻纺工业规模以上工业企业户数1273户，实现工业总产值2180亿元，与去年同期比较增长38.23%；工业增加值643.32亿元，同比增长20.3%；新产品产值555.21亿元，同比增长44.88%；出口交货值66.52元，同比增长42.83%；税利总额254.69亿元，同比增长42.43%；其中：利润总额135.32亿元，同比增长51.86%；资产总计1062.26亿元，同比增长21.01%；从业人员平均数284934人，同比增长22.08%。

2011年重庆轻纺工业总产值及增长速度在全国及西部同行业的排位情况：

轻工业：按中国轻工联合会信息中心统计数据（不含烟草），重庆轻工业总产值在全国轻工行业排第20位（与2010年相比持平），在西部排第4位（与2010年相比持平）；增速排全国第

表1 2011年重庆市轻纺工业分行业部分经济指标完成情况表　　单位:万元

序号	行业	户数	工业总产值		产品销售收入		税利总额	
			2011年12月止累计	同期比较增长(%)	2011年12月止累计	同期比较增长(%)	2011年12月止累计	同期比较增长(%)
	总　计	1273	21800986	38.23	21042260	40.76	2546897	42.43
1	食品行业	460	8722787	34.18	8596956	34.73	1457818	32.90
2	皮革及制品业	86	623948	37.97	625274	55.95	49575	41.37
3	家具及软木竹藤业	43	502412	24.66	517885	29.83	60530	30.09
4	造纸行业	95	1739285	24.01	1639219	49.37	127656	47.82
5	包装装璜及印刷业	48	638943	32.45	587547	34.39	73684	51.36
6	文体用品及玩具业	3	20572	46.73	20061	43.08	2116	29.21
7	日用化学品制造业	27	293605	28.22	282749	30.33	28153	40.21
8	塑料制品业	128	1402797	69.31	1351069	73.00	125352	103.79
9	日用硅酸盐工业	59	698396	37.76	682582	35.90	74566	35.99
10	日用金属制品业	45	352953	31.77	348486	37.83	38679	112.57
11	轻机专设业	12	361041	116.12	366435	126.61	10334	44.06
12	电器制造业	37	3644342	55.24	3301177	48.75	272514	62.36
13	工艺美术业	10	129644	11.62	129078	17.95	29725	65.01
14	其他产品业	9	119462	62.24	107102	55.72	11006	66.94
15	纺织服装业	211	2550799	28.25	2486640	30.38	185190	55.98

6位、西部第2位;工业总产值占全国轻工比重为1.07%,比2010年上升0.17个百分点,工业总产值占西部轻工比重为9.15%,比2010年上升0.67个百分点。

纺织工业:工业总产值排全国第18位(与2010年相比下降1位)、西部第3位(与2010年相比持平);增速排全国第14位(与2010年相比下降2位)、西部第5位(与2010年相比持平);工业总产值占全国纺织比重为0.45%(比2010年上升0.01个百分点),占西部比重为8.82%(比2010年下降0.39个百分点)。

二、2011年经济运行情况及其特点

1、发展势头平稳,行业增长快于全国平均水平。轻纺工业总体运行保持了较为稳健的发展态势。工业总产值增幅达到38.23%,全市轻工、纺织规模以上企业实现工业总产值同比增长速度分别高于全国同行业平均水平。工业总产值在2009年首次突破1000亿元大关后,2011年达到2180亿元,突破2000亿元大关。

2.主要行业平稳较快发展,支柱行业集中度进一步提升。2011年重庆轻纺工主要行业平稳较快发展,总产值增速保持20%以上。其中,轻机专设业、塑料、家用电器业分别较去年同期增长116.12%、69.31%和55.24%,是增长最快的3个行业;食品、金属制品、硅酸盐、包装等行业增速在30%以上;增速在20%以下的只有工艺美术业。2011年,食品、家电、造纸、纺织四个行业是重庆轻纺四大支柱产业,完成产值1665.72亿元,占轻纺工行业总数的76.41%,同比增长36.19%。四大产业已经成为我市消费品工业名符其实的支柱产业,对行业经济增长发挥了极其重要的支撑作用。

3.外贸出口恢复较快。外贸出口在2009年较低基数上加快增长。2010年以来,轻纺月度出口额均高于国际金融危机全面爆发前的同期水平,2011年,轻纺累计出口交货值66.52亿元,同比增长42.83%,增速较2009年同期负增长相比,加快43个百分点。

4.区域发展情况。“一圈”主导地位突出,“两翼”地区发展势头强劲。从行业规模看,“一小时经济圈”仍然是承载全市轻纺行业发展的核心载体,一圈内23个区县完成轻纺行业总产值1775.15亿元,占全市轻纺行业总产值的81.43%。从发展速度看,“两翼”区县加速追赶的态势明显。1–12月,“两翼”17个区县轻纺行业总产值同比增长58.51%,增幅高出“一小时经济圈”24.2个百分点。其中,受金田塑业4.2万吨BOPP项目、天邦1万吨柑橘浓缩汁项目等一批重点项目建成投产的带动,云阳、开县、黔江、巫溪、秀山、彭水等两翼区县轻纺行业总产值较去年同期比较增长超过50%,发展势头尤为强劲。

5、各类产品完成情况。2011年,轻工各类产品产量增幅在30%以上的有:原盐(35.58%)、精制食用植物油(94.38%)、木质家具(91%)、涂料、农产品初加工机械、纸浆(51.26%)、卫生用纸原纸(54.34%)、箱纸板(133.2%)、多色印刷品(68.78%)、塑料薄膜(107.39%)、日用塑料制品(95.26%)、卫生陶瓷制品(35.65%)、两轮脚踏自行车(116.29%)、家用电冰箱(167.84%)、家用冷柜(162.67%)、房间空气调节器(51.28%)、电饭锅(69.27%)、家用电热烘烤器具(192.77%)、家用燃气热水器(269.28%)、灯具及照明装置(59.76%)、化学纤维纱(86.74%)、绒线(67.37%)、服装(57.02%)。产品产量降幅在30%以上的有:小麦粉、冷冻饮品、金属家具、未涂布印刷书写用纸、合成洗衣粉、印染布。

三、经济运行中存在的主要问题

一是电力供应紧张,致使部分企业生产经营受到一定影响。二是原材料、劳动力成本上涨,压缩了企业的利润空间。三是部分重点企业运行情况不理想,如:新涪食品有限公司、玖龙纸业(重庆)有限公司、顶益食品有限公司红火鸟鞋业有限公司、等四户企业产品销售收入增长出现大幅度下滑和出现负增长。四是中小企业融资难的问题亟待解决。由于我市轻纺行业中小企业比重大,融资难的问题仍较突出。生产流动资金短缺直接影响企业正常的经营,技术改造资金不足使企业难以增强发展后劲,如潼南明宇绢纺食用菌项目年初投产后,因流动资金短缺影响正常生产。

四、2012年主要经济指标预测

轻纺规模以上企业工业总产值完成2500亿元,同比增长28%;销售收入2400亿元,同比增长28%;利润总额130亿元,同比增长25%;从业人员32万人,同比增长15%。

电子信息产业

重庆市经济和信息化委员会 刘富钊

一、2011年发展回顾

2011年是重庆电子信息产业高速发展的一年,构建形成了“5+6+400”的世界级笔电产业集群,随着笔记本电脑企业投产放量、消费电子和电子元器件等项目建设的扩能升级,肩负打造成为全市第一支柱产业重任的重庆电子信息产业,正进入高速发展的“黄金期”,为重庆工业经济的战略转型和跨越式发展做出了重大的贡献。

全行业2011年实现工业总产值及软件业务收入共2522.4亿元,同比增长85.5%。其中,规模以上电子制造业产值2016.6亿元,同比增长95.3%,比全市工业平均增速高67个百分点。软件行业主营业务收入505.8亿元,同比增长32.94%。全行业出口交货值达到522.49亿元,为2010年的7.65倍。软件业务出口总额约2635.34万美元,同比增长45.48%。

2011年，重庆市规模以上电子制造业实现主营业务收入1862.19亿元，同比增长87.7%；利润65.93亿元，同比增长21.32%；主营业务税金及增值税共约26.2亿元，同比增长5%。全行业从业人员17.23万人，比上年同期约多5.4万人。

2011年，重庆市计算机产量2547.8万台，是2010年的13倍；手机产量592.47万台，同比基本持平；集成电路产量9.46万块，同比增长33.23%；彩电85.05万台，同比增长29.1%；显示器220.66万台，同比增长128%；电子元件5.53万只，是2010年的11倍；光电子器件3658.66万只，同比增长70.56%。

2011年，重庆市规模以上电子信息产业中，电子计算机行业累计产值629.95亿元，同比增长646%，占全行业31.24%，;电子元、器件行业（含汽车电子、医疗电子、线缆）累计557.39亿元，同比增长53.1%，占全行业27.64%；视听及家电行业305.85亿元，同比增长52.3%，占全行业15.17%；电子信息专用材料171.6亿元，同比增长68.9%，占全行业8.51%；电子测量仪器行业134.67亿元，同比增长30.6%，占全行业6.68%；通信设备行业总产值108.73亿元，同比增长7.8%，占全行业5.39%；电子信息机电产品行业87亿元，同比增长26.4%，占全行业4.31%；电子工业专用设备行业21.4亿元，同比增长152.1%，占全行业的1.06%。

（一）对外开放

2011年，重庆电子信息产业瞄准世界500强和行业龙头企业，笔记本电脑及周边、云计算离岸数据处理开发、集成电路、物联网等产业集群全面发力，实现了全产业重大项目引进不断向纵深突破。

1月，全球六大电脑代工商之一的和硕公司、全球最大键盘及笔电摄影机供应商群光电子相继签约落户。3月，欧洲最大印刷电路板生产商——奥地利奥特斯集团正式入驻；南岸茶园工业园区被国家工信部授予“国家物联网产业示范基地”。4月，全球知名电脑品牌商华硕电脑签约落户，建立全球第二营运总部；中国国际电子商务中心重庆数据产业园在水土高新技术产业园开建。5月，中国航空工业集团正式收购重庆渝德科技8寸芯片生产线；世界第三大笔记本电脑代工商纬创与重庆市签订协议；新加坡太平洋电信正式入驻两江新区，破土动工其大中华地区最大云计算数据中心。6月，仁宝公司正式入驻，全球六大笔电代工商齐聚重庆；惠普与重庆市签署进一步深化合作战略协议；重庆软件与服务外包国际培训学院暨合作项目签约仪式在两江新区核心区北部新区举行。7月，宏碁智能终端全球研发中心落户重庆，开创了国际知名电子信息产品制造商在渝设立全球研发机构的先河；“北斗”卫星导航技术应用的龙头企业——北京北斗星通携手重庆深渝北斗，建设主要基于北斗导航车载产品的研发、制造、营销和运营服务中心。8月，全球最大物流公司UPS将建重庆快递中心；重庆市首支纯外资IT基金——华威开创基金中心在两江新区设立，其规模将达到4亿美元。9月，世界500强企业——中国邮政集团公司与重庆市签订战略合作协议，将把其在线交易的国际结算业务转移至重庆，并在重庆注册成立结算服务公司和具有保税功能的集货物流中心。10月，世界500强企业沙特基础工业公司（SABIC）的战略业务部之一——沙伯基础创新塑料与重庆市正式签约投资建造一个工程热塑料产品生产基地，成为重庆市笔记本电脑基地的重量级配套厂商。11月，国际知名IT分销企业伟仕电脑、佳杰科技宣布把结算中心设在重庆，标志着一条由品牌商、国际分销商、总代理、二级分销商组成全新笔记本电脑结算产业链开始初现轮廓。

（二）自主创新

2011年，重庆市电子信息产业继续大力鼓励加强技术创新，助推信息产业的内生增长。

1.产学研用联合创新进一步发展。5月，重庆长安、重邮等重庆汽车电子相关企业、高校和研究院所等25家单位成立了重庆市汽车电子产业技术联盟和长安汽车-重庆邮电大学汽车工程研究中心;7月,重庆电子学会换届,产生了第三届电子学会章程以及理事会,强化了领导班子。

2.技术创新资金投入渠道增加。重庆市首支纯外资IT基金—华威开创基金等外资股权投资机构顺利落户,设立外资股权基金,扶持重庆电子信息产业快速发展。

4.通信、LED、医疗电子等领域的一批核心技术创新取得新进展。重邮信科公司在基于IPv6的无线传感器网络协议研发及验证等领域攻关效果明显,在具有自主知识产权的TD-SCDMA新一代宽带无线移动通信领域的行业领军地位进一步凸显;四联光电成功自主研发的首片6英寸蓝宝石衬底,先后成功通过Philips lumileds、Osram等国际LED芯片企业的工厂认证,具备了世界领先水平的大尺寸蓝宝石晶体生长及衬底制备技术,成为中国批量出口蓝宝石大尺寸衬底的唯一企业。海扶医疗占领技术的制高点,牢牢把握中国自主原创超声治疗技术的核心优势,共有360多项国内外专利申报,并已获得了国内外180余件专利授权,其中,授权国际发明专利78件,国内发明专利62件。

(三)项目资金管理

2011年,重庆市获得国家项目资金支持再创历史新高。全行业共申报国家各类项目共18个。其中,国家电子信息产业发展基金项目11个,"核高基"重大专项2个,新一代宽带无线移动通信网重大专项5个。全年共有4个项目获国家批准,获得8000万元国家资金支持,超过2010年16.6%。其中电子信息产业发展基金一般项目2个,获得1000万元资金支持;"专项三"立项2个,获得7000万元资金支持。

2011年,重庆市成功组织西南集成等7家电子企业共8个项目参加由工信部、财政部主办的"'十一五'电子信息产业发展基金成果汇报展示会"。展会上,重庆市电子信息产业在"十一五"期间所取的技术创新成果,得到了中央领导以及工信部、科技部等国家部委领导的充分肯定。

此外,重庆市还出台了《重庆市经济和信息化委员会关于国家科技重大专项地方配套资金管理办法》;积极配合2011年度国家科技重大专项监督评估工作并获得了督察组充分肯定;向工信部"电子发展基金评审专家信息库"积极推荐了陈蜀宇等22名重庆市行业专家。

(四)发展平台建设

2011年,重庆市不断优化产业发展环境,着力夯实产业发展基础。

1.出台了《关于发挥工商行政管理职能作用支持重庆笔记本电脑基地创新发展的意见》。

2. 在两江新区成立了中韩产业园韩语人才培训中心。

3.在重庆市第三军区大学挂牌成立了"中电标协数字医疗设备与系统标准工作委员会",第一届秘书处设在西南大学,促进了重庆市医疗电子产业的发展

4. 西部首个国家级电子电器检测室落户重庆,填补了西部地区在电子电器检测方面的技术空缺。

5.成功组织重庆市中科渝芯、中科芯亿达、美硅微电子等多家企业第九届中国国际半导体博览会暨高峰论坛(IC China 2011),充分展示重庆市近年大力发展集成电路产业的成果。

6.成功申办2012年中国半导体行业协会集成电路设计分会年会。

二、2012年发展目标

2012年,重庆市电子信息产业将力争实现销售产值2500亿,同比增长24%,在全国排位上升至第13位,比2011年上升两位,占重庆市工业销售值的16.12%,比2011年上升2个百分点,在"6+1"工业中"坐二望一",逐渐成长为重庆市国民经济第一支柱产业,

2012年,重庆市将贯彻落实《重庆市电子信息产业"十二五"规划》,并结合行业发展趋势和当前实际情况,以增强开放性、创新性、集群性为重要发展导向,重点推动产业集群化,打造笔

电、集成电路、通信设备及物联网、光伏及LED、消费电子、应用电子、云计算7大产业集群发展，逐步形成配套完善、软硬兼备的行业发展格局，引导产业向价值链高端延伸。

(一)进一步加大招商引资力度，着力引进跨国公司和世界500强企业

在计算机和周边、集成电路、消费电子、应用电子、LED和云计算等领域，引进世界知名或国内龙头企业，设立研发、制造、服务和结算中心，着力发展显示器、服务器、打印机、智能手机、液晶电视和数码电子产品等制造，发展芯片设计、芯片制造与芯片封装测试，以及Iaas(基础设施外包服务)\Paas(平台外包服务)\Saas(软件服务)等云计算业务。

(二)坚持自主研发为主，攻克核心关键技术

拓宽创新资金来源渠道、增强政策导向和经费投入，引导和鼓励企业增大创新研发投入，加快行业应用软件的研发及推广应用，加大人才培养、对外合作、成果转化的力度，使产业人才梯队逐步完善，一批关键新技术、新工艺取得较大突破，企业产品核心竞争力切实增强，推动产业逐步驶入创新驱动、内生增长的健康发展轨道。

(三)加强生产要素保障和运行监测，力保行业经济指标落实

重庆市将针对目前存在的能源供应紧张、要素成本上升、输入性通货膨胀、货币政策收紧、人力资源缺乏等问题，积极研究解决措施。争取在2012年有效地保障企业生产所需能源，并加强节能减排，提高能源使用效率；通过加强零部件本地配套、两化融合、技术改造等途径降低企业生产成本；积极开拓各方面融资渠道，充实企业资金来源，同时尽量降低资金成本；积极开展宣传、协调、培训、调度等工作，加大人力资源储备和供应能力。

(四)进一步加大建设力度，营造良好的物流环境

重庆市还将针对产业发展的需求，在现有的铁海联运、航空货运、渝新欧铁路等基础上，进一步研究并优化物流通道，切实提高原物料和产品的进出项能力，保障企业生产能力、提高企业生产效率并降低物流运输成本。

软件和信息服务业

重庆市经济和信息化委员会 刘富钊

一、发展概况

2011年全市软件及信息服务业总收入为505亿元。同比增长32.9%，连续十年保持30%以上的增速。利润总额超过52亿元，产业规模位列全国第12位，西部第2位。其中，软件业务收入为253亿元，占整个软件和信息服务业总收入的50.1%，同比增长44.6%。重庆市已经成为西部地区软件和信息服务业的重要聚集地之一。

随着产业规模持续扩大，软件和信息服务业行业企业实力不断增强，市场竞争力稳步提高。2011年，全市新认定计算机信息系统集成资质企业25家，软件企业60家，新登记软件产品234个，新认定软件及信息服务外包企业7家，通过CMMI3认证企业3家，申报国家规划布局内重点软件企业3家。截至2011年底，全市累计通过认定的软件企业430家，软件产品登记1291个，经认定的软件及信息服务外包企业51家；通过重庆市认定的计算机信息系统集成资质认证的企业37家，通过国家计算机信息系统集成资质认证的企业104家，其中一级资质认证5家；通过CMMI认证的企业18家。2011年，全市营业收入超亿元的软件和信息服务业企业

27家,超过5000万元的企业49家。其中,重庆梅安森科技股份有限公司成为我市首家创业板成功上市的软件企业,中冶赛迪位在中国软件百强企业列第21位,西部第1位;重庆先特、美音信息、广典传媒、好音达等企业在我国BPO企业中名列前茅,在业界已具备一定的影响力。

二、政策措施

2011年3月,重庆市经济和信息化委员会印发了《关于印发<重庆市计算机信息系统集成资质管理办法(修订)>的通知》,进一步加强了重庆市计算机信息系统集成市场的规范化管理,促进了计算机信息系统集成单位能力和水平的不断提高。

2011年3月,重庆市经济和信息化委员会印发了《关于印发<重庆市计算机信息系统集成资质年审、换证及变更实施办法(修订)>的通知》,进一步加强对我市计算机信息系统集成资质的日常监督管理,促进计算机信息系统集成企、事业单位能力和水平的不断提高,确保我市各应用领域计算机信息系统工程质量。

2011年4月,重庆市经济和信息化委员会出台了《重庆市计算机信息系统集成资质等级评定条件(试行)》文件,创新提出了本地资质认证,打破了本地企业仅能认定国家资质的局限。

2011年7月,重庆市经济和信息化委员会出台了制定了《重庆市计算机信息系统资质认证专家评审委员会管理办法》,对全市计算机信息系统资质认证工作进行了规范。

2011年9月,重庆市经济和信息化委员会印发了规范市外企业的《关于进一步加强信息系统工程建设单位资质管理的通知》。联合市版权局对全市48个市级部门和各区县政府进行了软件正版化检查。

2011年7月,重庆市工商局出台了《关于切实发挥职能作用支持服务我市电子商务发展的意见》(以下简称《意见》)。《意见》共29条,从放宽市场准入、加大培育发展力度、建立健全信用体系、建立维护良好市场秩序和强化保障措施等五个方面提出了支持服务重庆市电子商务健康快速发展的有关意见和举措。

2011年8月,重庆市经济和信息化委员会推动市政府出台了《关于印发重庆市加快电子商务产业发展有关优惠政策的通知》,实现了扶持政策上的重大突破。提出了如"差额征税"等诸多全国首创的促进措施。

三、主要项目

2011年,市经济信息委软件和信息服务业处牵头,联合各区县园区推动"百团千日"工程,招商引资工作取得巨大成果。其中阿里巴巴公司国际电子商务服务中心、亚太电信巨头PACNET离岸云计算项目、中国联通西南业务中心、中国邮政邮乐网等重大项目落户重庆主城,项目总投资近200亿元,实际利用外资(FDI)约2亿美元。"全国最大教育云产业园"落户巴南,5000个坐席的10086呼叫中心和投资8亿元万国数据中心项目签约永川,中科院龙芯"云计算"等项目落户江津,总投资30亿的"云创蝶谷"云计算走廊在九龙坡开建,长虹电子商务项目签约大渡口。在市委市政府的领导下,实现了招商引资工作从单一依靠北部新区迅速向全市扩展,实现优势互补、多点开花。

同时,重庆电子商务国际结算服务结算业务在国内率先开展。全国首家专门针对国际电子商务交易认证服务的机构——重庆国际电子商务交易认证中心组建,全国第一个国际电子商务交易认证软硬件平台全部搭建完成并正式上线开展业务,认证工作顺利展开。2011年,全市以项目推介会等多种形式组织电子商务企业来渝考察、谈判,吸引企业来渝落户,截至2011年年底,共27家商户入驻重庆。

四、要素环境

2011年全市市软件和信息服务业人才培养培训体系进一步完善。全市现有57所高等院校、356所中等职业学校、71所市属以上科研机构,为软件和信息服务业提供了充足的人才储备。

2011年，针对企业在人才需求上出现高中初分级分层的情况，全市建立了政府主导的软件人才‘蓝白金’分层培养体系，其中，“软件蓝领万人培养工程”是联合企业、培训机构、大中专院校，针对企业实际岗位的需求，订单式培养，直接输送实战型的软件蓝领人才的培养和就业模式，全年共计培养12007人，为去年的3倍；“软件白领千人培养工程” 是通过本市软件企业选派若干名有一定工作经验的软件蓝领人才到知名高等院校和跨国公司进行学习深造和项目实践从而全面提升能力的培养模式，2011年正式启动该计划，并培养人才200人。截至2011年年底，全市软件和信息服务业从业人员达到10万余人，同比增长25%。

2011年11月16日，国家发展改革委、商务部、财政部、人民银行、工商总局、税务总局、海关总署、质检总局授予重庆市“国家电子商务示范城市”牌匾，同意重庆市开展创建工作，探索解决制约电子商务发展的关键问题，为国家制定电子商务相关法规和政策提供实践依据。重庆市制定了《重庆市国家电子商务示范城市创建方案》，提出了创建国家电子商务示范城市努力建成国家最具影响的电子商务示范城市和西部电子商务应用高地的总体目标和打造国际电子商务示范、统筹城乡电子商务示范和移动电子商务示范三大核心品牌。

装备制造业

重庆市经济和信息化委员会 龚一春

一、2011年发展回顾

(一)发展概况

2011年是“十二五”的开局之年。在科学发展观的指导下，重庆装备工业经济运行情况良好，产销持续增长，生产、销售保持了高增长速度，取得了较好的成绩，企业规模实力和市场竞争能力明显增强的良好态势，为重庆国民经济持续快速健康协调发展和国防建设做出了积极贡献。

(二)运行特点

1.产业运行良好，产销增长处于高位运行

2011年全年重庆装备工业生产销售形势良好，保持了高速增长。规模以上企业共完成工业总产值2241亿元，同比增长40.1%；完成销售产值2183亿元，同比增长41.8%。

2.产品总体保持产销两旺，出口交货值增幅大

全年产品产销率为98%，与去年同期96.3%的水平高1.7个百分点。几个行业之间出现发展不平衡，产销率较高的行业是专用设备制造业，同比增长6.2个百分点；规模以上装备工业企业外贸出口形势喜人，完成出口交货值120亿元，同比增长20%，其中，金属制品业、专用设备、电气机械等增长加大，分别增长41.9%、373.5%、93.4%。

3.新产品开发高位增长，行业的创新度继续加大

2011年，装备工业新产品产值增长速度保持较高增长，全年新产品产值完成788.5亿元，同比增长24.19%，新产品产值在总产值中的比重达35.19%。

4.主要产品产量继续保持高增长

在统计的50种主要产品中，累计同比增长有31种产品，19种产品。挖掘机、仪器仪表、铸锻件、金属紧固件、气体压缩机、液压元件、模具等重点产品增势仍很强劲。

挖掘机：比上年同期增长了158.18%。

仪器仪表：其中，工业自动调节仪表与控制比上年同期增长37.49%，分析仪器及装置比上年同期增长37.94%，汽车仪器仪表比上年同期

表1 2011年重庆装备制造业主要经济指标完成情况表　　单位:亿元

行业名称	企业数(个)	从业平均人数(人)	工业总产值	主营业务收入	工业增加值	利税总额
规模以上企业	979	285753	2241	2226	511	173.9
金属制品业	173	34107	226	224	57	18.4
通用设备业	295	78336	536	541	144	56.1
专用设备业	135	45568	201	262	71	23.0
电气机械业	188	57637	708	678	127	44.1
仪器仪表业	77	23844	139	130	28	13.1
通信电子设备	55	23919	202	192	46	9.8
其他	56	22342	229	199	38	9.4

注:1.不含汽车、摩托车、笔记本数据;2.数据来源市统计局

增长37.5%,环境监测仪器仪表比上年同期增长38.73%。

铸锻件:其中,铸钢件比上年同期增长107.45%,锻件比上年同期增长67.11%,铸铁件比上年同期增长27.18%。

金属紧固件:比上年同期增长98.13%。

气体压缩机:比上年同期增长77.33%。

模具:比上年同期增长37.88%。

5.实现利润增长

在原材料、劳动力成本、财务成本上涨等因素影响下,全年仍实现利润125.8亿元,同比增长50.14%。

6.应收帐款增幅较大、产成品资金有所增加

全年重庆装备工业企业累计应收帐款净额352.12亿元,同比增长37.45%。产成品资金101.52亿元,同比增长7.86%。

7.亏损企业减少

全年,重庆装备工业亏损企业80家,亏损面8.17%,亏损额7.61亿元,同比降低21%。

(三)重点项目建设

陆上、海上风电装备并举,实现可持续发展:海装公司的850KW、2MW风力发电机组已批量生产,并形成与之相匹配的齿轮箱、轴承、电机、叶片、机座、轮毂、主轴、塔筒等配套零部件生产

表2 2011年重庆装备工业主要产品产量完成情况表

产品名称	计量单位	产量	同比(%)	产品名称	计量单位	产量	同比(%)
铁路货车	辆	2436	20.00	发电机组	千瓦	1727027	20.32
金属机床	台	7013	-2.23	变压器	千伏安	27677233.64	-30.16
数控机床	台	4447	-7.64	高压开关	面	6509	-13.77
气体压缩机	台	256061	77.33	电力电缆	千米	1303749.2	21.68
风机	台	37325	17.75	自动化仪表	台(套)	1200462	37.49
阀门	吨	140189.72	28.17	电工仪表	台	10227668	27.14
挖掘机	台	142	158.18	分析仪器	台	3181	37.94
铸钢件	吨	284615.81	107.45	锻件	吨	699893	67.11
齿轮	吨	35538.38	16.71	模具	套	10615.3	37.38

体系;5MW海洋风机的研发工作取得重大进展,预计明年3月出样机并进行安装调试。

轨道交通装备产业已初具规模:11月8日重庆造地铁车辆下线,目前重庆长客的单轨车辆、地铁车辆已具备批量生产能力,地铁转向架已下线;地铁齿轮箱已试制成功,正在协调上车试运行;电牵引、牵引电机研制取得重大突破;地铁空调、门系统招商引资取得重大突破,松芝公司、康尼公司已落户重庆。

30万吨薄壁铸造项目:机电控股公司的30万吨薄壁铸造项目总投资30亿元,分两期建设,一期将于2012年6月建成10万吨汽车及汽车零部件优质铸件生产能力。

嘉陵本田通机项目:一期项目投资2亿元已竣工投产,二期项目已于9月份开工建设。

国家重大数控机床专项:重庆机床承担2009年"滚齿机"和"回转工作台"两个项目获得国家验收,共获得国家1068万资金支持;2011年"长安汽车E型汽油缸缸体、缸盖机加生产线示范工程"和"轿车变速箱齿轮加工自动生产线"两个项目获得国家9519万资金支持。

重庆机床—PTG欧洲机床研发中心挂牌成立,为重庆机床产业快速发展提供技术支撑。

(四)突出招商引资

潍柴集团30万辆乘用汽车整车项目50万台高速大功率发动机项目落户江津,两个项目的总投资预计在100亿元左右,建成后将形成400多亿元产值;

四联集团LED项目落户武隆,该项目投资21亿元;

通用航空产业取得突破,重庆直升机投资公司与阿古斯特签署合作框架协议,重庆通用航空学院将于今年底挂牌成立;

西意恩电梯落户江津,该项目投资3000万美元;富士重工电梯项目落户武隆,该项目投资4亿元;

二、发展中存在的问题

一是各种要素成本全面上涨,造成企业财务费用快速增长,挤压企业利润减少。原材料价格、融资成本、人工成本等全面涨价,全年装备工业财务费用17.87亿元,同比增长38.74%,其中利息净支出16.19亿元,同比增长40%,占财务费用的90.6%。

二是风电行业受多种因素影响,滑落明显。风电行业因受国家审批收紧,银根紧缩政策、低电压穿越测试限制等影响,项目获批的难度加大,待建、在建项目大部分延期,我市风电行业合同订单较好,但受前五年高速增长、恶性价格竞争、产能过剩、技术门槛提高等因素影响,2011年全市风电行业与上年同期相比下降了28.18%。

三是应收账款、产成品增加,回款难度进一步加大

四是能源供应紧张随着工业增长刚性需求与能源制约矛盾日益增长,市内天然气产量下降,电煤受全国各地煤炭企业关停并转、外购电煤受阻等影响,导致全市能源供应紧张,形势严峻。

三、2012年发展展望

2012年要以工业经济新的发展目标为标杆,推进装备工业"求突破、上台阶、大发展"。

一是立足我市装备制造基础和技术、人才优势,引进增量和优化存量相结合,重点发展智能制造装备(数控机床、工业机器人、仪器仪表与智能控制系统)、通用航空、轨道交通、风力发电等高端装备和智能电网及输变电、工程机械、通机及其下游整机产品等传统装备,继续推进节能环保装备、内燃机、特种船舶、齿轮箱等基础优势产业集群,结合新的市场需求,积极培育电子制造装备、核电装备、物联网、太阳能、医疗装备等新兴装备。

二是重点发展5兆瓦风力发电装备、LPG运输船、不锈钢化学品船、数控齿轮加工机床、大型液压机床、大马力柴油机、特高压交直流变压器、直升机、垃圾焚烧设备、盾构机、起重机、大型螺杆压缩机、挖掘机等50余个重点整机产品。到2015年累计投资2000亿元,实现销售产

值4000亿元,形成3-5家产值上百亿的整机和成套装备企业以及一批"专、精、特"的专业化零部件企业,成为我国现代装备制造高地。

三是做好项目库的编制工作,策划一大批具有行业代表性、经济效益好的项目,寻找装备工业平稳发展的增长点。

四是围绕数控机床等智能制造装备开展招商引资工作,引进全球知名企业落户重庆,提升重庆高端装备水平。

五是促进具有自主知识产权的核心竞争力的产品发展,积极推进自主创新的经验积累和人才培育。

第三产业

道路运输

重庆市道路运输管理局 胡天勇

一、2011年发展回顾

2011年,完成道路客运量13.6亿人次、客运周转量408.9亿人公里,同比增长11.5%和16.5%,占综合运输客运总量的96.4%和64.6%;完成货运量8.3亿吨、货物周转量779.8亿吨公里,同比增长19.3%和27.8%,占综合运输货运总量的85.7%和30.8%。

(一)城市综合运输体系加快建立

一是公交发展步伐不断加快。531台二环以内班车平稳退出,退出总量达到1298台。开行南岸茶园新区、空港保税区、园博园等地公交线路,对鱼嘴、巴福等公交盲点实现有效覆盖,民心佳园、康庄美地等公租房入住同步开行公交,全年主城新增、调整公交线路53条,新投放公交运力464台。公交与轨道交通实现100米内换乘。编制完成《主城区公交发展"十二五"规划》,牵头起草《全国公共汽电车管理规定》。全市26个远郊区县开行公交,占远郊区县的90%,开行线路317条、车辆达到2580台。

二是出租汽车行业健康稳定发展。主城区公司化自营率和个体组织化率分别达到95%、60%,同比上升9.2%、11%。全市新增运力1550辆,其中主城区新增1000辆。查处非法营运车辆9278台,打掉非法营运团伙26个。主城区运价结构进一步理顺,27个远郊区县实施了运价调整。主城区有责乘客投诉率同比下降20%,车容车貌合格率上升28%。成立出租汽车失物招领中心。据统计,群众对驾驶员驾驶规范、计价器使用、合理路线行驶等项目满意率评分均在90分以上。

三是轨道交通服务能力显著增强。新开通轨道1、3号线,高效连接主城9区和机场、火车站等重点交通枢纽,轨道交通运营总里程达75公里,日运能力达110万人次。轨道交通全年完成载客量8331.6万人次,同比增长43%,日均载客量23万人,出行分担率达到4.3%,均居西部第一。

(二)城乡出行条件明显改善

一是农村客运发展持续加快。投入资金4000多万元资助农村客运车辆购买保险。城乡客运一体化试点区县由4个扩大至10个。新建农村客运站90个、农村招呼站1035个。新增线路115条、车辆607台,5个乡镇、800个行政村新开通客车,全市实现乡镇客车通达全覆盖,行政村通达率达到82%。

二是道路客运稳步规范发展。班线客运公司化率接近40%。主城区7个一级长途汽车客运站率先实行联网售票。全市105个三级以上客运站全部实行驻站制。成功投放200台客运应急运力。全年新开行省际客运班线62条、县际客运班线46条,投放包车客运运力100台,省际线路通达全国28个省市。

(三)绿色高效运输体系日益完善

一是信息化建设快速推进。获得2个国家级试点项目。投入资金3000多万元建成市级道路运政指挥中心、运营车辆GPS安全管理系统、公路客运站视频监控系统和IC卡道路运输电子证件系统。"两客一危"营运车辆全部安装GPS监控终端,9座以上客运车辆安装率超过80%,396辆卧铺车全部安装视频监控装置,59个二级以上客运站接入应急视频监控系统。IC卡道路运输证和主城区出租汽车驾驶员IC卡从业资格证开始应用。

二是传统货运业转型提速。19家企业年产值突破亿元,上10亿元的企业达5家。市公运集团作为"渝新欧"铁路联运全程经营人,成功运送"重庆造"笔记本电脑产品西进欧洲。5万户货运物流企业、15万车辆积极参与“一江两翼连三洋”和“三基地四港区”重点项目建设。积极打通滇桂边境物流通道。

三是节能减排工作全面展开。在全国率先开发道路运政系统自动识别燃料消耗量达标车型模块,利用科技手段有效杜绝高耗能车辆进入行业。城市公共交通新能源汽车等5大课题纳入低碳试点城市行业节能减排实施项目。快充式纯电动公交客车投入使用。

(四)行业管理更加规范有序

一是培训管理力度加大。全市有驾校267家,年培训量达到42万人。对30万道路运输驾驶员实施了诚信考核,吊销从业人员资格证1362人,149人列入黑名单。成立全市从业资格考试办公室,全市从业人员年培训量达到10万人次。

二是维修管理进一步加强。开展维修行业专项清理整顿。开展二级维护联网管理系统试点。联合重庆交通电台搭建汽车维修救援服务信息平台。成立市级车辆技术专家组。全市现有维修业户8761户、从业人员4.7万人,维修能力达到260万辆(台)次。

三是依法行政能力不断提升。出台市《道路运输驾驶员管理办法》、《轨道交通条例》,市《汽车租赁管理办法》立法和《出租汽车客运管理暂行办法》、《道路运输管理条例》立法修订工作加快推进。

(五)行业保持安全稳定发展

一是安全形势稳中向好。2887家企业全部完成安全生产主体责任评估。全市安全事故和死亡人数同比分别下降14%、10%,全行业连续56个月未发生10人以上重特大事故。

二是行业保持总体稳定。坚持大下访、定期接待群众来访、定期调查信访案件和包案处理信访问题。坚持稳定风险评估,积极发挥信息员队伍作用,成功化解出租汽车、货运行业等不稳定苗头,实现信访来访总量、集访越级上访量明显下降。

(六)行业服务水平显著提升

积极推进营运驾驶员文明交通行动和"五个一驾校"、文明安全客运驾驶员、"十佳乘务员"等主题创建,组织开展出租汽车行业优秀驾驶员先进事迹报告团巡回演讲、维修技能竞赛、迎接建党九十周年汇报演出等活动。主城区建立21个出租汽车企业党支部,实现100辆以上规模企业全覆盖。中央电视台、《中国交通报》等主流媒体宣传报道600多篇次。6个区县处所荣获市级文明单位称号,全行业涌现出全国见义勇为英雄好司机王世红、全市道德模范唐明强、殷杰、江章华等先进典型。

二、发展中存在的问题

一是客货运输运力不足问题仍较突出,对行业全面提高供给能力提出了更高要求。

二是行业服务水平需要进一步提升。"打的难"尚未完全缓解,全市公交线网不够优化、服务水平有待提高,现代物流发展不快,驾培、维修行业服务水平离群众要求还有差距,各种运输方式衔接不畅等问题依旧存在。

三是行业发展不均衡。农村公路通客车率不高,城乡客运一体化进展不快,一定程度上影响了农村发展和农民致富。远郊区县公交发展不规范,群众尚未享受到高质量的公交服务。

四行业安全压力大。安全生产薄弱环节仍然较多,少数企业的安全生产不规范、制度落实不力,部分从业人员的责任心不强,安全事故时有发生,应急救援能力有待提升。

三、2012 年发展目标

2012 年,将围绕“加快转型升级,提升公共服务,推进城乡均等,实施科技兴运,强力规范市场,保障行业安稳”的基本思路,重点做好九项工作:

一是继续实施公交优先战略。力争纳入国家“公交都市建设示范工程”首批试点城市。在主城区试点推行公交电子站牌。实现主城绕城高速公路以内公交一票制和限时优惠换乘。启动主城公交区域化经营。确保主城区纳入年度退出计划的班车平稳退出。所有远郊区县城区开通公交。

二是不断规范出租汽车行业管理。开通主城区电召服务。推进主城区运价调整工作。编制主城区出租汽车中长期发展规划,适时新增出租汽车运力。主城区公司化率达到 100%,个体组织化率力争达到 65%。主城区驾驶员统一着装率达到 40%,车容车貌合格率达到 90%。远郊区县适时开征燃油附加费和调整运价。

三是积极推进道路客运发展。实现全市二级以上客运站客运联网售票。制定旅游客运服务质量规范。编制农村客运站点建设五年规划,建成 1000 个农村客运招呼站。重点解决行政村通客车问题,全市行政村通客车率达到 85%。总结推广 10 个城乡客运一体化试点区县经验。

四是深入推进传统货运转型。积极培育交运集团、嘉峰物流等龙头企业,加快产业升级。确保进入交通运输部第二批甩挂运输试点。认真落实危险货物运输登记制度,推广电子运单,建立健全危险货物运输可追溯机制。继续抓好滇桂边境物流通道发展。

五是继续加快科技兴运进程。全面建设道路运输综合管理与服务系统(一期)工程。全市道路运输证和主城区出租汽车驾驶员从业资格证 IC 卡电子化管理。在全市二级以上客运站、货运场站、危货企业应用 IC 卡报班和危货动态安全监管。完成出租汽车服务管理信息系统建设。

六是强化培训和维修管理。合理确定发展规模,做好机动车驾驶培训机构安全服务质量信誉考核。做好从业人员诚信考核和继续教育及考试工作,推出异地领证便民措施。严格落实"黑名单"制度。将 2012 年确定为“维修市场清理整顿年”。

七是积极开展行业节能减排。禁止高耗能车辆进入道路运输市场,积极研究高耗能车辆退出机制。实施长江水陆甩挂运输、等 5 个低碳试点城市行业节能减排项目。试点开展在用道路运输车辆燃料消耗量检测示范项目。

八是不断提升依法行政能力。加快市《汽车租赁管理办法》立法进程。积极开展市《道路运输管理条例》、《公共汽车客运管理办法》和《出租汽车客运管理暂行办法》立法修订工作。制定《主城区出租汽车电召管理办法》、《轨道交通运营服务规范》、《公共交通车船乘坐规则》等规范性文件。

九是夯实安全稳定基层基础。启动"运管系统安全监管能力建设"工作。安全主体责任评估 A、B 级企业达到 85%。完善黑名单程序和 GPS 监控程序研发,完成道路运输动态安全监管系统,9 座以上客车、危险化学品运输车辆 GPS 安装率和接入率均达到 100%。推进干部“大下访”常态化、制度化,强化与公安、安监、交通行政执法总队等相关部门的工作沟通和联动,形成促进行业发展的合力。

航空运输

民航重庆监管局 盛李欣

一、2011年发展回顾

(一)运输生产迅猛增长

2011年，民航重庆地区共保障安全起降171271架次，同比增长14.08%；江北机场完成旅客吞吐量19051367人次、货邮吞吐量237395.6吨，同比分别增长20.58%和21.53%；万州机场完成旅客吞吐量251169万人次、货邮吞吐量1999.5吨，同比分别增长2.92%和下降3.81%。黔江机场完成旅客吞吐量21686人次。江北机场扭转了2010年增速下降的颓势，旅客吞吐量增长速度高出全国13个百分点，高出西部省区7个百分点。

(二)生产规模保持稳定

2011年底，民航重庆地区四家基地航空公司共执管飞机57架，比2010年底减少了2架。其中国航股份重庆分公司B737-700型11架、B737-800型16架，川航股份重庆分公司A320系列10架、EMB-145型3架，重庆航空A320型4架、A319型3架，西部航空A319型6架、B737-300型4架。此外，深圳航空、华夏航空在重庆基地投放了5架飞机。江北机场过夜停场飞机约50架，比2010年底增加了约1架，运力规模保持稳定。

(三)安全态势总体平稳

2011年，民航重庆地区共收到不安全事件报告信息299条，其中事故征候(含)以上的不安全事件11起(鸟击损伤超标10起、雷击超标1起)。不安全事件按事发原因分类：机组原因17起，机械原因42起，机务原因1起，空管原因2起(其中1起为宜宾机场)，地面保障9起，天气、意外原因138起(鸟击91起、雷击17起、空中颠簸4起、紧急医疗4起、复飞19起、风切变1起、意外1起、外来物击伤1起)，其他原因90起(其中爆胎/轮胎脱层/扎破74起)。杜绝了飞行事故、航空地面事故、空防安全事故和人为原因事故征候，安全运行态势总体平稳。

(四)软硬件环境持续改善

12月23日，江北机场第三跑道和东航站区工程奠基仪式顺利举行，为2012年东航站区项目全面开工奠定了坚实基础。

江北机场保税港区货库及通道工程竣工，完成市委、市政府确定的“一开一竣”目标。白市驿军用机场整体搬迁进展顺利，目前已基本确定空军新机场场址。

在重庆市人民政府与南方航空签订的战略合作协议中，确定了南方航空为江北机场的旗舰型基地航空公司。南航集团在运力投放、航线开辟等五大方面推进重庆枢纽建设；重庆市人民政府在基地建设、税收优惠、人才引进等七大方面给予大力支持。

2011年，江北机场双跑道运行总体顺畅，保障水平日益提高。为了进一步发挥双跑道的效能，江北机场在4月7日正式实施东北部航线分流，高峰小时由29架次提高至42架次，空域运行安全水平、进离场区域保障能力大幅提升。

(五)航线网络进一步完善

2011年，重庆民航抓住重庆内陆开放高地建设和产业结构升级良机，积极开拓航空市场，特别是国际航线取得重大突破。重庆市人民政府高度重视国际航线开辟，给予“三年10个亿”的巨大支持，江北机场在2011年相继新开至普吉、河内、吴哥、澳门、高雄、台中、马尔代夫、多哈等国际(地区)客运航线，国际(地区)客运航线增加到13条；新开至香港、台北、卢森堡、莫斯科、阿姆斯特丹、加尔各答、新加坡等多条全货机航线,全货机航线达到13条,每周航线超过20班。江北机场国内航线网络进一步完善,高原中转市场持续巩固,新开大同、攀枝花、潍坊、义乌、通辽、淮安、长治、济宁、佛山等9条国内航线,正班通航城市达到85个,高原通航点达到12个,九寨、拉萨等高原航班量同比增长30%以上。黔江机场新开昆明、上海直飞航线,发展顺利。

8月19日,借着中美航空谈判的机会,民航局国际司、运输司组织重庆机场集团和重庆地区四家基地航空公司召开了"重庆地区国际航线发展座谈会",详细了解了重庆民航国际航线发展情况及存在问题,探讨了今后发展的方向。

(六)服务质量不断提升

2011年,江北机场积极开发航空新产品,重庆轨道交通3号线成功通达江北机场,民航与轨道交通实现了无缝对接,重庆机场集团联合轨道交通集团创新推出"空轨联运"产品,广大旅客可在3号线两路口站和重庆北站直接办理登机牌,此举在国内轨道交通行业中属于首创,江北机场"空陆"、"空铁"、"空轨"联运的综合交通体系进一步形成。

(七)安全基础进一步夯实

2011年,按照民航局的统一部署,民航重庆监管局组织对企事业单位的重点专业队伍开展了全面资质能力排查;对重庆航空公司、西部航空公司完成了《大型飞机公共航空运输承运人运行合格审定规则》第四次改版的补充运行合格审定中,注重指导两家公司运用好已经实施的安全管理体系,加强保障资源的综合评估,杜绝超裕度运行、超能力发展;配合华北管理局和四川监管局完成了国航股份重庆分公司、川航股份重庆分公司的审定工作;完成了民航重庆空管分局、万州机场、黔江机场空管系统安全管理体系审定工作;顺利完成了江北机场安保审计复查工作。通过上述工作,进一步夯实了重庆民航的安全基础,确保了持续安全。

(八)国防动员工作成效显著

近年来,民航重庆地区的国防动员工作大踏步前进,成为了西南地区的一面旗帜。2011年,有关单位完成了"国防交通现代化建设成就巡礼——民航交通战备篇"的组稿工作,收集汇总了大量近年来反映民航重庆地区国防动员工作成果的视频、照片、资料,有力地宣传了国防动员工作。7月7日,成都军区航空军交运输军民融合式发展座谈会在重庆召开,总后勤部军交运输部和成都军区联勤部首长与会,高度肯定了重庆地区军交运输军民融合建设成果,并要求在西南地区进行经验推广。

二、发展中存在的问题

(一)在重庆经济迅速发展和打造内陆开放高地的背景下,民航的窗口作用和辐射功能愈加突出,市委市政府对民航发展高度关注。与此对应,民航的发展速度和质量还存在一定差距。

(二)随着重庆直升机产业和通用航空产业的布局,相关保障力量明显薄弱,不能适应重庆市通用航空大发展的需要。

(三)2012年,四家基地航空公司计划新引进飞机10架,华夏航空计划将主运营基地由贵阳转到重庆,厦门航空、山东航空目前正争取在重庆成立分公司,重庆的基地航空公司数量和机队规模将快速增长。目前的问题是各家基地航空公司在重庆的市场份额较为平均,如何培养具备核心影响力的旗舰型基地航空公司,进而推动枢纽建设,将是下一步的主要工作。

(四)万州机场、黔江机场是民航支撑重庆"一圈两翼"战略的重要支点,但支线机场在经营方面存在较大困难。

(五)重庆民航目前的主要矛盾仍然是企事业单位的保障能力和管理水平始终落后于市场需求,相关专业人员欠缺,制约了发展速度和发展质量。由于待遇和"挖人",飞行队伍稳定工作困难较大。

三、2012年发展目标

(一)运输生产保持较快增长

江北机场实现旅客吞吐量2166万人次,同比增长 13.7%;货邮吞吐量 26.2 万吨,同比增长 10.4%。万州机场实现旅客吞吐量 26 万人次,货邮吞吐量 2100 吨。黔江机场实现旅客吞吐量 5 万人次。

(二)确保运行持续安全

实现重庆民航持续安全,不断提高安全运行水平。防止运输飞行重大事故;防止劫机、炸机事件,防止空防事故;防止通用航空重大飞行事故;防止重大航空地面事故和特大航空器维修事故;运输航空事故征候万时率不超过 0.5。

(三)扎实推进基础建设

东航站区建设全面开工,同步推进白市驿机场整体搬迁,确保 2015 年顺利完成,为江北机场长远发展奠定硬件基础。

(四)加快推进枢纽建设

一是深化与南航集团合作,推进旗舰基地公司建设;二是大力开拓国际市场,确保重庆至赫尔辛基航线开通,推进美国、日本、澳洲航线谈判;三是巩固高原中转地位,提升“西部游·重庆飞”中转品牌;四是加快构建西部国际货运枢纽。

(五)不断提升服务质量

江北机场将围绕“1 秒服务”的“1+5”品牌(“1”为“1 秒服务”主品牌,口号为:“重庆机场为您专注每一秒”,意指防微杜渐,专注“安全”每一秒;惜时如金,专注“便捷”每一秒;怡情悦性,专注“愉悦”每一秒;“5”为“机场百事通”、“金葵问讯”、“红缨导乘”、“木兰安检”和“天空街市”副品牌),优化服务流程,加快品牌推广,提升服务质量。

通信业

重庆市通信管理局 马良

一、2011 年发展回顾

2011 年,在工业和信息化部、重庆市委、市政府的坚强领导下,重庆市电信局认真落实“立足一个根本,增强两项职能,推进六项重点,实现一个适度超前,全面开创监管工作的新局面”的工作部署,全市通信业继续保持健康较快发展,全年电信业务总量完成 215.0 亿元,同比增长 19.7%;电信业务收入完成 177.0 亿元,同比增长 11.0%;电话用户达到 2360.0 万户,同比增长 5.0%;固定互联网宽带用户达到 330.0 万户,同比增长 25.4%;电话普及率达到 81.8 户/百人(按常住人口计算),比上年净增 3.8 户/百人,为全市经济社会发展作出了贡献。

(一)推动行业战略转型,主动融入地方发展大局,充分发挥行业对重庆经济社会发展的基础性、战略性作用

围绕全国通信业“十二五”规划和重庆市发展定位,推动企业规划、行业规划与地方发展规划之间的有机融合,完成了《重庆市通信业发展“十二五”规划》的编制工作,确定了“十二五”期间通信业发展的十项主要任务和八大重点工程。加强全市信息基础设施建设,重点把提升宽带通信能力和第三代移动通信能力作为推动重庆市新阶段实现科学发展的重要战略举措。根据全市宽带网络及产业现状,专题调研“室内分布系统共建共享和无线城市建设经验”,编制了宽带城市建设的实施意见,明确提出了建设“光网·无线宽带重庆”的目标,提高宽带、无线通信网络的覆盖和应用,它的实施将使重庆市固定和无线宽带综合服务水平提升至西部领先水平。积极争取地方政府的支持,加快实施 3G 网络和光纤宽带建设,大力协调解决通信基础设施建设中存在的基站改、迁、建难等问题,推进“光进铜退”。全面落实与渝中区政府的战略合作协议,助力渝中区发展互联网产业。到 2011 年底,全市移动电话

交换机容量达3000万户,固定电话交换机容量达1120万门，光缆线路长度达30.6万公里,短消息中心容量达10404.0万条，基站数达到3.7万个,其中,3G基站为1.3万个。

贯彻落实《重庆市人民政府关于加快发展战略性新兴产业的意见》中“加快实施国内最大离岸数据开发处理中心，建设面向全球服务的云计算产业园”的部署,市电信局指导、协调两江新区通信基础设施建设，规范通信设施建设秩序，编制云计算试验区离岸应急预案和电信运营企业云计算建设方案。大力指导基础运营企业基于物联网、云计算等新技术、新业务的发展，重庆电信启动了“宽带中国·光网城市”战略,未来3-5年实现重庆城区宽带百兆接入,开展了“数字渝中 智慧城市”等政企合作工作;中国移动物联网基地落户重庆，工业和信息化部授牌南岸区成为“国家物联网产业示范基地”;中国联通与重庆市政府签订战略合作协议,投资40亿元建设18万台服务器的西部数据中心在两江国际云计算产业园已经开建。

充分发挥通信业在信息化建设中的主力军作用,有序开展3G业务开发和市场推广,"全球眼"、GPRS监控等信息化应用项目广泛应用于重庆公交、交巡警平台等领域,有力推进"平安重庆"、"畅通重庆"建设。力促基础电信运营企业与产业链上下游企业合作，促进移动电子商务等新型消费业态的发展，目前已有1500余家SP、ICP、ISP、IDC等增值电信企业为重庆市的社会经济发展提供全方位的信息通信服务。

(二)遵循“服务社会,服务民生”的宗旨,大力推进城乡统筹信息化建设，通信城乡二元差距持续缩小

——城乡信息化建设持续推进。按照国务院、重庆市关于“推进农村信息化,积极支持农村电信和互联网基础设施建设，健全农村综合信息服务体系”等重大战略要求,我局加快推进“行政村通宽带工程”和“信息下乡工作”,全年三家运营企业共下达投资8917万元,新增通宽带行政村1301个,超额完成了市委、市政府“民生十条”2011年度50项实事任务分解中要求的1300个行政村通宽带任务。全年建立837个乡(镇)信息站、8655个行政村信息点,并依托中国移动12582农信通网站建立837个乡(镇)信息库、8655个行政村特色栏目,圆满完成了信息下乡“四个一”的建设任务。全市各乡镇政府实现了电子政务办公和可视会议，电子政务平台上开设了基层党建专栏,实现了党员远程教育。开通了群众意见收集短信信箱，便于农民随时向政府反映困难、咨询政策。政府工作人员不定期地向特定人群发送务工、地质灾害和天气等信息。部分乡镇和行政村还充分利用平台发布土特产和农产品信息,促进了产品的销售,使平台成为了农民使用信息、获取信息的重要途径。

——通信服务民生水平持续提升。致力于城乡统筹信息化建设，指导电信企业开发差异化服务，力促偏远山区在宽带业务上形成有效竞争,持续改善电信服务质量,推出更加符合消费者需求的惠农资费政策，电信资费综合价格水平在去年下降9%的基础上又下降了6.4%,为稳定物价、保障和改善民生做出了贡献。强化对公租房、廉租房以及地铁等重要区域的通信网络建设力度及驻地网共建共享工作，保障了广大用户通信自由选择权。大力促成电信基础运营企业主动承担公租房入户线投资及建设,确保全市民心工程通信畅通。加大对地铁、园区等区域的通信质量监管,地铁一号线、三号线开通运行部分,移动网络信号覆盖情况良好。国际数据专用通道服务水平全面提升。

——通信保障工作持续深化。围绕重庆公共突发事件应急体系建设目标,制定了《重庆市应急通信保障“十二五”发展专题规划》。在重庆市应急救援总队框架模式下，逐步建立与之相适应的应急通信管理体制机制和应急预案。在全国率先完成国家通信网应急指挥调度系统工程建设,发挥了试点单位的示范作用。顺利完成汛期抗灾抢险和公租房申请、园博会等重大活动的通信保障工作，圆满完成重庆市应急救援总队联合拉动演练和洪涝灾害综合应急救援演

练,荣获全市洪涝灾害演练先进单位称号。

(三)坚持"管理与发展"并重,加强网络与信息安全管理,促进互联网健康发展

以提升网站备案率和网站备案信息准确率为重点,强化互联网基础管理。加大对未备案网站的清理力度,督促企业利用技术手段对服务器上所有网站进行监测,重庆市接入网站备案率保持在99%以上。开展网站备案真实性核验,对64052个空壳类备案数据进行了清理,重庆备案的网站总数为55818个,接入服务提供商共12家,接入服务商网站备案主体信息准确率达80.6%。

以净化网络文化环境、维护社会稳定为目标,严厉打击涉及互联网各类违法违规行为。着力开展"扫黄打非"工作,出台了《重庆市通信管理局2011年"扫黄打非"工作方案》,督促指导各基础电信企业和接入服务商巡查所接入网站189万余个(次),删除淫秽色情及其他有害信息460余条,关闭网站40个,进一步净化了全市互联网环境。按照"重庆市违法互联网站处置流程及黑名单管理制度",加强与市级互联网管理部门以及各省通信管理局的协作,严厉打击网上违法犯罪行为,处理各类违法违规网站72个。

以确保我市公共互联网的安全运行为己任,扎实推进互联网网络安全工作。积极向市领导及相关政府部门报送重庆市网络安全通报,全年通报各类安全事件789起。积极协同开展网络安全事件调查,快速处置网络安全事件,积极开展通信网络安全防护检查工作,确保我市通信网络安全。协助新华社重庆分社、重庆移动的服务器、网站和操作系统进行全面扫描和风险评估,努力为我市重要信息系统的网络安全提供保障。着手开展手机病毒通报和处置工作,及时公告手机用户注意防范。组织开展网络安全应急演练,圆满完成了全市重要活动期间的网络安全专项保障工作,确保了全年无重大网络安全事件发生。

(四)加强行业发展预判研究,强化新形势下电信行业监管,促进行业科学发展

注重行业运行监测。加强行业发展分析研判和预测预警预控,编制了《重庆市电信行业2011-2013年年度滚动发展计划》。重视行业统计工作,及时掌握市场运行情况,按季编制了全市通信行业经济运行状况分析,对行业增长、业务结构、市场结构、基础设施建设、固定资产投资等深入研究,加大对三网融合、下一代互联网、云计算、物联网的发展跟踪,为适时制定政策、调整行业结构、培育相关战略性新兴产业等打下坚实基础。

强化电信市场监管。认真贯彻落实电信监管政策,召开校园电信市场专题会议,深入高校进行电信市场巡查,校园电信市场治理成效显著。开展手机吸费专项治理,全年对涉嫌违规的24家企业(涉及28项业务)进行了处罚,手机自动点播、手机内置软件等恶意侵害消费者合法权益的行为大幅度减少。继续加强对电信服务工作的监督和指导,妥善处理用户申诉,全市电信行业的通信质量和服务质量均达到满意水平。贯彻落实重庆市关于调整万盛区和綦江县、双桥区和大足县行政区划的决定,完成綦江区、大足区相关本地电话业务资费调整工作,每年将为电信用户节约通信费用支出近1500万元。在全国率先完成计费检测工作,我市移动语音和点对点短消息业务计费系统性能检测全部达到通信行业标准。

拓展建设市场管理。修订《重庆市住宅建筑群电信用户驻地网建设规范》,该规范为我市工程建设强制性标准,于2011年8月1日起正式实施。大力推进驻地网联合工作模式向区县延伸,共受理515个驻地网建设项目,29.42万户电信用户的选择权益得到保障,节约通信建设直接投资约6.31亿元。推动电信基础设施共建共享向更深层次发展,研究电信基础设施共维模式,启用重庆市电信基础设施共建共享资源管理系统,实现了共建共享项目的数字化网上流转。编制并发布《重庆市室内分布系统共建共享规范》,选取三个地点开展室内分布系统试点建设。实施高铁通信设施覆盖工程,稳步推进铁路

沿线的通信基础设施共建共享。截止目前,全市实现共建322座铁塔、403个基站、1236.50公里传输线路,共享244座铁塔、1503.21公里杆路、281个基站、1591.67公里传输线路。建设市场管理更加科学。

深化行风建设工作。积极推进"为民服务创先争优"活动,指导全市通信行业贯彻落实工业和信息化系统窗口单位和服务行业"为民服务创先争优"活动的要求,市局将行政审批受理窗口确定为重点窗口,深化为民服务。以"塑文明行业,树优质服务品牌"主题,会同市文明办下发了2011年度评优帮差工作方案,开展通信服务评比工作。涌现出13名全国和重庆市电信服务明星、6个电信服务明星班组,组织召开电信服务工作会和电信服务明星表彰会,进一步推动了电信服务工作。

互联互通质量监测工作保持常态化,网络质量全国考核每月均达到部颁标准,市和国家两级用户申诉中心12300关于语音业务的互联互通的投诉实现"零投诉";码号资源行政审批从严管理,码号年报工作名列全国前列;安全生产实现全年无重大安全生产事故发生;通信工程质量监督水平进一步提高,编制并宣贯了《重庆市通信工程建设档案标准化模板》,进一步规范了工作程序;深入开展通信工程质量监督执法检查,并与安全生产紧密结合,共受理建设单位质监申报2215项,组织实体工程抽查76项,全年通信工程质量稳定,未发生重大事故;职业技能鉴定工作有效推进,组织开展了3个职业工种鉴定260人,完成了部中心交办我市的国家职业大典通信行业部分修订工作,组织2475人申报通信工程师考试,为全市通信行业发展做好人才培养和储备。

二、2012年发展展望

2012年是全面实施"十二五"规划的关键一年,保持全市通信行业平稳较快发展十分重要。全市通信行业要全面贯彻全国工业和信息化工作会议、重庆市经济工作会议精神,突出"服务与发展"这一主题,站高一步,向前一步,做到"四个注重"注重电信市场监管的重要性,根据电信市场形势的变化,扩大监管领域,调整监管政策,丰富监管手段;注重通信服务地方经济社会发展的重要性,强化政府的公共服务职能,密切跟踪电信新技术、新业务、新业态的发展;注重网络信息安全的重要性,深入拓展信息安全监管和网络安全防护,促进社会和谐稳定;注重通信质量和服务质量改善的重要性,切实维护消费者合法权益,全力支撑内陆开放高地建设,为缩小"三个差距"促进共同富裕、在西部率先实现全面小康作出新的贡献。2012年,全市电信业务总量预计达到255.0亿元,同比增长18.5%;业务收入达到198.0亿元,增长12.0%;电话用户总数达到2480.0万户,固定互联网宽带用户突破400.0万户;电话普及率达到86.0户/百人(按常住人口计算),行政村互联网宽带覆盖率达到100%。

商贸流通业

重庆市商委 李巡府 蒲 新

2011年,在国际国内经济增长放缓背景下,全市商贸流通业坚持民生导向助推经济发展,紧紧围绕城乡商贸统筹发展主线,强力推进"一保二建三打造",城乡居民消费继续保持较快增长,实现了"十二五"的良好开局。

一、基本情况

两大指标提前一年完成翻番目标。社会消费品零售总额达到3415.9亿元,增长18.7%,比全国快1.6个百分点,增速列全国第二位、西部第一位,西部消费之都初现雏形。商品销售总额历史性突破万亿元,达到10001.1亿元,增长28.9%,商品流转能力和中心城市聚集辐射力明显增强。社零总额和商品销售总额均提前一年完成本届政府翻番目标。"三都"建设步伐加快。住宿餐饮业营业额、零售额分别达到649.6亿元、521.7亿元,分别增长25.8%、17.2%,美食之都打造加快推进。会展直接收入43.6亿元,增长57.9%,拉动消费360亿元,增长49.5%,会展经济主要指标居西部前茅。运行质量明显提升。连锁经营零售额达到1364.2亿元,增长30.8%,占社零总额的比重达到35.5%,同比提高2.2个百分点,流通现代化水平进一步提高;限额以上单位实现零售额2693.4亿元,增长32.6%,占社零总额比重达到78.8%,同比提高18.4个百分点,比全国高32.1个百分点。城乡统筹水平稳步提高。城镇零售额3245.2亿元,增长18.8%,比全国高1.6个百分点;乡村零售额170.7亿元,增长16.9%,比全国高0.2个百分点。对经济社会贡献明显增强。商贸行业税收入库额247.8亿元,增长27.3%,对经济社会贡献不断增强;商贸流通产业新吸纳就业人员8万人,达到388.5万人,继续稳居非农产业第一位,对保障就业贡献显著。

二、主要特点

(一)"一圈"带动作用增强,城乡消费不断扩大

"一圈两翼"商贸快速增长。"一小时经济圈"依托主城各大商圈改造升级步伐加快,高端品牌日益聚集,实现零售额2761.1亿元,增长19.2%,高出全市0.5个百分点,占全市社零总额的比重比上年提高0.3个百分点。"两翼"在区域中心城市商贸快速发展的带动下,实现零售额654.9亿元,增长16.8%,其中"渝东北翼"增长17.2%,"渝东南翼"增长15.9%。创新推进城乡商贸体系建设。加大农产品促销力度,在上海、广州、义乌等地建立两翼农产品直销网点。继续加大"万村千乡市场工程"信息化建设力度,自主开发的综合信息服务平台和"农商通"信息机。目前已安装"农商通"信息机6500多台,覆盖全市过半行政村。城镇零售额3245.2亿元,增长18.8%,比全国高1.6个百分点;乡村零售额170.7亿元,增长16.9%,比全国高0.2个百分点。

(二)"三百战略"强力推进,消费之都初现雏形

百亿商圈再添新成员。全市纳入统计的17个商圈实现零售额1753.4亿元,增长26.5%。新增百亿商圈1个(万州高笋塘商圈),达到6个,两百亿商圈达到2个(解放碑CBD商圈、观音桥商圈),解放碑CBD商圈突破300亿元,三百亿商圈达到1个。商圈占社零比重达到51.3%,比上年提高5.4个百分点,全市过半的消费在商圈实现,商圈的消费聚集和影响力不断增强。亿元市场外迁重组力度加大。亿元市场成交额达到3621.9亿元,增长18.4%,十大市场成交额1736亿元,增长17.7%。新培育重庆花木世界等亿元市场10个,渝南汽车超市等百亿市场4个,巨龙钢材市场等两百亿市场1个。全年净新增亿元市场2个,达到147个,新增百亿市场4个,达到15个,新增两百亿市场1个,达到4个,市场规模和辐射能力不断扩大。大企业推动消费增长作用显著。限额以上单位加快发展,总数突破9000家,本年新增近3000家,大企业对全市消费市场的推动作用愈加显著。商社集团等10家重点监测大型商贸流通企业销售额892.4亿元,增长22.5%。

(三)消费需求依然强劲,消费结构持续升级

市商委着力培育消费热点、引导消费倾向,精心打造各类消费平台,努力扩大外来消费,积极组织商贸流通企业加大优惠促销力度,提振消费者信心,消费需求依然强劲,主要商品购销两旺,消费结构持续升级。民生消费快速增长。

全面整改完成453个城区标准化菜市场、436个乡镇规范化农贸市场。在全国率先实现“县县有配送中心、乡乡有连锁经营超市、村村有便民放心商店”的“万村千乡市场工程”全覆盖目标。购物环境的改观和消费便利程度的提高，使市民满意度明显提升，助推“吃”、“穿”、“用”民生消费分别增长30.1%、33.7%和27.8%。高端消费热潮袭来。西部最大的LV旗舰店在解放碑商圈开业，Gucci、Tiffany等奢侈品牌相继入驻各大商圈，星光68国际名品广场、重庆时代广场、星光时代广场等高端购物中心精彩开启，带来新一波高端消费热潮。金银珠宝、化妆品、通讯数码增幅分别达到46.2%、22.3%和48%。汽车消费依然强劲，增长30.4%，高于全国15.8个百分点。家电消费再创新高。积极推进“家电下乡模范城市”创建，实行“两个一”补贴政策、加大监管力度，家电下乡和以旧换新消费再创新高。全年家电下乡产品销售额55.5亿元，同比增长13.7%；以旧换新回收旧家电153万台，销售新家电147万台，销售额52亿元，人均销售量和销售额均列西部第一位。在家电下乡和以旧换新政策带动下，家电和音像器材同比增速达到30%，家电下乡和以旧换新拉动社零总额增长3.7个百分点。

（四）展会经济发展迅速，会展中心加快形成

会展经济主要指标居西部前茅。培育市政府和国家部委共同主办的品牌展会15个，年收入5000万元以上的会展企业2家。展出总面积、培育市政府或国家部委主办的品牌会展、5000万元以上的会展企业数量等指标提前一年完成本届政府目标。举办各类展会475个，增长16.1%，展出总面积382.8万平方米，增长30.8%，举办节庆活动370个，增长54%，举办各种会议活动4550个，增长17%，举办各种赛事活动145个，增长5.8%，创造直接收入43.6亿元，增长57.9%，拉动消费360亿元，增长49.5%。会展行业的影响力明显增强。连续三年荣获“全国十佳会展城市”，荣获“2010—2011年度中国品牌会展城市”、“2011年中国最佳会展目的地城市”和“2011年度中国会展经济产业贡献奖”等称号，渝洽会获“中国十大政府主导型展会”、“第八届中国会展之星品牌展会大奖”，重庆火锅美食节获“第八届中国会展之星品牌节会奖”。会展场馆设施建设稳步推进。重庆国际博览中心南展馆、北展馆、多功能厅已完工，配套的道路基础实施建设积极推进，预计2012年10月完工并举行首展。2012年全市会展场馆面积将达到50万平方米，2015年预计达到80万平方米。

（五）美食之都建设提速，社区商业满意度提升

餐饮和住宿业快速发展。成功打造中华美食街（城）1条、市级美食街（城）4条，培育评定钻级餐饮企业38家、星级农家乐89家。开展早餐示范工程试点，支持试点企业新改建标准化主食加工配送中心3个、早餐经营网点137个。主办第五届中国（重庆）火锅美食文化节和第二届农家乐节，吸引参与市民120万人次，实现销售收入15.2亿元。组织开展“餐桌文明大行动”和“百万食客文明交通活动”，培育评定“餐桌文明示范店”624家。举办重庆市餐饮业职业技能大赛，组织参加全国国家级酒家评审员资格等培训，推动重庆餐饮业职业技能水平、餐饮管理水平的提升和重庆餐饮的知名度和美誉度。社区商业发展加快。召开全市社区商业工作会，明确社区商业发展目标和思路。通过网上征集市民意见，新建规范化社区商业网点1000个，其中24小时便利店53个，方便居民消费。培育评定社区商业示范龙头企业21个、示范社区超市20个，基本达到区县有市级商业示范社区、街道有示范社区超市的目标，市民对社区商业满意度比2008年提高31.3个百分点。加快实施家政服务工程，举办足浴保健、家政服务、美容美发、摄影行业技能大赛，建成金夫人江北婚庆大型聚集区，编辑出版《美容美发大典》，组织国内外企业投资建设世纪美都。

（六）消费价格高位运行，市场供应保障有力

消费价格总体保持高位运行。2011年，全市重要商品市场供求基本平衡，价格总体呈现高

位运行态势。受国际流动性过剩、生产资料价格上涨及自然灾害等多种因素影响，重庆CPI上涨5.3%，其中食品、居住价格引起上涨5.0个百分点，对价格总水平的拉动影响率为89.7%。在国家采取提高存款准备金率、提高利率及公开市场标售央票等货币手段和加大房地产市场调控力度，CPI过快上涨势头得到初步遏制，但仍远高于3%的调控目标红线，保持高位运行。积极应对价格波动，有力保障市场供应。针对价格上涨态势，市商委密切关注价格走势，及时启动必需品日监测制，确保重要商品不脱销、不断档。组织企业加大食品生产量，加快零售终端调运配送速度，采取果断措施迅速平息食盐抢购风。加强政府储备，新增粮食和食用油储备，继续建立200万元应急物资储备。建立市场供应基地，与8个粮油肉菜主产区县和云南保山市签订重要农产品产销合作协议，稳定重要农产品供应渠道。

(七)区域商贸发展参差不齐，中心城市聚集度提高

区县商品消费差距扩大、休闲消费差距缩小。区社零总额平均增速23.2%，比县高3.8个百分点，同比拉大0.2个百分点，区商品销售总额平均增速30%，比县高7.1个百分点，同比拉大0.4个百分点，反映近年主城区和区域商贸中心城市的打造，使区对周边县域消费的聚集辐射能力逐渐增强。区住宿餐饮业营业额平均增速24.8%，比县高0.1个百分点，同比缩小1.4个百分点。营业额反映餐饮及旅游、娱乐休闲消费情况，近年来县域经济突出发展绿色、生态等旅游休闲产业，吸引主城区和区域中心城市人群前往消费，使县域休闲消费增速较快。大市场进一步向主城和区域中心城市聚集。全市超过八成的亿元市场集中在主城和区域中心城市，百亿市场全部集中于一小时经济圈，两百亿市场全部集中于主城。本年新培育的亿元市场几乎都位于主城和区域中心城市。大市场在主城和区域中心城市聚集度的提高，是商贸发达地区凭借良好的商贸环境和产业物流优势，促使资源要素自然流动重组，体现了客观经济规律。

三、近期影响我市商贸流通发展的各种因素

有利因素方面，一是当前经济形势对国内消费发展带来机遇。当前，人民币升值压力不减，国内出口下滑，预料未来几年全国净出口占GDP的比重将继续降低，甚至可能出现逆差，扩大内需、促进国内消费增长在当前和今后一段时间变得尤其重要。国内长期依靠投资和出口拉动经济，归根结底是内需不振，内需不振根本原因是收入不高。收入不高是一个相对概念，一方面是相对近年来房价高涨以及生活成本增加而来的，另一方面是收入结构的不合理。要促进居民增收，最重要的举措就是增加就业，特别是鼓励中小企业和非公经济的发展，扩大中等收入人群比重，提高居民整体收入水平。当前，重点正加快推进微企战略，通过政府补助资金本和银行信贷联动，扩大微企数量。大企业固然是经济建设的支柱，数量众多的微企更是解决就业、促进居民增收的重要支撑。

二是城市化进程是扩大重庆消费规模的重要载体。从近几年的数据看，我市城市化率每提高1个百分点，就会有28万到30万左右农村人口转移到城市，而城市人口的人均消费是农村的4倍左右，约拉动最终消费增长1.8~2个百分点。如果“十二五”期间我市城镇化率每年提高1.5个百分点，就会有250万左右的农村人口到城市，对消费将会形成有力的拉动作用。当前，重庆正加快主城和区域中心城市建设，加大基础设施和交通建设力度，全力推进统筹城乡户籍制度改革，让更多的农民工转户进城，变成市民，这是缩小城乡差距、加快城市化的重要手段。

三是消费环境改善是树立重庆消费品牌的关键所在。消费环境一是硬件，二是软件。硬件包括城市建设、商业设施等；软件包括政策环境和人才建设等。近来年，重庆加大城乡商贸统筹力度，持续推动各大商圈上档升级，推动区县商贸“十个一”、乡镇商贸“五个一”工程，推进社区商业设施建设，构建城乡一体商贸网络体系，城

乡消费环境得到很大改善,市民消费便利程度和满意度不断提升。同时,加大消费领域政策扶持力度,推动政府出台"三都"建设、社区商业建设等指导文件,营造良好消费政策环境。人才是行业和企业竞争力的核心。商贸行业是一个服务行业,人才的培养显得尤其重要。近年来,推动加快培养和引进商贸、物流、会展、资本运营、电子商务、营销、策划等领域的紧缺型人才,着力培养一批具有现代经营管理知识的商贸服务企业家和职业经理人,把商贸行业经营好和发展好。

不利因素,一是国际国内宏观经济形势错综复杂。全球经济复苏进程复杂多变,欧盟国家相继被评级机构调低主权信用评级使欧债危机曙光难见,美国经济低迷伴生高失业率,31年来首现贸易逆差导致出口导向型的日本经济雪上加霜,中东北非局势持续动荡,全球经济二次探底风险依然存在。2011年国内宏观经济调控偏重稳物价和调结构,GDP增速从年初的9.7%逐季下滑到9.2%,同时受国际环境影响,贸易顺差创六年来新低。2012年国内已确定"稳中求进"的经济工作总基调,首要任务是保增长,同时做到"有保有压"。总的说来,当前宏观经济形势更加复杂,经济运行不确定因素增多。从春节期间主城各大商圈较为冷清以及相关数据来看,宏观经济环境堪忧对我市消费市场的影响开始显现。

二是国家刺激消费政策退出加剧。消费领域特别是对零售行业而言,消费者信心至关重要,而刺激消费政策对提振消费信心作用巨大。汽车购置税优惠、汽车下乡补贴政策已先期退出,家电以旧换新政策于2011年底结束,山东省、河南省、四川省和青岛市四省市2011年底已停止实施家电下乡政策,重庆及其他省市家电下乡政策预计也将于2012年底如期结束。金融危机以来扩大内需、刺激消费的政策措施正逐步退出和弱化,而新的政策措施又尚未出台,呈现青黄不接的局面。

三是物价水平可能长期居高不下。2011年底,美联储决定将0-0.25%的超低利率继续维持到2013年。欧元区、日本、澳洲等主要发达经济体均相继放宽货币政策,致力维持近于零的利率水准。国际流动性相对充裕,通胀压力较大,主要发达经济体国家通胀均维持在近三年的新高。近期伊朗石油危机加剧,更加深全球油价上涨预期。2010年以来国内通胀压力也不断加大,CPI涨幅一度超过6%。国家采取提高存款准备金率等货币手段和加大房地产市场调控力度,CPI涨幅回落到5.4%,重庆涨幅回落到5.3%,过快上涨势头得到初步遏制。但在当前国际流动性充裕、国内保增长压力前提下,国内通胀压力仍将存在,物价长期高企对消费抑制作用不容忽视。

四是房地产调控有加深趋势。目前,本轮房地产调控已实施近两年,受此影响,房地产相关上下游产业连带消费需求出现一定程度萎缩,重庆还开展了房产税试点,进一步优化房地产供应结构。同时,国内保障性安居房建设全面推进,重庆公租房建设如火如荼,住房供求的紧张关系得到有力缓解,这势必会缓解房价的压力。要巩固房地产调控成果 促进房价合理回归,预料房地产调控仍将持续一段时间。房地产作为国民经济的重要行业,调控措施对相关上下游产业产生影响。全市家具零售同比下降12.2个百分点,建筑及装潢材料零售增速从5月份开始下滑,从增长53%下滑到39.9%。房地产调控持续,加深市民的消费观望心理,对相关产业商品消费产生深远影响。

四、2012年展望

2012年是党的"十八大"的召开之年,是本届政府的收官之年,是加快推进全市商贸流通业实施"十二五"规划的重要一年。市政府工作报告提出加快建设长江上游商贸中心和购物、会展、美食之都,启动建设西永、礼嘉、茶园、龙盛、陶家五大新商圈,抓好朝天门市场迁建等重大项目,继续推进万村千乡等惠民工程。2012年,全市商贸流通发展的目标是:社会消费品零售总额增长18%,超过4000亿元;商品销售总额增长20%,超过12000亿元;商业增加值增长13%,突破1000亿元。

新闻出版业

重庆市新闻出版局　李为祎

2011年,重庆市有图书出版社3家、音像电子出版社6家、互联网出版单位11家;报纸45种、期刊135种、内刊500多种;发行企业及个体3000多家,其中批发商140多家;印刷企业及个体3500多家,其中出版物印企86家、包装印企600多家,从业人员总计约7.1万人。较2010年有三点变化:一是企业法人总量从1819家减少至1784家,主因是部分零售发行企业申请注销;二是出版物印企(含专项)从157家减少至86家,71家印企在政府引导下放弃了产能严重过剩的出版物印务,多数转向包装印务,全市出版物印刷产需比从6:1缩小至4:1;三是获准新设维普资讯、聚购科技2家互联网出版单位。初步统计,2011年全行业实现销售收入208亿元、增加值72亿元,在全市文化产业核心层中比重从60.6%上升至63.8%,占全市GDP的0.816%;增加值增长18.6%,高出全国行业平均(13%)5.6%,高出全市经济平均(16.4%)2.2%。

一、出版产业

《重庆新闻出版业"十二五"发展规划》科学编制,形成全行业共识。全市7个项目入选国家新闻出版改革发展项目库、7个项目进入重庆市重大建设项目库。各大项目均取得阶段成果:现代印刷包装基地一期投产;解放碑时尚文化城基本完成拆迁;十大书城中涪陵、黔江书城建成,江北、渝北、大学城书城正在建设;重庆书刊交易市场升级全国库存(特价)图书交易市场;新华物流中心投入使用;出版传媒创意中心主体工程竣工;天健创意产业基地加快建设;新闻传媒产业中心立项并落实土地;总署教育培训中心重庆分中心获准设立。全市新获500万元中央文化产业专项资金(天健网)。组团参加第14届渝洽会,签订天健创意产业基地、江南书城、西部书城3个项目。组团参加第7届深圳文博会,签订电子阅读、游戏工厂、手机书屋、电子书签4个项目。裕同、美盈森等国内印刷龙头来渝办厂,注册资本纷纷过亿。重庆印企有海内外上市公司背景的不下10家。2011年,全行业新增投资超过70亿元,比"十一五"年平均水平翻一番。

二、精品出版

推出《忠诚与背叛--告诉你一个真实的红岩》等3种中宣部纪念建党90周年重点图书及《中国共产党重庆历史》。《中国抗战大后方历史文化丛书》出版8卷,《中华大典·法学典》出版刑法、法律分典,《域外汉籍珍本文库》出版第2辑。《农家丛书》累计出版350种;策划《惠民小书屋丛书》200种,已出版30种;策划《缩小三个差距促进共同富裕——惠民政策实施指南》7种,已全部出版。推出《城市梦想》、《统筹城乡理论与实践》、《建设内陆开放高地》、《西三角历史发展溯源》等。《中国的和平发展道路》等4种图书入选国家"三个一百"原创工程。《藏地密码》、《气场》、《冰与火之歌》等登上畅销书榜。全市新获国家出版基金资助2165万元(《中华大典·法学典》1262万元、《中华大典·地学典》419万元、《中华大典·天文典》414万元、《马恩列画传》70万元),3年来累计受助6252万元。年度公益出版资金资助24个项目,3年来累计资助60个项目。全市成功申报国家"十二五"重点出版项目18个,市新闻出版局被表彰为重点出版工作全国先进。三家图书出版社增量提质,在"全国百强"中继续升位。

三、数字出版

市政府办公厅转发《关于加快重庆数字出

版产业发展的指导意见》。国家数字出版基地加快建设。全国出版发行交易云平台完成论证启动申报,其核心功能和商业模式被设计为“构建出版单位网上直销的第三方服务平台,即出版业的‘淘宝网’(B2B、B2C),并成为国家知识元数据库的组成部分”。各数字化项目全面推进:数字出版监管平台购置物业及硬件,数字印刷及个性化应用工程启动建设,仓储式出版平台上线,“名师在线”一期建成。新推出《商界传奇》、《大剑OL》等本土网络游戏。维普资讯、聚购科技新获互联网出版权,特别是聚购科技为全市首家获得出版权的民营企业,体现了总署对重庆的倾斜扶持。

四、全民阅读

第四届重庆读书月活动在全市展开。市级层面举办2011中国·重庆库存图书交易会,72万读者购走图书46万册,实现销售码洋3867万元。组织“红书回放”展演,吸引4000多个节目参赛。举办“读经典”巡回报告会330多场。并组织“四评两命名”、全民阅读研讨会、“好书网漂”、青少年“好书伴我行”等品牌活动。全市38个区县、56个市级单位开展群众性读书活动463项,参与市民超过1100万人次。数字阅读平台(书香重庆网)上线,为市民提供20多万册免费电子图书,访问量突破50万人次。2011年第8次全民阅读调查显示:重庆市民综合阅读率达85.5%,高出全国平均(77.1%)8.4个百分点。重庆正逐步成为全国人均读书最多的城市之一。

五、书屋建设

2011年,全市新建农家书屋4299个、书刊外借点12897个,配送图书827万册、音像制品124万张,中央和市财政投入8975万元。至此,历时4年的农家书屋工程全面完成,全市累计建成农家书屋9699个、书刊外借点29047个,中央和市财政总投入1.9亿元。重庆比全国提前一年实现行政村农家书屋全覆盖。全社会基层书屋(含农家书屋)达18000余个,社区书屋覆盖面超过80%。以基层书屋为支撑的公共阅读服务体系加快覆盖城乡。

六、体制改革

全市图书、音像电子出版单位完成了转企改制的实质动作:注销事业法人、登记企业法人。新办的互联网出版单位均为企业。报刊分类改革有序实施,首批33家非时政类报刊完成转企改制,第二批11家非时政类报刊正在转企改制,第三批10家非时政类报刊下一步转企改制。试点报刊综合质量评估退出工作方面,将32家效益差的报刊纳入评估范围,正在报批退出调整方案。一批报刊调整定位,《都市热报》转型免费轻轨(地铁)报后复刊,电子阅报屏、自动售报机现身街头。

七、版权工作

重庆享弘影视以版权质押获2600万元商业贷款,开全国先河。全市68个市级机关基本完成软件正版化,万州等7个区县率先完成软件正版化,累计采购金额近4000万元。第五批66家大型企业积极推进软件正版化。全市办理普通作品登记871件,同比增长91%。与綦江区政府签订战略协议,共同打造农民版画版权兴业基地,完成艺术家签约并启动7个画馆建设。版权产业正逐步成为新的经济增长点。

八、对外交流

首次承办系统最高规格的全国新闻出版局长座谈会,总署领导全体来渝,争取了倾斜扶持。举办中国上海书展“重庆主宾市”活动,树立了良好形象。承办第7届中国科技期刊论坛,重庆科技名刊亮相全国,论坛研究成果内参获国务委员刘延东重要批示,对解决全国科技期刊发展瓶颈产生了有力的推动作用。组团参加第63届法兰克福国际书展,输出图书版权55种,引进35种,版权贸易首现正输出。重庆出版的影响力进一步扩大。

九、行业管理

在全国率先实施互联网出版单位年检。印刷质检工作获全国先进。开展中小学教辅、虚假新闻、记者站等专项整治行动。依法查处报刊及内刊12种、印刷企业45家、发行企业226家、网站7家,出具出版物鉴定书47份。大力实施印刷结构调整,将出版物印企从157家减少至86家,产需比从6:1缩小至4:1。成立区县报研究会,将审读报刊从公开报刊扩展至重要内刊,编发《报刊审读》285期。推动重庆印包职教基地首批订单式招生,重建职业技能鉴定所。开展行业培训18期,累计培训4950人。市新闻出版局机关成功创建市直机关党建工作先进单位。服务、法治、高效、清廉政府形象初步确立。

知识产权

重庆市知识产权局 颜冲

一、2011年发展回顾

2011年,重庆市大力实施知识产权战略,知识产权工作取得了明显成效。

(一)工作绩效取得历史性突破

全年专利申请量首次突破3万件大关,达32039件,同比增长40%,其中发明专利申请8839件,同比增长72%;专利授权15525件,同比增长29%,其中发明专利授权1865件,同比增长63%。"十二五"考核指标—每万人口发明专利拥有量1.65件,排名由上年末全国第12位上升到第9位,同比增长52%,增长率西部第一、全国第三。知识产权综合实力进步指数全国第一。

(二)探索创新取得六个全国第一

(1)设立全国第一个国家云计算知识产权试验区,开展云计算领域知识产权先行先试。(2)探索建立全国第一个"专利云"平台,创新专利信息服务模式,力争构建在全国乃至全球有重要影响的综合性"专利云"服务体系。(3)建立全国第一个医疗器械产业知识产权联盟,探索联盟框架下知识产权利益共享和风险共担机制,推动产业集约式发展。(4)启动全国第一个与欧洲专利组织的国际合作——"渝新欧"国际贸易大通道知识产权护航行动,为双边贸易保驾护航。(5)联合相关部门共同出台全国第一个知识产权促进城乡统筹的政策文件。(6)建立全国第一个规模以上工业企业专利主要指标统计报送制度,为宏观经济决策提供依据。

(三)服务经济社会取得四大新突破

(1)知识产权支撑产业发展取得新突破。专利产品3142类,较上年增长35%,实现专利产品产值1218亿元,较上年增长59%。专利产品产值占工业总产值比重由上年11.4%上升到13.4%。(2)知识产权提升企业核心竞争力取得新突破。帮助长安、力帆等21家企事业单位制定专利战略,将知识产权融入企业生产经营全过程,全市8个企业的9个专利产业化项目获第13届中国专利金奖1项、优秀奖8项,获奖率82%。(3)知识产权促进招商引资取得新突破。开展重大产业和项目专利分析,促进上百亿元的投资,帮助企业在技术合作与知识产权整合中赢得主动。(4)知识产权促进民生共富取得新突破。为微企和个人办理费用减缓出证2万余件,减少费用支出5000余万元,发放专利资助1.5万件,在全国率先举办微型企业专利技术展。

(四)保护体系取得四大新进展

(1)牵头开展市打击侵犯知识产权和制售假冒伪劣商品专项行动,查处或破获案件近3000件,涉案金额3亿余元。国务院督查组评价我市知识产权保护水平处于全国前列。(2)履行市打击侵犯知识产权和制售假冒伪劣商品工作领导小组办公室职责，将打击侵犯知识产权与打击制售假冒伪劣商品工作同部署、同考核，领导小组成员单位达29个，进一步整合了执法力量。(3)与京津沪、广东及西部十二省区市签署执法协作协议，建立各行政、司法部门之间的横向协调机制，区县、企业之间的纵向指导机制，得到商务部、公安部等部门的高度评价和充分肯定，并将重庆的典型经验向全国推广。(4)知识产权保护模范城市建设通过进区县、进园区、进企业、进高校、进院所、进商场和进社区，已变成全社会的共同行动，知识产权已列入区县党政领导和知识产权管理人员的培训内容。

主要抓了以下工作：

(一)构建长效机制，加快创建知识产权保护模范城市

1.强化工作协作。制订并发布《重庆市知识产权"十二五"发展规划》。万人发明专利拥有量纳入区县党政"一把手"考核指标和区县科技进步考核指标。加强市区(县)联动，启动两江新区知识产权示范区建设，4个区县成为国家知识产权试点。加强部门协作，市知识产权局、统计局、经信委等部门共同开展专利调查统计。重庆知识产权相关部门共同完成《国家创新体系建设中知识产权战略研究与对策建议》研究报告，向国家提出6条具体建议。

2.开展专项行动。开展全市打击侵犯知识产权和制售假冒伪劣商品专项行动，组织开展"亮剑"、"风暴"等32次专项整治行动，捣毁窝点254个，净化了1000个重点市场。国家专项办简报专版报道我市工作17期，居全国之首。国务院有关领导，公安部、国家知识产权局等部委领导充分肯定我市工作，多次作出批示。国务院督查组对我市工作给予高度评价，认为重庆知识产权保护水平处于全国前列。

3.构建长效机制。强化行政执法与刑事司法互动衔接，在商业流通领域推行"知识产权备案"制度，发挥重大知识产权纠纷协调机制的作用，接收并转交知识产权举报投诉案件25件，办结反馈22件。完善专家论证、策略指导、经费资助"三位一体"的维权工作模式，办理维权案件27件。挂牌成立西部首家知识产权仲裁院，成立重庆至诚知识产权司法鉴定中心。建立粤渝专利执法协作和与驻渝领事馆的定期交流机制，搭建对外沟通平台。

(二)强化产业支撑，知识产权全面融入经济发展主战场

1.抓专利促进产业结构调整。启动知识产权支撑战略性新兴产业发展工程，国家知识产权局批准我市成为国家云计算知识产权试验区，运用专利信息资源开展"云端计划"产业链分析，积极筹建"专利云"平台。开展新材料、仪器仪表和生物医药等战略性新兴产业专利分析，绘制产业发展专利地图。印发《知识产权试点示范园区工作指南（试行）》、《市级知识产权试点园区考核指标体系》，4个园区设立知识产权工作站。高新区被认定为全国专利产业化基地。

2.抓重大经济活动专利分析。开展"直升机引进"、"多孔坦医学应用开发"等项目专利分析评议，为相关企业提出规避风险的合理建议，得到企业认同。开展"页岩气高效开发关键技术、装备研发及示范工程"等3个重大科技专项专利检索分析工作。

3.抓重点企业知识产权战略。实施"企业知识产权战略推进工程"，帮助21个企业制定并实施知识产权战略。组织4家专利代理机构为4个中小企业知识产权集聚区开展托管服务。开展上市(拟上市)企业知识产权强化和培育，建立拟上市企业专利审核评价体系。先后帮助30余家企业提供国内外专利信息10万多条，建立专题数据库58个。两江新区被确定为全国知识产权质押融资工作试点单位。

4.抓知识产权助推对外开放。开展"渝新欧"国际贸易大通道知识产权护航行动，八大举措助推企业"走出去"和"引进来"，为重庆与欧洲贸易往来保驾护航。开展重点出口企业主导产品专利预警，为国际复合材料公司成功规避侵权风险并保住了每年近34亿元产值的市场，年新增出口额1000万美元。引导力帆、隆鑫等10

家企业开展自主知识产权产品国外专利布局。全年新增78家企业160多个产品海关知识产权备案。向申请国外专利增长27%。

5.抓知识产权服务业培育。开展专利代理能力提升工程，建立西部首家"全国专利审查员实践基地"，全市专利代理机构发展到15家，专职专利代理人64人，专利代理率达到48.3%。启动重庆知识产权服务业发展战略研究工作。制定知识产权服务业发展规划，出台相关政策措施扶持各类主体发展，全市知识产权服务机构达439个，从业人员1.5万余人，年收入达98亿元。

(三)服务经济发展大局，推动民生发展

1.助推城乡统筹。出台《关于发挥知识产权作用促进城乡统筹的若干意见》，在新增就业岗位、发展微型企业、惠农增收、打造区域经济中心等4个方面制定具体措施。实施"知识产权服务民生计划"，联合农业、林业、工商、质监等部门，启动惠农专利推广、商标品牌基地建设、版权兴业基地建设、现代农业品牌培育、植物新品种基地建设等5大工程。

2.帮扶微型企业。全年新增各类知识产权微型企业88家，新增就业人员1050人。举办2011·第五届中国专利周重庆专利展示交易会，37家小微企业和121位非职务发明人的300多项专利技术、56种专利产品参展，达成意向合作协议16项，协议金额2100万元。全年签订专利实施许可合同67件，涉及专利项目212项，金额达1837余万元。

(四)加强能力建设，夯实知识产权工作基础

1.加强人才培养。制定《重庆市"十二五"知识产权人才规划》。开展"重庆知识产权行动"，举办各类专题培训21期，累计培训3000人次。遴选39名优秀代理人建成市专利代理服务专家库。全年新增专利代理人、专利工程师86人。

2.强化宣传普及。举办"4·26知识产权宣传周"活动，召开2010年重庆市知识产权保护状况白皮书新闻发布会，举办校园知识产权文化节、重庆高校知识产权主题演讲赛、知识产权模拟法庭展示，以及第四届"12330"杯专利好新闻评选等专题活动，媒体报道知识产权工作的质和量上均有较大提升。

3.提升服务水平。深化重庆专利代办处审查职能扩展试点工作，先后召开5次专利申请大户、重点区县等电子申请座谈会，全市电子申请率达74.7%，在全国名列前茅，中介机构的电子申请率达到100%，在全国名列第一。

二、发展中存在的问题

一是知识产权战略文化氛围不浓。企业知识产权战略缺乏，掌握和运用国际知识产权规则的能力不足，高校、科研院所现行体制缺乏实施知识产权战略的动力，全社会知识产权意识不高。

二是知识产权统筹发展能力不够。知识产权工作统筹协调能力不足。知识产权与经济、科技工作脱节的现象还没有得到根本扭转。知识产权行政保护和司法保护的统筹衔接还需进一步加强。区域知识产权发展不平衡。

三是知识产权要素投入总量不足。全社会知识产权经费投入不足，知识产权人才匮乏，没有形成完善的知识产权服务体系。

三、2012年发展目标

2012年，全市知识产权工作的发展目标是：专利申请量达到45000件以上，授权量达24000件以上，发明专利授权量达到2500件以上。全市每万人口发明专利拥有量保持在全国前10位以内。规模以上工业企业专利产品产值力争达到2000亿元。

金融业

中国人民银行重庆营业管理部 杜婕

一、2011 年发展回顾

2011 年，重庆市金融系统认真贯彻科学发展观,调结构、转方式、稳物价、惠民生的发展模式带动效应逐步释放，打造长江上游金融中心的聚集效应日益显现,经济增长由政策刺激向自主增长有序转变,经济发展好中加快。全年生产总值突破万亿元大关,达到 10011.13 亿元,同比增长 16.4%,增速位居全国第一。民间投资力度加大,消费升级加快,结构调整推动进出口高速增长,三大需求更加协调,市场主体数量大幅增长,物价涨幅低于全国,经济发展活力和效益明显提升,经济结构持续优化,装备制造、材料工业、电子信息等支柱产业综合经济效益显著提升,产业转型迈出关键性步伐,实现了"十二五"良好开局,

(一)银行业平稳较快发展,货币信贷增长回归常态

2011 年，重庆银行业认真落实稳健的货币政策,贷款总量适度增长、结构持续优化,薄弱环节金融服务创新取得较大进展。

1.银行业规模效益持续提升,机构体系日益完备

经济的较快发展为银行业创造了良好机遇,2011 年重庆银行业资产规模继续保持较快增长;不良资产持续“双降”,拨备覆盖率提高 43 个百分点,风险防控和抵御能力进一步增强。由于净利息收入和中间业务收入增长较快，经营效益持续向好。新开业市分行级机构及法人机构 14 家,汽车金融公司、住房储蓄银行、贷款公司实现“零突破”,重庆已成为中西部银行业金融机构种类最为齐全的地区。

2.存款增长整体放缓,结构性变化突出。

2011 年,全市本外币存款增长 18.4%,同比下降 4.4 个百分点。分币种看,人民币存款增速为近 5 年来最低；外币存款受外币贷款快速增长以及 4 季度人民币升值预期减弱影响，大幅增长 1 倍。分部门看,由于贷款增长放缓导致派生存款减少、企业存货和应收账款占用资金增多、成本支出增加等原因,企业存款同比少增近四成。随着股票、房地产市场深度调整及通胀预期回落、加息效应显现，住户存款增速逐步回升。分产品看,定期存款、协定存款等高收益存款增长较快,理财、承兑、委托贷款等业务的快速增长带动结构性存款、保证金存款和委托存款大幅增加。

3.贷款总量适度增长,稳健货币政策成效明显

2011 年,重庆市本外币贷款增长 20.0%,与辖区经济与物价增速相匹配,同比回落 4.2 个百分点,进一步回归常态。通过实施差别准备金动态调整机制，商业银行普遍加强了内部信贷规划管理,贷款增速保持平稳,均衡性明显增强,一至四季度增量占比分别为 33%、36%、17%和 14%。外币贷款大幅增长 82.3%,主要与外贸快速发展、本币调控以及人民币升值套利等有关。但 4 季度受欧债危机、人民币汇率预期变化及监管强化影响,外币贷款增长大幅放缓。

4.表外业务发展较快

信用证、保理、委托贷款和银行承兑汇票承兑余额快速增长,同业代付、内保外贷等业务创新活跃,表外业务已成为企业融资重要渠道。信托贷款受监管政策约束有所下降。理财产品业务增势突出，全年发行额和年末余额分别增长 159%和 91%，募集资金投向以债券及货币市场工具、信托和委托贷款及票据资产为主。产品收益与市场资金需求高度相关，预期收益率多为

同期限储蓄存款的1-2倍。募集期和到期日多跨期末考核时点，与储蓄存款增量形成明显的替代关系。

5.利率调控政策效应明显

在3次加息带动下，全市非金融企业人民币贷款加权平均利率逐步走高,9月达到年内高点7.64%,四季度受货币政策微调和经济放缓下信贷供需关系变化等影响,小幅回落至12月的7.41%,比年初上升1.42个百分点。由于资金成本上升、银行议价能力增强、严格控制利率优惠提高贷款收益等原因，执行上浮利率的贷款占比上升21.5个百分点。各类银行上浮贷款占比均有所上升，股份制银行和城市商业银行升幅较大。受外汇贷款需求增加和金融机构外币头寸趋紧影响,外币存贷款利率同比明显上升。

6.银行业改革继续深化

国开行重庆市分行以商业化运作服务国家民生战略，安排新增贷款的三分之一用于保障性住房建设,建立同国银租赁、国开金融的协同机制，创新完成全国首笔保障性住房融资租赁业务。已上市国有控股银行强化改革转型,树立资本节约理念，初步建立业务发展与经济资本限额及利润计划的联动约束机制；全面风险管理更加细化。经评估,农业银行重庆市分行三农金融事业部改革成效获得国务院股改领导小组好评,2011年事业部贷款增速高于全行8.3个百分点,支农服务进一步加强。

7.跨境人民币业务快速发展

2011年，辖内银行累计办理跨境人民币结算149.8亿元,同比增长13.2倍。在IT企业出口人民币结算拉动下，货物贸易人民币结算规模不断扩大,占同期进出口额的比重由2010年下半年的1.2%提高到2011年的4.6%。参与银行和企业数量分别增加20%和346%,涉及国家和地区由9个扩展到45个,香港、巴哈马和缅甸是交易量前3位的地域。

(二)证券业稳健发展

1.市场交易量下降,证券期货机构稳健发展

受A股市场低迷及期货交易规则调整影响,2011年全市股票和期货交易额分别减少18.5%和7.5%。由于经纪业务收入和投资收益下滑,证券公司利润同比大幅减少,但机构运营保持平稳,风险和合规管理加强,融资融券和期货中间介绍(IB)等新业务稳步发展。期货公司综合实力增强，注册资本总额和营业部数量分别增长37.5%和31.5%。新华基金完成增资扩股,管理基金数量和规模稳步增长。西南证券监管分类评级首次晋升A类，吸收合并国都证券方案经双方股东会审议通过,成功控股银华基金,市场竞争力进一步提升。

2.资本市场融资较快增长,上市公司质量提升

4家企业境内外IPO融资159.6亿元,略低于上年。债券融资额同比增长35%。上市公司主营业务收入和利润总体稳定增长，独立性有所增强、关联交易减少,信息披露更加规范。6家上市公司定向增发及重组，融资金额135.7亿元。原ST东源、ST威达等高风险上市公司通过重组化解风险,实现“脱胎换骨”。重啤事件调查处置稳步推进。

(三)保险业呈现结构调整,产、寿险发展明显分化

1.保险机构运营基本稳定,从业人员有所减少

2011年,重庆新增4家省级保险分公司,行业总资产较年初增长25.2%。产险公司盈利能力进一步提高,寿险公司盈利水平下降。法人保险机构异地扩张加快,新设5家省级分公司、总数达到18家,保险资金运用稳健,主要以定期存款和货币资金为主,偿付能力充足。保险从业人员8.6万人,个险人员较年初减少5430人,销售人员增员难的问题有所显现。

2.保费增长明显放缓

若剔除新会计准则影响，按可比统计口径计算，全市保费收入增长9.9%，同比下降21.3个百分点。其中产险公司保费收入增速与上年持平,而寿险公司增幅大幅回落。产险业务仍处于高增长周期,车险、农业保险、责任保险等增长较快。寿险增幅回落主要由于银行代理保险业务受到严格规范、寿险销售难度加大,利率和

通胀率上升、银行理财产品竞争加剧导致寿险保单吸引力下降。

3.保险保障功能进一步发挥

保险赔付金额同比增长21.4%。出口信用保险保额提高38%。政策性农业保险保障金额和农村小额人身保险保障人数同比翻番。针对个人贷款难尤其是农村小额贷款难的实际，与银行合作发展借款人意外伤害保险，探索出"个人贷款+保险"的金融服务模式，为10万人近150亿元贷款提供风险保障。

二、发展中存在的问题

(一)部分市场监管缺乏政策依据，监管操作难度较大

一是黄金市场亟需制定具体监管规则。目前虽然明确人民银行为黄金业务的主管部门，却缺乏具体监管规则，分支行在对辖内黄金市场进行规范管理时依据不足。随着近几年黄金市场的迅速发展，市场主体不断增多，产品设计日益复杂，亟需制定相应的监管规则确保市场规范发展。二是对票据融资方面缺乏具体监管规则，在适度从紧货币政策下，票据融资成为金融机构调整信贷结构的首选对象，导致票据承兑和贴现发生额波动剧烈，不利于票据市场稳定发展。

(二)金融机构同业借款业务亟待规范

在稳健货币政策下，银行信贷规模受控，为规避贷款规模限制，商业银行倾向于发展同业借款业务，将资金通过类似于信用贷款的方式发放给资产管理公司、财务公司、金融公司等。该类借款具有以下几个特征：一是商业银行将该类资金归类于同业往来项下，可不占用借出行的贷款规模；二是可以绕开同业拆借管理办法对同业拆借交易对手、资金用途、拆借期限等的限制。目前，对该类同业借款无具体管理办法，金融机构打政策擦边球，对同业市场带来一定的冲击，并且该类借款资金用途难以掌控，由此可能引起的金融风险不容忽视。

(三)银行理财产品对银行间市场冲击效应凸显，相关管理制度亟待完善

近年来，随着银行理财产品市场的快速发展，投资货币市场和银行间债券市场的理财资金规模成倍增长，尤其年初以来，大量超短期理财产品发行引发巨额短期资金集中进出银行间市场，加剧银行间市场价格波动，冲击效应凸显。但目前个人理财资金投资货币市场和银行间债券市场主要以同业拆借资格行或债券结算代理行以丙类户的形式进入，缺乏相应的准入管理制度，对此类资金的投资运作也无相应的监管约束。因此，进一步完善银行间市场准入管理制度，引导个人投资者合规入市，减小理财产品对货币市场和银行间债券市场冲击等问题值得关注。

三、2012年发展目标

2012年，重庆金融业将继续认真贯彻稳健的货币政策，保持贷款总量合理适度平稳增长、切实改进对实体经济的金融服务，加强金融消费者权益保护，有效防范区域性、系统性金融风险。直接融资规模继续扩大，仍将保持各类融资机构、多种融资渠道齐头并进的发展局面，社会融资规模与经济发展合理需求相匹配。

保险业

中国保险监督管理委员会重庆监管局 伍操

2011年，在市委市政府和中国保监会的正确领导下，重庆保险业紧紧围绕市委市政府和保监会中心工作，着力转方式、促规范、防风险、稳增长，保持了安全稳定运行的良好势头，为服务和保障重庆经济社会发展做出积极贡献，实现了"十二五"良好开局。

一、2011 年发展回顾

(一)保险业务稳健增长,经营质量不断提升

2011 年,重庆保险业务持续快速增长,全市实现保费收入 311.8 亿元,同比增长 9.9%(由于新会计准则的实施,从 2011 年起,保费统计口径发生很大变化,因此,重庆保费收入绝对值同比下降)。其中,财产险公司保费收入 87.4 亿元,同比增长 23.7%,增速较全国水平高出 5 个百分点。人身险公司保费收入 224.4 亿元,同比增长 5.3%。截至 2011 年底,全行业总资产 715.4 亿元,较年初增长 25.3%。

在保险业务增长的同时,行业经营质量效益也明显改善。全市产险公司实现承保利润 5.8 亿元,承保利润率 8.2%,同比提高 7.7 个百分点,高出全国平均水平 3.5 个百分点。寿险公司短期险业务利润同比增长 114%。

(二)市场主体稳步增加,法人机构发展迅猛

2011 年,重庆保险市场主体稳步增长,全年新增国华人寿、信达产险、国寿财险、民生人寿 4 家省级保险分公司。截至 2011 年底,全市共有保险分公司 38 家,其中财产险 20 家,人身险 18 家;专业保险中介法人机构 24 家,保险兼业代理机构 5526 家,外资代表处 1 家,保险从业人员 8.6 万人。全行业总资产 715.4 亿元,较年初增长 25.3%。

与此同时,重庆保险法人机构的总部经济效应进一步显现。截至 2011 年末,全市共有保险法人机构 3 家,居全国第 5 位、中西部地区首位。2011 年,保险法人机构业务稳定增长,三家在渝保险法人机构全国业务收入达 25 亿元,同比增长 4.5%。3 家法人机构业务总资产达到 64.6 亿元,较年初增长56.8%。目前,3 家保险法人机构已在全国其他省区(直辖市)设立了 17 家省级分公司,总部经济效应进一步显现。

(三)保险保障功能凸显,服务经济社会全局成效明显

综合保障经济社会稳定运行。全年发生保险赔付 74 亿元,同比增长 21.4%。为全市人民生产生活提供 2.2 万亿元的财产风险保障,同比增长 28.6%。为 270 多家在渝企业提供 21.2 亿美元出口货物收汇保障,同比提高 39%。保险资金投资我市基础设施建设取得新突破,保监会批准泰康资产管理公司 30 亿保险资金投资重庆轨道交通 6 号线工程。

深入助推“缩差共富”工程。全年政策性农业保险共实现保费收入近 1.5 亿元,同比增长 141%。小额人身保险项目为 42.5 万人提供 83 亿元的保险保障,外出农民工意外保险为 27.5 万人提供约 288 亿元保险保障。森林保险业务覆盖 15 个区县。

强力推动责任保险发展。2011 年,全市责任险规模达到 3.5 亿元,增幅(38.9%)高出全国水平 11 个百分点。环境污染责任保险发展进一步深化。主城区三个交通事故快处中心为近 11 万台事故车辆提供服务。责任保险为全市企事业单位提供风险保障超过 3000 亿元。医疗责任保险逐步覆盖二级以上公立医院。全市城镇职工大额补充医疗保险、城乡居民合作医疗补充保险、孕产妇和新生儿保险及企业年金业务均快速增长。

(四)重点险种发展良好,业务结构更趋优化

2011 年,重庆各产险公司重点险种业务发展态势良好。车险业务实现保费收入 66.4 亿元,同比增长 23.1%,增速高出全国水平 6.5 个百分点,有力推动了产险公司业务的持续快速增长;保证保险实现保费收入 1.4 亿元,同比增长 127%;出口信用保险积极服务重庆造产品“走出去”,实现保费收入 0.8 亿元,同比增长 39.5%,高出全国水平 19.2 个百分点。

同时,各寿险公司渠道结构和产品结构更趋优化。寿险公司个代渠道保费收入 77.4 亿元,同比增长 22.8%,高出全国水平 6 个百分点。个代渠道实现新单业务收入 24.1 亿元,同比增长 30%,高出全国水平 17 个百分点。个代渠道业务占比从 2010 年的 29.6%上升到 34.5%。更能体现保障功能的普通寿险产品实现保费收入 16.2 亿元,同比增长 8.5%,领先同期全国水平 8.4 个

百分点。普通寿险新单增速达到23.7%,高出全国水平9.1个百分点。

二、2012年发展目标

2012年重庆保险业将以科学发展观为指导,以转变发展方式为主线,认真贯彻市委市政府战略部署和保监会"抓服务、严监管、防风险、促发展"的方针,以保护保险消费者利益为目的,以防范系统性和区域性风险为重点,着力强化和改进保险监管,着力提升保险服务质量和水平,着力改善保险业社会形象,着力营造良好发展环境,促进重庆保险业又好又快发展,更好地服务和保障经济社会发展。在行业发展方面,2012年,重庆保险业将紧扣全市中心工作,引导保险公司服务"两江新区"、"长江上游地区金融中心"等全市经济社会发展重大战略,对农业生产、进出口贸易、中小微企发展、居民养老、校园安全、劳务产业等实体经济和社会管理薄弱环节提供更多的保险服务。进一步巩固责任保险、出口信用保险、意外伤害保险业务发展,推动农业保险、养老和健康保险、科技保险、保证保险、工程保险等业务加快发展。支持各类保险机构来渝发展,引导在渝设立保险法人机构和区域总部。加大协调力度,引导保险资金入渝投资。

在市场监管方面,重庆保监局将着力抓好三个方面的工作:一是加大保险消费者利益保护力度。要打好治理车险理赔难问题的攻坚战,健全治理寿险销售误导的长效机制,深入开展监管组驻地监管试点工作,建立完善消费者利益保护机制。二是强化风险防范化解。要推动监管基础数据库提质扩面,深化分类监管工作,加强监测预警和应对以及行业重大问题的研究。三是加大市场秩序整顿规范。要严格树立依法监管理念,切实推行依法监管制度机制(审监分离机制、查处分离机制、行政处罚裁量标准等),加大重点领域现场检查力度,依法严肃处理违法违规行为。

文化产业

重庆市文化广播电视局 史绍平

2011年,全市有艺术机构381个,从业人员4423人,演出收入20351万元;文化娱乐单位6576家,从业人员32541人,营业收入180344.5万元;广播电视台34家,从业人员6239人,161378万元;城市影院74家、银幕394张,电影观众1253.5万人次,票房收入40099万元;广告机构8584个,从业人员45763人,营业收入267376.37万元;会展场馆5个,会展机构235个。预计2011年重庆文化产业增加值将突破300亿元。

一、文化产业规划

2011年,与多部门合作完成重庆市"十二五"文化产业发展规划纲要,总体目标定位为"十百千万",即到2015年,建成10个市级重大项目和10大文化产业集聚区;建成100个市级文化产业基地;文化产业增加值达到1000亿元,年均增长38%,占全市GDP总量5%;新培育10000个中小型文化企业。总体布局为"一核两带多节点"。将大力发展文化创意、文化旅游、数字文化内容、文体会展等4大新兴文化行业,着力提升广播影视、出版发行、印刷包装、演艺娱乐等4大传统文化行业,积极培育文化用品制造、艺术品创作和交易等2大行业,促进文化产业多层次、多元化发展。

二、重点项目建设

解放碑时尚文化城土地拆迁工作取得突

破，余下2家非住宅户民营企业的拆迁谈判继续进行。重庆新闻传媒产业中心和重报集团创意产业园于2011年11月18日分别在渝北区空港新城、渝北农业园区奠基启动，正在推进方案设计和招商引资等工作。黄桷坪艺术园区建成了川美·创谷项目，举办了“川美创谷高峰论坛”和“开放的六月·川美创谷艺术游”等活动，完成了“艺术品一条街”改造设计和第一期校舍改造，引入40余家企业进行了入驻登记。重庆文化产业促进中心项目已完成前期可研，初步选址渝中区高九路虎头岩地段，正与渝中区协商落地事宜。我市成功进入三网融合第二阶段试点城市名单，重庆有线电视网络产业基地奠基启动，全国第三个国家下一代广播电视网(NGB)实验室正式落户本园。綦江文化产业园、涪陵印刷包装产业园、“菩提山·中国长寿文化城”、“虎溪公社”等文化产业项目顺利推进。

三、园区基地建设

2011年，对綦江版画、洪崖洞、巴国城等4个国家级文化产业示范基地进行实地检查，2010年綦江版画、商界传媒、洪崖洞、巴国城4家国家级示范基地年完成产值达15.5亿元。重庆市首批文化产业示范园区和基地产值突破100亿元大关，文化产业园区和基地“集聚效应”得到充分发挥。会同市委宣传部、市新闻出版局、市文资公司联合开展第二批重庆市文化产业示范基地和园区评选工作，全市共新评出3个市级文化产业示范园区和21个示范基地。

四、微型企业

2011年，全市新办微型文化创意企业4712家，获市财政补助资金1.8亿元，解决3万多人就业，年产值近6亿元。形成了以公有制为主体、多种所有制共同发展的文化产业新格局。其中，从事网络文化服务的微型企业已达434户，获得“外包”和订单的微型企业16户，带动就业3472人；从事特色民间工艺美术品23家；围绕重庆地域文化特色发展文艺演出服务的微型企业达1638家；以咨询科技服务为先导的创意微型企业达到61户；文化用品的生产有387家，销售有1259家。同时，重庆市人民政府办公厅出台了《关于首批重点帮扶微型企业名单的通知》，公布1000户重点帮扶微型企业，其中文化类微型企业61户。万州、渝中、铜梁、綦江、万盛等建立了文化创意企业孵化园、创业基地；綦江县采取搭平台、创特色、建绿色通道等措施，对微型文化企业实行“优先培训、优先审查、优先颁发营业执照、优先补助”的“四优先”政策，为綦江文化创意产业发展开辟了“快车道”。大渡口区帮扶下的重庆市热岛科技有限公司迅速发展壮大，作品即将上市，预计产值达将3000万元，利润将近2000万元。全市微企交流大会，以及奇帆市长做客中央二台《对话》栏目的代表全是文化微型企业。我市发展文化微型企业的做法受到中央领导的表扬，中央媒体集中对此进行了集中采访报道。

五、文化会展

组团参展深圳文博会、北京文博会，协同主办西部动漫节、万石博览会、家居文化节，组团观摩西藏唐卡文博会等会集展，有效提升热播重庆文化产品的影响力。通过展会，有8家演出机构与演艺团签订合作意向；共招商项目20余个，签约资金69亿元；销售奇石、木雕、动漫等展品1.6亿元。深圳文博会喜获优秀组织奖、优秀展示奖、五星级展场等大奖。西部动漫节展出面积达25000平方米，315家动漫企业参展，设立28个特装展位、280个标准展位、100个同人展位，荟萃了动画、漫画、游戏原创及各种衍生品达到10万余种，现场销售5000万元，参加人数达到25万人次。

六、电影产业

2011年，全市新增电影制作企业12家，重庆电影集团完成登记注册。全年共审读《中国远征军》、《柠檬花开》、《一起去看天安门》等电影剧本(梗概)16部，初审《狂风》、《太阳花儿开》、

《音乐江湖》等影片8部,其中《狂风》、《猩猩乔巴》、《太阳花儿开》三部获得公映许可证。我市组织创作的《杨闇公》、《我最好的朋友江竹筠》、《太阳花儿开》等电影作品获得较好社会反响。

2011年,重庆市共有电影院线13条,除全国10强中的北京万达、中影星美、上海联合、中影南方新干线、广州金逸珠江、广东大地、四川太平洋等7条院线外,其余浙江横店、浙江星光院线、华夏经典院线、保利万和院线、九州中原院线、北京红鲤鱼院线等6条院线也在重庆创造了良好的票房收入。本地的重庆保利万和院线2011年共有53家影院、228块银幕,35833个座位,票房收入24190万元,其中,保利万和院线在重庆境内有影院36家,票房收入6806.37万元。2011年,重庆市共发行电影283部,其中国产影片206部。重庆市城市院线影院数字机已达85%,电影放映已实现全国同步公映新片的目标。

2011年,全市新增影院18家,影院累计达74家;新增银幕113块,银幕累计达394块;新增数字厅126个,数字影厅累计达337个;新增座位12887个,影院座位累计达53030个。2011年,重庆继续实施电影专项资金对新建、改建影院补助政策,全年共补助资金1000余万元。电影专项资金管理工作连续三年获全国一等奖。2011年8月,全市城市数字影院建设现场交流会在丰都召开,市政府出台了《关于推进区县数字电影院建设的意见》,提出到2012年底实现全市所有区县建成至少一座"一大厅两小厅"数字影院的目标。2011年,重庆UME国际影城(江北店)票房达6398万元,位居全国单座影院票房收入第六位,仅比全国单座票房第一的北京耀莱成龙国际影城票房7632万元低1234万元。截至2011年12月底,全市城市影院全年累计放映电影49.0万场次,观众1253.5万人次,票房收入40099万元,同比分别增加76.42%、40.84%、34.15%。全年城市电影票房收入位居全国第九位、西部第二位。全年电影票房收入突破1000万元的影院有13家。2011年,3D电影票房占全市总票房的30.22%;主城九区票房占全市总票房的90.3%;重庆人均电影消费比去年增长了34%;电影平均票价下降了4.76%。2011年,重庆占全国电影总票房的3.1%。

农村惠民电影放映稳步推进。2011年出台了《重庆市农村数字电影公益放映管理实施细则》,从放映场次统计、经费补贴等五个方面进行规范。2011年,全市累计放映惠民电影18.591万场次,完成年度任务的106.6%;累计观影人次达4922.5426万,全面完成农村行政村"一村一月一场电影"和农村中小学观影率100%目标。先后开展了纪念建党90周年、纪念辛亥革命100周年、"农民工电影周"、"新中国电影选粹"等展映活动,免费放映4万余场次。2011年,荣昌县19个乡镇(街道)电影放映厅全面竣工,定期免费向群众开放,成为乡镇(街道)宣传党的路线、方针、政策和传播先进文化、普及科技知识的重要平台,极大丰富了广大农民群众的精神文化生活。

七、产业平台建设

文化产业融资担保公司进一步加大支持力度。担保公司资本金通过市财政借支方式增加到1.8亿元,全年共实现融资担保项目98个,金额8.08亿元;解除担保项目47个,金额3.47亿元。2011年底在保项目94个,在保余额7.65亿元,实现资本金放大倍数为4.5倍,名列国有担保公司前茅。对文化企业采取主动对接、降低保费等措施,为27个文化项目提供了融资担保,金额1.14亿元,占比30%,支持了享弘影视、新亚传媒、尚享文化等一批中小文化企业实现贷款融资。2011年,文化产业发展专项资金共资助32个项目,资助总金额2000万元。争取到2011年度中央财政资金850万元,扶持项目3个(重庆天健创意产业基地项目500万元,重庆国际马戏城项目300万元,重庆享弘数字影视有限公司文化出口综合支持资金项目50万元)。

成功注册中期票据14亿元。2011年发行6亿元,2012年初发行4亿元,成本均低于同期国家基准利率。中票资金根据各集团需求分别注入重大项目建设和补充流动资金。同时启动了短期融资券6亿元发行工作。文化产权交易中心成功登记注册。目前正根据国务院文件要求完善运行方案和管理制度，预计2012年上半年可运行。

旅游业

重庆市旅游局 许战奇 罗绍禄

一、2011年发展回顾

2011年，是重庆都市旅游主题年。全市旅游工作始终坚持以贯彻落实“314”总体部署、国发3号和41号文件为主线，紧紧围绕“一心两带”目标，强力推进“大项目、大营销、大投入”三大战略，致力培育“百万游客俱乐部”，强势宣传营销“重庆非去不可”，努力做大游客总量，取得了明显成效。

（一）全市旅游发展氛围日渐浓厚

市委、市政府多次研究旅游工作。奇帆市长出席全市旅游产业发展大会并作重要讲话，并多次主持召开市旅游经济发展领导小组成员会议，作出了“将五星级豪华邮轮作为长江三峡旅游目的地来打造和培育、调增全市旅游发展资金到2亿元”等系列决策。经市委、市政府同意，从2011年起把各区县旅游工作纳入了市级综合目标考核，充分调动了各区县党政主要领导抓旅游工作的积极性。目前各区县抓旅游工作的热情空前高涨，所有区县都召开了旅游产业发展大会，动员部署新时期旅游工作，形成了党政一把手亲自抓旅游发展的良好局面。与此同时，市级相关部门在旅游人才建设、策划规划、项目安排、资金补助、土地审批、交通建设、水利保障、风貌改造、文物保护、宣传营销等方面均给予了极大支持。

（二）主要经济指标快速增长

2011年，全市接待海内外旅游者2.22亿人次，比上年增长37.3%（其中过夜游客5305.17万人次，同比增长29.39%）；旅游总收入1268.62亿元，比上年增长38.22%。其中：入境旅游者186.4万人次，旅游外汇收入9.68亿美元，分别比上年增长36.04%和37.66%；国内旅游者2.2亿人次，国内旅游收入1202.76亿元，分别比上年增长37.31%和38.51%。出境旅游者56万人次，同比增长30.23%，其中，通过出境旅行社组织的出境旅游者35.87万人次，比上年增长87.18%。通过5家赴台旅行社组织的赴台旅游者4.49万人次，比上年增长25.75%。据统计测算，全市旅游业增加值501亿元，占全市GDP的5%。主要旅游指标增幅为历年之最，居全国前列、西部第一。

1. 假日旅游继续成为国内旅游最重要的增长点。“春节”、“十一”两个黄金周和“元旦”、“清明”、“五一”、“端午”、“中秋”五个“小长假”全市共接待旅游者5847.11万人次，占全年全市国内旅游总接待人数的26.55%。

2.入境旅游接待快速增长。近年由于我市外向型经济快速发展，内陆开放高地建设渐入佳境，加之旅游资源得以充分挖掘和境外旅游宣传营销力度的加大，出台入境旅游、三峡旅游、包机旅游等奖励政策，吸引了大量海外客人来渝投资兴业、商务考察和旅游观光。全年共接待入境游客186.4万人次，比上年增长36.04%。其中：港澳台游客53.79万人次，比上年增长62.68%，占入境旅游者的28.86%（香港游客28.38万人次，比上年增长62.08%；澳门游客0.86万人次，比上年增长87.78%；台湾游客24.55万人次，比上年增长62.62%）；亚洲44.42万人次，比上年增长14.3%，占入境旅游者的23.83%；欧洲44.87万人次，比上年增长103.28%，占入境旅游者的24.07%；美洲28.38

万人次，比上年增长15.17%，占入境旅游者的15.23%；大洋洲7.19万人次，比上年增长115.61%，占入境旅游者的3.86%；非洲1.27万人次，比上年增长32.16%，占入境旅游者的0.68%；其他6.48万人次，比上年下降53.98%，占入境旅游者的3.47%。入境旅游人数位居前三位的地区为：欧洲、亚洲、美洲。入境旅游人数位居前五位的国家为：美国、德国、日本、新加坡、法国。

3.出境旅游大幅增长。随着我市城乡居民收入水平的明显提高，出境旅游需求持续增强，推动了我市出境旅游大幅增长，全年全市出境旅游人数达到56万人次，同比增长30.23%；新增出境旅行社3家。其中：通过27家出境旅行社组织的出境旅游者35.87万人次，比上年增长87.18%；通过5家赴台旅行社组织的赴台旅游者4.49万人次，比上年增长25.75%。在27家出境旅行社组织的出境旅游者中，港澳游16.75万人次，比上年增长102.18%；出国游19.12万人次，比上年增长75.76%。出国游目的地国家前五位为：泰国、新加坡、日本、柬埔寨、韩国。

(三)六大精品景区提档升级

以“文物保护、文化融合、生态修复、风貌改造、景点开发、基础设施配套、服务设施完善”为重点，切实加快推进巫山小三峡、天坑地缝、天生三硚、钓鱼城、白鹤梁、大足石刻等重点景区开发建设与提档升级。全年完成投资87.23亿元，完工项目103个；投入宣传营销资金5.34亿元；接待游客480.26万人次，增长41.04%。武隆喀斯特景区成功创建国家5A级景区，巫山小三峡、天生三硚、大足石刻荣膺“西部最受公众喜爱旅游景区”称号，全年接待游客分别为168、105.2和102.5万人次。小三峡完成投资11.64亿元，主要建成仿古栈道、宁江半岛五星级酒店主体等工程，完成沿线房屋风貌改造、《巫山神女万古情》精品剧目和演艺大厅装饰装潢，建造小三峡特色游船4艘、趸船2艘。白帝城完成投资2.35亿元，新建白帝城忠义广场(含《出师表》大型汉白玉石碑刻、诗赋评价墙)，修缮古建筑和仿古建筑，完成白帝城博物馆主体工程。天坑地缝完成投资8.9亿元，建成天坑、地缝步游道，发展商务宾馆15家、标准化农家乐150家。天生三硚完成投资11.2亿元，建成大仙女山游客接待中心，完成景区数字化、《印象·武隆》实景剧等项目，新建四星级酒店5家。南天湖完成投资12.19亿元，完成“一线两环”大道、天堂谷森林公园及扩湖工程、景区沿线风貌改造等。钓鱼城完成投资12.74亿元，完成护国寺山门抢险及石刻艺术造像恢复、核心景区内构筑物的修缮及池塘水体整治、钓鱼城大道白改黑等项目。建成奇胜门停车场、嘉陵江南屏大桥、华帝王朝大酒店(五星级标准)。白鹤梁完成投资10.18亿元，建成休闲广场、专用停车场、游客接待中心、涪陵旅游码头、涪陵大剧院主体工程、五星级金科大酒店主体工程。白鹤梁内部地面陈列馆改陈施工进入收尾阶段。大足石刻完成投资18.03亿元，完成景区步游道、景观大道绿化、沿线风貌改造、夜景灯饰、北山及宝顶山星级旅游公厕、停车场等工程。完成千手观音抢救性保护工程年度工作内容。

与此同时，旅游规划及项目招商引资成果丰硕。全年完成《重庆全国统筹城乡综合配套改革试验区旅游业发展规划》和《全市旅游业发展“十二五”规划》。帮助区县编制了洪安边城旅游总体规划、万州潭獐峡旅游总体规划、南川木凉乡军事主题公园总体规划、云阳龙缸国家地质公园石笋河景区旅游总体规划、潼南自驾车营地总体规划、巫溪县旅游发展总体规划等10余个规划。依托第二届中国西部旅游产业博览会、第十五届中国重庆都市旅游节暨第三届中国重庆城际旅游交易会，充分发挥旅游节庆招商平台作用，大力开展旅游重大项目招商引资工作。全市签约招商项目106个，签约金额1462.74亿元；合同项目48个，金额876.6亿元，超额完成招商引资年度目标。

(四)温泉旅游成为重庆旅游新亮点

重庆温泉有着丰富的资源、厚重的文化、独特的产品、广阔的市场。目前，总投资113亿元的“五方十泉”基本建成，“一圈百泉”渐成气候，“两翼多泉”开始起步，基本达到了“生态化、人性化、精致化、智能化、标准化”的国际水准，初步形成了满足游客多种需求的温泉旅游产品体系，国土资源部授予重庆“中国温泉之都”称号。国家旅游局邵琪伟局长视察北温泉柏联SPA时给予“重庆温泉世界一流，中国目前最好”评价。2011年，全市温泉旅游消费持续升温，全年接待温泉旅游者1150万人次，实现温泉旅游收入42亿元。

（五）国际旅游目的地城市形象打造初见成效

一年来，我们按照“营造大声势，造就大影响，拓展大市场，吸引大客流，产生大效益”的总体思路，重点实施旅游形象提升工程和全球营销计划，构建起全方位的旅游宣传营销体系，带动全市各区县累计投入宣传营销资金10.8亿元（其中：宣传7.5亿元，营销3.3亿元），强力拉动我市入渝旅游、入境旅游、过夜游客、节会旅游消费增长35%以上，市外游客在渝平均停留3.21天，人均天花费由上年的320.19元提高到490.25元；入境游客在渝平均停留3.9天，比上年高1.5天，人均天花费达到176.39美元。一是成功推出“重庆非去不可”旅游主题口号，受到社会广泛关注和认同，填补了直辖以来重庆旅游宣传主题口号空白。短时间内，微博评论达4万余条，网络新闻评论超过1000万条。二是突出“三名工程”。名媒工程市外借力强势媒体，在央视综合、新闻、国际和英文频道等10多个品牌栏目，整合推出6大精品景区及区县旅游公益广告，强势宣传重庆旅游；市内全力办好重庆旅游电视频道、《旅游新报》以及各家报纸、杂志社的旅游专版、专集、专页等，全年发布电视、广播新闻6000余条，报刊新闻2万余条，网络新闻6万余条，刊发旅游专版3000余版，出版重庆旅游特刊3期；开展主题宣传推广活动100余项；制作旅游宣传品500余万件，发放旅游宣传品450余万件，发布旅游信息5万余条。名人工程，正策划推进名人推介重庆旅游系列活动。名节工程成功举办第二届中国西部旅游产业博览会、第十五届中国重庆都市旅游节暨第三届中国重庆城际旅游交易会，承办第三届海峡两岸旅游交流圆桌会议，提升了重庆旅游的知名度和影响力。三是创新旅游营销模式，实施“走出去”战略，在美国、德国、香港、台湾等国家和地区设立重庆旅游境外办事处11个，组织赴美国、英国、法国、日本、台北、东南亚等境外主要客源地，举办旅游宣传推介活动30余次，面向当地市民开展直接营销，大力招徕入境旅游者。四是成立重庆旅游营销中心和区县分中心，出台了《重庆市国内旅游奖励指导意见》、《重庆市入境旅游奖励办法》、《重庆市长江三峡旅游奖励办法》、《重庆市宣传营销资金补助管理办法》、《重庆市支线机场组客奖励办法》等系列政策，对旅行社组织来渝游客实行奖励攻关，积极开拓客源市场。五是实施区域联合，开展川渝、渝鄂等联手促销，共同打造精品主题旅游线路，强力助推长江三峡旅游。比如，成功举办了“四川好玩，重庆好耍——玩耍川渝”重庆旅游大篷车宣传推广系列活动，联手参加在西安举行的2011国内旅游交易会。

2011年，重庆作为中国唯一城市被美国著名旅行指南Frommer's评为“2012年世界十大旅游目的地”。Frommer's认为重庆是长江三峡旅游的起点，有三峡博物馆、大足石刻、罗汉寺等旅游景点，特别是在史迪威将军博物馆还能了解到重庆作为二战时中国陪都的历史。这座山城已经成为名副其实的旅游目的地。

（六）旅游品牌节会活动亮点纷呈

2011年，全市共举办都市旅游主题年活动100项，开展国内外旅游营销活动30余次。市级重点举办了第二届中国西部旅游产业博览会、第十五届中国重庆都市旅游节暨第三届城际旅游交易会、万人同泡“五方十泉”创大世界基尼斯纪录等活动；承办了第三届海峡两岸旅游交流圆桌会、全国旅游行风工作座谈会，与湖北省共同举办了第二届长江三峡国际旅游节。通过节庆活动平台，全市签约招商项目106个，签约金额1462.74亿元。各区县根据旅游消费的季节性和旅游资源的特殊性，分别策划举办了大足石刻文化旅游节、武隆国际山地户外运动公开赛、铜梁龙灯文化旅游节、潼南陈抟故里菜花节、长江三峡巫山国际红叶节、南川金佛山国际旅游文化节等系列旅游节庆活动，全年全市旅游节会活动精彩纷呈、高潮不断，有力地提升了重庆旅游的品牌形象。

第二届中国西部旅游产业博览会于2011年6月13至20日在国际会展中心举行。有五大特点：一是规模大。有来自西部12省区及湖北省政府或旅游局组团参展，以及北京、广东、江苏、江西、福建等省市及香港、台湾地区企业参展。参展单位达546家，展场面积4.5万平方米。二是活动多。主要包括一个评选、一个展览、一个主题活动和三个仪式。三是形式新。首次把场馆展览展示、商圈现场促销、网络积聚人气有机结合起来，实现效果最大化。四是效果好。签约旅游重大招商项目72个，签约金额1153.6亿元，比上届增加1倍。五是影响广。有100多家媒体200多名记者参与全程报道。

第十五届中国重庆都市旅游节暨第三届中国重庆城际旅游交易会于2011年9月22日—10月8日在解放碑举行。共策划开展10个主要活动和18个配套活动。节会期间，接待游客1710.14万人次，实现旅游收入51.76亿元，分别增长33.26%和36.32%；泛环渝地区60余城市签署协议，首提首建“泛环渝地区旅游经济合作示范带”；川渝两省市旅游局、成渝两地15区(市)政府签署协议，首提首建“成渝旅游经济合作示范区”；节会签约旅游投资项目30个，签约金额超过300亿元；吸引新疆、云南、四川等10省区60余城市、100余知名景区参会参展参演，解放碑公众展示现场发放宣传资料150万份，接待90余万市民咨询；100多家媒体，2000多篇(条次)新闻、特写跟踪报道本次节会，百度搜索有关本次节会消息30.5万条。受节会影响和带动，“十一”黄金周期间大量游客涌入重庆，我市27家重点商贸企业，累计实现零售额66.7亿元。仅旅游与购物就揽金118.46亿元。全市星级酒店入住率达到92.3%。

(七)品牌创建与质量监管全面加强

一是改革景区饭店创建评价机制。重新组建了市级星评员、景评员专家库，实行A级旅游景区和星级旅游饭店的创建、评定、监管“三权”分离新机制，实施“争星添A”行动，进一步规范了旅游品牌创建工作。全市品牌创建各项目标任务均超额完成。完成申报创建五星级饭店7家。其中国家旅游局已批准5家：希尔顿酒店(摘牌后重新授牌)、海宇温泉大酒店、名豪国际大酒店、上邦戴斯大酒店、万达艾美酒店；其余2家两江假日野生世界大酒店、隆鑫玫瑰酒店待评。完成申报创建五星级豪华游轮3艘，其中长江1号和神舟号批准挂牌，世纪宝石号待评。完成申报创建5A级景区3个，武隆喀斯特旅游区已批准挂牌，酉阳桃花源已通过景观价值评估、南川金佛山待评定。完成申报创建4A级景区5个。南岸加勒比海水世界、石柱大风堡、杨闇公故里、南川神龙峡风景区批准挂牌。九龙坡上邦高尔夫温泉度假区，通过终评待挂牌。二是创新旅游服务质量监管，积极推进游客综合服务满意度调查，对全市各区县、4A级以上旅游景区、四星级以上旅游饭店、100个旅行团队的旅客满意度进行调查排位、定期通报调查结果，并将游客综合服务满意度纳入区县党政领导年度考核，推动了全市游客综合服务满意度进一步提升，在全国50个重点旅游城市中，由35位提升到目前的第16位。三是积极推行旅游标准化建设，重点推进了武隆仙女山、金科大酒店等旅游标准化试点工作，以及长江三峡五星级豪华邮轮旅游服务质量标准化建设，规范提高温泉旅游服务和卫生标准化水平。

(八)“1+5”旅游要素平台成功搭建

为增强旅游发展内生动力，搭建工作平台，创建工作抓手，推动旅游工作方式由“事业管理型”向“经营管理型”转变，成功搭建了“1+5”旅游产业发展服务平台。其中“1”是指重庆市旅游产业发展有限公司，“5”是指“产业公司”旗下的“5个服务平台”，即：一是以重庆旅游文化传媒集团公司为主体的宣传推广和信息服务平台。该平台全面承担重庆旅游整体形象宣传，并与重庆电视台合作创办了重庆电视台旅游频道，对外合作创办《重庆旅游》杂志、《中国西部?旅游》杂志、《旅游新报》等专业期刊及报纸。旅游传媒集团按“高起点、高标准”要求，正加快推进集“旅游集散中心、调度中心、旅游文化创意中心、教育培训中心、营销中心、结算中心和全球旅游商品展销中心”于一体、西南地区最具影响力的旅游总部基地建设，项目位于两江新区核心区蔡家组团，占地约120亩，概算总投资16亿元，已于12月28日正式开工。实景歌会《印象武隆》成功试演。还申报组建了重庆旅游信息中心，正加紧推进重庆旅游“三网一库”升级改造。二是以重庆市旅游营销中心为主体的市场营销平台及咨询服务平台，全市37个区县相应成立旅游营销中心，制定旅游营销配套奖励政策，努力做大游客总量；先后在奥地利、美国、加拿大、德国、澳大利亚、新加坡、日本、印度、香港、澳门、台湾等国家和地区设立旅游境外办事处11个，大力组织入境游客；正积极探索创建中国(重庆)旅游交易所，构建旅游要素综合交易平台，目前已完成上报可研报告。三是以重庆越众旅游规划设计有限公司和拟建的重庆旅游规划研究院为主体的策划规划服务平台，成立了重庆越众规划策划公司，承担并完成了《全市旅游业发展“十二五”规划》等10余个规划编制工作；正积极申报成立重庆旅游规划研究院。四是以重庆城乡旅游开发有限公司为主体的旅游投融资服务平台，该台由旅游投资基金、担保公司、城乡开发公司组成。成功引进重庆瀚曦股权投资基金共同出资50亿元，合作创立重庆旅游发展基金，正开展基金注册及投资项目库建设等工作；与涪陵、大足、武隆等旅游重点区县共同出资组建了重庆旅游担保公司，注册资本金1亿元，已与农行、交行等银行达成担保授信意向；还注册成立了重庆旅游城乡开发公司，正加紧推进万盛、双桥、忠县自驾车营地项目建设。五是以重庆市旅游教育培训中心为主体的人才教育培训平台，按照《重庆市十二五旅游人才队伍建设规划》加紧实施全市旅游人才培养。通过成功搭建“1+5”旅游产业发展服务平台，旅游工作方式由过去的“事业管理型”向“经营服务型”转变，变传统行政管理为市场服务，充分发挥了政府有形之手与市场无形之手的作用，增强了旅游发展的内生动力和核心竞争力。

二、发展中存在的问题

一是重庆旅游发展起步晚，总体实力与旅游先进省市还存在一定差距，重庆旅游的知名度和影响力还有待提升。二是随着旅游的持续快速发展，高学历旅游宣传、营销、规划、策划等专业人才，旅游饭店、景区、旅行社、旅游车船公司等旅游企业高级经营管理人才，以及高水平外语导游等人才的培养与引进还不能满足市场需要。三是随着旅游业态的不断丰富，产业规模的不断扩大，市区(县)两级现有旅游管理部门的职能与人员编制已不能适应旅游产业的发展需要。

三、2012年发展目标

2012年，全市旅游工作将继续坚持以科学发展观和“314”总体部署为统领，紧紧围绕“一心两带”战略定位，以实施“三大”战略为抓手，以“精品景区建设年”活动为主线，以做大游客总量为出发点，持续打造六大旅游精品，大力发展国内旅游、积极发展入境旅游、有序发展出境旅游，努力保持全市旅游经济又好又快发展。力争全市旅游接待人次、旅游总收入、过夜游客人数、入境旅游人数、旅游外汇收入分别增长30%。

一是加快推进六大精品景区建设。按照六大精品景区“三年大见成效”的总体部署，积极协助相关区县，进一步加大工作力度，打好精品项目实施攻坚战，确保六大精品景区主体建设工程今年全部完工，凸显以大小三峡、天坑地缝、大足石刻、钓鱼城、天生三桥、白鹤梁景区为鲜明特色的重庆旅游新形象。

二是全力创建“世界温泉之都”。在“中国温泉之都”的基础上,积极推进温泉旅游基础设施建设,提升温泉旅游品质,提高温泉旅游服务质量,全力以赴创建“重庆·世界温泉之都”,为重庆旅游再添亮点。

三是积极建设“都市大景区”。目前,“两江新区”、“两江四岸”、大礼堂、大剧院、规划馆、科技馆、园博园等,已成为重庆“都市大景区”丰富多彩的旅游产品。现已推出的10条都市旅游精品线路基础上,进一步创新完善“都市大景区”旅游线路,指导旅行社进一步加大营销推介力度,努力让都市大景区成为中外旅游者的旅游目的地。

四是大力发展“红色旅游”。按照规划的“一地”(红色旅游目的地)、“六区”(六个红色旅游经典景区)、“十线”(十条红色旅游精品线路)的总体布局要求,进一步加强红色旅游景区基础设施建设,完善红色旅游精品线路,力争2012年全市红色旅游接待人次同比增长30%以上。

五是积极促进乡村旅游。大力开展乡村旅游策划规划,围绕都市主城,整合古镇、古村落、农家乐和温泉名镇等要素,精心打造乡村旅游产品。在全市各区县重点策划推介1至2个乡村旅游项目和节庆活动,加快推进乡村旅游转型升级,促进“两翼农户万元增收”。

六是以“重庆非去不可”品牌宣传为突破口,全面加强旅游宣传工作。电视、报刊、网络和旅游推广平台都要围绕这个重点,以生动的画面和语言,让更多的重庆人了解、推介重庆旅游。要全面完成“重庆非去不可”知识产权保护及商标注册工作,策划举办以“重庆非去不可”为主题的各类大型节会活动。要深化旅游娱乐频道战略合作。策划推出大型旅游商务栏目,打造市民出游必看的旅游咨询服务栏目,力争推出自制大型旅游娱乐节目。

七是以入境游为重点,强化市场营销。以入境旅游为重点,以做大游客总量为目标,有针对性地开展欧美等地国际营销,自组促销团赴主要客源地、成长型市场、新开通空中航线国家及城市开展市场营销。进一步加大宣传营销投入,创新营销方式,以客源市场直销、奖励营销、网络营销、免税营销等方式,增强大产业和大市场意识,推动国内游、入境游、出境游市场全面协调发展。

八是推进旅游产业要素建设。全面实施“增星添A”行动计划。加大高星级饭店、3A级以上景区创建工作力度,力争全年创建3至5家五星级饭店、1家5A级景区、8家4A级景区。新增营运五星级标准游轮7艘以上,促进长江三峡旅游上档升级。以“1+5”旅游产业发展服务平台为抓手,打好组合拳,充分发挥旅投集团和旅游产业发展公司的作用,加快推进“三十工程”和重庆旅游总部基地建设,进一步壮大重庆旅游发展实力。

九是提升服务管理水平。以“前移旅游咨询服务中心、整合旅游12301热线功能、组建旅游服务监督员队伍、整治旅行社低价揽客、加强星级游船服务质量管理、加大旅游服务综合满意度考核力度”为工作重点,进一步加强旅游行业管理,力争“游客满意度”指标排位进入全国前10位。

十是加强旅游部门自身建设。按照市委、市政府的统一部署,深化行业创先争优,加强旅游行风建设,落实行风建设工作责任制。创新管理方式,努力提高依法行政、科学发展和应对突发事件的能力。加强服务型机关建设,增强服务意识,提高服务效率,力争今年各项工作指标再上台阶。

证券业

中国证券监督管理委员会重庆监管局 朱隽

2011年，重庆证监局在中国证监会和重庆市委、市政府的坚强领导下，在市级有关部门的大力支持下，坚持以科学发展观为指导，切实贯彻落实证监会重大决策部署，结合辖区实际，强化监管与服务，引导、推动市场规范发展，促进辖区资本市场功能发挥，取得显著成效。

一、2011年发展回顾

截至2011年底，重庆辖区共36家境内上市公司；1家证券公司，112家证券营业部；5家期货公司，25家期货营业部；1家基金管理公司。2011年，重庆境内上市公司直接融资共165.52亿元(其中，IPO融资22.30亿元，定向增发融资135.72亿元，公司债券7.5亿元)，年末重庆上市公司总市值2027.97亿元，全年实现利润56.94亿元。全年辖区获批新设证券营业部13家，新设期货营业部6家。年末证券投资者开户数192.13万户，全年代理证券交易金额10933.99亿元；期货投资者开户数5.58万户，全年代理期货交易金额69194.78亿元、代理期货交易量4073.54万手。辖区新华基金公司管理7只基金，年末管理基金规模64.34亿元。一年来，在重庆资本市场参与各方的共同努力下，辖区资本市场建设取得丰硕成果，促进了实体经济的发展。

(一)发挥资本市场功能，推动地方经济发展

大力推动企业IPO融资。邀请沪深交易所来渝举办"保荐机构联席工作会议"、"上海多层次蓝筹市场建设论坛"，充分调动企业上市积极性。前移监管关口，强化现场核查，全程跟踪辅导进程，督促保荐机构勤勉尽责，提高辅导质量。2011年重庆辖区有3家公司成功发行A股，另外，还有8家拟上市公司向证监会上报IPO申请，处于审核过程中。债券融资不断取得新突破。主办"重庆上市公司债券发行专题座谈会"，增强辖区公司利用债券市场融资的意识。2011年辖区公司(包括H股公司)共发行公司债17.5亿元。市场化并购重组和再融资成效显著。优先支持符合产业政策、有利于行业整合与产业结构优化的并购重组，支持公司通过实质性重组化解风险。完善现场检查规程，强化注入资产、收购方等关键节点的现场核查，督促独立财务顾问及中介机构开展专项核查，加强后续督导，督促公司及时履行信息披露义务，提高并购重组实效。2011年辖区有6家上市公司实施重组或再融资，涉及金额135.72亿元。

(二)公司治理逐步规范，上市公司质量稳步提高

继续做好"解决同业竞争、减少关联交易"专项活动后续工作。强化上市公司信息披露和股价异动监管，对90家次股价异动情况采取常规监管措施。持续做好年报监管，辖区上市公司年报披露质量明显提升。稳步推进辖区上市公司内控规范试点工作，上市公司内控规范意识不断提高。创业板保荐机构持续督导现场核查试点工作顺利开展，保荐机构作用持续发挥。总体来看，辖区上市公司公司治理逐步规范，质量稳步提高。

(三)合规管理体系逐步完善，证券经营机构综合实力增强

以合规建设为抓手，以流程规范性、业务合规性和资金安全性为监管重点，辖区证券公司建立完善了合规管理体系，建立覆盖全部重点业务部门和分支机构的合规管理架构，定期开展合规分析和合规现场检查。强化以净资本为核心的风险监管，完善风险监测指标体系，健全风险监测、预警和防控机制。加强现场检查，全年共实施现场检查89次，向相关证券经营机构提出整改意见260条。推动西南证券分类评级

再上台阶，成为A类公司；建立“同城双中心”灾备系统，大幅提高公司应对信息系统风险的能力。多管齐下助推证券行业业务转型升级，着力提升高管人员素质。引导新设营业部合理布局，形成良性竞争的局面。稳步发展融资融券业务、IB业务，2011年新增开展融资融券业务的营业部43家，新增开展IB业务的营业部12家。规范客服管理，促进辖区机构提升服务水平。发挥自律组织作用，深化片区自律机制，指导行业协会加强培训和自律检查。

(四)基金公司、证券投资咨询机构规范发展

辖区基金公司诚信运作，严防“老鼠仓、非公平交易和利益输送”三条底线。新华基金通过增资扩股，增强资本实力，2011年注册资本增至1.6亿元，公司投资近千万元完成信息技术系统改造，增强抗风险能力，管理的基金产品稳步增加。证券投资咨询机构重庆东金管理顾问有限公司将子公司优质资源整合到母公司，加大投入，注册资本增至1000万元；通过投资顾问、投资者培训等多元途径突破业务发展瓶颈，进一步加强营销行为的管控，实现规范经营，合规发展。

(五)期货市场快速发展，期货公司竞争力和风险防控能力不断提升

以“分类评价”和“两金监管”为抓手，加强现场检查，促进辖区期货经营机构规范运营，行业资本实力和抗风险能力明显增强，专业服务水平得到提升，实现“二增一减”，即：期货营业部数量稳步增加，期货公司资本实力和抗风险能力大幅增强，风险事件减少。2011年，辖区5家期货公司有1家完成重组，2家进行增资，合计注册资本增至8.8亿元，较年初增加2.4亿元，增幅37.5%。辖区期货公司运营更加规范，全年未发生一起净资本监管指标预警、客户穿仓事件以及因公司原因造成的保证金预警情况。在2011年分类评级中，辖区5家期货公司的风险管理能力和持续合规状况指标均优于2010年。

(六)内幕交易综合防控体系初步建立，市场主体内幕交易防控意识显著提高

成立打击和防控内幕交易领导小组，构建与地方政府部门的协作机制，及时向地方政府部门通报工作情况，借助“重庆市市属国有重点企业整体上市工作领导小组”力量，共同推进辖区内幕交易防控工作。落实证监会对内幕信息知情人登记管理制度的规定，推动辖区各相关部门、上市公司、中介机构修订完善内幕信息知情人登记制度。组织开展上市公司董事、监事、高管人员持续培训活动，开展政府相关职能部门及国有上市公司控股股东、实际控制人内幕交易专题培训，提高知情人防范内幕交易的意识。特别重视防控重组过程中可能出现的内幕交易，确保重组停牌前不发生股价异动。

(七)严肃查处证券期货违法违规行为，市场法制环境进一步优化

2011年完成非正式调查案件3起，协助办理案件8起。积极开展辖区证券期货经营机构反洗钱内控制度检查和培训工作，提升反洗钱工作水平。严厉打击非法证券期货活动，不断深化“打非”机制，促成公安部门直接介入“打非”，有效遏制非法证券活动势头。强化媒体前端监控，及时掌握非法证券活动线索。全年排查非法证券活动线索9件，对3家公司启动联合执法查处机制，现场查处1起，移送公安机关立案侦查1起。

(八)诚信建设初见成效，辖区市场逐渐形成诚信经营的良好氛围

加强诚信档案建设和使用，在行政许可、市场准入、日常监管、稽查处罚等各项工作中，借助诚信档案数据库，深入调查有关主体诚信情况，并将其作为相关工作的重要依据。及时将市场主体、从业人员的失信信息、违规信息记入诚信档案数据库。2011年新录入违法违规诚信档案信息7条，行政许可诚信档案信息78条。与人民银行建立起银行间征信系统查询工作机制，拓宽了诚信建设工作的广度和宽度。开展“学宪法、守法律、讲诚信”普法系列宣传活动，营造学法、守法、诚信的良好氛围。做好信访工作，全年接收信访及咨询事项166件，当场处理86件，转办处理80件，事事有结果，件件有回音，及时处置和

化解信访工作中发现的风险苗头。

二、2012 年发展思路

2012 年重庆证监局将继续切实贯彻落实中国证监会重大决策部署，按照市委、市政府要求，推动重庆资本市场持续稳定健康发展，更好地服务重庆实体经济发展，助推长江上游金融中心建设。

一是提升辖区资本市场金融服务水平，支持实体经济发展。继续推动企业上市融资和市场化并购重组，大力推动公司债券发行；支持辖区创新型企业和文化产业加快发展，探索辖区期货市场服务实体经济的机制和模式。

二是强化上市公司监管，进一步提升上市公司透明度。继续加强信息披露监管，推动上市公司提高内控水平，促进上市公司明确股东回报机制，提高上市公司规范运作水平；进一步督促中介机构归位尽责。

三是严格落实合规要求，促进证券期货经营机构创新发展。进一步提升证券期货经营机构合规管理，强化风险控制，堵塞风险漏洞；加强高管人员及从业人员行为监管；引导行业创新，支持证券期货经营机构做优做强；加强基金公司和投资咨询公司监管。

四是从严、从快查处违法违规行为，维护市场秩序。坚决打击内幕交易等证券期货违法违规行为，保持对非法证券活动的高压态势；坚决遏制恶炒绩差公司股票的行为。

五是加强风险研究和预判，防范系统性、区域性风险。深入核查，摸清市场风险底数；配合做好交易场所清理整顿工作；建立区域性风险防范的有效机制。

六是加强诚信建设，切实保护投资者合法权益。进一步完善诚信档案数据库，强化对市场主体的诚信约束；加大投资者保护工作力度，坚持不懈地抓好投资者教育工作；充分发挥自律组织作用；持续做好信访工作。

船舶工业

重庆市经济和信息化委员会 刘富钊

2011 年，重庆市共有船舶企业 122 户，主要分布在万州区、涪陵区、江北区、南岸区、江津区、长寿区、丰都县、忠县、云阳县、奉节县等 23 个区县，从业人员 2.85 万人，拥有船台 163 个，船坞 8 个，码头 72 个，下排滑道 4 个，年造船能力达到 160 万载重吨。其中船舶制造企业 108 户，船舶配套企业 15 户(主要是中船重工集团在渝企业和重庆潍柴发动机厂)。船舶制造企业主要建造成品油船、化学品船、散货船、杂货船、滚装船、集装箱船、普通货船以及长江旅游船。近年来，重庆市建造的国际航行入级船有 9000 载重吨不锈钢化学品船、9000 载重吨杂货船、5500 载重吨沥青船、3700m 液化石油气(LPG)船以及 5500 载重吨成品油船等。目前重庆市建造船舶中，最大载重吨为 9800 吨，最大船长 150 米。

一、2011 年重庆船舶工业运行情况

2011 年，受欧债危机影响，世界经济整体复苏乏力，国际航运市场持续低迷；长江干散货综合运价指数一路振荡下行，海船及内河运输船舶需求均大幅下降。面对严峻形势，重庆船舶工业变压力为动力，化被动为主动，多措并举，推动船舶工业逆势发展，取得良好成效，实现了重庆船舶工业“十二五”精彩开局。

2011 年，重庆市船舶工业企业完成工业总产值 221.9 亿元，同比增长 16%；主营业务收入 186.26 亿元，同比增长 22.28%；实现利润 4.44 亿元，是去年的 3.52 倍。从行业看：船舶修造企业完成工业总产值 80.35 亿元，同比增长 19%；

表1 三大造船指标按船型分类

类 型	造船完工量		新承接船舶订单		手持船舶订单	
	艘	载重吨	艘	载重吨	艘	载重吨
总计	217	1004037	231	1169354	149	785141
成品油船、化学品船	13	73200			8	64200
杂货船	1	5700				
全集装箱船	1	3800				
其他非货运船	2	3920				
内河船中:普通货船	146	666668	144	773388	66	380700
液货船	13	52500	29	118700	30	117700
集装箱船	32	178870	45	246412	35	192737
滚装船	3	3462	2	5600	2	5600
客船	6	15917	11	25254	8	24204

实现主营业务收入61.13亿元，同比增长28%；实现利润1.13亿元,扭亏为盈,同比净增3.81亿元。船舶配套业完成工业总产值141.54亿元,同比增长14.12%；实现主营业务收入125.13亿元,同比增长19.45%;实现利润3.31亿元,同比增长18.2%。

2011年，重庆市船舶修造企业完工100载重吨以上钢质机动船舶100.4万载重吨,同比下降13%,完工船舶合同金额51.09亿元,同比增长7.73%;新承接船舶订单116.94万载重吨,同比增长3%，新承接船舶订单合同金额43.56亿元,同比增长22.9%;手持船舶订单78.51万载重吨，同比增长13%，手持船舶订单合同金额36.92亿元,同比下降25.47%。

二、2011年重庆船舶工业主要运行特点

(一)船舶工业运行质量明显提高

2011年,重庆船舶工业各项指标总体亮丽,特别是反应效益的利润指标增长尤为喜人。一是行业利润大幅提高。全年船舶工业实现利润4.44亿元,是去年的3.52倍;船舶修造企业实现利润1.13亿元,整体扭亏为盈,同比净增3.81亿元。二是核心竞争力指标明显提升。2011年船舶完工量100.4万载重吨,虽同比下降13%,但得益于产品结构和产业结构的改善，主营业务收入增长了28%,利润更是净增3.81亿元。三是手持订单逐渐企稳。2008年和2009年两年手持订单增幅一直在5个百分点以下低位运行,2011年可喜的达到13%的增幅,总量也达到78.51万载重吨的历史高位。

(二)船舶修造企业管理水平明显提升

2011年,重庆船舶修造企业内外共同给力,全面推进“向管理降成本、向管理要效益”的活动,取得明显成效。一是通过生产能力评价推进标准化管理工作。按照工信部、交通部、财政部、商务部的统一部署，市经信委组织专家对十一户重点船舶生产企业进行了生产能力评价,帮助企业查找了管理中存在的问题，加快了企业标准化管理进程。二是加强部门联动助推一体化监管。市经信委与长江海事局、地方船检局等部门密切配合,共同起草了《关于加强重庆市船舶建造监督管理的通知》，联合构建船舶“造、检、航”一体化监管格局。三是加强企业内部成本管理推动减耗增效。川船重工公司、东风船舶公司、泽胜船厂、京穗公司等企业内部陆续开展了“成本控制月”、“管理增效月”等活动。据不完全统计,2011年重庆市重点船舶工业企业每载重吨平均物耗较上年下降1.8%。

(三)船舶制造技术取得较大突破

2011年,川船重工公司出口英国的9000载重吨不锈钢化学品船批量交付使用，东风船舶公司设计制造的“黄金”系列旅游船正式载客营

运,标志着重庆船舶制造技术取得了重大突破。一是数字化造船技术深入推进。重庆骨干船舶制造企业已由原始的手工放样造船,向通过纸上仿真三维建模转变,真正实现数字化造船。二是建立满足PSPC标准的制造体系。川船重工公司在建的中海7800吨不锈钢化学品船已能全面满足PSPC标准要求。三是豪华旅游船设计和生产技术再上台阶。东风船舶公司设计生产的"黄金"系列豪华旅游船,在减震降噪技术上取得重大突破,其产品全面满足和超过内河五星级旅游船标准。东港船舶公司生产的"钻石"系列豪华旅游船在国内率先采用电推技术,实现内河大型豪华旅游船零排放。

(四)船舶修造业投资规模进一步放大

2011年,我市重点船舶修造企业进一步加大投入,造船基础设施明显改善。一是项目资金引导投资。运用200万元的新型工业化专项资金重点对东风船舶公司、泽胜船厂等9家船舶生产企业给予扶持,累计拉动投资超过3.6亿元。二是项目招商引进投资。2011年,投资22亿元黄金水岸游艇项目落户万州,云南省城投集团投资43亿元的游艇项目落户丰都。三是盘活存量加大投资。2011年,中江船业公司累计新增投资5000余万元,新建和改建9000载重吨级标准船台12个,形成年产15万载重吨内河运输船舶的生产能力。涪陵欢泰公司、涪陵祥利公司、涪陵平台公司等搬迁扩能项目有序推进。

(五)船舶产品结构明显改善

2011年,重庆船舶制造企业新承接船舶订单中高附加值船舶比重明显提高,其造船完工量、新承接船舶订单和手持船舶订单所占比重较去年同期分别提高11、15和6个百分点。泽胜船厂全年共承接液货船11艘,累计5.8万载重吨,已成为一家专业液货船生产企业。东风船舶公司、涪陵中江船业公司、涪陵欢泰公司、丰都三合公司等企业承建的内河高附加值船舶同比也有较大增幅。

(六)船舶制造业集中度进一步提高

2011年,涪陵区完成船舶工业总产值、主营业务收入和完工量占全市船舶工业的比重分别为64.74%、69.68%和56.53%,效益指标和产量指标均居全市核心地位。纳入全市重点管理的18户船舶制造企业完工船舶84.69万载重吨,占全行业的84.35%;新承接订单103.87万载重吨,占全行业的88.82%;完成工业总产值66.33亿元,占全行业的82.55%;实现利润8276万元,占全行业的73.55%。东风船舶公司、涪陵中江船业公司、涪陵祥利公司等企业完工船舶和新承接订单均超过10万载重吨。

(七)船舶品牌化建设取得重大进步

2011年,商务部、工信部在京联合召开国家船舶出口基地授牌大会,认定重庆市(涪陵区)、大连市、青岛市等12个地区为国家船舶出口基地。重庆市(涪陵区)是西部十二省(市)中唯一的国家级船舶出口基地。涪陵基地的认定既是对重庆船舶工业发展成绩的肯定,也对促进重庆船舶工业集群化发展,加快重庆船舶工业外向型步伐,推动重庆特种船舶品牌化建设起到至关重要的作用。

(八)船舶修造企业产业结构更趋多元化

川船重工公司因势而变,在核心能力建设方面重点布局非船产业,在大型电站锅炉空气预热器、轻轨道岔梁、桥梁钢结构等市场开拓方面取得重大进展。预热器产品出口沙特阿拉伯、印度等国家,轻轨道岔梁批量化生产,桥梁钢结构订单大幅增长。2011年,企业完成非船产品产值4.07亿元,同比增长53.58%,超过该企业全部工业总产值的四分之一。东风船舶公司全年完成非船产品产值1.76亿元,增幅达到39.68%,已成为企业的重要产业支柱和新的经济增长点。

生产服务业

重庆市经济和信息化委员会 刘富钊

按照2011年启动实施的《重庆市生产性服务业"十二五"发展规划》，通过大力发展工业设计、工业营销、工业商务、工业金融和以及社会信用建设，为现代工业发展创造了良好的外部环境。推进生产性服务业与工业相互融合、联动发展，促进了全市经济增长方式转变。

2011年全市生产性服务业可实现增加值1550亿元，同比增长19.2%；创意产业可实现增加值420亿元，同比增长20%；从业人员达到33万人以上，同比增长10.0%。

一、以电脑营销为重点，打造工业营销品牌

通过帮助电子信息、装备制造、化工医药以及汽车等重点行业企业，消除市场壁垒、扩大市场销售、提高市场份额，促进工业产品市场营销。

重点围绕电脑营销工作开展服务，推动笔电产业的发展制定出台《跨越数字鸿沟："重庆造"电脑全国行动纲要》和有关财政专项资金补贴办法，充分整合政府、品牌厂商以及通信运营商资源，组织开展"跨越数字鸿沟：'重庆造'电脑全国行动"，通过实施"1元电脑万人计划"、"电脑下乡"、"电脑百村工程"、"电脑进万家"等专项促销活动，创新形成重庆造电脑营销"钻石"模型。

出台指导性文件和政策措施，督促落实各区县、市级各部门的包销任务，着力加强宏碁、华硕等品牌在区县市场的推广工作。协调落实政府礼品电脑、地税网票、文教卫生系统等一系列重大采购项目订单，支持惠普争取全国"家电下乡"政策，帮助宏碁落实笔电国际援助订单。截止今年11月，三大品牌电脑在重庆市场的销售量已达31.1万台，占其产量的1.8%，基本实现政府承诺。

二、通过多种形式展会活动，助推工业商务发展

加强国际国内交流合作，积极搭建各类推广平台拓展国内外市场。成功举办第十一届中环金属冶金展，十一届立嘉国际机械展，展位超过2000个，展场面积3-4万平方米，两个工业类专业展览规模和签约金额均创下历届之最，作为全市重点支持的展会，已成为重庆冶金、装备行业的重要展示平台。

组织全市企业参加中国国际纺织服装跨国采购交易会、北京服装博览会、中国(山东)国际装备制造业博览会、捷克服装展、首届国际新材料博览会等多个专业展会，拓展重庆工业产品市场。

协办广东揭阳产品(重庆)展销会、广东惠州产品(重庆)展销会，加强了全市与广东的经济交流合作，进一步加深了双方的友好关系。

组织市内重点企业和区县参加第六届中国工业设计周和2011台北世界设计大展等系列活动；组织举办"大足杯"五金产品设计和"西部鞋都杯"鞋类产品设计大赛。通过这些活动的组织，有力推动了我市工业设计及工业商务发展。

围绕重庆云计算产业的发展，筹备组织2012中国(重庆)国际云计算博览会。目前，已形成云博会总体方案，并协调了中国电子学会、美国计算机行业协会、台湾电电公会、台北电脑公会、韩国仁川市政府、加拿大三角洲经济发展署等国内外部门、协会的协作。招商招展工作全面展开，因特尔、惠普、华为、思科、太平洋电信、新浪等众多国际知名企业已明确参加展会。

三、以引进结算中心和设立产业基金为主线，推动工业金融创新

牵头国际品牌代理商结算中心的引进工

作。在完成惠普、宏碁等结算中心建设的基础上，新加坡佳杰和香港伟仕公司重庆营销结算中心已正式签约落户，总投资1.2亿美元，当年营业收入即可达到60亿元，资金结算量达到80亿元，并将以每年20%以上增幅快速成长。此外，中国方正也达成初步投资意向。其结算资金、相关业务以及纳税等都由发达地区转移至重庆，对于重庆打造长江上游金融中心，打造总部经济群，扩大市场规模，优化全市IT产业经济链等方面，都具有极强的带动效应。

与华联亚洲投资集团华犇创投基金合作，筹建30亿元人民币规模的工业设计发展基金项目已经启动，将推进重庆工业设计和创意产业的发展。

生产性服务业公共服务平台重庆工业服务港企业融资超市已有100余家核心合作会员，囊括了全市主要的银行、担保公司、小额贷款公司及融资服务机构，其中入驻现场开展融资服务的会员机构达20余家。截至10月底，共收到融资需求信息341个，需求金额23.6亿元，帮助1800户企业与金融机构成功对接融资超过28.8亿元。

四、顶层设计规划，推动工业设计产业化发展

以贯彻工信部等十一部委出台的《关于促进工业设计发展的若干指导意见》为契机，根据全市工业主导产业规划和区域布局，提出将主城长江两岸至渝西等工业发达地区，打造成重庆工业设计走廊。在走廊沿线，规划形成两江新区、西永微电园、五里店工业设计中心、南岸工业设计中心、九龙工业园、建桥工业园、涪陵、长寿、璧山、江津、永川、双桥、大足等工业设计产业集聚区，发展各具特色的工业设计中心，打造若干"国际创意设计谷"、"设计之都"等重点项目，对走廊形成支撑。

筹建工业设计促进中心、产业联盟、研究所以及产业发展基金等公共服务平台，推动工业设计产业发展。在重庆工研院总体架构之下的工业设计研究所，已率先签约并即将挂牌，由四川美术学院、重庆工业展览馆、重庆长江投资发展有限公司三方合作组建，实现资源的优势互补。主动引进宏碁工业设计中心与本地资源的合作，针对跨国公司的需求，探索提出"1+2+1"的设计合作方式，推动宏碁——川美合作项目的交流对接。

发挥工业设计发展专项资金引导作用，支持市级工业设计专项申报项目20个，其中区县级公共工业设计中心4个，企业级工业设计中心9个，总投资5.5亿，财政补助1000万元。项目实施后，将提升汽摩、装备制造、建筑装饰等相关领域的设计研发能力。

五、以产业基地为基础，实现创意成果转化

组织开展创意产业基地申报工作，今年又新增虎溪公社、花木世界、松溉古镇等3个市级创意产业基地载体，全市创意产业基地将达到40个。全年重点培育创意产业申报项目66个，总投资21.9亿元，涉及动漫、游戏制作、文化创意等领域，助推创意成果转化。全年预计，大溪沟国际建筑与环境艺术设计创意产业园区实现产值120亿元，北部新区海王星研发创意基地实现产值15亿元，西永软件和服务外包基地实现产值7亿元，五里店工业设计园区实现产值6亿元。

随着区县创意产业发展氛围日益浓厚，大足石刻影视文化、綦江农民版画、涪陵金渠、合川钓鱼城、永川茶竹、黔江濯水古镇等6个创意产业基地先后挂牌，创意产业基地主城单级发展的格局大为改变。

六、加强综合协调，推动社会信用体系建设，着重从推进诚信政府建设、企业信用、个人信用三个方面，开展体系建设

牵头起草的《重庆市企业信用管理办法》即将列入全市立法计划。以工商局为主，包括机关及公用企事业单位等61个成员单位的全市企业联合征信系统已投入运行。在金融和社会保障等方面，个人信用建设工作已经启动，促进了行政效率的提高。

以信用信息应用为重点，行业信用建设取得突破。目前，已在工程建设、水利设施、食品安全等重点领域和涪陵、忠县等区县开展使用信用信息工作试点，为配合市纪委推进的建立健全惩防腐败体系建设工作起到积极作用。同时，起草了《全市社会信用体系建设研究》，已被列为市委三届十次全委会的重点调研课题。

第六编

开发区与园区建设

重庆市特色工业园区综述

重庆市经济和信息化委员会 刘富钊

2011年，在市委、市政府的正确领导下，全市特色工业园区坚持科学发展观，切实转变发展模式，以促进工业转型升级为主线，以发展和培育整机集群、成品集群和原材料集群为目标，实施集群、创新、联动三大战略，加大了招商引资力度，不断优化产业布局，不断加强要素供给保障，进一步完善了园区配套基础设施建设，初步形成了“项目集中园区、产业集群发展、资源综合利用、功能集成建设”的发展新局面，为全市工业园区“十二五”期间的更好发展奠定了基础。

一、园区建设成效

（一）五百亿级园区诞生，体系架构更趋完善

全市市级工业园区平均工业总产值达198亿元，同比增加66亿元，增长50%。江津、原茶园、空港、九龙工业园区的工业总产值突破500亿元，实现了全市五百亿元级特色工业园区零的突破。原西永微电园、沙坪坝工业园区产值突破百亿，百亿级园区由18个增加为20个。

同时，綦江与万盛、大足与双桥合并成立了新的綦江区和大足区，并同时成立了万盛经开区和双桥经开区（正申报国家经开区），原万盛工业园区、双桥工业园区并入了对应经开区，加上茶园工业园区并入重庆经开区、晏家工业园区并入长寿经开区等，全市开发区体系架构由“1+2+4+41”调整为“1+2+6+36”，更趋完善合理。

（二）集中度进一步提高，支撑作用更加凸显

全市开发区工业总产值突破万亿大关，达10025.6亿元；实现工业销售产值9570.5亿元，占全市工业销售产值的68.9%，同比提高13.4个百分点；实现工业增加值2988.4亿元，占全市工业增加值的63.7%，同比提高14.4个百分点。

其中：市级特色工业园区实现工业销售产值7701.9亿元，同比增长41.1%，占全市工业销售产值的55.4%；实现工业增加值2423.8亿元，同比增长33.6%，占全市工业增加值的51.7%，同比提高2.4个百分点；实现利税总额723.4亿元，同比增长26.2%；实现出口交货值604.3亿元，同比增长58%，占全市工业出口交货值的65.1%；完成工业固定资产投资1836.1亿元，增长15.1%，占全市工业固定资产投资72.5%。期末就业人数达90.8万人，同比净增14万人。

（三）支柱产业支撑有力，集群集聚发展加速

开发区形成了对支柱产业的有力支撑。规上企业中，开发区的规上企业户数占电子信息产业的78.1%，汽车摩托车产业的77.2%，装备制造业的76.2%，材料产业的51.9%，化医产业的64%，轻工消费品产业的55.8%。其中，市级特色工业园区规上企业达2327户，占全市规上企业的48.5%。

全市工业园区年内新签约项目992个，合同投资额3366亿元，同比增长30.3%。其中，笔电六大代工厂分别入驻西永综保区和两路寸滩保税港区，璧山、永川、铜梁、江津、高新区金凤等分别引进笔电配套企业101户、74户、58户、36户、32户，世界500强企业德国拜耳的组合料和复合料项目、市能投的己二酸项目入驻长寿经开区，精工汽车的一万台重型汽车改装项目、重庆新御成科技的磷酸铁锂电池正极材料项目入驻双桥，镁合金笔记本电脑真空电镀项目入驻万盛，上海通用汽车的PDC、中铝的萨帕特种铝型材等项目入驻西彭，香港怡高的车载导航、桴之科公司和深圳桑德科技的车载电子设备、众恒电器的高低压成套开关设备等项目落户花溪界石数码产业园，重庆三阳化工的多晶硅项目、50万吨车用XS醇型燃油项目、重庆天原化

工的四氯化碳和四氯乙稀环保技改项目落户白涛化工园等,重点园区集群集聚发展加速,主导产业进一步凸显。

(四)投入产出水平提高,土地利用效果提升

特色工业园区投资强度为42亿元/平方公里,每平方公里同比提高了4.5亿元,同比增长11.1%;产出强度为63.5亿元/平方公里,每平方公里同比提高了9.9亿元,同比增长了18.5%;实现税收强度2.3亿元,每平方公里提高了0.3亿元,同比增长了15%,土地利用效果明显提升。

(五)两翼园区发展提速,缩差共富能力增强

2011年“两翼”园区实现工业销售值576.5亿元,同比增长97.5%,增幅高于全市平均水平54.8个百分点,绝对值全市占比达7.1%,同比提高2.3个百分点;完成工业固定资产投资260.2亿元,增长34.8%,增幅高于全市平均水平15.1个百分点,绝对值全市占比14.2%,同比提高2.8个百分点。“两翼”园区发展提速,对缩小“两翼”地区与“一圈”的发展差距助推动作用明显。

(六)基础设施推进较好,标准厂房突破“千万”

特色工业园区完成基础设施建设投资315.5亿元,同比增长33.7%。新征土地34平方公里,整治土地26.3平方公里,出让土地16.2平方公里,竣工道路172平方公里,新建成220千伏、110千伏变电站各2座,主城工业园区新建成工业污水集中处理厂5座,园区基础设施建设推进较好。

标准厂房建设提速,新建成标准厂房413.9万平方米,同比增长71.6%,累计建成工业标准厂房1133.8万平方米,突破千万平方米,除白涛园区因产业的特殊性尚未启动标准厂房建设外,其它工业园区均建有工业标准化厂房。其中西永、两路寸滩保税区分别建成标准厂房82.9万平方米和8.25万平米。同时,实现了标准厂房建设利用外资零的突破,标准厂房建设实际利用外资达1.05亿美元。

二、重要工作推进情况

(一)规划工作完成较好,产业定位更加明晰

基本完成《重庆市开发区“十二五”体系规划》的制定工作,已通过专家评审,待市政府批准同意后下发实施。编制形成了《江南万亿工业走廊规划》,并指导江南走廊四区六县编制了《分区规划》,全面启动了江南万亿走廊建设规划工作。同时,结合规划编制,启动了开发区新一轮产业定位的确认及核准工作,即将上报市政府批准并下发。

(二)范围核准稳步推进,拓展扩区稳步实施

完成了4个园区规划控制范围的核准,市级特色工业园区规划控制面积新增41.25平方公里,全市特色工业园区规划控制总面积已超过400平方公里,拓展了工业发展空间。进一步完善了《重庆市特色工业园区拓展审批工作实施细则》,完成了11个园区的拓展审核(含加工贸易承接地),审核面积70.25平方公里,努力争取工业发展空间。

(三)“七型”试点推进有序,规范建设有所突破

出台了《关于开展“七大工业”园区试点工作的意见》,制定了《“七型工业”开发区试点基本条件和发展目标》,组织开展了开发区“七型工业”试点的申报和评审,启动了“七型工业”试点工作,滚动推进开发区“七型工业”试点示范工作的有序开展。完成了《工业园区规划建设导则》的征求意见稿,初步奠定工业园区规范建设基础。同时,启动了西永微电园、建桥园区、永川园区、涪陵园区、梁平园区“规划建设示范开发区”的试点工作。建桥工业园成为全国唯一的工业园区服务业标准化综合试点园区,围绕为企业入园区投资兴业提供优质、快捷、方便服务的发展主题,建立形成了包括相关国家标准和行业标准75个、园区新制定标准45个共120项标准组成的园区公共服务标准体系,基本覆盖了园区公共服务的所有内容,在园区规范服务等方面取得了突破,已顺利通过国家验收。

(四)安全生产督察到位,招商引资亮点显现

督促园区建立完善了安全生产组织领导机

构,落实了安全管理部门,配备了专(兼)职安全人员,全市工业园区体系建立了200余人的安全监管队伍,先后下达《关于开展全市工业园区安全生产“四大”专项行动检查的通知》(渝园区办〔2011〕2号)、《关于全市工信系统持续开展四大行动集中抓好百日督查整改工作的通知》(渝园区办〔2011〕17号),并组织开展了安全大检查活动,全年排查治理隐患工程项目586个,排查一般隐患756项,完成整改734项,整改率达到97.1%;排查治理重大事故隐患11项,完成整改10项,整改率达到90%;排查治理施工工地隐患工程项目106个,排查一般隐患340项,责令21家施工单位塔吊停用,责令15家施工单位停工,完成整改140项,整改率100%;累计落实治理隐患资金2350万元。有效避免了园区重特大安全生产事故的发生。“一圈”非主城工业园区为重点的笔电配套专业招商取得突出成效,470余家笔电配套企业落户我市;对日招商全面启动,日本在华四大协会会员企业2次集体来渝考察,成功举办2次“重庆市日资企业集聚区推介会”,已组织10人赴日本六大财团实习,重点开发区与日本目标城市建立了友好关系。

(五)土地协调有所加强,队伍培训组织有序

初步建立了“开发区空闲可利用土地调查制度”、“年度用地需求分配协调机制”、“市政府重点工业项目用地协调会议机制”,逐步加强了土地供应的协调保障和有效管理。继续加强了开发区管理干部的培训,组织清华大学“重庆工业园区管理干部高级研修班”2期,受训86人次;组织安全管理业务培训班1期,受训55人;组织美国考察学习1次,受训9人。

两江新区

重庆两江新区管理委员会 向林

2011年,在市委、市政府及两江新区开发建设领导小组的正确领导下,在三个行政区、三个功能区和三个开发主体的共同努力下,两江新区紧扣“大产业、大城市、大人群、大开放”的发展目标,开拓进取,砥砺前行,快速有序推进开发开放各项工作,为2012年全面发力奠定了坚实基础。

一、2011年两江新区开发开放概况

(一)加速度发展,新区经济保持高位运行

全年实现GDP1380亿元,同比增长23.6%,分别比全市和全国高7.2和14.4个百分点;实现工业总产值2602亿元,同比增长28%;社会消费品零售总额628亿元,同比增长27%;全社会固定资产投资1411亿元,同比增长37%;地方财政收入达到193亿元,同比增长26%;税收总额378亿元,同比增长31%;实际利用外资33.45亿美元,同比增长110.5%;进出口总额71亿元,同比增长76%,大部分指标增速将超过浦东,部分增速超过滨海。

(二)超常规开发,国家级新区形象加快树立

一是涉及新区开发的总规和控规编制基本完成。两江新区总体规划、“十二五”发展规划经市政府常务会审批;产业发展规划、龙盛、水土片区控制性规划及其水、电、气、讯、污等16个专项规划基本编制完成;两江国际汽车城、两江国际影视城、云计算产业园、中韩产业园、航空产业园等区域控制性规划形成成果。二是涉及新区项目入驻的用地及基础建设保障有力。全年两江新区共完成征地11.83万亩($78.9km^2$),实施平场4.45万亩($29.7km^2$),建设标准厂房175.71万平方米。两江工业开发区三个园区开发迅速,全年完成征地8.12万亩($54.1km^2$),实施平场2.25万亩($15km^2$),开建道路总里程

159km,配套标准厂房2.71万平方米。三是涉及新区发展的重大功能性项目进度加快。江北国际机场完成空港保税区内航空货运站及联络通道建设,东航站区及第三跑道项目年内将破土动工;轨道交通三号线两江段建成投用,北延伸段开工建设;会展中心主体建设今年将完成总工程建设任务的60%;江北嘴金融中心已开工380万平方米的写字楼;保税港区(二期)围网区域4.9km2通过验收,建成笔电厂房、仓库、宿舍、办公楼共计约100万m2,全年外贸进出口总值有望突破8亿美元。四是涉及提升新区形象的城市建设全面展开。主城最大的人工森林公园照母山森林公园、中西部最大音乐喷泉广场两江幸福广场、占地3300亩的园博园相继建成开园。

(三)集群化招商,"862核心产业体系"框架逐步显现

按照"基地化布局、集群化招商、垂直化整合、同步化推进"的工作思路,一年来重点招大商、外商和强商,全力打造"862"核心产业体系。全年签约正式合同项目364个,总投资2238亿元,其中外资94亿美元,重点引进了长安鱼嘴汽车城(总投资300亿元)、长客轨道车辆(总投资90亿元)、德国蒂森克虏伯——鞍钢(总投资71亿元)、韩泰轮胎(总投资9.8亿美元)等大型项目,世界500强企业从新区成立之初的54个上升为89个,投资项目由63个上升为123个,约占全市的50%。在国家商务部和韩国知识经济部的共同推动下,内陆地区唯一的与外国政府共建的产业园区——中韩产业园正式开园,SK、乐天等项目已落户两江;抓住日本震后产业大转移的有利时机,启动了中日产业园建设;在国家商务部与以色列工业贸易部的共同促进下,两江新区正抓紧推进"中以产业及研发园"建设。在此基础上,着力打造了汽车、电子信息、轨道交通、航空、高端装备、生物医药等8大先进制造业基地,云计算、总部经济、服务外包、国际会展、综合运输物流、商贸商务等6大现代服务业基地,以及创新中心和金融中心核心区两大中心,构建产业发展大基地、要素集聚大平台。

(四)高起点建设,"一心多组团"新城体系快速启动

按照新区建设"后来居上"、"一百年不落后"的要求,一年来城市体系建设初见规模。加快建设悦来国际会展城,启动了龙盛片区10km2城市中心区、水土片区5km2城市中心区、礼嘉国际商贸城8km2等新城区建设。高品质推进中央森林公园、国际影视城、总部经济楼宇、多功能商业街区等项目建设。在保税港区、空港新城、龙盛、水土等片区分别启动配建10km2以上生活服务及商业设施,积极打造"步行半小时工作生活休闲圈",体现疏密有致、绿廊相连、特色鲜明、便捷宜居的现代城市理念。

(五)多方位惠民,民生民利开发之路步履坚实

一是高标准建设安置房。按照"一改六好"的要求,高标准开工建设"和合家园"、"和韵家园"等新型安置房312万平方米;鱼复工业园"棠富园"安置房、水土高新园13万平方米安置房投入使用;将建设公租房1752万平方米(其中直管区832万平方米),占全市43.8%,已开建809万平方米(其中直管区352万平方米)。二是建设充分就业示范区。鼓励入园企业拿出15%以上的岗位给征地农民,免费开展不限期、个性化、订单式培训,保证有就业能力和意愿的征地农民及城市待业青年顺利就业;总投资5亿元、产值15亿元的微创园启动建设,盈田微创园已入驻企业100多家;通过提高就业能力、增加就业岗位、鼓励创业等多种方式,"零就业家庭"基本消除。三是完善公共服务体系。按照"西部领先,全国一流"的要求,规划建设科、教、文、卫、体等公共服务设施;引进了西南医院、口腔医院两江分院等三甲医院和诺安国际医院,规划打造国际医疗城,吸引更多高水平医疗机构落户两江;新改扩建一批标准化学校、国际学校,加速推进了两江国际影视城、两江国际文化

广场等标志性文化体育设施和综合性影剧院等文体设施。四是着力打造幸福和谐两江。健全转户进城农民就业、住房、养老、医疗、教育等5大保障,委托民调机构定期进行民众幸福度调查,通过群众监督评价改进工作、优化环境,倾力打造"幸福两江",建设"缩差共富"的先行区和示范区。

(六)创新化管理,统筹高效的运行机制效果凸显

一年来管委会与集团在规划建设、招商引资、行政审批等方面形成了交叉作业、扁平管理的高效运行模式,与三区联合组建的开发公司运行顺畅,基本形成了既分线作战又互动协作、高效和谐的大开发格局;初步提炼形成了"搏浪远望、后来居上"的"两江精神",营造了"白加黑"、"五加二"只争朝夕、干事创业的良好氛围。同时,构建以加强工程项目监管为重点的预防监督体系,形成了高质量决策、高效率执行、高强度监督的工作格局。在工程建设领域建立七道"闸门",探索"三位一体"的纪检监察体系,确保监督触角垂直深入到各重点园区和工程建设第一线。

二、2011年发展中存在的问退

一是开发开放的规模、水平和速度还有差距,尤其是与滨海新区相比,规模还比较小,速度还不够快。二是在国际国内有较大影响力的项目还不多,缺乏百亿级、千亿级项目以及对两江新区、对全市具有战略性意义的重大项目,与国家级新区的地位不够相称。三是城市功能发展不平衡,交通、通讯、市政等配套设施不够完备,服务业发展相对滞后。四是创新意识还不够强,改革创新步子还不够大,特别是"5顶金帽子"、先行先试权等政策效应还没有充分释放出来。

三、2012年发展思路及工作目标

按照市委、市政府的总体要求,2012年是两江新区全面发力的关键之年。新区将主动融入国家和全市发展大局,坚持以科学发展为指引,以"实现国家战略、打造国际化新区"为目标,充分激发和调动各功能板块积极性,在改革、开放、创新上做足文章,进一步创新发展模式、创新开放方式、创新政策机制、创新软硬环境,集聚全球高端要素资源,大力塑造符合新区定位和特点的产业功能、创新功能、贸易功能、金融功能、城市功能和文化功能,全面提速重大基础设施、全力引入重大产业项目、全速推进重大功能节点建设,全心构建"和谐幸福两江",加快树立国家级新区形象。

2012年发展总体目标为:经济翻番、建设提速、基地出形、功能初具。一是经济翻番,即GDP达到1600亿元,同比增长24%以上;工业总产值3400亿元,增长30.8%;固定资产投资2000亿元,增长43%;社会消费品零售总额820亿元,增长26%;进出口总额69亿美元,增长30%;利用外资40亿美元。主要经济指标在2009年基础上翻一番以上。二是建设提速。围绕市政府确定的"十二五"完成投资2660亿元基础设施建设任务,2012年两江新区将建设重大基础设施项目103项、总投资1678亿元,完成年度投资400亿元,集中力量推进以"三大新城区、三大建成区、三大工业区、五大新节点"为重点的城市建设,加快征地拆迁、城市基础设施和重大公共服务项目建设,全年完成征地10万亩,平场5万亩,成为主城"双千工程"的主战场。三是基地出形。国内最大的汽车产业基地、电子信息基地、云计算产业基地明年基本形成;低空产业基地实现后来居上,形成直升机、固定翼及发动机、航电航控等重要配套体系;高端装备、生物医药等产业基地引进在国国际国内有引领性、标志性的重大支撑项目。四是功能初具。加快重大功能项目建设和功能发挥,礼嘉国际新城、悦来会展新城、龙盛、水土、蔡家、空港等基础开发全面启动,初步形成为产业和总部经济服务的配套功能。

北部新区

北部新区管委会 吴泉水

一、2010 年发展回顾

2011 年,北部新区党工委、管委会坚持以科学发展观为指南,以优化产业结构、加快"两个转变"为主线,以造福民生、建设"缩差共富先行示范区"为导向,以"创先争优"、"优化产业发展环境年"等主题活动为动力,以"城市出形象、经济出效益、发展出变化、工作出亮点"为总体要求,以加强党建、干部队伍建设和廉政建设为保证,上下一心,共谋发展,各项工作亮点纷呈,北部新区管委会荣获全国五一劳动奖章。

(一)区域经济持续增长

全年实现地区生产总值 365 亿元,比上年增长 17.4%,按常住人口计算,人均达 2.1 万美元,超过世行标准富裕国家水平;工业总产值突破千亿大关,达到 1003 亿元,增长 14%;入库税收 152 亿元,增长 16%;区域财政收入 225 亿元,增长 25%;地方财政收入 64 亿元,增长 19%;固定资产投资额 270 亿元,增长 37%;社会消费品零售总额 117 亿元,增长 37%;软件与服务外包总收入 358.5 亿元,增长 33%;金融机构存款余额 516 亿元,贷款余额 332 亿元,分别增长 58%和 71%;进出口总额 20 亿美元,增长 30%,其中出口 5.48 亿美元,增长 53%。

(二)招商引资成效显著

全年实现投资总额 340 亿元,增长 37%;实际利用资金 263 亿元,增长 64%;引进外资项目 27 个,外资投资总额 23.52 亿美元;其中合同外资 19 亿美元,增长 151%;实际利用外资 16.41 亿美元,增长 188%;占全市和两江新区的比重分别为 19.1%和 48.7%,在全市区县排名中位居榜首;累计引进外资企业 257 家,其中世界 500 强企业及其投资项目分别为 43 家和 50 个;引进内资项目 251 个,内资投资总额 187 亿元,增长 6.2%;其中内资合同投资 126.6 亿元,增长 14.6%;实际利用内资 155.6 亿元,增长 29.2%;服务业新签约项目 42 个,合同投资总额 125.77 亿元,增长 106.5%;软件与服务外包项目落地 12 个,合同投资额 18.5 亿元,合同产出 105.2 亿元;引进金融机构 47 家,增资注册资本 94 亿元,增长 97.4%;离岸服务外包合同金额 1.37 亿美元,增长 138.7%;执行金额 1.08 亿美元,增长 242%;两项指标均首次突破上亿美元,增速、效益名列全市第一。还有华邦制药等 6 家企业,分别在巴西、美国等国家合同投资 1.39 亿美元,增长 828.4%,"走出去"投资首次迈上亿美元。

(三)产业结构优化

2011 年,北部新区继续实施做大做强汽车产业、重点发展电子信息产业、加快发展现代服务业的产业发展战略。汽车产量实现 54.72 万辆,同比增长 9%,占全市整车产量的三分之一;轿车 52 万辆,占全市轿车产量的一半;汽车产业形成的产值和税收,分别达 812.93 亿元和 47.31 亿元,分别占全区比重的 81.1%和 77.4%。汽车制造业全年有 9 个项目新动工,8 个项目新投产,长安福特三个整车厂、一个发动机厂、一个变速箱厂和研发中心全部落户北部新区,加上上依红、力帆,即将形成年产 100 多万辆整车,80 多万台发动机,100 多万台变速箱的生产能力,年产值将冲刺 2000 亿元,成为中国举足轻重的汽车产业基地。服务业 2011 年新开工项目 32 个,新投产项目 31 个,合同投资总额分别为 53.8 亿元和 52.3 亿元;实际利用外资占全区总量的 76%,对 GDP 增长的贡献率达 41%。软件与服务外包总收入 358.5 亿元,增长 33%;从业人员达 52422 人,增长 25%。电信业随着重庆联通的入驻，实现了三大通信运营商在北部新区的汇聚，2011年业务总量达120亿元，增长22%。商贸业新增33家，瑞典宜家、德国麦德龙等一批世界品牌企业相继落户。商品房投资118亿元，在建面积932万平方米，新开工204万平方米，竣工302万平方米，销售12894套、121.59万平方米。第三产业全年实现税收87.62亿元，增长46.4%，占全部税收的57.6%，增速、比重均超过第二产业，三次产业占GDP的比重分别为0.1:71.5:28.4。

(四)五大民生战役亮点

按照突出重点、打造亮点的工作思路，集中开展了以民生为导向的"五大战役"，通过以点带面，促进各项工作亮点纷呈。

1.缩差共富持久战

结合实际贯彻落实市委"民生10条"、"共富12条"决策，出台了《北部新区共同富裕工作实施方案》，确立了在全市率先实现共同富裕的目标，量化分解了工作任务，拉开了缩差共富持久战序幕。全年民生投入37.45亿元，占财政一般预算支出的62.9%。把13万原住农转非居民、12万公租房居民中的困难群体，作为缩差共富的重点人群予以保障。举全区之力推进户籍改革，累计转户17673人。按要求兑现落实了养老、医疗、教育、住房、就业等"五件衣服"，解决了6636名转户居民住宿问题，督促用人单位为转户居民办理了社会保险。公租房项目完成投资60亿元，交付房屋11492套。经济适用房竣工6.9万平方米。全区户改工作从年初主城11个单位排名最后跃进到第6位，且农民工及其新生代占转户数的81%，转户质量全市领先，赢得了民生建设持久战的首场胜利。"十二五"期间用于"缩差共富"建设的总投入将达2000亿元，努力把北部新区建设成为全市缩差共富先行示范区。

2.亮点工程突击战

对一批难度大、要求高、全市关注的重点民生项目，通过实施突击战役，圆满完成任务。

两江幸福广场。经过345天的奋战，投资2.93亿元、占地20万平方米的"两江幸福广场"9月28日盛装亮相。广场设计理念先进，音乐喷泉国际领先，365棵银杏大树气势恢弘，6000个灯光美轮美奂，13.4万平方米配套商业和1065个地下停车位让市民既能休闲又能购物，结束了北部新区没有大型休闲娱乐文化广场的历史，为两江新区乃至重庆市城市功能和品质的提升，增添了一抹亮色。

照母山森林公园。占地4300亩、投资13.6亿元、主城最大的照母山森林公园，于6月14日建成免费开放。公园栽植乔木10万株，培植花境300亩，建成溢彩林、思奇林、溯古林、孝源林、孝德林5个景区，形成了文化浓郁、生态优美的自然景观，为市民游览健身提供了新的舒适场地。

花园转非社区。投入1.3亿元在转非社区栽大树、修广场、完善基础设施、美化生活环境。共整治12个转非小区，白改黑社区道路4.5万平方米，改造及新增人行路2.2万平方米，优化社区绿化8.4万平方米，设置绿化围栏64公里，整治房屋立面58.4万平方米，转非小区从过去的"脏乱差"变成了"花园小区"。在2011年全市海选活动中，人和街道万年路社区荣获"最美街区十强奖"，大竹林街道金竹苑社区荣获"最美街道入围奖"和"百姓安居奖"。

重庆园博园。全力支持位于辖区的重庆市园博园建设，共投入资金近8亿元，提供并保障用地3300亩，承担周边市容环境整治、相关绿化和市政建设项目30余项，使第八届中国(重庆)国际园林博览会顺利建成于11月19日隆重开园。以"园林，让城市更加美好"为主题的本届园博会，吸引来自188个国内外城市参展，为历届园博会之最。园中建有主展馆5.1万平方米、巴渝园等建筑40余个、龙景湖等景点26个，展园127个，栽植乔木27万余株。开园第36天游客就突破百万，成为北部新区对外又一靓丽名片。

公租房配套。按照不仅让群众"住得进"，而且要"住得好"的要求，推进全市首批公租房民心佳园和康庄美地建设，使其道路、市政、绿化、教育、卫生等公共服务配套设施与公租房同步建设、同步完工、同步使用。优化调整公交线路,解决了公租房居民出行问题。在两个公租房小区分别设置了公立社区卫生服务站,方便居民看病。优化社区服务,举办专场就业招聘会,促进392人就业。安排公租房小区667名中小学生,就近到驻地学校就读,解决了居民子女的上学问题。建立公租房市民团校,开展安全常识、折花艺术等讲座40次,吸引7340多人参加;组建兴趣队伍12支,凝聚文化积极分子232人;入户走访581户,收集居民意见353条;招募社区志愿者167名,慰问困难家庭217户。北部新区探索创新公租房管理服务工作的经验,吸引前来视察和参观取经的中央领导、国际友人和市内外来宾达50多批次。

3.市容整治翻身战

针对前些年在全市市容环境考核中排名多半垫底的状况,2011年北部新区把提升市容环境环境影响力作为翻身仗来打。改革了市政管理体制,调整了市政管理人员,出台了市政管理办法,强化了街道工作责任,加大了整治工作力度。全年共投资近20亿元,改造主次干道、社区车行道及人行道97万平方米,改造架空线下地4706米,建成重庆市首条步行和自行车慢行系统示范工程4.2公里,建成人行天桥、轻轨站台停车港等设施12座,续建垃圾中转站2座,改建公厕18座。维修路灯1794盏,疏通排污管网154073米。规范、整治占道经营摊点2600余个,暂扣违章占道经营物品3000余件;整治占道停车800余台次,处罚150余台次;拆除占道经营违章搭建740余个,面积3000余平方米;清洗外墙面280万平方米;清洗门面765个;拆除店招店牌、户外广告4000余块,面积3.5万平方米,制作安装新店招店牌3800余块;拆除废旧果皮箱264个,新安装果皮箱2800余个;取缔和规范社区农贸市场8个;完成18个开放式转非社区环境改造。以"市容三创"为契机,大力提升市容市貌,完成30条背街小巷的整治改造,依法拆除各类违法建筑9.9万平方米,创建无违法建筑居住示范小区204.5万平方米,东湖南路社区、银竹苑社区获"市容整洁示范小区",黄山大道获"市容整洁示范道路",人和、大竹林、翠云、鸳鸯4个街道在全市环境综合整治月度考核中,先后获得第一名;黄山大道荣获"最美大道十强奖";礼嘉、翠云成功创建为"扬尘控制示范街道",礼嘉、鸳鸯、人和、天宫殿、翠云街道创建了14条背街小巷规范管理示范街;鸳鸯街道代表新区参加全市环境综合整治迎检荣获综合排名第三。11月份市容环境综合整治民意调查,北部新区首次跃居主城十区第一名。

4.征地拆迁决胜战

年初全区共有征地遗留问题4112件,为加快这些问题的解决,保证项目建设用地需要,管委会发起了"2011年征地拆迁决战决胜"战役。全区上下协同作战,共处置征地遗留问题3685件,占遗留问题总量的89.62%。其中拆除农房819栋,拆除养殖场17个,处置苗圃50个,处置企业47个,拆除村小12所,拆除违章建筑581处,登记农房283栋,领取两费721人,住房安置646户。保障了150个重点项目的用地,重点项目用地保障率达98%。实现交地3.4万余亩,土地供应量、成交价款及土地引进外资三项指标均列全市第一,北部新区征地工作荣获市市政金杯奖。

5.环保创模攻坚战

围绕"率先实现全市创国家环保模范城市"目标,展开创模攻坚战,全年实现蓝天324天,同比增加13天,可吸入颗粒物年均值为0.093㎎/m3,达到国家二级标准,实现了空气质量良好天数和主要污染物浓度"双达标"。严把项目环保准入关,开展清洁生产审核企业21家,ISO14000环境管理体系认证企业40余家。大力整治盘溪河、肖家河、跳墩河3条次级河流,完成改造管网3.8公里,清淤河道3公里,排查管网4.5公里,污水管网工程2公里,使3条河道水质明显改善,受到市创模办领导赞誉。开展噪声污染综合整治,完成6家工业企业噪声限期整治,建成10家建筑工地隔声装置和10个市级安静小区,建成区均成为市级噪声达标区。在创建国家环保模范城市26项指标中，已有25项达标，其中有6项指标高于国模考核标准居全市领先水平,105项年度创模目标任务圆满完成。

(五)社会事业全面发展

把加快社会事业全面发展作为落实以人为本执政理念的大事来抓,取得实效。

社会保障。突出抓好促进充分就业、构建和谐劳动关系和创建和谐示范社区三项重点工作。通过努力,全年新增就业11096人,全区登记失业率1.1%。大竹林街道在全市率先试点创建“充分就业街道”和“劳动关系和谐街道”并通过验收,市级以上和谐示范社区创建率达68%。五大基本保险合计参保达73.75万人次,发放社保待遇3.9亿元,其中农转非养老待遇1.6亿元;城市低保应保尽保,发放低保金1311人、357.37万元。实施各类救助7036人次、367万元。处理劳动争议仲裁案件578件，接办劳动维权案件836件，为2857名农民工追讨工资2585万元。落实转非安置房242套，解决1500余名产业工人住宿问题。全年6大节日慰问11523人次,发放慰问金427万元。

基础教育。2011年秋季全区小学招生2643人,初中招生1947人,普高招生1126人,中职招生1209人,全面实现了“双高普九”、“普十二”教育目标。发放义务教育“爱心午餐”484人、48.1万元,普通高中补助生活费477人、95.4万元。建筑面积14190平方米、工程总投资6438万、可容纳1620名学生的金山小学如期竣工开学。全区59所校(园)配备校警、保安员等810人。“平安校园”创建活动扎实开展，重庆礼嘉中学等12所学校及幼儿园被评为“重庆市平安校园”;北大附中等2所中学被评为“全国安全教育示范学校”;经开育才中学被评为“全国和谐校园先进学校”。教研工作成效显著,区教管中心荣获重庆市2011年度教研工作先进集体。

医疗卫生。投入1.73亿元,打造“三级服务网络”。辖区4所公立医疗机构全部转制为全民所有制事业单位，定向择优招录专业技术人员162名;公立医疗建设项目北部新区第一人民医院住院大楼即将交付使用,第一、第二人民医院门诊综合大楼设计方案进一步优化；区内市级大型医疗卫生项目金山国际医院二期、重医附属儿童医院建设进展顺利;民心佳园、康庄美地公租房小区及大竹林街道金竹苑社区卫生服务站分别设立。投入400余万元,完成公共卫生服务16万余人次,免费提供艾滋病筛查、两癌检查1.3万人次。实施基本药物制度,使各公立医疗机构门诊人次同比增长30.23%,门诊费、药品费、住院费次均下降20%左右。2011年,全区符合政策生育率95.52%，人口自然增长率2.6‰,出生人口性别比为105:100。

文化体育。完成人和、天宫殿、大竹林街道文化中心建设并通过市文广局检查验收；为六个街道配备各类图书近万册；建成了一批社区文化长廊、文体广场等文化活动场所。各街道充分突出本土文化特色,万年路社区以“人和万事兴”为主题,设计出“琴、棋、书、画”四个主题空间,突出“天地与惠、贵在人和”的特色文化底蕴。鸳鸯街道围绕“和谐宜居鸳鸯,红色励志文化”主题,分别在财信小区布局“财信人家,幸福鸳鸯”;在白鹤小区布局“人文鸳鸯,城市绿洲”;在丹鹤小区布局“鹤舞鸳鸯,红旗高扬”。利用社区围墙、公园等场地,策划设置了鸳鸯序、鸳鸯赋、鸳鸯诗、鸳鸯歌和红旗雕塑、名人名言等励志文化经典，使居民在休闲娱乐的同时受到优秀文化的熏陶。翠渝路社区、福安社区以“继古开今、和谐天地”为主题,打造了广场舞台背景浮雕和“二十四孝”小区花园景石;南山花园B区的“巴人传说”巨幅挡墙浮雕,极富震撼力,受到市市政委王元楷主任的高度评价。投资14.9万元，建成照母山健身步道1号线路5.8km;给天宫殿街道星湖路社区、公租房小区配备安装了健身器材，全区农转非社区健身路径基本覆盖。区内学校全部建成标准化塑胶运动场,中小学生熟练掌握3~5项体育运动技能。区二运会成功举办，全市社区跳绳活动启动仪式率先在人和街道举行，人和街道被国家体育总局授予“全民健身活动先进单位”。

(六)管理体制创新

结合“三定”方案实施，调整机关内设机构10个，清理核对机关公务员147人、雇员48人；直属事业单位由原36个整合为28个，新成立直属事业单位3个，申报参照公务员法管理单位16个；开展党政机关“四清四定”工作，清理核对机关借聘用人员147人；按照公招公选规定，招录事业单位人员417名；完善规章制度，规范了机关岗位、职责、人员和经费管理。

二、发展中存在的问题

一是有些工作进度滞后。土地出让和国有公司开发用地储备进度低于预期，产业楼宇前期推进速度和现场施工进度不够理想，14条断头路只开工了4条，12座立交建成和在建的只有5座，工业平场只完成了50%。

二是个别工作曾一度被动。尽管全年的户籍制度改革、次级河流整治、土地出让、拿地储备这四项工作全年成绩不错，但在初期推进不力、效果不佳，有的还被市政府重点督办，受到市领导的点名批评，值得认真反思。

三是精细化管理还不到位。一些项目缺乏统筹，前期工作推进缓慢，相关手续迟迟不到位，导致计划项目开工率低、后期手忙脚乱抢进度；一些项目现场监管薄弱，存在脏乱差和安全隐患；有些项目只满足于基本使用需要，而忽视细节处理和美观优化，工作质量有待提高；个别市政工程和园林绿化项目，规划设计随意变更，重复开挖建设导致浪费。

四是招商成本还比较高。2011年扶持企业、兑现承诺资金达7.42亿元，说明对企业的扶持力度大，但也显现出招商成本还比较高。还没完全适应从“招商”到“选商”的转变，招商部门对产业、土地、税收等综合效益的平衡还需要提高。

五是服务企业还做得不够。尽管2011年发展环境明显优化，但企业生产经营中反映的一些困难仍未得到完全解决，一些部门和工作人员行政效能不高、相互推诿的问题依然存在。

三、2012年发展目标

GDP增长15%达到420亿元，工业总产值增长10%达到1100亿元，固定资产投资增长20%达到325亿元，社零总额增长20%达到140亿元，税收增长15%达到174亿元，地方财政收入增长15%达到51.8亿元(2012年开始城市配套费、车船税、土地出让调整入市级库)，实现投资总额220亿元、实际利用外资6亿美元、实际利用内资180亿元、进出口总额15亿美元。

重庆经开区

重庆经开区管理委员会 文宛

一、2011年发展回顾

2011年是“十二五”的开局之年，也是经开区“三次创业”的起步之年。一年来，经开区一班人按照市委、市政府的决策部署，在相关市级部门和南岸区四大班子的支持下，大力实施“12345”发展战略，发扬垦荒者、开拓者、创业者精神，真抓实干、激情创业，全面推进拓展区规划编制、基础设施建设、产业发展、招商引资、资金筹集等重点工作，克服了土地指标和资金融通趋紧等不利因素的影响，圆满完成了“一年打基础”的阶段性战略任务，取得了显著成绩，为经开区进一步“提速、上档、发力”打下了坚实基础。

(一)总体经济平衡较快增长

2011年经开区实现地区生产总值230亿，增长28%；工业总产值580亿，增长25%；工业增加值171亿，增长24%；固定资产投资162亿,增长41%;财政收入21.5亿,增长37%;税收收入38.7亿,增长39%;实际利用内资61.5亿,增长96%；实际利用外资1.52亿美元，增长270%;外贸进出口总额3.97亿美元,增长85%,经开区各主要指标都保持了平衡较快的增长。

(二)全面完成新区拓展接管

根据市政府关于经开区规划可建设用地拓展面积50平方公里的决定，迅速开展拓展区选址，经过反复研究论证,2月初完成了拓展方案编制。3月25日,市政府正式批复经开区拓展范围,同意经开区拓展到茶园组团地区,总面积59平方公里,其中远景建设用地面积50平方公里。

6月份全面完成新区接管。39个在建基础设施项目和产业项目、76个招商签约项目、134户投产企业,以及道路、绿地、路灯等市政设施和税务、工商、质监等管辖关系,分别移交经开区相应职能部门接管。

接管后,经对新区土地、产业、交通现状进行清理。新区实测面积60.2平方公里,其中建成区和在建区18.3平方公里,已确定供地9.0平方公里,市级储备2.7平方公里,剩余面积30.2平方公里(其中工业用地、综合用地、配套用地分别为9.1平方公里、5.6平方公里、15.5平方公里)。共有规模以上工业企业99户,包括装备制造企业56户、电子信息企业9户、其他企业34户,其中产值10亿元以上的企业共7户。对外交通主要依靠绕城高速、内环快速路、峡江路、茶涪路4个通道,内部路网总体建设水平较低、分布不均。

(三)高质快速完成规划编制

秉持规划先行、快行、超前的理念,按照规划编制与发展目标相统一的原则，以"12345"发展战略为依据,利用半年时间高水平、快速度完成了总规、控规、“十二五”规划、产业规划编制,为经开区后续发展提供了依据、奠定了格局、描绘了蓝图。

总规合理安排建设用地，严格落实市政府50%:25%:25%的用地比例要求，实现了空间格局的统筹协调和功能分区的优化布局。

控规实现东港、迎龙、长生、峡口等新增规划区域37.7平方公里全覆盖，同步完成交通路网、市政设施规划编制,及时将基础设施项目和招商签约项目纳入控规,为项目落地、设计、建设创造了条件。完成广阳湾片区城市设计成果验收,为打造滨水城市景观奠定了基础。

“十二五”规划全面阐释了发展环境、发展思路、产业体系、基础设施配套等重大问题,合理确定了实现“西部领先、全国一流、国际知名”总体要求的奋斗目标,计划到2015年,地区生产总值达到550亿元、工业总产值达到1200亿元、外贸进出口总额达到10亿美元。

产业规划科学安排产业用地，合理布局产业功能区,确定了以现代信息技术、高端装备制造、现代服务业为主的三大主导产业体系,计划到2015年,现代信息技术、高端装备制造产业产值分别达到800亿元、300亿元，现代服务业交易额达到1000亿元。

(四)招商引资取得丰硕成果

以产业为导向,以项目为依托,广泛搭建招商平台,集中力量招大商、招好商、招外商,努力布局世界级、国家级产业集群,在招大引强上取得突破,全年招商引资取得显著成效。

成功举办“香港·重庆经开周招商推介活动”,签订项目15个,达成意向性合同金额777亿元,其中外资73亿美元,取得了良好的政治、经济、社会效益。成功组织赴德国、法国、比利时、日本及台湾的招商考察,在国际舞台上充分展示了经开区的新形象、新风貌,并搭建了招商平台。成功参加渝洽会、厦洽会、西博会,洽谈项目100余个。成功布局“重庆日本电机电子产业基地”,92家日资企业和日本产业机构应邀参加揭牌仪式,总投资86.7亿元的16个项目成功签约,东芝三菱产业系统株式会社生产项目、日梱物流基地等5个日资项目首批入驻。成功落户“重庆中法生态园”，与法国勒阿弗尔市签订战略合作协议,在电子信息、装备制造、商贸物流等多个领域开展合作。成功引进微软集团在国内的首个“软件服务外包人才培训认证基地”，每年可培训专业技术人才5000名，为全市IT产业发展做出了巨大贡献。

全年累计签订招商项目54个，合同金额273亿，其中外资7.1亿美元，预计到2015年可实现年产值530亿、年交易额900亿。美国威特、首钢集团、台湾敏实、台湾智捷等一批知名企业集聚经开区。

（五）“3+x”主导产业体系初步形成

信息技术产业实力持续增强，国虹科技、凌进电子、大唐新数码、万利达等存量企业稳定发展，产值突破100亿元。移动物联网基地、北正公司物联网服务平台、讯美电子全国营运总部等项目进一步向经开区集聚，逐步形成以手机、物联网、数据中心、“云产业”为主的核心产业链。

高端装备制造业跨入250亿元新台阶，形成了以汽摩、船舶为主的交通装备，以通用机械、电气设备为主的机电装备，以智能家电为主的家电装备等特色产业链，三大装备工业分别实现产值150亿元、50亿元、20亿元。

现代服务业快速崛起，集中布局了首钢华贸西部物流园、原尚物流西南区域中心、嘉事晟大药品配送中心等物流项目，朝天门国际商贸城、奥特莱斯、西部轮胎城等商贸项目，以及中国西部设计之都等总部项目。

新能源、新材料产业优化升级，医药化工工业实现产值60亿元，能源环保工业产值增长50%。房地产业平稳发展，完成投资52.7亿元，新开工163.7万平方米，建设规模达到443.6万平方米。

截至目前，各类市场主体达到2001户，其中内资企业1957户、外资企业44户。新发展微型企业49户，总数达到81户。新增中国驰名商标1件、重庆著名商标4件，新增名牌产品17个。

（六）开发建设序幕全面拉开

申请用地指标6941亩，其中美的家电园1770亩、朝天门国际商贸城2109亩、开迎路和开成路1646亩、招商项目914亩、日本电机电子产业基地502亩。快速推进土地勘测和林地查验，完成勘界18000余亩。积极组织土地报批，落实征地批文5163亩。

实施征地拆迁项目35个，总面积16000亩。完成8个项目的土地征用工作，实现交地4570亩，确保了美的家电园、朝天门国际商贸城、载诚金物流、海事救助中心、渝都监狱迁建、长江航道局修造基地等项目用地。正在实施的开迎路、开成路、迎龙安置房等项目征地任务完成80%以上。全年累计完成征地7500余亩，拆迁安置3500余人。团购储备安置房源1200套，实现现房安置与货币安置双轨并行。

采取预办后补、缺项预审、并联审批、联合办件、限时办结等措施优化项目报建流程，在建设上创造了“经开速度”。积极开展全域主骨架道路、支线路网的前期论证，确定了道路建设时序。先后启动开迎路4.7公里、开成路14.6公里建设，开创了开迎路70天达到招标条件、开成路4个月完成所有报建手续的高效记录。快速推进东港路网建设，疏港大道实施进度达到70%，港口大道竣工，南北干道、东西干道完成道路施工。及时启动并完成茶涪路改扩建工程经开区段4.9公里的前期准备工作。开工10万平方米迎龙安置房项目，完成企业服务中心、标准厂房、峡口安置房、广阳安置房等项目的选址及前期研究。竣工投运220KV书房变电站，完成110KV东港变电站主体施工和设备安装，莲池变电站和茶园配气站、加压站前期工作快速推进。

上半年签订的中国西部汽车零部件生产基地、科鹰LED车用灯生产基地等产业项目全部启动征地拆迁和前期工作。齐信汽车零部件生产基地竣工投产，朝天门国际商贸城、美的家电园项目快速推进，西计生产线新建项目、丰海化学制品生产基地、圃美多食品生产基地、安得物流园、迎龙医药城、永翔钢铁总部基地顺利开工，莱美药业新生产线项目顺利交地。启动11.5万平方米长江孵化楼建设，天海星、昊晟、华林天美等标准厂房主体竣工14万平方米。

(七)筹融资工作取得重大进展

努力破解资金瓶颈，通过银行贷款、BT融资、发行理财产品、向上争取等方式，全年筹集资金超过50亿元，保障了前期开发建设的资金需求。积极探索发行信托和债券、募集基金、股权融资、引入保险资金等筹资渠道。

三批次储备土地10572亩，创造了17天完成首批2970亩土地储备的高效记录。完成全域土地成本测算，为土地开发利用提供了决策基础。以每亩23万元的理想价位成功购买地票1000亩，并快速开展综合用地销售的分析、策划和包装工作，积极推进土地整治，做好挂牌出让准备。

二、发展中存在的主要问题

一是土地指标趋紧，资金筹措艰难，对开发建设工作造成很大制约，而且随着招商签约项目数量的不断增加，拓展区可利用土地迅速减少，目前剩余面积不足5平方公里，在土地集约利用方面还需要下功夫。二是产业基础相对薄弱，暂时还没有形成相对完整和具有核心竞争力的产业集群。三是在招大项目、招龙头项目方面，工作成效还不够显著。四是国家级开发区政策效应和体制优势发挥得不很充分。

三、2012年发展思路及发展目标

2012年是经开区“提速、上档、发力”的关键之年，是完成“三年上台阶”任务的攻坚之年，经开区发展的总体思路是：全面贯彻中央经济工作会议、市委三届九次和十次全委会、全市经济工作会议精神，以科学发展观为指导，以“12345”发展战略为引领，以“建设主题年”为突破，以项目建设、招商引资、产业发展为重点，按照速度与质量并重的原则，加快开发建设进程，深入转变发展方式，构建现代产业体系，全速推动“三次创业”。

2012年经开区的主要发展目标为：地区生产总值增长18%，达到272亿元，力争280亿元；固定资产投资增长33%，达到216亿元，力争240亿元；工业总产值增长21%，达到700亿元，力争730亿元；财政收入增长21%，达到26亿元，力争28亿元；税收收入增长21%，达到47亿元，力争50亿元；实际利用内资增长30%，达到80亿元，力争100亿元；实际利用外资增长31%，达到2亿美元，力争3亿美元；外贸进出口总额增13%，达到4.5亿美元，力争6亿美元。

万盛经开区

重庆万盛经开区发展改革局 苏娅勤

一、2011年发展回顾

2011年万盛经开区保持了平稳较快发展态势，取得显著成效：实现地区生产总值61.78亿元，比上年增长16.5%；人均地区生产总值23775元，比上年增长14%；地方预算内财政收入达到11.46亿元，比上年增长115%；完成全社会固定资产投资41.77亿元，比上年增长13.1%；社会消费品零售总额提高到22.67亿元，比上年增长20.5%；城镇居民人均可支配收入达到14396元，比上年增长14.8%；农民人均纯收入达到7255元，比上年增长22.6%。三次产业比为9.5:56.7:33.8。其中，第一产业实现增加值5.89亿元，同比增长4%；第二产业实现增加值35.05亿元，同比增长19.2%；第三产业实现增加值20.84亿元，同比增长15.8%。

(一)地区经济稳健增长

工业经济全面上扬。全年规模以上工业总

产值实现64.1亿元,增长42.4%,工业增加值实现28.6亿元,增长20.9%,超GDP增速4.4个百分点,工业经济拉动GDP增长13.6个百分点,依旧是地区经济增长的支柱力量。煤炭、发电、水泥等存量企业成为工业增长的最大亮点,分别实现产值24.7、13.6、4.8亿元,同比增长33.7%、23.5%、229%,三个行业产值占规模以上工业总产值67.2%,对工业产值增长的贡献率达63.7%。万盛煤化、浮法玻璃、帝力建材和爱优工业等4家新投产企业对工业增长的助推作用显著,实现新增产值近4亿元。

旅游品牌效应逐步显现。以“绿色生态旅游、运动健身康体”为理念的旅游宣传和旅游营销带动旅游经济强劲发力,来区旅游人次突破500万大关,同比增长227.6%,旅游综合收入实现26.25亿元,全国首个定向运动训练活动基地成功落户万盛,率先在西部地区举办有史以来规模最大的全国定向锦标赛和冠军赛,黑山谷戴斯圣杰温泉酒店、万盛国际大酒店等一批星级酒店相继开业,全面激活交通运输业、住宿及餐饮业呈现迅猛增长势头,对稳定经济增长起到积极作用。

财税金融运行活跃。国税、地税增长势头持续强劲,地方财政收入超11亿元,其中一般预算收入完成7.67亿元,地区财政实力进一步提升;金融行业运行平稳,全区存贷余额分别为66.08亿元、48.79亿元,分别较年初增长6.1%、37.7%,存贷比达到73.8%。

(二)接续替代产业齐头并进

旅游、煤电化、材料、机械制造四大接续替代产业蓬勃发展,地区经济新的增长点逐步形成。一是龙头项目推进有力。龙鳞石海景区提质改造、日熔2×600吨优质浮法玻璃生产线、兴隆煤矿、10万吨二甲醚等一大批重大接续替代产业项目相继建成显效,成为经济增长的新生主力军。二是产业延伸卓有成效。传统煤炭产业链不断延伸,向多元化、高附加值的煤电化产业转变,5万吨煤基活性炭成功奠基,南桐电厂环保搬迁前期工作进展良好,万盛电厂二期已纳入全市“十二五”能源发展规划;三是旅游产业功能全面拓展。深入探索“景区+地产”一体化开发新模式,累计投资近6亿元强力推进旅游地产项目,全年实现开工40万平方米,竣工7万平方米。四是产业技术创新力度加大。盛镁镁及镁合金深加工项目正式启动,国家级镁合金高新技术产业基地加速成型,节能玻璃前期工作顺利推进,重点领域产业技术创新取得重大突破,产业核心竞争力切实提升。

(三)城乡风貌焕然一新

城乡建设如火如荼,秀美宜居城市逐步彰显。大力实施城市环境综合整治工程,完成城市主干道、小区外立面改造9000余平方米,一大批老旧街区崭新亮相。“奇石上街”、“大树进城”扮靓城市形象,城市绿化建设成效显著。成功创建市级卫生、山水园林城区和一条市级最佳绿化市街,城市形象发生蝶变。新农村建设步伐加快,建成农民新村5个、巴渝新居906户,改造农村危旧房2508户,投资1.7亿元建成主城至南桐镇的城乡连接线,居民居住环境大为改观,村镇建设全面推进。

(四)民生保障基本给力

2011年民生性财政支出稳定在50%以上,人民生活安心舒心,群众幸福指数达到98%。一是扩大就业成效显著。新增微型企业498户,带动就业2689人,城镇登记失业率控制在4%以内。二是社会保障体系更加完善。全面推行城乡养老保险,参保人数超7万人,城乡医疗保险参保率达95%,全年累计发放城乡低保金4117万元,受益群众近16万。三是农户增收取得实效。加快实施“山区农户万元增收工程”,辖区内10个市级贫困村人均实现增收1000余元。四是保障性住房建设全面铺开。70万平方米工矿棚户区安置房全面建成,4.15万棚户区居民实现回迁,廉租房建设已完成主体工程建设13.26万平方米,实现地灾隐患搬迁349人。五是教育惠民工程有力实施。“留守儿童”关爱面达100%,贫困学生“爱心午餐”和中小学生“饮用奶计划”实现全覆盖。六是公共卫生服务水平大为提高。人民医院综合楼改扩建工程进入基础施工阶段，建成市级规范化镇卫生院8所，严格执行基本药物制度，基层医疗机构门诊药品费、人均住院费同比下降19.2%、10.2%。七是社会保持安全稳定。安全保障示范区建设加快，连续22个月生产安全事故和死亡人数实现“双下降”，死亡控制指标降幅名列全市第一，创历史最好成绩。

(五)发展基石逐步夯实

可持续发展能力进一步提高，经济发展内生动力不断增强。一是基础设施建设加快。园区配套基础设施建设有序推进，产业发展平台加快完善，园区经济全面发力。交通服务水平大幅提升，万南高速、万梨公路进展顺利，实现投资6亿元。水源保障能力明显增强，青山湖水库二期、鲤鱼河引水等骨干水源工程前期工作加快推进，完成各类水利投资1.8亿元。二是能源需求保障有力。加大煤、电、天然气等生产要素协调力度，切实加强辖区内电煤供应及区外电煤运输，有效保障醋酸项目、浮法玻璃生产用电用气需求。三是生态环保建设扎实推进。深入实施环保“四大行动”，加快推进“基本无煤区”和控烟区创建，空气质量优良天数达到290天。森林建设位居全市前列，森林覆盖率达到47%，高于全市8个百分点，生态环境正进一步改善。

(六)改革开放再谱新篇

改革开放迈出实质性步伐，转型发展焕发盎然生机。一是改革创新步伐加快。稳步实施户籍制度改革，实现“农转城”1.3万余人。积极领办农村新型股份合作社，大力推行农村“三权”抵押贷款，融资渠道不断拓宽。二是开放力度不断扩大。对外贸易快速发展，在浮法大量进口，方汀、爱优扩大出口的强势带动下，进出口总额首次迈上千万美元级台阶。三是招商引资硕果累累。成功引进八角小城旅游开发、六井坝动漫主题产业园等2个投资十亿元以上的重大项目，涉及总投资近百亿元。四是争上支持再创新绩。积极对上沟通协调，中央财力性转移支付1.53亿元及接续替代产业发展专项资金1300万元全部拨付到位，有效缓解了地方财政压力。全年争取上级资金支持突破9.7亿元。

二、发展中存在的问题

一是经开区成立不久，正处于艰难的磨合期，管理机制体制尚未完全理清，经开区优势还未充分发挥；二是经济体量小、提升空间狭窄、抗风险能力弱，接替产业尚未形成规模、加快转型发展的内生动力不足；三是可用土地资源趋于饱和，远不能满足园区发展用地需求，加之交通、物流等基础配套设施严重落后，致使招商引资步履艰难，经济发展后劲乏力；四是历史包袱沉重，历史遗留问题“根深蒂固”，生态破坏严重，环境承载能力脆弱，各类社会矛盾依然突出且短期内难以彻底解决。

三、2012年发展目标

2012年是万盛经济技术开发区的起始元年、开局之年。经开区要以“加快发展、科学发展、和谐发展”为总基调，以“转型发展、富民兴区”为主线，努力建设一个经济发达、城市繁荣、社会和谐、人民幸福的新型经济技术开发区。2012年经济社会发展的主要预期目标为：地区生产总值增长“保5争10”，绝对额超68亿元；地方财政一般预算收入同口径增长10%；社会消费品零售总额增长5%；全社会固定资产投资完成38亿元以上；城乡居民收入分别增长15%和17%；城镇登记失业率控制在3.5%以内，城区空气质量优良天数达到298天以上。

长寿现代农业园区

重庆市长寿区人民政府办公室　陶中荣

一、2011 年发展回顾

2011 年，全区妥善应对复杂严峻形势，圆满完成了年度目标任务，实现地区生产总值 317.7 亿元，同比增长 20%；完成工业总产值 750.8 亿元，增长 34.7%；完成固定资产投资 375 亿元，增长 20.8%；实现社会消费品零售总额 68.4 亿元，增长 23.3%；完成财政收入 55.2 亿元，增长 33.6%；实际到位资金 260 亿元，增长 18.5%；实际利用外资 4.56 亿美元，增长 179.9%；城镇居民人均可支配收入 19447 元，增长 16.9%；农村居民人均纯收入 7897 元，增长 23.2%，实现了“十二五”良好开局。

（一）工业经济迈上新台阶

经开区挂牌及机构组建顺利完成，正式升格为国家级经济技术开发区。工业总量不断增大。全区工业总产值达 750.5 亿元，增长 34.7%，规模以上工业企业实现产值 617 亿元，增长 40.9%，增加值实现 170 亿元，增长 28%。工业效益大幅提升。工业利润总额达 14 亿元，增长 40%；工业经济效益综合指数达 264.5%，比上年提高 54.5 个百分点。工业投资持续强劲，达到 192.6 亿元，连续四年位居全市第一位。一批产业龙头项目快速推进。重钢 650 万吨钢系、川维 30 万吨醋酸乙烯等项目建成投产，MDI 一体化项目建设全面启动，攀钢 10 万吨钛白粉等项目顺利推进。经开区规模不断拓展，累计投产企业 130 户，全年实现产值 664 亿元。街镇工业走廊建设加速推进。初步形成了家居、健康、特殊钢三大产业，全年完成工业产值 21 亿元，逐渐成为全区统筹城乡产业带动示范平台。

（二）农业农村经济发展稳步推进

现代农业种植园区快速推进，建成晚熟柑橘、大棚蔬菜等产业基地 5 万亩，已签约企业 28 家，合同引资 19.8 亿元。澳门恒河、北京冬润、浙江森禾等 26 家企业先后落户。现代畜牧养殖园区加快发展，完成园区总体规划等 10 个规划编制，长寿湖原种猪场、杨家冲父母代猪场等项目基本建成，新签约企业 6 家，协议引资 13.6 亿元，到位资金 3.5 亿元。沙田柚种植园区建设全面推进，62 平方公里的综合性发展战略规划基本完成，启动基础设施建设项目 14 个，总投资 1.2 亿元。全区主要农产品产量保持稳定。粮食总产量 37 万吨，蔬菜 26.5 万吨，柑橘 13 万吨，水产品 2.4 万吨，鲜蛋 6.3 万吨，出栏肉鸡 1000 万只，生猪 80 万头，存栏奶牛 1600 头。农村基础设施建设快速推进。全年完成土地整治 5.8 万亩，新增耕地 0.6 万亩，完成各类投资 3.8 亿元；建成各类水利工程 580 处，新增蓄水能力 1852 万立方米，新增有效灌面 0.5 万亩，恢复和改善灌面 6 万亩，发展节水灌面 3.1 万亩，解决了 8 万人农村饮水安全问题。新农村建设卓有成效。新建农民新村 34 个，建成巴渝新居 808 户，改造农村危旧房 3016 户；建成通乡油路 33 公里、“白改黑”86 公里。

（三）旅游业发展全面提速

旅游景点开发连点成线。长寿湖核心景区开发全面启动，《长寿湖旅游区和度假区战略规划》等设计方案顺利完成，长寿湖西岸片区控制性详细规划编制和长寿湖寿岛概念性景点策划工作全面启动；长寿湖景区入口公园、沿湖公园、岛屿景观美化等项目加快推进，引进香江国际长寿村、欧瑞锦江五星级度假大酒店等 15 个项目，合同引资 148 亿元；成功完成《1894·甲午大海战》长寿湖外景拍摄，参加第二届重庆西部旅游产业博览会。菩提山·中国长寿文化城开发进程加快，万寿天梯长寿文化长廊东线登山梯步竣工投用,成功引进澳门高源集团打造菩提山佛寿文化区。长寿古镇一期项目建设全面完成并顺利开街，已引进100余商家签约入驻。三洞沟、三倒拐开发策划工作加快推进,初步形成了连点成线的旅游景点开发格局。全年接待游客达206万人次，实现旅游收入3.5亿元。

(四)商贸物流繁荣活跃

全区城乡消费市场持续活跃。全年社会消费品零售总额实现68.4亿元,增长23.3%,增速创历史最高水平;实现商品销售总额107亿元,增长31.4%。商贸物流筑巢集凤。新引进城中城家居建材市场和陶然居会馆等18个规模项目入驻长寿;长寿古镇一期招商成效显著,古镇商业已具雏形;全长1.8公里的清明上河坊示范商业街主体工程完工，外婆桥等首期进驻商家签订了入驻协议;基本完成化工、钢材、农副产品、汽车、货运、建材等六大专业市场规划方案,引进商贸项目15个,实现合同引资27.9亿元。农村市场繁荣活跃。"家电下乡"和"汽摩下乡"完成销售额6.2亿元；创建规范化社区商业网点30个,"万村千乡市场工程" 信息化建设进展顺利，已建成636个网络终端，农家店配送率达50%以上。基本形成了全域覆盖的商贸流通三级网络体系。

(五)财税金融平稳运行

全区财政收入呈大幅增长态势。全年实现地方财政收入55.2亿元,增长33.6%,其中,完成一般预算收入24.2亿元,增长26.8%。辖区税收达30.4亿元,增长27.3%。年末金融机构各项存款余额276.7亿元，比年初增加22.7亿元,增长8.9%;贷款余额179.2亿元,比年初增加26.4亿元,增长17.3%。新引进2家寿险公司,保险公司达到14家。非银行金融机构作用进一步显现,新增担保贷款2.8亿元。金融效益不断提升,全区金融机构实现利润6.2亿元,比年初增加1亿元,增长19.1%。

(六)城乡建设有序推进

大城市框架加快形成。菩提东路南段基本建成,北城大道加快推进,城市南北交通路网初具雏形。城市片区建设组团式推进。北部片区,渡南路展示区段、展示区中路等项目全面完工,长洪路后段建成投用,东海假日花园、菩提山东入口广场加快建设;晏家片区,全面完成晏家中学改扩建,尚城路网工程建设加快。城市功能不断完善。洋世达·世纪广场正式建成并规模化招商,引进重百、华谊传媒等10余家知名企业入驻;桃花人行天桥建成投用,增设桃花转盘等5条干道智能交通管制系统。城市品质大幅提升。建成高速公路沿线城市夜景"亮化"工程,沿街外墙立面改造6.2万平方米；完成桃花公园绿化种植,新增城市绿化面积22万平方米。城镇开发同步推进。长寿湖场镇风貌整治基本完成,街镇工业走廊五个场镇路网改造和葛兰、云台风貌整治建设加快,长大、葛丛、何华三条道路改造工程竣工通车，长洪路大修工程进入收尾阶段。

(七)社会事业协调发展

全年财政投向民生领域25亿元,占一般预算支出64%。教育文化事业全面发展,21个农村中小学寄宿制项目建成投用，校安工程完成建设项目33个,在全市率先免除农村普通高中学费；完成18个街镇综合文化站、20个社区文化室和223个村文化室建设。全区农村广播电视综合覆盖率达100%，有线电视用户覆盖率达54%。科技工作进展良好,全年共组织实施国家、市级科技项目24个,获得专利授权244件,累计建成各类研发中心23个。医疗卫生事业健康发展,区医院北城分院顺利开工,区医院医技楼改造及污水处理项目主体工程完工，区妇幼保健院、葛兰镇卫生院完成整体搬迁,中医院迁建项目进入收尾阶段。城镇和农村居民医保参保率达到99.6%,创历史新高。开工保障性住房185万平方米,其中,定销房117万平方米,公租房58万平方米,廉租房10万平方米。就业和社会保障成绩显著,城镇新增就业2.3万人,新转移农村劳动力2.9万人,帮助城镇就业困难人员就业4982人。户籍制度改革平稳推进,新增转户

1.4万人，累计转户达6.4万人。城乡居民养老保险参保人数累计达35.9万人，参保率达88.3%。城乡居民收入分别增长16.9%、23.2%，城乡居民收入差距缩小到2.46:1。

（八）对外开放全面提升。始终坚持围绕产业链招商，围绕项目集群化招商，进一步完善了"储备一批、追踪一批、在谈一批、签约一批、落地一批"的"五个一批"工作机制。全年共引进项目193个，实现合同引资600亿元，实际到位资金200亿元。新引进世界500强3家，跨国公司6家，目前，全区累计引进世界500强18家，跨国公司29家，上市公司39家。对外开放水平全面提升，实际利用内资160.5亿元，增长50.3%；实际利用外资4.6亿美元，增长1.8倍；实现外贸进出口总额4亿美元，增长123.4%。开放环境打造取得明显进展，成功争取到重庆海关在长设立海关监管点。区域合作进一步加强，与广西壮族自治区、四川广安等地区合作更加紧密，全面完成长垫帮扶年度目标任务。

（九）环境保护与安全生产。2011年，城区环境空气质量优良天数达314天，同比增加12天。空气中可吸入颗粒物、二氧化硫和二氧化氮浓度年日均值分别为0.094、0.050和0.035mg/m3，满足国家二级标准。城区区域环境噪声、道路交通噪声平均值分别为50.7、66.3分贝，同比分别下降1.2、0.9分贝。龙溪河、长寿湖、御临河和桃花溪总体均满足Ⅲ类水质标准要求；城区集中式饮用水源地水质合格率为100%，街镇集中式饮用水源地水质合格率为82.1%。2011年，全区共发生各类安全生产死亡事故43件，死亡人数46人，比上年同期分别下降8.5%和8%。

二、发展中存在的问题

一是经济结构不尽合理，产业层次不够高，现代服务业短板依然突出；二是土地、能源、资金等生产要素瓶颈制约严重，节能减排压力较大；三是"三农"问题依然突出，现代化城市基础尚且薄弱，统筹城乡一体化发展任务艰巨。

三、2012年经济发展目标

2012年是新一届政府工作的开局之年，实现今年经济社会又好又快发展意义重大。今年我区经济社会发展主要预期目标是：地区生产总值增长16%以上；限上固定资产投资315亿元；社会消费品零售总额增长20%以上；地方财政收入增长15%以上；城乡居民收入分别增长15%和20%；进出口增长25%；实际利用外资增长30%；合同引资保持在600亿元以上。

西永微电子产业园区

西永园区管委会 赵彦君

一、2011年发展回顾

2011年，重庆西永微电子产业园区开发有限公司(以下简称"西永公司")超常规运作，全力以赴推进笔记本电脑生产基地建设，坚持民生导向，打造开放高地，厂房建设、公租房建设、商业配套服务等各项工作亮点纷呈，笔电基地建设取得重大阶段性胜利，实现了"十二五"的良好开局，正成为推动重庆新一轮产业发展的增长极和创新核、重庆内陆经济中心城市对外开放的实验区和示范区。

（一）产业规模效应初显 笔电产量突破2000万台

2011年，西永微电园笔记本电脑基地建设取得重大阶段性胜利，一跃成为中国内陆最大的电子产业基地。

2011年，西永微电园笔记本电脑基地企业产能逐步释放，产量稳步攀升，全年笔记本电脑整机和零部件等相关产品预计出货4293.8万台件，产值537.13亿元；其中笔记本电脑等整机2284.17万台，产值531.18亿元；电池、通信·模块等零部件2009.63万件，产值5.95亿元。园区笔电企业员工总数达4万余人，预计2012将达10万人。西永综保区2011年进出口报关约26万单，进出口总额超过100亿美元，笔电产品取代传统出口强项汽摩产品跃居重庆出口龙头。

同时，西永公司成功引进中国航空工业集团，顺利完成渝德项目收购重组；成功引进世界第二大石化公司——沙特基础工业公司在西永综保区落户，打造年产10万吨工程塑料制造基地，标志着我市笔电配套产业链的进一步完善；一大批为笔电产业提供直接配套的印刷、包装、仓储、物流、报关、贸易企业会聚西永微电园，其中集成电路企业10家，基础电子产品企业38家，印刷、包装产业20余家，货代及报关公司共40家，软件和信息服务企业26家。

（二）建设笔电厂房 刷新“重庆速度”

2011年，西永公司把生产厂房和员工宿舍建设作为头等大事，加快完善规划设计，加强工程质量管理，全程管控建设进度，全力以赴、超常规推进，刷新了厂房建设的“重庆速度”，保证了ODM企业的需要，受到了各级领导和ODM企业一致好评。截至2011年底，重庆西永综合保税区（以下简称“西永综保区”）内已建成生产厂房面积达120多万平方米，在建二期专用厂房60万平方米，满足了笔电企业快速投产的需要；建成员工宿舍（公租房）90万平方米，在建30万平方米，至少可容纳12万员工居住，企业员工居住条件实现了超前建设。

同时，西永公司加快综保区内外标准厂房和仓库建设，目前已形成50万平方米标准厂房和32万平方米保税、非保税仓库，为推进笔电产业垂直整合奠定了基础。

（三）完善商业配套 改善民生环境

在西永微电园的开发建设中，西永公司充分发挥新区优势，高起点规划、高标准建设，打造安居乐业的公共环境，全力营造具有竞争力的发展环境，取得了卓著成效，园区环境焕然一新。

自2010年以来，在重庆市委、市政府的高度重视下，西永微电园按公租房建设面积与商业设施面积10:1的比率进行了规划配置，在邻近厂区地带集中规划了400多万平方米公租房及其生活配套设施，着力打造一种以企业员工居住、生活为主要形态的特殊大社区，规划引进超市百货、酒店餐饮、商务休闲等商业项目，完善社区商业配套服务，改善民生生活环境，构建安居乐业的社会环境。

截至2011年底，西永微电园已建成商业设施面积近11万m2，引进生活配套服务企业90多家，已形成餐饮、银行、医疗、娱乐、通信、超市等全面配套服务业态，正逐步形成适合代工企业生产生活需求的六个特色商业街区，满足了企业员工的日常生活需求。

目前，正在引进的生活配套商家约60家，预计2012年3月前正式进驻。3万m2软件园中庭高端商务休闲服务区已经完成概念性设计，2012年底将建成投用。2012年还将开工建设西永城市中心区（L分区）文化广场和3万m2商业设施，进一步完善城市服务功能。

（四）强化企业服务 提升运行效率

西永综保区是我国设在内陆地区的第一个综合保税区，志在打造全球最大笔记本电脑生产基地。西永综保区于2010年2月15日经国务院批准设立，2010年11月2日通过国务院十部委联合正式验收，2010年12月1日封关运行，截止目前已平稳运行逾一年。

为更好地服务西永综保区企业生产、发展，西永公司高度重视企业服务工作，赢得了良好口碑。

建立服务企业三项制度，即3大ODM企业高层对接月会、重点入园企业服务月会和项目经理每周上门服务制度，与企业面对面交流，及时了解、协商解决企业生产生活中的问题。

广泛吸引多家银行入驻，为园区企业提供全面专业的金融服务。其中，重庆渝台担保有限公司可为企业提供订单融资担保服务；重庆西永创新投资有限公司可为企业提供风险投资，助推优势企业上市。

组建人力资源服务中心，在市人社局、市教委、市经信委的统筹下，通过中职学校、劳务中介、校企合作、行业技校、友好区县等多种渠道，保障笔电企业用工需求。

主动建立服务窗口，成立西永综保区管委会办公室，积极与重庆海关、重庆检验检疫局和企业沟通对接，做好综保区管理工作，为入区企业提供保姆式的服务。一是引进信息技术人才，不断优化完善信息化系统，建立健全了一套反应快速、工作高效的运维机制；二是海关在途监管系统正式投用，成为全国第一例系统化、专业化的海关在途监管系统；三是建立物流申报平台业务技术调度会议机制，主动服务，多方沟通，提升物流通关效率，通过这些举措切实保障了西永综保区正常运行。

（五）完善城市功能 速推新区开发

西永组团位于重庆市沙坪坝区西部，由重庆大学城、西永微电园、西部现代物流园、西永城市中心区（L分区）共同组成，规划面积100平方公里，人口150万人以上。

2011年，在外有产业支撑、内有设施投入，各项发展基础业已夯实的情况下，西永公司开始加快建设城市配套服务功能，拉开重庆主城西部发展核心的L分区（总规划面积7.42平方公里）高标准建设的帷幕，征地拆迁、控规修订、基础设施建设（城市道路、轨道、市政、场平等）快速推进，取得重大突破。

2011年4月，西永公司紧紧抓住国土资源部成都督察局4月中旬在沙区开展土地督查的机会，举行了声势浩大的“两违”专项整治，拆迁农村集体企业146家，拆除违法用地企业84户，拆除房屋约55万平方米征地拆迁取得了突破性进展，创造了重庆厂房拆迁的新标杆。

2011年5月，西永公司与市规划局完成了L分区控规优化调整，创新了城市开发建设的部分控制性规范，被建设部批准为城市开发建设的规划特区试点区域。同时，西永城市中心广场概念性方案设计国际征集完毕，已通过专家评审。

截止2011年底，L分区基础设施建设全面推进，完成平场1347亩，建成“三纵三横”道路共计13.81公里。2012年，西永公司将率先启动面积约50公顷的西永城市中心广场建设，打造重庆城市建设的新名片和新标杆。

二、2012年发展目标

2012年，是西永公司从基础设施建设向经营管理调整转型的开局之年，也是贯彻落实黄奇帆市长“8·24”对西永微电园重要批示精神的关键之年。西永公司将理清发展思路，强化经营管理理念，以只争朝夕、迎难而上的实干精神，深入推进公司改革和转型，积极推进笔电企业专用厂房二期和生活配套设施建设，着力推进L分区开发，努力促进笔电产业发展升级，完成笔电产业的撑杆之跳，确保实现1000亿元产值目标，成为重庆第一个1000亿元级产出的开发区，高歌猛进地驶向科学发展的快车道。

重庆港城工业园区

重庆港城工业园区管委办 乐娜

重庆市港城工业园区是2002年经重庆市人民政府批准设立的市级特色工业园区，2006年被国家发改委、国土资源部、建设部审核通过为省级开发区。园区总体规划面积16.27平方公里，分为A、B、C、D四个片区，其中A片区5平方公里、B片区2平方公里、C片区4.2平方公里、D片区3.27平方公里，远景规划区1.8平方公里。其中，A、C、D片区定位于发展工业生产及仓储物流服务，B片区依托重庆寸滩深水港，定位于商贸展示，形成“一园四区”的空间布局。

一、2011 年园区发展回顾

2011 年，港城工业园区以江北区委“1595”总体发展思路为指导，按照“生产、生态、人文”园区为方向，在“十二五”开局之年，实现工业总产值 351.3 亿元，工业销售收入 350.2 亿元，同比分别增长24.5%和 24.8%。完成固定资产投资 18 亿元。实现税收 18 亿元，同比增长 63.3%。园区“3+X”新型产业体系已基本形成，即以海尔为龙头的电子电器产业，以中集、东风船舶为龙头的装备制造业，以中钢为龙头的商贸物流业，以及以曙光为代表的都市楼宇工业。

全年共引进招商项目 4 个，其中都市楼宇工业项目 2 个、物流项目 1 个，基础配套设施 1 个，合同引资额达 5.2 亿元，预计实现年总产值达 68 亿元。截至 2011 年，园区已成功规划都市楼宇工业建设项目 28 个，建成曙光、港鸿等都市工业园 14 个，建成面积达 100 万平方米，以都市楼宇工业园为平台引进中小企业 200 余户。全年都市楼宇工业实现产值 45 亿元，占园区总产值的 12.8%，逐步形成“龙头企业带动，中小企业补充”的产业发展态势。全年荣获市“十一五时期都市楼宇工业最佳贡献单位”、区创建环境保护模范区和城市环境综合治理工作先进集体称号等 30 余项荣誉，各项工作取得了新的成绩。

二、发展中存在的问题

一是在从“建设型”向“管理型”转变的过程中，园区内大量的产业工人和管理人员日益增长的吃、住、行需求，对园区内的整体布局和功能完善提出了更为迫切的要求。二是园区如何拓展下一轮发展空间，如何进一步完善园区基础设施和社会事业配套，强化园区城市管理，提升园区服务水平，培育和壮大园区产业，提高园区及入驻企业的影响力等问题急待解决

三、2012 年发展目标

2012 年，园区将继续以科学发展观为指导，认真贯彻落实江北区委“1595”总体发展思路，按照“生产、生态、人文”三者结合的理念，着眼“现代都市工业(物流)园”的目标定位，重点实施“产业升级、功能配套、形象提升、管理服务、新区开发”五大工程，为江北区建设重庆现代化大都市首善之区构筑坚实的工业(物流)基础。2012 年预计目标是：实现工业总产值 430 亿元，比上年增长 22.4%；实现商贸物流收入 200 亿元，比上年增长 33.3%；入库税金 21.6 亿元，比上年增长 20%；完成固定资产投资 20 亿元。同时，围绕“3+X”产业体系，继续深入推进 14 个楼宇工业项目建设，新建标准厂房面积 30 万平方米，形成楼宇工业规模化效应。

万州经济技术开发区

万州经济技术开发区管委会 万律

一、2011 年经济发展回顾

万州经济技术开发区(以下简称“万州经开区”)于 2010 年升格为国家级开发区，目前已与世界上 80 多个国家和地区建立了经贸关系，初步形成具有较强配套能力和竞争优势的盐气化工、新材料新能源、机械电子、纺织服装、食品药品五大特色产业集群。截至 2011 年底，万州经开区已形成高峰园、天子园、五桥园、盐化园、新田园“一区五园”的开发建设格局，规划建设用地面积达 58.56 平方公里。开发拓展面积已达 22 平方公里，累计完成开发投资 60 亿元，收储土地 4 平方公里，入驻企业 125 个。

(一)经济发展 2011 年，万州经开区完成固定资产投资 50 亿元，实际利用外资 1.4 亿美元。实现规上工业总产值 331.7 亿元，同比增长

40.05%。实现工业企业利润15.8亿元,同比增长16.4%。入库税金8.87亿元,同比增长113%。完成进出口总额1.6亿美元,同比增长87.1%。完成全口径财政收入12.29亿元,同比增长128%,首次突破10亿元大关(其中地方财政收入7.1亿元,同比增长151%)。

(二)融资工作 2011年,万州经开区在巩固和深化银行贷款的基础上,多管齐下拓展BT融资、金融租赁、中期票据、企业债券、担保等多种融资渠道,全年累计落实融资规模45.65亿元,比上年增长113%(其中BT融资10亿元,新增银行贷款授信24.9亿元)。

(三)产业发展 2011年,万州经开区大力推进重点产业项目建设,着力为重庆第二大城市建设提供产业支撑。开工建设大全二期年产3000吨多晶硅、三阳动力20万台发动机、希姆斯年产5000台电梯、昂华科技年产50亿支二三极管等6个产业项目,加快推进长安跨越商用车车身及零部件中心、三雄照明节能灯等4个在建项目,大全250兆瓦硅片一期、肯发科技1.5亿只硬盘驱动架、盐化园热岛中心一期供热部分、科华9兆瓦低温余热发电、奥根科技2000万只光学镜片等14个项目竣工投产,达产后可实现产值140亿元,税收5亿元。至2011年底,入驻125个企业,其中,产值过50亿元的企业1个,过30亿元的2个,过10亿元的5个。

(四)招商引资 2011年,万州经开区紧紧抓住长三角、珠三角、港澳地区和海外地区产业转移契机,多层次、多渠道拓展招商网络,强力实施“大招商、招大商、招名商、招外商”战略,全年累计新签约项目12个(其中协议投资额10亿元以上的6个),协议投资约329亿元,到位资金69.48亿元。2011年新签约的重庆西部纺织城、雷士产业园、中国扬业电器等项目,凸现了万州经开区的产业集群效应。

(五)征地拆迁 2011年,万州经开区完成土地勘界25平方公里,取得征地批复6.12平方公里。启动征地拆迁面积15.33平方公里,全面铺开了22个村98个村民小组的征地拆迁;全年累计签订安置补偿协议5000余户约1.3万人,拆迁房屋3400多栋,拨付补偿资金7.2亿元,初步完成10平方公里的拆迁补偿。

(六)规划建设 2011年,结合万州城市总规、土规重大修改,同步启动并编制完成了《万州经开区总体规划》和各片区控制性详细规划,确定了经开区“一区五园”58.56平方公里规划建设管理范围,基本实现了五桥园、天子园,高峰园、盐化园控规全覆盖。编制完成《万州经济技术开发区“十二五”发展规划》,重点落实了高峰片区30平方公里的产业发展规划、控规及中心城市设计;完成经开大厦概念性方案和万利、玉城、长石板106万平方米还房的设计工作,开工建设公租房、廉租房44.3万平方米,开工建设标准厂房12万平方米(竣工10.1万平方米)。完成上海大道延伸段、百安大道延伸段、工业大道、玉城大桥设计并启动招标工作,完成10.5公里的道路综合整治,边仙大桥建成通车,开工建设万忠路复线(其中A标段基本建成)。启动玉城、长石板、盐化园、石梁、檬子、高峰片区7平方公里的场平整治工程,完成约5平方公里。完成天子园、龙腾园、光电园、化工园等人行道、厂区绿化及疏港大道、化工园景观提升等项目,新栽换植香樟、桂花、杜英等约4900株,各类灌木约16000平方米;完成申明大道35栋房屋8万平方米的立面整治和店招门棚整治及三房大桥立面整治工作,启动9幢五桥立交还房立面整治和灯饰工程。

(七)安全生产 2011年,万州经开区在推动大开发、大建设的同时,着力营造安全稳定的发展环境,着力改善和提高环境质量。全年共排查企业987家(次),查出各类安全隐患774处,整改752处,整改率达97.2%,完成大全新能源、苏商港口、恩林电器等14家企业安全主体责任等级评定,并全部达到B级以上,全年未发生较大及以上安全事故。接待来访群众26批次687人次,排查突出信访问题和不稳定因素33件,协调处理17件信访突出问题和16起重点矛盾纠纷,实现了“三个下降”、“两个零”的目标,全年未发生重大影响的稳定事件。

(八)环境保护 2011年,万州经开区对入驻企业进行了环评执行率、ISO14000认证、工业污水及固废排放、危险废物处置调查,建立了重点企业环境监察台账。协调处理了雷士照明、兰花太阳能、亿田食品生产废水处理等环保问题。扎实推进高峰拓展区、龙腾园、五桥园、天子园、玉城片区规划环评工作和五桥园污水处理厂、高峰拓展区污水处理厂、化工园区固废处置场的前期准备工作。

(九)管理服务 2011年,万州经开区进一步优化管理体制,着力提升服务水平。党工委、管委会正厅(局)级机构获中央编办批准,"一办六局一中心"迅速组建到位。不断完善重庆三峡产业投资有限公司、重庆万州化学工业开发有限公司、重庆玉罗市政工程有限公司三家直属公司的法人治理体系,形成"行政决策、公司执行"和"小机关、大公司"的运行机制。选举产生了经开区机关党委、经开公司党总支、两新工委,成立了14个基层党支部,新建华歌生物等4个"两新"组织。选举产生了经开区工会工委和12个基层工会组织,帮助东松三雄等3家企业成立了工会组织。积极开展"三进三同"、"结穷亲"、创先争优"一讲二评三公示"等主题活动,直接联系贫困群众81户,开展"三进三同"159人次,发放慰问款物合计11.3万元。认真落实党风廉政建设有关规定,制定和完善了财政预算管理、招商引资财政税收优惠资金管理、中介机构管理等八个管理办法,促进各项工作制度化、规范化、精细化,从制度和管理上有效预防腐败行为的发生。

二、发展中存在的问题

一是土地资源供应紧张。随着开发区发展提速,土地资源的供应达不到高速开发建设和大量项目入驻的需求,成为制约开发区快速发展的瓶颈。二是资金项目匮乏。中西部地区的开发区,由于区域经济社会发展相对落后,在优秀项目和资金引进方面缺乏明显优势,产业结构优化困难。

三、2012年经济发展目标

2012年是实施"十二五"规划的关键之年,万州经开区将紧紧围绕"分散开发向集约成片建设、单一型园区向多功能综合性开发区、粗放型增长向质量效益型增长"三大战略转变,加快推进开发建设,力争全年实现工业产值420亿元以上,同比增长30%以上;实现利润18亿元,同比增长20%;完成进出口总额2亿美元,同比增长30%;地方财政收入突破10亿元,增长50%以上;完成固定资产投资60亿元;培育新增规模以上工业企业10户,新增就业岗位1万个。

建桥工业园区

建桥工业园区管委会 李环

2011年,园区办在区委、区政府的正确领导下,各项工作取得良好成效。实现工业总产值同比增长23.6%,固定资产投资同比增长26.16%,现将具体工作报告如下:

一是融资工作实现突破。成功融资5.4亿元,其中农发行贷款资金3.6亿元,进出口银行贷款资金1.5亿元,兴业银行贷款资金0.3亿元。预计年内将取得农发行、汉口银行、三峡银行、重庆银行等7家银行5亿元贷款。

二是重点项目有力推进。采取超常规手续办理,大力推进重点项目落地、开工、投产。已开工建设天安数码城一期、中冶建工研发中心、中铁电气化总部、单轨公司总部、15万平方米标准厂房、蓝沁苑安置房二期等9个重点项目。即将开工建设天安数码城二期、海康威视、中石化润滑油、长鹏汽车内饰件、重钢环保总部、数码模二期、建桥大道延伸段工程、建桥科技综合大楼、总部片区能源综合设施、建桥污水处理厂等10个重点项目。全面完工朝阳制气基地、恒通国际物流中心、国际复合制氧基地、长征重工电缆工程、楼宇片区道路、绿化能源工程等20个重点项目。

三是土地调规成果显著。大力实施土地调规和储备工作，全面完成A区1163亩土地调规，C区1101亩土地调规已进入深入论证。全面完成9042亩土地储备，并获得了市规划局核发的储备红线，其中5699亩已办理土地储备证。

四是闲置土地成功盘活。采取多种方式，有效盘活闲置土地1214.44亩。包括成功收回宗申集团、长征重工、雅马哈、博奥镁业、应用技术研究院、嘉策实业、宝丰线缆、井泉医药等13家企业共计1074.44亩闲置土地，并将部分收回的闲置土地再供应给了煤研院、长鹏实业等企业。积极促成数码模公司与亿和精密工业股权并购事宜，成功盘活140亩闲置土地。

五是征地拆迁进展顺利。投入5.2亿元征地拆迁专项资金，取得征地批文2940亩，实施征地拆迁1322亩，完成中石化润滑油、K25安置房、海康威视、天安数码商住用地等4个重点项目共计944亩征地工作。完成天安数码城、中冶建工设计研发中心、单轨总部、中铁电气、煤研院安检基地等14个项目1016亩土地供应工作。

正阳工业园区

重庆市正阳工业园区管委会　刘德海

一、2011年发展回顾

2011年，园区按照“大招商、大建设、大产业”的思路，深入贯彻落实渝委发〔2010〕36号文件精神，认真实施“工业强区”战略，已逐步成为黔江经济发展的核心区、工业发展的集聚区、城市发展的新城区。2011年度荣获市政府重庆市特色工业园区优秀园区称号。

经济总量明显提升。实现工业总产值73.98亿元、同比增长82.8%，规模以上企业产值占全区规模以上企业产值的56%。销售产值71.72亿元，产品销售率97%。工业增加值实现23亿元、同比增长90%。完成工业固定资产投资45亿元、同比增长63.3%，占全区工业固定资产投资90%。完成财政一般预算收入5190万元。

招商引资实现突破。签订正式入驻协议项目49个，项目协议投资金额171亿元，是2010年协议引资的16.7倍；项目实际到位资金约37.58亿元，同比增长215.01%，占全区招商引资到位资金37.5%；标准厂房招商4.7万平方米，总投资达5.1亿元，引进总部经济项目17个，协议引资额13.3亿元，成功引进铝型材加工、桐乡丝绸工业园、雨润工业园等一批重大招商引资项目。

产业承载力显著增强。全年园区投资基础设施建设项目42个，完成基础设施投资12.7亿元，同比增长7.5%。园区开发区域从1.32平方公里拓展到13.3平方公里，建成园区道路近28公里、标准化厂房10.4万平方米，配套服务功能基本完善，培育绿色食品、新材料、丝绸服装、高新技术产业、机电产业“五大产业”的承载力显著增强。

产业培育步伐加快。实施“1155”工程等重点发展战略，全力实施PVC一体化项目等10个区级重点项目，重点扶持科瑞南海制药等31户园区规模以上工业企业，全年建设产业项目31个，完成产业投资32.5亿元，同比增长107.6%，新增投产企业11户。新入驻落地企业16户，投产投用企业14户，园区入园企业累计达75户，投产投用企业55户，从业人员7588人。编制完善《重庆市正阳工业园区产业发展规划(2010—2020)》。

二、2012年发展目标

2012年,正阳工业园区园区党工委、管委会要牢固树立科学发展观,牢牢把握"稳中求进"总基调,着力推行开放新模式和运行新机制,深入开展"优化发展环境、促进跨越发展"活动,以实施"大项目建设推进年"为抓手,强化大招商,突出大建设,培育大产业,全面加快园区开发建设步伐,"四组团一基地",即正阳组团、青杠组团、龚家坝组团、冯家组团和正阳现代物流基地的发展框架基本形成。力争全年新入园企业达40户以上,园区累计到120余户;新引进5个10亿级以上工业项目;完成工业投资60亿元,实现工业产值120亿元,跻身"百亿级特色示范园区"。

九龙园区

九龙园区管委会 邓朝军

2011年,在九龙坡区委、区政府的正确领导下,九龙园区深入践行科学发展观,紧紧围绕开发建设中心工作,立足"C区平台",突出基础设施、产业项目、城市化"三个抓手",强力落实"四项服务",积极应对资金、土地困难,努力促进各项经济指标持续增长。

一、2011年发展回顾

全年完成工业总产值501.17亿元,同比增长20.7%;完成工业增加值146.4亿元,同比增长17.6%;完成技工贸收入850.12亿元,同比增长38%。2011年,九龙园区被评为"全国模范劳动关系和谐工业园区"、全市"十强工业园区"。

(一)完善基础设施,建设投资新环境

园区投入3.2亿元完善水电气管网、道路等基础设施建设,为项目建设和生产提供硬件保障。一是推进道路工程。提前半年完成华岩片区9.2公里路面改造,解决了困扰多年的华福路交通畅通等问题,完成火炬大道、翼龙路等路面修补;正实施B3区市政道路工程、C区北部区间道路等3.3公里道路建设。二是完善水电气管网。建成水电气、通讯等各类管网20.25公里,安装箱变9台,拆除变压器22台。三是实施市政绿化。新增绿化156亩,补植屏障林约60亩,打造园区花红树绿、路畅灯明的窗口形象。

(二)狠抓产业发展,培育增长新项目

加大招商引资力度,重点围绕主导产业和特色产业招商,引进和建设项目,完善产业链。全年实现招商引资实际到位内资18.7亿元,签约壹本置业等6个重大项目;引进高化学、百得利高端汽车品牌4S店等外资项目6个,外资实际到位3869万美元,超额完成目标任务的29%;千方百计克服困难,加快推进项目建设,促进企业早日建成投产。建成重大项目5个,其中龙江汽车(二期)、大顺电器建成投产,赛力盟电机、隆鑫热动力基地(一期)建成并完成搬迁,美每家家居广场建成后运营良好;启动柳工工程机械再制造、悦康药业、隆鑫钢结构等项目建设,进一步培育经济增长点,壮大园区特色产业。

(三)推进城市化进程,提升城市新形象

坚持以工业化带动城市化,以城市化促进工业化,高度重视城市建设和发展。一是启动盘龙城中村改造,盘龙"城中村"安置房已交地的部分基本完成平基工程,云步公园成施工图设计和概算,正进行预算评审和施工图设计,南园已进场施工;二是加快西城建设,启动C区综合办公楼和1200亩生态公园,大力打造西部新城中央商务区。综合办公楼主体完工,生态公园已完成北大门入口广场铺装、景观绿化,一期工程建设完成。三是推动专业市场等城市配套产业发展,以巴国城为平台,打造重庆石生国际茶城和婚庆产业城等创意产业,着力构建巴国城红色文化基地。

(四)深化服务方式,搭建保障新平台

一是加速推进重点项目。针对重点项目开展一对一服务,深化落实项目负责人制度,成立由园区领导牵头的工作组,分别承接11个重点项目,全盘负责相关建设工作。二是协助解决企业困难。组建4个服务工作组,先后走访56户重点企业,主动上门服务,帮助协调解决企业用电、交通、招工等方面困难。三是全力争取用地指标。从各部门抽调骨干力量成立专项报件组,负责项目用地报件手续工作。全年争取C区标准厂房地块用地指标134.87亩,取得C区隆鑫居住用地、办公楼等8个项目共2371.05亩土地的征地批复,保障开发建设顺利推进。

二、2012年发展目标

2012年,是思路明晰、夯基前行的一年。九龙园区按照“再战九龙西城”的要求,全力以赴推进C区开发建设,为实现“千亿级工业园区”的目标提速加码。一是再战西城。重点实施中央商务区骨干道路、陶家变电站、西城生态公园、柳工、悦康等重点项目,为建设西城核心商圈打下坚实基础。二是兼顾东部。重点推进盘龙城中村改造,启动盘龙公园、广场建设,加快片区土地招商及出让,进一步为西部新城聚集人气和商机,推动区域经济发展。完善B3区用地手续,启动盘龙拆迁企业和招商项目。三是“招大招强”,围绕龙头企业和主导产业招商,做大做强汽车、机电特色产业,大力发展总部经济;积极包装项目,通过项目努力争取用地指标,实现向陶家拓展。

2012年,九龙园区计划完成工业总产值600亿元,增加值170亿元,营业收入(技工贸收入)1000亿元。

九龙坡重庆现代都市农业科技园区

九龙坡重庆现代都市农业科技园区管委会 尹生

在九龙坡区委、区政府的正确领导下,九龙坡重庆现代都市农业科技示范园区通过近两年的转型发展,成功实现组团绿化隔离带调整、8.9平方公里西部国际涉农物流园区获批、1600亩土地征地拆迁完成、1500亩地票成功购进、337亩计划外用地指标取得,共引进总投资额305亿元重点项目17个,初步形成了涉农商贸物流、生态休闲旅游和农业科研会展三大产业联动互补、协调发展的产业格局。

一、2011年发展回顾

2011年,园区旅游、餐饮企业接待游客129万人次,同比增加54%;旅游创收11927万元,同比增长37%;商贸企业营业收入735万元,同比增加19%。财政税收总额完成7246万元,同比增长105%;本级财政收入完成2830万元,同比增长146%;固定资产投入8亿元。

(一)转变发展思路

切实转变发展思路,成功申报成为市级现代都市农业科技示范园区,以“重庆唯一、西部领先、国内一流”为目标,努力打造现代都市农业市场体系和城乡统筹示范平台,向城乡统筹发展和西部新城建设的目标迈出了更加坚实的步伐。

(二)拓展发展空间

园区成功实现组团绿化隔离带的调整,拓展发展空间11平方公里,同时加大规划协调力度,由园区重点打造的西部国际涉农物流加工区8.9平方公里控制性详细规划已编制完成并通过行政评审,即将获市政府审批,土规已调整完毕,实现“两规叠合”。

(三)调整产业结构

园区抢抓全市"三基地四港区"建设、主城进入"二环时代"、高新区拓展建设以及西部新城建设四大机遇，对园区产业定位迅速作出反应与调整，着力调整过去以花卉苗木产业为主的单一产业结构，初步形成了涉农商贸、生态旅游和农业科研三大产业联动互补、协调发展的产业格局。

(四)全力招商引资

本着"招大商、强商、名商"的理念和"科技、环保、生态"项目准入原则，成功引进重庆沁园实业(中国)总部生产基地、中国西部农产品冷藏物流中心、重庆九州国际汽摩(农机)配件物流商城等项目，协议引资金额达305.68亿元，建成后产品年交易额1386.6亿元，吸引和解决就业10万人。

(五)力推重点项目

狠狠抓住预先征收土地这一"关键"，实现预征收土地1.1平方公里，为九洲汽摩配件物流商城、西部冷藏物流中心和沁园总部基地等重点项目的启动建设奠定了良好的基础。

(六)完善基础设施

园区加快推进基础设施建设，筑巢引凤。新修道路、管网等市政设施，为项目落户、建设和企业发展创造充分条件。白马大道(农业科技园区段)、物流园区支线、物流园区四横线东段道路、物流园区800亩土地整治、110变电站等项目前期工作有序推进；园区核心区污水管网工程正在紧锣密鼓施工中。

二、发展中存在的问题

一是物流园区规划报审仍需加快。现白市驿涉农物流园8.9平方公里范围规划已通过有关部门评审通过，一期5.19平方公里范围控规已通过市政府审批（其中4.22平方公里在西部国际涉农物流加工区范围内)，但二期4.68平方公里范围控规报审工作仍推进较缓，用地困难在一定程度上制约了区域经济发展。

二是园区建设资金形式依然严峻。由于银行政策收紧，都市农业公司无资产作抵押，新增融资几乎不可能，加之园区项目建设任务繁重，维持各项工作正常运转的资金缺口非常大。

三是园区优惠扶持政策亟待完善。目前，市、区两级特别是在涉农、物流、科研、农业产业方面，未给予园区较大的优惠扶持政策，发展的后劲明显不足。

三、2012年经济发展目标

2012年，园区要在九龙坡区委、区政府的坚强领导下，着力从规划、用地指标、土地征收、资金四个方面入手，广拓思路，务实创新，重点突破，强力推进，为建设"千亿级"涉农商贸物流园区、低碳物流中心奠定坚实基础。

(一)一心一意完善城市控规

努力协调市级相关部门，完善物流园区10平方公里控规，加快土地开发和资金回笼，提升园区经济发展基础和实力。

(二)千方百计争取用地指标

积极依托粮食集团、渝黔铁路等重点项目建设和购买地票争取落实5000亩用地指标。

(三)多措并举加快征地拆迁

组建强有力的征地拆迁领导班子和工作小组，采取各种措施，确保5000亩土地征收到位，保证项目建设用地需要。

(四)竭尽全力突破资金瓶颈

通过争取优惠政策、专项扶持资金、招商企业资金支持、BT融资等方式大力拓宽融资渠道、筹集资金，冲破资金制约枷锁。

巴南经济园区

巴南经济园区　廖俊杰

重庆市巴南经济园区成立于2007年3月，是重庆市政府批准的省级新型特色工业园区，位于重庆市主城区南部、重庆市"1小时经济圈"核心层，是重庆市江南新城的重要组成部分。

巴南经济园区规划面积约50平方公里，分为花溪汽摩产业园(4平方公里)、天明汽摩产业园(10.6平方公里)，界石数码产业园(18.6平方公里)、鹿角信息产业园(12平方公里)和武新装备产业园(4.8平方公里)共5个产业园。其中，花溪汽摩产业园、天明汽摩产业园约5.4平方公里为建成区，已有长安铃木公司、宗申产业集团、大江工业集团、建设集团等为代表的95家规模以上企业入驻。当前，巴南经济园区正在加快界石数码产业园、鹿角信息产业园以及武新装备产业园的开发建设。

一、2011年发展回顾

2011年巴南经济园区建设受到了重庆市委市政府的高度重视，黄奇帆、邢元敏等市委市政府领导先后莅临巴南经济园区视察指导工作。

2011年巴南经济园区实现工业总销售产值405亿元，同比增长16.9%；工业增加值125亿元，同比增长12%；利税38亿元，同比增长13.3%；完成固定资产投资25.2亿元，全面完成工业经济推进年的各项目标和任务。连续八年被评为重庆市"十强工业园区"。2011年巴南经济园区在征地、融资、招商等工作中取得了重大成绩。

(一)实现"四大新突破"

1.征地拆迁工作实现新突破。巴南经济园区已完成征地和预征地近8000亩，已取得征地批文约225亩，另有2736亩在缴纳相关费用后即可取得征地批文，为园区的后续发展奠定了坚实的基础。

2.融资工作实现新突破。2011年，巴南经济园区顺利完成平台公司分类调整，争取了土地储备资质，解决了园区融资的先决条件，通过多种渠道筹集资金21亿元。

3.招商工作实现新突破。巴南经济园区依靠产业招商，在界石组团和天明组团分别以数码产业和汽摩产业招商为主，均得到有效突破。生产车载导航的香港怡高科技公司，生产车载电子设备的桴之科公司和深圳桑德科技，生产高低压成套开关设备的众恒电器落户界石数码产业园；长安铃木二工厂、光宇摩托等落户天明汽摩产业园。

4.项目入驻实现新突破。一是长安铃木乘用车扩能项目启动建设。2011年11月16日，长安铃木25万辆乘用车、25万辆发动机扩能项目正式签约，落户巴南经济园区天明组团。该项目启动建设对推进重庆市工业经济快速发展，优化巴南区工业经济结构，提升巴南区汽车产业在重庆市比重具有重要而深远的意义。二是砂之船中央休闲购物区项目成功落户巴南经济园区鹿角组团。随着该项目正式协议的签定，标志着作为以工业发展为主的巴南经济园区向加快打造配套商业迈出了重要一步。该项目是巴南区历史上最大的单体投资项目和最大的商业地产开发项目，为区委、区政府提出的在界石鹿角区域建设成为江南新城核心区的宏伟目标奠定了坚实的基础。

(二)取得"三大新成效"

1.界石数码产业园建设初现成效。界石数码产业园在2011年获得重庆市政府批准，可享受笔电及配套企业"一区七园十基地"优惠政策。界石数码产业园内建成通车道路约5公里，正在建设道路约3.5公里，一期约3.4平方公里平场全部完成。完成了首期招商引资项目，签定入驻协议6户。同时，正与20多家数码企业进行深度洽谈。

2.标准化厂房建设显见成效。遵照黄奇帆市长2011年3月30日到巴南经济园区调研工作时的指示精神，巴南经济园区2011年4月在界石组团启动了一期标准化厂房建设。至2011年年底23万平方米标准厂房建设已全面封顶，即可交付企业进行二次装修，全面完成了巴南区委、区政府下达的目标任务，对园区推进数码产业园建设，促进企业尽快投产具有积极作用。

3.恒安纸业项目显现成效。作为第一个在界石组团实现全面生产的项目，对园区后续项目具有示范和指导意义，为园区项目促建有极强的借鉴作用。

(三)推进“两大新项目”

1.率先启动推进打造全国最大的“云谷”项目。为提升界石数码产业园科技含量，园区积极争取并推进云计算和超级计算机项目，与中科院重庆分院、重邮信科集团公司签订战略合作协议，与龙芯公司、曙光公司、国虹数码科技公司等相关单位和公司进行对接洽谈，寻求在技术、人才、网络通道建设、云端硬件设备制造等相关方面的合作，为打造云计算和物联网项目打下坚实基础。

2.精心推进打造“MOCVD国际工业园”项目。将规划建设MOCVD高科技生产区、LED研发中心、LED科技博览馆等，将形成一条从蓝宝石基座、芯片到封装的上层LED产业链，打造成为国际一流、规模巨大的LED产业园区，对推动园区发展高端制造业具有举足轻重的作用。

二、2012年发展目标

(一)工作思路

按照“依托大资源，引进大企业，实施大项目，实现大发展”工作思路，集中精力抓好资金筹集，集中精力抓好土地征用和基础设施建设，集中精力抓好重点项目引进，以项目尽早出效益为目的，进一步解放思想、求真务实、突出重点、整体推进，力争把园区建设成为产业优势明显、园区功能突出、创业氛围浓厚、投资环境优良的园区。

(二)发展目标

实施“5555”工程：即工业总产值突破500亿元，增长20%以上；实现利税突破50亿元，增长20%以上；征用整治土地突破5000亩，累计突破1万亩以上；培育投产新项目5个以上。

(三)工作重点

1.抓融资，着力搞好运行调度

一是必须增加公司资产，力争使公司的资产负债率保持在60%左右，为园区持续融资创造条件；二是千方百计拓展融资渠道，除银行贷款务必加大力度、跟踪落实以外，要在承兑汇票、债券发行、融资租赁、借壳贷款等方式上有新的突破，今年1–4月已落实到位资金4.3亿元，全年确保融资达到20亿元以上。

2.抓征地，着力拓展发展空间

一是重点抓好长安铃木乘用车扩能项目2020亩用地，光宇公司用地300亩及其他配套企业用地工作；二是抓好界石数码产业园已先行用地约1600亩的道路及平场工作，适时启动用于标准厂房(工业楼宇)三期建设，初步预计可修建标准厂房300万平方米以上(容积率按3.0测算)。三是抓好鹿角组团约4000亩土地的征地工作。

3.抓基础，着力打造发展环境

一是按照长安铃木扩能项目建设进度，加快约5公里道路建设和约880万方土石方的平场工程；二是确保东城大道B段基本建成通车；三是确保鹿角组团C、D线建成通车；四是确保界石污水处理厂6月底建成投入运行；五是启动经济园区孵化楼建设，力争今年四季度开工；六是启动界石组团二期安置房、鹿角组团一期安置房建设；七是启动城市综合体项目建设；八是完成梨花大道建设；九是完成海棠变电站电缆沟建设；十是启动100万方二期标准厂房(工业楼宇)建设。

4.抓促建，着力加快发展速度

一是强势推进长安铃木乘用车扩能项目及

其配套企业建设，力争完成交地2000亩以上；二是数码产业园内已落地的北京桴之科、香港怡高、众恒电器、浩立塑胶、耐德环境装备产业园、香港力源、中远精密模具等项目，力争2012年建成投产；三是界石组团全面完成一期标准厂房建设；四是积极跟踪以"云计算"为主体的超算系统；五是金竹组团要加快南兴包装、长江预应力、浩浪机械、天霈节能建材等项目建设。

5.抓招商，着力引进世界品牌

一是抓好日立化成高科技电路板切膜项目入驻标准厂房；二是抓好广东信华精机项目入驻标准厂房；三是跟踪一批如美国希捷、昆山渝榕、德国SEW、意大利CSI、八运机械、赛普电器等项目，力争在招优招强上有更大的突破。

西彭铝产业园区

西彭铝工业园区管委会 彭川宁

一、2011年发展回顾

2011年，是九龙坡区"城市形象提升年"，也是西彭铝产业区的"形象提升年"。西彭铝产业区紧紧围绕"打造中国铝加工之都"的目标要求，按照"大工业、大物流、大市场"的发展思路，以勇创一流的工作精神、求真务实的工作作风，苦炼内功，强化服务，狠抓项目，推动了园区经济快速健康发展。

(一)经济发展总体态势良好

2011年，铝产业区经济总量大幅上升，呈现出蓬勃的发展态势。2011年1~12月，投产工业企业实现工业总产值约350.1亿元，同比增长27%；实现工业增加值约73.2亿元，同比增长24%；全社会固定资产投资完成约30.9亿元，同比增长28%；其中工业固定资产投资完成约18.6亿元，同比增长27%。实现出口约13.6亿元(21607万美元)，同比增长17%。2011年再次进入全市"十强工业园区"之列，全年各项指标在市级特色园区等国家级园区综合拉通排名的情况下，首次进入第九位，除国家级园区外，跃居全市特色工业园区第七位。此外，2011年8月，市委统战部、市经信委等市级部门联合授予"绕城经济带·最具成长潜力十大工业园区"荣誉称号。2011年12月，又被人民日报社(人民网)在全国范围内评选为"十二五·首批最具特色产业品牌园区"。

(二)中国铝加工之都建设有序推进

围绕" 打造中国铝加工之都" 这一目标，紧扣"提升形象、加快发展"这一主题，积极建设开放型工业园区，全面推进各项建设，在项目推进、用地保障、招商引资等各方面都取得了明显成效。

一是项目推进有力，为加快发展注入新的活力。在保证质量的情况下，进一步加快项目推进速度，为铝产业区发展注入新的动力。2011年，投资23亿元的"1+2"冷连轧、10亿元的为国产大飞机配套的中厚板等一批拥有世界先进技术和一流装备的铝加工项目相继建成投产，65万平方米公租房、22万吨铝合金熔铸、5万吨铝合金交通特种型材、绕城高速公路小塆立交等一批基础设施、产业、居住配套项目相继开工建设。

二是筹措资金有力，为加快发展提供资金保障。在国家继续实行稳健的货币政策的大环境下，融资形势异常严峻。为保障资金的投入，西彭铝产业区积极拓宽渠道，采取多种有效措施筹措资金，在银行贷款不增加的情况下，千方百计筹措资金13.3亿元，完成征地报件、补偿安置、工程建设等各项工作。通过多方努力，2011年12月园区公司通过银监局审核，回归到一般类公司，恢复融资功能，为铝产业区进一步提高资金筹措能力、保障必要资金投入起到了积极作用。

三是用地保障有力，为加快发展提供必要空间。针对国家紧缩"地根"的严峻形势，铝产业区坚持集约节约用地、合法用地原则,为"三高一低"项目(高技术、高税收、高就业、低耗能)和符合产业导向的"龙头"企业争取用地指标,合法征用土地,确保重大项目用地需求。通过市级重点项目、妥善处理遗留问题等多种方式争取建设用地指标,实施土地征收和动迁,为项目建设提供了必要的发展空间。

四是招商引资有力,为加快发展提供项目支撑。按照"招大、招强、招特"的思路,加大招商力度,采取展会论坛招商、节会招商、"点对点"招商、以商招商等多种方式,成功举办"2011年中国国际交通用铝论坛",隆重举行"1+2"冷连轧、中厚板、中铝萨帕等项目的开竣工庆典活动,起到推介铝产业区、扩大对外影响力的良好效果,加大了招商引资力度,引进了一批投资规模大、技术含量高的铝产业精深加工项目,逐步延伸和壮大产业链。2011年新引进上海通用汽车PDC、中铝萨帕特种铝型材等20个工业项目,协议引资45亿元,其中,投资6.3亿元的大型铝合金型材挤压及加工生产线项目,代表当前铝行业在该领域的国际顶尖水平。

二、2012年工作思路

2012年,发展目标是:筹融资10亿元,招商引资20亿元,固定资产投资完成22亿元,工业总产值410亿元,工业增加值85亿元。

一是增强融资能力,拓宽融资渠道。全面提升园区公司的“造血、生血”功能,争取金融、财政等部门支持,力争通过银行、信托、债券、股权融资等多种方式、多渠道加强筹融资,确保资金不断链,切实推进园区健康发展。

二是全力推进10大重点项目建设。全力推进黄磏港、电力培训中心、中铝萨帕铝型材、西南铝熔铸等10大重点项目建设。加快安置房的策划和启动建设,妥善安置征地拆迁人员。

三是招商引资引智引人才协调推进。发挥中铝西南铝国家级技术研发中心、技术培训中心、西彭园区博士后工作站、重庆市汽车用铝应用研究工程中心等既有资源优势,继续深化重庆市知识产权试点园区探索,培养汇集行业高级人才,为园区发展提供智力支撑。进一步拉长优化铝产业链,促进产业升级,打造科技铝都。

白涛化工园区

重庆白涛化工园区管委会 徐勇

2011年是白涛园区负重前行、爬坡上坎的一年。在区委、区政府正确领导下,园区全力贯彻落实市委37号文件精神,以“项目拓展”为主线,以“项目攻坚”为重点,基础设施、公用工程、产业发展、招商引资、环境改善等各项工作全面推进,取得较好成效,白涛园区的整体形象有了一个质的飞跃。

一、2011年发展回顾

(一)主要经济指标

2011年完成固定资产投资36亿元,同比增长%,实现工业产值55.3亿元,同比增长%,全年招商引资协议资金51.4亿元,同比增长%,完成招商引资到位资金21.8亿元,同比增长%,全年共完成招商引资项目6个,同比增长%,完成新开工项目16个,同比增长%。

(二)重点项目建设

白涛园区原有基础设施薄弱,华峰工业园入驻白涛园区后,大工业配套条件差的弱点暴露无遗。区委、区政府高度重视华峰工业园的建设、配套和服务工作,成立了指挥部,由张鸣书记任指挥长,今年7月又成立了协调督导工作组,由沈晓钟区长任组长,区级相关部门为成员单位。为确保华峰项目一期工程按期竣工投产,园区全力推进华峰工业园及其它基础设施工程建设。一是华峰工业园场平工程、弛源化工场平工程都按期投入使用,热岛场平已于10月份开工建设,目前工程进展顺利;二是新修园区主干道4.92公里,使园区主干道延伸至山窝场镇,拉大了园区框架,新修横向干道1.48公里,拓宽改造园区主干道三个搭接口，有效整治了园区的交通隐患和提升了园区形象；三是加快建设总长11000米园区供水管网和10000米的污水收集及其排放管网；四是完成了华峰110千伏高压线架设,确保华峰生产供电;五是加快建设危化品灌区和危化品码头及火车站，确保园区危化品物流需要;六是加快建设天然气管线工程,园区8600米天然气管道和天然气配气站于12月30日建成投入使用;七是结合白涛集镇建设修建江西湾综合市政工程于12月底完工,确保华峰生活区出入方便；八是大力推进保障房建设工程,廉租房一期工程接近尾声,于12月底入住居民,征地拆迁安置房、廉租房二期、廉租房三期、公租房一期工程正按计划进度施工。到年底,华峰化工已二酸项目、天原10万吨氯碱填平补齐、建峰三聚氰胺二期三个项目基本建成，加上已经新建成投产的白炭黑扩能、5万吨甲醛、六羟甲基三聚氰胺、醚化密胺树脂项目,共有7个项目,可新增产能40亿元。同时,园区污水厂、供水管网、消防站、燃气管网、化危品储罐、化危品码头改造工程、横向干道一期、华峰11万伏专用线、廉租房一期和华峰生活区市政工程等10个公用工程及基础设施项目也将陆续建成投用,园区整体硬件环境会有大的改观。

(三)招商引资情况

2011年共完成签约项目6个，项目总投资51.4亿元,为全年目标50亿元的103%。

1、多晶硅项目:2011年1月27日与重庆三阳化工签订《多晶硅项目落户重庆白涛化工园区协议书》,该项目总投资20亿元,达产后产值30亿元。目前正在开展项目前期工作。

2、热电联产项目:2011年5月6日与开发公司签订《热电联产项目落户重庆白涛化工园区协议书》,该项目总投资20.5亿元,达产后产值16亿元。目前正在开展场地平整工作。

3、固体危险废物处置中心项目:2011年4月18日与江苏福昌环保科技集团有限公司签订《投资重庆白涛化工园区固体危险废物处置中心项目合作意向协议书》,该项目总投资3亿元,达产后产值1亿元。目前正在开展项目前期工作。

4、重庆华峰房地产开发公司城区开发项目,总投资3亿元。目前正在开展项目前期工作。

5、50万吨车用XS醇型燃油项目,2011年12月8日与该项目筹备小组签订《投资意向协议书》，该项目总投资4.1亿元，达产后产值35亿元。目前正在开展项目前期工作。

6、四氯化碳转1.5万吨/年四氯乙稀环保技改项目,2011年12月8日与重庆天原化工有限公司签订《投资意见协议书》，该项目总投资0.78万元,目前正在开展项目前期工作。

2011年新开工产业项目5个:热岛、污水处理厂、天原氯碱填平补齐项目主体工程、天原甲烷氯化物项目、三聚氰胺二期项目主体工程;新开工基础设施项目11个:园区化危品储罐、园区横向干道、消防特勤站、供水管网工程、配气站及管网工程、化危品码头、主干道入口环岛工程、公租房、安置房和华峰生活区综合市政工程等。

二、发展中存在的问题

天然气要素瓶颈严重制约项目投产见效和园区发展。建峰“二化”2010年6月竣工待产至今,只是在今年3月有少量短暂供气,每年需天然气5亿方;华峰己二酸一期年底投产需天然气0.7亿方,二期将在2013年建成投产需天然气1.4亿方；聚四氢呋喃项目2013年建成投产后需天然气2亿方。即在3年内缺口9.1亿方，其中2012年底需落实5.7亿方,2013年再需3.4亿方。

三、2012年发展目标

2012年指导思想:以科学发展观为指导,解放思想,结合园区实际,创新园区发展思路和发展措施,着力推进园区基础设施建设,加大园区招商引资工作力度，加快园区重点项目建设进度,壮大园区经济总量,提高园区服务水平,促使园区发展水平上档升级，实现园区又好又快发展。

2012年发展目标：全年完成“52736”目标任务。即

“5”完成招商引资协议50亿元。

“2”招商引资到位20亿元。

“7”实现工业产值70亿元。

“3”完成固定资产投资30亿元。

“6”新开工项目6个，即华峰化工己二酸二期项目、建峰工业集团年产6万吨聚对苯二甲酸丁二醇脂项目、建峰工业集团1,4-丁二醇项目，天原化工1.5万吨/年四氯乙烯环保技改项目及其配套锅炉项目、白涛化工园区公共服务中心、白涛堤防工程。

珞璜工业园区

珞璜工业园区管委会 杨军

一、2011年发展回顾

2011年，珞璜工业园紧紧围绕“科学发展，转变方式”主题主线，切实按照江津区“一城五业”发展思路，以“建设‘双百’现代化大城市”为统揽，聚焦转型升级，加快创新突破，实现了“十二五”的良好开局。

(一)经济运行提质增效

全年实现工业总产值132亿元，同比增长63%，占全区工业总产值的1/6强；累计入驻企业175家，新增规模以上企业8户，总数达57户，产值1亿元以上企业占规上企业的40%;初步形成年产值30亿级的汽车及零部件、新型材料、高档包装纸等三大产业集群；基础设施投资、企业固定资产分别完成6.01亿元和30.22亿元，同比增长140%和32%。全年完成财政收入7.46亿元，其中：入库税金2.21亿元。

(二)项目引建成效明显

工业园狠抓项目引进和建设落地，为二次创业奠定坚实的产业基础。一是充分发挥空间、口岸和交通区位优势，围绕重点产业，提升增量。全年新引进项目41个，其中1亿元以上项目12个，10亿元以上项目4个，协议引资202.21亿，实际到位资金40.53亿元。二是全力推进项目建设，做大存量。全年新开工项目18个，新投产项目38个，均超额完成全年目标任务。玖龙纸业第三条生产线主体基本完成，哈韦斯特铝业厂房主体完工，正隆纸业建成投产，重钢江津基地、重庆起重机厂顺利动工建设。

(三)基础设施配套日趋完善

以完善主骨架路网为突破，强化功能配套，提升园区品质。一是按照“框架快速拉开，空间同步拓展”的要求，快速推进基础建设类项目。碑亭十字干道竣工投入使用，S106省道顺江至珞璜段改扩建工程，玉观片区市政道路(四期)工程动工建设；二是围绕“建园造城并举、生产生活同步”的要求，全力跟进功能配套项目。新建成标准厂房5.47万平方米，在建标准厂房6万平方米，幼儿园、垃圾中转站投入使用，文化综合服务中心项目动工建设，启动消防站、污水处理厂及220KV变电站项目；三是深化落实民生事业项目。三期8.5万平方米安居房、2009年度6万平方米廉租房建成投入使用，2010年3万平方米廉租房主体建设完成80%，13万平方米公租房12月动工建设。完成绿化10万平方米，新增开发面积2平方公里左右。

(四)要素保障全力跟进

着力化解资金、土地等方面制约，破除束缚发展的瓶颈，强化资金管理和土地、能源供给。一是加快推进多元化融资，形成以银行贷款为主，兼有企业债、信托产品、企业定向借款的多样融资结构，全年共融资3亿元，归还贷款2亿

元,基本保证了工业园的正常运转。二是争取用地指标确保重点项目开工建设。使用建设用地指标520亩,盘活存量土地70亩,用于重点项目建设。三是强化水、电、气等能源供给的保障协调,基本实现了在高峰期不停电、不停水、不停气的目标,保障企业正常生产经营。四是通过专项招工、校企对接、人才市场招聘等多种方式满足企业用工需求,鼓励企业提高员工待遇,留住优质人才。

(五)自身建设不断加强

通过完善内部管理,加强队伍建设,提升执行力。以制度管人,制度管事,严格落实党风廉政建设责任制。强化工程管理和工程招投标制度,在征地、拆迁、宅基地安置等工作中,确保"公开、公平、公正";切实加强财务管理,严格控制"三公"等非生产性开支,做到勤俭办事、勤俭建园,实现经济建设与廉政建设两不误,两促进,营造了风清气正、干事创业的良好氛围。

二、2011年发展中存在的问题

(一)土地问题

截至2011年底,园区投资亿元以上未落地项目有鑫鼎钢材城、西部服装城(金考拉)、科逸整体卫浴等18个,需土地指标6000余亩,用地指标缺乏,项目启动艰难。

(二)资金问题

工业园不具备土地储备主体资格,有效抵押不足,融资困难。资金需求量大,资金紧张。

(三)重大项目支撑和带动不强的问题

近年来园区引进项目存在总体数量少、层次低、规模小等问题,缺乏产值50亿元以上的领头羊项目带动,产业集群效应不明显,没有形成相应的产业链。

三、2012年工作思路

2012年,园区将继续以建设江津工业发展的第一口岸,重庆二环以内大型人口聚居区为目标,抢抓机遇,发挥优势,以更大的气魄、更高的标准、更大的决心,全力推动工业园各项工作再上新台阶。

到2012年,力争实现开发面积达到12km²,城市人口达到5万人(目前近3万人)。规上工业企业达到200家以上,技工贸收入达到250亿,工业增加值60亿以上,税金4亿元以上。

永川工业园区

永川工业园区管委会 何泽雄

2011年,在区委、区政府的领导下,重庆永川工业园区以科学发展观为指导,突出"3+3+1"主导产业,着力引进配套项目,打造产业集群,全力推进千亿级特色工业园区建设,各项工作取得较好成绩。

一、园区产值连续翻番

2011年,园区工业总产值实现连续翻番,达到422亿元,同比增长104.85%,实现工业增加值128.9亿元,同比增长95.3%。完成基础设施建设投入51.27亿元,累计完成128.2亿元,实现财政收入22.5亿元,同比增长137.34%。新增面积5平方公里,建设面积达22平方公里,入驻企业累计达到230户,投资总额达536亿元。被评为"一圈"优秀园区。

二、基础设施更加完善

全年投入基础设施建设资金51.27亿元,完成了凤凰湖G区平场工程和港桥大道A段一标段、港桥新城启动区平场工程;启动了船舶工业园、兴龙大道片区Ⅳ区和青峰石材城4840亩用地平场设计;完成了兴龙大道A段3.4公里和永津路C段1.5公里的扩建工程,跨成渝铁路桥工程已完成桥桩浇铸,正在进行桥面建设;永川港桥联检大楼、朱沱场镇风貌改造等项目接近尾声；三教主干道1、2号线已进入给水管道铺设阶段，3号线已进入方案图设计阶段。凤凰湖工业园一号开闭所正式投运，启动了凤凰湖G区和南部拓展区110变电站的规划设计，配合华科事业群项目，完成两条10KV电力专线审批，三教变电站建设项目正在上报实施方案，日供气30万方的天然气配气站已启动建设。凤凰湖、三教污水处理厂项目正在加快推进。启动建设电子标准厂房6.8万平方米，已完成规划设计15万平方米，廉租房建设有序推进。截止2011年12月，累计完成基础设施建设投入128.2亿元，建成园区主次干道63公里，建成标准厂房15万平方米，建成职工公寓200套，天然气日供气能力80万立方米，日供水能力10万吨，日处理污水能力10万吨，电力装机容量充裕，园区基础配套能力显著增强。

三、项目建设有序推进

着力实施"保姆式"服务，加快推进了入驻项目建设。2011年，新增华盈电子、重开电器、万旭电子、致伸科技、瀚荃电子、特川建材等投产企业21户；华科事业群川亿、元茂、华盈厂房及综合楼已基本完成主体工程，计划明年5月实现试生产；新格公司年产60万吨再生铝及铝硅合金项目、东方希望粉磨站、理文35万吨牛皮箱板纸、理文7.5万KW热电机组、理文9.8万吨浆粕技改、宝思迪镀锌带钢项目即将建成投产；航丰机械、顶赫金属厂房建设有序推进，预计明年5月建成投产。目前，园区累计投产企业110户。

四、招商引资成效明显

以驻外招商局为平台，充分发挥工业园区承接产业转移的主阵地作用，重点围绕电子信息、机械装备制造、新型材料、特色轻工、精细化工和能源产业等主导产业，以大公司、大财团、大客商和世界500强为目标，重点招引技术含量高、产业关联度强、财政贡献率大的项目。同时，注重包装储备支柱企业上下游配套项目，引进上下游关联产业，打造产业集群。2011年，新引进台湾PSA华科事业群、台湾致伸科技、再生资源交易市场、创精温锻、重庆锻造厂等项目59个，协议引资115.6亿元，实际到位资金195.3亿元，入驻企业累计达到230户。

五、企业服务真诚贴心

以现场办公会为抓手，定期收集整理重点企业、重点项目在建设发展过程中存在的需要多个部门集中协调解决的重大问题，拟定现场办公会会议方案，报园区建设管理领导小组审定后组织召开现场办公会，现场协调解决影响企业建设发展的问题和困难。2011年，共组织召开了重庆红江机械厂、金山鑫泰公司、渝西矿业集团、华科事业群等企业现场办公会12次，解决企业融资、项目用地、建设手续、相关证照办理、"退二进三"搬迁、用电用气和扩能技改等各类事项50余项，为企业发展营造了良好环境。

南川工业园区

南川工业园区管委会 赵萍

一、2011年发展回顾

2011年，南川工业园区认真贯彻落实中央、市、区一系列加快特色工业园区建设的重大战略决策和部署，紧紧抓住国家对中西部发展高度关注、东部产业转移已成大势、市委市政府更加重视区县发展，以及市长黄奇帆为南川工业定向、铺路等历史性机遇，按照"电子信息、机械制造、精细化工、轻工轻纺"的产业定位，下定决心打造好南川"工业强区"第一平台，为打造南川千亿工业集群奠定了坚实基础。

全年工业园区完成投资13.83亿元，获得土地征用指标749亩，拆迁房屋1.72万平方米。成功签约正凌制动器等项目20个，其中香港米泽科技等笔电配套项目12个，协议引资134亿元，到位资金14.55亿元；大忠电子等10家企业投产，新增工业产值9.58亿元，实现工业总产值31.23亿元，新增就业近2000人。

(一)招商引资重点突破

建立自主招商平台，以笔电配套产业和沿海加工贸易产业为招商重点，成功签约卓山科技等20个入园项目，协议引资134亿元，实际到位资金14.55亿元。特别是黄奇帆市长视察园区以来，引进香港米泽科技等12个笔电配套项目，总投资12.54亿元，全部建成投产后，将实现年产值17.91亿元以上，税收1亿元以上。招商平台承接沿海产业转移价值凸现，宁波科莱尔节能设备项目从考察到签约落户仅5小时。创“南川招商第一速度”。

(二)融资工作迎难而上

通过积极对接银行机构，今年成功获批2.5亿元创业园项目贷款，4.6亿元农发行土地整治贷款项目和1.5亿元三峡银行横二路纵三路贷款项目正在履行申报程序。使用贷款到位资金3.2亿元，其中4.9亿元农发行河道整治贷款项目到位1.5亿元，2.5亿元农商行创业园贷款项目到位1.7亿元。2011年6月，由于银根收紧，园业公司被银监会划入平台公司，丧失了融资功能，银行对园区只收不贷，工业园区一班人在区委、区政府的坚强领导下，在财政、国土、规划等部门的全力支持下，历时三个月，历尽千辛万苦，置换抵押物10亿元，在8月31日成功退出平台，恢复融资功能，确保了全年资金的安全和园区的稳定。

(三)基础设施建设有序推进

龙岩河凤嘴江河道整治一期工程、东区启动区B线道路工程全部完工。西区1.1万平方米白果坝公租房、东区干水碾安置房10万平方米(一期)项目开工建设。服装电子产业园标准厂房投入使用。创业园标准厂房一、三标段全部完工，二标段完成主体工程。

(四)重点项目建设稳步推进

大忠电子、博帝节能灶、森源食品、渝沿印务等10家企业投产；重庆卓山科技项目正在进行厂房施工；迪康大道旁9个入园项目已全部进场施工；鑫南铸造、三张食品、西苑、银林、轩瑞食品园基本完工，即将投产。

(五)八步工作法创优服务环境

首创“企业服务八步工作法”全力、全程、全方位服务入园企业，召开区级各部门并联审批会20余次，通过定期会审制度解决入园项目建设困难40余起。首家入驻园区的笔电配套企业重庆大忠电子从项目签约到试产只用了不到100天的时间，创“南川第一落地速度”。

(六)资产资源正加紧盘活

按区政府要求收购新加坡爱依斯天府发电公司在重庆南川爱溪电力有限公司股份，职工安置及资产处置工作有序推进。西区安置房余房已出售部分住房门面，交易金额共计658万元。新桥21号、22号、23号等地块整体招商方案、PPT以及宣传资料全部策划制作完成，正在与各家房地产企业对接。

(七)科研创新平台成功创建

成功获批重庆市级博士后科研工作站和重庆市第二批市级知识产权试点园区，为高层次人才提供了引进渠道及施展平台，必将推动园区内企业知识产权和科技创新工作的全面开展，从而有效提升工业园区综合竞争力。

(八)队伍建设突显狼性文化

建立健全了定职定岗定员“三定方案”和干部职工考核管理办法，采取竞争上岗和双向选择的形式确定工业园区部门负责人及工作人员；建立每月考核和年考核制度，严肃了工作纪律，调动了工作人员积极性。通过“百日决战”等实践工作，塑造了“狼群冲锋、排除万难、开拓开放、勇创一流”的园区创业精神。

二、发展中存在的问题

(一)资金筹措难度大

据初步统计，工业园区三个组团资金缺口达20亿元。一是受国家财政政策、货币政策以及宏观经济环境复杂多变的影响，园区缺乏融资抵押担保，融资渠道不宽，融资额度受限，到期贷款、BT项目融资到期支付无偿还来源。二是尽管园区上下多方努力催收租金、出让金，专人进行商住地、标准厂房及安置房余房等资源资产营销，但收效甚微，前期投入收回难度大，资金链面临断裂。

(二)企业落地难度大

一是工业用地指标受限，园区范围内大部分土地被调整为有条件使用土地，导致拟签约入驻企业无地可用。二是征地拆迁成本巨大，部分已签约企业因无土地批文，造成企业迟迟不能入驻。三是已获批文土地被园区抵押，企业无法用于融资，造成企业流动资金困难，无法正常运行和建设。

(三)园区规划亟待完善

目前，工业园区用电还是临时供电，没有供气管网和污水处理设施，产业规划不完善，已严重制约了园区项目引进和开发建设，亟需相关部门配合对工业园区产业规划以及水、电、气、通信等基础设施管线进行总体规划，并抓紧实施。

三、2012年发展目标

2012年，是工业园区在弯道上超车最关键的一年。随着“转型强区”战略的实施，工业园区正处在南川转型发展的前沿，工业园区将紧紧抓住这千载难逢的发展机遇，当好工业转型“火车头”，致力打造南川千亿工业集群。

2012年力争完成总投资20亿元，实现工业生产总值35亿元；引进企业100家，其中规上企业30家，总部经济50家，微型企业20家；协议引资300亿元，到位资金30亿元，其中投资5亿元的企业5家；完成融资10亿元；推进全悦机械、顶典化工等9家入园项目快速建设，标准厂房入驻率达100%，提供就业岗位1万个；出售标准厂房10万平方米、商住土地300亩，收回投资5亿元；完成土地整治1000亩。

合川工业园区

合川工业园区管委会 向海波

一、2011年发展回顾

2011年是“十二五”开局之年，更是建设“千亿产业，千亿园区”的起首年，实现跨越发展的关键之年，工业园区在区委、区政府的坚强领导下，深入实施“3421”工作思路，以科学发展观为主导，以加快经济发展为主线，以保持高速高质增长为目标，以招商引资、项目建设、基础设施建设为重点，全面落实“六抓六确保”工作措施，努力实现工业园区的科学发展、持续发展、和谐发展。2011全年各项经济指标稳步增长，顺利实现年度的目标，工业总产值实现356亿元，同比增长46.5%，增幅大幅攀升；工业增加值115亿元，同比增幅45.6%，；财税税收呈现出平稳增长态势，实现财税收入12.3亿元。固定资产投资力度快速提升，累计投资达75亿元。

(一)基础建设进展顺利

2011年，公司启动基础设施项目59个，总投资32.5亿元，实际开工项目17个，完成各类投资约14.44亿元，草街拆迁还房一期3.8万平方米已完工使用；正加紧建设高阳还房等5个项目97万平方米的还迁房和公租房，建成后可安置拆迁户或低收入人群9929户，实现园区拆迁安置“零过度”。3.3万方的科技企业孵化器科技孵化大楼已全面完成主体建设，电子类标准厂房A区5.4万方仅用时5个月建成投入使用；实施110KV草街变电站、草街10KV开闭所、核区供水加压站、核心区4号和5号10KV开闭所等重点配套设施建设，启动核心区和草街2座污水处理厂建设，陆续启动学校、医院等生活配套设施建设，园区基本生产生活要素得到保障。实施道路景观绿化近30公里、10多万平方米；架设路灯约32公里2200余支；完成各类道路标线3.6万平方米，确保了工业园区“生态优先、绿色崛起”。园区“畅通、场平、配套、绿化、亮化”的建设格局基本形成。

(二)招商引资效果突出

2011年，工业园区作为“招商引资攻坚年”主要力量，突出产业集群招商和产业链招商，重点突破电子信息产业。全年新引进重庆发制品产业园、美国SCI真空设备项目、达方电子等40个项目落户园区，协议投资241亿元，预计产值483亿元，税收14亿元。其中招商项目逐渐向大商优商转变，投资上亿项目35个，超十亿元4个，设计年产值过亿的项目达100%；自主及联合招商效果突出，海戈摩托、万强物流等25个项目落户园区，协议投资120亿元，预计产值180亿元；电子产业取得重大突破，引进了笔记本电脑电池组生产项目和达方电子等9个电子配套项目，协议投资30亿元，年产值127亿元，为合川的电子产业配套园建设打下了坚实基础。

(三)征地拆迁顺利推进

2011年为保障基础设施、项目建设的顺利推进，园区加大征地报件工作力度，为大规模拆迁安置奠定了坚实的基础，取得沙溪还房、轻纺工业园等7个项目的土地批文，累计面积1892亩。签订房屋协议670户，签订人员安置协议1890人。

(四)融资工作切实有效

2011年工业园区上报融资项目4个，涉及申贷总额12.3亿元，现已获得审批通过10.3亿元，已到位资金3.63亿元。签订BT、BOT等合同金额1.22亿元；即将发行15亿元融资债券。

(五)企业建设稳步推进

2011年，工业园区作为合川“项目攻坚年”的主战场，通过“抓项目、抓投入、抓进度”，狠抓项目建设。新建、续建建设招商引资项目62个，已实现盐化工、五洲龙新能源客车、富川机电等30个项目投产，轻纺工业园、标准厂房等23个项目完成主体厂房建设；平氏科技、领航风力等9个项目进入主体工程建设；目前3个国庆献礼项目已如期献礼，26个元旦项目全面完成元旦献礼目标。

(六)组织文化建设效果明显

一是以“高效、务实、创新、奉献”的园区精神引领着园区的跨越发展。晴天工地抢进度，雨天室内做资料，“5+2”、“白+黑”，夜以继日奋战在园区建设与管理上，天天有突破，时时有进展，不断刷新园区建设速度。以每天3户的速度，完成医药产业园和轻纺工业园的拆迁工作；以5天一层楼的速度，完成科技孵化楼主体建设；仅1个月，完成高阳路绿化工程，成为园区首条“迎宾大道”。二是打造出一支“3421”攻坚团队。围绕百日攻坚项目建设，按照分区、分组、分对、分项目对“百日会展”攻坚项目实行超常规服务，加速度推进，以“党员突击队”和“青年突击队”为推进的锋线，开展比项目进度、比安全施工、比服务质量，形成比、学、赶、帮、超的良好氛围，努力打造出一支“敢打硬仗、能打硬仗、善打硬仗、打赢硬仗”的高素质干部队伍，为园区建设提供强有力的组织保障。

(七)党建领航作用突出

一是紧抓两新组织建设，成熟一个创建一个，今年新建立蓝皇建材支部，培养党员15名；二是创建基层党建示范点，探索推广希尔安药业党委两新党建经验；三是坚持“党建带群团，群团促党建”的思路，探索两新组织的工、青、妇群团组织建设。四是围绕百日会展深入开展“项目攻坚，党员先行”的创先争优活动，将党堡垒建在组织上，将党员突击队建在工地上、将党小组建在项目推进上，为攻坚项目建设注入强劲动力，真正做到了高效推进；五是积极深入基层开展结穷亲、送温暖、大宣讲等活动，全面提升机关干部作风建设。

二、发展中存在的问题

一是经济发展总量与主城园区比较差距不

小。合川工业园区今年未能进入“十强园区”行列，落后第十的涪陵100多亿的产值，与排名第1的经开区区比较相差近300亿的产值，即使与“一圈”中的区县园区比较相比，也落后江津200亿。二是企业总体实力不强。近年来，虽引进了重庆发制品产业园、重庆应急产业园等多家投资亿元以上的项目入园。但产业链不够完善，具有带动性的大项目仍然不多，产业的集聚能力、辐射作用得不到充分发挥，与先进地区工业园区相比，入园企业项目整体规模、水平、科技含量还存在一定的差距。

三、2012发展目标

2012年，作为“十二五”规划的第二个年头，也是园区“十二五”规划的提速发展阶段，工业园区将以贯彻落实重庆市委、市政府《关于加快江津、合川、永川经济社会发展的决定》精神为契机，进一步贯彻落实区委“3421”工作思路，严格按照国家级经济技术开发区向多功能综合性产业区发展的要求，调整完善园区产业发展规划，进一步夯实平台，完善功能，提升园区承载能力；抢抓机遇，优化布局，加快产业基地建设；积极开展“国家级工业化示范基地”建设；拓宽渠道，加大资金保障力度；实施增减挂钩，加大土地供应力度；继续深入贯彻“一线工作法”和部门协调作战工作法，力争“新增项目落地建设，在建项目建成投产，建成项目全面达产”；进一步健全机制，加强管理，提高服务管理水平。2012年园区预计实现工业总产值450亿元、增加值146亿元以上，财税总收入突破10亿元，努力朝着建设现代化、规范高效、和谐靓丽工业园区的目标奋勇前行。

潼南工业园区

潼南工业园区管委会 樊卫平

一、2011年发展回顾

2011年，自主招商到位资金5.668亿元，占年计划188.93%；新增入园企业33家，占年计划165%；新开工项目17个，占年计划170%；企业投产12家，占年计划120%；完成了固定资产投资23.7亿元，占年计划103%；完成了工业总产值40.5亿元，占年计划101.25%。

（一）切实做好规划管理工作

完成了田家特色工业园区控制性详细规划文本编制，并进行了地形图补测和委托重庆中设工程设计有限公司作建设方案及施工图设计；结合化工企业搬迁和市级文物肖家祠堂保护的要求，调整了北区精细化工、物流、造纸为主的规划布局，并进行了H5、Z4道路施工图更改设计和X3、H1道路施工图设计；调整南区控制性规划，进行了笔电产业1000亩工业用地和在创业大道起点处小片区布局机械制造和食品加工的规划布局，完成了Z1、Z2、Z3、Z4、Z5、Z7、H4、HH7等区间道路和省道205线雨污排水施工图设计，维尔美二期300亩场平土石方规划平衡及调配和仁豪物流等企业600亩项目用地的场平土石方施工图设计；认真开展规划的管理工作，完成了维尔美二期项目用地、重庆华信慧通交通设施股份有限公司、重庆轩浩钢模具有限公司、东莞市百成实业国际有限公司等企业（项目）规划红线图的制作及外业拔地定桩的测设工作。

（二）积极稳妥推进征地拆迁

一是努力做好征地工作，获得了610.406亩的用地指标，完善了3061.27亩协议用地手续（其中南区2085.27亩，北区976亩）。二是稳妥推进拆迁工作，完成了南区维尔美二期、华夏集团等重点项目和北区仁豪物流、民丰化工K3项目及Z4、H5等骨架道路用地的拆迁，共拆迁农民266户775人(其中南区104户369人，北区142户406人)。三是认真搞好安置工作,办理了3255人农转非手续,正加紧办理社保手续;以四期安置房安置59户224人，以货币安置125户295人。四是按照上级部门安排,完成了几个重点“钉子户”的强制拆迁、违章搭建处理的摸底准备工作和1200余亩土地的复耕复绿工作。

(三)努力加快基础设施建设

千方百计加快基础设施建设。主要采取BT或BOT模式,实施了江苏华夏集团一期、维尔美二期、扬明电子及仁豪物流等14个项目的场平和污水处理厂建设；竣工并交付使用二期标准厂3.4万平方米;启动六期安置房建设,已完成了主体施工；完成了创业大道、创新大道（部分)、创意大道(部分)、幸福街、安康街等骨架道路的路面油化,森宝公司进厂道路、大桥机砖厂和潼古酒厂进场道路硬化，通车里程达8.09公里;竣工了金潼大道景观工程,一、二期标准厂房及附属工程,四期安置房及附属工程,金潼大道及B、C支线灯饰工程，通凉路B线电缆沟工程；新建了雨污排水管15000米；搬迁了管线3000余米;新建和改造了110Kv电力线路5000余米;完成了景观绿化1.3万平方米。

(四)转变思路实施产业招商

按照产业定位要求,结合园区实际,调整了由引企业向引产业、延伸产业链转变,由引进"繁星点点"小企业向引龙头和大集团、大企业转变的招商思路。除积极参与县里统一组织的招商引资活动外,还针对园区实际,认真制订了招商工作计划，积极开展自主招商活动,“请进来”、“走出去”选商引资。引进了重庆轩浩钢模具有限公司、重庆利国电气有限公司等重点企业和重庆松品电子科技有限公司、重庆梅杰电子科技有限公司等高科技龙头企业，共引进企业32家,协议投资约40余亿元,为拉长产业链,拓展产业集群,发展新兴的IT产业,形成引进一个、带动一片的良好效应奠定了坚实的基础。

(五)大力促进企业加快建设

企业一旦签约入园，立即落实了包帮领导和科室，指导帮助企业开展注册登记，立项选址、环评审查及规划设计等开工准备工作,促成了重庆愚吉机械制造有限公司、重庆轩浩钢模具有限公司、重庆梅杰电子科技有限公司16家企业相继启动建设。同时大力协助在建企业抓质量、抢工期，积极协调相关部门施工现场办公,及时处理项目建设中各种问题,千方百计加快建设进度,促成了重庆双喆玩具厂、重庆华祥特殊钢有限公司、重庆中航实业有限公司等12家企业顺利竣工投产。

(六)筑平台抓融资增强活力

为确保园区建设和公司正常运行，千方百计做大融资平台,搞好土地经营,多方筹措建设资金。协调相关部门，将有征地批文的603.076亩土地的产权证办给了金潼工投公司，进一步做大做实了公司资本。实行商业用地成熟一块出让一块,出让了商业用地153.76亩,实现收益26794.3万元;原大佛塑料厂和原涪江水利公司地块共85亩也进入了招拍挂程序。以食品加工园项目向农发行融资,到位资金1.5亿元;以江北片区基础设施项目向华夏银行融资，到位资金3800万元;通过凉风垭担保公司担保向农行融资,到位资金500万元;通过项目BT模式融资,到位资金近1亿元;还分别向相关银行报送了5个包装项目融资资料,拟争取总融资7.5亿元。

(七)扎实做好安全稳定工作

按照县政府的统一部署，增设了群众工作科。对群众工作科、安全保卫科和征地拆迁科的人力资源资源进行整合，实行三科人员统一调度,工作统一安排,问题协同处理,形成了确保园区安全稳定的工作机制，取得了较好的工作成效。与企业签订了《安全生产目标责任书》35余份,开展了以"遵纪守法,关爱生命"为主题的"安全生产月"活动,下发了事故隐患整改通知书30余份,排除房屋安全隐患23处,查处了阻碍施工和强行进入工地作业的行为90余次,清除了乱开采、乱堆砌行为;在园区会议室、四期安置房、哨楼村委办公室等地，公开定点接访10次，下访群众51次，非定点接访600余人次，处理诉求来信7起，回复率100%，达到全部满意。

(八)不断优化工作运行机制

按照县委、县政府的工作部署及要求，积极组建重庆市金潼工业建设投资有限公司，整合园区管委会与开发公司的工作职能。完成了金潼工投公司的注册登记，制定了公司内设机构方案，草拟了内设机构职能职责、岗位责任制和工作制度，并于6月开始公司化运作。按照“科学决策、民主管理、服务至上、效率优先”的理念，公司董事长、总经理，其他班子成员分别对应管理一个内设部门，全面推行企业化管理的精干高效模式，改变了过去内设部门职责不明晰、部门职权不制约、层级管理不高效的局面，进一步优化了园区内部管理体制机制。

二、发展中存在的问题

一是资金瓶颈问题严重。资金一直是困绕园区建设的难题，土地报批经费、征地拆迁安置补偿费、竣工交付使用的工程款、BT在建项目资金和拟建项目资金等缺口近20亿元，严重影响了园区建设的快速推进。

二是基础设施建设滞后。工业园区的项目用地，多是“毛地”出让，未形成“七通一平”，不能满足项目入驻和项目建设需求。“吃、住、行”等设施配套较差，企业及其职工抱怨在园区住房难、吃饭难、行路难、购物难、娱乐难。

三是产业产品不特不优。园区内现大多以劳动密集型的传统产业为主，高新技术所占份额很小，市场竞争和快速发展的优势不强。主导产业不够突出、特色不明显，产品层次偏低，名优产品少，低档产品多，附加值低，经济贡献很小。

四是拆迁安置进展缓慢。部分群众对园区的拆迁安置补偿政策理解和接受较差，不能自觉配合拆迁安置，使工作快速推进受到了一定的影响；拆迁安置补偿费未能及时足额兑现，安置房建设缓慢，尚有部分群众没能得到安置。

三、2012年发展目标

紧扣县委、县政府中心工作，围绕园区建设重点工作目标，内聚合力，外增活力，依托优势引商资，快速推进基础设施建设，狠抓企业(项目)建设，扩张园区规模，壮大经济总量，努力实现工业园区“经济快速增长、产业特色鲜明、基础设施完善、服务体系健全、环境和谐稳定”。

主要发展指标：完成固定资产投资30亿元，自主招商引资3.5亿元，融资8亿元，新增入园企业30家，企业开工20家、投产15家，实现工业总产值60亿元。

铜梁工业园区

铜梁县政府办公室 袁厚泉 王 刚

一、2011年发展回顾

2011年，铜梁县紧扣“加快”、“率先”主题，“十二五”经济社会发展实现良好开局，实现地区生产总值195.64亿元，同比增长16.4%；工业总产值296.4亿元，增加值97亿元，同比增长24.5%；地方预算内财政收入36.72亿元，同比增长55.1%；全社会固定资产投资200.29亿元，同比增长32.6%；社会消费品零售总额实现55.82亿元，同比增长19.2%；城镇居民人均可支配收入达到2万元，同比增长15.9%；农民人均纯收入达到8697元，同比增长23.9%；引进县外资金70.67亿元，同比增长35.4%；进出口总额达到3000万美元，同比增长150.4%。成功创建全国平安宜居示范县、中国宜居宜业典范县、全国生态文明先进县、全国科技进步先进县，获得中国最佳城市管理奖荣誉,被农业部明确为“全国蔬菜基地重点县”。

(一)产业发展取得新成绩

工业经济强劲发展。着眼工业园区主战场,大力实施“兴工富民强县”战略。一是园区建设快速推进。铜梁工业园区建成10平方公里,建成15万平方米标准厂房,入园企业318家,建成投产212家,是全市“百亿级产业园区”之一,投资8亿元的吉利汽车自动变速箱项目正式开工建设。二是培育电子信息主导产业。抢抓被列为全市笔记本电脑配套产业基地机遇,在工业园区内规划建设6平方公里的电子信息产业园,现已引进电子企业70家,总投资91.2亿元,已投产17家。积极开展就业培训和招聘活动,帮助县内电子企业解决用工7000人,帮助微电园电子企业解决用工800人。建立校企合作机制,在电讯科技学校设立电子企业培训基地,鼓励职校开设电子信息类专业。三是招商引资效果显著。全年新引进项目92个,招商引资实际到位资金70.7亿元,同比增长35.4%,其中,投资上亿元的项目37个。四是扶持企业做大做强。全县规模以上企业达到240家,增加值占整个工业增加值的比重达到60.7%。

现代农业加快发展。一是促进规模化。加大农村土地流转和规模化经营扶持力度,全县农村土地规模经营面积达到32.4万亩,规模经营集中度达到34.1%。黄门风情小镇、侣俸蔬菜大观园、土桥万亩荷花园、南城桂花基地、沙心玫瑰家园等休闲观光农业基地加快建设。二是培育特色化。蔬菜产业成为我县农业支柱产业,20万亩蔬菜基地累计完成12.3万亩集中成片建设任务,蔬菜产量达到58万吨、产值达到8.28亿元。积极发展生猪生产,建成5个万头生猪绿色养殖小区,规模化养殖率达42%,生猪出栏达到70万头,成为“全国生猪调出大县”。推进竹木产业发展,组建专业伐木队伍,畅通林木销售渠道,保障林农权益,累计建成15万亩速生竹木基地。三是推动产业化。新成立9个农业专业合作社,成功创建国家级农业龙头企业1家、市级龙头企业8家,农村专业大户达8500户。累计完成病险水库整治77座;实施全国小农水建设试点县项目,新改建一批小型水利工程;大力实施农村人饮安全工程,累计解决45万人饮水安全问题。

商贸旅游业繁荣发展。知名商家商场不断增多,限额以上商贸企业已达280家,亿元以上商贸企业达到10家。淮远古韵步行街一期已引进28家商贸企业入驻,现已全面启动二期工程建设。启动物流园区建设,重点发展建筑建材、小商品、冷链物流、仓储等批发物流产业,已签约入驻5家流通企业。全面完成城区8个菜市场综合整治和标准化改造。玄天湖温泉旅游度假区正式对外营业。打造“五朵金花”品牌,举办了龙灯文化旅游节、樱桃节、荷花节、桂花节、安居古城江畔文化旅游节,提升了铜梁旅游人气。

(二)城乡面貌进一步改善

一是完善城市规划,拓展城区面积。抓好城市控制性详规编制和主干道风貌设计。大力推进新城核心区建设,新启动文化艺术中心、城市客厅、淮远商贸区“三个1000亩”片区规划建设。大力实施“东拓南扩”战略,城区面积达到23平方公里。县城初步形成了“大绿化、宽骨架、功能全、形象美”的发展新格局。二是推进重点项目,塑造城市特色。启动“淮远古韵”步行街二期、全民健身中心二期、人民公园二期等标志性项目,人民医院搬迁、青少年活动中心、恒温游泳馆等项目建设进展顺利。重点围绕“绿、文、水”做文章,实施城市绿化靓化工程,城市绿化覆盖率达到44.8%,人均公园绿地面积达到20.14平方米;县城龙门街、中兴路被市政府命名为“十佳园林市街”,白龙大道、淮远古韵步行街被评为“重庆市最美街区”。三是支持小城镇发展,改善镇村面貌。继续补助每个镇50万元,专项用于场镇公益设施建设,目前已建成场镇公园、广场28个。加强场镇基础设施建设,新建11个镇污水处理厂及配套污水管网,建成9个镇街垃圾压缩中转站。

(三)环境建设加速推进

一是森林建设方面，全县新建森林工程7.49万亩，累计完成森林工程31.75万亩，建成2个森林生态镇和28个绿色村，森林覆盖率达到41.5%，成功创建市级森林城市。二是畅通建设方面，成渝复线高速公路建设进展顺利；三环高速公路铜梁至合川段已经开工建设。渝遂高速公路铜梁东互通口建设进展顺利，为城市未来发展拓展15平方公里。实施"村道畅通"工程，累计筹集资金5.6亿元，建成农村水泥公路620公里，新开通农村客运线路25条，在全市除主城外率先实现"村村通水泥公路"目标。三是健康建设方面，累计投入2.5亿元，新建中小学塑胶场地25片，新建城乡公共文化体育设施300余处，基本实现每个村一个篮球场、一个农家书屋、一个卫生室"三个一"目标。县人民医院、妇幼保健院迁建工程进展顺利，新建和改扩建7所镇街卫生院和2个社区卫生服务中心，创建40个规范化卫生室。全县平均期望寿命提高到76.95岁。四是平安建设方面，完善治安防控体系，建成8个交巡警平台，安装1860个公共视频，成立县应急救援总队，启动县应急应战指挥平台和气象预警平台建设，群众安全感达到96.7%；深入排查和化解矛盾纠纷，投入近5000万元，化解各类信访问题5200余件，化解率达99.1%，信访总人次同比下降34.4%。抓好安全生产工作，全县安全生产事故起数同比下降24.6%。五是宜居建设方面，启动城区污水管网改造和巴川河、淮远河综合治理工程，县城新建6个镇街垃圾压缩中转站，新增城市公园68亩、社区公园60亩，实现市民出家门500米就能到达一个公园、广场、健身场所的"500米福利计划"。完成次级河流整治项目12个，噪声达标区拓展到16.25平方公里。

(四)群众幸福指数不断提高

大力推进民生实事。2011年用于民生的支出占一般预算支出的60.2%。一是解决中低收入群众住房难问题。6.8万平方米公(廉)租房即将竣工，共修建18栋1152套。使累积改造农村危旧房3500户，建成巴渝新居2000户、农民新村24个。二是在全县中小学配备了585名保安和148名专职校警，建成8个交巡警平台。计划两年内新建20所公立幼儿园，已建13所，切实解决儿童入园难问题。2.8万名留守儿童全部落实"代理家长"，共建立3个"渝电春苗之家"、1个市级农村留守儿童工作试点学校、86所"留守儿童之家"。三是积极推进户籍制度改革，目前已转户近9000户3.2万人。全力保障转户群众合法权益，兑付宅基地及建(构)筑物补偿金额和领取退地农转城养老保险金人数均居全市第一。四是深入开展"三进三同"、"结穷亲"活动，结成5613个帮扶对子，协调落实致富项目2094个，落实帮扶资金1013.52万元，受益群众近40万人。这些民生实事群众享受得到、满意度高，在全市群众满意度民意调查中，铜梁连续三年获得全市第一。

全力促进共同富裕。计划用五年时间将城乡居民收入差距缩小到2.1:1。一是做好"百姓乐业"。共发展微型企业1022户，注册资金1.02亿元，发放财政扶持资金3164万元，银行发放微企贷款626.8万元，解决就业9040人。二是做好"农民增收"。已实现农村"三权"抵押融资3.19亿元。推动宅基地复垦工作，用好地票交易制度，确保地票净收益的85%直补农民。计划三年内发展新型农村股份合作社50个，已开展试点6个。三是做好"帮扶关爱"。投入3000万元，两年内实现所有30个贫困村整村脱贫。每年投入2000余万元，在义务教育阶段实施学生饮用奶计划，为全县中小学生在校期间每天免费提供一盒优质牛奶，为义务教育阶段贫困学生免费提供爱心午餐，投入1000万元改造寄宿制学校学生食堂和饮用水条件。四是做好"扶老助老"，完成社会福利中心、儿童福利院建设并投入使用，新建和改扩建8个镇街敬老院，切实加强对农村空巢老人的养老服务。建立90岁以上老人按月领取100-200元生活营养补贴制度。

统筹做好社会保障。城乡养老保险实现全

覆盖。建立困难群众临时救助制度，扩大城乡医疗救助范围，提高救助标准，支出医疗救助资金1300余万元；城乡居民医疗保险报销率达43.8%，报销金额6000余万元。社会保障参保人数达到17万人。实施最低生活保障标准与经济发展水平和物价上涨"双联动"，使困难群众生活随经济发展而提高，不因物价上涨而下降。城市最低生活保障标准提高到每月305元，农村最低生活保障标准提高到每年1920元，农村五保供养标准提高到2880元。2.95万名农村低保对象、0.62万名城市低保对象和0.41万名五保供养对象实现应保尽保，64.7万人参加农村合作医疗。免费为育龄妇女、60岁以上老人和农村留守儿童体检。

（五）文教事业繁荣发展

一是群众文化体育丰富多彩。精心组织综合性大型文艺活动70场，参与群众达180多万人次。再次被文化部评为"中国民间文化艺术之乡"，成功承办"中国啦啦操明星展示大赛"等大型赛事，开展广场文化活动100余场，举行了县三运会、公开水域比赛等群众体育活动及比赛。二是教育强县品牌更加巩固。2011年全县高考上线率超市平11.3个百分点；中考700分以上特优考生占全市六分之一。吸引全国12个省市近2万名县外学生到铜梁就读。高等职业教育快速发展，启动重庆法官学院、重庆传媒学院二期建设。

二、发展中存在的问题

一是县域经济综合实力还有待加强，地区生产总值与全国百强县差距较大，人均地区生产总值仅为主城九区平均水平的67%。二是工业核心竞争力不强，主导产业缺乏大企业、大项目支撑的局面尚未改变。三是支柱产业辐射带动能力较弱，产业集群的培育十分艰巨。四是商贸流通与物流业发展还不活跃，核心商圈尚未形成。五是就业、就医、就学、住房等一些群众关心的热点难点问题尚未得到根本解决，保障民生任务繁重。

三、2012年发展目标

2012年，铜梁县将高举中国特色社会主义伟大旗帜，坚持以邓小平理论和"三个代表"重要思想为指导，以科学发展观为统领，以转变经济发展方式为主线，以改革开放为动力，以改善民生为根本，着力提升发展环境，着力壮大支柱产业，着力推进城乡统筹，在奋力赶超中加快崛起，向实现全面小康目标全力迈进。全县经济社会发展的主要预期目标为：地区生产总值增长17%，县级地方预算内财政收入增长20%，工业增加值增长25%，社零总额增长20%，城市居民人均可支配收入增长13.5%，农村居民人均纯收入增长18%，实际利用外资增长20%，外贸进出口总额增长25%。

大足工业园区

重庆市大足区工业园区管理委员会 张传友

2011年园区企业实现工业总产值302亿元，同比增长77.6%；实现工业增加值80亿元，同比增长67.8%；实现主营业务收入296亿元，同比增长77.4%；实现利润20.7亿元，同比增长38%；实现税金6.3亿元，同比增长38%。分别比"十五"末期增长15倍、12倍、15倍、13倍、7倍。安置劳动力2.68万人。

园区公司为国资集团公司的全资子公司，主要负责征地拆迁、基础设施建设、融资等，公司注册资本金2亿元，目前，公司总资产达22.03亿（是园区成立时的22倍），总负债5.26亿元，净资产16.81亿元，总资产负债率23.83%。2011年完成总收入12337万元，其中主营业务收入9722万元,营业外收入2615万元。实现利润2184万元。实现税金3500万元。完成融资1.8亿元。

一、积极推进重点项目建设

连航金属20万吨冷轧板项目，正大金属、电镀园等50余户企业全面开工建设,聚航钢结构一期6条生产线、足丰水泥200万吨扩建项目、田坡机械、凯罗尔汽摩配等46户企业陆续投入生产，全年完成重点项目建设投资27.8亿元。

二、大力加强工业园区基础设施建设

一是狠抓园区工程建设,完成西环线、北二路、电镀园、循环产业园等项目土石方126.6万立方米,铺设水稳层3.4万立方米,安装雨污管网11.9KM，安装供水主管网9.8KM，整治土地1000余亩;二是进一步做大园区资产,开工建设2.26万平方米标准厂房和5.5万平方米五金市场群模具钢材城项目;三是加大征地拆迁力度,保证了循环产业园、电镀园、酸洗园、鑫业船锚、邮亭工业大道等重大项目的用地需求。全年共征用土地932.49亩，农转非522人，拆迁房屋46700平方米,拆迁183户,拆迁人口481人;投入资金7200余万元解决了园区历年征地农民社保问题。全年共完成基础设施建设投资6.82亿元。

三、完成"旅游攻坚"项目

一是完成大邮路至洗选厂、足航基地支路绿化工程:投资231.11万元,完成栽植米径30㎝栾树498株,安砌树池498个,修复青石人行道板680平方米。二是完成西部模具城及永安门业施工围墙改造工程:项目投资54万元,按照县建委风貌整治统一标准，完成砌筑仿古园林风格围墙1185米,墙身张贴喷绘有工业园区打造"五大基地"的宣传标语。三是完成组团城市连接大道绿化工程:投资444万元,完成栽植米径10㎝桢楠112株、米径28厘米银杏树95株、冠幅30厘米红继木42000余株、冠幅30厘米金叶女贞28000余株;四是完成邮亭足航、旋力围墙美化工程和钟顺太阳能绿化工程：项目投资78万元,围墙刷白1940平方米、喷绘1095m、栽植海桐球20株、女贞18840株、桂花21株、铺设沥青砼1700立方米。

四、加强服务意识,改善投资环境

2011年园区坚持为在建项目、投产企业做好服务为着力点。一是加强对企业(项目)安全监管。配合区安全主管部门指导企业(项目)做好安全标准化建设、职业病危害申报、落实安全主体责任等,促使企业(项目)做好日常生产、项目施工中的消防、安全防护、特种设备、特种操作员等安全管理,杜绝安全事故的发生。二是加强企业(项目)环保监管。2011年设立了园区环保办公室,为企业完善环保手续搭建了平台。全年为75家企业办理环境批准书,帮助2家企业申领排污许可证、协助1家企业完成建设项目竣工验收。企业(项目)完善环保手续后,可以堂堂正正的从事产品生产。三是帮助企业贷款融资。在银行与企业之间做好桥梁沟通作用,帮助足丰水泥、翔锋工具、邓氏刀具、中翔摩配等多家企业融资2000万元以上,为企业提供了流动资金。四是积极落实园区重点企业项目建设联系制度,切实为企业(项目)解决困难。在项目建设、企业运行遇到困难时,园区工作人员做到热情服务、积极主动为企业协助办理相关业务。派专人为企业在招工、产品市场推广、知识产权申报等方面提供有效指导和帮助。

五、强力开展招商引资

以建设"世界级聚光光伏总部研发基地、世界级稀有金属锶选炼加工基地，全国重要的现代五金产业基地，全国重要的再生金属循环利用基地"四大基地为目标,夯实壮大园区产业基础,瞄准国内外同行业知名龙头企业强力招商,努力形成具有较强产业集聚能力的四大产业高地。全年共引进项目37个(外资2户),合同投资额36.45亿元，占地1049地亩，预计可实现产值112.75亿元，税金3.04亿元。其中，投资1亿元以上的10个，5000万元以上的10个。可解决劳动力就业3000余人。截至目前，园区累计有企业(项目)234户(其中外资8户，市外19户)，计划投资额达210亿元，协议用地面积9780亩，预计可实现产值达620亿元，可创税收22亿元，其中已投产173户，在建51户，签约10户。

璧山工业园区

璧山县政府办公室　饶静　陈沂

2011年，是“十二五”的开局之年，也是璧山生态工业园区取得突破性进展的一年。这一年，璧山生态工业园区凭借独特的区位优势，以征地拆迁为前提，招商引资为核心，基础设施建设和企业落地投产为重点，落实资金和加强自身建设为保障，集聚信息产业、装备制造、食品医药三大主导产业，用“智慧破解难题”，在工业园区建设上取得了深刻变化，为璧山经济社会发展做出了突出贡献。

一、2011年发展回顾

全年完成工业总产值425.09亿元，同比增长87.7%，占全县工业经济的64.7%，其中规模以上工业企业实现产值294.8亿元，同比增长55.3%，拉动全县规模工业产值增长38.5个百分点，完成工业投资71.3亿元。

(一)融资工作跃上新台阶

两山公司总资产达135.68亿元，同比增加56.77亿元，落实农行微电园基础设施项目贷款5.2亿元，出让商住用地73.93亩，土地出让总收入达1.8亿元。

(二)基础配套设施强力推进

一是完成西永微电园拓展区首期3平方公里一、二、三期共450万立方米土石方平整工程。二是新建骨干道路21.2公里，建成三环路大桥、高洞桥等6座桥梁，完成两叉河改道工程，园区建成区面积拓展至8平方公里。三是新增园区绿化50万平方米，为80家企业导入CI设计，完成120栋厂房形象规范改造，园区环境大为改观。四是通过园区、企业以及社会投入，建成58万平方米标准厂房。

(三)招商引资成效显著

共引进项目121个，招商引资工作步入良性轨道。成功签约展运、奂鑫、大碇等笔电配套企业71家，累计达101家，占全市的1/4，其中有30家行业排名全球前三；101家企业计划投资186.8亿元，全部投产后可实现产值582亿元。新引进世界500强企业大茂伟世通等非笔电配套企业50家，总投资60.3亿元，建成投产后可实现产值102亿元。

(四)项目落地建设“全面开花”

笔电配套企业新开工39家，实现投产26家，累计投产35家，其中大碇、嘉艺、得润电子等15家企业已租赁厂房，正进行装修；展运公司、精元公司、柏腾、广得利、裕群、飞达等正抓紧施工。嘉陵、统一、大茂伟世通等55个非笔电在建项目，华中工贸、金卓、泉海、美多等12个项目已建成投产；金冠、龙润、河海碳素、三友等20个技改项目已完成厂房主体工程建设；嘉陵、虎溪电机、统一等23个项目正抓紧厂房主体工程或基础工程建设。

(五)重点项目建设持续有序推进

园区针对项目不同的进展情况，采取不同的促建措施，加强督促跟踪和全程服务，快速推进项目建设。展运项目一期厂房(10万平方米)已完成主体工程建设，现正进行内饰和机电安装工程，配套用房和3.5万伏变电站建设有序推进，预计2012年3月建成投产；精元电脑项目已完成厂房主体工程建设，预计4月底试生产；嘉陵项目第一、二标段基本建成，第三、四标段钢柱、屋面梁安装基本完成，檩条安装分别完成90%、70%,预计6月正式投产;虎溪项目正进行厂房主体建设,预计4月底前建成;青山变速器工业园项目已实施土地平整和排洪沟工程建设，预计6月底前完成厂房主体建设;统一项目正进行厂房主体一楼建设,预计5月底完成建设并试生产。

(六)保障性住房建设顺利启动

一是观音塘、清明、塘坊片区公租房及配建廉租房(31.3万平方米、5406套)正抓紧实施基础工程建设;虎峰片区公租房(4.1万平方米、744套)已完成主体工程的90%。二是观音塘两山秀苑定向经济适用房(10.1万平方米)正抓紧进行基础工程建设。三是璧泉河西安置区(18.3万平方米)基本建成，青杠塘坊安置区(16万平方米)、中兴安置区二期(12万平方米)已完成房屋主体工程的40%。

(七)投资环境进一步优化

一是对园区基础设施建设手续办理开辟“绿色通道”，每周三下午对工业园区内企业建设手续实行并联审批。二是实行全程代办制,工业园区内企业建设等手续由工业园区管委会落实专人代办。三是建立重点企业、重点项目专人联系制,落实领导和专门工作人员,采取定点联系方式，为企业做好全方位、全过程的跟踪服务。四是实行发展环境投诉制,保证企业和工业园区建设发展工作尽快落实办理。

二、存在的问题

一是微电园拓展区用地存在较大缺口,二是工业园区发展空间不足，现有城市建设用地指标严重不足，土地利用规划不能满足微电园拓展区发展需要。三是笔电配套企业“招工难”的问题依然存在。

三、2012年目标

(一)力争完成工业产值700亿元

完善基础设施建设，完成园区污水处理厂一期工程,建成骨干道路12公里、桥梁2座。争取土地指标2000亩,实施拆迁4000亩,园区建成区面积扩大至11平方公里。累计开工建设标准厂房100万平方米，建成投用50万平方米。建成定向经济适用房10.6万平方米，改善园区拆迁群众居住环境。快速推进主次干道和企业绿化,新增绿地面积30万平方米。统一规范入园企业标识标牌和厂房外观。

(二)做强微电园拓展区

瞄准引进全市1/4笔电配套企业的目标,力争入驻总量达到175家,形成“投产见效一批、开工建设一批、谋划储备一批”的良性发展机制。“紧跟”签约企业开工建设,确保50家投产见效。

(三)扶持传统产业发展

督促大茂伟世通等50个已签约项目开工建设，确保嘉陵整体迁建、台湾统一食品等30个项目投产见效。引导企业重视人文关怀,维护员工合法权益。完成30万平方米公租房和廉租房主体工程,规划建设园区生活服务设施,给园区工人提供舒适的生活环境。

梁平工业园区

重庆梁平工业园区管委会 蓝申军

梁平工业园区于2002年12月30日由重庆市政府批准设立,2006年1月经国家发改委审核通过的市级特色工业园区,2010年、2011年连续2年被评为渝东北“优秀工业园区”。根据梁平县“十二五”发展规划,园区按照“一园四区”的思路,总体规划面积50平方公里,大力建设“双桂园”、“屏锦园”、“福禄园”、“合兴园”，重点培育“农业机械制造”、“轻型飞机制造与维修”、“天然气深加工”、“非金属矿物质加工”、“农副食品加工”及“电子信息设备制造”等六大特色产业。经过近10年的努力,正逐步成为梁平工业发展的聚集区、经济发展的增长极。

一、2011年发展回顾

(一)发展空间快速拓展

一是编制了"一园四区"、总面积达50平方公里的发展战略规划，勾画出梁平工业园区发展的宏伟蓝图。二是完成了园区5平方公里拓展区控制性详细规划的编制，为园区下一步拓展奠定了基础。三是2011年新征土地3235亩，累计征地6485亩。其中建成面积2平方公里。

(二)招商引资形势喜人

充分利用"重庆农业机械产业园"、"光电科技产业园"两块金字招牌开展招商引资工作,取得重大进展。全年共引进平伟光电、东创机械、峻海农机、大北农饲料等项目20个,协议引资26.5亿元,占地面积1180亩,超额完成了全年目标任务。

(三)基础设施日渐完善

目前,园区建成道路6条总长5.41公里,启动区的道路路网完善。并同步配套建设了人行道、绿化、路灯、供水、供电、天然气、通讯、有线电视、污水管网等市政设施。园区自建6.6万平方米标准厂房，建成2个回居安置小区,1个建筑面积3.09万平方米的农民集中建设区。新建了屏锦七桥至梁平工业园区的工业用燃气管道及园区配气站，新建园区110KV变电站。2011年,完成了园区拓展区主次干道设计,启动了28万平方米回居房、4.7万平方米公租房、园区污水处理厂等工程的设计建设工作。

(四)经济总量迅猛增长

2011年新投产企业10户。累计投产企业达到42户,全年实现工业总产值47.7亿元,同比增长84%；工业增加值14.8亿元，同比增长85%；完成固定资产投资13.3亿，同比增长77%。安置就业5663人。

(五)融资平台基础夯实

园区建设开发公司完善了法人治理结构,取得三级房地产开发资质。注册资本金由2010万元增加到1.83亿元，公司资产增加到10.8亿元，负债总计2.36亿元,资产负债率21.8%。恒达融资担保公司新增注册资本金4000万元，达到5000万元,成功取得经营许可证并于2011年6月正式挂牌运营。现已获得4家商业银行授信3亿元。成功评审担保项目12个,担保金额3275万元。发放担保贷款1300万元,委托贷款1000万元。

(六)基层党建扎实推进

自2007年园区党委正式设立以来,大力推进园区基层党组织建设，至今园区新建企业党支部10个,发展党员17名。现有党员260名,是2006年底52人的5倍。2011年在园区党委的领导下,积极推动"两个普遍"工作,新建基层工会组织17个,累计达到25个。在23户企业中建立了集体合同平等协商制度，并签订了集体合同与工资专项集体合同。

二、2012年发展目标

(一)工作思路

2012年,是"十二五"关键之年,园区将以科学发展观为指导,紧紧围绕"扩城、强业、富民"三大战略,大力推进"招商引资突破年"、"重大项目实施年"活动,加快园区基础设施建设和重点招商项目建设，确保园区保持持续快速的发展态势,早日迈入百亿园区行列。

(二)发展目标

1.新增投产企业10户以上,实现工业销售产值60亿元,工业增加值18亿元;完成固定资产投资15亿元以上，实现税收1亿元以上,解决就业人数1万元人以上。

2.新引进企业10户以上,协议投资金额20亿元以上,力争引进中国100强企业2户。

(三)工作重点

新征收土地3000亩；完成5万平米标准厂房建设；完成工业大道2公里道路路基建设;建成福德大道、竹青大道3公里道路建设;完成污水处理厂场站建设,启动主截留管建设主体工程招投标并建设;建设4.7万平方米公租房。启动15万平方米的松竹雅苑回居房。启动9万平方米的皂角回居房。加快光电科技产业园项目建设。加快重庆大北农年产24万吨猪饲料项目、20万台微型农耕机项目、年产1万套液压油缸技术改造项目、年产36万台通用机械制造项目、年生产6000吨铝合金铸件项目主体工程、四川特驱年产24万吨饲料生产项目、梁平双胞胎年产36万吨猪饲料项目等项目建设。完成七项重点项目规划设计,加快编制"一园四区"控制性详规。

丰都工业园区

丰都工业园区管委会 吴坤

一、2011年工作回顾

2011年是"十二五"开局之年,更是丰都工业园区立足新起点、谋求新突破、实现新跨越、成效大显现的关键年。全年园区紧紧围绕2011年目标任务,攻坚破难,高位求进,强力推进了园区建设,取得了较好成效。

(一)拓展规划科学编制

编制完成了水天坪民生工业园拓展区、虎威镇红岩产业园、船舶制造基地、玉溪轻纺产业园等规划,并启动了拓展区地灾、矿产、环境影响评估等前期工作,工业园区总体规划近期26平方公里,借江南万亿工业园走廊规划契机,远期规划50平方公里。

(二)施工设计快速完善

水天坪民生工业园完成了滨江路、三期征地拆迁安置房、Z6路边坡治理、B08地块标准厂房设计;镇江精细化工园完成了移民库周路施工图设计、征地拆迁安置房(二期)设计方案;高家中小企业创业园完成了1-2#标准厂房的高切坡治理设计以及部分道路初设;启动了玉溪轻纺产业园平场设计。

(三)资金筹措积极开展

通过采取银行贷、BT融、向上争等方式,共计筹措到位资金3.7亿元。同时,完成了化工园向重庆银行1亿元贷款可研报告,启动了二期加工贸易承地融资,按时支付了各种工程款和银行本利息,保障了融资平台信誉记录。

(四)工程建设提速推进

一是水天坪民生工业园,完工了横一路、纵一路、纵五路、截污干管等18个项目,完成科技孵化楼工程量60%。二是镇江精细化工园,完工了水厂、化工码头水下部分等7个项目。三是高家中小企业园,启动了1-2#标准厂房、征地拆迁安置小区建设。同时,切实狠抓工程质量与安全监管,召开12次安全生产专题会,开展6次安全专项检查,发出隐患整改通知书28份,及时纠正违法建筑2起,园区安全质量事故为零。

(五)征地拆迁扫尾结束

完成了红岩产业园2平方公里征地调查,完成镇江精细化工园征地721亩,完成金籁电子、武汉凯迪等5个项目土地挂牌。同时,依法成功应对了11户行政讼诉,共计接待征地拆迁上访农户102次,确保了无进京事件发生。

(六)招商引资效果较好

成功签约百亿级都市楼宇工业园、华美轻工产业园、和美箱包、中船钢结构、高档外贸服装、16万吨/年TPEG减水剂和3000吨/年TPEG起始剂等5个项目,实现招商合同引资32.35亿元,引进项目累计到位资金15.5万元,引进1亿元以上的项目3个。正在围绕中顺纸业等有意落户园区的项目跟踪洽谈,预计合同投资可达20亿元以上。

(七)企业服务高效便捷

召开园企恳谈会12次,为龙璟纸业等入驻企业解决问题126个。同时,严格落实了入驻企业服务书面承诺制、企业一对一服务卡、服务投诉追究制、服务现场办公制、服务领导联系制等制度,企业服务满意率达100%。

(八)产业发展提速增质

建成了龙璟纸业、天海农业、伍尔特电子、丰泰箱包、中船钢构、飞普纺织等7个项目，新开工华美轻工产业园、肠衣加工及肝素钠提取、活牛交易市场、紫甘薯和玉米深加工、煤炭洗选等10个项目。2011年实现工业总产值43亿元，同比增长150%；完成固定资产投资23亿元，同比增长85.5%；实现利税0.9亿元，同比增长55%；实现就业5368人次，同比增长72.6%；3+3产业体系基本形成。

二、2012年发展目标

2012年工业园区工作总体思路是：以邓小平理论和“三个代表”重要思想为指导，坚持以科学发展观为统揽，全面贯彻落实县党代会精神，以构筑三峡库区工业重镇为目标，紧紧围绕以“快速拓展规模、完善功能配套、集聚众多企业”的思路，坚持工业与城市、二产与三产融合发展，以实施九大重点工作为抓手，快速推进工业园区建设。主要目标是：新拓展6平方公里工业园区；完成资金筹措10亿元；完成固定资产投资28亿元；实现招商合同引资30亿元、实际到位8亿元；新开工工业项目8个、竣工8个，实现工业总产值50亿元。

垫江工业园区

垫江工业园区管委会　李萍

一、2011年发展回顾

全年工业园区实现工业产值80亿元，其中县城组团达到45亿元，同比增长60.7%，实现工业增加值13.5亿元，同比增长58.8%，实现利税总额2.5亿元，固定资产投资7亿元，全年累计签约项目21个，协议金额60.8亿元，其中已开工建设项目9个，投产3个。

(一)快速推进园区基础设施建设

一是按照园区规划，编制了园区县城组团1500亩、高安组团200亩、砚台组团100亩、澄溪组团200亩，共计2000亩的征地方案，以及相关的征地勘界报告，并及时报送相关部门，目前园区已获得征地批文750亩。

二是完成了已征地范围内园区县城组团1200亩、砚台组团110亩、高安组团50亩范围内339户农户搬迁补偿及附属物、构筑物的清场。同时加紧进行澄溪组团兴发金冠、砚台组团富源化工项目的安全距离范围内38户居民的拆迁、安置工作。

三是加紧实施园区内已拆迁1200亩范围内场地平整，道路管网等基础设施建设。完成了县城组团凯尊机械、富灿机械、园区文毕安置点项目，砚台组团富源公司扩建项目，高安组团六个食品项目场地平整，完成平场土石方350万立方米。新建园区道路3.5公里，安装水电气及通讯管网25公里，新铺设电力电缆8公里，架设电力线路4公里。完成了文毕安置点20万平方米安置房的规划方案设计，标准厂房3万平方米通过市级相关部门验收。园区配套的基础设施日趋完善。

(二)大力开展招商引资

加强对县域经济和工业园区的招商宣传，主动走出去，先后参加了2011年渝洽会，并赴沿海各地开展招商引资和项目推介活动，提高了全县和园区招商宣传形象。大力推进产业招商，采取跟随战略，紧跟五大产业，实行错位发展的配套策略，加强对汽摩配件、建材、电子等行业企业的对接招商，吸引成套企业将配件生产项目转移入园。推行以商招商，以现有入园企业积极宣传园区优势和优惠政策，带动合作企业和配套产业项目落户园区，效果明显。

(三)全力牵头做好园区融资工作

按照市上的统一部署，全力推进园区加工

贸易梯度转移承接地二期融资工作，组织渝垫公司及县级相关部门完成了承接地贷款的可研报告、承接地四至范围审批等相关的申报资料，园区被重庆市政府纳入首批重庆市加工贸易梯度转移承接地贷款园区。

(四)完善服务体系取得较好效果

为了快速推进入园企业建设，园区管委会针对企业的需要，不定时牵头召开县级相关部门协调会，及时解决企业建设、生产中的相关问题。园区全程代理入园企业的土地招拍挂、规划建设、水电气、财税、金融等方面的手续，全方位服务。同时，建立项目建设管理制度，规范服务流程，做到项目服务工作精细化管理，企业反映很好，取得明显效果。

二、发展中存在的问题

土地指标严重不足，土地储备几乎为零，园区道路、管网等基础设施建设无法实施，园区已签约的项目迟迟不能落地。

园区安置点建设严重滞后，影响园区建设进程。

三、2012年发展目标

有序推进“一园四区”五组团建设，启动澄溪、砚台、高安组团道路基础设施建设，加快园区县城组团加工贸易梯度转移承接地项目建设；完成土地储备3000亩，新扩园区建设面积2平方公里；引进项目不少于20个，“一园四区”实现工业产值120亿元。

(一)全力推进基础设施建设

一是按照规划，逐步推进一园四区建设。启动澄溪、砚台、高安组团主干道路、管网建设，加快县城组团加工贸易梯度转移承接地项目建设，逐步完善园区公共设施配套。

二是着力扩展园区规模。园区力争实现土地储备3000亩，其中县城组团2000亩，高安、澄溪、砚台组团1000亩，新扩园区建设面积2平方公里。

三是充分利用进出口银行贷款，加快县城组团加工贸易梯度转移承接地项目建设，全面启动承接地内3公里道路、管网建设，1900亩土地场地平整，使园区县城组团“三纵两横"道路框架初步形成。逐步启动澄溪组团、砚台组团、高安组团主干道路的建设，启动园区工业污水处理厂建设。

(二)着力做好招商引资不放松

围绕园区各组团的主导产业，主动寻找重庆产业转移承接机遇，加大对汽摩配件、机械加工、农副产品加工、精细化工等项目的跟踪接洽，抓好项目储备，力争在引进整车、整机项目上实现突破，全年完成引进项目20个以上。同时加快已签约项目的建设进度，全年实现新增投产企业10个以上。

(三)优化完善园区服务

积极深化为企业服务的层次和领域，加强与各部门沟通联系，建立园区共建服务机制，并借助行政服务中心等渠道，提高服务效率和质量，为企业生产建设提供优良的发展环境。要从贷款担保、资金补贴、纳税奖励、用地支持、资源培育、人才引进和用工服务等方面对引进的项目进行全面扶持，确保项目引进一个成功一个。

(四)狠抓园区安全生产监管

认真开展大宣教、大执法、大排查、大整治活动，落实监管责任，进一步夯实园区安全生产基础工作，明确企业安全生产的责任主体，督促企业增强安全意识，完善安全措施，继续保持园区安全生产良好态势。

开县工业园区

重庆开县工业园区管理委员会 谢属军

2011年,开县工业园区在县委、县政府的坚强领导下,在县级相关部门和属地党委、政府的大力支持下,按照全县“整体转型、提速发展”的总体要求,采取各种有效措施,认真破解发展中的各种难题,各项建设取得了突破性进展,开创了园区发展的新局面。

一、2011年经济发展回顾

(一)主要指标完成情况

截至2011年底工业园区共有入园企业63户,其中投产企业46户,共实现工业总产值92.7亿元;实现工业增加值27.3亿元;实现工业销售产值90.1亿元;应交税金20659万元,同比增长67.7%;实现利润33318万元,同比增长62.7%;解决就业19648人。具体情况是:

中心园共有入园企业51户,其中投产企业34户,累计实现工业总产值69.5亿元,现价同比增长65.1%,实现工业增加值20.3亿元,同比增长65.8%;实现工业销售产值67亿元,现价同比增长65%;其中:规模以上企业实现工业总产值67.4亿元,占全县规模以上工业总产值的比重是58.1%;规模以上企业实现工业增加值19.6亿元,占全县规模以上工业增加值的比重是60%;应交税金14281万元,同比增长25.3%;实现利润24730万元,同比增长35.8%;解决就业16219人。

分园共有入园企业12户,其中投产12户,累计实现工业总产值23.7亿元,现价同比增长93.7%;实现工业销售产值67.5亿元,现价同比增长66.9%;应交税金6378万元;实现利润8588万元;解决就业3429人。

(二)经济运行特点

1.经济运行保持平稳增长态势

2011年工业园区紧紧围绕“拓空间、建平台、大招商、强配套、出形象”的要求,进一步强化企业审批代办、资金融通保障、优惠政策兑现、协调用工缓解等服务,全力解决企业生产经营和发展中的困难和问题,确保企业正常生产经营。全年工业园区经济运行保持高位运行,除1-2月增幅较低外,其余各月增长幅度均保持在60%左右,全年增长幅度达65.1%,呈平稳、健康、持续增长的良好态势。

2.工业固定资产投资高速增长

2011年,园区自身和各入园企业完成固定资产投资24.43亿元,同比增长54.3%。其中:园区自身完成投资10.89亿元,同比增长1.4倍;技改扩建项目和新建项目完成投资13.54亿元,同比增长31.8%。一是园区面积达到8平方公里,全面完成县城西部新区关子、兴合村拆迁、交地和场平;完成赵家208户共计5万平方米拆房;二是已建成标准厂房面积达到40万平方米;三是建成了7万余平方米的配套服务用房;四是完成赵家区域的绿化亮化工程;五是启动建设了污水处理厂、110KV变电站等基础设施项目;六是强化对康园自行车、开州印务、美尔康等在建项目的工程进度监督,要求按合同工期倒排工程建设进度,确保在预计时间内建成投产。今年园区技改扩建、续建和新建项目共计27个,已有13个项目建成投产,其中技改扩建投产项目2个,新投产项目11个。

3.主导产业经济支撑作用明显

能源行业实现工业总产值12亿元;建材行业实现工业总产值25.7亿元(其中中心园22.8亿元,同比增长39.9%),其中“门”类累计产量达190万套,“建陶”类累计产量达9500万平方米;服装鞋类行业实现工业总产值20.6亿元(其中中心园19.4亿元,同比增长81.3%),累计生产鞋类5700万双,各类服装2700万件;轻工电子行业实现工业总产值20.4亿元(其中中心园13.4亿元,同比增长3倍),食品行业实现工业总产值14亿元(其中中心园1.9亿元,同比增长173.5%),分别比同期增长23.3%、57.7%、83.9%、168.4%和48.9%。同时亿元企业经济支撑作用突出,据统计数据显示,2011年实现工业总产值超亿元的企业有17户,累计完成工业总产值65.4万元,比上年同期增长56.5%,占园区投产企业总产值的94.1%。

4.园区土地综合利用效能较高

截止2011年末,园区工业项目用地共计1.9平方公里,自开始建设以来累计完成固定资产投产57.1亿元。其中投产企业占地1.3平方公里,累计完成固定资产投产50.1亿元,投入强度达到38.5亿元/平方公里;投产企业2011年实现工业总产值69.5亿元,产出强度达到53.5亿元/平方公里。

5.招商引资加快形成产业集聚

在县委"乡情"和"资源"两大管道招商原则的指导下,园区积极拓宽招商引资渠道,创新招商引资方式,紧紧围绕五大产业,开展以划地建厂和入驻标准厂房为重点招商引资活动,从而延伸产业链条,培育产业集群。同时,积极参与"渝洽会"、"支洽会"等各类经贸活动,宣传推介开县招商引资政策。全年引进项目28个。其中购地自建项目18个,租用园区标准厂房项目10个。具体情况是:5000万以下的10个,5000万元到1亿元的13个,1亿元以上的项目5个;合同金额27.8亿元,实际到位资金13亿元,同比增长85.7%。

二、发展中存在的问题

1.用地指标争取难。土地指标难争取在一定程度上影响了园区空间的拓展;

2.园区筹融资难。园区正在大规模建设,需要大量资金,没有资金支持将影响园区发开建设进度;

3.企业做大盘强难。园区企业以劳动密集型企业为主,产品附加值较低,市场竞争力不强;金融政策收紧,企业贷款融资难,做大盘强缺少资金支持;产业链不全,上下游配套不完善,增加了企业运行成本;部分企业招用工难,在全国劳动力紧缺的情况下,由于在工资福利待遇上本地企业和沿海企业存在差距,导致部分企业招用工难。上述原因导致企业做大盘强难度较大。

三、2012年经济发展目标

2012年工业园区将紧紧围绕县委"147"战略部署,以科学发展观统揽全局,深入贯彻落实十七届六中全会精神,进一步解放思想、开拓创新、团结实干,以"聚产业、扩规模、促增长"为主线,以"强项目、强配套、强服务"为抓手,重点围绕赵家新区拓展、赵家"园城一体化"、平桥基础设施建设等工作,奋力实现园区创新发展、科学发展、跨越发展、和谐发展。

到2012年底,入驻企业80家(新入驻企业28家),投产企业58家(新投产企业25家);实现工业总产值115亿元,同比增长65%;安置就业2万人(安置移民就业7000人)。完成固定资产投资32亿元,同比增长30%,其中:园区自身固定资产投资(含征地拆迁补偿)12亿元,工业企业投资20亿元。力争招商引资实际到位资金25.36亿元(含临江园的8亿元)。进一步延伸产业链条,做大产业集群。在新区拓展上重点围绕赵家(清桥、长安)开展征地拆迁工作。

巫溪工业园区

巫溪工业园区管委会 钟霜玲

一、2011年发展回顾

(一)经济总量不断增大

截至2011底,我园凤凰、尖山、花台共征收土地1677亩,建成标准厂房5.4万平方米,职工宿舍1.3万平方米,新修道路25.6公里,完成固定资产投资9.81亿元,实现工业总产值9.39亿元,招商引资到位资金8.285亿元。入园企业23家。

(二)建设规划逐步完善

园区始终坚持规划先行的原则,努力发挥规划的引领效应,目前已形成了以矿电联营项目为主的尖山循环经济园区;以服装纺织、生物制药园、农副产品加工等劳动密集型凤凰特色加工贸易区;以仓储物流、旅游观光、产品加工为主的宁港产业新区。先后完成了凤凰、尖山总体规划和控制性详细规划、凤凰组团安置小区修建性详细规划、尖山循环经济试点批复以及凤凰组团拓展区规划编制,目前,正在委托资质单位编制各组团的产业发展规划。同时,委托资质单位进一步修改完善宁港组团总体规划和控制性详细规划、凤凰组团拓展区规划、控制性详细规划、工业街区修建性详细规划。把节约、集约用地作为重要前提,真正做到长远规划、分步实施,在项目安排上做到宁缺勿滥。

(三)土地征用有序拓展

园区获批土地面积1677亩,实际完成征收集体土地面积1677亩,出让土地566亩,正在办理420亩,正在进行基础场平508亩。红线储备土地1218亩。

(四)基础建设稳步推进

坚持"快"字当头,快抢快做,聚力抓好园区基础设施建设。园区不断加大基础设施的建设力度。先后启动凤凰、尖山、花台组团的场平及道路、管网、标准厂房等基础设施建设,目前已完成凤凰、尖山的基础场平、25.6公里骨架路网络及5.4万平方米标准厂房,极大改善了园区投资硬环境,解决了入园企业用地、用水、用电等基础工作。

(五)招商引资初显成效

招商是关键,安商是根本。按照"依托资源,突出重点、打造特色"的招商原则,园区通过调思路,集商情、盯市场,靠资源和劳动力优势全力开展招商。截至2011年底,园区共完成固定资产投资9.81亿元。实现工业总产值9.39亿元,招商引资到位资金8.285亿元。园区先后引进三电集团、渝惠屠宰加工、创冠集团、华兰生物、大宁河塑胶颗粒加工、渝兴松仁、重庆昱达制衣、腾翔毛衫、华兰生物等23家企业,已建成投产企业15家,在建企业4家。目前,园区各企业运行良好,其中石材加工企业和劳动密集型企业已初具规模。企业全面投产后,可实现产值30亿元,税收1亿元,解决就业8000人。

(六)企业服务规范到位

一是策划项目建设。对接国土局、商务局,调查了解园区周边资源状况,摸清循环经济链条上各个资源的储量、品位、作用,建立并逐步完善了矿电资源以及石材资源项目库。二是成立园区企业服务中心,实施项目建设"一站式"、全方位服务,切实为企业和投资者提供各项政策咨询及证件办理服务。三是认真落实各项优惠政策,不断优化投资环境,通过走访、座谈会等形式听取企业意见,为企业排忧解难。四是督促各企业配齐、配全安全设施,并协助企业完善各类规章制度。五是协助企业搞好项目包装、策化、招工宣传等。六是建立企业服务档案,实现"一企一档"。七是健全入园企业管理制度、企业安全生产管理制度等。八是加大安全生产监管力度,成立园区安监办,落实安监人员,定期开展安全大检查和隐患排查,确保园区建设及企业生产平安、稳定。

(七)资金瓶颈有效破解

一是在重庆市能源投资集团公司的大力帮扶下,园区在进出口银行融资贷款3亿元,为巫溪工业园区的发展和建立提供了强有力的资金保障,快速推动了巫溪工业园区"三组团"的基础设施建设(包路园区"三通一平"、标准厂房等建设),打开了巫溪工业园区发展的道路。二是为缓解园区建设资金,利用园区的土地等资产向农发行申请贷款1.8亿元,目前已完成全部所需资料,等待农发行总行备案审批。三是启动进出二期3亿的贷款工作,目前已完成了可研的编制,等待农商行政策明朗化。力争2012年放贷1.5亿元。四是积极推进园区资产转固工作,力争用园区固定资产作抵押,向巫溪农业银行融资5000~7000万元。

二、2012年发展展望

坚持以科学发展观为指导,走新型工业化道路,全面落实国务院3号文件精神,以生态园区建设为载体,以项目为抓手,以市场为导向,以产业集群集约为支撑,以扩大开放、体制创新和科技创新为保障,以经济效益、社会效益双赢为目标,大力招商引资,培育壮大骨干产业,拓展产业链条,着力转变发展方式,将发展工业园区与吸纳农民工就业、提高生活水平相结合;与发挥区域比较优势、提高市场竞争力相结合;与发展高新技术、提高经济增长质量相结合;与区域改造和产业结构调整相结合;与生态保护和区域环境综合整治相结合,加快工业经济发展。

一是切实加大基础投入力度,建设"活力园区"。多方筹集资金,重点抓好园区规划控制区的供排水、道路、电力、通讯等基础设施建设,构建高标准园区路网,加快市政设施配套,精心打造发展平台。同时根据园区实际,制定支持入园企业发展的政策措施,切实提高服务效率,支持企业做大做强,促使园区更好更快地发展,精心打造"活力园区"。

二是坚持走新型工业化道路,建设"实力园区"。着力做好项目入园建设,重点培育一批骨干企业,力争用3—5年的时间,把园区建设成科技含量高、经济效益好、带动力强的新型园区。

三是加快推进城市化进程,建设"魅力园区"。围绕"生态、集中"目标,坚持"高起点定位,高水平规划,高标准建设,高效能管理"的建设原则,充分发挥规划的龙头作用,切实加强对项目建设规划、评审,进一步提高入园企业建设的品位和档次;健全和完善建设手续,规范和完善建设行为,切实加强工程监管,促进工业园区基础设施建设上新水平,为企业营造良好的生产、生活环境。

四是统筹发展各项社会事业,建设"和谐园区"。着力把建设人文和生态环境放在重要位置,切实做好被征地农民的安置补偿工作,维护好群众的根本利益,为工业园区各项社会事业快速、健康和谐发展营造良好的社会环境,努力把工业园区建成人文环境优越、自然环境优美、生态环境和谐的示范区。

酉阳工业园区

酉阳工业园区管理委员会 石建富

一、2011年发展回顾

2011年,工业园区管委会按照县委、政府的总体部署,紧紧围绕"工业强县"战略,以"358"工程为指引,以建设全县经济核心区为目标,抢抓产业梯度转移机遇,科学定位园区发展战略,大力夯实园区基础平台,狠抓产业集群培植,强化园区运行管理,深度开展招商引资和企业服务,各项工作取得了良好成效。

(一)合理规划园区产业定位,着力推进园区转型升级

为加快推进园区的结构调整和产业升级,奠定园区县域经济社会跨越发展中的核心地位,园区立足于产业基础和发展态势,坚持发展的民生导向,将主体功能定位为民生工业园、扶贫工业园,将发展模式确定为园城互动的户改实现模式。为此,板溪轻工业园作为探索"两园一模式"试点,按照"园城共建"的总体思路,布局"一路两校一城四园"(一路即城南高速路下道口至板溪新城快速通道,两校即职教学校和中小学校,一城即工业新城,四园即服装产业园、医药产业园、电子产业园、高速公路物流园);龙江重工业园重点为龙江新城提供产业支撑,完善城市服务功能。纺织服装、光伏能源、矿业、化工四大产业推进有序,正按照年产值300-500亿元的目标,积极推进林浆纸和气矿一体化两个重点项目;渝东南现代物流园火车货运站如期开通,嘉漫建材批发、中亚钢材物流园、森山农资产品配送中心、中石化成品油储备库等项目进展顺利,产业集群效应明显,物流配送功能逐步完善;小坝全民创业园以三大服务功能为主线(为县城就业服务、为县城生产服务、为乡镇城镇化生产企业服务),按照提升一期、完善二期、启动三期、拓展四期的总体思路,布局食品、建材、旅游产品、农副产品深加工及各类市场,着力打造重庆市优质微创园和国家级中小企业创业基地。

新的功能定位和发展战略,使园区发展思路更加明确,重点更加突出,为尽快完成园区产业转型升级,再掀园区建设发展新高潮,加快全县工业化、城镇化、旅游产业化和城乡一体化推进步伐奠定了战略基础。

(二)主要经济指标增势强劲,经济核心区逐步彰显

截止12月底,园区实现工业总产值35亿元,占全县工业总产值的71%,同比增长77%;实现工业增加值11.6亿元,同比增长92%,增速排考核圈第4位;实现工业销售产值28.47亿元,同比增长84.87%,产销率达91.05%;实现利税4.21亿元,同比增长99.5%;规上企业全员劳动生产率达到17.43万元/人年,同比提高57.31%。

(三)园区建设推进有力,发展基础进一步夯实

园区全年完成投资23.3亿元,同比增长18%,其中基础设施完成投资6亿元,企业固定资产完成投资17.3亿元。"一区四园"建成面积达8.6平方公里,累计建成各类厂房71.2万平方米职工宿舍3.4万平方米、道路39公里。龙江纺织工业园区标准厂房、小坝1.6万平方米标准厂房附属工程、板溪五期标准厂房主体工程、麻旺8.5千米排水管道及廉租房等全面完工;板溪综合办公大楼、四期道路、三期绿化、小坝全民创业园三期标准厂房及综合交易市场项目等有力推进;园区2011年1200套廉租住房、板溪100万平方米标准厂房正式开工建设;100万平方米公租房、100万平方米商品房完成前期工作,"四园"污水处理系统已进入设计招标程序;华方医药产业园青蒿素生产线已于10月12日投入试生产;酉水河酒业、江阳纺织、金沿海纺织、中天锰业、佐炫莹石、酉好化肥二期、国锦生物化工、冷链物流、中团现货交易市场等项目建设进展顺利。

(四)产业培育效果良好,为产业集群打造奠定了基础

一是认真策划包装项目。围绕"十大产业链、十大产业集群、十大物流项目"包装项目438个,建成714亿的项目储备库,完成了氧化镁、锰渣综合利用、页岩气、PVC等重点产业项目策划。二是强力推进项目入园落地,共新增入园项目41个,截至12月底,"一区四园"共计入驻企业260家,建成投产127家,其中规上企业30家,吸纳就业6000余人。初步形成了以九鑫水泥、武陵光伏、天雄锰业等为代表的材料产业;以酉好化肥、诸夏化工等为代表的化工产业,以金沿海纺织、江阳纺织、东奥服装等为代表的纺

织服装产业,以华方医药、绿加饮料为代表的医药食品产业,以庆林汽车、四达机械等为代表的机械制造产业。

(四)运行保障力度加大,服务能力进一步提升

一是加强要素调度,现场调度、会议调度、专题调度30次,有效解决了企业生产经营中的困难和问题。二是深入开展"一站式"开办、"帮办式"建设、"保姆式"运行服务。"一站式"开办服务共受理37户,办结37户,办结率100%;"帮办式"建设服务共受理49件次,办结48件次,办结率98%;受理企业通过热线电话求助84件次,办结83件,办结率98.8%。三是有序推进园区户籍制度改革,全年完成园区工人转户1268人。四是常年实施电话、短信问候,全年向企业发送问候短信2500余条,电话联系900余次。

(五)全力破解发展难题,支撑能力逐步增强

一是融资工作取得新进展。全年共筹集园区建设资金5亿元,成功申报"酉阳县城镇饮水安全工程项目",获得农发行批准贷款2亿元;与重庆通能投资有限公司签订板溪工业新城"三百工程"项目融资协议,达成企业拆借协议2亿元;争取中、市无偿资助资金470万元(物流园中小企业物流服务平台改造项目获批120万元、小坝小企业创业基地基础设施改造项目到位50万元、物流园基础设施建设项目获批贷款贴息100万元、创业园基础设施项目获得扶贫贷款贴息200万元);实现资产处置性收入9468万元(实现工业用地收入2593万元、商业用地收入6836万元、经营性资产租金收入39万元)。二是扎实开展企业招工稳工工作。会同人力社保局召开专场招聘会24次,为企业输送工人2653人;牵头组织园区15户企业共2300余人的岗前培训和能力提升培训。

(六)招商引资效果良好

园区新洽谈项目46个,签约项目37个,注册项目44个,协议引资198.79亿元,实现到位资金7.4595亿元(续建项目完成投资4.3489亿元)。其中我委新洽谈项目7个,签约项目7个,注册项目7个,新入驻项目4个(入园项目4个),协议引资123.5亿元,实现到位资金2.0982亿元(含联合招商)。

(七)内部管理逐步规范,单位形象进一步提高

狠抓"四好班子"和"五型机关"创建。一是严格落实"一岗三责",层层签订责任书,共签订廉政责任书66份,形成了一级抓一级,一级对一级负责的党风廉政格局。二是强化在工程建设、财务管理、企业服务等重点环节的监管和教育,召开廉政教育专题会5次,进行廉政谈话30余人(次),确保了班子和职工的廉洁。三是优化健全常态化学习机制,开展邀请高校专家授课、周末全体职工相互专题讲课、职工业余自学及岗位练兵等,系统性学习政治理论、工业经济、金融财务、工程建设、公务礼仪、文秘写作、安全管理等知识。邀请专家授课3次、组织全体职工拓展训练1次、开展内部周末培训7次、参加市县各种培训(讲座)90余人次。四是建立健全了科学规范的工作制度,共修改完善内部管理制度10余项,开展内部督查20余次,下发督查通报14期。五是深入开展"三进三同"、"结穷亲"、"干部下访群众"活动,落实帮扶措施46条、解决群众实际问题58项。六是全面完成其它交办工作。招揽游客总数达6371人,超过目标任务27%;及时完成城区"四化"及桃花源"5A"创建相关工作。通过上述措施,树立了园区管委会的良好形象,半年民意调查排名全县第一位。

同时,进一步加大对园区在建工程安全质量的监管力度,全年开展园区安全生产日常检查48次,查处安全隐患248起,整改248起,整改率100%,开展安全培训3次,安全宣传4次,发放安全宣传资料500份,制作安全简报12期,较好地树立了质量一流、速度空前、效益良好的特色工业园区形象;进一步强化了园区的督查工作,较好地保障了各项工作的有序推动。

二、发展中存在的问题

一是园区经济总量不大不优。园区产业结

构不尽合理，产业链尚未形成，科技水平不高，龙头企业带动支撑力不强。

二是用地、融资、用工三大难题仍制约着企业发展壮大。园区建设负债达17.4亿元，园区企业用工缺口达3000余人。

三是园区配套体系还不健全。水、电、路、气、通信、公(廉)租房、学校、医院、商圈、饮食、文化娱乐、污染处理、中介平台等基础设施及其配套体系不能完全满足产业集聚、人气提升的要求。

三、2012年发展目标

实现工业总产值56亿元，工业增加值18.38亿元；实现税收1.74亿元；完成基础设施投资5.253亿元，完成企业投资20亿元；招商引资到位资金10亿元；园区企业实现就业1万人以上；培育纺织服装、材料、食品药品等主导产业，力争形成两个以上的产业集群。

巫山职教工业园区

巫山职教工业园区管理委员会 陶忠奎

巫山职教工业园区是经市政府批准设立的市级特色工业园区，按照“园校互动、校企融合”的办园经验在三峡库区推广，实现了职业技术教育培训和就业的有机统一。园区占地560亩，2007年11月启动建设，2009年9月全面竣工，总投资3.8亿元。现已建成标准厂房及后勤服务配套用房19.2万平方米，签约入驻中小企业42家，初步形成轻纺服装、机械制造、仪器仪表和农副产品加工4大产业集群，累计实现产值10亿元，税收1000余万元，常年吸纳就业3000余人。

一、2011年发展回顾

2011年是巫山职教工业园区转型升级、快速发展的一年。全年实现园区工业总产值4.8亿元，同比增长35.7%；完成税收336.2万元，比上年翻了一番；外贸出口突破100万美元。

(一)园区工业蓬勃发展

依托县域产业优势，逐步形成了以资源型工业和非资源型加工制造业相互结合、相互补充的生态特色产业园区。一是立足农业大县基本县情，依托柑桔、板栗、中药材等特色农副产品和经济林木资源优势，积极引进农副产品、林产、中药材等深加工企业。二是充分依托旅游资源优势，加快发展特色旅游产品加工制造业，围绕煤、铁等矿产资源开发利用引进机械铸造业。三是发展以轻纺服装生产、钟表电子产品生产组装、仪器仪表制造生产为补充的劳动密集型加工业和制造业。

(二)“腾笼换鸟”加快推进

一是强化招商引资战略。健全完善招商引资项目库、信息库、客源库，增强招商引资实效。二是突出产业链招商。结合县域产业发展结构，选择有比较优势和发展潜力的企业。2011年实现了从粗放招商到择优选商的转变，新引进重庆爱仕努服饰有限公司、重庆瑞隆门业有限公司、巫山明特科技有限公司等企业入驻园区。三是承接转移微型企业。以大昌、官渡微型企业创业园为载体，有效转移园区微型企业多点经营，出台优惠政策和扶持资金，妥善解决招工难题，助推民营企业发展壮大。

(三)园区功能日趋完善

一是增强园区后勤保障能力。围绕园区经营理念，转变发展观念，全面推行园区物业管理工作，进一步完善了《园区物业管理实施办法》、《园区后勤服务用房租赁管理试行办法》等制度并组织实施，为企业做好日常后勤服务，提供基础性保障。二是鼓励企业文化软实力建设。努力打造“品牌、诚信、优质、高效”的企业精神。从企业精神、经营理念、人生价值、发展目标等多个方面积极引导企业正确处理文化与经济发展的关系,不断增强企业市场竞争软实力。

二、发展中存在的问题

一是园区生产作业设施配套与“一圈”区县园区仍有较大差距,产业多元化发展格局不成熟。二是园区内厂房结构、金融网点、物流等要素仍需完善。三是部分企业产业链条短且缺少自主产权和品牌。

三、2012年发展思路

2012年,巫山将抓住东部沿海地区和主城产业转移机遇,大力实施三大工程,做大园区产业,推动富民兴县进程。全年计划完成工业总产值8亿元;税收增长率达到30%,力争突破1000万元;提供就业岗位4000个以上;引入实力企业2—3家;新培育规模以上企业3家。力争到“十二五”末打造100亿级园区产业集群。

(一)着力“四大转变”,建设一流园区

按照入驻企业从数量型向质量型转变、从政府投入向自身平衡运行转变、从以基础设施建设为主向经营管理转变、从无偿使用厂房向有偿使用转变的发展要求,围绕“解困、增效、规范、拓展、转型、示范”的工作思路,突出化解园区发展、转型方面困境;规范园企资产物业管理;培育壮大园内现有企业;启动拓展区建设,扩大发展空间;推进腾笼换鸟,增强招商实效,提升入园企业质量;推进落实企业安全生产主体责任。通过各项工作稳步推进,全力推动园区经济健康快速发展。

(二)着力规范管理,强化后勤保障

一是严格企业“五个规范”。出台《巫山县职教工业园区管理委员会关于规范资产物业管理的意见》,全面规范现有厂房、税费、用工、合同、环境等要素管理。二是优化企业精细服务。协调县级各部门扶助企业发展;做好企业用水、用电、用气、运输等要素保障;协调解决企业融资难题;联系乡镇(村社)和街道(社区),协助招工入园入企。通过乡镇设立加工点就近解决企业用工难题,努力提升企业产能产值;建立园企常态联系制度,领导、职工包片包企业,深入企业解决困难,协商办法助推发展。

(三)着力项目拉动,增强企业后劲

努力克服任务重、时间紧、人手少、困难多等不利因素,加强与市、县各部门通力合作,保障各项工作统筹推进。一是园区提档升级工程。通过改善基础条件,优化服务,强化要素保障,每年确保招大商、好商、生态环保商2-3个,扶持壮大一批骨干项目,盘强园区综合实力。同时,启动园区拓展工程,力争2012年上半年完成拆迁户房屋丈量、户籍核实等前期工作,有效拓展职教工业园发展空间420亩。二是生态工业园建设项目。积极争取市政府将其纳入全市生态工业园先行试点县,并启动项目建设前期准备工作,完成生态园区总体规划报市级职能部门评审,争取将生态园区6个基础设施项目纳入三峡后续规划工程项目。三是对口支援异地办园工程。加强北碚(广东)巫山移民工业基地建设力度,确保异地办园发挥最大效益。

第七编
区县经济

1 小时经济圈

渝中区

渝中区政府办公室　袁鹏

一、2011 年发展回顾

2011 年，是渝中区转型发展、创新发展取得重大进展的一年，全区上下始终坚定“内陆香港”城市理想和“长江上游地区现代服务业核心区和总部经济基地”战略定位，大力发展“高端产业、高端品牌、高端人才”，着力加快全域价值升级、产业能级升级、城市品质升级、民生幸福升级，实现了经济社会全面、快速、科学发展。

(一)区域经济加快发展

地区生产总值(GDP)665.3 亿元、同比增长 15.5%，人均 GDP 16233 美元，地均 GDP35.9 亿元/平方公里。质量效益同步提升，区级财政收入 51.2 亿元、同比增长 30.6%，税收占比保持 70%的较优水平；城市居民人均可支配收入 22146 元、同比增长 14.7%，总量保持全市领先。发展动力势强劲足，全社会固定资产投资 250.1 亿元、同比增长 26%，增速连续 39 个月增长 20%以上；社会消费品零售总额 414.3 亿元、同比增长 20.2%，总量遥居全市第一；境内外投资者看好渝中投资前景，实际利用内资 156.2 亿元、外资 10.6 亿美元，同比分别增长 38%和 78%。

(二)全域渝中全面发力

坚持区域同步建设、均衡发展，突围解放碑，增强渝中发展潜力和后劲。改善区域投资结构，西部区域集聚各方资金掀起大建设热潮，完成投资突破 90 亿元。提速载体建设，朝天门地块成功出让，重庆金融街 5 个地块在建，重庆协和城、英利七牌坊开工建设，龙湖时代天街、瑞安重庆天地、重庆总部城、万科锦程、环球金融中心等进展较快，重宾保利、联合国际主体完工，威斯汀酒店、国际金融中心、日月光中心部分交付使用，新华国际大厦全面完工，在建楼宇 636.4 万平方米，其中，商务商业 236.4 万平方米、新投放市场 16.4 万平方米。同时，开展交通体系、市政设施等专项规划，编制东部公共停车场布点、中部绿化生态长廊、西部综合交通等区域规划，深化菜园坝、高九路等城市设计。

(三)结构调整步伐有力

争取市政府出台推进渝中国家服务业综合改革试点工作的意见，与市发改委、市外经贸委、市商委等开展战略合作，扎实推进产业结构调整，新引进总部企业 10 家。结算型金融核心区见成效，存贷款余额分别占全市的 22.6%和 23.7%，新引进德意志银行、澳新银行等市级金融机构 30 家、总数达到 145 家，其中正银广惠基金等创新型金融机构 67 家、占比 46%，获中国最具特色魅力和增长潜力金融区。购物之都取得新突破，解放碑步行街扩容升级，时代广场裙楼、金鹰财富中心全新亮相，朝天门重庆国际商贸城开工建设，新引进 LV、GUCCI 等国际知名品牌 17 个、累计逾 160 个，获中国最佳商业环境城区。商务服务高地再巩固，新引进仲量联行、正略钧策等知名商务服务机构 8 家，商务服务企业逾 5300 家、占全市的 1/4。文化旅游融合发展，新增文化企业 54 家、国家文化产业示范基地 1 个，7 份旅游格式合同推行契约化管理，旅游人次突破 2300 万，外来消费同比增长 22.7%，获全国旅游竞争力百强区。国家电子商务示范区引领互联网、创意等新兴产业发展，上清寺重庆互联网产业园区、大溪沟设计创意产业园区各新增重点企业 28 家和 51 家。税收"亿元楼"新增 4 栋、达到 16 栋。

(四)文明城区成功创建

大力开展优秀文化传承、文明劝导等市民素质提升活动，积极推进城市规划、建设和管理“十大战役”，着力提升宜居生活环境水平，按照“四化”要求、“五项机制”建立健全长效机制，空气环境质量满足Ⅱ级天数劲增17天,全国文明城区历经15年创成。扮亮城市形象,整治270万平方米主干道、38个社区的综合环境,同步拆除危旧房50.9万平方米、违法建筑18万平方米、户外广告2万平方米,整治店招门楣3.4万平方米,取缔占道摊点7000个,升级人行道10万平方米,建成63栋楼宇夜景灯饰,"城市之眸"获中国艾菲媒体产品创新类金奖,新增鲜花545万盆、胸径8cm以上乔木逾1.1万株、绿地30.2万平方米。努力提升畅通水平,助推千厮门大桥、东水门大桥等市级重大项目建设,加快解放碑地下停车场及连接通道、大溪沟水厂接嘉滨路等建设,完成道路"白改黑"和路平工程逾11万平方米,嘉华大桥南延伸段、李子坝立交M匝道、枇杷山正街、歇虎路等竣工,轨道1、3号线分段运行。

(五)民生民利同步改善

民生支出占区级财政一般预算支出的比重提高到56%,推进民生十条33项实事和建设幸福渝中32项任务,较好实现年度目标任务。投入1.2亿元实施"人生关怀"工程,系统化、全民化关爱群众53万人次。系统打造"10分钟便民服务圈",荣获全国科技进步先进区等称号,老年大学、大溪沟地区文化活动中心等开工建设,市体育馆、区级福利院等改造完工,李子坝老年人日间照料所、金银湾社区卫生服务站等建成。帮扶就业创业,新增就业岗位3.2万个、微型企业807家。社会保险扩面提标,养老保险、医疗保险新参保10万人和4.9万人。构建三级群众工作网络,完善矛盾纠纷排查调处、突发应急处置等机制,新增交巡警平台6个、达到28个,改造上清寺等3个派出所,化解信访积案118件,完成企业改制12家。"社区工作日"、"531"结穷亲等密切干群关系,"幸福社区、邻里如亲"活动拉近邻里关系,"幸福渝中人"普惠政策引领幸福升级。

二、发展中存在的问题

一是市政设施欠帐多、硬环境不优,产业能级低、调整难度大,区域面积小、发展空间受限;二是在全市各区域竞相发展形势下,区域重点企业和生产要素存量的外流量增大,增量的选择性增强;三是在一些领域体制不顺、机制不优,资源配置不尽合理,各种生产要素的效能未很好形成,作用未充分发挥。

三、2012年发展目标

综合考虑各种因素,2012年主要指标确定为:地区生产总值增长13.5%,全社会固定资产投资增长20%,实际利用内、外资分别增长20%,社会消费品零售总额增长18%,区级财政收入增长20%,城市居民人均可支配收入增长13.5%,民生支出占财政一般预算支出57%,全年空气环境质量满足二级以上天数311天,单位地区生产总值能耗降低2个百分点,人口自然增长率控制在1‰以内。

大渡口区

大渡口区统计局 高孝娥

一、2011年发展回顾

2011年,全区牢固树立科学发展和民生保障发展理念,以重点项目建设为抓手,着力推进发展方式转变,努力提升效益,切实保障民生。全区经济发展总体呈现出"发展速度更快、产业结构更优,支撑作用更强、拉动更加给力,经济效益更好、政府居民双增收"的特点。

(一)经济发展速度更快,产业结构更优

随着全球金融危机影响逐渐减弱,全区经济经历两年低迷期后,自2010年一季度起重新步入快车道,2011年全区GDP增长16.7%,连续

8个季度超过15%,逐季走高趋势明显。同时各行业、各领域呈现协调发展良好势头,产业结构更趋优化。2011年,全区第一、二、三产业增加值比重分别为:1.1%、55.8%、43.1%,第三产业比重比上年提高12.7个百分点。

(二)行业发展支撑更强,拉动更加给力

2011年全区经济稳定较快发展,从生产角度看,主要得益于工业、建筑业和房地产业三大行业的有力支撑;从需求角度看,投资需求有效释放,出口需求与消费需求作有益补充,三驾马车拉动经济快速增长;从资金要素看,存贷规模再创新高,金融市场蓬勃发展,为经济运行提供了良好的资金流通环境。

一是工业经济稳定较快增长,成为全区经济增长主力军。全区工业经济对经济增长贡献率为51.8%,拉动GDP增长8.7个百分点。69家规上工业企业实现工业总产值245.5亿元,增长33.3%。工业经济快速增长,主要得益于重钢集团和建桥园区企业强力支撑。2011年,重钢集团驻区企业产能强力释放,虽然受到搬迁影响经营战略有所调整,产值增速逐步回落,但全年持续保持45.0%以上高速增长,实现工业总产值83.8亿元,同比增长47.3%;同时,国际复合、长征重工等重点企业发展形势良好,园区工业企业实现产值150.2亿元,增长28.2%,占全区工业产值比重超过60%,园区工业经济地位更加突出。

二是房地产业发展良好,支撑带动建筑业高速增长。2011年,全区以政府为主导的保障性住房建设和以市场为主导的商品房开发建设同步快速推进,房地产业对经济增长的贡献率达15.7%,拉动GDP增长2.6个百分点。商品房在建规模较快增长,市场供应良好,年末全区在建商品房施工面积首次突破400万大关,达到477.5万平方米,增长24.6%,其中:新开工172.4万平方米,增长1.4倍;市场需求旺盛,销售规模扩大,商品房销售面积从4月开始增速一路走高,到年底首次突破百万大关,达到113.0万平方米,增长86.6%,实现销售额47.5亿元,增长44.9%,同时商品房待售面积从下半年开始逐步减少,到年末为18.3万平方米,在在建规模稳步扩大情况下比上年仅上升2.2%。随着房地产业大发展和基础设施建设的稳步推进,带动了全区建筑业增速持续走高,年末全区在建建筑施工项目254个,实现建筑业总产值37.9亿元,增长45.0%,建筑业对经济增长贡献率达10.2%,拉动GDP增长1.7个百分点。

三是消费市场稳步扩大,消费行业特征突出。消费市场总体呈稳步扩大之势。2011年,全区实现社会消费品零售总额31.8亿元,增长20.4%。消费市场以商圈拉动为主要亮点,商圈限额以上单位实现零售额13亿元,占全区限额以上单位零售额的69%。分行业来看,零售业占主导,实现社零额21.9亿元,占社零总额的68.9%,增长22%,贡献率达到73.7%;批发餐饮业为补充,批发业实现零售额5.7亿元,占比17.9%,增长15.3%,餐饮业实现零售额4.0亿元,占比12.6%,增长19.8%;住宿业有待发育壮大,实现零售额0.2亿元,占比0.6%,增长3%。

四是投资需求有效释放,开放型经济超常发展。2011年投资与出口双轮驱动,有效拉动了经济的快速增长。全年完成固定资产投资138.2亿元,增长25.5%。固定资产投资快速增长主要得益于工业和房地产业投入力度加大。2011年,在天安数码城“绿谷”等园区投资项目强力支撑下,全年实现工业投资30.6亿元,增长20.8%;在晋愉·盛世融城、新尚都和中交·两山丽景等大项目、新项目的强力带动下,全区房地产投资增速高位开局(170.6%)后,全年保持强势增长,实现投资额57.5亿元,增长50.6%。2011年,全区招商引资力度进一步加大,签约引进上海第一钢市、长虹电子商务、海康威视等项目,国际复合公司境外并购实现“走出去”战略,开放型经济实现超速发展。全年实际利用内资174.4亿元,同比增长97.2%。实际利用外资4.4亿美元,同比增长259.3%,增速居主城区第2位;实现外贸进出口总额10.1亿美元,同比增长55.4%,外贸依存度42.4%。

五是金融市场健康稳定，存贷规模再创新高。全区金融机构31家，新增担保公司1家、小贷公司3家，瑞桥融资担保公司的设立填补了我区民营资本担保市场的空白，同汇小贷公司成为全市首批实现信贷资产证券化的小贷公司之一，金融市场蓬勃健康发展，经济运行资金流通环境良好。年末，全区银行机构存、贷款余额分别达到263.1亿元、303.4亿元，分别增长16.0%、16.3%，存贷规模创历史新高。

(三)经济效益水平更好，政府居民双增收

一是财政实力更加雄厚，改善民生更加突出。2011年全年实现区级财政总收入26亿元，增长36.1%，财政依存度17.3%，比上年提高6.5个百分点。全年实现区级财政一般预算收入11.1亿元，增长34.9%。全年完成地方财政支出23.7亿元，增长38.4%。财政支出用于改善民生更加突出，全年教育支出3.5亿元，增长30.7%；社会保障和就业支出2.8亿元，增长20.3%；医疗卫生支出1.1亿元，增长80%；住房保障支出0.5亿元，增长72.9%；城乡社区事务支出7.6亿元，增长56.2%，分别超年初预算的7.2%、11.9%、75.9%、84.1%、33.8%。

二是经济效益持续向好，居民收入稳步提高。从企业经营情况看，全区规上工业企业经济效益综合指数达到211.4%；全区批发和零售单位实现销售额111.4亿元，增长25.0%；全区住宿餐饮业实现营业收入5.4亿元，增长24.1%。从税收收入来看，地税收入14.9亿元，增长49.1%；国税收入11.7亿元，增长3.1%；区级财政实得税收9.0亿，增长37.1%。从居民收入看，2011年全区城市居民人均可支配收入首破两万大关，达到22146元，增长14.7%；农村居民人均纯收入首破万元大关，达到10473元，增长20.4%。

二、发展中存在的问题

一是经济结构调整步伐亟需加大。重钢搬迁造成较大的经济缺口，而园区经济、商圈经济、总部经济、休闲经济等现代经济发展模式都还不成熟，以及钓鱼嘴、小南海片区等大量存量资源等待开发，要求要加大经济结构调整步伐。二是社会消费规模有待进一步扩大。大渡口靠商圈快速发展带动全区社零额连续4年实现高速增长，但由于区域人口总体规模较小，经常性外来消费人口不多，消费总规模偏小，社零增长较为乏力。

三、2012年发展目标

2012年是大渡口区“转型发展突破年”，将全力实现“五个突破”：一是在重构产业支撑上求突破；二是在推进三大片区开发上求突破；三是在招商引资上求突破；四是在增强发展后劲上求突破；五是在“缩差共富”上求突破。重点抓好六个方面工作：一是强力推进改革开放；二是加速培育产业支撑；三是加快城市开发建设；四是全面推进社会建设；五是切实改善民生福祉；六是加强政府自身建设。2012年全区经济社会发展目标是：地区生产总值增长16.5%；固定资产投资增长30%；规模以上工业总产值增长40%以上；社会消费品零售总额增长20%以上；区级一般预算收入增长25%以上；城镇居民人均可支配收入增长13%以上，农村居民人均纯收入增长15%以上，万元GDP能耗下降4%。

江北区

江北区政府办公室 徐华伟

一、2011年发展回顾

刚刚过去的2011年，是“十二五”规划开局之年。一年来，全区上下凝心聚力，真抓实干，完成了区十六届人大第六次会议确定的目标任务，实际利用外资总量、实际利用内资总量、一般预算收入、商品销售总额位居全市第一，地区生产总值增速、社会消费品零售总额及增速、实际利用内资增速等位居主城前列。

(一)主要发展指标“好中加快”

地区生产总值达516.5亿元，同比增长17.3%；地方财政收入完成70亿元，增长34.6%；商品销售总额达2071.2亿元，增长37.9%；社会消费品零售总额实现291.1亿元，增长25.8%；全社会固定资产投资完成368.7亿元，增长20%；规模以上工业总产值完成576.2亿元，增长18.9%；实际利用外资达11.6亿美元，增长34.3%。

(二)功能平台提速打造

江北嘴中央商务区新引进交通银行、上海银行等17家金融机构，金融城、国金中心等项目顺利推进；观音桥商圈北城天街升级改造全面完成，“百脑汇”成功入驻；两江鱼复工业园完成征地21平方公里、平场9.4平方公里，形成产能布局3000亿元，成功引进东风小康等工业类项目42个；港城都市工业(物流)园新引进LED节能电子产业园二期等4大项目，海尔工业园二期等12大重点项目顺利推进，建成标准厂房100万平方米；五里店工业设计科技园新引进研发设计企业100多家；果园港二期进展顺利，中石化油品储存基地竣工投用。

(三)城市建设与管理亮点纷呈

建新南北路、渝澳大道、海尔路等主干道整治成效明显，背街小巷环境整治工作全市领先；“国模”指标基本达到考核要求；鱼嘴立交、华唐路立交、徐悲鸿中学北侧道路等项目建成通车，五里店三大缓堵工程建成投用；全年新增造林1.3万亩，新增绿地面积161万平方米，栽植8公分以上大树8.9万余株、数量全市领先；重点矛盾化解率保持在90%以上，无重特大安全事故发生，群众安全感指数达97%以上、居主城第一，荣获“全国平安建设先进区”；

(四)社会事业加快发展

成功创建“全国科普示范区”和“全国科技进步先进区”；两江职教中心、蜀都小学改扩建工程全面完成，在全市率先建设普惠性幼儿园，义务教育均衡发展合格区通过市级验收；成功创建全国慢性非传染性疾病综合防控示范区；；公立医院改革步入全国先进行列，铁山坪生态区3.4公里铁山大道、3.5公里国家级登山健身步道和新山门广场建成投用。重庆文化艺术交易品市场落户我区，区文化艺术中心建成投用，群众文化体育活动广泛开展。

(五)民计民生有效改善

城镇新增就业年度任务超额完成，发展微型企业800余户，成功打造嘉陵三村微型企业创业园；新建农转非安置房等各类保障房200万平方米；全面启动“两级经办、三级服务”社会保险经办工作试点，城乡居民医保参保率全市领先；在全市率先建立低收入群体救助制度。

二、发展中存在的问题

一是发展空间受限。二是民生改善仍任重道远。三是社会建设和管理还有薄弱环节。四是政府自身建设有待进一步加强。

三、2012年发展目标

2012年，江北区国民经济和社会发展的主要预期目标为:地区生产总值增长 15%,规模以上工业总产值增长 20%,社会消费品零售总额增长 20%,地方预算内财政收入增长 15%,固定资产投资增长 15%,城市居民人均可支配收入增长 13%,农村居民人均纯收入增长 18%,实际利用外资达到 12 亿美元,城乡差距缩小到 2:1,基尼系数降低 0.01。

沙坪坝区

沙坪坝区政府办公室 田超

一、2011 年发展回顾

全年实现地区生产总值 560.3 亿元,同比增长 24.2%;地方财政一般预算收入 40.5 亿元,同比增长 38.3%;固定资产投资 385.2 亿元,同比增长 27.1%;社会消费品零售总额 246.9 亿元,同比增长 23.1%;规模以上工业总产值 904.4 亿元,同比增长 83.7%;进出口总额 90.9 亿美元,同比增长 428.5%;城市居民人均可支配收入 22146 元,同比增长 14.7%;农村居民人均纯收入 10473 元,同比增长 20.4%。

(一)深入推进经济转型,建设内陆开放高地

1.产业结构调整取得新进展。一是三大产业集群快速成长,以“1+3+20”为主体的笔记本电脑产业,实现产值 501.8 亿元,是 2010 年的 6.8 倍。以苏宁易购、中集物流、永辉物流等为主体的物流产业,实现产值 10.1 亿元,是 2010 年的 6 倍。以小康汽车、康明斯 QSN 发动机等为主的制造产业,完成技改升级,实现产值 264.4 亿元。二是两类服务业不断壮大,引进沙特基础工业、新宁物流等生产性服务企业 36 家。富力城商业中心、龙湖 U 城一期等建成投用,新增医疗、美容、健身、保健、养老、家政等生活服务网点 493 个;签订 2 个城市综合体建设协议,“台湾原味生活圈”启动建设;新增微型企业 950 户。

2.商贸旅游特色产业培育取得新进展。一是商业环境及业态日益优化,中心商圈完成 1 万平方米景观改造工程,建成 3 个百亿级专业市场;雷克萨斯、福特汽车 4S 店开业,奥迪 4S 店年销售突破 10 亿元。华润万家等 15 家连锁企业入驻,新增商业面积 43.2 万平方米。创建区级社区商业示范中心 1 个、示范社区 2 个。家电(摩托车)下乡销售量达 2.3 万台,实现销售 9200 万元;家电以旧换新 12 万台,实现销售 4.3 亿元。二是旅游业基础日益稳固,宝善宫修缮加固、丁肇中展览馆建设、“2·7”火灾受损房屋重建、电路安全隐患整治等磁器口传统历史文化街区保护设施项目全面完成。融汇丽笙五星级酒店、温泉小镇快速推进,富力五星级酒店开工建设,协信五星级酒店完成方案设计。莲花湖旅游片区建成登山步道 3.5 公里、环山公路 6 公里。举办首届虎峰山桃花节、歌乐山桂花节。全年旅游收入达 16.5 亿元,增长 39.8%。三是科技创新成效日益明显,制定实施《建设国家创新型试点城区实施意见》。创新生产力服务大厦、大学城文化创意微型企业园全面建成,16 家中小型孵化企业和科技中介机构、73 家微型企业签约入驻。申请专利 3213 件、授权 2469 件,万人有效发明专利拥有量 16 件,居全市第一。在全市率先成立街镇知识产权工作站,被评为全国专利系统先进集体。新增国家级高新技术企业 8 家、国家高新技术产品 30 个、孵化企业 30 家、区级研发中心 2 家。转化科技成果 61 项,转化率达 50%。新产品产值 364 亿元,高技术产业增加值增长 227%,规模以上企业高新技术产品产值占比达 60%。四是文化健康产业内容日益丰富,“虎溪公社”文化艺术创意产业园、重庆大学文化创意大楼建成使用,天健动漫基地正式奠基,健康城、

磁器口文化创意产业园规划方案基本完成。

3.对外开放取得新进展。一是平台基础更加坚实,大学城完成征地2800亩,建成道路12.7公里、安置房30万平方米、青年广场一期,大成湖公园启动建设。微电园完成征地6800亩,建成道路14.7公里、标准厂房140万平方米、研发楼及生活配套用房90万平方米、安置房78万平方米。物流园建成道路10.7公里、仓库厂房43万平方米和口岸联检大楼。台资园建成道路1.2公里、标准厂房2万平方米。二是服务企业更加务实,出台《沙坪坝区外经贸企业申报国家和市级外经贸发展财政补助资金暂行办法(试行)》,为方正科技等48家企业落实各类扶持资金5300万元,帮助三温暖电器等140家企业融资17亿元,帮助旺成科技等7家企业在市股份交易中心挂牌。开通外资企业审批"绿色通道",实施重点项目"团队式"对接及全程代办制度。帮助72家企业建立技术标准体系,新增重庆名牌产品15个、著名商标13件、注册商标1108件。区领导联系企业,解决小康汽车能源供应等问题120个。三是招商引资更加扎实,通过招商网站,定期发布招商、市场、投资合作信息,策划包装项目77个。参加经贸活动9次,引进德国博泽汽车部件生产基地、"旭阳台北城"等外资项目18个、内资项目100余个,实际利用外资5.6亿美元、内资255.3亿元。

(二)提速推进城市转型,统筹城乡协调发展

1.基础设施日趋完善。一是拉开城市架构,建成科技大道东延段等7条道路、新增通车里程176公里、人行过街设施14处、道路隔声屏2400平方米。道路"白改黑"100万平方米,人行道改造72万平方米。梨高路二期、火车站综合交通枢纽改造等工程启动建设,"两双工程"等7个市级项目顺利推进。西部新城临时长途客运站建成投用,15条长途客运线、4条公交环线开通运营,核心区实行货运车辆限时通行。查处非法营运、超限运输2659台。二是提升城市品质,完成"危旧房"、"城中村"拆迁改造21万平方米,解危项目开工1.7万平方米,竣工安置房42.8万平方米,居住区综合整治340万平方米,主干道综合改造18.7公里。建成滨江步道6公里、城市公园5个、社区公园5个、城市广场3个;新装路灯1780盏,拆除违法建筑51万平方米;数字化城市管理新覆盖44.8平方公里,实现建成区全覆盖。

2.城市环境日益优化。一是改善生态环境,新增城市绿地1701亩,森林覆盖率提高到36.8%,成功创建市级森林城市。完成主要污染物总量减排任务,二氧化硫、氮氧化物分别减排3134吨、363吨,空气质量优良天数达315天;清水溪清淤6万立方米,建成高滩岩生态湿地1.2万平方米、护坡6公里;梁滩河流域新增垃圾清运设备1200个,水质基本达V类标准;环保七大专项行动解决突出问题669个,整治率100%,成功创建重庆市环境保护模范区。二是保障城市安全,井口、歌乐山消防站竣工投用,西永微电园治安派出所挂牌运行,"三所一队"启动拆迁,视频接访平台建成使用,应急中心建设顺利推进。查处交通违法行为18.6万起。整治安全隐患1.5万件,34项市区督办任务全面完成。

3.统筹城乡扎实推进。一是城市化进程不断加快,建成区面积从62平方公里扩至89平方公里;井双、上新、西永等控规修编及镇级土地规划修编顺利推进。农转城4.6万人,办理养老保险2.7万人,城市化率已达83%。二是新农村建设不断深入,农村改革继续推进,流转土地2000亩,规模化经营率提高到35%。基础设施继续改善,建成农民新村1个、巴渝新居600户,改造农村危旧房825户;建成"镇村通畅工程"158.4公里,改造农村公路58.4公里,场镇道路"白改黑"28.4公里;完成矿厂沟和肖家沟水库除险加固、歌乐山-中梁供水工程设计,陈家桥分洪渠建成使用。都市型农业继续发展,新建凤凰花卉产业园1550亩、凤凰观赏鱼基地200亩、青木关金银花基地300亩、中梁有机蔬菜科技示范园110亩,扩建回龙坝金沙杏基地500亩、曾家翠冠梨基地150亩,改造中梁无公害蔬菜

基地1260亩。三是城乡差距不断缩小，农村居民人均纯收入增长20.4%，连续四年高于城市居民人均可支配收入增幅，农村居民收入“倍增计划”顺利实现，城乡收入比由2.23:1缩小到2.11:1。

(三)加快推进社会转型，建设和谐幸福家园

1.就业再就业更加充分。新增城镇就业5.7万人，其中指导下岗失业人员再就业1.9万人，安置就业困难人员9064人，微型企业吸纳就业9000余人。协助信息产业企业招工5863人。劳动监察举报投诉点实现全覆盖，劳动人事争议仲裁和劳动监察结案率达100%。

2.社保体系更加完善。加强平台建设，新建改建劳动就业和社会保障平台27个，60个低保管理标准化社区(村)实现市区联网；新增养老机构14个、养老床位735张，五保集中供养率达71.2%。扩大社保覆盖面，五险扩面全面完成，城乡居民养老保险农民参保率达91%，社会保险金征缴率、按时发放率达100%。提升福利水平，在全市率先建立孤儿全面保障和殡葬惠民制度；实施医疗救助2.3万人次，贫困精神病患者救助实现全覆盖；救助流浪乞讨人员2166人次；完成“惠残2011工程”，惠及11480人。加大红岩烈士遗属关怀力度，建立500万元帮扶基金，解决住房、医疗、就业、子女入学等问题，实现帮扶工作制度化、常态化。

3. 教体卫发展更加均衡。建成标准化学校11所，其中西部新城3所。完成10万平方米校舍安全工程。建成“班班通”教室459个，实现全覆盖。新建公办幼儿园5所。37所学校“结对”，15所学校实现“捆绑式发展”。新建中小学塑胶运动场6个、街镇体育场3个、社区(村)健身设施68处、标准化社区卫生服务中心4个，举办区三运会，获第二届市“健康校园杯”学生运动会总分、金牌、奖牌“三个第一”。完成人民医院住院部改扩建、青木关中心医院迁扩建主体工程，区体育中心和中医院建设有序推进；为全区居民免费提供健康体检、生育全程关怀、34项公共卫生服务；投入630万元为学生提供“免费饮奶”、“爱心午餐”；开展食品药品专项整治11次，实现食药品安全零事故；基本药物让利群众1100万元。

4.文化事业更加繁荣。新增数字影院等文化设施21个，新建街道文化中心4个，三级公共文化服务设施基本建成并免费开放，基本形成“城镇15分钟”、“农村半小时”文化服务圈。建成标准化社区(村)文化活动室80个，送电影、故事、戏剧、展览1180场次，送图书13.3万册。完成第三次全国文物普查，以及首批非物质文化遗产项目代表性传承人命名工作。

二、发展中存在的问题

一是经济发展速度和质量不匹配。二是现代服务业发展水平有待提高。三是城市规划、建设、管理水平还不能较好满足宜居的要求。四是部分区域发展相对滞后，农村及西部地区基础设施、配套功能亟待完善，群众生活水平亟待提高。五是资金调度压力大，部分重点项目推进放缓。六是经济社会发展成果与市民受益程度和幸福感提升尚未同步。

三、2012年发展目标

坚持促增长、调结构、稳物价、惠民生，稳中求进的原则，努力实现2012年经济社会发展主要预期目标，即：地区生产总值增长15%，地方财政一般预算收入增长16%，固定资产投资增长18%，社会消费品零售总额增长18%，工业增加值增长25%，城市居民人均可支配收入增长13%，农村居民人均纯收入增长18%，城镇登记失业率控制在3%以内，人口自然增长率控制在2.5‰以内，单位GDP能耗降低3%。

九龙坡区

九龙坡区政府办公室 王远玲 胡荣华 张 敏

一、2011 年发展回顾

2011 年，九龙坡区生产总值 690.54 亿元，增长 16.7%。其中，第一产业增加值 8.49 亿元，增长 1.0%；第二产业增加值 331.00 亿元，增长 17.9%；第三产业增加值 351.05 亿元，增长 16.0%。三次产业结构比为 1.2:47.9:50.9。一、二、三产业对全区经济的贡献率分别为 0.1%、49.9%、50.0%。第二产业拉动经济增长 8.3 个百分点，第三产业拉动经济增长 8.4 个百分点。地方财政收入 60.22 亿元，增长 38.8%；地方财政支出 83.79 亿元，增长 45.6%。年末金融机构各项存款余额 1047.65 亿元，增长 15.8%，其中城乡居民储蓄余额 492.72 亿元，增长 22.3%。贷款余额 921.22 亿元，增长 20.5%。保险业支公司 10 家，保费总收入 8.32 亿元，增长 20.0%。其中，财产险保费收入 2.52 亿元，下降 2.5%；寿险保费收入 5.80 亿元，增长 33.5%。保险赔款支出 1.84 亿元，增长 5.7%。

农作物播种面积 13730 公顷，比上年下降 4.8%。其中，粮食作物播种面积 6328 公顷，下降 6.5%；经济作物播种面积 514 公顷，下降 5.9%；蔬菜瓜果类播种面积 6375 公顷，下降 2.7%。花卉种植面积 857 公顷，增长 0.1%。生猪出栏 68679 头，下降 10.0%；存栏 14610 头，下降 57.4%。粮食总产量 27038 吨，下降 24.9%。蔬菜产量 122925 吨，下降 5.7%。肉类总产量 7580 吨，下降 7.4%。全年农用化肥施用折纯量 2778 吨，下降 18.0%。完成“森林工程”建设任务 1.1 万亩，栽植大树 8518 株，其中城市完成 2035 亩，城镇人均公共绿地 19.51 平方米；农村完成 10 万亩，建成退耕还林后续产业基地 2512 亩、通道森林 1267 亩、水系森林 4850 亩。

工业增加值 300.46 亿元，增长 17.6%，占全区生产总值的 43.5%，下降 2.1 个百分点。规模以上工业增加值增长 17.9%。规模以上工业企业达 316 个，其中大中型工业企业 59 个。规模以上工业总产值 986.44 亿元，比上年增长 27.4%。其中，交通运输设备制造业、有色金属冶炼及压延加工业、电气机械及器材制造业三大主要行业总产值 737.84 亿元，增长 31.5%，占规模以上工业比重 74.8%。工业销售产值 966.87 亿元，增长 25.2%；工业产品销售率 98.0%。新产品产值 308.19 亿元，增长 33.1%；新产品产值率 31.2%。工业出口产品交货值 55.46 亿元，增长 25.8%。规模以上工业企业主营业务收入 966.70 亿元，增长 25.8%；实现利税总额 55.44 亿元，增长 2.6%；利润总额 33.41 亿元，增长 2.1%。年末亏损企业 36 个，增长 24.1%；亏损额 4.37 亿元，增长 203.8%。主营业务收入上亿元工业企业 118 个，营业收入达 874.63 亿元，占规模以上工业企业比重 90.5%，增长 4.5 个百分点。工业经济效益综合指数 222.8，提高 16.2 个百分点。总资产贡献率 7.5%。

建筑业增加值 30.54 亿元，增长 20.4%。具有资质等级建筑企业完成总产值 283.56 亿元，增长 32.9%。其中，国有及国有控股企业完成建筑业总产值 192.5 亿元，增长 37.5%。全年建筑施工面积 2462.12 万平方米，增长 23.5%；建筑竣工面积 622.85 万平方米，下降 4.5%。商品房施工房屋面积 1580.45 万平方米，增长 15.7%。其中，本年新开工面积 467.62 万平方米，下降 1.1%。商品房竣工房屋面积 285.60 万平方米，下降 2.5%。商品房销售面积 309.13 万平方米，与上年持平。商品房销售额 158.38 亿元，下降 1.4%。商品房待售面积 53.62 万平方米，增长 3.7%。其中，住宅待售面积 13.14 万平方米，增长 73.6%。

公路里程有 817.75 公里，区级城市主、次、支干道285.46公里。全区行政村公路通达率和通畅率均为100%。区级交通公路旅客运输量4233万人，增长20.4%；公路货物运输量6240万吨，增长39.5%。邮政业务总量6929万元，增长4.0%，邮政网点27个。

全年全社会固定资产投资352.73亿元，增长25.0%。计划投资500万元及以上项目固定资产投资322.69亿元，增长26.8%，其中城镇固定资产投资311.55亿元、农村固定资产投资21.14亿元。第一产业投资0.41亿元；第二产业投资127.24亿元，其中工业投资79.29亿元，增长44.0%；第三产业投资205.04亿元，其中房地产开发投资162.88亿元，增长17.5%。新引进项目101个，投资总额达786亿元，实到资金200亿元。华硕、萨帕世界500强投资项目成功落户。投资60亿元的重庆莱佛士国际教育园项目成功签约。项目建设加快实施，全年328个计划建设项目新开工151个、续建61个，累计完成投资230亿元。

社会消费品零售总额318.14亿元，增长24.0%。其中批发和零售业零售额283.99亿元，增长23.3%；住宿和餐饮业零售额34.15亿元，增长30.5%。年成交额上亿元的商品交易市场20个，实现成交额638.40亿元，增长13.2%。绿云石都、恒冠物流市场年销售额过100亿元。杨家坪、石桥铺两大商圈通过改造升级拉动作用明显，社会消费品零售总额占全区86%。陶家商圈跻身全市五大新型商圈。美每家、恒胜化工等专业市场建成开业。“川美创谷”盛大开谷，世博重庆馆和市创意产业作品展示中心建成开馆。文化创意产业营业性收入229亿元，增长11.3%。

外贸进出口总额179127万美元，增长59.3%，其中进口总额22010万美元，增长16.2%；出口总额157117万美元，增长68.0%。新增外资企业30家。新签对外工程承包合同5947万美元，完成营业额4826万美元，企业对外直接投资额511万美元。实际利用外资39558万美元，增长86.7%。实际利用内资240.61亿元，增长89.6%。

全年接待国内游客1541.7万人次，增长24.3%。旅游总收入33.24亿元，增长50.0%。年末拥有三星及以上星级饭店16家，星级宾馆星数达到62颗。星级饭店客房3196间，名胜风景区和文物保护区13个。上邦戴斯酒店、天醉园酒店分别被评定为五星级酒店、三星级酒店。新设立旅行社1家、门市部28家。重庆动物园、龙门阵入选全市8个“百万游客俱乐部”。亨大国旅、重庆快达被认定为重庆市旅行社著名品牌，东纬国旅被认定为知名品牌。全年启动建设25个旅游项目，累计完成投资12.32亿元。上邦璞石温泉、贝迪颐园度假区4栋商务别墅正式运营。成功举办金凤梨花节、含谷名花观赏季、白市驿登山旅游节、华岩·龙门阵荷花旅游节等节会活动，“都市休闲谷”知名度和美誉度进一步提升。

二、发展中存在的问题

一是产业结构不尽合理，牵引力强、带动作用大的龙头企业不多，高端现代服务业和战略性新兴产业的培育还需加强；二是城市功能不够完善，东城欠账较多，西城基础薄弱，城乡形象还需提升；三是社会保障机制不够健全，部分群众生活仍然困难，人民群众生活水平和质量还需提高；四是能源资源供给形势严峻，环境保护约束压力突出，可持续发展能力还需增强。

三、2012年发展目标

2012年国民经济和社会发展主要预期目标实现“九增长、三确保”，具体为：地区生产总值增长16%，力争实现800亿元；工业总产值增长20%，达到1580亿元；地方财政一般预算收入同口径增长18%以上；全社会固定资产投资增长20%，完成400亿元以上；社会消费品零售总额增长20%，完成380亿元以上；外贸进出口总额增长22%；新增城镇就业4.5万人；城市居民人均可支配收入达到25000元，农村居民人均纯收入达到12360元，分别增长13%和18%。确保招商引资实际利用内资达到240亿元，实际利用外资达到4亿美元；单位生产总值综合能耗下降3%；空气质量优良天数达到311天以上。

南岸区

南岸区政府办公室 吴悦怡

一、2011年工作回顾

2011年南岸区以“调整结构、优化环境、改善民生”为重点，竭尽体智，奋力工作，实现了“十二五”的良好开局，为本届政府画上了圆满句号。

(一)经济持续较快发展

2011年全区地区生产总值完成434.2亿元，增长16.1%；人均GDP达到5.6万元，增长13.2%；工业总产值完成751.6亿元，增长21.9%；地方财政收入完成70.8亿元，增长64%；固定资产投资完成341.8亿元，增长18.2%；社会消费品零售总额完成261.7亿元，增长26.5%；进出口总额完成12亿美元，实际利用外资完成4.8亿美元，实际利用内资完成207亿元，全面完成节能减排等约束性指标。

(二)结构调整取得重大进展

工业经济迅猛发展。荣获全市工业十强区；规模以上工业企业经济效益综合指数达到283.8%。以物联网、移动通讯终端为主的电子信息产业从无到有、从小到大。装备制造、电子信息两个千亿级优势产业集群正在崛起，两大产业产值占全区工业总量的比例达56%。现代服务业快速发展。批发零售总额达到720.6亿元；住宿餐饮营业额达到42亿元；金融业实现增加值23.2亿元。建成喜来登等五星级酒店。综合物流与专业市场并举发展，南坪百亿商圈和百亿级医药专业市场提前建成。支持新世纪游轮等多家企业成功上市，上市企业总数、登陆A股创业板数量、OTC市场挂牌交易量、跨区域合并整体上市量均为全市第一。现代都市农业与生态休闲旅游产业融合发展。巩固和发展花卉苗木、优质水果、休闲农业；实施“春游南山、夏饮南滨、秋摘田园、冬赏腊梅”等主题旅游活动，旅游经济总量进入全市前三。

(三)筹融资成效明显

努力化解国际金融危机影响，主动适应国家宏观调控，筹融资创新工作取得重大突破。积极推行土地储备、企业债券、集合债券、企业委贷、短期融资券、中期票据以及信托、股权基金、私募基金等融资方式；大力整合融资平台，有效控制政府性债务，实现资金供需平衡和良性循环，有力保障了全区经济社会持续健康较快发展。地方财政收入占GDP的比重达到16%；在国家银根偏紧、资金压力巨大的情况下，通过向上争、银行贷、市场融、财政投、业主筹、向外引等各种措施筹融资，全力保障了重点项目建设和民生支出。

(四)招商引资取得突破

紧紧围绕物联网和移动通讯终端产业开展招商，成功举办中国物联网产业发展论坛、重庆(香港)经开周招商推介会等大型招商活动6次；引进中国移动、北大千方、展讯通信等物联网企业12家和高科时代、中科诺等移动通讯终端企业6家。引进中法生态园、佛罗伦萨小镇国际名品奥特莱斯、日本电机电子产业基地、微软重庆软件服务外包人才培训基地等项目。

(五)城乡建设成效显著

三年危旧房改造任务圆满收官；城中村改造完成201万平方米，位居主城第一。康馨苑小区获全市百姓乐居奖，人均广场和公园绿地面积位居主城前列。加快推进机场快速路南段、黄桷湾立交、东水门大桥等重大项目建设；丹龙南路等建成投用。建成南坪商圈生态广场，古楼、后堡等4个居住区环境改善工程成效明显。慈母山隧道、港口大道、南坪中心区提档升级等重大项目竣工。扎实创建国家生态园林城市，实施造林2.7万亩，启动迎龙湖国家湿地公园建设。空气质量优良天数达到321天。在全市率先实施中小学、幼儿园校警全覆盖。建成全国一级达标刑事技术中心,启动创建全国食品药品安全示范区。完成28所村卫生室和社区卫生服务站建设。

(六)民生工作扎实推进

全年民生性财政支出占全区财政的53.8%。为民办理十件实事全面完成。发展微型企业892户,带动就业6200人。超额完成城镇新增就业年度任务,全区充分就业社区(村)达到90%。居民住院实际报销率提高到50%,统筹区内一二级医疗机构政策范围内住院报销率达到70%。城镇居民人均可支配收入达到22146元;农村居民人均纯收入达到10473元,连续11年位居全市第一。

(七)政府自身建设切实加强

深入贯彻依法行政实施纲要,扎实推进政务公开,自觉接受人大及其常委会的法律监督、工作监督和政协的民主监督,人大议案、建议办理满意率为98%,政协提案办理满意率为99%。认真听取各民主党派、工商联、无党派人士、人民团体和老干部的意见,主动接受社会监督和舆论监督。加强行政监察工作力度,规范基本建设程序,建立公共资源交易平台。专项治理领导干部插手干预工程建设、基层违规违法、侵占惠民资金等问题,依法查处一批违纪违法案件。完成事业单位清理规范和分类工作,开展区级机关"四清四定"。大力倡导勤俭节约,机关事业单位公用经费实现零增长。深入开展全国文明城区、国家卫生城区、国家环境保护模范城区等创建工作,获全国文明城区创建提名奖。

二、发展中存在的问题

一是发展要素对全区经济快速增长的制约加大,资金压力不小,土地资源有限,能源供给紧张;二是三次产业的结构还需进一步优化,产业特色不够突出,优势产业链条不够完善;三是企业生产成本大幅上升,融资困难,经营困难;四是城市建设和管理还有不少薄弱环节,有待继续加强,征地拆迁、房屋改造、物业管理等方面还存在不少矛盾和问题;五是极个别政府部门和工作人员办事效率有待提高。

三、2012年工作发展目标

2012年预期目标;地区生产总值增长17%左右,工业总产值增长20%,地方财政收入增长25%,全社会固定资产投资增长18%,社会消费品零售总额增长26%,进出口总额达到5亿美元,城镇居民人均可支配收入增长15%,农村居民人均纯收入增长17%;全面完成市政府下达的节能减排目标任务。重点做好七个方面工作:确保资金平衡和经济持续健康较快增长;集中力量发展茶园新城区、南坪城市副中心、CBD南区滨江经济带三大区域;重点实施经济建设、社会建设"双十工程";着力提升民生幸福指数;加快推进社会事业发展;坚持办好十件实事;全面提高执政能力和服务水平,建设人民满意政府。

北碚区

北碚区地方志办公室　吴利蓉

一、2011年发展回顾

2011年,是"十二五"规划开局之年,全区抢抓两江新区经济开发建设,二环时代加速拓城历史新机遇,坚持"两高一特"产业发展思路,以民生为导向,围绕建设"一极两区"打造"幸福北碚"的目标,抓改革调结构,筑平台促开放,实现了经济社会又好又快发展。全年地区生产总值增速达到17.8%,比全市平均水平高1.4个百分点,创直辖以来历史新高,实现了"十二五"良好开局。

(一)农业经济稳步发展

2011年,北碚农业经济重点落实国家惠农政策,围绕缩小“三个差距”,按照“共富十二条”精神,在全区启动实施惠农促农增收工程,大力调整农业产业结构,加快新农村建设步伐,实现农业经济健康发展。完成农村“三权”抵押融资及农户小额信用贷款4.42亿元。取得地票647亩。在全市率先开展农村土地股权化改造。流转土地3400亩。6个村实现整村脱贫,新发展农民专业合作社115个。顺利完成集体林权制度改革和农村土地确权颁证工作。十万亩蔬菜基地建设全面完成。2011年,全区实现农林牧副渔总产值17.11亿元,蔬菜种植喜获丰收。全年粮食产量60963吨,比上年下降34.5%;油料产量1052吨,下降11.7%。蔬菜产量达394104吨,增长95.3%;牛奶产量6186吨,增长7.8%;水果产量17711吨,增长15.4%;生猪出栏128300头,增长1.2%;家禽出栏150.6万只,增长4.2%;肉类总产量12062吨,增长1.8%,其中猪肉产量9444吨,增长1.5%;水产品产量4851吨,增长7.8%。积极参与渝台合作,台农园基本框架初步形成。

(二)工业经济持续发展

2011年,工业经济坚持“抓机遇求发展、抓重点求突破、抓落实求成效”的工业强区战略,着力“打基础、建平台、增后劲”,全区工业经济持续快速健康发展。年末全区规模以上工业企业达到219家,完成工业增加值149.18亿元,增长21.3%,其中轻工业增加值69.83亿元,增长23.8%,重工业增加值79.35亿元,增长19.2%。大中型工业企业完成工业增加值100.35亿元,增长22.8%,占规模以上工业企业的67.3%;全年规模以上工业企业实现工业总产值559.97亿元,比上年增长30.1%,其中新产品产值249.17亿元,增长19.0%,新产品产值率达到44.5%;完成销售产值550.2亿元,增长29.7%。工业品产销率达到98.7%。实现利润总额28.11亿元,比上年增长44.7%,完成利税44.65亿元,增长38.6%。工业经济效益综合指数达到251.9%,比上年提高27个百分点;全员劳动生产率229680元/人,增长18.6%。主要工业产品产量为原煤201.33万吨,比上年增长0.5%;发电量27565/万千瓦小时,增长7.1%;水泥223.54万吨,下降20.4%;钢材23.23万吨,增长29.6%;布10102.24万米,增长11.2%;自动化仪表及系统25.70万台,,增长13.2%;电工仪器仪表421.61万台,增长7.4;光学仪器268.26万台,增长14.8%;汽车摩托车配件189.61亿元,增长38.2%;摩托车1437067辆,增长7.9%;汽车(不含农用车)84558辆,增长46.0%。“骑龙及图”成为北碚首个中国驰名商标,“歇马曲轴”品牌通过重庆市长质量管理奖评审。基本建成北碚(广东)对口支援巫山移民工业基地。

(三)固定资产投资力度加大

2011年,不断加大社会固定资产投资力度,固定资产投资保持快速增长势态。全区在“两高一特”和“幸福北碚”五大工程以及两江新区开发建设带动下,一批重大项目:力帆集团汽摩产业园、四联LED光电产业园等陆续建成投产,北斗卫星导速航、国机功能材料基地、GE风电齿轮等项目开建,为固定资产投资保持高位增长注入强大动力。2011年全区固定资产投资总额突破300亿大关,达310.13亿元,同比增长34.8%,增幅居主城九区第1位。分城乡看,其中城镇投资302.26亿元,增长35.0%。农村投资7.87亿元,增长27.1%。分产业看,第一产业完成投资9.30亿元,减少7.6%;第二产业完成投资126.45亿元,增长49.6%;第三产业完成投资174.38亿元,增长28.7%。按行业划分,工业完成投资110亿元,增长35.0%,其中,制造业完成投资87.62亿元,增长20.0%,水利、环境和公共设施完成投资42.88亿元,增长45.9%;交通运输、仓储和邮政业完成投资35.15亿元,增长33.2%;全年完成房地产开发投资76.55亿元,比上年增长38.9%。房地产开发投资占全社会固定资产投资的比重为24.7%,较上年增加5.1个百分点,拉动全社会投资增长9.3个百分点。房地产业实现增加值14.74亿元,比上年增长

11.8%,对经济增长的贡献率为3.4%。

(四)交通、通讯、旅游快速推进

2011年,全区交通围绕"661123"统筹城乡交通规划,全力推进"便捷工程"建设。轨道交通6号线中梁山1号隧道贯通,兰渝铁路、遂渝铁路二线加快建设。朝阳二桥提前半年通车,文星湾隧道、缙泉路投入使用。龙凤大道二期加快建设,渝广高速北碚段、三环高速北碚段、观音峡快速干道、蔡北干道等项目前期工作加快推进。二环以内公交覆盖全面启动。全年改、扩建城乡道路15公里,新增25个村通客运。年末全区公路总里程达1145公里(含农村道路),其中高速公路58公里,一级公路17公里,二级公路90公里。村镇农村公路通达率达100%。全年水路、公路货物周转量208396万吨公里,增长50.8%。客运周转量达52703万人公里,比上年增长24.4%;全年完成邮电业务总量21732万元,比上年增长28.4%。年末固定电话达到16.84万户,移动电话用户达66.74万户。信息网络高速发展,年末全区计算机互联网宽带接入户达11万户,新增2.42万户;2011年围绕"旅游活区"战略,打造"两高一特"支柱产业旅游项目。成功举办腊梅文化节、消夏休闲节等活动;颐尚温泉"4A"级景区正式授牌,金刀峡景区改造加快推进;北温泉柏联SPA建成开业;大众温泉游泳健身中心正式营业。全年接待游客1418.26万人次,实现旅游综合收入41.51亿元,比上年增长18.1%、26.3%,均居主城第一。

(五)内外贸易平稳增长

商业经济大力实施了农村"万村千乡市场工程"和城市社区"双进工程",落实中央扩内需、保增长的政策,初步形成以城区商圈为核心,集镇商业、村居网点为支撑的商贸流通网络体系。新建"万村千乡市场工程统合信息服务平台"终端130个,建设改造社区连锁经营网点45个,创建社区示范超市3个、放心粮油示范销售店3个。全区78个"家电下乡"备案销售网点累计销售家电下乡产品29214台,摩托车9189台,实现销售金额1.33亿元,补贴1490万元,补贴兑付率达100%;27家"汽摩下乡"备案销售网点售出汽摩产品7183台,实现销售额6685万元,兑付补贴668万元。家电以旧换新68045件,销售2.35亿元,补贴878万元。商业贸易完成了嘉陵风情步行街为核心的新城商圈,成功举办首届嘉陵风情步行街购物美食节,肯德基、屈臣氏、雄风百货、新世纪百货等40余家商家入驻嘉陵风情步行街。缙云商圈初具规模,天生丽街、旺德旺城等社区商圈不断完善。全区消费逐步提档升级,消费品市场实现了持续平稳较快增长。2011年全区社会消费品零售总额突破100亿元,达到103.29亿元,比上年增长24.7%。按销售单位所在地分,城镇消费品零售额92.96亿元,增长24.6%;乡村消费品零售额10.33亿元,增长25.5%;按行业分,批发和零售业零售额86.82亿元,增长23.6%,住宿和餐饮业零售额16.46亿元,增长30.9%;"两江新区"建设序幕的拉开,使北碚迎来了开放型经济发展新机遇。对外经济加速发展,2011年全区招商引资取得新突破,全年引进36家国内外知名企业,其中德事隆、蒂森克虏伯、花旗银行等世界五百强企业6家,中国五百强企业1家,还有美国通用电气(CE)、台湾(GSK)集团、中国机械工业集团、深圳东南集团、雷科电气等一批知名企业项目相继被引进,全区实际利用外资4.35亿美元,新到位资金增幅达211.4%。总量是"十一五"期间外资总和的1.6倍,创历史新高。实际利用内资246.88亿元,同比增长136.6%。增幅居九区第1位。年末,全区外贸进出口企业达到240家,比上年增加42家,完成外贸进出口总额(海关数)6.43亿元美元,比上年增长191.6%,增幅居九区第2位。其中出口总额6.13美元,增长196.3%。

(六)财政收入显著增加

2011年,全区完成地方预算内财政收入30.13亿元,同比增长121%,其中,一般预算收入完成29.99亿元,增长121%,实现区级税收18.6亿元,增长106.2%,其中营业税、增值税、所得税三大主体税种合计完成5亿元,增长32.7%,地方预算内财政支出43.95亿元,比上年增15.5%。2011年末,北碚成功引进花旗、三峡、稠洲村镇三家银行,金融机构从上年10家增加到13家。营业网点达到104个。年末辖区内金融机构人民币各项存款余额达到366.27亿元,比上年增长19.8%。其中居民储蓄存款220.25亿元,比年初增长21.9%,人民币各项贷款余额达到260.63亿元,增长15%,其中公司贷款178.50亿元,增长14.7%。

(七)人民生活明显改善

经济发展,人民生活改善,全年城镇居民人均可支配收入21954元,比上年增长14.99%,人均消费性支出15505元,增长11.5%,城镇居民家庭恩格尔系数为33.9%,比上年下降1个百分点。农村居民人均纯收入8826元,比上年增长22.5%,人均消费性支出6622元,增长15.7%,农村居民家庭恩格尔系数为43.4%,比上年下降0.9个百分点。按照"共富十二条"精神要求,社会民生得到持续改善。2011年,北碚财政投向民生22.6亿元,占一般预算支出的56.7%,比上年提高2.1个百分点。"民生十条"件件落实。公租房"两江名居"开始配租,水土高新园113万平方米公租房开工。建立留守儿童"亲情联系室"69个。新发展微型企业724户。投入3277万元用于"送温暖"活动,惠及群众23.6万人次。所有镇街财政供养人口人均财力均达到15万元以上。城乡统筹步伐加快。顺利完成了村居换届工作。社会事业协调发展,成功创建重庆市义务教育均衡发展合格区。

(八)宜居城市建设加快

宜居城市建设加快。全年完成76万平方米居住区综合整治和12.93公里主干道综合改造,在全市率先完成4个旧住宅区综合整治。43万平方米城市危旧房和47万平方米棚户区拆迁完毕,38万平方米城市危旧改和60万平方米棚户区改造安置房启动建设。滨江步道、作孚广场综合整治加快实施。蔡家城市广场开工,马鞍溪湿地公园、缙云登山健身公园顺利推进,新增公园绿地181万平方米。新建污水处理厂7个、城市公厕26个。在全市率先实施城市道路照明设施LED绿色节能改建工程,渝武高速北环至北碚段全线亮灯。城市管理连续十年居全市第一。城乡交通更畅。园林绿化

地面积达2711公顷。建成区绿化覆盖率45%,人均公园绿地25.26平方米,均居主城第一。积极开展国家环境保护模范城市创建工作。梁滩河、璧北河综合治理全面完成。城区生活污水集中处理率98%、垃圾无害化处理率100%,噪声达标区覆盖率96.6%。空气质量优良天数达339天,连续11年居主城第一。空气污染指数(API)为67,为主城最低。全年营造林5.8万亩。森林覆盖率41.7%。在全市率先被评为"国家级生态示范区"。

(九)经济结构调整与改革成果方式丰硕

2011年,北碚加强了经济结构调整与经济改革力度,全年实现生产总值303.01亿元,比上年增长17.8%,连续4年保持在17%以上高位区间运行,远超直辖以来13.3%年均增速和"十一五"时期16.5%的年均增速。其中,第一产业增加值为11.61亿元,比上年增长5.3%;第二产业增加值为201.68亿元,增长20.9%;第三产业增加值为89.72亿元,增长12.9%;三次产业结构进一步优化,比例为3.8:66.6:29.6。三次产业对经济的贡献率为1.2%、76.3%、22.5%,分别拉动全区经济增长0.2、13.6、4个百分点。随着改革力度加大,全部完成政府性投融资平台整合,4家公司被认定为一般公司类,数量居全市第一;实现政府性重点项目融资143亿元。成立区公共资源综合交易中心和社情民意调查中心,建成了行政审批电子监察系统。稳步推进事业单位人事制度改革,机关事业单位人员津补贴进一步规范。开放水平不断提升。新引进企业37家,其中世界500强6家。实际利用内资246.88亿元,增长136.6%,增幅居主城第一。实际利用外资4.35亿美元,增长211.4%。完成外贸进出口总额6.43亿美元,增长191.6%。对口帮扶巫山重点援建项目4个,资金1807万元。全区个体工商户达1.76万个,企业达7061家。非公有制经济增加值占GDP的比重达65%。北碚区围绕全重庆市工业结构调整和转型升级的战略目标,强力推进新型工业化战略,加快重点项目建设着力打造国

家低碳工业示范区、重庆市战略新兴产业先行区、两江新区高新技术产业聚集区。工业经济发展成效显著,逐步形成了特色鲜明、优势突出、布局合理的工业发展新格局。因此,2011 年 12 月,北碚荣获"重庆市创新工业示范区县"称号,成为全市首批获此殊荣区县。北碚通过重点培育高端装备制造业、新材料、电子信息、生物医药、节能环保、新能源等 6 大产业,联合发展生产性服务业,逐步形成了"6+1"产业体系。在规划建设蔡家组团、水土高新技术产业园、天台高新产业总部基地、三圣两江产业配套基地、北碚组团五大载体的过程中,逐步明确了"大投资、大基地、大支柱"的战略定位。截至 2011 年底,北碚已经形成了包括 48 个行业,200 多个门类,2 万多个品种的科技工业体系,成功创建中国服务外包城市示范区、国家级承接光机电仪加工贸易转移示范园区。以企业和园区为招商主体,累计引进企业 118 家,其中世界 500 强 7 家、中国 500 强 12 家,实现外贸出口额 7.27 亿美元,先后荣获全国首批"可持续发展先进示范区"、"重庆市民营经济十强区县"等称号。

二、发展中存在的问题

2011 年,北碚经济社会发展取得了长足进步,但同时存在一些问题。一是经济总量不大、结构不优,第三产业增加值占 GDP 的比重低于主城平均水平 21 个百分点,重点产业支撑作用有待增强。二是要素制约尚未根本缓解,交通、水利等基础设施不够完善,用地指标依然紧张,资金供给仍处于趋紧状态,电力、天然气等能源保障还需加强。三是社会建设和管理中还存在一些薄弱环节,特别是征地拆迁、公共交通、企业改制等群众关注的热点难点问题依然存在。四是少数政府机关工作人员大局意识不强,主动服务、创新服务不够,服务质量还需进一步提高。对于这些问题,北碚区委、区政府高度重视,并采取相应措施予以解决。

三、2012 年发展目标

2012 年,经济发展继续保持又好又快发展要势头,确保生产总值达到 350 亿元,增长 15.5%;规模以上工业总产值达到 700 亿元,增长 24%;全社会固定资产投资达到 370 亿元,增长 20%;社会消费品零售总额达到 124 亿元,增长 20%;地方财政收入达到 36 亿元,增长 20%;城乡居民人均收入分别达到 24800 元、10410 元,增长 13%、18%。

渝北区

渝北区政府办公室 刘姝伶

一、2011 年发展回顾

2011 年全区经济运行面临工业生产增长放缓和上年高基数的双重影响,经济增长速度有所回落,全年实现地区生产总值(GDP)767.86 亿元,较上年增长 15.3%。其中第二产业实现增加值 482.14 亿元,增长 15.9%,拉动 GDP 增长 10.1 个百分点,第三产业实现增加值 264.31 亿元,增长 15.3%,拉动 GDP 增长 5.2 个百分点。

(一)三大需求快速增长

固定资产投资增长较快。全区持续推进龙兴工业园、保税港区、悦来会展城建设,切实加快征地拆迁和重大项目推进。全区固定投资继续保持较快增长势头,实现投资额 524.03 亿元,总量继续保持全市第一,同比增长 32.3%,其中工业投资 137.94 万元,增长 42.9%,房地产开发投资 226.65 亿元,增长 14.8%。

消费市场持续发展。虽然受到物价持续上涨,消费刺激政策效应减弱等不利因素影响,但全区商贸流通能继续保持较快增长势头。汽车销售逐渐走出低迷,销售形势逆转,重点商贸企业运营良好。全年实现社会消费品零售总额287.20亿元,同比增长24.7%,批发和零售业销售额、住宿和餐饮业零售额同比分别增长38.3%、23.3%。

外贸进出口高位运行。全区不断优化投资环境,推动利用外资持续增长。全年合同利用外资7.14亿美元,实际利用外资5.53亿美元,创历史新高。外贸进出口总额达25.9亿元,同比增长186.9%,其中出口16.4亿美元,比上年增长183.8%。

(二)重点行业平稳发展

工业是全区经济的支柱,2011年全区工业增加值392.88亿元,同比增长14.7%,规模以上工业实现总产值1502.55亿元,同比增长21.9%。从行业来看,受产品结构调整、能源紧张等因素影响,交通运输设备制造业增长不快,该行业全年实现产值973.10亿元,增长10.2%,明显慢于上年30.7%的增幅;第二支柱产业电气机械及器材制造业实现产值70.33亿元,同比增长9.9%。食品制造业继续保持较好发展势头,全年实现总产值22.69亿元,同比增长102.1%,但由于占比仅1.5%,对工业经济的整体拉动十分有限。

(三)资金保障持续有力

财政收支保障有力。2011年财政收支快速增长,实现财政收入50.24亿元,比上年增长33.8%。其中,税收收入43.13亿元,增长46.3%。全年财政支出74.62亿元,同比增长5.7%,其中一般预算支出67.69亿元,增长19.7%。一般预算支出,城乡社区事务、社会保障就业、医疗卫生等民生项目增幅较大,分别增长73.0%、33.6%和51.8%。

各项存贷款稳定增长。2011年末各项存款余额1563.45亿元,比年初增长31.3%,其中个人储蓄余额504.09亿元,比年初增长25.8%。各项贷款余额1400.54亿元,增长44.3%,其中短期贷款增长较快,与年初相比增长97.4%;中长期贷款增长32.1%。

(四)居民收入稳步提高

全区各种采摘节经济效益明显,农业特色产业快速推进,农村居民收入继续保持稳步上升态势。农村人均纯收入8319元,同比增长22.8%,其中工资性收入增长较快,增长29.4%;家庭经营收入3119元,同比增长11.7%。城镇居民可支配收入21954元,同比增长15.0%。

二、发展中存在的问题

(一)重点产业发展速度放缓

受重点产业发展放缓影响,2011年全区经济增长速度有所回落。作为全区支柱产业的工业,全年规模以上工业总产值同比增长21.9%,比上年少7.6个百分点。另外,受全国房地产市场调控政策影响,商品房销售市场不景气,对全区经济总量增长影响也较大。

(二)企业生产面临诸多困难

受多种因素影响,全区工业经济增长不快。主要原因有:一是能源供应严重不足。受电力、水供应紧张影响,多数企业,特别是汽摩配套中小企业开工少停工多,导致交通设备生产配件供应不足,交通运输设备制造业增长缓慢。二是产业结构矛盾突出。汽车行业在取消购置优惠政策、油价上涨等因素影响下回落趋势明显。三是原材料价格上涨过快。2011年以来,原材料价格大幅上涨,导致企业成本增加,利润摊薄,经营压力增大。

(三)缺乏新的经济增长点

渝北区作为重庆对外开放的门户,区位优势明显。但区内工业供地紧张,现有标准厂房规模不大,2011年除龙兴工业园新入驻三家笔记本电脑企业外,其余园区没有较大的工业新增项目进驻开工。与此同时,区内缺乏新建高档商业楼盘,已有写字楼体量小,档次不高,难以吸引总部经济入驻。

三、2012年发展目标

2012年,全区将坚持以邓小平理论、"三个代表"重要思想为指导,全面贯彻落实科学发展观，深入实施开放强区、生态立区、文化兴区、统筹活区战略，以建设国际开放新区为主线，以大开放大开发为动力，全面加快国家级产业新区、国家中心城市展示区和重庆统筹城乡发展示范区建设，推动地区经济社会又快又好发展，努力将渝北区建设成为重庆对外开放第一门户。

巴南区

巴南区政府办公室 夏永波

一、2011年回顾

2011年巴南区，围绕建设“江南新城、主城第三增长极、城乡一体发展示范区”的目标定位，上下团结奋进，加快推进城市化、工业化、国际化和城乡一体发展进程，实现了“十二五”的恢弘开局，提升了经济社会持续快速发展的良好势头。主要体现在：

第一，经济运行快中见好。实现地区生产总值395.1亿元，同比增长16.8%，增幅高于全市平均水平。人均GDP达到6774美元，为加快实现全面建设小康社会目标奠定了决定性基础。地方预算内财政收入达到30.1亿元，增长50%、居主城区第三位。社会消费品零售总额138.1亿元，增长28.6%、连续第四年列主城区第一位。金融机构存款余额348.2亿元，贷款余额310.2亿元；贷存比89.1%，较全市的82.12%高出6.98个百分点。各类市场主体快速发展，内资企业户数增长37.3%，增幅居主城区第一位。

第二，产业布局快速拓展。一是滨江城市经济带启动江南中央商务区打造。初步规划总面积4平方公里，其中可开发用地约1.7万亩，可开发建设房屋面积1300万平方米，容纳50万人居住。巴滨路实现全线通车，建成自行车道、人行步(梯)道，初步建成8大亲水平台。二是“鹿角—界石—南彭”板块提速建设。鹿角片区正推进道路、电力、供水等基础设施建设，引进奥特莱斯项目，引进深圳联合金融集团建设金融服务基地。界石片区数码产业园建成标准厂房一期30万平方米、年内启动二期50万方建设。南彭公路物流基地“一桥两路”等一批基础设施建设即将完工，27万平方米标准厂房6月完工并投入使用，西联钢材等项目已进场施工，普洛斯等项目近期开工建设。三是麻柳沿江开发区开局良好。水、电、气、道路等基础设施建设加快推进，签约轻纺服装园等5个项目、投资额达208亿元，其中西部安全产业园土地已平场800亩。

三是城乡建设步伐加快。龙洲湾滨江片区纳入重庆主城十大城市开发片区，城市副中心建设加快推进。房地产业健康发展，商品房销售额137亿元，增长30.3%。完成主干道及鱼洞滨江路居住区综合整治，累计建成老街公园、龙洲湾滨江广场等城市公园、广场和社区公园98个，极大地提升了城市形象。成功创建市级森林城市，森林覆盖率达到41%。投资5.2亿元建设农村公路210公里，得到全国农村公路建设现场会的高度评价。

四是改革开放深入推进。在全市率先推进民生金融改革与创新，被列入农村信用体系建设全国试验区，在重庆首家、全国第五家上线运行农村征信系统；与邮储银行重庆分行合作设立“信用村”44个、“信用镇”2个，放贷800多户、7000余万元。先后引进英飞尼迪等4只国际基金落户，开全市由区县主导运作基金项目之先河。对区属公司和园区体制进行调整完善，推行现代企业制度，基本完成实体化。在全市率先将264家区级预算单位的部门预算提交区人代会审议，运行公共资源交易中心并建成电子监察系统加强监管。扩大对内对外开放，实际利用内资229.1亿元，同比增长73.4%；实际利用外资5.73亿美元，增长163%。完成进出口总额24.5亿美元，增长116%。被评为全市发展开放型经济先进区。外资、外贸、对外投资、服务外包获全市先进称号。

五是民生工作全面落实。城镇居民人均可支配收入21953元,同比增长15%、居主城区第一位。农民人均纯收入8251,增长22.4%、居主城区第三位。实施农户1.2万元增收工程,完成6个贫困村整村脱贫,农民收入比城镇居民收入增幅高7.4个百分点。全年民生投入30.5亿元,占财政支出52.1%。在全市率先实施城乡居民大额补充医疗保险制度,全年报销医疗费用最高可达30万元。城乡居民社会养老保险参保率86.58%,居主城区第一位。全区新增就业18000余人、下岗失业人员就业再就业近11500余人,向市信息产业重点企业输送就业4182人。重点打造市、区级统筹城乡改革示范点,启动一批特色小镇、幸福农庄建设。完成农转城7万余人,居主城区前列。已发展微型企业1456户,带动就业13000余人,综合考评居主城区第一位。

二、存在的问题

一是三大经济板块布局加快,签约项目较多,但年内形成产能的项目较少,经济增量不足;二是工业经济对汽车、摩托车的依赖依然较大,抵御风险的能力还不强,容易受到大环境影响,其他产业特别是战略性新兴产业处于起步阶段;三是融资困难、资金缺口大,区内各平台建设步伐快,市、区两级大项目多,资金需求大。四是近年来巴南经济社会虽然不断取得新的突破,但在经济总量、发展速度、城市建设、市级重大项目布局等方面,还需要进一步增强。

三、2012年发展目标

2012年经济社会发展的主要预期目标是:地区生产总值增长15%以上,工业总产值增长20%以上,地方预算内财政收入增长20%以上,固定资产投资增长20%,社会消费品零售总额增长25%,城镇居民人均可支配收入增长13%,农民人均纯收入增长16%。城区空气质量达到二级及以上标准316天。城镇登记失业率控制在3%以内。居民收入与经济同步增长,各项社会事业协调发展。

涪陵区

涪陵区政府办公室　杨清文

一、2011年工作发展回顾

2011年,全区实现地区生产总值557.34亿元,同比增长20.5%,增幅分别比全国和全市高11.3个百分点和4.1个百分点,总量居全市第6位,增幅居全市6个区域性中心城市第2位。人均生产总值达8228美元,增长31.6%。完成工业总产值901.6亿元,工业增加值310.72亿元,分别增长38.7%和26.4%;完成农林牧渔总产值55.46亿元,增加值37.29亿元,分别增长6.1%和6%;建筑业实现总产值221.7亿元,增长47%;社会消费品零售总额130.3亿元,增长23.3%;进出口总额14.2亿元,增长77.5%;固定资产投资334.4亿元,增长35%;金融机构人民币存款余额388.64亿元,贷款余额315.41亿元,分别增长7.9%和19.3%。三次产业结构由上年的7:59:34调整为6.7:62.1:31.2,第二产业在国民经济中的占比进一步提高。地方财政收入70.56亿元,增长49.2%,其中一般预算收入31.42亿元,增长37.2%;财政支出103.57亿元,增长49.5%,其中一般预算支出64.07亿元,增长43.4%。

(一)"半年攻坚"行动奠定良好发展基础

去年上半年,举全区之力,以政策落地、规

划编制、项目推进、新区建设为主要内容,开展贯彻落实渝委发〔2010〕37号文件的"半年攻坚"行动,一些战略性、全局性工作得以超常规推进、高效率落实。共与106个市级部门和单位签订了95项战略合作协议,使涪陵发展获得了更为广泛的认同和更为具体的支持。渝委发〔2010〕37号文件赋予涪陵的50项重大政策绝大部分得到落实。清溪再生有色金属产业园、西部唯一的国家级船舶出口基地获批。高效修改完成城市总体规划和土地利用规划,新增城市规划用地35平方公里、有条件建设用地3900公顷,为"双百"大城市建设和产业发展提供了可靠的空间保障。龙头港物流园区、疆煤入渝、现代煤化工等重大项目纳入全市"十二五"规划。

(二)项目拓展推动产业换代升级

围绕"项目拓展年"工作主题,按照"3151"(即:三大工业园区、十大专项工作、五个涪陵建设、百个重点项目)工作格局,在加大投入、加快推进项目建设的同时,更加注重投资结构和投入产出强度,全年139个重点项目累计完成投资240亿元,同比增长36%,提前一个月超额完成全年投资任务。攀华150万吨彩涂板等10多个竣工工业项目总投资超过80亿元,新增产能约180亿元;攀华250万吨汽车板、华峰已二酸一期等20多个在建工业项目建成后将新增产能约800亿元。工业项目主要集中布局在三大园区,延伸在六大支柱产业的上下游,体现了集中、集群发展的要求。农业项目在兼顾民生的同时,突出了水利攻坚、设施农业、龙头企业带动等基础性、战略性项目投入。服务业项目主要向商贸、旅游、物流等领域布局,一批总投资超过10亿元的重大项目投用、在建或签约,加速了商贸"补短"、旅游"增色"、物流"通畅"。

(三)加强基础设施建设加快城乡面貌改善

加快完善城市功能、改善城市形象。公园西路一期、澳海大道等城市纵向道路建成通车,顺江大道等4条重要干道"白改黑"工程完工,洗墨路等7条人行道提档升级,太极大道被评为全市2011年度十大最美大道之一。江东、江北堤防护岸工程分别完成170米、175米水位线下主体施工。建成锦绣洲广场及景观通廊、泽胜专业市场、新大兴国际农副产品交易中心,高笋塘、南门山商业步行街加快推进。李渡新城聚源大道建成通车,污水处理厂主体工程、驾培中心、码头连接道竣工扫尾,李渡体育中心等项目建设进展顺利。"三高三铁"、龙头港物流园区、公交站场等项目建设加快,白涛园区主干道工程完工,水磨滩环湖公路等旅游通道相继开工。白鹤、望江、双宝三大城市公园当年开建,当年建成开放,新增城市公园绿地517.3公顷,城市人均拥有公共绿地面积达19.35平方米。完成33个农贸市场改造整治,120万平方米城市外立面改造,滨江路等主干道、顺江和董家湾两大居住小区以及蒿枝坝片区环境综合整治成效明显。4个中心镇"561"项目基本配齐,7个特色乡镇场镇风貌明显改善,新建农民新村19个、巴渝新居2750户。

(四)缩差共富先行促进社会和谐

高度重视民生,逐年加大投入,民生支出占财政一般预算支出的75%以上。尤其是在"10+3"民生工程的基础上,新出台"12+3"共富措施,民生工作格局基本形成,真正体现了人民共享新成果、民生取得新进步。全面小康实现程度达到86.6%,增加2.2个百分点。城镇居民人均可支配收入19643元、增长16.6%,农民人均纯收入6858元、增长23.3%,城乡居民收入比由3.04:1缩小至2.86:1;区域差距由2.5:1缩小至2.4:1;基尼系数由0.413缩小至0.4。深入推进两大"关爱行动",新改扩建寄宿制学校6所,中心校以上学校实现寄宿制全覆盖。为全区12万名学龄前儿童和义务教育阶段学生免费体检,蛋奶工程、"爱心午餐"、节日礼品形成长效机制。提高农村五保供养标准、城乡低保发放标准,发放各类低收入人群生活费补贴18672万元,为困难群众发放慰问费3500万元。建成廉租房29.6万平方米、5912套,公租房9万平方米、1368套,7000余户住房困难家庭实现"住有所居"。新发展微型企业2000户,财政补贴6800

万元,吸纳1.42万人就业。涪陵大剧院、档案馆基本完工,中医院迁建工程等项目加快推进,中心医院李渡新院等项目开工建设。全区公共卫生服务政府补助人均达到25元,为城乡居民免费提供22项公共卫生服务,基层医疗机构全面实施基本药物"零差率"销售,药品价格下降30%左右。村卫生室、农家书屋、农民体育健身工程全覆盖,实现电视户户通、广播村村响。完成15个整村脱贫项目建设任务,减少贫困人口1.2万人,新解决农村6.7万人群众饮水安全问题。农户万元增收工程深入推进,农产品市场销售更加顺畅,青菜头外运鲜销近40万吨,仅此一项带动农户增收2亿元。建成全市首个互联网舆情监控中心,交巡警平台达到14个,群众安全感指数达到95.9%。安全生产事故件数、人数同比分别下降17.7%和12.5%。建立区领导巡回下访制度,受理群众来信来访件次、人次同比下降28.7%和23.5%。

(五)改革开放增添发展动力

调整完善了李渡新区管理体制,李渡新区行政效能极大提升。对国有资产进行全面监管,单设区国资委,新组建十大国资集团。成立武陵山旅游区管委会,对武陵山片区实行统一规划、整体打造、提档升级、加快开发。成立公共资源交易中心,完善公共资源交易模式。实行工业30强、农业10强、商贸服务业10强、建筑业10强动态管理办法。基本完成农村"三权"确权颁证,"三权"抵押融资实现良好起步。户籍制度改革累计转户近13万人,户籍人口城镇化率已达41.1%。与重庆联合产权交易所合作,通过互联网交易系统进行国有土地交易,在全市开创了先例。涪陵林权交易所投入运行,累计完成林权交易2396.7公顷。全年新签和续建招商引资项目143个,其中新签项目57个、上亿元项目16个,全年招商引资实际到位资金接近180亿元。涪陵海关进出口总额达21.2亿美元,在全市9个基层海关中排名第四。

(六)要素保障有力缓解发展瓶颈制约

积极向市燃气集团、中石油西南油气田、中石化等争取用气指标,全年争取供气5.7亿方,新增4000万方。安排2480万元财政资金用于电煤储备,同时积极争取国网和南方电网支持,使涪陵在保民生基础上产业用电基本未受影响。严格落实土地利用总体规划,通过采取城乡建设用地增减挂钩等措施,基本确保了重点项目和公益设施项目的用地需要。千方百计筹措资金,全力以赴做好调度,在争取上级转移支付和落实银行贷款的同时,产业发展基金已发行2.5亿元、已获批9.5亿元,李渡新区基础设施8亿元企业债券获批,保障了发展之需。

二、发展中存在的问题

一是产业结构调整困难,环境与要素制约矛盾突出,补齐商贸、旅游、物流、文化、农业等"短板"仍需时日。二是缩差共富压力加大,城乡居民收入,区域发展差距仍处高位,基尼系数仍在0.4的警戒线上。三是政府财力供需矛盾突出,因公共服务范围与标准逐年扩大和提高,政府财力刚性支出增长较快,加大了财政平衡难度。四是江南城区人多地少,坡陡、地窄、密度大,设施差,减容减载任重道远,李渡新城建设有待提速,百亿商圈建设尚需加快,城市管理水平与群众期盼还有较大差距。五是医疗、教育、住房、社会保障等民生领域仍有欠账,政府提供的公共服务能力与水平亟待进一步提高。六是政府自身建设仍需加强,干部作风有待进一步转变。

三、2012年发展目标

2012年经济社会发展的主要预期目标是:地区生产总值增长18%,规模以上工业总产值增长30%,社会消费品零售总额增长22%,地方财政一般预算收入增长25%,固定资产投资增长32%,进出口总额增长20%,城镇居民人均可支配收入、农民人均纯收入分别增长13.5%、18%,城乡居民收入差距缩小至2.7:1,区域发展差距缩小至2.3:1,基尼系数缩小至0.39以内,全面小康实现程度达到89%。

长寿区

长寿区政府办公室　陶中荣

一、2011 年发展回顾

2011 年，全区妥善应对复杂严峻形势，圆满完成了年度目标任务，实现地区生产总值 317.7 亿元，同比增长 20%；完成工业总产值 750.8 亿元，增长 34.7%；完成固定资产投资 375 亿元，增长 20.8%；实现社会消费品零售总额 68.4 亿元，增长 23.3%；完成财政收入 55.2 亿元，增长 33.6%；实际到位资金 260 亿元，增长 18.5%；实际利用外资 4.56 亿美元，增长 179.9%；城镇居民人均可支配收入 19447 元，增长 16.9%；农村居民人均纯收入 7897 元，增长 23.2%，实现了“十二五”良好开局。

(一)工业经济迈上新台阶

经开区挂牌及机构组建顺利完成，正式升格为国家级经济技术开发区。工业总量不断增大。全区工业总产值达 750.5 亿元，增长 34.7%，规模以上工业企业实现产值 617 亿元，增长 40.9%，增加值实现 170 亿元，增长 28%。工业效益大幅提升。工业利润总额达 14 亿元，增长 40%；工业经济效益综合指数达 264.5%，比上年提高 54.5 个百分点。工业投资持续强劲，达到 192.6 亿元，连续四年位居全市第一位。一批产业龙头项目快速推进。重钢 650 万吨钢系、川维 30 万吨醋酸乙烯等项目建成投产，MDI 一体化项目建设全面启动，攀钢 10 万吨钛白粉等项目顺利推进。经开区规模不断拓展，累计投产企业 130 户，全年实现产值 664 亿元。街镇工业走廊建设加速推进。初步形成了家居、健康、特殊钢三大产业，全年完成工业产值 21 亿元，逐渐成为全区统筹城乡产业带动示范平台。

(二)农业农村经济发展稳步推进

现代农业种植园区快速推进，建成晚熟柑橘、大棚蔬菜等产业基地 5 万亩，已签约企业 28 家，合同引资 19.8 亿元。澳门恒河、北京冬润、浙江森禾等 26 家企业先后落户。现代畜牧养殖园区加快发展，完成园区总体规划等 10 个规划编制，长寿湖原种猪场、杨家冲父母代猪场等项目基本建成，新签约企业 6 家，协议引资 13.6 亿元，到位资金 3.5 亿元。沙田柚种植园区建设全面推进，62 平方公里的综合性发展战略规划基本完成，启动基础设施建设项目 14 个，总投资 1.2 亿元。全区主要农产品产量保持稳定。粮食总产量 37 万吨，蔬菜 26.5 万吨，柑橘 13 万吨，水产品 2.4 万吨，鲜蛋 6.3 万吨，出栏肉鸡 1000 万只，生猪 80 万头，存栏奶牛 1600 头。农村基础设施建设快速推进。全年完成土地整治 5.8 万亩，新增耕地 0.6 万亩，完成各类投资 3.8 亿元；建成各类水利工程 580 处，新增蓄水能力 1852 万立方米，新增有效灌面 0.5 万亩，恢复和改善灌面 6 万亩，发展节水灌面 3.1 万亩，解决了 8 万人农村饮水安全问题。新农村建设卓有成效。新建农民新村 34 个，建成巴渝新居 808 户，改造农村危旧房 3016 户；建成通乡油路 33 公里、“白改黑”86 公里。

(三)旅游业发展全面提速

旅游景点开发连点成线。长寿湖核心景区开发全面启动，《长寿湖旅游区和度假区战略规划》等设计方案顺利完成，长寿湖西岸片区控制性详细规划编制和长寿湖寿岛概念性景点策划工作全面启动；长寿湖景区入口公园、沿湖公园、岛屿景观美化等项目加快推进，引进香江国际长寿村、欧瑞锦江五星级度假大酒店等 15 个项目，合同引资 148 亿元；成功完成《1894·甲午大海战》长寿湖外景拍摄，参加第二届重庆西部旅游产业博览会。菩提山·中国长寿文化城开发进程加快，万寿天梯长寿文化长廊东线登山梯步竣工投用，成功引进澳门高源集团打造菩提山佛寿文化区。长寿古镇一期项目建设全面完成并顺利开街，已引进100余商家签约入驻。三洞沟、三倒拐开发策划工作加快推进，初步形成了连点成线的旅游景点开发格局。全年接待游客达206万人次，实现旅游收入3.5亿元。

(四)商贸物流繁荣活跃

全区城乡消费市场持续活跃。全年社会消费品零售总额实现68.4亿元，增长23.3%，增速创历史最高水平；实现商品销售总额107亿元，增长31.4%。商贸物流筑巢集凤。新引进城中城家居建材市场和陶然居会馆等18个规模项目入驻长寿；长寿古镇一期招商成效显著，古镇商业已具雏形；全长1.8公里的清明上河坊示范商业街主体工程完工，外婆桥等首期进驻商家签订了入驻协议；基本完成化工、钢材、农副产品、汽车、货运、建材等六大专业市场规划方案，引进商贸项目15个，实现合同引资27.9亿元。农村市场繁荣活跃。“家电下乡”和“汽摩下乡”完成销售额6.2亿元；创建规范化社区商业网点30个，“万村千乡市场工程”信息化建设进展顺利，已建成636个网络终端，农家店配送率达50%以上。基本形成了全域覆盖的商贸流通三级网络体系。

(五)财税金融平稳运行

全区财政收入呈大幅增长态势。全年实现地方财政收入55.2亿元，增长33.6%，其中，完成一般预算收入24.2亿元，增长26.8%。辖区税收达30.4亿元，增长27.3%。年末金融机构各项存款余额276.7亿元，比年初增加22.7亿元，增长8.9%；贷款余额179.2亿元，比年初增加26.4亿元，增长17.3%。新引进2家寿险公司，保险公司达到14家。非银行金融机构作用进一步显现，新增担保贷款2.8亿元。金融效益不断提升，全区金融机构实现利润6.2亿元，比年初增加1亿元，增长19.1%。

(六)城乡建设有序推进

大城市框架加快形成。菩提东路南段基本建成，北城大道加快推进，城市南北交通路网初具雏形。城市片区建设组团式推进。北部片区，渡南路展示区段、展示区中路等项目全面完工，长洪路后段建成投用，东海假日花园、菩提山东入口广场加快建设；晏家片区，全面完成晏家中学改扩建，尚城路网工程建设加快。城市功能不断完善。洋世达·世纪广场正式建成并规模化招商，引进重百、华谊传媒等10余家知名企业入驻；桃花人行天桥建成投用，增设桃花转盘等5条干道智能交通管制系统。城市品质大幅提升。建成高速公路沿线城市夜景“亮化”工程，沿街外墙立面改造6.2万平方米；完成桃花公园绿化种植，新增城市绿化面积22万平方米。城镇开发同步推进。长寿湖场镇风貌整治基本完成，街镇工业走廊五个场镇路网改造和葛兰、云台风貌整治建设加快，长大、葛丛、何华三条道路改造工程竣工通车，长洪路大修工程进入收尾阶段。

(七)社会事业协调发展

全年财政投向民生领域25亿元，占一般预算支出64%。教育文化事业全面发展，21个农村中小学寄宿制项目建成投用，校安工程完成建设项目33个，在全市率先免除农村普通高中学费；完成18个街镇综合文化站、20个社区文化室和223个村文化室建设。全区农村广播电视综合覆盖率达100%，有线电视用户覆盖率达54%。科技工作进展良好，全年共组织实施国家、市级科技项目24个，获得专利授权244件，累计建成各类研发中心23个。医疗卫生事业健康发展，区医院北城分院顺利开工，区医院医技楼改造及污水处理项目主体工程完工，区妇幼保健院、葛兰镇卫生院完成整体搬迁，中医院迁建项目进入收尾阶段。城镇和农村居民医保参保率达到99.6%，创历史新高。开工保障性住房185万平方米，其中，定销房117万平方米，公租房58万平方米，廉租房10万平方米。就业和社会保障成绩显著，城镇新增就业2.3万人，新转移农村劳动力2.9万人，帮助城镇就业困难人员就业4982人。户籍制度改革平稳推进，新增转户

1.4万人,累计转户达6.4万人。城乡居民养老保险参保人数累计达35.9万人,参保率达88.3%。城乡居民收入分别增长16.9%、23.2%,城乡居民收入差距缩小到2.46:1。

(八)对外开放全面提升

始终坚持围绕产业链招商,围绕项目集群化招商,进一步完善了"储备一批、追踪一批、在谈一批、签约一批、落地一批"的"五个一批"工作机制。全年共引进项目193个,实现合同引资600亿元,实际到位资金200亿元。新引进世界500强3家,跨国公司6家,目前,全区累计引进世界500强18家,跨国公司29家,上市公司39家。对外开放水平全面提升,实际利用内资160.5亿元,增长50.3%;实际利用外资4.6亿美元,增长1.8倍;实现外贸进出口总额4亿美元,增长123.4%。开放环境打造取得明显进展,成功争取到重庆海关在长设立海关监管点。区域合作进一步加强,与广西壮族自治区、四川广安等地区合作更加紧密,全面完成长垫帮扶年度目标任务。

(九)环境保护与安全生产

2011年,城区环境空气质量优良天数达314天,同比增加12天。空气中可吸入颗粒物、二氧化硫和二氧化氮浓度年日均值分别为0.094、0.050和0.035mg/m3,满足国家二级标准。城区区域环境噪声、道路交通噪声平均值分别为50.7、66.3分贝,同比分别下降1.2、0.9分贝。龙溪河、长寿湖、御临河和桃花溪总体均满足Ⅲ类水质标准要求;城区集中式饮用水源地水质合格率为100%,街镇集中式饮用水源地水质合格率为82.1%。2011年,全区共发生各类安全生产死亡事故43件,死亡人数46人,比上年同期分别下降8.5%和8%。

二、发展中存在的问题

一是经济结构不尽合理,产业层次不够高,现代服务业短板依然突出;二是土地、能源、资金等生产要素瓶颈制约严重,节能减排压力较大;三是"三农"问题依然突出,现代化城市基础尚且薄弱,统筹城乡一体化发展任务艰巨。

三、2012年经济发展目标

2012年是新一届政府工作的开局之年,实现今年经济社会又好又快发展意义重大。今年我区经济社会发展主要预期目标是:地区生产总值增长16%以上;限上固定资产投资315亿元;社会消费品零售总额增长20%以上;地方财政收入增长15%以上;城乡居民收入分别增长15%和20%;进出口增长25%;实际利用外资增长30%;合同引资保持在600亿元以上。

江津区

江津区政府办公室 马小玲

一、2011年发展回顾

2011年,全区实现地区生产总值383.8亿元,同比增长17.9%;完成工业总产值766亿元,同比增长36.7%;完成固定资产投资298亿元,同比增长30.3%;实现社会消费品零售总额130亿元,同比增长21.4%;地方财政收入达70.8亿元,同比增长76.5%。城镇居民人均可支配收入19330元,同比增长16.1%;农村居民人均纯收入8694元,同比增长22.9%。"打基础、建平台、增后劲"工作不断突破,被评为"中国西部最具投资潜力百强城市"。

(一)基础设施不断完善,大城市建设全面提速

滨江新城提速建设,双福新区初具规模,东部新城基本建成,中心城区面积扩大到48.5平

方公里，城市人口增至45.5万人，城镇化率达62.1%,大城市框架基本搭建。滨江大道、鼎山大道外立面整治全面完工,滨江公园、鼎山大道绿化升级完成。滨江大道获评“中国人居环境范例奖”和重庆“最美十大街道”。大型音乐喷泉广场竣工启用。城市污水和垃圾无害化处理率均达100%。全区森林覆盖率40.5%,人均公园绿地面积超30平方米,2011年城区空气质量优良天数达335天,成功创建市级森林城市,荣获“中国宜居宜业典范区”称号。完成高速公路、国省干线两旁农房风貌整治。白沙、珞璜、石蟆、李市、油溪等中心城镇加快建设。

(二)主导产业加速集聚,工业发展势头强劲

“一区四园”工业发展格局形成,园区面积拓展到50平方公里。被授予国家新型工业化示范基地,连续9年跻身重庆十强工业区县。全区规模以上工业企业增至223家,实现产值616亿元,占全区工业总产值的80.4%。六大产业集群实现产值512亿元,其中装备制造、汽摩及零部件、新型材料等产业产值均超百亿元。电子信息、云计算等战略性新兴产业从无到有,工业结构进一步优化。全区产值超亿元企业增至86家,重齿公司、华能电厂产值均超50亿元,重庆潍柴等9家企业产值超10亿元。万元GDP能耗下降4.3%。

(三)统筹改革有序实施,城乡一体化进程加快

围绕“引导农村人口进城、促进城市资源下乡”两条主线，稳妥推进统筹城乡综合配套改革。2011年,全区累计转户14.5万人,位居全市前列。累计复垦土地7900亩,上市交易4100亩。改造中低产田18万亩，开发整理土地34万亩,新增耕地3.5万亩,规模经营面积超50万亩。完成农村土地承包经营权确权颁证。开工建设龙华万户重庆民居,新建巴渝新居14000余户、农民新村152个，龙华燕坝等新村居民点建成投用。2011年新开工农村公路1123公里,完工600公里,184个行政村通畅率达99.4%。整治病险水库137座。农业产业化势头良好,花椒种植50万亩，面积全国最大，获国家地理产品标志保护;蔬菜种植面积和产量居全市第二;柑橘建园标准化水平全市第一。农业耕种收综合机械化水平达34.2%。现代农业园区引进企业31家,累计到位资金11.5亿元，规模流转土地3.5万亩，发展优质粮油、晚熟柑橘、花卉苗木等主导和特色产业2万亩。

(四)商贸旅游积极推进,服务业加速发展

2011年全区商品销售总额243亿元，被评为全国“万村千乡市场工程”先进区县。遗爱池商圈启动建设,江津滨江美食夜市建成营业。3个产品被授予中华老字号,4件商标获评中国驰名商标。攀宝钢材交易市场基本建成,双福国际农贸城、和润国际汽摩城加快建设。恒大酒店建成营业。四面山望乡台瀑布入选“中国最美十大瀑布”,中山、塘河、白沙被命名为中国历史文化名镇,清溪沟被评为国家级水利风景区,中山古镇老街入围重庆“最美小巷十强”。光彩国际游艇、恒大国际滑雪健康养生度假中心、四面山·少林寺签约入驻。全区邮电通讯业务总量6.7亿元,港口码头年吞吐量突破1000万吨。

(五)财税金融保障有力,对外开放取得突破

2011年地方财政一般预算收入28.8亿元，增长46.9%。地方财政支出突破100亿元,增长54.5%。基本支出、民生改善、重点建设等得到有力保障。设立石银村镇银行、白沙明星农村资金互助社等农村新型金融机构5家，全区金融机构增至41家,2011年存款余额353亿元(含本外币),贷款余额187亿元,存贷比比2006年提高10.3个百分点。全区"五权"抵押贷款累计达5亿元。牢固树立大招商促大发展理念,围绕主导产业和国内外知名企业点对点招商,光彩国际、金融后援中心等一大批企业落户江津。

(六)社会事业全面进步,城乡居民得到更多实惠

连续三次荣获全国科技进步考核先进区县,两次被命名为全国科普示范县(市)。开展学前教育三年行动计划，实施中小学生免费营养奶工程及免费中职教育，为义务教育阶段学生

免费发放教辅资料，为2.8万农村留守儿童免费体检。完成30万平方米校安工程改造。2011年高考重点本科上线超900人。建立大学生生源地奖学金制度。重庆交通大学等8所高校入驻江津，育才中学成功签约。建成体育场、中小学校外活动中心及全市首家数字档案馆。在全市率先实现农家书屋行政村全覆盖，“电视户户通广播村村响”工程走在全市前列并推广。区中心医院、区中医院、区社会福利院、区精神康复院迁建工程基本完工。投入12.5亿元完成22所乡镇卫生院改造，基层卫生院就医环境、设备条件位居全市同类前列。全区基层医院和村卫生室实行基本药物零差率销售。人口自然增长率控制在2‰以内，圆满完成第六次全国人口普查。开展重庆市文明城区、重庆市环保模范城区、全国卫生区“三城同创”，市级文明城区通过验收。第五次获“全国双拥模范城”称号。

（七）自身建设切实加强，行政效能显著提高

推进政府工作法制化、程序化、规范化。坚决执行区委决策部署，自觉接受区人大的法律监督、工作监督和区政协的民主监督。合理划分区、镇街事权，政府社会管理和公共服务职能进一步强化。建立政府投资项目财政评审、工程建设和公共资源交易、公务车辆管理、国库集中支付等制度。积极推进行政服务中心和行政审批电子监察系统建设。不断扩大基层民主，村务公开目录在全国推广，荣获“全国村务公开民主管理示范单位”称号。被评为“全国‘五五’普法先进区县”和“全国农村社区实验区”。加强领导干部廉政建设，扎实开展"学习实践科学发展观"和“创先争优”等活动，机关干部素质进一步提高，作风进一步转变。

二、发展中存在的问题

一是总体经济实力还不够强，总量不大，效益不高，产业结构不尽合理；二是城市规模不大，品质不高，功能不齐，距“双百”现代化大城市要求有较大差距；三是城乡发展还不够协调，二元结构矛盾仍较突出，统筹城乡发展任重道远；四是部分城乡居民出行、饮水、用电、就医等还存在一定困难，一些社会矛盾还需下功夫化解，保障和改善民生任务繁重；五是一些部门办事效率不高，部分工作人员综合素质、工作作风和执行力有待加强。

三、2012年发展目标

2012年，全区经济社会发展主要预期目标是：完成地区生产总值450亿元，增长17%；工业总产值1000亿元，增长30%；社会消费品零售总额156亿元，增长20%；固定资产投资357亿元，增长20%；地方财政收入89亿元，增长26%；农村居民人均纯收入突破10000元，增长15.5%，城镇居民人均可支配收入达21800元，增长13%。城镇登记失业率、人口自然增长率分别控制在3%和2‰以内。单位生产总值能耗下降3.8%。经济发展保持在较高水平，区域竞争力进一步增强，社会更加和谐，人民更加安康。

合川区

合川区政府办公室　李洪

一、2011年发展回顾

2011年合川区实现地区生产总值306.4亿元，增长16.2%。地方财政收入76.2亿元，增长87.3%；全社会固定资产投资249.9亿元，增长30.5%；社会消费品零售总额125.1亿元，增长22%；进出口总额4.1亿美元，增长290.5%；城镇居民人均可支配收入、农村居民人均纯收入分别达到19265元和8523元，分别增长16.2%和23%。

(一)产业培育重大突破,富强合川成效显著

强力开展大招商,搭建大平台,布局大产业,推进项目建设大攻坚,“富强合川”产业支撑明显增强。农业不断发展提升。粮食总产量、生猪出栏量、水产品产量保持全市第一,农业产业化水平大幅提升。目前已建成60万亩优质粮基地和5个万亩粮油高产示范片,粮食生产荣获全国先进。建成西南地区规模最大的名优水产基地,成为市级重点生态渔业养殖区。无公害蔬菜基地达5.8万亩,蔬菜产量提升至全市前5位。开发林下新兴产业,特色种养殖13万亩已形成规模效应。农业产业化快速推进,农村土地集中经营率达36.5%,农业机械化率达34%,农业产业化龙头企业达到67家,农村专业合作经济组织达到250个。工业实力显著增强。工业总产值达到445.8亿元,增长38.8%。汽车制造、电子信息产业蓬勃发展,五洲龙客车、北汽银翔汽车即将投产,桦晟电子、达方电子等一批重大项目竞相入驻,25个笔电配套产业项目快速推进,正在形成产业集群;能源建材基地加速成型,冀东水泥、台泥二期相继建成投产,双槐电厂二期开工建设,沥濞峡煤田有序推进,电力装机容量达125万千瓦,水泥年产能达1200万吨以上;均顶机械、鼎工机电、星格水泵等一批项目陆续建成,安全产业园、轻纺、医药、成功工业园等顺利推进。按照“科学统筹、集约开发,职住平衡、功能配套”的思路,不断夯实园区发展平台,骨干路网基本成型,配套设施同步完善,“一园六区”基础设施覆盖面积达到39平方公里,承载能力显著增强。草街农创园推进顺利,千亿级华蓥山经济走廊规划全面启动。出台“工业十条”等扶持政策,激励一大批企业技改扩能、做大做强。三产业发展提质提速。同步发展生产生活服务业,南城、北城商圈活力增强,华地王朝五星级酒店、茂田建博中心建成开业,再生资源市场、宝龙城市广场、南滨商业中心快速推进,限额以上商贸企业达190家,服务外包成为市级示范区,会展、咨询、评估等现代服务业不断成长。旅游业快速发展,钓鱼城、涞滩景区提档升级,护国寺石刻艺术陈列、游客停车场等建成开放,成功举办钓鱼城旅游文化节,乡村旅游精彩纷呈,全年接待游客257.8万人次,实现旅游收入3.72亿元,分别增长52%和55%。银行、证券、保险、小额担保等金融业加速聚集,金融机构达到34家。房地产业蓬勃发展。镇域经济竞相发展。26个镇域产业园实现产值63.6亿元,钱塘、清平、云门等镇域产业园初具规模。镇域产业园与小城镇功能互补、联动发展的格局正在形成。镇级商业中心、农贸市场、超市、村社便民店等商业设施加速建设,农村商贸服务体系逐步完善,家电和汽摩下乡累计销售额达3.8亿元。

(二)城乡建设强力推进,美丽合川成效显著

坚持科学规划、提速建设、完善功能,区域性中心大城市框架全面拉开,宜居环境不断改善。城市规划更加完善。开展大城市总规战略研究和规划实施评估,完成14个片区控规以及综合交通、公共服务设施、绿地系统等专项规划,构建起“一心六片”组团式发展布局。城市规模加快扩展。城镇化率达到57.5%,城区达到38.5平方公里、41.5万人。新区建设快速推进,南屏嘉陵江大桥、城市内环线、北环路建成通车,东津沱堤防主体完工,沙溪立交、入城隧道、高职教城路网等重大交通骨架工程快速推进,花滩、白鹿山、小安溪等片区加快建设。旧城改造稳步推进,新启动3.4万平方米旧城改造,竣工城区拆迁还房达13万平方米。居住品质显著提升。推进城市道路“白改黑”和“路平”整治,建成停车场、垃圾收运站(台)、公厕等一大批市政基础设施,城市功能不断完善;人民广场、卢作孚广场、3个市民休闲公园、18个社区公园建成开放。市级森林城市、文明城区创建通过验收。小城镇建设有序推进。投入1800万元,支持场镇基础设施建设,场镇危旧房改造、草街航电枢纽淹没区场镇房屋搬迁顺利实施,规划水平和建设档次不断提升。城乡形象大为改观。区镇联动、全民参与“五城联创”城市管理攻坚战役,彻底清除卫生死角,全面开展“三拆一整”,稳妥完成“三车”治理,实施“十路四桥”主干道综合整

治,落实“门前四包”责任制,城乡生活环境明显改善,市级文明城区创建通过验收。按照“统分结合、属地管理、重心下沉”的原则,优化理顺区、街道、社区城管职能,“网格化”城市管理长效机制基本建立。环境质量不断改善。开展市级环保模范城市创建,全部取缔小安溪流域禁养区畜禽规模养殖,嘉陵江、涪江、渠江保持Ⅲ类水质以上,2011 年空气质量优良天数达 334 天。节能减排目标全面完成。交通建设全面提速。遂渝二线、兰渝铁路双线建设进展顺利。重庆三环合川至铜梁段开工建设。盐壁路全面完工,仪北路、盐旧路完成主体工程,盐三路、保清路等交通基础设施建设正快速推进,行政村通达率100%。

(三)四个安全切实加强,平安合川成效显著

强化“第一时间、第一责任”意识,建立健全快速反应机制,成为重庆最安全、最稳定的城市。政治安全保障有力。注重防控结合,扎实开展反邪教警示宣传教育,全区无恐怖、邪教事件发生。社会安全不断增强。实施“红袖标”工程,加强重点地区治安整治,严厉打击各类犯罪活动,建立起多位一体的安全防控体系,刑事案件发案率下降 7.9%,社会治安进一步好转。全面推进立体化预警体系建设,新增视频监控 6903 个,群众安全感明显增强。信访安全持续向好。建立用群众工作统揽信访工作机制,群众到区信访、到市集访件次同比分别下降 29.5%、50%。生产生活安全平稳有序。强化企业安全生产主体责任,加强基层基础建设,扎实开展重点行业安全隐患排查整治,安全事故发生起数和死亡人数分别下降 15.13%、34.62%。深入开展食品安全专项整治,建立完善综合协调机制,投诉举报处理率达 100%。成功抗击“9·20”洪灾,有力保障了人民群众生命和财产安全。

(四)人文高地快速崛起,德润合川成效显著

充分挖掘和发扬合川特有的人文精神,着力打造人文道德高地。“三种文化”建设不断深化。深入挖掘清新的从政文化、平实的为民文化、健康的经商文化时代内涵,开展“五城联创五好机关”争创活动,涌现出一大批以蒋琼同志为先进典型的优秀党员干部,“盲人爸爸” 赵光富被评为全市道德模范;打造“德润合川爱心基金”品牌,新募集资金 691.9 万元,救助困难群众 1221 人次。宣传推介工作不断加强。影视、平面、网络媒体多管齐下对外推介,城市知名度和美誉度持续提升。

(五)农村基础不断夯实,城乡统筹成效显著

坚持“改革、改善、提升、示范”多管齐下,城乡统筹发展取得新进展。各项改革大力推进。户籍制度改革办理农转城 9126 人。积极开展城乡建设用地增减挂钩试点,新增建设用地 3717 亩。“三权”抵押贷款取得实质性突破,已发放贷款 4300 多万元。支农投入持续增长。全年投入财政支农资金 5.49 亿元,其中发放各类直补资金 1.69 亿元。加大农村扶贫开发,实现 11 个村整村和 4100 个扶贫对象脱贫。农村生产生活条件明显改善。13 个农民新村、6 个统筹城乡示范点新(改)建房屋 2786 户。建成巴渝新居 1360 户、生态家园 4000 户,改造农村危旧房 1584 户,解决 11.07 万人饮水安全问题。

(六)社会事业全面进步,民生改善成效显著

保持财政民生投入占一般预算支出 50%以上,各项事业取得明显成效。就业更加充分。实施积极的就业政策,新增农村劳动力转移 10170 人,开发公益性岗位 716 个,新增城镇就业 1.7 万人,动态消除城镇“零就业”家庭。发放财政扶持补助资金 3325.1 万元,发展微型企业 1249 户。社会保障体系更加完善。全面实施城乡居民养老保险、城乡居民合作医疗保险,参保率分别达到 80%、95%以上。城乡低保、农村五保实现“应保尽保”。“五大保险”参保人数累计 47.4 万人次。启动建设公租房 77.6 万平方米,启动配租 780 余套;实施廉租房保障 1184 户。健全完善孝亲敬老机制,开展“孝心儿女”帮扶活动,全区 8 万余空巢老人基本实现“老有所养”。残疾人权益有效保障。教育事业蓬勃发展。义务教育入学率保持 100%,高中阶段教育基本普及。大幅增加教育投入,新改扩建中小学 12 所、寄宿

制学校14所，建成塑胶运动场6片。高职教城强力推进、初具规模，在合高校达到8所，在校学生5.9万人。创建关爱留守儿童示范学校6所，留守儿童“4+1”关爱培养模式在全国推广。医疗卫生事业不断进步。“三甲”人民医院加速建设，中医院住院大楼主体完工，改扩建基层卫生院4个、社区卫生服务中心1个、标准化村卫生室57个，基本建成“半小时健康圈”。投入3700万元，在全市首推全民免费体检。全面实施基本药物制度，药品实行“零差率”销售。文化建设成效明显。公共文化设施不断完善，387个文化信息资源共享基层网点、27个综合文化站、343个村文化室和689个“文化大院”遍布城乡，实现“广播村村响、电视户户通”。文艺创作成果丰硕，《钓鱼城》大型原创歌剧问世公演，《钓鱼城》影视剧即将开机拍摄。人口计生工作得到加强。人口自然增长率控制在1.49‰，出生缺陷一级预防覆盖率达98.5%，出生人口性别比趋于合理。体育事业实现新跨越。成功举办中国龙舟公开赛等大型比赛，开展大型健身活动35场次，参与群众40万人次。科技创新能力有效提升。新增专利授权302件，成功创建全国科普示范区。

二、发展中存在的问题

一是区域综合竞争力不强；二是构建支撑“双百”现代化大城市的产业体系、基础设施、服务设施体系任重道远；三是资金、土地等要素制约依然突出；四是统筹城乡、改善社会民生、保持和谐稳定任务艰巨。

三、2012年发展目标

2012年，全区经济社会发展的主要目标是：地区生产总值增长13%以上，力争实现15%；地方财政收入增长10%；全社会固定资产投资增长25%以上；社会消费品零售总额增长20%以上；实际利用外资增长30%以上；城镇居民人均可支配收入增长12%以上；农村居民人均纯收入增长15%以上；万元GDP能耗降低3.5%；主要污染物排放量削减率完成重庆下达目标。

永川区

永川区政府办公室 吴至良

一、2011年发展回顾

地区生产总值实现380.2亿元，比上年增长19.8%；地方财政收入实现75.2亿元，比上年增长86.8%；全社会固定资产投资实现360.1亿元，比上年增长19.8%；规模以上工业企业总产值实现540.2亿元，比上年增长49.9%，实现增加值151.3亿元，增长26.8%；社会消费品零售总额实现138.5亿元，比上年增长23.6%；城镇居民人均可支配收入达到19685元，比上年增长16.6%，农民人均纯收入达到8717元，比上年增长23.5%。

(一)加强经济运行调度，确保经济快速健康发展

面对复杂多变的国内外经济形势，全区始终坚持发展这个第一要务，积极贯彻中央和重庆各项调控政策，全面落实“扩内需、保增长”的一揽子计划，定期召开季度经济形势分析会，加强经济运行调度，切实解决资金、能源、土地等要素制约问题，努力打造“五低”发展环境。在银根抽紧的情况下，多渠道、多形式融资108亿元，有效地解决了发展资金问题。面对电力短缺瓶颈，新开征煤炭调节基金，基本避免了拉闸限电。采取争取上级指标、城乡建设用地“增减挂钩”、购买“地票”等办法，保障了重点项目和民生工程用地。通过一系列组合举措，牢牢把握了服务经济和保障民生的主动权，确保了全区经济社会又好又快发展。

(二)加快产业转型升级，结构调整取得重大

突破

坚持"工业强区"战略不动摇,进一步优化"一区三园"发展格局,凤凰湖工业园重点发展电子信息、机械制造、材料工业三大产业,港桥工业园重点发展精细化工、有色金属加工、轻工建材三大产业,三教工业园重点发展中轻型铸锻及加工产业,初步形成了"3+3+1"产业体系和"千亿级工业园区"构架。工业园区面积达到22平方公里,年产值实现422亿元,同比增长105%。战略性新兴产业异军突起,累计引进笔记本电脑配套项目88个,形成了500亿元的产能,成为全市最大的笔记本电脑零部件配套基地,工业结构调整发生质的飞跃。电子信息产业产值达到26亿元,占规模以上工业的比重达到4.8%。工业投资完成166.5亿元,增长23%。规模以上企业总数达到323户,年产值亿元以上企业达到143户。

现代服务业加快发展。社会消费品零售总额、商品销售总额、对外交易额和人均消费连续五年保持渝西第一。引进沃尔玛、肯德基等一批国内外知名品牌,渝西广场、人民广场两大商圈商品业态和档次进一步提升。大力开拓农村消费市场,"万村千乡市场工程"实现全覆盖,家电下乡和以旧换新激活农村消费。服务外包园区加快建设,成功引进恒生基业、华道数据等重大项目入驻外包园区,与电讯盈科、万国数据、中兴通讯等12个项目签约,坐席规模突破2万个,"中国西部声谷"、"重庆金融后台"初具规模,BPO业务流程外包全市第一,成功创建全国"呼叫中心"十佳园区,被命名为中国服务外包基地城市示范区。旅游产业加速发展,重庆野生动物世界、茶山竹海、黄瓜山、松溉古镇等景区景点品质全面提升,成功举办国际茶文化旅游节,旅游营销和接待能力进一步增强,跨入重庆十大旅游区县行列。全年接待游客565万人次,实现旅游总收入25.24亿元,同比增长31.1%、34.9%。区域性金融中心初步形成,11家银行机构片区行达5家,22家保险机构中心支公司达10家,新设立小额贷款公司和担保公司各1家;辖区银行机构存款余额达318亿元,贷款余额达184亿元,分别增长14.7%和29.3%。通过艰苦努力,做精一产、做强二产、做优三产,永川三次产业结构由9.3:56:34.7调整为9.4:57.5:33.1。

(三)狠抓精美城市建设,城市宜居品质显著提升

高标准推进城市建设,全面提升城市形象,着力改善人居环境。注重城市风貌形象塑造,建设了一大批精品楼盘和标志性建筑,建成"茶山神女"、"幸福永康"宝鼎等城市雕塑。兴龙湖中央商务区及服务外包片区等"五大功能"片区快速推进,拓展城市新区4平方公里。城区面积达到50平方公里、人口达到53万人,全区城镇化率提高到58.6%。神女雕像、九紫阁、永昌楼等一大批功能性、服务性、标志性建筑竣工,观音山公园、灵猴广场等项目相继开工,文曲广场、探花公园有序推进,北山公园、望城公园二期顺利开园,桂山公园改造完工,进一步开敞了城市公共空间。城市绿化全面升级。新栽2万余棵大树、好树,新增城市景观林280万平方米,新造林12.63万亩,新增绿地面积879万平方米,人均公共绿地面积达到25.2平方米,全区森林覆盖率达到40%。人民大道入选"重庆最美大道十强",文曲路入选"重庆最美街区十强"。完成34.4公里城区主次干道综合整治和4个旧城区小区环境整治。基本完成城区河道和小安溪河综合整治,加快推进第三水厂建设。加大城区"五乱"整治和"四治"力度,深入开展"蓝天、碧水、绿地、宁静"四大行动,城区环境空气质量优良天数达到335天,城市宜居指数列重庆远郊区县第一。成功创建重庆市文明城区、环境保护模范区、首批森林城市,被评为中国宜居宜业典范区。

(四)坚定不移扩大开放,招商引资成果丰硕

创新招商引资方式,设立了驻外招商分局,成功举办"永治会"等主题招商活动,全方位、多渠道、宽领域引资引项,引进项目274个,实际到位资金350亿元,实际利用内资达311亿元,同比增长93.4%;利用外资达2.3亿美元,进出口总额达4.7亿美元,同比增长31.1%。截至目

前,已有沃尔玛、新格铝业等4家“世界500强”,公元集团等8家“中国100强”企业和13家上市公司落户永川。积极开展交流合作,与17个市级部门签署了战略合作协议。初步构建起内资、外资、外经、外贸齐头并进的对外开放新格局,被港台媒体赞誉为正在崛起的“西部昆山”。被评为中国最佳投资服务城市、中国产业发展能力百强区县。

(五)着力保障改善民生,群众幸福感不断增强

坚持以人为本、民生导向,大办民生实事,民生支出占财政一般预算支出的50%以上。坚持以创业带动就业,扶持创办微型企业1736户;民营企业、个体工商户等市场主体突破4万户;发放就业再就业补贴3493万元;新增城镇就业16741人,动态消除城镇“零就业家庭”;社会保障水平不断提高,在全市率先实现养老、医疗保险全覆盖,探索建立了乡村医生养老保险制度。城乡低保实现应保尽保。着力解决低收入群体住房问题,加快推进城中村、国有煤矿棚户区和国有林场危旧房改造,开工建设保障性住房74.7万平方米,城镇和农村居民人均住房面积达到32.3㎡和39平方米。在全市率先实现基本药物制度全覆盖,村卫生室次均处方费用下降45%。实施医疗救助制度,惠及困难群众9.3万人次。倾心关爱“一老一少”,全区所有初中、小学、幼儿园的贫困学生都吃上了爱心午餐,农村小学和幼儿园的学生全部喝上了免费牛奶,新建了儿童福利院、流浪儿童救助中心,新(改、扩)建农村敬老院3所、社区白日托老所4所,农村五保集中供养率提高到60.6%。在全市率先实现村村通客车,有效解决了出行难问题。加快城乡饮水安全工程建设,提前两年基本解决了农村60万人饮水安全问题。实施以农民工为主体的户籍制度改革,累计实现6万多农民转户进城。建立了最低生活保障标准与经济发展水平和物价上涨“双联动”机制,确保城乡低收入群众不因物价上涨导致生活水平下降。建立节日走访慰问群众长效机制,实行春节、国庆等“六节必访”,累计发放慰问金(物资折价)2000万元。荣获中国最具幸福感城市民生贡献奖,被评为“重庆最具幸福感城市”。

(六)坚持统筹城乡发展,实现农业增效农民增收

积极探索统筹城乡“六个一体化”路径,全面落实强农惠农政策,加大对“三农”的投入,财政“三农”支出达5.5亿元,年均增长28.5%。镇域经济竞相发展,财政收入超1000万元的镇街由4个增加到21个。大力发展现代农业,粮油、畜禽、蔬菜、水果、茶叶、水产等特色农业加快发展,成为农民增收致富的主导产业,早熟梨、晚熟龙眼、大棚西瓜和设施蔬菜面积规模全市最大,水产产量全市第一。农村基础设施建设力度加大。投入水利资金6.1亿元,松溉长江提水工程即将全线贯通,基本完成镇级水厂改造,农村集中式供水率达95%,基本实现农村安全饮水全覆盖。在全市率先实现了镇通畅、村通达、村通畅三个百分之百,硬(油)化农村公路193公里。新农村建设取得新的突破,建成农民新村15个、巴渝新居1500户,改造农村危旧房2660户。农村改革纵深推进。探索创新农村“三权”抵押、土地流转、农业经营机制,办理“三权”抵押贷款1.86亿元;流转土地新增2.2万亩,土地适度规模经营集中度达35.8%;积极推进新型股份合作社建设,农民参合率达36.8%。黄瓜山获评全国休闲农业与乡村旅游示范区。

(七)全面推进社会建设,促进基本公共服务均等化

教育事业加快发展。财政投入教育11.2亿元,同比增长28.3%。编制完成永川区教育“十二五”规划,全部偿清义务教育债务,基本建成义务教育均衡发展合格区县。优化中小学布局,办学条件进一步改善,建成了一批标准化学校,新建了11所农村寄宿制学校,学校D级危房全面消除。全面普及义务阶段教育,初中升高中阶段比例达98%;高等教育毛入学率达到35%。学前教育健康发展,提前两年实现了镇街中心幼儿园全覆盖。职业教育提档提质,实施职业教育

"园校互动"试点,启动"中国西部职教工业园"、"永川凤凰湖职教园区"建设。

健康和体育行动计划深入开展。制定和完善了卫生事业发展规划，渝西医疗卫生高地加快建设。在全市率先完成了镇卫生院、村卫生室标准化建设,"城区 15 分钟、农村 30 分钟"健康圈初步形成。积极探索建立了医疗纠纷第三方调解机制。重点疫病和公共卫生事件预防处置能力不断加强，成功创建重庆市慢性非传染性疾病综合防控示范区。区人民医院成功升级为"二甲"医院。中医药事业健康发展,被评为全国农村中医工作先进区。体育事业蓬勃发展。体育中心等大型文体设施建成投用，新建了一批村级篮球场、体育示范社区,全民健身登山步道、塑胶运动场建设居全市第一。群众性体育活动广泛开展,国民体质不断增强,监测抽样合格率达 95.2%。成功举办了东亚女足锦标赛、重庆市第四届农运会、全国老年门球赛等 10 余场大型体育赛事,极大的提升了永川知名度和影响力。

文化事业蓬勃发展。公共文化服务体系在全市率先实现全覆盖，全面完成了镇街综合文化站(中心)建设,实现了"广播村村响、电视户户通"。打造了民俗文化节等活动品牌,创作精品剧目《风雨女人路》全面改版并启动百场演出，成功创建重庆市民间文化艺术之乡和西南地区唯一的中国书法之乡。

社会管理不断加强。狠抓"校园安保"工程，健全新型警务机制和勤务模式，加快建设应急联动数字化防控体系,社会治安状况明显好转;开展"雷锋式"警队建设,公安队伍素质进一步提升，群众对警察的满意度和安全感指数得到提高。强化了食品安全监管,让群众吃得放心。创新了信访维稳联动机制，进一步深化了群众工作大格局。深入实施干部大下访、大接访活动,信访总量持续减少,一大批信访积案和社会矛盾得以化解。安全生产基层基础不断夯实,安全事故防控有力,死亡人数明显下降。成功创建重庆市多灾种应急联动预警体系示范区，预警信息发布平台建设"永川模式"全市推广。

(八)始终坚持执政为民,依法行政水平不断提高

深入开展学习实践科学发展观活动,全面推进学习型、服务型、法治型、廉洁型政府建设。认真办理了人大代表建议和政协委员提案。政府决策机制不断健全,政务公开更加规范。推行建设领域五大环节并联审批"两章制",行政效能明显提升。公共资源综合交易"永川模式"全市推广。加大了跟踪审计力度，提高了财政资金使用效益。扎实推进"效能提升和作风转变年"活动,"三项治理"、"三项行动"成效显著。在西部率先创新 12345 政府服务热线,搭建了政府和群众之间的连心桥。成功创建重庆市先进法治区县。

二、发展中存在的问题

一是环境承载力约束加剧,水电气、土地、资金等要素瓶颈日益突出，城区化工企业搬迁尚未全面完成,环境保护治理任务艰巨;二是支柱产业还不强,产业转型升级任务艰巨;三是农民增收压力大,城乡一体化发展任务艰巨;四是财政收入增长和民生需求仍有差距，解决民生问题还任重道远。

三、2012 年发展目标

2012 年,永川区的基本思路是:把握全局,善抓机遇,突出"稳中求进"、"进而求质"的主基调,以"二十大建设"项目为抓手,全面打响"双百"大城市建设"九大战役",全力以赴"调结构、稳增长,扩城市、强产业,抓改革、促开放,惠民生、促和谐",以优异成绩迎接党的十八大和市第四次党代会胜利召开。主要预期目标是:地区生产总值增长 16%；全社会固定资产投资增长 22%;规模以上工业产值增长 40%;社会消费品零售总额增长 20%;地方财政收入增长 17%;实际利用内资、利用外资、进出口总额力争增长 30%；城镇居民人均可支配收入增长 13.5%,农民人均纯收入增长 18%，城乡居民收入比缩小到 2.2:1。单位生产总值能耗、二氧化碳和主要污染物排放量削减率等达到重庆约束性要求。

南川区

南川区发展和改革委员会综合规划科 吴鹏

一、2011年发展回顾

2011年,面对复杂严峻的国内外形势,全区上下在区委、区政府的正确领导下,坚持走民生导向科学发展之路,认真执行"十二五"规划,深入贯彻国家和重庆各项调控政策,加大"控物价、调结构、促增长"力度,持续推进经济结构调整,积极转变经济发展方式,集中力量抓大事、谋要事、解难事,国民经济保持了平稳较快的发展势头,赢得了"十二五"良好开局。地区生产总值168.85亿元,同比增长16.2%。其中,三次产业增加值依次为28.12亿元、83.55亿元和57.18亿元,分别增长5.5%、20.5%和17.3%。三次产业比重为16.7:49.5:33.8。

(一)结构调整步伐加快

成功列入全国第三批资源枯竭城市,到位首批中央财力性转移支付1.65亿元,为支持产业转型、发展社会事业、保障和改善民生、基础设施建设以及环境保护和生态修复作出重大贡献。成功签约卓山科技等23个入园项目,大忠电子等企业顺利投产。人才保障和科技支撑有力,建成博士后工作站2个、市级生产力促进中心1个,市级科技企业孵化器1个。资源开采遗留问题得到一定改善,石漠化治理9800亩。万元GDP能耗降低4.5%,主要污染物排放降低2%。

(二)工业经济平稳运行

全年实现工业总产值285亿元,增长35%,其中规上工业总产值实现90.4亿元,增长27%。完成工业增加值70.61亿元,增长23.6%,规上工业增加值增长24.8%。经济效益综合指数达197.9%,回升14个百分点;工业产品产销率提高2.2个百分点达91.2%。工业园区"三组团"完成投资20.7亿元,成功引进镁合金循环经济项目,41个工业项目开工建设。中铝"80项目"竣工达产;博赛集团扩能技改三期竣工投产,销售收入突破100亿元,建成140万吨氧化铝基地,全年氧化铝产量达41.27万吨,增长146.5%。

(三)农业农村稳步发展

农业总产值41.7亿元,增长6.3%,其中增加值28.12亿元,增长5.5%。采取有效抗灾措施成功应对了冬干、春旱、五十年一遇夏旱和持续高温伏旱的不利影响,全区粮食产量达34.84万吨,实现"五连增"。打造高山反季节蔬菜基地取得初步成效,全年蔬菜产量32.33万吨,增长41.9%。成功获批国家现代农业示范区。生态农业示范区签约项目20个,到位资金13.14亿元,新培育农业产业化龙头企业10个、专业合作社102个、千亩产业园46个、万亩产业片9个。

(四)旅游服务业再创新高

实现社零总额59.6亿元,增长22.5%。商贸物流园区到位投资7.5亿元,渝惠农产品批发市场等项目全面开工,30万平方米中心商圈加快建设,美佳美建材家居市场竣工投用。旅游业发展势头强劲,接待游客突破500万人次,实现综合收入17.1亿元,分别增长129%、55%。成功创建全国优秀旅游城市,成功举办第二届金佛山国际旅游文化节、第十三届金佛山冰雪节。旅游景区实施重大项目26个,完成投资20.3亿元,山王坪景区成功实现回购,神龙峡景区二期、半溪河滨水游览区等建成并开园迎客。交通运输完成货运量919.11万吨,其中铁路97.11万吨、公路822万吨,分别增长13.8%、33.2%。

(五)固定投资增幅明显

完成全社会固定资产投资146.39亿元,增长29.2%,其中房地产开发投资完成36.8亿元,增长45.8%;工业投资完成60.38亿元,增长

17.8%。深入实施"重点项目突破年"活动,金佛山水利工程、南道高速公路、新城区五星级酒店、天马旅游公路、总商会大厦等80个项目开工建设,南涪铁路、商务中心、渝惠农产品批发市场、五金建材城等80个项目顺利推进,体育场、服装电子产业园、天星小镇一期等20个项目竣工投用。160个重点项目完成投资135亿元,占全社会固定资产投资的92.2%,继续担当拉动投资和经济增长的主引擎。

(六)改革开放持续扩大

借助渝洽会、浙洽会、厦洽会等节会平台,在杭州、广州、厦门等地举办专题招商活动5次,签订投资协议145个,协议引资577亿元,到位资金97亿元,115个招商引资项目落地。实际利用内资增长50.7%达95.3亿元,实际利用外资增长56.6%达1.57亿美元,外贸进出口总额增长近3倍达到2.65亿美元,均创历史新高。博赛在加纳、圭亚那等海外投资达16.5亿美元,成为重庆主城外民营企业走出去投资第一区。生态农业示范区获市政府授牌为全市统筹城乡集中示范点,到位专项资金1700余万元。规范流转耕地38万亩,农村土地集中经营率达35.6%。户籍制度改革稳步推进,累计完成转户4.95万人。财政补助1500万元实现基本药物零差率。购买地票4000余亩,获批增减挂钩指标953亩。积极推进农村"三权"抵押融资改革,发放贷款5.4亿元。

(七)城乡建设成效突出

实施城乡交通项目23个,农村公路通畅里程达到1500公里。城市人均公共绿地面积达到23平方米,实施森林工程20.8万亩,森林覆盖率列"一圈"之首达到48.6%,城区空气优良天数达到305天。新建4个交巡警平台,百名民警打击数、打击食品药品安全犯罪百日专项行动全市第1,群众安全感指数达97.22%。城市扩容2平方公里,开工商品房126万平方米,竣工136万平方米,建设公租房、廉租房、安置房等保障性住房30万平方米,城镇化率达到51.12%。"六城同创"任务全面完成,提速打造"三江六岸"20公里生态长廊,城市环境综合整治经验在全市推广,"三街一园"上榜全市"十佳最美"。大力推动"美丽新乡镇、美丽新乡村"行动,新建巴渝民居501户,改造农村危旧房4377户,完成16个村庄连片综合整治示范项目,成为全市及全国示范,全面建成31个乡镇生活垃圾收运站,率先在全市实现乡镇垃圾收运系统全覆盖。

(八)财政金融高位增长

财政总收入突破40亿元,完成地方财政收入34.2亿元,增长32.9%,地方财政一般预算支出31.27亿元,增长35.5%,地方财政一般预算支出的57%用于民生。积极应对紧缩的货币和金融政策,努力扩大贷款规模,辖区内金融机构存款余额增长6.8%达到132亿元,贷款余额增长18.8%突破百亿大关达到115亿元,存贷比达到86.8%,高于全市平均水平2.8个百分点,创历史新高。国融集团到位政府融资10.4亿元,其中银行融资5.3亿元,BT融资5.1亿元。

(九)社会民生持续改善

坚持创业带动就业,发展微企1004家,个体工商户5296户,城镇新增就业7460人,城镇居民人均可支配收入增长16.2%达到18900元。开展农户万元增收工程,新转移农村劳动力10056人,农民人均纯收入增长23.1%达到7317元。实施9个乡镇卫生院和36个村卫生室标准化建设,实现标准化乡镇卫生院和社区卫生服务中心全覆盖,标准化村卫生室覆盖率达36%。新增便民观光车30辆,投入免费自行车160辆,70岁以上老人免费乘坐公交车和便民观光车,群众出行条件得到显著改善。特殊教育中心竣工投用,完工中小学校舍安全工程15所。全面完成"广播村村响电视户户通"三大攻坚行动,解决近4万农村群众收听收看广播电视问题。新建文化中心户610户。募集1200万元筹建城市特别困难群众慈善救助基金。"五大保险"扩面新增2.7万人,城乡居民养老保险参保率提高到84%,基本实现全覆盖,医疗保险参保率保持在96%以上。

二、发展中存在的问题

一是经济总量不大,产业结构不优,市场

主体偏少，工业化、城镇化缺乏大的引擎，转型发展任务十分繁重。二是城乡差距、区域差距、贫富差距仍较明显，部分乡镇发展动力不足，实现缩差共富任务相当艰巨。三是土地、能源、环境、资金、人才等新旧矛盾凸现，加快发展存在诸多瓶颈制约因素。四是有的干部缺乏市场经济理论和实践，习惯政府有形的一只手，囿于市场无形的另一只手，不能适应现代经济发展的要求。五是社会管理难度较大，不安全、不稳定、不和谐的因素仍然不少，法治建设任重道远。

三、2012年发展目标

2012年作为南川转型发展启动年，发展的主要预期目标是：地区生产总值增长16.5%、力争19%；地方财政收入增长15%、力争20%；固定资产投资增长30%、力争40%；工业总产值增长35%、力争40%；社零总额增长21%、力争23.5%；农业总产值增长6.8%；城镇化率提高2.2个百分点；城镇居民人均可支配收入增长15%，农村居民人均纯收入增长20%。

綦江区

綦江区政府办公室 陈宇

一、2011年发展回顾

2011年全区生产总值实现264.4亿元，增长15.6%；地方财政收入50.8亿元，增长48.4%；全社会固定资产投资232.4亿元，增长39.3%；社会消费品零售总额87.8亿元，增长18.7%；城镇居民人均可支配收入16984元，增长14.6%；农村居民人均纯收入7325元，增长19.5%。主要呈现十个方面的特点：

(一)千亿工业扎实推进

10万吨二甲醚、年产25万吨优质浮法玻璃第一条生产线等项目建成投产，重钢四厂年产15万吨冷轧硅钢生产线、科华水泥二期年产160万吨生产线、浮法玻璃年产18万吨节能玻璃生产线项目、全国最大的煤基活性炭项目等项目开工建设；60万吨大板锭铝、40万台重型汽车变速箱、410万件镁铝合金汽摩配件项目、132万千瓦安稳电厂二期等总投资超过500亿元的一大批重大项目建设加快推进。

(二)现代农业蓬勃发展

綦江食品园已签约入驻企业28家，建成投产1万吨木瓜冰酒、5万吨“饭遭殃”等9个项目；大力实施300平方公里的山地特色现代农业示范区建设，形成永丰河流域“菜篮子”、东溪辣椒等8个产业示范带，建成10万亩赶水萝卜、10万亩木瓜、5万亩猕猴桃等特色农业基地85万亩。

(三)商贸流通活力倍增

巩固发展“万村千乡市场工程”，农资农家店配送率实现100%；深入推进家电下乡、以旧换新工作，家电下乡销售6.2万台，补贴5.5万台；成功举办各类会展活动，直接收入3854万元，拉动消费9.1亿元；一大批名企名店入驻綦江，亿元级商贸企业和专业市场达20余个，渝南黔北商贸物流中心初具雏形。

(四)旅游产业全面提速

旅游产业发展迅猛，综合收入增长216%；来区游客增势强劲，增长316%。完成黑山谷、龙鳞石海、东溪古镇景区提质改造，古剑山高尔夫球场建成投用，鉴山生态运动公园加快建设。全面启动恐龙足迹世界自然遗产打造和申报工作。多家高品质酒店和一大批星级乡村酒店相继建成。旅游地产投资14亿元，开工60万平方米，竣工22万平方米。

(五)城市建设卓有成效

原綦江城区从2006年的13平方公里拓展

到30平方公里；污水处理厂、垃圾处理场、黑山谷大道等一大批重大市政设施建成投用，打造占地578亩的营盘山城市中心森林公园、3万平方米的营盘山广场、綦江博物馆等一大批重大公共设施，实施万盛公园提升改造。完成城区主次干道改造20余公里，整治建筑立面51万平方米，完成"巴渝新居"建设1万余户，基本完成綦河防洪护岸综合整治，新增城市绿地62万平方米，空气质量优良天数达到323天。

（六）城市交通加快建设南万高速公路、万梨公路进展顺利，硬化、整治农村公路近300公里，开通城乡客运线30条，查处交通违法行为3.8万件。

（七）发展平台拓展夯实

工业园区达到21平方公里，引进企业181家，投资额117亿元，基本形成一区多园格局；建成渝南资产公司、建投公司、国资公司等多个融资平台，获得金融机构授信近500亿元，为綦江经济加快发展铆足了后劲。

（八）对外开放不断深化

大力开展节会招商，成功承办和参与渝洽会、西旅会、2011年中国(重庆)民营经济发展论坛、全国知名企业重庆行活动等推介招商活动和国内外经济技术合作。2011年全区共签约招商引资项目240个，协议引资达580.4亿元，到位资金达157.15亿元。

（九）"民生十条"全面落实

实施住房保障工程。城北大桥A、B区公租房已摇号配租，北渡、工业园区公租房加快推进，完成廉租房主体工程建设13.26万平米，改造完成全市最大棚户区106万平方米。实施农户万元增收工程。新培育龙头企业10家、专业合作社40个、农村种养大户700户，10个市级贫困村人均实现增收1000余元。加快城市建设改造步伐。成功创建市级卫生、山水园林城区，"五创"工作全面推进，扎实开展"六大专项行动"。完成森林工程建设16.5万亩，新增城周绿化5000亩，新建通道景观林带30余公里，建成区绿地率达到32%。强化安全稳定。校园安保实现全覆盖，建成交巡警平台8个、交巡警移动平台5个，安装视频监控镜头4063个，打掉黑恶势力团伙5个，群众安全感指数达97.76%，整改销号挂牌督办重大事故隐患30个。原綦江、万盛生产安全死亡人数分别同比下降4.8%、35.7%，刑事案件、八类刑案、可防性案件分别同比下降6.6%、18.9%和8.5%，两个市级挂牌A类地区均实现了刑事零发案，群众安全感指数大幅提升。深入推进教育惠民工程。"留守儿童"关爱、中小学生蛋奶工程全覆盖，建成留守儿童爱心家园13个，新建农村寄宿制学校4所。稳步推进城乡养老保险。农村60岁以上老人全部领到养老钱。完善三级卫生服务体系。实施19项基本公共卫生免费服务，城市居民、农村居民建档率分别达到82.96%、84.51%，实行基本药物"零利润"，落实1元/人公共卫生服务经费。大力发展微型企业。新发展微型企业2300户，解决4873人就业。推进户籍制度改革。完成农转城26644户、131739人。深入实施党群连心工程。全面开展"下访"活动，全区各级领导走访群众17.9万户次，走访54万人次。

（十）社会事业富有成效

教育事业优先发展。财政对教育投入占GDP的比例保持在4%以上，高标准普及义务教育、高中阶段教育，推进城乡义务教育均衡化、普通高中多样化发展；大力发展职业教育，打造主城优质教育资源拓展区和全国农村素质教育示范区。文化发展特色明显。文化艺术中心全面启动建设；全区各街镇文化站、行政村"广播村村响"实现全覆盖；大力实施"五送工程"，《大事小事》荣获"中华颂"第三届全国小戏、小品、曲艺作品大展二等奖，永城吹打被列入国家级非遗名录。区人民医院创建"三甲"医院进展顺利，一批街镇社区卫生服务中心、卫生院开工建设；广泛开展羽毛球、登山等群众性健身活动，成功举办、承办全国定向竞标赛、马术山地耐力赛等赛事。计生科技竞相发展。出生符合政策率达89.1%，人口自然增长率达1.36‰；积极营造全区重视科技、热爱科技的良好氛围，科普工作取得新进展，成功创建

"全国科普示范县"。

二、发展中存在的问题

一是整体实力仍然较弱。去年全区GDP总量在主城外十区中仅列第七,增速列十区第八、全市34位,人均GDP低于全市平均水平。二是经济结构不尽合理。一产业占比高达12.7%,传统型、资源型、高能耗型为主的主导产业格局仍未根本改变。必须以更大力度推进二三产业发展,痛下决心发展新兴产业。三是瓶颈制约依然突出。政府债务高位运行,刚性支出猛增,土地、基础设施配套以及环保容量等的制约日益突出。四是安全稳定压力较大。新区正处承上启下、继往开来的关键时期,一方面发展空间广阔、潜力巨大,另一方面又进入了矛盾凸显期、事故多发易发期。五是政府职能转变有待推进。新区机构刚刚整合,运行机制亟需理顺,精神懈怠的危险、能力不足的危险更加尖锐地摆在干部队伍面前。

三、2012年发展目标

到2012年,地区生产总值增长16%,达到306.7亿元,地方财政收入增长20%,达到60.96亿元,社会消费品零售总额增长18%,达到103.6亿元,全社会固定资产投资增长25%,达到290.5亿元,城乡居民收入分别增长14.5%和16%,达到19447万元和8497万元。

大足区

大足区政府办公室 黎耿

2011年10月,经国务院批准撤销双桥区、大足县,设立大足区。全区幅员面积1442平方公里(其中双桥经开区133平方公里),辖3个街道办事处、24个镇,总人口103.6万,其中城镇人口33万。

一、2011年发展回顾

2011年,全区地区生产总值达到233.9亿元,三次产业比12.3:58.5:29.2。工业总产值突破500亿元。非农产业比重达到87.7%。地方财政收入50.8亿元,其中税收收入7.7亿元。固定资产投资173.4亿元。金融机构存贷款余额分别为148.9亿元、80亿元。社会消费品零售总额59.9亿元。农民人均纯收入和城镇居民可支配收入分别为8169元、19430元。

(一)工业

全年工业对经济的贡献率达到64%,规模工业占整个工业总产值的比重达到71.5%,全区产值过亿企业超过30户。完成工业投资63.3亿元,占全社会固定资产投资的比重36.5%。工业用电量16.7亿度,比上年(下同)增长30%;工业用气量1900万立方米,增长15%。已形成汽车及零部件、装备制造、现代五金、再生资源、聚光光伏等主导产业。

(二)农业

全年农业总产值达到44亿元,粮食单产、增幅均居全市前列。建成10万亩笋竹、10万亩蔬菜、30万亩优质粮油、60万头瘦肉型猪生产基地,发展10万亩枇杷、1.4万亩葡萄、5万亩莲藕特色产业基地。培育国家级、市级农业龙头企业15家,土地规模经营集中度41.5%,被评为全国休闲农业与乡村旅游示范区县,荣获"全国粮食生产先进单位"称号。

(三)旅游

实施了宝顶山景区提档升级、龙水湖国际旅游度假区、海棠香国风情城等70个重点旅游攻坚项目。国际旅游文化节、航空体育旅游节、国际古迹遗址日中国区活动、大足石刻世界巡回展等成功举办。启动了国家级旅游服务标准化工作。接待海内外游客598.1万人次,旅游总收入20亿元。

(四)交通

全区公路有2327.5公里，每万人占有公路24.8公里，公路密度为每百平方公里有公路161.2公里,高出全市平均水平38个百分点。乡镇通畅率、行政村通达率、行政村通畅率均达100%。成渝高速公路复线、重庆三环高速、成渝城际客运专线开工建设,龙铜路、渝隆路、大邮路、中塘路、宝双路等出境跨省公路升级改造全面完成。

(五)商贸流通

注册商标980件，培育马德里国际商标6件、重庆市著名商标10件。实施万村千乡市场化工程,村级日用消费品店和农资店实现"双覆盖"。"家电(汽摩)下乡"、"以旧换新"发放财政补贴7204.6万元。龙水五金市场群成为重庆五个百亿市场之一,西部模具城、重庆新纪元钢材市场、双湖机电物流园、中国西部纸品交易中心等一批专业市场和仓储物流中心加快建设,区域性物流中心架构初步形成。

(六)对外开放

近五年进出口总额累计1.5亿美元。招商引资累计协议投资769亿元，到位资金245.5亿元。交流协作重点有:与保加利亚罗布里奇市结为友好城市,与温州、湖州、绍兴等地建立了战略合作关系。成功举办渝西川东八区县经济协作会,发起成立"成渝直线经济联盟"并召开第一次会议。

(七)城市建设

区域城镇建成区面积43.6平方公里,城镇化率45.5%。城市集中建成区为大足城区(棠香、龙岗)、经开区、龙水镇三块,龙水为国家发展改革试点镇、重庆市小城镇建设示范镇。实施风貌改造和夜景灯饰工程，濑溪河环境整治攻坚成效显著。启动了11个城市森林公园建设,森林覆盖率和城市绿地率分别达到40.5%、43.2%。

(八)教育和科学技术

全区共有各类公办法人学校113所，其中完全普通高级中学6所(市级重点高中4所、普通高中2所)，国家级重点中等职业学校1所。2011年初升高比例93.5%，高考总上线率84.3%。

推进了国家科技部和市政府合作的五金科技城项目,承担了国家"十一五"(863计划)两个太阳能项目。

(九)文化和卫生

12项市级非物质文化遗产申报成功，被文化部命名为"中国民间文化艺术(石雕)之乡"。举办了石刻国际学术研讨会,启动了"大足学"学科建设。

有医疗卫生机构35个,其中二甲医院三个(区人民医院、区中医院、区妇幼保健院)。现有卫生技术人员2045人,开放床位2913张,年门诊人次130万。现已启动重医附属大足医院(三甲医院)建设。2011年人口自然增长率1.61‰。

(十)民生和社会保障

城镇登记失业率连续9年控制在4%以内。截止2011年底,发展微型企业1299家、各类市场主体31801个,其中个体工商户26861户。加快推进了公租房、农民新村、巴渝新居、城乡危旧房改造工作。养老保险政策实现全覆盖,医保惠民成效明显，城乡低保应保尽保,2012年将消除绝对贫困。户籍制度改革农转城已超过10万人。

二、发展中存在的问题

全区整体经济总量仍然偏小，农业现代化水平不高，工业缺乏一定数量的大产业、大项目、大企业支撑，服务业中现代服务业占比不大。制造业中电子信息产业规模还不够大,其它产业多为配套产业,与全市的汽摩、机电、煤炭、钢铁等重大支柱产业发展形势息息相关，受外部政策、经济环境影响较大。城市规模、产业集聚度与建设区域中心城市的要求还存在一定差距,工业化和城镇化的任务依然艰巨。

三、2012年发展目标

(一)主要指标

地区生产总值同比(下同)增长17%以上；

工业增加值增长20%;固定资产投资增长25%;社会消费品零售总额增长19%;地方财政收入增长20%;城镇居民人均可支配收入增长15%,农民人均纯收入增长18%。

(二)重点工作

坚持科学发展观,以新型工业化和新型城镇化为动力,加快转变经济发展方式,朝着建设“成渝经济区区域中心城市”和“千亿国家级经开区”的战略目标阔步前进。一是加紧编制城乡总体规划,确定符合区域中心城市定位的城市规模。二是积极争取政策,最大限度争取市委、市政府和市级部门的支持和帮助。三是强力争资引项,争取获得汽车、循环经济产业园等市里重大产业链上的项目落户。四是健全完善机制,理顺经开区运行体制,开展海棠新城、国际旅游、千亿经开、工业园区、市场物流、统筹城乡六大攻坚。五是加强队伍建设,开展“解放思想、提升能力、转变作风”主题教育实践活动。六是维护社会稳定,妥善解决群众合理诉求,统筹解决民生问题,狠抓安全生产,为党的十八大胜利召开营造良好的社会政治环境。

潼南县

潼南县政府办公室 王禹麟

一、2011年发展回顾

围绕发展主题,主要经济指标快速增长,产业结构日益优化。全县GDP达到132亿元,地方财政收入和一般预算收入分别达到20.3亿元和8.7亿元,是2006年的11.9倍和6.3倍。全社会固定资产投资达到91亿元,年均增长32.8%。社会消费品零售总额达到47.3亿元,年均增长18.3%。外贸进出口总额达到8020万美元,实际利用外资达到1600万美元。城镇居民人均可支配收入达到18181元,年均增长15.5%。农民人均纯收入达到7302元,年均增长17.9%。三次产业结构比例由2006年的25.4:30.8:43.8变为21.6:40:38.4。

(一)工业园区初具形态

突破工业发展瓶颈,积极培育精细化工、机械电子、食品加工等产业,工业园区从无到有,初步形成南区、北区和田家工业园区“一园三区”工业发展框架。南区基本实现路、水、电、气、讯综合配套,建成近120万平方米标准厂房和市场,龙光电子、扬明电子等陆续落户,西南国际灯具城建成营运,江苏华机、重庆生民钢构等企业竣工投产。推进化工企业向精细化工园集中,民丰化工销售收入突破10亿元、年税收近1亿元。贯通田塘路,启动田家工业园区规划。全县规模以上工业企业达到48家,工业总产值达到140亿元、年均增长27%,工业固定资产投入达到25亿元、年均增长35%。

(二)城市建设拉开框架

拓展城市空间,结束了“其实一条街”的历史,城市建成区面积达到16.5平方公里。将县城规划面积由22平方公里调整为近期35平方公里、远期50平方公里。新建金佛大桥、莲花大桥,拉开了“一江两岸三大片”的城市框架。打造十里滨江水岸,滨江路一期建成通车、二期启动建设,滨江公园建成开放。实施“十里长街”风貌整治,完成县城主次干道“白改黑”,建成独具特色的香樟大道、桂花大道,城市品质得以提升。持续实施环保“四大行动”,空气质量达到国家二级标准,率先完成全市集约型数字化城市管理试点建设,城镇化率由30.6%提高到41%,成功创建市级卫生县城、山水园林城市,潼南被评为文明县城工作先进县。

(三)绿色菜都渐成规模

集中成片建设蔬菜基地,成为重庆唯一的国家现代农业示范区。整镇、整村推进土地整治,在沿涪江、琼江流域建成万亩级蔬菜基地12个,培育500亩以上大户67户,土地流转率达到41%,蔬菜种植面积达到80万亩。认证无公害蔬菜基地11个,注册"潼南绿"蔬菜商标,成功申报3个农产品地理标志。引进帝安、秀山美地等蔬菜生产企业近30家,组建专业合作社520个,每年举办春秋两届蔬菜采购会。我县蔬菜直销重庆68家超市,基地菜农人均年收入1.5万元以上,潼南蔬菜成为市民的"菜篮子"和老百姓的"钱袋子"。规模发展七彩山鸡、生猪、蘑菇、笋竹等产业,成为农业产业化亮点。

(四)商贸旅游呈现特色

把商贸旅游作为转型发展的突破口,集聚力和影响力得到明显提升。大力培育新型商业业态,积极推进"农超对接",引进新世纪、汇丰等现代商贸流通企业,建成朝天门金海洋分市场,潼南县成为全市重要农产品保供基地县和"农超对接"示范县。杨闇公陵园和杨尚昆旧居被评为全国爱国主义教育示范基地、全市干部教育培训基地和廉政教育基地,杨闇公故里景区成功创建国家AAAA级景区。实施千年金大佛建国第一次"穿金",大佛寺景区成功创建国家AAA级景区和中国著名文化旅游景区。举办四届陈抟故里菜花节和两届红色故里红高粱节,开发16种旅游产品,潼南成为全市十大春季旅游目的地。

(五)扶贫攻坚扎实推进

实行基础扶贫、产业扶贫、智力扶贫并举,全力打好扶贫攻坚战,30个贫困村在全市率先整村脱贫。每年整合农业资金2亿多元,大力改善农村基础设施,改造危旧房5300余户,建设巴渝新居4000余户,建成农民新村30个。坚持"村有主导产业、户有增收项目",积极发展林下经济、餐桌经济,6.6万贫困人口两年实现万元增收。造就新型农民,培育致富能人,6500余户贫困户学到1项以上技能,7000余人通过培训实现就业。

(六)生活环境不断改善

拆除城市危旧房、棚户区15万平方米,建成廉租房1000套、安置房32万平方米,启动建设公租房10万平方米,新增公园绿地面积40.7万平方米。实施200公里国、省道和骨干道路"白改黑",新改建农村公路1300余公里,全县"乡通畅"率100%、"村通达"率100%,"1小时潼南"变为"40分钟潼南"。全面推进城市、通道、水系、城周和村镇绿化,完成造林45.3万亩,森林覆盖率达到38%,集体林权制度改革获全市一等奖,成功创建"一小时经济圈林业示范县"。加强校园安保体系建设,公共视频系统实现全覆盖。开展破案攻坚、积案销号、隐患排查行动,群众安全感指数由81.9%提高到96.8%。新建塑胶运动场26片、健身步道22条、农民体育健身场地160个。

(七)社会事业全面进步

财政总支出的60%以上用于社会民生,努力让人民共享改革发展成果。实施各类科技项目43项,授权专利76件,建成院士工作站和西部绿色菜都科技专家大院,成功创建全国科普示范县。全面实现免费义务教育,改造学校危旧房8.7万平方米,实施6.3万学生"饮奶工程"。潼南一中成功创建市级重点中学,潼南中学江北校区和人民小学建成招生。县医院启动创建"二甲"医院,中医院江北分院投入使用,建成镇街标准化卫生院和社区卫生服务中心14个、村卫生站135个。推进医疗卫生体制改革,实施基层卫生院、村卫生室基本药物制度。统筹城乡的就业和社会保障体系基本建成,处理一批改制企业历史遗留问题,完成5.6万名残疾人城乡居民合作医疗保险,城乡居民养老保险覆盖率达到83.4%,60周岁以上城乡居民养老保险实现应保尽保。解决32.7万人饮水安全,建成县城滨江堤防二期工程和古溪、塘坝、双江等7处镇堤防工程,全面完成55座小型病险水库除险加固。

二、发展中存在的问题

一是经济体量不大,财政收支矛盾突出;二是工业经济基础薄弱,项目策划品质不高、力度不大，招商引资缺乏大产业支撑；三是城市功能不够完善，管理水平有待提高。

三、2012年发展目标

不折不扣地贯彻落实中央的方针政策和市委、市政府的总体要求，必须严格遵照全县第十二次党代会的指导思想和县委的工作部署，创新思路，迎难而上。2012年的主要发展目标是：地区生产总值增长18%；地方财政收入增长15%；全社会固定资产投资增长35%；规模以上工业总产值增长50%；社会消费品零售总额增长20%；城乡居民收入分别增长15%和18%。

铜梁县

铜梁县政府办公室 袁厚泉 王刚

一、2011年发展回顾

2011年，铜梁县紧扣“加快”、“率先”主题，“十二五”经济社会发展实现良好开局，实现地区生产总值195.64亿元，同比增长16.4%；工业总产值296.4亿元，增加值97亿元，同比增长24.5%；地方预算内财政收入36.72亿元，同比增长55.1%；全社会固定资产投资200.29亿元，同比增长32.6%；社会消费品零售总额实现55.82亿元，同比增长19.2%；城镇居民人均可支配收入达到2万元，同比增长15.9%；农民人均纯收入达到8697元，同比增长23.9%；引进县外资金70.67亿元，同比增长35.4%；进出口总额达到3000万美元，同比增长150.4%。成功创建全国平安宜居示范县、中国宜居宜业典范县、全国生态文明先进县、全国科技进步先进县，获得中国最佳城市管理奖荣誉，被农业部明确为“全国蔬菜基地重点县”。

(一)产业发展取得新成绩

工业经济强劲发展。着眼工业园区主战场，大力实施“兴工富民强县”战略。一是园区建设快速推进。铜梁工业园区建成10平方公里，建成15万平方米标准厂房，入园企业318家，建成投产212家，是全市“百亿级产业园区”之一，投资8亿元的吉利汽车自动变速箱项目正式开工建设。二是培育电子信息主导产业。抢抓被列为全市笔记本电脑配套产业基地机遇，在工业园区内规划建设6平方公里的电子信息产业园，现已引进电子企业70家，总投资91.2亿元，已投产17家。积极开展就业培训和招聘活动，帮助县内电子企业解决用工7000人，帮助微电园电子企业解决用工800人。建立校企合作机制，在电讯科技学校设立电子企业培训基地，鼓励职校开设电子信息类专业。三是招商引资效果显著。全年新引进项目92个，招商引资实际到位资金70.7亿元，同比增长35.4%，其中，投资上亿元的项目37个。四是扶持企业做大做强。全县规模以上企业达到240家，增加值占整个工业增加值的比重达到60.7%。

现代农业加快发展。一是促进规模化。加大农村土地流转和规模化经营扶持力度，全县农村土地规模经营面积达到32.4万亩，规模经营集中度达到34.1%。黄门风情小镇、侣俸蔬菜大观园、土桥万亩荷花园、南城桂花基地、沙心玫瑰家园等休闲观光农业基地加快建设。二是培育特色化。蔬菜产业成为我县农业支柱产业，20万亩蔬菜基地累计完成12.3万亩集中成片建设任务，蔬菜产量达到58万吨、产值达到8.28亿元。积极发展生猪生产，建成5个万头生猪绿色养殖小区，规模化养殖率达42%，生猪出栏达到70万头，成为“全国生猪调出大县”。推进竹木产业发展，组建专业伐木队伍，畅通林木销售渠道，保障林农权益，累计建成15万亩速生竹木基地。三是推动产业化。新成立9个农业专业合作社，成功创建国家级农业龙头企业1家、市级龙头企业8家，农村专业大户达8500户。累计完成病险水库整治77座；实施全国小农水建设试点县项目，新改建一批小型水利工程；大力实施农村人饮安全工程，累计解决45万人饮水安全问题。

商贸旅游业繁荣发展。知名商家商场不断增多，限额以上商贸企业已达280家，亿元以上商贸企业达到10家。淮远古韵步行街一期已引进28家商贸企业入驻，现已全面启动二期工程建设。启动物流园区建设，重点发展建筑建材、小商品、冷链物流、仓储等批发物流产业，已签约入驻5家流通企业。全面完成城区8个菜市场综合整治和标准化改造。玄天湖温泉旅游度假区正式对外营业。打造"五朵金花"品牌，举办了龙灯文化旅游节、樱桃节、荷花节、桂花节、安居古城江畔文化旅游节，提升了铜梁旅游人气。

(二)城乡面貌进一步改善

一是完善城市规划，拓展城区面积。抓好城市控制性详规编制和主干道风貌设计。大力推进新城核心区建设，新启动文化艺术中心、城市客厅、淮远商贸区"三个1000亩"片区规划建设。大力实施"东拓南扩"战略，城区面积达到23平方公里。县城初步形成了"大绿化、宽骨架、功能全、形象美"的发展新格局。二是推进重点项目，塑造城市特色。启动"淮远古韵"步行街二期、全民健身中心二期、人民公园二期等标志性项目，人民医院搬迁、青少年活动中心、恒温游泳馆等项目建设进展顺利。重点围绕"绿、文、水"做文章，实施城市绿化靓化工程，城市绿化覆盖率达到44.8%，人均公园绿地面积达到20.14平方米；县城龙门街、中兴路被市政府命名为"十佳园林市街"，白龙大道、淮远古韵步行街被评为"重庆市最美街区"。三是支持小城镇发展，改善镇村面貌。继续补助每个镇50万元，专项用于场镇公益设施建设，目前已建成场镇公园、广场28个。加强场镇基础设施建设，新建11个镇污水处理厂及配套污水管网，建成9个镇街垃圾压缩中转站。

(三)环境建设加速推进

一是森林建设方面，全县新建森林工程7.49万亩，累计完成森林工程31.75万亩，建成2个森林生态镇和28个绿色村，森林覆盖率达到41.5%，成功创建市级森林城市。二是畅通建设方面，成渝复线高速公路建设进展顺利；三环高速公路铜梁至合川段已经开工建设。渝遂高速公路铜梁东互通口建设进展顺利，为城市未来发展拓展15平方公里。实施"村道畅通"工程，累计筹集资金5.6亿元，建成农村水泥公路620公里，新开通农村客运线路25条，在全市除主城外率先实现"村村通水泥公路"目标。三是健康建设方面，累计投入2.5亿元，新建中小学塑胶场地25片，新建城乡公共文化体育设施300余处，基本实现每个村一个篮球场、一个农家书屋、一个卫生室"三个一"目标。县人民医院、妇幼保健院迁建工程进展顺利，新建和改扩建7所镇街卫生院和2个社区卫生服务中心，创建40个规范化卫生室。全县平均期望寿命提高到76.95岁。四是平安建设方面，完善治安防控体系，建成8个交巡警平台，安装1860个公共视频，成立县应急救援总队，启动县应急应战指挥平台和气象预警平台建设，群众安全感达到96.7%；深入排查和化解矛盾纠纷，投入近5000万元，化解各类信访问题5200余件，化解率达99.1%，信访总人次同比下降34.4%。抓好安全生产工作，全县安全生产事故起数同比下降24.6%。五是宜居建设方面，启动城区污水管网改造和巴川河、淮远河综合治理工程，县城新建6个镇街垃圾压缩中转站，新增城市公园68亩、社区公园60亩，实现市民出家门500米就能到达一个公园、广场、健身场所的"500米福利计划"。完成次级河流整治项目12个，噪声达标区拓展到16.25平方公里。

(四)群众幸福指数不断提高

大力推进民生实事。2011年用于民生的支出占一般预算支出的60.2%。一是解决中低收入群众住房难问题。6.8万平方米公(廉)租房即将竣工，共修建18栋1152套。使累积改造农村危旧房3500户,建成巴渝新居2000户、农民新村24个。二是在全县中小学配备了585名保安和148名专职校警,建成8个交巡警平台。计划两年内新建20所公立幼儿园,已建13所,切实解决儿童入园难问题。2.8万名留守儿童全部落实"代理家长",共建立3个"渝电春苗之家"、1个市级农村留守儿童工作试点学校、86所"留守儿童之家"。三是积极推进户籍制度改革,目前已转户近9000户3.2万人。全力保障转户群众合法权益,兑付宅基地及建(构)筑物补偿金额和领取退地农转城养老保险金人数均居全市第一。四是深入开展"三进三同"、"结穷亲"活动,结成5613个帮扶对子,协调落实致富项目2094个,落实帮扶资金1013.52万元,受益群众近40万人。这些民生实事群众享受得到、满意度高,在全市群众满意度民意调查中,铜梁连续三年获得全市第一。

全力促进共同富裕。计划用五年时间将城乡居民收入差距缩小到2.1:1。一是做好"百姓乐业"。共发展微型企业1022户,注册资金1.02亿元,发放财政扶持资金3164万元,银行发放微企贷款626.8万元,解决就业9040人。二是做好"农民增收"。已实现农村"三权"抵押融资3.19亿元。推动宅基地复垦工作,用好地票交易制度,确保地票净收益的85%直补农民。计划三年内发展新型农村股份合作社50个,已开展试点6个。三是做好"帮扶关爱"。投入3000万元,两年内实现所有30个贫困村整村脱贫。每年投入2000余万元,在义务教育阶段实施学生饮用奶计划,为全县中小学生在校期间每天免费提供一盒优质牛奶,为义务教育阶段贫困学生免费提供爱心午餐,投入1000万元改造寄宿制学校学生食堂和饮用水条件。四是做好"扶老助老",完成社会福利中心、儿童福利院建设并投入使用,新建和改扩建8个镇街敬老院,切实加强对农村空巢老人的养老服务。建立90岁以上老人按月领取100-200元生活营养补贴制度。

统筹做好社会保障。城乡养老保险实现全覆盖。建立困难群众临时救助制度,扩大城乡医疗救助范围,提高救助标准,支出医疗救助资金1300余万元;城乡居民医疗保险报销率达43.8%,报销金额6000余万元。社会保障参保人数达到17万人。实施最低生活保障标准与经济发展水平和物价上涨"双联动",使困难群众生活随经济发展而提高,不因物价上涨而下降。城市最低生活保障标准提高到每月305元,农村最低生活保障标准提高到每年1920元,农村五保供养标准提高到2880元。2.95万名农村低保对象、0.62万名城市低保对象和0.41万名五保供养对象实现应保尽保,64.7万人参加农村合作医疗。免费为育龄妇女、60岁以上老人和农村留守儿童体检。

(五)文教事业繁荣发展

一是群众文化体育丰富多彩。精心组织综合性大型文艺活动70场,参与群众达180多万人次。再次被文化部评为"中国民间文化艺术之乡",成功承办"中国啦啦操明星展示大赛"等大型赛事,开展广场文化活动100余场,举行了县三运会、公开水域比赛等群众体育活动及比赛。二是教育强县品牌更加巩固。2011年全县高考上线率超市平11.3个百分点;中考700分以上特优考生占全市六分之一。吸引全国12个省市近2万名县外学生到铜梁就读。高等职业教育快速发展,启动重庆法官学院、重庆传媒学院二期建设。

二、发展中存在的问题

一是县域经济综合实力还有待加强,地区生产总值与全国百强县差距较大,人均地区生产总值仅为主城九区平均水平的67%。二是工业核心竞争力不强,主导产业缺乏大企业、大项目支撑的局面尚未改变。三是支柱产业辐射带动能力较弱,产业集群的培育十分艰巨。四是商贸流通与物流业发展还不活跃,核心商圈尚未形成。五是就业、就医、就学、住房等一些群众关心的热点难点问题尚未得到根本解决,保障民生任务繁重。

三、2012年发展目标

2012年，铜梁县将高举中国特色社会主义伟大旗帜，坚持以邓小平理论和“三个代表”重要思想为指导，以科学发展观为统领，以转变经济发展方式为主线，以改革开放为动力，以改善民生为根本，着力提升发展环境，着力壮大支柱产业，着力推进城乡统筹，在奋力赶超中加快崛起，向实现全面小康目标全力迈进。全县经济社会发展的主要预期目标为：地区生产总值增长17%，县级地方预算内财政收入增长20%，工业增加值增长25%，社零总额增长20%，城市居民人均可支配收入增长13.5%，农村居民人均纯收入增长18%，实际利用外资增长20%，外贸进出口总额增长25%。

荣昌县

荣昌县地方志办公室　杨品明　肖富荣

一、2011年发展回顾

2011年是实施“十二五”规划的开局之年，面对复杂多变的国际形势和国内经济运行出现的新情况、新问题，荣昌县以科学发展为主题，以加快转变经济发展方式为主线，紧紧围绕建设渝西川东区域中心城市目标，着力提升荣昌影响力和服务周边的能力，全力加快工业化进程，促进农村经济发展，提振商贸流通活力，增强经济发展能力，不断改善民生民利，推进社会事业发展，加速“六个荣昌”建设，全县人民开拓创新，攻坚克难，经济建设成果丰硕，农业生产稳定发展、工业经济较快增长、投资消费需求扩大、财政增收、城乡居民收入水平提高，全县经济呈现基础巩固、发展加快、质量提高的良好态势。

（一）经济总量跃上新台阶

经济总量实现新突破，跃上新台阶。三大产业共同发展，促进全县经济快速增长，全县地区生产总值突破200亿元，达到207.55亿元，增长17.3%。经济总量居全市第16位，增长速度居全市第21位，增速位次分别比2010年前进了13位和5位。其中：第一产业增加值32.19亿元，增长5.5%；第二产业增加值123.73亿元，增长22.4%；第三产业增加值51.63亿元，增长13.5%；非农产业比重达到84.5%。

（二）兴工强县取得新突破

工业经济快速发展。及时调整和完善扶持工业经济发展的政策措施，深入开展“双百工程”活动。全年完成工业总产值403亿元，增长50%。完成工业固定资产投资75.78亿元，增长47.7%。工业入库税金6.09亿元，增长18.5%。新增规模以上工业企业65户，累计达到311户。万元GDP能耗下降4%。

生产要素保障有力。成立五大生产要素保障领导小组。加大电力协调力度，建成了黄金坡220千伏、吴家和荣隆35千伏变电站，全年没有出现拉闸限电。实施了张邓线天然气管道改造和城区天然气管道安装工程，快速推进城东CNG加气站和城市天然气储气站建设，生产生活供气紧张局面逐渐得到缓解。加大银企对接力度，增加银桥担保公司资本金，帮助29户中小企业融资2亿元。全面清理处置园区土地，协商解除合同5个，依法收回闲置土地1宗，调整用地1宗，优化节约用地1200余亩。

园区发展势头强劲。“一区三园”实现总产值300亿元，增长55%；实现增加值80亿元，增长24%；入驻企业285家，新建成投产13家。新建标准厂房30万平方米，道路7.2公里，天然气管网5.6公里。表面处理项目有序推进，电镀加工项目成功落地。广顺工业园、杜家坝工业园初具规模，盘龙、河包、吴家、荣隆等镇街特色产业基地初步形成。

招商引资成果丰硕。成功争取将荣昌工业园区确定为全市第11个IT产业配套基地。招商引资签约90亿元，实际到位77亿元，增长73%。五大主导产业签约项目106个,实际到位66亿元。引进上亿元的项目20个,其中10亿元以上的项目1个。新项目投资强度每亩超过270万元,土地利用率、产出率和园区产能不断提高。

(三)农业农村经济迈出新步伐

示范核心区建设初见成效。全县畜牧经济总收入突破80亿元,增长19%。荣昌猪、渝荣Ⅰ号、外种猪基础母本达到13万头,在全国率先实现猪人工授精全覆盖、全过程、全免费。21个基层畜牧兽医站投入使用，组建重庆首支动物疫情应急队。建成3个生物安全实验室、2个快速检测中心。生猪及其产品在全国率先实现RFID全程溯源,畜产品生产、加工、流通环节实现电子视频全程监控。仔猪集中网上竞拍交易成功运行,生猪实现中远期交易。成功举办第五届中国畜牧科技论坛。国家现代畜牧科技产业示范园初具规模。农业基础日趋完善。万福寺水库建成并投入使用。玉滩水库及右干渠建设顺利推进。完成黄桷滩水库建设前期工作。完成北门水厂5万吨处理系统扩建工程。大力推进小农水重点县建设。实施集中式饮水工程6处。完成7座小(一)型病险水库整治工程,启动了金牛寺、工农、汉王等8座小(二)型病险水库整治工程。改造广顺、吴家、盘龙、路孔等镇街中低产田1.7万亩。农业产业化发展不断升级。大力推进园区农业建设,建成12个市县级特色农业园区。不断提升农业组织化程度,农业产业化组织291家,市县级农业产业化龙头企业43家,农民专业合作组织248家。积极推进农餐对接,成功与市工商联(总商会)餐饮商会、重庆陶然居饮食文化(集团)公司签订生猪、白鹅产业发展战略协议。

(四)商贸旅游焕发新活力

市场拉动成效明显。中国(荣昌)畜牧产品交易市场一期工程全面竣工,入驻率100%。汇宇建材家私市场中央精品广场建成并投入使用,三期工程基本完工。五洲国际商贸城已建成15万平方米。三大市场发展迅速，建成面积45万平方米,交易额突破32亿元。

两大商圈提档升级。老城区已形成莲花街、南门桥、人民路步行街、昌州故里等“一圈多点”商业格局,各类购物、餐饮、娱乐知名企业进驻商圈,交易额突破12亿元。北部新区人气逐渐聚集,商业内容不断完善,交易额实现4亿元。新建“万村千乡市场信息化工程”终端平台25个,建设示范社区超市3个,规范化社区商业网点20个。家电(汽摩)下乡产品销售7.23万台,销售额2亿元，财政补贴2444万元，兑付率100%。

旅游服务日益提升。夏布、折扇、陶器等旅游商品上档升级,旅游产品不断丰富。成功举办首届海棠香国旅游文化节和第六届荣昌猪年猪节。“海棠香国·魅力荣昌”城市形象宣传片首次亮相中央电视台。新建成五星级和四星级酒店各1个。接待国内外游客120万人次,旅游经济总收入2亿元,分别增长36%、39%。旅游服务综合满意度名列全市前茅。

(五)城乡建设取得新成效

城乡规划不断完善。全面完成镇街总体规划和土地利用总体规划编制。严格规划管理标准,做到城市文化与城市规划有机结合,努力提升城市内涵和品质。完成总体城市设计、中心城区控规整合、城乡空间资源调查与规划研究。完成北部新区、西部宜居区和黄金坡组团城市设计及控规编制。完成全县绿地系统、荣峰河、峰广路、高速公路沿线景观规划编制。

城乡建设不断加快。新开工房地产面积112万平方米，建成一批高品质楼盘。完成荣昌大道、东湖环湖路、北部新区三期支次干道等24公里市政道路建设。开工建设黄金大道。完成22处农民安置房市政基础设施建设。完成东益花园、南方花园两个老旧小区综合整治。完成昌州故里至滨河花园主干道立面整治工程。完成濑溪河儿童公园和高速路匝道景观工程建设。

城乡管理不断提升。市容市貌基本实现“六个一样”,城市管理考核连续三年全市第一。全面启动“再三创”,城市管理向镇街延伸,垃圾无害化处理实现镇街全覆盖。全面推行镇街城镇管理季度考核,镇街基础设施不断完善,脏乱差现象明显改善。迎宾大道、昌州故里、路孔烟雨巷分获重庆“最美大道10强”、“最美街区10强”和“最美小巷10强”。创建市级园林式单位5个、市级园林式小城镇1个、市级优秀城市公园1个。

(六)财税融资跃上新台阶

财税收入高位增长。一般预算收入19.87亿元,占县级财政收入的54.8%;其中工商税收6.67亿元,占县级财政收入的18.4%。基金收入16.37亿元,占县级财政收入的45.2%。调整支出结构,确保重点支出需要,财政支出51.38亿元,增长24.6%。积极策划和包装项目,争取中央、市级项目财政性资金11.2亿元,增长42.6%。进一步规范财政管理,积极推进“大平台建设”。启动项目资金绩效评价工作,规范专项资金管理。切实加强政府债务余额管理,确保到期债务及时足额偿还。

融资工作逆势向好。全面规范整合政府性融资平台,平台公司实体化进程取得突破性进展。兴荣公司、渝荣水务公司、棠城建设投资公司确定为一般类公司。积极应对宏观政策调整,加强政银企对接,融资到位资金16亿元,用于项目建设12亿元。

金融业稳健运行。创新农村金融服务,发放农村“三权”抵押贷款2.88亿元。完善金融机构考核办法,引导金融机构支持地方发展,存款余额155.57亿元,增长21.8%;贷款余额93.68亿元,增长32.1%;存贷比60.2%。金融业实现利润3.98亿元,增长46.5%;纳税6840万元,增长50.8%。

二、发展中存在的问题

经济总量还不大,发展质量不够高;城乡建设步伐虽快,但城市功能有待完善,尤其是农村建设任重道远;群众诉求不断增多,财政收支压力仍然很大;政府职能转变有待加快,社会管理和公共服务有待加强。

三、2012年经济发展目标

地区生产总值增长15.5%以上;县级财政收入增长16%以上;全社会固定资产投资总额增长30%以上;社会消费品零售总额增长18%以上;进出口总值增长30%以上;城镇化率提高1.7个百分点以上;城镇登记失业率控制在3.3%以内;城镇居民人均可支配收入增长13%以上;农民人均纯收入增长19%以上;人口自然增长率控制在4.5‰以内。

璧山县

璧山县政府办公室 饶静 李怡

一、2011年发展回顾

2011年,璧山在“1365”总体工作思路的引领下,围绕“超高速”发展这一主题“破浪”前行,铿锵激昂地奏出了璧山发展史上的“最强音”。

(一)发展面前“从容不迫”,“经济列车”上演“爬坡提速”

地区生产总值增长24%,增速居全市第二,远远高于全国和全市平均速度。全社会固定资产投资增长75.3%,增速居全市第一。地方财政收入增长98.8%,首次迈过60亿元大关,总量在上年翻番的基础上再次翻番;一般预算收入突破25亿元,增长64.1%。工业总产值首次超过600亿元,58.9%的增速再次刷新历史记录,电子信息、装备制造、医药食品三大支柱产业迅速崛起,实现产值360亿元。

(二)追求卓越“从未停步”,“六件大事”创造“别样精彩”

绿岛新区掀开“面纱”。投入40亿元,实施征地5300亩、拆迁4300亩,开工建设骨干道路36.7公里,双星大道西延段、东林大道南延段相继竣工,城市规划展览馆、妇幼保健院主体工程完工,公共服务中心、文化艺术中心、后勤服务中心、璧山中学、县人民医院等项目加速推进。工业园区“井喷式”发展。坚持“产城融合”,园区建成区面积拓展至8平方公里,实现产值424亿元。完成征地拆迁4134亩,建成6座桥梁、21公里骨干道路、58万平方米标准厂房。新增主次干道绿化50万平方米,为80家企业导入CI,完成120栋厂房形象规范改造。新引进笔电配套企业71家,总量达到101家,占全市1/4,其中30家行业排名全球前三,35家实现投产。引进非IT企业50家,统一食品等43个重点项目快速推进。黛山大道初具雏形。新区至福里树段路基框架基本形成,累计完成道路工程量的80%。璧南河整治成为全市治河“范本”。新关停污染企业273家,整治达标153家;治理污染水库、山坪塘323座,新建场镇污水处理站9个、污水管网52公里;水质稳定保持在Ⅳ类以上。保障性住房和小城镇建设如火如荼。建成廉租房8.9万平方米,安置群众3800人;在建廉租房25.8万平方米、公租房64.2万平方米。出台村镇建设“十条政策”,新建农民新村48个、巴渝新居5900户,改造农村危旧房4022户,完成场镇过境公路“白改黑”36公里、场镇外立面改造57万平方米。金剑山旅游休闲区“扬帆起航”。斥资千万元的项目概念规划编制完成。天赐华汤温泉酒店开门迎客,民生国际会议会展中心、砂之船·奥特莱斯、重医老年护养中心即将投入使用。

(三)社会经济“联动发展”,“民计民生”演绎“幸福家园”

全年在民生方面投入高达50.1亿元,占财政支出的63.2%,城乡居民社会养老保险实现全覆盖,参保率居全市第一,8.2万名老龄人员每月领取养老金737万元。新发展微型企业680家,带动4732人就业。718家企业建立农民工工资保障金专户,缴存2.7亿元,劳动合同签订率达95%。教育事业实现高起点上的“惊人一跃”。8个月建成城北小学,成为全市现代教育技术的“标杆”学校之一。新建62个“留守儿童之家”,所有小学生喝上免费牛奶、困难学生吃上免费午餐,学生食堂实行“零利润”供餐,中小学塑胶运动场实现全覆盖,9500名义务教育阶段贫困学生入学实现“零收费”。医药卫生体制改革进一步深化。落实基本药物“零差率”销售制度,药品平均降价30%。人均基本公共卫生服务经费提高到25元,城乡居民健康档案建档率达75%,儿童“四苗”接种率达98.1%。出重拳整治食品药品安全,全年实现“零事故”。文化体育翻开新篇章。新增20个达标社区文化活动室、59个农家书屋、160个农村文化中心户,建成2个镇街健身广场、10条全民健身路径、20个农民体育健身工程。城乡公共文化服务设施全部免费开放。成功举办“百花放映·红色之旅”全国大型电影文化惠民活动开幕式、环中国国际公路自行车赛璧山段比赛和第三届农民运动会。平安建设卓有成效。交巡警平台增至9个,重点部位人防、物防、技防措施全面落实,抓获网上逃犯343名,破案数量增长了38.9%,刑事案件发案率下降14%,群众安全感指数达到96.4%。连续79个月未发生较大及重特大安全生产事故。1503名困难群众得到无偿法律援助。“三进三同”、“结穷亲”、“大下访”活动深入开展,县级领导信访包案制继续实施,突出信访案件化解率达89%。

(四)困难面前亮“剑”发“箭”,“璧山现象”“风生水起”

始终坚持“超高速”发展不动摇,一路探索前行,一路披荆斩棘,一路追赶超越,一路情系民生。大量关闭污染企业,不但对当前经济没有影响,反而GDP增速全市第二;撤掉了招商局,不但对招商引资没有影响,反而引进的笔电配套企业数量全市第一,利用外资增长近10倍,投资增速全市第一;机关的现行办公条件"全市最差",却不遗余力花巨资改善民生,民调上升幅度全市第一。这些打破常规的璧山实践,被新华社记者形象地誉为"中国西部的昆山现象"。加快项目前期工作,积极争取中央和重庆支持,获得各类到位资金19.5亿元。坚持"环境就是生产力"的理念,埋头建设深绿城市,"治河"、"种树"、"刷墙"、"修路"推动地区价值攀升,一天创造5479万元的GDP,一天完成6027万元的固定资产投资,一天到位1685万元的地方财政收入,一天产出16712万元的工业产值。继南河公园、文体广场之后,9个月基本建成的观音塘湿地公园,创下全国城市湿地公园植物品种最多、全市占地面积最大"两个第一",却不用财政直接安排"一分钱"。大力整治城市环境,取缔人力三轮、打击非法营运,新增城区公共停车位3200个,城市"留白、整容、换新装",换来了"市级文明县城"通过验收,全市"最美大道"、"重庆最具幸福感城市"花落璧山。组建公共资源交易中心,杜绝"暗箱操作",8个月累计交易项目607个,交易金额66亿元,成为了招投标领域反腐的"璧山名片"。在全市首创中年丧子计生家庭每月发放1000元补助政策,为80岁以上老人每月发放50至500元高龄营养补贴。"璧山现象"引起了市内外的密集关注。

二、发展中存在的问题

一是经济结构性、素质性矛盾仍然比较突出,自主创新能力不强,转变经济发展方式还需负重致远;二是土地限制、能源供给和环境容量的约束日益凸显,持续、高速发展面临严峻挑战;三是城乡之间发展不平衡,农村基础设施较为薄弱,农业产业化程度不够高,统筹城乡发展之路还任重道远;四是不少领域诚信缺失、道德失范,社会信用体系建设尚未"破冰";五是社会事业仍有较多欠账,公共服务水平总体较低,构建和谐社会的任务不容乐观;六是部分公职人员思想意识、职业操守、工作能力与高速发展的"新坐标"还不相适应,加强政风建设、反腐倡廉的任务还十分艰巨等。

三、2012年发展目标

2012年,璧山将深入贯彻落实科学发展观,按照"1365"总体工作思路,强力推进绿岛新区、工业园区、金剑山旅游休闲区、黛山大道、"三大生态公园"和璧北十万亩蔬菜基地"六件大事",倾力落实"民生10条"、"共富15条",在建设新璧山的新征程中迈出坚实的一步。主要措施是:一是围绕"持续跨越",在做大经济总量上取得深刻变化;二是围绕"深绿城市",在建设绿岛新区上取得深刻变化;三是围绕"千亿目标",在推进工业园区上取得深刻变化;四是围绕"融合主城",在扩张第三产业上取得深刻变化;五是围绕"缩小差距",在建设现代农业上取得深刻变化;六是围绕"惠及百姓",在落实民计民生上取得深刻变化;七是围绕"过硬本领",在加强政府建设上取得深刻变化。主要预期目标是:地区生产总值增长18%,地方财政收入增长40%,全社会固定资产投资增长40%,工业总产值增长50%,社会消费品零售总额增长20%,城镇居民人均可支配收入和农村居民人均纯收入分别增长16%、20%,实际利用内外资分别增长50%、60%,单位地区生产总值能耗降低3.8%,COD、SO2排放量分别下降1.7%和1.2%,NH3-N、NOX排放量分别下降1.8%和1%,户籍城镇化率提高到50%,群众幸福指数达到70%以上。

渝东北地区

万州区

万州区政府研究室 吴明伟

一、2011年发展回顾

2011年,万州坚持以科学发展观为指导,认真落实市委、市政府部署的各项重点工作,大力推进重庆第二大城市建设,经济发展又好又快,实现了"十二五"良好开局。全年地区生产总值达到622.6亿元,比上年增长20.1%,分别比全国、全市平均增速快10.9和3.7个百分点,总量和增速均居全市第四。三次产业结构由6.8:54.7:38.5调整为6.8:56.4:36.8。人均GDP达到3.97万元,与重庆主城九区平均水平差距由上年的1:1.55缩小到1:1.45。地方财政收入63亿元,增长87.5%;其中一般预算收入34.6亿元,增长69.5%。全社会固定资产投资417.3亿元,增长22%。社会消费品零售总额160.3亿元,增长23.6%。实际利用外资1.46亿美元、内资161.6亿元,分别增长125.9%和223.5%。外贸进出口总额3.8亿美元,增长169.2%,其中出口2.6亿美元,增长228.1%。城镇居民人均可支配收入19329元,增长16.2%;农村居民人均纯收入6591元,增长23.6%。城乡居民收入比由上年的3.12:1缩小为2.93:1。基尼系数由0.42缩小为0.41。

(一)工业经济快速增长

完成工业增加值301亿元,增长25%,占GDP的比重由47%提高到48.3%。规模以上工业企业总产值493.3亿元,增长31.5%;利润总额22.8亿元,增长11.8%;工业经济效益综合指数317.6%,比上年提高20.5个百分点;产值过10亿元企业10户,其中50亿元以上2户。万州国家级经开区完成60平方公里开发规划编制,开发面积拓展到22平方公里,新引进韩国三星、日本伊藤忠、中国神华、法国施耐德4家世界500强企业,盐气化工、光伏产业、机械电子、纺织服装、食品药品五大特色产业发展加快。

(二)第三产业进一步发展

实现贸易业销售总额400.6亿元,增长33.6%。住宿餐饮业营业收入33.8亿元,增长26%。商品市场交易额157.6亿元,增长20.4%。高笋塘商圈进入全市6大百亿级商圈。客运周转量47.3亿人公里,货运周转量266.7亿吨公里,分别增长6.2%和41.4%。旅游业接待游客866.3万人次,实现旅游收入31.3亿元,分别增长21%和26%。商品房销售面积193万平方米、销售额71.8亿元,分别增长10.3%和23.1%。金融机构人民币存款余额551亿元、贷款余额269.2亿元,分别增长17.8%和25.2%,存贷比由46%提高到48.9%。保险业实现保费收入13.4亿元,增长4.8%。

(三)城市建设提档升级

城市建成区面积达到55平方公里,城区人口达到80万人。"三大战役"滚动实施重点项目468个,25公里长的南北滨江大道贯通形成环线,渝万高速公路入城大道、万利高速公路入城大道万川段、机场路改造完工,万云高速公路入城大道改造加快推进,长江三桥开工,长江四桥获国家发改委立项。三峡移民纪念馆主体工程建成,万州体育场、游泳馆加快建设,三峡科技馆、三峡文化艺术中心开工,三峡会展中心完成方案设计。江南现代商务中心启动建设。开工五星级酒店3个。城区栽植大树好树16万株,新建和改造公园11个、广场7个、步行梯道5条,人均公园绿地、人均广场面积分别达到13.1平方米、0.5平方米。综合改造城市道路115公里,整治建筑立面370栋、店招门楣5615户,完成300栋建筑夜景灯饰建设。南滨大道、白岩路分别荣膺全市最美大道10强、最美街区10强。城区空气质量优良天数344天。城区生活垃圾无害化处理率100%,污水集中处理率87%,长江万州段水质总体保持Ⅱ类。城区交通噪声平均值、区域环境噪声平均值优于国家标准。超额完成节能减排任务。被中国人民对外友协、中国国际友好城市联合会评为城市科学发展奖。

(四)城乡统筹步伐加快

农业增加值42.3亿元,增长6.1%,增速居全市第一。粮食产量52.1万吨,超额完成市里下达任务。新发展农业企业386家、农民专业合作社87个,培育种养专业大户3920户、自主创业农户7.8万户。32万农户已有70%实现万元增收目标。完成绿化造林24.8万亩,其中,长江绿化行动新造林15.87万亩,全区森林覆盖率达到51.5%。完成撤并镇乡连接道通畅工程55公里,通畅率100%;完成村级公路畅通工程210公里,通畅率72%。完成万(州)石(柱)、万(州)忠(县)、万(州)云(阳)南路万州段改造。安装危险路段防撞护栏500公里。新解决农村18.98万人饮水安全问题,启动场镇集中供水提质改造工程,整治病险水库18座。完成地票预申报交易1.2万亩,居全市第一。农村"三权"抵押融资11.1亿元,居全市第二。统筹城乡户籍制度改革实现"农转城"22.8万人,居全市第二。建成巴渝新居3527户,完成农村危旧房改造1.4万户,居全市第一。区财政安排5000万元支持小城镇建设、5000万元奖补镇乡街道化解政府性债务。

(五)社会事业全面进步

基本普及十二年教育,高中阶段入学率达到96.6%,高考录取人数突破1.1万人,职业教育在校学生人数全市第一,成功创建重庆安全技术职业学院。三峡中心医院住院综合大楼建成投入使用,第四人民医院成功创建二甲医院,二甲医院增加到6所。镇乡街道文化服务中心实现全覆盖,完成100个农家书屋标准化建设。川剧《鸣凤》荣获第十二届中国戏剧节优秀剧目奖,主演荣获第二十五届中国戏剧梅花奖;话剧《三峡人家》再度成为国家舞台艺术精品工程资助剧目。成功举办"光辉的旗帜"庆祝中国共产党成立90周年、"唱响三峡"大型红歌会等活动。打造"体育之城"启动实施,跳绳、登山、游泳、跑步等群众性体育活动蓬勃开展,城乡居民体育健身工程实现全覆盖,国民体质抽样合格率达到93%,人均期望寿命提高到76.8岁。人口自然增长率1.74‰。

(六)民生共富成效明显

区财政一般预算财力用于"民生10条"、"共富12条"等民生支出达53.1亿元,占一般预算支出的70.89%。新发展微型企业5017户,累计达到5889户,居全市第一。新增城镇就业4.53万人,新转移农村富余劳动力1.1万人。五大社会保险累计参保271.4万人次,发放城乡低保金2.2亿元、临时价格补贴1057万元、城乡困难群众救助慰问金1亿元。安排3000万元用于中小学生"饮奶工程"和"爱心午餐",筹集1亿元补助职教学生、3000万元补贴基本药物零差率销售。实施两大"关爱行动",建成30个农村留守儿童托管家园和10个校外关爱中心,建立农村困难空巢老人养老服务补贴机制。完成18个村整村脱贫,减少贫困人口2万人。开工建设公租房35万平方米、廉租房25万平方米。安全生产和信访稳定工作获全市考核一等奖。新建交巡警平台6个,群众安全感指数达到96.8%。全面完成三期地质灾害防治任务。移动电话年末用户113.8万户,增长13.9%。国际互联网年末用户16.4万户,增长36.7%。

二、发展中存在的问题

一是经济规模和人均水平与重庆主城区及全国先进地区仍有较大差距;二是城乡二元结构明显,困难群众较多,尤其是部分移民群众生活还比较困难,缩差共富任务十分艰巨;三是中心城市功能不够完善,对库区及周边的服务能力不够强,与重庆第二大城市的地位还不相称;四是社会管理面临许多新情况、新问题,社会矛盾仍然不少,维护稳定的压力较大。

三、2012年发展目标

2012年经济社会发展的预期目标是:地区

生产总值增长18%，固定资产投资增长18%，社会消费品零售总额增长23%，外贸进出口总额增长30%，地方财政收入增长30%，城镇居民人均可支配收入增长15%，农村居民人均纯收入增长20%，城乡居民收入比缩小到2.8:1，人均GDP与主城差距缩小到1:1.35，基尼系数缩小为0.4。

梁平县

梁平县政府办公室 张小红

一、2011发展回顾

2011年，在市委、市政府的坚强领导下，梁平县委、县政府深入贯彻落实科学发展观，牢牢把握稳中求进总基调，大力实施"扩城、强业、富民"三大工程，奋力推进"五个主题年"建设，精诚团结，锐意进取，全县经济社会实现较好较快发展。

2011年，综合经济实力实现较快增长。全县实现地区生产总值131.5亿元，同比增长(下同)17%，超过全市平均增速；地方财政收入16.36亿元，增长60.9%；全社会固定资产投资120.8亿元，增长38%；实现工业总产值150亿元，增长27%，增加值53.5亿元，增长24.6%；社会消费品零售总额44.6亿元，增长20.3%；城镇居民人均可支配收入18071元，增长15.8%；金融机构各项存贷款余额165.2亿元、35.3亿元，分别增长14.3%、18.2%；三次产业比重由上年的17.5:41.0:41.5调整为17.1:46.5:36.4。万元GDP能耗下降4%。

(一)工业经济快速发展

一是重大项目快速推进。全县签约工业项目22个，引资53.41亿元。平伟LED光电项目、海螺集团新型干法水泥项目、东创机械、农机产业园项目等13个项目，投资均超过1亿元。全面推进重庆光电科技产业园、重庆农业机械产业园、重庆梁平通用航空产业基地等"三大产业园"建设。二是工业园区拓展壮大。编制完成5平方公里控制性详细规划、15平方公里农机产业园发展规划、50平方公里发展战略规划。新征土地3235亩，平整土地1500亩，工业园区面积扩大一倍。建成标准厂房3万平方米。新引进企业17户，投产企业10户。实现总产值47.5亿元，增长83.4%；增加值14.5亿元，增长79%。工业园区被市里考核评为优秀工业园区，受到市政府表彰。三是市场主体迅猛发展。新增市场主体5584户，增长39%，其中规模以上工业企业(不含天然气)9户，达到84户。新发展微型企业892户，带动就业9424人。全县市场主体达到19952户。

(二)新区建设如火如荼

基本贯通26条主次干道。行政综合大楼主体工程即将完成，中央公园、文化艺术中心、会议中心、体育公园、博览馆、"三甲"医院、正龙寺公园建设全面启动。开发商品房105万平方米。县城建成区面积扩大1.5平方公里，新增城市人口1.16万人，城镇化率提高2.8个百分点，达到39.7%。一座璀璨靓丽的梁平新城，正将拔地而起。

(三)招商引资成效显著

成功引进海螺集团新型干法水泥项目、重庆光电科技产业园、亿联建材家居五金城、中国鸭-柚现代生态循环农业园、年存栏4万头肉牛养殖等项目签订正式合同37个，协议引资146亿元，投资上亿元项目18个。实际利用外资达到200万美元，进出口总额达到1825万美元，增长171%。开明开放的梁平，日益成为客商投资兴业的乐土。

(四)商贸旅游发展活跃。启动亿联建材家居五金城、戴斯五星级酒店、兴茂时代商业广场、渝惠农产品批发市场建设；海韵·重百商业广场主体完工。全年新增限额以上商贸单位139家，实现社会消费品零售总额43.912元，增长18.6%。旅游景区建设有序推进，编制完成双桂堂景区修建性详细规划和百里竹海景区总体策划，启动创建双桂堂国家5A级景区、观音洞国家3A级景区。大力发展乡村旅游，新发展农家乐120余家，新增就业人数600余人。成功举办“2011中国?双桂堂旅游盛典暨梁平啤酒节"、梁平采柚节等特色节庆活动。全年接待游客110万人次，旅游总收入突破3亿元。

(五)道路交通提档升级

完成交通建设投资5.1亿元，创历年新高。完成机场路“白改黑”一期工程、县城南环路拓宽一期工程、国省县道大修工程78.7公里、新建通乡公路32公里，硬化通村公路249公里，开行10条农村客运线路。行政村通畅率达到95.8%。启动高速路收费亭改扩建工程，开工建设梁黔高速公路梁平至忠县段。通达通畅的梁平，基本实现快捷交通，区位优势愈发彰显。

(六)民生事业发展取得长足进步，发展环境不断优化

紧紧围绕民生导向，“民生十条”，“共富十三条”加快推进，全面铺开，着力优化发展环境，改善人民生活质量，提升梁平良好形象。启动市级森林城市创建工作，城市绿地率达到35.8%。完成森林工程建设24.76万亩，全县森林覆盖率达到40.6%。严格落实安全生产监管和企业主体责任，安全事故综合死亡人数下降17.5%。全面推进农村“三权”抵押融资、建设用地指标置换、户籍制度、农村金融服务等重点领域专项改革试点，着力增加农民财产性收入。分配保障性住房551户，建成农民新村19个、巴渝新居2000户，改造农村危旧房5000户。在全市首创县、微企办、乡镇三级联系帮扶制度，率先设立贷款担保补偿基金1000万元。“五类保险”覆盖面不断扩大，待遇稳步提高。新建、改建城区标准化菜市场5个，在全市率先实现乡镇标准化农贸市场全覆盖。整村脱贫12个村。解决7.4万人饮水安全问题。白内障无障碍县创建成功。建成9个乡镇农村敬老院综合楼；学生营养工程受益学生达9.54万人。城市更加宜居，山川更加秀美，出行更加顺畅，市民更加康健，社会更加安宁。

二、2011年发展中存在的问题

(一)经济总量小增速慢

2011年，全县完成地区生产总值达到131.5亿元，同比增长17%，超过全市平均增速，但GDP总量偏小，仅占全市GDP的1%，人均GDP仅相当于全市人均GDP的一半。全县地方财政收入完成16.36亿元，增长60.9%，但缺乏稳定骨干财源支撑，财政收入增长可持续性不强。

(二)工业支撑仍然不足

工业基础薄弱，产品结构单一，未能打破“小、散”局面，产业链条不长，纺织行业因出口受阻，部分企业效益下滑，农机产业园、光电产业园进度较慢，缺乏具有核心竞争力的大型龙头企业作为支撑。

(三)生产要素制约明显

地根、银根紧缩、原材料和劳动力成本上升。2011年，全县用地需求约6000亩，用地指标只能满足20%。全县金融机构各项贷款余额总量35.33亿元，在全市排第38位，增速排第23位，金融机构存贷比21.3%，在全市排名靠后。

三、2012年发展目标

2012年全县经济社会发展的总体要求是：以邓小平理论和“三个代表”重要思想为指导，深入贯彻落实科学发展观和党的十七届六中全会精神，坚持走民生导向发展之路，围绕“五年再造一个梁平”的总体目标，继续实施“扩城、强业、富民”三大工程，扎实开展“五个主题年”行动，加快工业化、城镇化、统筹城乡一体化进程，为圆满完成“十二五”规划确立的各项目标任务奠定坚实基础。

全县国民经济和社会发展的预期目标是：地区生产总值增长16%；地方财政收入增长20%以上；全社会固定资产投资增长30%；社会消费品零售总额增长18%；城乡居民收入分别增长15%、20%；城镇化率提高2.8个百分点；万元GDP能耗下降4%，二氧化碳排放量下降3.4%；人口自然增长率控制在4.5‰以内。

城口县

城口县政府办公室 张静

一、2011年发展回顾

2011年,全县人民在县委、县政府的坚强领导下,沉着应对国际金融危机的持续影响,坚持以科学发展观为统领,提速落实"314"总体部署和国发3号文件精神,牢牢抓住实施扩大内需战略、统筹城乡综合配套改革等重大机遇,坚持并不断深化"生态为本、特色为魂、发展为要、民生为重"理念,扎实推进"五城联创",纵深推进"三基地一节点"建设,县域经济在应对各种挑战中保持了良好的发展势头,全面完成了各项经济发展目标。

(一)主要经济指标高位高速增长

地区生产总值37.2亿元,增长19.7%,增速居全市第7位、两翼13县第1位;固定资产投资42.3亿元,增长30.4%,增速居全市第23位、两翼13县第8位;利用内资9.2亿元,增长103.7%,增速居全市第13位、两翼13县第4位;农民人均纯收入达到4576元,增长24.3%,增速居全市第12位、两翼13县第10位。荣获全国双拥模范县和中国绿色名县称号,成功创建重庆市级森林城市。

(二)农业农村经济发展势头强劲

农林特色产业规模集群发展。建成城口县山地鸡市级种鸡场3个,县级种鸡场20个,养殖小区53个,小区农户2500户,饲养量达到800万只,出栏突破500万只。建成以贝母、桔梗为主的中药材种苗基地10个,中药材种植面积达到了17万亩。建成核桃、板栗采穗圃150亩,改优及嫁接核桃、板栗500亩,全县以核桃、板栗为主的干果林面积达到42.5万亩。建成种蜂场2个,中蜂养殖达到8.1万箱,蜂蜜产量达到800吨。生猪饲养量35.49万头,黄牛饲养量3.04万头,山羊饲养量9.05万只。全县粮食播面50.47万亩,比上年增加2.78万亩,总产值10万吨,同比增长10%。全国有机农产品基地建设提速推进。集中力量打造畜禽、中药材、干果三大特色产业,重庆最大的城口山地鸡、中药材、中蜂、干果基地建设成效明显。城口山地鸡、城口老腊肉、鸡鸣茶等农林特色产品产值突破6亿元。城口山地鸡、中蜂2个国家级农业标准化示范区建设积极推进。全年共有51个农产品获得国家有机食品(转换)认证,培育国家地理标志商标2件、重庆市名牌农产品2个,农产品"三品一标一名牌"数量位居全市前列。农业龙头带动效应凸显倍增。培育市级农业龙头企业10家、县级农业龙头企业12家。市农投集团投资2亿元"全产业链"开发城口山地鸡,建设城口山地鸡原种场和城口山地鸡加工冷储物流体系;广药集团潘高寿药业公司、渝惠集团、市农产品集团、渝桑林业开发公司、丰科农产开发公司等龙头企业,推进中药材、中蜂、山菌(野)菜等产业发展。已注册农民专业合作社311个,参合农户21975户。发展微型企业181户,贷款扶持512.23万元,带动就业1186人。农业农村改革纵深推进。整合各级涉农投入,兑现到户扶持资金总额达到3483万元。创新农村金融体制,累计发放涉农贷款11.9亿元,农村"三权"抵押融资贷款为全县农户意向融资1.5亿元。在河鱼乡试点全国首创的"农村三权+生物资产"抵押融资委托贷款模式,向101户农户融资277万元。建立村级互助资金协会73个,吸收会员4600余人,协会融资规模达到3000万元。

(三)工业经济转型发展

工业园区建设快速推进。"一区三组团两拓展"格局初步形成,规划控制面积190.67公顷。工业园区高燕组团锰新材料产业园基础设施建设全面完成,巴山组团钡新材料产业园地灾、控规、可研、环评等通过评审，征地拆迁工作已全面启动，二期3亿元融资有序推进。北京矿冶总院电解金属锰及锰酸锂、锰合金添加剂项目，江苏汉唐集团钡新材料循环经济产业园项目成功签约。大巴山锰钡矿（重庆城口）野外科学观测研究基地项目成功落地，城口钡矿产业绿色发展战略研究科研项目成功启动。全县产值过亿的矿业集团达到6家，规模以上工业企业达到23家，铁合金年生产能力达到30万吨。落后产能逐步淘汰。淘汰6300KVA矿热炉3台，完成金大铁合金公司、来风铁合金公司矿热炉电机系统、进料系统等综合改造，万元GDP能耗控制在市里下达的指标内。

（四）商贸旅游持续活跃

秦巴地区商贸物流重要节点建设扎实推进。秦巴地区（城口）山货批发市场启动建设，与重客隆达成入驻协议。建成“万村千乡市场工程”城乡便民店（超市）400个、信息终端36个、商业经营网点3800个。货运、物流、电子商务等业态稳步发展，全年批发零售商品销售总额同比增长26.4%，住宿餐饮业收入同比增长20.3%，连锁经营销售额同比增长49%。重庆重要的生态旅游和红色旅游基地建设全力推进。编制完成《城口县东部片区旅游规划》等旅游规划。城口土法造纸术等5个项目成功晋级市级非物质文化遗产名录，城口漆艺等4个项目入选首批重庆市民间文化艺术之乡，红三十三军指挥部旧址入选市级文物保护名录，钱棍舞展演获得世界记录认证。7个村（点）被确定为全市高山避暑纳凉村，培育大巴山森林人家70户。山神漆器系列产品获科技部新技术新产品博览会金奖，成功入围重庆品牌100强。全年共接待游客38万人次，实现旅游综合收入3501万元，分别同比增长22.6%和25.0%。

（五）基础设施加快建设

交通建设加快推进。“4小时重庆”控制性工程——城（口）万（源）快速公路通道建设序时推进，各标段全线开工，累计完成15亿元投资和70%形象进度。农村公路改扩建和“村通畅”工程加速推进，村畅通率达到28%。太和场二级客运站启动建设。城口至镇坪的出境公路基本建成，至平利、紫阳的出境公路建设前期工作全面启动。开（县）城（口）岚（皋）高速公路进入全市“十二五”规划，安（康）张（家界）铁路途经城口方案已达成部市合作共识，有望在“十二五”开工建设。能源保障能力明显增强。电网建设加快推进，启动110千伏高观变电站、庙坝35千伏变电站、220千伏聚城线路建设，基本形成了以220千伏为中心、110千伏为骨架、35千伏为延伸的供电主网络，供电能力达27.38万千瓦。中坝子水库电站加快建设，龙峡水库全面推进前期工作，全县水电装机容量达到25.4万千瓦。信息化建设步伐加快。农村信息化示范乡镇（街道）建设全面启动，乡镇（街道）信息平台普及率达100%。新建通讯基站32个，新增移动电话10000部。

（六）城乡面貌明显改观

县域发展环境持续优化。县城“一河两岸三组团”建设纵深推进，茅坪片区、木瓜坝片区等五大新区开发加快推进。大东门隧道实现贯通，县城防洪堤一期、二号拦水坝等市政工程相继竣工。腾宇、天田精品楼盘开发和桃树坝、高坪坎保障房小区加快建设，新开工商品房面积20万平方米，竣工10万平方米。1个市级中心镇和6个县级中心镇建设加快推进，“六改三建一美化”农村环境综合整治试点工作积极推进。城乡环境更加舒适宜居。深入开展交通文明、餐桌文明行动。2人荣获重庆市道德模范称号，10人被评为感动城口十大人物。修齐镇旦坪村成功创建全国文明村镇。大力实施拆墙透绿、大树进城、鲜花上街、细胞创建，新增城市绿地18.3万平方米，县城建成区绿化覆盖率达到45%，人均公园绿地15.7平方米。深入开展城乡环境卫生集中整治行动，严格落实城区市容环境卫生网格化管理。开展城区病媒生物防制和春秋两季“四害”消杀行动，荣获重庆市病媒生物防制先进县称号，3个乡镇成功创建市级卫生乡镇。扎实开展环保“四大行动”，县城空气环境质量优良天数达362天，位居全市第一。县城和乡镇集中式饮用水源地水质达标率100%，城镇生活垃圾无害化处理率和生活污水集中处理率分别达到90.6%和80%。深入开展安全生产基层基础攻坚年活动，全力推进安全生产"四大行动"，打好"四大攻坚仗"，应急管理"一张图"基本形成。安全保障示范工程扎实推进，6个安全社区、7个安全文化示范企业通过市级认证，安全生产形势总体稳定。

(七)民计民生持续改善

全年累计投入18.9亿元用于改善民生。投资1.5亿元开工建设城口初级中学，建成6所中小学"校安工程"，发放资金1365万元救助贫困生2万余人次。建成18个乡镇综合文化站，"广播村村响、电视户户通"工程通过市级验收。县中医院综合楼、复兴街道社区卫生服务中心建成投用，完成7个乡镇卫生院标准化建设。建成二级环山步道、35个农民健身工程和4片塑胶运动场。成功举办重庆市第一届红色运动会，开展周末球赛、小马拉松等群众性赛事，市民体质不断增强。164个村卫生室实现基本药物"零差率"销售。新增城乡就业人员1032人，1405名城镇下岗失业人员和困难群众实现就业再就业。新建廉租房1100套，实物配租720户，租赁补贴505户，低收入群众住房困难得到有效解决。"五大保险"参保人数突破36.5万人，2.6万余名60周岁以上城乡居民月领养老金235万元，646名"4050"灵活就业人员享受养老保险补贴295万元。合理调节收入分配，按政策执行公务员津补贴第二步兑现标准，同步提高事业单位工作人员绩效工资水平，机关事业单位住房公积金缴存比例由7%统一调整到12%。完成12处地灾隐患工程治理，实施避让搬迁379户1537人。落实"54321"结对帮扶机制，全县机关事业干部职工结对帮扶农户8235户。累计投入资金592.8万元，慰问困难群众11万人次。投入资金365万元对困难群众实施动态价格补贴。"四大关爱行动"覆盖全县8779名农村留守儿童、4860名残疾人、6800名空巢老人、五保老人和城市"三无"人员。

(七)改革开放深入实施

统筹城乡改革积极推进。以符合条件的农民工转户进城为重点，加快农民变市民步伐，全年实现农转城28377人。土地、林地经营权流转加快推进，县城规划区土地储备工作加快实施。投融资体制改革稳步实施。政府性债务风险管控工作扎实推进，融资平台整合加快实施。龙武小额贷款公司运行良好。积极推行农村土地承包经营权、房屋产权、林权"三权"抵押贷款。引进市农业担保公司，构建"政府+银行+担保公司+农业保险+农户"的"五位一体"农业担保贷款模式。招商引资成果丰硕。成功引进江苏汉唐、北京鑫根资本、广东广药集团、广东明阳风电、湖北宜昌润友、重庆农投、重庆商投等为代表的一大批产业带动性强、经济效益好的大项目落户城口，全年签约引进项目18个，合同金额98.2亿元，实际到位资金9.5亿元。合作交流不断深化。积极深化与水利部、山东临沂、市发展改革委扶贫集团、巴南区加大对我县的对口帮扶合作，与万源、巫溪、岚皋、紫阳、平利、镇坪等毗邻县市在交通建设、旅游开发、扶贫开发等领域达成多项合作协议。

二、发展中存在的问题

一是县域经济总量小，抵御市场风险能力较弱，转变经济发展方式的任务非常繁重；二是统筹城乡区域发展不平衡、不协调、不可持续的问题突出，缩小三个差距的任务非常繁重；三是县城规模拓展和功能开发与跨越发展要求不相适应，打造县域经济中心的任务非常繁重；四是以交通、水利为主的基础设施建设较为薄弱，突破瓶颈制约，夯实发展基础的任务非常繁重；五是社会建设和管理中还存在不少薄弱环节，优化发展环境的任务非常繁重。六是束缚改革开放的思想障碍仍然存在，发展环境有待进一步优化，转变政府职能、提高行政执行力还任重道远。

三、2012年发展目标

2012年城口县经济和社会发展的主要预期

目标为:地区生产总值增长19%以上(现价);工业总产值增长30%以上;固定资产投资增长30%以上;社会消费品零售总额增长18%以上;利用内资增长60%以上;财政一般预算收入增长19%以上;城乡居民收入分别增长13%以上和25%以上。新增市场主体2000户以上,城镇新增就业900人。与一圈的发展差距缩小到2.20:1;城乡差距缩小到2.78:1;基尼系数降至0.4左右。人口自然增长率、城镇登记失业率、综合能耗、主要污染物排放等指标控制在市里下达的目标之内。

丰都县

丰都县政府办公室 陈祥文

一、2011年发展回顾

2011年,丰都县坚持以邓小平理论和"三个代表"重要思想为指导,深入贯彻落实科学发展观,围绕"解放思想、提速提档、追赶跨越、促进和谐"的总体思路,着力夯基础,育产业,抓开放,增活力,助推经济社会发展实现了"十二五"良好开局。全县地区生产总值、固定资产投资、社会消费品零售总额、地方财政收入分别达到99.8亿元、161.5亿元、37.5亿元、12.3亿元,同比分别增长18.4%、31.1%、20.8%和44.7%;城镇居民人均可支配收入、农村居民人均纯收入分别达到15765元、5991元,分别增长16.3%和25.7%。

(一)骨干产业加快崛起

大力调整产业结构,特色支撑产业迅速壮大,三次产业结构比调整为20.3:43.6:36.1。农业产业提质增量,千头以上肉牛养殖场、标准化肉牛屠宰加工厂分别达到12个和3个,肉牛存栏24.3万头、出栏12.5万头,存出栏和屠宰加工量均跃居全市第一,牛肉远销韩国、中东等国家和地区,成为西南地区唯一供港牛肉指定产地;林业、烟叶、红心柚、榨菜等特色农业加快发展,累计造林74万亩,烟叶产量突破10万担,红心柚、榨菜基地分别达到7万亩、12万亩;农业总产值、增加值分别实现29.7亿元、20.2亿元,同比分别增长5.1%、5.9%。化医、建材、轻纺产业成长为全县工业经济支柱,紫光天化6万吨蛋氨酸项目建成投产,填补国内行业空白;东方希望1000万吨干法水泥项目5条生产线基本建成,单体产能全国第一;笔电产业挤入全市七大原料配套基地;投资100亿元的20万吨差别化纤维项目落地玉溪工业园;东方希望、恒都肉牛、紫光蛋氨酸3家企业产值超10亿元,全县工业总产值突破百亿大关达到102.5亿元,工业增加值实现28.2亿元。旅游产业提档升级,引进重庆旅投集团投资10亿元完成名山景区升级改造,引进隆鑫集团投资48亿元整体打造23平方公里南天湖5A级景区,形成"一山一湖一洞"精品旅游景区格局;成功举办中国牛业发展大会等重大节会,全年接待游客450万人次、旅游综合收入12亿元,分别增长35.1%和34.7%。商贸流通持续繁荣,引进培育重百、新世纪、苏宁等大型商贸企业,城市商圈加快构建,"万村千乡市场工程"实现镇乡街全覆盖。

(二)发展基础日臻坚实

交通建设推进有力,渝利快速铁路、涪丰石高速公路和长江二桥加快建设,丰忠高速公路基本完成征地拆迁,全县通乡通畅率、通村通畅率分别达到100%、55%,顺利开通城市公交,所有镇乡实现通客车。水利配套显著改善,蒋家沟中型水库提前完成主体工程并下闸蓄水,梨子坪中型水库启动前期工作,完成18座病险水库除险加固和应急整治,新解决6.5万城乡居民饮水安全,新增和恢复有效灌面5400万亩,治理水土流失22平方公里,长江沿岸城集镇全部达到国家规定防洪标准。能源保障水平提升,建成

1个220千伏和3个110千伏输变电工程，总装机19.8万千瓦的风力发电项目、保合110千伏和3个35千伏输变电工程加快推进，丰忠燃气管道、天然气过江管道竣工投用，日供气能力达到200万方。

(三)城乡面貌明显改观

城市空间迅速拓展，龙河东、丁庄溪等城市组团开发全面铺开，城市建成区面积扩张到13.5平方公里，城镇化率达到36.14%。滨江公园、八一广场、体育馆等一批城市要件全面建成，城区主次干道全部“白改黑”，立面改造、背街小巷整治加速推进，成功创建为市级山水园林城市、市级卫生城市和首批市级森林城市。引导重庆隆鑫澜天湖地产公司投资155亿元，整体开发建设厢坝生态旅游集镇。农村环境加快改善，累计改造农村危旧房8781户，新建巴渝新居4890户，建成农民新村22个，配套建成镇乡污水处理厂9个，高镇、社坛、龙河等中心集镇规模有序扩张，规划建设管理秩序更趋规范，广大农村更加宜居宜业。

(四)改革开放推进有力

着力夯实开放平台，工业园区规划面积拓展到20平方公里，水天坪工业园区道路、管网等基础配套建设加快完善，2.6平方公里玉溪轻纺产业园基本完成征地拆迁，构建形成“一区五园”园区格局。统筹城乡综合配套改革深入推进，以农民工为主体的户籍制度改革累计转户进城6.3万人，农村土地全面确权到户，农村房屋确权颁证全面完成，“三权”抵押贷款余额达到2.6亿元。有效整合政府性融资平台，累计融资41.4亿元。强力推进招商引资，投资100亿元的差别化纤维项目、投资20亿元的百亿级都市工业园、投资10亿元的华美轻工产业园等重大工业项目相继落地，全年共引进500万元以上重大项目65个，实现合同引资318亿元，实际到位117.8亿元，同比增长51%。

(五)民生事业稳步发展

财政支出50%以上用于保障和改善民生，教育、文化、体育、卫生等社会事业全面进步。教育布局更加优化，启动实施丰二中扩建、实验中学搬迁和龙城小学新建等项目，学生饮用奶计划和爱心午餐稳步实施，留守儿童“4+1”教育管理模式在全市推广；建成全市一流的五星级数字电影院，27个乡镇综合文化站、280个村文化活动室功能更加完善，基本实现电视“户户通”；三甲医院启动建设，中医院综合楼主体工程基本完工，建成乡镇标准化卫生院7所，建成村卫生室52个，基本药物制度实现全覆盖；低生育水平持续稳定，成功创建市级计划生育优质服务先进县；深入开展“创业丰都”行动，扶持发展微型企业192户，城镇新增就业9000人以上，城镇登记失业率控制在4.2%以内；覆盖城乡的社会保障体系基本形成，各类社会保险参保117万人次，城乡居民医疗保险参保率达到95%以上；率先在全国开展农村敬老院管理体制改革，新建或改扩建镇乡福利院6所，累计发放各类救助金、慰问金4812万元，城乡低保基本实现应保尽保；累计建成廉租房2857套14.3万平方米，240户住房困难家庭首期纳入廉租住房保障范围；移民安稳致富和农民脱贫致富进程加快，81%的农户提前实现增收目标，基本消除绝对贫困，减少农村贫困人口1.8万人。

(六)社会保持和谐稳定

全面落实企业安全生产主体责任，配套安全专项工作经费436万元，扎实开展安全大宣教、大排查、大整治、大执法活动，22个乡镇实现生产安全事故“零死亡”，成功创建3个市级安全社区、3个市级安全文化示范企业，高危行业企业安全标准化达标率达到100%，安全生产形势持续好转，连续6年获全市一等奖。深入开展“大走访”、“结穷亲”、“三进三同”活动，信访稳定连续6年获全市一等奖。强化社会治安综合治理，广泛开展平安“五星”创建活动，“五五”普法一次性通过验收，群众安全感指数达97.34%，位居全市第三，社会保持和谐稳定。

二、发展中存在的问题

一是县域经济总量偏小，财政收支矛盾突

出,保增长、保稳定、保民生的压力极大;二是基础设施依然滞后,制约发展的交通、水利等瓶颈尚未完全打破,部分群众生产生活困难;三是城乡之间、区域之间发展不平衡,工业化和城镇化程度仍然偏低;四是改革发展与稳定的矛盾较为突出,影响社会安全稳定的因素仍然较多。

三、2012 年经济发展目标

地方生产总值增长 17%,达到 116 亿元;地方财政收入增长 30%达到 16 亿元;固定资产投资增长 30%达到210 亿元;社会消费品零售总额增长 20%达到 45 亿元;工业总产值增长 35%达到 138.5 亿元;工业增加值增长 35%,达到 38.1 亿元;农业总产值增长 6.5%,达到 32.9 亿元;旅游接待游客增长 33.3%,突破 600 万人次,旅游综合收入增长 50%,达到 18 亿元;城镇化率提高 2 个百分点达到 38.1%;实际利用外资 300 万美元以上;城乡居民收入分别增长 16%和 26%,达到 18288 元和 7550 元,城乡差距缩小至 2.4:1;基尼系数下降至 0.41 左右,单位生产总值能耗下降 0.4 个百分点,化学需氧量排放下降0.6 个百分点,二氧化硫排放量下降 0.3 个百分点。

垫江县

垫江县政府办公室 高川 陈红庆

一、2011 年发展回顾

(一)综合实力稳步增长

2011 年,全县实现地区生产总值 147.5 亿元,增长 16.6%。其中,第一产业增加值 25.4 亿元、第二产业增加值 74.8 亿元、第三产业增加值 47.3 亿元,分别增长 5.8%、23.3%、13.6%。全社会固定资产投资达到 92.2 亿元,增长 39.3%。地方财政收入达到 18.7 亿元,增长 22.3%;城镇居民人均可支配收入达到 18120 元,增长 14.5%,农民人均纯收入达到 7043.9 元,增长 24.4%。城镇和农村零售额增长幅度均保持在 17%以上增长速度,三次产业比重调整为 17.2:50.7:32.1。年末,各项存款余额达到 155.74 亿元,各项贷款余额达到 57.67 亿元。

(二)工业经济快速发展

全县工业总产值 221 亿元,增长 51.5%,规模以上工业总产值 83.4 亿元,增长 40.9%,规模以上工业增加值 29.6 亿元,同比增长 4.6%。全县工业实现利税 14 亿元,增长 15%,全县工业完成投入 26.2 亿元,增长 27.8%,新增储备项目 12 个,万元工业增加值能耗下降 4%。主要工业产品产量:天然气实现 1.9 亿立方米,减少 5.6%;净化天然气实现 1.7 亿立方米,减少 4.9%;硫磺 29.4 吨,减少 17%;焦亚硫酸钠 11216 吨,减少 4.3%;合成氨 7.6 万吨,增长 4.7%;碳铵 7.8 万吨,增长 23.6%;硝铵 9.7 万吨,增长 10%;硝酸钠 2.8 万吨,增长 5.2%;亚硝酸钠 9808 吨,增长 27.5%;平板玻璃 145.6 万重量箱,增长 0.4%;炸药 2.3 万吨,减少 11.5%;发电量 1814 万 Kwh,增长 11.9%;轮毂 1046 万套,增长 18.9%;二硫化碳 3.8 万吨,增长 8.7%;水泥 39.3 万吨,增长 16.9%;生丝 64 吨,减少 17.9%;原煤 39.4 万吨,增长 17.5%。

(三)农村经济健康发展

农业总产值实现 38.3 亿元,增长 5.8%。农经生产实现突破性增长。粮油播种面积和产量实现突破性增长,全年粮食播种面积 105 万亩,同比增长 2.86%,总产量 42.31 万吨,增长 4.29%;油菜播种面积 9.98 万亩,总产 1.4 万吨。完成水稻、玉米、大豆、油菜、小麦 5 个粮食油高产创建项目。蔬菜种植 25.05 万亩,累计产量 52.3 万吨,增长 20.4%,其中发展设施蔬菜 1000 亩,建成蔬菜示范片 4 个;水果产量 7 万吨,增长8.5%,其中柑橘产量4.51万吨;养蚕1.48万张,产茧54.69万公斤,增长1.6%,产值1371.5万元,增长17.25%。畜牧业生产稳定发展。全年生猪出栏76.1万头,同比增长1.24%;家禽出栏1759.22万只,同比增长19.93%;肉类产量达到10.24万吨,增长6.22%,禽蛋产量3.62万吨,增长10.42%;培育适度规模养殖户达到2856户,规模化养殖率达到48%,提高5个百分点。围绕打造"西部鹅都"为目标,发展肉鹅产业,推广种鹅4.56万只,出栏商品肉鹅359.07万只。发展水产养殖5.52万亩,产量1.23万吨,增长23%。基础设施建设加快。农业综合开发完成中低产田改造1.46万亩,粮能建设1.26万亩已完成作业设计;生态富民工程新建沼气池6780口,占任务的100%。农机推广6308台,农机化综合化水平达到35.94%,提高3.4个百分点。农户增收工作深入推进。围绕"五点三区"建设,建成1000亩以上示范片59个,参与示范农户1.9万户,带动农户10.7万户。大力推进劳务外包增收模式,发展开关元件、水晶饰品、宝石加工、电子线圈、皮鞋配件等劳务外包产业18个,代理商17户,参与农户5.1万户,成为解决弱势农户增收的重要渠道。新培育县级龙头企业5个、市级龙头企业4个,县级以上龙头企业总量达到42家;新发展专业合作社74个,达到371家。启动鸡、鹅、牛、生猪等畜禽险种,累计参保蛋鸡65.8万只、种鹅3.6万只、生猪3.87万头、耕牛0.7万头。

(四)第三产业持续走好

社会消费品零售总额达到46.3亿元,增长18.6%。其中,城镇消费品零售总额36.9亿元,增长18.4%;乡村消费品零售总额9.4亿元,增长19.6%。商品销售总额78.72亿元,同比增长20%,连锁销售额7.39亿元,增长75.9%,超目标增幅55.9个百分点;外贸出口总额6400万美元,同比增长40.7%,完成全年4200万美元任务的152%,其中:自营出口预计5500万美元,同比增长34.6%,完成全年4200万美元任务的130%。新增境外劳务人员400人,同比增长1.5%。全县旅游人数102万人,比上年增长28%,实现旅游综合收入15299万元,比上年增长23%。星级酒店共计投入500万元进行更新整改,新增3家旅行社门市部,15家旅游农家乐。

(五)招商引资成效显著

2011年全县共新签约项目259个,协议引资147亿元,实际到位资金达75亿元,比去年增长65%。引进1亿以上重大项目37个,比去年同期增加12个,走上了招大招强发展的路子。特别是重庆正博机械制造有限公司年产3000套数控机床及模具项目、重庆派乐精细陶瓷有限公司年产4000吨高纯度氧化铝生产线项目、维京群岛恩正集团有限公司专业生产电话网络线等通讯器材以及电源插头等电子产品项目、香港欧胜照明集团有限公司LED照明灯系列产品生产四个项目总投资达9亿元,预计项目达产后可实现年销售收入20亿元。另外,新兴产业项目达7个,占据了50%,已投资总额达31520万元。涵盖了节能环保、生物产业、新能源、高端装备制造业和新材料等六大新兴产业,为我县经济社会发展注入了生机和活力。积极开展"返乡人士创业故事大赛",全年招商引资项目423个,其中135个项目是垫江籍返乡人士投资创办,占项目总数的31.9%。投资规模有几十万元、几百万元到上千万元不等。投资工业项目46个,农业项目55个,商贸、房产及其他项目34个。

(六)城乡建设提档升级

完成县城主要街道和重点路段的连接支路"白改黑"工程22公里44万平方米,县城道路全面升级。全力打通城市断头路,建成了新华街、陵园西路、青年路、富源街等10余条城市断头道路,进一步完善城市路网结构。城市骨架道路凤山东路隧道双向贯通,长安大道完成G42、G50高速公路跨线桥建设工程招标工作,桂西大道三期工程、行政办公中心周边道路工程、月阳路工程和温泉路工程建设进展顺利。凤山路干道综合整治工程顺利推进。房地产开发完成投资10.5亿元,其中商品房施工面积为148.3万平方米,商品房竣工面积为28.8万平方米,商品房销售面积为27.6万平方米。澄溪镇成为建设部小城镇建设试点镇、首批市级重点扶持中心镇,高安镇、新民镇成功挤入全市第三批市级重点扶持中心镇范畴。

(七)重点项目加快推进

普顺至杨柳、龙凤至裴兴、砚台至黄葛等通乡公路升级改造完工;110kv文毕变电站增容工程、桂南变电站110kv无人值班改造工程等项目已建成投用,高洞变电站35kv技改工程启动建设;紫竹湾饮水工程竣工投用;盐井溪水库完成2.8公里上坝施工进场公路修建;龙溪河灌区续建配套整治干支渠及渠系建筑物13km;大中型水库移民后扶基础设施项目建设进展顺利;二环路卫校联结道路建成投用;党政中心片区道路周边路基完成85%;桂溪河防洪工程二期完成河道整治800米;迎春河河道整治进行涵洞施工;新民污水管网工程安装管道6.5公里;凤山东路西欧花园至桂溪三校段道路完成建设;桂西大道三期工程完成水稳层、路沿石施工;温泉路基本建成;玉泉水厂厂房主体工程完工;龙溪河流域综合整治项目中砚台、周嘉污水处理厂主体工程完工;长寿湖湿地保护与恢复项目正在建设;农村综合广播信息系统工程全面竣工投用;体育馆主体框架封顶,幕墙施工即将完工,设备和智能化工程招标已经启动;市民活动中心建设进展顺利。

二、发展中存在的问题

一是经济总量偏小,综合实力有待进一步提升;二是产业结构不尽合理,二、三产业发展有待进一步加快;三是发展要素保障困难,统筹发展能力有待进一步增强;四是城市化进程偏慢,城乡规划、建设、管理水平有待进一步提高。

三、2012年发展目标

2012年,全县经济社会发展的主要调控目标是:

——保持经济又好又快发展。地区生产总值增长16%,地方财政收入增长22%,全社会固定资产投资增长30%,社会消费品零售总额增长19%。实现工业总产值300亿元,同比增长35%,其中规模以上工业企业总产值实现110亿元,同比增长31.7%;力争新增亿元企业10家以上。

——抓好社会保障,努力增加居民收入。城镇居民人均可支配收入增长13%,农民人均纯收入增长18%,实现城乡劳动者新就业6300人,城镇登记失业率控制在3%以内。

——促进社会全面进步。CPI控制在5%以内,人口自然增长率控制在4‰以内。

忠县

忠县政府办公室 邓元军

一、2011年发展回顾

2011年,忠县实现地区生产总值136.87亿元,增长18.6%.三次产业结构由2010年的19.0:41.3:39.7调整为18.6:43.3:38.1。实现社会消费品零售总额41.26亿元,增长21%。完成工业总产值155.18亿元,增长28.9%。实现工业增加值46.07亿元,增长31.0%,拉动经济增长8.7个百分点。固定资产投资完成110.70亿元,增长34.4%。其中工业投资完成24.29亿元,增长-4.1%。全县地方财政收入完成16.03亿元,增长60.0%,其中地方财政一般预算收入完成8.50亿元,增长41.4%。年末各项金融存款余额197.16亿元,比年初增长19.4%。贷款余额50.67亿元,比年初增长25.5%。城镇居民人均可支配收入18005元,农村居民人均纯收入6767元。城乡居民储蓄存款余额144.01亿元,增长21.8%。

(一)大力培育特色产业,综合实力迈上新台阶

大力实施"工业强县"战略,扎实开展工业发展系列主题年活动,特色工业快速发展壮大。建成6平方公里工业园区框架,入驻企业21家。聚融建材成为三峡库区首家在重庆股份转让中心上市的民营企业。初步构建起新型建材、装备制造、农副产品加工和能源化医等四个百亿产业集群框架。2011年,工业增加值达46.07亿元,是2006年的3.9倍,年均增长28.7%。加快发展现代农业,累计建成柑橘基地果园27万亩,2011年出栏生猪66.72万头、肉兔232.52万只、肉禽353.43万只,实现农业增加值25.47亿元,是2006年的2.3倍。忠县柑橘成为地理标志保护产品,忠县橙汁通过国际GAP认证。获批国家农业科技园区,被命名为中国柑橘城。同时忠县还被确定为全国农产品加工创业基地县、全国生猪调出奖励大县、全市农业综合开发重点县。提档升级石宝寨、三峡橘海、金色杨柳等旅游景区,连续成功举办中国柑橘文化旅游节,旅游接待人次年均增长40%。建成渝东北唯一的3000吨级农产品冷链物流系统,新生、乌杨港码头和中国柑橘交易市场等重点物流项目建设加快推进。积极培育中博、北山、华怡、红星"四大商圈","万村千乡工程"、家电(汽摩)下乡等举措促进市场繁荣兴旺。2011年,第三产业实现增加值52.11亿元,是2006年的2.6倍,年均增长16.0%。

(二)深入推进机制体制改革,对内对外开放成效明显

顺利实施行政机构改革、事业单位绩效工资改革,规范公务员津补贴。改革行政审批制度,建成行政审批电子监察系统,五年清理废止规范性文件115个,行政审批事项大幅减少。实施强镇工程,下放乡镇行政权限44项。稳妥推进户籍制度改革,完成农村土地承包经营权、林权确权颁证,全面启动农村宅基地确权发证工作。实施对内开放,五年新增非公有制经济活动单位1.2万户。深化对外开放,安徽海螺、美国博富文等84个投资上亿元的企业和项目落户忠县。重庆银行、浙江稠州村镇银行等金融机构成功入驻,县内金融机构达24家。外向型经济快速发展,取得自营出口经营权企业达26家。先后被确定为全市开放型经济先进县、浙商最佳投资城市、中国最具投资潜力特色示范县。

(三)加快实施项目建设,经济发展后劲持续增强

坚持以项目建设为抓手,强力实施"项目攻坚",带动经济快速发展。围绕现有产业基础和资源优势,大力策划、包装项目,建成千亿级滚动项目库,其中天然气发电、海螺产业园等超亿元项目50个,为项目实施奠定了坚实基础。创新项目推进机制,加大项目建设力度。五年244个重点项目完成固定资产投资200.6亿元。中国柑橘城旅游项目、年产4万吨特殊钢板、100万平方米节能环保玻璃、博富文柑橘加工、香山片区综合开发等一批项目相继开工并快速推进,海螺水泥、金龙电子、佳德刃具等项目投产达效。

(四)扎实推进新农村建设,统筹城乡发展步伐加快

累计投入7.6亿元,建成农民新村25个、巴渝新居3524户,改造危旧房13977户,新建沼气池2.6万口。农网改造覆盖面达100%。解决36.5万人饮水困难。农机化综合水平达38%。大力实施农户万元增收工程,新培育龙头企业51家、合作经济组织374个,培育农村经纪人1500人,2011年劳务收入突破35亿元,圆满完成农户万元增收年度目标。完成土地开发整理31.25万亩,复垦宅基地3870亩,实现"地票"交易入库备案1万亩、"三权"抵押贷款2.5亿元。发展微型企业1104户,解决9622人就业。

(五)高品质提升忠县形象,发展环境显著改善

综合改造城市街立面46500平方米,建成城镇污水处理厂7座、生活垃圾处理厂4座,新建公园5个,新增城区广场7个。人均公园绿地面积达9.28平方米,城市绿地率达35%。高速公路从无到有,沿江高速南线、梁忠高速开工建设。城区主次干道、出县干道"白改黑"全覆盖。开展

七大森林工程建设,完成造林63.83万亩,森林覆盖率达38%。启动县人民医院整体搬迁建设,社区卫生服务网络实现全覆盖,城乡居民合作医疗参合率达到96.03%,国民体质抽样合格率达89.9%。社会主义道德建设纵深推进。涌现出李淑娥、郑定祥等道德模范。新建塑胶运动场27片。竞技体育蓬勃发展,承办国际国内赛事4次,荣获全国群众体育先进单位。扎实开展"打黑除恶",切实加强信访稳定、安全生产工作,建立网格化社会管理模式,群众安全感指数保持在97%以上。忠县被表彰为全国平安建设先进县、全国见义勇为城市。

(六)着力推动移民安稳致富,三峡后续建设顺利启动

完成投资56.99亿元,圆满完成迁建任务,实现"搬得出、稳得住"目标。加大移民后期扶持力度,发放后期扶持资金8053.8万元,惠及移民1.9万人。发放特困移民救助资金4483.48万元,救助3.1万人。编制完成忠县三峡后续工作规划,提前启动移民新城大道、移民生态工业园等9个三峡后续项目建设。加强与对口支援省市合作,到位无偿援助资金9960万元,培训移民13000余人,开展干部交流386人次,引进经济合作项目37个。

(七)大力改善民生民利,人民生活水平不断提高

大力实施"民生10+4"和落实"共富12+4",五年来财政支出的60.3%投向民生。实施重点科技项目29个,引进新技术28个,推广新品种39个。改扩建校舍26.6万平方米,建成"数字校园"17所。职教中心、忠州中学创建为市级重点中学。建立"贫困学生救助基金",累计发放各类资助款项超过1.5亿元。实施学生营养促进工程,留守儿童管理、校园安保等问题有效破解。改革医药卫生体制,实施基本药物制度,群众看病难、看病贵得到缓解。县图书馆、文化馆建成并免费开放,建成乡镇综合文化站28个,农家书屋全覆盖,"广播村村响、电视户户通"工程全面完成。城镇登记失业率控制在3.3%以内。城镇五大保险实现市级统筹,城乡居民养老保险覆盖率达到90.6%。建成保障性住房1140套。成功创建市级计划生育优质服务先进县,人口自然增长率降至2.38‰。完成2万贫困人口减贫和28个贫困村整村脱贫。妇女儿童、广电、气象、史志、档案、国防、红十字、助残、老干部、老龄等事业取得新进步。

(八)全面加强政府自身建设,行政服务效能进一步提升

自觉接受县人大的法律监督、工作监督和县政协的民主监督,人大代表建议、政协委员提案办结率和基本满意率均达100%。全面推行政务公开、厂务公开和村务公开,基层民主建设得到加强。全面完成"五五"普法,扎实开展"六五"普法宣传,公民法律意识得到增强。狠抓机关效能建设和作风建设,政府执行力明显提高。建立政府新闻发言人制度,推进政务信息公开。应急管理体系逐步完善,快速响应、协调联动、有效处置能力明显增强。强化行政监察、政务督查和审计监督,建立健全了惩治和预防腐败体系。

二、发展中存在的问题

全县经济社会发展与竞争激烈的区域发展新形势有差距,与能快则快、快中求好的新要求有差距,与人民群众对美好生活的新期盼有差距。突出表现在:经济增长质量不高,产业结构有待继续调优;工业项目推进较慢,整体竞争力有待提升;农民持续增收难度较大,城乡居民收入差距较为明显;县级财政较为困难,财政支出压力增大;个别单位、干部工作作风、工作效能较差,政府自身建设仍需加强。

三、2012年发展目标

2012年,忠县将深入贯彻落实科学发展观,坚持走民生导向的发展之路,大力实施"工业强县、民营富县"战略,积极推进工业化、城镇化、城乡统筹一体化,坚持突出重点、突破难点,坚持半年攻坚、半年督查,切实抓好项目攻坚年、平台打造年、招商突破年、城市建设管理提升年、创业服务年"五个主题活动年",统筹推进各

项工作，加快建设“库区工业高地、重庆品位小城、中国幸福橘乡”。

2012年国民经济和社会发展主要目标确定为：实现地区生产总值同比增长17%；工业增加值增长27%，工业经济效益综合指数达230%；固定资产投资同比增长20%；社会消费品零售总额增长18%；地方财政收入增长20%；引进县外资金增长40%以上；城镇居民人均可支配收入和农民人均纯收入分别增长13%、18%，基尼系数降至0.4；城镇化率、森林覆盖率分别达36%、40%。主要约束性目标为：居民消费价格涨幅控制在4%左右，城镇登记失业率控制在4%以内，人口自然增长率控制在3.5‰以内，万元GDP能耗下降4%。

开县

开县政府办公室 邓辉

一、2011年发展回顾

2011年，开县紧紧围绕工业化、城市化、城乡统筹化、社会和谐化“四条主线”，强力深化招商引资、开发建设、改革开放、安全稳定“四个突破”，着力改善吃饭、居住、出行、上学、看病、平安“六项民生”，初步实现了经济社会整体转型，推动了经济社会持续快速发展。

经济实力显著增强。全县生产总值达到199.8亿元，比上年增长18.3%。地方财政收入达到20.05亿元，增长93.7%。社会消费品零售总额达到81.5亿元，增长20%。固定资产投资完成142.3亿元，增长40.6%

城乡建设步伐加快。县城建成区达到24.5平方公里，人口近30万。城镇化率提高12.2个百分点，达39.4%。电力装机容量达78.2万千瓦，农网改造覆盖面达93%。公路通车里程8305公里，实现通乡通畅率100%、通村通畅率53%、乡镇客车通达率100%。

改革创新实现突破。统筹城乡发展“六项改革试验”系统推进，人口梯度转移、万亩地票储备、农村金融创新、投融资体制改革成效明显，政策法律免费咨询中心、行政审批免费代办中心、公共资源交易中心、医患纠纷调解中心等服务机制系统建立，公共服务型政府和统筹城乡发展的制度框架逐步形成。

开放高地提速建设。坚持走“园城融合，生活配套”的路子，建成工业园区8平方公里，标准厂房40万平方米，生活配套用房8万平方米。招商引资成效显著，实际利用内资86.8亿元，比上年增长69.7%；利用外资3900万美元。对外贸易快速增长，实现外贸出口2931万美元，比上年增长1.05倍。

社会事业全面进步。财政性教育投入占全县生产总值的比重超过5%，全面实现城乡免费义务教育，城镇学校“大班额”现象得到有效缓解。农家书屋、广播电视村村通、乡镇综合文化站基本实现全覆盖。中医院、妇幼保健院成功创建“二甲”，“四苗”全程接种率达98.1%，孕产妇死亡率和婴儿死亡率分别控制在12.3/10万、6.2‰。国民体质抽样合格率达90%。

群众生活持续改善。惠民政策全面落实，社会保障体系加快完善。城乡养老、医疗保险制度实现全覆盖。城镇登记失业率下降为3.2%。城镇居民人均可支配收入达到15911元，增长15.3%；农民人均纯收入达到6323元，增长24.5%。完成31个贫困村整村脱贫，农村贫困人口减少9.1万人。县城区域空气质量优良天数达302天，环境质量不断提升。

(一)大力实施招商引资

积极承接沿海发达地区产业转移，大力调整经济结构、提升产业能级。依托资源、乡情两大优势，大力实施招商引资。工业园区已入驻企业58家、投产45家。川东北天然气项目2012年将实现首气目标；争取到5亿方用气指标，优尼科东海有限公司在开县注册纳税。工业经济迅猛发展，总产值达到193.1亿元，是2006年的3倍。能源、建材、食品、轻纺、机械电子产业集群快速成长，产值超亿元的企业增加到28户。五大工业集群、工业园区和55户规上工业企业产值分别占全县工业总产值的97.5%、48%、60.1%。核心商圈达60余万平方米。区域性商贸中心加快建设，万村千乡市场工程实现全覆盖。成功举办首届"三色"旅游文化节，积极发展休闲养生和乡村旅游产业，旅游消费逐步升温。各类金融机构达到31家，银行存贷款余额分别达265.7亿元、72.1亿元，存贷比从18.1%提高到27.2%。三次产业比重由24.4:40.1:35.5调整为18.8:45.1:36.1。

(二)强力推进开发建设

围绕"千年开州·灵动水城"定位，强力打造西部水城，实现形象大改观、功能大完善、品质大提升。成功创建中国宜居宜业典范县、国家园林县城、重庆市山水园林城市和卫生县城。全面启动东西部新区开发，金科等优质地产项目落地实施。大力推进"环湖统筹、两岸协调"的滨湖景观工程，建成75万平方米滨湖公园，改造3公里滨湖建筑风貌。规划建设13个城市公园，高品质建成2个山水公园、1个森林公园、15个社区公园，城市绿化覆盖率达44%，人均公园绿地达13.1平方米。精心打造7个城市广场，总面积达16.6公顷，绿化率达64.1%。"白改黑"城市道路40公里，改造地下管网36公里、人行道地砖40万平方米，有力推进开州大道安康段地下通道建设。体育场、体育馆、游泳场竣工投用，博物馆、规划馆、体育公园主体工程基本建成。全面推进临江、长沙、岳溪、温泉4个小城市和24个风情名镇、39个美丽乡村。强力整治城乡违法建设，建设秩序明显改观。改建四级公路427公里、二级公路43公里，新建农村客运站16个、一级公路1条、渡改桥2座、危桥改造3座。

(三)大胆深化改革开放

推进"扩权强镇"改革，乡镇发展活力逐步显现。加快人口梯度转移，累计实现农转城26.7万人、农迁农3.7万人。建立土地股份合作社161个，土地规模经营集中度达24%。推进城市资源下乡，1059名城镇人员下乡创办经济实体1260个、投资14.3亿元。实施万亩地票储备工程，储备地票4911亩，新增耕地4865亩。完成农村"三权"确权颁证，推动农村金融创新，实现"三权"抵押融资7亿元。重组国有资产120亿元，做实盘活了开乾投资公司，获批银行信贷资金额度66.66亿元。文化服务大众改革成效明显。不断扩大对外开放，务实推进"万开云"、"开宣开"区域合作，与友好区县的交流进一步密切。

(四)强力确保安全稳定

大力实施信访稳定"三无"创建活动，推进干部下访群众制度化、常态化、规范化，信访秩序逐步规范。建立"打黑除恶"、严打整治长效机制，健全交巡警、校警两区新型防控体系，群众安全感保持较高水平。深入推进安全生产"基层基础攻坚年"活动，全面落实企业主体责任，加强重点行业专项整治，安全生产形势总体平稳。编制修订了12个应急预案，加强了应急物资储备，开展了防汛、地灾等应急演练，应急处置能力明显增强。

(五)不断夯实农业基础

"三农"投入逐年增加，农业综合生产能力持续提高。粮食连续5年增产，总产量突破59万吨，被评为全国粮食生产先进县。大力发展生猪、柑橘、肉兔、中药材、蔬菜、生态鱼等"六荤三素"特色产业，农业产业化水平明显提升。县级以上龙头企业达到55家，专业合作社达到1213个。着力打造"开县春橙"、"开县木香"等优势特色品牌，成功举办首届兔文化节。劳务收入突破55亿元。建设大中型水库2座，除险加固病险水库102座，治理水土流失135平方公里，整治城镇堤防22公里，改造中低产田6万亩，建成农村沼气池5.7万口，农业综合机械化水平达到25%。

(六)推进移民安稳致富

编制三峡后续工作实施规划，按3:1比例建立了后续规划项目储备库，储备项目1137个、规划总投资1336亿元。已上报市移民局23个、规划投资20亿元,已通过市后规办评审批复项目21个、规划投资18.5亿元。培育致富带头人和劳务经纪人1000余名,完成移民技能培训8360人次,动态消除"双零"就业家庭1000余户。175米试验性蓄水期间无地质灾害发生、无重大疫情、无人员伤亡;"沧海桑田"科研项目取得阶段性成效,基塘工程、环境净化等10个科研项目扎实推进,库区水质稳定在Ⅲ类。

(七)改善六项基本民生

实施全民创业行动,新增小额担保贷款3.5亿元,扶持5900人自主创业,带动就业23600人;发展微型企业1615户,带动5.5万人就业;指导帮助5725就业困难和下岗失业人员再就业。城乡居民养老保险、医疗保险参保率分别达82.94%、95.4%,城乡低保"应保尽保"。已建、在建保障性住房达13527套、72万平方米,除主城外,没有其他区县比开县做得更好。新建巴渝新居2024户,改造农村危旧房4522户、贫困残疾人危房300户。新改扩建乡镇敬老院57个,支持社会力量建设居家养老日间照料所26个。完成森林工程22.98万亩,森林覆盖率达42%。新改扩建农村寄宿制学校23所。实施学生"蛋奶计划、营养午餐",惠及学生12万余人次,"关爱留守儿童行动"惠及36万余人次。全面启动人民医院"三甲"创建,中医院、妇幼保健院成功创建"二甲",新启动标准化卫生院建设项目19个。基层医疗卫生机构全面实行基本药物零利润销售,为44.7万城乡居民、1.6万名教师实施免费体检,普查普治妇科病1万人。大力推进城乡公交一体化和农村客运发展,免费投放城区公共自行车1000辆。

二、发展中存在的问题

经济总量不大,产业结构不优,资源约束、环境保护压力增大;二元结构仍然突出,社会建设欠账较多,缩小城乡、区域差距任务繁重;社会稳定的基础还不够牢固,加强和创新社会管理亟待破题;少数部门和工作人员的作风和效率还存在一些问题。

三、2012年发展目标

2012年预期目标:全县生产总值增长15%;固定资产投资增长30%,其中工业投资增长40%;社会消费品零售总额增长19%;地方财政收入增长15%。文化产业增加值增长30%以上。招商引资增长30%;实际利用外资增长15%;出口总额达到4000万美元。城镇居民人均可支配收入和农村居民人均纯收入分别增长16%和19%。城镇登记失业率控制在3.3%以下。初中毕业生升入高中阶段学校的比例达92%。四苗全程接种率达98%以上,孕产妇死亡率和婴儿死亡率分别控制在40/10万和8‰以内。安全生产事故死亡人数比前五年平均数下降2.5%,群众安全感指数保持在95%以上。国民体质抽样合格率达到90%。人口自然增长率控制在7‰以内。城市污水集中处理率达到85%,城市垃圾无害化处置率达到98%,县城、乡镇集中式饮用水源地水质达标率分别达100%、80%以上。完成市上下达的单位GDP能耗下降和全社会化学需氧量、氨氮、氮氧化物、二氧化硫减排目标,县城区空气质量优良天数达300天以上。森林覆盖率达到44%,城市绿化覆盖率达44%以上。

云阳县

云阳县政府办公室 黄海清

一、2011 年发展回顾

2011 年，全县地区生产总值达到 109.3 亿元，同比增长 18.4%；地方财政收入达到 10.4 亿元，增长 71.7%；全社会固定资产投资 116.9 亿元，增长 23.9%；社会消费品零售总额 48.4 亿元，增长 20.5%；城镇居民人均可支配收入 14458 元，增长 15.5%；农村居民人均纯收入 5553 元，增长 25.7%。

(一)突出“三个百亿”产业，“工业立县”实现新突破

突出发展硅盐精细化工、新材料轻纺、节能电子“三个百亿”产业集群，加快“三大传统”产业升级，工业经济提速增效。完成工业投资 45 亿元，同比增长 30%；实现工业总产值 70 亿元，增长 66%；实现工业增加值 23.2 亿元，增长 46%；规模以上企业实现总产值 35 亿元，增长 108%。

一是园区大干快上。启动征地 9774 亩、完成 6171 亩，启动场坪 3700 亩、完成 800 亩，累计建成标准厂房 41 万平方米，启动建设安置房 17.8 万平方米。全年完成投资 10 亿元，累计投资 16.6 亿元，完成园区基础设施建设 10 平方公里。6 个乡镇工业小区累计完成基础投资 2.3 亿元，江口工业小区成功创建为市级小企业创业基地。

二是大项目快速推进。围绕“三个百亿”产业集群，加快推进项目建设。金田 BOPP 二期、弘山川灯具、汽车空调、双益食品、宏霖食品、雄业玩具、幻影户外用品、姚明服装、桥梁支座等项目试生产或即将投产。60 万吨真空制盐项目启动综合码头、盐井钻探、办公综合楼建设。烧碱项目的核准、可研、环评、安评等前期工作全面完成。中德合资 OLED 项目注册资本金 1 亿元，完成可研报告等前期工作；LED 加工项目厂房设计方案已定，两条生产线预计 2012 年 4 月投产。

三是企业蓬勃发展。大力实施亿元企业培育、规模企业创建、微型企业提升“三大工程”，工业园区累计投产企业 33 家、在建 14 家，6 个乡镇工业小区累计投产企业 45 家、在建 27 家。全年新增规模企业 15 家，总数达到 37 家，其中：产值过亿企业达 10 家。金田塑业技术中心被评为市级企业技术中心。三峡云海药业在重庆股份转让中心挂牌交易。新发展微型企业 910 户，累计达 1133 户，注册资本金总额 1.13 亿元，解决就业 8021 人。

(二)聚焦三农，“农业稳县”取得新成效

高度关注农业、农村、农民，农业实现增产增收，农村经济稳定发展，农民收入稳步提高。实现农林牧渔增加值 25 亿元，同比增长 4%。

一是产业培育初见成效。大力培育主导产业，着力提升传统产业，突出发展特色产业，打造“牛羊大县”和“晚熟柑橘大县”，牛羊、柑橘、蚕桑、蔬菜等规模效应初显。新植优质晚熟柑橘 5 万亩，累计建成柑橘标准化果园 23 万亩，其中晚熟品种 13 万亩，年产量 10 万吨；新发展养牛大户 3500 户、养羊大户 2500 户，出栏牛 9 万头、羊 65 万只；生猪出栏 97.38 万头、存栏 86.17 万头；新发展养鸡大户 1000 户，出栏肉鸡 855 万只、土鸡 368 万只、蛋鸡 53.5 万只；养蚕 4.3 万张、中蜂 6 万群、生态鱼 4 万亩；新栽植蔬菜 2 万亩、茶叶 2000 亩。

二是农业组织化程度提升。流转农村土地 48.53 万亩，占耕地面积的 34.9%，其中规模经营 39.4 万亩，规模经营度达到 28.3%。新培育农业龙头企业 14 家，达到 102 家；新发展农民专业合作组织147 个，达到 555 个；重专大户及经纪人达到 2000 个以上。

三是农业基础逐步夯实。加快推进梅峰水库、盖下坝水电站等重点水利工程建设,完成投资3.24亿元。新建、改扩建25处镇村集中供水工程,解决近16万人的饮水安全问题。完成基本口粮田建设1.2万亩,农业综合开发生态综合治理1.35万亩。建立测土配方施肥核心示范片1万亩,推广172万亩。完成沼气池建设任务8000口。新建人行便道和耕作便道5万米。

四是农业效益稳步提升。狠抓粮食生产,实现粮食总产43.5万吨,油菜籽产量1.25万吨。大力推进品牌战略,新增农产品商标43件。着力推进万元增收工程,实现农户户均增收3800元,人均增收900元。

(三)三产联动,"旅游活县"迈出新步伐

以旅游发展带动第三产业,推进传统产业升级,培育新兴服务业,激活市场潜力,消费对经济的拉动作用逐步增强。实现第三产业增加值41.9亿元,同比增长13.8%。

一是旅游开发深度推进。全年共接待游客85万人次,实现旅游综合收入1.36亿元,同比分别增长46%、32%。重点景区建设步伐加快。完成龙缸风景区环线步游道、栏杆、停车场、游客接待中心、景区大门等工程;启动岐山草场接待中心及景区供水、通讯、绿化等配套工程;完成张飞庙景区旅游连接公路硬化、南滨路油化;三峡库区首家五星级酒店建成营业;成功举办第三届摩托车城市登梯竞技赛及十大乡村旅游节,形成了月月有活动、季季有特色的乡村旅游发展态势。

二是商贸流通业较快发展。城乡市场体系建设加强,累计建成乡镇连锁经营超市、村社便民放心商店网点1030个,总量居全市第二位。启动"万村千乡市场工程"信息平台建设,安装"农商通"信息机400台。新建改造乡镇农贸市场15个,新建、改造城区菜市场9个。实现家电下乡销售额3.6亿元,发放财政补贴近4000万元,位列全市21个县第二位。商贸流通规模不断扩大,商品销售额完成80亿元,同比增长26%;餐饮住宿业完成10亿元,增长24%。

三是金融业发展态势良好。引进保险公司1家,筹建担保公司1家。全县银行各类存款余额183.8亿元,同比增长19.3%。各项贷款余额56.1亿元,增长29.3%。存贷比为30.5%,比年初提高4个百分点。保险业保费收入30594万元,保费支出7808万元,同比增长32.5%。云康担保公司担保余额7320万元,增长52.5%。

四是房地产、水运等行业稳步发展。完工绿森名都二期、晶都国际,加快阳光现代城建设,新开工碧水蓝天、悠然居等楼盘建设,完成房地产开发投资11亿元,新开工商品房面积38.9万平方米,销售30万平方米。加快水运产业发展,新建5000吨级货运船舶16艘,新增水运运力8.5万载重吨。烟草行业实现税收2500万元,同比增长35%。

(四)外引内联,"开放强县"打开新局面

围绕龙头企业和主导产业培育方向,着力实施产业链招商,引进一批大项目,招商引资取得显著成效。全县新签约项目10个,其中亿元以上项目9个,协议引资326.07亿元,实际到位资金98.6亿元。扶持和引导企业拓展国际市场,外贸出口企业增至30家,发展外贸出口示范区2个、外贸加工示范基地5个。外贸出口额完成1600万美元,外派劳务122人。实际到位外资973万美元。创新工作方式,加强项目合作,增强造血功能,对口支援工作迈上新台阶。江苏省、九龙坡区对口支援资金及物资折款3651万元,帮助培训干部和技术人员120人,交流干部20名,资助贫困生283名。推进"山东·重庆东西扶贫协作",获得援助资金300万元。与德国厄尔斯尼茨市、韩国河南市结为友好城市。

(五)关注环境,"生态兴县"开辟新天地

深入开展节能降耗,万元GDP能耗下降4.2%。采取工程减排、结构减排和管理减排综合措施,全县化学需氧量、氨氮、二氧化硫和氮氧化物分别减排1.2%、1%、2.7%、1.1%。建成路阳、鱼泉污水处理厂并投入运行,全县污水和垃圾处理能力明显提高,其中县城生活污水收集处理率提高到86.8%,垃圾无害化处理率达96%。加强饮用水源地保护，县城和集镇集中式饮用水源水质分别达到100%、85%。加强烟尘、噪声污染控制，噪声达标区和烟尘控制区实现“全覆盖”，城区环境空气质量优良天数达96.7%。

(六)持续发力，各项基础工作迈上新台阶

一是城市品质不断提升。加快拓展公共空间，推进北部新区建设，桂湾广场、紫荆沟片基础设施等工程加快推进；改造了两江广场和民德广场，共新建广场4个、公园9个，实现城区市民步行5-10分钟就可到达一处公园或小游园。在主城以外的区县中，人均广场、公园面积居2位。加快完善服务设施，改造升级滨江路、云江路等主干道及移民小区人行道，新建34个城区停车站台和停车港湾。加快提高居住品质，建成一批高品质住宅小区，建成廉租房、安置房13.5万平方米。成功创建“全国文明县城”，荣获“中国最具幸福感城市”和“宜居工程”建设民生贡献奖。

二是交通环境有效改善。全面完成渝巴路葛滕滑坡改道工程、江口至路阳、云阳至红狮公路硬化工程及江口和平桥、沙市新家桥等工程的续建任务；完成渝巴路北部新区至谭家岩段公路改造工程的建设任务；启动渝建路宝坪至万州界段、云开路县城至黄石段等大中修工程和养鹿小江大桥建设；代李子小江大桥和南溪至黄石快速通道等重大交通项目前期工作顺利推进；完成村通畅工程460公里、加密公路139.5公里建设，自然村通达工程全面完工。对22个偏远行政村试开通8座及以下便民服务车16辆，逐步解决群众出行难问题。

三是绿化工程大力推进。积极开展“扩绿增绿”活动，实施森林工程36.96万亩，森林覆盖率达到44%，被评为全市森林工程建设典型区县和市级森林城市。完成长江两岸森林工程20.4万亩，累计实施36.2万亩，长江两岸森林覆盖率达62%，居长江沿岸区县之首。县城绿地率达到42.2%，绿化覆盖率为43%，在主城以外的区县中，绿地率居第1位。

四是群众安全感逐步上升。公共突发事件反应和处理能力进一步提高。安全生产形势逐年稳步好转，全县生产安全事故和死亡人数保持9年实现“双下降”，多项好的做法和创新作为先进经验在全市推广。产品质量和食品安全等监管工作进一步强化。着力完善社会治安防控体系，全面落实社会治安综合治理措施，为经济发展保驾护航，人民群众安全感指数上升到97.1%。

(七)突出后扶，移民工作重心实现新转移

围绕移民搬迁安置全面扫尾、三峡后续工作有序开启两条主线，实施移民社会保障“帮稳”、移民就业扶持“致富”、移民后扶项目“造血”三大行动

共办理非农移民社会养老保险15958人，已有9887人领取退休金。兑现农村移民后扶直补资金782.005万元，惠及12814人；兑现城镇移民困难扶助资金2500.34万元，惠及59541人。举办移民培训99班次7520人，新增移民就业和转移就业7310人。实施移民后期扶持项目76个，建成移民柑橘果园2000亩。建立完善三峡后续规划项目库，入库项目363个。

(八)改善民生，社会事业开启新征程

深入开展扶贫开发，全县20个贫困村实现整村脱贫，减少贫困人口2.5万人。海峡小学建成招生，建立留守儿童“5+1”培养模式，对海拔1000米以上义务教育阶段学生提供免费午餐，实现农村义务教育阶段学校“蛋奶计划”全覆盖。新建农家书屋272个，发展广电互联网3000户。完成县体育场建设后续工程，达到国家二类场地标准。启动体育馆和游泳池建设。完成县人民医院按三级综合医院、县中医院按三级中医院标准进行迁扩建的前期工作，县人民医院已开展设计招标，县中医院已动工建设。全面推进少生快富工程，人口自然增长率控制在4.5‰以内。

新建、改建敬老院5所，新增床位350张。救助困难群体12.3万人次，救助金额1800.5万元。城乡居民社会养老保险参保率达到85.8%，城乡居民合作医疗保险参合率达到95.7%。新增城镇就业4581人，城镇登记失业率控制在2.9%以内。累计转移农村劳动力46万人，实现劳务收入131亿元。完成农村房屋办证15万户，农村土地承包经营权确权28.5万户，累计发放农

村“三权”抵押贷款达2.17亿元。实现建设用地复垦指标273公顷,已交易74公顷,获得地票资金15001万元。累计办理“农转城”4万户、14.28万人,户改工作走在了全市前列。

二、发展中存在的问题

一是经济总量不大、结构不优、人均基数低、产业基础脆弱、经济发展主要依靠投资拉动的局面没有得到根本改变;二是工业和农业的支撑基础和保障要素较脆弱,当前工业贡献度不高,农民持续增收难度依然很大;三是民生工作任务仍然十分艰巨,许多关系人民群众切身利益的问题还有待解决,许多依靠民生促进内需拉动发展的途径还在探索之中;四是发展环境有待进一步优化,政府部门服务意识、工作效率有待进一步提高。

三、2012年发展目标

2012年经济社会发展主要预期目标:地区生产总值增长16%,力争增长18%,全社会固定资产投资增长20%,社会消费品零售总额增长20%,地方财政收入增长20%,城镇居民人均可支配收入增长15%,农民人均纯收入增长18%,城镇化率提高1.8个百分点,单位地区生产总值能耗下降4%,主要污染物排放总量下降1.2%,城镇登记失业率控制在3%以内;人口自然增长率控制在4.5‰以内。

奉节县

奉节县政府办公室 潘万元

一、2011年发展回顾

2011年,奉节县按照“夯基础、拓空间、壮产业、重民生、强保障”的工作思路,真抓实干,负重自强,经济社会持续健康快速发展。全年实现地区生产总值128.45亿元,同比增长18.3%,其中:第一产业实现增加值26.16亿元,增长6%;第二产业实现增加值45.95亿元,增长24.8%;第三产业实现增加值56.34亿元,增长19.4%。人均地区生产总值达到15536元,增长20.8%。三次产业结构比为20.4:35.8:43.8,对经济增长的贡献率分别为7.1%、44.5%、48.4%。

(一)农村经济稳步发展

全年完成农、林、牧、渔业增加值26.16亿元,比上年增长6%。其中,农业增加值18.59亿元,增长4.7%;林业增加值3598万元,增长17.9%;牧业增加值6.42亿元,增长7.11%;渔业增加值3598万元,增长12.6%;农林牧渔服务业增加值4306万元,增长13.5%。第一产业对经济增长的贡献率为7.1%,拉动GDP增长1.3个百分点。全年粮食产量44.5万吨,增产1.08%;油料产量1.92万吨,增产2.14%;烟叶产量6178吨,增产3.19%;蔬菜产量22.9万,增产8.3%;水果产量22.67万吨,与上年基本持平。

(二)工业运行缓中趋稳

全年实现工业增加值25.09亿元,比上年增长28.1%。其中:规模以上工业企业40个,实现经济效益综合指数206.1%,比上年提高9.8个百分点。工业对经济增长的贡献率为25.1%,拉动GDP增长4.6个百分点。全年完成工业主要产品产量:水泥59.89万吨,增长95.7%;电力7305万千瓦时,下降7%;煤炭279.68万吨,增长10.2%。全年实现建筑业增加值20.86亿元,增长21.6%;建筑业对经济增长的贡献率为19.4%,拉动经济增长3.5个百分点。年末资质以内建筑企业29个,建筑业从业人员1.4万人。

(三)固定投资增幅较大

全年完成全社会固定资产投资总额127.11亿元,比上年增长31%。其中:房地产投资15.14亿元,比上年增长41.8%;工业投资20.97亿元,比上年增长 8.0%。按产业投资分组,第一产业投资 7.56 亿元;第二产业投资 32.72 亿元;第三产业投资 86.83 亿元。全年房地产开发投资 15.14 亿元,增长 41.8%;其中住宅投资 13.54 亿元,增长 32.6%。商品房销售面积 137 万平方米,增长 28.2%。全年实际利用内资 52.61 亿元,增长 99.7%。当年实际外商直接投资金额 1837 万美元,增长 1156%。

(四)消费市场持续旺盛

全年实现社会消费品零售总额 35.79 亿元,比上年增长 20.9%,其中:批发业 6.62 亿元,零售业 22.35 亿元,分别增长 26.1%和 17.6%;住宿业 8360 万元,餐饮业 59801 万元,分别增长 25.4%和 28%。实现批发和零售业增加值 12.86 亿元,增长 14.4%,占全县 GDP 总量的 9.6%,对经济增长贡献率达 8.3%;住宿和餐饮业增加值 3.81 亿元,增长 12.5%,对经济增长贡献率达 1.6%。

(五)旅游流通活力迸发

全年共接待游客 467.27 万人次,比上年增长 34.9%,实现旅游综合收入 14.02 亿元,增长 35%。全年实现交通运输、仓储和邮政业增加值 11.93 亿元,比上年增长 19%。完成全社会货运量 1661 万吨,增长 23.7%;全社会客运量 1834.8 万人次,增长 6.4%。年末全县公路里程 9217.2 公里,其中:等级公路里程 4031.7 公里,增长 1.78%,二级公路里程 509 公里。全年实现邮政电信收入 29917 万元,增长 13.16%;年末拥有电话用户 54.1 万户,其中:固定电话 8.52 万户;移动电话 45.58 万户,增长 5.8%,移动电话普及率达 56 部/百人。互联网用户数 4.36 万户,增长 30.9%。

(六)财政金融平稳运行

全年实现地方财政收入 12.65 亿元,比上年增长 67.7%。全年地方财政支出 41.62 亿元,比上年增长 49.7%,其中:教育事业费支出 1501 万元,增长 97%;社会保障和就业费支出 4.57 亿元,增长 50.8%。全年实现金融业增加值 2.11 亿元,增长 17.2%。年末全县 7 家营利性银行机构人民币存款余额 130.5 亿元,比年初增长 26.5%;金融机构人民币贷款余额 43.06 亿元,比年初增长 46%。

(七)社会建设均衡发展

全县现有各类学校 362 所(含民办),在校学生 17.04 万人。专任教师 7574 人,比上年减少 0.41%。小学学龄儿童入学率为 99.82%;高考上线率为 91.1%。年末全县校舍建筑面积 133.2 万平方米。全县现有图书馆 1 个,公共图书馆藏书 6.27 万册;青少年宫 1 个;博物馆 5 个;文化馆 1 个;电影院 1 个;文工团 1 个。已建成 31 个乡镇文化站。建成农家书屋 152 个。广播电视综合覆盖率达 95.25%,广播电视通乡镇率达 100%,有线电视通村率达 100%。现有各类体育协会 21 个;运动场 60 个,人均体育场地 1.004 平方米;级别运动员 1098 人。年末全县卫生系统共有医疗卫生保健机构 46 个(不含私人诊所、医务室、村卫生室),卫生机构人员 3642 人,卫生专业技术人员 2175 人。年末卫生机构实有床位 2642 张。年末全县户籍人口总数为 106.26 万人,其中农业人口 85.3 人。人口自然增长率 4.03‰;常住人口 81.93 万人。

(八)人民生活持续改善

全县城镇经济单位从业人员 3.16 万人,城镇单位在岗职工平均工资 35433 元,增长 34.5%。城镇居民可支配收入 14460 元,增长 15.3%;城镇居民人均生活消费支出 11539 元,增长 5.7%。农村居民人均纯收入 5200 元,增长 25.2%,农村居民人均生活消费性支出 4069 元,增长 42.7%。城乡居民收入比从上年的 3.02:1 变为 2.78:1。全县五大社会保险参保 20.5 万人(次);城乡居民社会养老保险参保 31.7 万人;城乡居民合作医疗保险参合率 98.6%。

二、发展中存在的问题

主要表现在:一是经济实力仍不够强,重点产业有待进一步培育;二是经济质量仍不够高,社会民生有待进一步改善;三是安全稳定形势仍不够好,基础设施建设有待进一步加强;四是少数部门执行能力不强,干部综合素质有待进一步提升。

三、2012年发展目标

2012年奉节县国民经济和社会发展主要预期目标：全县生产总值增长16.5%，全社会固定资产投资增长20%，社会消费品零售总额增长21%，地方财政收入增长15%，城镇居民人均可支配收入、农民人均纯收入分别增长16%和20%。

巫山县

巫山县人民政府办公室　孙春青

一、2011年发展回顾

2011年，全县实现地区生产总值63.42亿元，同比增长18.5%。其中，第一产业增加值14.17亿元，增长5.4%；第二产业增加值22.56亿元，增长20.8%；第三产业增加值26.67亿元，增长24.2%。按常住人口计算，人均地区生产总值9945元。三次产业对经济增长的贡献率分别为7.3%、34.6%、58.1%，分别拉动经济增长1.4个、6.4个和10.7个百分点。地方财政一般预算收入5.04亿元，同比增长51.0%。社会消费品零售总额22.04亿元，同比增长19.0%。全社会固定资产投资53.41亿元，同比增长21.7%。其中，建设与改造投资49.97亿元，增长18.5%；房地产开发投资3.44亿元，增长100.7%。城镇新增就业2862人，城镇登记失业率控制在3.58%以内。城镇居民人均可支配收入15770元，同比增长15.1%；农村居民人均纯收入4867元，同比增长24.0%。

（一）县域经济不断壮大，产业发展迈上新台阶

农业农村经济稳步发展。全年实现农林牧渔业总产值22.54亿元，同比增长6.5%，其中农业产值10.78亿元，增长4.4%；林业产值1.99亿元，增长17.0%；牧业产值9.37亿元，增长7.6%；渔业产值749万元，增长10.1%；农林牧渔服务业产值3130万元，增长9.9%。农作物播种面积9.05万公顷，比上年增长3.5%。农业机械总动力达25.82万千瓦，比上年增长2.7%，农业机械化综合水平达25.77%。生产粮食23.39万吨、油料1.36万吨、蔬菜18.7万吨、水果4.4万吨、禽蛋4313吨、肉类总产量4.08万吨。出栏生猪48.83万头、山羊11.47万只、家禽170.81万只。种植烤烟4274公顷，产烟8179吨。

工业经济增势强劲。全年实现工业总产值23.98亿元，同比增长33.3%；工业增加值14.03亿元，同比增长21.3%。全县规模以上工业企业25家，实现工业生产总值15.9亿元，增长46.5%。其中，轻工业产值1.19亿元，增长46.4%；重工业产值14.7亿元，增长46.5%。规模以上工业企业主营业务收入15.1亿元，增长49.9%；产品销售率96.3%，利税总额1.8亿元，工业经济效益综合指数167.9%，全员劳动生产率89619元/人，增长34.9%。生产原煤330万吨、水泥23.8万吨、发电量1.56亿度、供电量3.65亿度、天然气供应量673万立方米、自来水生产供应量390万吨，分别同比增长9.9%、7.2%、16.3%、8.4%、23.5%、8.3%。建筑业实现总产值30.66亿元，比上年增长70.2%。16家三级以上本地建筑企业实现产值7.76亿元，比上年增长128.2%。

旅游产业全面提速。全年接待海内外游客393万人次，同比增长26.8%。其中，国内旅游接待369.2万人次，增长26.8%；入境国际旅游接待23.8万人次，增长25.9%。小三峡（小小三峡）景区接待游客151万人次，神女溪、神女峰景区接待19万人次，大昌古镇接待13万人次，移民新城游82.8万人次。旅游直接收入3.1亿元，同比增长27.6%，创社会综合经济效益15亿元，同比增长25%。全年新增小三峡豪华双体、仿古游船6艘，小三峡游船停靠趸船2艘，神女溪画舫

个性化游船10艘,县城至神女景区长江接待游船2艘,大宁湖观光豪华旅游接待车10台。成功举办中国重庆长江三峡第五届巫山国际红叶节。星级农家乐由上年的5家增加到8家,城郊农家乐达到50家。

物流产业发展迅猛。全年完成货运量705万吨,同比增长12.4%。其中,水运:328万吨,增长11.9%;公路377万吨,增长12.9%。完成客运量1625万人次,增长3.9%。其中:水运:234万人次,增长1.7%;公路1391万人次,增长4.3%。客货运总周转量43.63亿吨公里,增长40.9%。全县实有公共汽车86辆,出租车111辆。年末全县公路通车里程4482公里,其中:等级公路3778公里。实现邮电业务总量2.13亿元,同比增长9.5%。

(二)城乡统筹步伐加快,缩差共富实现新突破

全县扩大城镇建成区面积0.9平方公里,建成区面积达6.5平方公里。建成区绿地率达到39.0%。建成区绿化覆盖率达到49.0%,人均公共绿地面积达到12.2平方米。升级改造人行道10.8万平方米,完成城市道路白改黑19.1万平方米。新建人行天桥一座。安装路灯319盏。开工建设朝云和暮雨两大城市公园,新增城市公园面积37.9万平方米。城市排水管网整治17.3公里,新建排水管网1.3公里。广东中路、市政广场、移民广场城市商圈店招店牌改造450处。新建城市公厕5座、改造5座,新建垃圾收集房45个。清理化粪池243个。

全年完成交通项目投资13.6亿元。渝宜高速公路巫山段二期工程12个标段路基工程全面完工,完成投资6.2亿元;早阳服务区、农村公路亚行贷款项目40公里改扩建工程完成初设工作。农村公路建设完成投资3亿元。新建农村公路227公里,通村通畅率达25.1%。当九路一标段全面完工,完成投资7500万元。航道整治及码头建设完成投资5500万元。马垭口隧道工程列入三峡后扶项目。实施防护栏安装100公里,维修护栏200余处完成投资2300万元。共争取市上补助资金2.18亿元。

全年完成水利项目投资4.5亿元。千丈岩、后溪河水电站工程分别完成投资1.1亿元、1.59亿元。中硐桥水库累计完成项目前期工作投资1900万元。投资2169万元完成官渡河官渡镇河段、大溪河庙宇镇河段综合治理工程5.6公里。投资3521万元完成乡场镇集中供水工程6处、管网延伸工程10处、小型供水工程57处,解决7.46万人饮水安全问题。投资2000万元整治山坪塘65口,新建蓄水池25口、渠道11.5公里,整治渠道16.3公里,新建排水沟工程7.5公里、渠系建筑物61处,安装管道12.6公里等。发展节水灌溉面积1.73万亩。其中,新增灌溉面积6808亩,恢复灌溉面积4173亩,改善灌溉面积6377亩。全年完成水利发电量1.42亿千瓦时。

全年完成扶贫资金投入6373万元。其中:财政扶贫资金5143万元,社会帮扶资金1230万元。巩固退耕还林生态搬迁和后续产业资金1577万元。县内外捐款捐物折资1400万元,比上年增长40.0%,累计9350万元。实施项目530个。全年减少贫困人口1.26万人,解决农村贫困人口饮水困难8000人。新建和改造乡村道路293公里。生态扶贫搬迁4150人。各类扶贫培训9665人。15个村达到整村脱贫标准。新发展以金银花为主的中药材5.2万亩,实施了万亩中药材产业示范园区和望天坪片区扶贫综合开发建设。新启动28个贫困村互助资金社运转。

(三)重点项目建设全面提速,发展后劲得到新提升

重点项目建设提速。全县69个重点建设项目,实际完成投资46.3亿元,完成年度计划的91.2%。其中:中小河流域治理、蔬菜项目、信息化、巫山中学龙门校区、加油站建设、官渡垃圾污水、森林工程、县福利中心、煤炭资源整合开发等46个项目超额完成年度目标任务;土地开发整理、220KV线路、农网改造升级、幼教工程、三星以上酒店建设项目和农副产品交易中心等项目正在加快推进。

重大前期项目有序推进。巫山神女峰机场正式通过国务院、中央军委立项批复;隆鑫三峡国际旅游度假区正式奠基开工建设,郑渝铁路、南水北调、抽水蓄能、风力发电、江东旅游新城开发、中硐桥水库、移民生态工业园区、马垭口隧道、官渡中学新校区、大宁河综合开发、造船等重大项目前期工作正有序推进。

(四)对外开放成效显著,招商引资呈现新亮点

全年招商引资项目24个,签约资金达122亿元,到位资金20亿元。其中:投资3000万元以上项目1个,5000万元以上项目4个,1亿元以上项目7个,2亿元以上项目4个,3亿元以上项目5个,10亿元以上项目1个,30亿元以上项目2个。签约招商项目框架协议4个,签约资金28亿元。其中:投资3亿元以上项目2个,10亿元项目2个。在建招商项目完成投资20.2亿元。招商引资项目占2011年实施重点项目的33.3%。组织“渝洽会”、“支洽会”和“红叶节”节庆招商取得历史性突破,签约资金达73.2亿元。其中:“渝洽会”签约正式项目合同9个,签约资金43.8亿元。支洽会”签约正式项目合同4个,签约资金15.15亿元。“红叶节”签约正式项目合同7个,签约资金14.25亿元。对口支援工作进一步深化,与广东、北碚开展互访37批次,全年争取到位无偿援助资金6585万元。其中:广东到位资金3165万元,北碚到位资金2220万元,重庆宣传帮扶集团到位资金600万元,三峡总公司到位资金300万元,山东烟台到位资金300万元。

(五)社会事业均衡发展,民计民生获得新改善

全年征集下达一般科技计划项目35项,重点科技项目21项,投入应用与研发资金50万元。落实农业重点科技项目13个,引进新技术5项、新品种20个。推广实用新技术23项、新品种24个。登记的6项科技成果转化应用率达100%。全年专利申请24件。其中,发明专利9件、实用新型14件、外观设计1件;专利授权6件。其中,发明专利1件,实用新型5件。

重庆市巫山中学龙门校区完成投资1.2亿元,大昌中学初中校区一期工程完成投资800万元,官渡中学改扩建工程完成投资1600多万元,南峰小学B区启动建设。投资600余万元实施7所学校5400余平方米教师栖居工程建设。落实教育惠民政策学生资金补助1605.5万元。营养工程惠及6.2万中小学生,2万留守儿童得到妥善照顾。

巫山博物馆主体工程、江东地面文物复建主体工程已完工,演艺大厅竣工投入使用,滨江路文化雕塑建设项目进入泥稿翻模阶段,文化馆顺利提档升级为国家二级馆,电影院建设项目完成招投标。基层公共文化服务体系不断完善,图书馆、文化馆、24个乡镇文化站、308个农家书屋、924个文化中心户(农家书屋外借点)已完全建成投入使用。完成24个乡镇、308个行政村“响通工程”,实现广播行政村全覆盖。

“十二五”重大卫生项目规划的制定和申报顺利完成。县级医疗卫生机构建设提档,投入2380万元完成2010年度下达的国债县人民医院医技楼建设任务。成功争取世行贷款8000万元、划地60余亩新建江东新区中医院,全力打造库区“三甲”中医院。县中医院、人民医院、妇幼保健院先后成功创建成为国家“二甲”医院。水上120急救船通过论证并纳入国家三峡后扶项目。筹集资金2324万元推进乡镇卫生院标准化建设,全年共启动8个乡镇卫生院标准化建设项目,完成6个乡镇卫生院业务用房扩建项目。308个行政村卫生室全面推行乡村一体化管理,标准化村卫生室累计达109个,合格村卫生室实现全覆盖。县中医院康复理疗科等科室成功创建为市级特色专科,启动治“未病”中心建设,新创建中医药特色乡镇卫生院5个,乡镇卫生院和社区卫生服务中心设立中医诊室、中药房达标率100%。筹资3000万元在全市率先建立重大疾病医疗救助基金,救助大病患者550人。

二、发展中存在的问题

一是基础设施落后,投入严重不足。群众出

行、饮水、用电、上学、就医等“五难”问题仍然突出，农业抵御自然灾害能力弱，产业化程度不高，农民持续增收难度大。二是经济基础薄弱，自然环境恶劣。经济总量小，增长点缺乏，结构不优，地质条件差，发展资源相对短缺。三是产业空虚突出，安稳致富难度大。受生态区位的制约，引进企业入驻难，缺乏工业支柱，产业空虚，就业岗位不足。四是建设瓶颈较多，项目推进困难。国家用地政策收紧，宏观政策出现投资收紧趋势，银根紧缩，中小企业贷款难，项目发展受到制约。五是移民信访问题突出，维稳难度大。

三、2012 年发展目标

2012 年经济发展预期目标是：实现地区生产总值 75 亿元，同比增长 15.0%；全社会固定资产投资 64.1 亿元，增长 20.0%；社会消费品零售总额 26.5 亿元，增长 20.0%；地方财政一般预算收入 6.1 亿元，增长 20.0%；城镇居民人均可支配收入 17820 元，增长 13.0%；农村居民人均纯收入 5938 元，增长 22.0%；城镇登记失业率、人口自然增长率分别控制在 4.0%、5.5‰以内；城镇化率提高 1.5 个百分点；单位 GDP 能耗降至 0.96 吨标准煤，下降 3.0%。

巫溪县

巫溪县政府办公室　陈永鸿

一、2011 年发展回顾

2011 年，全县地区生产总值 47.3 亿元，是 2006 年的 2.8 倍，同比增 18.1%，增速排名全市第 17 位、“两翼”13 县第 9 位。全社会固定资产投资 85 亿元，是 2006 年的 7.1 倍，同比增 40.9%，增速排名全市第 5 位、“两翼”第 1 位。地方财政一般预算收入 4 亿元，是 2006 年的 7.1 倍，同比增 1 倍，增速排名全市第 2 位、“两翼”第 1 位。社会消费品零售总额 16.1 亿元，是 2006 年的 2.4 倍，同比增 19%，增速排名全市第 31 位、“两翼”第 8 位。城镇居民可支配收入 13236 元，是 2006 年的 1.8 倍，同比增长 15.3%。农民人均纯收入 4526 元，是 2006 年的 2.2 倍，同比增 24.1%。粮食总产量 21.8 万吨，超届期目标 2.8 万吨。获得“大宁河鸡”等 5 件国家地理标志证明商标，“巴山绿野”等 5 件重庆市著名商标，无公害、绿色、有机农产品认证 67 个。旅游人次 135 万人，超届期目标 110 万人次，旅游收入 6.5 亿元，阴条岭成功晋升国家级自然保护区，宁厂古镇获批国家历史文化名镇，大宁河生态文化长廊获批国家 AAAA 级景区。

(一)城乡面貌变化巨大

完成漫滩路一二期，宁河风情街一期，老城广场改造，城市生态夜景照明，城市道路“白改黑”一二三期工程。建成商业设施 16.8 万平方米。新建公厕 37 座。新增停车位 2869 个。建成逍遥广场等 7 个广场，新建中轴桥等 7 座桥梁，安装了交通红绿灯。

拆迁城中村危旧房 8 万平方米，整治背街小巷 34 条。完成建筑立面改造 15.2 万平方米，拆除户外广告 9506 平方米。城区路灯安装率达 99%。人均公园绿地面积达到 10 平方米，城市道路绿化率达 96%，建成区绿化覆盖率达 46%，绿地率达 41%。城市噪声达标区覆盖率达到 91%。城区优良天气率 88.7%。城市生活污水集中处理率 83.7%，生活垃圾无害化处理率 92.8%，干净成为巫溪名片。

渝巫路等六条出境干道全面畅通，建成巫神路一二期工程。新建城市道路 21 公里。改造通乡公路 406 公里，实现 100%乡镇通畅。新改建通村公路 1700 公里，实现 100%村通达。硬化通村公路600公里。全县公路总里程达3551公里。县城开行公交车和出租车。实现了“三小时巫溪”目标。

完成80个村的农村环境综合整治,建成农民新村55个、集中居民点7个。完成“一池三改”3.2万户。解决37.9万城乡居民饮水安全。农网改造基本完成,实现城乡同网同价。乡镇综合文化站、农家书屋、“广播村村响、电视户户通”实现全覆盖,有线电话、互联网通村率达85%以上。建成农村日用品、农资配送中心2个,新建、改建乡镇日用品超市和农家店365个、农资店309个,安装“农商通”460台,万村千乡信息化平台实现自然村全覆盖。

(二)民生条件明显改善

投资2.9亿元,建成廉租房6320套、30.3万平方米,实物配租2130套,解决住房困难群众8577户、2.2万人。投资32.5亿元,建成商品房150万平方米。投资2.1亿元,新建巴渝新居3500户,改造农村危旧房9500户。

新增城镇就业岗位15923个,解决就业15500人。筹措就业资金6200万元,组织就业再就业培训24600人次。发放再就业贷款1.2亿元,带动就业3000人。

投资4.95亿元,新建、改建学校52所,新建校舍14万平方米。资助及减免学杂费3.05亿元。发放助学贷款4381万元,受惠学生7505人次。实施“蛋奶计划”和“爱心午餐”,受益学生5.8万人。普及九年义务教育,高中入学率达88%。

投资3.5亿元,新建医院业务用房12.2万平方米,建成25个标准化乡镇卫生院,新建村卫生室114个,县人民医院成功创“二甲”。医药卫生体制改革顺利推进,基层医疗机构基药“零差率”销售全面实施。

城镇企业职工基本养老保险参保14121人,支出保险金50404万元。城乡居民社会养老保险参保157620人,支出保险金6310万元。新建、扩建敬老院19所,“五保”老人集中供养2100人,分散供养2948人,发放养老金4500万元。

投入1.86亿元,保障城乡低收入家庭基本生活20万人次。投入1.84亿元,医疗救助15万人次,临时救助30万人次,慰问贫困人口35万人次,重点优抚生活补助2608人,倒房重建3226户、39万平方米,安置灾民11957人。投资4.3亿元,整村脱贫村建设完成36个、启动25个,建成石柱坪山扶贫开发示范区,启动西溪河、南部片区连片扶贫开发,减少贫困人口4万人。

新建、维修道路防撞护栏510千米,改造危桥4座,新建客运站4个。完成县城四大危岩带等地灾治理,实施搬迁避让1600余人。建筑安全隐患排查率达97%,整改率达80%。查处制贩假冒药品案件188起。群众安全感指数上升到96.6%。组建应急救援队伍358支,处置突发事件2173起。化解信访积案210起。

(三)改革创新成效显著

一是推动“三权”制度改革。完成林地确权10.3万户,颁发林权证14.9万本;建立林权交易所,累计流转林地166宗、2.2万亩,林地的使用权、林木的处置权、收益权得到实现和保护。完成农村土地承包经营确权颁证11.3万户、土地房屋确权颁证9.3万户。二是创造性实行特约设计师和开发用地带图带证拍卖制度,统一城市导示系统,规范建筑外立面色彩和材质,提高了设计质量,保证了宁静、灵动的城市特质。三是成立群众工作部,建立民众联络中心、民众服务中心和民意调查中心,将服务群众、依靠群众制度化、长效化;建设“乐和家园”,探索建立了以自治为基础、共治为平台、法治为保障的基层社会治理新机制。四是探索推进片区开发、资金互助、“五进五户”扶贫模式,总结形成了“小规模、大集群、标准化”的山区特色产业发展新路子,扶贫开发成果丰硕。五是集中使用帮扶资金,创新预期借贷模式,争取银行贷款4.7亿元,放大了资金融通总量,提高了资金使用效益。

(四)发展信心不断累积

如期实现市级卫生县城、文明县城、山水园林城市和森林城市“四城同创”目标。成功承办全市创卫现场会、用群众工作统揽信访工作现场会、旅游景区建设现场会。建成长江中上游最大马铃薯脱毒种薯基地，成为国家农业综合开发优质粮油基地县、全市优质烤烟重点基地县。成功举办中国重庆首届“巫文化”旅游节和“巫文化”论坛。成为第一个到重庆大剧院演出大型情景剧的区县。2011 年居民友好度全市第一。先后获评“2011 中国城市管理进步奖”、“2011 中国十大社会管理创新奖”，“2011 中国改革年度县”，入围第六届“中国地方政府创新奖”，入选清华大学“中国公共管理案例库”。发明专利增幅全市第一。成功申报“重庆市可持续发展实验区”。“五句子山歌”、“巫溪民间故事”、“大宁河刺绣”成功获批为市级非物质文化遗产，荣获“重庆市太极拳之乡”、“重庆市文化艺术之乡”称号。巫溪正由边远封闭走向纵深开放，从籍籍无名逐渐备受关注。

二、发展中存在的问题

全县发展仍然存在一定的问题：一是经济总量不大，城镇化率太低，产业层次和整体水平不高，缺乏大企业、大项目支撑。二是交通瓶颈尚未根本打破，区位比较劣势依然十分明显。三是专业人才和人力资源供需矛盾日益突出，经济发展后劲乏力。四是安全稳定形势仍然严峻，安全生产隐患和不稳定因素依然存在，创新社会管理的任务还十分繁重。五是政府作风和效能建设仍有待加强，执行力差的问题较为突出，发展环境亟待进一步优化。

三、2012 年发展目标

2012 年工作目标：地区生产总值增长 16%以上，达到 55 亿元；全社会固定资产投资增长 30%，达到 110 亿元；社会消费品零售总额增长 18%，达到 19 亿元；地方财政一般预算收入增长 18%，达到 4.7 亿元；城镇居民人均可支配收入增长 12%，达到 14820 元；农民人均纯收入增长 18%，达到 5340 元；城镇化率提高到 28%以上；森林覆盖率提高到 55%以上；人口自然增长率控制在 5‰以内；城镇登记失业率控制在 5%以内；单位生产总值综合能耗控制在市上下达的指标以内。

渝东南地区

黔江区

黔江区政府办公室　杨方顺

一、2011 年发展回顾

2011 年，在国家宏观调控趋紧、全国经济下行压力不断加大的情况下，经过全区上下共同努力，黔江经济逆势而上，继续保持了“十一五”以来的高速增长态势，实现了“十二五”良好开局。全年实现地区生产总值 129.2 亿元，比上年增长 19.5%；地方财政收入 22.9 亿元，增长 50.5%；固定资产投资 128 亿元，增长 36.5%；规模以上工业增加值 53.1 亿元，增长 26.7%；社会消费品零售总额 44.1 亿元，增长 21.6%；城乡居民人均收入分别达到 16007 元、5452 元，分别增长 16%、23.4%。

(一)同步推进城市东进与城市环境综合整治，中心城市建设扩容提质

围绕 2020 年城市建成区面积达到 50 平方公里、城市人口达到 50 万人“双 50”目标，聘请中国城市规划院开展新一轮城乡总体规划编制。按照集中连片、开发一片成型一片的思路提速推进新城建设，投入 22.9 亿元实施新城 50 个

重大项目,正阳大道路面工程基本完工,新城污水处理厂、规划展览馆、正阳中学、行政服务中心等项目有序推进,职教园区、行政中心片区、火车站片区、新老城组团结合部四大区域城市形象初显,新增建成区面积5平方公里、城市人口5万人,城镇化率达到41%。部署组织开展"全面提升城市形象攻坚年活动",同步推进国家卫生区、环保模范城区、森林城市、山水园林城市、文明城市创建工作,改造油化城市道路30万平方米,整治主干道房屋建筑立面20万平方米,规范制作店招店牌万余块,栽植胸径30厘米以上大树近万株,建成全市最大水上音乐喷泉,新华大道荣膺"重庆市最美大道"十强,濯水古镇入选"重庆市最美小巷"十强,河滨路入围"重庆市最美街区"。

(二)加速构建500亿工业集群,骨干工业体系初步形成

坚定不移推进"工业强区"战略,实施重点工业企业"1155"工程,完成工业总产值135亿元、增长32.3%,其中规模以上工业完成总产值125亿元、增长35.1%,实现利税32.48亿元、增长24.2%。完成工业投资53.16亿元、增长48.9%,PVC一体化石灰石、水泥项目实现试生产,乳化炸药项目竣工。新增规模以上工业企业5户,累计达到45户。推进雨润集团新增投资16亿元完善养殖、屠宰、肉食深加工产业链,打造100亿食品工业园;引进浙江桐乡茧丝绸集团投资20亿元扩建缫丝工程,延伸发展纺织、印染、服装加工产业链,打造100亿丝绸服装工业园;引进北京嵩杰华荣公司投资50亿元建设铝加工一体化项目,打造150亿新材料园;推进东方希望集团加快PVC一体化建设,累计完成投资20亿元,打造150亿清洁化工园。正阳工业园区累计入驻企业75家、投产55家,实现工业总产值58.86亿元,同比增长95.5%。

(三)加密提速交通建设,枢纽地位更加凸显

武陵山机场黔江至重庆航班加密至每天一班,新开通黔江至北京、上海、昆明3条航线,全年实现旅客吞吐量2万人次,成为武陵山区最便捷进出空港之一。黔恩高速公路控制性工程全面开工,黔梁高速公路完成施工设计,渝怀铁路二线、黔张常铁路、黔梁高速公路前期工作推进顺利。全面启动农村公路"100%村通畅工程"。

(四)大力发展现代山地特色农业,农村面貌焕然一新

巩固壮大生猪、蚕桑、烤烟三大农业产业,启动建设仰头山万亩现代农业示范园、武陵仙山万亩山地特色农业园和阿蓬江3000亩现代蔬菜园,新发展1万头奶牛、10亿枚土鸡蛋、10万亩优质蔬菜、10万亩红心猕猴桃、10万吨鲜银耳原料基地。投入3.5亿元深入推进城市森林、农村森林、通道森林、水系森林和种苗五大工程,加快4个"万亩示范片"建设,启动建设万亩现代花卉苗木博览园,实施城周屏障高品质绿化2000亩,全年新造林21.8万亩,森林覆盖率提高到47.5%。完成水利建设投资11亿元,太极水库、城北水库、小南海水库补水、城市防洪工程等重点水利建设项目顺利推进,新解决6万人饮水安全问题。完成15个、启动18个市级贫困村整村脱贫,实施生态移民扶贫搬迁2500人,减少贫困人口8300人。

(五)加快发展现代服务业,区域聚集辐射力增强

引资30亿元建设汽摩交易、机动车交易二期、农产品批发、商贸批发、工程机械交易、林业交易六大区域性市场;引资20亿元改造建设50万平方米老城核心商圈,引进湖南佳惠集团、苏宁电器等品牌企业入驻。聘请全国旅游规划领军人物保继刚教授编制完成全区旅游总体规划,全新定位"峡谷峡江之城、清新清凉之都、养生养心之地"旅游品牌,黔江至小南海二级旅游公路加快建设,濯水古镇风貌恢复整治工程基本完成,全年实现旅游人数280万人次、旅游收入8.2亿元,分别增长55%、50%。引进中国银行建立支行,引进台州银行建立银座村镇银行,首家外资金融机构新加坡淡马锡富登贷款公司落户黔江,区域性金融中心框架基本形成。

(六)深入推进改革开放,发展活力进一步

增强

针对农村高山深谷、居住分散的实际，综合运用统筹城乡移民、扶贫政策，创新提出构建“4个1”(即建设1个中心城区、10个重点集镇、100个农民新村、1000个特色院落)相对集中居住体系，推动城乡统筹发展。户籍制度改革推动“农转城”11万人，实现农村“三权”抵押融资11亿元。招商引资全年共签约项目63个，其中亿元以上项目31个、10亿元以上项目11个；协议引资385亿元，增长4.5倍；到位资金90亿元，增长80%；实现外贸进出口总额1300万美元，增长95%；利用外资1200万美元，是2010年的3.8倍。推动国家层面启动武陵山片区区域发展与扶贫攻坚试点，黔江被定位为武陵山地区六个中心城市之一。

(七)全面推进社会民生建设，公共服务水平不断提高

实施农村中小学标准化建设工程4.9万平方米，黔江第2所高职院校重庆经贸职业学院实现招生办学，高考、中考成绩继续领先渝东南，吸引周边2.1万学生到黔江就读。开工建设9个乡镇卫生院、社区卫生服务中心业务用房，基层医疗卫生机构标准化率提高到80%；公立医院临床路径试点获卫生部认可并被推广，基本药物制度率先在全市覆盖乡村，探索建立“七统一”乡村卫生服务一体化管理模式，乡村卫生服务一体化率提高到80%。成功举办中国象棋全国冠军争霸赛，实现群众性篮球、乒乓球和登山等赛事活动常态化。启动创业型城市建设，新发展微型企业760户，带动就业5500人，城镇登记失业率控制在3.5%以内。社会保险扩面提标，基本养老、医疗保险和最低生活保障实现全覆盖，城镇职工、城乡居民医疗保险住院报销率分别提高到80%、60%。完成廉租房建设42.8万平方米、配租9.1万平方米，启动建设农村保障性住房1000户，推进保障性住房向农村延伸。在全市率先启动全国“长安杯”创建工作。

二、发展中存在的问题

一是经济总量小、发展水平低、产业基础弱；二是城乡差距大，二元结构典型，扶贫攻坚任务重，按人均年收入2300元计算，全区低于这一标准的还有5.5万人，占农村总人口的17%；三是基础设施欠账大，对外通道不畅通，企业物流成本高，农村基础设施不完善、不配套；四是人才缺乏、素质不高，观念相对滞后，创新能力不强。

三、2012年发展目标

2012年的主要预期目标是：地区生产总值达到150亿元，增长16%；规模以上工业增加值增长20%；一般预算收入增长15%；固定资产投资增长23%；社会消费品零售总额增长21%；城镇居民人均可支配收入增长12%；农民人均纯收入增长18%；农村贫困人口人均纯收入增长25%。

重点推进八项工作：一是加大争取政策支持力度，认真落实《武陵山片区区域发展与扶贫攻坚规划》和渝委发〔2010〕36号文件各项政策措施，推动经济发展。二是开展“重点工业项目集中推进年”活动，提速25个工业重点项目建设，加快工业发展。三是提高城市建设管理水平，完成城乡总规修编，推进城市基础设施和功能要件建设，新增建成区面积3平方公里、城市人口1.5万人。四是加快“4个1”相对集中居住体系建设，建设30个农民新村、改造300个特色院落，实现生态移民搬迁8000人、脱贫1.6万人。五是不断改善民生，新招中高职学生6000人以上，发展微型企业800户，新增城镇就业2.5万人，累计建成保障性住房100万平方米，实现配租2800套；新解决6万人饮水安全，乡村卫生服务一体化率达到85%。六是强化招商引资，发展内陆开发型经济，引进到位资金80亿元。七是做好“长安杯”创建工作，推进社会管理创新，人民群众安全感和满意度达到95%以上。

武隆县

武隆县政府办公室 冉洪

一、2011年发展回顾

全年完成地区生产总值86.58亿元，增长18.5%。其中第一产业增加值13.4亿元，增长6%。第二产业增加值31.7亿元，增长21.5%。第三产业增加值41.3亿元，增长20.7%；实现地方财政收入11.4亿元，增长60.7%；完成固定资产投资103.8亿元，增长44.3%；实现社会消费品零售总额26.5亿元，增长18.5%；城镇居民可支配收入、农村居民人均纯收入达到18030元、5792元，分别增长15.9%、25.8%；接待游客1329万人次，实现旅游收入65.7亿元，分别增长30.5%和31.4%。全县地区生产总值增速进入全市前10位，居13个同类考核县第3位(以下简称"13个县")；一产业增加值增速全市第2位、13个县第1位；三产业增加值增速全市第3位；工业增加值增速全市第7位；全社会固定资产投资增速全市第5位、13个县第2位；城镇居民可支配收入13个县第1位，增速第3位；农民人均纯收入增速全市第1位；公众安全感指数全市领先(2010年全市第1位、2011年全市第2位)；社会治安总体满意度全市第1位。

(一)"旅游富民"再创辉煌

强力实施"旅游富民"战略，武隆旅游好戏连台。国家5A级景区成功创建。武隆成为全国九个同时拥有"世界自然遗产地"和"国家5A级景区"两块金字招牌的地区之一，武隆旅游的品牌效应进一步突现。"印象·武隆"成功试演。彩排暨试演活动在国庆期间取得圆满成功，成为武隆旅游又一大亮点，打造了全市的一张文化新名片。该项目从动工建设到投入使用仅225天，创造了"印象系列"建设史上的奇迹。建成游客接待中心全国一流。投资1.36亿元建成了占地3.8万平方米，集旅游服务、旅游客运、旅游咨询、市场开发与资源管理等多功能于一体的仙女山游客接待中心。同时，建成了仙女山体育场、民俗赛马场和高山高尔夫球场。星级宾馆群形成规模，四星以上酒店已达12家(其中五星1家)，琥珀、远山、万祥、恒源阁、仙逸度假和仙山流云等6家酒店新投入营运，戴斯大卫营、依云美镇、香格里拉、钻石、塞拉维1号和泉浴等酒店建设有序推进，旅游接待设施真正实现提档升级。精品景区建设高水平推进。按照"世界震撼、百年不落后"的要求推进天生三硚精品景区打造，扎实推进了"六大节点"和"八大震撼点"建设。宣传营销进一步拓展。以最短的时间和最佳的效果成功举办中国（重庆武隆）森林旅游节，成为全国第一个获得"中国森林旅游试验示范区"的县。成功举办第九届国际山地户外运动公开赛，成为全球顶级品牌赛事。投入1.2亿元强势大营销，拓展了新、马、泰和台湾等境外市场，设立了奥地利营销办事处，2011年入境游客已突破3万人。

(二)"工业强县"强势突破

形成生态旅游与生态工业比翼齐飞的大好局面。工业园区白马组团2平方公里达到企业成熟入驻条件，平桥组团完成场平1069亩，长坝组团全面动工建设。通过大力招商引资，入园企业突破性发展。新签约项目34个，总投资超过100亿元；新动工项目21个，总投资超过60亿元。在引进四川鸿光矿业、江苏爱博纳、世界500强富士电梯等一批大企业落户园区之后，又开工建设四联集团LED等一批投资超20亿元的大项目。装机60万千瓦的乌江银盘电站建成投产，全县总装机达到110万千瓦，在建和即将开工80万千瓦，成为全市重要的清洁能源基地。蓝群食品公司老咸菜、芙蓉江食品公司风味野鱼等14个企业技术改造项目相继启动实施，累计完成投资3.3亿元。全年完成工业投资39.9亿元，培育规模以上企业5户。

(三)城乡形象大大改观

全年完成城乡建设投资36.8亿元，新增建城区面积5.1平方公里。全面打造中心城区。实施了县城江北路面、房屋立面及门楣店招综合改造，江北大街以崭新的面貌呈现在世人面前。加快最美镇建设。仙女山新区全年完成建设投资18亿元，新完成旅游房产开发13万平方米。建成区面积由2007年初的0.3平方公里拓展到9.6平方公里，成为西南地区高山旅游度假城市开发建设的标杆。推进集镇建设。通过安排乡镇社会事业项目，撬动集镇打造。目前，全县各乡镇实现了街道路灯全覆盖，1／3的乡镇拥有了文化广场，改变了以往"脏乱差黑"的现象。加快巴渝新居建设。全年新建巴渝新居1000户、农民新村10个，实施农村危旧房改造3500户。加快住房建设。县城"黄金"廉租房三期工程已完工；白马、火炉、长坝、平桥等9个乡镇廉租房加快推进。全年房地产完成投资19.2亿元，新开工44.7万平方米，竣工43.5万平方米，销售面积33.1万平方米。

(四)万元增收增势强劲

农民人均纯收入增幅和万元增收考核保持全市领先。全县近9万农户增收6500元以上，其中6万余农户率先实现万元增收。依托旅游业发展拓展农民增收渠道。全县农家乐达到775家，涉旅农户达到1.2万余户，户户实现万元增收。特色产业加快发展。推进了"30万亩蔬菜基地县、100万只草食牲畜养殖基地县、中药材种植基地县、供港蔬菜基地县"建设。全县蔬菜种植面积达33万亩，产量40万吨，产值6亿元，在成为重庆主城四大"菜篮子"基地之后，又打开了蔬菜直供港澳市场的窗口。新培育民得食品、港峰农业、铧玉农业等15家出口型农产品加工企业，武隆笋竹、胭脂萝卜等产品远销海外。获各类农产品认证的品牌达56个，蔬菜产品获绿色认证及地理标志认证总量全市第一。26个乡镇各显神通，大力发展特色种植，创新"油菜花节"、"西瓜文化节"、"金银花采摘大赛"等促销形式，取得良好效果。农业农村基础不断夯实。投资1.8亿元，完成230公里"村通畅"建设；推进大灌区、东风中型灌区、"小农水"重点县、大中型水库移民后期扶持等项目建设，建成配套干支渠69公里，建设整治山坪塘等小型蓄水工程67处，恢复改善灌面9000亩；全年完成片区综合开发投资9800万元，争取各类扶贫投入1亿元，完成整村脱贫18个，新启动整村脱贫14个。

(五)民生改善亮点纷呈

全年新增微型企业583户，个体工商户1852户、内资企业234户，新增就业岗位8000个。全县76个重点民生项目有效推进。实施留守儿童关爱行动和儿童营养计划，惠及少年儿童30347人。推进"一池三改"，新建沼气池和"三改"配套1万户，有力地改善了农村卫生习惯和文明习惯，成为全市的亮点和示范；全年投入1.8亿元，完成造林11.7万亩；成功创建市级卫生县、文明城市、森林城市、山水园林城市；实现了辖区内无重大食品安全事故发生，国家级卫生县城创建工作全面启动，成功举办了第七届芙蓉江龙舟锦标赛等9次大型群体活动和赛事；扎实推进农村公路建设，100%的乡镇实现通畅、100%行政村实现通达、65%的行政村实现通畅；安全生产、矛盾纠纷排查化解等各项指标均在可控范围，八类主要刑事案件、可防性案件、街头犯罪等刑事案件指标均呈下降趋势。

(六)政府自身建设全面加强

以不断提升服务能力、执行能力、创新能力和依法行政能力为重点，致力于服务型、法治型、责任型、效能型政府建设，强化年度目标责任，配套目标考核办法，促进作风转变，保障了政府工作的有效落实。推进政府机构改革，优化组织结构，理顺职责关系，进一步增强了政府工作的活力。大力推进政务公开，完成行政审批电子监察系统建设，公共资源实现集中统一交易，政务服务水平明显提高。加快组建专业应急救援队伍，健全突发事件应急管理和快速反应机制，推进国防动员体系和国防后备力量建设，应急应战能力不断增强。认真落实党风廉政建设责任制,政府形象明显提升。坚持用硬手段打造软环境,经济发展环境更加优化。

二、发展中存在的问题

基础条件差,经济总量小,财政实力弱;生产力发展水平不高,市场主体的数量少、规模小;水利、交通等基础设施建设仍然滞后,土地和生态环境承载力有限,经济发展受到主体功能定位的制约,区域经济竞争更加激烈;社会事业发展水平与人民群众的需求还有较大差距;政府工作还有薄弱环节。

三、2012 年发展目标

完成地区生产总值 102 亿元,增长 18%;实现地方财政收入 14 亿元,增长 22.8%,力争达到 15 亿元;完成固定资产投资 114 亿元,增长 10%;实现社会消费品零售总额 32 亿元,增长 20.4%;城镇居民可支配收入、农村居民人均纯收入分别达到 20160 元、6700 元,分别增长 11.8%、15.7%;接待游客 1600 万人次,旅游综合收入 80 亿元,分别增长 20.4%、21.8%。

石柱土家族自治县

石柱县政府办公室 李熙成

一、2011 年发展回顾

2011 年,石柱县各族人民在县委、县政府的正确领导下,深入贯彻落实科学发展观,加快渝东枢纽门户和绿色生态经济强县建设,国民经济保持平稳较快发展,社会稳定和谐,人民收入持续提高,居民生活进一步改善,实现了“十二五”良好开局。

全县地区生产总值 801520 万元,比上年增长 18.1%,较全市平均水平高出 1.7 个百分点。其中,第一产业增加值 164312 万元,增长 5.2%;第二产业增加值 345468 万元,增长 27.3%;第三产业增加值 291740 万元,增长 16.0%。在第二产业中,工业增加值 255632 万元,增长 29.0%,增速分别居全市、考核圈 13 县第 6 位和第 4 位。按常住人口计算的人均生产总值 19396 元,超过三千美元达到 3003 美元,可比增长 14.9%。三次产业对地区经济增长贡献率依次为 6.2%、58.9%和 34.9%,其中工业是全县经济增长主要动力,对经济增长的贡献居各行业之首,贡献率达 44.9%。三次产业结构进一步优化调整为 20.5:43.1:36.4。

(一)农业

全县农村经济总量 327365 万元,现价增长 25.1%(可比价增长 13.2%)。实现农林牧渔业总产值 252788 万元,增长 23.5%(可比增长 5.2%),其中农业产值 132195 万元,林业产值 7967 万元,牧业产值 107510 万元,渔业产值 3334 万元,农林牧渔服务业 1782 万元。全年粮食种植面积 55028 公顷,粮食产量 259649 吨,下降 0.1%,其中夏收粮食产量 71266 吨,增长 2.3%,秋收粮食产量 188383 吨,下降 1.0%。

(二)工业和建筑业

全年全部工业总产值 750017 万元,现价增长 35.0%,全部工业增加值 255632 万元,可比价增长 29.0%,工业经济比重为 31.9%,较上年提升 3.7 个百分点,其中规模以上工业增加值可比价增速 33.5%。

全年规模以上工业产值 579797 万元,同比增长 63.4%,其中轻工业产值 180437 万元,增长 43.8%,重工业产值 399360 万元,增长 74.1%;在总产值中:国有企业产值 9091 万元,增长 8.5%,股份制企业产值 490764 万元,增长 70.6%,其它经济类型产值 74856 万元,增长27.4%。实现工业销售产值 524088 万元,增长66.4%,工业产品出口交货值 13764 万元,增长 63.6%。

2011 年末,全县规模以上工业企业 52 家,同口径新增5家。全年亏损企业5家，亏损额8094万元。工业经济效益综合指数215.0%，同比提升30.9个点。1-12月全县规模以上工业企业累计完成主营业务收入517913万元，增长47.2%，利润总额40455万元，增长136.0%，利税总额89258万元，增长80.1%。

全年在地建筑业总产值380149万元，实现建筑业增加值89836万元，可比价同比增长22.9%。年末建筑企业13家，其中资质等级二级的4家，三级的9家。资质以上建筑企业全年完成建筑业总产值78302万元，下降39.2%，利润总额5692万元。

(三)人民生活、就业和社会保障

全年农村居民人均纯收入5981元，增长25.5%，绝对额和增速位于考核圈13县前列，均居第4位。其中以务工收入为主的工资性纯收入2260元，占比为37.8%，以第一产也为主导的家庭经营收入3309元，占比超过五成达55.3%，财产性纯收入和转移性纯收入分别为159元和253元。农村居民人均生活消费支出5892元，其中食品消费支出2890元，占比为49.0%，较上年度上升0.5个点。农村居民人均住宅建筑面积41.18平方米；城镇居民人均可支配收入16555元，增长15.5%，绝对额和增速均排考核圈第4位。全年家庭人均总收入17486元，同比增长14.9%，分项来看，以工资及补贴收入为主的工资性纯收入9402元，占比过半达53.8%，是城镇居民收入的主要来源，其次是以养老金、离退休金为主的转移性收入4283元，比重为24.5%，经营净收入和财产性收入分别为2922元和879元；城镇居民人均生活消费支出10584元，其中食品消费支出4405元，占比41.6%，较上年上升1.1个点；年末城镇居民人均住宅建筑面积37.97平方米。城乡收入比由上年的3.01:1缩小为2.77:1。

年末全县城镇登记失业人员1892人，城镇登记失业率为2.99%，较上年下降0.3个百分点；全社会常住人口就业人员24.03万人，其中第一、二、三产业从业人员分别为10.14万人、7.81万人和6.08万人，非农产业从业人员比重为57.8%，同比提升2.4个百分点。

年末全县参加城镇职工基本养老保险人数31263人，比上年末增加2871人，其中参保企业职工13460人，城镇居民9794人，参保农民2512人，参保离退休人员5497人。城镇职工参加基本医疗保险25981人、失业保险20320人、工伤保险20254人。2011年末全县累计参加城乡居民合作医疗461100人，参合率为93.29%，其中参合农民413905人，参合率为93.26%；参合城镇居民47195人，参合率为93.58%。全县共支出城乡居民合作医疗保险基金9827.64万元，其中新农合支出8914.42万元、城镇居民医保支出913.22万元。全县享受城市最低生活保障人数8103人，同比下降23.5%，最低生活保障支出2791.2万元，增长40.1%。享受农村最低生活保障9639人，较上年下降62.4%，最低生活保障支出2736.1万元，增长5.0%。年末全县各类收养性社会福利单位28个，床位1210张，在院人数982人。

(四)固定资产投资和房地产开发

全年完成全社会固定资产投资超过百亿达1070406万元，增长30.4%，增速居考核圈13县第8位，其中项目完成投资954639万元，增长35.4%，房地产企业投资103482万元，增长10.7%，农村农户投资12285万元。项目投资中，县内项目投资828139万元，增长71.5%，跨区投资126500万元。分产业看，第一产业完成投资46819万元，下降34.0%，第二产业投资397986万元，增长96.2%，其中工业投资351039万元，增长76.9%，第三产业投资509834万元，增长18.2%。三次产业投资比4.9:41.7:53.4，二产业投资比上升2.5个百分点。

全年房地产开发投资103482万元，比上年增长10.7%。其中，住宅投资63901万元，增长24.1%；办公楼投资1429万元，增长21.7%；商业营业用房投资5484万元，下降44.3%。

(五)国内外贸易和旅游

全年社会消费品零售总额300898万元，比上年增长20.8%,增速居考核圈第3位。按经营地统计，城镇消费品零售额230821万元，增长21.3%；乡村消费品零售额70077万元，增长19.1%。按消费形态统计,批发零售额253600万元,增长23.6%;住宿餐饮额47298万元,增长7.7%。

全县有直接出口权的企业40家,全年进出口总额876万美元,下降64.4%,其中出口870万美元。全年实际利用内资950525万元，增长80.8%。

全年共接待游客305.11万人次，旅游综合收入创新高实现15.25亿元,均增长22.0%。

(六)财政、金融和保险

全县辖区内财政总收入146355万元，增长42.1%;地方财政收入突破十亿元,达到117487万元,增长43.1%;一般预算收入55591万元,增长42.5%。在税收收入中,增值税、营业税和企业所得税分别实现4704万元、22425万元和4059万元,增长22.0%、76.1和49.9%。全年财政支出290734万元,同比增长25.9%,地方一般预算支出231094万元,增长28.5%。其中用于教育、医疗卫生、社会保障和就业支出45651万元、20803万元和21446万元，分别增长29.8%、61.9%和43.1%。

2011年末，全县金融机构存款余额984033万元,比上年末增长15.7%。金融机构贷款余额355705万元,比上年末增长17.4%。年末金融机构不良贷款余额12834万元，不良贷款率为3.61%。

财产保险和人寿保险全年完成保费收入14895万元,较上年下降12.0%,其中财险收入3495万元,增长12.1%,寿险收入1.14亿元,下降17.4%;实现赔付支出总额3810万元,其中财险赔付支出1285万元，寿险赔付支出2525万元。

二、2011年发展中存在的问题

一是全社会固定资产投资增速回落，投资作为经济增长主要拉动力之一,2011年全县全社会固投增长30.4%，较上年回落12.2个百分点;二是财政收入高增长压力大,全年财政总收入增长42.1%，其中地方财政收入增长43.1%，较上年同期分别下降26.2个、48.2个百分点;三是部分主要经济指标位次下降。GDP增速位次下降,全年GDP增长18.1%,分别排全市、考核圈第16位和第9位，位次较上年分别后退6个和7个位次。规模以上工业增加值不变价增长33.5%,在考核圈与武隆县并列第6位,较同期后退2个位次。全社会固定资产投资增速分别居全市、考核圈第22位、第8位,较上年后退13个、5个位次。

三、2012年发展目标

2012年,是新一届政府的开局之年,是实施“十二五”规划的关键之年。结合未来五年总体目标,按照县第十三次党代会确立的发展思路,2012年经济社会发展的预期目标是：地区生产总值增长17.6%，全社会固定资产投资增长25%,社会消费品零售总额增长20%,外贸进出口总额增长50%,地方财政收入增长22%,农民人均纯收入增长20%，城镇居民人均可支配收入增长14%，城镇登记失业率控制在4%以内，人口自然增长率控制在5.5‰以内,城镇化率提高1.5个百分点以上,主要污染物排放总量和单位地区生产总值能耗达到市上下达目标要求。

秀山土家族苗族自治县

秀山县政府办公室 黄伟

一、2011 年发展回顾

2011 年,秀山县坚持以邓小平理论和“三个代表”重要思想为指导,深入贯彻科学发展观,以转变经济发展方式为主线,深入实施“生态立县、工业强县、商贸富县、文化兴县”战略,取得了一系列明显成效,保持了经济社会持续较快发展的良好态势。地区生产总值完成 93.49 亿元,增长 16.0%;社会消费品零售总额完成 32 亿元,增长 20.8%;三次产业结构调整为 14.7:53.3:32;全社会固定资产投资完成 85.12 亿元,增长 40.1%;地方财政收入达到 13.08 亿元,增长 29.9%;金融机构年末存款余额达 78 亿元,增长 13.1%,贷款余额 59.7 亿元,增长 29.9%;城镇居民人均可支配收入、农民人均纯收入分别实现 16823 元、5110 元,增长 15.4%、25.0%。人口自然增长率控制在 3.81‰,城镇登记失业率控制在 4.27%,单位生产总值能耗控制在市上下达的指标内。

(一)城市品质明显提升

完成 20 平方公里城市规划建设区控规全覆盖和局部修改工作。城市建设完成投资 28 亿元(不含两个园区),增长 40%。建成黄杨大桥、东大街四期、朝阳大道西段,打通 21 条断头路,基本完成白沙大道道路建设。凤凰新城、朝阳路西段棚户区改造、白沙大桥等项目稳步推进。房地产开发完成投资 8.1 亿元,新开工 40 万平方米、竣工 30 万平方米、在建 100 万平方米。建成阳光大院?东院、宜欣宜景苑一期等项目,有序推进爱源·财富中心、廊桥水岸等项目。全面完成城区主次干道“白改黑”工程,完成汇银、临江两个小区和火车站停车场等公共区域环境综合整治。按照“修旧如旧”原则修复改造西街片区,已完成“一纵三横”地下工程及路面铺装。完成美化施工围墙 30 余公里,全面规范工地管理。改造公厕 6 个、新建 9 个,累计达到 52 个。新增县城停车位 762 个,累计达到 2752 个。新安装路灯 732 盏,累计达到 4935 盏。整治规范菜市场 4 个,取缔流动摊点 140 多个,规范夜市摊点 170 余处。纠正各种违章行为 2600 多起。城区主干道清扫率、保洁率达到 100%,城市垃圾无害化处理率达 98%。完成二三级污水管网建设 30 公里,城市污水集中处理率达 82%。建成滨江公园和凤凰山公园两大城市主题公园,完成花灯大道、白沙大道、东大街四期、体育场馆片区绿化景观建设,新建社区公园、小游园 8 个,新增绿化面积 30 余万平方米,建成区绿化覆盖率达 42%。成功创建为“市级卫生县城”、“市级文明县城”、“市级山水园林城市”和“市级森林城市”。

(二)工业结构加快升级

工业总产值完成 91.24 亿元,增长 9.9%;工业增加值完成 43.78 亿元,增长 20.1%。工业投资完成 22.2 亿元,增长 90.8%。扎实推进电解锰产业整合重组,完成整合重组方案和环境影响评价报告编制,各项工作正加紧开展。工业园区完成 3.55 平方公里控制性详规和 4 平方公里产业规划修编,基本完成 8.4 平方公里控制性详规。完成固定资产投资 11.2 亿元,其中:基础设施投资 2.6 亿元,企业固定资产投资 8.6 亿元。建成五期标准厂房、周转房和安置房主体工程等项目。新引进上海三毛等企业 21 户,累计入园企业达 76 户。祥华生物、奇爽饮料等项目建设进展顺利,华塑等项目正在开展土地征收房屋征用工作,夏朗手机、新久高丰、雅德织造等 18 户企业建成投产,投产企业累计达 54 户,工业产值实现 50 亿元,增长 73%,占全县工业总产值的比重达到 55.5%。解决就业 1.12 万人。太极集团、机电城、电动汽车、不锈钢管等一批亿元级项目正在洽谈之中。电子通信设备、食品药品、服装和机械制造四大产业雏形基本形成。永发、鑫和硅业技改项目建成投产,维隆硅业建成投入试运行,硅产业企业累计达到6家,产能达到7万吨。

(三)第三产业亮点纷呈

全县商品销售额达到56.8亿元,增长26%;商业增加值达到9.8亿元,增长18.5%;连锁销售额达到5.9亿元,增长47.6%;住宿餐饮业营业额5.8亿元,增长27.5%。物流园区建设上升为市级战略,一期3.5平方公里初具规模,二期2.5平方公里正进行规划编制。已入驻企业21家、项目22个。2011年完成投资13.5亿元,建材、副食、家居和型材板材、五金机电、钢材等6个专业市场主体工程基本完工,招商工作有序开展。朝天门市场秀山分市场、武陵3C批发市场等9个项目正加快建设。战略装卸车点二期集装箱站已完成施工设计,铁路物流配送中心部分投入使用。新落户民生国际会议会展中心、奇爽秀山旅游特色食品城、武陵健康城、武陵纸品·工艺品等4个项目,协议引资27.8亿元。先后被评为"中国应急物流基地"、"中国西部物流基地"和少数民族地区首个"中国物流实验基地",成为全市7个重点物流园区之一。花灯广场商圈新增营业面积5万平方米。引进金逸电影城、重客隆超市等知名企业,永辉超市5月开业以来营业额已超亿元,有效平抑了县城蔬菜、水果等物价。规范雅江、隘口、溶溪、石耶、妙泉、大溪等6个乡镇农贸市场,"万村千乡市场工程"新设网点15家,乡镇市场覆盖率达到100%。洪安边城景区完成投资1.1亿元,洪安老街实现部分开街。继续开展"百万市民游边城"等活动,全年共接待游客80.6万人次,旅游综合收入3亿元,分别增长29.1%、69.2%。

(四)"三农"工作稳步推进

投入各类资金6.2亿元助推农户增收。新增金银花5万亩,累计达到30.1万亩,覆盖农户7万户,户平收入4485元,增长17.2%。出栏土鸡1060万只,覆盖农户9万户,户平收入4500元,增长41%。高端猕猴桃、茶叶、油茶基地分别达2.7万亩、6.5万亩、10万亩,粮食总产量30.69万吨,油菜播种面积25.1万亩,蔬菜种植面积达11.3万亩。一批见效快、效益好的产业逐渐发展,逐步成为农民增收的新亮点。农民专业合作社达到245个,发展新型股份合作社100个,注册资金1.5亿元,入社农户近万户。农业龙头企业增至53家。组建了市级银花工程技术研究中心,金银花通过国家GAP认证。高质量举办了第二届金银花文化旅游节。建成农产品展示展销中心。金银花远期交易78.6万手,成交金额5.2亿元,高端猕猴桃、茶叶实现出口,农产品进港澳市场相关工作正抓紧推进,农产品销售渠道进一步拓宽。建成农民新村20个。开工建设农村公路314公里,完工239公里,行政村"通畅"率达58%。完成公路养护管理体制改革,大力发展农村客运,新建农村客运站4个、开通客运线路9条、投放农村客运车辆46辆。隘口水库完成投资1.86亿元。新建供水工程46处,解决8.4万人饮水安全问题。全面完成小水电供区农网改造。改造中低产田土1.44万亩。农业机械化综合水平达到37%,提高5个百分点。新建沼气池5000口。投入资金5.06亿元完成植树造林20.2万亩,全县森林覆盖率达到40.5%。

(五)改革开放攻坚破题

新增"农转城"10.48万人,户籍城镇化率达到33.16%,提高16.16个百分点,常住人口城镇化率达到35%。农村土地承包经营权确权颁证和农房颁证基本完成,农村"三权"抵押融资5.72亿元,在全市所占比例提高到4.8%,有效缓解了产业发展和建设资金缺乏的问题。农村建设用地复垦入库备案7784.52亩,规模居全市第四,完成复垦5592.66亩,市级验收确认及综合审查面积居全市第一。土地开发整理新增耕地2.78万亩,居全市第一。建立和实行"民事代办"制度,得到中央政法委充分肯定。采取"走出去"与"引进来"的方式开展招商引资工作,签约项目62个,协议引资471.5亿元,落地项目27个,成功率达43.5%,实际到位资金55.06亿元,增长26.1%。外贸进出口企业达到29家,实现直接出口2500万美元,增长25%。

(六)财政金融有为有效

狠抓财税征收,全面加强税源分析、监控和管理,确保财税收入及时足额缴库。全口径财政收入达到16.8亿元,增长22.8%。全年财政支出34.29亿元,增长39.7%。不断深化财政体制机制改革,国库集中支付改革"五个一"模式在全市推广,直接支付金额占支付总额的比例达到77.8%。全面兑现优惠政策,将津补贴标准提高到2.2万元,住房公积金缴存比例提高到12%。稳步开展财政投资评审,共评审项目201个,审减资金1.11亿元,审减率达11.9%。金融服务业持续发展,存贷比达到77%,提高9.9个百分点。不良贷款率1.47%,下降1.15个百分点。银行实现盈利2.82亿元,增长35.2%。规范做实政府投融资平台,华信集团公司总资产达到52.7亿元,工业投资公司步入正轨,华渝物流公司进一步壮大,三家公司全年融资14亿元,完成投资12亿元。

(七)社会事业协调发展

完成县职教中心扩建工程,成功创建"国家级重点中等职业学校"。秀山一中高中新校区已启动征地拆迁。凤凰中学如期实现招生,校区建设进展顺利,4所中小学扩建工程稳步推进,高级中学办学效益初显。加快学前教育发展,全县城乡3—6岁幼儿入园率达50%。大力实施"塑胶运动场建设工程"、"校安工程"、"鸡蛋工程"、"爱心午餐"和农村留守儿童关爱工程。花灯博物馆主体工程完工,文化馆、图书馆、档案馆、规划展览馆前期工作基本完成。新建农家书屋140个,实现农家书屋全覆盖。编辑出版《秀山花灯大全》。"中国书法之乡"创建工作有序推进。圆满完成"电视户户通"工程,农村综合广播信息系统运行良好。县医院迁建项目已完成投资1.07亿元,县中医院业务大楼投入使用,实施了9个乡镇卫生院标准化建设,基本药物实现零利润销售。体育场馆投入使用,游泳池完工,新建登山步道7.8公里,加大力度推进农民健身工程,群众体育活动蓬勃开展,竞技体育成果丰硕,获第四届中国搏击精英赛暨第九届"川正杯"中国国际跆拳道比赛4个第一名、团体第一名。

(八)民生保障更加有力

民生类支出完成23.3亿元,增长40.3%,占地方财政支出的67.8%。新增城镇就业人员2056人。扶持发展微型企业573家,累计达到693家,新增个体工商户3220个,达到1万户,新增就业岗位近万个。加强城乡低保动态管理,清理不符合标准人员3300人。城乡居民合作医疗保险参保率达95.1%。调整提高了农村大病医疗救助标准。城乡居民养老保险参保率达86.7%,60岁以上老人参保率达90%。新建和改扩建标准化敬老院12所,建成老年公寓和4个社区养老日间照料中心,五保老人医疗实行实报实销,集中供养率达到46%。开工建设廉租房1600套、建成320套、入住166户。建成巴渝新居2088户、改造农村危旧房5198户。启动实施21个贫困村整村脱贫项目,实施易地扶贫搬迁207户800人,新建生态移民安置点2个,减少农村建卡贫困人口1.33万人,返贫率控制在3%以内。为4400户农村建卡贫困户发放了彩色电视机。在全市率先开通《阳光秀山》网络互动民生热线栏目,认真做好县政府公开信箱办理工作,解决了群众关心的一大批热点、难点问题。

(九)社会管理力度加大

停产整治18家电解锰企业、37家锰矿山企业,关闭83家锰粉加工厂,完成整治投入5.53亿元,顺利通过环保部督查验收和市政府摘牌验收。切实抓好总量减排工作,完成市上下达的总量控制目标任务。大力实施"蓝天、碧水、绿地、宁静"四大工程,城区空气质量优良天数达到337天,饮用水源水质达标率为100%,噪声达标区覆盖率达63.8%。人口计生工作再获全市先进。认真开展"三项行动",进一步规范执法行为,查处"两违"案件190起,拆除"两违"建筑1.17万平方米;查处违规套取医保民营医院3家,取缔医保资格1家。严格国有土地"招拍挂"

出让制度,出让供地18宗,面积67.69公顷。打击取缔非法煤矿18个、非煤矿山26个,查封非法煤矿井硐15个、锰矿20个。大力开展社会治安综合治理,扎实开展夏秋行动、冬季百日会战等专项工作,破获刑事案件1170余起,查处治安案件6161起,现行命案侦破率100%。侦办恶势力团伙5个。“清网行动”抓获逃犯99名,“捕狼行动”抓获命案逃犯13名,受到公安部表扬和市公安局贺电表彰。“打四黑除四害”专项行动全市排名第六。打击食品药品安全犯罪专项行动战果丰硕,全市排名第二。启动了应急联动防控体系数字化建设。安全生产持续稳定好转,事故起数、死亡人数、经济损失实现“三下降”。大力开展民间矛盾纠纷排查化解工作,共排查各类矛盾纠纷5229件,化解5195件,化解率为99%。扎实开展领导干部下访群众工作,领导干部共下访群众7235次,接待群众7668批次、17339人次。

二、2011年发展中存在的问题

经济社会发展面临的一些矛盾和问题,主要表现在:一是综合实力仍偏弱。经济总量较小,在武陵山区同级行政单元中优势不明显。二是经济结构有待进一步调整优化。现代服务业、高新技术及战略性新兴产业刚刚起步,“一锰独大”的产业结构仍未根本突破。三是城镇功能不完善。基础设施不够配套,农村基础设施薄弱,县城和集镇发展受到规划的限制,聚引作用和集散效应不能得到充分发挥。四是社会建设欠账多。公益设施建设相对滞后。社会保障覆盖面还亟待扩大。扶贫攻坚任务艰巨。教育、医疗等公共服务水平和质量不高。五是瓶颈制约依然存在。用地指标争取难、缺乏建设资金、环保压力大、人才匮乏、技术落后等仍然是制约经济社会发展的主要因素。六是城市改造、国企改制等信访问题依然突出。安全稳定工作压力较大,应急保能力还有待进一步加强。

三、2012年发展目标

2012年,秀山县将高举中国特色社会主义伟大旗帜,坚持以邓小平理论和“三个代表”重要思想为指导,全面贯彻落实科学发展观,紧紧围绕“十二五”规划和任期目标,加快转变经济发展方式,纵深推进改革开放,不断提升综合经济实力和区域竞争力,加快建设武陵山区经济强县和中心城市。经济社会发展主要目标为:地区生产总值增长18%,规模以上工业总产值增长39%,全社会固定资产投资增长35%,社会消费品零售总额增长25%,地方财政收入增长20%以上,利用县外资金增长30%,出口总额增长50%,农民人均纯收入和城镇居民人均可支配收入分别增长20%、13%,城镇登记失业率控制在4.3%以内,城镇化率提高3个百分点,人口自然增长率控制在6.5‰以内,单位生产总值能耗、化学需氧量、二氧化硫和氮氧化物排放量控制在市上下达的指标以内。

酉阳土家族苗族自治县

酉阳县政府办公室 冉群峰

一、2011年发展回顾

2011年,在市委、市政府的坚强领导下,在市级各部门的大力支持下,酉阳自治县紧紧围绕“314”总体部署,强力推进工业强县、林牧富县、旅游兴县、环境立县“四大战略”,经济社会步入科学、健康、快速的良性发展轨道。全年实现地区生产总值76.96亿元,同比增长16.1%,其中第一产业增加值17.38亿元,增长5.5%;第二产业增加值33.44亿元,增长22.0%;第三产业增加值26.14亿元,增长16.4%;第一、二、三产业增加值占全县生产总值的比重分别为

22.6%、43.4%、34.0%,对经济增长的贡献率分别为8.1%、54.4%、37.5%。全社会固定资产投资116.3亿元,同比增长22.1%。社会消费品零售总额29.71亿元,同比增长18.1%。全年组织财政收入15.45亿元,增长58.0%,其中地方财政收入完成12.25亿元,增长59.9%,一般预算收入完成6.90亿元,增长55.4%。农村居民人均纯收入4539元,同比增长24.2%;城镇居民人均可支配收入13415元,同比增长15.4%。年末全县金融机构各项存款余额94.32亿元,同比增长18.5%,贷款余额42.89亿元,增长32.8%,存贷比45.4%,较上年提高4.0个百分点。

(一)工业发展提速增效

工业园区完成投资23.3亿元,其中完成基础设施投资6亿元,企业固定资产投资17.3亿元,累计建成各类厂房71.2万平方米、职工宿舍3.4万平方米、道路39公里,新建成投产或试生产武陵光伏二期、九鑫水泥、华方医药青蒿素生产线、金沿海纺织、江阳纺织等19个工业项目,国锦生物、酉水河酒业、酉好化肥二期、新都纺织等89个工业项目正快速推进。全县实现全部工业总产值50.37亿元,同比增长59.1%。其中规模以上工业总产值29.93亿元,同比增长54.2%;实现增加值11.66亿元,增速达45.2%,排全市第二位。

(二)招商引资成果丰硕

围绕"承接沿海、接轨主城、招引内需、突破外资"总体思路,着眼打造纺织服装、光伏材料等产业集群,成功引进年产21万吨氨纶纱线的江苏天霸集团等一大批重大项目。全年招商引资签约项目513个,动工建设294个,竣工投产128个,协议引资288亿元,实际到位资金59.81亿元。全年实际利用内资36.09亿元,增长137.9%;实际利用外资180万美元,增长125.0%,均列考核圈第三位,为全县经济社会发展注入了强大活力。

(三)基础建设推进有力

完成电网建设投资3亿元,建成35千伏麻旺变电站,扩建110千伏龙潭变电站,改造酉酬、大溪、兴隆、丁市等四座变电站并全部投运,新投运110千伏金家坝输电线路,全县农网改造面达100%,供电能力大大加强。页岩气项目加快推进,完成渝页2井和酉科1井钻探,启动编制《酉阳县页岩气勘探开发规划》。铜李公路建成投用,实现了四条出境干道全面畅通,全县38个乡镇全部通车,通车率达到100%,投资1.5亿元启动32个村233公里村通畅公路建设。

(四)城乡面貌焕然一新

投资21亿元的钟渤快速通道即将通车,龙潭新城区正式开工建设,彻底打破了"两山夹一沟"的城市空间布局,全面迈入了新城建设时代。旧城改造完成房屋拆除面积12.4万平方米,桃花源广场、体育馆、文化馆、图书馆、游泳馆、城市规划展览馆等建成投用,建成香樟园、银杏园、桂花园等21个城市主题公园,成功创建全国文明县城和市级山水园林城市、市级卫生县城,荣获"转型2011联合国宜居生态城市"、"中国宜居宜业典范县"等荣誉称号。建成龚滩、酉酬、大溪、龙潭等一批富有民族特色的小集镇。

(五)旅游商贸活力彰显

大力建设"酉阳桃源·国家公园",建成酉州古城,全力打造酉阳桃花源国际休闲旅游度假区,成功创建桃花源国家AAAAA级旅游景区,成功申报酉阳国家地质公园,使酉阳国家级旅游品牌上升至10个。积极参加博鳌、香港、上海等旅游营销峰会,荣获"国家旅游名片"、"中国最具国际影响力旅游目的地"、"中国最具投资价值旅游县"、"中国最佳休闲度假旅游胜地"、"中国最佳生态宜居旅游胜地"等荣誉称号。成功举办中国重庆酉阳国际攀岩锦标赛、中国酉阳桃花源国际休闲旅游文化节等节会活动。全年接待游客260.1万人次,实现旅游收入8.34亿元,分别同比增长157.9%和160.6%。碧津广场、桃花源广场等城市商圈蓬勃兴起,中亚钢材综合交易市场、渝湘鄂边贸市场等专业市场蓬勃发展,社会消费品零售总额增长18.1%。

(六)农村经济转型发展

围绕林、畜、药等特色优势产业,引进和培

育国家级农业龙头企业3家、市级6家、县级50家,建立农民专业合作社215个,“产加销”一条龙、“农工商”一体化供销体系基本形成。订单种植青蒿6.5万亩,产量9750吨,实现产值1.37亿元,成为全国首个能规模生产青蒿素、种植青蒿的基地县。国家级畜禽遗传资源“酉阳乌羊”存栏已增至1万余只,“麻旺鸭”存栏158.6万只、出栏94.2万只。全力打造青花椒、油茶等特色经济林产业,新建青花椒基地10万余亩、油茶基地1.8万亩、香桂基地2000亩。引进恒都肉牛公司建成2万头肉牛基地和3000头规模肉牛养殖场,农业龙头企业挺起农业产业化脊梁。

(七)社会事业不断进步

酉一中扩高顺利推进,县职教中心建成投用,学龄儿童入学率99.51%,初中升学率95.19%,较上年提高4.36个百分点,高考上线率92.03%,较上年提高2.23个百分点,全年教育支出5.87亿元,同比增长48%,占地区生产总值的8.3%。深入实施基本药物制度,全年为患者减轻负担832万余元,有效缓解了人民群众“看病贵”问题,县人民医院成功创建“二级甲等”综合医院,完工两罾、五福等六个乡镇卫生院改扩建项目,城乡居民参加医疗保险人数77.74万人,较上年增加5.94万人,增长8.3%,全年医疗卫生支出2.83亿元,增长64.8%。全县广播覆盖率94.99%,电视覆盖率98.0%,公共图书馆藏书6.2万册,被文化部命名为“中国民间文化艺术之乡”。

(八)民计民生持续改善

加快保障性住房建设,完成廉租住房建设7.5万平方米,在建12万平方米,首批312户廉租住房保障对象实现了实物配租,发放租赁补贴141万元。户籍制度改革稳步推进,实现农转城29240户132512人,完成市上下达我县去今两年调研指导计划的209%。整合国有资产,注入首期资本金4000万元,组建了“三权”抵押贷款担保公司,实现农村“三权”抵押贷款8724万元。大力开展土地开发复垦整理,共计入库农村建设用地复垦项目81个,面积382公顷,其中47个项目已通过农商行贷款筹集建设资金1.46亿元,余下34个项目拟融资1亿元,正继续跟进。完成整村脱贫37个,新启动宝剑村、天山堡村等28个贫困村整村脱贫。为1304户创业人士发放小额担保贷款8021.5万元,带动就业4000余人。城乡居民社会养老保险参保314492人,完成任务的102.7%,参保率达88.6%。认真落实“营养午餐”工程,惠及8.3万中小学生。启动“孝心儿女”一对一帮扶活动,让2万多空巢老人老有所养。

二、发展中存在的问题

一是经济总量不大,支柱产业缺乏,产业体系培育仍处于起步阶段。二是基础设施依然薄弱,综合交通和能源保障体系仍需大力改善,水利保障能力尚待加强。三是居民收入水平总体偏低,城区学校大班额和乡村教育资源闲置并存,医疗服务质量与群众需求尚存较大差距,农村文化设施设备缺乏,科技发展支撑作用有限。

三、2012年发展目标

2012年全县经济社会发展的主要预期目标为:实现地区生产总值95.4亿元,增长23.9%;完成全社会固定资产投资115亿元;工业总产值达73亿元,增长45%;实现社会消费品零售总额36亿元,增长21.2%;组织地方财政收入15.3亿元,增长25.0%;城镇居民人均可支配收入达15567元,增长16%;农民人均纯收入达5537元,增长22%;城镇化率提高到27.1%;居民消费价格涨幅控制在4%以内。人口自然增长率控制在7.6‰以内,万元GDP能耗下降3.5%。

彭水苗族土家族自治县

彭水县政府办公室 任勇

一、2011年发展回顾

2011年，彭水自治县深入践行科学发展观，全面落实市委、市政府决策部署，坚持以加快城市建设、壮大工业经济、大兴旅游产业等重点工作为主攻方向，着力破解土地、资金、项目“三大制约因素”，不断优化发展环境，切实保障和改善民生，全县经济社会保持持续快速健康发展势头。地区生产总值达76.49亿元，同比增长15.4%。三次产业结构调整为21.0:40.1:38.9，第二产业比重不断扩大。人均生产总值达14091元，同比增长15.2%。完成固定资产投资80.62亿元，同比增长33.4%。社会消费品零售总额达32.98亿元，同比增长18.6%。完成地方财政收入12.09亿元，同比增长40.5%；本级财政支出31.55亿元，同比增长31.4%。城镇居民人均可支配收入14670元，同比增长15.0%；农村居民人均纯收入5215元，同比增长24.7%。年末，金融机构存款余额80.98亿元，比年初增长25.8%；金融机构贷款余额79.73亿元，比年初增长12.6%。

(一)工业经济快速增长

保家工业园区主干道建设加快推进，防洪堤工程全面启动，新增标准厂房4.8万平方米，成功引进三恒生物、欧尔矿业等企业入驻，入园企业达62家，集聚效应开始显现。渝东选矿、茂田余热发电、CNG加气站项目建成投产，天然气管道、生物质发电厂、新型氟材料产业园项目开工建设，国内第一口页岩天然气勘探井在彭开钻并点火成功。三江口水利枢纽实现大坝截流，龙门峡等一批中小水电站顺利推进；乡镇煤矿技改扩能加快实施，年产煤80万吨。规上工业实现增加值20.72亿元，比上年增长24.1%。

(二)农村经济稳步发展

认真落实各项惠农政策，积极推进促农增收，加快农业产业化进程，农业综合实力不断增强。粮油产业稳定发展，粮食播种面积126.5万亩，产量30万吨。"烟、芋、薯、畜、林"五大特色产业不断壮大，种植烤烟11万亩、收购烟叶27.5万担，建魔芋良繁基地1.3万亩、商品基地10万亩，发展改良红薯基地15万亩，出栏生猪60万头、肉牛6.5万头、山羊6万只、家禽180万只，完成各类造林18万亩、森林覆盖率达到42%。龙头企业带动作用增强，引进国家级龙头企业1家、省级龙头企业2家，新培育四星级龙头企业6家、三星级龙头企业6家，新发展专业合作社92个。农林牧渔业实现增加值16.04亿元，增长5.0%，

(三)第三产业繁荣活跃

乌江画廊景区、摩围山景区相继开游接客，通过多渠道、多形式宣传营销及成功举办"一节一赛"，旅游形象得到大幅提升，全年接待游客220万人次，实现旅游综合收入5亿元，同比增长177.8%。全面完成城区菜市场标准化改造，乡镇农贸市场规范化建设快速推进，重百超市入驻彭水并顺利营业。全县限额以上商贸企业由23家增加至62家，城乡消费市场日趋活跃，县城实现社会消费品零售额22.95亿元，同比增长18.7%；乡村实现社会消费品零售额10.03亿元，同比增长18.4%。

(四)城乡面貌不断改善

推进新城建设，完成土地征收6700亩，靛水、张家坝安置房建设加快，景观大道、防洪工程等城市基础设施建设全面铺开。县城防护堤主体工程基本完工，郁江二桥竣工通车，郁江三桥开工建设，乌江五桥、摩围山隧道建设加快推

进。拆除危旧房11万平米,新开工商品房47万平米。实施城市道路白改黑和隧道美化、亮化工程,完成立交桥片区道路改造,城镇化率提高到27%。全县公路总里程达5500公里,提前实现农村公路"双百"目标和"2小时彭水"。水土流失综合治理面积6.25平方公里,新解决1.5万人饮水安全问题。开工建设5个特色集镇、15个农民新村,累计改造农村危旧房10.9万余户、建成巴渝新居4343户。农网改造供电可靠率达95%以上,新增耕地7000亩,改造中低产田土1万亩,建设沼气池4000口,农村生产生活条件不断改善。

(五)改革开放纵深推进

深入推进户籍制度改革,积极落实医疗、养老、住房、教育、就业等配套政策,转户进城6.6万人,累计转户8.5万人。流转林地32万亩、农村土地43万亩,规模经营集中度达到26%。积极推进农村"三权"抵押贷款工作,发放贷款4.5亿元。推进农村建设用地复垦,实现"地票"交易4.7亿元。深化医药卫生体制改革,基本药物保障体系初步建立。积极加强与合川、山东聊城的交流互动,争取援助资金2137万元。加大招商引资力度,签约项目102个、协议引资293.5亿元,实际到位资金9.7亿元。全年实际利用内资36.9亿元、外资700万美元。加大外向型企业培育力度,外贸企业达18家,实现外贸出口770万美元。

(六)社会民生长足发展

完工职教中心一期工程,实验中学投入使用,新建和改造农村校舍2万平米、寄宿制学校4所,全面实施中小学生营养计划,近10万义务教育阶段学生喝上"免费奶"。三甲医院主体完工,新建和改扩建乡镇卫生院12所,乡镇卫生院标准化覆盖率达70%以上。启动二级图书馆、文化馆、影剧院建设前期工作,建成37个乡镇综合文化站、290个农家书屋,实现"广播村村响、电视户户通"。加快特色民族文化大县建设步伐,民歌《娇阿依》、《苞谷调》蝉联西部民歌(花儿)歌会"三连冠"。启动新城体育中心建设,成功承办重庆市第三届社区运动会渝东南片区赛。建成保障性住房2.5万平方米,完工敬老院28所、五保家园36个。城镇新增就业人员3300人,城镇登记失业率控制在3.7%以内。城乡居民养老保险参保人数达22.8万人,城乡医保参合率居渝东南之首。全面落实城乡低保、救灾救助政策,社会保障水平不断提高。

二、发展中存在的问题

一是发展基础差、底子薄,经济总量小、发展速度慢,与发达地区的差距进一步加大;二是经济结构不优,工业支撑作用不强,经济增长过分依赖投资,产业结构层次低、增长方式粗放;三是关系人民群众切身利益的问题仍然较多,地方可用财力增长不足,社会民生保障能力不强;四是农业基础脆弱,农业设施滞后,综合生产能力低下,农村居民增收难。

三、2012年发展目标

2012年,彭水自治县经济社会发展主要预期目标为:实现地区生产总值88亿元,同比增长18%;实现工业增加值26亿元、同比增长30%;实现地方财政收入16亿元,同比增长33.3%;完成固定资产投资100亿元,同比增长25%;实现社会消费品零售总额41.4亿元,同比增长22%;城镇居民人均可支配收入达到17125元,同比增长15%;农民人均纯收入达到6500元,同比增长24.8%;城镇化率提高2个百分点,万元生产总值能耗下降3.2%,城镇登记失业率控制在4%以内。

附　录

2011年重庆市经济大事记

1月

5日 国家发展改革批复我市为全国第三，西部第二个国家承接产业转移示范区。

7日 市政府与清华大学签订战略合作协议，在汽车、机械工程、建筑、镁铝金属制造和材料工程等方面全面合作。

12日 全国首个整乡脱贫示范区在我市南川区活动。

16日 主城最大的公园——龙头寺公园开园。

18日 重庆环境资源交易中心挂牌，这意味着我市主要污染物排放权交易试点工作正式启动。

19日 中国西部纸品博览综合交易中心在双桥区开工建设。

西部金属材料电子交易中心项目落户两江新区工业开发区鱼复工业园。

重庆天安数码城·绿谷项目在大渡口区奠基，总投资50亿元。

24日 长安汽车鱼嘴千亿汽车城在两江新区工业园区奠基，标志着我市占地万亩的世界级汽车工业基地正式启动。

全国面积最大的国家地质公园——长江三峡(重庆)国家地质公园正式开园。

25日 重庆微软技术中心升级为软件创新中心，成为国家发展改革委——微软公司联合批准的8家软件创新中心之一。

26日 中国银行与市政府签署《战略合作备忘录》，助推重庆打造内陆开放高地和金融中心。

年产值250亿元的力帆乘用车新增生产基地签约入驻两江新区“千亿汽车城”。

27日 “十大公益性项目”、平安重庆“建设重大项目——光华医院暨重庆刑事技术中心工程在蔡家组团奠基开工，总投资24亿元。

重庆市工程建设招标投标交易中心成立。

重庆正式启动个人住房房产税征收试点。

28日 中国北车集团公司分别与重庆市及两江新区签订《战略合作协议》和《共同建设中国北车西南产业基地合作协议书》，将中国北车西南最大产业基地落户千亿级轨道交通产业园。

渝新欧国际铁路联运试验专列发车。

29日 全球五大笔记本电脑代工企业的台湾和硕联合科技公司与重庆正式签署《和硕联合科技股份有限公司商业基地投资框架协议书》，和硕大陆第三基地落户重庆。

2月

11日 市外经贸委与世界500强企业——三井物产株式会签订全面战略合作协议。

12日 国家科技部授予两江新区“国家新能源汽车高新技术产业化基地”和“国家功能材料高新技术产业化基地”。

14日 中科院重庆研究院落户两江新区。

15日 普洛斯投资管理(中国)有限公司投资6.8亿元的普洛斯(重庆)城市物流配送中心项目签约入驻重庆公路物流基地。

18日 阿里巴巴网络有限公司与市政府签订战略合作备忘录，阿里巴巴坝国际电子商务夫去中心落户重庆，共同推进在线世保交易和国际电子商务产业发展。

合川双槐电厂一期扩建工程开工建设，建成后双槐电厂年总发电量将达百亿千瓦时。

市老年事业发展基金会成立。

19日 中国陆上最大天然气开采对外合作项目在开县开钻。

22日 重庆航运建设发展有限公司与日本

三菱商事株式会社就嘉陵江草街水电站碳减排购买达成协议这意味着全球最大碳减排水电项目实现成功交易，开创了全国交通系统碳减排交易的先河。

23日 国家信息中心软件评测中心重庆中心在渝中区互联网产业园揭牌，这是在我市成立的首家，也是西部第一家国家级软件评测中心。

28日 两路寸滩海关开始对外办理海关业务。

3月

1日 英国威尔士政府成立驻重庆办公室，将围绕教育、低碳环保等领域与重庆开展密切合作。

2日 市政府与亚太地区最大的独立电信夫去供应商、亚洲最大的私营海底光缆营运者——PACNET签订战略合作备忘录，双方将着力构建全球领先的离岸数据管理试验区，创建进一步促进离岸数据产业发展的政策环境。

8日 国家商务部所属国内最大的政府性综合电子商务平台——中国国际电子商务中心与两江新区正式签约，投资16亿元打造在岸数据处理和备份中心。

13日 市政府与中科院签署《共建中科院重庆研究院协议》和《重庆市人民政府——中国科学院全面科技合作协议书》，意味着重庆正式告别没有中科院序列科研机构的历史。

14日 市政府与中国移动通信集团公司签订《创新物无联网应用——共建云端智能重庆》战略合作协议，共同打造全国物联网产业基地和云端智能重庆。

国家物联网产业示范基地落户菜园新区。

21日 蒂森克虎伯、德事隆、麦格纳三家世界500强企业集体签约入驻两江新区北倍蔡家组团，生产汽车关键零部件系列产品。

23日 重庆与英国签约携手共创增长合作备忘录双方签署4项合作协议，涉及教育、职业安全、社区建设等多个民生领域。

28日 重庆市洁净能源与先进材料研究院挂牌成立。

重庆东港港区集装箱码头在南岸广阳镇开建。

“两翼农户万元增收”重点工程——彭水渝惠农产品市场正式开工建设。

31日 “民心佳园”公租房一期工程顺利通过竣工验收，并即将投入使用。

第五届中国（重庆）国际绿色低碳城市建设与建设成果博览会开幕。

4月

1日 从本月起，重庆市率先在全国实现城乡居民养老保险覆盖。

国家发改委、国家财政部、国家农业综合开发办批准重庆市成为中国农业综合开发利用世界银行贷款实施可持续发展农业项目省市。

2日 市政府常务会审议通过《重庆市政府规章立法后评估办法》。

5日 “渝新欧”国际铁路联运大通道全线开通。首趟国际铁路联运专列，已到达德国杜伊斯堡。

6日 两江国际云计算中心暨中国国际电子商务中心重庆数据产业园在两江新区水土高新技术产业园开建。

以色列英飞尼迪投资集团20亿美元的外资私募股权投资基金落户两江新区。

7日 全球十强国际工程咨询集团达尔集团与重庆北部新区管委会签订协议，达尔集团全球服务外包中心落户两江新区核心区——北部新区。

11日 德国巴斯夫公司携手重庆化医集团总投资350亿元的重庆MDI一体化项目，在长寿经济技术开发区开工。

重庆市加强与周边省份合作，为全市中长期电力供应布局一批重大电源项目，总规模达1240万千瓦，超过重庆市“十一五”末电力装机总量。

12日 华硕电脑股份有限公司于与重庆正

式签约，将在高新技术产业开卡发区布局华硕全球电脑生产基地暨中国第二营运总部。

13日 重庆被中国绿化基金会授予"生态中国"城市奖。

重庆·温州周开幕，签约25个项目，总投资达350亿元。

经开区括展规划用地方案获市政府审批。经开区将括展到茶园组团地区。

14日 重庆国家高新技术产业标准化示范区通过国家验收。

15日 由国家发改委、财政部和市政府联合设立的投资基金——重庆圆基新能源创业投资基金成立。

谈石金融投资公司旗下三家金融公司在两江新区同时开业。

16日 重庆市"民心佳园"首批公租房开始签约入住。

21日 江津云计算产业基地在双福新区开工。

万州区与山东如意集团达成协议，投资150亿元建设"西部纺织城"。

22日 国土资源部授予重庆市"中国温泉之都"金字牌匾。

25日 市政府第99次常务会，审议通过了《重庆市主城区二环区域发展规划(2011年——2020年)》。

市政府常务会审议并原则通过了《关于加快法扎战略性新兴产业的意见》。

27日 截止一季度末，全市跨境贸易人民币结算金额达到21.35亿元。

28日 全国500强，德国最大的银行——德意志银行(中国)有限公司在中国西部的首家分行重庆分行正式开业。

30日 大足县、璧山县、双桥区、四川安岳县、简阳市、乐至县和龙泉驿区等7个区(市)县，联合成立成渝直线经济联盟。

5月

5日 国务院正式批复《成渝经济区区域规划》。

两江国际汽车城研发营运中心在鱼复工业园开工建设。

9日 重庆市政府常务会确定，从5月1日起，调高土地增值税预征率，普通标准住宅预征率由1%调整为2%；非普通标准住宅预征率由2%调整为3.5%。

重庆市政府第100次常务会议，审议通过《重庆市环境保护与区域限批实施办法》。

11日 中欧"安智贸"项目第二阶段计划扩大试点港口范围，重庆港成为该项目首个内陆试点港口。

13日 重庆市政府召开加快发展战略性新兴产业暨重庆国家高技术产业基地授牌大会。重庆跻身国家高技术产业基地。

14日 重庆市首家贷款公司——重庆北碚花旗贷款有点责任公司获准筹建。这是花旗银行在中国西部地区布局的第一家贷款公司。

16日 重庆市出台《重庆市国有土地上房屋征收与补偿办法(暂行)》。

18日 重庆市注册资本最大的外商独资项目之一总投入达9.5亿美元的韩泰轮胎重庆生产基地在两江新区鱼复工业园开工建设。

19日 由商务部、国务院三峡办、中国贸促会和重庆市政府共同主办的第十届中国(重庆)国际投资暨全球采购回，在重庆国际会议展览中心开幕。

山东·重庆扶贫协作暨经贸合作项目签约仪式举行。来渝的山东企业分别于重庆的15个国家和实际扶贫开发重点区县达成合作项目60个，项目总金额317亿元。

20日 2011中国(重庆)国际文化创意产业项目推介会在重庆大剧院举行。本届推介会共推进102个项目，投资总额超过千亿元。

21日 重庆市政府与中国国电集团公司举行能源项目战略合作协议签约暨国电重庆分公司成立揭牌仪式。

22日 第十四届中国(重庆)国际投资暨国际全球采购会(简称渝洽会)闭幕，渝洽会期间，投资我市的项目签约金额达5881亿元。

23日 两江新区千亿轨道交通产业园龙头项目——中国北车西南产业基地开工，项目投产后，预计将形成年产400亿元产能。

24日 新加坡太平洋电信大中华区最大的云计算数据处理中心在两江新区水土高新产业园破土动工。

25日 第三届"节庆中华奖"颁奖典礼在重庆人民大礼堂隆重举行，重庆获得"节庆城市奖"等5项大奖。

26日 "重庆造"宏基第一台笔记本电脑正式下线，同时宣告计划在渝生产4000万台笔记本电脑的宏基重庆生产基地投入量产。

27日 重庆市政府与纬创资通签订纬创资通落户重庆项目合作协议，标志着纬创全球第七大生产基地布局重庆。

重庆市政府公众信息网公布《重庆市主城区二环区域发展规划(2011——2020年)》，二环区域范围确定为；内环与二环之间地区，以及二环外围毗邻的龙兴——石船、王家——木耳、水土——复兴、北碚等城市组团(面积260平方公里)，面积共计2218平方公里。

30日 总占地面积20多万平方米的主城茶园、西永和鱼洞3个综合交通换乘枢纽同时开工，3个项目明年底建成后，将实现各种交通运输方式有机衔接。

6月

4日 重庆市政府与日本住友化学株式会社签订关于环境保护与人才奖励的协议。作为日本规模最大的住友化学株式会社，将从2011年起在我市设立《住友化学重庆青年环境保全奖》和《作为中日交流之桥梁的住友化学的人才奖励金》。

7日 重庆市公租房政策作四方面微调：一是放宽了收入限制标准，二是对申请人的户型标准进行了微调，三是简化了需提交的证明材料，四是新进机关三年以内的公务员也能申请公租房。

13日 市政府第102次常务会议审议通过《"十二五"期间重庆市突发事件应急体系建设规划》。

15日 两路寸滩保税港区出入境检验检疫局正式挂牌成立，专为保税港区内的企业提供进出口检验检疫服务。

全球最大的锂离子电池制造商之一一深圳立业集团下属香港精进能源有限公司在两江新区水土高新园开建中国西部最大锂离子电池基地。

16日 欧洲最大的印刷电路板生产商——奥地利奥特斯集团(AT&s)重庆生产基地在两江新区鱼复工业园开建。该项目总投资6.2亿美元，是奥地利目前在华最大投资项目。

18日 由重庆市政府、国务院发展研究中心、中国国际贸易促进委员会、联合国开发计划署、世界贸易中心协会(香港)共同主办的两江论坛隆重开幕，来自全球的300名杰出的思想领袖、专家学者与行业精英齐聚重庆，共同探讨重庆及其所在区域面临的重大机遇与发展实践。

20日 重庆市政府与全球最大笔记本电脑制造商—— 仁宝电脑集团签署战略合作协议，宣告仁宝正式签约落户重庆。

重庆市政府常务会审议并原则通过了《重庆市人民政府关于实施质量强市战略构筑西部质量高地的若干意见》。

21日 市政府同国内最大的IT解决方案与服务供应商——东软集团签订战略合作备忘录。双方将以合作推进基于云计算、物联网等新兴技术的医疗健康服务平台建设，携手打造"健康云"。

23日 重庆两江新区万寿、龙兴、鱼嘴、复盛、思源和九龙坡西彭、巴南龙洲湾、渝北木耳等8个公租房项目集中开工。开工面积达613万平方米。

28日 惠普与市政府签署深化战略合作协议，按照协议，惠普重庆基地的内涵将进一步拓展，除了生产几千万台笔记本电脑外，还将生产几千万台台式电脑、显示器。

全球最大键盘生产商台湾群光集团在江津双福新区开建生产基地,其21家核心配套企业亦集体签约落户双福。

7月

3日 渝东南地区装机容量最大的调峰水电站—— 酉阳金家坝水电站正式并网发电。

4日 重庆市政府常务会审议并原则通过《重庆市"十二五"科学技术和战略性新兴产业发展规划》。

重庆市政府常务会审议通过《重庆市商贸流通业发展第十二个五年规划》,提出到2015年,基本建成长江上游地区商贸会展中心,力争在西部地区率先实现流通现代化。

5日 2011中国(重庆)民营经济发展论坛在我市隆重举行。

重庆市涪陵区龙桥工业园区20个项目集中开(竣)工。随着一批大项目的入驻,涪陵龙桥工业园区将跃升为我国中西部最大的化纤纺织基地。

6日 璧山县举行笔记本电脑招商引资项目签约仪式,10家IT配套企业签约落户,项目投资总额达33.8亿元。

第二届渝商大会在人民大厦隆重举行。

日本关西涂料株式会社投资1100万美元,在重庆设立的重防腐漆生产销售基地在长寿晏家工业园区开工建设。

9日 康庄美地正式办理一期1150户居民的签约入住手续,成为我市第二个签约入住的公租房小区。

10日 由农业部、商务部、重庆市政府、中国农科院农业经济与政策顾问团联合主办"2011中国农村经济论坛"在渝开幕。

12日 重庆市公共租赁住房项目社保基金信托贷款正式签约。按照协议,全国社保基金理事会以信托产品形式,为我市提供45亿元贷款,专项用于公租房建设。

市政府第105次常务会议,审议通过《重庆市社会事业发展"十二五"重点专项规划》。

13日 中国石化四川维尼纶厂30万吨/年醋酸乙烯项目甲醇装置首次生产出合格甲醇产品。标志着重庆企业成为该领域中国第一、世界第二大生产商。

14日 重庆农畜产品交易所股份有限公司与荣昌县政府签署协议,在荣昌畜牧产品交易市场建设区域性交易中心。这是重庆农畜产品交易所开建的全国首个区域交易中心。

17日 第三届海峡两岸旅游交流圆桌会议在重庆举行。

18日 重庆市政府与宏碁集团签署协议,支持宏碁触控事业群在渝设立全球研发机构,并为宏碁智能(重庆)有限公司举行揭牌仪式,标志着重庆与宏碁的合作从"制造"升级到"创造",跃上一个新的台阶。

19日 全市科学技术奖励大会在市委礼堂隆重召开,2010年度全市180项科技成果受到表彰奖励。

22日 国家发改委明确将我市纳入股权投资企业备案管理试点地区。我市成为继北京市、天津市、上海市、江苏省、浙江省、湖北省之后的第7个,同时也是西部首个可以开展股权投资企业备案管理的试点地区。

28日 轨道交通一号线一期工程开通试运营,这是我市首条建成通车的地铁线路。

29日 2011中国城市民生成就推介会揭晓了2010年中国城市民生成就大调查,重庆获得中国民生成就典范城市大奖。

30日 渝新欧铁路重庆至德国货运班列开通。

8月

3日 格力电器西南产业基地在两江新区龙兴工业园开建,该基地以商用电器、模具生产及研发、结算中心为主,总投资约50亿元。

7日 市工商局出台《落实市委三届九次全会精神,促进市场主体快速增长的意见》,38条新政为鼓励创业、促进就业提供更加宽松的制度环境。

8日 世界知名药企上海复星医药和全球最大医药外包供应商之一的药友制药联手，将其国际化制药服务外包基地落子两江新区水土高新园。

13日 重庆—埃塞俄比亚经贸论坛在渝举行。

16日 重庆市政府启动"跨越数字鸿沟:'重庆造'电脑全国行动"。市政府将与电脑品牌商、通信运营商合作,降低消费门槛,让更多的人拥有"重庆造"信息终端设备,享受快捷便宜的通讯网络服务。

17日 重庆市和贵州省在贵阳共同签署全面战略合作协议。按照协议,双方将紧扣重庆长江上游经济中心建设和贵州黔中经济区发展战略,紧密衔接国家及两省市"十二五"规划,携手打造全国省际合作典范。

18日 重庆市目前投资额最大的私募股权基金—— 申银龙盛基金正式入驻两江新区工业开发区。

21日 第十一届中国教育信息化创新与发展论坛在我市开幕。

22日 重庆市首支纯外资IT基金—华威开创基金中心入驻两江新区。该基金由台湾最大的风险投资机构—台湾华威国际投资集团管理,规模达4亿美元。

25日 商务部、中国国际贸易促进会和重庆市政府在北京人民大会堂共同举办"重庆会展北京推介会"。

27日 重庆市公租房第三次摇号配租正式举行。此次共有45096户申请了公租房,24650套公租房成功配租。

29日 重庆市政府审议通过《礼嘉国际商贸中心规划设计方案》。按照规划,礼嘉国际商贸中心将打造成面向国际、充分展现我市作为国家中心城市和两江新区形象品质的国际商贸中心。

30日 "新广州·新商机"重庆推介会在渝举行,推介会上,共有19个项目签约,总投资38亿元。

9月

1日 重庆市政府与世界500强企业——中国邮政集团公司签订战略合作协议。双方将共同探索电子商务跨境在线交易方式，合作打造以重庆为中心的国际电子商务产业基地。

10日 三峡工程2011年175米试验性蓄水启动。

13日 市政府召开第110次常务会议,推出一系列通过体制创新加速产业技术创新的重大举措,为全市产业发展注入强劲动力。

市政府第110次常务会议审议通过《重庆两江新区"十二五"经济社会发展规划》。

14日 中国内陆首个两国政府间共建园区、由中韩两国政府直接推动的中韩产业园，在两江新区开园。

18日 海关总署与重庆市政府签署《共同推进重庆内陆开放高地建设合作备忘录》。

20日 重庆市政府与中国电信集团签署战略合作框架协议。双方将通过信息基础建设、三网融合、云计算、城市信息化等领域的深度合作，不断提高重庆信息发展水平和创新发展能力。

22日 第十五届中国重庆都市旅游节暨第三届城际旅游交易会开幕。

在第三届城际旅游交易会上，重庆市与恩施、西昌、乌鲁木齐、西宁、广安、汶川等26个城市签署协议,共同打造"泛环渝旅游经济合作示范带"。

23日 世界500强企业拉法基集团全球首个可持续建筑研发实验室落户重庆。

25日 重庆市市长国际经济顾问团会议第六届年会在重庆国际会展中心举行。

26日 重庆与泰国曼谷市共同签署《中华人民共和国重庆市与泰王国曼谷市建立友好城市关系协议书》,标志着重庆与曼谷正式结为友好城市。

美国花旗集团旗下的花旗贷款公司在北碚区成立。这是美国花旗集团在西部地区开设的首家贷款公司。

27日 中国、俄罗斯、哈萨克斯坦、德国等国铁路部门以及中国重庆五国六方“渝新欧”国际铁路联运联席会议在渝举行。会议签署了《共同促进“渝新欧”国际铁路常态开行》合作备忘录，提出将“渝新欧”打造成具有世界品牌意义的货运线路。

10月

4日 重庆市农业担保公司、大足县及重庆农村商业银行，正式签订我市首个“三权”抵押贷款战略合作协议，标志着我市“三权”抵押贷款在试点的基础上，开始在各区县(自治县)大规模实施。

8日 重庆市政府111次常务会议审议通过《重庆市人民政府关于规范社会救助标准制定和调整工作的意见》，加上先期已经出台的《重庆市社会救助和保障标准与物价上涨挂钩联动机制实施办法》，我市全面建立了社会救助保障标准与经济发展水平和物价上涨“双联动”机制。

10日 由文化部与重庆市委、市政府主办的第十二届亚洲艺术节暨第三届中国重庆文化艺术节在重庆人民大礼堂隆重开幕。

12日 达州市政府与万州区政府签署战略合作框架协议。双方将携手打造成渝经济区东北部重要经济增长极和川渝合作示范区，推动两地经济社会追赶跨越、加快发展。

18日 国务院批复原则同意修订后的《重庆市城乡总体规划(2007—2020年)》，要求逐步把重庆市建设成为经济繁荣、社会和谐、生态良好、特色鲜明的现代化城市。

我国西南地区首座天然气储气库——相国寺储气库正式开工。

由重庆进出口信用担保公司与中国四联仪器仪表集团合资1亿元设立的重庆市北部新区信联产融小额贷款有限公司成立。

20日 由重庆市政府参与主办的第十二届西部博览会在成都开幕。本届西博会以“引领国际合作，拓展市场空间”为主题，共有52个国家和地区、31个省区市和新疆生产建设兵团参展。

世界500强企业、全球顶级汽车关键零部件制造商——美国伟世通旗下延锋伟世通新基地在北部新区奠基。

中西部地区首家林业产权交易所——重庆涪陵林权交易所正式挂牌成立。

22日 由科技部和重庆市政府共同主办的重大国际科技交流与合作活动——2011年国际知名研发机构重庆行动启动。

24日 市政府第112次常务会议审议通过《关于加快贫困区县脱贫致富的意见》，提出到2015年，50%的贫困区县脱贫摘帽。

市政府常务会审议通过《重庆市人民政府关于加快重庆市农产品冷链物流发展实施意见》，提出我市要建成布局合理、设施先进、功能完善、管理规范的农产品冷链物流网络服务体系，成为长江上游最具影响力和辐射力的农产品冷链物流中心。

25日 世界500强企业——中国联通集团投资40亿元，建设18万台服务器的西部数据中心在两江国际云计算产业园开工建设，也是中国联通在国内最先开建的区域性数据中心。

26日 由国务院三峡办、重庆市政府联合主办的“2011·全国对口支援三峡工程重庆库区经贸洽谈会”在万州区开幕。

重庆市与比利时安特卫普省正式建立友好关系。

27日 重庆市三届人大常委会第二十七次会议表决通过《重庆市人民代表大会常务委员会关于设立綦江区有关问题的决定》、《重庆市人民代表大会常务委员会关于设立大足区有关问题的决定》。

28日 由市政府主办，市金融办、人行重庆营管部、重庆银监局、重庆证监局、重庆保监局承办的2011第三届重庆金融博览会在江北观音桥步行街开幕，本届博览会以“开放引领金融发展、创新促进融资服务”为主题，重点推介为中小企业和微型企业融资服务的金融产品，以及为居民投资服务的理财产品。

11 月

1 日 建设工期近 3 年的大足玉滩水库成功下闸蓄水。

6 日 两江世纪创新创业城重要板块——重庆创新成果交易中心在龙兴工业园揭牌。

7 日 重庆市政府第 113 次常务会议审议通过主城“二环时代”大型聚居区规划。

8 日 全国首支煤炭基金在渝成立，这是我市本土的私募股权投资基金。该基金总规模为 50 亿元,将专注图于煤炭贸易,解决煤炭营销企业资金短缺的问题。

11 日 重庆市唯一与国家“大飞机”项目、载人航天探月工程和重点国防项目等配套的铝和金厚板生产线,在西南铝建成投产。

14 日 重庆市委、市政府和重庆警备区联合下发《关于推进军民融合式发展的意见》,出台培育巴渝国防文化、推进融合产业体系等 8 条措施。以军地联合行文的方式推进军民融合实践,重庆是西南地区第一家,走在了全国前列。

17 日 重庆被国家发展改革委授予“国家电子商务示范城市”牌匾。

重庆市委、市政府下发《关于实施创新驱动战略加快建设长江上游地区技术创新中心的意见》。提出用 5 年时间在内陆地区率先建成创新型城市和区域技术创新中心。

19 日 由住房和城乡建设部和重庆市政府共同主办的第八届中国(重庆)国际园林博览会在重庆园博园隆重开幕。

20 日 由国家人力资源和社会保障部、重庆市政府共建的中国重庆人力资源服务产业园,在渝北空港新城奠基。这是继上海之后,我国建设的第二个国家级人力资源服务产业国。

全国首个区域交易中心——重庆农畜产品交易所荣昌中心正式开拍。

21 日 重庆市政府第 114 次常务会议,审议通过《重庆市城市规划管理技术规定（修定案)》。

22 日 国家发展改革委批准重庆与北京、天津、上海、湖北、广东、深圳等 7 个城市开展碳排放权交易试点工作。这是国家发展改革委继批准我市为首批低碳试点城市后，对我市应当气候变化及低碳发展的又一重大支持。

23 日 公租房第四次摇号配租在南坪国际会展中心举行。共有 44224 户申请并通过审核，最后成功配租 27121 套公租房。

27 日 重庆“十二五”重大能源项目——华电奉节火电厂在奉节康乐镇奠基。该火电厂是由华电国际电力股份有限公司控股、市能投公司参股的大型火力发电项目，是中国华电集团公司在重庆开发的第一个电源项目。

28 日 中国科学院重庆绿色智能技术研究院在两江新区水土高新区奠基。

29 日 西部地区第一家“联合国训练研究所地方政府国际培训重庆中心”在西南政法大学揭牌。

30 日 重庆“创建国家森林城市”通过国家专家组验收。

国家知识产权局正式同意我市设立“国家云计算知识产权(重庆)试验区”。从 2012 年 1 月 1 日起,开展为期 3 年的实验,为产业发展提供知识产权支撑和服务。

12 月

1 日 市政府公众信息网公布《重庆市公共机构节能“十二五”规划。提出以 2010 年能源消费为基数,2015 年我市将力争人均能耗下降 16%,单位建筑面积能耗下降 12%。

市政府常务会议审议通过《畅通主城行动计划》,将从轨道线网、城市道路、公共交通、停车场(楼)等 9 个方面着手,解决城市交通拥堵,在 2015 年把主城建设成为“不塞车的城市”。

2 日 重庆市政府与神华集团签订《能源战略合作框架协议》。按照协议,“十二五”期间,神华将在万州建设 4×100 万千瓦燃煤发电项目和年储运量为 3000 万吨的煤炭储运基地。

5 日 重庆市政府第 115 次常务会议审议通

过《重庆市金融中心建设“十二五”专项规划。

6日 由中国人权发展基金会、重庆市政府共同主办、以“和平发展、和谐进步、合作共赢”为主题的第二届世界大型基金会(重庆)高峰论坛在渝开幕。

8日 由全球工业电池生产巨头——美国艾诺斯集团在中国投资的工业电池项目，在我市双桥工业园区正式生产。这是目前全国规模最大的工业电池项目。

13日 奉节茅草坝、金凤山风电场奠基开工。该项目是全市“十二五”期间着力打造的“千万千瓦”能源项目之一,也是目前全市规模最大的风电项目。

14日 重庆保税港区(二期)通过海关总署等国家11部委正式验收。这意味着,我国内陆首个保税港区——重庆两路寸滩保税港区历经三年建设,宣告全面建成。

19日 中共重庆市委三届十次全委会开幕，专题研究社会主义民主法治建设。

华夏银行重庆分行正式乔迁落户江北嘴中央商务区，成为首家落户江北嘴中央商务区的金融机构。

20日 市委、市政府召开全市经济工作会议。

23日 重庆江北国际机场第三跑道和东航站区奠基。

“千万千瓦”发电工程暨华能两江燃机项目在两江新区水土工业园开工。

24日 三环高速公路西南段铜梁至永川段、江津至綦江段、“三射一联线”南川至贵州道真高速公路(重庆段)、酉阳至贵州沿河高速公路(重庆段)、渝北至四川广安高速公路(重庆段)、梁平至忠县等6条高速公路集中开工。这标志着“十二五”重庆新1000公里高速公路建设全面启动。

25日 大足区正式挂牌成立。双桥经济技术开发区也同时挂牌揭幕。

26日 綦江区、万盛经济技术开发区正式挂牌成立。

2011 年重庆市国民经济和社会发展统计公报

重庆市统计局、国家统计局重庆调查总队

2011 年,全市人民在市委、市政府的坚强领导下,坚持以邓小平理论和“三个代表”重要思想为指导,深入贯彻落实科学发展观,紧密围绕“314”总体部署和国发〔2009〕3 号文件[1]精神,以改革开放为动力,民生幸福为追求,加快推进城镇化、工业化和城乡统筹一体化,努力打造内陆开放高地,务实推进“民生十条”[2]、“共富十二条”[3]和“民主法治十五条”[4]。全市呈现经济繁荣、社会安定、生态改善、民生幸福的新景象,实现经济增长与民生改善的良性循环、又好又快与公平正义的有机统一。

一、综合

初步核算,全年地区生产总值 10011.13 亿元,比上年增长 16.4%。其中,第一产业增加值 844.52 亿元,增长 5.1%;第二产业增加值 5542.80 亿元,增长 21.8%;第三产业增加值 3623.81 亿元,增长 10.8%。第一产业增加值占全市生产总值的比重为 8.4%,比上年下降 0.2 个百分点;第二产业增加值比重为 55.4%,比上年上升 0.4 个百分点;第三产业增加值比重为 36.2%,比上年下降 0.2 个百分点。按常住人口计算,全年人均地区生产总值达到 34500 元,比上年增长 15.2%。

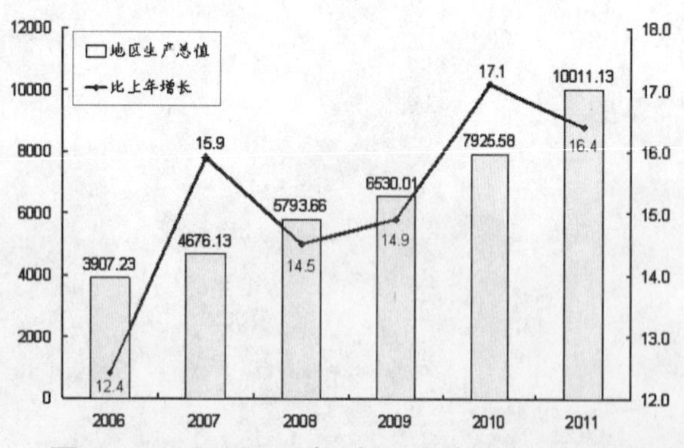

图 1 2006-2011 年地区生产总值及其增长速度单位:亿元、%

分区域看,一小时经济圈[5]完成地区生产总值 7762.69 亿元,比上年增长 16.1%,占全市生产总值的 77.5%;渝东北翼完成 1710.47 亿元,增长 17.6%,占全市的 17.1%;渝东南翼完成 537.97 亿元,增长 16.0%,占全市的 5.4%。

“圈翼”人均 GDP 之比由上年 2.21:1 缩小到 2.16:1。城乡居民收入比由上年 3.32∶1 缩小到 3.12:1。

城市居民消费价格[6]比上年上涨 5.3%,其中食品价格上涨 14.1%。固定资产投资价格上涨 5.9%。工业生产者出厂价格上涨 3.8%。工业生产者购进价格上涨 5.7%。农产品生产价格上涨 20.2%。城镇

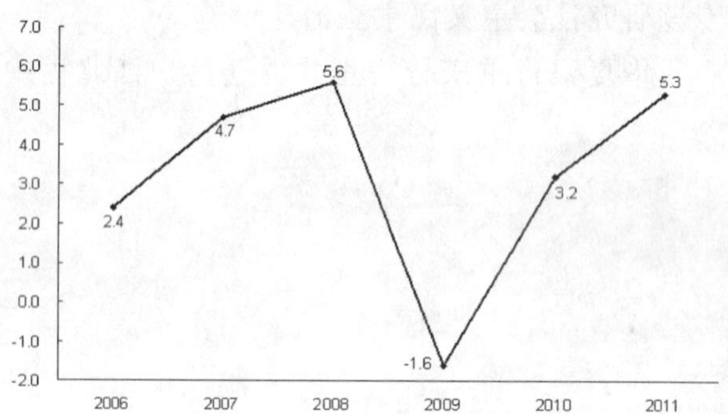

图 2 2006-2011 年居民消费价格涨跌幅度单位:%

表 1 2011 年居民消费价格比上年涨跌幅度

指　标	比上年±%
居民消费价格	5.3
食　品	14.1
烟　酒	3.7
衣　着	1.3
家庭设备用品及维修服务	2.2
医疗保健及个人用品	2.0
交通和通信	–0.9
娱乐教育文化用品及服务	–1.1
居　住	3.7

新增就业人员 55.00 万人，比上年增长 74.5%。新增农业富余劳动力非农就业 37.00 万人，比上年增长 4.8%。25.5 万城镇登记失业人员实现就业，比上年增长 1.6 倍。年末城镇登记失业率 3.5%，比上年下降 0.4 个百分点。

全年各类市场主体 113 万户，比上年增长 23.1%。其中，新注册企业数 8.17 万户，比上年增长 1.3 倍。新发展微型企业 4.05 万户，解决就业 31.65 万人。新注册个体工商户数 20.38 万户，比上年增长 17.2%。

二、农业

全年农林牧渔业增加值 844.52 亿元，比上年增长 5.1%。其中，种植业 560.77 亿元，增长 5.2%；畜牧业 217.56 亿元，增长 2.5%；林业 27.82 亿元，增长 10.0%；渔业 27.26 亿元，增长 18.4%。

全年粮食播种面积 3389.1 万亩，比上年增长 0.7%，粮食综合单产 332.5 公斤/亩，下降 3.2%。油料播种面积 385.6 万亩，增长 0.8%。蔬菜播种面积 927.9 万亩，增长 5.0%。

全年粮食总产量 1126.90 万吨，比上年下降 2.5%。其中，夏粮产量 156.30 万吨，增长 0.4%；秋粮产量 970.60 万吨，下降 3.0%。油料总产量 46.51 万吨，增长 4.6%。蔬菜总产量 1407.97 万吨，增长 7.5%。肉类总产量 196.28 万吨(初步统计数据)，增长 2.0%。

表 2 2011 年主要农产品产量

产品名称	产 量	比上年±%
粮食（万吨）	1126.90	-2.5
油料（万吨）	46.51	4.6
蔬菜（万吨）	1407.97	7.5
禽蛋（万吨）	37.42	0.5
牛奶（万吨）	8.00	0.2
出栏生猪（万头）	2020.87	0.5
出栏牛（万头）	51.85	5.6
出栏羊（万头）	202.64	5.9
肉类总产量（万吨）	196.28	2.0
#猪肉（万吨）	148.55	0.7

三、工业和建筑业

全年工业增加值 4690.46 亿元，比上年增长 22.2%，占全市地区生产总值的 46.9%。规模以上工业总产值 12038.52 亿元，比上年增长 28.2%。其中，大中型企业 7926.75 亿元，增长 25.2%；国有控股企业 3903.35 亿元，增长 13.6%。

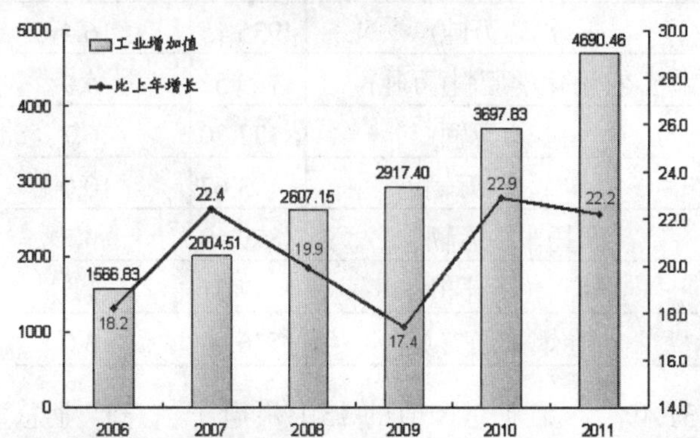

图 3 2006-2011 年工业增加值及其增长速度单位:亿元、%

表 3 2011 年规模以上工业总产值

指 标	绝对额（亿元）	比上年±%
工业总产值	12038.52	28.2
#大中型	7926.75	25.2
#国有控股	3903.35	13.6
按轻重工业分		
轻工业	3433.68	21.7
重工业	8604.83	31.0
按登记注册类型分		
国 有	366.67	20.2
集 体	195.83	24.5
股份合作制	16.45	39.1
股份制	8011.58	24.6
外商及港澳台	2713.67	41.3
其 他	734.33	30.2

从支柱产业看，在规模以上工业中，汽车摩托车行业总产值 3273.58 亿元，增长 13.4%，占工业总产值的 27.2%；装备制造业总产值 2631.79 亿元，增长 56.7%，占工业总产值的 21.9%；材料工业总产值 1821.88 亿元，增长

表 4　2011 年规模以上工业主要产品产量

产品名称	产量	比上年±%
原煤（万吨）	4464.61	10.1
钢材(万吨)	948.17	32.6
铝材(万吨)	134.45	20.5
微型计算机设备（万台）	2547.82	1203.9
#笔记本计算机	2407.39	2544.7
水泥(万吨)	4935.15	16.4
农用化学肥料(万吨)	169.52	5.9
汽车(万辆)	172.20	6.7
#轿车(万辆)	93.67	10.0
摩托车（万辆）	879.59	3.5
啤酒（万千升）	77.31	7.5
卷烟（亿支）	516.00	3.0

31.4%，占工业总产值的 15.1%；电子信息产业总产值 2027.90 亿元，增长 98.6%，占工业总产值的 16.8%。

全年规模以上工业经济效益综合指数达到 257.7，比上年提高 27.3 个百分点；实现利税总额 957.80 亿元，增长 19.2%；实现利润 558.42 亿元，增长 28.1%；总资产贡献率 11.5%，提高 0.3 个百分点；产品销售率 97.6%，下降 0.2 个百分点；全员劳动生产率 244125 元/人年，增长 20.5%。

全年建筑业增加值 852.34 亿元，比上年增长 19.6%。全市具有资质等级的总承包和专业承包建筑企业实现利润 147.64 亿元，增长 20.3%；上缴税金 111.05 亿元，增长 21.3%。

四、固定资产投资

全年固定资产投资总额 7631.80 亿元，比上年增长 30.0%。其中，基础设施建设投资 1926.30 亿元，增长 21.4%；城镇投资 7099.02 亿元，增长 28.7%；农村投资 532.78 亿元，增长 51.5%。

分区域看，一小时经济圈完成 5688.75 亿元，比上年增长 29.8%；渝东北翼完成 1362.20 亿元，增长 30.2%；渝东南翼完成 580.85 亿元，增长 32.1%。

分产业看，第一产业投资 278.77 亿元，比上年增长 59.7%；第二产业投资 2784.75 亿元，增长36.7%。其中，工业投资 2531.21 亿元，增长 33.4%，占固定资产投资总量的 33.2%；第三产业投资 4568.27 亿元，增长 24.9%。其中，房地产开发投资 2015.09 亿元，增长 24.4%。

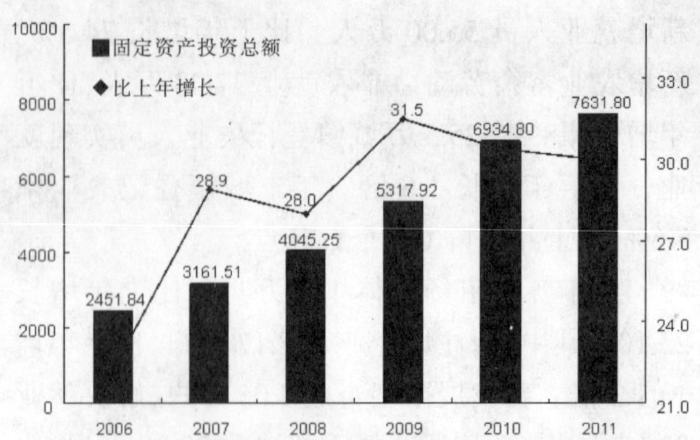

图 4　2006-2011 年固定资产投资总额及其增长速度单位：亿元、%

表 5　2011 年重点项目投资情况

指　　标	绝对额（亿元）	比重（%）
总　计	2167.00	100.0
政府主导类	1450.00	66.9
交通运输项目	298.00	13.8
能源项目	81.00	3.7
城市基础设施项目	294.60	13.6
园区基础设施	195.00	9.0
节能减排及生态建设项目	204.00	9.4
水利基础设施项目	28.50	1.3
社会民生项目	343.40	15.8
科技项目	5.50	0.3
市场主导类	717.00	33.1
工业项目	438.00	20.2
社会文化旅游项目	98.00	4.5
农业产业项目	26.30	1.2
商贸流通项目	72.70	3.4
房地产项目	82.00	3.8

全市重点项目完成投资 2167.00 亿元，占固定资产投资总额的 28.4%。其中，政府主导类投资 1450.00 亿元，市场主导类投资 717.00 亿元，

分别占重点项目投资的66.9%和33.1%。

五、国内贸易

全年批发和零售业增加值747.30亿元,比上年增长14.3%,占全市地区生产总值的7.5%;住宿和餐饮业增加值166.31亿元,增长10.4%。

全年社会消费品零售总额3487.80亿元,比上年增长18.7%,扣除价格因素,实际增长13.4%。分城乡看,城镇实现社会消费品零售额3317.10亿元,增长18.8%;乡村实现社会消费品零售额170.70亿元,增长16.9%;分行业看,批发和零售业零售额2894.16亿元,增长19.0%;住宿和餐饮业零售额521.74亿元,增长17.2%;其他行业零售额71.90亿元,增长18.7%。

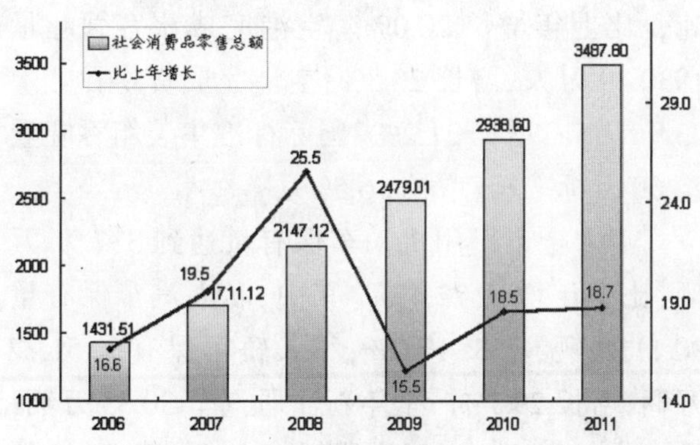

图5 2006-2011年社会消费品零售总额及其增长速度单位:亿元、%

在限额以上批发零售业零售额中,石油及制品类增长51.9%,通讯器材类增长48.0%,金银珠宝类增长46.2%,建筑及装潢材料类增长41.6%,文化办公类38.2%,家具类增长37.4%,服装鞋帽类增长33.7%,汽车类增长30.4%,粮油食品类增长30.1%,家用电器和音像器材类增长30.0%。

六、对外开放

全年货物进出口总额292.18亿美元,比上年增长1.4倍。其中,出口198.38亿美元,增长1.6倍;进口93.80亿美元,增长89.9%。实现贸易顺差104.58亿美元,比上年增加79.07亿美元。

加工贸易方式实现出口总值61.67亿美元,比上年增长4.1倍,占出口总额的31.1%;笔记本电脑出口1574.13万台、价值51.45亿美元,占出口总额的25.9%,成为第一大出口商品;机电产品出口131.94亿美元,增长1.6倍,占出口总额的66.5%。

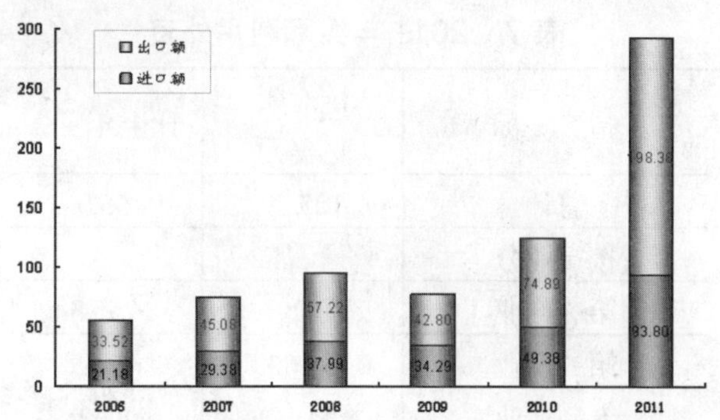

图6 2006-2011年货物进出口总额单位:亿美元

表6 2011年货物进出口总额

指 标	绝对额(亿美元)	比上年±%
进出口总额	292.18	135.1
出口额	198.38	164.9
#国有企业	13.02	7.9
外资企业	68.56	315.3
私营企业	113.65	162.4
#一般贸易	92.35	57.5
#机电产品	131.94	163.7
#高新技术产品	58.94	641.6
进口额	93.80	89.9
#国有企业	2.07	19.2
外资企业	65.75	111.7
私营企业	15.92	97.4
#一般贸易	55.53	28.7
#机电产品	68.50	132.6
#高新技术产品	39.42	307.9

全年累计新签外商投资项目326项,比上年增长40.5%;新签外商投资合同额135.21亿美元,增长1.2倍;外商投资实际到位105.29亿美元,增长66.0%。分行业看,制造业外商投资实

际到位 34.10 亿美元，增长 87.2%；房地产业外商投资实际到位 30.67 亿美元，增长 27.8%；租赁和商务服务业外商投资实际到位 12.35 亿美元，增长 4.1 倍；批发和零售业外商投资实际到位 11.60 亿美元，增长 13.3 倍。全年实际利用内资 4919.84 亿元，增长 86.5%。

表 7　2011 年实际利用外资

指　　标	绝对额（亿美元）	比上年 ± %
总计	105.29	66.0
按行业分		
第一产业	0.29	255.3
第二产业	35.62	86.9
# 制造业	34.10	87.2
第三产业	69.38	56.6
# 交通运输、仓储和邮政业	2.51	1532.5
批发和零售业	11.60	1330.6
金融业	5.04	–67.7
房地产业	30.67	27.8
租赁和商务服务业	12.35	412.1
居民服务和其他服务业	5.68	9423.3

全年对外承包工程、劳务、设计咨询完成营业额 4.45 亿美元，比上年下降 1.2%。对外协议(意向)投资新签项目 67 个，达成协议(意向)投资额 60.27 亿美元；新核准境外企业(机构)57 个，实际投资 4.18 亿美元，增长 5.3%，加上 1.28 亿美元内保外贷[7]额，全市实际对外投资额为 5.46 亿美元。

七、交通、邮电和旅游

全年交通运输、仓储和邮政业增加值 456.25 亿元，比上年增长 13.6%，占全市地区生产总值的 4.6%。公路通车里程累计达到 11.86 万公里，其中高速公路 1861 公里。全市行政村公路通达率 100%。全年主要运输方式完成货物运输量 96778.47 万吨，比上年增长 18.9%；完成旅客运输量 141204.13 万人，增长 11.4%。

表 8　2011 年主要运输方式完成运输量

指　　标	绝对量	比上年 ± %
货物运输量（万吨）	96778.47	18.9
铁　路	2190.81	–3.9
公　路	82818.00	19.3
水　运	11762.00	21.8
航　空	7.66	2.3
旅客运输量（万人）	141204.13	11.4
铁　路	2933.28	10.1
公　路	136142.00	11.5
水　运	1322.00	3.5
航　空	806.85	9.2

全年内河港口完成货物吞吐量 11606.00 万吨，比上年增长 20.0%。空港完成旅客吞吐量 1930.39 万人，增长 20.3%；空港完成货物吞吐量 23.96 万吨，增长 21.2%。国际标准集装箱吞吐量 74.60 万标准箱，增长 16.5%。

年末全市民用机动车保有量达到 337.91 万辆，比上年增长 22.4%。其中，私人汽车保有量 90.11 万辆，增长 17.0%；私人轿车保有量 51.77 万辆，增长 29.7%。全年新注册汽车 30.53 万辆，增长 10.8%；其中，新注册轿车 15.63 万辆，增长 12.8%。

全年完成邮电业务总量 241.91 亿元，比上年增长 21.1%。其中，邮政业务总量 25.91 亿元，增长 28.5%；电信业务总量 216.00 亿元，增长 20.3%。年末固定电话用户 571.30 万户，比上年下降2.0%；年末移动电话用户 1801.20 万户，比上年增长 8.2%。互联网用户 1535.20 万户，增长 24.6%。

全年国际旅游人数 186.40 万人次，旅游外汇收入 9.68 亿美元，分别比上年增长 36.0%和 37.7%；国内出游人数 2.20 亿人次，国内旅游收入 1202.76 亿元，分别增长 37.3%和 38.5%。通过出境旅行社组织的出境旅游者 35.87 万人次，比上年增长 87.2%。

八、财政、金融

全年地方财政一般预算收入 1488.25 亿元，

比上年增长 46.2%。其中,增值税、营业税、企业所得税、个人所得税、城市维护建设税、契税等主要税种分别收入 81.78 亿元、343.92 亿元、115.02 亿元、34.90 亿元、50.49 亿元和 76.32 亿元,增长 5.2%、41.9%、54.9%、33.0%、44.5%和 39.7%。

全年地方财政一般预算支出 2573.54 亿元,比上年增长 45.5%。其中,一般公共服务、教育、文体与传媒、社保和就业、医疗卫生、城乡社区事务、农林水事务等分别支出 230.70 亿元、318.54 亿元、30.84 亿元、339.04 亿元、142.35 亿元、456.29 亿元和 198.23 亿元,增长 36.9%、32.5%、28.3%、43.1%、50.0%、61.1%和 23.1%。

2011 年,民生财政支出 1418 亿元,占一般预算支出的 55.1%,占比较上年提高 3.0 个百分点。

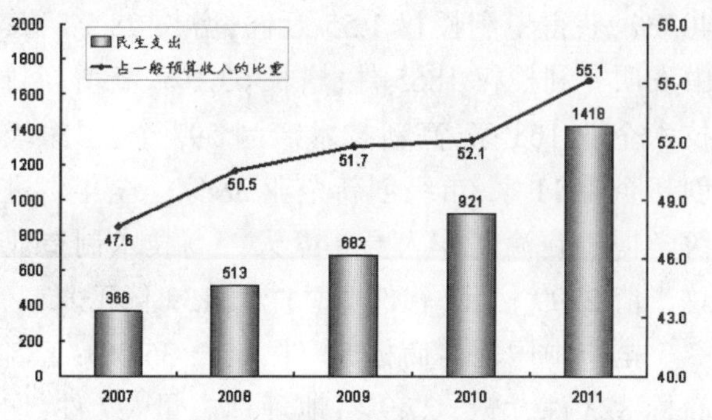

图 7 2007-2011 年民生投入及占一般预算支出的比重单位:亿元、%

全年新增银行 12 家,全市金融业增加值 704.66 亿元,占全市生产总值的 7.0%。全市中资银行市级分行 42 家,外资银行分行 11 家,金融租赁公司 1 家,担保公司 133 家,小额贷款公司 149 家,村镇银行 19 家。年末全市金融机构本外币存款余额 16128.87 亿元,比上年末增长 18.5%。其中,个人人民币存款余额 7045.99 亿元,增长 20.6%。本外币贷款余额 13195.16 亿元,增长 20.0%。其中,个人消费贷款余额 2764.69 亿元,增长 25.3%。

全市证券公司营业部 112 家,证券法人机构 1 家。境内上市公司 36 家,总股本 277.07 亿股,股票总市值 2027.97 亿元。境内上市公司通过首次公开发行和再融资共筹集资金 158.02 亿元。

表 9 2011 年末金融机构存贷款余额

指　　标	年末数(亿元)	比上年末 ± %
本外币存款余额	16128.87	18.5
人民币存款余额	15832.81	17.7
#单位存款	8254.56	15.2
个人存款	7045.99	20.6
本外币贷款余额	13195.16	20.0
人民币贷款余额	13001.39	19.4
#短期贷款	2529.81	50.0
中长期贷款	9968.14	14.5
#个人消费贷款	2764.69	25.3

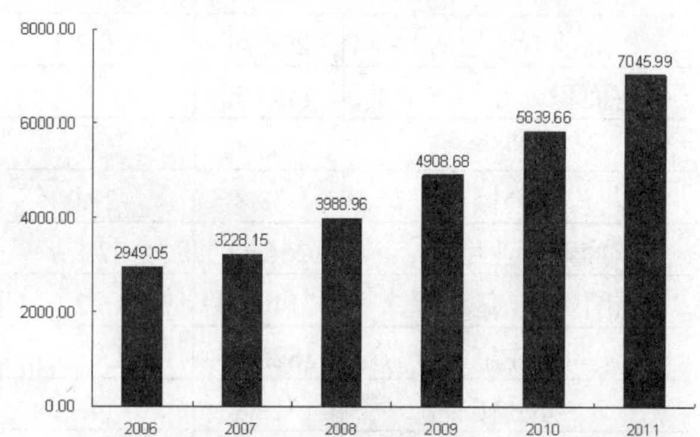

图 8 2006-2011 年人民币个人储蓄余额单位:亿元

全市营业性保险分公司 37 家,保险法人机构 3 家,保险从业人员 8.61 万人,比上年下降 2.7%。保费总收入 311.81 亿元。其中,寿险保费收入 206.19 亿元;财产险保费收入 81.63 亿元;健康险和人身意外伤害险保费收入 24.00 亿元。全年赔付各类保险金 73.98 亿元。其中,寿险赔付 26.22 亿元;财产险赔付 39.31 亿元;健康险和人身意外伤害险赔付 8.44 亿元。

九、城市建设

全年商品房施工面积 20397.24 万平方米,比上年增长 19.0%;竣工面积 3424.33 万平方米,增长 30.4%。商品房销售面积 4533.50 万平方米,增长 5.1%。其中,住宅销售面积 4063.42

万平方米,增长1.9%。商品房销售额2146.09亿元,增长16.2%。

表10 2011年房地产开发和销售主要指标完成情况及其增长速度

指标	绝对量	比上年±%
施工面积(万平方米)	20397.24	19.0
#住宅	15923.84	15.9
办公楼	386.84	56.3
商业营业用房	1956.25	26.2
竣工面积(万平方米)	3424.33	30.4
#住宅	2826.78	29.7
办公楼	44.77	49.1
商业营业用房	298.79	30.2
销售面积(万平方米)	4533.50	5.1
#住宅	4063.42	1.9
办公楼	43.88	−29.9
商业营业用房	266.32	37.1
销售额(亿元)	2146.09	16.2
#住宅	1825.41	13.3
办公楼	51.28	−14.1
商业营业用房	216.58	39.3

全年完成主城区危旧房改造拆迁面积106.04万平方米,新建安置房面积359.03万平方米。完成工矿棚户区改造1100户。完成煤矿棚区改造58.16万平方米,新建安置房面积93.39万平方米。主城区公租房[8]开工建设1694.2万平方米,竣工面积484万平方米。农村危旧房改造12万户,巴渝新居建设5.2万户。

全年完成主城区主干道环境综合改造141.8公里。轨道交通营运里程75公里,在建里程123公里。主城区新建广场面积64万平方米。

十、教育和科学技术

全市小学5248所,普通中学1259所,中等职业学校236所,高等教育学校67所。小学招生33.87万人,在校195.48万人,毕业36.31万人;普通初中招生37.21万人,在校119.02万人,毕业42.88万人;普通高中招生22.67万人,在校64.87万人,毕业18.97万人;中等职业学校招生18.72万人,在校50.01万人,毕业15.27万人;普通高校本专科招生18.11万人,在校56.78万人,毕业13.07万人;研究生招生1.53万人,在校4.52万人,毕业1.24万人;成人本专科招生4.42万人,在校11.46万人,毕业5.00万人;特殊教育招生0.35万人,在校1.7万人;职业技术培训机构4266所,职业技术培训结业生150.94万人次。学龄儿童入学率达99.96%,普通初中入学率99.2%,大学毛入学率32.0%。

全年研究与试验发展经费支出130亿元,比上年增长30.0%,占全市地区生产总值的1.3%。市级及以上重点实验室60个,其中国家重点实验室8个;工程技术研究中心105个,其中国家级中心10个。13项科技成果获国家科学技术奖励。全年受理专利申请3.20万件,增长40.4%,获得专利授权1.55万件,增长28.5%,其中发明专利授权1865件,增长63.1%。新增高新技术企业163家,高新技术产品597个;国家级创新企业11家,市级创新企业38家。全年引进留学博士在渝工作人员146人。高技术制造业总产值2299亿元,软件业总产值139亿元。

全市中国驰名商标54件,增长35.0%;著名商标823件,增长27.9%;地理标志量[9]87件,增长1.4倍。

十一、文化、卫生和体育

全市博物馆39个,档案馆50个,文化馆41个,艺术表演团体282个。公共图书馆43个。出版发行报纸59984万份,各类期刊6078万册,图书14048万册(张)。有线电视用户508.76万户,其中数字电视用户249.91万户,电视综合人口覆盖率达到98.6%。乡镇综合文化站843个。

年末全市各级各类医疗卫生机构7076个,其中,医院、卫生院1407个,妇幼保健院(所、站)41个,专科疾病防治院(所、站)16个,疾病预防控制中心43个,卫生监督机构42个,社区卫生服务中心161个,其他医疗卫生机构5366个。医院、卫生院床位10.71万张,其中,乡镇卫生院床位3.16万张。卫生技术人员12.02万人，其中，乡镇卫生院卫生技术人员2.58万人。全市执业医师和执业助理医师4.96万人，注册护士4.28万人。

全年获体育国家级比赛金牌2枚，获世界级金牌4枚。新建中小学塑胶运动场848片，农民体育健身工程750个，全民健身路径工程110个，人均体育场地面积1平方米。国民体质抽样合格率92.6%。

十二、人口、人民生活和社会保障

年末全市常住人口[10]2919.00万人，比上年增加34.38万人；其中，城镇人口1605.96万人，增加76.41万人。城镇化率55.02%，比上年提高2.0个百分点。人口出生率为9.88‰，死亡率为6.71‰，人口自然增长率为3.17‰。全市常住人口性别比(以女性为100，男性对女性的比例)为102.40，出生婴儿性别比111.50。

年末户籍总人口[11]3329.81万人，比上年增加26.36万人。其中，农业人口2052.17万人，非农业人口1277.64万人。截止2011年，农转城共完成82.3万户，321.90万人。

城镇居民人均家庭总收入21794.27元，比上年增长14.8%，其中人均可支配收入[12]20249.70元，增长15.5%。总收入中，人均工资性收入13827.72元，增长8.6%；人均经营净收入1779.43元，增长40.9%；人均财产性收入433.71元，增长38.7%；人均转移性收入5753.42元，增长23.0%。城镇居民人均消费支出14974.49元，比上年增长12.3%。城镇居民恩格尔系数[13]39.1%，比上年上升1.5个百分点。城镇居民人均住房建筑面积31.77平方米，比上年增加0.08平方米。

全年农村居民人均纯收入[14]6480.41元，比上年增长22.8%。其中，人均工资性收入2894.53元，增长24.0%；人均家庭经营收入2748.25元，增长18.3%；人均转移性收入697.96元，增长32.3%。人均生活消费支出4502.06元，比上年增长24.2%；其中，食品、衣着、居住、家庭设备用品

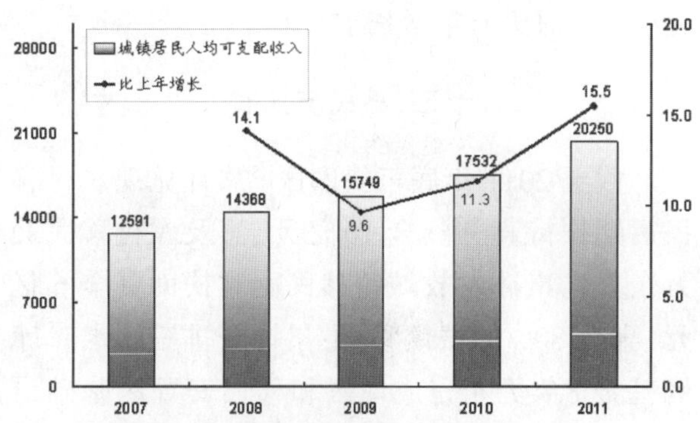

图9 2007-2011年城镇居民人均可支配收入及其增长速度单位:元、%

及服务、交通和通讯、文化教育娱乐及服务、医疗保健等消费分别增长20.5%、37.9%、1.4%、33.6%、42.6%、40.1%和38.8%。农村居民恩格尔系数46.8%，比上年下降1.5个百分点。农村居民人均住房面积40.18平方米，比上年增加6.98平方米。

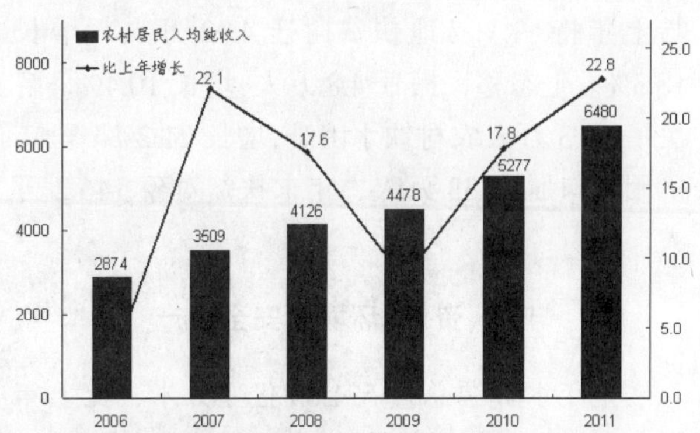

图10 2006-2011年农村居民人均纯收入及其增长速度单位:元、%

全市参加城镇企业职工基本养老保险人数633.09万人，比上年增长11.1%；参加城镇职工基本医疗保险人数458.48万人，增长12.9%；参加工伤保险人数331.79万人，增长24.8%；参加生育保险人数214.86万人，增长23.3%，5.10万人次享受生育保险待遇，增长5.8%；参加大病医疗保险的农民工32.69万人，增长43.8%；参加工伤保险的农民工123.60万人，增长18.5%。

全年56.85万城市居民得到政府最低生活保障；101.34万农村居民得到政府最低生活保障。城乡低保标准分别提高到303元/月和158

元/月，分别比上年增长17%和21%。

十三、移民与扶贫

截至2011年底三峡库区[15]累计兑现农村移民后期扶持直补资金10亿元，惠及农村移民35万余人；累计发放城镇移民困难扶助资金6亿元，惠及80%的城镇移民；累计安排三峡水库库区基金8.7亿元完成库区和移民安置区基础设施及移民生产生活条件改善项目1560个。全年库区签约经济合作项目165个，直接利用内资1351亿元、外资22.3亿美元。其中，引进对口支援经济合作项目104个，资金121亿元。库区产业发展基金项目建成投产815个，累计新增就业岗位13.2万个，解决移民就业3.8万人。移民技能培训6.22万人。

全年安排财政性扶贫资金14.22亿元，比上年增长27.5%。新建和改造乡村道路5100公里，与上年持平。易地扶贫搬迁4.92万人，增长18.3%。生态移民搬迁4.8万人，增长10.4%。解决了30.3万人农村饮水困难，增长21.2%。全年贫困人口脱贫33万人，年末扶贫对象146.2万人。

十四、资源、环境和安全生产

全年水资源总量521.85亿立方米，比上年增长12.4%。年平均降水量1097.88毫米，比上年增长3.74%。年末9座大型水库蓄水总量28.67亿立方米，比年初减少6.9%。全年完成新造绿化林地面积24.5万公顷，森林覆盖率39.0%。主城建成区绿化覆盖率达41.5%。

全年主城区环境空气质量满足优良天数324天，比上年增加13天。空气中二氧化硫、二氧化氮和可吸入颗粒物年均浓度分别为0.038毫克/立方米、0.032毫克/立方米和0.093毫克/立方米，比上年分别下降了20.8%、18.0和8.8%。综合污染指数为1.96，比上年下降15.2%。

长江、嘉陵江、乌江重庆段24个断面水质(21项评价)满足Ⅲ类水质标准比列为79.2%。全市城市饮用水源地水质满足水域功能要求的比例为100%。

全年生产安全事故死亡1656人，比上年下降7.6%。亿元地区生产总值生产安全事故死亡0.18人，下降21.7%；较大安全生产事故死亡149人，下降11.8%；煤矿百万吨死亡3.00人，下降25.0%。道路交通事故造成1098人死亡，下降9.6%；道路交通万车死亡3.13人，下降29.7%。

全市发生地质灾害130起，造成人员伤亡6人，直接经济损失2200万元。

注：

[1]“314”总体部署是指2007年3月8日，胡锦涛总书记在参加十届全国人大五次会议重庆代表团审议时，为重庆工作“定向导航”，高瞻远瞩地作出了三大定位，确定了一大目标，交办了四大任务，构成重庆发展“314”总体部署。三大定位，即努力把重庆加快建设成为西部地区的重要增长极、长江上游地区的经济中心、城乡统筹发展的直辖市。一大目标，即在西部地区率先实现全面建设小康社会的目标。四大任务，即加大以工促农、以城带乡力度，扎实推进社会主义新农村建设；切实转变经济增长方式，加快老工业基地调整改造步伐；着力解决好民生问题，积极构建社会主义和谐社会；全面加强城市建设，提高城市管理水平。国发〔2009〕3号文件即《国务院关于推进重庆市统筹城乡改革和发展的若干意见》。

[2]“民生十条”是指2010年6月24日至25日，中共重庆市委召开三届七次全委会，专题研究民生工作，会议决定用两年半时间，在解决全市群众最关心的十大民生问题上取得重大突破。

[3]“共富十二条”是指2011年7月21日，中共重庆市第三届委员会第九次全体会议通过的《中共重庆市委关于缩小三个差距促进共同富裕的决定》文件里的内容。

[4]“民主法治十五条”是指2011年12月19日，市委三届十次全委会通过的《中共重庆市委关于加强社会主义民主法治有关问题的决定》文件里的内容。

[5]一小时经济圈是指渝中区、大渡口区、江北区、沙坪坝区、九龙坡区、南岸区、北碚区、渝北区、

巴南区、涪陵区、长寿区、江津区、合川区、永川区、南川区、綦江区、大足区、潼南县、铜梁县、荣昌县和璧山县;渝东北翼是指万州区、梁平县、城口县、丰都县、垫江县、忠县、开县、云阳县、奉节县、巫山县和巫溪县;渝东南翼是指黔江区、武隆县、石柱县、秀山县、酉阳县和彭水县。

[6]居民消费价格指数是度量一组代表性消费商品和服务项目价格水平随着时间而变动的相对数，反映居民家庭购买的消费品及服务价格水平的变动情况。它是宏观经济分析和决策、价格总水平监测和调控以及国民经济核算的重要指标。其按年度计算的变动率通常被用来作为反映通货膨胀(或紧缩)程度的指标。

[7]内保外贷是各省级商务主管部门辖区(不包括中央企业)境内投资者在境外投资活动中,通过境内投资者担保而由境外银行(含中资境外附属机构)直接放款至境外企业(即通常讲的内保外贷)。

[8]公租房是公共租赁住房的简称。公共租赁住房是指政府投资并提供政策支持，限定套型面积和按优惠租金标准向符合条件的家庭供应的保障性住房。

[9] 地理标志量是指表示某商品来源于某地区,该商品的特定质量、信誉或者其他特征,主要由地区的自然因素或者人文因素所决定的标志。

[10]常住人口是指在本乡镇(街道)居住半年以上的人口，或虽居住不满半年但离开户口登记地半年以上人口以及户口待定人口。

[11]户籍人口是指公民依照《中华人民共和国户口登记条例》,已在其经常居住地的公安户籍管理机关登记了常住户口的人。这类人口不管其是否外出,也不管外出时间长短,只要在某地注册有常住户口,则为该地区的户籍人口。户籍人口数一般是通过公安部门的经常性统计月报或年报取得的。

[12]城镇居民人均可支配收入。可支配收入是指在一定时期内(一般为一年)城镇居民家庭成员得到的可用于最终消费支出和其它非义务性支出以及储蓄的总和，即城镇居民家庭或以用来自由支配的收入。它是全面反映城镇居民收入水平和结构变化的最主要指标。城镇居民人均可支配收入是指按住户常住人口人均当年的可支配收入。重庆市城镇居民人均可支配收入从 2007 年开始调查统计,覆盖全市城镇居民。

[13] 恩格尔系数是指居民食品消费支出占全部消费支出的比重。

[14]农村居民人均纯收入。纯收入指农村住户当年从各个来源得到的总收入相应地扣除所发生的费用后的收入总和。农村居民人均纯收入是指按住户常住人口人均当年的纯收入。它反映一个地区农村居民的平均收入水平，是反映农村居民收入变化的一个重要指标。

[15]库区是指库区 15 区县,包括万州区、涪陵区、渝北区、巴南区、长寿区、江津区、丰都县、武隆县、忠县、开县、云阳县、奉节县、巫山县、巫溪县、石柱县。

本公报为初步统计数据,最终数据以《重庆统计年鉴 2012》为准。其中,增加值绝对数按现价计算,增长速度按可比价计算。

2011年长江沿线主要城市发展趋势

上海市

一、2011年工作回顾

去年是"十二五"规划的开局年,也是改革创新的突破年。面对复杂多变的外部经济环境,全市人民在党中央、国务院和中共上海市委的坚强领导下,高举中国特色社会主义伟大旗帜,以邓小平理论和"三个代表"重要思想为指导,深入贯彻落实科学发展观,认真学习贯彻胡锦涛总书记"七一"重要讲话精神,紧紧围绕创新驱动、转型发展,充分发挥上海世博会的后续效应,按照"六个着力"的要求,努力做好各项工作,全面完成市十三届人大四次会议确定的目标任务。

过去的一年,全市人民坚定信心,振奋精神,凝心聚力,坚决冲破传统发展思维的束缚,摆脱对传统发展路径的依赖,突破制约科学发展的体制机制障碍,切实转变发展理念和发展方式,全面打响创新驱动、转型发展的攻坚战,上海经济社会发展呈现一系列新的积极变化。

(一)经济平稳增长中质量和效益进一步提升

坚决贯彻中央宏观调控决策部署,坚持把经济增长质量和效益放在首位,加快改变速度型经济增长模式,减少对房地产业发展和投资拉动的依赖。经济运行总体平稳健康,预计全市生产总值比上年增长8%以上,房地产业增加值同比负增长,地方财政收入比上年增长19.4%,来自第三产业的地方财政收入增速快于第二产业9个百分点。全社会固定资产投资总额与上年基本持平,战略性新兴产业投资较快增长,消费的拉动作用继续增强,社会消费品零售总额比上年增长12%,服务性消费增速加快,网络购物等新消费模式发展迅猛。发展成果更多地惠及市民,经济效益与社会效益同步提高,新增就业岗位64.2万个,城镇登记失业率控制在4.5%以内,城市和农村居民家庭人均可支配收入分别达到3.62万元和1.56万元,均比上年增长13.8%,扣除物价因素高于经济增幅。

(二)上海国际金融、航运和贸易中心功能建设取得新进展

充分发挥经济中心城市集聚辐射功能,着力完善市场体系,在提升市场配置资源能力的过程中加快转变经济发展方式。深入贯彻落实国务院《关于推进上海加快发展现代服务业和先进制造业建设国际金融中心和国际航运中心的意见》,在国家有关部门的大力支持下,一批先行先试政策实现重大突破。银行间市场人民币对外汇期权、人民币对加元和澳元即期交易、铅期货等一批新的金融产品成功推出,人民币海外投贷基金启动组建,外资股权投资企业、第三方支付企业等一批新型机构相继落户,地方政府自行发债试点在全国率先开展,国际贸易结算中心外汇管理试点企业扩大到20家,全年跨境贸易人民币结算金额突破3000亿元,上海金融市场交易总额达到420万亿元。航运运价指数交易正式推出,报检报关"一单两报"扩大试点,船舶保险业务总量约占全国的40%,上海港集装箱吞吐量达到3174万标准箱,连续两年位居世界第一,集装箱水水中转比例达到41%,上海空港旅客、货邮吞吐量分别达到7456万人次、356万吨,浦东国际机场货邮吞吐量排名世界第三,上海浦东机场综合保税区二期通过封关验收。商务部与上海"部市合作"机制进一步深化,国家会展项目落户虹桥商务区并开工建设,网上国际贸易中心、国际技术进出口促进中心等一批项目正式启动,一批品牌出口企业基地初步形成,全市商品进出口总额比上年增长18%。商业布局和结构调整加快,商品销售总额比上年增长23%。

(三)产业结构和布局结构调整优化进一步加快

把结构调整作为转型发展的主攻方向,用更大力气推进产业结构升级和布局结构优化。努力突破制约服务业发展的瓶颈,第三产业引领发展,支撑作用增强。配合国家有关部门,认真做好在本市部分现代服务业行业开展增值税制度改革试点的各项准备工作,积极落实营业税差额征收政策,鼓励服务业外包与专业化,开展服务业综合改革试点,拓展服务业新领域,发展新业态,大力发展信息服务、文化创意、旅游会展、中介与专业服务等现代服务业,预计第三产业增加值比上年增长9%,占全市生产总值的比重提高到58%。完善战略性新兴产业推进机制,整合扩大"转方式、调结构"财政专项资金,组建并运作一批创业投资基金,在云计算、物联网、新型显示等领域积极承接国家项目,新一批重大高新技术产业化项目和重点专项方案启动实施,大飞机研制、航空发动机、中船长兴二期工程、909升级改造等重点项目有力推进,光刻机、刻蚀机等关键装备取得重大突破,战略性新兴产业中的制造业产值增幅高于全市工业平均增幅。基本完成国家级信息化和工业化融合试验区三年试点任务。启动张江国家自主创新示范区建设,出台股权激励、科技金融等一批试点政策,紫竹科学园区升级为国家级高新区,杨浦国家创新型试点城区建设全面展开。完善财政科技投入体制机制,提高资金使用效率,全社会研究与试验发展经费支出相当于全市生产总值的比例达到2.9%,发明专利授权量比上年增长30%以上。深入推进制造业结构优化和布局调整,制造业进一步向高端化发展,成套装备、汽车、船舶、生物医药等稳定增长,重化工业结构优化,一般加工型劳动密集型产业逐步转移。一批企业利用资本市场实现并购重组、结构升级。重点区域开发建设和布局调整加快,为城市功能提升、环境改善和经济转型发展提供了有力支撑。

黄浦江两岸综合开发有序推进,世博会地区结构规划编制完成,一批央企总部落户园区,中国商飞总部、世博国际酒店群等项目启动建设。虹桥商务区核心区项目全面推进,一批总部机构签约入驻。上海迪士尼项目顺利开工,市政配套基础设施建设有序推进。强化节能减排,推进重点节能工程和合同能源管理,加强重点用能产品、能耗限额标准管理,实施产业调整项目751项和危险化学品企业调整项目88项,单位生产总值综合能耗进一步下降,主要污染物减排完成年度目标。第四轮环保三年行动计划全面完成,环保投入相当于全市生产总值的比例继续保持在3%左右,基本完成苏州河环境综合整治,白龙港污水处理厂污泥处理工程建成投入运行,环境空气质量优良天数达到337天,森林覆盖率达到12.58%,绿化覆盖率达到38.15%。

(四)保障和改善民生力度持续加大

坚持以人为本、促进人的全面发展的基本理念,把转型发展与改善民生有机结合起来,着力解决好人民最关心最直接最现实的利益问题。面对物价持续较快上涨的压力,我们把稳定物价保证供应作为头等大事,建立市场价格调控联席会议制度和主副食品价格稳定基金,全力稳定主副食品价格特别是淡季蔬菜价格,从严控制政府调价项目,居民消费价格指数预计比上年上涨5.2%,低于全国水平。郊区加强"菜园子"建设,将淡季期间绿叶菜种植面积占蔬菜种植面积的比重从三分之一提高到三分之二,实施绿叶菜淡季价格保险制度,有效保护了菜农生产积极性。中心城区加强"菜市场"建设和管理,积极推动产销对接、农商对接,推进社区周末平价菜场试点。发挥大市场、大流通在保障市民安居乐业中的作用,完善鲜活农产品运输绿色通道政策,降低农副产品流通成本,推进主副食品市外生产储备基地建设,抓好货源组织和市场价格监管,保障了主副食品供应和价格基本稳定。正确把握发展与分配的关系,高度重视改善收入分配,千方百计提高群众特别是中低收入群众的收入。年初增加了企事业单位退休人员和镇保、农保领取养老金人员的养老金,增幅均超过10%,年中又发放了一次性补贴。完善社会救助和保障标准与物价上涨挂钩的联动机制，城乡居民最低生活保障标准分别提高12.2%和20%,向低收入困难群众发放两次临时价格补贴。增加环卫、出租车等公共服务行业一线职工收入，在公共卫生和基层医疗卫生事业单位实施绩效工资，最低工资标准提高14.3%。注重质量,咬住目标,兑现承诺,千方百计推进“四位一体”住房保障体系建设。新开工建设和筹措保障性住房1700万平方米、26.7万套(间),供应1240万平方米、17.5万套(间)。进一步放宽廉租住房和共有产权保障房(经济适用房)准入标准。廉租住房新增受益家庭1.1万户,累计有8.6万户住房困难家庭受益。全面推开共有产权保障房申请供应工作,共计受理4.4万户居民家庭申请。首批市级统筹公共租赁住房项目启动供应。在浦东南汇新城开展限价商品房试点。坚决贯彻执行国家房地产市场调控政策，完成全年新建住房价格控制目标。个人住房房产税改革试点稳步推进。鼓励创业和促进就业工作继续加强,就业形势保持稳定。贯彻落实《社会保险法》,社会保险制度和政策进一步完善。将在企业工作的来沪从业人员、参加小城镇社会保险的从业人员纳入城镇职工社会保险，建立城镇居民社会养老保险，全面实施新型农村社会养老保险,基本实现社会保险制度全覆盖。积极发展老龄事业,新增养老床位5030张,新建老年人日间服务中心23家,新设社区老年人助餐点46个，社区居家养老服务对象达到26.2万人。孤儿保障制度进一步完善。着眼于满足群众的多层次需求,加快社会事业改革发展。全面落实教育中长期规划纲要，财政教育支出占地方公共财政支出的比重提高到13.8%。新增40所幼儿园，出台困难家庭儿童接受学前教育资助政策,形成从学前到大学的帮困助学体系。实施学生健康促进工程。启动部市共建“985工程”三期和21所地方高校内涵建设项目,上海纽约大学开工建设。医改工作全面推开。基本公共卫生服务均等化和住院医师规范化培训工作进展顺利。健康城市建设有力推进。国家基本药物制度在政府举办的基层医疗卫生机构全面实施,社区基本药物平均零售价下降39%。推出优化医院就诊流程等9项便民惠民措施。开展了医疗联合体试点和家庭医生制服务试点。基本建成以居民电子健康档案为基础的卫生信息化工程。文化改革发展取得新进展。文化产品创作生产成效显著,一批精品佳作相继推出。成功举办国际艺术节等重大文化活动。文化体制改革深入推进,完成全市有线电视网络整合、国有市属文艺院团体制改革和16家区县经营性文化事业单位转企改制，启动第一批非时政类报刊出版单位转企改制，完成世纪出版集团与文艺出版集团重组。文化广场、市群众艺术馆新馆投入使用,钱学森图书馆、巴金故居建成开馆,中华艺术宫、上海当代艺术博物馆等项目全面启动。美术馆、公共图书馆、文化馆、社区文化活动中心的基础服务项目实现免费开放。文化创意产业发展环境进一步优化，成立首个国家对外文化贸易基地,开工建设国家网络视听产业基地,文化产权交易、文化产业投融资、公共技术服务等平台建设加快推进。成功举办第14届国际泳联世界锦标赛。市民体质指数蝉联全国首位。上海代表团在第二届全国智力运动会上包揽金牌、奖牌、总分三个第一。大幅提高了计划生育奖励与补助标准。妇女儿童发展水平持续提高。兵役政策进一步完善，退役军人安置工作得到加强。民族、宗教、侨务工作稳步推进。

(五)城市管理和建设迈出新步伐

经济转型过程既是社会结构深刻变动的过程，也是城市管理新情况新问题不断涌现的过程,必须加强和改进城市建设管理。围绕安全为先,我们狠抓制度建设这个根本,全面加强安全管理体制机制建设。全市动员、全民参与,查隐患、找问题、提建议,制定颁布一批政府规章和规范性文件，深入开展建筑市场集中整治和建设工程质量安全大检查，成立市消防安全委员会,全面开展消防安全大排查、大整治。成立市食品安全委员会,大力开展食品安全专项整治,初步建立部门之间无缝衔接的食品安全监管机制。进一步巩固和完善城市管理长效机制,完成世博城市管理临时性通告转化工作,成立市政市容管理联席会议和交通协调保障联席会议,继续增加城市维护管理资金投入,加大非法客运整治力度,开通23条"最后一公里"公交线路,在1080个居民小区实施生活垃圾分类试点。积极开展社会管理创新综合试点。完成第六次人口普查。重大事项社会稳定风险分析和评估机制全面推开,对247个涉及群众切身利益的项目进行了评估。规范劳务派遣用工。初步建立以人民调解为平台的医患纠纷第三方调解新机制。初信初访办理制度进一步完善,信访核查终结制度建设取得成效,一批信访突出矛盾得到化解。平安建设实事项目有力推进,社会治安秩序稳定良好。全面启动智慧城市建设,信息基础设施建设步伐加快,完成280万户光纤到户建设改造,下一代广播电视网新增覆盖100万户。克服各种困难,市区携手,加快重大基础设施建设,京沪高速铁路上海段等工程建成通车。轨道交通11号线北段二期、12号线、13号线一期等项目加快推进。崇启通道、军工路越江隧道、虹桥机场迎宾三路隧道、林海公路建成通车。黄浦江上游航道整治核心工程竣工。上海是水质型缺水城市,经过多年筹划建设,青草沙水源地原水工程投入运行,供水量占全市比重达到51%,实现了原水供应从以黄浦江上游为主向以长江为主的重大转变,供水安全得到有力保障,更多市民喝到了更好质量的水。

(六)郊区农村改革发展深入推进

努力抓好统筹城乡发展这个转型发展的重大任务,加大对郊区农村发展的支持力度,出台加快城乡一体化发展和加快新城发展的若干意见,促进建设重心和公共资源向郊区转移,郊区建设全面提速。完成奉贤南桥新城总体规划修编调整,深化完善松江、金山等新城规划,浦东南汇、嘉定、青浦等重点新城和新市镇重大功能性项目建设取得新进展。崇明生态岛建设加快推进,在自然资源保护利用等领域实施了一批重点项目。加强以水利为重点的郊区农村基础设施和环境建设,开展一批农田水利设施更新改造、河道整治和郊区集约化供水等工程建设,完成118个村庄改造、4万户农村生活污水处理设施改造。在郊区新增一批中小学和幼儿园,"5+3+1"郊区三级医院建设全面推进。完善强农惠农政策,推进设施农业和标准化养殖场建设,建成标准化畜禽养殖场26家、标准化水产养殖场45家,粮食总产量达12.2亿公斤,比上年增长3%。大力促进非农就业,新增非农就业岗位13万个。稳定和完善农村土地承包关系工作全面完成。农村集体建设用地有偿使用和流转、农民宅基地置换试点有序推进。

(七)经济体制改革不断深化

创新驱动就是要通过深化改革,突破制约科学发展的制度瓶颈,为转型发展注入新的强大动力。我们着眼于充分发挥市场配置资源的基础性作用,坚持用改革创新促发展。浦东综合配套改革试点深入推进,实施国资创投机制、知识产权直接质押融资等改革试点,上海股权托管交易中心建设稳步推进,出台浦东新区加快跨国公司地区总部发展政策。全面实施市与区县财税管理体制改革,深化完善"税收属地征管、地方税收分享"的财税体制,区县科学发展的动力和活力进一步增强。黄浦、卢湾"撤二建一"行政区划调整稳步推进。加快实施国有企业开放性、市场化重组,上海汽车、上海建工等企业集团整体上市,上海家化集团整体转让,国资行业布局不断优化,市属经营性国有资产证券化率提高到34.7%。国有企业法人治理结构进一步完善,规范董事会试点工作稳步推进。完成市区两级中小企业服务中心建设,推动中小企业改制上市,安排落实财政专项资金,采取支持商业性融资担保机构发展、完善科技信贷风险分担机制和建立"投贷"、"投保"联动机制等措施,推进企业融资服务平台建设,缓解中小企业"担保难、融资难"问题,非公有制经济增加值约占全市生产总值的50%。完善人才直接落户政策,放宽人才居住证申办条件,建立特殊人才直接落户和申办人才居住证推荐评估机制，多渠道解决人才住房问题，积极推进出入境管理便利化，人才发展环境进一步优化。切实加强市场监管，规范市场秩序，产品质量水平继续提升，“平安市场”创建活动、打击侵犯知识产权和制售假冒伪劣商品专项行动取得实效。

(八)对内对外开放呈现新态势

我们坚持在扩大开放中促转变，抓住一切机遇，推动全方位对内对外开放。加强服务，改善环境，提高贸易便利化水平，上海口岸功能进一步增强，关区进出口商品总额增长18%。对外贸易结构更趋优化，进口增幅高于出口，一般贸易出口增幅高于加工贸易出口，服务贸易增幅高于货物贸易。吸引外资再创历史新高，外商直接投资合同金额和实到金额分别达到201亿美元和126亿美元，实到外资中服务业占比超过80%。总部经济加快发展，新认定跨国公司地区总部、投资性公司、外资研发中心90家，累计达到927家。鼓励支持企业“走出去”，试点开展人民币境外直接投资，对外直接投资达到25亿美元，新签对外工程承包合同金额122亿美元，比上年增长21%。以国际友城为重点，拓宽对外交往渠道，外事工作服务经济发展的功能明显增强。贯彻落实海峡两岸经济合作框架协议，沪台两地经贸、文化交流与合作深入开展。促进长三角一体化发展，完善旅游合作机制，产业园区共建、交通网络建设、科技公共服务平台等区域合作取得重要进展。精心组织对口支援新疆喀什、西藏日喀则工作，76个民生项目竣工并投入使用。加强援滇、援青和支援三峡库区等对口支援工作。

二、发展中存在的问题

我们的战略视野要进一步拓宽，改革的勇气和胆子还要更大一些，攻坚克难、创新突破的本领还需增强。社会结构快速变化，平衡协调各方面利益关系的难度越来越大，需要动员广大群众共同参与推进社会管理创新，及时有效地解决各种复杂利益问题和社会矛盾。我们深入基层、贴近群众的工作方法需要创新，调动全社会力量化解人民内部矛盾的途径和办法还需拓展，创新社会管理的能力还需提升。人口规模迅速增长，建筑密度持续增强，各类要素高度集聚，城市运行安全和生产安全风险处于频发高发期，需要加强和改进城市管理，切实消除和防范城市安全风险。城市管理的体制机制法制还不够完善，城市管理人才培养还滞后于现代化城市管理的需要，一些薄弱环节的整治还不够到位，部分区域和领域的安全管理亟待加强。人民群众对民生问题更加关注，特大型城市的物价上涨、食品安全、收入分配、养老服务等民生问题更为复杂。我们及时了解群众所思所想、回应群众关切的意识亟需增强，在经济发展的基础上，加大和优化财力投入配置，解决群众切身利益问题的能力还要提高。新形势下，人民群众对政府服务有更高期待，对政府工作有更高要求，加强政府自身建设和改革的任务更加繁重。我们一些领导干部和政府工作人员没有牢固树立群众观点，为基层服务、为企业服务、为群众服务的意识还比较淡薄，解决具体问题的能力和办事效率还不够高，法制观念还需加强，从严执法的要求还需进一步落实，依法行政的能力和水平亟待提高，有些部门不同程度存在治政不严、管理不力、懒散松懈的问题，工作中扯皮推诿、行政不作为等现象还时有发生，极少数政府工作人员甚至以权谋私、贪污腐败。

三、2012年发展目标

2012年全市经济社会发展的主要预期目标是：全市生产总值增长8%左右，地方财政收入增长8%，城镇登记失业率控制在4.5%以内，城市和农村居民家庭人均可支配收入增幅力争高于经济增幅，居民消费价格指数与国家价格调控目标保持衔接，全社会研究与试验发展经费支出相当于全市生产总值的比例达到3%左右，单位生产总值综合能耗、单位生产总值二氧化碳排放量进一步下降，主要污染物排放量削减率完成国家下达目标，环保投入相当于全市生产总值的比例保持在3%左右。

(《重庆经济年鉴》编辑部根据上海市有关资料整理)

南京市

一、2011 年工作回顾

刚刚过去的 2011 年,是充满机遇和挑战的一年,也是实现"十二五"规划良好开局的一年。全市人民在市委的正确领导下,坚决贯彻党中央、国务院和省委、省政府的决策部署,坚持科学发展,坚持转变发展方式,坚持创新驱动,坚持改善民生,攻坚克难,奋力拼搏,顺利完成了市十四届人大四次会议确定的目标任务,为率先基本实现现代化打下了坚实的基础。

经济发展跃上新台阶。预计全年地区生产总值达到 6140 亿元,增长 12%。完成财政总收入 1298.8 亿元,增长 20.8%,其中地方一般预算收入 635 亿元,增长 22.4%。地区生产总值、一般预算收入分别净增 1000 亿元和 100 亿元以上。完成全社会固定资产投资 4000 亿元,增长 21%。实现社会消费品零售总额 2670 亿元,增长 17.6%。规模以上工业总产值首次突破 1 万亿元,工业利税超过 1000 亿元。外贸进出口总额首次超过 500 亿美元,其中出口超过 300 亿美元,增长 22.1%。实际利用外资 35 亿美元,增长 24%。全社会研发经费支出占地区生产总值比重达到 3.1%左右。民营经济增加值达到 2440 亿元。需要特别报告的是,居民消费价格指数涨幅原定控制在 4%左右,但由于各种因素的影响,达到了 5.4%,未能完成目标要求。

科技创新产业转型取得新进展。过去的一年,创新和转型始终是政府工作的重中之重。全市出台鼓励科技创新创业"1+8"系列政策文件,科技体制改革继续推进,经济技术开发区、江宁开发区、高新区和麒麟生态科技园等科技创新园区建设加快,13 个科技创业特别社区开工建设。实施"紫金人才"和"321 人才"计划,累计引进国家"千人计划"人才 55 名。上市科技型企业达到 39 家。组建南京联合产权(科技)交易所。新增国家级工程技术研究中心 1 家、省级工程技术研究中心 23 家。实现高新技术产业产值 4800 亿元。液晶面板六代线等一批重点制造业项目建成投产或加快推进。工业增加值达到 2410 亿元。全市八大新兴产业累计完成主营业务收入预计突破 3000 亿元。173 家"三高两低"企业按计划实施关停并转。服务业增加值达 3175 亿元,占地区生产总值的比重为 51.7%。做好国家服务业综合改革试点工作,创建国家电子商务示范城市。启动软件业"一谷两园"规划建设,累计认定软件企业 1087 家,软件业务收入达到 1520 亿元。全市旅游总收入突破千亿元大关。会展经济发展加快,南京成为具有全国影响的会展城市。信息服务、科技研发、服务外包等产业发展迅速。博西家电成为在南京设立的第一家跨国公司总部。金陵海关正式开关运行。

城市功能品质得到新提升。过去的一年,提升城市功能品质,改善环境质量,始终是政府着力推进的重点。京沪高铁及南京南站正式开通运营,南京南站配套集疏运体系建设加快,宁杭及宁安城际铁路、宁启铁路复线改造按计划推进,长江四桥建设已进入吊装钢箱梁桥面阶段,纬三路过江通道、南京绕越高速公路东北段、纬一路快速化改造,以及绕城公路"六改八"工程等重点项目建设加快。完成干线公路建设 152 公里。凤台南路快速化改造工程竣工通车。地铁十号线全线开工,三号线开工率达 86%,四号线一期、机场线试验段开工建设。完成湖南路、中山北路等 18 条干道,以及锁金北路、黑廊巷等 400 多条街巷整治。主城区德基广场二期、中城国际广场等一批现代服务业项目有序推进。"十大功能板块"规划建设加快推进,老城南箍桶巷、蒋百万故居、胡家花园等修缮工作全面启动。河西新城华泰证券、富顿世贸中心、奥体苏宁广场等一批具有综合功能的服务业项目加快建设,青奥村建设全面开工。麒麟生态科技园道路、河道整治工程、科技研发综合体建设推进顺利。完成南部新城玉兰路(一期)工程、浦口新城300多万立方米的吹沙填土筑路工程、下关滨江商务区82%的居民和近一半的工企单位搬迁。燕子矶地区66家化工企业基本完成关停并转。江心洲生态科技岛全面启动了拆迁和首期安置房建设。明外郭—秦淮新河百里风光带龟山公园基本成形,沧波门到麒麟门段、秦淮新河段景观建设全面展开。完成中央路至钟阜路西城墙遗迹保护及顶面环境整治工程。垃圾分类处理在市区4个街道试点。拆除违建425万平方米。在全国率先实施城建重大项目绿评制度,加强保护城市古树名木及行道大树。荣获联合国环境署组织评选的国际花园城市单项金奖。顺利通过全国文明城市复查。农村新增造林7.3万亩。城区建成小游园20个。实施水、大气污染物减排项目121个和49个。推动绿色施工,加强扬尘治理。空气质量优良天数达317天。桥北、铁北2个污水处理厂建设基本完成,新增污水处理能力15万吨。基本完成玄武湖、金川河"一湖一河"57平方公里区域雨污分流任务和城北护城河、外金川河环境综合整治工程。锁金村地区,过去污水横流,杂乱不堪,实施了环境整治和雨污分流治理后,现在井然有序,鸟语花香,改善了人居质量,给百姓带来了看得见、摸得着的实惠就是一例。

民生保障工作获得新改善。过去的一年,以民为本、改善民生始终贯穿政府工作的全过程。市区两级筹集资金,将1983年以来被征地人员纳入城保体系,已有30多万人拿到了社保卡、医疗卡,其中一部分失业者拿到了失业金,其他20多万人正在办理之中,较好地解决了这一历时最久的民生难题;顺应群众的最大期盼,制定实施城乡居民收入"双倍增计划",城市居民人均可支配收入达3.22万元,增长13.7%,农民人均纯收入预计达1.28万元,增长15%;投入400多亿元实施了南京历史上最大的安居工程,岱山、丁家庄、花岗、上坊四大保障房组团近1000万平方米全面开工,竣工55万平方米,全市共竣工保障房307万平方米,已有1.23万套房源开始选房;城乡低保标准提高25%至60%,发放低保金3.9亿元,为历年最高;着力解决改制企业职工、老知青、老军工、老居委会主任、老职工等17万特殊群体的生活困难,向15万企业退休职工兑现计划生育一次性奖励金5.28亿元,使30多万市民受益,解决了这些群众反映最强烈的民生矛盾;出台了全国最早、力度最大的学前教育惠民举措,向13.3万名适龄儿童发放幼儿助学券;稳步实施基本药物制度,去年减轻群众药品费用负担近5亿元,推进基本公共卫生服务均等化、基层医疗体制改革和公立医院改革试点,提高困难群众医疗救助标准,缓解了群众看病难、看病贵的最突出问题。与此同时,出台了困难群体"十项救助计划",发放临时物价生活补贴7800万元。新增城镇就业20.97万人,城镇登记失业率为2.65%。

统筹协调水平有了新提高。过去的一年,全面协调发展始终是政府坚持的工作方针。制定出台《坚持统筹为要加强现代农业农村建设的意见》。全面推进农业"1115工程",新增高效农业17.25万亩、设施农业10万亩。完成长江干堤加固工程22.9公里。实施秦淮河调水,有效抗御了60年不遇的严重干旱,保证了农业生产丰收。土地综合整治规模达4.8万亩。完成10个城乡统筹试点镇街的规划编制。建成农民集中居住区120万平方米,完成125个省级村庄绿化示范村建设,实施230个村庄环境综合整治,新建改造一批农村公路和供水、排水管网。深入开展经济欠发达镇帮促工作,落实帮促项目144个。全面加强村级能力建设,市区两级投资8亿元,经过近两年的努力,为189个经济薄弱村新建标准厂房97万平方米,已取得租金收益6000万元,建立起经济薄弱村"造血"机制。农业组织化、产业化水平显著提升,新增农民专业合作社280家、土地股份合作社190家。不断提高"平安南京”建设水平，切实维护社会稳定，市公安局荣获公安部授予的“清网行动”集体一等功。全面启动青奥会和亚青会筹备工作，发布了宣传口号，展开了市场开发工作。启动城乡公共文化设施计划，切实加强文化遗产保护，推进文化产业园区建设，荣获全国文化体制改革工作先进地区称号，完成雨花台革命烈士馆的整修和展陈工作，朝天宫古建筑群维修工程荣获全国十大文物维修工程奖。对台工作和民族宗教、侨务、信访、人防、司法、工会、外事、妇女儿童、老龄、慈善、残疾人、档案、地方志、社会科学等工作取得新成绩。市政务服务中心启用。推进以南京都市圈为核心的区域经济发展。积极做好援藏、援疆等对口支援工作，全年落实对口援助资金2.8亿元。人民武装工作得到进一步加强。双拥模范城“七连冠”已通过评审验收。

二、发展中存在的问题

在全市经济快速发展的同时，我们也清醒地看到，对照率先基本实现现代化的目标，城乡居民收入增长、城乡统筹发展、环境保护、节能减排等仍是我们的弱项，产业结构优化的任务很重；对比城乡居民的期盼，社会保障、医疗、住房、教育等需要解决的问题还有很多；对标先进城市的发展，南京经济社会发展的规模和水平，还有一定的差距。这些都是政府继续努力突破的难点，也是今后工作的重点。

三、2012发展目标

按照市委十三届二次全会的安排，今年经济社会发展主要预期指标建议是：地区生产总值增长12%；地方财政一般预算收入增长15%；服务业增加值占地区生产总值比重提高1个百分点；全社会固定资产投资增长15%；社会消费品零售总额增长17%；实际利用外资增长18%；全社会研发经费支出占地区生产总值比重达到3.4%；文化产业增加值占地区生产总值比重达到4.65%；万元地区生产总值能耗降低6.5%；城市居民人均可支配收入增长13%，农民人均纯收入增长14%；居民消费价格指数涨幅控制在4%左右。

（《重庆经济年鉴》编辑部根据南京市有关资料整理）

武汉市

一、过去五年及2011年发展回顾

经济总量成倍增长。预计2011年地区生产总值超过6500亿元,是2006年的2倍左右。全口径财政收入1796亿元,是2006年的3.6倍。地方一般预算收入673亿元,是2006年的3倍。全社会固定资产投资4250亿元,是2006年的3.2倍。社会消费品零售总额2955亿元,是2006年的2.3倍。

工业发展迈上新台阶。坚持工业强市战略,实施"工业倍增"计划。五年实施总投资50亿元以上的工业项目14个。武钢三冷轧和三硅钢、东风本田一厂改扩建、神龙二厂、武石化800万吨炼油改造、富士康科技产业园、南车集团武汉基地、武汉新芯12英寸芯片、天马4.5代TFT、藤仓烽火光纤预制棒等一批重大产业项目建成投产,80万吨乙烯、神龙三厂、东风本田二厂、武烟搬迁改造、天威新能源、格力电器武汉产业园、武船双柳基地等一批重大项目开工建设。东湖新技术开发区、武汉经济技术开发区成为全市发展的重要引擎,武汉化学工业区建设进展顺利,吴家山经济技术开发区被批准为国家级开发区。青山、汉阳、洪山区产业转型步伐加快。6个新城区成为工业发展的生力军。2011年,全市工业总产值达到8500亿元,是2006年的2.7倍。汽车、钢铁、电子信息、装备制造四大产业产值均突破千亿元;产值过百亿元企业12个,比2006年增加5个。高新技术产业产值达到3200亿元,是2006年的2.9倍。

现代服务业加快发展。组建汉口银行、武汉农村商业银行,引进46家境内外金融机构,25家金融机构在汉兴建全国性后台服务中心。一批特色商业街区建成营运,汉口北市场群初具规模,连锁经营等商业新业态加快发展。旅游市场日趋繁荣,武汉成为重要的旅游目的地。武汉成为全国首批现代物流示范城市、"三网融合"试点城市和电子商务示范城市。江汉区、东湖新技术开发区被批准为国家现代服务业综合改革试点区。

过去的五年,城市功能和形象显著提升。

空间布局进一步优化。《武汉市城市总体规划(2010-2020年)》、《武汉市土地利用总体规划(2006-2020年)》编制完成并获国务院批复。都市发展区实现控规全覆盖。确立了"1+6"、"多轴多心"、"六楔入城"的开放式城市空间格局。

综合交通枢纽建设取得重大进展。武汉成为全国铁路四大主枢纽之一。武汉火车站建成使用,武广高铁开通,武汉率先迈入"高铁时代"。汉口火车站、武昌火车站改造完成。武汉铁路集装箱中心站、武汉北编组站建成投入使用。长江中游航运中心建设加快,武汉新港迈入"亿吨大港"行列。天河机场第二航站楼和国际航站楼建成投入使用,旅客年吞吐量达到1250万人次。7条高速出口路建成通车。

城市路网建设加速推进。一环线改造提升,二环线汉口段及武昌东段、三环线、外环线建成通车,四环线开工建设。新建、改造8条快速路、34条城市主干道,武汉大道、江城大道、高新大道、白沙洲大道建成通车。阳逻长江大桥、天兴洲长江大桥、二七长江大桥、青岛路长江隧道、水果湖隧道建成投入使用。6条地铁线同步建设,轨道交通1号线全线通车营运。

城市面貌大变样。武汉国际博览中心、楚河汉街、武汉天地、光谷步行街、首义文化区等一批城市标志性工程建成投入使用。推进"绿色江城"建设,建成30公里江滩生态游园,"两江四岸"成为靓丽的风景线。建成九峰国家森林公园和一批城市小森林、小绿地、小游园。森林覆盖率、建成区绿化覆盖率分别达到26.8%、37.5%，武汉成为"国家森林城市"。城市更新改造加快，二环以内56个"城中村"改造基本完成。武昌区、洪山区、青山区"插花地"问题得到妥善解决。

强力推进"城管革命"。促进管理理念、思路、体制、机制、方法、环境"六大创新"，实施洁面冲凉、减肥瘦身、穿衣戴帽、交通畅通、文明行为、机制创新"六大工程"，突出整治渣土污染、暴露垃圾、占道经营、违法建设、广告招牌杂乱、不文明行为等"六大顽症"，市容环境发生较大变化。

过去的五年，改革开放实现新突破。

"两型社会"建设取得阶段性成效。"两型社会"建设三年行动计划全面完成。东西湖、青山国家级循环经济示范园区加快建设。"碧水蓝天"工程深入实施。东沙湖连通工程竣工，中心城区16个湖泊水质提档升级。全面完成二环以内燃煤锅炉改造，关闭二环以内小水泥、小火电等"五小"企业。新改扩建一批污水处理厂、垃圾卫生填埋场和垃圾焚烧发电厂。城市污水处理率、生活垃圾无害化处理率、中心城区空气质量优良率分别提高到92.2%、90%和83.6%。实施"两型社会"建设示范工程，"十城万盏"、"十城千辆"试点顺利推进，再生资源回收网络形成特色，投放免费便民自行车7万辆。创新节能环保机制，成立武汉城市矿产交易所、排污权交易所。节能减排目标超额完成。

创新型城市建设取得重大进展。东湖新技术开发区成为国家自主创新示范区。编制完成示范区发展规划，科技金融、股权激励等改革试点有序开展，推进光谷"资本特区"建设。光谷生物城、未来科技城等新的特色园区建设扎实推进。实施"黄鹤英才计划"和"3551人才计划"，引进国家"千人计划"人才74名。新增两院院士16名，达到59名。全市新增国家级研发平台21个，8家企业成为国家创新型企业。五年专利授权达到3.8万件。114项科技成果获得国家级奖励。武汉成为综合性国家高技术产业基地、国家创新型试点城市。在2011中国十大创新型城市评选中，武汉荣膺榜首。"武汉?中国光谷"成为光电子信息领域的国际知名品牌。

经济体制改革扎实推进。以"企业转产权、职工转身份"为主要内容的国有企业改制工作全面完成。武重集团、长动集团、中联药业与央企实施战略重组。实施全民创业行动计划，民营经济加快发展。全市私营企业达到16.3万户，比2006年增加7.4万户。深化农村综合改革，成立农村综合产权交易所，基本完成集体林权制度改革，农业经营体制不断创新，农村土地依法规范流转面积达到138万亩。

服务型政府建设不断加强。新一轮政府机构改革全面完成，市级行政机构由56个减为46个，部门职责进一步理顺。完善"两级政府、三级管理"体制，向区下放审批和管理权限215项。开展"治庸问责"、优化环境工作。按照"减程序、减时限、减费用"的办法，深化行政审批制度改革。行政审批事项从748项减为339项，行政审批时限整体压缩50%以上，免征31项行政事业性收费。优化审批流程，完成工业项目审批流程再造，并向服务业、建筑业等领域延伸。

对外开放呈现新局面。五年累计实际利用外资148亿美元，年均增长13.4%。来汉投资的世界500强企业达到84家，比2006年增加34家。2011年外贸出口达到114亿美元，是2006年的3倍。武汉成为国家首批服务外包示范城市、国家船舶出口基地。国家汽车零部件出口基地建设顺利推进。境外投资企业达到70家。美国、韩国在汉设立总领事馆。获批建设武汉东湖综合保税区、武汉东西湖保税物流中心。新开和恢复5条国际直达航线，对台直航实现常态化。国际友好城市达到17个。积极参与全省"两圈一带"开发建设。

过去的五年，城乡统筹发展加快。

新城区新型工业化水平提高。制定实施新城区工业发展空间布局规划和产业发展规划。2011年，6个新城区规模以上工业增加值达到665亿元，是2006年的5.8倍。

现代都市农业发展迅速。“菜篮子”工程建设成效明显。建成农产品正规化基地137万亩,比2006年增加63万亩。农业产业化农户覆盖率达到63.3%,比2006年提高8.5个百分点。农产品加工产值达到1210亿元,是2006年的2.5倍。农田水利基础设施不断完善,完成178座骨干排灌泵站更新改造,解决了18万亩重点易旱地区抗旱水源问题。

新农村建设取得新成绩。实现乡镇总体规划和村庄建设规划全覆盖。建成一批中心镇、特色镇。深入实施“农村家园建设行动计划”,所有建制村实现通水泥路、通电话、通有线电视、通宽带网络。“农家书屋”全面建成。基本打通连接新城区和中心城区的快速通道。全面完成农村无力自建房户危房改造。解决226万农村人口饮水安全问题,农村自来水普及率达到90%。

过去的五年,社会事业蓬勃发展。

教育事业均衡优质发展。促进和维护教育公平,基础教育完成“有学上”历史任务。全面实行城乡免费义务教育。建成215所初中标准化学校、171所农村寄宿制学校。推进20所优质高中建设。中等职业教育、高等教育规模和水平不断提升。进城务工人员随迁子女在公办学校就读比例达95.5%。五年累计资助困难家庭学生174.1万人次,资助金额9亿元。

医疗卫生服务水平迈上新台阶。医药卫生体制改革深入推进。国家基本药物制度实现基层全覆盖。建成124个社区卫生服务中心、375个社区卫生服务站,初步建成“15分钟社区卫生服务圈”。84个乡镇卫生院和1807个村卫生室标准化建设全面完成。向城乡居民免费提供11项基本公共卫生服务和7项重大公共卫生服务。四级公共卫生服务体系初步建立。医疗基础设施显著改善。中部医疗服务中心建设成效明显。

文化体育事业日益繁荣。隆重举办纪念辛亥革命·武昌首义100周年庆典活动。第八届中国艺术节、第六届全国城市运动会成功举办,中国武汉国际杂技艺术节、国际渡江节、国际赛马节品牌效应不断扩大。琴台文化艺术中心、武汉体育中心、武汉全民健身中心、中山舰博物馆、辛亥革命博物馆、谭鑫培公园建成投入使用。文化体制改革稳步推进。文化艺术精品不断涌现,获国际级奖8项、国家级奖57项。建成21个文化产业园。群众性文体活动蓬勃开展,群众健身场所逐渐普及,市民文化生活日益丰富。

民主法制建设和社会管理不断加强。严格依法行政,提请市人大常委会审议地方性法规28件,制定政府规章54件。认真执行市人大及其常委会决议,自觉接受市人大的法律监督、工作监督和政协的民主监督。人大议案、代表建议和政协建议、提案7591件全部办结。“五五”普法圆满完成。“平安武汉”建设深入推进。和谐社区创建成效明显。信访稳定、社会治安综合治理、安全生产管理、食品药品监管工作进一步加强。

各项社会事业协调发展。人口与计划生育工作不断加强,全市出生人口性别比趋向正常。国防教育、国防动员工作取得新进步,连续4次荣获“全国双拥模范城”。认真做好对口援建帮扶工作。国家安全、民防、消防、仲裁、保密、参事、气象工作积极推进,文史、档案、民族、宗教、侨务、地方志工作得到加强,妇女、儿童、老龄、残疾人工作取得新成绩。

过去的五年,人民生活持续改善。

城乡居民收入较快增长。2011年,城市居民人均可支配收入和农民人均纯收入分别达到23720元和9550元,五年年均分别增长13.9%和15%。

就业社保水平不断提高。五年城镇新增就业72.4万人,扶持创业10.3万人,转移农村劳动力33.8万人。建立居民医保、新型农村社会养老保险、职工生育保险和被征地农民社会保障制度,社会保险总参保人数达1535万人次,综合覆盖率达90%以上。基本实现“全民医保”。新型农村合作医疗覆盖率达到97%以上。企业退休人员人均基本养老金由2006年的每月580元提高到2011年的每月1448元。城乡低保实现动态条件下“应保尽保”。

困难群众住房条件逐步改善。五年累计竣工经济适用住房980.3万平方米，廉租住房实现保障范围内全覆盖，公共租赁住房建设全面推进，共解决14.5万户家庭的住房问题。推进青山工人村地区等棚户区改造，累计完成改造6.8万户。2011年，建设和筹措保障性住房12.29万套。

坚持每年为群众办理十件实事。五年累计投入资金75.5亿元，解决了一批交通出行、教育、医疗、食品安全、社会治安、生活环境等方面的热点难点问题。免费向群众提供公共服务30多项。

二、发展中存在的问题

发展不够仍然是武汉最主要的矛盾。工业实力不够雄厚，服务业水平有待提升，战略性新兴产业规模不大，综合经济实力有待进一步增强；农业基础依然薄弱，农村公共服务水平总体不高，城乡二元结构亟待改善；城市建设管理任务依然繁重，城市环境和文明程度有待进一步提升；城乡居民收入相对偏低，保障和改善民生任务十分艰巨；社会管理复杂性和难度加大；政府自身建设还需进一步加强。

三、2012年发展目标

2012年全市经济社会发展主要预期目标是：地区生产总值增长12%以上，全口径财政收入和地方一般预算收入增长13%以上，全社会固定资产投资增长20%以上，社会消费品零售总额增长17%以上，完成省下达的节能降耗和主要污染物减排任务，城镇登记失业率控制在4.6%以内，居民消费价格涨幅控制在4.5%左右，城乡居民收入增长与经济发展保持同步。

（《重庆经济年鉴》编辑部根据武汉市有关资料整理）

2011 年部分环渝区域市县经济发展状况

四川省成都市

一、2011 年发展回顾

2011 年是成都市实施国民经济和社会发展第十二个五年规划的开局之年。在党中央国务院、省委省政府和成都市委领导下，成都市全面贯彻落实科学发展观，抢抓机遇，奋力拼搏，全市经济社会继续保持又好又快发展。全年实现地区生产总值 6950.6 亿元，增长 15.2%；地方公共财政收入 680.7 亿元，增长 30.1%；固定资产投资总额 5006 亿元，增长 19.2%；社会消费品零售总额 2861.3 亿元，增长 18.4%；城镇居民人均可支配收入 23932 元、农民人均纯收入 9895 元，分别增长 14.9%、20.6%。

(一)工业经济快速增长

实现规模以上工业增加值 2185.3 亿元，增长 22.3%。完成工业投资 1507.5 亿元，增长 18.4%，新增百亿企业 3 户、50 亿元企业 7 户。一汽大众三期扩能、沃尔沃成都基地、天威新能源三期等 138 个项目开工建设，四川石化基地、戴尔、中国工程物理院成都基地等 75 个项目加快建设，富士康、联想、仁宝等 163 个项目竣工投产。初步建成世界级平板电脑和笔记本电脑生产基地。汽车机械、航空航天等先进制造业和食品、家具等特色产业加快发展，新能源、新材料、生物医药等战略性新兴产业规模西部第一。软件业务收入突破 1000 亿元，增长 63.7%。持续推进工业集中集约发展，工业集中度同比提高 4.6 个百分点达 79.3%，高新区、经开区建成千亿园区。

(二)现代服务业加快提升

实现服务业增加值 3290 亿元，增长 12.4%。300 余个服务业重大项目累计完成投资 1623.9 亿元，成都国际商贸城二期等 50 余个重大商贸业项目竣工投产，全国首个移动电子商务示范基地和电子票据创新中心落户成都。新开通新蓉深、成都至上海快速集装箱班列和成都至阿拉山口铁路"五定班列"，新增成都至东京、阿布扎比国际直飞客航和成都至芝加哥等 7 条国际直飞货航。新增银行机构 8 家、保险公司 11 家、上市企业 3 家，建行成都基地启动建设，成都银行西安分行和首家地方法人保险公司锦泰财产保险公司开业营运，招行全国首家金融后台服务中心、和谐健康保险和中航安盟财险公司总部落户成都。接待国内外游客 9900 万人次，实现旅游总收入 800 亿元，分别增长 45.2% 和 32.5%。会展业直接收入 40 亿元。

(三)农业生产稳步发展

实现农业增加值 327.3 亿元，增长 3.7%。实施重大农业项目 618 个，完成投资 220 亿元。启动高标准农田建设工程，加快建设万亩现代农业产业示范区，建成粮油、蔬菜、茶叶、猕猴桃等农产品标准化基地 243 个，新建 30 万吨粮食储备库，新增农民专合组织 512 个，农业产业化经营带动农户面 80%。新发展农资配送等社会化专业服务机构 620 个，建成 146 个标准化基层农业服务站，农业综合机械化水平提高 7 个百分点达 63%，农产品质量安全抽检合格率保持全国领先。完成排灌渠道整治 1484 公里，新增节水灌面 19 万亩，新解决农村 35 万人饮水安全问题。实现林业总产值 320 亿元。完成政策性农业保险保费收入 2.06 亿元。

(四)功能区建设扎实推进

启动编制 13 个市级战略功能区规划，基本完成总体规划、土地利用规划和产业发展规划。建立健全开发建设机制，完善市县两级统筹推进和整体联动的长效工作机制，并同步建设 49 个县级功能区，全市功能区承载能力明显提高。加快推进重大项目建设，围绕高端产业和产业高端，大力吸引龙头企业和关键配套企业，市级功能区引进重大项目167个，完成投资795亿元。获批新能源产业、新能源装备、高性能纤维三个国家高新技术产业化基地。

(五)对外开放逐步深入

实际利用外资80亿美元，增长34.9%，实现进出口总额379.1亿美元，增长53.9%。新批对外直接投资项目17个，完成对外承包工程和劳务合作营业额8.8亿美元，增长29.3%。成功举办成都国际友城周、东亚论坛、全球防灾减灾市长峰会、中英食品论坛和都江堰国际论坛等国际会议，成功申办世界华商大会，与美国檀香山市等3个城市缔结国际友好城市，国际友好城市增至16个，友好合作关系城市增至32个。泰国国家旅游局设立成都办事处，与全国友协签订战略合作协议共建西部内陆开放高地。落户成都的世界500强企业增至215家。

(六)区域合作拓展深化

深入落实成都经济区区域合作框架协议，成简快速路成都段、三岔湖旅游快速通道成都段建成通车，成绵乐城际铁路等交通共建项目加快建设。成资、成眉、成阿、成雅等共建工业园区完成基础设施投资20.1亿元，"两湖一山"等旅游合作项目有序推进，成眉共建现代农业科技园、西南现代生态农业示范区等农业合作项目顺利实施。成都经济区劳动保障、医疗卫生、人口计生、环境保护、市场监管、城市管理等合作全面启动。与德阳、绵阳、乐山、泸州、凉山区域合作进一步深化，与长三角、珠三角、环渤海城市和港澳地区合作全面加强。

(七)城市更新扎实推进

正式启动天府新区建设，新川科技园、公兴电子信息产业园区、万安现代服务业集聚区、正兴片区等起步区加快建设，成都高新国际低碳环保产业孵化器、新筑股份轨道交通材料产业园、地铁1号线南延线、2号线东延线等首批84个重大项目集中开工，总投资2144亿元。积极推进四大新城公共服务设施和市政配套设施建设，南部新城给排水等基础设施加快完善，西部国际医学城、北部国际商贸城和东部文化创意城建设进展顺利。大力推进火车北站扩建改造工程，完成滨江路、蜀都大道和人民北(中)路等重要路段立面整治，完成三环路、羊西线和顺城大街等主要干道路面综合整治，历时三年总投资100亿元的东郊企业生活区危旧房改造惠民工程基本完成，惠及群众7万余人。重点镇建设和一般场镇改造完成投资130亿元，安仁、街子、西来等古镇建设显现新貌。城乡新型社区竣工344.6万平方米。

(八)环境治理成效明显

深入推进"五十百千环境优美示范工程"和"除陋习树新风"专项行动，积极开展中心城区楼顶脏乱差治理，全面加强老旧院落和集贸市场整治，推广生活垃圾分类试点和无害化处置，运用物联网技术全面提高城市道路桥梁照明设施管护水平。深入推进水环境综合治理，完成中心城区16条重点治理河道综合整治，治理下河排污口472个，完成58座乡镇污水处理厂及配套管网建设。深入推进大气环境综合治理，加强饮食服务业油烟污染、建筑工地扬尘和秸秆禁烧专项整治，淘汰高污染机动车14.8万辆，关闭并拆除嘉陵电厂，中心城区空气质量优良天数322天。深入实施天然林资源保护、退耕还林、野生动植物保护与自然保护区建设工程，推进城区"三绿"工程、公园景观改造等生态绿化建设，龙泉山脉除金堂境内3万亩外全部实现荒山植绿，完成1079公里健康绿道建设，新增森林面积3640公顷。双流县、温江区被环保部命名为国家生态县(区)。

二、发展中存在的问题

发展不足仍然是成都市最大的实际，社会投资还不理想，结构调整任务繁重，三次产业发展还需进一步提速，特别是先进制造业和战略性新兴产业发展需要加快，资源、环境的制约和影响日益突出，转变经济发展方式还要付出艰苦努力。城市现代化、国际化水平还不够高，缓堵保畅工作需要加快推进，中心城区老旧院落需要加快改造，城乡现代化管理水平需要提高，仍面临优化城市功能、做大城市体量的多重任务。制约科学发展的体制机制依然存在,统筹城乡发展还需进一步深化,综合配套改革需要加强,深化统筹城乡改革、完善市场经济体制和转变政府职能的任务还比较紧迫。城市国际化水平还需进一步提升,对外开放广度和深度需要拓展。解决民生难题的任务仍然艰巨,城乡居民收入持续增长的难度和压力有所加大,部分群众生活还比较困难,就业和社会保障压力较大,事关民生的公共服务和社会管理还需进一步提升,保民生保稳定的工作需进一步加强。

三、2012 年发展目标

2012 年是实施“十二五”规划承上启下的重要一年。成都市将紧紧抓住新一轮西部大开发、全国统筹城乡综合配套改革试验区、成渝经济区和天府新区建设等重大机遇,紧扣科学发展的主题和加快转变经济发展方式的主线,认真落实交通先行、产业倍增、立城优城、三圈一体和全域开放“五大兴市战略”,着力抓好双需驱动、两型增长、实体支撑、全域统筹,着力做大经济总量、优化发展质量、提高民生水平,为打造西部经济核心增长极创造良好开局。2012 年全市经济社会发展主要目标是:地区生产总值增长 12%,固定资产投资总额增长 11.5%,地方公共财政收入同口径增长 15%,城镇居民人均可支配收入增长 13%,农村居民人均纯收入增长 13.5%,城镇登记失业率控制在 4%以内,万元地区生产总值能耗进一步降低,主要污染物排放量进一步减少。

四川省绵阳市

一、2011 年发展回顾

绵阳古称“涪县”、“绵州”,自古有“蜀道明珠”、“富乐之乡”的美誉,是享誉世界的伟大浪漫主义诗人——李白的故乡,党中央、国务院批准建设的我国唯一科技城,成渝经济区西北部的中心城市,四川省第二大城市。全市幅员面积 2 万平方公里,辖 9 个县市区,总人口 540 万,城市建成区面积 103 平方公里,城区总人口 107 万。现为全国首批“三网融合”试点市、全国首批“促进科技和金融结合”试点市,全国文明城市、全国创业先进城市、国家卫生城市、国家园林城市、国家环保模范城市、中国优秀旅游城市、全国双拥模范城。

(一)经济发展概况

2011 年,GDP 总量首次突破千亿大关,实现地区生产总值 1189.1 亿元,增长 15.2%。其中,第一产业实现增加值 199.2 亿元、增长 3.8%,第二产业实现增加值 616.6 亿元、增长 22.8%,第三产业实现增加值 373.3 亿元、增长 9.9%,三次产业的构成比例为 16.7:51.9:31.4。708 户规模以上工业企业实现总产值 1776.3 亿元、增长 32.1%,实现增加值 502.1 亿元、增长 23.7%,工业增加值总量居全省第 4 位,增速排名全省第 8 位。全市“2+4”重点产业完成工业总产值 1620 亿元、增长 31.7%,占工业的比重达到 91.2%。农业生产稳步增长,实现农林牧渔总产值 328.9 亿元、增长 3.9%。全年接待国内外游客 1581.5 万人次、增长 32.4%,实现旅游总收入 97.2 亿元、增长 49%。完成全社会固定资产投资 880.9 亿元,其中:固定资产投资 780.9 亿元、增长 7.4%。实现社会消费品零售总额 494.2 亿元、增长 17.8%。实现外贸自营出口总额 9.7 亿美元、增长 17.8%。财政总收入实现 172.1 亿元、增长 44.2%,地方公共财政预算收入实现 65.6 亿元、增长 45.2%。金融机构人民币各项存款余额 1932.7 亿元、增长 8.3%。城镇居民人均可支配收入为 17998 元、增长 16%,农民人均纯收入为

7183 元、增长 20.9%。

(二)灾后重建

2011 年是灾后重建取得全面胜利之年。基础设施实现根本性改善,751 所学校、381 个医疗卫生机构、232 所敬老院和福利院、3094 个村级组织活动场所建成投用,7610 公里重建公路实现通车,7.41 万处震损水利工程得到修复。产业发展实现再生性跨越,882 个工业重建项目全部完工,660 个农业(含农机、畜牧)重建项目完工 99.2%,183 个市场服务体系重建项目完工 97.8%,42 个旅游重建项目完工 88.1%,4 个对口援建园区签约入园企业 312 户、协议引资 380 亿元。城乡面貌实现整体性提升,成功解决城乡 163.5 万户、362.9 万人住房问题。唐家山堰塞湖应急治理工程全面完成,北川地震纪念馆主体工程完工。北川新县城建成入住,16 个重点重建集镇形成主体功能,建成一批布局科学、功能配套的现代化新城镇。

(三)对外开放

大力实施"充分开放合作年",开放型经济水平持续提升。成功引进世界 500 强富士康等一批大企业、大集团。全年引进内资项目 626 个,到位内资 487.7 亿元,增长 27.3%。到位外资 3.2 亿美元,增长 12.2%。实现进出口总额 18.5 亿美元、外贸自营出口总额 9.7 亿美元,分别增长 15.9%和 17.8%。外事、台务、侨务、口岸、海关、检验检疫等工作得到加强。

(四)城市建设与生态环境建设

城市总体规划、城市空间发展战略规划进一步完善,"一城三区四带"空间发展布局基本形成,城南新区、城西新区、科教创新区等城市新区建设有序推进,城镇化率达到 41.8%。市政基础设施和公共服务设施不断改善,二环路、绕城高速等市政工程加快建设,剑南路东段、跃进北路、长虹大道南段等 11 条骨干道路改造完毕。完成平政高架桥、南河大桥等堵点整治,新建钢结构人行天桥 7 座,城区交通拥堵得到缓解。数字化城市管理系统和城区视频监控系统建成投入使用。生态城市建设成效显著,新增绿地 48 万平方米。城市空气质量优良率达到 100%,城乡环境综合治理定量考核位居全省第四名。

(五)城市教、文、卫、体事业

出台了中长期教育改革和发展规划纲要(2011-2020 年)和"十二五"教育体育事业发展规划。全市本科硬上线 23333 人,约占全省的 1/5,创造了高考"双第一"十一连冠的奇迹。科教中心建设稳步推进,"两基"工作顺利通过国检。医药卫生体制改革深入推进,基层医疗卫生服务体系日益完善。国家卫生城市通过复评。人口低生育水平总体稳定,人口自然增长率控制在 2.5‰以内。成功承办全省首届残疾人文化艺术节,《大北川》荣获"第二届全国戏剧文化奖"金奖。全市文化馆(站)、公共图书馆免费开放。全民健身运动蓬勃开展,竞技体育取得优异成绩。

(六)城市创新能力

作为我国重要的国防军工科研生产基地,绵阳拥有中国工程物理研究院、中国空气动力研究发展中心、中国燃气涡轮研究院等国家级科研院所 18 家,西南科技大学等高校 12 所,国家重点实验室 8 个,两院院士 27 名,各类专业技术人才 20.2 万。《绵阳科技城发展规划(2011-2015 年)》获国务院批复。刘延东国务委员莅绵主持召开绵阳科技城建设部际协调小组第十次会议,提出把绵阳建设成为西部地区乃至全国重要的科技创新策源地、军民融合示范地、创新人才汇聚地、科技成果集散地、高新技术产业集中地。三网融合与物联网、节能环保等战略性新兴产业不断壮大,西普化工、九九瑞迪等军民融合企业快速发展,国家新型工业化(军民融合)产业示范基地加快推进,军民融合企业达到 120 家,产值达到 815 亿元。申报国家级各类科技计划项目 120 项、立项 98 项,省级项目 98 项、立项 79 项。累计争取国家、省科技资金近 1.5 亿,同比增长 35%。新增专利授权 1362 件,科技进步综合水平指数达到 59.6%。

(七)民生工程

投入 117.7 亿元实施"十项民生工程",108

个民生项目全面完成。城镇新增就业 4.7 万人，城镇登记失业率控制在 3.8%以内。全市转移输出农村劳动力 132.32 万人，实现劳务收入 112.6 亿元。国家级创业型城市创建中期评估获优秀档次。社会保障体系不断完善，新农保参保人数 84.4 万人，城镇居民医疗保险参保人数 65.3 万人，新农合参合率 99.3%。30.7 万城乡困难群众实现最低生活保障，2.5 万名“三孤”人员得到有效救助。物价水平总体稳定，居民消费品价格指数上涨 4.9%。2.7 万套保障性住房开工建设，廉租住房政策受益家庭 3.5 万户、10.3 万人。2011 年，GDP 首次突破千亿大关，实现 1189.1 亿元、增长 15.2%，人均地区生产总值达到 25755 元，非农业增加值占地区生产总值的比重为 83.2%，第三产业增加值占地区生产总值的比重为 31.4%；恩格尔系数 44.8%；城镇居民家庭平均每百户拥有固定电话和手机 273.5 部、家用电脑 68.8 台；绿化覆盖率 36.7%，人均拥有公共绿地 9.22 平方米；每万人拥有医生 38.9 人；社会消费品零售总额 494.2 亿元。

(八)新村建设

2011 年，各县市区共规划新村 458 个，累计建设新民居 52808 户，新村(聚居点)467 个，新村聚居点涉及农户 28169 户，分别占规划任务的 108.85%、118.83%、109.76%，探索建设新农村综合体 11 个。全市新农村示范片建设完成投资 66.39 亿元，农民专业合作社和龙头企业分别达 929 个、317 家，新建硬化通村通组道路 2167.2 公里、新建改建维修渠系 1820.4 公里、整治土地 25.4 万亩、新建农村户用清洁能源 6.2 万户。

二、发展中存在的问题

保持投资持续稳定增长压力巨大；科技城创新能力、成果转化能力和产业引领作用亟待提升；土地、资金、能源等要素保障问题比较突出；招商引资尚未实现根本性突破；重建成果转化为现实生产力还需突破一些关键环节。

三、2012 年经济发展目标

GDP 增长 13%，规模以上工业增加值增长 23%，社会消费品零售总额增长 17.5%，地方公共财政预算收入增长 20%，全社会固定资产投资增长 2.2%，城镇居民人均可支配收入增长 13%，农民人均纯收入增长 13.5%，城镇登记失业率控制在 4%以内，人口自然增长率控制在 3‰以内，完成省政府下达的节能减排目标任务。

四川省宜宾市

一、2011 年发展回顾

2011 年，面对复杂多变的国内外经济形势，宜宾市委、市政府确立了“奋进工作年”的总体要求和"提速增效，跳起摸高，奋进工作，圆满开局"的工作基调，着力抓发展、惠民生、促和谐，全市经济社会发展顺利实现“十二五”圆满开局，为建设更高水平的美好新宜宾和区域性经济强市奠定了坚实基础。全市生产总值 1091.18 亿元，增长 15.6%，迈入全省千亿元俱乐部行列；地方财政一般预算收入 67.2 亿元，增长 33.8%；农民人均纯收入 6779 元，增长 20.8%，城镇居民人均可支配收入 17752.7 元，增长 16.3%。

(一)着力项目带动，投资保持较快增长

完成固定资产投资 592.25 亿元，增长 23%。福溪电厂一期工程竣工发电，向家坝灌区工程提前开工，宜宾港、宜泸高速公路等重点项目建设加快推进，新建成通乡油路、水泥路和农村断头路 623 公里，通村公路 2121 公里，发展保障能力明显增强。

(二)着力转型升级，三次产业加快壮大

全市规模以上工业实现增加值 583.7 亿元，增长 23.5%。13 个重点园区基础设施及公共平台建设完成投入 25.3 亿元，新入驻企业 78 户，累计达380户。农业总产值实现275.79亿元、增长3.5%,粮食产量与去年基本持平。社会消费品零售总额实现374.16亿元、增长18.4%。金融机构人民币存贷款余额分别为1199.82亿元和523.08亿元,分别同比增长26.81%和17.65%,全国唯一的白酒现货交易平台--四川联合酒类交易所在宜宾正式开业。成功举办中国白酒文化节等节庆文化活动。旅游总收入实现130.6亿元、增长20.91%。

(三)着力两化互动,城镇建设有序推进

中心城区新一轮城市总规、城市组团控规、县城和重点建制镇总规及控规、新村规划编制工作有序开展。临港新城、翠屏新区、南岸西区及三江口项目等加快建设,县城快速拓展提升,集镇建设和新村建设步伐加快。城镇水电气路等市政设施和教育、卫生等公共服务设施进一步夯实。城乡建设投资完成174.53亿元,新增建成区面积16.46平方公里。被评为全省“环境优美示范城市”。

(四)着力区域统筹,县域经济强劲发展

区县属规模以上工业实现增加值381.47亿元、总量占全市的比重达到65.4%。南溪县实现撤县设区。临港经济开发区顺利完成"两年强基"的阶段性目标任务,实现投资22.3亿元。宜宾港完成集装箱吞吐量8057标箱,散货、件杂货总吞吐量37万吨。开发区高新技术产业园被命名为“四川省首批特色高新技术产业化基地”,申报国家级经济开发区有序推进。

(五)着力改革开放,动力活力不断增强

重点领域和关键环节改革取得突破,经济社会发展更加协调,外向度进一步提升。实现外贸进出口8.12亿美元增长24.44%,其中出口5046亿美元,增长23.69%;实际到位外资5010万美元,增长22.9%。招商引资引进到位市外资金502.48亿元,增长44.8%。

(六)着力方式转变,节能减排持续加强

积极实施“十大重点节能工程”,淘汰了9户企业落后产能及工艺设备。农村生活污水、生活垃圾污染治理、污水处理厂配套管网建设顺利实施。中心城区空气质量达二级(良)以上天数占总监测的98.5%,全市饮用水源地水质达标率达100%。生态市建设加快推进。

(七)着力统筹协调,社会事业全面进步

高水平通过“两基”迎国检,高考本科上线连续六年保持增长,职业技术教育三年攻坚成效显著。再次获得"全国科技进步先进市"称号。全市所有公立基层医疗卫生机构实施国家基本药物制度。文化事业发展较快,新酒都剧场建成投入使用,图书馆、文化馆(站)、博物馆等公益性文化场馆全部实行免费开放。

(八)着力改善民生,社会大局和谐稳定

全面完成115项民生工程任务。城镇新增就业5.71万人,城镇登记失业率3.63%。城镇低保实现"应保尽保",新型农村养老保险试点覆盖人数达25.87万人。完成农村困难群众危房改造9450户,建设保障性住房17735套,实施棚户区改造3594户。物价涨幅得到初步遏制。向家坝移民迁建有序推进。社会治安综合治理成效明显。安全生产形势总体稳定。公共危机预防和应急处置能力进一步提高。

二、2011年发展中存在的问题

一是投资保持较快增长压力大,交通、水利、能源、信息等基础设施相对薄弱,发展保障能力还不足;二是结构性矛盾突出,城镇化滞后于工业化,服务业发展不足,对外开放层次不高,节能减排压力较大,转变发展方式的要求仍然紧迫;三是改善民生的任务依然艰巨,城乡居民持续增收难度较大,教育、医疗、社会保障等还不能满足人民群众的需求,应急、安全、维稳的压力进一步加大。

三、2012年发展目标

围绕“转型工作年”主题和“两化互动,高位求进,转型工作,民生优先”的工作基调,突出“两化”互动、投资拉动、开放带动,坚持快中求好、好中求快、又好又快,在加快发展中促转型,在转型中加快发展,不断改善和保障民生,实现富民与强市的有机统一。

2012 年主要预期目标：地区生产总值增长 13.5%、奋斗目标 15%；固定资产投资增长 20%，力争 25%；规上工业增加值增长 20%以上；社会消费品零售总额增长 16%以上；地方财政一般预算收入增长 18%以上；城镇化率提高 2 个百分点以上；城镇新增就业 4.5 万人，城镇登记失业率控制在 4.5%以内；城镇居民人均可支配收入、农民人均纯收入分别增长 13.5%、15%以上；人口自然增长率控制在 4.5‰以内；完成省上下达的物价调控、节能减排目标任务。

四川省广元市

广元地处川北，毗邻陕甘两省，幅员面积 1.63 万平方公里，总人口 314 万。有“千里嘉陵第一城”之誉，自古被称为“川北门户”，是嘉陵江上游天然生态屏障，是先秦古栈道文化的集中展现地，是中国蜀道文化、三国历史文化的核心走廊，现有国家 4A 级旅游景区 12 个，位居全省第二位、全国第五位。目前已建成中国优秀旅游城市、国家森林城市、四川山水园林城市，荣获中国人居环境范例奖和“中国十大低碳贡献城市”、全国首批“低碳发展突出贡献城市”称号。

一、2011 年发展回顾

2011 年是“十二五”发展开局之年。面对异常复杂的宏观经济环境，市委市政府科学研判形势，主动应对挑战，抢抓发展机遇，经济社会发展呈现增长加快、结构趋优、后劲增强、民生改善的良好态势。全市生产总值实现 403.54 亿元，增长 15.6%，增速居全省第四；地方公共财政收入 22.77 亿元，增长 36.1%，增速居全省第七；城镇居民可支配收入 14635 元，增长 17%，增速居全省第二；农民人均纯收入 4895 元，增长 21.3%，增速居全省第三。

（一）项目投资平稳增长

全社会投资完成 500.37 亿元，首次突破 500 亿元大关。市列 116 个重点项目完成投资 252.6 亿元，增长 10.9%。海螺水泥(二期)、元泰达泡沫铝等 33 个项目竣工投产；天然气勘探、昭化水电站等 35 个项目超额完成年度投资任务，亭子口水利枢纽、广南高速、广甘高速、兰渝铁路建设进展顺利，广元港、中石化天然气净化厂等项目启动建设；大唐路口电厂、西(安)成(都)客运专线、广巴铁路扩能等项目前期工作加快推进。煤、电、油、气、运等要素保障有力。完成土地开发整理 44.22 万亩，实现可用耕地占补平衡指标 4.29 万亩，报征土地创历史新高。

（二）产业发展提速增效

产业结构进一步优化，三次产业结构由 2010 年的 23.8:39.0:37.2 调整为 20.8:44.6:34.6。工业经济增势强劲。全市规模以上工业增加值实现 138.7 亿元，增长 30.4%，增速连续 12 个月居全省第一。园区建设加快推进，全市新增园区开发面积 16.8 平方公里。骨干企业培育取得成效，工业企业主营业务收入过 10 亿元的达到 12 户，过亿元的达到 106 户，新进规模以上工业企业 47 户。工业效益明显趋好，规模以上工业企业盈亏相抵后实现净利润 22.97 亿元，增长 63.1%。现代农业稳步发展。强力推进现代农业示范园区、生态小康新村及现代畜牧业和特色种植业发展，全年新建成现代农业示范园区 10 个、规范发展农民专业合作社 109 个、培育省级以上龙头企业 6 家、建设生态小康新村 200 个。以“广元七绝”、“剑门关土鸡”等为代表的优势特色产业快速发展，农业生产连续 8 年获得丰收。第三产业加快发展。旅游经济快速增长，全年接待游客 1447.57 万人次，实现旅游收入 53.55 亿元，分别增长 103.77%、67.19%。剑门关蜀道创建 AAAAA 级景区规划全面启动，我市荣获省旅游发展突出贡献奖。加快打造商贸物流中心,成功举办女儿节、“广元造”品牌商品展览会和秦巴山区年货节等活动,实现社会消费品零售总额166.7亿元,增长17.3%。

(三)节能减排成效明显

低碳发展深入推进,清洁生产和节能减排成效显著。全年万元GDP能耗下降3.22%,工业增加值能耗下降4.35%,实现化学需氧量、氨氮和二氧化硫排放量“三下降”目标。城区生活污水集中处理率达到85%,生活垃圾无害化处理率达到100%。饮用水源地水质全部达标。全市森林覆盖率达53.6%,环境空气质量优良天数达365天。

(四)城乡统筹深入推进

坚持“两化互动”、“三化联动”,初步探索出“四园驱动”山区统筹城乡发展经验,农村土地流转、集体林权制度、就业和社会保障等改革取得新成效,以产业园区为载体成片推进新农村建设经验和“三化一转变”山区林业综合开发模式在全省推广。农村基础设施不断完善。完成农村危房改造6866户,建成农村通乡通村公路1915.64公里,新建农村沼气池2.2万口,修建各类供水工程5500处。城镇建设步伐加快。完成中心城区控制性详规201平方公里,完成县域集镇规划60个。城乡建设完成投资79亿元,其中市中心城区41亿元,电子路北延线、则天路改造等一大批重点市政项目相继建成。万源新区建设加快推进。三江新区空间战略总体规划通过省级专家评审,项目建设有序启动。“四联创”活动积极开展,城乡环境综合治理深入推进,城乡面貌和人居环境不断改善。

(五)改革开放不断深化

市、县区政府机构改革基本完成,事业单位清理规范工作整体启动。强力推进“医改”五项重点工作,三年目标任务全面完成。充分运用市场机制配置资源,全年土地、矿权出让收益9.69亿元。金融生态环境不断优化,农村金融体制改革深入推进,新增中小商业银行、村镇银行和国有商业银行县级支行6家。金融机构各项存款余额751.4亿元,增长4.72%;各项贷款余额283.1亿元,增长19.1%。对外开放取得新突破。“浙广合作”、“九广合作”、“厅市合作”、“市校合作”以及与对口支援省市合作全面深化。招商引资成效显著,全年引进到位市外资金284.71亿元,增长40.12%。外贸进出口总额2.97亿美元,增长43.3%。民营经济加快发展,增加值完成218亿元,对全市GDP的贡献率达到63.9%。

(六)民生得到持续改善

着力构建惠及民生的长效机制,全市“十大民生工程”共投入资金97.4亿元,“惠民生”支出占财政总支出的64.5%。大力实施保障性安居工程,开工建设各类保障性住房10496套,启动棚户区改造12000户,竣工14441套,竣工率超省下达目标35个百分点。市城区新建商品房销售价格增长3.7%,低于调控目标6.3个百分点。社会保障覆盖范围继续扩大,全市五项社会保险参保人数达175.83万人次,增长14.3%。率先在全省实现医疗保险、失业保险市级统筹,“新农合”和城镇居民基本医疗保险财政补助标准年人均提高到226元,城镇职工和居民医疗保险报销比例分别提高到80.2%、70.1%,医保经验在全国推广。解决了3900多名集体企业退休人员养老保障和市城区1700名环卫工人的社会保险历史遗留问题。实施积极的就业政策,全年累计新增城镇就业3.52万人,转移输出农村劳动力86.9万人。建立社会救助和保障标准与物价上涨挂钩的联动机制,向城乡困难群众发放价格临时补贴8000余万元。足额兑现城乡低保金4.53亿元,城乡低保对象实现应保尽保。兑现粮食直补、农机具购置等惠农补贴资金6.3亿元。地方电网生活用电实现与国网同价,每年减轻居民电费负担6000万元,惠及170万群众。南河污染防治一期工程全面推进,第二污水处理厂开工建设,水环境质量明显改善。大力实施扶贫攻坚和移民安置工程,深入开展“挂、包、帮”活动,减少农村贫困人口6万人,安置移民9268人。深入推进“助农增收、致富还贷”行动,全市农房重建贷款到期还款率达92.4%,位居全省6

个重灾市州前列。

(七)社会事业全面发展

大力推进科技成果转化，扶持发展高新技术产业,科技对经济增长贡献率达 38.5%。全年专利申请量 335 件,增长 31.5%。深入实施教育改革发展中长期规划,各类教育协调发展。义务教育整体水平进一步提高,职业教育深入推进,川北幼儿师范高等专科学校成功创建。卫生事业加快发展,基层卫生服务能力进一步增强。医疗卫生条件明显改善,“三甲” 医院数量居全省第二。加强食品药品监管,食品药品安全形势总体稳定。文化体育事业繁荣发展，澳援体育中心、市文化艺术中心、广播电视中心等加快建设。群众性文化活动广泛开展,具有川北地域特色的舞蹈《老妈妈》登上央视春晚舞台。低生育水平持续稳定,人口自然增长率 2.4‰。

(八)社会保持和谐稳定

扎实推进社会管理创新,建立“三通四联两倒查”群众工作机制,“大调解”体系基本形成,各类矛盾纠纷调处率达 96.1%。继续落实市县区领导接访、网络问政及干部下访等制度,群众信访工作获全省一等奖。深入开展“打黑除恶”专项斗争,积极开展“扫黄打非”和"清网行动",打击高利贷和非法集资，平安广元建设进一步深化。强化安全生产监督管理,安全生产形势持续稳定好转。应急管理工作进一步加强。国防动员和国防教育不断加强,“双拥” 和人防工作扎实推进，连续四届被国家命名为" 全国双拥模范城",被成都军区命名为“人防建设十佳城市”。民族宗教工作稳步推进。

二、发展中存在的问题

一是发展不足、发展滞后仍然是广元的最大市情,产业优势不突出、项目投资增长难度大等矛盾和问题依然存在；二是保障和改善民生的任务依然艰巨,扶贫攻坚任务繁重,城乡居民持续增收和保持物价稳定压力较大；三是保持社会和谐稳定的形势依然复杂，加强和创新社会管理面临新的挑战；四是政府工作与人民群众的期盼还有一定差距，政府自身建设还需不断加强。

三、2012 年发展目标

确定了 2012 年经济发展目标:生产总值增长 13%;实现全社会投资 500 亿元;社会消费品零售总额增长 15%；地方公共财政收入增长 15%;城镇居民可支配收入增长 12%,农民人均纯收入增长 12.5%；居民消费价格涨幅控制在 4%左右;城镇登记失业率控制在 4%以内;全面完成省下达的节能减排任务。

四川省广安市

2011 年,广渝合作工作在市委、市政府的正确领导下,在重庆市委、市政府的高度重视和相关部门的大力支持下，市区域合作办与市级相关部门通力配合、齐力协作,取得较好成效。

一、党政交流深入推进

(一)4 月 26 日，成功召开了渝广经贸合作领导小组第二次联席会议。重庆市 23 个委局的领导参加了会议,重庆市人民政府办公厅以“渝办〔2011〕28 号文件”印发了 2011 年渝广(安)合作计划。

(二)5 月 23 日，广安市与渝中区签订区域合作框架协议,两地将在经济、科技、教育、文化、旅游、商贸、环境保护等领域开展广泛合作。

二、发展规划成功对接

(一)两地经济社会发展实现规划融合。完成《渝广合作“十二五”规划》编制和评审工作,已经由重庆市政府审批出台实施。

(二)《成渝经济区区域规划》重点规划任务初见成效。完成《川渝合作示范区(广安)建设总体方案》报批前的基本准备工作。建设方案已完成初稿编制工作,正处于定稿报批阶段。

三、交通网络不断完善

(一)高速路网建设取得新突破

广渝快速通道(渝广巴高速)于2011年12月25日开工建设;广潼资高速公路四川境内段工可编制已由省交通运输厅委托省公路勘查设计研究院负责,目前正在作工可编制方案。

(二)加快断头路对接步伐

省道S304线长寿至邻水段、省道S203线合川三汇至华蓥庆华段改造项目已纳入全省国省干线公路专项实施方案,同时省补资金计划已下达,2011年底已开工建设。

四、三次产业深度融合

(一)共建园区有序推进

渝广共建汽摩零部件、电子信息配件产业园有序推进,初步确定了共建园区选址,并督促相关县市区拟定了规划,双方正在研讨合作模式。同时,重庆市国资委支持邻水县经济开发区城南机电工业园作为合作共建的汽摩零部件合作园区,并将积极推动重庆轻纺集团参加奎阁电子信息产业园共建及物流合作和重庆北碚玻璃厂落户武胜县。

(二)对渝招商成效显著

成功参加第十四届渝洽会,签订37个投资项目,签约金额达到36.85亿元。全年对渝签约项目264个,履约项目421个,到位资金173.1亿元,占广安市招商总额的43.1%,同比增长36.1%。

(三)金融合作顺利推进

重庆银行广安分行即将开业;由重庆全泰房地产开发有限公司、重庆万泰建设(集团)有限公司等5个法人出资设立,注册资本金10000万元的广安市华蓥全泰小额贷款有限公司,筹建申报工作基本完成。

(四)旅游合作深入推进

与重庆市旅游局、重庆市渝中区、渝北区、合川区、北碚区、潼南县签订区域旅游合作协议,与重庆、成都等26个城市结盟共建“泛环渝旅游经济合作示范带”,打造无障碍旅游区。“广安—重庆—遵义—贵阳”红色旅游精品线被重庆市列为2011年十大主推旅游线路之一。与江津、永川、铜梁、潼南开展旅游直通车活动,共推“庆祝建党九十年畅游红岩联系”经典红色文化旅游线。与合川区共推“合川钓鱼城—武胜宝箴塞—神龙山巴人石头城”古代军事文化之旅。

(五)继续开展农业合作

引进重庆超奇果业、重庆世瑞食品加工厂等2户重庆企业在广安建立农产品生产基地。重庆新世纪股份有限公司与广安市鲲鹏农业科技开发专业合作社合作、重庆永辉超市与广安市聚丰商贸有限公司合作、重百超市与岳池县三安蔬菜、富民农业等合作社合作建立农产品生产基地。引入重庆先进脐橙新品种5个、蔬菜新品种30个。已重庆昌龙现代农业开发有限公司签订正式合同,在广安枣山物流园区兴办1个农贸市场。广安区聘请中国柑桔研究所(重庆北碚)指导在协兴镇四新村柑桔育苗基地展示园建设20亩龙安柚品比园。岳池县成功引进渝香系列优质米稻,引种5000kg,播种6500亩。

(六)畜牧业合作取得新进展

华蓥市东云兔场成功成为国家兔产业技术体系渝北综合试验站示范试验基地。岳池特驱种猪繁育有限公司成功入股重庆市农畜产品交易所。邻水县天鹏养殖有限公司与重庆市畜科院、重庆市园林研究所开展合作,共同开拓发展生物质产业。进一步完善渝广动物重大疫病片区联防委员会,定期召开重大动物疫病防控工作联席会,建立健全疫情信息互通机制,建立防控重大疫情“防火墙”。

五、市场合作继续推进

(一)市场准入实现无障碍化

广安多家企业和农产品基地的农副产品成

功入驻重庆永辉、重庆新世纪、重百、重庆人人乐等超市和各中小型超市以及江北盘溪市场。重庆新世纪股份有限公司拟在邻水宣传文化中心建大型卖场,正在洽谈之中。

(二)市场监管合作深入推进

与重庆市工商局签署了《重庆市工商局广安市工商局关于发挥工商登记监管职能服务渝广经济发展的实施意见》,在开通工商登记绿色通道、放宽企业名称核准条件、降低市场主体准入门槛、营造公平竞争市场环境、构建维权协作保护机制、搭建异地投资合作平台、建立信息资源共享制度、完善人才交流培训制度等八个方面达成一致意见。与重庆质监局建立打假联席合作机制,实行半年一次定期会商,并成立专门机构;共抽取涉及家电、电线电缆、食品等20余个行业样品送至重庆市计量质量检测研究院、中国商业联合产(商)品质量监督检测中心(重庆)检验。

(三)组织广安相关企业赴重庆参加了“中国国际摩托车博览会、2011年中国新能源汽车产业国际高峰论坛暨新能源汽车及零部件新品展示”等经贸活动。

六、社会事业合作取得新进展

(一)科技教育合作继续深化

与重庆大学、重庆交通大学签订合作框架协议。正推动将邻水县职业中学机械加工技术专业建成职业教育与培训示范基地,邻水职业中学与重庆师范大学联合开办了航空服务专业,并已经开始招生。广安职业技术学院正与重庆交通大学洽谈合作办学,共同建设汽车应用与制造技术、机电一体化等两个专业。重庆市科委初步同意“阳极炉钴渣湿法处理新技术研究”、“汽车发动机飞轮无浇道旋转成型精密铸造”、“广安丘区农民‘双技能’培训工程”等项目,正组织专家对其进行考察、论证后批复。

(二)人才交流合作不断深化

与重庆市委组织部签订人才交流合作框架协议,2011年,广安安排了10名领导干部到重庆市委党校地厅班插班学习一个月,11名县、科级干部到重庆市委党校参加第45期干部主题培训班学习两个月,组织了30余工业战线干部赴渝参加园区建设和管理专题班培训一周,从党政系统选派了9名县处级领导干部分别到重庆市交委、重庆市商委、北部新区管委会、两路寸滩保税港区管委会等部门挂职锻炼。重庆市扶贫办在西南大学免费为我市培训农村经纪人120人,重庆市经信委将在年底前为广安培训企业经营管理人才100余人。还选派了11名质量监管业务骨干赴重庆市计量质量检测研究院学习培训10天,选送了50名教师、30名医疗卫生技术管理人员赴渝交流培训,与重庆方面合作培训农业技术人才890人次(占年度计划的89%),组织了16名畜牧技术骨干先后赴重庆市荣昌县、合川区以及西南大学荣昌校区等地学习考察。

(三)民间交流深入推进

在与驻渝外地商务办事机构合作的基础上,与重庆福建商会建立友好合作关系,搭建了广渝合作新的民间平台。

四川省达州市

2011年,全市面积16591平方千米,其中耕地30.10万公顷。森林覆盖率40.08%。辖7个县(市、区),年末总人口685.39万人。人口出生率9.99‰,比2010年增加0.44个千分点;人口自然增长率3.91‰,比2010年增加0.34个千分点。

一、2011年达州市经济社会发展主要指标

(一)产业发展

实施工业强市核心战略,出台"兴工强市"30条支持政策及3个配套文件,建立工业发展专

项资金，推进工业专业化、园区化、集群化发展。实施1000万元以上重点工业项目113项，瓮福达州磷硫化工基地一期工程等33个重点项目建成投产，川东北高含硫气田开发等51个重点项目加快推进。完成园区基础设施建设投资8.4亿元，新增入园项目49个。强化以企业为主体的创新能力建设，完成技改投资218亿元，新增国家级创新型企业1家、国家级高新技术企业2家、省级创新型企业5家。全市规模以上工业企业达到437户，实现增加值368.7亿元、增长23.7%，净利润63.85亿元、增长90.4%。

（二）强农惠农政策

新建现代农业产业基地12.8万亩，高标准农田14.5万亩，创建粮油高产示范片62万亩，主要农作物耕种收机械化水平25%，粮食总产305万吨，居全省第2位，实现连续5年增产。宣汉县、大竹县荣获全国粮食生产先进单位。新增国家级生猪调出大县2个、省级现代畜牧业重点县2个，建成畜禽养殖小区694个，畜禽规模养殖比重55.5%，肉类总产量74.4万吨、增长3.5%。新培育市级龙头企业16家、省级4家、国家级1家，新登记农民专业合作社258家，各类经营组织带动农户面达47%，农产品加工率达46%。成功申报国家地理标志保护产品5个，“绿升”牌橄榄油认定为中国“驰名商标”。

（三）商贸流通

服务业实现增加值246.75亿元、增长10%。五金机电等25个商贸流通项目开工建设，达州公路物流港等14个商贸物流项目建成运营，达商集团等年交易额超亿元的商品市场达到13个，好一新商贸城、塔沱市场成为川东第一大市场。

（四）全国次级综合交通枢纽建设

达万、达巴、南大梁高速公路、城万快速通道和达巴铁路加快建设。达陕高速达州至普光

2011年达州市经济社会发展主要指标

项目	单位	实绩	同比增减(±%)
地区生产总值	亿元	1 011.83	15.2
第一产业增加值	亿元	232.73	3.5
第二产业增加值	亿元	532.35	23.5
第三产业增加值	亿元	246.75	10
民营经济增加值	亿元	557.03	18.6
粮食总产量	万吨	305.1	1.9
肉类总产量	万吨	74.4	3.5
社会消费品零售总额	亿元	368.9	18.3
全社会固定资产完成投资	亿元	677.6	12.7
地方财政一般预算收入	亿元	41.2	34.5
地方财政一般预算支出	亿元	200.2	33.2
年末金融机构存款余额	亿元	1 098.8	21.7
年末金融机构贷款余额	亿元	439.8	21.8
保费收入	亿元	38.27	15.9
城镇居民人均可支配收入	元	14 662	16.1
农民人均纯收入	元	6 148	20.9
普通高等教育在校生数	万人	1.85	–
普通中等职业教育在校生数	万人	9.58	–
普通中学在校生数	万人	39.07	–
小学在校生数	万人	54.71	–
新型农村合作医疗制度参合率	%	98.7	1.56个百分点

段、绕城公路一期建成通车。完成国省干线公路改造507公里,新建通乡油(水泥)路964.8公里、通村水泥路962.3公里,达州机场新增直达上海航线。

(五)城市建设

完成达州市城市总体规划修编和6个专项规划编制,中心城区控详规划覆盖率达到近期建设的96%。西外秦巴物流园区、北外滨江新区加快建设,金龙大道北延线、大寨子绿化等55个项目扎实推进,城市出口畅通美化工程启动实施。加快县城和小城镇规划建设,大竹北城新区、宣汉西区新城、渠县渠城东区、万源河西新区、开江城普新区不断拓展。新建城镇公园16个、休闲广场149个、公厕241座,新增城镇绿地5.2万平方米。完成8个新农村综合体、1397个新村聚居点规划编制,建成宣汉洋烈、达县二东等一批特色新村。

(六)招商引资

渝达合作项目达到65个,重庆在达投资117亿元,达州农产品在渝交易额12.8亿元。开展招商引资"百日攻坚竞赛"活动,参加西博会、渝洽会等重大经贸活动,成功签约项目147个,引进投资亿元以上项目82个。阿玛宁生态产业园等项目落地建设。全年招商引资到位资金343.56亿元,增长24.95%。外贸进出口总额1.52亿美元,增长115.5%。

(七)生态建设

关闭淘汰落后产能企业10家,限期治理工业企业和规模化畜禽养殖企业6家。经测算,单位生产总值能耗下降3.5%,化学需氧量、二氧化硫、氨氮、氮氧化物排放量分别下降2.62%、1.14%、3.3%、4.53%。中心城区雨污分流管网加快建设,市、县(市、区)污水处理厂和垃圾处理场全部建成,污水日处理能力达到19.5万吨,城市污水集中处理率和生活垃圾无害化处理率分别达到49%、98%。渠江出境断面水质稳定在Ⅲ类标准,市城区环境空气质量达到国家二级以上标准361天。创建省级环保模范城市工作通过验收,启动省级森林城市创建工作。完成营造林28万亩,巩固退耕还林成果66.6万亩,新增森林蓄积62万立方米,森林覆盖率达到40.08%。生态公益林补偿制度初步建立。治理水土流失面积160平方公里。大巴山国家地质公园建设有序推进。规范推进城乡建设用地增减挂钩试点和农村土地综合整治,实施"金土地"工程项目6个,整理耕地7.28万亩,新增耕地0.79万亩。渠江流域综合治理,加快建设白岩滩、刘家拱桥水库,开工建设寨子河水库,完成21座病险水库除险加固,解决38.26万农村人口安全饮水问题。

(八)社会事业

城乡免费义务教育全面实现。拨付"两免一补"资金6.43亿元,办理助学贷款1649万元,资助家庭困难学生19.91万人。新建校舍29.91万平方米,西南职教园区开工建设。实施国、省、市级科技项目92项,成功申报省级战略性新兴产品2个,新增省级以上企业技术中心2家,专利申请305件。市图书馆开工建设,1033家农家书屋基本建成,广播电视综合人口覆盖率分别达到95.18%和95.13%。成功举办首届全国新农村文化艺术展演活动。医疗卫生事业加快推进,市中西医结合医院完成迁建投入使用,启动建设医疗卫生项目101个,为城乡居民免费提供11项基本公共卫生服务。

(九)民生工程

全市财政一般预算支出200.17亿元,用于民生方面的支出占69.77%,其中"九项民生工程"支出71.1亿元、比上年增加20.7亿元。发放小额担保贷款1.08亿元,扶持发展微型企业1233户,中小微企业带动就业35万人,下岗失业和就业困难人员实现再就业1.8万人,动态消除零就业家庭。劳务培训10.3万人次,劳务输出180.2万人次,实现劳务收入160亿元。城镇职工养老、基本医疗、失业、工伤和生育保险覆盖211.1万人次,新农保试点覆盖135.7万人,新农合参合率达98.69%,15.47万城市居民和35.4万农村居民享受最低生活保障,"五保"对象集中供养率达到44%。新增保障性住房1.34万套,完成各类棚户区和农村危房改造 2.1 万户、地质灾害避让搬迁 1360 户。实施扶贫整村推进项目 57 个,完成高寒山区、生态保护区群众异地搬迁 256 户,减少贫困人口 5.23 万人。2011 年达州市遭受冬春连旱、"9·18" 特大洪灾等 10 次严重自然灾害,全市累计调拨救灾资金 2.56 亿元,发放临时生活补助资金 5323 万元, 投入抗旱找水打井工程资金 2600 万元,救助受灾群众 91.35 万人次。

四川省万源市

一、2011 年发展回顾

2011 年,全市实现地区生产总值 75.7 亿元,是 2006 年的 2.3 倍,年均增长 13.7%;社会消费品零售总额 26.6 亿元,是 2006 年的 2.4 倍,年均增长 19.3%;地方财政一般预算收入 2.16 亿元,是 2006 年的 3.6 倍,年均增长 32%;固定资产投资 62 亿元, 是 2006 年的 2.3 倍, 年均增长 24.2%。

经济实力显著提升。全市规模以上工业企业达 38 户,增加值 21.5 亿元,是 2006 年的 3.2 倍。全面繁荣第三产业,服务业增加值达 19.2 亿元,是 2006 年的 2 倍(其中 2011 年实现旅游综合收入 6.2 亿元,是 2006 年的 2.3 倍)。达州商业银行入驻万源,邮储银行组建运营。金融机构存款余额 70 亿元,是 2006 年的 2.8 倍;贷款余额 27 亿元,是 2006 年的 2.6 倍。

城乡面貌大幅改善。中心城区建成区面积扩大到 7.23 平方公里,河西新区初具规模。新建商住房 110 万平方米,新增绿化面积 9.2 万平方米。加强环境保护和生态建设,狠抓节能减排和林政资源管护,环境监测站获得省级资质认证,建成省级生态乡镇 20 个,省级、达州市级生态村 26 个,省级生态市、省级环保模范城市创建通过技术核查。

交通建设突飞猛进。襄渝二线顺利通车,达陕高速基本竣工,城万快速通道完成路基工程,累计建成通乡水泥路 485 公里、通村公路 960 公里,基本实现乡乡通水泥路。全面推进农田水利基本建设,建成高标准农田 6.8 万亩,整理土地 1.7 万亩,整治病险水库 8 座,治理水土流失 120 平方公里。改造高低压输电线路 3350 公里,程控电话、移动通信实现全域覆盖。

全民创业热潮涌动。加大就业培训和创业扶持力度,累计发放青年就业创业小额贷款、下岗职工小额贷款、妇女小额贷款、微企发展贷款 2300 万元,开展实用技术培训 2 万人次,输转劳务 68 万人次,实现劳务收入 44 亿元。2011 年,全市新登记个体工商户 2240 户, 增长 69%;登记注册各类企业 280 户,增长 117%。

改革开放阔步迈进。扩大开放合作,与重庆市渝中区缔结为友好区市,与重庆大学、四川文理学院建立市校合作关系, 成功举办富硒农产品开发及旅游项目推介会、硒与人体健康专家学术交流会等活动, 倡议共建秦巴山区三省(市)五县(市)扶贫统筹试验区并承办两次合作论坛。招商引资累计到位资金 29.85 亿元,引进国内 500 强企业和上市公司 3 家, 外贸出口创汇 1550 万美元。

人民生活稳步提高。城镇居民人均可支配收入达 12886 元,年均增长 13%;农民人均纯收入达 3776 元,年均增长 8.6%。城镇居民、职工医保和新农合共计报销费用近 3 亿元,惠及 51 万人次。兑现城乡居民低保 2.2 亿元、大病医疗救助 2430 万元。成功争取全国新农保和城镇居民社会养老保险试点,1.1 万余名被征地农民养老保险纳入省级统筹。实施旧院片区、大竹片区、石塘-铁矿片区连片扶贫开发, 改善 8400 余名低收入贫困人口生产生活条件。

社会秩序安定和谐。完善应急管理机制,加强基层应急队伍建设,建成救灾物资储备仓库,配备卫星电话等应急抢险设备,成功应对"7.17"

特大洪灾、2011年初春特大干旱等自然灾害,防灾减灾救灾能力全面提升。强化社会治安综合治理,全面完成"五五"普法,启动社会管理创新试点,建成"两所一庭"84个,深入开展"打黑除恶"专项斗争和"清网行动",建立完善"大调解"工作机制和信访联席会议制度,组建市群众和信访工作局,涉法涉诉上访总量不断下降,成功创建省级平安市。

二、发展中存在的问题

经济总量偏小,发展方式粗放,资源环境约束加剧,产业转型升级任务艰巨;区位优势、资源优势尚未充分发挥;社会事业发展相对滞后,公共服务保障能力有待提高;农村生产生活条件仍然较差,农民持续增收难度较大;安全生产基层基础工作薄弱,自然灾害频发,抗灾救灾能力不足;财政收支矛盾突出。

三、2012年发展目标

2012年,经济社会发展主要预期目标是:地区生产总值确保增长14%,力争15%;规模以上工业企业增加值、利润确保增长20%,力争25%;固定资产投资确保增长15%,力争20%;社会消费品零售总额确保增长16%,力争18%;地方财政一般预算收入确保增长20%,力争25%;城镇居民人均可支配收入、农民人均纯收入分别增长13%。人口自然增长率控制在6‰以内,万元GDP综合能耗下降3.5%。

四川省大竹县

一、2011年发展回顾

2011年,大竹县围绕建设西部特色农业示范县、西部新型工业强县、西部文化旅游名城、西部商贸物流次级中心、西部一流经济强县"五大目标",坚持"追赶跨越、加快发展"主基调、"以人为本、执政为民"理念和"产业支撑、三化联动、开放合作、创新实干、富民强县"思路,弘扬"坚韧奋进、务实创新、开放包容、智慧诚信、勇争一流"的大竹精神,大力实施固定资产投资累计超千亿、工业总产值超千亿、培育千家以上企业、建成千名领军人才队伍、建设千个新村聚居点"五千工程",创造富裕、文明、健康、生态、平安的美好生活,建设"乐居、乐业、乐学、乐商、乐游"的幸福大竹。2011年,全县实现GDP197.38亿元,同比(下同)增长15.6%,其中第一产业增加值43.61亿元,第二产业增加值109.08亿元,第三产业增加值44.69亿元,分别增长3.5%、23.5%、9.8%。三次产业比例为22:55:23,对GDP增长的贡献率分别为5.2%、79.4%、15.4%,拉动GDP分别增长0.8、12.4、2.4个百分点。民营经济实现增加值112.2亿元,占GDP的56.8%。财政一般预算收入6.17亿元,其中税收收入4.2亿元,分别增长35%、41.4%。城镇居民人均可支配收入1.49万元,人均消费性支出1.08万元,分别增长16.2%、9.7%;农民人均纯收入7231元,人均消费支出7138元,分别增长21.4%、10%。

(一)新型工业化

出台建成西部新型工业强县的"30条措施",壮大提升机电、建材、能源、农产品加工等传统主导产业。2011年,全县工业增加值达98.97亿元,同比增长25.1%,工业对经济增长的贡献率达76%,拉动GDP增长11.9个百分点。93户规模以上工业企业实现增加值183.48亿元,同比增长50.2%;机电、建材、能源、农产品加工等主导产业不断壮大。工业园区建成区达6平方公里,2011年园区内企业实现工业总产值85.18亿元、利润4.93亿元、税金3.75亿元,分别增长53.9%、98%、131.7%。

(二)现代农业

2011年，全县农业总产值71.72亿元，增长3.5%；粮食总产量达57.91万吨，获"全国粮食生产先进县"殊荣。优质苎麻、蔬菜、林果、蚕桑、香椿等特色效益农业基地达56.8万亩，规模养殖场达6300户。9户市级以上龙头企业实现销售收入15.03亿元，增长30.7%。"东柳醪糟"获国家地理标志产品保护，"玉竹麻业"成功创建"四川省著名商标"。

（三）现代服务业

2011年，全县累计完成社会消费品零售总额55.2亿元，同比增长18.4%。自营出口创汇1562万美元，同比增长15.6%。五峰山大竹海、百岛湖温泉、华蓥山云雾峡等重点景区加快建设，2011年，实现旅游收入7.53亿元；创建成"全省旅游标准化示范县"。各项存款余额165.61亿元、贷款余额54.13亿元、保费收入2.46亿元，创建成"全省金融生态示范县"。

（四）重点项目建设

2011年，向上争取项目175个，到位资金8.1亿元，护城河治理工程、苎麻工业园区基础设施建设项目纳入全省重大项目管理。全年完成固定资产投资120.6亿元，同比增长14.8%；"四个一批"重点项目完成投资116.5亿元，增长90%。2011年，实现招商引资履约项目54个，到位资金62.79亿元，其中，投资30亿元的制鞋产业园、投资3.5亿元的苎麻装饰材料生产线项目填补轻工制造领域的空白。深化与成渝双核的产业对接，努力推动竹渝两地的经济合作协议，第14届"渝洽会"、第十二届"西博会"共计签约项目29个、277.78亿元，实现对渝销售达17.1亿元。

（五）城乡建设

围绕"现代山水田园城市"定位，编制完成50万人、50平方公里城市规划，完成50个乡镇场镇总归、15个乡镇控规编制。城市建成区达18平方公里、18万人。小城镇建设加快发展，城镇化率达34.5%。城乡环境持续改善，被命名为"全省环境优美示范县城"、"全省文明城市"。

（六）基础设施

全县通车里程达3550公里，100%的乡镇、100%的行政村通水泥（油）路、100%具备通行条件的村通客运；解决5.9万人饮水安全；累计建成户用沼气池4.17万口。程控电话、移动通讯实现全面覆盖，广播电视综合覆盖率98.6%。

（七）生态建设

巩固退耕还林成果9.78万亩，治理水土流失25平方公里，森林覆盖率达37%，集中式饮用水源水质达标率≥95%；节能减排扎实推进，余热发电装机容量36兆瓦；城市生活垃圾处理厂、城市生活污水处理厂运行良好。

（八）民生工程

新增城镇就业人员3740人，指导下岗失业人员和失地无业农民实现再就业1320人，城镇登记失业率4.1%。启动城乡居民社会养老保险试点，全县44.926万城乡居民享受待遇5868.5605万元。征收社会保险基金33768万元。建成公租房700套、廉租房732套，发放廉租房租赁补贴2183户330.5万元；民生工程扎实推进，投入民生工程资金10.48亿元；强农惠农政策全面落实，帮扶7100名低收入群众脱贫；发放农村义务教育寄宿贫困学生生活补助2398万元；五保集中供养率达47%；城镇居民低保月补差达189元、农村居民低保月补助81元，最低工资标准提高到710元/月。

（九）社会事业

适龄儿童入学率小学100%、初中97.8%，巩固率分别为100%、99%。培育国家创新型企业1家，培育省级创新型试点企业1家，建成市级重点实验室1个；自主研发新技术、新产品和新工艺22项，列入省级战略性新兴产品2个、市级十大战略性新兴产品3项；转化科技成果29项，产值突破5亿元；被表彰为"全国科技进步先进县"。"新农合"参合农民86.7万人，参合率97.96%。免费孕前优生健康检查率100%，综合节育率90.57%，人口发展指数1.006，完成国家、省计生家庭奖励扶助政策对象10432人。创建为全省人口综合改革示范县。

（十）社会管理

创新安全生产体制机制，深化"十项专项整

治”,安全生产形势持续稳定好转;建立县乡村组“大调解”体系,信访总量和人次大幅下降;完成“两所一庭”和“三所一队”建设;深入开展“打黑除恶”、“两抢一盗”专项整治,严厉打击毒品犯罪,恶性刑事案件明显减少。荣获“全省维稳工作先进县”、“省级平安先进县”。

二、发展中存在的问题

经济总量不大、质量不高仍然是发展的最大实际,思想解放不够、对外开放不足仍然是推进发展跨越的最大束缚。同时,也面临着一些具体困难和问题,主要是:工业产业化程度不高,农业基础仍较薄弱,现代服务业培育不够,发展要素保障不足,资源环境约束加剧,财政收支矛盾突出,安全稳定压力较大,发展环境仍需优化。

三、2012 年发展目标

地区生产总值同比(下同)增长 15%,规模以上工业增加值增长 25%,固定资产投资增长 20%,社会消费品零售总额增长 18%,地方财政一般预算收入增长 20%,城镇居民人均可支配收入增长 16.5%,农民人均纯收入增长 16.5%,城镇登记失业率控制在 4.1%以内,人口自然增长率控制在 4‰以内,完成省市下达的节能减排任务。

贵州省遵义市

一、2011 年发展回顾

2011 年,全市上下围绕"增比、进位、突破"的要求和"提速赶超、转型跨越"主基调,以决战开局、起步冲刺的决心,以深入开展"三个建设年"等活动为抓手,积极应对宏观经济环境和特大干旱等自然灾害带来的影响,大力实施工业强市、城镇化带动和农业产业化战略,攻坚克难,奋力拼搏,年度计划任务顺利完成,实现了"十二五"开好局、起好步的目标。

2011 年完成地区生产总值 1121.16 亿元,比上年增长 17%;全社会固定资产投资 814 亿元,增长 47.5%;财政总收入 202.21 亿元,一般预算收入 84.62 亿元,分别增长 43.1%和 46.9%;全社会消费品零售总额 350.62 亿元,增长 20.8%;城镇居民人均可支配收入 17426 元,农民人均纯收入 5216 元,分别增长 14.1%和 17.6%;年末金融机构存贷款余额分别为 1403 亿元和 712 亿元,分别增长 21.2%和 19%。三次产业结构调整为 13.5:44:42.5。

(一)工业经济发展壮大,园区建设成效显著

一是工业经济总量和质量提升。全年完成规模工业增加值 421.8 亿元,增长 22.5%;大中型骨干企业和规模工业生产经营状况良好,476 户规模以上工业企业实现销售收入 840 亿元,同比增长 40%;企业单位能耗下降 4%,节能降耗和淘汰落后产能成效显著,淘汰落后产能 118.25 万吨。二是工业园区建设有效推进。遵义湘江工业园、遵义和平工业园、仁怀名酒工业园、桐梓循环经济工业园、重庆楚米产业园、湄潭绿色食品工业园等园区建设成效显著,完成工业投资 300 亿元。三是工业重点项目建设进展顺利。长征风电设备制造、桐梓煤化工、桐梓花秋二矿一期工程、容光煤矿一期工程、正安瑞溪水泥厂、中电投绥阳水泥厂等基本建成并投入试生产,桐梓电厂、海螺盘江水泥项目加快推进,习水二郎电厂、厦门以晴集团茶叶加工项目开工建设,长征电气、遵义碱厂、贵州钢绳集团、遵义铁合金厂异地技改步伐加快。

(二)城镇化进程加快,服务业加快发展

一是大力实施城区倍增计划,积极推进城镇化。中心城区按照"东扩西控、南北充实"的空

间布局,大力推进旧城区改造和新蒲新区、南白龙坑片区、汇川大道片区、新火车站片区建设;全市城市化率达到37%。二是城市基础设施建设取得成效。中心城区道路柔化改造全面完成,共青大道竣工通车,新火车站迎宾大道、新蒲新南快线、南白青山水厂、南部污水处理厂等市政工程建设进展顺利;黔北汽车城交易展示中心建成投用,"万村千乡市场工程"等一批专业市场建成运行;城市数字管理平台基本建成,国家文明城市和环境模范城市创建活动深入推进。三是第三产业发展加快。红色旅游、生态旅游、乡村旅游发展势头良好,全年接待游客2625万人次,旅游综合收入240.8亿元,分别增长57.9%和71%;文化产业发展取得新进展,成功申报全国公共文化服务体系示范区,文化信息资源共享工程加快;交通运输、金融、保险、邮政、通信、社区服务、现代物流等行业保持较快增长态势。完成第三产业增加值476.88亿元,增长16.6%。

(三)农业产业化积极推进,新农村建设成效明显

一是八大农业产业稳步推进。粮食因旱减产,全年粮食产量227.1万吨,下降21.4%;油菜产量23.04万吨,增长20.8%;畜牧业稳步发展,肉类总产量43.73万吨,禽蛋产量3.76万吨,分别增长0.1%和2%;烤烟、茶叶、辣椒、蔬菜、高粱、中药材、竹种植面积扩大,分别达到86万亩、110万亩、132.5万亩、114.5万亩、62.11万亩、122.52万亩、300万亩。二是农业产业化经营水平提高。145家市级龙头企业实现销售收入95亿元,收购农产品价值达30多亿元;培育和发展农民专业合作社1650个,组织农产品销售超过60亿元。三是"四在农家"创建活动深入推进,农村生产生活条件得到改善。治理病险水库50座,完成烟水配套工程10万亩,解决50万农村人口的饮水困难,建设通村公路2300公里(其中通村油路1000公里),完成营造林64.93万亩,新建沼气池2万口,治理水土流失面积120.86平方公里和石漠化面积129平方公里。

(四)项目建设取得新成效,发展基础不断夯实

一是牢固抓项目就是抓经济、抓投资就是抓发展的理念,着力推进项目建设与管理,投资强度、力度、速度前所未有,全社会固定资产投资完成814亿元。二是推行项目建设"三基本",创新项目管理体制机制,采取集中开工、领导挂帮、考核奖惩等切实有效工作措施,积极推进重点项目建设,全年集中开工建设项目814个,支撑和带动投资较快增长。三是交通、水利等一批重大基础设施项目加快推进。立体交通网络加快形成,绕城高速、仁赤高速、杭瑞高速遵义段建设进展顺利,黔北高速、坛厂至茅台高速公路开工建设,茅台机场前期工作加快;骨干水源工程建设步伐加快,水利建设、生态建设、石漠化综合治理"三位一体"规划全面实施。

(五)社会事业全面进步,民生不断改善

一是教育事业巩固发展。24个高中阶段教育突破工程建设进展顺利,高中阶段毛入学率达54.6%;全面落实城乡免费义务教育政策及农村家庭生活困难寄宿生活补助政策;1629个农村学校食堂全面完成,65个学前教育突破工程全部开工,开工建设67个农村"薄改工程"、5个特教学校建设。二是医疗卫生事业不断发展。224个乡镇卫生院、6个政府举办的社区卫生服务中心及村卫生室实施国家基本药物制度,新型农村合作医疗参合率达96.11%;市中医院、市妇幼保健院、县级医院、乡村卫生院(室)、社区卫生服务中心建设加快推进;食品药品监管、疾病防控、卫生监督、血液保障力度不断加强。三是就业、社会保障、人口、扶贫工作进一步加强。全年新增城镇就业5.9万人,失业人员再就业1.65万人,城镇登记失业率3.26%;基本医疗、基本养老、失业保险参保人数分别达到693.5万人、33.1万人、17.6万人,均比上年提高;低保人数达72.1万人,发放基本生活保障金7.72亿元,81.6万人次得到城乡医疗救助,安排冬春群众生活资金1.76亿元,开工建设65个敬老院;完成2700户异地扶贫搬迁,20547套保障性住房全面开工,13500户城市低收入家庭享受住房租

赁补贴,45881户农村危房改造基本完成；人口自增率为5.27‰，符合政策生育率为94.8%；投入扶贫资金2.6亿元，全年减少贫困人口15万人。四是文化体育广电事业进一步发展。积极推进全国公共文化服务体系示范区建设，"全国文明城市"创建获得中央精神文明委提名资格，市民健身中心主体工程完工，88个乡镇综合文化站、60个数字"农家书屋"及9个乡镇、218个村体育健身工程和村村通广播电视工程全面完成。五是安全生产、平安建设取得明显成效。发生生产安全事故223起、死亡199人，连续11年实现"双降"；市级平安县创建率达100%。

(六)改革开放不断深化，发展活力持续增强

一是政府机构改革、农村综合改革、投融资体制改革、文化体制改革、医药卫生体制改革等重点改革稳步推进，经济社会发展的体制和政策环境进一步改善。二是对外交流合作不断扩大。遵渝战略合作取得实质性进展，重庆楚米产业园初具规模、习水二郎电厂开工建设；与广东省、山东省及佛山市工商联、中建、中铁、保利、中电投、中石油、中石化等合作加强，与重庆大渡口、上海杨浦、江苏苏州等地结为友好城市，承接长三角、珠三角等地产业转移取得实效；招商引资和对外贸易工作取得新成绩，全年招商引资到位资金938亿元，增长246%；进出口总额2.53亿美元，增长29.4%。三是积极贯彻国家和省促进非公有制经济发展的政策措施，清理并取缔限制非公有制经济发展的政策，加大对中小企业的资金扶持，非公有制经济发展加快，占GDP的比重提高到47%。

二、2012年发展目标

2012年的工作总体要求是：坚持以邓小平理论和"三个代表"重要思想为指导，牢牢把握"稳中求进"、"提速转型"总基调、总目标和"稳中求快、快中保好、能快则快、又好又快"总要求，深入贯彻落实《国务院关于进一步促进贵州经济社会又好又快发展的若干意见》，积极推进工业化、城镇化和农业现代化进程，着力扩大投资规模，促进经济快速增长；着力调整经济结构，促进经济发展方式的转变；着力扩大开放，实现招商引资新突破；着力加强基础设施建设，努力改善发展条件；着力保障和改善民生，促进社会和谐稳定，走出一条符合遵义实际和时代要求的追赶型、跨越式后发赶超之路，为把遵义建设成为宜居宜业宜游现代化特色城市而努力奋斗。

主要预期目标：完成地区生产总值1366亿元，增长17.5%；全社会固定资产投资1302亿元，增长60%；规模工业增加值544亿元，增长25%；社会消费品零售总额421亿元，增长20%；财政总收入253亿元，增长25%；一般预算收入106亿元，增长25%；城镇居民人均可支配收入20040元，增长15%；农民人均纯收入6050元，增长16%；城镇化率达39%；城镇登记失业率控制在4.2%以内；人口出生率、自增率分别控制在10.5‰、5.1‰以内；安全生产事故起数和死亡人数控制在省下达指标内；节能减排完成省下达任务。

贵州省安顺市

安顺市国土面积9267平方公里，常住人口230万人。安顺是1988年时任贵州省委书记胡锦涛同志亲自倡导建立的"多种经济成分共生繁荣改革试验区"，是2007年贵州省委、省政府明确的"贵州加快发展的经济特区"，是2010年国家发改委确定的"民用航空产业国家高技术产业基地"，是2012年国发2号文件中明确建设的"黔中经济区"的核心区。

一、2011年发展回顾

201年，安顺市委、市政府紧紧围绕"加速发展、加快转型、推动跨越"的主基调和"抓机遇、

提速度、上台阶”的总要求，抓住西部大开发和新阶段扶贫开发的机遇，团结和带领全市各族人民，开拓创新、锐意进取，经济持续健康发展，社会事业全面进步，人民生活水平明显提高，各项事业取得了新成绩。

(一)经济实力逐步增强

全市生产总值由2006年的129.12亿元提高到2011年的286亿元，年均增长12.6%；人均生产总值由5156元提高到12190元，年均增长14.1%。财政总收入、地方财政一般预算收入分别由2006年的18.38亿元、9.73亿元增加到2011年的60.8亿元、24.89亿元，年均分别增长27%、20.7%。全社会固定资产投资由2006年的67.82亿元提高到2011年的258亿元，年均增长30.6%。社会消费品零售总额由2006年的33.98亿元提高到2011年的83.4亿元，年均增长19.7%。三次产业结构比由2006年的20.3∶39.8∶39.9调整为2011年的15.0∶38.1∶46.9。

(二)农业基础地位不断巩固

农业产业结构调整力度进一步加大，蔬菜、茶叶、中药材、水果、烤烟等特色经济作物种植面积不断扩大，效益不断提高，畜牧业总产值占农林牧渔业总产值的比重提高5个百分点，达到46.1%。农业产业化经营迈出新步伐，龙头企业发展势头良好，农民专业合作社发展到292家。农业机械化程度提高，成为全国丘陵山地农业机械化示范区。新阶段扶贫开发取得阶段性成果，新农村建设取得明显成效。

(三)工业经济规模明显扩大

2006年至2011年，累计完成工业投资122亿元，2011年完成工业增加值72.3亿元。以煤炭、电力为主的能源原材料产业发展迅速，原煤产量逐年增加，电力保障能力增强，水泥产量实现翻番；以航空、汽车为重点的装备制造业稳步发展，民用航空产业国家高技术产业基地、青年莲花年产30万辆轿车生产基地落户安顺；以食品、药品为重点的特色轻工业发展加快，百灵集团成功上市，安酒、平坝酒等白酒产业焕发生机。产业园区建设全面提速，安顺经济技术开发区、西秀工业园区、夏云工业园区、普定循环经济工业基地等园区建设力度加大，产业聚集效应初步显现。

(四)以旅游业为龙头的第三产业发展迅速

黄果树国家公园启动建设，龙宫、格凸河、屯堡文化旅游区和花江大峡谷、关岭古生物化石群国家地质公园等景区深度开发加快。黄果树瀑布节成为国内极具影响力的旅游节庆活动。一批高星级酒店投入使用，综合服务接待能力进一步提高。2011年，全市接待游客1722.5万人次，实现旅游收入180亿元，分别是2006年的2.33倍和4.86倍。在旅游业的带动下，金融保险、交通物流、邮电通信、信息服务、酒店餐饮、房地产等第三产业快速发展。

(五)基础设施日益完善

以高速公路为重点的交通基础设施建设进一步加强。全市高速公路通车里程136公里，在建里程160公里。实现所有乡镇通油路（水泥路），所有行政村通公路。黄织铁路建成通车，长昆快速铁路建设进展顺利。500吨级泊位的坝草码头改扩建工程竣工。黄果树机场达到国家4C级标准。以解决工程性缺水为重点的水利设施建设取得新成绩。黔中水利枢纽等重点水利工程建设顺利推进，电力、通信等基础设施建设不断加强，实现农村户户通电，20户以上的自然村通广播电视，所有行政村通移动电话。

(六)城乡面貌明显改变

中心城市详规覆盖率达80%以上，县城详规覆盖率达60%以上。中心城市建设步伐加快，新区开发和旧城改造同步推进，建成区面积由2006年的26.7平方公里扩展到2011年的33平方公里。中华东路、东二环路、龙泉路、龙青路、体育路建成通车，城市供水管网改造、电网入地、燃气普及工作稳步推进，一批城市广场建成开放。各县城加快发展，城市功能不断完善，辐射带动能力明显增强。小城镇规划建设稳步推进，一批富有地方特色、具有一定产业基础的小城镇呈现出蓬勃发展的态势。生态环境明显改善，全市森林覆盖率达到39%。2011年成功创建省级卫生城市和全省文明城市创建工作先进城市。

(七)改革开放全面推进

深化安顺多种经济成分共生繁荣试验区改革,鼓励、支持和引导非公有制经济发展,2011年非公有制经济增加值占全市生产总值的比重达53.9%。开展多种形式的对外交流,与珠三角、长三角、京津唐、成渝等地区,以及对口帮扶城市和友好城市的交流与合作进一步加强,“九顺合作”、“农安合作”、“民安合作”、“致安合作”取得明显成效。招商引资工作力度不断加大,2006年至2011年五年共引进项目1278个,实际到位资金367亿元。

(八)人民生活持续改善

2006年至2011年累计新增城镇就业9.7万人,城镇登记失业率控制在4.5%以内。覆盖城乡居民的社会保障体系框架初步形成,社会保险覆盖面逐步扩大,新型农村养老保险、城镇居民养老保险和被征地农民养老保险试点工作启动实施,城镇居民医疗保险参保率达到90.7%,新型农村合作医疗参合率达到97.5%。城乡低保实现应保尽保,保障标准逐年提高。城乡居民收入不断增加,城镇居民人均可支配收入由2006年的8590元增加到2011年的15954元,年均增长13.2%;农民人均纯收入由1984元增加到3949元,年均增长14.8%。

二、发展中存在的问题

一是发展速度相对较慢,经济总量较小,产业结构单一、聚集能力弱;二是工业发展相对滞后,缺乏大项目支撑;三是城市建设相对滞后,辐射带动能力不;四是发展环境有待于进一步优化。

三、2012年发展目标

2012年安顺市经济发展的主要目标是:生产总值增长26%以上(未扣除物价因素);全社会固定资产投资增长55%以上;地方财政一般预算收入增长30%以上;社会消费品零售总额增长20%;城镇居民人均可支配收入增长18%,农民人均纯收入增长20%;城镇登记失业率控制在4.5%以内;人口自然增长率控制在0.62%以内;居民消费价格总水平涨幅控制在全省平均水平;完成省下达的节能减排任务。

贵州省毕节市

一、2011年发展回顾

2011年,全市国民生产总值为737.41亿元,按可比价格计算,比上年增16.8%。其中:第一产业增加值为133.95亿元,比上年增3%;第二产业增加值为342.23亿元,比上年增24.6%,其中工业增加值295.6亿元,比上年增23.6%;第三产业增加值为261.23亿元,比上年增14.7%。完成全社会固定资产投资830.9亿元,同比增83.9%;完成财政总收入181.66亿元,同比增42.4%,其中地方财政收入完成117.07亿元,同比增50.17%;城镇居民人均可支配收入1.61万元,同比增17.05%,农民人均纯收入4210元,同比增25.53%。

(一)重大基础设施建设快速推进

全市“十二五”期间规划建设铁路1180公里,是年在建铁路73公里,隆黄铁路黄桶至织金段竣工通车,六沾铁路复线累计完成投资16.3亿元,林织铁路累计完成投资3.86亿元,成贵快速、隆黄铁路织毕段、毕昭、纳水、毕水等铁路前期工作进展顺利。在建高速公路270公里,遵毕、毕威、黔织、黔大毕、机场高速快速推进。黔西至大方、织金至普定等高速公路前期工作顺利开展。毕节机场建设完成投资3.75亿元,建设快速推进。完成一批骨干水源工程建设，夹岩水利枢纽工程规划报告经审查基本通过，前期工作有序推进，金沙胜天、织金大新桥水库基本完工，纳雍金蟾水库、黔西附廓水库大坝加高扩建、大方岔河水库开工建设，47座病险水库除险加固工程陆续开工，新增灌溉面积24.16万亩，新增解决125万人饮水不安全问题。大力推进风电场建设，发电规模达到35万千瓦；加快推进电网建设，完成投资16.86亿元，建成

35~220千伏输电线路1038公里；有线广播电视县乡联网工程强力推进，架设有线广播数字电视传输线路3500公里，237个乡镇全部实现有线广播数字电视县乡联网，建成乡镇广播影视综合服务站60个。

（二）新型工业化发展步伐明显加快

实施工业强市战略，加快推进工业园区建设，大力发展特色优势产业。全市“三大基地+九个工业园区”全部纳入省“十二五”重点规划建设园区，其中毕节高新技术产业基地、织金新型能源化工基地、威宁县工业园获准批复为省级经济开发区。巩固提升能源产业，集团化改造煤矿企业267个，煤炭产量达4800万吨，全年发电量达410亿千瓦时。大力发展资源深加工产业，开工建设中石化年产60万吨聚烯烃、中海油精细磷化工等一批重大产业项目。做大做强装备制造业。年产31万辆载货汽车的力帆时骏振兴集团二期技改项目整车下线。积极发展特色轻工产业，白酒产量达2470吨，汇源果汁、四川蓝雁等特色农产品加工项目相继落地，茶叶、中药材加工能力和水平不断提高。加快培育新兴产业，奥斯科尔平板电脑等电子产业初具规模。投资400万元创建毕节试验区中小工业企业创业孵化园，引入中小企业27个，拉动投资8000多万元，解决就业近千人。启动各县区56个民营经济产业园规划建设，部分已初具规模，全市民营经济完成增加值318亿元、同比增32%；完成园区建设投资135亿元，园区建成面积达31平方公里，在建标准厂房46万平方米，在建产业项目133个，园区实现工业总产值158亿元，占全区工业总产值的35%。全区规模以上工业总产值464.07亿元，规模以上工业增加值178.12亿元，增21.8%。

（三）统筹城乡发展迈出新步伐

按照新型城市、特色小城镇和五园新村“三位一体”同步推进的思路，规划毕节——大方中心城市和全市“一带两翼”城市空间布局；以路网建设为引领，深入推进各县城、中心城镇建设，规划建设12个城市新区，配套完善一批城市基础设施，新建城市道路297公里；规划建设74个特色小城镇和597个“五园新村”。城乡建设完成投资267亿元，城镇化率提高近2个百分点。

（四）“三农”工作取得重大进展

农村经济结构、产业结构和种植结构不断优化，农业基地建设步伐加快，种植规模不断扩大。积极培育龙头企业，以企业带基地，以基地催生龙头，逐步探索出一条独具山区特色的农业产业化路子。“3321”特色农业基地和“三万”农业示范工程大力推进，种植蔬菜282万亩、茶叶20万亩、精品果业14.33万亩、特色烟草81.01万亩、中药材33万亩、优质马铃薯512.5万亩、油菜101.2万亩；“十大特色农业产业示范带”和“百个特色农业产业示范园”建设成效明显，已建成赫章县10万亩生态畜牧和毕节市赤水河经果林2个产业示范带、67个产业示范园；基本形成粮油、茶叶、马铃薯、辣椒、果蔬、畜禽等6个农产品加工体系，新增市级龙头企业30个、农民专业合作经济组织346个；新增各类畜禽规模养殖场(小区)211个，发展规模养殖大户(场)3200户(个)，规模养殖量达19%；初具规模的农产品加工企业125家，实现销售收入10亿元以上；争取到中央和省农业项目7个、项目资金2.76亿元。全年粮食总产量191.9万吨，减产12.07%；畜牧渔业总产值67亿元，同比增11%。农林牧渔业总产值达212.45亿元，同比增3%。

（五）生态环境建设深入推进

深化林权制度改革，加强林业生态建设，大力实施好国家可持续发展实验区建设规划，着

力构建资源节约型、环境友好型社会。完成主体改革勘界确权面积103.45万公顷，发放林权证56.11万本，调处林权纠纷1294件，林权勘界率、确权发证率、纠纷调处率分别达99.47%、97.93%和94.1%；流转林地416宗、0.55万公顷，办理林权抵押贷款1700万元；组建专业合作社372个，经营林地面积2.21万公顷；大力抓好退耕还林、天然林资源保护等林业重点工程，完成营造林6.91万公顷。实施石漠化综合治理试点工程，完成投资8289.9万元，治理岩溶面积360.47平方公里、流域面积723.37平方公里，完成封山育林7878.61公顷、人工造林6460.47公顷。投资近1.74亿元，完成环城绿化、绿色通道建设和景区景点绿化等重点区域绿化工程0.32万公顷。不断加大环境保护和治理力度，切实做好主要污染物减排工作，抓好落后产能淘汰取缔，积极开展污染治理，化学需氧量和二氧化硫排放量达到控制指标，全市重点流域、重点区域、重点城市环境质量明显改善，生态环境保护得到加强。

(六)社会保障政策全面落实

学前教育、义务教育阶段均衡发展和职业教育办学模式等3个国家教育改革项目试点工作有序推进，启动毕节教育城建设，实施各类教育工程346个、完成投资7.5亿元。新增城镇就业2.53万人；转移农村劳动力7.8万人，“千企万人”就业工程就近就地吸纳劳动力2.34万人；城镇职工基本养老保险参保人数为14.2万人，工伤保险参保职工20.04万人，失业保险参保人数12.43万人；累计发放农村低保资金10.12亿元、城市低保资金17.22亿元、农村五保供养资金3138万元。新型农村合作医疗参合率达98.9%；城镇职工基本医疗保险参保人数22.63万人，全市公共卫生均等化服务经费从每人每年15元提高到25元，所有基层医疗卫生机构全部实施国家基本药物制度。

二、2012年发展目标

2012年，全市上下将牢牢把握“稳中求进”的总基调，按照“快字当先、快中保好、能快则快、又好又快”的总要求，以“投资拉动、项目带动、招商推动”为总抓手，突出抓好试验区新一轮改革发展确定的“两年明显变化”的十件大事，在实施工业强市、城镇化带动、旅游兴市、生态立市四大战略上取得重大突破，努力实现“提速转型、提速赶超”总目标。全市经济社会发展的主要预期目标是：生产总值增长18%，其中工业产值增长28%；50万元以上固定资产投资完成1300亿元；招商引资到位资金900亿元；财政总收入、地方财政收入和一般预算收入分别增长20%以上；城镇居民人均可支配收入增长15%；农村居民人均收入增长17%；社会消费品零售总额增长20%。工作目标是：生产总值增长20%，其中工业产值增长30%；50万元以上固定资产投资完成1500亿元；招商引资到位资金突破1000亿元；财政总收入、地方财政收入和一般预算收入分别增长25%以上。

直辖市及西部省区 2011 年经济发展统计比较表

表 1 国民生产总值

省市自治区		国民生产总值	比上年增长%	第一产业		第二产业		第三产业		人均生产总值	
				增加值（亿元）	±%	增加值（亿元）	±%	增加值（亿元）	±%	金额（元）	±%
直辖市	北京	16000.4	8.1	136.2	0.9	3744.4	6.6	12119.8	8.6	80394	
	上海	19195.69	8.2	124.94	−1	7959.69	6.5	11111.1	9.5	82560	
	天津	11190.99	16.4	159.09	3.8	5878.02	18.3	5153.88	14.6		
西部省区	重庆	10011.13	16.4	844.52	5.1	5542.8	21.8	3623.81	10.8	34500	15.2
	内蒙古	14246.11	14.3	1304.91	5.8	8092.07	17.8	4849.13	11	57515	13.8
	广西	11714.35	12.3	2047.3	4.8	5736.78	17.1	3930.27	9.4	25315	
	四川	21026.7	15	2983.5	4.5	11027.9	20.7	7015.3	10.9		
	贵州	5701.84	15	726.22	1.2	2334.02	20.7	2146.6	14.2		
	云南	8750.95	13.7	1407.81	6	3990.97	18	3352.17	11.8	18957	13
	西藏	605.83	12.7	74.35	3.4	209.54	18.3	321.94	11.6	20077	11.3
	陕西	12391.3	13.9	1220.9	5.9	6836.27	16.9	4334.13	11.7	33142	13.7
	甘肃	5020	12.5	678.2	5.9	2524.3	15.2	1817.5	11.5		
	青海	1634.72	13.5	155.44	5	939.1	17.3	540.18	9.7		
	宁夏	2060.79	12	184.13	5	1676	17.5	800.66	7	32392	
	新疆	6574.54	12	1139.02	6.5	3289.84	12	2145.68	15.2	29924	10.7

表 2 农业

省市自治区		粮食		油料		肉类		蔬菜		水产	
		总产（万吨）	比上年±%	总产（万吨）	±%	总产（万吨）	±%	总产（万吨）	±%	总产（万吨）	±%
直辖市	北京	121.8	5.3			44.4	−4	296.9	−2	6.1	−3.4
	上海	121.95	3								
	天津	161.83	1.3			42.98	0.3	444.23	5.9	35.21	2.1
西部省区	重庆	1126.9	−2.5	46.51	4.6	196.28	2	1407.97	7.5	32	13.5
	内蒙古	2387.51	10.6	140.53	9.7	237.5	−0.5	1440.17	6.6	12.29	8
	广西	1429.93	1.25	50.14	9.5	386.1	0.7	2246.4	5.5	288.82	5
	四川		2.1	278.4	3.7			3573.6	6.4	112.1	6.7
	贵州	876.9	−21.2	79.17	31.2	179.95	0.5	1295.1	7.7		
	云南	1673.6	9.3	60.75	77.5	324.36	0.9	1340	6.8	54.88	13.9
	西藏	93.73	2.7	6.33	9.1	27.67	5.2	60.07	3.4		
	陕西	1194.7	2.6	59	5.2	102.5	−0.1	1432.5	3.5	8.2	35.4
	甘肃	1014.6	5.87	63.44	−0.95	88.46	1.49	1320.6	6.89	1.31	6.5
	青海	103.36	1.3	36.07	−2.3	28.84	1.9	143.6	6.8	0.2747	71.7
	宁夏	358.9	0.7			15.3	3.4	438.7	7.7	10.5	17.1
	新疆	1224.7	4.6	66.76	0.2				7.6		

表3 工业、建筑业、固定资产投资

省、市自治区		工业						建筑业		固定资产投资	
		增加值亿元	比上年±%	其中规模以上企业				增加值（亿元）	±%	总额（亿元）	±%
				增加值（亿元）	±%	经济效益综合指数	增减百分点				
直辖市—西部省区	北京	3039	7.4		7.3	253.6	6.1	705.4	3	5910.6	13.3
	上海	6798.28	7.4	31987.4	6.4			4579.37	6.5	5067.09	0.3
	天津	5380.53	19.3	20857.7	29.2			497.49	8.6	7510.67	31.1
	重庆	4690.46	22.2	12038.52	28.2	257.7	27.3	852.34	19.6	7631.8	30
	内蒙古	7158.94	18.2		19			933.13	15.2	109001.1	21.5
	广西	4914.37	17.3		20.8	299.2	20	822.41	16.2	10143.45	29.1
	四川	9491	21.6		22.3	286.8	42.1	1536.9	15.7	15141.6	17.7
	贵州			1638.71	21			364.29	18.3	5101.55	60.1
	云南	3205.85	17.6	2753.64	18			785.12	19.6	7109.7	27.4
	西藏	48.93	18.1	37.15	19			160.61	18.4	549.27	18.6
	陕西	5727.76	17.1	5459.58	17.9	378.16	25.4	1108.51	15.8	100633.05	30.2
	甘肃	2071.3	16.3	1782.85	16.2	269.35	53.4	452.9	10.6	4180.24	40.16
	青海			780.69	19			319.9	16.8	1434.31	34.2
	宁夏			724.41	18.1			417.05	21.7	1648.48	30.8
	新疆	2764.14	11.4		11.4			525.7	15	4712.77	33.1

表4 交通、邮电、旅游

省市自治区		交通				邮电				旅游	
		货运		客运		邮政		电信		总收入	比上年
		货运周转量（亿吨公里）	比上年±%	旅客周转量（亿人公里）	±%	总产（万吨）	±%	总产（万吨）	±%	（亿元）	±%
直辖市—西部省区	北京	588.1	14.5	1527	9.1	51.6		427.2		3216.2	16.2
	上海					50.96	34.6	409.8	9	1411.26	1.7
	天津	10121.44	2.4	342.14	7.1	21.68	17	159.1	12.7		
	重庆	779.8	27.8	408.9	16.5	25.91	28.5	216	20.3	1263.8	
	内蒙古	4353	10.2	409.2	5.7	9.66	-16.3	244.5	30.1	889.55	21.4
	广西	3475.29	18.7	971.9	10.7	21.88	13.3	304.42	12.7	1277.81	34.1
	四川	1139	15	900	12	57.2	26.8	549.5	17.6	2449.2	29.9
	贵州	952.82	9.6	582.91	25.1	14.98	34.2	204.24	22.2	1429.48	34.7
	云南	1070.11	8	610.78	16.6	16.32	8.2	298.33	17.2	1300.29	29.1
	西藏					1.37	10	25.67	16.5	97.06	35.9
	陕西	2826	14.6	971	14.1	28.9	19.5	319	14.4	1325	34.7
	甘肃	1791.21	11.45	594.56	16.6	7.47	15.12	187.91	17.86	333.7	
	青海	494.57	15.7	49.75	11.5	2.29	10	45.7	27.7	92.3	30
	宁夏	962	14.9	133.9	15.3	2.9	0.2	52.9	18	84.21	24.2
	新疆					11.49	-27.8	212.7	18.5	440.3	

表 5 贸易

省市自治区		国内贸易		国外贸易							
						其中					
		社会消费品零售总额（亿元）	比上年±%	进出口总额（亿元）	比上年±%	出口总额	±%	进口总额	±%	外商直接投资（亿美元）	±%
直辖市	北京	6900.3	10.8	3894.9	29.1	590.3	6.5	3304.7	34.2	7.5	8.7
	上海	6777.11	12.3	8123.14	18.6	4999.64	18.1	3123.5	19.5	126.01	18.1
	天津	3395.06	18.7	1033.91	25.9	444.98	18.7	588.93	32	130.56	20.4
	重庆	3489.8	18.7	292.18	140	198.38	160	93.8	89.9	105.29	66
西部省区	内蒙古	3936.61	18	119.39	39.1	46.87	40.6	72.52	38.2	38.38	39.1
	广西	3860.73	18	233.31	31.5	124.59	29.7	108.72	33.7	10.14	11.2
	四川	7837.4	18.1	477.8	46.2	290.4	54.2	187.4	35.3	110.3	57.2
	贵州	1751.62	18.1	48.84	55.2	29.85	55.5	18.99	54.8	6.73	127.9
	云南	3000.14	20	160.53	19.6	94.73	24.6	65.8	13.2	17.38	30.7
	西藏	219	18.2	13.5861	62.5	11.831	53.4	1.7551	0.646		
	陕西	3790	18.6	146.23	20.8	70.11	12.9	76.13	29.2	23.55	29.4
	甘肃	1618.31	18.2	87.64	18.6	21.85	33.42	65.79	14.41	0.7	-48.05
	青海	404.85	17	9.24	17.1	6.62	41.9	2.62	41.9	1.69	-23
	宁夏	477.58	18.3	22.86	16.6	16	36.7	6.86	-13.1	2.02	150
	新疆	1557.1	17.5	228.22	33.2	168.29	29.8	59.93	44	3.35	41

表 6 财政

省市自治区		地方财政	比上年±%	一般预算收入		一般财政支出	
				金额（亿元）	比上年±%	金额（亿元）	比上年±%
直辖市	北京			3006.2	27.7	3246.5	19.5
	上海			3429.83	19.4	3914.88	18.5
	天津			1454.87	36.1	1755.86	28.2
	重庆			1488.25	46.2	2573.54	45.5
西部省区	内蒙古	2261.81	30.1	1356.67	26.8	2989.21	31.5
	广西	1542.49	25.5	947.59	22.7	2545.42	26.8
	四川			2044.4	30.9	4673.8	9.8
	贵州	1330.08	37.2	773.18	44.9	2244.32	36.8
	云南	2258.2	24.8	1110.83	27.5	2929.59	28.2
	西藏	64.53	52	54.76	49.4	758	37.6
	陕西						
	甘肃	933.62	25.28	450.35	27.37	1790.25	21.9
	青海	270.4	31.9	151.79	37.7	967.42	30.1
	宁夏	371.38	29.5	219.96	43.2	711.07	27.9
	新疆	1038.8	49.8	720.91	44	2282.68	34.4

表7 金融、证券、保险

省市自治区		金融						证券		保险	
		年末存款				年末存款					
		金额（亿元）	比上年±%	其中居民存款 金额亿元	其中居民存款 ±%	金额（亿元）	比上年±%	交易额（亿元）	比上年±%	保险费收入（亿元）	比上年±%
直辖市	北京	75001.9		19126.1		39660.5		79103.1	-9.7	820.9	
	上海	58186.48	12.3	18920.43		37196.79	10.3	454700	14.1	753.11	8.3
	天津	17586.91	6.7			15924.71	15.7	12839.36	-16.9	211.74	13.6
	重庆	16122.87	18.5	7045.99	20.6	13195.16	20			311.81	
西部省区	内蒙古	12063.72	17.4	5431.1		9727.7	23.6	4280.74		229.78	15.6
	广西	13527.97	14.5	6707.71	17.1	10646.43	18.6			212.65	18.7
	四川	34971.2	15	16200.7	18.3	22514.43	16.6	29000		778.7	9.2
	贵州	8742.79		3934.48		6841.92		5004.03	-23	131.81	12.8
	云南	15356.86	14.5	6654.87	16.4	12114.59	14.6			256.18	8.7
	西藏	1662.5	28.2	319.27	19.3	409.05	35.5			7.38	45.8
	陕西	19348.66	16.6			12097.34	18.3	11895.32	-20.4	343.72	15.7
	甘肃	8460.94	18.39	4231.41	17.68	5468.81	23.4			140.93	8.69
	青海	2825.83		1043.89		2231.52				27.89	8.5
	宁夏	2978.4		1353.95		2860.58	19.3	47.72	-60.9	55.34	4.9
	新疆	10387	17.1	4431.19		6270.21	26.1			203.61	13.9

表8 科学技术、高等教育

省市自治区		科学技术							高等教育				
		专利申请		专利授权		专利合同成交额		研究试验发展经费支出（亿元）	高校总数	在校大学生		在校研究生	
		数量(件)	比上年±%	数量（件）	±%	金额（亿元）	±%			数量（万人）	±%	数量（万人）	±%
直辖市	北京	77955	36.1	40888	22	1890.3	19.7	932.5	89	57.9		24.1	
	上海	80215	12.7	47959	-0.5	550.32	4.7	568	66	51.3	-0.9	11.9	
	天津	36258	44.2	13982	30	113.99	16.7		55	44.97		4.61	
	重庆	32000	40.4	15500	28.5			130	67	56.78		4.52	
西部省区	内蒙古	3841	31.9	2262	7.9	73.43	-15.5		47	38.44	3.5	1.5316	9.7
	广西	8106	58.4	4401		5.56	34.6	2.7		60.01		2.26	
	四川	49734		28446		71.53			94	113.9	4.9	8.3	
	贵州	7510	70.1	3443	11.6	13.22	71.2		48	34.41	6.4	1.24	9
	云南	7150		4199		11.86	5.8	52.7		48.76	11.1		
	西藏								6	3.2374		0.0824	
	陕西	32227		11662		215.37							
	甘肃	5287	48.59	2383	27.6	52.64	22.18	45.2		40.53	6.24	2.7	5.47
	青海	732		70		16.9	47		9	5.8661	-0.29	0.2437	13.7
	宁夏	1079		613	-43					9.1383		0.3513	
	新疆	4736		2642		4.38			32	25.87	3	1.4099	11.2

表9 人口、人民生活

省市自治区		人口			人均可支配收入				人均消费支出				消费价格上涨%	恩格尔系数	
					城镇		农村		城镇		农村				
		年末常住人口	人口出生率‰	人口自然增长率‰	金额（元）	±%	金额（元）	±%	金额（元）	%	金额	%		城镇	农村
直辖市	北京	2018.6	8.3	4.02	32903	13.2	14736	13.6					5.6	3.14	32.4
直辖市	上海	2347.46	7	1.87	36230	13.8	15644	13.8	25102	8.2	11272	10.2	5.2		
直辖市	天津	1354.58	8.6	2.5	26921	10.8		15.5	18424	11.2			4.9	36.2	
直辖市	重庆	2912	9.9	3.17	20249.7	15.5	6480.41	22.8	14974.49	12.3	4502.06	24.2	15	39.1	46.8
西部省区	内蒙古	2481.7	8.9	3.5	20408	15.3	6642	20.1	15878	13.5	5508	23.5	5.6	31.3	37.5
西部省区	广西	4645	14	7.67	18854	10.5	5231	15.1	17433	4.8	4211	21.9	5.9	39.5	43.8
西部省区	四川	8050	9.8	2.98	17899	15.8	6128.6	20.5	13696	13.1	4675.5	20	5.3	40.7	46.2
西部省区	贵州	3469	13	6.38	16495	16.6	4145.35	19.4	11352.88	12.9	3455.76	21.2	5.1		
西部省区	云南	4631	13	6.35	18576	10.3	4722	13.9	12248	10.6	4000	17.7	4.9	39.2	47.1
西部省区	西藏				16196	8.1	4904	18.5					5		
西部省区	陕西	3742.6	9.8	3.69	18245	16.2	5028	22.5	13783	16.6	4496	18.5	5.7		
西部省区	甘肃	2564.19	12	6.05	14988.68	13.6	3909.4	14.2	11188.57	13.1	3664.9	24.6	5.7	37.38	42.2
西部省区	青海	568.17	14	8.31	1560.31	12.6	4608.47	19.3	10955.46	14	4536.82	17.6	6.1	38.9	37.8
西部省区	宁夏	639.45	14	8.97	17579	14.6	5410	15.7	12896	13.8	4726.6	17.8	6.3	34.8	37.3
西部省区	新疆	2208.71	15	10.6	15541	13.7	11839	16.1	5442	17.2	4398	27.2	5.9		

注：以上数据均来自各省、市、区2011年统计公报。

编纂说明

由重庆市人民政府办公厅主管，重庆社会科学院、重庆市人民政府发展研究中心主办的《重庆经济年鉴》，是一部全面介绍重庆经济发展状况的大型工具书，极具史存性、实用性和工具性。2012年卷为《重庆经济年鉴》的第十二卷。

一、本卷《重庆经济年鉴》的特点

本卷年鉴总体结构上由"重要经济文献、专题研究、经济与社会发展综述、部门经济运行与管理、产业状况、开发区与园区建设、区县经济、附录"共八编组成。

二、本卷《重庆经济年鉴》的稿件来源

本卷年鉴主要收录了市第三届人民代表大会上的部分文献，其他文稿、数据、图表等主要来自市级有关部门、各区县政府，部分开发区与工业园区，围绕重庆经济社会热点难点开展的专题研究成果，以及编辑部收集整理的西部省区、长江沿线主要城市、部分环渝区域市县的经济社会发展情况。

三、本卷《重庆经济年鉴》编纂的有关技术性说明

(一)本《年鉴》以编为单位进行编纂。每编大体反映一项相对独立的经济内容；编以下不设章、节；本卷共八编。

(二)本《年鉴》侧重对重庆市2011年度经济运行状况的反映，这与其他类型的年鉴有明显的区别。为了突出经济内容，本书对文化、教育、体育、卫生等社会发展方面的内容未专设编目。文中涉及社会事业发展方面内容的，根据具体情况，作了适当保留。

(三)本《年鉴》表现形式大体采用专题文章。文章体例大致是：年度主要状况及分析、存在的问题、发展展望。"重要经济文献"、专题研究、"附录"等编目，则未作统一的体例要求。

(四)本《年鉴》中的统计数据，截止到2011年底，个别内容则稍作延伸。统计资料来源于重庆市统计公报和市统计局。另外，有必要指出的是，因统计口径的不同，有关部门和各区县(自治县)所用数据与"统计公报"中的数据不尽一致，采用时请予注意。

(五)本《年鉴》有关材料，系相关单位、部门所撰写，所用技术术语、专业名词、名称以稿件提供单位为准。不属于专业用语的，从习惯。

(六)根据年鉴因承相袭的惯例，本年度反映上年度的内容。2012年卷《重庆经济年鉴》也从这一惯例。

2012年卷《重庆经济年鉴》的编辑工作，得到了重庆市各部门、各单位、各级领导和长江沿线的上海、南京、武汉等主要城市、西部省区及广大读者的热情支持，在此深表谢意。另外，尽管编辑部的同志在编纂过程中尽了最大努力，但因时间紧、内容多、来稿渠道广，加之编辑部水平能力有限，本卷《重庆经济年鉴》存在疏漏，热忱希望得到读者的指正。

《重庆经济年鉴》编辑部

二〇一二年十一月

推进两化深度融合

重庆市经济和信息化委员会主任

在世界经济持续调整和快速变革的关键时期，信息化与工业化融合正在催生新的生产组织形式，成为发展现代产业的重要途径。要准确把握全球经济科技发展新趋势，推进工业化和信息化深度融合，提高工业数字化、智能化、网络化、服务化水平，加快新型工业化进程，推动重庆工业经济上规模、上水平、上质量、上效益。

一、深刻认识推进“两化”融合的重大意义

信息化和工业化具有本质差别又有一定联系，是两个性质不同的社会发展过程。“两化”融合是信息化和工业化发展到一定阶段的产物，是指工业化和信息化的高层次深度结合,走新型工业化道路，其核心是信息化支撑，追求可持续发展模式。加速信息化与工业化深度融合，对贯彻落实科学发展观、推动工业转型升级、做强做大重庆工业经济具有重要的战略意义。

首先，推进信息化与工业化融合，有利于提升产品研发设计创新能力。信息化要素与产品设计等环节的有机结合和系统集成，可以突破工业技术基础薄弱，装备水平差，产品档次低等瓶颈，推动产业结构调整升级。例如，长安汽车通过建立以三维数字化设计和全球协同设计为核心的汽车产品智能化研发平台，与海外设计中心进行产品24小时不间断的联合开发，实现了企业全球化的产品同步和协同设计，2011年新产品贡献率达到80%，自主开发产品产量占到总产量的60%左右，对全国重要汽车生产基地建设和“千亿长安”打造发挥了重要作用。

其次，推进信息化与工业化融合，有利于提升高端产品制造能力。制造企业的数字化、信息化改造，能够充分发挥现有资源作用，提高生产效率，全面提升中高档产品的制造技术水平和生产能力。比如南方英特空调公司应用以生产过程透明、高效和可控为核心的生产制造过程信息化系统，实现了与管理信息系统的无缝集成运行，企业制造费用下降7%，准时交付率达到100%，人均年产值上升到157万元；并支撑企业融入全球供应链，获得了国际知名汽车品牌的大量订单。

第三，推进信息化与工业化融合，有利于降低企业的物流成本。运用现代信息技术对物流信息进行采集、分类、传递、汇总、识别、跟踪和查询，能够实现对货物流动过程的控制，从而降低成本、提高效益。比如，重庆摩托车行业第三方物流供应链服务平台,有效提升了嘉陵、隆鑫、建设、力帆等摩托车整机企业的物流管理水平，带动了上千家配套企业的信息化建设，整机企业任务完成率提升到99%，差缺件率降低到1%，产业链的物流总成本降低1%以上，摩托车行业整体竞争能力明显提高。

第四，推进信息化与工业化融合，有利于提升企业的管理水平。应用管理信息技术或信息系统，可以对内部控制进行集成、转化和提升，实现对组织机构的有效管理，提高企业现代化管理水平，增强竞争能力。例如，隆鑫工业运用以ERP为核心的管理信息系统，实现了集团从研发、生产、销售到服务，以及供应商、整机企业、经销商和服务商的纵横向产业链集成运行，生产计划准时率提高50%，订单准时交付率提升到95%，管理成本降低10%，推动企业于2011年顺利上市。

二、准确把握我市“两化”融合的历史方位

自2009年成为首批国家“两化”融合试验区以来，重庆坚定不移地走新型工业化道路，大力实施“两化”融合发展战略，形成了以“集约、互动、耦合、创新”为主要特征的“两化”融合新模式。

（一）“两化”融合综合指数达到80%。现代信息技术在工业领域广泛深入应用，信息化和工业化融合综合指数由2007年的50%提高到80%，规模工业新产品设计效率提高14.8%，新产品贡献率提高12.2%，开发和制造成本降低6.9%，管理效率提高15.4%，管理成本节约9.9%，产品质量提高8.9%，生产效率提高10.3%，生产能力提高10.4%。

（二）构建起较完善的服务支撑体系。成立重庆市两化融合促进和服务中心，为10多个区县、200多个企业提供了技术咨询、规划设计和项目实施指导，开展了5万多人时的人才培训；该中心自主研发的“多功能生产过程信息化系统”，在50多家企业示范应用。成立全国第一家官方注册的首席信息官协会，会员企业600余家、会员2000余人。

（三）形成详实可行的评价指标体系。开创性地提出“两化”融合指数，设置规模性、多样性、集聚性等9大方面18个指标，形成以“融合指数”为核心的评价体系。在此基础上深入探讨与实践，形成包括战略层面、基础层面、应用层面和效益层面等4个层面15个二级指标和51个三级指标的更详实具体的“两化”融合评价指标体系。

（四）示范试点工作有序推进。近三年累计推出市级以上示范项目138个（国家级18个），财政投入近2亿元。国家级示范项目，如长安汽车的汽车产品智能化研发平台、摩托车行业第三方供应链管理服务平台。市级示范项目，如车间装备层信息化试点示范工程、基于RFID智能交通管理与服务系统示范项目。确定渝北、大渡口等10个区县为全市“两化”融合试点区县，区县“两化”融合工作有序推进。

同时，我们也清醒地看到，“两化”融合推进过程中，还存在不少亟待解决的困难和问题。主要体现在五个方面：

1.认识不足。重庆尚有不少部门、企业对“两化”融合的认识与国家要求有较大差距。例如，有的将“两化”融合等同于管理信息化或信息技术开发，有的甚至对“两化”融合的概念还相当陌生，有的企业认为自己规模小，未达到信息化要求。

2.人才匮乏。受地域和收入水平的制约，不仅难以吸引外地人才，重庆本地人才也流向东部沿海地区，导致“两化”融合人才奇缺。重庆工业企业专职信息技术人员仅占企业总人数的1.2%，信息化应用人员占企业总人数的7.2%。

3.企业信息系统的集成性和协同性亟需加强。“两化”深度融合的重要体现，是信息系统的高度集成应用。重庆实现从设计、管理到制造全过程信息集成运行的企业仅2%，处于部分系统集成应用阶段的占17%，处于单元系统应用阶段或没有开展信息化的占81%。

4.信息化公共服务平台的运营机制亟需完善。由于服务和运营模式、信息资源共享与接入机制、平台个性化支持和服务能力等不足，制约了现有信息化公共服务平台的深入应用及推广，成为推进“两化”融合的瓶颈。

5.信息化与企业自主创新、生产制造、产业链协作等核心环节融合度亟需提升。重庆许多指标与全国、沿海发达地区相比有较大差距。规模工业企业设计信息化应用率74%，低于全国3个百分点，低于沿海10个百分点；制造过程信息化应用率28%，低于全国5个百分点，低于沿海24个百分点；装备数字化率28%，低于全国6个百分点，低于沿海30个百分

加快新型工业化进程

沐华平

点；主导产业链信息化率48%，低于全国水平2个百分点，低于沿海22个百分点。

三、深入实施“5+1”两化融合重点工程

围绕“6+1”重点行业，重庆深入实施“5＋1”工程，加快信息化与工业化深度融合，推动工业发展模式向数字化、网络化、智能化、服务化转变。到2015年，工业企业数字化设计工具深化应用率达到85%，管理信息化系统深化应用率达到80%，生产过程信息化系统应用率达到55%，关键工序设备数控化率达到65%。

（一）“两化”融合的技术选择。按照工业转型升级的总体要求，重点选择和应用五方面的关键技术。一是产品研发设计过程“两化”融合技术，包括计算机辅助设计（CAD）、计算机辅助工程分析（CAE）等技术和系统；二是企业经营管理能力提升关键技术，包括企业资源规划(ERP)、供应链管理(SCM)等技术和系统；三是企业生产制造能力提升关键技术，包括分布式数控(DNC)、分散控制系统（DCS）等技术和系统；四是工业产品和装备数字化和智能化提升关键技术，包括数字控制（NC）、嵌入式系统(ES)等技术和系统；五是应用“两化”融合支撑和服务关键技术，包括云计算(Cloud Computing)、物联网（Internet of things）等技术和系统。

（二）典型企业“两化”融合提升工程。对信息化基础较好、示范作用强的企业，重点开展信息技术在产品研发、经营管理和生产制造等环节的运用。一是产品研发设计“两化”融合。深入应用设计信息化系统，建立以PDM为核心的产品开发和工程设计支持平台，提高企业产品开发能力。二是经营管理“两化”融合。深入应用管理信息化系统，建立以ERP为核心的经营管理集成化支持平台，提高企业经营管理水平。三是生产制造“两化”融合。深入应用以制造执行系统为核心的车间制造过程信息化系统，提高企业生产管理水平和制造能力。四是“两化”融合综合集成应用。以信息技术与产品研发、经营管理和生产制造等全面深度融合为重点，实施典型企业“两化”融合综合集成应用，提高企业设计、制造和管理能力。

（三）产品和装备智能化提升工程。一是实施产品智能化提升工程。选择一批产品技术含量较高、经济效益前景较大、有行业示范作用的主导产品，进行数字化和智能化提升，提高产品技术含量、附加值和市场竞争能力。二是实施装备智能化提升工程。对现有企业生产装备特别是重点关键装备进行数字化改造、网络化集成和新装备的上档升级，提高产品质量。三是实施技术创新工程。推动信息技术、软件产品的开发、生产和应用，力争重大共性和关键性软件研发取得突破性进展，提高装备运行效率和利用率，提升企业生产制造能力和综合效益。

（四）产业链“两化”融合提升工程。围绕产业链长、配套企业多的重点产业，依托产业链龙头企业，建立协同设计、协同物流管理、协同商务等产业链信息化支持平台，提高产品设计开发、生产制造、企业管理、市场营销、资源配置和客户服务水平，实现整机企业与配套商、分销商、客户或企业分支机构的集成，以整机企业的信息化带动配套企业的信息化，使整机企业与配套企业在新产品开发、供应链及物流控制等方面优化运行。

（五）中小企业信息化公共平台建设与服务工程。加大区域性或专业性信息化技术支持和服务机构、骨干或龙头企业信息化部门剥离后建立的信息化公共服务企业的支持力度；基于云计算和SaaS等服务模式，建立一批面向中小企业信息化建设、产品设计及集成制造服务的公共服务平台，提供电子商务、进销存、财务管理、物流信息化等公共服务，提升中小企业经营管理能力、产品开发能力和技术创新能力，提高我市中小企业整体水平。

（六）信息化促进节能减排和安全生产应用示范工程。面向冶金、石化、水泥、煤炭、建材等耗能高、污染高、安全生产要求高的行业，以重钢集团、西南铝业集团、重庆化医控股集团、重庆煤炭集团、重庆电力总公司、重庆建工集团等企业为重点，实施信息化促进节能减排和安全生产应用示范工程。通过计算机辅助工艺设计和仿真、资源循环利用等技术和系统的应用，提高生产效能，促进节能减排，实现安全生产。

（七）“两化”融合技术支持和服务体系建设工程。依托重庆市“两化”融合促进和服务中心，采取“1＋N”模式，建立由1个主中心、多个专业应用服务中心及一大批区县分中心构成的“两化”融合技术支持和服务体系。一方面，根据企业应用需求，完善和壮大服务队伍，提升技术支持机构的核心业务能力和专业化服务能力；另一方面，围绕技术咨询、规划设计等服务，开展市场化服务和运营，形成一批有规模和影响力的新型生产性服务业，为“两化”融合发展提供强力支撑。

四、科学构建“两化”融合支撑体系

（一）建立联动机制。各地、各部门要提高思想认识，加强组织领导，做好规划部署，建立联动机制，协同一致，共同推进“两化”深度融合。企业要充分发挥主体作用，把“两化”融合纳入总体发展规划和年度工作计划，扎实有效推进。

（二）创新推进模式。完善“两化”融合中长期规划和实施方案，研究制定分类推进模式。对公益、民生微利性行业，政府发挥主导作用，加大支持力度；对市场化较成熟和效益好的行业，发挥企业的主体作用；对国有企业，政府制定考核标准，强制规定实施；对民营企业，加强引导，鼓励尽快实施。

（三）加大资金投入。争取设立“两化”融合专项资金，采取投资补助、贷款贴息及奖励等多种手段，重点支持“5+1”两化融合重点工程项目。各地、各部门应加大扶持力度，在技术改造、自主创新、中小企业发展等专项资金和关键领域重点突破资金的安排上，支持“两化”融合项目。

（四）强化政策支持。用好用活现有政策，对企业在“两化”融合建设中，由于技术进步和产品更新导致换代较快的固定资产，可按照税法规定实行加速折旧；鼓励专业机构为企业提供“两化”融合技术服务，对其技术转让、技术开发及其相关收入，可按照国家规定免征营业税。

（五）加强人才保障。加大信息技术研发人才、管理人才和复合型人才的培养和引进。鼓励高等院校和职业院校面向市场需求，调整学科和专业设置。加强与国家有关部门、知名培训认证机构合作，建立完善“两化”融合人才培训和认证体系，鼓励高等院校、行业协会、中介机构和企业合作开展“两化”融合培训。

共建环保模范城

重庆市环境保护局局长

重庆市环保局在市委、市政府的领导下，党中央、国务院坚强支持，国家环保部门大力帮助下，认真落实“十二五”环境保护“12358”工作思路，坚持环保为民和服务科学发展，以创建国家环保模范城市、总量减排和三峡库区水环境保护为重点，较好地完成年度目标任务，在全市经济社会快速发展的同时，环境质量持续改善，实现了“十二五”良好开局。

2011年，主城区空气质量满足优良的天数达到324天，比2006年多37天，在全国47个重点城市排名上升9位；空气中可吸入颗粒物年均浓度首次达到国家二级标准，二氧化硫和二氧化氮浓度大幅度下降。三峡库区水质总体保持稳定，在全国七大水系河流中处于最好水平。城市集中饮用水源地水质连续4年100%达标。与2006年相比，主要次级河流满足水域功能要求的断面比例从72.1%提高到86.4%；全市噪声达标区覆盖率从37.5%提高到73.7%，森林覆盖率从32%提高到39%，城市建成区绿化覆盖率从22.9%提高到41.5%。

一是创模攻坚取得重大进展。创模规划的2740项工程项目，完成2520项，26项考核指标已达标或基本达标。主城14条次级河流有12条基本达到创模要求。创模区域基本实现镇级污水处理、垃圾收运全覆盖。创建工作群众知晓率达到90.1%。通过创模攻坚，实现了“环境质量上台阶、基础设施上台阶、环境管理上台阶”的目标，打造了一大批亮点工程，昔日的臭水沟、污水塘，已成为市民休闲娱乐的好去处。涪陵、永川、大渡口、沙坪坝新建成市级环保模范区，全市累计建成各级环保模范区15个。

二是总量减排开局良好。市政府印发了总量减排综合性工作方案、“十二五”总量控制规划和实施意见，召开节能减排领导小组会议。进一步完善减排工作机制，结构减排不断强化，工程减排同步推进，畜禽养殖、机动车总量减排逐步规范，水泥、火电行业烟气脱硝有序推进，污染减排设施稳定运行。2011年，在我市多项经济指标增速全国第一的情况下，总量减排工作取得较好成绩。除氮氧化物排放量上升外，二氧化硫、化学需氧量和氨氮排放量分别下降3.58%、2.18%和1.58%，四项指标任务完成情况好于全国平均水平，在西南地区处于领先地位。

三是环境综合整治不断深化。继渝中之后，江北、北碚、渝北和北部新区建成区相继整体创建为无煤区。完成14家污染企业环保搬迁，重钢老厂、东华特钢全部关停。完成465家油烟污染整治，主城区工况法检测机动车35万辆。纳入《三峡库区水污染防治规划》（修订本）的工业污染治理项目已基本完成，三峡库区7条次级河流有6条实现达标。修订“宁静行动”方案，开展道路声屏障建设和隔声窗改造，新建39平方公里噪声达标区，全市声环境质量不断改善。

四是生态建设与农村环境保护取得积极成效。国家森林城市建设通过专家组验收，生态园林城市取得重大进展。争取国家生态转移支付资金21.14亿元，加强重点生态功能区保护。环保部在我市召开全国农村环境连片整治现场会，从资源整合、项目管理、长效机制建设等方面总结、推广我市示范经验。

五是突出环境问题整治成效明显。重拳整治重金属污染，全市取缔关闭存在环境和健康风险的重金属企业60家，停产整治48家。秀山电解锰及锰矿企业整治取得显著成效。圆满完成日本福岛核电事故应急监测。妥善处置18起一般环境污染事件。

2011年，环境保护其他工作取得新的成绩。《重庆市生态建设和环境保护“十二五”规划》已由市政府印发。渝北区、万州区法院环保法庭正式挂牌。创先争优、人民好公仆教育实践活动效果明显，全市环保系统服务经济社会发展的水平进一步提升，市环保局在全市十大窗口单位政风行风评议中位列第二。

2012年，是我市创模冲刺年，环境保护工作将全面贯彻第七次全国环保大会和全市第十次环保大会精神，认真落实国务院意见和市委、市政府决定要求，突出重点，真抓实干，在改善民生、加快推进全面建设小康社会征程中探索统筹城乡环境保护新道路，让人民群众在优美宜居的环境中生产生活。

2012年的工作目标是：主城创模整体达到国家考核要求；全面完成国家下达的年度总量减排任务；主城空气质量满

打造绿色新渝州

曹光辉

足优良天数稳定达311天以上，三项主要污染物年均浓度达标；“三江”干流重庆段水质保持稳定，全市城区公共集中式饮用水源地水质稳定达标；主城区域环境噪声和交通干线噪声平均值分别控制在55和68分贝以内；全市森林覆盖率达到40%；辐射环境质量保持稳定；全市城市生活污水处理率达到88%（城镇72%），垃圾处置率达到97%（城镇85%），工业固体废物处置利用率达90%以上。其中，主城区城市污水处理率达95%以上，生活垃圾无害化处理率达97%以上，重点工业企业主要污染物排放实现稳定达标，工业、医疗危险废物和放射性废物依法安全处置。

第一，强力推进主城创模冲刺。6月底前实现创模“工程项目全面完成，考核指标全面达标”的目标，确保下半年向环保部申请创模考核验收技术评估。重点抓好五项冲刺工作：一是狠抓创模骨干工程的收尾建设和运行管理。确保3月底前完成14条次级河流污染综合整治、城镇污水截流、垃圾收运和河道清淤等，实现水质达标；6月底前完成唐家沱污水处理厂三期扩建、北部新区九曲河污水处理厂建设、丰盛垃圾焚烧发电厂建设、长生桥垃圾填埋场渗滤液处理设施改造等关键性工程；完成创模规划项目的环境整治和运行管理，确保稳定发挥效益。二是加大工业污染防治力度，确保4月底前实现重点工业企业稳定达标。三是深入开展创模媒体宣传和“十进”活动，进一步提高创模知晓度和公众环保满意度。四是召开迎接技术评估动员会，做好创模档案资料整编、技术评估和现场迎检点的打造，迎接国家组织的专家技术评估。五是完善创模保障机制，强化督查考核和问责，建立创模长效巩固机制，严防指标倒退和污染反弹。6个区域性中心城市和其他区县创模取得新进展。

第二，毫不松懈抓好总量减排工作。把结构减排放在更加突出的位置，继续实施第六批环境污染安全隐患企业环保搬迁，淘汰小造纸20万吨、小水泥400余万吨。继续深化工程减排，完善城镇污水处理管网配套，新增或扩建一批城镇生活垃圾处理设施，在主城区实现镇镇建成污水处理设施或对污水集中处理，其他区县要覆盖50%以上的乡镇，全面实施机动车环保标志管理，加快推进黄标车和老旧车淘汰。强化管理减排，深入开展主要污染物排放权有偿使用和交易试点，积极推行主城区二氧化硫排放权有偿使用试点。坚持对未完成减排任务的区县和企业实施区域限批和行业限批，并对有关责任人问责。

第三，深化环境污染综合整治。继续实施清洁能源工程，主城建成区整体创建无煤区。开展主城区新的进一步清洁大气行动计划的研究，开展主城区PM2.5和O3监测。实施《三峡库区及其上游水污染防治“十二五”规划》，完成库区7条次级河流整治，清理取缔饮用水源区范围内各类污染源。开展建筑施工和交通噪声污染专项整治，强化社会生活噪声和工业噪声污染控制。强化生态建设和农村环境保护。首批27个农村环境连片整治示范区县全面完成建设任务，建立完善农村环保管理体系和农村生活垃圾污水处理设施运行机制。

第四，着力保障和改善民生。进一步完善解决群众环境投诉问题协调机制，坚持开展领导包案、领导接访和干部带案下访，开展阳光执法，及时化解信访积案，维护社会稳定。重点解决好影响民生和创模的难点与热点问题，维护好群众环境权益。进一步完善环境风险防范、应急处置工作机制，开展应急演练，加强应急值守，杜绝重特大环境污染事件和生态破坏事故发生。

目前，全局干部职工在局领导班子的率领下，举中国特色社会主义伟大旗帜，以邓小平理论和“三个代表”重要思想为指导，深入贯彻落实科学发展观，以“314”总体部署为总纲，以“科学发展，富民兴渝”为总任务，全面反映实施“一统三化两转变”战略，建设“三中心两集群一高地”，着力深化改革开放，全面推进经济、政治、文化、社会、生态文明建设和党的建设。狠抓创模工作的落实，全面贯彻市第四次党代会精神，努力打造、大力推进环境保护历史性转变，保护环境优化经济增长。同心共创国建环保模范城市，提升城市品质，推进统筹城乡环境保护，促进重庆经济又快又好地发展；积极探索中国特色环境保护新道路，做生态文明建设的倡导者、引领者、开拓者。为加快现代化建设，构建统筹城乡协调发展的和谐重庆，率先在西部实现全面小康社会而努力奋斗，让历史悠久的重庆天更蓝、水更清、地更绿、夜更静。

南岸区实现创模指标考核全面达标

区委书记刘宝亚专题研究环保创模工作

南岸区是重庆主城区核心区之一，是重庆市的会展中心，也是未来重要的金融、商贸口岸、西部手机之都。近年来，在市委、市政府的领导下，在市环保局大力支持帮助下，南岸区深入开展创建国家环境保护模范城市工作，认真贯彻执行“1234”发展战略，坚持“科学发展，提质争先”这一总体目标，明确“国家中心城市的窗口、全国宜居环境的典范”两大目标定位，实施“城市兴区、产业强区、民生谐区”三大重点任务，强化“板块带动、开放拉动、城乡联动、科教推动”四大发展举措，全力推动了南岸区经济社会跨越、率先、协调发展。自启动创建国家环境保护模范城市以来，南岸区累计实施279项工程任务，26项创模考核指标已全面达标。南岸区在重庆市城市环境综合整治定量考核中获全市第三名，并先后荣获“国家园林城区”、“全国绿化模范区”等荣誉称号。

为有效推进创建国家环境保护模范城市，南岸区成立了以区长刘宝亚为组长的创模领导小组，建立了创模目标责任考核监督体系，强化措施大力改善区域环境质量，不断提升环境监管能力。

一、实施环保优化发展系列工程，推进产业结构优化升级，加快发展方式转变。推进主要污染物减排工作，实施减排项目17个，全面完成市政府下达的减排项目和目标任务。大力推进节能降耗，完成了2户工业企业节能技术改造和9户工业企业节水改造，对3万户“一户一表”和42公里供水管网改造，60家生活场所节水改造和10万只节能灯推广。严格环境准入，依法审批环评项目201个，执行“三同时”项目108个，开展规划环评6个，建设项目环评、“三同时”、规划环评执行率均达100%。不断转变发展方式，调整经济结构，加快工业和信息化产业发展，重点发展高端装备制造、移动通讯终端、现代物流等主导产业，全区规模以上工业增加值能耗、单位GDP用水量、万元工业增加值主要工业污染物排放强度实现逐年下降。

二、实施空气质量达标系列工程，降低大气污染物排放量，提升空气环境质量。建立完善了蓝天行动调度会、现场会、联席会制度，落实扬尘污染承诺制和约谈制，开展大气污染联防联控工作。完成对3台工业燃煤锅炉和13座大灶及茶水炉清洁能源改造，建立了无煤区和基本无煤区的长效管理机制，创建3个无煤街道。开展扬尘控制示范创建活动，创建4个扬尘控制示范街镇、4条扬尘控制示范道路和5个扬尘控制示范工地。使150万㎡道路“白改黑”、400亩矿山植被恢复和250亩未建土地绿化。大力开展黄标车“以旧换新”补贴，全区淘汰老旧汽车1000余辆。对超标和冒黑烟车辆上路行驶违法行为的查处，2011年全区开展尾气监测7100余次，共查处超标和冒黑烟车辆共计1283辆。2011年空气质量优良天数达到321天，2012年截至11月13日空气质量优良天数达297天，完成全年目标任务（316天）的94%。

三、实施水环境质量达标系列工程，改善区域水环境质量，确保水质达标。顺利实施了苦溪河长生桥镇段清淤和排污口整治，清理淤泥5万余立方米，整治排污口56个，完成河道全线清漂工作，启动生态修复。关闭绕城高速禁养区内349家养殖场，完善了“河段长制”，对“段长”实行环保项目和水质双重考核，强化常态管理机制。苦溪河全面消除了黑臭，主要污染物指标基本满足四类水质标准，在全市创模的14条次级河流中名列前茅。涂山湖水环境综合整治，使昔日的“肺叶明珠”再现水清林绿、白鹭纷飞的美丽景色。建立饮用水源保护区水环境质量动态监测体系，完善了饮用水源污染事故预警和应急体系，关闭2家小型水厂，饮用水源地水质达标率为100%。

四、实施基础设施建设系列工程，提升城市污水、垃圾处理能力和处置水平。配合水务集团开展了重庆市鸡冠石污水处理厂三期扩建、提标改造、污泥处理中心建设，配合市市政委开展了长生桥垃圾填埋场垃圾渗滤液治理工作。建成茶园污水处理厂、广阳镇污水处理厂及其配套污水管网，污水处理实现各街镇全覆盖。加快污

整治后的南岸区涂山湖碧水重现

努力打造全国宜居环境的典范城区

水管网建设与改造，建成三级管网45118米，整治长江沿线排污口6个。加快垃圾收运设施建设，建成长生桥、峡口、黄桷垭、广阳和迎龙五座垃圾收运系统，垃圾收运实行各街镇全覆盖。开展城市森林工程建设，新增城市绿地近5000亩，城市建成区绿化覆盖率达44.97%。大力实施环境安全工程，强化辐射放射设备、危险废物、辐射和放射源安全监管，完成10家重点医疗机构废水及医疗废物治理设施建设。

整治后的南岸区苦溪河成为市民休闲垂钓的好去处

五、实施企业环保达标系列工程，降低污染物排放，加强工业固废和危废处置利用水平。从历年排污收费中拿出1200万元，通过企业投资加政府补贴，完成辖区13家重点工业企业限期治理。督促4家重金属污染物排放企业安装重金属在线监测装置并与环保部门联网。39家企业强制性清洁生产审核。督促全区生产、运输、存储和使用过程中存在较大环境风险的企业按要求制定环境事故应急预案，配备应急设施和装备，联合企业定期开展、观摩环境应急事故处置演练。强化排污许可证管理，全区重点企业实现100%持证排污。126家工业企业环保主体责任标准化达标试点核查，全区重点工业企业环境管理水平及污染防治能力显著提高，实现稳定达标排放。

六、实施创模能力建设系列工程，有效提高环境监管能力。积极推进基层环保机构建设，各镇街配备专兼职环保人员，聘用环保义务监督员，在重点企业设置环境监察员，基本形成“横向到边，纵向到底”的三级环保监管网络；落实编制，增加人员，加强软硬件建设，区环保局环境宣教、信息、监测与监察能力达到国家环保能力标准化建设要求。

七、实施城乡环境整治系列工程，提升城市管理水平，改善城市环境卫生。开展户外广告专项整治、店招牌专项整治主干道环境综合整治、背街小巷环境综合整治、菜市场专项整治，成果显著。开展卫生区创建工作，市容环境卫生达到《城市容貌标准》，全国爱卫办已受理我区创建国家卫生城区申报。制定并实施《南岸区宁静行动实施方案（2011-2013年）》，创建5个安静居住小区，扩建噪声达标区16.4平方公里，噪声达标区面积占建成区面积的98%。完成了广阳镇新六村农村环境综合整治以及迎龙镇农村环境连片整治和生态村、生态镇创建。开展城中村改造和违法建筑清理，市政府下达计划拆迁385.4万方，实际完成拆迁431.05万方。

八、实施公众满意度提升系列工程，在全社会树立绿色健康生活方式，形成创模的良好氛围。通过召开动员会、张贴宣传画、宣讲报告会、开辟户外广告等传统方式推动创模宣教“十进”工作。在南岸网和《南岸报》上开辟了创模专栏，在新浪网和腾讯网开通了环保创模微博，及时发布创模信息，让广大市民足不出户也能知晓创模。利用节假日开展了“创模攻坚暨健康万里行重庆千万家庭绿色出行健步走”、“大学生创模宣讲团进社区”、创模有奖知识竞答、环保图片展等各类创模宣传活动60余场，累计发放各类宣传资料50余万份。在全区60所中小学全部开设了环境教育课程，环境教育普及率达100%，通过学生带动家长，进而带动整个社会保护环境、支持创模。积极开展绿色学校、绿色社区等示范创建活动，并积极邀请创模监督员、媒体记者多次对我区创模工作进行督察检查。通过开展环保执法专项行动，切实解决群众身边的噪声、油烟等环境污染问题，公众对环境保护的满意率从过去不足60%逐步上升到目前的80%以上，越来越多的群众打心底支持创模。

目前，南岸区在新领导班子的率领下，高举中国特色社会主义伟大旗帜，以邓小平理论和“三个代表”重要思想为指导，深入贯彻落实科学发展观，以“314”总体部署为总纲，以“科学发展，富民兴渝”为总任务，全面反映实施“一统三化两转变”战略，建设“三中心两集群一高地”，着力深化改革开放，全面推进经济、政治、文化、社会、生态文明建设和党的建设。狠抓创模工作的落实，全面贯彻市第四次党代会精神，努力打造、大力推进环境保护历史性转变，保护环境优化经济增长。同心共创国家环保模范城市，提升城市品质，推进统筹城乡环境保护，促进南岸区经济社会又快又好地发展。

区委书记刘宝亚参加创模宣传活动

创建国家环保模范城
大渡口区环保工作率先走在前

大渡口区成功创建重庆市市级环保模范区，重钢大渡口老厂区全面停产，彻底撕破了“钢城”、“灰城”的陈旧印象，迈开了建设“生活品质之城，新兴产业之区”的崭新步伐。通过八大工程528项任务的实施，一举突破消除次级河流黑臭、全年蓝天优良天数大于85%、公众环保满意率大于80%等国模重点、难点指标，全区环境大幅度改善，国模各项指标已全面达标。

大渡口区创模工作采取了如下具体措施：

区委、区政府建立健全了包括创模工作例会、重点项目协调、创模督查督办等决策机制，明确了责任区级领导、主办协办部门、创模成员单位三级创建工作推进机制，出台了创模督查考核与奖励问责办法，将创模工作纳入全区党政“一把手”环保实绩考核和年度综合目标考核，在全区上下形成了矢志创模的强烈共识。

创模重在过程，重在全民参与。将环保教育纳入各级干部培训和中小学课堂教育重要内容。在报纸、电视台、网站等媒体开设创模专栏，及时报道创模动态、宣传创模典型、曝光环境违法行为。组建了“创模义务监督员”，“创模义务宣传队”“大学生环保志愿者服务队”三支队伍，深入社区、工地、学校、商场等开展创模宣传，在全区营造了全民创模的良好氛围。

大力实施“蓝天行动”，创新了蓝天行动长效管理机制，执行蓝天行动预警机制和挂牌督查机制。在“蓝天行动”中，通过整治机动车尾气、工厂扬尘，改造燃煤锅炉等环境空气治理，蓝天天数连创佳绩。2010年全区空气环境质量满足二级以上天数300天，比2009年增加25天，创大渡口区历史新高；2011年空气环境质量满足二级以上天数322天，比2010年增加22天，增幅为全市第一名，再创历史新高，空气质量优良天数达88.2%，达到国模空气质量优良天数85%的标准。

蓝天下的大渡口

跳磴河

深入推进“碧水行动”，我区按照“河外截污、河内清淤，外域调水、生态修复”的方法，在次级河流域先后搬迁或关闭178户养殖户，清运18.04万吨老垃圾，建成20座垃圾收集站，整治487家工业企业，完成次级河流15.1公里河道清淤，建成18公里污水管网，启动了生态补水，伏牛溪、跳磴河的水质在消除黑臭的前提下实现持续改善。

全力推动“绿地行动”，倾力打造“两带七廊四十二园”。陆续建成了一批公园。到2011年底，人均公园绿地面积达22.81平方米，森林覆盖率42.2%，建成区绿化覆盖率达40.09%，获得“重庆市级森林城市”称号和国家住建部颁发的“中国人居环境范例奖”。

大渡口公园

大渡口夜景

切实抓好“宁静行动”，大力推进噪声功能达标区建设工作。区域环境噪声和交通干线噪声，均低于国模考核区域环境噪声60分贝和交通干线噪声70分贝标准。

污水垃圾处理能力不断提升。八桥镇、跳磴镇污水管网以及伏牛溪污水提泵站及管网工程顺利竣工投用，全区污水管网总长达230公里。垃圾处理能力不断提高，豹子沟垃圾中转站垃圾日处理能力由原先的300吨/日提升至600吨/日，建成区垃圾处理率超过98%，城市面貌日新月异。

重点工业企业稳定达标。不断加强企业监管，落实工业企业环保主体责任，推进重点工业企业稳定达标工作。截止目前，全区23家重点工业企业全部达到国家环保部工业企业稳定达标考核要求。大渡口区成为全市率先完成重点工业企业稳定达标考核的主城区之一。

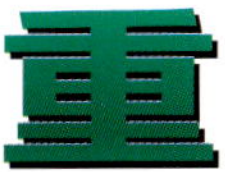

重庆市环保局

2011年9月，重庆钢铁集团全面完成环保搬迁并投入使用。搬迁后的新重钢污染物减少70%，吨钢能耗降低22%，水资源和固体废弃物回收率达到97%，达到国内领先水平。

重庆钢铁集团实施环保搬迁前后

重庆市深入开展次级河流综合整治工作，通过水位控制、修建截污管网及清淤等方式，截断沿线污水源，清理河底污染源，利用水体自流的方式避免河水水质恶化。通过治理，主城区次级河流水体质量明显改善。

生机再现的盘溪河

重庆市大力推进“蓝天行动”，空气质量明显改善。2011年主城区空气质量优良天数达到324天，比2000年增加137天，主要污染物浓度全部达标。同时开展了臭氧和$PM_{2.5}$监测。

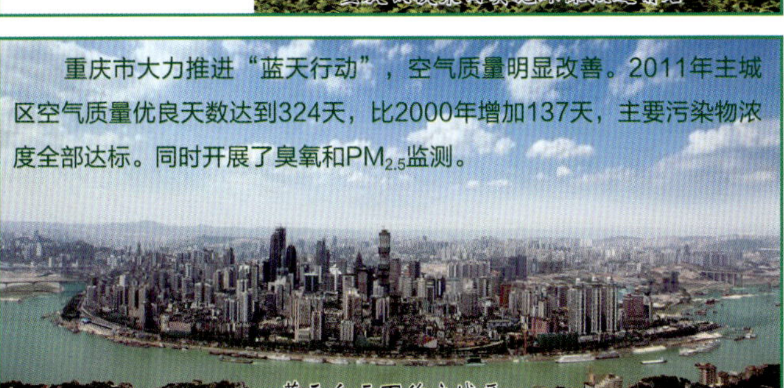

蓝天白云下的主城区

碧波荡漾的长江三峡

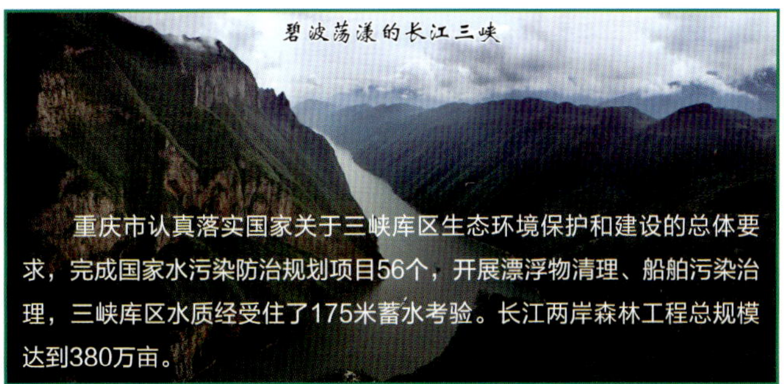

重庆市认真落实国家关于三峡库区生态环境保护和建设的总体要求，完成国家水污染防治规划项目56个，开展漂浮物清理、船舶污染治理，三峡库区水质经受住了175米蓄水考验。长江两岸森林工程总规模达到380万亩。

重庆市中小企业发展指导局

CHONGQINGSHIZHONGXIAOQIYEFAZHANZHIDAOJU

重庆市副市长童小平等市领导参加市中小企业综合服务平台开业典礼

重庆市中小企业局领导出席“中小微型企业融资服务绿色通道”启动仪式

重庆市中小企业局与广安市人民政府组织召开川渝经济合作座谈会

重庆市中小企业局走过了37年的光辉历程。1975年市委决定在市农机局成立社队企业处，1976年成立重庆市社队企业局，1984年更名为重庆市乡镇企业管理局；2002年，市委决定在市乡镇企业管理局的基础上，组建“重庆市中小企业发展指导局”，保留“重庆市乡镇企业局”的牌子，2003年正式挂牌运行，同时，市委还决定将重庆市民营经济发展领导小组办公室（2005年更名为重庆市非公有制经济领导小组办公室）设在市中小企业局。至此形成了一个机构、三块牌子（中小企业局、乡镇企业局、非公有制经济领导小组办公室）的新体制，成为负责对全市非公有制经济、中小企业和乡镇企业发展进行指导和服务的正局级（2008年机构改革为副厅局级）行政机构。市中小企业局内设办公室、经济运行处、产业发展处（三峡库区淹没工矿企业结构调整办公室）、对外经济合作处、政策法规处（重庆市人民政府民营企业维权投诉中心）、融资服务处（发展基金管理办公室）、科技处、人事教育处（引进智力工作办公室）对全市非公有制经济、中小企业、乡镇企业发展给予指导和服务。

2011年，市中小企业局在市委、市政府的正确领导下，认真学习实践科学发展观，不断优化发展环境，提高指导服务水平，以全国统筹城乡综合配套改革试验为动力，着眼构建“一圈两翼”区域发展新格局，因地制宜，分类指导；着眼扩大内陆改革开放高地建设，大力开展招商引资活动；扎实推进工业化进程，做大做强成长型企业，推动公众创业；强化载体建设，积极发展都市工业，扎实培育特色产业，努力构建产业集群；加快技术创新步伐，有力促进城乡统筹，使全市非公有制经济、中小企业、乡镇企业继续保持了健康快速发展势头。

2011年，全市非公有制经济实现增加值6715.01亿元，增长19.31%，占全市GDP的比重为61.7%，新增从业人员54万人，达到856万人。中小企业实现增加值3520.42亿元，增长17.62%，占全市GDP的比重为35.2%，新增从业人员42.6万人，达到484万人。乡镇企业增加值达到1728.04亿元，增长12.84%，占全市GDP的比重为19.5%，新增从业人员6.4万人，达到241万人。

2012年，重庆市中小企业局将全面贯彻落实胡锦涛总书记“314”总体部署，紧紧围绕“科学发展、富民兴渝”的总任务，引领全市非有公有制经济、中小企业、乡镇企业坚持走循环经济和可持续发展道路。进一步扩大开放，转变经济发展方式，加大产业结构调整；努力扶持公众创业，壮大非公经济，做强中小企业，发展都市工业，培育特色产业，构建产业集群；突出抓好中小工业发展，助推为全市“三类经济”“十二五”规划的顺利实施。

农业综合开发项目区：梁平粮油基地

奋力打造全国山地农业综合开发示范区和西部现代农业发展先行区

重庆市自1990年立项实施农业综合开发以来，累计改造治理土地780万亩，新建特色产业基地150万亩，扶持农业产业化龙头企业100多家，为保障全市粮食安全和城乡居民主要农副产品基本供给、促进农民增收致富贡献了力量，取得了明显的经济效益、社会效益和生态效益。

作为主管全市农业综合开发工作的职能部门——重庆市农业综合开发办公室，成立于1990年，属于市政府部门管理机构。市农综办有党组成员及办领导5名，内设5个处和1个直属事业单位，现有公务员25人，机关工勤人员4人，事业人员6人。

2011年，全市农业综合开发紧紧围绕农业农村工作大局，认真贯彻落实市委市政府对农业综合开发的指示精神，大力建设高标准农田，突出扶持柑橘、蔬菜等优势特色产业发展，着力助推“两翼”农户增收。全年完成财政投资8亿元，同比增长14.8%。立项实施土地治理项目103个，治理面积50万亩（其中建设高标准农田12.15万亩，配套建设标准化柑橘基地6.5万亩、蔬菜基地7.4万亩）；实施产业化经营项目108个，带动社会资本、金融资本投入30亿元；立项实施市级集中使用科技推广费项目41个，有效地促进了项目区农业科技化水平提高。立足于区域统筹发展，向“两翼”地区投入财政资金2.5亿元，引导大型龙头企业入驻“两翼”地区，带动约7.5万户农户增收。

重庆市市级科技推广费集中项目区：重庆恒河果业有限公司优质柑橘苗圃项目全景

“十二五”时期，农业综合开发坚持“以人为本、开发为民、情系三农、造福百姓”的宗旨，按照打造“全国山地农业综合开发示范区、西部现代农业发展先行区”的战略定位，力争资金总投入达到200亿元，改造治理土地面积260万亩（其中新建高标准农田100万亩），重点支持100家龙头企业、200家农民专业合作组织发展壮大，合力打造20个现代农业综合示范工程和十大重点优势产业基地，为加快推进农业现代化和城乡统筹发展贡献智慧与力量！

农业综合开发项目区：二圣茶山

农业综合开发项目区：江津花卉基地一角

农业综合开发项目区：江津晚熟柑橘基地

园区全景

重庆西彭铝产业区

西彭铝产业区原名重庆市西彭工业园区，成立于2003年1月，同年7月市政府批准为重庆市特色工业园区。2006年1月，通过国家发改委审核公告为省级开发区。2006年3月，市政府和中国铝业公司在北京签订联合建设中国铝加工之都的框架协议，开创地方政府与央企联合打造产业集群的开发模式。2007年10月，为更加突出产业特色、发挥集聚效应，童小平副市长主持召开铝加工之都建设专题会议，将西彭铝产业区升格为市级直管园区，实行市管区建，比照长寿化工园享受相关优惠政策。并进一步明确重庆西彭铝产业区为市政府打造中国铝加工之都的核心区，规划面积65平方公里，近期可建设范围30平方公里（包括18平方公里铝加工区、12平方公里配套服务区），另有11平方公里物流港区。2008年，铝产业区被国家科技部认定为“国家火炬计划重庆九龙轻合金特色产业基地”。2010年，又被国家科技部认定为“国家铝加工产业化基地”。同年，还被国家工信部认定为“国家铝加工高新技术产业化基地”。2011年，人民日报社（人民网）在全国范围内评选为“十二·五首批最具特色产业品牌园区”，重庆市委统战部等部门联合授予“绕城经济带·最具成长潜力十大工业园区”称号。此外，2010年，顺利通过ISO14001环境管理体系认证，成为重庆市首家通过该项认证的工业开发区。

环境优美的铝产业区一角

铝加工企业生产的热轧大卷

铝产业区以中铝西南铝铝加工上游产业为基础，以发展高新技术产业为核心，铝材精深加工为重点，着力打造“中国铝加工之都、重庆西部物流基地、西部新城优势城市组团”。2011年，铝产业区实现工业总产值350.1亿元，同比增长27%，实现工业增加值73.2亿元，同比增长24%，完成全社会固定资产投资30.9亿元，同比增长28%，实现出口13.6亿元，同比增长17%，就业人数约2.8万人，产业集聚度近90%，已形成了从铝液热直供到铝材精深加工的完整的产业链和配套能力。预计到“十二五”末，铝产业区可实现工业总产值1000亿元。

园区内的黄磏物流港区是重庆市物流“三基地四港区”的重要组成部分，能实现长江水运和铁路、公路的物流联运。目前，已启动核心区域的开发建设前期工作，是做大物流、大市场的不二之选。

跨越发展中的城口教育

县领导率队赴市教委汇报研讨工作

第二十七个教师节优秀教师合影

近年来，城口县着力实施“科教兴县”、“人才强县”战略，抢抓机遇，开拓创新，奋力拼搏，实现了跨越发展。

一是办学条件不断改善。近年来，累计争取资金7.6亿元，自建学校2所，争取希望小学11所，建设塑胶运动场6块，完成12所学校的“班班通”建设，新增纸质图书8万余册，新建电子阅览室5间，配备电子图书25万册。

二是教育民生全面落实。建立并完善中小学幼儿园校园安全警务体制，配备校园保安200余名。10余所学校实施留守儿童教育“4+1”关爱行动，成立“留守儿童之家”

学校六一庆祝活动

教育系统师生活动现场

和“渝电春苗之家”。五年累计资助家庭困难学生2.2万余人次，资助资金达3200余万元。实施“学生营养促进计划”，由试点到全覆盖。

三是办学水平得到提高。深入开展教育教学改革，全面落实新课程标准，教学常规管理有序进行。提升后勤服务功能，规范收费行为。狠抓安全维稳工作，实现多年安全零事故。

四是各类教育协调发展。学前教育发展迅速。义务教育普及程度得到提高，中考上联召人数逐年上升。高中阶段教育持续发展，高考上线人数比例名列全市前茅。实施“温暖工程”、“阳光工程”，统筹发展职成教育。

五是队伍建设得到加强。科学调整、充实校长队伍及学校中层干部。选派校级干部参加各类培训。进一步完善教师队伍管理制度，开展“师德师风演讲大赛”等大型活动。建成“县—乡（镇）—校”三级培

师德师风大讲赛颁奖仪式

运动我快乐着

风景如画的乡村小学

训网络，开展各类教师培训。

六是教育形象全面提升。先后创建市级重点中学、市级示范园1所和市级重点职教中心各1所，1所学校被评为“全国青少年阳光体育俱乐部”，10余所学校被命名为“城乡统筹示范校”等6种荣誉称号。10余学校学生相继在国家、市级活动中获奖。举办中小学师生艺术节、中小学师德师风演讲大赛、承办教师节庆祝活动。

七是教育科研成绩斐然。先后承担国家级子课题8个，市级课题40个，县级课题100余个；累计在《今日教育》、《教育教学论坛》等刊物发表教研科研论文100余篇；10篇论文获重庆市第七届基础教育论文比赛一等奖，26篇获二等奖；5篇论文获中国教育学会论文大赛一等奖，10篇获二等奖；出版《城口教育》50余期，刊载教师论文600余篇。累计为新华社、人民日报、中国教育报、重庆日报和城口报等媒体提供教育信息500余条。

三朝国企 百年重钢

——重庆钢铁（集团）有限责任公司

重钢集团领导班子

重钢是中国最早的钢铁企业，其前身创立于1890年清朝张之洞办洋务时的汉阳铁厂。1938年3月，在民族抗日救亡的危难之际，溯长江而上，由武汉迁建于重庆大渡口。

中国共产党三代领导核心毛泽东、邓小平、江泽民，以及老一辈无产阶级革命家都在重钢留下了视察的足迹。

重钢集团实行母子公司管理体制，现有子公司23家，其中全资14家，控股9家。现有在岗职工24000余人，资产总额630亿元，是重庆市属最大国有工业企业。核心子公司钢铁股份公司分别在香港联交所和上海证交所上市。

重钢主导产品“三峰”牌中厚钢板，囊括中厚板领域的所有国家级质量金奖和中国名牌称号等顶级荣誉，在国内冶金中厚板行业已占据品牌质量和市场规模的绝对优势，船用钢板获得9国船级社认证，被誉为“中国第一板”。

“十一五”时期，进入了跨越式发展新阶段，重钢通过环保搬迁，现已形成以4100mm、2700mm、1780mm三条轧机生产线产品为主导，年产650万吨钢的生产规模，成为技术装备先进、资源配置合理、环保节能高效、产品竞争力强的现代钢铁企业。

重钢“朵力”房地产公司开发的“朵力名都”住宅小区，已经成为大渡口区的一个“绿色生态”家园

重钢投资主体多元化企业——重庆同兴垃圾焚烧发电厂

按照“一主二重”产业结构，重钢精心培育的环境产业、矿山资源综合利用等重点非钢产业，已成为新的经济增长点。

近年来，努力构建和谐重钢，荣获了“全国文明单位”、“全国五一劳动奖状”和“全国先进基层党组织”等荣誉称号。

“十二五”期间，重钢坚持持续发展理念，开发澳矿，引进熔融还原炼铁技术，建设现代物流基地，延伸产业价值链，打造成为双千亿级企业集团，长江上游钢材精品生产基地，中国最大船舶用钢精品基地。

重钢长寿新区2号转炉开炉投产

高炉

作为“三朝国企”的重钢，正焕发着蓬勃生机，以开放的襟怀，携手全球冶金同行，以及各界人士和朋友，合作共赢，共谋发展，共创辉煌！

VERAKIN 同景

重庆同景置业有限公司

重庆同景置业有限公司是于2005年7月注册成立的一家专业地产开发公司，主要经营范围为房地产开发、房屋销售、物业管理等。公司注册资本金人民币30280万元，资本公积5720万元，目前公司总资产超过46亿元人民币。公司实行集团化管理，下辖子分公司超过10家，现有员工600余人。同景地产在重庆开发的重点项目是总占地面积约3000亩、净用地面积为1732亩、地上计容总建筑面积为199万平方米的“同景国际城”项目。现目前开发的“同景国际城”得到了政府和社会各界的高度关注和大力支持，获得了“中国创新示范楼盘”、“重庆市园林示范小区”、“重庆市物业管理优秀示范小区”、“中国物业管理优秀示范小区”等称号。“同景国际城”项目是重庆现阶段耀眼的楼盘明珠。

同景地产先后在2008年7月，成功竞得涪陵“南门金阶”项目国有土地使用权。并确立该项目为区商圈重点工程、核心商圈地标式建筑。该项目荣获“重庆市三峡杯优质结构工程”奖。2011年5月，同景地产通过土地竞拍以10亿元价格成功摘得璧山核心区地块，这标志着同景地产迈出了进军渝西板块战略性的第一步。2012年1月，同景地产成功摘得荣昌北部新城核心区地块。打造荣昌房地产市场独具特质且性价比最高的项目，为置业者构筑完善、周到的都市品质生活。

同景地产荣获“重庆市房地产开发企业五十强”、“重庆市南岸区房地产开发企业十强”（2010年、2011年销售额均为南岸区第一名）、“重庆市房地产开发信用企业”、“2010年度茶园新区优秀房地产企业”、“十年·茶园最具社会责任感奖”、“2009-2010年度中国房地产诚信企业”、“2011年度重庆市纳税50强”、“2012年中国房地产百强企业”等殊荣。为重庆城市建设和经济社会发展作出了积极显著贡献。

重庆烟草学会

重庆烟草“惠民工程”2012年投入10亿元改善烟区生产生活条件。图为石柱县龙潭乡龙潭村烟区畅通道路开工仪式

烟区畅通工程

充分发挥职能作用　助推秀山经济发展

秀山县发展和改革委员会

近年来，在县委、县政府的正确领导和市发展改革委指导帮助下，秀山县发展和改革委员会认真履行工作职责，充分发挥职能作用，特别是“十二五”以来，我委创新工作机制，认真研究国家和市投资导向和产业政策，积极争取国债和专项资金，助推了全县经济又快又好发展。

统筹协调，扎实推进重点项目建设。“十二五”以来，县发改委以项目为抓手，强力推进重大项目前期工作，紧紧围绕秀山经济是投资型经济这一实际，抓住国家加大投入、扩大内需的有利时机，全力实施项目带动战略，2011年全县重点建设项目共有46个，总投资230.88亿元，年度计划投资63.86亿元。其中续建项目30个，新建项目16个。政府主导类项目30个，年度投资计划21.64亿元。

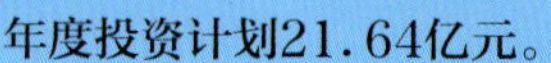

精心谋划，科学编制年度发展计划和中长期发展规划。深入开展调查研究，立足全县发展现状，着眼全县发展前景，制定计划，编制规划。根据国家中央扶贫工作会议的要求和市委、市政府的有关安排部署，我委认真做好了《重庆市秀山自治县武陵山片区区域发展与扶贫攻坚实施规划（2011-2020年）》的编制工作。重点围绕建设武陵山区经济强县和区域性中心城市两大目标，总体按照发展愿景、重点任务、政策措施三大组成部分编制。它是指导今后十年全面推进秀山区域发展与扶贫攻坚试点工作的重要规划。完成了我县关于贯彻落实《中共中央国务院关于深入实施西部大开发战略的若干意见》的实施意见、《2011年国民经济和社会发展计划执行情况及2012年国民经济和社会发展计划草案的报告》等重要材料。做好经济运行监测分析，每季度收集周边区县主要经济指标完成情况，并作对比分析，为县委、县政府科学决策提供有力的依据。

关注民生，严格开展价格执法及招投标管理工作。把稳定价格总水平作为首要任务。加强价格监测预警，审慎出台调价项目，强化民生价费监管，运用综合手段化解价费矛盾，严厉打击各类价格违法行为，为维护社会稳定做出了积极贡献。通过开展2011年春、秋季开学收费检查，殡葬服务收费检查，医疗服务收费检查等专项检查，全年共查出各类价格违法案件46件（含举报29件），涉案金额1572260.52元。严格按照《招投标管理办法》核准了涉及教育、水利、农业、市政等工程项目的招标方案36个。加大对串标、围标等违法违规的打击力度，严肃查处围标、串标提供虚假信息等违反市场规则行为，纠正所涉项目合同金额566万元。启用工程建设评标专家语音通知系统，为进一步体现招投标的公平、公正奠定了基础。

创先争优，切实加强机关自身建设。全委上下以“创先争优”、“结对帮扶”等活动为契机，全力打造学习型、服务型机关。认真制定了创先争优年度工作方案，对各个阶段工作进行了安排部署。每月认真进行“一讲二评三公示”，及时公布每月评选的“五星”科室和优秀党员。扎实开展帮乡扶贫工作和农户增收工程，为帮扶村产业发展出谋划策。加强廉政制度建设，锤炼出一支开拓创新、工作勤勉、干事干净的干部队伍，为圆满完成县委、县政府交办的各项任务奠定了基础。

“十二五”期间，秀山县发改委将认真履行“当参谋，出思路，抓项目，稳物价，大招商”职责。紧紧抓住国家宏观政策，对经济走势加强判断，对产业加强规划，对投资与项目加强谋划，立足当前，谋划长远，以扎实的工作、奋发有为的作风，为促进全县经济社会又好又快发展发挥积极作用。

忠县森林工程亮点

ZHONGXIAN SENLIN GONGCHENG LIANGDIAN

一、强力打造了绿色石宝寨。从2009年秋季至今，我县投资5131万元，完成石宝寨景区绿化14218亩，其中，寨内绿化突出简洁美观、自然生态，打造世界最大盆景；场镇绿化突出一街一景，一线一品；周边绿化突出添绿加景，在长江沿岸第一层山脊以内高标准建设柑橘基地果园，打造长江柑橘示范带；消落带绿化依托中科院消落带治理试验，在消落带不同高度范围成功栽植柳树和波斯菊、高羊茅等草本植物，将消落带变成了绿化带；旅游公路绿化突出规模效应，成片栽植速生桉、香樟、雷竹10700亩，在旅游公路两侧80米范围内栽植重阳木35公里。景区绿化覆盖率由原来的14%提高到75%，建成了“绿色石宝寨”。通过绿化提档升级，旅游人数由原来的2009年的10万人次增加到2011年的21万人次，增加收入1650余万元。

长江两岸森林工程万亩示范片

二、倾力打造柑橘产业。我县加快实施柑橘产业的“三年行动计划”。一是实施加快实施柑橘果园建设的“三年行动计划”，利用“绿化长江 重庆行动”的契机，在现有标准柑橘果园27万亩的基础上，全县新建标准果园14万亩（其中长江两岸种植柑橘10万亩，建成后长江两岸柑橘面积达到20万亩，占长江两岸森林面积的51.2%），2013年柑橘果园总面积达到41万亩；总产量超过30万吨；产地冷藏储运及橙汁加工能力达到30万吨，实现柑橘全行业产值30亿元以上，其中水果产值10亿元；果品加工产值15亿元；水果、运输、市场营销增值、休闲旅游增收等第三产业5亿元。二是实施柑橘科研攻关“三年行动计划”。通过三年科技攻关，建设标准化柑橘果园自动化信息采集点6个、信息化精准管理示范果园1万亩，实现对生环节的和市场信息的数值化、智能化精准管理；建成山地机械化示范果园5000亩和有机柑橘果园3个；2013年全县柑橘生产信息化、机械化率达到30%以上3个有机果园获有机柑橘认证。三是实施柑橘品牌打造“三年行动计划”。在现有7个的基础上，3年内“忠橙·派森百”橙汁营销到国内40个大中城市。2012年新增13个城市，2013年新增20个城市。“忠橙·派森百”橙汁现已申报“市长质量管理奖”。力争2012年获得。四是高规格打造国家农业科技园区。在市委、市政府及相关部门的关心支持下，按照“育苗能力、标准化果园规模、橙汁加工能力、科技创新能力、柑橘休闲旅游”五个总体要求，建成柑橘现代科技产业园的核心区2万亩；建成柑橘科技产业孵化园区、国际柑橘加工产业拓展区和乡村旅游拓展区3万亩；建成后带动忠县50万亩、辐射忠县及周边及重庆柑橘产业带300万亩柑橘标准化基地发展，实现年利润4.87亿元，制服5万果农、吸纳1万人就地就业，果农纯收入达到5100万元。

三、以柑橘为龙头，实现产业生态化、生态产业化。依托三峡建设集团、博富文公司、绿竹公司、菜篮子公司等龙头企业，着力打造柑橘、笋竹产业。在马灌、石黄、白石等镇新建成6.5万亩速丰林基地；打造了永丰柑橘、白石笋竹、石黄和乌杨撑绿竹、忠石路沿线生态林、马灌速丰林、任家经济林等7个万亩示范片；在新立、涂井等16个乡镇新栽柑橘8.65万亩，建成23万亩柑橘基地。

集中成片的柑橘

石宝寨景区提档升级绿化

武隆县城乡

2011年，我县城乡建设完成投资36.8亿元，占年计划30亿元的122.6%；新增建成区面积5.1平方公里，城镇化率提高3.03个百分点，城镇化率达到38%，新增城镇人口11200人。

桃花山公园

一、着力城市功能完善与形象提升的完美统一

2011年，建成了占地2700亩的广东坡森林公园和占地800多亩的桃花山城市达标公园，城市公共空间得到进一步优化。至此，县城中心城区“九大件”（学校、图书馆、影剧院、体育馆、文化馆、游泳池、商业街、体育场、医院）重要基础设施已全部完成。通过改造城中村9万多平方米，改造县城主干道5.5公里，铺设人行道地砖2.7公里，改造立面32.4万平方米，新增绿化面积1048亩，新建公厕4座，改建农贸市场4个，使中心城区功能更加完善，县城从里到外发生了翻天覆地的变化。

二、统筹城乡力度强势推进

一是巴渝新居助农揽金见实效。加快新农村建设，不但改善了百姓的居住环境，提升了农村整体形象，同时还结合旅游，增加百姓的家庭收入，有效促进万元增收，今年上半年刚建成的双河乡木根铺农民新村，夏天通过接待避暑纳凉游客就增收达3万元，最高者达到20多万元。二是乡镇场镇功能不断完善。我县每年投入1000万社会事业资金，专项用于村镇基础设施建设，带动乡镇的全面发展，全县乡镇路灯、休闲广场、娱乐设施、客运站、公厕等服务设施基本配套，提升了场镇形象，改善了场镇居民的生活环境。三是支持乡镇改造了一大批农村危旧房，建成了一批在全市具有影响力的农村居民点，特别是天生三硚景区，列入全市六个精品景区之后，我委对其周边490户农房风貌实施了高标准改造。12月14日，谭伟副市长带领市建委等相关部门负责人视察我县农房改造后，对改造效果给予了高度评价。

仙女山跑马场

仙女山新区香叶大道建设

三、城建融资创历史新高

2011年，我县将县投资公司、喀斯特公司、仙女山新区投资公司整合为县城乡发展集团，极大地增强了为城乡建设融资的能力，全年融资到位11.98亿元，用这些资金完成了中堆坝95公顷的拆迁，建成了新区总长10公里的银杏、桂花、香樟、梧桐四条大道建设，栽植各类大树3万株，全面建成投资1.1亿元的高标准体育场、投资1.5亿元的游客接待中心、投资0.8亿元的民族赛马场，完成了印象武隆演出场馆及配套设施建设，实现了印象武隆国庆期间首次向观众亮相。

四、房地产开发稳步推进

2011年，全县房地产开发完成投资19.2亿元，新开工面积44.7万平方米，竣工面积43.5万平方米，销售面积31.1万平方米。尽管今年国家出台了一系列限制房地产开发的政策，但仙女山新区旅游房产仍出现了一房难求的态势，市场销售均价从去年的6000元/平方米上升到10000元/平方米。县城房价也未出现全国形势下的降价现象。

县城中心城区综合改造

建设委员会

仙女山体育场

五、全市全国最美镇初步建成

坚持“显山、露林、隐城”的原则和“低容积率、低密度、高绿化、高品质”的要求，加快了仙女山体育中心项目、广场公园项目、行政中心及综合市场项目、景观绿化项目等建设，全年最美镇建设完成投资15.8亿元，完成了主干道两侧绿化、鲜花栽植，路灯景观灯饰，道路立面综合整治。建成了新区体育中心、新区广场、生态公园等基础设施建设。“四季鲜花灿烂、森林植被茂密、路灯灯饰迷人、规划设计合理、建筑独具特色、休闲功能完善、管理科学有序、小镇和谐文明”最美镇已具雏形。

六、建管工作再上新台阶

县城立面改造

一是在行业内进行了两次《技术通告》的宣贯，淘汰了原木模板、脚手架、冷镀锌管、现场搅拌砼等一批落后技术工艺和禁用材料，推广桩基机械成孔，成立了商品砼厂，使用了透水砖等，新技术、新材料、新工艺从而提高了工程质量和安全生产水平。二是成立了建筑工程安全管理站。配齐了人员和设备，全面落实企业主体责任，建成了视频监控中心，有效控制了安全事故，全年仅死亡一人。三是建筑节能实行专人管理，与质量监督结合，实行节能分部专项检查，确保建筑节能在中心城区和乡镇同步建设。四是针对商品房投诉多，易形成集访的特点，坚持样板房先行，扩大抽查量，购房户选代表共同监督，共同验收等办法，有效控制了现场质量，确保了社会稳定。五是建筑市场、招投标实行网上报名和交投标保证金，有效避免了围标、串标行为，与发改委进行联合监督，共同审定招标文件，形成了相互制约的机制，避免了对工程招投标的干预。

木根铺农民新村

七、宜居建设成效显著

坚持“亮点示范，以点带面，全面推进”的工作思路，紧紧围绕统筹城乡发展、提升居住品质、优化公共空间、保障居住安全、完善服务设施五大工程，强力推进宜居建设。宜居武隆建设年内投入28亿元，使县城镇居民和农村居民人均住房面积达分别达到40.36平方米和41.28平方米；人均广场面积达到1.06平方米；人均公园面积达到13.76平方米；解决饮水安全人数达到21.96万人。在去年市委市政府组织的宜居重庆考核中，我县获得了全市得分第1的好成绩。

由于我县城乡建设取得了一定的成绩，今年广东、厦门、山东、甘肃、宁夏、贵州、江西等省市先后到我县考察城乡建设。特别是今年3月，中央政治局常委、中央纪律检查委员会书记贺国强在我县双河乡木根村农民新村视察时作出了这样的评价：“看到木根村建设管理得很好，群众生活安逸，心情愉快，我很高兴。”重庆日报3月22日刊载了贺书记的这个评价。

八、宣传工作力度逐年加大

我县十分注重城乡建设宣传工作。今年国家级媒体用稿2篇，市级媒体用稿36篇，县级媒体用稿150篇，刊发调研文章5篇，此外我们还自行编发城乡建设快讯30期，制作了城乡建设画册1册，全面反映我县城乡建设的情况，扩大了城乡建设工作的影响。

重庆市南山植物园

重庆市南山植物园位于重庆市南岸区南山风景区，1998年经重庆市人民政府批准，在1959年建成的原重庆市南山公园基础上改扩建而成。是以收集我国亚热带低山植物种质资源、以观赏植物专类园和展览温室为中心，集物种保存、收集、栽培，科研、科普教育和休憩游览为一体的大型低山类观赏性植物园，被重庆市政府列入“八大民心工程”和“十大文化基础设施建设项目”之一。

南山植物园规划面积551公顷（8265亩），分为观赏植物风景林区、专类观赏植物园区（含展览温室）、科研苗圃区和植物生态保护区，包含18个专类园和1个温室中心。已建成开放的专类园有蔷薇园、山茶园、兰园、梅园、盆景园和展览温室，收集植物5000余种；特色园区有中心景观园、一棵树观景园和大金鹰观景园。

南山植物园素有“重庆绿肺”、“山城花冠”之美誉，形成了“春观百花，夏纳清凉，秋赏丹桂，冬咏腊梅”的游览格局。每年定期举办茶花展暨梅花艺术节、樱花节、消夏纳凉节、金秋赏桂节等各项活动，承办了重庆市第十二届和第十三届菊展、中国第七届茶花大会暨国际茶花育种年会等大型活动，加入了国际植物园保护联盟（BGCI），南山植物园山茶园获得了“国际杰出茶花园”荣誉称号。

南山植物园温室全景
一棵树观景园
一棵树夜景

南山植物园建成开放了图书馆、标本馆、博物馆科普三馆，打造了全市郊野公园的典范——一棵树郊野公园，历时两年建成开放了南山植物园展览温室，成为重庆建设的重要成果和美丽山城新的地标。

南山植物园还获得了“国家4A级旅游景区”、“国家重点公园”、“全国文明行业示范单位”、“全国模范职工之家”、“重庆市十佳旅游景区”、重庆市“规范化管理一级达标公园”、“重庆直辖十年精神文明创建工作先进单位”、“重庆市五一劳动奖状”等多项国家和市级荣誉，是市、区两级青少年科普教育基地和西南大学等院校的教学实习基地。南山植物园先后接待过江泽民、胡锦涛、李鹏等党和国家主要领导人，成为重庆市又一知名旅游品牌和城市名片。南山植物园提出了打造“大南山”的发展思路，按照“科技立园、人才兴园、经济强园、文化活园”的理念，将努力把南山植物园建成“西部第一、全国先进”的植物园和国家5A级旅游景区。

重庆市行知技师学院

XINGZHIJISHI XUEYUAN

时任市委原书记黄镇东、副市长黄奇帆视察我校

全国妇联书记、副主席宋秀岩，重庆市委副书记张轩一行到校考察调研

重庆市行知技工学校于1998年1月在沙坪坝区成立，2006搬迁至长寿区，同年学校被评为国家重点技工学校，2007年升格为高级技工学校，2009年重庆市人民政府批准成立“重庆市行知技师学院”。学校占地170亩，座落于长江之滨，拥绿幽静、文明可人。固定资产1.3亿，教学仪器1100万元，藏书8.2万册，运动场（馆）47450平方米，开设有10个专业，在校生3000余人。教师118人，高级职称37人。学校是国家德育工作实验基地，全国职业教育先进单位，联合国教科文组织创新与学习研究项目实验学校，全国职业院校学生工作创新十佳单位，重庆市先进职业学校，重庆市儿童公益明星单位，社会力量办学先进单位。拥有全国劳动模范、全国职教先进个人、重庆市骨干校长、感动重庆十佳教师、重庆市德育教育骨干教师和市区优秀教育工作者等。毕业生提前一年被用人单位预订，就业率100%，就业稳定率90%以上。

食品工艺专业学生正在实训

学生正在上语音练习

“行知教育”以陶行知教育理论为办学指导思想，始终坚持教育规律，以培养企业中高级技能人才为目标。“做人为本，德育为首”是学校素质教育的精髓，在科学、系统、全新的教育实践中，学校创造了独一无二的美的效果，形成了“行知”特色。校园内无一个双差生，没有人抽烟、没人说脏话、没人乱吐痰，文明、高尚、竞争、协作、勤奋、创新、坚韧、乐观、高雅、端庄构成了当今学校中难得见的校风校貌。同学们在无人监控的条件下，全都可以做到自觉、自律、自尊、自强。行知人如果犯了错误，无须查问，当事者会自觉承认，诚恳自惭、自觉改正。

行知学校的教育理念、教育成果和为社会做出的巨大贡献多次受到教育部、人力资源和社会保障部、重庆市委、市政府及长寿区委区政府的高度评价和充分肯定。《中国教育报》、《重庆日报》、湖南卫视等国内主流媒体对行知学校的办学成绩作过报道，引起社会震动。时任国家教育部部长周济、时任重庆市委书记黄镇东、重庆市常务副市长黄奇帆；全国妇联书记、副主席宋秀岩；团中央书记处书记卢雍政等领导；重庆市委副书记张轩；副市长吴刚等领导亲临学校指导工作。北京工业技师学院、山西省教育厅考察团、全国陶研会等六百余所市内外职业院校和单位来校考察。行知学校至今为止让库区和汶川灾区216名孤儿走出了孤独贫困的阴影，学校全部承担他们的学习、生活、医疗费用。

学生晨读

学校文艺活动

重庆市渝北区两路街道

重庆市渝北区两路街道双凤支路原属于上世纪八十年代末期建设的机场一期农转非自建房，房屋简陋且破旧，居住条件较差，该处占地34亩、拆迁量约5.62万平方米，涉及33栋648户，被拆迁人员2032人，2009年4月启动拆迁安置，2009年12月完成拆迁安置。

为了有效利用拆迁后的公共空间，在区委区政府的领导下，两路街道结合周边的实际情况，决定将其打造成为一个生态良好、环境舒适的社区公园，为了扩大生态效益，更是与相隔不远的晚晴园相有机融合，形成一个以安静休闲、健身为主的绿色空间，成为周边居民闲暇之余的最好去处，得到了居民们的高度赞扬。为了解决周边居民停车难问题，还在地面下修建了停车库，真正为老百姓解决了生活难题。

建成的双凤支路社区公园绿树成荫、鸟语花香，呈现出一派生机盎然之景，被评为重庆市全市市民海选"最美街区"10强。为城市建设增添了一抹靓丽的色彩。

双凤支路

晚晴园新貌

创安全质量效益管理品牌　建平安学习文明和谐校园

打造基础教育品牌 争创渝西川东名校

求真务实协作高效的领导班子

2003年，在荣昌县委、县府"提速升位，跨越发展"的思想指导下，一所崭新的初级中学——荣昌初级中学应运而生。

七年来，特别是2005年后，在学校党总支书记、校长邓显禄同志的率领下学校励精图治，不懈进取，现已成为一所拥有学生5500余人，教职员工360余人的大型初级中学，学校占地168亩，布局合理，环境优雅，设施一流。

抓管理、强制度、出成效。2005年以来，荣昌初中全面推行以人事和激励制度为核心的"515"运行管理机制及配套改革，以九大工程为载体，八大月综合考评为检测手段，强化学校内部教育教学管理，成效显著。学校先后获得"中国科学院心理研究所实验学校"、"教育部信息化建设理事单位"、"十五全国家庭教育工作优秀家长学校"、"重庆市教育科研基础实验学校"、"重庆市文明单位"、"县级示范初级中学"等荣誉称号，赢得了极佳的社会声誉。

保安全、创特色。近年来，学校在全市率先创建"五位一体"的校安工程，安全工作独具特色。安全稳定办公室、警务室、护校队、专职保卫干部队伍、校园保安，一应俱全。完善的校园安全管理体系独具特色，得到市、县综治部门的高度赞扬，并作为范例向全市推广。学校警务室被评为"重庆市示范警务室"、学校被评为"重庆市安全文明校园"。

全面推行实施素质教育，独创"2+2、两结合"教学管理模式。学校强化教师教学活动"五常规"、学生学习活动"五环节"和教学过程与终结目标管理相结合的教学管理模式，重点实施了师生教学成绩提升，学生学习能力变化和学生情感、态度、价值观变化的综合评价体系。学校教育教学质量逐年攀升，2006年来学校各项办学考核结果在全县居于绝对领先地位，并辐射周边，初显名校风采，

"全员培训"分层次，名师工程促发展。学校以"上级培训重骨干，校本培训抓全面"为原则，强化教师培训工作，组建学校名师团队。学校现已有市级骨干教师7人，县名师、县学科带头人及县级骨干教师25人，县候选名师4人，有80余人参加过国家级、市级、县级等各级岗位培训，为学校的持续发展奠定了坚实的人才基础。

2009年起荣昌初级中学制定并实施了《荣昌初中第二个五年发展规划》，确立了创建"办学条件一流，管理水平一流，师资素质一流，教学质量一流，办学效益一流"的奋斗目标，为学校的明天描绘了美好的蓝图。荣昌初中人既仰望星空，又脚踏实地，为打造基础教育品牌，争创渝西川东名校，与时俱进，风雨前行。

荣昌初级中学
RONGCHANG JUNIOR MIDDLE SCHO

重庆市旅游学校

CHONGQINGSHILUYOUXUEXIAO

重庆市旅游学校大门

校长：聂海英

重庆市旅游学校是首批“国家中等职业教育改革发展示范学校建设计划”项目单位、首批“国家级重点中等职业学校”、“中国—澳大利亚两国政府职业教育与培训合作项目学校”，2012年1月，学校成功申报立项“国家示范校职业学校数字化资源共建共享计划”项目，并被确定为“全国职业教育数字化资源共建共享联盟”酒店服务与管理专业协作组组长学校。其“旅游专业”为全国示范性骨干专业，“烹饪专业”为重庆市示范性骨干专业。学校座落于重庆市大渡口区西南新城，占地150亩，布局科学合理，办学模式先进，办学实力雄厚，形成了“面向市场，实现学生高质量就业；面向国际，引领学生全方位发展”的办学特色；“环境熏陶、职场体验、活动承载”的育人特色，“教学相长、双师成型、名师辈出”的师培特色，“精品建设、双证就业、国际接轨”的专业特色。曾获得“全国职教先进集体”、“全国中等职业学校德育工作先进单位”、“重庆市职业教育先进集体”、“重庆市首批德育示范学校”、“重庆市绿色学校”、“重庆市森林学校”、“重庆市最佳平安校园”、“重庆市旅游行业先进集体”、“重庆市艺术教育先进单位”、“黄炎培职业教育优秀学校”、“改革开放30年推动重庆社会发展杰出贡献品牌名校”等诸多荣誉称号，还被确定为全国青少年文明礼仪示范基地，国家职业技能鉴定所、重庆市红岩教育基地，重庆市教育科研基地，重庆市艺术教育基地，重庆市技能鉴定基地，重庆市外派劳务旅游专业人才培训基地、重庆市导游人员资格考试基地等，在社会上享有较高声誉，

金牌选手吴茜与获奖作品

13国大使夫人来校访问

韩国学生进行技能训练

联系方式

地址：重庆市大渡口区春晖路70号 邮编：400084

电话：（023）68838728（招生办） 68922253（就业办） 传真：（023）68916953（党政办） 网址：http：//www.cqlyxx.com

大门广场夜景

历半世风雨 铸技师摇篮
——重庆电力技师学院

重庆电力技师学院前身为重庆电力高级技工学校，迄今已有53年的办学历史。学院是国家职业技能鉴定所、进网作业电工培训和考证定点单位、全国第一批“国家高技能人才培养示范基地”。

学院占地面积68163 M2(约130亩)，总建筑面积91261.72 M2；包括黄桷坪本部、沙坪坝分部和四面山培训基地三个教学培训园区。建有实训基地12个，其中室内实训室51个、户外实训场2个，建有多媒体教室近30个。

学院在校生规模达3000余人，其中，高级工和技师在校生达1200人以上。现有教职工155人（专职教师98人），其中研究生19名，本科生98名；高级职称83人、中级职称39名。

学院坚持以“服务企业，素质为本，突出技能，质量立校”的办学方针和依托电力行业、服务地方经济发展的办学宗旨，设有电气运行与检修、发电厂及电力系统、电力系统自动化技术、供用电技术、热力设备运行与检修等五个常设专业。近年来，学生毕业率一直保持在97%以上，就业率达96%以上。五十余年来，学院为电力行业、重庆地区培养、输送优秀技能型人才2万多人。近三年，学院为社会、企业培训各类人员37000余人次，其中针对高级工及以上的技能培训3100余人，鉴定各类在职人员7700余人。

学校享有较高的社会声誉，曾荣获五部委授予的“全国职业技术教育先进单位”、七部委授予的“全国职业教育先进单位”、国家劳动和社会保障部授予的“国家技能人才培育突出贡献奖”等多项荣誉。

线路实训场

变电站及地调仿真实训室

流动实训车

重庆市璧山职业教育中心

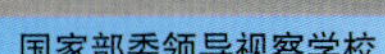
国家部委领导视察学校

县委书记范明文到校视察

重庆市璧山职业教育中心系重庆市重点中等职业学校，重庆市职业教育学会第二届理事会常务理事单位、重庆市平安校园、重庆市教育系统安全文明校园、重庆市农村劳务开发工作先进集体、璧山县文明单位、璧山县教育收费示范学校、璧山县廉政文化校园示范学校等。

学校位于璧城街道东林大道，占地90余亩，规划面积近200亩，交通方便，环境优美，教学设施设备齐全。学校现有教职工87人，学历教育在籍生3300余人。

学校开设专业：电子技术应用、数控技术应用、机械加工技术、旅游服务与管理、会计、计算机应用、数字媒体技术应用、皮革制品造型设计、服装设计与工艺、园林绿化、农村经济综合管理、农业机械使用与维护等。

学校以责任办学，以“品优、技强、体健、仪美”的新型实用技能型人才及管理人才为培养目标，重视学生的全面发展和良好行为习惯的养成教育。学校鼎力打造德育育人特色，把职业教育当做技能培训、德育教育、就业实习三者的有机结合，形成了家校、警校、社校相结合的大德育体系。

学校重视实用技能技术短期培训工作。2007年荣获“重庆市劳务开发先进集体”称号后，培训业绩连创新高，2008-2011年期间，年均培训3000余人，为地方经济社会发展做出了突出贡献。

军训汇报表演

县四运会上旗手方阵

学生礼仪培训

校企结合，创职教特色品牌
——重庆冶金高级技工学校

生产现场

现代焊接实训基地

重庆冶金高级技工学校始建于1955年，隶属于重钢（集团）有限责任公司，为一所多层次、多规格、多专业的综合性全国高级重点技工学校，是国家级高技能人才培训基地，被评为"全国企业职工教育培训先进单位"、"全国钢铁行业职工教育培训工作先进单位"、重庆市"职业教育先进单位"、重庆市"技工教育先进单位"等称号，办学规模达3000人。

学校秉持以企业需求为中心、以社会进步为目标、以学生前途为己任的办学宗旨，严格执行"2+1"教学模式，在专业设置方面，以车、钳、铆、焊、电等通用工种和冶金制造专业为主，积极发展信息技术专业，形成特色鲜明的专业结构体系。实行学历文凭证书和职业资格证书"双证书"制度，加强课程标准和国家职业标准的衔接，形成中等职业教育与中、高级职业技能鉴定相结合的教育体系。

学校积极推行素质教育，深化"两个理念"，即深化"学生为本"和"教育服务"的管理理念，强化"四个学会"，即强化学生"以德为本、学会做人，以智为本、学会求知，以能为本、学会生存，以勤为本、学会生活"，突出"四大管理特色"，即素质达标特色、党建带团建特色、尊师爱生特色和国防教育特色（军营化内务管理特色），为企业和社会培养具有创新精神和实践能力的实用技能型人才，发挥教育系统的主阵地、主渠道作用。

学校坚持走向市场，突出校企结合，开展"订单"培训，实施规范办学。根据企业和社会用工需求签订联合办学协议，每年向重钢及社会企业输送毕业学生1200—1500人左右，2011年开始，先后为信息产业输送技能人才783人，确保了学生就业率保持在98%以上。

技能竞赛

车工实习

学校遵循职业教育特点和规律，立足行业、面向社会，为地方经济服务和培养人才，坚持以"创建学习型企业、争做知识型职工"和"创建学习型党组织"活动为载体，以培养"三高"人才（即高级经营管理人才、高级专业技术人才、高级技能人才）为重点，面向重钢集团开展职工培训，承担冶金、机械、电气等工种的职业培训鉴定工作，每年为重钢集团开展各类职业资格培训、岗位培训（主体班培训）、短期适应性培训和职业技能竞赛，年培训量达8000人（次），培训质量认可率达98%以上。同时从事农村劳动力转移培训、与大渡口区人事局、财政局、农税局、劳动局开展了多种中、短期培训，受到社会的认可。

军训

PLC实验室

学生活动

重庆市天府技工学校

重庆市天府技工学校创建于1979年，属国有企业公办学校，是重庆市重点技工学校、重庆市委级文明单位和北碚区园林式单位，也是重庆市天府矿业有限责任公司开展职工培训的基地。学校集技工教育、成人学历教育（党校和远程教育）、特种作业人员培训、职业技能鉴定和各级各类培训于一体。

学校拥有中国煤炭工业协会天府矿业公司现代远程教育管理中心、重庆煤矿安全监察局三级煤矿安全培训中心、煤炭行业特有工种职业技能鉴定站、全国职工教育培训示范点、重庆煤矿职工中专天府教学点、重庆市农村劳动力转移就业工程定点培训单位、重庆市再就业培训定点机构等资质；先后荣获"全国煤炭行业现代远程教育培训创新应用奖"、中共重庆市委企业工委"文明单位"、重庆煤炭安全监察局"先进单位"、北碚区就业再就业培训工作"先进单位"等多种荣誉称号。

学校位于重庆市的都市花园北碚区天府镇代家沟，距主城北碚15公里，交通方便。办学设施齐备，专业设置完善，实习设备新颖，师资力量强，能够充分满足为企业培养合格员工和合格技能人才的需要。

学校面向社会常年招生，设有矿山机电一体化技术应用、矿山机电综采技术应用、矿山机电综掘技术应用、矿山洗选加工技术应用、矿井通风技术应用、矿井钻探技术应用、矿山地测技术应用、电力运行技术应用等煤矿特色专业以及机电技术应用、数控技术应用、电子技术应用等社会优势专业。毕业学生主要分配去向为重庆天府矿业公司、重庆天弘矿业公司，重庆两江新区、成都、长三角、珠三角等地知名企业。学生就业、收入稳定。

学校常年开展井下、地面特种作业人员、新工人上岗和特有工种职业技能鉴定的培训办证业务。

热忱欢迎广大有志青年和各位业界朋友到校学习、培训、就业。

办公室联系电话：（023）68301410、68301977
传真：（023）68306289
常年招生电话：（023）68303833
培训联系电话：（023）68301407

学生仿真数控实习

实习实训基地

电子电拖实验室

新生驻部队军训

文艺晚会

重庆企联30周年：倾力提高企业管理水平和企业家素质

重庆市企业联合会、市企业家协会、市工业经济联合会会长 陈之惠

今年，是重庆市企业联合会成立30周年。三十年探索创新，难忘奉献激情与时光；三十年耕耘拼搏，铭记改革艰辛与辉煌。忆昔抚今，感慨系之：

王忠禹、邢元敏、李德成、吴家农、陈之惠、陈兰通、陈光复、尹援平、王长寿等领导接见2012年重庆市100强企业家合影

和衷共济创新发展

伴随着中国改革开放的步伐，在建设有中国特色社会主义伟大实践中，重庆企联应运而生。1981年10月15日重庆市人民政府市长集体办公会议研究并同意由重庆市经济委员会筹备成立市企业管理协会，重庆市企业管理协会于1982年2月1日正式宣告成立。当时重庆日报为此进行了专题报道，发表了社论，给予了高度评价。她是改革开放之初第一个全市经济类社会团体，可以说是顺应中国改革开放大潮的产物。2005年4月更名为重庆市企业联合会。至今，重庆企联已走过了30个春秋。这30年正值十一届三中全会以来中国改革开放事业突飞猛进、硕果累累的30年。重庆企联不仅见证了中国改革开放事业的伟大征程，也翻开了重庆企业和企业家成长发展的新篇章；她是建设有中国特色社会主义事业和重庆企业改革、开放、发展的参与者，是提升重庆企业现代化管理水平的推动者。此时此刻，回顾总结重庆企联走过的难忘30年，我们无愧于时代对我们的期盼和赋予的责任。

奋斗历程业绩卓著

30年来，重庆企联在历届市委、市政府领导的关怀下，在中国企业联合会的指导下，在市经信委、市国资委、市民政局等市级部门的支持下，在历届名誉会长、历届会长和秘书长的领导下，在广大企业和企业家会员、社会各界的参与下，高举中国特色社会主义伟大旗帜，坚持以邓小平理论、“三个代表”重要思想和科学发展观为指导，秉承“面向企业，为企业和企业家服务”宗旨，与时俱进，开拓创新，开展了企业政策调研，履行企业(雇主)组织代表职能，实施了十大品牌服务项目。一是评选重庆市优秀企业家和杰出企业家，并向中企联推荐全国优秀企业家；二是进行重庆市企业百强排序，包括制造业百强、服务业百强、经济效益50佳，并向中企联推荐全国企业500强；三是评选重庆市并推荐全国企业管理现代化创新成果；四是开展企业文化建设，评选市企业文化建设先进企业、示范基地；五是开展企业诚信建设和履行社会责任活动，推荐企业参加全国企业信用评价；六是助推企业品牌建设，推选市知名品牌企业；七是管理咨询师考试、注册、培训；八是职业经理人的认证与培训；九是企业法律顾问的考试、注册、培训；十是“中国工业大奖”的培育、推荐。十大品牌服务项目的实施，为推动企业改革、创新和发展，促进企业家成长和企业家队伍建设等方面作出了积极的贡献，充分发挥了在政府、企业和企业家之间的桥梁和纽带作用。30年来，重庆企联不断拓展服务职能，不断完善组织体系和创新工作方式，发展成了代表重庆企业和企业家合法权益的企业联合组织。

余远牧、童小平、吴家农、陈万志、金烈、陈之惠、赵海渔等领导同志接见2012年重庆市100强企业家合影

我作为与协会共同成长的一员，见证了协会30年的发展历程，这30年是创业维艰的30年，是不平凡的30年。

我们不会忘记，党和国家领导人、中国企联和工经联领导，历届市委、市人大、市政府、市政协领导对企联30年创业发展的亲切关心和殷切希望；

在2012中国企业家年会上表彰重庆企业家

我们不会忘记，各市级主管部门、兄弟省区市企联和市级协会(商会)对重庆企联工作的关心和支持；

我们不会忘记，历届协会领导班子和广大会员单位，团结拼搏，薪火相传，创造了协会30年的丰硕成果。

30年来，我们协会取得的每一点成绩和进步都是各级领导、会员单位和社会各界朋友鼎力支持的结果，也是我们历届领导班子运筹帷幄，扎实工作，和兄弟协会共同努力的结果。

三十而立任重道远

张德江同志在重庆市第四次党代会的大会报告中提出：“促进社会组织健康发展，加强社会工作者队伍建设，发挥在社会建设管理中的积极作用”。这是党和政府对创新社会管理提出的新要求，体现了对社会组织的高度重视和社会工作者的亲切关怀。在今后的工作中，我们社会团体要紧紧围绕党和政府的中心工作，服务经济社会发展大局，积极承担新的历史使命，切实加强自身建设，充分发挥企业代表组织的作用，更加积极主动地参与协调劳动关系工作，促进社会和谐，努力把重庆建设成为充满活力之城、共享和谐之城!面对新形势和新任务，我们要继续高举建设有中国特色社会主义伟大旗帜，全面落实科学发展观，以服务企业和企业家为己任，弘扬企业家创业精神，不断提高服务质量和水平，进一步推动重庆企业做强、做优、做大，为开创重庆经济社会发展新局面、为在西部率先实现全面建设小康社会目标作出新的更大贡献!

重庆潍柴发动机厂

重庆潍柴发动机厂是潍柴控股集团下属的中、高速柴油机专业生产厂，始建于1966年，地处重庆市江津区德感工业园。全厂占地面积78万平方米，拥有资产总额42亿元，职工3000余人。其质量体系通过了2000版ISO9001标准认证、军品质保体系GJB9001A-2001标准认证及国际汽车行业质量体系ISO/TS16949标准认证，并建立了完善的售后服务体系。

从2003年至今，共有16款中速柴油机先后被重庆市科委认定为"重点新产品"；2个中速柴油机项目被重庆市经委确定为"技术创新重点项目"；6个中、高速柴油机产品获得重庆市科委"高新技术产品"证书；自主研发的CW200系列柴油机荣获重庆市政府授予的"重庆名牌产品"称号；该厂也荣获重庆市"高新技术企业"称号。尤其是成功开发的CW200系列中速重油柴油机，由于以重油代替柴油作为燃料，具有可为用户节省燃料成本30％的显著经济效益，得到市场的广泛青睐和追捧。目前企业拥有四大系列一百多个柴油机产品，功率覆盖范围148KW至2400KW，形成了中、高速柴油机并举，横跨汽车、工程机械、船舶、柴油发电等多个应用领域的产品体系。其中高速柴油机市场份额在西南地区据主导地位，中速柴油机销量连年翻番，并走出国门，出口到意大利、越南、埃及、巴基斯坦等十几个国家。

2010年，重庆潍柴的产值、产量、利税等主要经济指标均创下历史最好水平。2011年，目前已形成年产WD615/WP10高速柴油机9,0000台、CW200中速柴油机2000台、12VE230ZC型中速柴油机50台的生产能力。工业总产值38.55亿元，实现利税9.49亿元，实现了健康、快速、平稳的发展。企业连续多年被评为重庆市工业企业50强、江津工业企业10强。

重庆潍柴发动机厂主要生产四大系列柴油机：

CW200系列柴油机：在吸收国内外同类机型先进技术基础上自行开发的新产品。按气缸数分为6L、8L、12V、16V四大系列机型，功率/转速范围450kW～1760kW/750～1000转。主要用于船舶主机、辅机及陆用发电机组的原动力。该系列柴油机机通过了德国船级社（GL）、法国船级社（BV）和俄罗斯船级社（RS）的审核认可，并以其"重庆名牌产品"的美誉，在全国同功率档次船舶主机制造领域占据约70％的市场份额，产品遍及沿海各省及长江流域。其中，可节约燃料成本30～40％的重油机，尤其得到用户的青睐。其结构合理，性能指标先进、运行可靠、操作维修简便，排放满足国际海事组织（IMO）要求。现具备年产1500台套的生产能力。产品除供国内用户外，还出口意大利、印度、越南、莫洛哥、苏丹、智利等国家。

CW16V200柴油机

12VE230ZC-C柴油机

欧Ⅲ排放标准的WP10柴油发动机

12VE230ZC系列柴油机：是我厂开发生产的船用中速柴油机。功率/转速为1618kW/750转和2206kW/750转两挡。该产品曾被评为中国船舶工业总公司优质产品。出口阿尔及利亚、埃及、缅甸、斯里兰卡、朝鲜等国。现具备年产50台的生产能力。

WD615、WP10系列柴油机：功率/转速范围148kW～280kW/1900～2200转。WD615系列柴油机满足欧Ⅱ排放；WP10系列柴油机满足欧Ⅲ和国Ⅲ排放。我厂生产的该系列产品在重庆产重型汽车中占据90％以上的市场份额，在西南地区工程机械领域中也雄踞市场份额的榜首。该系列柴油机体积小，重量轻，功率大，油耗低，噪音小，起动、维修方便，是重型汽车、工程机械、大型客车、船舶主机及发电机组的理想动力。现具备年产3.5万台的生产能力。

CW6250系列型柴油机：是我厂为满足市场和用户的需求，在总结、吸收了国内外同类机型成功经验的基础上，于2007年研发成功的具有自主知识产权的新型中速柴油机，两种机型的额定功率/转速分别是1470kW/1000转；1103 kW/750转。该新机型的设计采用新工艺、新材料、新技术提高了柴油机的技术性能和可靠性，使其满足国际海事组织(IMO)关于船用柴油及排放和安全规则的要求。该柴油机具有结构紧凑坚固、使用安全可靠、经济技术指标优良、操作维修简便、可烧重油等优点。主要应用范围：客船、运输船、工程船等船舶主推进动力；船用辅机、陆用发电机组以及其他动力装置的原动力。

厂长：于如水 | 地址：重庆市江津区德感工业园 | 电话：（023）47858815 | 传真：（023）47859767 | 邮编：402262 | 电子邮箱：chongqwc@126.com

重庆电影集团

重庆电影集团成立庆典暨挂牌仪式

重庆电影集团与华谊兄弟传媒集团签约联合拍摄电影《一九四二》

重庆电影集团公司于2011年10月27日注册成立，注册资本金1亿元人民币。公司是在市委市政府的大力支持下由重庆广播电视集团（总台）、重庆市国有文化资产经营管理有限责任公司、重庆两江新区开发投资集团有限公司、重庆出版集团公司共同出资组建的大型国有文化企业。

重庆电影集团公司未来业务范围涵盖影视产业全产业链及相关产业，包括影视项目策划、影视制作、影视发行、影视经纪、广告发布、电影院线、影视基地、主题公园、教育培训等多个领域；同时还将努力打造西南地区影视人才、影视项目的培养、孵化、服务平台。

电影公司成立初期，经过一系列的探索和摸索，初步拟定了"扁平化管理、轻资产运作、项目制推进、平台化整合、资本化发展"的高效务实的运作思路。根据影视产业上下游链条的特点，电影公司将影视投资、营销拓展、影院经营和基地建设作为核心业务板块。并计划在"十二五"期间扎扎实实打好基础，力争每年推出一批有影响力的影视作品以夯实核心业务；力争在重庆主城打造一座旗舰电影城，同时推进区县国有影院合作，拓展电影公司的影院网络；力争申请总局同意运营一个电影频道，以实现影视的互动；力争规划、选址建设一个电影创意产业园区，以实现影视创意产业的高效集群，形成西部影视文化产业基地；力争搭建一个电影电视创意制作的孵化及投融资平台，实现电影电视创意产业的规模化发展。

2012年3月23日，重庆电影集团举行成立庆典暨挂牌仪式，国家广电总局副局长张丕民、重庆市市长黄奇帆出席了庆典仪式并发表重要讲话，对重庆电影集团的未来发展寄予殷切期望。包括中影集团、华谊兄弟、海润影视、慈文传媒、小马奔腾、国立常升在内的国内多家一线影视制作机构已与重庆电影集团达成战略合作伙伴协议，合作双方将在影视内容生产上保持密切协作、互惠共赢。

目前，重庆电影集团正积极推进各方面业务：

在电影项目方面，与华谊兄弟影业公司联合投资制作冯小刚导演作品《1942》；完成了《我最好的朋友江竹筠》、《走过雪山草地》等十八大献礼重点影片。

在电视剧项目方面，投资及联合制作了《小鬼子走着瞧》、《猎杀》、《好家伙》、《利箭行动》等电视剧。

在院线工作方面，重庆龙湖影院、綦江区荣润凯旋天街影院项目已进入最终实际价格谈判阶段，并在市文广局的大力支持下，积极开展区县影院调研工作，为电影集团拓展区县影院合作业务做好前期准备。

在影视基地策划方面，初步完成了"重庆影视创意产业园"项目的前期策划报告，将突破传统影视基地仅作为外景拍摄基地的单一发展模式，而寻找多元发展模式，充分利用媒体优势资源，贯通影视产业上下游，"文化模式"与"产业模式"并进，打造多元化"产业集群"。

建设保障性住房

寿城水岸鸟瞰

重庆乐至置业发展有限公司是长寿区政府在新形势下，为构建和谐新长寿，根据国家建设产业政策和我区"一湖两园三城"建设需要，为广大老百姓建设保障性住房而专门成立的一家专业的、国有独资的房地产开发公司。公司位于长寿区桃花西路11号,于二○○六年

构建和谐新长寿

重庆乐至置业发展有限公司

八月经长寿区人民政府以长寿府发[2006]67号文批准成立,注册资本2300万元，公司专业资质为房地产开发二级企业，主营房地产开发、物业管理、自有房屋出租、建筑材料销售。公司实行董事会领导下的总经理负责制，统一管理，分级负责，公司董事长、总经理郭水文，公司内设7个部门：综合行政管理部、土地规划技术部、工程管理部、成本管理部、财务管理部、社会事务部和物业经营部。主要负责长寿区定向销售住房（含拆迁安置房）、廉租房、公租房的开发和建设。公司现有在册职工115人，有各种专业技术职称的为56人，公司职工平均年龄35岁。

自2006年8月公司成立以来，加快了全区定销商品房（定向为征地拆迁人员提供房源）、廉租房的规划、建设速度，全面推动了江南、晏家、凤城、渡舟、长寿湖等片区定向销售住房项目和廉租房项目的建设和前期工作，目前累计已竣工面积达120余万平方米，在建面积达200万平方米，2011年还将新开工130万平方米。

公司以“替政府分忧、为百姓解难、构建和谐社会”为发展指导思想，坚持“质量是基础、安全是效益、品质是生命”的开发管理理念，秉承“勤奋、敬业、严谨、高效、诚信”的创业精神，不断为打造宜居长寿作贡献。

乐至寿城水岸

乐至尚城道路

晏家

质量求生存 信誉求发展

重庆友科建设工程项目

重庆友科建设工程项目管理有限公司是一个私营股份有限公司，位于重庆市南岸区南坪城市之光16-4号，注册资本118万。公司现有钢模200吨；钢管500吨；钢扣件90000套；塔机2台、各种机械设备共计180万。同时，专门聘请了一批建院毕业的专业技术管理人才作为公司的核心力量，其中具有中级以上职称的8 人，初级职称的10人，项目经理6人，为公司最终成为一支从事建设项目管理、咨询到施工作业的技术劳务和生产工人劳务的产业化公司奠定了坚实的基础。

公司主要经营：建筑项目的管理咨询及中介服务，模板作业劳务分包壹级、木工作业劳务分包壹级、砌筑作业劳务分包壹级、抹灰作业劳务分包壹级、油漆作业劳务分包资质、钢筋作业劳务分包壹级、混凝土作业劳务分包资质、脚手架作业劳务分包壹级、焊接作业劳务分包壹级、水暖电安装作业劳务分包资质；建筑设备租租赁；销售建筑材料，装饰材料等。

公司成立于2004年3月，具有雄厚的经济实力和强大的专业技术力量。有一支经验丰富、纪律严明、训练有素、技术精良的管理人员和施工队伍。公司紧紧围绕以“质量求生存、信誉求发展、管理求效益、服务拓市场”的经营宗旨，施工精益求精，追求技术和质量表现完美结合，创造了一批广受社会好评的形象工程。例如，南坪

公司精品工程

管理咨询有限公司

宏声广场工程完成36层框架结构，50000平方米的模板，钢筋，混凝土，水电安装作业分包；南坪 万寿花园126幢13层框架结构，21000平方米的模板，钢筋，混凝土，水电安装作业分包；正杨集团办公楼及宿舍计15000平方米的模板，钢筋，混凝土，水电安装作业分包等。

为适应市场发展的需要，公司将以“树企业形象、强竞争实力、上一流水平、创名牌工程”为发展战略，以“人才为本、诚信为根、人和为贵、实绩为先”为经营原则，充分挖掘自身潜力，发挥自身优势，开拓进取，再铸辉煌。

公司地址：重庆市南岸区城市之光16楼4号　**邮编：**400060　**联系人：**陈友科（总经理 二级项目经理）
联系电话：13908340958　**电话/传真：**023-62812988

重庆市城市建设发展有限公司

重庆市城市建设发展有限公司成立于2000年8月10日，专司重庆市政府投资重大重要公益性项目建设。按照重庆市政府的决定，2005年1月1日，公司整体划入重庆市地产集团。截止2012年1月，公司注册资本金11110万元，总资产48亿元。

公司具有政府投资建设项目管理甲级、房地产开发贰级、建设监理临甲、工程咨询甲级、建设工程招投标代理乙级等资质和经营范围，并以政府投资公益性项目建设为主。公司现有职工总数86人，其中具有中、高级职称的占总数60%；注册监理工程师、注册造价师、注册咨询师、注册会计师、注册建造师、项目管理师占专业人员的50%，员工平均年龄36岁。

作为重庆市政府投资项目建设管理方式改革的探索者，公司通过专业化集中管理模式，较好地实现了对项目投资、进度、质量、安全的控制，实现了功能与设计的结合、功能需求与投资规模的匹配，充分满足项目使用业主的要求。成立至今先后承担公路、桥梁、场馆、文化设施、政权项目、工业厂房、科研院校、医院等八大类40余项政府公益性项目的建设任务，总投资90亿元，累计完成投资近50亿元，为政府直接节约投资数亿元，无一项目超概算，无一起重大经济安全责任事故，取得了良好的社会效益和经济效益。

公司承建的重庆中国三峡博物馆荣获2006年度鲁班奖、2006年全国十大建设科技成就奖和2009年新中国成立60周年百项经典暨精品工程；重庆奥体中心体育场工程获得2006年第六届中国土木工程詹天佑大奖及重庆市首个建设工程特别贡献奖；重庆警备区新营区综合大楼获2011年度国家"鲁班奖"；嘉悦大桥获得2011年度重庆市市政工程金杯奖和美国节段桥梁协会2011年度优异奖；即将开馆的重庆国泰艺术中心获2011年度国家钢结构金奖。2011年8月在我司成立十周年之际，重庆市政府黄奇帆市长题序鼓励。

正在建设中的国际社区土石方工程

重庆红岩土石方工程有限公司

CHONGQINGHONGYANTUSHIFANGGONGCHENGYOUXIANGONGSI

重庆红岩土石方工程有限公司成立于二〇〇七年十一月，是一家以建筑工程施工为主的民营企业，公司拥有市政工程总承包，土石方工程、管道工程、爆破与拆除工程、地基与基础工程专业承包等多项资质，现注册资金2000万元。

北滨1号路桥工程

公司建立了完善的管理体系，现有在职员工200余人，按照现代企业管理模式严格管理，下设财务部、行政部、合同预算部、工程部、材设部五大部门。公司拥有齐全的土石方和房建工程施工设备，有各种压路机、推土机、挖机、沥青摊铺机及各类施工设备多套，能满足各种建筑工程施工之需要。

在董事长马祖美女士的英明引导下，整个团队经过四年的努力，持续年年盈利，现资产规模逾1亿元人民币，年施工能力达2.5亿元，有在建工程10余个，截止2009年3月，公司旗下又成立了重庆亿桥建筑工程有限责任公司。

红岩人秉承“以诚信赢市场，以管理赢效益，以合作赢发展，以机制赢机会”的经营方针，适应市场发展需要，主动进取、突破主业、多元发展、立足自身，充分贯彻以市场为导向，人才为核心，效率效益为目标的管理原则。在短短的几年时间，公司先后完成了中海·北滨一号土石方工程、管网工程、道路与桥梁工程的施工，大学城·电子工程职业学院土石方工程、道路和桥梁工程，中国地产·曼哈顿一期、二期土石方工程，重庆市江北嘴中央商务区B、C地块土石方工程，中海国际社区3#地块土石方及别墅示范区房建工程，中海国际社区2#地块一期、二期房建工程等施工项目。为重庆建设工作做出了应有的贡献。

即将竣工的大学城西部物流园道路工程

红岩人将一如既往的坚持以人为本，突出个性化管理，强化制度建设，坚持以“诚实守信、信誉第一”的原则赢得客户的满意，坚持以多种经营方式提高经济效益，向客户提供满意的服务和优质的产品。为美丽的城市和和谐的社会做出贡献而努力！为祖国的大好河山增彩加色！我们愿与社会各界合作，优势互补、资源共享，携手并进，走得更远、更高！

正在施工中的江北嘴土石方工程

重庆田伟建筑

董事长：张兴田

重庆田伟建筑材料有限公司是以建筑防水材料及防腐保温节能材料的开发、生产、销售为主导，具有国家二级施工资质的专业性龙头企业。

作为重庆市建材商会防水专委会会长单位，公司重庆防水行业率先通过ISO9001质量管理体系认证和ISO1400环境管理体系认证。公司提供的系统防水解决方案，建筑节能材料广泛应用于包括房屋建筑、高速公路、城市道桥、地铁及城市轨道、高速铁路、机场、水利设施等众多领域。是重庆市工商联（总商会）建材商会副会长单位和重庆市建筑节能协会理事单位。"十年磨一剑"，公司先后荣获首"重庆市建材行业质量服务信誉AAA级企业"、"重庆市建材行业标榜企业"、"重庆建筑防水行业先锋企业"，是目前重庆大型综合防水、保温材料施工企业之一。

一直以来着眼于市场，着手于开发、生产，发展于营销，得力于管理。公司积极应对市场需求开发生产的"翘牌"系列多项产品，深受消费者青睐。公司一直从事化工防水材料如聚氨酯防水涂料、丙烯酸酯防水涂料、JS水泥基复合防水涂料、K11聚合物水泥砂浆防水胶、SBS、APP防水卷材等的生产和防水工程施工；开

材料有限公司

TIANWEIJIANZHUCAILIAO

部分业绩

严谨、专业的施工团队

发、生产建筑节能材料。公司拥有技术精湛的专业施工队伍，可承揽道路、桥梁、隧道、屋面、墙面、地下室、厕浴间、粮库、矿井、渠坝、水池、水塔、涵洞、地沟、暗井、地理管理、垃圾填埋场等各类特殊疑难防水堵漏工程以及各种建筑外墙保温材料。

重庆田伟建筑材料有限公司在日益激烈的市场经济竞争中，立足于节能与环保，对等与互补，合资并购，全呼打造行业品牌，争创"防水节能防腐精品"，开拓进取永不停息，让消费者放心、省心。为防腐防水和保温节能事业做出应有的贡献！

重庆田伟建筑材料有限公司全体员工愿以客户要求为已任、全心全意为客户提供优良至上的服务。董事长张兴田先生以"诚实、敬业、开拓、创新"的企业精神愿与各界朋友携手共进、共创美好未来

重庆市长寿区哲成涂料厂

CHONGQINGSHI CHANGSHOUQU ZHECHENG TULIAOCHANG

重庆市长寿区哲成涂料厂是一家集科研、生产、销售、工程施工于一体的现代化专业防水涂料厂，本厂实力雄厚，技术先进，质量保证体系严密，产品质量均达到或超过部颁发的国家标准。

随着我国建筑事业的蓬勃发展、建筑科学技术的日新月异和建筑工程对防水建材的更高要求。本厂坚持"科技以人为本、科技服务人类"的高新产品开发理念，近年来，本厂投入大量的科研力量，不断扩大生产规模，不断研究开发新产品。

目前本厂主要新开发的哲成牌系列防水涂料有：WPC-509水泥基渗透结晶防水涂料、WZC-P05氯丁胶乳沥青防水涂料、WZC-P01水性沥青聚氨酯防水涂料、WZC-P02路桥聚合物改性沥青防水涂料、XP-981丙烯酸酯高分子防水涂料、WPC-S06JS水泥基复合防水涂料、GF-981丙烯酸酯高弹防水涂料、自主研发的F710高性能水型三元乙丙橡胶防水涂料、WPC-S07单组份聚氨酯防水涂料，WZC-P03SBS改性沥青防水涂料、WPS-S11高性能KII-100柔韧性防水涂料、SBS、APP改性沥青防水卷材等系列环保型材料。产品各项技术性能指标经国家权威机构检测。均达到和超过行业标准及国家标准。

本厂成立以来，哲成人本着"哲成当先、滴水不漏"的质量生存原则和"做到客户满意"的服务宗旨，借助自身拥有雄厚的建筑防水工程施工技术力量，（本厂常年聘有上海、北京、福建工程师为哲成涂料研发各种新型环保产品）、严格高效的科学管理手段及强大的市场竞争力、完善的产品售后服务体系，不断将哲成牌系列产品推向广阔市场，用于全国各类重大建筑防水工程，销售分布于全国三十多个省、市大中型城市。

哲成人将不断的慎思进取，追求卓越完美，开发适合国内国际建筑市场的环保高科技绿色建筑防水产品，坚持"团结、务实、诚信、创新"的企业理念，以"经营品牌，销售服务"为指导方针，以"让顾客满意"为工作目标，热忱期待同社会各界朋友真诚合作，共创辉煌。

地址：中国重庆长寿化工园区新湾

手机：13996056986 18223195988 13629787429 电话：86-023-40712661

网址：Http//zcysp9513.b2b2hc360.com传l真：86-023-40712661 QQ: 791788805

防水哪裡有
哲成是朋友…

MINGZHU 明珠家居 Household

CHONGQING CITY MINGZHU MATTESS.CO.,LTD

重庆明珠床垫有限公司

优质的产品源自优秀的厂家，一直以来，明珠床垫凭先进的经营管理理念，引进先进的生产系统和一批高素质的技术人才，精心制造出各款高品质的床垫。明珠一直一"团结，求实，进取，创新"为企业作风，一"客户至上，信誉第一"喂服务宗旨，可靠的品质是致富企业胜出之根本，也是成绩的认可，才能得到更多各界朋友真诚的合作，走向更辉煌的明天。全部产品均选用上等原材料并根据人体工程学的原理，力求更新的产品能够至善至美，享受快乐人生！

明珠床垫九九年创立以来，始至不渝地走"高品位、低价格"之路，坚持不懈地在创新开拓市场上下苦功，使其迅速跃居成为重庆家具行业中的骨干企业。明珠床垫将继续以创意独特的设计理念和扑捉现代信息的思维能力，开发出更优秀的产品，为千家万户带来更时尚、更舒适的家具。

重庆青禾隐形纱窗厂

CHONGQINQINGHEYINXINGSHACHUANGCHANG

重庆青禾隐形纱窗厂是一家集技术开发、设计、生产、销售、安装于一体的专业企业。旗下产品有高档断桥百叶彩铝门窗，法兰盾高档防护纱窗，青禾隐形纱窗、青禾欧式纱窗、无框窗、无框阳台、阳光房、等近10种产品。公司自成立来，深受广大客户的信赖与支持。

公司专业生产制作高档断桥百叶彩铝门窗，法兰盾高档防护纱窗，青禾隐形纱窗、青禾欧式纱窗、无框窗、无框阳台、阳光房，也是国内最大的隐形纱门窗材料供应商。无框阳台窗系列产品面世以来更是对无框窗行业引发了一场前所未有的新革命，为规范整个市场起到领袖作用。

青禾纱窗以做人晶莹剔透（诚信、光明］，做事水滴石穿（用心、坚持）为我们的企业文化，以"靠优良品质满足市场，靠更新产品扩展市场，靠降低成本巩固市场，靠售后服务赢得市场"为经营理念，为中国绿色住宅产业的发展创作了一座座丰碑。产品荣获"工程建筑及健康住宅、装修一体化绿色指定产品"，通过全国的销售网络销往全国各地。

展示厅

公司以"自动化、健康化、时尚化"为新产品研发宗旨，开发了具有"更经济、更方便、健康、时尚、洁净、安全、实用、全新概念"的隐形纱窗和无框阳台窗系列产品。

企业以质量为先，信誉至上为宗旨，优质的产品，完善的售后服务，多年来受到广大客户的致好评。选择青禾纱窗，让你家居环境更完美，温馨、舒适！提供优质产品，创行业品牌，是我们不变的宗旨。

2012新款法兰盾高档防护纱窗

系列：内平开或外平开

主型材：采用全新6063-T5铝锭生产的铝型材，各项检测均达国家标准。型材厚度T>1.0~1.8mm。

库存颜色：电泳香槟色、灰色、白色；也可根据客户要求订色，但须提供色样。

纱网：采用20*20*0.8mm，304#L不锈钢网加烤漆。

适合窗形：外平开门、窗。

安装：免费送货上门安装（服务范围内）

售后服务：纱网质保两年，其它的一年免费包修。

产品功能及用途：高档节能、绿色环保、防护、防蚊、防鼠蛇等，通风透气、不挡风景。

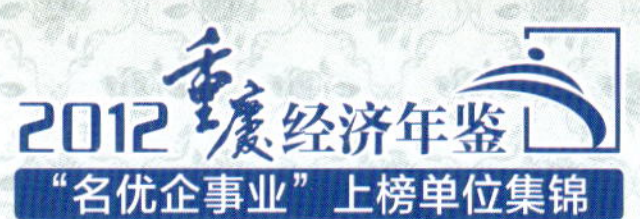

重庆海琳门业有限公司

CHONGQING HAILIN DOORS CO.,LTD

本公司通过自身的努力，先后获得了“中国著名品牌”、“绿色环保产品”及“质量、服务、信誉AAA企业”等称号，本公司系列产品在突破传统制造工艺的基础上，不断提高质量标准和技术创新。以精心的设计、精细的宣传、精致的工艺，为广大客户提供近百余款式、四十多种色系的室内套装门系列产品，充分满足现代家居多种装饰风格的需求。

本公司拥有现代化的专业生产厂房，并斥资引入行业内最先进的智能生产设备和科学的计算机网络管理系统，全面贯彻质量管理和质量保证标准，秉承“品质保证、创造精品”的经营理念，以“永恒开拓、持续发展”为公司的宗旨，以“快捷细心、诚信服务”为己任，利用一流的原材料，制造最优质的室内门产品。

本公司售后服务体制完善，为顾客提供健康顾问式的全程服务，在建设具有特色的售后服务管理体系中，追求温馨、温情、温暖的服务宗旨。

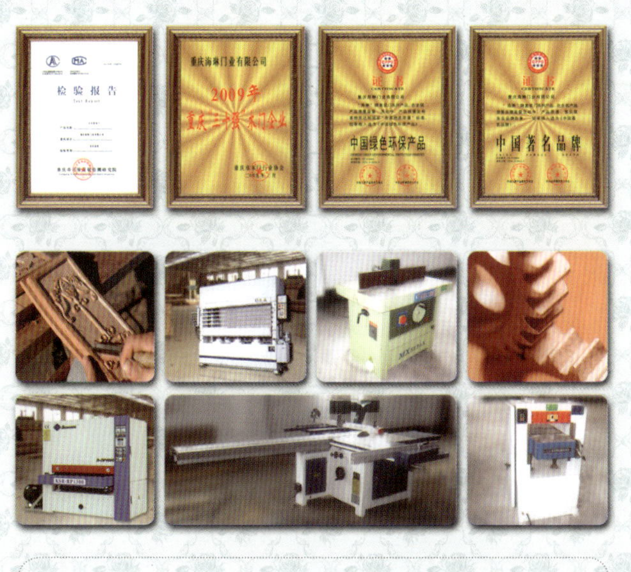

地址：重庆市北碚区海琳木制品加工厂

网址：www.cqhlmy.com　海琳门业

重庆科力特装饰工程有限公司

CHONGQINGKELITEZHUANGSHIGONGCHENGYOUXIANGONGSI

重庆科力特公司是集开发、科研、设计、制作、销售为一体，从事GRC水泥构件、XPS、EPS聚苯板装饰线条型材的销售专业公司，专为壮观的欧式建筑外墙装饰提供美观而理想的材料。本公司采用沿海先进工艺、技术、聚集高素质技术人才，坚持以先进的技术、工艺为先导，以过硬的质量为信任，以高效快捷的服务为保障，与客户的友好沟通为桥梁，公司自2001年6月成立以来，赢得了众多客户的广泛赞誉与合作。

本公司制作、销售的欧式建筑外墙装饰型材，高效能、高强度、外观美观、表面纹理细腻、设计灵活、耐候性好与建筑物同寿命的优点。广泛适用于大型酒店、旅游中心、办公楼、宾馆、别墅、会所等。古典欧陆风格建筑物、园林景观等一经采用这自然和谐的装饰，充分显示出它的高贵典雅，气势不凡。

本公司制作、销售欧式建筑外墙装饰材料产品有：罗马柱、线条、门套、窗套、门楣、仿木纹线条、宝瓶及栏杆、花园围栏、花盆等。GRC水泥可现场制作假山、喷泉、雕塑等园林景观。

本公司可根据客户需要，满足不同的适用需求。坚持质优价廉，完善服务，良好信誉，真诚合作，共谋发展。

地址：重庆市江北区　电话/传真：023-67776872
手机：13368085238　13220222472　QQ：191300835　网站：www.kltzs.cn

质量方针：管理－尊重科学；产品－质量永恒；销售－走向国际；服务－施工全程
环境方针：污染预防－最佳工作环境；绿色产品－最佳工作成果；节能降耗－最佳科学管理；法律法规－最佳持改方案

重庆市盛百利防水建材有限公司

重庆市盛百利防水建材有限公司创建于1996年。工厂占地面积为10000平方米；主要生产有：有机硅渗透型防水剂，水泥基渗透结晶型防水涂料、水不漏、911聚氨酯聚合物乳液防水涂料、GF-981丙烯酸酯防水涂料、JS复合防水涂料、VAE防水胶涂料、K11柔韧性防水涂料、JS水泥基复合防水涂料、911单组份水性聚氨酯防水涂料，丙烯酸弹性防水涂料、SBR改性沥青防水涂料、沥青清漆、砂浆防水剂、外墙专用防水剂、聚氨酯防水涂料（底涂）、SBS改性胶乳沥青防水涂料、氯丁胶乳沥青防水涂料等集生产、科研、施工于一体的专业化新型防水材料生产企业。企业秉承统一规划、严谨立法、优化资源、持续发展的管理理念；执行制度完善、文化代言、依托科技、扩大市场的经营策略；应用走进市场、研究市场、服务市场、追踪市场的营销战术，发展防水事业，并坚持待人以诚信、产品以质量、销售以服务，一直在防水客户群体中享有极高的商誉。"袖风"牌防水系列产品被建筑界、防水界公认为知名品牌。

部分主要工程业绩

邦兴·北都

奥林匹克花园

蓝溪谷地

地　址：重庆市长寿区海棠工业园　　电　话：023-40466027　13908341354
传　真：023-40466027　　E-mail: master@cqxffs.com

重庆国飞水暖五金经营部

经　营　项　目

永德信黄铜锻压阀门：

球阀，闸阀，止回阀，截止阀，表前阀，灶前阀，三通阀，减压阀，过滤器，排气阀，燃器阀，PPR活接球阀，铝塑管专用阀，三角阀，蒸气用温控阀，平衡阀，暖通阀，地暖分水器，空调波纹管及水暖配件，DN 15—200各种规格的法兰阀门。

喷泉系列：

万向直射喷头，蘑菇喷头，喇叭喷头，涌泉喷头，雪松喷头，水晶球喷头，旋转喷头，渗气 喷头，可调三层花喷头，风水车喷头，扇形喷头，中心直上喷头，礼花，花柱喷头，凤尾喷头，急流直上喷头，莲蓬式喷头，玉柱喷头，玉蕊喇叭喷头，水伞喷头，双喇叭喷头，半银缨喷头，升降半球喷头，玉蕊叠银，叠银蘑菇头，银缨喷头，银菇玉缨喷头。

喷灌喷雾系列：

摇臂草坪喷头，可调草坪喷头，雨状蝶形喷头，地理式喷头，快速取水器，旋转微喷头，十字雾化器，倒挂微喷头，千秋架，滴箭喷头，阀门箱，子弹头喷头，离心式喷头，单向，双向，三向喷雾喷头，折射式喷头，洗水喷头，平雾喷头，煤矿雾状喷头，烟斗喷头，农用喷头，冷雾喷头，螺旋式除尘喷头，饲养场，纺织厂等室内除尘，降温，加湿。

地暖设备产品：

地暖分水器，地暖专用PE-X管，电磁阀等。

酒店厨房设备配件：

蒸饭车拉手，铰链，各种规格的热水小龙头，风阀，气阀，油阀，长明火阀，热水浮球阀，摇摆龙头。

合作双赢.共享交流!

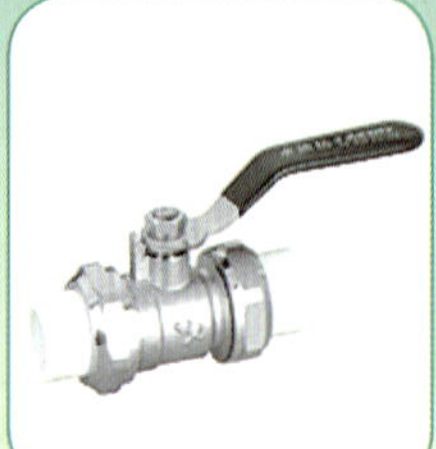

极 源 JIYUAN

重庆极源建设工程咨询有限公司

CHONGQINGJIYUANJIANSHEGONGCHENGZIXUNYOUXIANGONGSI

董事长：唐天福

重庆极源建设工程咨询有限公司创建于二零零七年十月四日，公司地址位于重庆市九龙坡区石板镇长青路9号1幢1单元1号。本公司拥有宽敞明亮的办公环境，现代化的办公设施，以及具有数十名高级技术人员构成的技术平台和项目业主认可的成功的代理技巧。本公司以积极进取的企业精神，开源节流的价值根本，同心同德的团队协作，和善和谐的经营理念，至诚、高效、优质地为广大客户服务。

本公司根据招标代理工作对人才质量的高要求，我公司积极引进工程管理专业人才，公司主要工作人员均有丰富的工程建设管理经验，他们或是最早一批从事招标代理工作的业内人士，有着丰富的招标代理服务经验，或是长期从事工程设计和工程监理的人员，对工程建设管理十分熟悉。在开展工程招标代理工作的过程中，我公司不断完善队伍建设，努力提高工作质量，组织员工进行继续教育和再教育，狠抓员工培训工作，培养出了一批高素质、高水平的员工队伍。公司员工专业搭配齐全，现有专兼职员工共计30人，其中总经理1人，副总经理1人，总工程师1人，全国注册造价工程师5人，高级经济师2人，工程师、助理工程师、预算员和中级以上技术职称或执业资格的共20人。公司配备了各种工程质量检测器具，建立了计算机网络系统，备有各型中高档微机及配套专业软件，工程招标代理、工程监理、造价咨询全部实行微机化管理。

本公司具有建设部批准的招标代理暂定级资质、工程造价咨询乙级资质、工程监理咨询乙级资质；主要承担各类土木工程、建筑工程、线路管道和设备安装工程及装修工程项目的勘察、设计、施工、监理以及与工程建设有关的重要设备（进口机电设备除外）、材料采购招标代理；工程概算、预算、结算、竣工结（决）算、工程招标标底、投标报价的编制和审核；提供建设项目全过程工程造价监控及工程索赔业务服务；建设项目建议书与可行性研究级投资估算的编制、审核及项目经济评价；接受司法机关与仲裁机构委托对工程经济纠纷进行鉴定。自公司成立以来我公司参与数十个招标项目，涉及招标类型以各类建设工程施工招标为主，另外还有各类工程地质勘察招标、工程设计招标、工程监理招标等；涉及工程投资数亿元，招标平均节资率在10%以上。因此，公司受到重庆市建筑业协会招投标分会和项目业主的广泛赞扬。

本公司郑重承诺：严格遵守国家的相关法律、法规，坚持公开、公平、公正、诚实信用、科学择优的原则进行招标代理；同时坚持招标人至上原则，精确招标，确证唯一选择。并按照IS09001：2000的质量管理体系的要求进行内部管理，实现管理工作标准化、制度化，推行岗位责任制；业务上遵守《中华人民共和国招标投标法》及重庆市的相关法规，实现了代理工作的规范化、程序化，深受业主及管理部门的好评。我公司极为重视职业道德和工作作风，以国家法律、法规、技术规范和标准、委托协议和招标代理合同为依据，严格规范全过程招标代理行为，公司凭着雄厚的技术力量和强力的管理体制优势不断向前发展。我们相信一定能将本公司办成最具专业、最具效果、最具水平的一流的公司。

地址：重庆市九龙坡区石板镇长青路9号1幢1-1#　联系电话：023-65765678　13883075555

重庆市南岸区德胜水泥制品厂

CHONGQINGSHI NANANQU DESHENG SHUINI ZHIPINCHANG

重庆市南岸区德胜水泥制品厂，成立于2001年，是一家专业从事钢筋混凝土排水管、花瓶柱、新型彩色人行道路板砖、路沿石、水蓖子、高强度复合型井座井盖等水泥制品的生产厂家。

本厂综合实力雄厚，拥有专业的技术人员，生产设备先进，产品规格齐全。自建厂以来，本厂始终视产品质量为企业的生命线，以生产效益求发展，不断汲收国内同行的先进技术和经验，坚持科学的标准化管理制度，坚持使用优质原材料和科学配方，依靠科学进步，不断开发新产品、新品种，产品多次经权威机构鉴定，质量全部符合国家有关生产、检测标准。我厂产品不仅花型多，而且几何尺寸准确，色彩鲜艳，抗压强度强，耐磨性好，而且价格合理，供货及时，售后服务完善，一直深受同行和广大用户的好评。同时，我厂还可以根据用户的实际需要，定型加工生产。

在新的世纪中，德胜水泥制品厂将以“创新、拼搏、团结、务实”的企业精神面对社会，以一流的技术，一流的服务对每一位客户负责。我厂的宗旨是以优质的原材料、先进的生产工艺，生产出高质量的水泥制品。我们愿与所有新老朋友一道，为美化环境、建设美好家园做出新的贡献。

美化环境，建设美好家园是德胜人不断努力追求的目标。

正大集团农牧食品企业（中国）重庆区

正大集团农牧食品企业（中国）重庆区包括重庆正大有限公司、重庆正大农牧食品有限公司、重庆双桥正大有限公司、广安正大有限公司。四公司现有员工近1100人，总投资额3.9亿元，目前总资产4亿元。2011年全区总销售收入17亿元，实现利税1.1亿元。

饲料事业：共有现代化饲料生产厂5座，综合生产能力68万吨/年，是重庆及川东地区生产规模最大，设备、技术、工艺最先进，品种最齐全的大型现代化饲料企业集团。采用国际领先的配方技术专业生产猪、鸡、鸭、鱼系列饲料产品，畅销重庆及川东地区。重庆正大、重庆双桥正大均为重庆市市级农业产业化龙头企业、重庆市外商投资先进技术企业，其饲料产品被评为“重庆市名牌产品”、“重庆市名牌农产品”。2004年至今饲料产销量均稳定在40万吨以上，一直位列重庆市同行业第一位。

肉鸡事业：在渝北、江北、璧山建有3个良种肉鸡生产基地，有肉鸡舍33栋，年出栏肉鸡超过170万羽，白羽肉鸡饲养量和销量位列重庆市场第一。

蛋鸡事业：在大足、双桥、璧山建有3个青年蛋鸡育成基地，有鸡舍9栋，年出栏青年蛋鸡30万只；在北碚西山坪、巴南木洞、广安协兴建有3个蛋鸡生产基地，有蛋鸡舍14栋，存栏蛋鸡34万只，年生产绿色鸡蛋6,000吨。

猪事业：在巴南木洞建有600套祖代种猪生产基地,年出栏商品猪8,500头，销售种猪4,000头。在永川投资6,000余万元修建1,200套的种猪场将于2012年内竣工投产。

按照市政府关于农业产业化发展的战略规划，我们将继续发挥重点龙头企业的带动作用，大力推动和发展畜禽养殖、深加工等业务，通过绿色饲料、绿色养殖、绿色加工，形成绿色食品产业链，向社会提供安全、健康、绿色的正大品牌食品，以满足广大消费者的需求。

荣誉证书

重庆正大有限公司

荣获2011

重庆制造业企业100强

重庆市企业联合会　重庆市企业家协会

二〇一一年九月

外商投资先进技术企业

确认证书

证书

重庆正大有限公司：

你单位重庆正大牌正大绿色鲜鸡蛋被认定为2009年重庆市名牌农产品。（有效期：2010年1月至2013年1月）

特发此证

重庆名牌产品证书

重庆市名牌产品协会

重庆民福建设工程有限公司

重庆民福建设工程有限公司（原为重庆潼南建设工程有限公司）成立于1997年，经过十多年的奋力拼搏，现已发展为具有房屋建筑工程施工总承包二级；市政公用工程施工总承包二级；建筑装修装饰工程专业承包二级；土石方工程专业承包二级；水利水电工程施工总承包三级；公路工程施工总承包三级；混泥土预构件专业承包三级；城市及道路照明工程专业承包三级；园林古建筑工程专业承包三级；房地产开发（资质三级）及销售；汽车站综合服务的民营企业。公司现有注册资本金6699万元，2011年末资产总额达1.53亿元。

江北汽车站外景

公司的经营业务现不仅立足于潼南、重庆，而且还不断向外拓展，现在公司业务已遍及云南、贵州、四川、陕西、宁夏、新疆、西藏等数省区几十个县。2011年公司年产值达6亿元，向国家纳税2400万元，为经济的发展和社会的和谐稳定作出了重要贡献。

公司的不断发展和取得的辉煌业绩，得到上级党组织和政府及主管部门的肯定，从2002年起至今，公司党组织每年都被中共潼南县委、梓潼街道党工委评为“先进基层党组织”、“优秀党支部”、“两新组织党建工作示范党组织”，连年还被中央、市、县政府及相关部门评为：国家规定企业推行全面质量管理标准先进单位；重庆市守合同重信用单位；潼南“十强企业”；重庆市安全生产先进单位、重庆市首届“同心奖·十大共富责任民企”；同时公司董事长和总经理还被重庆市政府授予第一届、三届“优秀社会主义事业建设者”，2012年4月被授予重庆市第四届劳动模范荣誉称号，2012年6月被中共重庆市委、市人民政府授予“重庆市优秀民营企业”称号，2011年度“全国重点房地产开发企业联网直报工作先进企业”荣誉称号。

公司的经营和发展，在强化企业管理，做大做强企业的同时，还积极履行社会责任，不仅坚持按时足额向国家纳税，还以极大的爱心回报社会，积极接纳安置大中专毕业生和军队退伍军人，每年为下岗职工和农民工提供5000多个就业岗位，使他们通过民福建设公司这个平台获得了上亿元的劳务收入，既帮助下岗职工和农民工增加了收入解决了生活来源，又带领他们走上了致富道路。公司还尽全力扶贫赈灾，先后资助了20多名贫困大学生完成学业，为“5·12”汶川大地震和潼南2010年“7·17”洪灾捐款捐物救灾，资助偏僻贫困乡村修建公路，公司的义举和爱心，受到了社会各界赞誉和好评。

大足永盛矿业有限责任公司

大足永盛矿业有限责任公司位于我县玉龙镇新益村，占地面积60亩。矿区探明赋存量约500万吨，现可采储量100万吨。现有职工616人，其中井下采掘一线职工198人。核定生产能力为9万吨/年。

该公司于1957年2月由四川省公安厅开办，始为劳改矿井，定名新公煤矿。1960年移交给当地，改名为玉龙煤矿，性质为国营。1999年该矿改制为股份制企业，成立永盛矿业有限责任公司。

企业改制后，先后投资5000余万元，完善了井下通风、运输、排水等各个生产系统，生产能力从不足3万吨/年提升到9万吨/年。更为可喜的是，该公司非常重视采煤方法与回采工艺改革，2006年在我县率先实行长壁后退式采煤法，提高了全员工效。2007年井下全部采煤工作面实现了机械化落煤（使用截煤机），降低了井下一线职工的劳动强度。2008年，井下全部采煤工作面使用了单体液压支柱，提高了安全生产条件。平巷使用了平巷人车、斜井使用了吊挂人车运送职工，大大改善井下职工的生产作业条件。斜井皮带运输也在新规划之中。2008年底，经市主管部门验收，荣获“重庆市质量标准化示范矿井”称号。2009年以来都被市主管局评为“一级安全质量标准化矿井”。

该公司非常重视企业文化与安全文化的建设。投资300余万元，重新布置了地面工业广场，新修办公大楼1000余平方米，装修了职工宿舍，新修了职工食堂、澡堂和篮球场，建设了企业安全文化走廊，成立了企业党支部、企业工会。企业职工树立了文明生产、安全生产观念，企业安全生产记录已超过2200天，连续几年国税、地税上千万元，都是大足区纳税前二十强

重庆谛远（集团）实业有限公司

重庆谛远（集团）实业有限公司是集环卫设备、设施生产，专用汽车组装、销售、维修、租赁为一体的集团公司。公司总部现位于重庆市渝北区人和黄山大道东段174号（重庆市环卫控股集团六楼）。

集团本着专业经营、以人为本、科学高效的服务理念，以专业的销售团队和优质的贴心服务，在整车销售、配件供应、售后服务、信息反馈等方面树立了良好的市场口碑，赢得了广大消费者的信赖和支持。

集团所属专业从事各种专用汽车销售的重庆谛远晋峰汽车销售有限公司，秉承专业、优质、精品的原则，精心选择代理了具有国际先进水平、技术含量高、制作工艺强的环卫、工程机械、专用设备等三大类产品。

环卫类：该产品四项获国家专利，六项填补国内空白，历年被省、市、地评为"高新技术企业""明星企业""著名商标""星火计划企业""一级信用企业"等称号并出口非洲，东南亚，拉美，欧洲等国家的"烟台海德专用汽车有限公司"生产的"海德牌"系列环卫产品；以军工产品、民用航空转包、民品经营形成三足鼎立格局的"贵州云马飞机制造厂" 引进澳大利亚帕帕斯IP公司技术生产的"云马牌"系列环卫产品；位居世界工程机械行业第15位、中国500强企业第168位、中国制造业500强第84位的徐工集团全资子公司"徐州徐工随车起重机有限公司"生产的"徐工牌"环卫设备；秉承国际大型跨国（集团）公司——联谊工程有限公司优良传统、先进技术和丰富经验，并融合国际先进技术的全资直属子公司"珠海经济特区联谊机电工程有限公司"生产的"联谊牌"环卫设备；中国100强企业江苏悦达集团和世界500强企业日本富士重工业株式会社强强联合的结晶——江苏悦达专用车有限公司生产的"悦达牌"环卫设备；全国专用车之都"湖北随州合力专用汽车制造有限公司"生产的"神狐牌"系列环卫产品；"江苏雅迪科技发展有限公司"生产的电动系列环卫车等。

潼南产业园的签约仪式现场

经营品种包括：各种型号及规格的扫地车、高压清洗车、绿化洒水车、吸污车、后装压缩式垃圾车、可卸式压缩垃圾车、垃圾收运车、餐厨垃圾车、垃圾中转站等拳头产品。

工程机械及专用设备类　德国LIEBHERR集团公司在中国投资兴建的合资公司"利勃海尔机械（徐州）有限公司"生产的"LIEBHERR牌"混凝土搅拌车、搅拌站、回收站等专用设备系列产品；位居世界工程机械行业第15位、中国500强企业第168位、中国制造业500强第84位的徐工集团全资子公司"徐州徐工随车起重机有限公司"生产的"徐工牌"随车起重机、桥梁检测车、特种起重机、高空作业车等系列产品及"徐州徐工筑路机械有限公司"生产的"徐工牌"XM路面铣刨机、GR系列平地机、XZ系列水平定向钻机、XR系列旋挖钻机、XG系列连续墙设备、XC系列稳定土、沥青冷再生厂拌设备；徐州重型机械有限公司生产的徐工牌汽车起重机、全地面起重机、高空作业平台、特种消防车等系列产品；徐州建机工程机械有限公司生产的徐工牌泵车、砼运输车、搅拌站等系列产品

綦江工业园谛远。徐工产业园开工典礼

该公司自2007年成立至今，所代理的产品皆为国际、国内知名品牌，前期做了大量的网络化建设，基础平台非常扎实，后期加强售后服务管理规范。因此，成立不久就在重庆及周边环卫类产品市场中占有比较明显的竞争优势。销售收入逐年上升。目前公司正沿着"品牌路线"，以更加优质、全面的服务进一步提升服务品质，开拓更加广阔的市场。

集团有完善的售后服务体系，还于2009年3月2日成立了重庆谛远晋峰汽车销售有限公司维修服务中心。维修服务中心位于重庆空港工业园区30号地块，占地面积 20余亩，现有技工30多人，其中具有专科以上学历、中级以上职称人数占员工比例的78%以上。中心专业针对所售车辆进行保养、维修，提供增值服务。建立起客户档案并成立了24小时应急服务小组，配备有应急服务车辆数台，设立专用车备品备件库。专业的售后人员常年定期我司销售车辆的用户进行走访，指导用户正确使用设备，并将用户的合理化建议信息迅速反馈制造商，积极搭建用户与生产厂家良性互动的平台

集团不但积极开拓新的品牌，同时大力打造自主品牌。重庆谛远机械设备有限公司与徐工集团合作，引进其先进技术及管理，在綦江工业园征地200余亩，即将建成以生产机械产品为主导的现代化工业企业；重庆谛远环卫设备有限公司与徐工集团、江苏悦达合作，在潼南工业园征地300余亩，将建成以生产环卫机械产品为龙头的谛远·徐工、谛远·悦达产业园。集团将不断开拓进取，为客户提供更多优质的产品、更加快捷的售后服务，持续地提升公司品牌、打造公司美誉度，以满足消费者的个性化、多样化需求，赢得更加广阔的发展空间。

电话：（023）67886599　62412329

洒水车

餐橱车

吊车

直臂12吨
图片仅供参考，产品以实物为准。

勾臂车

重庆建设摩托车股份有限公司

CHONGQING JIANSHE MOTORCYCLE CO.,LTD.

重庆建设摩托车股份有限公司（CHONGQING JIANSHE MOTORCYCLE CO.,LTD.）隶属于中国兵器装备集团公司。公司源于1889年张之洞所创汉阳兵工厂，发展历程跨越了三个世纪，成为在中国具有举足轻重地位的大型军工企业，曾先后迎来毛泽东、邓小平、江泽民等党和国家领导人的亲临视察。

改革开放以来，建设携百年军工技术成功实现军转民，进入摩托车产业，1980年，建设第一代重庆牌JT50型机动脚踏两用摩托问世，迎来了军转民大发展的时期。公司股票于1995年在深圳证券交易所上市（股票代码：200054）。

摩托车车架全自动机器人焊接生产线

机器人焊接生产线

标准件自动立体库

公司设重庆建设销售有限责任公司、重庆北方进出口贸易有限责任公司、重庆建设车用空调器有限责任公司、上海建设摩托车有限责任公司等四个子公司；重庆建设雅马哈摩托车有限公司、株洲建设雅马哈摩托车有限公司、重庆平山泰凯化油器有限公司等三个合营公司。

公司被国家授予"中国名牌产品"、"中国驰名商标"、"全国用户满意产品"、"最具竞争力的中国民族品牌"等荣誉称号，是国内最卓越的摩托车和汽车空调企业之一，为国家经济建设作出了巨大贡献。

作为一家开放的企业，公司在摩托车产业上与日本雅马哈发动机株式会社已有20多年战略合作历史。拥有从48CC到400CC排量的系列发动机平台，产品谱系覆盖骑式车、弯梁车、踏板车、太子车、ATV、电动摩托车等领域。

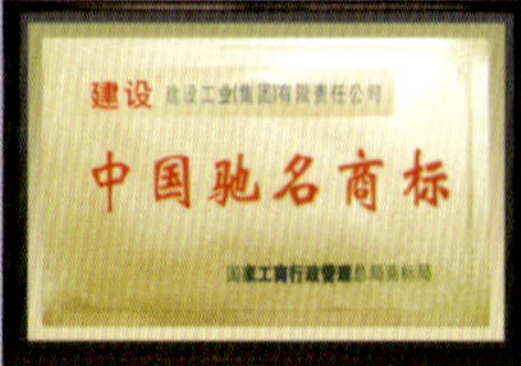

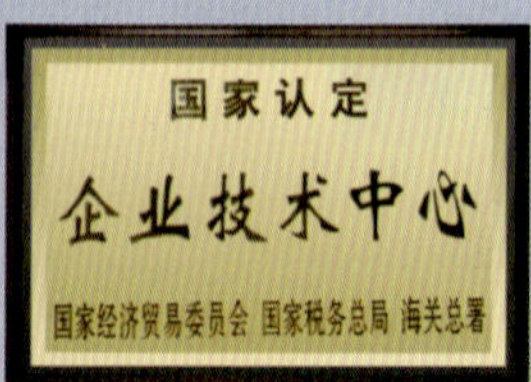

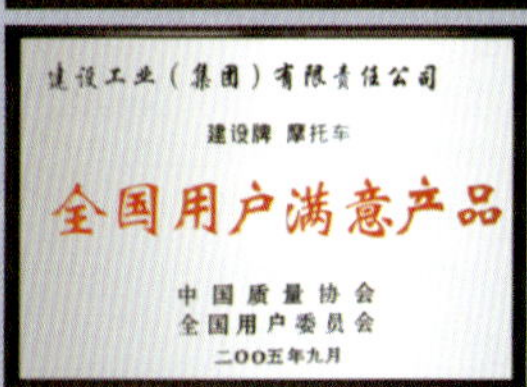

公司坚持引进、消化、吸收与自主创新相结合的发展道路，拥有中国摩托车行业首家国家认定企业技术中心、全国优秀博士后科研工作站、国家认可委认可的摩托车检测中心和强大的研发技术团队，具备雄厚的摩托车及相关产品研发、制造和销售能力。近年来，公司推进"五芯战略"，对标世界一流摩托车发动机及成车技术，进行集成与自主创新，形成技术优势突出、盈利能力强，舒适、安全、节能、环保和可靠性等指标全面领先行业水平的"弯梁芯"、"骑式芯"、"太子芯"、"踏板芯"、"ATV芯"五大系列产品组合，取得令人瞩目的成就，在业界产生深远影响。

在车用空调产业上，公司1994年引进日本精工精机技术，开始进入汽车空调领域。JSS—96型系列车用空调压缩机具有制冷效率高、功耗低、运转平稳、体积小、重量轻、使用范围广等特点，具有二十世纪九十年代世界先进水平。十几年来，公司通过不断地引进、消化、吸收、再创新，形成了较强的车用空调产品自主研发能力，构建了旋叶式压缩机（包括铁质机和铝质机）、活塞斜盘式定排量压缩机、变排量压缩机三大技术平台，产品覆盖72cc到320cc排量段。

2008年，公司结合大规模技术升级与产能扩充改造，完成了第四次整体搬迁，分别在重庆市花溪工业园和九龙工业园设立了摩托车和汽车空调研发、制造基地。未来的建设将以"1166"战略为牵引，坚持"好字优先，好中快进"的科学发展方针，全力打造国际化、现代化的一流摩托车制造企业。

企业网址：http//www.jianshe.com.cn　企业地址：重庆巴南花溪工业园建设大道一号　邮编：400054

JS125-6F(V6旗舰版)

JS110-5(K8赛车版)

JS125-7C骏风S

致力于打造综合支付服务平台——中国银联重庆分公司

中国银联 China UnionPay

2011年9月，重庆市市长黄奇帆（左四）、中国银联董事长苏宁（右四）在渝出席NFC SD银联标准手机金融产品全球首发仪式

2011年11月，中国银联总裁许罗德（中）到重庆分公司调研

作为我国自主银行卡品牌，“银联”已成为全球第三大银行卡品牌。2011年，在市委、市政府及人民银行重庆营业管理部正确领导下，中国银联重庆分公司围绕“打造综合支付服务平台”奋力前行，涵盖线上线下、多渠道、多产品的银联综合支付服务价值初显，为重庆经济发展作出了应有贡献。

此年，银行卡业务保持高速增长。全市银行卡跨行交易突破2000亿元大关，交易金额达2428亿元、13514万笔，同比分别增长40%和30%。银行卡现金渗透率达36.68%，同比提高10.26个百分点，拉动全市消费增加约35亿元。截止年末，本地新增成员机构6家，累计达26家；全市POS活动商户32076户、活动终端52050台，较年初分别增长63%、56%。

此年，银联便民支付服务领域不断拓展。财税库银、跨行理财POS等便民支付新业务上线。至此，银行卡缴费、纳税、理财、水电气及通讯费的便民支付体系基本形成。财政非税刷卡覆盖全市所有区县500余个执收单位，移动、电信、电力自助缴费终端累计布放1926台，财税库银刷卡缴税在所有区县征收大厅布放终端232台。便民交易近8亿元，同比增长近3倍。

此年，银行卡风险防控和打击成效显著。“重庆地方风险管理委员会”成立，出台《重庆地方风险管理执委会工作细则》，银行卡风险防控机制进一步完善。协助公安机关“天网-2011银行卡犯罪专项打击行动”破案4045起，抓获犯罪嫌疑人721名，涉案金额7亿元，挽回经济损失1786万元，因此荣获公安部颁发的“天网-2011”专项行动“最佳协作奖”、市公安局“如雪中送炭、似寒冬暖日”锦旗。

此年，企业文化建设卓有成效。荣获中国人民银行总行2007—2010年度“模范职工之家”、总公司“模范员工之家”、“工会工作先进集体”荣誉称号，市场部荣获重庆市总工会“重庆五一巾帼标兵岗”和“工人先锋号”荣誉称号，总经理荣获重庆市2011年“五一劳动奖章”、助理总经理荣获“渝中区优秀金融青年人才”荣誉称号。

中交二航局第二工程有限公司

ZHONGJIAOERHANGJU DIERGONGCHENGYOUXIANGONGSI

中交二航局第二工程有限公司创建于1958年，公司前身——交通部第二航务工程局第二工程处。半个世纪的探索和追求，昔日弱小的施工处已发展成为具有工程总承包一级资质的综合性、现代化建筑施工企业。公司的产品结构也从单一的水工领域发展成“以特大桥为品牌，铁路、公路、海外协调发展”的战略格局。2010年，公司年产值突破50亿元，经营合同额再次稳固在百亿平台，利税突破2亿元，装备水平行业先进，核心技术业内领先，产品结构多元发展。

半个世纪以来，公司各项工作呈现出快速发展的强劲势头。科技进步日益提高，产值、利润、全员劳动生产率、工程质量优良品率、安全事故频率等主要经济技术指标在重庆市建筑行业和二航局乃至中交集团均处于领先地位。公司先后获得和保持了“全国行业质量诚信示范企业”、“全国用户质量满意企业”、“全国质量效益型先进施工企业”、“全国优秀建筑企业”、“全国文明单位”、“全国思想政治工作优秀企业”、“全国模范员工之家”、“全国青年文明号”、“全国安康杯竞赛优胜企业”等一系列荣誉。

自上世纪九十年代，当我国路桥建设即将进入高峰期时，公司敏锐地捕捉到市场先机，以交通部投资建设湖北黄石长江大桥为契机，主动请缨，承担了大桥6个深水主墩的施工任务。机遇就是挑战，高起点、大跨步进入路桥建设市场，公司实现了产品结构的突破，从原来的港口施工领域顺利转型跨入公路桥梁施工领域，并成功地将传统的水工技术优势移植嫁接到深水、外海桥梁施工领域。此后，公司相继承建了江苏江阴长江大桥、武汉白沙洲长江大桥、湖北鄂黄长江大桥、江苏润扬长江大桥、江苏苏通长江大桥、江苏泰州长江大桥、厦门集美大桥及重庆朝天门大桥等特大型桥梁工程，并取得了辉煌的业绩，总结和积累了一整套特大桥施工组织管理经验，创新出一大批科技成果，培养出一大批建桥人才，并逐步确立了在国内路桥建设领域的标杆地位。

2010年底，公司成功中标举世瞩目的港珠澳大桥岛隧工程，标志着公司成功进军沉管隧道建设领域，进一步推动公司桥梁板块向高端产品市场的纵深发展。公司再次占据跨海大桥建设的制高点。

公司创造了众多夺目的品牌，摘得多项高级别的工程大奖。苏通长江公路大桥被国际桥梁大会（IBC）授予“乔治·理查德森大奖”、并获得“中国建筑工程鲁班奖”、“詹天佑奖”，重庆朝天门大桥荣获中国土木工程“詹天佑奖”，江阴长江公路大桥获美国“尤金·菲戈金奖”、“中国建筑工程鲁班奖”、“詹天佑奖”，杭州绕城高速公路东线下沙大桥荣获“国家优质工程银质奖”，重庆黄花园大桥、朝天门广场梯道工程和浙江南太湖大桥先后获得“中国市政工程金杯奖”。

在桥梁建设领域，公司的足迹遍及祖国的江河湖海并延伸至海外，业绩涵盖了所有桥型，囊括了多项世界纪录，为中交二航局“中国建桥第一品牌”的成功打造奠定了坚实的基础；在铁路市场，公司正成为中交二航局新版块拓展的“主力军”；在高速公路建设领域，公司赢得了“铁军”的美誉；在港航建设领域，公司在长江沿线和东南沿海镶嵌了颗颗明珠；在市政建设领域，公司为多座城市打造了道道亮丽的风景线。

重庆火车站

重庆车站目前管辖重庆（一等站）、重庆北（一等站）、沙坪坝（四等站）、黄沙溪（五等站）、井口（五等站）、蔡家（五等站）6个车站，141和黄桷2个线路所。全站担负着成渝、川黔、襄渝、渝怀、遂渝五条铁路干线旅客列车的始发、终到和中转作业。车站内设8个科室，6个车间，33个生产班组，现有在岗人员832人，其中管理人员84人。2009年，重庆站被授予“全国文明单位”称号。

春节祝福

重庆车站共计开行旅客列车62对，日均运能95000人；其中，重庆北站开行客车50对，其中动车11对；重庆站开行列车12对。重庆北站有固定售票窗口28个，重庆站有固定售票窗口24个，车站现有联网客票代售点122个，窗口128个。

重庆北站候车面积10200平方米，设计候车能力为20400人。重庆站候车面积为7800平方米，设计候车能力为15600人。

多年来，重庆火车站在成都铁路局领导下，在重庆市委、市政府的关怀下，全站干部职工牢固树立“安全就是效益，安全就是责任，安全就是生命”的思想，认真落实“认真履职尽责，主动引领担当”的要求，紧密围绕构建和谐成铁，创建一流车站的目标努力工作。

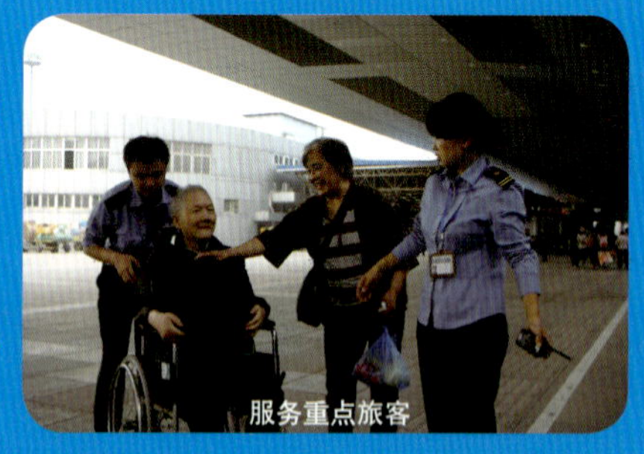
服务重点旅客

礼仪表演

自“服务旅客创先争优”活动开展以来，车站重新提炼了服务理念，积极带领全站干部职工开展服务创新：一是动车组专用候车室按照“有需求、有服务，无需求、无干扰”的要求，重新修订服务标准，细化服务措施，打造动车组服务精品；二是主动邀请重庆市服务质量监督员以普通旅客身份乘坐火车出行，接受服务质量的监督，并将此项措施作为一种工作常态长期执行；三是通过外聘教师、强化培训、实战演练等方式，对客运职工进行了服务礼仪、应急处置等全方位培训，切实提高了职工服务技能；四是坚持重点旅客重点服务，采取优先进站上车、专人负责等措施，确保了重点旅客服务一个不漏。通过以上举措，全站干部职工主动服务意识进一步增强，整体服务水平得到显著提高。

在今后的工作中，重庆火车站将以进一步转变干部作风为突破口，统一思想，坚定信心，认真贯彻“以服务为宗旨，待旅客如亲人”的服务理念，扎实苦干，始终把安全放在第一位，不断加强路风和服务质量管理，努力打造直辖市客运窗口新形象。

重庆市农业科学院茶叶研究所
重庆云岭茶业科技有限责任公司

重庆云岭茶业科技有限责任公司（以下简称公司）成立于1 996年，注册资本1 370万元是重庆市农业科学院下属经济实体主要致力于茶叶科技成果转化，促进农民增收，推进我市茶业产业化和社会主义新农村建设。

公司现有茶树品种基因库5亩，标准示范茶园面积1 500余亩，生产基地1000余亩，标准生产车间和办公大楼6000余平方米，拥有连续化针形名优茶生产线及乌龙茶袋泡茶优质大宗绿茶生产线，拥有“云岭” “川秀”商标，“云岭”商标为重庆市著名商标。

公司通过了S09001:2008质量管理体系认证无公害农产品产地认证无公害农产品产品认证有机茶认证和QS认证，是重庆市“十强”茶业企业重庆市市级农业产业化龙头企业国家级扶贫龙头企业，公司“永川秀芽茶叶科技生产示范观光基地”被评为全国农业旅游示范点。

公司目前已形成“云岭牌永川秀芽”、“云岭牌茉莉秀芽”、“云岭牌优质绿茶”三大主要产品系列，其中，主营核心产品为“云岭牌永川秀芽”系列针形名茶，“云岭牌永川秀芽”于1989年被农业部评为优质农产品，1999年2001年在中国国际农业博览会上认定为名牌产品．2000年中国（成都）国际茶博会及2005年中国（重庆）国际茶博会上荣获金奖享有重庆市首届“十大名茶”称号产品畅销于重庆四川北京上海等市场，形成了以重庆本地市场为中心，辐射全国的销售网络体系。

公司长期坚持以“科技为本，服务三农”为指导思想，以“专业、生态、健康”为理念，以“缔造卓越科技，铸就专业品质”为企业核心文化，以产品出厂合格率100%为质量承诺，围绕自主创新品牌建设成果转化市场推广，打造行业名牌，实现垂范渝茶的奋斗目标。

云岭·永川秀芽品质特征

以中小叶茶树品种芽叶初展鲜叶为原料，经鲜叶、摊放、杀青、摊晾、揉捻、烘二青、摊晾、复揉、做形、烘焙、手工精制等工序加工而成其品质特点是：外形紧圆细直，色泽鲜润翠绿，汤色清澈绿亮，香气鲜嫩高长，滋味鲜醇回甘，叶低嫩匀明亮。

云岭热线：023-49878116
Add：重庆市永川区桂山路2号
Http://www.cnylcy.cn

重庆公路物流基地

重庆市市长黄奇帆视察基地

重庆市副市长童小平视察基地

重庆公路物流基地是经国家发改委和市政府批准规划布局的国家级物流枢纽“三基地四港区”之一，也是我市唯一的综合性枢纽级公路物流基地。该项目总投资400亿元人民币以上，规划控制面积约30平方公里，建成后将成为西部最大的集“多式联运、现代仓储、货运配载、展示交易、增值加工、城市配送”等功能于一体的公路枢纽型经济集聚区，货运年吞吐量达2亿吨，可实现年产出3000亿元。

基地位于重庆主城南大门的巴南区，交通区位优势十分明显。经贵州省至广西北部湾的出海大通道渝黔高速段和重庆至广东省、福建省沿海的出海大通道渝湘高速段汇集于此，是重庆市西南部、东南部物资进出的门户，承接两大国家级物流通道上主要公路物资，沟通重庆与长江经济带、东南沿海经济带、云贵昆经济区之间商贸联系，通过公、铁、水多式联运，实现与东南亚等国物流联络。

基地东临渝湘高速、西连渝黔高速、北接内环高速、南接绕城高速。规划中的铁路东南外环线在重庆公路物流基地设置有专用的货运站场，有利于降低物流成本，能够便捷服务重庆一小时经济圈内的生产和生活所需。

基地结合公路物流产业特点、重庆南部物资进出的类型以及周边产业布局情况，以产业为支撑，以市场为纽带，建设现代新型工业品专业市场，主要建设五大专业市场（工业原料、装备、汽摩、五金机电、建材）、三大中心（信息、电子商务、结算）、一大基地（城市配送），其物流除与工贸城配套外，主要发展为主城服务的城市配送，推动物流、商流、资金流、信息流高效联动，为制造业发展提供便利，为物流业发展提供商机。我们将坚持立足重庆、服务西部、联动全国、面向全球，建设西部领先、全国一流的商贸物流产业基地。计划到2017年，投入400亿元，完成7平方公里的开发建设，建设专业市场800万平方米、仓储100万平方米、增值加工100万平方米，产出1200亿元，税收20亿元，解决7万人就业。

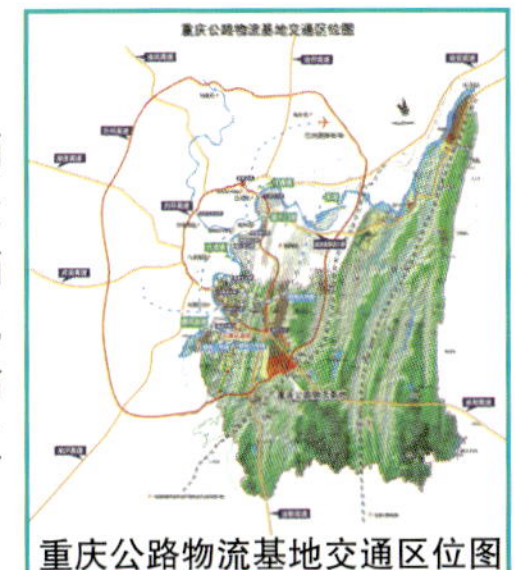

重庆公路物流基地交通区位图

朝天门市场秀山分市场

福广建材批发市场

花灯美食街

武陵副食品市场批发

货运中心透视

铁路物流区

武陵国际家居建材市场

武陵汽车城

重庆市重点物流园区
——秀山（武陵）现代物流园区

秀山（武陵）现代物流园区是重庆市首个挂牌的地区级物流枢纽、市级重点物流园区、省际区域性商贸物流中心，是秀山建设“武陵山区经济强县和中心城市”的重要举措。

园区规划。园区以“买武陵、卖全国，买全国、卖武陵”为总体思路，以“立足秀山、服务武陵、辐射全国”为发展理念，充分发挥独特的区位优势和公铁联运优势，依托渝怀铁路线上唯一的每年300万吨战略装卸点、唯一的集装箱中转站、唯一的化工品铁路专线，武陵山区最大的一级批发市场，最大的化工品园区，最大的会议会展中心，最大的电子商务服务平台和最具影响力的保税仓库，规划占地6平方公里，其中一期3.5平方公里，投资约98亿元，按照八区一园（专业市场区、铁路物流区、化工品区、总部经济区、物流加工区、城市配送区、仓储区、生活配套区和民俗风情园）的布局，以专业市场为核心，铁路物流为重点，仓储配送为依托，建设集交易、配送、仓储、加工、会展等功能为一体的多功能综合性物流园区，建成武陵山区市场规模最大、门类最齐全、功能最完备、辐射效果最好的区域性商贸物流中心，打造现代商贸之城。

园区规划分“两步走”，即：到2015年，园区可实现年货运量1000万吨，市场交易额200亿元，建成辐射周边11个区县500万人口的区域性商贸物流中心。2020年，实现年货运量1500万吨、市场交易额500亿元，积极服务周边300公里范围内18个区县800万人口，成为重庆辐射带动武陵山区域发展的重要窗口和平台。

园区建设运营。自2009年7月园区启动建设以来，已有重庆民生能源集团、重庆重铁物流有限公司、重庆朝天门市场经营管理有限公司、重庆顺盛实业有限公司、重庆商业投资集团、重庆农产品集团公司、赣商集团等21家开发企业、22个项目相继落户园区，协议引资73亿元。被评为少数民族地区首个“中国物流实验基地”，全国首个“中国应急物流实践基地”、“中国西部物流基地”和“武陵山中药材信息、预警中心”，成为国家应急物流标准制定单位。成为少数民族地区、全国多省市交界地区提振物流产业、统筹城乡发展的先行区。

截止目前，园区累计完成投资39亿元，全面完成了园区一期3.5平方公里土地指标审批工作和项目招商工作，基本完成征地拆迁工作。全面启动专业市场区、铁路物流区、化工品区、总部经济区和仓储配送区等项目建设。成都铁路局秀山300万吨铁路战略装卸点一期工程竣工投入使用，“5·12”地震后特批除拉萨外唯一的化工品专用线和渝怀铁路上唯一的集装箱站场已开工建设。启动了经营面积近120万平方米的16个一级批发市场建设，已建成面积80万平方米，即将开业运营钢材、建材、副食品、五金机电、家居、型材板材、3C及朝天门市场秀山分市场等专业批发市场，签约入驻经营商户2897户。成功运行“中药材买卖通”电子商务交易平台，启动“武陵物流云”项目建设。促成中药材天地网、农产品检验检疫中心、攀钢集团、冷钢集团、放心粮油一条街等43家优质企业及15家物流企业入驻。引进律师事务所、会计师事务所、资产评估公司等12家咨询服务机构入园办公；开展工矿产品仓单质押、供应链物流服务；开通中铁快运；开业武陵名特优农产品总汇、武陵山中药材电子交易中心和武陵工矿产品交易中心。今年以来，园区完成货物到发量110万吨，实现市场交易额24亿元。年周转135万吨的化工品区在2012年底投入使用后，将有效缓解武陵山区成品油、化工品供需矛盾，致力建设成为中国西部一流的化工品物流集散中心和深加工基地；投资约18亿元的国际会议会展中心和园区其他配套设施项目正同步推进建设，贯穿园区的花灯大道、白沙大道、武陵北路等长约19公里道路已竣工通车，集“武陵美食、民俗文化”于一体的秀山花灯美食街已进入主体施工阶段。

下阶段工作打算。2012年，园区将基本建成专业市场区、铁路物流区、化工品区，建成并开通化工品铁路专用线、铁路集装箱站及长大笨货场，开业运营钢材、建材、副食品、五金机电、家居、型材板材、3C及朝天门市场秀山分市场等专业批发市场，试运行“武陵物流云”信息平台，初步构建武陵山区域性商贸物流中心的基本框架。“十二五”期间，园区将致力运营管理，同步启动拓展区2.5平方公里项目建设；全面建成并营运经营面积达120万平方米的16个专业批发市场，确保入驻率达60%以上；建成并开通铁路集装箱站、化工品铁路专用线，运行“武陵物流云”信息平台，竣工使用仓储设施、保税仓库、物流配送中心、货运中心、会议会展中心等物流配套项目，升级打造集化工品专运、集装箱联运、长大笨货运、保税物流、应急物流、冷链物流及区域配送等功能于一体的武陵山片区公铁联运枢纽，完善物流功能、提升物流软实力。通过2至3年的时间，成功创建国家级商贸物流示范园区。

秀山化工品园区

武陵小商品批发市场

秀山民生国际会展中心

专业市场区

重庆马家岩临江装饰材料批发城

马家岩临江装饰材料批发城是重庆临江物业发展有限公司属下的商业地产之一。创建于1997年，经过15年的发展，现经营面积五万平方米，商家有近500余家，经营品种有陶瓷、洁具、水电、墙纸、灯饰、五金油漆、门业、地板、玻璃九大专业卖场。

"精品建材，大众消费"、诚信经营，杜绝"暴利"、"明码标价、实价实卖"、"明折明扣、谢绝回扣"，是临江经营理念，是临江社会责任。

十年砺剑，2012年临江再次荣获重庆市工商局颁发"诚信市场示范单位"殊荣。

诚信是临江装饰材料批发城永恒主题！

玖龙纸业(重庆)有限公司

NINE DRAGONS PAPER INDUSTRIES (CHONGQING) CO.,LTD.

玖龙纸业(控股)有限公司(股份编号：2689)，是于香港上市的亚洲最大的现代化包装纸制造集团，是中国首个年产能过千万吨的造纸集团，能为客户提供多元化产品系列和包装纸的一站式服务，并从环保包装纸拓展到环保文化纸，新产品包括：环保型文化用纸、高档白卡纸等。

玖龙纸业（重庆）有限公司是玖龙纸业集团于2006年投资新建的第三个造纸基地，主要生产产品为牛卡纸、高强瓦楞纸和灰底白板纸等。公司位于重庆市江津区珞璜工业园A区，地理位置优越，距重庆市区仅45分钟车程，距江津城区30分钟车程。厂区占地约3800余亩。其中一期项目的投资总额超过30亿元，年设计产能为80万吨，包括一台年产45万吨的高档牛卡纸和一台年产35万吨的高强瓦楞纸造纸机。在市委、市政府及区委、区政府等各级领导的关心和支持下，一期工程于2007年5月开工建设，2008年8月成功投产，使重庆玖龙一举成为我国西部地区最大的现代化包装纸生产基地。

玖龙以高度的社会责任感，执着于"没有环保就没有造纸"的企业理念，坚持科学发展、绿色发展，开创了中国废纸造纸的先河，引领了环保造纸的潮流。在未来，玖龙将继续朝着环保、节能型、国际化管理的目标迈进，巩固行业龙头地位，奠定企业百年基业。

电　话：023-65558888　　地　址：重庆市江津区珞璜工业园A区
传　真：023-65558999　　邮　编：402279
公司网站：www.ndpaper.com　　E-mail：info_cq@ndpaper.com

壮观的公司大门

先进的生产车间

忙碌的玖龙码头

重庆望江工业有限公司

CHONGQING WANGJIANG GONGYE YOUXIANGONGSI

党委书记汤世明

重庆望江工业有限公司是中国兵器装备集团公司所属国有独资大型一类企业。1933年，始建于广东省清远县湛江口；1938年，内迁重庆市江北区郭家沱，西靠铁山坪森林公园，南依长江,三面环山，一面临江，拥有独特的地理位置；公司内绿树成荫、风景秀丽，素有"十里望江，十里画廊"的美誉。

公司占地面积10.45平方公里，资产58亿余元，拥有各类加工设备近2000台（套），拥有高精计量、理化分析手段，具有较强的综合机械加工制造能力和生产检测能力；现有从业人员5200余人，各类专业技术人员1000余人，聘请国内知名专家15名为公司高级顾问，国家千人计划专家1人，集团科技代头2人，技能带头1人，为企业科研、生产提供了强有力的智力支撑。

公司通过近80年发展，公司已形成了集科研、制造于一体，加工工艺门类齐全，检测手段先进；公司有国防科工委认定的国防工业技术中心和重庆市认定的企业技术中心和已连续多年被评为中国机械500强、重庆市工业企业50强，是重庆市创新型试点企业。公司通过产业持续转型升级，产品结构不断调整，目前特种装备、风电增速器和专用汽车已成为企业发展的主业，企业已发展军民并重、军民融合、核心能力突出、以市场为导向的现代化企业。公司在集团所属企业中，综合经济指标领先，已步入跨越式发展的轨道。

望江公司办公大楼

望江专用车

2011年，是公司能力提升年，是公司"十二五"规划的开局年和产品产业调整关键年，通过着力推进"1+2"事业计划，深化"七个调整"，提升经济增长能力，提升自主创新能力，提升生产制造能力，提升市场营销能力．提升基础管理能力，提升经济运营能力；着力推进营销平台、研发平台和制造平台建设，全年各项任务全面完成，实现销售收入27.2亿元，利润总额9341万元。

新建职工住宅

重庆市德源水电开发(集团)有限公司

董事长：曹春林

重庆德源集团是一家集房地产开发、物业管理、水力发电、金融投资、网络科技、国际贸易、酒店管理等为一体的现代民营企业集团。自2005年6月成立水电公司以来，始终奉行"德品至上、诚信经营、用心做事"的宗旨，在博采众长的创业实践中逐步走向成熟，2008年公司全面发展步入稳健的跨越式发展快车道，实现了母子公司制与事业部制的有效融合。

公司组织结构健全，技术雄厚，人才云集。总部设有企业发展部、财务部、监察部、产品研发部、工程管理部、营销策划部等职能部门，成立了党委、团委、工会、女工委、人民武装部等党群组织。现有员工1200余人，其中70%以上为大专以上学历；拥有专业技术人才288人，其中高级40人，中级48人、初级200人。

公司坚持"团结、高效、创新、奉献"的企业精神，秉承"以人为本、科学发展、追求卓越、福荫社会"的经营理念，积极推进房地产核心产业，大力扶持地方经济新的增长极和民生产业发展，稳步拓展国内外市场。公司正依靠科技和现代化管理手段，培育优秀的专业技术人才队伍，依托雄厚的经济实力和高超的资本运营策略，打造"具有核心竞争能力、最佳盈利能力、可持续发展能力"的名牌企业。企业蒸蒸日上的发展势头已在市内、外和同行业中享有良好声誉。近年来，公司向社会各界的公益慈善捐赠近4000万元，多次被评为市、区"文明单位"、"重合同守信用单位"、"企业文化建设示范单位"和"纳税大户"。董事长曹春林先生担负着中国青年创业国际计划导师、重庆市政协委员、重庆市工商联（总商会）常委、重庆市青年企业家协会副秘书长、重庆市民营企业思想文化建设指导委员会委员、江北区人大代表、忠县老年人体育协会特邀副主席等多种社会职务，先后荣获"优秀企业（厂长）经理"、重庆市十大杰出青年企业家等殊荣，被中央电视台、中国商报、凤凰网、重庆电视台、重庆日报、重庆晨报、重庆晚报、重庆时报、重庆商报、华龙网等多家媒体专访报道。

展望未来，任重道远。公司将一如既往地秉承"客户满意、社会满意、员工满意、企业成长"的价值理念，胸怀"行业先锋、民企典范"的远大目标，致力打造"经营效益优、管理内控严、发展后劲足、社会形象好"的标杆企业，在经济发展中永立潮头！

重庆市
守合同重信用单位
（2009-2010年度）
重庆市工商行政管理局
二〇一〇年九月

地址：重庆市江北观音桥步行街 北城艺术大厦22楼
邮编：400020
电话：（023）67018001、（023）677278839(传真)
http: www.cqdyjt.com.cn
电子邮箱：cqdyjt@126.co

集团总部大楼效果图

重庆天嘉日用品实业有限公司

公司董事长

公司办公楼

产品展示厅

重庆天嘉日用品实业有限公司系合川区重点优势民营企业，地处合办处马家沟212国道公路旁（天嘉工业园），距市区2公里，北接渝武高速公路1公里，南靠遂渝铁路5公里，西临三江汇合的嘉陵江畔，与世界著名旅游地"上帝折鞭处"——钓鱼城古战场隔江相望，区位优势显著，水陆交通四通八达。

公司始建于1995年4月（前身为合川铝制品厂），2001年4月成立重庆天嘉日用品实业有限公司，法定代表人李正彬。现有固定资产2亿元，占地面积200余亩，职工近2000人。2003年、2007年分别通过了ISO9001：2000国际质量体系认证和ISO14001：2004国际环境体系认证；2006年被中国日用玻璃协会评为"全国日用玻璃行业优秀企业"，2008年被重庆市人民政府命名为"重庆名牌产品"企业，2009年，被重庆市评为"著名商标"企业和"产业振兴重点培育·成长型小巨人企业"，多次被重庆、合川两级工商、税务、金融机构评定为"守合同重信用单位"、"AAA级资信企业"、"A级纳税企业"，连续多年被重庆评为"重庆市解决下岗和就业先进单位"等荣誉称号。近年，公司每年实现税收近500万元，且以20%的速度逐年递增，员工参保率达100%，公司董事长李正彬同志2011年被评为重庆市优秀企业家。

公司建有"四厂一基地"即：合川保温瓶厂（年产3000万只保温瓶胆），保温瓶（胆）产品为公司主打产品，畅销国内，产能和市场份额高达35%，居西南第一，全国第二，是本区传统工业产品唱响全国同行的名片，并出口中东和东南亚地区。啤酒瓶厂（年生产规模高达2亿只），先进的设备和自动化生产工艺质量领先于同行。塑料制品厂（年产能可达5000万只中高档不锈钢及塑料制品），产品及其研发种类多达200个，其生产规模和产品研发即将独鳌大西南；河南省新乡保温瓶厂（年产1500万只保温瓶胆。2008年收购该厂），是公司跨省建立的生产辐射基地；另有西南地区最大的日用品研发基地。公司装备优良、工艺先进，生产线90%以上为自动化程序作业，生产管理、销售网络和产品研发等，实现了信息化和工业化的高度融合，以科技创新领先国内同行。

"诚信待人，谨慎理事，客我双赢"是公司秉承的经营理念，且随目前合川经济最佳发展历史期而发扬光大。2009年公司获批在五尊场口新征地200亩，投资8.22亿元在建"铝板、不锈钢铸扎、压延及玻璃制品工程项目"，该项目成后，年产值15亿元，实现税收5500万元，提供就业岗位1000人以上，将为合川区地方经济发展和社会发展做出更多更大的新贡献。

重庆市电力公司 CHONGQINGSHI DIANLIGONGSI

重庆市电力公司1997年6月6日随重庆直辖而成立，是国家电网公司的全资子公司，以电力生产、建设、调度、经营、电力规划及科研等为主营业务，经营区域覆盖全市38个区县，供电面积7.9万平方公里，供电服务人口约3000万。截止2011年底，公司资产总额468亿元，员工总数2.7万人，售电量537亿千瓦时，营业收入315.3亿元。

近年来，市电力公司认真践行"服务党委政府工作大局、服务发电企业、服务电力用户、服务经济社会发展"的企业宗旨，坚持科学发展、深化变革创新，以电网和公司发展方式转变促进经济发展方式转变，在加快全市经济社会发展过程中发挥了重要作用，连续四年保持重庆市国企贡献奖。特别是"十一五"以来，在国家电网公司支持下，提前两年形成500千伏"日"字型双回路环网，骨干网架由220千伏升级为500千伏，220千伏电网覆盖全市各区县，110千伏及以下网络日趋完善，农网改造面由71%提升到99.5%，电网输送和抗风险能力大幅提升，基本构建起输、配电协调发展的坚强统一电网。

当前，全市人民正在深入贯彻落实"314"总体部署，以"科学发展、富民兴渝"为总任务，实施"一统三化两转变"，建设西部地区重要增长极，打造长江上游地区经济中心，力争2017年在西部率先实现全面建设小康社会目标。重庆市电力公司将在市委、市政府和国家电网公司的坚强领导下，积极履行国有企业的政治、经济和社会责任，弘扬"努力超越、追求卓越"的企业精神，统筹公司发展、电网发展和员工发展，为服务重庆经济社会发展做出新的更大的贡献！

重慶特曲

"对·酒"当歌
——感受巴渝山水，品味重庆特曲

重庆特曲源于重庆上千年的酿酒文明，是历代烤酒大师技术与经验的传承，是上乘的酒质和渊远流长的文化底蕴融合而成的美酒佳酿。

它地处西南重庆，具有山川俊秀，两江交融之气势，又有得天独厚，吸万物之灵气；更以特有的自然山水资源和千年烤酒技术酿造而成的"重庆优质本土酒"，既醇又香，既柔又爽，这种独特的口感造就了重庆千百年来酒文化的一朵奇葩。

重庆特曲，男人的性格！耿直、豪爽、有梦想、重情、重义。

朋友相聚，甩了！（干杯）。品地道本土特曲，每一盏都代表着一种浓浓的热情，深深的友谊。如此豪迈，如此爽快，更何须"借酒浇愁，愁更愁"般寂寞？这造就了重庆男人的性格物质！它代表的不仅是一种文化，一种性格的象征，更是一种精神的感悟。朋友相聚，品茶饮酒，对酒当歌，觥筹交错，谈古论今；在如痴如醉、如梦可幻的感觉中事业得以发展，感情得以升华。这就是重庆特曲的精髓所在！

重庆特曲为满足消费者的需求，特推出系列喜宴酒、寿宴酒以及专供酒

喜宴酒："贵宾美酒新婚喜，相爱百年几代人。"

寿宴酒："花甲二轮半，眼观几代孙。"

专供酒：为企业、单位、学校等量身打造专属接待用酒。

重庆特曲，本乡本土，清爽柔和，朗朗上口。"喝吧！——咱家特酿"

重庆市永川区佳兴酒厂是重庆高粱酒、曲酒的生产销售企业，旗下有——重庆特曲、昌州健露、金永川及礼盒酒、特供酒、喜酒、寿酒等产品。曾荣获"重庆市食品安全示范品牌、示范企业"称号。2011年荣获四省一市（渝、闽、湘、鄂、赣）酒类质量检评金奖。2012年荣获五省一市（渝、闽、湘、鄂、桂、赣）酒类质量检评金奖。公司销售总部设在中国永川商贸城。公司拥有完整、科学的质量管理体系。公司秉承实力、诚信和品质的保证获得业界人士认可。欢迎各界朋友莅临公司参观、指导和洽谈合作业务。

联系人：梁经理　　电话：02349680166 13883490130　　地址：中国永川商贸城11-17

重庆启翔企业管理顾问有限公司

CHONGQING QIXIANG CORPORATION MANAGEMENT CONSULTING CO.,LTD

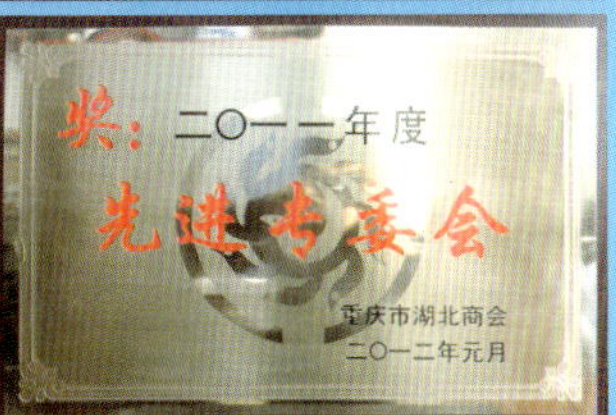

重庆启翔企业管理顾问有限公司是西部极具实力的质量认证咨询、策划智囊机构，成立于2004年。经过九年不断的努力创新管理，现已进入高速发展时期，成为同行业中西南地区第一品牌,2012年重庆服务业100强企业，系国家环保总局环境认证中心重庆唯一常设办事机构，是产品出口国际认证的重庆唯一机构。并提供营销策划、管理培训、商标注册服务。公司下设北京分公司、武汉分公司、上海分公司、深圳分公司、培训开发部、认证部、产品检测部、策划部、商标注册部、咨询部、综合部。公司严格遵守国家有关认证咨询工作的法律、法规、规定，坚持"优质高效、专业规范"的宗旨，维护认证咨询的权威性、有效性。

重庆启翔企业管理顾问有限公司——本机构拥有一批国际互认的国家注册审核员、主任审核员、验证审核员以及懂质量管理、环境管理、经验丰富，具有各类专业知识的高学位、高职称的技术专家。具有从事对申请咨询方的质量管理体系、环境管理体系、职业卫生与安全管理体系和产品认证进行技术咨询服务和人员培训的能力。

公司直接接受国内外多家著名审核机构的业务指导。国内外权威认证机构有CQC中国质量认证中心、北京中经科环质量认证有限公司、深圳环通认证有限公司、北京东方纵横认证中心、CE欧盟认证、EPA美国认证、SAA澳洲认证、SGS(瑞士)、BSI(英国)、DNV(挪威)、TUV（德国）等。

公司遵照ISO9001、ISO14001、OHSAS18001、QC080000、SA8000、ISO27001、ISO22000、ISO13485（医疗体系）和TS16949、CCC、HACCP、QS（食品安全）、生产许可证、有机食品认证、绿色食品认证、无公害食品认证、良好农业规范（GAP）及CE、E-mark、RoHS、DOT、UL、EPA、SAA、CB、GS等出口产品国际认证、中国环保质量产品认证、环中国环境标志（十环）、ISO14025(Ⅲ型环境标志)、CQC中国环保产品认证等国家标准，对各类组织（企业、事业、社团等）的质量体系第三方认证进行技术咨询服务，并接受国内外有关组织和政府部门委托的质量体系、环境管理体系以及产品质量等第三方认证进行技术咨询服务。本公司共有39大门类的专业认可咨询资格，涉及机械、电子、化工、冶金、纺织、轻工、建筑房地产、建材、玩具、食品、烟草、家具、餐饮娱乐、宾馆、运输、环保、物业管理等行业的质量体系和产品质量认证进行咨询服务。公司咨询师迄今已为5000多家企业成功地进行了质量认证咨询，成为重庆地区最大的质量认证咨询机构之一。

公司坚持客观、公正、科学、求实、保密的原则，保证工作质量，信守对用户的承诺，使受咨询方切实感受到价有所值的服务和管理提升的现实。

电话：023-67733179　13996271256　13883358878
网址：www.cqckrz.com　E-mail:cqckrz@163.com
传真：023-67726093　全国热线：4000-568-668

甘士光主要事绩

重庆湖北商会常务理事
中国十大投资策划专家
中国十大创意策划大师
联合国绿色产业发展组织中国事务委员会重庆执委会副主任

甘士光，湖北人，于2003年凭自身多年对国际国内经济的区域发展形势认识，分析重庆直辖市将是未来中国经济西部转移强劲增长和投资环境创业发展的良好沃土，认准方向，毅然放弃其它区域发展机会，只身来到重庆。初来乍到，人生地不熟，于是寻找重庆异地商会，与在渝湖北商场成功人士一道筹备重庆湖北商会，建立人脉，抱团发展。经过认真了解和市场调研，以创意策划及企业管理服务行业作为未来发展方向。

2004年，成立重庆启翔企业管理顾问有限公司，帮助重庆更多企业提升管理水平，创建更多与国际接轨的品牌，让更多的客户迈向世界，为国内投资客户了解重庆而努力。公司成立同年建立了国际互联网站，并向国家商标局注册了《启翔》商标。刚开始开展工作并不顺利，许多企业还停留在家族管理和原始的守旧管理模式上，对国际先进标准管理模式持否定态度。甘士光总经理带领管理团队，经过总结分析、研究，向全球管理营销大师学习、求教、取经，认为中小企业发展必须创新，要想让更多的目标需求客户主动信赖与我们联姻合作，创建行业品牌至关重要。于是，每年投入100万元重金与百度、阿里巴巴、搜狐等国际互联网巨头品牌合作对接，同时加强向全国招募管理咨询师队伍人才的建设工作，抓住两江新区等一系列以及内陆城市增长极的机遇，公司以每年5000万元服务产值的增长速度，业绩突飞猛进，服务客户多达5000多家，正在建立全国战略布局。未来五年内，计划争创从重庆走出的第一家上市咨询管理顾问公司。

经过9年的不懈努力和客户的信赖，在甘士光总经理的创新管理决策下，启翔公司已成为西南地区管理咨询行业第一品牌。2011年10月成功策划《2011全国湖北商会会长会议》，受到重庆湖北各地区工商联领导高度重视。已为重庆绿色生态农业的发展及农民万元增收工程作出了巨大的贡献：帮助城口县老腊肉、城口山地鸡、秀山金银花、长寿柑桔、丰都弥核桃等上百家农产品成功地建立了有机产品基地；提高农产品的附加值，创造更多的重庆农产品品牌，让安全食品走进千家万户；为众多笔记本电脑配套供应商建立了国际管理标准体系QC080000，保障了产品供应链的质量；为武隆县喀斯特集团引进ISO国际管理的标准及旅游标准的建立，有力地推动了重庆旅游品牌的发展，现正积极为城口县申报《联合国绿色产业示范县》。

几年来创造了财富的同时，甘士光先生为在2008年汶川地震中捐款捐物，积极伸出援助之手，为留守儿童捐款，捐资筹建希望小学，在绿化长江行动中无私的奉献。极力为重庆的建设添砖加瓦。在玉树地震、江南暴雨、西南五省市旱灾期间，为当地受灾同胞捐赠大量的物资，解决困难。甘士光先生还为其他的公益事业也做了大量的捐赠，相信他将会继续奉献爱心，也相信他的事业越做越好……

"走出去"的先行军
重庆对外经贸集团

为更好地实施"走出去"战略，在重庆市委、市政府和国家商务部的关心支持下，2009年9月3日，重庆对外经贸集团应运而生。集团由9户市属国有重点企业共同出资30亿元组建，为目前全国地方规模最大的对外经贸企业，是重庆市扩大开放、实施"走出去"战略的综合平台。

集团主要从事国内外贸易及仓储、物流，国内外工程承包及房地产开发，国内外矿产资源及能源投资开发三大核心主业，拥有全资、参股、控股公司9家，在10多个国家设有分支机构，共有员工17000多人。集团所属企业在多年的国内外经贸及援外建设中，拓展了广阔的海外市场，积累了丰富的管理经验，锻炼了一支过硬的人才队伍。

中央纪委书记贺国强接见集团董事长、党委书记赵健

乌干达工程及交通部国务部长John Byabagambi先生一行访问集团，巩固了双方友谊、加强了双方合作

国内外贸易及仓储、物流是集团核心业务之一，集团所属多家贸易企业有着20多年的国内外贸易经验，在成套设备、大宗原材料、有色金属及机电零部件等商品进出口上占据优势。秉持全球化、专业化发展模式，与亚洲、非洲、欧洲等地区拥有广泛的业务往来，在稳步发展传统贸易业务的基础上，积极探索服务贸易、加工贸易，逐步形成"三管齐下"的多元化发展格局。2011年，集团进出口总额逾6亿美元，国内贸易额14.2亿元。

集团在国内外工程承包业务上不断刷新记录，2009年，签订国外工程项目合同总额近4亿美元，占重庆市总量的一半；2010年，集团在手国外项目合同总金额超过10亿美元，雄居重庆市第一，36个在建项目遍布非洲、东南亚等10多个国家和地区；2011年，集团工程业务完成收入51亿元，国外项目利润同比增长近2倍；2012年上半年，集团工程业务完成收入25.8亿元，在大环境不利和国家经济增速放缓的情况下，实现了逆势攀升。集团承建的重庆两江新区、保税港区以及"二环八射"高速路网等多个项目，取得良好的经济效益和社会效益；承建了重庆近1/4的公租房项目，高速高质，惠及民生。集团还在马来西亚、坦桑尼亚等国家开发商业住宅，拓展新的利润增长点。

国内外投资已经成为集团发展的重要引擎。集团与重钢集团联合收购澳矿项目正式交割，成为目前重庆最大海外投资项目；集团积极涉足节能降耗新领域，着力开发清洁能源，推进海外风电项目投资，与中船重工重庆海装风电公司组建合资公司，投资罗马尼亚风电项目，成为市属国有重点企业与央企的首次"抱团出海"；集团审时度势，抢占先机，果断投资参股重庆直升机项目。

集团通过不断优化资源配置，着力转变发展方式，业务发展高歌猛进，增长势头快速强劲。2009年，完成营业收入34.6亿元；2010年，完成营业收入58亿元；2011年，营业收入、资产规模分别超过100亿元，仅用两年时间进入市属国有重点企业资产、营收"双百亿"集团行列。

集团高瞻远瞩，广借东风，与马来西亚、乌干达等国家建立了友好合作关系，扩展海外市场；与国家发改委国际合作中心、中国银行、国家开发银行等签署合作协议，雄厚资金实力；与央企、国企签订战略合作协议，共同"抱团出海"；与科研院所、高等院校、地方政府开展战略合作，形成强强联手，谋求新的发展。

集团注重提炼具有鲜明个性、反映外经贸特色的核心价值观念，坚持开展丰富多彩的文体活动，让员工深刻理解企业文化内涵，积极参与企业文化建设，在自身发展壮大和承担国企责任中，达到集团发展战略与员工愿景有机统一，集团经营理念与员工价值追求高度一致。

集团将以科学发展观为引导，坚持国际市场为主导、国内市场为支撑，不断转变发展方式，大力实施结构调整，力争到2015年，营业收入达300亿元，资产总额240亿元，利润总额10亿元，拥有1到2家海外上市公司，成为国际国内具有重大影响力的对外经贸企业。

集团承建的利比里亚蒙罗维亚海湾大桥项目

集团承建的重庆茶园城南家园公租房项目

集团正在建设的苏丹总统府